瀋陽年鑒

SHENYANG YEARBOOK

2021

中共沈阳市委党史研究室
（沈阳市人民政府地方志办公室） 编

沈阳出版发行集团
沈阳出版社

《沈阳年鉴》2021年卷编委会

《沈阳年鉴》2021年卷编辑人员

主　　审　李　军

主　　编　李向来

副 主 编　袁国华　刘　瑛　魏冬梅

执行主编　刘　瑛

执行副主编　陈　伟　董长利

编　　辑　王　铁　孙　玥　李　琳

图片编辑　董长利

编辑说明

一、《沈阳年鉴》2021年卷是由中共沈阳市委党史研究室（沈阳市人民政府地方志办公室）主持编纂出版，系统记述沈阳自然、政治、经济、文化、社会的年度资料性文献，为沈阳市地方综合年鉴2012年创刊以来，连续出版的第10卷。

二、本卷年鉴以马克思列宁主义、毛泽东思想、邓小平理论、“三个代表”重要思想、科学发展观、习近平新时代中国特色社会主义思想为指导，全面贯彻党的十九大精神，认真落实习近平总书记在深入推进东北振兴座谈会和在辽宁考察的重要讲话精神，客观记述沈阳市2020年政治经济文化社会生态等方面的大事、要事、新事，为海内外各界人士了解沈阳、研究沈阳提供全面翔实资料，为宣传沈阳、讲好沈阳故事、推动沈阳走向世界提供真实准确信息。

三、本卷年鉴记述时限为2020年1月1日至12月31日，为参照之需和记述之完整，一些条目内容或统计表中的数据亦反映2020年之前及2021年初的情况。

四、本卷年鉴卷首设特载、重点聚焦、要闻·大事、“十三五”回望、沈阳概貌；卷中以中文序号标示的栏目有39个：中国共产党沈阳市委员会、沈阳市人民代表大会、沈阳市人民政府、中国人民政治协商会议沈阳市委员会、中国共产党沈阳市纪律检查委员会 沈阳市监察委员会、民主党派与工商联、人民团体、法治、外事·侨务·港澳台事务、军事、经济管理、公共安全、农业、工业、建筑业、房地产业、商贸、中国（辽宁）自由贸易试验区沈阳片区、金融业、交通·邮政、信息业、城乡建设、环境保护、开发区、民营经济、经济合作交流、教育、科学技术、文化·旅游、卫生健康、体育、社会保障、社会生活、人物、先进集体、区县（市）、街道（乡、镇）、社区（村）、企事业单位信息。每一栏目一般按“栏目—分目—条目”三级结构层次；卷末有附录、索引。

五、本卷年鉴以条目为主要信息载体和基本撰稿方式。除单一条目外，栏目、分目之首根据需要分设“综述”“概况”综合条目，反映各行业、各类事物的总体情况，记述基本固定的要素，以保持各年度间相关资料的延续性。个别条目会有重复，但记述角度并不相同。卷中栏目列217个分目、1258个条目（包括资料条目10条）。本卷年鉴收录统计表102张。本年鉴有图片115幅。

六、本卷年鉴主要统计数据，以沈阳市统计局和国家统计局沈阳调查队公布的《2020年沈阳市国民经济和社会发展统计公报》为准。其余数据由各承编单位提供。

七、本卷年鉴常用词语以《现代汉语词典》为准，标点符号遵照《标点符号用法》（GB/T 15834—2011）；数字使用遵照《出版物上数字用法》（GB/T 15835—2011）；除涉农等内容保留“亩”的计量单位外，其他计量单位遵照《量和单位》（GB3100—3102—93）。

八、本卷年鉴的索引，主要采用主题分析索引法。索引使用方法详见索引说明。

九、本卷年鉴所载资料由全市各区县（市）、市直部委办局、社会团体、企事业单位、驻沈部队等160余个承编单位、400余名撰稿人提供。

十、《沈阳年鉴》名称由书法家徐炽题写。

数读沈阳·2020

国土面积12860平方千米
年平均气温9.1℃
年降水量656.3毫米
年日照时数2795.9小时
空气质量优良天数287天
常住人口907.3万人
户籍人口762.2万人
人口自然增长率-3.34‰
地区生产总值6571.6亿元
第一产业增加值303.6亿元
第二产业增加值2160.4亿元
第三产业增加值4107.6亿元
一般公共预算收入736.1亿元
一般公共预算支出1074.1亿元
社会消费品零售额3637.6亿元
外贸进出口总额1028.1亿元
新签利用外商资项目（合同）192个
实际利用外资7.1亿美元
旅游总收入502.6亿元
接待国内外旅游者5410.5万人次
接待国内旅游者5407.1万人次
接待国际旅游者（入境）3.4万人次
城建投资额292.4亿元
房地产开发投资1235.9亿元
农林牧渔业总产值609.8亿元
农作物播种面积67.6万公顷
粮食总产量409.4万吨
规模以上工业企业利税总额113.8亿元
建筑业总产值1567.8亿元
货物运输总量18918.2万吨
　其中，铁路478.1万吨
　　　　公路18435万吨
　　　　民用航空5.1万吨
邮电业务总量1015.7亿元
银行机构及网点1500余家
金融机构本外币存款余额19442.5亿元
金融机构本外币贷款余额18129亿元
人均储蓄113853元
证券交易额38629.1亿元
保险机构及网点447家
保费收入399.6亿元
城市公交运营线路条321条
城市公交运营线路长度5253.3千米
城市公交运营车辆6012台
公共交通客运总量6.7亿人次
地铁一号、二号、九号、十号线运营里程及客运量1238万列千米、31006.8万乘次
浑南有轨电车运营里程及客运量232.4万列千米、621.1万人次
出租汽车21197辆
卫生机构（不含村级卫生组织）5177个
各类卫生技术人员85576人
普惠性幼儿园1295所
小学及在校生279所、42.3万人
普通中学及在校生305所、29.6万人
普通中专及在校生30所、4.6万人
职业高中及在校生48所、2.8万人
技工学校及在校生32所、2万人
普通高等院校及在校生45所（含独立学院2所）、12.7万人
国内专利申请32896件
专利授权3596件
市级以上重点实验室337个
城镇居民人均可支配收入47413元
农村居民人均可支配收入19598元
城镇非私营单位在岗职工平均工资95908元
城镇非私营单位从业人员平均工资92870元
城镇基本养老保险441.8万人
城乡居民社会养老保险121.5万人
城镇职工医疗保险355.1万人
城镇居民医疗保险386.4万人
企业退休人员基本养老金人均每月2906元
城镇新增就业11.6万人
城镇登记失业人员10.2万人
城镇登记失业率3.12％

沈阳市地图

沈阳市地图
内蒙古自治区
康平县
法库县
新民市
沈北新区
于洪区
皇姑区
大东区
铁西区
和平区
沈河区
浑南区
苏家屯区
辽中区
省政府
市政府
阜新市
铁岭市
抚顺市
本溪市
辽阳市
鞍山市
锦州市
盘锦市
图例
省级行政中心
市级行政中心
区、县（市）级行政中心
乡、镇、街道办驻地
行政村（村改社区）
世界文化遗产
旅游景区
机场
省级界线
地市级界线
区县（市）级界线
铁路及车站
高速铁路及车站
高速公路及编号
城市快速路
国道及编号
省道
县道
城市街区路
河流、湖泊
比例尺 1:1000 000
沈阳市勘察测绘研究院有限公司 编制
本图界线权威，因比例尺原因不做实地划界依据.

沈阳城区图
至通辽市
京沈高速铁路
沈山线
兴隆镇
新
兴隆堡镇
民
市
陈台
门台
金太牛
宴海营子
双程堡
王家河套
七公台
兴隆桥
大昂邦牛
杜板牛
李家套
法哈牛镇
胡台镇
四方甸
侯三家子
兴盛堡
于
洪
区
大林
静安
曹台
马三家街道
岔路
诺木珲
东甸子
新义
陆家
白辛台
北三台子
二台子
王家
平罗街道
后辛台
造化
援工
光辉
红旗台
东民
前民
沈阳西
如愿湖
沙岭街道
张士
迎宾路街道
于洪区
铁西区
铁西区森林公园
重工街道
南阳湖街道
城东湖街道
地铁一号线
十三号街
沈阳世纪高尔夫俱乐部
沈阳经济技术开发区
沈阳化工大学
翟家街道
西
大青中朝友谊街道
沈阳工业大学
后马
铁
翟家
中央大街桥
浑河闸大桥
金宝台
马贝
浑河西峡谷
胡家甸
大揆金
华晨宝马铁西工厂
西苏堡浑河特大桥
张当堡
拉他泡
代古家子
苏
家
屯
区
苏家屯区
苏家屯
沈水街道
高民主街道
解放街道
苏家屯南
八一红菱街道
八家子
大庄科
四方台
至大连市
沈大线
沈大高速铁路
金禅寺
公相苗圃
浑河站西街道
满融
雪莲街
中兴街道
沈阳南站
沈阳国际展览中心
方特欢乐
蒲田路
中国医大盛京医院（沈北分院）
辽宁大学（蒲河校区）
正良街道
沈阳师范大学
四台子街道
白家
江造化街道
沈阳医学
西江街
北陵街道
丁香湖
明廉街道
华山街
万达广场
沈阳站
兴华街道
凌空街道
长白街
长大铁路桥
南阳湖桥
浑南
沈阳市区缩略图
康平县
法库县
新民市
沈阳城区图
沈北新区
皇姑区
于洪区
大东区
和平区
沈河区
浑南区
铁西区
沈阳市
苏家屯区
辽中区

沈北新区
大东区
皇姑区
沈河区
浑南区
抚顺市
铁岭市
至哈尔滨市
至梅河口市
至丹东市
省政府
市政府
沈北新区
大东区
沈河区
浑南区
虎石台街道
辉山街道
满堂街道
文官街道
前进街道
东站街道
上园街道
二台子街道
东陵街道
马官桥街道
高坎街道
田屯街道
汪家街道
深井子街道
东湖街道
王滨街道
桃仙街道
李相街道
佟沟街道
五三街道
长安街道
万莲街道
泉园街道
北站街道
万泉街道
棋盘山水库
棋盘山国际风景旅游区
南沟水库
朱尔屯水库
辉山水库
上寺水库
树园宾馆
市勘察测绘研究院有限公司沈北分公司
八王寺饮料公司
沈阳辉山乳业公司
沈阳北方软件信息职业技术学院
沈阳职业技术学院
沈阳农业大学
沈阳建筑大学
沈阳理工大学
华晨宝马汽车有限公司
赛特奥莱
东陵公园
清福陵
鸟岛公园
沈阳植物园
世博园
关帝庙
省沈抚新区管委会
沈阳出口加工区
沈阳桃仙国际机场
朝阳山风景区
柏叶基地
省特殊教育职业学院
草子山公园
古陨石科普基地
沈阳北站
沈阳故宫
沈阳站
浑河
蒲河
沈吉高速公路
沈阳绕城高速公路
京哈高速公路
京哈高速铁路
沈海高速公路
沈丹高速公路
沈阜高速公路
抚顺西
雷锋大桥
和平桥
沈吉线
苏抚线
东陵大桥
长青桥
图例
省政府
市政府
区政府
镇、街道办事处
行政村（农村社区）
机关事业单位
学校
医院
商场、超市
宾馆、大厦
一般单位
世界遗产
旅游景点
机场
地级市界
县级界
地铁
沈阳南站
高速铁路及车站
沈阳站
铁路及车站
高速公路及立交桥
快速路及立交桥
主干路
次干路
比例尺 1:200 000
沈阳市勘察测绘研究院有限公司 编制
本图界线权威，图比例尺原因不做实地划界依据

沈阳丁香湖秋色（张文魁摄）

沈北新区稻田（张文魁摄）

浑南会客厅　　（张文魁摄）

市民在沈阳市政务服务中心办理业务　　（张文魁摄）

经济写真

中航沈飞民用飞机有限责任公司空客A220项目车间 （张文魁摄）

沈阳东方钛业股份有限公司生产车间 （张文魁摄）

10月22—24日，中国计算机大会沈阳分会场活动在铁西区举行　　（经开区供）

华晨雷诺金杯汽车有限公司生产车间　　（张文魁摄）

沈阳鼓风机集团股份有限公司生产线　（张文魁摄）

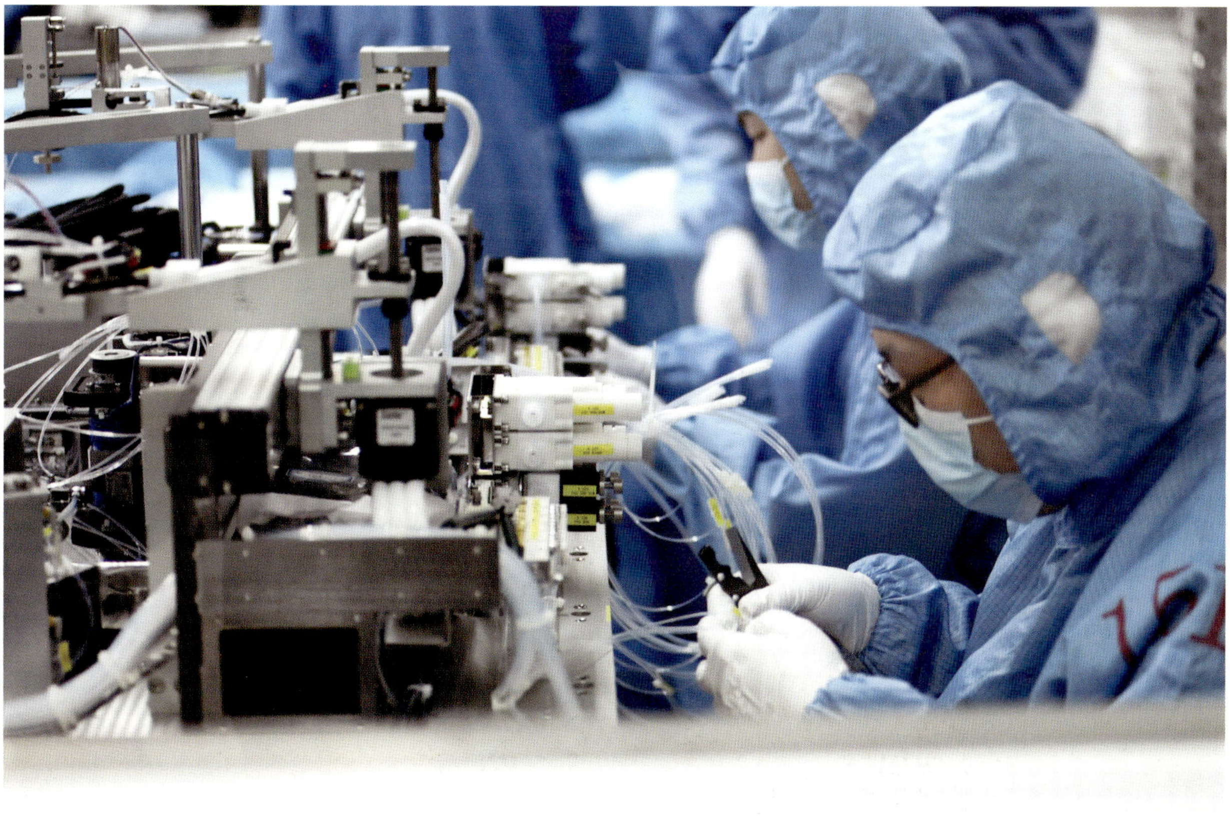

沈阳芯源微电子设备有限公司生产车间　（张文魁摄）

东软医疗系统股份有限公司工作人员正在组装数字化普惠型CT产品　（张文魁摄）

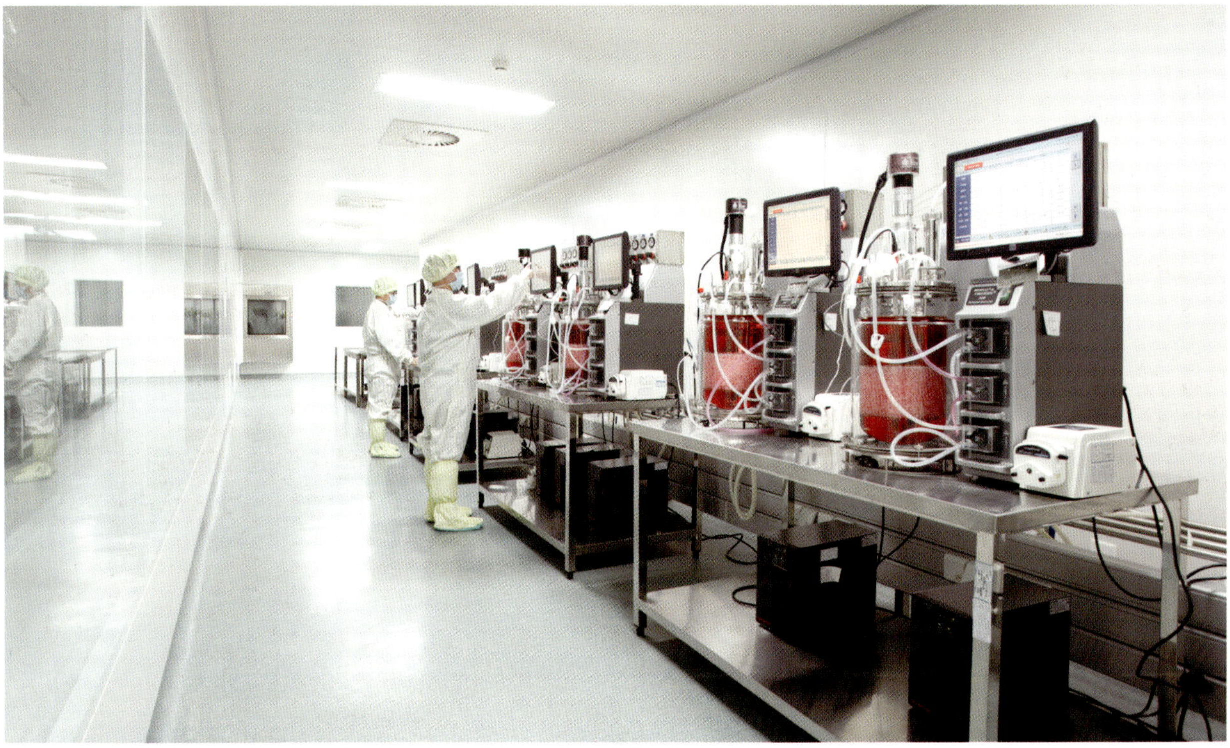

沈阳三生制药有限责任公司跻身中国医药研发20强。图为公司工作人员正在进行细胞罐培养
（经开区供）

12月7日，沈阳新松机器人自动化股份有限公司展示最新推出的“火弧”机器人 （张文魁摄）

诺维信（沈阳）生物技术有限公司生产车间 （张文魁摄）

沈阳远达国际快件监管中心智能分拣线　（张文魁摄）

辽宁禾丰牧业股份有限公司自动化饲料生产车间　（张文魁摄）

浑南区国公寨大街旁田间待回收加工秸秆　　（张文魁摄）

国家级龙头企业昊明禽业有限公司肉鸡屠宰加工车间　　（市农业农村局供）

苏家屯区永乐街道永胜村农民在大棚内收获丰收的油桃　　（张文魁摄）

法库县秀水河子镇长岗村红辣椒获丰收　　（张文魁摄）

社会剪影

1月1日，和平区举办2020新年戏曲晚会　　（张文魁摄）

9月11日，于洪区城东湖街道惠泽园社区举办“文明创建、与邻同行”第十三届邻居节　　（王雁摄）

施工人员在药王庙路周边老旧小区实施“暖房子”工程　　（张文魁摄）

沈河区迎新社区楼体粉刷一新，凉亭、健身器材等配套设施齐全　　（张文魁摄）

文化映象

1月1日，2020年全国冬泳日系列活动暨沈阳第五届国际冬泳邀请赛举行　（张文魁摄）

6月25日，沈北新区稻梦空间景区举行泥地龙舟大赛　（张文魁摄）

9月30日19时，老北市举行盛大开市仪式（张文魁摄）

10月1日，以“山河无恙 家国梦圆”为主题的灯光秀亮相沈阳中街步行街　（张文魁摄）

海鲜自助
山河无恙 家国梦圆
KICKS LOUNGE
FLAME GRILLING SINCE 1954
益田假日世界
HOLIDAY WORLD

沈阳市艺术学校学生在表演节目《武戏集萃》　（张文魁摄）

沈阳铁路实验小学的孩子们在进行合唱练习　（张文魁摄）

城建拾珠

塔湾北行农贸市场新建静态停车场　　（张文魁摄）

4月29日，沈阳地铁十号线一期工程通车运营，沈阳地铁正式进入“十+环”线网时代（张文魁摄）

沈阳北站附近的南北快速干道　　（张文魁摄）

8月16日，沈阳浑南大道跨胜利大街桥主线达到通车条件　　（张文魁摄）

8月17日，沈阳长青快速路全线通车　　（张文魁摄）

9月27日，沈阳浑南大道快速路桥梁段全线实现通车　　（张文魁摄）

人物——最美家庭

全国文明家庭——李秀风家庭　　（市妇联供）

全国最美家庭——卢敬红家庭　　（市妇联供）

全国五好家庭——刘抗美家庭　　（市妇联供）

全国文明家庭、全国五好家庭——洪家光家庭　　（市妇联供）

全国最美家庭——胡静琴家庭

（市妇联供）

全国抗疫最美家庭——李兴海家庭 （市妇联供）

全国最美家庭——梁忠阳家庭 （市妇联供）

全民抗疫

1月28日，省委常委、市委书记、市新冠肺炎疫情防控指挥部总指挥张雷深入沈阳站详细了解各项防控措施落实情况，并实地检查出入口、隔离室等设施配备和工作开展情况（市委党研室供）

3月6日，沈阳市市长、市新冠肺炎疫情防控指挥部总指挥姜有为到桃仙机场检查疫情防控工作（市委党研室供）

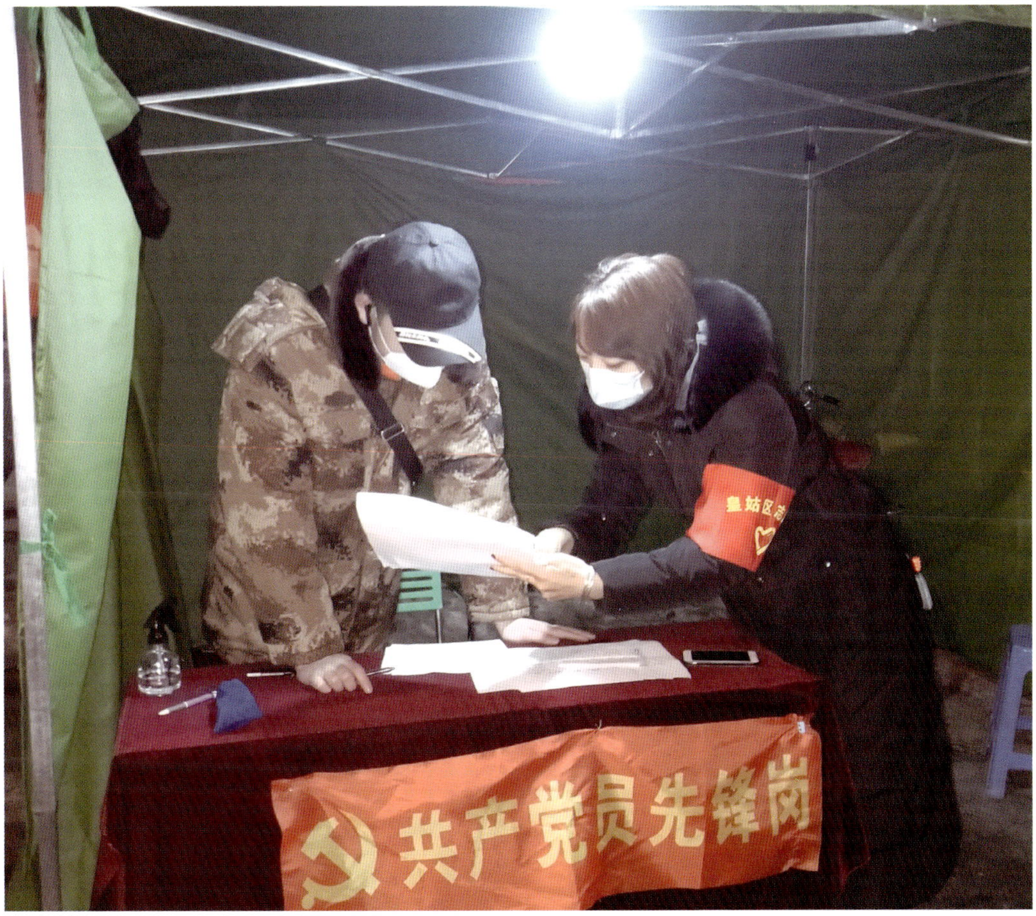

皇姑区黄河街道庐山社区组织志愿者参与疫情防控（皇姑区供）

沈阳海关在航班上开展新冠肺炎检疫　（沈阳海关供）

沈阳市属医院专家医护队驰援湖北

中心医院

逆行 珍重
祝赴湖北支援医护人员平安凯旋！
沈阳市红十字会医院

阳市卫健委援驰武汉医疗队平安凯旋

8月7日，沈阳飞地产业扶贫项目经验推广交流会召开　（市农业农村局供）

法库县四家子乡红砂地村首创“集体羊村民代养模式”，助力建档立卡户脱贫致富（法库县委办供）

1月15日，市扶贫开发领导小组办公室工作人员到康平县张强镇盖顶村贫困户李志杰家走访

（市农业农村局供）

法库县王爷陵村从棚菜产业扶贫中受益，建档立卡户全部脱贫摘帽　　（法库县委办供）

康平县北四家子乡菜园子村脱贫户马秀玲正在清理猪舍　　（康平县委办供）

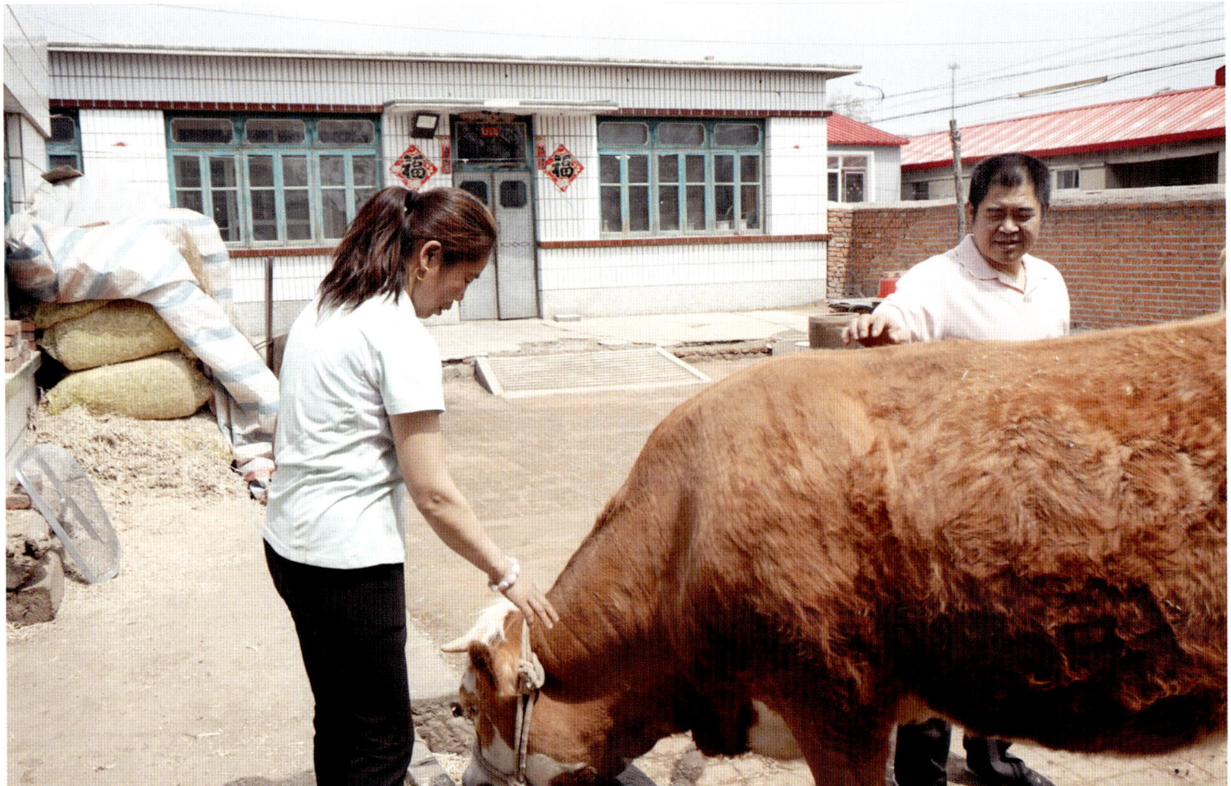

康平县方家屯镇东小陵村王庆生靠养牛脱贫　　（康平县委办供）

目 录
CONTENTS

“十三五”回望
Looking Back on the 13th Five – Year Plan

沈阳概貌
Survey of Shenyang

一、中国共产党沈阳市委员会
Shenyang Committee of the CPC

二、沈阳市人民代表大会
Shenyang People's Congress

三、沈阳市人民政府
Shenyang Municipal Government

四、中国人民政治协商会议沈阳市委员会
Shenyang Committee of Chinese People’s Political Consultative Conference

五、中国共产党沈阳市纪律检查委员会 沈阳市监察委员会
Shenyang City Commission for Discipline Inspection of the Communist Party of China, Shenyang Supervisory Committee

六、民主党派与工商联
Democratic Parties and the Federation of Industry and Commerce

七、人民团体
Mass Organizations

八、法　治
Judicial Politics and Law

九、外事·侨务·港澳台事务
Foreign Affairs·Overseas Chinese Affairs·Hong Kong, Macao and Taiwan Affairs

十、军　事
Military

十一、经济管理
Economy Management

十二、公共安全
Public Security

十三、农　业
Agriculture

十四、工　业
Industry

十五、建筑业
Construction

十六、房地产业
Real Estate

十七、商 贸
Commerce

十八、中国（辽宁）自由贸易试验区沈阳片区
Shenyang Section of China (Liaoning) Free Trade Pilot Area

十九、金融业
Financial Industry

二十、交通·邮政
Traffic·Postal Service

二十一、信息业
Information Industry

二十二、城乡建设
Urban and Rural Construction

二十三、环境保护
Environmental Protection

二十四、开发区
Open Economic Zone

二十五、民营经济
Private Economy

二十六、经济合作交流
Economic Cooperation and Exchange

二十七、教　育
Education

二十八、科学技术
Science and Technology

二十九、文化·旅游
Culture·Travel

三十、卫生健康
Public Health

三十一、体 育
Sports

三十二、社会保障
Social Security

三十三、社会生活
Social Life

三十四、人　物
Character

三十五、先进集体
Advanced Collective

三十六、区县（市）
District and County(City)

三十七、街道（乡、镇）
Street (Township,Town)

三十八、社区（村）
Community (Village)

三十九、企事业单位信息
Enterprises and Institutions Information

附 录
Appendix

索 引
Index

特 载

沈阳新冠肺炎疫情防控与统筹推进经济社会发展

【新冠肺炎疫情防控】 2020年1月20日，全市启动新冠肺炎疫情防控工作，市委、市政府深入贯彻落实习近平总书记对新冠肺炎疫情防控和经济社会发展工作作出的一系列重要指示批示讲话和党中央国务院、省委省政府的各项决策部署，抓紧抓实抓细疫情防控各项工作，多措并举，统筹做好“六稳”（稳就业、稳金融、稳外贸、稳外资、稳投资、稳预期）“六保”（保居民就业、保基本民生、保市场主体、保粮食能源安全、保产业链供应链稳定、保基层运转）各项措施，努力夺取疫情防控和实现经济社会发展目标双胜利。截至2021年1月24日，全市累计报告确诊病例102例（本地病例71例、境外输入病例31例），治愈出院101例，在院治疗1例，死亡病例0例。无症状感染者34例（本地3例，境外输入31例）。累计管理密切接触者9301人，排除9217人，在管34人，转确诊50人。累计进行核酸检测185.66万人（全员核酸检测除外），检测血清13.68万人，其中阳性136人。全市累计投入防疫资金22.54亿元，通过采购、调拨、捐赠等方式入库N95口罩63.5万只、一次性口罩246.1万只、防护服42.9万套、护目镜10.9万副、防护面屏28.6万副、试剂盒49.22万人份、新冠疫苗30万支。在做好自身防疫工作的基础上，火线组建医疗队援助湖北，先后分5批111人急赴湖北一线，完成援助湖北医疗救治任务。先后向日本札幌市和川崎市、韩国大田市和仁川市、葡萄牙布拉加市、英国贝尔法斯特市等7个国家的10个城市捐赠13.5万只口罩和3500套防护（隔离）服。

全市新冠肺炎疫情防控工作大体可以分为“两大阶段”“三大战役”。“两大阶段”即全面应急防控阶段（1月20日至2月22日）、常态化防控阶段（2月23日以后）。“三大重点战役”即抗击湖北疫情输入阻击战（1月20日至2月22日）、抗击吉林市疫情输入阻击战（5月11日至7月4日）、秋冬季疫情歼灭战（2020年12月23日至2021年1月24日）。为严防湖北疫情输入，全市坚持“四防”（防输入、防扩散、防感染、防输出），“五早”（早发现、早报告、早隔离、早诊断、早治疗），“六快”（报告情况要快、下达任务要快、执行指令要快、落实反馈要快、综合汇总要快、督查督导要快），“八条主线”（加强排查检查、抓好流调诊断、强化隔离观察、提升救治能力、确保物资供应、严格市场监管、深化环境治理、注重宣传引导）的工作打法，强化战时机制，发扬斗争精神，保持战斗姿态，加强组织穿透，做好周密安排，迅速扭转局面，成功控制住湖北疫情输入，疫情形势整体可控。为严防吉林市舒兰市输入性关联病例蔓延、扩散，全市立即启动应急处置机制，评估研判疫情形势，采取最果断最严格的排查管控措施，全力做好输入疫情防控工作，有效阻断疫情传播。为处置秋冬季发生本土确诊病例，市委、市政府迅速启动应急响应，果断控制风险边界，坚决遏制疫情扩散蔓延。2021年1月20日，全市19个中风险地区全部降为低风险；2021年1月24日，全市连续14天无新增本土病例，38例本土新冠肺炎患者全部"清零"。

疫情发生之初，全市强化严防严控，采取更加严格、更有针对性、更加管用有效的措施，坚决把疫情扩散势头遏制住。进入常态化防控阶段后，按照"及时发现、快速处置、精准管控、有效救治"的要求，持续抓好"外防输入、内防反弹"工作。

统一高效指挥。启动疫情联防联控工作机制，1月23日，沈阳市政府成立由市长任组长，副市长任副组长，市直各单位、沈阳桃仙机场海关、沈阳铁路局、武警沈阳支队、沈阳警备区等为成员单位的联防联控领导小组。1月26日，沈阳市启动应对新型冠状病毒感染的肺炎疫情一级响应，成立由市委书记、市长任总指挥，相关领导任副总指挥的沈阳市新型冠状病毒感染的肺炎疫情防控指挥部，统一组织领导、指挥协调本市辖区内新型冠状病毒感染的肺炎疫情预防控制、医疗救治、信息收集和督导检查等工作。下设14个专项工作组，迅速形成防控合力，每日会商研判疫情发展趋势，商定防控政策、应对预案和重大措施。全面做好"外防输入"工作，为有效防止境外输入，全市成立防控境外输入专项工作组，设立桃仙机场现场指挥部，对每日到港航班、人员、时间等情况提前作出分析预判。2月23日，市防控指挥部全面启动境外入沈人员隔离安置工作，市文旅局、市卫健委、市公安局等14家单位迅速成立联防联控工作组，下设综合协调组、治安组、交通组、医疗组、保障组、驻机场工作组、各宾馆安置工作组等7个服务组。建立域外防控体系，结合国内疫情形势变化，为认真贯彻落实党中央关于"外防输入、内防反弹"的决策部署，市防控指挥部5月25日成立域外疫情防控组。

加强排查检查。建立"金字塔"式社区排查管控队伍，全市2482个社区（村）党组织和居（村）民委员会、1961个物业服务企业、10544个社区社会组织、5900余个驻社区单位和商业网点纳入疫情防控"组织网"，2万余名城乡社区工作者、楼长、单元长、志愿者、物业人员参与群防群控工作，建立"网格—责任区—楼宇—单元—楼层—住户"的"金字塔"式排查管控格局。建立农村地区疫情防控排查队伍，组织建立以村"两委"班子为主的群防群控队伍，全市1344个村设置防控卡点1928个，值守人员6675人，对村外返乡人员实行网格化管理、地毯式排查，对途经村屯卡点的车辆、人员进行登记。建立"盛京义勇"平安志愿者队伍，组织全市33.3万名"盛京义勇"平安志愿者投身疫情防控，组成2361个"抗击新冠肺炎疫情'盛京义勇'战时党支部"，发挥"就近、知情、人熟"的优势，积极配合社区（村）干部深入开展疫情宣传、排查、监测、管控等工作。建立全市党员志愿者队伍，组织动员广大党员就近参与开放式小区疫情群防群控工作，通过划分党员责任区、设立党员示范岗、成立党员突击队等方式，与社区居民群众一道开展联防联控，累计24.2万人次在职党员参与开放式小区出入口值守、重点人员排查等工作。建立"三合一"（区县级领导一名、街道领导一名、疾控卫生工作人员一名）巡回督导小分队，全市13个地区成立189个"三合一"巡回督导小分队，涵盖辖区内公安、民政、街道（乡镇）、工会、妇联、退役军人和社区志愿者等多方力量，对181个街道（乡镇）、2458个社区（村屯）进行多轮次全覆盖督导检查，发现问题5893个，当场解决4605个、跟踪督办整改1288个。全面做好应急防控排查，把住"城门"，全市机场和火车站实行一级查控；把住"宾馆门"，在全省率先设立"1+13"个定点宾馆，集中接待湖北等疫情高发地区的到沈旅客；把住"工厂门"，要求复工复产企业严守疫情防控和安全生产"两条底线"。管好"聚"的环节，关停人员密集场所，关闭全部A级以上景区、文化娱乐经营场所和公共文化服务机构，关停区域性居家养老服务中心、社区活动中心等，停止宗教场所一切法事活动，停止校外培训机构线下授课，停办群体性文娱活动和大型招聘会；管好"住"的环节，实行网格化、滚动式排查、实名制登记，对重点地区到沈人员数据全部录入系统，实时动态管理，同时利用大数据手段高效识别高风险人群；管好"行"的环节，在全国范围内率先启动健康码管理制度，推行实名乘坐公共交通、出租车和实名进入商场、超市、饭店、农贸市场等公共场所制度。持续做好常态化排查，强化信息搜集研判，建设“公安疫情核查平台”，严格执行“双推送、双核查、双反馈”工作机制，围绕湖北、哈牡、吉舒、北京、新疆、大连及广东等重点地区到沈人员，累计梳理核查与沈阳市相关的涉疫情人员32.4万人，核查确诊病例接触人员17597人。强化入沈通道盘查检测。建立5省11市跨区域警务合作机制，全面做好桃仙机场口岸入境、第三方口岸中转来沈、7个火车站盘查监测点、132个公路卡点堵卡工作。累计盘查1724万人次、车辆213万余台。强化社区轨迹摸排核查，广泛发动“盛京义勇”群防群治力量，组织社区民警配合街道、社区工作人员开展重点地区来返沈人员信息核实工作。

抓好流调诊断。组建专业流调队伍，成立沈阳市新冠疑似病例调查处理调度组；抽调市区两级流行病学调查人员648人，流调车辆专用车辆57辆，组建流行病学调查队伍75支；利用沈阳市新冠疫情防控重点人群管理系统、辽宁省平台和东北三省四市信息工作平台，提高溯源协同效率，加快流调速度及准确性，精准还原病例和密切接触者的行动轨迹。形成溯源调查与闭环管理体系，对医疗机构上报的确诊病例、疑似病例信息，市疾控中心专业人员24小时在线跟踪管理，组织区县疾控中心在2小时内完成流行病学调查及样品转运、在6小时内形成流行病学初始调查报告；通过对确诊病例及疑似患者行动轨迹等流调信息的综合分析，判定病例之间流行病学关联及传播链条，第一时间启动密切接触者的排查，认真落实“筛查—诊断—报告—隔离”闭环管理要求，查找可能的感染来源及危险因素，遵循“早、快、严、小”原则，严防疫情扩散和蔓延，全市累计开展流行病学个案调查934例；累计报告确诊病例102例、无症状感染者34例，完成流行病学调查报告136份，报告完整率100%。全面开展核酸检测，实现重点人群应检尽检，相继开展集中安置宾馆、湖北旅居史、监所羁押、境外入沈及黑龙江省、吉林市、北京市等中高风险区到沈人员，医护、新住院患者和陪护、公安干警、中小学和高校教职员工等重点人群核酸筛查。累计开展核酸检测185.66万人份。满足普通人群愿检尽检，完善“1（疾控系统）+N（医疗机构）+N（第三方检测机构）”检测体系，检测权限下放到二级以上医疗机构，放开第三方检测机构开展核酸检测的权限，实现全市核酸检测能力的整体提升。累计开展自愿核酸检测89.09万人份。

强化隔离观察。统一设立集中隔离医学观察场所，启动集中隔离医学观察，迅速启用市委党校为一般密切接触者、省人民医院为患有基础病症密切接触者的集中隔离点，同时启用辽中、新民、法库、康平集中隔离医学观察点。针对湖北武汉疫情形式，建立1+13市区两级重点地区到沈人员集中安置点，并对涉及安置人员的接收输送、安置场所消杀、工作人员防护培训、信息汇总上报、医学隔离观察等具体环节进行科学严谨的规范设定。严格管理确诊病例密切基础者及关联人员，对疫情患者进行集中快速转运，成立由18台负压救护车组成的疫情转运车队，组建156人的3个应急转运梯队，实行24小时执勤；发现有症状的病人或者疑似病例和确诊病例时，30分钟内完成转运，确保及时高效。截至2021年1月24日，全市累计管理各类密切接触者6617人，其中本地病例密接5223人，外地病例协查密接1394人，外国人47人。对三级密接人员进行隔离观察，根据域外疫情防控形势，全市及时调整重点地区到（返）沈人员集中隔离范围。防范吉林舒兰疫情输入阶段，在全国范围内率先提出对确诊病例密切接触者的关联人员进行集中隔离。落实发现疑似病例2小时网络直报制度，立即开展流行病学调查和密切接触者排查，并对密切接触者、次密切接触者、再次密切接触者分类采取防控措施，为全市防范社区和聚集性传播构筑坚实的防线。

提升救治能力。建设省集中救治中心，春节期间建设完成省集中救治中心，承担省内8市的确诊病例救治任务，累计接收省内转入确诊病例34例、无症状感染者8例；境外输入确诊病例20例、无症状感染者26例。合理配置救治力量，做好医务资源调配，省集中救治中心、市第四医院北陵院区、市第十医院分别负责确诊病例、无症状感染者、疑似病例的救治工作和医学观察病例，并组建儿童和孕产妇专科救治团队支援省集中救治中心负责救治特殊病例，配置专门床位和隔离病区。充分发挥各类专家组作用，指导全市医疗救治工作科学开展，确保救治及时有效。保障医疗设备配备。疫情期间，全市调配有创呼吸机962台、无创呼吸机283台、心电监护仪2200台、经鼻高流量呼吸治疗仪1200台、CRRT仪978台、ICU多功能床766张、救护车138辆（其中负压救护车30辆）、负压担架30个，确保治疗设备需求。科学、精准实施医疗救治，疑似及确诊病例在具备有效隔离条件和防护条件的定点医院隔离治疗，疑似病例单人单间隔离治疗，确诊病例统一集中治疗，危重型病例收入ICU治疗。强化预检分诊和发热门诊管理，规范发热门诊设置，二级及以上综合医院在医疗机构内独立的区域设置发热门诊，完善发热门诊功能，实现在发热门诊内提供挂号、收费、检验、影像检查、医疗处置、取药等相关医疗服务；严格入院人员风险排查，将发热患者与普通门急诊就诊患者严格分流，引导发热患者到发热门诊就诊，杜绝医疗机构内感染发生。

严格市场监管。加强农贸市场领域监管，加强对全市110家农贸市场的监管，满足群众每日生活需求。紧盯“两个禁止”（禁止活禽现场宰杀、禁止野生动物违法交易）行为，检查农贸市场1.89万家次，检查场内销售主体61.87万户次，取缔活禽交易业户109户。多部门联合，对13个区县（市）农贸市场、药房、宠物店等重点场所落实防控措施情况，行拉网式联防联控，累计检查各类场所1.26万户次，发现并整改21类6437个问题。加强水产品市场领域监管，北京、大连、天津等地疫情发生后，快速启动应急响应疫情防控战时预案，以进口水产品、进口肉品为重点，全面开展冷链食品排查检查行动。加强药械市场领域监管，以重点人员轨迹溯源为重点，建立“入店扫码+购买退热药品实名登记”制度，建立“防护用品库存+退热药物销售”统计制度，为科学调控提供基本依据。加强进口冷链食品安全管控，建立涉疫进口冷链食品快速反应工作机制，妥善处置浙江厄瓜多尔冷冻南美白虾、鞍山巴西进口牛肉、锦州俄罗斯进口鳕鱼等17起涉疫进口冷链食品突发事件，涉事货物总量2018吨，严防进口冷链食品疫情输入风险。

【统筹推进经济社会发展】 2月10日起，全市全面推动复工复产，下发《沈阳市新型冠状病毒感染的肺炎疫情防控指挥部令》，要求全市实行分区分级精准防控，统筹疫情防控与恢复经济社会秩序。全市企业和项目开始集中复工复产，坚持疫情防控和经济发展“两条主线”并行，全面落实疫情防控方案和推动复工复产方案“两个方案”，推进全市工业企业、重点项目、服务业企业、各级学校的复产复工复市复课。1个月时间，全市规模以上工业企业开复工1434户，占比98.7%；规模以下工业企业开复工7674户，占比74.6%；限额以上批零住餐企业开复工1772户，占比65.4%；外贸企业开复工2117户，占比86.4%。

加强组织领导推动复工复产。建立疫情防控、企业复工复产和项目开复工联合指挥部，省委常委、市委书记张雷，市长姜有为任总指挥，下设10个工作推进组。深入开展“万人进万企”活动，组织全市1.2万名机关干部与企业和项目对接帮扶。建立20个市控重大项目专班，实行项目“红黄绿灯”（红灯督办、黄灯提醒、绿灯跟进）管理和“鱼骨图”（也称5M因素分析法，包括人、机、物、法、环5个因素）工作法，实现对重大项目闭环式管理和全过程控制。

精准施策推动复工复产。在全面落实国家和省出台的各项支持政策基础上，全市出台17条政策措施和31条工作意见，各行业、各地区又进一步出台79条专项支持政策，并狠抓落地落实。

分类有序推动复工复产。全面实行负面清单管理，着眼于企业复工复产需求保障和疫情防控情况，首先推动规模以上工业企业、外贸外资企业、重点税源企业复工复产，随着沈阳市全域进入低风险地区，逐步向服务业企业、建筑业企业、中小微企业、个体工商户，到批零住餐企业，到便民服务企业，再到文化娱乐企业，逐步有序放开限制，做到应开尽开、当停则停。

全力解决受阻问题。围绕资金短缺问题，对于所有服务业企业，疫情期间到期的贷款原则上全部续贷，同时将利率下浮10%，续贷担保费率下浮10%，应急转贷费率下浮10%。对于受疫情影响较大的旅游、娱乐、住宿、餐饮等领域小微企业，争取到人民银行支小再贷款额度15亿元，年利率2.5%，期限1年。

规范平稳推进复学复课。针对中小学复学出台3个专项工作方案、9个防控工作导则，录制5个培训视频，全部落实到校，落实到人；对全体复工教职员工进行核酸检测，启用3711间教室确保小班教学，配备1275名校医保证防控专业化。针对高校复学工作，建立由教育等10个部门9个地区组成的联防联控工作机制，制定运输保障、隔离管理等16项工作流程并落实实施，得到省领导肯定并在全省推广使用。

（市政府办公室）

●小资料

涉新冠肺炎疫情人员信息“双推、双核、双返”机制工作流程

“双推”环节：市公安局疫情防控指挥部（疫情防控指挥部简称“防指”）接市卫健、疾控部门及域外中高风险地区涉疫人员信息后，进行初步人员信息研判，而后将人员信息推送至各区县（市）公安机关，开展落地核查；市公安局将落地核查准确的信息推送至市防指、市卫健委、市民政局、市文旅局、市农业农村局，并由市防指将信息传递给区县（市）防指，开展进一步人员管控工作。

“双核”环节：各区县（市）公安机关接收市公安局防指推送的涉疫人员信息后，对相关人员进行落地核查、完善姓名、身份证号、现住址、联系方式及病例关联情况等相关信息，返回市公安局防指；各区县（市）防指，对市防指转递的信息涉及人员组织区级疾控、民政、公安等力量，落实相应隔离管控措施，形成“双返”工作数据。

“双返”环节：各区县（市）防指接到推送信息后，于24小时内将人员隔离管控状态形成数据返回市防指，同时将信息通报各区县（市）公安机关；市防指综合组将各区县（市）防指报送的相关人员管控措施结果同步通报市公安局。

沈阳脱贫攻坚

沈阳市委、市政府坚持以习近平总书记扶贫开发战略思想为指导，全面贯彻落实党中央、国务院和省委、省政府关于脱贫攻坚的决策部署，在精准扶贫上下功夫，在精准脱贫上出实招。全市上下凝心聚力、合力攻坚，实施“六个精准”（扶贫对象精准、措施到户精准、项目安排精准、资金使用精准、因村派人“第一书记”精准、脱贫成效精准），落实“五个一批”（发展生产脱贫一批、易地搬迁脱贫一批、生态补偿脱贫一批、发展教育脱贫一批、社会保障兜底一批），建档立卡人口生活水平大幅提升，重点村、重点县经济发展稳步提高，脱贫攻坚任务圆满高质量完成。“十三五”期间，沈阳市委、市政府始终把脱贫攻坚作为首要政治任务、头等大事和第一民生工程，全面落实“四级书记”（市、县、乡（镇）、村四级常委书记）抓扶贫的工作机制，责任、政策、资金、防贫帮扶等政策措施有效落实，建档立卡人口“一超过两不愁三保障和安全饮水”（一超过指贫困地区农民人均可支配收入增长超过全国平均水平，两不愁指实现农村贫困人口不愁吃、不愁穿，三保障指农村贫困人口义务教育、基础医疗、住房安全有保障）核心指标全面实现，为全面建成小康社会、实现第一个百年奋斗目标奠定坚实基础。

绝对贫困彻底消除，脱贫任务圆满收官。减贫目标任务高质量完成，通过全面实施专项扶贫、行业扶贫和社会扶贫，全市建档立卡人口16851人2019年底全部实现稳定脱贫；60个省级重点村2016年首批销号，省级重点县康平县2017年首批摘帽。2016—2020年，全口径建档立卡人口逐年减少，从2016年的20456人减少至2020年底的16401人，平均每年减少1014人；未脱贫建档立卡人口实现动态清零，从2016年的11662人减少至2019年底的0人，平均每年脱贫3887人，贫困发生率由2016年的0.7%下降到0.2%，贫困群众收入大幅度增长。通过大力开展产业就业扶贫、金融扶贫，不断提高建档立卡人口脱贫致富能力。2016—2020年，全市建档立卡人口年人均纯收入由5160元/人/年增长至12803元/人/年，人均纯收入翻1.5倍。采取有力措施防范返贫致贫，建立防贫监测帮扶制度，把有致贫风险的低收入边缘户和有返贫风险的脱贫户纳入动态监测范围，发现情况及时救助、帮扶；对未纳入低保等重点建档立卡人口实行每月动态核查，根据经济状况变化及时纳入低保；通过基本医保、大病保险、医疗救助、补充医保“四重保障”（基本医疗、大病保险、医疗救助、医疗补充保险）制度，有效遏制和减少农村“因病致贫、因病返贫”现象。无返贫、新致贫情况发生。

政策措施落地见效，民生保障不断提升。义务教育有保障，严格落实教育扶贫工程，对全市建档立卡家庭中的各阶段在校学生实施教育资助扶贫，确保建档立卡学生不因家庭困难辍学，2016—2020年累计帮扶建档立卡学生2960人次，投入资金118.8万元。基本医疗有保障，落实建档立卡人口基本医保个人缴费补助、补充医疗保险补贴等政策，全力遏制因病致贫、因病返贫现象，2019—2020年建档立卡人口享受基本医保、大病保险、医疗救助政策累计报销金额5200万元，2018—2020年享受补充医疗保险政策累计5955人次，报销

金额350.28万元。住房安全有保障，深入推进全市建档立卡户危房改造工作，保证建档立卡户危房改造发现一户、改造一户，切实保障建档立卡人口住房安全，2016—2020年累计帮扶建档立卡人口改造危房1853户，投入资金6137万元。

群众生活明显改善，民生福祉不断攀升。坚持“交通水利、电网电讯、环境卫生”先行，全面提升建档立卡人口的获得感、幸福感。基础设施建设持续推进，大力开展贫困地区基础设施建设，60个重点村全面实现道路“硬覆盖、村村通”，安全饮水设施全覆盖，电力保障、广电线路、互联网线路全部通达，贫困地区基础设施全面完善。公共服务水平稳步提升，建档立卡人口住房安全率、义务教育入学率、基本医保参保率均达到100%；重点村卫生室、综合文化中心实现全覆盖；贫困地区文化中心学校、医院、银行、消防、商业网点、客运班线等基本社会公共服务功能齐备，贫困地区面貌彻底改变，贫困群众生产生活条件明显改善。农村人居环境全面改善，全面实施“百村美丽、千村整洁”行动，贫困村村内主干道绿化美化和公共场所照明设施全覆盖，村容村貌得到大幅提升，重点村全部达到“整洁村”标准，60个重点村陆续通过省、市两级美丽示范村验收，实现从重点村到美丽示范村的嬗变。

多元帮扶体系全面建立，脱贫攻坚能力逐步增强。充分发挥党的政治优势，开展“百千万”行动。开展“百村增收示范”行动，筛选确定全市100个村为增收示范村，选拔近百名经济能人到示范村任职，因村制宜探索合作服务、产业带动、资源盘活的发展模式，推动全市十余个村集体增收逼近百万元，90%以上示范村集体增收超20万元。在此基础上，60个重点村形成各具特色的增收产业，其中38个重点村建有棚菜、光伏、扶贫车间等扶贫项目，12个重点村发展成为电商村，10个重点村建成“一村一品”专业村。开展“千名干部领航”行动，全市选派1818名乡村振兴“第一书记”重点帮扶144个软弱涣散村、411个集体经济薄弱村、空壳村，特别是通过定点帮扶、下派工作队驻村帮扶等措施，对已销号的60个重点村进行重点扶持，进一步巩固转化升级成果。开展“千名干部下基层、访贫问苦送温暖”活动，采取“1帮1”“1帮N”“N帮1”等多种方式，对全市7484个贫困户，特别是因新冠肺炎疫情造成的困难群众进行点对点帮扶。开展优秀企业“爱心帮扶”工程，吸纳近亿元资金兴办村级公益事业。吸引千余名社会乡贤和大学生投身乡村振兴建设，有效推动科技成果在乡村一线转化应用。开展“万名党员助力”行动，依托市委党校、县乡党校、农民夜校，开展“万名党员进党校”活动，着力提升党员的思想自觉和行动自觉。依托智慧党建网络平台，设立“网上党校”“指尖党校”，强化对农村流动党员的教育管理。开展“认岗位、践行动、立新功”活动，设立近百个产业发展示范岗、乡村文明和谐岗、扶贫帮困爱心岗等岗位。开展多方参与的扶贫机制。整合100余家定点驻村帮扶、爱心团队和光彩事业帮扶、部队帮扶各种力量，开展“百企联百村”帮扶活动，直接投入和协调资金累计超过1亿元，落实帮扶项目727个。采取线上线下、机关定点等消费模式，拉动农产品消费金额2887万元。

脱贫攻坚宣传力度强劲，社会各界参与氛围高涨。开展“扶贫日”宣传活动，每年10月17日扶贫日，全市近百家党政机关、企事业单位、驻沈部队深入贫困村，开展丰富多彩的扶贫日活动。多家媒体宣传脱贫攻坚先进典型和贫困地区可喜变化，营造扶贫向善、济困光荣的扶贫气氛。发挥典型引路作用，选树驻村“第一书记”、脱贫致富等先进典型70余人，评选市级“最美扶贫人”10人，浑南区委驻村“第一书记”高政列入省“最美扶贫人”20人候选名单，和平区委驻村干部王利列入省人社厅记大功人选，推荐康平县扶贫办、康平县扶贫办科长魏欢为国家脱贫攻坚先进单位和先进个人。充分利用各种宣传平台。中央、省、市媒体对脱贫攻坚先进典型报道50余次。市属媒体开展脱贫攻坚主题系列报道，开设“走进我们的小康生活”10余个专栏，推出12个专版，媒体刊发报道300余篇。推广学习先进经验，推广朝阳市挂图作战和营口市“二维码”管理经验，建立挂图作战工作机制，将建档立卡户的身份证、户口本、明白卡、扶贫手册等信息进行拍照采集，录入系统，生成二维码，实现“一户一卡一码”，贫困信息、帮扶举措清晰可见。

（赵　奇）

重点聚焦

营商环境建设

2020年，全市认真贯彻国家和省关于营商环境建设的要求部署，从供给侧和需求侧两端协同发力，不断提升营商环境的市场化、法治化、国际化水平，努力打造稳定、公平、透明、可预期的营商环境。

营商环境评价取得阶段成果。在首部营商环境评价领域国家权威报告《中国营商环境报告2020》中，沈阳市被列入示范引领的15个标杆城市。获《环球时报》评选的“中国国际化营商环境建设标杆城市”，在20个标杆城市中排名位列第11名。实施营商环境2.0、3.0改革提升工程，出台优化营商环境行动方案和以评促改优化营商环境提升计划，制定107项工作措施，形成220项具体任务，在“四减三增两优一强”（减时限、环节、材料、成本，增加透明度、便利度、满意度，优化监管、服务，强化监管）上实施一批新举措。邀请第三方评价机构对各地区各部门开展培训，提升各指标领域营商便利度。深入开展“企业评、群众议”，收集问题建议588条，累计参与评议12万人次，市场主体对沈阳市营商环境的总体满意度达95.63%。

深化“放管服”改革。启动“一网通办”百日攻坚行动，从在线办理成熟度、服务事项覆盖度、办事指南准确度、服务方式完备度、在线服务成效度5个方面推进“一网通办”能力提升，沈阳市“一网通办”业务指标排名全省第一。全市依申请类事项可网办率提升至100%，全程网办率提升至63.4%。建立政务服务“好差评”体系，累计向国家、省平台汇聚“好差评”数据497万条，满意度达99.9%。持续深化工程建设审批改革，推行“清单制+告知承诺制”“一张蓝图+区域评估”、建筑师负责制，“三会”（审前见面会、审中协调会、审后总结会）服务模式被确定为全国工程改革可复制、可推广经验，全市工程建设项目审批时限控制在50个工作日以内。取消下放调整行政职权1045项；75项市区两级“往返跑”事权合并审批层级，审批承诺时限压缩70%，审批要件删减60%，企业新开办时限压缩到0.5个工作日以内。

“万人进万企”活动提升精准度和实效性。组织全市10166名干部深入11282户企业“送政策、察实情、解难题、促发展”，解决企业诉求问题4195件。建立市区两级领导“一对多”“多对多”帮扶企业责任制，设立税费、政府诚信、涉法涉诉、城市建设（基础设施要素保障）、企业融资、科技创新、外企服务7大工作专班助企纾困。组织238户企业开展26期“营商下午茶”活动，5000余户企业参与网络互动，回应解决企业意见建议和诉求问题271件；组建政策法律服务团，集中宣讲企业关注惠企政策，提供涉法涉诉服务。开展“强意识、转作风、打通中梗阻”专项行动，着力解决公务人员服务意识缺失、不担当不作为、慢作为乱作为、效率低下等问题。

专项整治聚焦重点领域解决难点问题。推动政府拖欠工程款、招商承诺不兑现、招投标程序不规范等39类问题有序整改，建立41项长效机制。在政府失信方面，累计清理偿还政府拖欠企业工程款215.4亿元，解决招商承诺不兑现问题180个，完成市委、市政府两年目标任务。在企业历史遗留问题解决难方面，制定营商环境投诉办理实施细则，办理营商重点投诉案件694件，办结率91.9%；开展企业投诉问题清底行动，帮助企业有效解决项目审批、融资、抵押执行等疑难问题1510件，解决率达97%。

疫情防控和企业复工复产统筹推进。在全市范围内推广使用“健康码”，实时与省一体化政务服务平台共享健康码数据，实现“一码通行”。开通疫情防控投诉举报电话和企业应急服务专线，累计受理诉求1.2万件。制定应对新型冠状病毒感染的肺炎疫情支持企业开工复工15条措施，出台沈阳市关于进一步精简审批优化服务精准稳妥推进企业复工复产的实施意见，对涉及企业生产必需、疫情防控必需的审批事项，开辟“绿色通道”，快速审批，即来即办。（市营商局）

2020工业互联网全球峰会

10月18—19日，由工业和信息化部、中国科协、辽宁省政府主办，沈阳市政府、中国工业互联网研究院、辽宁省通信管理局、辽宁省工业和信息化厅承办的2020全球工业互联网大会在沈阳市新世界博览馆举办。省委书记张国清出席开幕式，省委副书记、省长刘宁致辞，省政协主席夏德仁出席。工业和信息化部副部长刘烈宏，中国科协副主席孟庆海致辞。省委副书记周波出席，副省长陈向群主持开幕式，市委书记张雷、市长姜有为出席。大会延续“赋能高质量·打造新动能”主题，深入贯彻落实习近平总书记贺信精神和中央关于工业互联网创新发展的重要指示，包含专家考察、开幕式及主旨报告、专题夜话、八场专题会议、创新成果对接交流展等一系列特色活动。倪光南、高金吉、柴天佑、李培根、黄维5位院士，华晨宝马总裁兼首席执行官魏岚德，东软集团董事长兼CEO刘积仁，新松机器人创始人、总裁曲道奎，中科院沈阳自动化研究所所长于斌，华为公司轮值董事长郭平，华为中国云与计算总裁史耀宏，航天云网董事长於亮，用友网络董事长王文京，紫光集团有限公司董事、联席总裁王慧轩，东华软件股份公司董事长薛向东，奇安信副总裁韩永刚，深兰科技创始人、董事长陈海波，和利时董事长兼总经理周东红、阿里巴巴副总裁刘松，SAP中国区副总裁兼首席数字官彭俊松，GE数字集团亚太区总经理夏鹏等专家和企业家线下在沈齐聚一堂，德国人工智能研究中心（DFKI）首席执行官及科学董事沃夫冈·瓦尔斯特，中欧数字协会主席鲁乙己、俄罗斯物联网协会理事安德烈·科列斯尼科夫等外宾线上连线共话发展，聚焦工业互联网在疫情防控和助力企业复工复产中的新业态、新模式，促进国内国际双循环发展等热点展开交流。大会发布《全球工业互联网十大成长性技术展望（2020—2021）》《工业互联网发展应用指数白皮书》《工业互联网产业经济测算系统》《辽宁省数字经济发展规划纲要》等重大成果。同时，大会宣布中国工业互联网研究院辽宁分院、分中心正式落地揭牌，并宣布每年10月18日将在沈阳如期举办大会。大会在2019年工业互联网全球峰会的基础上既有传承也有突破，更加注重线上线下融合，以“线上+线下”的形式，展示前沿成果，推动资源对接和项目落地，活动形式更加丰富，产业赋能更加深入，成功引发全国工业互联网领域的高度关注，深入推动工业化与信息化在更广范围、更深程度、更高水平上实现融合发展。

（林　阳）

第六届全国文明城市创建

2020年，全市坚持“创城促振兴，创建惠民生”理念，突出问题导向、目标导向、结果导向，扎实推进各项创建工作。沈阳市获第六届全国文明城市荣誉称号，在复查的28个省会（首府）、副省级城市中，排名第15位，创历史最好成绩。

构建齐抓共管工作格局。市委、市政府将文明城市建设纳入市委全会、《政府工作报告》、年度专项绩效考核；建立书记和市长统筹抓总、市委常委分区包保、分管市领导分兵把口、各地区各部门各负其责、人大政协协同助力、驻沈中（省）直通力协作的工作机制；健全完善指挥调度、专项督查、实绩考核等制度机制；召开创城启动大会、攻坚大会、迎检大会，明确目标、任务、措施、责任，号召全民参与创建，形成上下联动、齐抓共管的良好局面。

解决百姓关注民生问题。探索“测评推动”“ABC分类”“现场交办”“样板带动”4个有效方法，推动城市管理网格化、精细化、智慧化。对全市2083个固定点位及周边实施3次全覆盖检查，交办问题3.5万余个。大力实施老旧小区、背街小巷、交通秩序等十个重点领域专项整治行动；累计投入51亿多元，完成3072个老旧住宅小区改造提质工程、236条背街小巷维护改造工程、92个农贸市场硬件设施维护提升工程、31个乡镇和48条街路沿线整治提升工程等，基础设施配套日趋完善、功能逐渐完备，市民满意度从年初的76.16分，提升到国检前的90.97分。

提高档案申报工作质量。全面梳理分析测评体系指标，形成指导手册，建立工作清单和评价体系，督促各单位抓好工作落实。对劣V类水体、空气质量等短板指标进行重点推进；对四中全会精神、疫情防控等新增指标进行研判部署。启动档案工作百日攻坚行动，建立3年档案提报资料库，累计完成入库资料32011个，经过驻点提升、三轮入库、五级联审，质量得到大幅度提升，圆满完成档案资料网上申报工作。

提升市民文明素养和社会文明程度。坚持育人与管理并举、宣传与教育并重，深入开展社会主义核心价值观和“中国梦”系列宣传教育，深化文明单位、文明村镇、文明家庭、文明校园创建活动，大力宣传道德模范、最美沈阳人、抗疫英雄的感人事迹。策划开展清洁沈阳、文明祭祀、文明出行、文明排队、文明养犬、文明餐桌等八大主题活动，推动市民文明素养和社会文明程度不断提升。

强化全民参与，深化共建共享创建理念。始终把群众力量作为源头活水和不竭动力，先后召开千人动员大会、千人攻坚推进大会，全市动员，全民参与。利用新闻宣传、社会宣传，及时报道文明创建的生动实践、经验做法，发挥社区居民、道德模范和市民志愿者力量，开展丰富多彩的创建活动，打造全民共建共治共享的社会治理格局，营造全民创城、全域创城、全面创城的浓厚氛围。（市委宣传部）

建成区黑臭水体整治

2017年，沈阳市开展建成区12个黑臭水体的综合整治工作，采取工程性和管理性措施对建成区黑臭水体进行综合整治，治理长度约190千米。同时，为解决上游对下游、支流对干流影响，自加压力实施外围15个水体324千米综合治理。2018年底，经生态环境部、住建部检查认定，沈阳市建成区黑臭水体消除率100%，并被评为全国首批黑臭水体治理示范城市，获中央补贴资金6亿元。截至2020年末，治理总长度514千米，累计完成投资40亿元，以推进示范城市建设，打造“清水绿岸、鱼翔浅底”水生态环境为目标，积极实施水体深度治理工程，建立健全长效机制，努力实现水体长制久清。

落实有效工程性措施。控源截污，根治水体外源污染。为源头控制污水向城市水体排放，解决河流周边小区和城中村生活污水入河问题，新建截污管线100千米、小型污水处理站23座，收集沿线直排口污水进入污水处理厂集中处理，有效控制外源污染。清淤疏浚，消除水体内源污染。实施河道清淤，底泥经处置后用于道路、护岸回填土，实现资源化利用，累计完成清淤100万立方米，同时结合曝气等人工增氧设施、水源补给等措施，消除内源污染。景观提升，打造滨水休闲空间，清理河底及护岸垃圾、河面漂浮物，拆除各类违建；新建整修护岸护坡123千米、铺设慢行绿道140千米；种植乔灌木、挺水和沉水等植物，以及亮化等工程。活水保质，增强水体流动性；建立以大伙房水库为水源地、以浑河为主渠道、以运河水系为转输的生态补水体系，对新开河、南运河、卫工明渠、细河等水体进行生态补水，增强水体流动性的同时促进水质持续改善。以水润城，打造“清水绿岸”示范水体；落实海绵城市理念，打造国家级双示范水体，实施新开河、南运河沿线绿化、亮化、美化及智能化建设，建设集景观、休闲、文化、生态于一体的环状城市滨水新空间。

完善管理措施。加强“河长制”落实，建立以市委、市政府主要领导为总河长的市、区（县）、街道（乡镇）、社区（村）四级河长体系，强化河长工作职责，及时巡河发现、整改污染源。强化污染源管控，对污水直排企业和单位加大巡查执法力度，对违规排污的予以关停或取缔；严格控制地铁和建筑基坑降水排入污水及雨污合流管线，综合施策治理农村面源污染，加强排污口管控，禁止污水直排入河。发挥第三方监管作用，通过政府购买服务方式，聘请第三方监测和监督机构定期进行检测，动态跟踪河流水质情况，及时通报水质监测结果；加强沿线污染源和岸线环境动态排查，第一时间发现问题，及时交办责任主体进行整改；第三方监管单位每日巡查污染源，督办问题整改。健全垃圾收运体系建设，加大扫保人员投入，及时清理水体垃圾；加强垃圾设施管理，对蓝线范围内的垃圾堆放点、垃圾中转站等设施进行全面清理，避免对水体造成二次污染；建立水体垃圾收集、转运体系，形成独立收转记录。强化宣传引导，通过各类新闻媒体加大宣传力度，开展“爱水，爱沈阳”主题宣传活动，引导群众自觉参与黑臭水体整治，不向河道倾倒垃圾、排放污水，对破坏水体及周边环境的行为进行监督举报。

从2019年开始，由省生态环境厅牵头，组织每年第二、三季度各城市水质交叉互检，检测结果上报国家。2019—2020年检测4次，沈阳市12个水体均合格。

（毕　迪）

要闻·大事

十大新闻

【市委十三届十三次全会通过《中共沈阳市委关于制定沈阳市国民经济和社会发展第十四个五年规划和二〇三五年远景目标的建议》】 12月3日，中国共产党沈阳市第十三届委员会第十三次全体会议在沈阳召开。全会审议通过《中共沈阳市委关于制定沈阳市国民经济和社会发展第十四个五年规划和二〇三五年远景目标的建议》。省委常委、市委书记张雷就《建议（讨论稿）》向全会作说明。全会充分肯定沈阳“十三五”时期全面建成小康社会取得的成就，深入分析沈阳振兴发展面临的形势，提出沈阳“十四五”时期经济社会发展主要目标。

【沈阳市第六人民医院挂牌省新型冠状病毒感染肺炎集中救治中心（沈阳）】 1月31日，沈阳市第六人民医院挂牌“辽宁省新型冠状病毒感染肺炎集中救治中心（沈阳）”。2月3日，沈阳分中心临时隔离病房（沈阳方舱）建设完工并交付使用，历时仅8天。沈阳分中心成立后从最初接诊包括沈阳在内7个城市的本土新冠肺炎确诊病例，到疫情常态化下，接诊包括沈阳在内10个城市的输入性确诊病例。沈阳分中心是全省第一个挂牌，第一个到外地转运患者，第一个收治外地确诊患者的区域集中救治中心。

【沈阳蝉联全国文明城市荣誉称号】 11月20日，沈阳市蝉联“全国文明城市”荣誉称号。《沈阳日报》推出《创城号·倾城之变——来自沈阳市创建第六届全国文明城市的一线报告》特刊，12个版特刊集中见报，沈阳广播电视台推出《沈阳创城 有你有我》系列宣传片，对创城行动和创城人进行多渠道、多层次、全方位的展现，营造全民创城、全域创城、长效创城的良好氛围。

【沈阳迎接117位在韩志愿军烈士遗骸回归祖国】 9月27日，第七批117位在韩志愿军烈士遗骸回国。中共中央政治局委员、国务院副总理孙春兰27日上午在沈阳桃仙国际机场出席在韩中国人民志愿军烈士遗骸回国迎接仪式并讲话。中央广播电视总台央视新闻频道策划推出特别节目，跨时段进行超过90分钟的全程直播，并在新闻联播、焦点访谈、新闻直播间、新闻30分等栏目推出重点报道，中外主流媒体全网报道。

【沈阳获评中国营商环境标杆城市】 10月16日，国家发展改革委发布中国营商环境评价领域的首部国家报告《中国营商环境报告2020》。报告中，沈阳被列入示范引领的15个标杆城市，营商环境改革经验获得重点推广。8月，自贸区沈阳片区锁定企业“办事难”、项目推进慢背后的问题，全面优化审批流程，将15

个职能部门的25枚审批用章全部封存，代之以“一枚印章管审批”，即涉企审批事项只需加盖“行政审批专用章”一章即可办妥。同时，承载“一枚印章管审批”的服务平台——“浑南会客厅”正式启用。《人民日报》推出《辽宁省沈阳市浑南区持续优化营商环境一枚印章管审批，便利！》重点报道。沈阳坚持把营商环境建设作为振兴发展的切入点和突破口，全力推进“一网通办”，积极打造办事方便、法治良好、成本竞争力强、生态宜居的营商环境。首部国家营商环境报告选取15个标杆城市作为典型案例，沈阳榜上有名。

【117个重点项目集中“云签约”总投资2672.5亿元】 3月5日，沈阳市举行重点招商项目云签约仪式。此次重点招商项目云签约仪式设1个主会场，13个区县（市）分会场和113个企业会场，有117个重点项目实现线上集中签约，总投资2672.5亿元，涵盖智能制造、信息服务、文化旅游、商贸物流等领域。

【华晨宝马第300万辆BMW汽车下线】 2月27日，伴随着一台BMW5系插电式混合动力里程升级版汽车在新大东工厂下线，华晨宝马汽车有限公司第300万辆国产BMW汽车成功下线。从200万辆到300万辆的飞跃，华晨宝马只用了2年的时间。

【沈阳优化路网结构，城市“二环”功能南移】 12月25日，浑南大道隧道段建成通车，该隧道是东北地区最宽的城市快速路隧道。此前长青街快速路、浑南大道快速路高架段、胜利大街快速路相继开通，极大缓解了浑南地区交通压力，胜利大街揽军路转体桥将于2021年底完工，届时将实现城市“二环”功能南移。“十三五”期间，沈阳陆续建成南北快速干道、北一路、东一环、沈辽路、长青街、胜利大街、浑南大道7条快速路，在建快速路里程32千米。沈阳快速路通行总里程由2011年的19千米增加至344千米，在国内副省级城市中排名第3位，城市路网不断优化，出行更畅通。

【沈阳中街400年老街展新颜】 9月25日，历时3年时间改造，首批国家试点步行街——沈阳中街正式启幕，具有400年历史的沈阳中街重装启航。沈阳中街是中国第一条商业步行街。2018年12月，沈阳中街作为东北地区的唯一代表，被列为首批国家步行街改造提升试点。两年间，沈阳坚持规划引领，以历史为根、以文化为魂、以时尚为脉，从交通优化、管网更新、路面铺装、立面改造、业态提升、智慧街区等方面对中街进行全面升级改造，商业集聚度和形象美誉度大幅提升，日均客流量超过25万人次。焕然一新的中街呈现出“日观光+夜经济”的商旅文一体化模式，中街这条古老的商业步行街焕发出勃勃生机。

【“一城双赛”塑造沈阳城市品牌形象】 9月14—20日，2020沈阳马拉松嘉年华线上跑创新运作模式，以京沈联动、42.195小时“云直播”为助推力，实现全球跑友37万余人在世界各地“云跑沈马”的盛况。9月30日至10月30日，“2020中国赛艇大师赛·沈阳站”“第三届沈阳国际赛艇公开赛”在“中国最美城市静水赛道”——浑河举办，打造人人可参与的“全球云艇嘉年华”。

（摘自2021年1月1日《沈阳日报》报道，有改动）

民生实事

【教育养老】 2020年，市政府确定12件民生实事全部完成，涉及教育养老3件。1.新建、改造、提质1439个城乡中小学厕所（牵头单位：市教育局）。2020年，计划对1439个城乡中小学厕所开展新建、改造和提质；其中，改建352个、提质843个、新建244个（全年完成计划总量的70%，即170个）。当年任务全部完成，剩余74个新建项目2021年上半年完成。2.完成小区配套幼儿园治理，新增150所城乡普惠幼儿园（牵头单位：市教育局）。截至11月30日，全市288所需要治理的小区配套幼儿园全部完成治理，全市新增158所普惠性幼儿园，超额完成年度目标任务。3.新建区域性居家养老服务中心100个，改造社区养老服务站300个（牵头单位：市民政局）。截至12月25日，新增105个区域性居家养老服务中心、改造302个社区养老服务站。

【市政建设】 2020年，市政府确定12件民生实事全部完成，涉及市政建设3件。1.实施89项排水防涝工程，新建改造雨水管渠80千米，改造积水点位84处（牵头单位：市城乡建设局），9月末完成。排水防涝89项工程，包括管渠工程73项、泵站工程

11项、水系工程4项、清淤工程1项。2.解决15万个停车泊位，在主次干路涉及学校路段新增5000个临时停车泊位（牵头单位：市城乡建设局、公安局）。任务包含2个指标，在主次干路涉及学校路段新增5000个临时停车泊位，5月底提前并超额完成任务，在112所校园周边增设5869个临时停车泊位；解决15万个停车泊位，11月30日完成。3.解决7.69万农村人口安全饮水问题，开展100个行政村生活污水治理，新改建村内道路430千米、安装路灯8700盏（牵头单位：市水务局、生态环境局、城乡建设局）。解决7.69万名农村人口安全饮水问题，计划新建改造61处饮水设施，分布在于洪（16处）、新民（1处）、康平（16处）、法库（28处）4个地区。12月24日实现全部试水、通水。开展100个行政村生活污水治理，截至11月30日，全市有104个行政村完成生活污水治理任务。新改建村内道路430千米、安装路灯8700盏，截至12月16日，完成村内道路硬化442千米、安装路灯9320盏。

【居住环境】 2020年，市政府确定12件民生实事全部完成，涉及居住环境4件。1.实施265个电力弃管小区用电设施改造（牵头单位：市房产局）。6月29日全部完成。2.维护提升公园5座、新建公园7座、新增绿地27块，打通浑北环城水系慢道系统（牵头单位：市城市管理综合行政执法局）。截至11月30日，新建公园7座，投入使用。新建绿地27块，全部建设完毕。维修提升公园5座，实际维修提升公园20座。浑北慢道系统建设工程新建改造慢道64.4千米，路灯2000余套，跨河桥、木栈桥各1座。3.实施“暖房子”工程200万平方米，新建改造供热管网50千米、小区供水内网300千米、燃气管网200千米（牵头单位：市房产局、水务局、城乡建设局）。实施200万平方米“暖房子”工程：5个原土地非独立操作区（和平、沈河、皇姑、大东、于洪）150万平方米，6个原土地独立操作区（铁西、浑南、沈北、苏家屯、辽中、新民）完成50万平方米，10月底完成全年改造任务。新建改造供热旧管网，10月中旬完成100千米，超额完成年度任务。新建改造燃气管网（新建50千米、改造150千米），完成新建改造燃气管网254千米，提前并超额完成任务。其中，新建燃气管网完成52千米，改造燃气管网完成202千米。新建改造小区供水内网，改造供水管网309.82千米，完成计划的102%。4.改造老旧小区63个、棚户区2441套、农村危房255户（牵头单位：市房产局）。改造老旧小区63个，8月底全部完成。农村危房改造，沈阳市明确的255户（含建档立卡贫困户115户）改造任务全部完成；省下达沈阳市农村危房改造任务486户在8月25日全部竣工，提前完成改造任务。棚户区改造，截至12月1日，全市计划改造棚户区2441套，开工2509套，完成全年工作任务。

【交通出行】 2020年，市政府确定12件民生实事全部完成，涉及交通出行1件。新增纯电动公交车1128台，新开调整公交线路20条。其中，新开调整20条公交线路，完成22条公交线路的优化调整。新增纯电动公交车，由2户民营公交企业负责采购的78台公交车分别于11月23日和12月16日签订购车合同，由客运集团等3家国有（控股）公交企业负责采购的1050台12月25日签订购车合同。

【文化休闲】 2020年，市政府确定12件民生实事全部完成，涉及文化休闲1件。为20个体育公园、100个乡村文化广场配建健身器材（牵头单位：市体育局）11月初提前并超额完成年度任务。为20个体育公园和130个乡村文化广场安装162套、1122件器材。 （市政府办）

大事记

1月

2日 市委召开专题会议，深入学习习近平总书记关于东北、辽宁振兴发展的重要讲话和指示批示精神，研究部署抓好贯彻落实的具体举措。会议强调，全力以赴推动习近平总书记重要讲话和指示批示精神在沈阳落地生根。

同日 市直机关党的建设工作会议召开，深入学习贯彻习近平总书记在中央和国家机关党的建设工作会议上的重要讲话精神，研究部署当前和今后一个时期市直机关党的建设工作。

5日 2020中国冰雪旅游发展论坛举行。中国旅游研究院（文化和旅游部数据中心）在会上发布《中国冰雪旅游发展报告（2020）》，沈阳市入选“2020

年冰雪旅游十强市”。

4—7日　中国人民政治协商会议沈阳市第十五届委员会第三次会议召开。会议审议并通过市政协主席韩东太代表市政协常务委员会所作的工作报告，审议并通过提案工作情况的报告。选举赵东岩为政协沈阳市第十五届委员会副主席；会议协商讨论市长姜有为所作的政府工作报告；协商讨论沈阳市2019年预算执行情况和2020年预算（草案）的报告、沈阳市2019年国民经济和社会发展计划执行情况与2020年国民经济和社会发展计划（草案）的报告；协商讨论沈阳市中级人民法院工作报告和沈阳市人民检察院工作报告，对以上报告均表示赞同。

5—7日　沈阳市第十六届人民代表大会第三次会议在辽宁人民会堂召开。大会补选张为为市人民检察院检察长，会后须报经省人民检察院检察长提请省人大常委会批准；大会表决通过姜有为所做的《沈阳市人民政府工作报告》的决议；表决通过关于沈阳市2019年国民经济和社会发展计划执行情况与2020年国民经济和社会发展计划的决议；表决通过关于沈阳市2019年预算执行情况和2020年预算的决议；表决通过潘利国所作的《沈阳市人民代表大会常务委员会工作报告》的决议；表决通过关于《沈阳市中级人民法院工作报告》的决议；表决通过关于《沈阳市人民检察院工作报告》的决议。

7日　2019—2020沈阳国际文化旅游节冬季游东部主会场暨“梦幻盛京·冰雪世界”开园仪式在棋盘山启动。项目占地11万平方米。

8日　市长姜有为主持召开市政府第二十届第48次常务会议，研究部署2020年《政府工作报告》任务分解、建议提案办理等重点工作，听取沈阳市根治拖欠农民工工资工作有关情况汇报，传达全国扶贫开发工作会议和省脱贫攻坚会议精神并审议通过沈阳市贯彻落实的工作安排；审议通过《沈阳市人民政府关于修改〈沈阳市运河风景区管理办法〉的决定》。

同日　上海爱夫迪自动化科技有限公司与中德（沈阳）高端装备制造产业园管委会就建设FFT爱孚迪集团北方总部项目签署合作协议。

9日　沈阳市人民政府与金地（集团）股份有限公司举行合作签约仪式。按照此次签署的战略合作协议，金地集团将在沈阳投资建设“金地智造天地”等9个产业项目，计划总投资298亿元。

同日　市长姜有为带领30余户中小企业负责人到远大压缩机、东方钛业、亨通光通信、富创精密设备等企业观摩学习，了解开展精益生产、实现精益改善的经验做法及成果，并在沈阳富创精密设备有限公司主持召开全市精益管理工作现场会，部署下步工作。

10日　2019年度国家科学技术奖励大会在北京举行。沈阳市有14个项目获奖，其中有在沈高校、科研院所和企业主持项目8个，包括自然科学奖1项、国家科学技术进步奖4项、国际科技合作奖1项、专用项目奖2项。

11日　全市“不忘初心、牢记使命”主题教育总结会议召开。

14日　2019年度“感动沈阳”人物颁奖典礼在沈阳盛京大剧院举行。颜妮、王立军、沈阳市消防救援支队启工中队、卜庆平、王雅雯、王义华、张迪、张登林、程茂友、秦咏诚入选2019年度“感动沈阳”人物。

17日　沈阳·中关村智能制造创新中心在铁西区启动。

18日　沈阳—关西高质量合作交流会在沈阳举行。

同日　总投资66.4亿元的17个项目落地法库。项目涉及大型无人机、特种飞行器、精密陶瓷、新型绝热材料生产及京沈对口产学研合作、农产品深加工、冷链物流等重点领域。

同日　沈阳市成立市疫情防控工作领导小组，就疫情防控进行部署，全面构建防控组织体系。

20日　市委常委会召开会议，传达学习习近平总书记在十九届中央纪委四次全会上的重要讲话精神和十九届中央纪委四次全会精神及省纪委十二届五次全会精神；传达学习省十三届人大三次会议和省政协十二届三次会议精神；传达全国、省扫黑除恶专项斗争领导小组会议精神，听取关于全市扫黑除恶专项斗争2019年工作情况和2020年工作安排的汇报；听取关于全市安全生产集中整治工作进展情况汇报。

21日　经沈阳市疾控中心检测，中国医大附属第一医院收治的抚顺市一男性患者新型冠状病毒呈阳性。为沈阳首例确诊病例。

23日　《沈阳市人民政府办公室关于印发沈阳市新型冠状病毒感染的肺炎疫情联防联控工作方案的通知》，全力做好疫情防控工作。

26日　沈阳市启动应对新型冠状病毒感染的肺炎疫情一级响应。

同日　沈阳市首批援助湖北医疗队出征。医疗队成员13人，涵盖呼吸科、感染科和重症医学科三个重点专业。

27日　市委、市政府下发《中共沈阳市委、沈阳市人民政府关于加强新型冠状病毒感染的肺炎疫情防控工作的紧急通知》，成立沈阳新型冠状病毒感染的肺炎疫情防控指挥部。

同日　沈阳市新型冠状病毒感染的肺炎疫情防控指挥部下发文件《关于印发沈阳市应对新型冠状病毒感染的肺炎疫情一级响应防控工作方案的通知》，指挥部下设14个专项工作组，启动应对新型冠状病毒感染的肺炎疫情一级响应。实行对湖北来沈人员居家医学观察或集中医学观察至抵沈后14天，有发热症状由120转运指定医疗机构筛查。

同日　按照省交通厅和市政府的工作安排，全市所有客运站全部关闭，暂停全市全部省际、市际、县际和县内客运班线、旅游包车运营。同时，对公交、地铁行业乘客测温防控工作做出具体部署。27日开始在地铁沈阳站、沈阳北站等10个重点车站测温，28日起地铁全部71座车站、143个安检口投入设备，全面启动对乘客测温工作，并延长运营车隔，缩短运营时间。

28日　市委办公室、市政府办公室下发《中共沈阳市委办公室 沈阳市人民政府办公室印发〈关于开展新型冠状病毒感染的肺炎疫情防控督导工作的方案〉的通知》，决定成立8个督导组，对13个区县（市）开展实地督导工作。

同日　沈阳市新型冠状病毒感染的肺炎疫情防控指挥部发布第1号令，命令沈阳全域内实行战时机制，严格落实应对新型冠状病毒感染的肺炎疫情一级响应防控措施。

同日　沈阳市新型冠状病毒感染的肺炎疫情防控指挥部下发《关于印发沈阳市社区新型冠状病毒感染的肺炎疫情群防群控工作实施方案的通知》，要求要全面加强社区和街道（乡镇）的群防群控工作。

29日　沈阳市红十字会发布公告，为积极应对新型冠状病毒感染的肺炎疫情，接受社会各界捐赠。

30日　铁岭首例新型冠状病毒感染的肺炎确诊病例转诊沈阳市第六医院救治。

31日　《辽宁省人民政府办公厅关于延迟企业复工和学校开学的通知》下发，要求省内各类企业不早于2月9日24时前复工（涉及保障城市运行必需、疫情防控必需、群众生活必需除外）；省内各级各类学校（高校、中小学、中职学校、幼儿园、托儿所等）延期至2月17日之后开学。

同日　辽宁省新型冠状病毒感染肺炎集中救治中心（沈阳）在沈阳市第六人民医院挂牌。中心成立后将集中收治沈阳市及辽宁省中部地区鞍山、抚顺、本溪、辽阳、铁岭、盘锦6个城市的新型冠状病毒感染肺炎的确诊病例。确定省人民医院为确认病例密切接触者集中隔离医学观察场所。

同日　全市各级财政累计拨付疫情防控资金35184万元，其中：市本级26149万元，区县9035万元。

同日　载有日本川崎市无偿捐赠的8万只医用口罩的南方航空CZ628次航班抵达沈阳桃仙国际机场。

2月

1日　市市场监管局制定全国首张《疫情防控期间案件查办工作指引清单》，2月3日，人民网刊登《全国首张！沈阳发出市场监管领域疫情防控期间案件查办工作指引清单》。

2日　沈阳市新型冠状病毒感染的肺炎疫情防控指挥部下发《关于做好新型冠状病毒感染的肺炎疫情防控期间工业企业复工和确保生产安全防疫安全的通知》，规定全市工业企业不早于2月9日24时复工。

同日　沈阳市新型冠状病毒感染的肺炎疫情防控指挥部发布《沈阳市关于进一步加强外地返沈人员新型冠状病毒感染的肺炎疫情防控工作的通告》（第3号），提出出行信息、隔离时间、外出活动等9项具体要求。

同日　辽宁省新型冠状病毒感染的肺炎疫情防控指挥部令（第4号）发布：包括立即启用辽宁省新型冠状病毒感染的肺炎集中救治中心沈阳中心，开展新型冠状病毒感染的肺炎集中救治工作；实行“集中患者、集中专家、集中资源、集中救治”。

同日　15时30分，辽宁驰援湖北危重症患者救治医疗队118名队员从沈阳桃仙国际机场乘专机奔赴武汉。其中，沈阳市有8名成员，来自沈阳医学院附属第二医院等5家三级综合医院，均为重症医学科专业。

同日　市总工会紧急下拨2910万元专项资金，助力全市930个社区疫情防控。当天，按每个社区工会3万元标准，2790万元全部准确拨付到位；出资120万元为防控一线的工作人员购买口罩30万个，委托市民政部门抓紧实施。

3日　市新型冠状病毒感染的肺炎疫情防控指挥部发布《沈阳市关于停止举办各类人员集聚型活动的通告》（第4号），要求加强督导，严格管控，对不听劝告的依法予以强制取缔。

同日　全市农村各地区共成立134个督导组，对属地村屯开展地毯式排查和检查，1523个村布控卡点3069个，以村“两委”班子为主的群防群控队伍达到14500人，村屯卡点、巡逻、登记、排查等措施已经做到全覆盖。

4日　东软医疗向武汉市雷神山医院捐赠NeuViz 128 CT一台及东软医疗智能医学影像云平台、远程高级后处理软件各一套，向华中科技大学同济医学院附属同济医院捐赠NeuViz Prime CT一台及东软医疗智能医学影像云平台、远程高级后处理软件各一套，总价值2700万元。

5日　沈阳首位治愈的新型冠状病毒感染的肺炎患者出院。为中国医科大学附属第一医院救治的新型冠状病毒感染的肺炎患者。

同日　沈阳新松机器人公司通过沈阳市红十字会，向防疫前线单位中国医科大学附属第一医院、沈阳市文化旅游和广播电视局捐助机器人产品及智能医疗辅助设备。此次捐助涵盖医用配送机器人7台、多功能餐饮服务机器人14台、智能护理床10台。

同日　启用市委党校作为确认病例密切接触者集中医学观察点，提供197个房间，可接收197名密切接触者进行集中医学观察。

6日　市新型冠状病毒感染的肺炎疫情防控指挥部发布《关于在全市公共交通和出租汽车行业实施实名登记乘车的通告》，全市在地铁站、公共交通工具（公交车、地铁、有轨电车）和出租车张贴二维码，须使用手机扫描二维码，实现实名乘车。

同日　市新型冠状病毒感染的肺炎疫情防控指挥部下发《关于印发沈阳市加强住宅区疫情防控工作实施方案的通知》，实施住宅区封闭管理，设专人值守，对外来人员实行测温、登记进入，快递、外卖人员不得进入住宅区；外防输入、内防扩散，有效阻断疫情传播。

7日　市政府办公室下发《沈阳市人民政府办公室关于印发沈阳市应对新型冠状病毒感染的肺炎疫情支持企业经营发展若干政策措施的通知》，提出严格企业开复工管理、加快重大项目建设、建立复工复产帮扶机制等17条政策措施，暂定执行时间3个月内。

同日　市第六医院暨辽宁省新型冠状病毒感染的肺炎沈阳集中救治中心首例新型冠状病毒感染患者治愈出院。首次批量接收省内7个确诊病例患者。

同日　国家发改委对浩宁实业生产口罩进行征用，省市场监管局对盛实医疗口罩进行产品监管。浩宁实业（沈阳）有限公司和沈阳盛实医疗技术有限公司实现医用口罩稳定生产，每天生产7万片，填补沈阳市医用口罩生产的空白。

同日　沈阳成为全国首个推广应用二维码开展公共交通运输实名登记的城市。交通运输部在官方网站发布《疫情防控追溯利器！沈阳公共交通上线实名乘车码》的报道，向全国推介“沈阳模式”。

8日　市政府发布《沈阳市应对新型冠状病毒感染的肺炎疫情支持企业经营发展若干政策措施》（简称《措施》），提出畅通重点项目、开复工绿色服务通道、加快重大项目建设、建立复工复产帮扶机制。《措施》执行期暂定3个月内。

9日　辽宁省驰援武汉新冠肺炎疫情医疗队的500名医护人员集结沈阳桃仙国际机场，并于12时乘坐4架包机飞往武汉。沈阳市医疗队在2月8日晚组建完成。市卫生健康委从18家医疗机构选派36名精兵强将驰援武汉，其中6名医师、30名护士。至此，沈阳市派出三批医疗队，共57名医护人员支持武汉抗击疫情。

同日　市法院、市检察院、市公安局、市司法局联合发出《关于依法维护新冠肺炎疫情防控工作秩序和敦促新冠肺炎重点人员及外地来（返）沈人员如实登记申报的通告》，对疫情防控工作进行依法管控。

10日　在原有144条公交线路营运的基础上，96条原停运线路恢复运营，并延长高峰运行时间，确保市民出行。

同日　浑南区217户规模以上工业企业、限上商贸流通企业和10个亿元以上项目复工复产。同日，沈鼓集团全面开复工。

11日　市新冠肺炎疫情防控指挥部发布《关于在全市住宅小区（村）推行居民出入通行证制度的通告》（第8号），确定《居民出入通行证》为进出小区（村）唯一凭证。

同日　市长姜有为主持召开市政府第二十届第51次常务会议，会议审议通过《沈阳市城市基础能力调查工作方案》《沈阳市2020年盘活存量土地攻坚工作方案》。

同日　辽宁中医附属医院等4所医院开通免费网上问诊服务。

同日　国家开发银行辽宁分行启动疫情防控应急融资服务机制，国开行辽宁分行向沈阳市8个项目提供14.49亿元贷款授信。

12日　华晨宝马汽车有限公司大东工厂升级项目土地摘牌，不动产登记证、建筑工程规划许可证发到宝马代表手中。

13日　《沈阳市保障防控新冠肺炎疫情一线医务人员及其家属的若干措施》出台，围绕做好一线医务人员及其家属的关心关爱和服务保障工作，提出生活、心理、人文、安全等10方面28项保障措施。

14日　辽宁省对口支援襄阳第二批医疗队233名队员迅速集结，从沈阳奔赴襄阳。至此，辽宁省已派出1700多名医疗人员。辽宁对口支援襄阳第二批医疗队医护人员分别由辽宁省人民医院、中国医科大学附属盛京医院、中国医科大学附属第四医院等6家医疗机构选派。疾病预防控制人员从省疾控中心和鞍山、抚顺、本溪、营口、辽阳疾控机构选派。

同日　市十六届人大常委会举行第十七次会议，审议通过《沈阳市人民代表大会常务委员会关于依法全力做好新型冠状病毒肺炎疫情防控工作的决定》，为依法科学有序防控疫情提供支撑。

同日　宝马汽车中国有限公司及华晨宝马汽车有限公司宣布，通过中华慈善总会宝马爱心基金，向辽宁省慈善总会捐款人民币500万元，用于定向支持沈阳市抗击新冠肺炎疫情工作，主要用于市第六医院紧急采购急需的防护物资及医疗设备。

15日　市委常委会召开会议，传达学习习近平总书记在中央政治局常委会会议上重要讲话精神；传达学习中央及省关于政法、组织、宣传、统战工作有关会议精神，研究部署沈阳市贯彻落实工作。

同日　市委外事工作委员会召开全体会议，传达学习全国地方外办主任会议精神，研究部署全市外事工作。

同日　市长姜有为主持召开专题座谈会，就“菜篮子”稳产保供工作听取蔬菜生产专业合作社、肉蛋奶生产销售企业和物流企业意见建议，对下一步工作进行部署。

16日　东软医疗系统有限公司首批7台“雷神”移动CT设备发送武汉、广州、河南、北京、新疆等地医院。

同日　辽宁对口支援湖北（襄阳市）前方指挥部9人及第三批救治医疗队100名队员乘包机奔赴襄阳。

同日　沈阳市房产局等六部门下发《关于联合印发〈沈阳市应对新型冠状病毒肺炎疫情保障房地产市场平稳健康发展政策措施〉的通知》，通过推进项目有序开复工、保障土地供应完善管理服务等8项政策措施，保障沈阳房地产市场平稳健康发展。

18日　X8059次中欧班列（沈阳）从沈阳东站顺利启程奔赴俄罗斯罗斯托夫。这是当年发运的首列（辽宁沈阳至俄罗斯罗斯托夫）中欧班列。

20日　市长姜有为主持召开市政府第二十届第52次常务会议。会议审议通过《关于贯彻落实〈中共中央国务院关于抓好“三农”领域重点工作确保如期实现全面小康的意见〉的实施意见（讨论稿）》《沈阳市创建国家安全发展示范城市工作推进方案》《沈阳市疫情防控期间保障市场供应措施》，审议并原则通过《关于推进全市经济技术开发区高质量发展的实施方案（讨论稿）》，听取2021年世俱杯筹备工作情况汇报。

27日　市委、市政府发布《关于统筹推进新冠肺炎疫情防控和经济社会发展工作的实施意见》，要求全市分区分级精准复工复产，推动重大项目建设，毫不放松抓紧抓实抓细疫情防控工作，统筹做好经济社会发展各项工作。

同日　BMW5系插电式混合动力里程升级版汽车在新大东工厂下线，为华晨宝马汽车有限公司生产的第300万辆国产BMW汽车。

28日　市委、市政府印发《关于贯彻落实〈中共中央国务院关于抓好“三农”领域重点工作 确保如期实现全面小康的意见〉的实施意见》。

同日　沈阳经济技术开发区

人民法院对一起销售假口罩案一审宣判，2名被告人犯销售伪劣产品罪分别被判处有期徒刑和罚金。该案是辽宁涉疫情防控第一起销售伪劣产品犯罪案。

3月

1日 市教育局与中国医科大学联合制作的《沈阳市中小学校防控知识讲座》（共3集）通过“沈阳云课”向全市中小学（幼儿园）进行循环播放。

3日 市政府与携程集团签署旅游战略合作框架协议。

4日 交通运输部办公厅网站公布，全国通过第一批综合运输服务示范城市创建工作验收的城市共有14个，分别为北京、唐山、沈阳、上海、南京、镇江、宁波、济南、临沂、武汉、湘潭、广州、深圳、泸州。沈阳为东北唯一入选的城市。

5日 沈阳市举行重点招商项目云签约仪式。签约仪式设1个主会场，13个区县（市）分会场和113个企业会场，共有117个重点项目通过“大屏幕”实现线上集中签约，总投资达2672.5亿元。

同日 百度发布金融、汽车服务、餐饮、商超等热门服务行业的复工数据显示，沈阳市包括银行、证券、保险、担保、小贷、典当等在内的金融机构复工率达到99.16%，居全国第一位；汽车服务业复工率达到98.63%，位居全国榜首。

同日 东北首个灭菌中心在位于大东区的沈阳浩博实业有限公司开建，用于医用口罩、防护服等医用物品专业灭菌。

6日 截至当日11时，全市累计收到企业、团体和市民捐赠的善款4555.56万元；各类慈善组织累计拨付善款5205.82万元。

7日 截至当日，沈阳市27家国家级重点物资保障名单企业累计获得8.49亿元疫情防控专项再贷款，加权平均利率仅2.11%。

8日 辽中区潘家堡乡于家台村举行沈阳首批电商村集体上线启动仪式。辽中区有8个乡镇14个村建起微商城。这是沈阳市首批电商村。

9日 沈阳五爱市场服装城开始恢复正常营业，营业时间每天5:30—15:30。

10日 市委常委会召开会议，传达学习习近平总书记在北京考察新冠肺炎防控科研攻关工作时和在中共中央政治局常委会会议、在决战决胜脱贫攻坚座谈会上的重要讲话精神，研究部署沈阳市贯彻落实工作。

12日 华晨宝马汽车有限公司产品升级项目（大东厂区）总装物流车间项目正式开工。该项目建筑面积19万平方米、总投资金额4.3亿元。

13日 市长姜有为主持召开市政府第二十届第54次常务会议，研究部署盛京皇城综合保护利用、文化旅游产业发展等重点工作。会议审议通过《沈阳市盛京皇城综合保护利用工作方案（讨论稿）》《沈阳市盛京皇城文化旅游区创建国家5A级旅游景区工作方案（讨论稿）》《沈阳市文化旅游产业服务质量提升实施方案》《沈阳市公共资源交易平台整合共享工作任务清单》，听取关于中街首批国家步行街改造提升试点工作进展情况汇报等。会议决定启动沈阳市申报国际消费中心城市培育建设试点工作。

14日 召开辽宁省新冠肺炎疫情防控指挥部（扩大）会议，省委常委、市委书记张雷出席沈阳市分会场会议并汇报沈阳市相关工作情况。

同日 市新冠肺炎疫情防控指挥部发布《关于进一步做好疫情防控期间困难群众兜底保障工作的通知》，将为城乡低保对象、特困人员、困境儿童和农村建档立卡贫困人口等困难群众免费提供口罩、消毒液等防护用品。

同日 市医疗保障局、市财政局、国家税务总局沈阳市税务局联合印发《关于阶段性减征职工基本医疗保险费有关问题的通知》，对各类企业职工医保单位缴费部分实施减半征收，减征期限自2020年2月起至2020年5月，为期4个月。沈阳市是全省第一个发布减征政策的城市，经测算，减半征收4个月后，将为全市企业降低医疗保险缴费负担16.48亿元。

同日 即日起，全市小区将有条件放开邮政寄递和外卖送餐服务，快递外卖员可出示专用通行证进入小区。

16日 市新冠肺炎疫情防控指挥部下发《关于印发沈阳市帮扶重点纳税企业有序复工复产工作专班工作方案的通知》，决定成立市、区两级帮扶重点纳税企业有序复工复产工作专班，加快推进重点纳税企业复工复产。

17日 市新冠肺炎疫情防控指挥部发布《关于在全市推广“健康通行码”的通告（第10号）》，市疫情防控指挥部决定在全市推广“健康通行码”，于2020年3月18日正式启用。

18日 市委常委会召开会议，传达学习习近平总书记在湖北省考察新冠肺炎疫情防控工作时的重要讲话精神，研究沈阳市贯彻落实意见；审议《贯彻落实〈中共中央关于坚持和完善中国特色社会主义制度 推进国家治理体系和治理能力现代化若干重大问题的决定〉工作措施》。

20日 首批辽宁支援武汉的137名医护人员安全返回沈阳。沈阳市有13名队员。

21日 辽宁省对口支援襄阳医疗队389名队员完成支援任务，乘包机抵沈。其中，沈阳市援鄂医疗队第二批队员有17人返沈。

同日 截至当日，全市累计收到企业、团体和市民捐赠的善款4740.78万元；各类慈善组织累计拨付善款5824.65万元。

22日 截至当日，辽宁省新冠肺炎集中救治沈阳中心——市第六医院，累计治愈89名患者（57名确诊病例，1名境外输入病例，29名排除病人，2名无症状感染者），沈阳中心实现确诊病例“清零”。

23日 省长唐一军到沈阳桃仙国际机场调研外防疫情输入工作，听取沈阳市及相关部门工作情况汇报。

同日 截至当日，沈阳市植物园（沈阳世博园）、北陵公园、东陵公园等15家A级景区恢复对外开放。

24日 沈阳市召开援疆干部人才座谈会，欢迎第五批援疆干部人才返沈，欢送第六批援疆干部人才赴疆工作。

同日 市统计局公布2019年沈阳市人口简况，据市公安局数据显示，截至2019年末，沈阳市户籍人口为756.4万人，比上年增加10.4万人，其中，城镇人口540.4万人，比上年增加13.4万人。

同日 沈阳华棠阁服饰有限公司生产的5000套防护服和辽宁盛京堂生物科技有限公司生产的5万片医用N95口罩装车从沈阳浑南区出发，前往郑州新郑国际机场，出口欧洲国家卢森堡。这是卢森堡首次采购中国防疫物资产品，也是沈阳产防疫物资出口欧洲国家的首笔订单。

同日 沈阳医学院附属中心医院郭丹等22名为疫情防控工作做出贡献的市级医疗单位编外医务人员入编沈阳事业单位编制。

26日 市长姜有为主持召开全市推进“飞地经济”工作会议。市发改委汇报全市“飞地经济”工作进展情况。截至目前，全市“飞地经济”项目达到177个，其中亿元以上项目超过50%。

同日 国务院新闻办公室举行新闻发布会，在发布会上，由沈阳同联集团有限公司与中国医学科学院医药生物技术研究所共同研发的原研药可利霉素对新冠肺炎治疗有效得到确认。

29日 沈阳市飞地产业扶贫招商项目对接会暨项目签约仪式在绿城喜来登酒店举办。康平县、法库县、新民市和辽中区分别与牧原公司、山山伟业、新望科技和嘉品肉业公司四家企业签约。

30日 截至当日，市医用物资出口专班累计向133家境外商协会、外国驻中国使领馆、中国驻外使领馆等机构和组织推送沈阳市医用物资生产企业和产品信息。疫情期间，全市累计向德国、意大利、韩国、埃及、智利、波兰等20余个国家和地区出口口罩26.1万只、防护服1万件、制氧机1800台、呼吸机800台、CT机和DR机40台，出口额超过5500万元。

同日 截至当日，累计向困难群体发放口罩52134个、消毒水6135桶（瓶）、米面油奶蛋1857份（折物款171568元）；临时救助660人次，救助金额98万余元。

同日 截至当日，全市累计收到企业、团体和市民捐赠的善款4986.76万元；各类慈善组织累计拨付善款6113.82万元。

31日 市深化国资国企改革领导小组组长、市长姜有为主持召开2020年国资国企改革领导小组第一次会议。会议审议并原则通过《沈阳市2020年推进国有企业改革发展工作方案》《市国资委以管资本为主推进职能转变方案》《沈阳市市属企业工资总额管理暂行办法》《沈阳市国资委权责清单（2020年版）》《沈阳水务集团有限公司综合改革实施方案》。

4月

1日 市委常委会召开会议，传达学习习近平总书记3月18日在中央政治局常务委员会会议上的重要讲话精神和3月27日中央政治局会议精神；传达学习习近平总书记对四川西昌市经久乡森林火灾作出的重要指示精神和总理李克强作出的批示精神以及省委、省政府主要领导批示精神；审议《沈阳市推进开发区高质量发展的实施方案》和“全面取消城市落户限制”政策措施。

同日 华晨宝马汽车有限公司铁西新工厂开始动工。

2日 沈阳市发布《关于全面取消人才落户限制进一步放开

落户政策的补充意见》，技工学校、职业院校及以上在校生和毕业生（含往届）等7类人员可以落户沈阳。

3日 市新冠肺炎疫情防控指挥部发布《关于沈阳市高三、初三年级2020年春季学期开学时间的通告》。

7日 沈阳市开展全民义务植树活动。省委书记、省人大常委会主任陈求发，省委副书记、省长唐一军，省政协主席夏德仁等省领导到沈阳市沈北新区虎石台街道蒲河生态廊道，与机关干部、部队官兵一起参加义务植树活动。

同日 市商务局等8个部门联合出台《关于提振市场信心促进商业消费的实施意见》，推出政策措施和主题活动，引导促进全市商贸领域恢复经营秩序，面向全市居民发放3000万元消费券。

9日 铁西区（经开区、中德园）举行2020年重点项目集中开工仪式，集中开工30个重点项目，总投资365.9亿元。

同日 市长姜有为主持召开市政府第二十届第56次常务会议，研究部署近期重点工作。会议审议通过《沈阳市建设国家新一代人工智能创新发展试验区申报方案》《沈阳市燃气管理条例（草案）》《沈阳市2020年推进国有企业改革发展工作方案（讨论稿）》《市国资委以管资本为主推进职能转变方案》。

11日 市委常委会召开扩大会议，深入贯彻落实习近平总书记关于东北、辽宁振兴发展重要讲话和指示批示精神，贯彻落实《中共中央国务院关于支持东北地区深化改革创新推动高质量发展的意见》，研究部署下步工作。

同日 沈阳市开展第21个“共产党员社区奉献日”活动。

13日 中国医科大学附属第一医院方舱医院指挥车、移动X线机、移动CT机及12名工作人员赶赴黑龙江省绥芬河市，驰援当地疫情救治工作。

15日 沈阳空管技术开发有限公司在中国银行沈阳自贸区支行成功办理线上保函，这是全省同业首笔线上保函业务。

同日 全市78所普通高中（含沈阳韩国国际学校）平稳顺利开学，906个班级的30347名高三学生、4779名教师安全返校复课。

16日 市长姜有为主持召开市政府第二十届第57次常务会议，研究讨论市政府系统省委巡视反馈意见整改落实、职业教育改革等重点工作。会议审议通过《沈阳市职业教育改革实施方案》《沈阳市关于深化项目评审、人才评价、机构评估改革的实施意见（讨论稿）》。

同日 截至当日，沈阳市防疫物资累计出口额1.5亿元。

17日 全市森林灭火应急实战演练评估会议在棋盘山地区召开。市森林防灭火指挥部总指挥、市长姜有为参加会议并讲话。实战演练14时启动，演练历时110分钟。

20日 沈阳盛京皇城综合保护利用工程、盛京皇城创建AAAAA级景区、中街国家级步行街改造提升试点全面启动。沈河区集中启动沈阳美达未来生活体验馆等首批22个项目，总投资达9.1亿元。

21日 市新冠肺炎疫情防控指挥部下达11号令，提出建立常态化疫情防控长效机制、抓紧抓实抓细常态化疫情防控措施、持续做好严防境外疫情输入工作、全面加强严防外省疫情输入工作、坚决做好散发疫情防控工作、加大重点人群常态化检测筛查力度等11项要求，抓好疫情防控的同时，全面恢复经济社会秩序。

22日 省委常委、副省长陈向群一行到沈阳市法库县、康平县，实地调研辽西北供水工程康平县净水厂、沈阳佳合食品有限公司等企业，推进县域经济及重大投资和项目建设有关工作。

同日 大东区举行2020年重点项目集中开工仪式，集中开工重点项目21个，总投资额达346亿元。

同日 “冯元平抗疫剪纸作品明信片”在皇姑区全民读书节上首发。这是东北乃至全国第一套以战“疫”为主题的剪纸作品明信片。首发式后，明信片将寄给钟南山、李兰娟、陈薇等抗疫英雄。

同日 截至当日，沈阳市推进落实中科院机器人与智能制造创新研究院、北京艺创阀门东北总部基地等278个京沈对口合作项目，累计实际完成投资200亿元。

23日 中国首列出口长钢轨运输车组——力拓400米长钢轨列车在中车齐车集团沈阳公司总成下线，该车组由23辆车及1台机械手组成，车辆将陆续发运到大连港，经海运交付澳大利亚力拓集团。

27日 市十六届人大常委会举行第十九次会议。会议审议通过市政府关于2019年度全市环境质量状况和生态环境保护目标完成情况的报告 、市政府关于贯彻实施《中华人民共和国体育法》工作情况的报告，审议通过《沈阳市人民代表大会常务委员会关于市人民政府机构改革涉及本市地方性法规规定的行政机关职责调整问题的决定》《沈阳市人民代表大会常务委员会关于修改〈沈阳市人大常委会组成人员守则〉的决定》。

同日　沈阳昆山西路与304国道连通工程转体斜拉桥成功实现桥梁转体。这次转体的斜拉桥是一座钢结构装配式独塔单索面斜拉桥，主梁及主塔均采用钢箱结构，重量1.5万吨，主桥钢箱梁全长275米，宽31米，为双向6车道。该桥创造国内转体悬臂最长、跨度最大，横跨通往沈阳西部10条铁路主干线的纪录，刷新国内斜拉桥转体新纪录。

同日　沈阳市捐赠友城菲律宾奎松市的2万只医用一次性口罩运抵奎松市。

28日　正威沈阳国际稀谷项目正式签约。

同日　市长姜有为主持召开市政府第二十届第58次常务会议，审议通过《沈阳市构建行权治理体系推进数字政府建设实施方案（2020—2022年）》《沈阳市培育建设国际消费中心城市实施方案》《关于促进全民健身和体育消费推动体育产业高质量发展的若干措施》。

同日　农业农村部公布国家现代农业科技示范展示基地名单，沈阳农业大学院士陈温福牵头申报的国家现代农业科技示范展示基地（辽中）、院士李天来牵头申报的国家现代农业科技示范展示基地（沈河）入选。

同日　浑南区在全市率先推出《沈阳市浑南区（沈阳高新区）高校毕业生安居办法（暂行）》，对符合条件的高校毕业生租住政府公寓和人才用房予以租金补贴。

29日　大东区与敏实汽车研发有限公司签署协议，共同推动东北首家新能源汽车电池盒生产项目落户大东区。该项目填补沈阳新能源汽车核心零部件制造企业的空白。

30日　全省高校返校复学工作视频会议在沈阳召开，全面部署全省高校返校复学工作。

5月

8日　市新冠肺炎疫情防控指挥部按照省市新冠肺炎疫情防控指挥部令（第11号），就全市中小学相关年级返校复课时间发出通告。

9日　市长姜有为主持召开市政府第二十届第59次常务会议，审议通过《关于加快中心镇建设发展的实施意见（讨论稿）》《关于提高城乡居民最低生活保障、特困人员救助供养、孤儿基本生活养育和60年代精简退职职工生活补助标准的方案》。

同日　沈阳博物院直属的10家博物馆的室内外展馆全部开放，包括沈阳故宫博物院等。

11日　国网沈阳供电公司66千伏应昌变电站电力通信增高架上成功安装5G通信传输设备。应昌变电站成为东北区域第一个“变电站+数据中心站+5G通信基站”的“三站融合”示范变电站。

同日　沈阳首家孕妇儿童核酸检测点在沈阳市妇幼保健院开诊。

13日　市人大常委会对沈阳城乡绿化工作进行专题视察，实地视察中金启城棚户区拆迁地块、新开河和睦园等，并听取今年全市绿化工作安排及未来三年绿化提升工作部署汇报，了解市人大常委会《关于加强城乡绿化工作的决定》落实情况。

14日　市委常委会召开会议，传达学习习近平总书记4月29日和5月6日在中央政治局常委会会议上的重要讲话精神；审议《贯彻落实〈新时代公民道德建设实施纲要〉实施方案》《贯彻落实〈新时代爱国主义教育实施纲要〉实施方案》和《关于加快中心镇建设发展的实施意见》。省委常委、市委书记张雷主持会议。

同日　市城乡建设局联合哈啰、滴滴（青桔）、美团（摩拜）3家共享单车企业，公布首批共享单车失信人员40人名单。对乱停乱放、私自上锁等影响城市环境形象的行为进行整治。

15日　省委常委、市委书记张雷巡河并调研检查污染防治攻坚战重点任务推进情况，实地考察仙女河污水转输工程建设、沈阳南部污水处理厂一期二期工程运行以及三期工程建设和细河于台断面整治情况。张雷强调，坚持源头治理、注重综合施策，确保河流长治久清。

16日　截至当日，全市医疗物资累计出口达3.7亿元，出口物资包括口罩、防护服、测温设备、呼吸制氧设备、CT机和DR机，以及口罩生产线、消毒机器人等。

17日　市长姜有为主持召开市政府第二十届第60次常务会议，会议审议通过《沈阳市人民政府关于进一步强化稳就业举措的实施意见》。

同日　沈阳桃仙国际机场成

为东北地区首个实现5G网络室内覆盖的航空枢纽。

18日 220千伏盛京—滂江电缆线路工程在大东区东贸路开工建设。工程起自二环外东北角盛京220千伏输变电所，终点至滂江变电所，路径全长约5.4千米，为东北首条采用盾构方式建设的电缆隧道工程。

19日 “沈阳新十景”揭晓：“一宫两陵”（沈阳故宫、福陵、昭陵）、张氏帅府博物馆、中共满洲省委旧址纪念馆、沈阳九一八历史博物馆、中国工业博物馆、辽宁省博物馆、沈阳市植物园（沈阳世博园）、“浑河晚渡”古迹、沈阳棋盘山风景名胜区和沈阳卧龙湖生态风景区。

20日 市政府发布《沈阳市人民政府办公室关于提高城乡居民最低生活保障 特困人员救助供养 孤儿基本生活养育和60年代精简退职职工生活补助标准的通知》，7月1日起，城市低收入（原城市低保边缘）标准由每人每月685元—822元提高到每人每月715元—858元；农村低收入（原农村低保边缘）标准由每人每月480元—576元提高到每人每月510元—612元。农村特困人员分散供养标准由每人每月655元提高到每人每月820元；城市特困人员供养标准和农村特困人员集中供养标准维持不变。同时，提高孤儿基本生活养育标准，集中供养孤儿养育标准由每人每月1731元提高到每人每月1807元；散居孤儿养育标准由每人每月1305元提高到每人每月1363元。

21日 《沈阳市人民政府关于对2019年受国务院督查激励部门表扬的通报》对外发布，沈阳市有3项工作受到督查激励：深化商事制度改革成效显著、落实事中事后监管等相关政策措施社会反映好；促进工业稳增长和转型升级、实施技术改造成效明显；公立医院综合改革成效较为明显。

同日 《关于沈阳市中小学相关年级返校复学时间的通告（第1号）》发布。

26日 沈阳市辽中区大兰坨村供销合作社有限公司领到营业执照，这是沈阳市首家成功注册的村级供销社。

27日 2020年沈阳市“全国科技工作者日”活动启动仪式举行。第九届沈阳市十大科技英才暨第十四届沈阳市优秀科技工作者评选结果同步揭晓，任文才等10名科技工作者被授予“第九届沈阳市十大科技英才”称号；沈阳建筑大学教授于水等190人当选“第十四届沈阳市优秀科技工作者”。

29日 市委理论学习中心组召开专题学习会议，深入学习习近平总书记关于统计工作的重要讲话和指示批示精神，学习《统计法》《关于深化统计管理体制改革提高统计数据真实性的意见》《统计违法违纪责任人处分处理建议办法》《防范和惩治统计造假、弄虚作假督察工作规定》等党中央、国务院关于统计工作重大决策部署。

同日 市长姜有为主持召开第二十届第61次常务会议，审议通过《关于深化消防执法改革的实施意见》。

30日 中国科学院沈阳自动化研究所刘浩等6名沈阳科技工作者被人力资源和社会保障部、中国科协、科技部、国务院国资委授予的第二届全国创新争先奖。

同日 《全国科技创新百强指数报告2020（企业、高校及研究机构篇）》在京发布，东北大学位列全国高校科技创新50强第11位。

6月

2日 沈阳市召开年轻干部工作座谈会。省委常委、市委书记张雷出席会议并讲话。张雷强调，必须从政治的、全局的、战略的高度出发，以更加强烈的紧迫感、责任感和使命感抓好年轻干部工作，更加强化一盘棋思想、前瞻性视野、突破式举措，推动更多优秀年轻干部脱颖而出、成长成才。

同日 沈阳市统筹推进新冠肺炎疫情防控和经济社会发展工作指挥部教育组发布《关于沈阳市小学相关年级返校复学时间的通告》（第2号），全市小学三、四、五年级学生6月8日同步返校复学；全市小学一、二年级学生6月10日同步返校复学。

3日 省委常委、市委书记张雷、市长姜有为出席省统筹推进新冠肺炎疫情防控和经济社会发展工作总指挥部（扩大）会议。姜有为汇报沈阳市相关情况。市人大常委会主任潘利国、市政协主席韩东太出席沈阳分会场会议。

同日 《沈阳市新冠肺炎疫情常态化防控工作方案》印发，提出常态化疫情防控机制、应急处置、重点人群、重点机构、重点场所5方面具体要求。开始全面开放商场、宾馆、餐饮等生活场所；影剧院、游艺厅等密闭式娱乐休闲场所实行预约、限流开放。

4日 辽宁省七城市医用耗

材同城同价工作正式启动。沈阳市、鞍山市、抚顺市、丹东市、阜新市、铁岭市、朝阳市将联合开展医用耗材同城同价工作，七个城市将实现医用耗材采购目录统一、采购价格统一，涉及27个类别、3.5万余个产品。

7日　在国务院新闻办公室举行的新闻发布会上，国家确定“三药三方案”应对新冠肺炎疫情，其中由沈阳企业研发的可利霉素药物入选新冠肺炎治疗方案。

8日　中国科学院沈阳自动化研究所主持研制的“海斗一号”全海深自主遥控潜水器（简称“海斗一号”），在马里亚纳海沟成功完成万米海试与试验性应用任务后，搭乘“探索一号”科考船顺利返港。此航次“海斗一号”最大下潜深度10907米，填补中国万米级作业型无人潜水器的空白。

9日　中国共产党沈阳市第十三届纪律检查委员会第五次全体会议召开。会议审议通过《严格精准执纪执法，全面提升监督效能，为沈阳高质量发展新时代振兴提供坚强保障》的工作报告和全会公报。

10日　市长姜有为主持召开市政府第二十届第63次常务会议，审议通过《沈阳市关于高水平对外开放若干政策措施（讨论稿）》《沈阳市推动高水平对外开放三年行动计划（2020—2022年）（讨论稿）》《沈阳市土地利用总体规划（2006—2020年）中心城区建设用地规模边界局部调整方案（讨论稿）》《沈阳市林地建设保护条例（草案）》《沈阳市电梯安全条例（草案）》《沈阳市5G产业发展方案（2020—2021年）》。

同日　沈阳市统筹推进新冠肺炎疫情防控和经济社会发展工作指挥部教育组发布《关于沈阳市幼儿园开园时间的通告（第3号）》，6月16日全市幼儿园大、中、小、托班同步开园。

同日　沈北新区组织召开依生生物皮卡重组蛋白新型冠状病毒疫苗新闻发布会，辽宁依生生物制药有限公司正式对外宣布，公司成功研发皮卡重组蛋白新型冠状病毒疫苗（产品代码YS—SC2—010），在中和抗体试验中被证明有效。这款疫苗成为世界范围内唯一的一款兼有预防和治疗功效的新冠肺炎疫苗。

11日　沈大合作交流座谈会在沈阳召开。

20日　沈阳第一个浑河河畔市集——“Weekend Market”沈阳K11浑河之夏·盛京创意市集在和平区浑河段北岸大鹏广场开市迎客。该市集营业时间至22时，为市民夜间休闲和消费提供场所。

28日　市十六届人大常委会举行第二十次会议。会议表决通过，决定任命郑滨为沈阳市人民政府副市长。

同日　沈阳城市英文微信公众号（Shenyang）、英文微博账号（Shenyang-China）正式上线。

29日　沈阳·人民代表大会制度与实践展示馆正式落成。

30日　沈辽合作交流座谈会在沈阳召开。

7月

1日　全省企业职工基本养老保险基金实行省级集中统一管理，省级统收统支。

2日　市市场监督管理局在和平区举办全市营业执照“全市通办”启动仪式暨沈阳市市场监督局推进商事改革工作现场会，在全省率先实现营业执照“全市通办”。当天，沈阳市辽中区双山子村供销合作社有限公司法定代表人到和平区政务服务大厅，通过自助打照一体机领取到全市第一份跨区异地打印的营业执照。

3日　由中国航天科工集团第二研究院主办，中国航天科工二院七〇六所与国营沈阳辽声无线电厂承办的“天玥”国产计算机下线仪式在沈阳、北京两地同步举办。“天玥”计算机是中国第一台芯片和操作系统全部自主研制的纯国产计算机。

7日　国务院发布通知，在全国复制推广自贸试验区37项改革试点经验，其中辽宁自贸试验区沈阳片区的“飞机行业内加工贸易保税货物便捷调拨监管模式”和“出入境人员综合服务‘一站式’平台”两项改革试点经验入选。

13日　沈阳—蔚山汽车产业视频对接会举行。活动由沈阳市政府和韩国蔚山广域市政府主办，沈阳市外办、蔚山广域市未来成长基础局承办。市长姜有为、蔚山广域市市长宋哲镐分别在视频对接会上致辞，并在两市《建立汽车领域重点交流合作城市关系协议书》上签字。中韩双方27户企业进行17组一对一的视频对接洽谈。

16日　市长姜有为主持召开市政府第二十届第66次常务会议，传达贯彻习近平总书记关于防汛救灾工作的重要指示精神，研究部署防汛等近期重点工作。会议审议通过《沈阳市2020年压减非急需非刚性支出工作方案》

《沈阳市关于2019年全国公共服务质量监测结果通报有关问题整改方案》《沈阳市征地区片综合地价调整完善方案》《关于进一步调整优化结构提高教育经费使用效益实施方案》、沈阳市教育和科技领域市与区县（市）财政事权和支出责任划分改革方案。会议审议通过《沈阳市批而未供和闲置土地消化处置专项行动工作方案（讨论稿）》。

同日　2020年度第一批“最美沈阳人”——“最美抗疫人物”评选表彰发布仪式在沈阳广播电视台演播大厅举行，对奋战在新冠肺炎疫情防控一线的144个先进个人（集体）进行表彰。

17日　市政协召开十五届二十七次主席会议，审议通过《政协沈阳市委员会重点提案遴选与督办办法》。

18日　沈阳市2020年中考顺利开考，全市57488名初三考生分赴13个考区、86个考点、2018个考场参加考试。

20日　沈本合作交流座谈会在沈阳召开。两市有关方面签署合作协议。在沈期间，本溪市代表团考察部分企业和园区。

22日　沈阳市政府与万科集团举行战略合作协议签约仪式。

23日　沈阳市疾病预防控制中心接到省卫生健康委决定驰援大连的紧急通知后，立即选派中心骨干人员，组建一支由4名流调人员、2名消毒人员及区县2名流调队员组成的流调队伍支援大连市疾控中心，同时组建一支由4名来自中心和6名来自医院的检验人员组成的检验队伍支援大连市第三人民医院检验工作。

27日　省委常委、市委书记张雷出席市政协十五届十四次常委会会议并讲话。会议专题协商讨论加快推动中心镇建设、促进县域经济高质量发展问题，会议协商讨论并通过《关于加快推动中心镇建设 促进县域经济高质量发展专题调研协商报告》。

28日　市长姜有为到沈北新区，就重点项目建设进行专题调研，实地考察沈北万达广场项目、核工业研发装备制造产业城项目、沈阳益发合大豆深加工项目、吉美甜玉米生产项目、辽宁卡奇食品生产基地项目和希杰（沈阳）生物科技公司，听取沈北新区产业发展情况汇报。姜有为要求，完善产业布局、做强比较优势，推动区域高质量发展。

29日　中共沈阳市委召开十三届十二次全体会议，市委常委会主持会议，省委常委、市委书记张雷代表市委常委会作工作报告。会议以习近平新时代中国特色社会主义思想为指导，深入学习贯彻习近平总书记关于东北、辽宁振兴发展重要讲话和指示批示精神，总结上半年工作，部署下半年和今后一个时期任务，动员全市上下强动力育新机、重实干开新局，奋力夺取疫情防控和经济社会发展“双胜利”。会议审议通过《中国共产党沈阳市第十三届委员会第十二次全体会议决议》。

同日　市政府与中国国际技术智力合作有限公司签署战略合作框架协议。

31日　市长姜有为主持召开市政府第二十届第67次常务会议，审议通过《沈阳市优化营商环境行动方案（讨论稿）》《健康沈阳行动实施方案》。

8月

3日　第五届中国沈阳国际机器人大会于线上和线下同期举行。线上在中国贸促会“贸促云展平台”进行直播，线下在沈阳创新天地设主会场。

4日　市人大常委会对《沈阳市文明行为促进条例》贯彻实施情况进行视察。

6日　同方辽宁计算机生产基地在浑南区落成，同时首台信创产品正式下线。

同日　以“后疫情时代中德产业创新合作的机遇与挑战”为主题的中德（沈阳）高端装备制造创新委员会第二次会议于线上线下同时召开。

7日　全球网络安全领域的领军企业360公司与辽宁东赛科技有限公司联合建立的全国首个安全大脑场景展示中心——360安全大脑东北区域创新展示中心在浑南区启动。

10日　全省纪检监察大数据监督现场会在沈阳召开。

11日　中共沈阳市委人大工作会议召开。会议印发《中共沈阳市委关于新时代加强和改进人大工作的意见》。

14日　市委政协工作会议召开。

同日　依托沈阳220千伏蒲大线103号输电杆塔实施的通信基站融合项目正式投运。此项目是国网沈阳供电公司与中国移动合作开展，为辽宁省内首个依托输电杆塔建设的通信基站，同时也是京沈高铁通信专网的重要组成节点。

19日　省、市人大常委会联合开展《中华人民共和国土壤污染防治法》实施情况执法检查。

21日　2020沈阳第六届“和平杯”国际青少年足球邀请赛开幕式在沈阳“和平杯”世界足球公园球场盛大举行。

24—25日　2019全国报刊经营总结表彰大会在天津举行，全国百余家报刊参加。沈阳日报社指尖沈阳App——沈阳综合服务聚合平台、沈阳日报社全媒体用户节、沈阳日报童声合唱团、沈阳日报书画院、沈阳地铁第一时间五个融媒创新项目分获2019全国报刊经营“金推手”大奖。

25日　市十六届人大常委会举行第二十一次会议。会议审议通过《沈阳市燃气管理条例》，审查批准沈阳市2019年市本级决算。

27日　围绕强化常态化防控举措、有效防控2020年秋冬季新冠肺炎疫情，沈阳市统筹推进新冠肺炎疫情防控和经济社会发展工作指挥部发布第14号令。

28日　沈阳跨境电商二级节点上线暨跨境电商项目集中签约仪式在沈阳综合保税区近海园区跨境电商监管中心举行。

30日　由人民日报社指导，环球时报社主办的“第二届中国国际化营商环境高峰论坛暨《2020年中国城市营商环境投资评估报告》发布会”在北京举行。沈阳市获“中国国际化营商环境建设标杆城市”奖。全国评比沈阳营商环境排第11名。

31日　市长姜有为主持召开市政府第二十届第70次常务会议。会议传达习近平总书记关于制止餐饮浪费行为的重要指示精神；审议通过《沈阳市贯彻落实〈中共中央国务院关于新时代加快完善社会主义市场经济体制的意见〉重点任务措施清单（讨论稿）》《关于全面加快科技创新推动高质量发展的实施意见（讨论稿）》《关于全面加强危险化学品安全生产工作的实施意见（讨论稿）》《沈阳市与大连市合作交流实施方案（讨论稿）》《沈阳市危险化学品禁止、限制和控制目录》。

9月

1日　以“转型升级、合作共赢”为主题的第十九届中国国际装备制造业博览会在沈阳国际展览中心开幕。

同日　沈阳市成为东北地区第一个户籍居民可以跨区办理婚姻登记的试点城市。

2日　省委常委、市委书记张雷主持召开市委常委会会议，传达学习习近平总书记在经济社会领域专家座谈会上的重要讲话、关于“十四五”发展及规划编制工作的重要讲话和重要指示精神、在中央第七次西藏工作座谈会上的重要讲话精神、《求是》发表的重要文章《思政课是落实立德树人根本任务的关键课程》以及8月31日中央政治局会议精神，研究部署沈阳市贯彻落实工作。

4日　国务委员王勇到通用技术集团沈机集团、沈机股份数控产业园区调研。同日，市长姜有为陪同国务委员王勇到中航沈飞民用飞机有限责任公司调研国资国企改革发展工作。

同日　交通运输部下发通报，正式授予沈阳等12个城市为“国家公交都市建设示范城市”称号。

5日　2020年中国国际服务贸易交易会（简称“服贸会”）在京开展。在服贸会组委会评选的2020年中国国际服务贸易交易会五大板块示范案例中，辽宁省有4户企业入围中国服贸会优秀示范案例，其中沈阳3户企业入选，分别是辽宁芭蕾舞团的“中国原创芭蕾舞剧《花木兰》”获评中国服务示范案例，辽宁成大生物股份有限公司的“生物反应器规模化制备疫苗的工艺平台技术”获评科技创新示范案例，东软集团股份有限公司的“东软智能网联汽车信息安全解决方案S-Car”获评业态创新示范案例。

7日　沈阳市房产局等9部门联合发布《关于进一步促进我市房地产市场平稳健康发展的通知》。

8日　在沈阳市浑南区东湖社区卫生服务中心，鼻喷流感减毒活疫苗开启全省“首喷”接种。

9日　沈阳高新技术产业开发区管理委员会与东芝（中国）有限公司、沈阳万科企业有限公司，在沈签订《万科中日产业园项目战略合作三方协议》。东芝（中国）有限公司成为首家签约沈阳万科中日产业园项目的日本知名企业。

10—11日　中共中央政治局委员、全国人大常委会副委员长王晨率全国人大常委会慈善法执法检查组在辽宁开展执法检查。在沈阳，了解华易伤害预防公益基金会运转情况；赴利州社会工作服务中心、青杨社会工作服务中心，检查禁毒等社会化服务公益项目的工作进展；在市儿童福利院、益新残障人士社会工作服务中心，查看孤弃儿童救助和残障人士康复状况。

11日　市政府党组理论学习中心组（扩大）召开专题学习会，邀请中国信息通信研究院副院长余晓晖、中国信息通信研究院工业互联网与物联网研究所副总工程师罗松分别作《工业互联网发展态势与展望》和《工业互联网标识解析体系和域名根镜像有关情况》主题讲座。市政府党组书记、市长姜有为参加学习并讲话。

11—13日 第12届中国沈阳国际家装博览会在沈阳国际展览中心举行。

12日 沈阳瑞初科技有限公司院士工作站在沈阳国际软件园挂牌成立。

14日 省委书记张国清到沈阳市，就深入贯彻落实习近平总书记关于“十四五”规划编制和东北、辽宁振兴发展重要讲话和指示批示精神，科学编制省市“十四五”规划进行调研。

14—16日 市长姜有为赴南京参加辽宁省—江苏省对口合作工作座谈会，率市政府代表团参加辽宁省—江苏省对口经贸合作洽谈会，并在南京、常州、上海等地开展以产业项目为重点的招商推介活动。

18日 “勿忘九一八”撞钟鸣警仪式在沈阳九一八历史博物馆举行。

19日 以“绿色、健康、创新、发展”为主题、以“4+365”天互联网上运营为特色的第二十届沈阳国际农业博览会启幕。

同日 由全国敏感元件与传感器学术团体联合组织委员会、沈阳市人民政府共同主办的第十六届全国敏感元件与传感器学术会议在沈阳举行。

20日 历时两年的浑北环城水系提升改造工程竣工。沈阳浑北环城水系全长49.7千米，由南运河、新开河、卫工河组成，沿岸有游园50个。百里运河实现全线路通、绿通和亮通，成为市民休闲、赏景、运动的好去处。

同日 第四届纺织非物质文化遗产大会和第二届中国（沈阳）旗袍文化节在中国工业博物馆举行。

21日 市政协召开十五届三十次主席会议，审议通过《关于促进沈阳经济区物流一体化发展调研协商报告》。

25日 首批国家试点步行街——沈阳中街正式启幕。

26日 由华为技术有限公司、沈阳市委宣传部、和平区人民政府主办的首届华为VR开发应用大赛总决赛暨VR产业峰会在沈阳新世界博览馆落幕。

27日 中共中央政治局委员、国务院副总理孙春兰在沈阳桃仙国际机场出席第七批在韩中国人民志愿军烈士遗骸回国迎接仪式并讲话。迎接仪式后，117名烈士遗骸棺椁被护送至沈阳抗美援朝烈士陵园。

同日 沈阳浑南大道快速路桥梁段全线实现通车。至此，二环功能“南移”规划初步完成。浑南大道快速路工程主线由高架桥及隧道组成，工程西起胜利大街以西440米处，东至文汇街以东280米处，全长约10.7千米。

同日 和平区政府联合美团，在西塔街举办大众点评必吃街授牌仪式，东北首条必吃街正式落户西塔。

28日 第七批117位在韩中国人民志愿军烈士遗骸在沈阳抗美援朝烈士陵园安葬。

29日 辽宁省传染病医疗救治中心暨辽宁省重大疫情防控救治沈阳基地建设项目开工仪式在浑南区举行。项目包括病房楼、门急诊及医技楼、医护人员隔离休养楼、污水处理站、附属用房应急指挥中心、战略储备库及临床感染性疾病研究中心等，规划床位1000张，建成后将承担辽宁省传染病集中救治职能。

同日 胜利大街浑南大道互通立交桥工程举行建成通车仪式。该工程历时两年建设，北起靓岛路，南至哈大铁路北，西起沈苏西路，东至胜利大街以东700米。胜利大街方向主线全长2705米，浑南大道方向主线全长2515米，均为双向6车道，桥宽23.5米。立交桥有7条匝道，全长3914米。

30日 辽宁省第二届烈士光荣证颁授仪式在沈阳抗美援朝烈士陵园举行，李尚恒、霍春会、李铁三位烈士被追授烈士光荣证。

同日 昆山西路与304国道连通高架桥通车试通行，昆山西路向西打通“断头路”后，沈阳新增一条城市西北方向的出口路。

10月

12日 省委常委、市委书记张雷主持召开市委专题会议，学习贯彻习近平总书记在秋季学期中央党校中青年干部培训班开班式上的重要讲话精神，研究部署年轻干部工作，与新任职的市管年轻干部进行集体谈话。

12—13日 国家民委在沈阳市召开全国民委系统推进中小学铸牢中华民族共同体意识教育现场交流会。

13日 全省“打通消防生命通道”综合治理现场会暨冬春季火灾防控部署会在沈阳召开。

16日 省委常委、市委书记张雷主持召开市委常委会会议，传达学习习近平总书记在深圳经济特区建立40周年庆祝大会上的重要讲话精神、在中央财经委员会第八次会议上的重要讲话精神、在第三次中央新疆工作座谈会上的重要讲话精神，研究部署全市贯彻落实工作。

同日　国家发展改革委发布全国营商环境评价领域的首部国家报告《中国营商环境报告2020》，沈阳被列入示范引领的15个标杆城市，营商环境改革经验获得重点推广。

17日　第九届沈阳法库国际飞行大会暨通航应急应用产业博览会在沈阳通用航空产业基地举行。

18日　由工信部、中国科协和辽宁省政府主办的2020全球工业互联网大会在沈阳市新世界博览馆正式开幕。

19日　市长姜有为主持召开市政府第二十届第72次常务会议，审议通过《沈阳市电商直播发展（网红经济）行动方案（2020—2022年）》《沈阳产业技术研究院组建方案（讨论稿）》《加强公共卫生应急管理体系建设的实施意见》《沈阳市加强农村基层卫生服务体系建设工作方案》《沈阳市利用中央财政资金支持住房租赁市场发展实施方案（2020—2022年）（讨论稿）》《沈阳市公共场所控制吸烟条例（草案）》。

20日　全国双拥模范城（县）命名暨双拥模范单位和个人表彰大会在京举行。沈阳市连续第九次被评为全国双拥模范城。

21日　全国脱贫攻坚先进事迹第二巡回报告团在沈阳举行报告会。

22日　沈阜互动发展交流座谈会在沈阳召开。

同日　由市委、市政府主办，东北大学、市科学技术协会、市社会科学界联合会、流程工业综合自动化国家重点实验室承办的第二届工业人工智能国际会议暨第十七届沈阳科学学术年会开幕。

23日　纪念中国人民志愿军抗美援朝出国作战70周年大会召开前，以中共中央总书记、国家主席、中央军委主席习近平名义敬献花篮仪式在辽宁沈阳抗美援朝烈士陵园等四地举行。8时45分，辽宁沈阳抗美援朝烈士陵园敬献花篮仪式正式开始。中共中央政治局委员、中央军委副主席张又侠，中央党政军有关部门、辽宁省委和省政府、驻沈解放军和武警部队负责人，参加过抗美援朝的志愿军老战士、老同志代表和烈士家属代表，解放军和武警部队官兵代表，国家机关工作人员，各界群众代表等参加献花篮仪式。

24—26日　由沈阳市商务局、和平区委区政府、沈阳市侨商联合会支持，世界中餐业联合会、花椒学院在新世界博览馆主办2020东北亚餐饮大会暨第六届（沈阳）花椒餐博大会。

28日　中科沈阳产业技术创新研究院揭牌暨首批入驻项目签约仪式在沈阳经济技术开发区举行。

28—29日　市十六届人大常委会举行第二十三次会议。会议审议通过市政府关于沈阳市法治政府建设情况的报告、《关于加快盛京皇城综合保护利用工作的议案》办理情况的报告、关于解决“停车难”“行车难”议案办理情况的报告、关于实施乡村振兴战略加快乡村产业振兴情况的报告、关于沈阳市会展业发展情况的报告；听取审议市政府关于沈阳市国民经济和社会发展“十三五”规划完成情况和“十四五”规划编制情况的报告；会议审议通过市检察院关于加强法律监督维护公平正义工作情况的报告、《沈阳市人民代表大会常务委员会关于加强检察公益诉讼工作的决定》等。

29日　沈阳市通辽市合作交流座谈会在沈阳召开，两市签署战略合作框架协议。

11月

3日　亚金协第三届产业金融国际会议在沈阳召开。

8日　中国老龄政策法律（第六届）高端论坛在辽宁大学举办。这届论坛以“开放与创新：‘十四五’规划展望 居家养老与老龄健康”为主题，由中国老龄政策法律研究所和辽宁大学法学院主办。

9日　市长姜有为主持召开市政府第二十届第73次常务会议，传达习近平总书记对供销合作社工作重要指示精神，研究部署贯彻落实等近期重点工作。会议审议通过《沈阳市事故灾难与自然灾害突发事件应急指挥与处置工作办法》。

同日　市政府党组书记、市长姜有为主持召开市政府党组（扩大）会议，传达学习党的十九届五中全会精神，研究部署全市政府系统贯彻落实工作。

10日　省委、省政府召开全省疫情防控工作电视电话会议，省委常委、市委书记张雷出席会议。

11日　市政府与广州越秀集团股份有限公司举行战略合作框架协议签约仪式。

同日　越秀集团重组辉山乳业启动大会在沈阳召开，辉山乳业重组正式开启。

同日　农业农村部公示第十批全国“一村一品”示范村镇名单。辽宁11地入选，苏家屯区八一红菱街道来胜堡村成为沈阳唯一一家入选村镇。

12日　市政府与中国银行股份有限公司举行《“十四五”规划暨沈阳振兴全面战略合作协议》签约仪式。

同日　市政府与融创中国控股有限公司签署战略合作框架协议。

13日　以“共享发展新机遇·开创东北亚合作新篇章”为主题的首届辽宁国际投资贸易洽谈会在沈阳新世界博览馆开幕。

同日　由市政府主办的国际基因组学大会第三届眼科大会召开。

14日　首届辽宁国际投资贸易洽谈会主题活动之一——中韩经贸合作峰会在沈阳召开。

18日　沈阳首届城市固废处理高峰论坛暨沈阳城市固废处理基地启动仪式在沈北新区举行，沈阳城市固废处理基地占地52公顷，由沈阳中城集团投资15亿元建设。

同日　全市重点工业项目——赛轮（沈阳）轮胎有限公司年产330万套高性能、智能化、全钢载重子午线轮胎项目投产。项目达产后，赛轮沈阳工厂全钢载重子午线轮胎年产量将提升至600万套。

19日　沈阳市电子劳动合同启动仪式暨中智“智享签”产品新闻发布会在友谊宾馆举行。沈阳成为继北京之后全国第二个推广应用“智享签”电子劳动合同的城市。

20日　全国精神文明建设表彰大会在北京举行。沈阳市通过中央文明办复查，确认保留全国文明城市荣誉称号。沈阳市继2015年首次获评“全国文明城市”（第四届）后连续第二次蝉联“全国文明城市”荣誉称号。

23日　市长姜有为主持召开市政府第二十届第74次常务会议，审议通过《关于清理规范城乡社区挂牌问题的实施方案（讨论稿）》《沈阳市2020年河长制工作情况的报告（讨论稿）》《沈阳市生活垃圾分类管理办法》；会议决定废止《沈阳市重大行政决策程序规定》。

同日　法国源讯沈阳运营中心落户沈阳中关村智能制造创新中心并正式启用。

28日　“奋斗者”号全海深载人潜水器成功完成万米海试胜利返航。潜水器载人舱可载3人，其球壳是目前世界最大、搭载人数最多的潜水器载人舱球壳，采用了中国科学院金属研究所钛合金团队自主发明的Ti62A钛合金新材料。中科院沈阳自动化所承担“奋斗者”号控制系统研制，两名参研人员深入万米深海参加深潜任务。

同日　2020京沈对口合作第三届京沈科创产业生态共同体峰会在沈阳举行。京沈两地的政府和企业代表以“软产业”价值共享为核心，达成6项签约合作，同时为“京沈合作科技创新中心”进行揭牌，并共同启动“自贸区沈阳片区——京沈高精尖产业智库服务平台”项目。

30日　学习贯彻党的十九届五中全会精神省委宣讲团宣讲报告会在沈阳召开，省委宣讲团成员、省发改委党委书记、主任李雪东到沈阳市宣讲党的十九届五中全会精神，为全市党员干部群众作专题辅导报告。

12月

3日　中国共产党沈阳市第十三届委员会第十三次全体会议召开。全会审议通过《中共沈阳市委关于制定国民经济和社会发展第十四个五年规划和二〇三五年远景目标的建议》。

同日　第十六届“振兴杯”全国青年职业技能大赛决赛闭幕式在沈阳体育学院白清寨滑雪场举行。这届大赛产生金奖16人、银奖16人、铜奖28人，另有18个省份和15户央企获优秀组织奖。

5日　沈阳首个加装平层电梯的项目竣工并投入使用，位于沈河区五爱街15—58甲1单元。

13日　全国第一届职业技能大赛在广州闭幕。沈阳爱新觉罗毓叶文化传播有限公司的参赛选手陈胜男获（国赛精选）茶艺项目的金牌，沈阳造币有限公司的参赛选手张文良获（国赛精选）装配钳工项目的银牌。

17日　京沈对口合作座谈会暨签约仪式在沈阳举行，17个对口合作产业项目进行集中签约。

同日　2020中德（沈阳）高端装备制造产业园高质量发展大会召开。总投资380亿元的30个项目签约，主要涵盖智能制造、新一代信息技术、工业互联网等领域。

同日　沈阳知识产权仲裁院（中德产业园知识产权仲裁院）在中德园工业互联网创新大厦举行揭牌仪式。

18日　沈阳高新区和本溪高新区签署战略合作协议，双方将合作共建辽宁生物医药和医疗装备产业基地，助推沈阳现代化都市圈建设。

20日　中国航发燃气轮机有限公司AGT—110重型燃气轮机总装下线。

21日　“最受欢迎的沈阳十大特色街区”名单揭晓。包括：北市场文化商贸特色街区、太原街步行街、西塔街、中山路欧风街、中街步行街、五爱市场街区、青年大街现代商贸聚集区（文艺路—博览路）、兴华街综合商业街、吉祥汽车主题商业步行街、赛特奥莱欧洲风情购物街区。

23日　市新型冠状病毒肺炎疫情防控工作第七场新闻发布会发布：12月23日，沈阳市发现1例韩国返沈人员解除隔离后新冠病毒核酸检测阳性患者，经专家会诊，定为确诊病例。市委、市政府启动新冠疫情防控应急响应，采取科学防控措施，实施精准防控。

25日　浑南大道快速路建成通车，全长约10.7千米，东西两段隧道全长2675米，隧道结构设计使用年限100年。

26日　沈阳地铁六号线一期和一号线东延线工程开工仪式在六号线浑河站站现场举行。六号线一期从鸭绿江街直达苏家屯区，全长35.25千米，其中地下线27千米（三环内），高架线7.76千米，过渡段0.49千米，全线设车站30座；一号线东延线从黎明广场站至世博园东站，全长16.15千米，均为地下线路，设车站10座。

27日　沈阳产业技术研究院正式成立。

28日　于洪区高花街道与沈阳农商银行铁西支行就党建共建、政银共建等事项签署共建协议。夏家村成为沈阳第一个“整村授信”村，村民可以根据沈阳农商银行铁西支行给予的贷款预授信额度进行贷款。

29日　市统筹推进新冠肺炎疫情防控和经济社会发展工作指挥部发布16号令，提出扩大筛查范围、对入境沈阳人员严格实施“14+7”天集中隔离观察、对直接从事高风险作业人群严格做到核酸检测“1周1检”、全市一级以下医疗机构（村卫生室除外）全面停诊、压实发热门诊“前哨”责任、加强零售药房管理、切实做好中小学寒假前疫情防控和教育教学工作、加强幼儿园和校外培训机构的疫情防控工作八条具体防控疫情措施。

31日　沈阳市统筹推进新冠肺炎疫情防控和经济社会发展工作指挥部发布第17号令，沈阳市内9区全员核酸检测。铁西区、皇姑区、于洪区要在3日内检测完毕，和平区、沈河区、大东区、浑南区、沈北新区、苏家屯区要在5日内检测完毕。沈阳中风险地区人员一律不允许离沈，其他地区人员确需离沈的，需持有72小时内核酸检测阴性证明。

“十三五”回望

【经济运行】 “十三五”时期，沈阳经济运行总体平稳，经济结构持续优化，实现经济社会平稳健康发展和人民生活水平新提升，高质量发展、新时代振兴取得了重要成果。经济结构加快调整。经济发展稳中向好，5年间，地区生产总值年均增长2.8%，经济运行持续保持在合理区间，人均地区生产总值超过1.1万美元，向高收入水平国家迈进；一般公共预算收入稳定增长，2020年实现736.1亿元，比2015年增长21.4%，税收占比81.7%。制造业转型升级加快推进，实施工业技改、制造业智能升级计划，其间，累计实施500万元以上技术改造项目850个；支持智能升级项目136个。高端装备制造业产值占装备制造业产值比重由16%提高到26%，高新技术产品产值占规模以上工业总产值比重由48.8%提高到58.5%。战略性新兴产业不断培育壮大，重点推进新松机器人未来城、东软健康医疗产业园、中航发燃气轮机、空客A220机身等项目建设，机器人、数字医疗、IC装备等战略性新兴产业产值占规模以上工业总产值比重由15.9%提高到25%。现代服务业发展实现提升。服务业增加值年均增长4.8%，服务业增加值占地区生产总值62.5%。辽宁股权交易市场挂牌累计878家。沈阳成为全国快递示范城市、夜间经济十佳城市，入选国家级旅游业改革创新先行区和国家文化消费试点城市。

【体制改革】 “十三五”时期，全市经济体制改革工作取得明显成效。供给侧结构性改革深入推进，全面落实“巩固、增强、提升、畅通”方针。营商环境逐步改善，不断深化“放管服”改革。国资国企改革持续深化，获批全国区域性国资国企综合改革试点城市。民营经济不断壮大，全面落实民营经济“28+34”政策体系。财税金融改革稳步实施，扎实推进国家优化金融生态改革试验。开发区改革深入推进，推行“管委会+平台公司”运营模式。对外开放持续扩大，不断完善开放平台通道建设和区域合作机制。农村改革加快推进，农村集体产权制度改革试点任务如期完成。2017年获批国家产业转型升级示范区并连续3年被国家评估为优秀，2019年获批全国国资国企改革试点城市，2020年统筹协调多个部门机构集中办公解决历史遗留问题改革成果列入全国区域性国资国企综合改革试验成果清单，工业稳增长和转型升级、商事登记便利化改革、公立医院综合改革工作2020年获国务院激励通报表扬。

（马冠军）

【城市建设】 “十三五”时期，全市城建城管系统坚持系统谋划，重点围绕“治改提创”，精准实施了一大批基础性工程，着力提升城市治理能力和治理体系现代化水平。截至2020年年底完成城建投资1459.7亿元，房地产投资4931.3亿元，建筑业总产值7180.8亿元。快速路总里程344千米，道路网密度由5.3千米/平方千米提升到8.03千米/平方千米，跨河通道由“十二五”的16座增加至20座。地铁运营现状里程达到117千米，在建里程140千米，建成后将形成“两横、三纵、双L”地铁网络。统筹新城建设和旧城改造，“一河两岸”成为城市新名片，形成南北两岸80千米连续贯通的景观带及滨水绿道。获“国家卫生城市”“全国文明城市”“国家环保模范城”“黑臭水体整治示范城市”“公交都市”等荣誉称号，加快推动城市高质量发展。

持续优化城市空间结构。市域城镇体系以中心城区为核心，依托沈大、沈山、沈阜、沈铁、沈抚、沈丹6条复合交通走廊轴向发展，形成“一城、六轴”城镇格局。城市“主城+副城”空间结构全面优化，完成市府南迁，城市发展重心全面向南拓展，外围西部、北部副城产业加快集聚。

加快构建现代交通体系。基本建成“环形+放射”的快速路网。建设南北快速干道、北一路高架桥、东一环快速路、长青街快速路、沈辽路快速路、胜利大街、浑南大道7条快速路，基本实现二环核心段南移；打通陵园北街、怒江北街等多年交通瓶颈，长安桥、东塔桥、中央大街桥、云龙湖桥建成通车，建设改造700余条街巷路和小区配套路。加快推进城市快速轨道交通建设，着力构建“两横、三纵、双L”的地铁网络结构。京沈高铁全线开通，地铁二号线北延长线、九号线、十号线开通运营；有轨电车四号线和六号线开通运营。积极解决“停车难”，解决停车泊位缺口15.9万个，2018—2020年累计解决50万个泊位缺口。

推进生态环境建设。提高全域生态环境质量，对辽河、浑河、蒲河重点流域进行综合整治，实施以浑南总干—白塔堡河—沈抚运河为主的河流连通工程；全面消除城市黑臭水体，实施建成区12个水体、190千米综合整治，同步实施外围15个、总长度514千米的水体综合治理，新建截污管网70千米，治理、关停及取缔污水直排口432处，修整护岸护坡123千米。实施污水处理提质扩容，系统提升污水处理能力。持续实施抗霾攻坚，“沈阳蓝”渐成日常。

推进民生基础设施建设。强化供水设施建设，启动辽西北供水工程，改造老旧小区供水管网2797千米。强化供气设施建设，燃气管网总长度达到10628千米，清理整治630处燃气管道违章占压点位，改造960千米老旧管网。启动综合管廊建设，建成南运河、南北二干线、浑南新城和铁西新城综合管廊，总长度增加至58.64千米。

持续完善综合防灾设施。提高城市防洪标准，完成防洪治理工程138千米，确保大、中型河流防洪标准达到20年一遇以上。实施排水防涝工程，组织实施排水防涝补短板三年行动，重点区域干线排水能力达到国家三年一遇标准，沈城告别“城市看海”的尴尬历史。

加快推进历史文化名城建设。实施名城保护行动，完成工业遗产保护规划、盛京皇城城市设计以及盛京皇城、中山路、铁西工人村3处省级历史文化街区保护规划；以盛京皇城改造工程、中街国家级步行街改造试点为重点，有序推进实施盛京皇城等88个项目，改造升级八卦街、北市场等特色街区，积极推动历史文化街区、片区建设与夜经济、非遗展示相融合。

（毕迪　赵承博　张泽龙）

【环境保护】 大气环境质量。“十三五”期间，坚持“科学治霾、精准治霾、协同治霾、铁腕治霾”的工作思路，建立大气环境监测监控网络、污染源解析系统、应急响应体系；强化实施大气质量周调度、月排名、季度约谈扣款的过程考核制度，完善双重巡查交办、复查督办、延时重访、考核问责机制；强力开展“煤炉车尘”及臭氧污染等一体化治理，空气环境质量较“十二五”时期明显改善。2016年至2019年末，全市环境空气质量持续改善，优良天数（AQI≤100）比例较2015年提升21个百分点，接近全国平均水平；二氧化硫、氮氧化物、可吸入颗粒物（PM10）、细颗粒物（PM2.5）等主要污染物浓度较“十二五”末期均出现大幅降低，降幅分别为68.2%、25%、33%和40.3%。“十三五”期间，二氧化硫、氮氧化物分别累积减排38987吨、30087吨，比2015年累计削减38.49%、36.40%，提前完成国家下达减排任务（16.5%、17.2%）。

水环境质量。“十三五”期间，贯彻落实“水十条”（国务院《水污染防治行动计划》）为主线，以河流断面达标为核心，坚持“统筹上下游、兼顾左右岸”，建立四级河长制，实施“一河一策”治理及管理保护方案，构建辽河流域综合治理“1+4+N”和“五水（治污水、防洪水、排涝水、抓节水、保供水）共治”两大体系，完善“大巡查、大交办、大整改”和区域河流断面水质对比监测考核制度，综合施策、点面同治，系统规划推进全流域综合治理，水环境质量改善取得突出成效。2016年至2019年末，沈阳市地表水环境质量逐年改善，全市17个省考以上断面劣V类比例下降23.5个百分点，优于III类（含）的断面数量比例由0提升至29.4%。截至2019年末，辽河干流基本达到Ⅳ类水体标准、浑河干流城市段稳定达到Ⅳ类水体标准水平。“十三五”期间，化学需氧量、氨氮分别累计减排43716吨、3051吨，比2015年累计削减18.1%、16.1%，提前完成国家下达减排任务（18%、8.8%）。

土壤环境质量。“十三五”期间，针对土壤污染的核心要素和存在的突出问题，着眼“说得清、分好类、控源头、治污染、控风险”，明确任务、分解落实，有序推进净土保卫战。2016年以后，全市一般工业固体废物处置利用率保持在91%以上，工业危险废物在确保全部安全基础上，综合处置利用率保持在85%左右（约15%的工业危险废物是企业即时产生并安全贮存），医疗废物100%安全处置。城镇污水处理厂污泥安全处置率100%，无害化处置率保持在90%以上，土壤环境保持稳定。　（陈志明）

【农业】　农业综合生产能力迈上新台阶。粮食连年丰收，2018—2020年产量连续超过350万吨。2020年，全市蔬菜、肉蛋奶、水产品等产量分别为384.3万吨、140.8万吨、21.3万吨，连续3年稳中有增，产量均列全省第1，形成于洪光辉蛹虫草、辽中六间房花卉、新民大民屯蔬菜等特色作物集聚区。加快恢复生猪生产，重点推进新希望、扬翔等生猪规模养殖场建设，2020年末生猪存栏256万头，超省任务94.5万头。“十三五”时期，主要农产品抽检合格率从97%提高到99%以上，“菜篮子”产品丰产丰收、供应充足、质量安全。大力发展现代渔业，2018年开始重点支持稻田综合种养发展，2020年新增小龙虾、河蟹稻田综合种养面积1.13万亩（753.3公顷），超省下达指标126%。

农业技术装备达到新水平。2020年，新建高标准农田面积78.7万亩（5.2万公顷）。累计建成高标准农田479.16万亩（31.9万公顷），全国首创高标准农田“损毁工程险”建后管护新模式。设施农业面积发展到23.08万亩（1.5万公顷）。主要农作物综合机械化率由85%提高到87.6%，居全省首位。主要农作物实现良种全覆盖。引进中化MAP（现代农业技术服务平台）项目，建成服务中心、服务站204家，粮食全流程订单服务面积30万亩（2万公顷）以上。

农机化科技推广取得新成就。“十三五”期间，全市建立2个农机化技术推广示范区，推广玉米机械收获、水稻机械播种与收获、保护性耕作、马铃薯收获、秸秆还田机械、水稻旱直播穴播机等领域农机新技术8项，推广新型农机具19个，技术推广面积80万亩（5.3万公顷）。试点无人机作业75万亩（5万公顷），搭载北斗系统，信息化与传统农机结合，传统农机获得新生机。依托一批优质农机服务企业，推行土地托管，全面实施全程机械化生产，全市面积10万亩（6666.7公顷）。

乡村产业振兴发展取得新进展。2018—2020年，出台专项政策，支持优势产业链建链、补链和强链，促进农村一、二、三产业融合发展。2019—2020年，农产品加工业产值超过700亿元，超过大连跃居全省第一位，加工比扩大到1.35：1，远高于全省0.65：1的平均水平。都市休闲农业、农村电商等新业态蓬勃发展，沈北花卉、于洪蛹虫草等新兴特色产业初具规模，禽业、生猪等优势产业链条不断完善，沈北辉山国家农业科技园产值超百亿元。

农村生产生活环境焕发新面貌。从2018年开始，启动实施农村人居环境整治“百千工程”，累计投入各级资金近30亿元，统筹推进农村生活垃圾治理、农村污水治理、村容村貌提升等美丽示范村建设项目，到2020年底，全市270个美丽示范村达到省级创建标准，1527个行政村村庄环境基本实现干净整洁有序，创新开展的10个精品示范村建设项目开始实施，建设模式得到省肯定并已列入全省“十四五”建设计划。扎实开展农村“厕所革命”，推广“室内水冲+三格式化粪池”模式，累计完成户厕改造6万座，室内水冲数量居全省第一位。争取沈北等5个区县国家畜禽养殖废弃物资源化利用整县推进项目，不断提高规模化、标准化、生态化养殖场水平，畜禽养殖废弃物资源化利用率达85%以上。持续推进秸秆“五化”（肥料化、饲料化、基料化、原料化、燃料化）利用，综合利用率稳定在90%以上。

农民人均收入水平实现新跨越。农村人均可支配收入达19598元，较2016年增长35.7%。增幅连续5年高于城镇居民收入和国内生产总值增幅。

乡村治理迈上新台阶。从2019年开始，推进国家、省、市级试点示范，沈北新区和孟家台等4个村获批全国乡村治理试点，典型经验获中央农办肯定并在全国推广，康平县和土耳坨等10个村获批省级乡村治理试点。创新开展市级试点，梳理整合党组织标准化规范示范村、文明村、村规民约示范村等8类典型村，创建具有沈阳特色乡村治理综合类引领示范村102个。

脱贫攻坚成果巩固进入新阶段。2016年建档立卡贫困人口和60个省级重点贫困村实现脱贫销号，2017年完成康平县首批摘帽任务，建档立卡7771户16851人2019年全部实现稳定脱贫。脱贫攻坚全面巩固，实现动态为零，全面完成阶段性目标任务。

（王玥琳）

【工业】 工业资产规模缓步提升。“十三五”期间，全市规模以上工业资产总额缓慢提升。经过2016年、2017年夯实统计基础后，全市工业资产总额从2016年的7706.2亿元、2017年7777.6亿元，到2020年的7841亿元，年均增长0.43%。

工业企业户数稳步增长。“十三五”期间，全市加大“小升规”工作力度，2017—2020年分别有155户、189户、252户、243户企业实现小升规。2020年，全市规上工业企业户数达到1592户，规模以上工业规模库不断扩大。与此同时，“规升巨”工作取得成效，2020年营业收入亿元以上工业企业达到548户，分别比2018年和2019年增加39户和17户。

工业生产总体保持稳定增长。“十三五”期间，全市规模以上工业总产值总体保持稳定增长，2016—2020年年均增长率为1.7%。2017年起，工业生产总体保持稳定增长。但2019年全球及中国宏观经济形势整体低迷，2020年突发新冠肺炎疫情，对全市工业生产造成冲击，导致这两年增长速度较缓。2020年全市规模以上工业总产值增长2.7%。

规模以上工业增加值逐年提高。“十三五”期间，规模以上工业增加值年均增长率为4.1%。2020年增速为2.8%，高于全省1.0个百分点（全省1.8%），与全国增速保持同步，在全省各市中排名第8位，在全国15个副省级城市中排名第12位。2016—2020年，规模以上工业增加值占全口径工业的比重呈逐步升高趋势。

装备制造业仍占据主导地位。2020年，装备制造业占全市比重达到67.1%，仍占据主要地位。其中汽车制造业占比逐年提高，从2018年的44.4%到2020年的47.7%，几乎占据全市工业总量的一半；机械装备制造业占比略有降低，从2018年20.9%到2020年的16.8%，总量逐年减少。（霍　岩）

【建筑业】 “十三五”期间，市场秩序进一步规范，市场监管体系日臻完善。进一步深化依法行政体制机制建设，健全建筑市场监管制度体系，相继制订出台加强施工许可、竣工验收备案、项目联合验收管理等一系列实施细则，建立“双随机一公开”（随机抽取检查对象、随机选派执法检查人员、抽查情况及查处结果及时向社会公开）联合执法体制，强化行业主管部门日常监管，加大投诉举报核查力度。

供给侧结构性改革初见成效，产业结构进一步优化。出台推动建筑业持续健康发展、促进产业转型升级工作方案和实施意见，支持企业优化重组、合资合作，支持本地企业组成联合体参与轨道交通、道路桥梁等基础设施建设，鼓励装配式企业向“生产一施工”一体化发展，推动专、精、特、新型企业做大做强。从事装配式建筑、节能建筑、绿色建筑、智能建造等新型建筑产业的企业数占比、产值占比进一步提升，建筑产业结构不断优化，建筑企业类型结构有所改善，正逐步由纺锤形向正三角形转化，建筑企业类型结构进一步趋于合理。

工程质量管理显著提升，安全监管水平不断强化。制定《沈阳市建筑工地网格化监管工作方案》，修订《沈阳市建筑事故处置应急预案》，建立沈阳市建筑业危大工程专家库，进一步规范危大工程的监督管理。开展安全施工专项整治，督促企业落实安全生产主体责任，加强源头风险管控，持续开展安全生产隐患排查治理，加强安全培训，不断提高“三类人员”（建筑施工企业主要负责人、项目负责人和专职安全生产管理人员）安全保证能力，通过构建建筑工地四级网格监管工作体系，建立行之有效的安全风险防控体系。“十三五”期间，建筑施工领域安全生产形势总体稳定，安全事故发生率处于较低水平。

建筑产业现代化成效突出，示范作用不断加强。作为首个国家建筑产业现代化示范城市和全国首批装配式建筑示范城市，沈阳市的示范作用持续加强，建筑产业现代化政策体系日趋完善，装配式技术体系逐渐成熟并得到广泛应用，产业配套不断健全，产业现代化人才逐年增加，形成区域性的建筑产业现代化基地，对周边地区建筑产业现代化的引领和推动作用正在扩大，为建筑产业现代化的大力发展奠定良好的基础。

建筑节能和绿色建筑推广成效显著。建筑节能和绿色建筑推广力度加大，建立一系列创新机制，加大科研力度，深入开展北方严寒地区建筑节能技术和配套材料应用研究工作并编制相应的标准，完善建筑节能和绿色建筑技术支撑体系；设立试点示范项目，以点带面全面推进建筑节能及绿色建筑的发展，并将绿色建筑有条件的纳入土地出让环节；提升能效，启动新建建筑节能标准升级提档；开展大型公共建筑节能监管体系建设；宣传培训，提升绿色建筑社会认知度，全面推进沈阳市建筑节能和绿色建筑发展。

科技创新及应用能力进一步提升。建筑业与信息产业、装备制造业的技术融合进一步加强。建筑信息模型（BIM）、物联网、大数据、云计算、人工智能等新技术均在建筑业集成与应用，开始建设智慧工地的研究与探索，并在一些重大项目中进行试点，打造一批科技研发基地、装配式建筑产业生产基地，推动基于建筑业全产业链的智能建造能力的提升。（吕　刚）

【金融业】　“十三五”期间，沈阳市金融业聚焦“服务实体经济、防控金融风险、深化金融改革”三大任务主线，持续深化金融领域供给侧结构性改革，金融生态环境持续优化，区域性金融中心建设基础不断夯实。主要金融指标保持平稳增长，截至2020年末，沈阳金融业总资产突破3万亿元，五年增长超过20%；金融业增加值实现516亿元，占地区生产总值比重达到7.85%，金融业成为沈阳重要的支柱产业；金融企业纳税115.47亿元，占全市税收9.75%，骨干型税源地位进一步夯实。5年间，沈阳市存贷款余额、金融产业绩效、本地证券交易量、保险深度等指标均位居东北地区首位，连年新增贷款超千亿元，为实体经济发展注入资金保障。金融组织体系不断健全，全省首家财险法人机构、东北首家民营银行、全省首家消费金融公司、辽宁首家金融租赁公司相继落户，法人机构总量达到21家，重点法人机构扩量67%。多层次资本市场体系扎实推进，全省首户科创板企业2019年成功上市，重点上市后备企业21户，上市企业后备企业库入库企业达201户。辽宁股权交易中心挂牌及展示企业2335户，超过哈尔滨、长春、大连3城市区域市场挂牌企业总和；累计完成融资531亿元，在全国34家区域性股权交易市场中排名第5位；培育功能发挥明显，累计完成43户挂牌企业进入新三板。金融政策规划体系进一步完善，印发实施《沈阳市促进金融业发展若干政策措施》和《沈阳区域金融中心发展规划（2020—2030）》。金融基础设施建设稳

▶环球金融中心（万豪）　（沈阳金融商贸开发区供）

步推进，沈阳企业征信平台、综合金融服务平台、金融风险预警平台均正式上线运营。金融集聚区建设扎实有效，金融商贸开发区单位面积金融贡献度稳居东北第一位，集聚全市50%以上金融机构、承接60%金融业务、贡献63%金融税收。（于天义）

【房地产市场】 “十三五”期间，全市房地产市场形势基本平稳，多项指标涨跌互现。全市房地产开发累计完成投资4931.3亿元，年均增长率14.88%，其中：2016年，709.7亿元，下降46.7%；2017年，814.2亿元，增长14.7；2018年，996.7亿元，增长22.4%；2019年，1174.8亿元，增长17.9%；2020年，1235.9亿元，增长5.2%。商品住宅累计完成投资3831.9亿元，年均增长率19.19%，其中：2016年，490.4亿元，下降47.6%；2017年，620.5亿元，增长26.5%；2018年，775.1亿元，增长24.9%；2019年，956.2亿元，增长23.4%；2020年，989.8亿元，增长3.5%。

新建商品房开工面积累计完成6734.4万平方米，年均增长率11.8%，其中，2016年，1043.6万平方米，下降15.1%；2017年，1334.9万平方米，增长27.9%；2018年，1416.2万平方米，增长6.1%；2019年，1309.5万平方米，下降7.5%；2020年，1630.2万平方米，增长24.5%。

商品房竣工面积累计完成3702.7万平方米，年均增长率-7.91%，其中，2016年，903.2万平方米，下降12.9%；2017年，823万平方米，下降8.9%；2018年，660.6万平方米，下降19.7%；2019年，666.4万平方米，增长0.9%；2020年，649.5万平方米，下降2.5%。

新建商品房销售面积累计完成9035.6万平方米，年均增长率-4.44%，其中，2016年，1806.5万平方米，增长10.1%；2017年，1940.6万平方米，增长7.4%；2018年，1812.9万平方米，下降6.6%；2019年，1969.2万平方米，增长8.6%；2020年，1506.4万平方米，下降23.5%。商品住宅销售面积累计完成7835.5万平方米，年均增长率-4.3%，其中，2016年，1565.8万平方米，增长9.8%；2017年，1696.4万平方米，增长8.2%；2018年，1509万平方米，下降10.9%；2019年，1751.2万平方米，增长16.1%；2020年，1313.1万平方米，下降25%。

二手房累计转让面积6329.3万平方米，年均增长率3.86%，其中，2016年，1047.2万平方米，增长19.3%；2017年，1124.1万平方米，增长20.9%；2018年，1441.1万平方米，增长15.1%；2019年，1498.5万平方米，增长4%；2020年，1218.3万平方米，下降18.7%。（申岩松）

【商贸】 “十三五”期间，全市着力优化商务发展环境，扎实推进商贸流通领域改革创新，为推动全市经济发展做出积极贡献。消费规模不断扩大，全市社会消费零售总额由2016年的3985.9亿元增加到2019年的4479.6亿元，2020年受疫情影响总体增速下行，但保持逐步回暖增长大趋势。2020年，全市电商企业30439户，京东、苏宁易购、唯品会等区域总部在沈落户。商业设施日趋完善，形成中街、太原街等16个市级重点商圈，44条特色商业街区，其中7条“国字号”商业街。各类商品交易市场369个，其中建筑面积5000平方米以上商品市场164个。招商引资成果显著，“十三五”期间实际利用外资累计56.24亿美元；引进到位内资累计4253.8亿元，年均增长15.5%，呈逐年增长趋势。有121个国家和地区在沈投资，累计设立外商投资企业2149户，万达集团、恒大集团等一批国内重大企业与市政府签订战略合作协议。对外贸易规模不断扩大，有192个国家和地区与沈阳市实现经贸往来。“十三五”期间，全市累计外贸进出口总额4701.4亿元，外贸依存度从2015年的12.7%上升到2020年的15.6%；有进出口实绩的企业从2015年的1900余户增加到2020年的2800余户。沈阳市成为国家跨境电子商务综合试验区，跨境电商二级节点上线运行。对外开放工作协调推进，接待德国总理默克尔到沈参观访问；设立辽宁自贸区沈阳片区；中德园建设进一步深化；中日园、中韩园规划开发建设；推进京沈、沈大、沈阳经济区等深化合作；与25个国际城市和96个国内城市通航；展览业处于东北领先地位，获评“中国最佳会展城市”民生保障持续增强，建立完善应急保供机制，特别面对新冠疫情，制定实施《沈阳市疫情防控期间基本生活必需品市场供应保障应急调控预案》，加强14大类35个品种生活必需品监测，增加肉类、蔬菜储备量，保障市场供应充足和价格稳定。粮食产业经济发展稳步增长。全市粮食产业经济发展规模不断扩大，产业结构得以优化，产业经济发展和质量效益显著提高，龙头企业辐射带动作用持续增强，粮食产品结构更加合理。“十三五”时期，全市新增粮油加工业76户，产量增加197.4万吨，产值增加120.1亿元，主营业务收入增加205.2亿元，利润增加10.2亿元。　（林梦媛　马冠军）

【非公有制经济】　“十三五”时期，特别是2018年11月习近平总书记主持召开民营企业家座谈会后，全市深入贯彻国家、省促进民营经济发展的工作部署，着力推进民营经济健康发展。截至2019年末，全市民营经济市场主体数量比2018年增长10.8%；占全市市场主体的比重达95.8%。全市私营企业数量比2018年增长12%。全市民营经济完成增加值比2018年增长4.6%；占全市地区生产总值比重达到45.8%。全市民间投资总额比2018年增长18.2%；占全市投资的比重达到61.9%。全市民营经济实现税收总收入比2018年增长7.4%；占全市税收总收入的比重达到49.9%。2020年，全市民营经济增加值占全市地区生产总值的45%以上，民营经济实现税收总收入占全市税收收入的50%以上，民间投资占全市固定资产投资的60%以上，民营经济市场主体存量占全市市场主体的95%以上。　（高　健）

【宏观经济管理】　“十三五”时期，三大攻坚战取得突破性进展。脱贫攻坚成果持续巩固，全市建档立卡人口全部脱贫，60个省级贫困村脱贫销号，康平省级贫困县脱贫摘帽，贫困人口动态为零。污染防治取得扎实成效，空气质量优良天数比2015年增加80天；沈阳成为国家循环经济示范城市和国家低碳试点城市。重大风险得到有效防控，稳妥处置重点企业债务风险、涉众型非法集资风险，对存在股权质押风险的上市公司实施救助，守住不发生系统性风险的底线。

创新沈阳建设闯出新局面。重大创新平台加速布局，材料科学国家研究中心、中国科学院大学机器人学院等一批“国字号”创新平台在沈布局，市级以上各类科技创新平台达到1167个。关键核心技术攻关成效突出，实施重大研发、重大转化项目“双百工程”（百项重大科技研发项目、百项重大科技成果转化项目），解决航空结构件激光冲击强化技术、智能手术机器人等关键共性技术884项。大国重器研发成果显著，无人驾驶宽体矿车、煤矿巷道全断面掘进机等重大技术装备投入使用，93个首台套项目获国家支持。科技成果转化力度加大，推进东北大学与和平区、中国医科大学与浑南区等6个校地共建成果转化基地；全社会研发投入强度由2.51%提高到3%，累计申请专利9.3万件。大众创业万众创新蓬勃发展，众创空间、孵化器等双创载体数量从33家增加到212家；高新技术企业达到2560户，科技型中小企业达到4559户，芯源微电子等17户企业入选国家“专精特新”小巨人企业。

全面深化改革取得新突破。持续优化营商环境，沈阳在东北地区21个城市营商环境评价中排名第1位；跻身《中国营商环境报告2020》示范引领标杆城市。国资国企改革持续深化。457户省属、市属企业厂办大集体改革如期完成；搭建“3+1+N”（“3”即组建沈阳金控、沈阳城投、沈阳产投3家国有资本投资运营公司；“1”即组建盛京资产管理公司；组建“N”个国有资本产业投资平台）国资运营平台，沈阳成为全国区域性国资国企综合改革试点城市。开发区改革深入推进，辉山经开区、浑南高新区、铁西经开区3个国家级开发区的全国排名2018—2020年逐步回升，国家产业转型升级示范区连续三年获国务院表彰。民营经济不断壮大。民营经济市场主体占全市比重96%；贡献全市40%以上的地区生产总值，带动80%以上的城镇劳动就业。

城市品质稳步提升。城市空间全面优化。完成市府南迁、二环南移，划定全域“三区三线”（三区，指城镇、农业、生态空间；三线，指生态保护红线、永久基本农田保护红线和城镇开发边界），中心城区实现控详规划全覆盖；建成区绿化覆盖率、人均公园绿地面积等达到国家园林城市指标要求。基础设施建设进一步加快，基本建成“环形+放射”快速路网；形成“十字+环线”结构，地铁运营里程达到117千米；京沈高铁全线开通运行；获批国家大数据综合试验区，沈阳成为“宽带中国”示范城市。城市管理水平进一步提高，生活垃圾结束填埋历史；完成暖房子工程1075万平方米；沈阳成功进入国家卫生城市行列，连续三年蝉联全国文明城市称号。城市保障水平不断提升，沈阳成为国家公交都市建设示范城市，通过新增盘活等措施填补停车缺口50万个。城市影响力显著增强，成功举办首届工业互联网全球峰会、第十八届世界冬季城市市长会议以及全国田径锦标赛等重大会议和赛事活动，工业互联网全球峰会会址永久落户沈阳；中街成功创建国家级高品质步行街。

开放格局不断拓展。对外经贸实现较快增长，"十三五"时期，累计实际利用外商直接投资56.24亿美元，进出口总额4684.9亿元。开放平台通道建设不断完善，中德（沈阳）高端装备制造产业园成为国家智能制造试点示范园区；辽宁自贸区沈阳片区在通关便利化等领域形成40项制度创新成果，综保区桃仙园区实现封关运行；中欧班列运行数量居东北地区第1位、全国第8位，国际航线达到24条。对外国际合作取得新成效，开通跨境电商1210、9610模式业务，沈阳远达国际快件监管中心正式运行；国际友城数量达到22个，与190个国家和地区实现经贸往来。区域合作取得积极进展，京沈合作持续推进，引进中关村创新中心等320个项目，深入开展与江苏和粤港澳合作，引进苏宁等一批大项目落户；沈阳都市圈城市间合作机制不断完善。

人民生活明显改善。就业形势平稳向好，城镇新增就业人数累计达到53万人，登记失业率低于控制目标；"十三五"时期，沈阳户籍人口累计净增加31万人，居东北之首。社会保障水平进一步提高，企业退休人员养老金实现"16连涨"，城乡居民最低生活保障标准连续16年提高，人均预期寿命达到80.85岁。社会事业持续发展，全面消除中小学大班额，"择校热"问题有效解决，弹性离校制度获全国教育改革创新特别奖；普惠幼儿园覆盖率达到80%；基层卫生服务体系建设进入全国示范行列，成为全国首批居家和社区养老服务改革试点城市；盛京皇城入选国家AAAAA级景区创建名单。社会治理能力显著提升，搭建"全市通办"服务管理平台；创建国家安全发展示范城市，大力推进全国"雪亮工程"示范城市建设；扫黑除恶专项斗争成果显著，社会大局持续稳定。居民人均可支配收入不断提高，城镇居民人均可支配收入达到47413元，比2015年增长29.4%，年均增长5.3%；农村居民人均可支配收入达到19598元，比2015年增长45.3%，年均增长7.8%。

新冠肺炎疫情防控取得重大战略成果。2020年新冠肺炎疫情发生后，沈阳市疫情防控部署高效有力，建立市、区（县）、街道（乡镇）三级指挥体系，落实责任包保机制，疫情常态化防控工作持续推进。救治检测能力迅速提高，建立健全"1（疾控）+N（医疗机构）+N（第三方机构）"检测体系，全市具备检测资质的医疗机构增加到42家；完成第六人民医院改扩建应急工程建设。物资保障更加有力，优化集中管理、统一调度，平时服务、战时应急，采储结合、节约高效的防疫物资储备体系，疫情防控物资保障不断加强。联防联控机制实现快速反应，建立四级疫情防控网络和排查、溯源、隔离、检测、救治、管控的外防输入闭环管理体系，确保疫情常态化防控。推动经济实现恢复性增长，及时出台应对疫情"17条""31条"政策措施和35个专项支持政策，支持企业各类资金470.1亿元，实现全市规模以上工业企业复工率100%，经济呈现企稳向好、恢复增长态势。

（马冠军）

【沈阳经济区】"十三五"期间，辽宁省委、省政府对沈阳经济区改革发展作出两次调整。2017年，将沈阳经济区范围由原来八城市调整为沈阳、鞍山、抚顺、本溪、辽阳五市。2020年末，省委、省政府提出"一圈一带两区"重大区域发展战略，加快建设沈阳现代化都市圈，以沈阳为中心，以鞍山、抚顺、本溪、阜新、辽阳、铁岭、沈抚示范区等为支撑，打造新型工业化的示范区、东北振兴发展的增长极。沈阳经济区更名为沈阳现代化都市圈，范围调整为"7城市+1示范区"。

经过5年发展，沈阳市会同都市圈各市建立完善的工作推进机制，通过规划政策、要素、产业、公共服务、基础设施、生态环保等方面一体化工作，取得明显成效。沈阳现代化都市圈经济总量占全省比重持续提升。2016年，沈阳经济区八城市区域面积7.5万平方千米，占全省50.8%；地区生产总值11253.3亿元，占全省51.06%；公共财政预算收入1144.9亿元，占全省52.06%；全社会固定资产投资3316.6亿元，占全省51.52%；社会消费品零售总额7558.5亿元，占全省56.34%。2017年，沈阳经济区五城市区域面积4.66万平方千米，占全省31.4%；地区生产总值9995.3亿元，占全省41.75%；公共财政预算收入1029.75亿元，占全省43.08%；全社会固定资产投资2441.5亿元，占全省37.88%；

社会消费品零售总额6273.8亿元，占全省45.44%。2020年，沈阳经济区五城市地区生产总值10786.3亿元，占全省42.9%，增长0.5%；固定资产投资增长1.9%；一般公共预算收入1138亿元，占全省42.9%，增长1.4%。

加强组织领导，健全工作机制。建立会商机制，市委市政府主要领导赴本溪、鞍山、辽阳、抚顺、沈抚新区实地推进合作对接。坚持规划引领，联合4市共同编制《沈阳经济区一体化发展战略规划》，明确战略定位、发展目标、重点任务及保障措施，在产业方向、基础设施、公共服务和利益共享机制等方面进行细化。完善工作体系，成立沈阳经济区一体化联合工作办公室，抽调力量组成专班，定期在沈联合办公，并召开6次发改委主任工作会议。

建设“四个中心”，放大溢出效应。加快东北创新中心建设，共建沈阳科技创新条件平台，签订《沈阳市科技条件平台沈阳经济区城市工作站合作协议》；组织召开沈阳经济区科技成果对接会，升级东北科技大市场，线上网络平台、线下服务大厅投入使用，截至2020年，全市高新技术企业1836户、科技型中小企业3070户；新增国家级科技创新平台6个，实施重点技术攻关项目137个。加快区域金融中心建设，不断完善沈阳金融服务体系，加快沈阳市综合金融服务平台、企业征信平台建设，为沈阳经济区城市各类企业提供金融服务，推动盛京银行鞍山分行与鞍山银行联合开展同业授信业务，在鞍山各区域设立支行，截至2020年，辽宁股权交易中心挂牌企业2335户，其中沈阳1480户；大力推进盛京基金小镇建设，沈阳市综合金融服务平台、企业征信平台上线运行。加快东北人才中心建设，加大招才引智力度，全市新增院士3人、千人计划9人、万人计划20人，吸纳大学毕业生13.1万人，制定出台全面取消人才落户限制、进一步放开落户政策的补充意见；共建人力资源信息共享交流平台，每年举办4场沈阳经济区人才招聘会，推进各城市12所院校签订校地合作协议。加快东北亚物流中心建设，以沈阳港多式联运中心项目为平台，连接鞍山西柳国际物流园、抚顺石化物流基地、本溪钢铁物流园、辽阳佟二堡皮草交易市场等重要物流节点，共同打造覆盖东北亚的现代物流网络体系。2020年沈阳中欧班列开行数量达到381列，增长79.1%，居东北第一位，全国第九位。

注重协调联动，开展务实合作。深化产业合作，出资2亿元参与的一期总额10亿元沈阳经济区产业发展基金组建完毕并运营。聚焦汽车、装备制造等领域共同打造产业链，重点推进特变沈变输变电智能装备制造及云服务基地等25个产业合作项目；华晨宝马汽车有限公司、上海通用（沈阳）北盛汽车有限公司、华晨汽车集团控股有限公司等汽车龙头企业，与鞍山市正发电路有限公司、辽宁华岳精工股份有限公司、辽宁忠旺集团有限公司等配套企业全面开展对接合作。加强互联互通，重点推进沈抚二号公路延长线、东李线东陵大桥改造等12个基础设施一体化项目；辽宁中部环线、沈康、沈吉等高速公路以及哈大、沈丹、新通、京沈（沈阳—承德段）等高铁将六市连通成网，京沈高铁2020年底全线通车、沈白高铁开工建设，形成以高速铁路、高速公路为骨架，国、省干线公路为补充，四通八达、互联互通的交通网络。打造特色旅游，在整合区域文化旅游资源上，推出新“四京”旅游线路和“盛京1764”大西迁等文化旅游线路，推进文化旅游产品的融合开发；举办文化旅游产业项目对接展会；在推进旅游公共交通体系建设上，创办京辽旅游一卡通，发放惠民旅游补贴，实现区域公共服务便利共享；在积极应对后疫情旅游经济复苏上，面向国内或沈阳都市圈城市的游客推出半价优惠、打折促销、免费开放等系列优惠政策，促进旅游市场复苏振兴。

（马冠军）

【“七五”普法】 2016—2020年，在市委、市政府的领导及市人大有效监督下，市司法局以“全社会尊法学法守法用法意识普遍增强，营商环境不断优化，基层社会治理水平明显提高”为普法目标，坚持把宪法普及工作摆在首要位置。全市各地区、各部门切实提升思想认识、形成工作合力，成立市委书记任组长的中共沈阳市委依法治市工作领导小组和市委政法委书记任组长的沈阳市法治宣传教育工作领导小组，明确法治宣传教育工作“一把手”负总责，沈阳市委、市政府批转《市委宣传部、市司法局关于在全市公民中开展法制宣传教育的第七个五年规划》，沈阳市第十五届人民代表大会常务委员会第三十八次会议审议通过

《沈阳市人大常委会关于加强法治宣传教育的决议》，为普法教育奠定坚实的组织基础。为高标准推进普法宣传，建立健全党委领导、政府实施、人大监督、全社会参与的普法工作机制，市委每年两次听取普法工作汇报，市人大以普法工作为有力抓手，定期督导法治建设工作，市司法局先后出台《沈阳市关于加强党内法规学习宣传的实施意见》《沈阳市学习宣传贯彻实施宪法工作实施意见》《沈阳市开展宪法宣传教育活动实施方案》等制度文件，奠定普法宣传工作坚实的制度基础。同时，大力强化基层普法骨干队伍建设，及时调整充实市区两级"七五"普法讲师团队伍，并依托"沈阳普法"微信公众号和"司法服务管理平台"建立数据库，实现讲师团成员相关信息实时查询。将经费保障情况作为刚性指标纳入普法规划，"七五"普法期间累计投入普法经费1161.9万元，其中市本级558万元，全市普法经费人均标准由0.2元提高到0.5元，确保普法推进得到高质量保障。组织健全、制度完善、队伍过硬形成了普法全覆盖、普法质效高、品牌效应好的良好效果，开创合力抓普法工作的良好局面，如期完成"七五"普法工作。（王吉峰）

【科技】 "十三五"期间，全市科技创新取得长足进步，科技创新投入持续增加，科技创新成果产出丰硕，科技成果转化体系不断完善。科技创新投入持续增加，2016—2019年全社会研究与试验发展经费支出累计达618.5亿元，年均增速8.08%，由2015年的125.14亿元增加到2019年170.7亿元，增长36.41%，占地区生产总值比重由2015年的1.72%提高到2019年的2.64%，增长0.92个百分点。高新技术产业加快发展，2016—2020年，累计实现规模以上高新技术产品增加值占规模以上工业增加值的比重逐年增长，2020年达到60.4%，完成"到2020年全市规模以上高新技术产品增加值占全市规模以上工业增加值的比重50%"的规划目标。创新载体动力不断增强，截至2020年底，全市科技创新平台1167个，其中重点实验室337个，比2015年增长10.5%；技术创新中心（工程技术研究中心）262个，比2015年增长11.5%；工程研究中心（工程实验室）180个，是2015年的2.3倍；企业技术中心331个，比2015年增长20.8%；临床医学研究中心57个，比2017年建立之初增长20.8%。提前完成"重点实验室、工程中心数量超过1000个"规划目标。科技创新成果产出丰硕，2016—2020年，全市累计获科技奖励601项，其中，获国家级科技奖励52项，省级科技奖励549项。全市技术合同成交额303.94亿元，比2015年增长99.4%，年均增速14.8%。专利申请量和授权量持续增长，2016—2020年，累计实现专利申请量125518件，年均增速5.34%；2020年有效发明专利19795件，是2015年的2.17倍，每万人拥有有效发明专利数量23.79件，完成"每万人拥有有效发明专利数量12件以上"的规划目标。（市科技局）

【体育】 "十三五"时期，市政府高度重视体育发展，把体育事业融入沈阳全面建成小康社会战略布局，在方向引领、资金投入、政策制定等方面给予有力保障，推动体育发展迈上新台阶，为打造北方运动高地、加快建设体育强市奠定坚实基础。群众体育始终走在全国前列，"十三五"期间，全市累计投入资金10.2亿元，推进建设全民健身路径和场地设施，全民健身网络体系日臻完善；全市拥有各类体育场地5705个、健身路径6.5万余件，人均体育场地面积2.2平方米，"15分钟健身圈"全面建成，经常参加体育锻炼的人数比例达52.3%以上，高于全国（31%）全省（43%）平均水平；成功举办沈阳马拉松、"和平杯"国际青少年足球邀请赛、沈阳赛艇大师赛、沈阳国际冬泳赛等一系列有影响的群众性体育活动，全市每年举办群众性健身活动达到1000余场，参与市民430万人次。竞技体育触底后实现反弹，面对1999—2011年连续四届全国城运会，沈阳竞技体育水平从第一名逐步降至第五名，竞技体育核心竞争力呈现逐年下滑的态势，"十三五"时期，加大竞技体育社会化改革力度，深入开展体育后备人才培养工作，竞技体育综合实力实现触底反弹；沈阳籍运动员有13人次获世界冠军、8人次获亚洲冠军；第13届省运会实现第4次金牌、奖牌、团体总分三项第一名；第2届全国青少年运动会获12枚金牌、9枚银牌、15枚铜牌，金牌数占全省的38.7%，其中冰雪项目夺得6金2银3铜，实现国家级综合性赛事零的突破；辽篮回归沈阳并首次摘取CBA联赛总冠军，沈阳城市足球俱乐部夺取中乙联赛总冠军，成功跻身中甲行列。体育产业加快发展趋势形成，2016—2018年，体育产业年均增长约15%；2018年全市体育产业总规模252.15亿元，增加值90.08亿元，占全市地区生产总值比重达到1.39%，高于全国（1.1%）全省（1.35%）平均水平；入选首批国家体育消费试点城市，浑南区被命名为国家体育产业示范基地，“和平杯”国际青少年足球邀请赛入选国家体育产业示范项目，实现沈阳体育产业“国字号”零的突破，体育产业规模逐步扩大，产业结构持续优化。体育文化成为展示城市活力的名片，在大力弘扬以五里河国足圆梦、辽篮永不言弃和女排顽强拼搏精神为核心的体育文化的基础上，围绕深入挖掘“一河两岸”文化资源举办系列赛事以及开展冰雪运动、传统武术、国际徒步节等全民健身赛事活动；同时，加强与“一带一路”沿线国家友好城市体育文化交流，赴俄罗斯伊尔库茨克市参加武术锦标赛，赴阿联酋参加世界残奥田径锦标赛，赴白俄罗斯、俄罗斯等进行体育交流、学习先进经验；通过举办沈阳马拉松赛、“和平杯”国际青少年足球邀请赛、U12国际冰球邀请赛等国际赛事，吸引“一带一路”国家运动员参与比赛；接待俄罗斯乌法市体育代表团到沈访问，打造沈阳对外开放新前沿，体育成为彰显沈阳城市形象和发展活力的亮丽名片。（郑洪志）

沈阳概貌

沈阳是辽宁省省会及沈阳经济区核心城市，中国东北地区的政治、经济、文化、商贸中心，全国15个副省级城市之一，中国先进装备制造业基地和国家历史文化名城。

地　域

沈阳市位于中国东北地区的南部、辽宁省中部。在北纬41度11分51秒至43度2分13秒、东经122度25分9秒至123度48分24秒之间。东西宽115千米，南北长205千米。国土面积1.29万平方千米。东临抚顺市，南与本溪市和辽阳市相连，西与鞍山市的台安、锦州市的黑山、阜新市的彰武县接壤，北与内蒙古自治区科左后旗及铁岭市的昌图县、开原市和铁岭县相邻。沈阳市大地构造位置，大部分位于中朝准地台的北部边缘，只有开原—赤峰断裂以北即法库北部及康平属吉林准褶皱带。沈阳地区以平原为主，地势平坦，平均海拔50米，山地丘陵集中在东北、东南部，属辽东丘陵的延伸部分。西部是辽河、浑河冲积平原，地势由东向西缓缓倾斜。全市海拔最高点为447.2米，位于法库县庙台山；海拔最低点为5.3米，位于辽中区于家房镇。

建置沿革

沈阳农业大学后山旧石器时代遗址的考古发掘和科学研究证实，11万年前，沈阳地区就有人类活动。7200年前，沈阳的先民们创造出新乐文化。战国时期，燕国设置辽东郡，名将秦开在此屯兵戍边。秦及汉初，沈阳属辽东郡。西汉设候城县，为中部都尉治，汉武帝时属玄菟郡。三国魏景初二年（238），候城县废，其地仍属玄菟郡。公元4世纪初至唐初，一度为高句丽族割据统治。唐贞观十九年（645）设盖州，其后属安东都护府管辖地。唐后至明以前，为诸个少数民族政权统治。五代至北宋时期为辽地。辽神册六年（921），设沈州并建城，后为金统治地，金末沈州城毁于兵火。元中统三年（1262）重设沈州，元贞二年（1296），改沈州为沈阳路，重筑土城，这是历史上第一次以“沈阳”为地名的称谓。明洪武十九年（1386）设立沈阳中卫（又称“沈阳卫”）、左卫和右卫，沈阳中卫一直保留到明末。沈阳中卫辖抚顺、蒲河两个千户所。

后金天命十年（1625），努尔哈赤从辽阳迁都沈阳。天聪八年（1634），皇太极改沈阳为“谋克敦”，汉文写作“天眷盛京”（简称“盛京”）。天聪十年（1636）皇太极改国号为清。清顺治元年（1644）迁都顺天府（今北京）后，以盛京为陪都，并设“昂邦章京”即“盛京将军”，统辖驻军，坐镇地方。顺治十四年（1657），于盛京置奉天府，管理地方事务。清初奉天府辖承德、盖平、开原、铁岭四县，辽阳州和锦州府及所属州县。光绪三十三年（1907），改盛京将军为东三省总督；改盛京为奉天，建奉天省，省治奉天府。光绪年间，奉天府所辖增至5府（锦州府、昌图府、新民府、海龙府、洮南府）、4厅、6州、26县。从康熙三年（1664）设附郭承德县始，清代在现沈阳地区先后设治有康平县、兴仁县、新民厅（府）、法库厅、辽中县。光绪三十四年（1908）移兴仁县治于抚顺，改为抚顺县。宣统三年（1911）废承德县，并入奉天府。1913年，民国政府废府改县，奉天府改为沈阳县；新民府、法库厅改为新民县和法库县。1923年沈阳建市，成立奉天市政公所，奉天市与沈阳县同属奉天省管辖。1929年，改奉天省为辽宁省，奉天市改称沈阳市，归辽宁省管辖。

1931年九一八事变后，沈阳沦为日本殖民地。

1945年8月，抗日战争胜利，恢复辽宁省、沈阳市名称。10月，沈阳市临时人民政府成立。11月底应苏军要求撤出市区，国民政府随即接收市政。市区先后重新划为11个区、17个区和22个区。1946年3月，沈阳市和沈阳、新民、辽中、法库4县均属辽宁省管辖。8月，沈阳市由省辖改为国民党政府行政院直辖。

1948年11月，沈阳解放，沈阳特别市政府成立，隶属东北行政委员会。将市内实际划定的22个区合并为8个区，沈阳县归沈阳市辖。1949年5月，沈阳特别市政府改为沈阳市人民政府，隶属东北人民政府领导。1953年3月，沈阳市改为中央直辖市，1954年8月，改为辽宁省辖市。1956年，沈阳市辖北市、沈河、北关、大东、南市、和平、铁西、皇姑、苏家屯区和沈阳县。同年11月，沈阳县划归辽阳专区管辖。1959年，撤销北市、南市、北关3个区的建制，设立新城子区；增辖铁岭、法库、康平、开原、昌图、西丰、沈阳（当年底撤销划入沈阳邻近区）、辽中、新民、台安10县。1964年3月，增设2个郊区（1986年，郊区按市区管理）；所辖县划归沈阳专区。1969年末和1970年初，辽宁省辖的辽中县和新民县分别划归沈阳市。1984年，国务院批准沈阳市为计划单列市，享受省级的经济管理权限。1993年1月，铁岭市管辖的康平县、法库县划归沈阳市。同年7月，撤销新民县，设立新民市（县级）。1994年，经中共中央、国务院同意沈阳市成为副省级省辖市。2006年10月8日，经民政部批准，新城子区更名为沈北新区。2014年6月17日，经民政部批准，东陵区更名为浑南区。2016年1月7日，经国务院同意，撤销辽中县，设立辽中区。截至2020年末，沈阳市辖和平、沈河、大东、皇姑、铁西、苏家屯、浑南、沈北、于洪、辽中10个市辖区，新民1个县级市，康平、法库2个县，计13个县级政区；下设112个街道、53个镇、16个乡，计181个乡级政区。

（志　文）

2020年沈阳市行政区划建制情况

表1

县级政区名称	下辖乡级政区数量				乡级政区名称		
	小计	街道	镇	乡	街道	镇	乡
和平区	10	10			浑河湾、新华、太原街、北市场、南市场、马路湾、南湖、长白、沈水湾、浑河站西		

续表1

县级政区名称	下辖乡级政区数量				乡级政区名称		
	小计	街道	镇	乡	街道	镇	乡
沈河区	11	11			滨河、万莲、朱剪炉、北站、风雨坛、五里河、皇城、马官桥、南塔、东陵、泉园		
大东区	10	10			大北、万泉、文官、二台子、东站、长安、东塔、津桥、前进、上园		
皇姑区	10	10			舍利塔、黄河、三台子、新乐、明廉、华山、北塔、陵东、四台子、鸭绿江		
铁西区	14	14			昆明湖、工人村、启工、兴顺、笃工、兴华、霁虹、凌空、重工、翟家、大青中朝友谊、大潘、高花、彰驿站		
苏家屯区	12	12			解放、民主、中兴、林盛、沙河、十里河、陈相、永乐、佟沟、八一红菱、沈水、白清姚千		
浑南区	12	12			桃仙、深井子、祝家、白塔、李相、五三、浑河站东、东湖、高坎、满堂、王滨、汪家		
沈北新区	10	10			新城子、清水台、道义、辉山、虎石台、财落、兴隆台、黄家、马刚、正良		

续表1

县级政区名称	下辖乡级政区数量				乡级政区名称		
	小计	街道	镇	乡	街道	镇	乡
于洪区	10	10			迎宾路、陵西、城东湖、平罗、马三家、沙岭、造化、北陵、南阳湖、光辉		
辽中区	20	4	16		蒲西、蒲东、茨榆坨、城郊	于家房、朱家房、冷子堡、刘二堡、满都户、杨士岗、肖寨门、六间房、养士堡、潘家堡、老大房、大黑岗子、牛心坨、四方台、长滩、新民屯	
康平县	15	3	5	7	北三家子、胜利、东关	小城子、张强、方家屯、郝官屯、二牛所口	北四家子、两家子、海洲窝堡、沙金台蒙古族满族、柳树屯蒙古族满族、西关屯蒙古族满族、东升满族蒙古族
法库县	19	2	12	5	吉祥、龙山	大孤家子、三面船、秀水河子、叶茂台、登仕堡子、柏家沟、丁家房、孟家、十间房、冯贝堡、依牛堡子、包家屯	慈恩寺、和平、四家子蒙古族、双台子、卧牛石
新民市	28	4	20	4	东城、辽滨、西城、新柳	大红旗、梁山、公主屯、兴隆、前当堡、大民屯、大柳屯、兴隆堡、胡台、法哈牛、柳河沟、高台子、罗家房、三道岗子、周坨子、东蛇山子、陶家屯、张家屯、金五台子、新农村	红旗、卢家屯、姚堡、于家窝堡
合计	181	112	53	16			

（市民政局）

自然资源

【国土资源】 2019年，全市总面积12859.8872平方千米，规划中心城区总面积1353平方千米，年末建成区规模563平方千米。全市获批建设用地130件，总用地面积1446公顷，其中，新增建设用地1138公顷，农用地1015公顷（耕地888公顷），获批总面积增长31%。

【矿产资源】 截至2020年末，全市探测到矿产资源23种，具体是：煤、煤层气、油页岩、地热、铁、铜、铝土矿、钼、硅灰石、沸石、方解石、水泥用石灰岩、泥炭岩、水泥配料用砂岩、建筑用砂、陶瓷土、耐火黏土、膨润土、砖瓦用黏土、建筑用岩石、珍珠岩、陶瓷用二长花岗岩和矿泉水。在探测到的23种矿产资源中，相对优势的矿种有7种，即煤、煤层气、沸石、陶瓷土、硅灰石、珍珠岩和地热，其他矿产有16种。到年末，全市有生产矿山企业54户，其中石油矿权5户、煤矿6户，非煤矿企43户。

（市自然资源局）

【水资源】 2020年，全市平均降水量658.1毫米，折合水量84.63亿立方米，比多年平均值多9.9%。全市地下水资源量24.41亿立方米，比多年平均值多8.1%。全市地表水资源量13.15亿立方米，折合径流深102.3毫米，比多年平均值多20.1%。全市地下水资源量24.41亿立方米，比多年平均地下水资源量多8.1%，比上一年地下水资源量少9.3%。全市供水总量26.21亿立方米，比上年减少0.94亿立方米。全市水资源总量27亿立方米，比多年平均值多14.6%。全市用水总量26.21亿立方米，比上年减少0.94亿立方米。全市枯水期、丰水期地下水平均水位较上年同期均有上升。12座中型水库，年初蓄水总量1.75亿立方米；6月末蓄水总量1.55亿立方米；12月末蓄水总量1.86亿立方米，比上年同期多0.11亿立方米。全市耗水总量17.06亿立方米，综合耗水率65%。

（市水务局）

【动植物资源】 沈阳地区有陆生野生动物30目89科382种，其中两栖类2目5科9种、爬行类1目3科10种、鸟类21目67科330种及兽类6目14科33种。有国家重点保护野生动物83种，其中哺乳类3种，鸟类77种，爬行类1种，两栖类2种。国家一级保护物种18种，均为鸟类，其余65种均为国家二级保护物种。沈阳市植物种类，计95科342属653种，保护植物野生分布的有9种。（市自然资源局）

气候与环境

【气候】 2020年，沈阳气候特点为气温偏高、降水偏多、日照时数偏多。降水时空分布不均，旱涝气象灾害时有发生。全市平均气温9.1℃，较历年平均偏高0.9℃。冬季（2019年12月至2020年2月，下同）平均气温-7.7℃，比历年同期高1.1℃；春季（3—5月）10.2℃，比历年同期高0.7℃；夏季（6—8月）24.3℃，比历年同期高1.1℃；秋季（9—11月）为9.8℃，比历年同期偏高0.8℃。作物生长季（4—9月，下同）平均气温19.7℃，较历年同期偏高0.6℃。日最高气温≥30℃出现首日比历年平均偏早，浑南、沈北、苏家屯三地5月1—2日连续两天日最高气温突破30℃；各地日最高气温≥30℃的日数平均为35天，比历年平均多5天；日最高气温≥33℃的高温日数平均为5天；日最高气温≥35℃的高温日数分别为0—2天；日极端最高气温35.4℃，分别于7月23日、7月24日出现在康平县和浑南区。全市年平均降水量656.3毫米，比历年平均多31.2毫米。冬季降水量31.2毫米，比历年同期多14.6毫米；春季降水量132.1毫米，比历年同期多34.2毫米，其中5月全市平均降水量103.5毫米，创沈阳历史同期第三高值；夏季降水量376.2毫米，比历年同期少25.8毫米，其中7月全市平均降水量49.3毫米，创沈阳地区有完整气象记录以后的月降水量最小极值；秋季降水量132.5毫米，比历年同期多23.9毫米。作物生长季全市平均降水量571.2毫米，比历年同期多27.4毫米。全市年平均总日照时数2795.5小时，较历年平均多256.6小时。冬季日照时数565.2小时，比历年同期多19.3小时；春季日照时数796小时，比历年同期多82小时；夏季日照时数742.4小时，比历年同期多85.2小时；秋季日照时数628.3小时，比历年同期多6.5小时。作物生长季日照时数合计1483.2小时，比历年同期多111.6小时。8月18—19日，全市迎来2020年首场区域性暴雨、局部大暴雨天气。全市7个国家气象观测站平均降水量为80.8毫米。全市235个区域自动站中，177个站降水量达暴雨级别，36个站降水量达大暴雨级别，最大降水量169.7毫米，最大小时降水量56.3毫米。受台风“巴威”外围云系影响，8月26日20时至27日13时全市出现大雨，局部暴雨。全地区平均降水量35.3毫米，最大降水量86.3毫米，最大小时降水量45.1毫米。全市有37个区域站出现6级以上瞬时大风，最大瞬时风力7级（16.1米/秒）。6月至8月上旬，沈阳地区降水较历年同期偏少，各地出现气象干旱，大田作物受到影响，全市总受灾面积111.07万亩（7.4万公顷），成灾面积82.04万亩（5.47万公顷），绝收19万亩（1.27万公顷），主要受灾作物为玉米，其他涉及受灾作物为花生、大豆、杂粮、地瓜、蔬菜等。其中康平县17个乡镇均出现不同程度旱情，受灾面积49.23万亩（3.28万公顷）；法库县山地、坡地旱情严重，受灾面积34.7万亩（2.31公顷）；新民市6个乡镇玉米出现旱灾，受灾面积29.6万亩（1.97万公顷）；沈北新区3个街道受灾，受灾面积1.49万亩（0.1万公顷）；于洪区、铁西区、苏家屯区受灾面积分别为1.3万亩（0.09万公顷）、0.15万亩（0.01万公顷）、0.6万亩（0.04万公顷）。（市气象局）

2020年沈阳市主要气象资料

表2

月份	平均气温（℃）	降水量（毫米）	有效降水日数（天）	日照时数（小时）
1	−10.2	0.8	4	211.3
2	−4.7	14.7	4	199.8
3	3.4	13.4	6	249.0
4	10.0	15.1	4	294.1
5	17.1	103.5	13	252.9
6	23.2	39.8	8	281.5
7	25.4	49.3	9	271.3
8	24.3	287.1	14	189.7
9	18.0	76.3	12	193.8
10	9.7	12.3	5	242.0
11	1.7	43.8	4	192.5
12	−8.9	0.0	0	217.7

（市气象局）

【环境】 2020年，全市城市环境空气质量优、良天数287天，比上年减少3天，达标天数比例78.4%。环境空气6项评价指标中，除细颗粒物（$PM_{2.5}$）、可吸入颗粒物（PM_{10}）浓度外，二氧化硫（SO_2）、二氧化氮（NO_2）、一氧化碳（CO）、臭氧（O_3）浓度均达标；6项评价指标中除可吸入颗粒物（PM_{10}）24小时平均第95百分位数浓度上升，其他均下降。全市辖区内

18个省考以上断面中，一类至三类水质断面占17.6%，比2019年下降10.2个百分点；无劣五类断面，比2019年下降16.7个百分点。辽河流域（沈阳段）四类水质断面占比88.9%，五类水质断面占比11.1%，辽河流域（沈阳段）水质为轻度污染；浑河流域（沈阳段）一类至三类水质断面占比42.8%，四类水质断面占比28.6%，五类水质断面占比28.6%，浑河流域（沈阳段）水质为轻度污染。全市城市声环境质量总体水平保持稳定。区域声环境总体水平昼间为三级，评价结果为“一般”。道路交通噪声强度等级昼间为二级，评价结果为“较好”。功能区声环境昼间监测点次达标率92.9%，夜间监测点次达标率78.6%。主要污染指标为氨氮、生化需氧量和高锰酸盐指数。（市生态环境局）

人口与民族

【人口】 根据2020年11月1日零时第七次全国人口普查，全市常住人口9070093人。全市常住人口与2010年第六次全国人口普查的8106171人相比，10年增加963922人，增加11.89%。年平均增长率1.13%。全市有家庭户3748824户，集体户199849户，家庭户人口8172935人，集体户人口897158人。平均每个家庭户的人口2.18人，比2010年第六次全国人口普查的2.65人减少0.47人。与2010年第六次全国人口普查相比，13个地区中，有6个地区常住人口增加，依次为：于洪区、浑南区、铁西区、沈北新区、苏家屯区、和平区，分别增加440342人、381610人、222172人、202097人、49557人、29793人。

全市常住人口中，男性人口4521021人，占49.85%；女性人口4549072人，占50.15%。总人口性别比（以女性为100，男性对女性的比例）由2010年第六次全国人口普查的102.1下降至99.38。全市常住人口中，0—14岁人口1033638人，占11.40%；15—59岁人口5928324人，占65.36%；60岁及以上人口2108131人，占23.24%，其中65岁及以上人口1403246人，占15.47%。同2010年第六次全国人口普查相比，0—14岁人口的比重上升1.63个百分点，15—59岁人口的比重下降9.57个百分点，60岁及以上人口的比重上升7.94个百分点，65岁及以上人口的比重上升5.1个百分点。

全市常住人口中，拥有大学（指大专以上）程度的人口2491650人；拥有高中（含中专）程度的人口1516621人；拥有初中程度的人口3377025人；拥有小学程度的人口1194896人（以上各种受教育程度的人包括各类学校的毕业生、肄业生和在校生）。与2010年第六次全国人口普查相比，每10万人中拥有大学程度的人口由20391人上升27471人；拥有高中程度的人口由18082人下降16721人；拥有初中程度的人口由41243人下降37233人；拥有小学程度的人口由14972人下降13174人。与2010年第六次全国人口普查相比，全市常住人口中，15岁及以上人口的平均受教育年限由10.68年提高至11.39年。全市常住人口中，文盲人口（15岁及以上不识字的人）41284人，同2010年第六次全国人口普查相比，文盲人口减少56388人，文盲率由1.20%下降0.46%，下降0.74个百分点。

全市常住人口中，居住在城镇的人口7665638人，占84.52%；居住在乡村的人口1404455人，占15.48%。同2010年第六次全国人口普查相比，城镇人口增加1417938人，乡村人口减少454016人，城镇人口比重上升7.45个百分点。

全市常住人口中，人户分离人口4340061人，其中，市辖区内人户分离人口1953243人，流动人口2386818人。与2010年第六次全国人口普查相比，人户分离人口增加1924990人，增长79.71%；市辖区内人户分离人口增加898320人，增长85.16%；流动人口增加1026670人，增长75.48%。

【民族】 沈阳有52个少数民族。即满族、蒙古族、朝鲜族、回族、锡伯族、藏族、维吾尔族、苗族、彝族、壮族、布依族、侗族、瑶族、白族、土家族、哈尼族、哈萨克族、傣族、黎族、傈僳族、佤族、畲族、高山族、拉祜族、水族、东乡族、纳西族、景颇族、柯尔克孜族、土族、达斡尔族、仫佬族、羌族、布朗族、撒拉族、毛南族、仡佬族、普米族、塔吉克族、怒族、俄罗斯族、鄂温克族、保安族、裕固族、京族、塔塔尔族、独龙族、鄂伦春族、赫哲族、门巴族、珞巴族、基诺族。全市少数民族人口为76.58万人，占全市总人口的9.45%。其中满族43.06万人，占全市少数民族总数的56.22%；蒙古族10.84万人，占14.16%；朝鲜族9.21万人，占12.03%；回族7.14万人，占9.32%；锡伯族5.56万人，占7.28%；其他47个少数民族0.75万人，占少数民族总数的0.98%。

（志　闻）

经济和社会发展

2020年，全市地区生产总值6571.6亿元，比上年增长0.8%，三次产业比重4.6∶32.9∶62.5；规模以上工业增加值1419.1亿元，增长2.8%；一般公共预算收入736.1亿元，增长0.8%，其中，税收收入601.1亿元，增长2.5%；固定资产投资2017亿元，增长4.1%；社会消费品零售总额3637.6亿元，下降5.4%；实际利用外资7.14亿美元，增长2%；进出口总额1028.1亿元，下降4.2%；城镇居民人均可支配收入47413元，增长1.3%；农村居民人均可支配收入19598元，增长8.1%；城镇登记失业率3.12%，低于控制目标0.48个百分点；居民消费价格上涨2.3%。

全市经济社会发展取得积极成效。统筹“战疫情”“稳增长”，坚持两手抓、两手赢。坚持“外防输入、内防反弹”，第一时间建立三级指挥体系（市级、区县（市）、街道（乡镇）三级指挥体系），按照“四防、五早、六快”（防输入、防扩散、防感染、防输出；早发现、早报告、早诊断、早隔离、早治疗；报告情况要快、下达任务要快、执行指令要快、落实反馈要快、综合汇总要快、督查督导要快）原则，围绕“八条主线”（加强排查检查、抓好流调诊断、强化隔离检查、提升救治能力、确保物资供应、严格市场监管、深化环境治理、注重宣传引导），开展工作，建立起常态化疫情防控机制，市六院新冠肺炎省级集中救治中心投入运行。综合施策应对疫情影响，千方百计稳住经济基本盘，推动主要指标稳步回升，地区生产总值在一季度下降12.9%的形势下，二季度扭负为正，二、三、四季度分别增长0.9%、4.3%和6.5%。规模以上工业总产值连续9个月正增长，一般公共预算收入连续8个月正增长，固定资产投资连续5个月累计正增长。围绕“六稳”（稳就业、稳金融、稳外贸、稳外资、稳投资、稳预期）“六保”（保居民就业、保基本民生、保市场主体、保粮食能源安全、保产业链供应链稳定、保基层运转），突出助企纾困、民生兜底。全面落实国家、省加强疫情防控促进经济发展50余项政策和110余条清单，出台支持企业经营发展“17条”和“31条”措施办法，全年支持企业各类资金470余亿元，协调解决680个产业链供应链问题，华晨宝马汽车有限公司等重点企业及时复工复产。实有市场主体93.2万户，增长8.4%。城镇新增就业人数11.57万人，完成全年目标的115.7%。城乡居民人均可支配收入分别高于经济增长0.5个和7.3个百分点。出台“保供稳价、多供降价”26条措施，价格临时补贴标准阶段性提高1倍，发放补贴6737.2万元。下达县域四个地区各类补助资金119.1亿元。税收收入占一般公共预算收入比重81.7%，比上年提高1.4个百分点。适应新形势新变化，主动育先机、开新局，连续三年获国家产业转型升级示范区建设评估优秀等级。高端装备制造业产值占装备制造业产值比重26%，比上年提高0.6个百分点；高新技术产品产值占规模以上工业总产值比重58.5%，比上年提高1.8个百分点。在线经济蓬勃发展，限额以上单位网上商品零售额增长11.8%。全社会研发（R&D）投入强度3%，比上年提高0.36个百分点。累计建成开通5G基站7321个，超额完成省下达任务（5472个）。聚焦决胜全面建成小康社会，全力攻坚克难、收官收口。强化产业扶贫、精准扶贫，脱贫攻坚成果持续巩固，全市现行标准下建档立卡贫困人口16401人全部实现稳定脱贫，人均纯收入达到12803元。“十三五”规划纲要确定的经济发展、创新驱动、民生福祉、生态文明四大类32个指标的目标任务基本完成。

（马冠军）

体制改革

供给侧结构性改革深入推进。全面放开经营性电力用户市场准入，制定出台房地产市场调控“八条”新政。创新项目服务管理模式，建立重大项目专班制度，推行市领导（区领导）+企业（项目）管家+企业（项目）联系人+N个职能部门构成的

“1+1+1+N”项目包保模式。围绕“两新一重”（新型基础设施建设，新型城镇化建设，交通、水利等重大工程建设）加快培育发展新动能，启动实施重点制造业产业链建设五年行动。

营商环境持续优化。深化“放管服”改革，新取消下放调整行政职权1045项，审批要件削减60.2%，推进建筑师负责制、告知承诺制、区域评估等改革举措，工程建设项目审批时限大幅压缩。“一网通办”改革不断提速，依申请类事项网上可办率达100%，全程网办率超过60%，115项社区便民服务事项实现“全市通办”，150项便民服务实现“掌上办”。沈阳市成为中国营商环境标杆城市。

要素市场化改革全面展开。围绕土地、劳动力、资本、技术和数据等要素，出台42项改革举措，“标准地”改革加快推进，于洪区、沈北新区成为国家宅基地制度改革试点，苏家屯区成为全国农村承包地确权登记颁证工作典型地区，出台户籍新政，全年落户外埠人口超过10万人，综合金融服务平台、征信平台功能不断完善，东北科技大市场线上平台功能更加完善，出台政务数据资源共享开放条例。

国资国企改革步伐加快。加快推进混合所有制改革，沈阳机床集团完成司法重整和资本注入，沈鼓集团、中沈国际合作集团有限公司完成混改方案和审计评估，水务集团实现瘦身健体、扁平化管理。健全公司治理机制，13户国企实行市场化选聘经理层，外部董事制度全面推开。推进以管资本为主的国有资产管理体制改革，国资监管平台功能持续完善，国资运营效率有效提升。

科技体制改革深入实施。全面加快科技创新推动高质量发展实施意见、开展三评改革等政策文件制定出台。全面创新改革试验6条经验全国推广，自主创新示范区建设取得新进展。推行科研经费包干制、重大项目“揭榜挂帅”和预研发布机制。加强创新主体培育，高新技术企业达到2560户，科技型中小企业达到4559户，14户企业被评为国家“专精特新”小巨人企业。

开放型经济不断拓展。出台推动高水平对外开放若干政策措施，自贸区“证照分离”等528项改革举措落地实施，出入境人员综合服务“一站式”平台等2项经验在全国复制推广，中德、中日、中韩产业科技园建设取得新进展，中欧班列发运量增长79.1%，京沈对口合作项目达到320个。 （马冠军）

生态建设

2020年，全市以改善环境质量为核心，以打好污染防治三大攻坚战役、推进中央环保督察问题整改为重点，全力推进各项重点工作取得积极进展，生态环境质量稳中趋好。召开8次市委常委会会议，9次市政府常务会议、24次业务会议，研究部署生态环境保护工作；市委、市政府主要领导调研调度、现场督导，推进解决重大问题。四大班子领导巡河、视察，现场解决具体问题。建立“环境部门+第三方”巡查交办整改问题机制，落实“区域断面水质综合考核”以及“周调度、月排名、季约谈”等制度；实施环境问题定期曝光机制，推动解决突出生态环境问题。中央生态环保督察及“回头看”整改按序时推进，建立定期调度、精准督导、到点督办、预警约谈的工作体系，坚持挂图作战，实行挂牌督办。年初以后，反馈的35项任务完成整改34项，交办的投诉案件全部销号清零。大气环境质量持续巩固，实施燃煤污染治理，完成16台燃煤发电机组超低排放改造，实施挥发性有机物治理，60个挥发性有机物治理项目全部完成，持续推进“散乱污”工业企业整治，提前完成省下达的挥发性有机污染物削减任务，加强重污染天气应对，修订重污染天气应急预案。水环境质量持续改善，强化问题整改，强力推进河流污染问题大排查大交办大整改工作，整治重点由干流向支流河拓展，重点实施北沙河、白塔堡河等支流河整治，推进全流域综合治理；加强源头管控，形成工作清单，开展全市入河排污口规范整治，强化对城镇污水处理厂排污监管；加强水源地保护，开展水源地一二级保护区环境风险隐患排查，制定“一源一策”，推进水源水质达标。农业农村污染治理稳步实施，开展百村生活污水治理，巩固提升农村黑臭水体治理，组织开展二次排查和治理效果评估；强化畜禽养殖污染监管，排查全市大型规模养殖场，完成十里河等河流沿河禁养区划定。提升服务经济发展质量，环评“1+6”

（1个试点，指开展“先审批后审查”试点；6项制度，指建立环境准入限制政策目录制、环评责任超前提示制、项目技术评估（评审）前移制、项目包保代办制、全流程堵点督办制、环评编制单位星级评价制）改革试点区域不断扩大，不断增加“先批后审”项目类别，制定环评审批正面清单，印发建设项目环境准入限制性政策目录，实行告知承诺制审批，持续助力全市营商环境改善。自然生态保护持续强化，开展生态保护红线监管平台国家试点建设，建立市、区县两级管理层级，实现红线信息查询、项目准入核查等功能；强化动态监管，组织开展生态状况评估，完善生态保护红线综合台账；持续推进“绿盾”专项行动，省级自然保护区问题全部清零。

（陈志明）

精神文明建设

2020年，沈阳市精神文明建设以巩固提升创城成果为主线，坚决打赢疫情防控阻击战，大力培育和践行社会主义核心价值观，加强公民思想道德建设，深化群众性精神文明创建，扎实开展讲文明树新风活动，市民文明素质和城乡文明程度不断提升。

在疫情防控中深入开展精神文明教育。全媒体刊播“讲文明、讲卫生、防疾病”科普知识和疫情防控信息2万余条，利用1.8万个社区宣传栏、户外电子屏，7478个乡村宣传车、大喇叭宣传疫情防控信息，开展线上线下防疫知识讲座500余场。发布《倡议书》，组织志愿服务团队60余万人，深入2000个乡村社区参加登记排查，消毒预防、值勤值守等防疫工作。发动2000余支志愿服务团队、330万余人参与“抗击疫情 清洁沈阳”爱国卫生运动和“八大文明”素质提升行动，城市卫生环境、市民健康意识显著提升。

大力培养和践行社会主义核心价值观。将核心价值观持续融入市民公约、村规民约、学生守则和行业规范，开展“学行业规范 树文明新风”等宣传教育活动1750余场。开展“我们的节日”系列活动400余场。举办“口罩下的微笑生活—2020世界微笑日全媒行动”，关注群众超过8000万。设计公益广告680余幅，发放文明宣传手册60万册，广泛刊播核心价值观“讲文明树新风”“文明健康有你有我”等公益广告小品1.8万处。广泛开展网络文明创建活动，沈阳文明网点击量接近20万次，“文明沈阳”公众号粉丝量近10万。在中国文明网首页发布报道82篇，展示沈阳市精神文明建设成果。

加强公民思想道德建设。制发沈阳市《贯彻落实〈新时代公民道德建设实施纲要〉实施方案》和《任务分解表》，细化为54项指标。开展“新时代好少年”学习宣传活动，评选市级“新时代好少年”80名，王雅雯获全国“新时代好少年”称号。组织“美育云端课堂”学习，59万余名学生观看。组织“开学第一课”“向国旗敬礼”等活动，全市69.6万人次学生参加。举办感动沈阳人物颁奖晚会，开展沈阳市“身边好人”暨第九届道德模范评选活动，评选“身边好人”122名，10名道德模范提名奖，30名道德模范，组织基层宣讲活动15场，发布视频6期、12篇报道，近33万群众参与。开展“最美沈阳人”选树表彰活动，分2批14个系列授予204名个人（集体）为“最美沈阳人”，在沈阳广播电视台召开典型表彰发布会，组织“最美沈阳人”巡讲团深入全市开展巡讲20余场。启动“最美沈阳人”城市形象推广项目，开设“最美沈阳人”抖音官方账号，为最美沈阳人制作宣传海报和视频短片，利用全市社会宣传平台进行广泛刊播，在全市营造崇尚先进学习先进的浓厚氛围。围绕3·15消费者权益日等时间节点，开展诚信主题实践活动30余场。评选表彰诚信示范企业156户、示范街区6个、诚信经营示范店19个、政务诚信示范街道（乡镇）28个、示范村9个。

深化新时代文明实践。规范推进康平县国家级，沈北新区省级，浑南区、法库县市级新时代文明实践中心试点建设，建立新时代文明实践中心、所、站831个，组建三级志愿服务队伍854支，开展各类实践活动6800余场，受众25万余人。11月，全省培训工作会议在沈阳市召开，沈北新区介绍工作经验。完成沈阳市志愿服务联合会换届工作，实名注册志愿者144.2万人，注册的团队2595支。举办学雷锋志愿服务“四最”（最美志愿者、最佳志愿服务组织、最佳志愿服务项目、最美志愿服务社区）先进典型宣传推选活动，选树典型96个，向中央、省文明办推荐典型19个。举办“红绿灯前看文明”等文明交通宣传活动1900余场，组织志愿义务协勤18万人次，劝阻行人及非机动车交通违法行为112万件。举办“文明餐桌·公勺公筷 助力舌尖战疫”系列活动70余场，新媒体刊播H5、微视频100余篇。开展“文明旅游在行动”主题活动，发放文明旅游宣传海报1.5万份，宣传覆盖人群500万人次。在传统祭祀日开展集中专项整治，出动执法人员11.6万人，查扣不文明祭祀用品11.7万件，招募志愿者7.93万人次，发放宣传单29万份，劝阻烧纸市民4.3万人次，近30万群众参与“云祭祀”活动。

深化群众性精神文明创建。获评第六届全国文明单位8家、复查保留29家，省级文明单位138家（标兵23家），市级文明单位274家（标兵65家）。获评第六届全国文明村镇8家、复查保留8家，省级文明村镇40家（标兵2家），市级文明村镇226家（标兵36家）。获评第二届全国文明家庭5家，省级文明家庭8家，市级文明家庭100家。东北育才学校获评第二届全国文明校园，沈河区教育研究中心获评全国未成年人思想道德建设工作先进集体，省级文明校园学校38所，市级文明校园65所。

（市委宣传部）

一、中国共产党沈阳市委员会

综　述

2020年，市委坚持以习近平新时代中国特色社会主义思想为指导，全面贯彻党的十九大和十九届二中、三中、四中、五中全会精神，深入落实习近平总书记关于东北、辽宁振兴发展的重要讲话和指示精神，统筹推进疫情防控和经济社会发展，突出改革推动、开放带动、创新驱动，扎实做好“六稳”（稳就业、稳金融、稳外贸、稳外资、稳投资、稳预期）工作、落实“六保”（保居民就业、保基本民生、保市场主体、保粮食能源安全、保产业链供应链稳定、保基层运转）任务，“十三五”目标任务基本完成，全面建成小康社会胜利在望。

坚决做到“两个维护”，推动党中央决策部署及省委具体要求落地生根。全面贯彻落实习近平总书记重要讲话和指示批示精神，层层发动、步步深入抓好习近平总书记“9·28”重要讲话精神学习贯彻，不断转化为深化思想解放、提升治理能力、推动高质量发展的具体实践。项目化、清单化落实落细中发37号文件和中办回访调研报告有关要求，明确140项重点工作、752项重点项目。深入学习贯彻党的十九届五中全会精神及省委十二届十四次全会精神，务实形成全市“十四五”发展目标和2035年远景目标、思路举措，擘画推动沈阳新时代全面振兴全方位振兴取得新突破、努力建设国家中心城市的美好蓝图。认真抓好中央及省委各项巡视督查整改任务，国家统计督察、省委巡视组巡视“回头看”反馈意见整改落实任务基本完成。

全力抗疫情稳增长，推动向上向好发展态势延续巩固。有效防控疫情，迅速建立指挥体系，因时因势精准施策，全面强化检测救治和物资保障能力，建立起常态化防控机制，打好境外、国内局部地区及突发疫情防控阻击战。全力应对12月23日以后突发疫情，做好患者救治、流调溯源、风险管控等工作，严防疫情扩散、风险外溢。抢前抓早应对疫情和经济下行压力影响，成立专班有序推动复工复产，及时出台助企纾困、促进消费系列政策措施，新增减税70.4亿元，3轮居民消费券拉动消费超百亿元。坚持以狠抓项目建设稳投资、促增长，强化现场指挥、协同作战等工作机制，新签约和开复工亿元以上项目分别达到1372个、1612个，完成投资2018.4亿元。

深化改革开放创新，推动发展动力活力不断增强。坚持扭住关键全力攻坚，努力破解体制机制障碍。持续抓好优化营商环境“一号工程”，如期兑现两年清偿拖欠企业工程款承诺，成功跻身中国营商环境标杆城市。围绕落实中央完善社会主义市场经济体制和要素市场化配置体制机制部署，分别制定并实施191条、42条具体举措。扎实推进国资国企综改试验，机床集团、北重集团等混改成效显现，历史遗留问题基本解决。不断提升对外开放水平，自贸区沈阳片区、中德装备园、中韩科技园、中日产业园等开放平台加快建设，中关村智能制造创新中心投入运营，与大连、本溪、辽阳等签订合作协议。强化科技创新引领，依托沈大自主创新示范区建设，加快构建以企业为主体、市场为导向、产学研深度融合的区域创新体系，一批新产品、关键技术及核心工艺取得突破。

加快新旧动能转换，推动发展质量和效益进一步提升。推动制造业转型升级，全力改造升级“老字号”、深度开发“原字号”、培育壮大“新字号”，国家重大科技专项有序实施，新能源汽车、机器人、航空等战略性新兴产业不断培育壮大，华晨宝马汽车有限公司新工厂、正威国际稀谷等重大项目和机器人未来城、光明小镇、东软健康医疗等新兴产业园区加快建设。打牢数字经济基础，出台加快数字经济发展行动计划，积极推动5G试点城市建设，国家工业互联网大数据中心辽宁分中心正式揭牌，禾丰牧业股份有限公司、中国联通辽宁分公司获准建设工业互联网标识解析二级节点，全球工业互联网大会永久会址落户沈阳。积极集聚“文化+”新动能，历史文化名城保护提升行动深入实施，成功举办纪念抗美援朝出国作战70周年系列活动，完成中街国家级步行街改造。持续壮大县域经济，进一步明确中心镇功能定位和重点任务，研究制定破解“人钱地”制约等综合措施，农村集体产权制度改革试点任务完成，6个中心镇特色产业园区87个重点项目扎实推进。

全面增进民生福祉，推动振兴发展成果惠及广大群众。努力克服财政减收增支压力，千方百计保民生、惠民生，连续三届荣获“全国文明城市”称号，实现双拥模范城市“九连冠”。扎实办好12件民生实事，教育、医疗、文化、体育、养老等各项社会事业协调发展。不断提升城市建设和管理水平，轨道交通建设全面铺开，城市快速路网初具形象，生态环境质量不断改善，市容市貌明显改观。积极推进市域社会治理现代化，积极创建国家安全发展示范城市，安全生产、森林防火、防汛抗旱取得积极成效，食品药品、公共卫生、交通运输等领域专项整治力度不断加大，平安沈阳、法治沈阳建设水平不断提升。巩固扩大脱贫攻坚成果，扎实推进污染防治，深入推进扫黑除恶专项斗争，群众获得感、幸福感、安全感不断 增强。

层层压紧压实责任，推动全面从严治党取得扎实成效。严格落实意识形态工作责任制，弘扬主旋律、激发正能量。统筹抓好各领域基层党建工作，推进软弱涣散村党组织实现转化升级，推行村（社区）党组织书记、主任“一肩挑”。强化正确选人用人导向，在统筹用好各年龄段干部的同时，大胆使用优秀年轻干部，干部队伍结构进一步优化。扎实推进作风建设，深入纠治“四风”特别是形式主义、官僚主义，持续推进基层减负成果。统筹推进巡察和整改落实“回头看”两个全覆盖，一体推进不敢腐、不能腐、不想腐，持续净化修复政治生态。（市委政研室）

重要会议

【沈阳市委工作会议】 2月28日召开。会议深入学习贯彻习近平总书记在中央统筹推进新冠肺炎疫情防控和经济社会发展工作部署会议上重要讲话精神，对做好当前和今后一个时期工作进行部署。省委常委、市委书记张雷出席会议并讲话，市委副书记、市长姜有为主持会议，市人大常委会主任潘利国，市政协主席韩东太出席会议。

【市委农村工作暨脱贫攻坚会议】 3月23日召开。省委常委、市委书记张雷出席会议并讲话。市委副书记、市长姜有为作工作部署。市人大常委会主任潘利国、市政协主席韩东太出席会议。市委副书记刘晓东主持会议，5家单位作表态发言。

【中国共产党沈阳市第十三届委员会第十二次全体会议】 7月29日召开。市委常委会主持会议，省委常委、市委书记张雷代表市委常委会作工作报告。会议以习近平新时代中国特色社会主义思想为指导，深入学习贯彻习近平总书记关于东北、辽宁振兴发展重要讲话和指示批示精神，总结上半年工作，部署下半年和今后一个时期任务，动员全市上下强动力育新机、重实干开新局，奋力夺取疫情防控和经济社会发展“双胜利”。

【市委人大工作会议】 8月11日召开。省委常委、市委书记张雷，市人大常委会主任潘利国出席会议并讲话，市政协主席韩东太出席会议，市委副书记刘晓东主持会议。会议印发《中共沈阳市委关于新时代加强和改进人大工作的意见》。有关区县党委书记、人大常委会主任以及乡镇人大主席作交流发言。

【市委政协工作会议】 8月14日召开。省委常委、市委书记张雷出席会议并讲话，市人大常委会主任潘利国出席会议，市政协主席韩东太传达习近平总书记在中央政协工作会议暨庆祝中国人民政治协商会议成立70周年大会上的重要讲话精神，市委副书记刘晓东主持会议。会上，市委常委、统战部部长王镇就《中共沈阳市委关于新时代加强和改进人民政协工作的实施意见》作说明。

【中国共产党沈阳市第十三届委员会第十三次全体会议】 12月3日召开。全会由市委常委会主持。全会以习近平新时代中国特色社会主义思想为指导，深入学习贯彻党的十九届五中全会精神，全面落实省委十二届十四次全会精神，部署沈阳“十四五”时期经济社会发展和当前工作，动员全市广大党员干部群众为推动沈阳新时代全面振兴全方位振兴取得新突破、建设国家中心城市而努力奋斗。全会审议通过《中共沈阳市委关于制定国民经济和社会发展第十四个五年规划和二〇三五年远景目标的建议》。省委常委、市委书记张雷就《建议（讨论稿）》向全会作说明。

（志　闻）

全面深化改革

【概况】 2020年，中共沈阳市委全面深化改革委员会全面落实中央及省委全面深化改革的部署要求，更加注重发挥改革的突破和先导作用，依靠改革应对变局、开拓新局，紧密结合振兴发展实际，积极推动各项改革落实，年初部署的各项改革任务基本完成，正在推进的28项国家级改革试点取得重要阶段性成果。提高政治站位，坚持将学习贯彻习近平总书记最新重要讲话精神作为第一议题，通过市委常委会、市委深改委会议等形式，第一时间组织传达学习、研究贯彻落实，召开市委深改委会议5次，听取专项改革工作情况汇报，审议综合行政执法改革、国资国企改革、群团改革等领域改革方案10余项，推动一批制度性成果和创新举措出台；做好改革整体谋划，制定年度改革工作要点和台账，明确8个方面、57项任务、189条举措；主要领导亲力亲为抓实改革，聚焦体制机制问题深入基层、靠前指挥；积极推进基层探索，制定出台《关于进一步加大重大改革试点推进力度的实施意见》，进一步明确责任体系、管理调度、激励机制，以试点突破创造优势、打造品牌。聚力攻坚突破，推动营商环境持续向好，持续深化放管服改革，做实做细“万人进万企”等活动；纵深推进国资国企改革，抢抓国资国企综改试验的有利契机，推动国资国企改革取得积极进展；扎实推进要素市场化配置改革，研究推出14个方面42项具体工作举措，不断提高资源配置效率效能；有序开展事业单位专项工作，推动事业单位改革后运行中相关问题分级分类、稳妥有序解决。强化督察问效，对党的十八届三中全会以来全面深化改革任务落实情况进行全面总结评估，系统梳理盘点7个领域各改革任务进展情况，1610项改革举措全部落实销账；组织专项督察，围绕党的十九届四中全会部署的重大改革任务，对全市70余家市直单位工作进展开展跟踪问效，聚焦自贸区沈阳片区制度创新、“一网通办”提质增效等重点加强督察督办；开展专项考核，将改革创新工作以加分指标纳入全市绩效考核体系，充分发挥绩效考核“指挥棒”作用。

【《关于进一步加大重大改革试点推进力度的实施意见》】 5月20日市委办公室制定出台。《意见》进一步明确责任体系、管理调度、激励机制，以试点突破创造优势、打造品牌。《意见》既总结近年沈阳市推动改革试点的好经验好做法，以制度形式固化下来，也学习借鉴先进地区经验，提出完善推进机制、做好总结评估、强化激励引导等务实举措；既突出国家级重大改革试点，力求形成和扩大“国字号”改革试点的品牌效应，也对推进全市各级各类改革试点作出制度性安排，强化试点的系统集成和高效协同；既提出改革试点推进工作要求，明确责任体系、时间节点、调度时限、管理重点，也细化对单位考核加分、对个人及时奖励和表彰的具体规定，增强针对性和可操作性。

【经济体制改革】 2020年，深入推进供给侧结构性改革，全面放开经营性电力用户市场准入，制定出台房地产市场调控“八条”新政，建立重大项目专班制度，实行“1+1+1+N”（1个市（区）领导+企业（项目）管家+企业（项目）联系人+N个职能部门）项目包保，全年开复工亿元以上项目1612个，围绕“两新一重”加快培育发展新动能，重点制造业产业链建设五年行动启动实施，完成第二批军民融合企业（单位）认定，军民融合企业增幅36%。持续优化营商环境，政府拖欠民营企业、中小企业无分歧账款全部清零，解决招商承诺不兑现问题180个，“企业评、群众议”满意度达95.6%，新取消下放调整行政职权1045项，审批要件削减60.2%，工程建设项目审批时限大幅压缩，“一网通办”改革不断提速，依申请类事项网上可办率达100%，全程网办率超过60%，沈阳市跻身中国营商环境标杆城市。不断深化国资国企改革，市属企业混改率达到62%，沈阳机床集团完成司法重整和资本注入，沈鼓集团、中沈国际合作集团完成混改方案和审计评估，13户国企实行市场化选聘经理层，外部董事制度全面推开，40.9万国企退休人员全部实现社会化管理，历史遗留问题基本清零。全面提升开放合作水平，自贸区2项经验在全国复制推广、15项案例在全省复制推广，“证照分离”等528项改革举措落地实施，跨境电商交易额增长11倍，中德、中日、中韩产业科技园建设取得新进展，中欧班列发运量增长79.1%，京沈对口合作项目320个。深入实施创新驱动，全面创新改革试验6条经验全国推广，自主创新示范区建设取得新进展，全市新增新型研发机构11家，高新技术企业达2560户，科技型中小企业达4559户，瞪羚独角兽企业达88户，雏鹰企业达776户，14户企业被评为国家“专精特新”小巨人企业。加快推进要素市场化改革，推进“标准地”改革，“亩产收益”等效益指标纳入开发区考核范围，获批宅基地改革和农房利用试点，全面取消人才落户限制，全年落户外埠人口超过10万人，东北科技大市场线上平台功能更加完善，驻沈高校院所科技成果转化1037项，出台政务数据资源共享开放条例、推进数字乡村发展实施方案，5G网络、数据中心、“城市大脑”等新型基础设施加快布局。

【民主政治领域改革】 2020年，健全完善人民代表大会制度和工作机制，“双联系”（委员联系代表、代表联系群众）工作广度深度不断拓展。推动协商民主广泛、多层、制度化发展，政协专门委员会对口协商制度更加规范完善。加强党对统一战线工作的领导，创新建立党外人士意见建议“双直通”制度（各民主党派市委会向中共沈阳市委直接建言献策的“直通车”制度和向沈阳市政府直接建言献策的“党外人士社情民意专报”制度），在全省率先出台《关于进一步规范政商联系交往推动构建亲情政商关系的意见》。工会、共青团、科协、工商联等群团改革措施落地落实。

【文化体制和社会事业改革】 2020年，深化文化体制改革，“文化+”新动能战略加快建设，媒体深度融合不断推进。深化教育综合改革，国家产教融合型试点城市建设取得突破。深化医药卫生体制改革，医养结合“沈阳模式”被国家卫健委作为典型经验予以推广。深化体育改革，进入首批国家体育消费试点城市。

【社会体制改革】 2020年，完善全面依法治市工作制度，建立司法救助制度与法律援助制度的衔接机制，“谁执法谁普法”普法责任制全面落实。创新社会治理，加强基层基础建设，建成2411个评理说事点实现村（社区）全覆盖，33万名“盛京义勇”志愿者队伍成为常态化群防群治中坚力量。深化政法领域改革，完善公安执法权力运行机制，完成市检察院内设机构改革，在全国副省级城市率先建立知识产权案件审判“三合一”工作机制，健全律师执业权利保障制度成效突出。

【生态文明体制改革】 2020年，完善国土空间用途管控制度，沈阳“1+6+N”空间规划体系得到国家部委肯定，“三线一单”（生态保护红线、环境质量底线、资源利用上线和生态环境准入清单）编制通过省级验收。建立资源节约利用制度，绿色制造体系建设成效显著，碳排放权交易试点稳步推进。健全生态保护和修复制度，湿地保护、黑土地利用、河湖长、河警长制度不断完善。健全生态环境保护责任制度，生态环境损害赔偿和生态补偿制度基本建立。空气质量优良天数创历史新高，17个省考以上断面水质实现全面达标。

●相关链接

1+6+N：“1”是县域乡村振兴规划（2018—2022年）；“6”指乡村空间布局、乡村产业发展、宜居乡村建设、乡村生态环境、乡村基础设施和公共服务设施建设、古镇古村落古民居和古树名木保护6个专项规划；“N”指各类年度实施方案及重点镇（特色镇）乡村振兴规划、重点村（特色村）建设规划、有条件的村可组织编制村土地利用规划等。

【党的建设制度改革】 2020年，完善党的组织制度，围绕健全党的民主集中制、党委工作制度、党内生活制度等出台系列政策措施。完善干部人事制度，打破隐性台阶大胆使用优秀干部。开展“基层党建制度落实年”活动，深入推进党支部标准化规范化建设、“特设”党支部探索居民自治新路径经验做法得到中央媒体关注。强化党管人才领导体制和工作机制，在高层次人才认定评价、引导人才向县域地区流动等方面加强政策支持，推动人才链与产业链、创新链深度对接。

【纪检监察体制改革】 2020年，完善“四项监督”统筹衔接制度，促进党内监督同各项监督贯通融合。精准运用“四种形态”，一体推进不敢腐、不能腐、不想腐。深化大数据监督，推动“全员建模”，大数据监督平台迭代升级，“两个体系”巩固拓展，相关经验做法得到中央领导批示肯定。加强巡察上下联动，综合运用常规、提级、专项、巡察“回头看”等方式，整改常态化监督取得新成效。开展扶贫、民生领域专项整治，持续纠治“四风”，保群众合法权益。 （市委改革办）

党务服务

【概况】 2020年，市委办公室坚持以习近平新时代中国特色社会主义思想为指导，全面贯彻党的十九大和十九届二中、三中、四中、五中全会精神，坚持围绕中心、服务大局，攻坚克难、砥砺奋进，全面提升“三服务”工作水平。

加强政治引领。持续深化理论武装，围绕学习贯彻习近平总书记关于统筹推进疫情防控和经济社会发展系列重要讲话和指示批示精神、党的十九届五中全会精神及省委、市委全会精神等，召开理论学习中心组会议8次。深入贯彻落实《中共中央关于加强党的政治建设的意见》等文件精神，准确把握习近平新时代中国特色社会主义思想的精髓要义，引导全室党员干部进一步增强“四个意识”、坚定“四个自信”、做到“两个维护”，确保各项工作正向前进、有的放矢。

强化参谋辅政。在文稿服务中，起草各类文稿700余篇、300余万字，起草新闻报道近220篇，先后刊发《坚决夺取双胜利》《稳住基本盘 跑出加速度》等专栏文章，引起社会广泛共鸣。开展调查研究，围绕“三农”发展、资本市场等重点问题深入调研，起草《关于市委农村工作暨脱贫攻坚会议精神落实情况的报告》《关于抓住国家资本市场改革机遇促进企业融资的对策建议》等调研报告，为市委决策提供支撑。在信息工作中，强化“信息总汇”地位，信息工作在全省党委系统考核中名列第一。编发的《大东区推进宝马大东工厂升级项目取得积极进展》等多篇信息获市委主要领导批示，《沈阳市“飞地经济”工作呈现新亮点》等信息被省委主要信息载体采用。

开展督促检查。围绕贯彻落实习近平总书记重要指示批示，梳理2020年16项批示，建立一档一册，明确责任单位，压实工作责任，纳入绩效考核，季度跟踪，全年总报告。跟踪办理市委主要领导人批示，创新建立“责任分解—跟踪落实—导向激励—总结评估”闭环推动机制，跟踪140项重点工作、752个重点项目。督办24次市委常委会会议议定事项112项，获市委领导肯定性批示50次。创新督查方式，全市抽调人员组成8个联合督查组，对21个市直单位、13个区县（市）5个方面24项工作开展联合督查。办理人大代表建议26件、政协提案34件，满意率均为100%。做好《人民网》网民留言办理工作，市委督查室获“2020年度人民网网民留言办理工作民心汇聚单位”称号。

深化精文减会。在会议活动方面，严控会议规格标准，承办各类全市性会议55次，在2019年压减全市性会议30%的基础上，再压减18%。疫情期间，服务保障市疫情防控指挥部会议36次；承办辽宁省暨沈阳市向抗击新冠肺炎疫情斗争牺牲烈士和逝世同胞哀悼活动等大型政务活动108次。

特别是纪念中国人民志愿军抗美援朝出国作战70周年敬献花篮活动得到中央有关部门的高度肯定。在公文处理方面，坚持质量与效率并重，大力精简发文数量和篇幅，市委制发文件数量下降34.18%。在法规工作方面，认真落实省委关于文件前置审核工作的要求，前置审核率达到100%。扎实做好向省委报备及对下备案审查工作，有效维护党委文件严肃性和权威性。（市委办公室）

组　织

【概况】 2020年，市委组织部全面贯彻新时代党的建设总要求和新时代党的组织路线，贯彻落实党中央及省、市委决策部署，深入实施“组织工作质量提升年”，推动全市组织工作取得新进展新成效。截至年末，全市党员587405名，全市基层党组织29792个。

夯实思想政治基础。分领域、分层次组织开展教育培训，深入学习贯彻习近平新时代中国特色社会主义思想和党的十九届四中、五中全会精神，特别是习近平总书记关于东北、辽宁振兴发展的重要讲话和指示精神，举办各类集中培训班60余期、培训各级领导干部8400余人。持续巩固深化主题教育成果，推动研究制定9个方面26项具体举措，在全市建立健全学习教育、检视问题、整改落实长效机制。压紧压实全面从严治党主体责任，组织制定市委全面从严治党工作要点、书记抓基层党建责任清单等，逐级完成书记抓党建述职评议考核工作。提升组织力。开展“人人创环境、个个促振兴”“共联共享共建共促”等活动，推动各级党委（党组）书记和班子成员建立基层党支部联系点2221个，命名100个市级党支部标准化规范化建设示范点，全市90%以上党支部达到标准化规范化建设水平。在农村，组织制定实行村党组织书记由县乡两级党委双重管理的指导意见，整顿转化144个软弱涣散村党组织，推动村党组织书记、村民委员会主任“一肩挑”比例从2020年初的21.6%提高到86.4%。在城市基层，建立实施党建联席会议制度，组织制定进一步加强社区党组织书记管理的实施意见，大力推进“党群一张网、服务叫得响”党建引领基层社会治理创新。在非公有制经济组织和社会组织，深入实施“扩面提质行动”，全市非公有制经济组织和社会组织党组织覆盖率分别上升至82.11%和74.67%。在机关，解决机关党建“灯下黑”“两层皮”问题。在国有企业，推动市属23户国企完善党组织前置研究讨论重大事项制度。在事业单位，落实党委领导下的公立医院院长负责制，推动高校深入开展立德树人服务振兴行动。

选人用人。强化干部专业训练，举办优化营商环境、集聚“文化+”新动能等示范培训班，线上举办统计工作和“推动高质量发展”专题培训班，推送“名家讲堂”直播课110堂。研究制定破解制约干部成长障碍的若干举措，从驻沈中省直企业、省属高校、科研院所选拔优秀领导干部充实到全市市管领导干部队伍。强化精准培养，选派100余人参加省市两级中青班学习，选派127名1980年以后出生的年轻干部到信访部门和社区挂职锻炼，选派17名年轻干部赴北京挂职锻炼，从市直经济部门选派10名优秀干部派驻辽中区帮助解决发展中遇到的难题。进一步加大优秀年轻干部使用力度，新提拔市管领导干部中年轻干部占比30.5%。构建完善以组织和纪委监委、信访等14个部门为成员单位的联席会议制度，强化选人用人任前把关。推动选人用人专项检查，发现问题131个，提出建议38条。常态化开展干部不担当不作为专项整治，查处干部不担当不作为问题93个，处理处分干部112人。推行“系统考核+特色考核+专项考核”，科学设置改革创新、营商环境、项目建设等8个专项考核指标，着力激发干部干事创业热情。健全完善公务员考核工作配套政策，率先在全省制定印发《沈阳市公务员平时考核实施细则（试行）》。巩固公务员职务与职级并行制度实施成果，严格实行职级晋升工作“双备案”制度。

党管人才。进一步完善人才评价机制，修订《沈阳市高层次人才认定办法》等7个人才新政实施细则，推动人才链、创新链与产业链深度融合。深入实施“盛京工匠”培养工程，加强“候鸟型”人才工作站建设，推动沈阳材料科学国家研究中心建设，搭建完成公共技术平台、国际合作交流平台、人才培养平台建设。开展“双一流”高校招聘及“定制化”人才招聘活动，引进博士534名，12人入选2020年度“兴辽英才计划”青年拔尖人才。全力推动人才公寓建设，促进本地院校科技成果转化，做好高层次人才子女就学工作，让各类人才在沈安身、安心、安业。

疫情防控。围绕发挥农村、城市等领域基层党组织作用，考察识别干部等印发14个文件，对全市组织系统、各领域基层党组织开展防疫工作进行全面部署。精准考察识别干部，疫情期间组成12个调研督导组，先后深入59家市管单位实地考察96次，深入街道、社区及相关企事业单位等一线实地考察71次，列席有关会议80次，全面了解领导班子和领导干部履职情况。市区两级组织部门从代管党费中下拨专项资金近1600万元，用于慰问医务工作者、基层党员干部和支持基层党组织开展疫情防控工作。动员各领域党组织捐赠资金、贡献人力物力，全市动员2.7万个基层党组织、56.4万名党员投身疫情防控第一线，2.9万余名党员就近参与3745个开放式小区联防联控，55.9万余名党员自愿捐款4700余万元。

【选派赴京挂职干部17人】 8月，根据《北京市与沈阳市对口合作实施方案》，全市选派第三批赴京挂职干部17名。其中正局级1人，正处级7人，副处级9人。会同市对口合作办逐人制定《沈阳挂职干部考核指标》，并定期围绕推进招商引资、项目落实、转变观念、提升能力、推进京沈对口合作、实地调研学习、工作状态等方面对挂职干部进行考核，为市委全面了解掌握赴京挂职干部工作情况提供重要依据。

【疫情防控“红色堡垒”】 2020年，市委组织部印发《关于在新型冠状病毒感染的肺炎防控工作中充分发挥基层党组织战斗堡垒作用和共产党员先锋模范作用的通知》等系列文件，通过划分党员责任区、设立党员示范岗、成立党员突击队等方式，组织全市2.7万个基层党组织、56.4万名党员奔赴疫情防控第一线。

【“两新”组织抗疫捐赠2.4亿元】 2020年，市委组织部制发《关于组织全市非公有制经济组织和社会组织党组织做好防控新型冠状病毒感染肺炎相关工作的通知》《关于组织全市非公有制经济组织和社会组织党组织和党员在有序开工复产中充分发挥作用的工作提示》等文件，动员全市社会组织同舟共济战疫情。全市“两新”组织（新经济组织和新社会组织）党组织和广大党员主动承担社会责任，引领全市“两新”组织在捐赠资金、人力、物力、服务等方面冲锋抗“疫”一线，累计捐款及物资近2.4亿余元。（市委组织部）

宣　传

【概况】 2020年，全市宣传思想战线聚焦举旗帜、聚民心、育新人、兴文化、展形象使命任务，认真贯彻《中国共产党宣传工作条例》，不断增强“四个意识”、坚定“四个自信”、做到“两个维护”，在围绕中心、服务大局中展现新作为，在守正创新、攻坚克难中取得新成绩，为实现全面建成小康社会目标任务、推动沈阳振兴发展提供坚强思想保证和强大精神力量。

党的创新理论。把学习宣传贯彻习近平新时代中国特色社会主义思想作为首要政治任务。发挥“关键少数”带动作用，各级理论学习中心组开展学习900余次。开展“六进”宣讲600余场，党的十九届五中全会精神集中宣讲810场。活用网络语言和网络用语，宣传党的创新理论。深化研究阐释，举办党的十九届五中全会精神研讨会、沈阳“文化+”新动能论坛，与东北大学共建马克思主义学院，推进各类研究基地建设，立项研究课题62项。

意识形态。制定“正面清单”“负面清单”，开展专项督查，组织4次分析研判，化解12个涉疫情风险隐患。完成市级网络安全态势感知平台一期建设，累计排查涉沈舆情信息7000余条，成功预警极端事件157起，开展“2020清朗”等专项行动，查封违法违规网站和公众号182个。在全国副省级城市中率先推出“沈阳扫黄打非网”，组织开展“正道”“新风”集中行动，获全国示范标兵荣誉称号1个、“全国先进集体”荣誉称号1个。

文化事业和文化产业。举办浑河岸交响音乐节、沈阳艺术节、全民读书季等品牌文化活动，推进农家书屋、社区书屋和城市书房建设，发放文化优惠券1200万元、市民购书券200万元。评剧《过大年》入选2020年全国舞台艺术重点创作计划，京剧《关东女》获辽宁省“文华奖”。制定保护利用老旧厂房拓展文化空间指导意见，加大扶持力度，推动万科红梅文创园等文化项目建设，推动沈阳芒果科技等一批文化企业加速成长。加强历史文化名城建设，推进实施盛京皇城综合保护利用等88个项目，改造升级北市场中山路、大东路等3

个历史文化街区，举办“盛京中街繁华再现”——沈阳中街启幕仪式，打造文商旅融合新模式。

对外宣传。在《人民日报》《光明日报》等中央、省（海外）媒体推出报道7000余篇，通过新华社《瞭望》新闻周刊在全国“两会”期间推出《沈阳打造振兴“强磁场”》等报道，直送代表委员驻地。打造境内外社交媒体信息发布矩阵，开展“‘云上解码幸福中国’——外媒记者云参访”之沈阳国际推介日活动，工业互联网大会等活动报道，海外阅读量超过1亿次。海外社交媒体沈阳账号推送图文信息1043篇（条），年度累计阅读量5210万人次，海外关注人群总数近135万人。配合央视做好《坐着高铁看中国》大型直播活动。举办“最受欢迎的沈阳十大城市名片”评选、第五届“外国人眼中的沈阳”主题晚会等活动。代表东北三省参加央视2020国庆中秋双节灯光秀全球直播活动，《我的祖国》中街“快闪”影片登上央视《新闻联播》。举办“2020中国一日·美好小康——随作家走进故事”全媒体直播活动，展示沈阳良好形象。

【决胜全面小康、决战脱贫攻坚宣传引导】 年初，开设“在习近平新时代中国特色社会主义思想指引下——新时代新作为新篇章”“决胜全面小康 决战脱贫攻坚”等专题专栏。在《人民日报》等中央、省主流媒体推出7000余篇报道。制转发网宣产品8万余件（篇），点击阅读量近10亿次。以“沈阳发布”为核心的新媒体矩阵建设成效显著，县级融媒体中心建设不断加强，重点领域专业网评员队伍和专家智库建设取得明显成果。开通“中国沈阳发布”英文版微信公众号、政务微博号，海外社交媒体关注人数135万人。扎实开展“沈阳国际推介日”“最受欢迎的沈阳十大城市名片”评选等外宣活动。

【疫情防控和经济社会发展宣传引导】 1月25日，市委宣传部成立宣传组，启动新闻应急机制，多版面、全时段、立体式宣传全市疫情防控、复工复产的进展动态、成果成效，累计推出专版1100余个、播出时长超过1.6万小时，全网点击阅读转发量突破35亿次。组织召开网络新闻通气会3场、疫情防控联合新闻发布会13场。创作推出文艺作品1500余件，歌曲《我们在一起》入选中央电视总台《新时代最可爱的人》特别节目。

【解放思想推动高质量发展大讨论】 3月22日，制定并印发《关于进一步深化“解放思想推动高质量发展大讨论”的实施方案》，创新“1+5+N”（1次集中讨论、5个方面专题讨论、N次自主讨论）的集中讨论、专题讨论和自主讨论形式，重点解决大讨论存在的“上热中温下混”问题。抓住“关键少数”，13个区县（市）委组织中心组学习66次，细化讨论题目382个。督查指导各地区开展好大讨论，工作经验在《辽宁日报》刊发。组织各地区开展集中学习研讨1630次，N次自主讨论871次，查摆问题3378个，建言献策14361条，纳入决策2484条，解决问题2682个。组织市属新闻媒体开设《我为推动沈阳高质量发展献良策》《解放思想大家谈》专栏。广泛开展理论宣讲，举办“解放思想推动新时代振兴论坛”。

【第四届中国纺织非物质文化遗产大会和第二届中国（沈阳）旗袍文化节】 9月20—26日在沈阳举办。活动以“提振非遗消费 成就美好生活”为主题开展近20项活动，吸引30余家国内外宣传报道机构参与报道，推出近百篇图文报道，传播至全球150多个国家和地区，引发海外广泛关注。市属媒体累计推出报道400余篇，累计点击阅读量逾300万次；抖音短视频、今日头条等平台推出报道、专题100余条，点击浏览量200万次；“学习强国”辽宁学习平台专门开设“魅力旗袍 秀韵盛京”专题，集纳活动盛况。

【党的十九届五中全会精神宣传】 11月9日，制定下发《党的十九届五中全会精神宣传工作方案》，组织《沈阳日报》、沈阳广播电视台开设专题专栏，及时转发中央主流媒体重点稿件，邀请专家学者推出理论解读报道20余篇；推出各地区各部门主要负责人专访报道30余期；推出各级宣讲团宣讲场次报道20余期。组织媒体深入基层，全面展现基层单位和广大干部群众学习贯彻落实五中全会精神的生动实践。同时，结合沈阳市十三届十三次全会等重要会议，对沈阳市“十四五”规划进行宣传阐释。各传统媒体及新媒体平台累计刊发报道600余篇次。

【第五届“外国人眼中的沈阳”主题晚会】 11月27日晚，“我们在一起——中国·沈阳国际友好之夜暨第五届外国人眼中的沈阳”主题晚会在沈阳广播电视台演播厅举行。晚会以外国人的视角展示沈阳在疫情防控、脱贫攻坚、全面建成小康社会等方面取得的显著成绩，讲述外籍友人和沈阳人民共同抗疫的故事，美国、俄罗斯、日本等40余个国家的200余位外籍友人参加演出。国务院新闻办公室官网对晚会进行报道，新华社推广稿在美洲、欧洲和亚太地区用五种语言同时发布，落地量390家次，直接访问量7240万人次。（市委宣传部）

统　战

【概况】 2020年，市委统战部统筹推进新冠肺炎疫情防控和全市统战工作提质增效，积极助推沈阳高质量发展。以在线直播形式举办同心大讲堂·全市统一战线学习《习近平谈治国理政》第三卷理论学习会，参与在线学习的统战成员2.63万人。服务沈阳振兴发展，支持各民主党派、无党派人士开展调研活动500余次，形成调研报告270余篇，提交集体政协提案58件、个人政协提案156件；推动各民主党派市委会围绕优化营商环境开展专项民主监督，开展调研座谈、实地考察、暗访等活动142次，提出意见建议57条；组织统战成员对康平县贫困家庭大学生进行精准帮扶，捐助学业资助金138.6万元，帮助101名毕业生实现顺利就业；引导广大统战成员为推进疫情防控和复工复产，累计提出意见建议1500余条，捐款捐物近4.25亿元。加强中国特色社会主义参政党建设，协助市委制定并落实年度政党协商计划，举行情况通报会、专题协商会等政党协商活动8次；创新建立将党外人士意见建议直接报送市委、市政府主要领导的“双直通”制度，8篇社情民意得到领导批示。积极稳妥做好民族宗教工作，开展“同结石榴籽、共圆小康梦”等多种形式的民族团结进步主题宣传教育活动；完善工作机制，依法管理宗教事务能力得到提升；加强团体建设，坚持国家宗教中国化方向不断巩固。深入推进民营经济统战工作，成立年轻一代民营企业家商会，吸纳会员102人；创新建立“辽商·检察官面对面”等市领导与商（协）会代表“面对面”交流座谈机制，先后召开沟通协商座谈会7次，解决一批民营企业家反映的突出问题。扎实做好党外知识分子工作，积极开展岗位建功和建言献策活动，组织召开“沈阳市党外知识分子战‘疫’事迹分享会”，选树“2020年度党外知识分子岗位建功十佳人物”。创新开展新的社会阶层人士统战工作，实现市区两级网络人士联谊组织全覆盖，深入推进全市10个新的社会阶层人士统战工作实践创新重点项目，达到规范化、常态化、特色化的建设标准，形成“一区一品牌”的建设布局。积极开展港澳台统战工作，创新开展“搭建网络平台、传播沈阳声音”暨网上“看沈阳，爱沈阳，做贡献”活动，多角度宣传介绍沈阳振兴发展的良好态势。推进新时代侨务工作，依法依规开展华侨回（来）沈定居受理审核和归侨、侨眷身份认定、“三侨考生”（归侨青年、归侨子女、华侨在国内的子女）身份认定工作；认真开展“侨爱工程—沈阳光明行”等活动。加强统战系统宣传工作上提质增效，扎实开展统战理论（调查）研究工作和实践创新工作，形成120余项研究成果和43项创新典型。（单佳宁）

【“双直通”制度】 1月，市委统战部创新打造各民主党派市委会向中共沈阳市委直接建言献策的“直通车”制度和向沈阳市人民政府直接建言献策的“党外人士社情民意专报”制度（简称“双直通”），为各民主党派市委会搭建新平台，拓展新渠道。各民主党派市委会利用“双直通”制度反映问题、建言献策，为沈阳经济社会发展做出独特的贡献。全年通过“双直通”渠道向市委市政府主要领导报送“直通车”建议3期，党外人士社情民意专报12期，其中8期得到主要领导的批示。（杨　楠）

【《市委组织部 市委统战部联席会议制度》】 为认真贯彻落实中央、省委关于党外干部队伍建设和党外代表人士队伍建设的决策部署及市委工作要求，在党外干部发现、培养、使用、管理工作中，在党外代表人士的人才储备、培养使用、监督管理中，加强沟通联系，密切协调配合，形成工作合力，中共沈阳市委统战部与中共沈阳市委组织部4月1日共同印发《市委组织部 市委统战部联席会议制度》。《制度》明确工作目标，制定7个方面的议事范围，并进一步规范工作程序。

（刘　渤）

【“看沈阳，爱沈阳，做贡献”活动网上互动平台】 6—9月，市委统战部结合新冠肺炎疫情防控实际情况，将“看沈阳，爱沈阳，做贡献”活动由“线下面对面”拓展为“线上屏对屏”，推动全市统战系统各单位共同开展“搭建网络平台、传播沈阳声音”暨网上“看沈阳，爱沈阳，做贡献”活动，宣传各区县（市）和统战系统各单位助力沈阳高质量发展、新时代振兴的最新情况。市委统战部微信公众号集中宣传18期，各相关单位借助自身网络载体也进行转发，阅读量4000余人次。（赵千慧）

【全市加强参政党建设工作座谈会】 11月5日，市委统战部召开全市加强参政党建设工作座谈会。会议传达中央书记处书记、中央统战部部长尤权在中国特色社会主义参政党建设研讨会上的讲话精神。各民主党派市委会负责人围绕贯彻落实“三个文件”精神、加强参政党建设作经验交流。各城区统战部部长参加会议。（杨　楠）

【创新基地建设】 2020年，推动全市实践创新基地规范化、常态化、特色化运行，全市有10个实践创新基地基本达到特色突出、常态运行、规范有序的建设标准。按照普遍推开、试点先行的工作思路，启动统战工作进民企、中介组织服务团、自由职业聚力荟、网络人士同心行“四项工程”。分别在铁西区试点实施“统战工作进民企”工程，在沈河区、皇姑区试点实施“中介组织服务团”工程，在于洪区、和平区试点实施“自由职业聚力荟”工程，在和平区、浑南区试点实施“网络人士同心行”工程，并建立行之有效的工作模式。（赵廷志）

【新时代党外知识分子思想政治引领】 2020年，市委统战部构建党外知识分子思想政治工作体系；打造“知新学汇”学习平台，采取线上与线下、理论与实践相结合的方式进行共识教育，举办线上讲座9次、线下培训1次，开展实践教育3次，8000余人次参与；深入开展调研，对全市1000余名党外知识分子进行网上问卷调查，分析研判思想状况，提升工作针对性；支持优势发挥，开展建言献策活动，组织200余名党外知识分子成立49个课题组，围绕疫情防控、装备制造等方面开展调研并形成成果；引导岗位建功，利用公众号宣传典型先进事迹50余次，召开战疫事迹分享会等引导党外知识分子以实际行动为沈阳发展贡献力量。（孙时雨）

政策研究

【概况】 2020年，市委政研室坚持以习近平新时代中国特色社会主义思想为指导，深入学习党的十九大和十九届二中、三中、四中、五中全会精神，全面贯彻落实中央及省委、市委的决策部署，紧紧围绕服务市委中心工作和推动全面深化改革、做好财经工作、开展决策咨询等任务，强化创新意识、精品意识，主动担当作为，全面履职尽责，圆满完成各项工作任务，较好发挥参谋助手作用。强化政治引领，巩固深化“不忘初心、牢记使命”主题教育成果，组织开展主题党日和政治教育活动，深入研读党的先进理论知识，提高用党的创新理论指导实践、推动工作的能力，特别是面对新冠肺炎疫情，及时研究提出做好“六稳”工作、落实“六保”任务的对策建议，组织党员干部参加志愿服务活动，站岗值守、捐款捐物。突出以文辅政，高质量完成《中共沈阳市委关于制定沈阳市国民经济和社会发展第十四个五年规划和二〇三五年远景目标的建议》《市委关于2019年工作情况和2020年工作安排的报告》《市委常委会2020年工作要点》《关于落实党的十九届四中全会精神情况的报告》《贯彻落实〈中共中央关于坚持和完善中国特色社会主义制度推进国家治理体系和治理能力现代化若干重大问题的决定〉工作措施》等文件，完成市委十三届十二次、十三次、十四次全会暨市委经济工作会议的筹备工作，认真做好市委贯彻中办回访调研报告和中发37号文件工作推进会、市委工作会议、市委人大工作会议、市委政协工作会议、市纪委十三届五次全会、季度经济形势分析会、市委农村工作暨脱贫攻坚会议、基层党建工作述职评议会、年轻干部工作座谈会等会议筹备，起草市委主要领导在与中央和国家机关、企事业单位到辽宁挂职干部交流时的讲话、在市委理论学习中心组专题学习时的讲话、在市委议事协调机构会议上的讲话、在省委常委会和专题会议上的发言、在省委主要领导到沈调研时的汇报等，文件以及会议、讲话文稿得到市领导和与会人员的充分肯定。深入调查研究，统筹抓好15个“十四五”规划《建议》重大课题的调研，科学确定10个重大决策咨询研究课题。同时，围绕国家中心城市建设、中心镇建设、做好稳就业工作、文化产业发展、知识产权示范园区建设、基层社会治理、县域公共卫生体系建设等重点课题开展调查研究，编发《沈阳改革》简报47篇、《沈阳改革》专报21篇、《沈阳政研》39篇、《决策咨询》29篇，其中和平区“胡静琴书记工作室”建设、大东区创新“月述月评”工作模式、沈北新区以改革创新推动发展等44篇文字成果获市委、市政府主要领导和其他市领导的批示，提高调研成果向市委决策的转化率。抓实机关党建，全面落实新时代机关党的建设的部署要求，严格落实民主集中制、重大事项请示报告及“三重一大”事项集体决策等制度规定，指导督促党支部书记履行“一岗双责”，严格落实“三会一课”、组织生活会和党员民主评议制度，认真开展正风肃纪监督工作，严格落实意识形态工作责任制，进一步树立以成果论英雄、凭实绩用干部的鲜明导向，积极发挥青年工作委员会作用，每季度开展公务员平时考核，切实做到党建工作与业务工作同谋划、同部署、同落实。

【《中共沈阳市委关于制定沈阳市国民经济和社会发展第十四个五年规划和二〇三五年远景目标的建议》】 2020年，市委政研室坚持把起草好市委“十四五”规划《建议》作为一项重大政治任务，制定工作方案，召开起草工作部署会，协调市直有关部门开展深入调查研究，组织精干力量成立起草组，广泛征求各方面意见建议。于2020年12月11日形成的“十四五”规划《建议》符合中央精神及省委要求，符合沈阳实际，描绘了美好蓝图，回应群众期盼，在《沈阳日报》、沈阳电视台刊播，受到好评。

【全面建设小康社会目标任务】 2020年，市委政研室聚焦决胜全面建成小康社会，做好统筹联络、跟踪调度、监测评估等工作，组织全市25家小康指标牵头单位和责任部门，围绕重点任务和薄弱环节，有针对性研究制定攻坚措施，并会同相关部门对指标完成情况开展督促检查，推动城市建成区绿地率、研究与试验发展经费投入强度、战略性新兴产业增加值占地区生产总值比重、高技术产品出口额占总出口额比重4个薄弱环节完成预期目标任务，城乡居民医保年人均财政补助标准、规模以上工业企业资产负债率指标实现突破，促进全市全面建成小康社会取得重要进展。（市委政研室）

机构编制

【概况】 2020年，市委编办深入学习贯彻习近平新时代中国特色社会主义思想，始终坚定党对机构编制工作的集中统一领导，修订《中共沈阳市委机构编制委员会工作规则》和《中共沈阳市委机构编制委员会办公室工作细则》，树牢“四个意识”，坚定“四个自信”，做到“两个维护”。发挥参谋助手作用，先后组织开展部门业务专题调研、简政放权专题调研、开发区改革专题调研，组织召开市委编委会议4次。完善机构职能体系，推动健全党总揽全局、协调各方的领导体系，职责明确、依法行政的政府治理体系，运行顺畅、服务有力的事业单位服务保障体系，简约高效、富有活力的基层治理体系，联系广泛、服务群众的群团工作体系。强化机构编制管理，严格管控机构编制，深化实名制管理，加大跨部门跨地区跨层级机构编制统筹调配力度。推进机构编制法治建设，认真贯彻《中国共产党机构编制工作条例》要求，开展学习贯彻习近平总书记重要讲话精神和《条例》落实情况自查自评、“三超两乱”（超职数配备干部、超机构规格提拔干部、超审批权限设置机构，擅自提高干部职级待遇、擅自设置职务名称）问题自查自纠、“条条干预”问题自查整改，开展《条例》宣传周活动、定岗定责定流程工作，建立机构编制报告、领导职数管理、议事协调机构管理制度。围绕“增强政治性、先进性、群众性”要求，推进群团机构改革，组织重新修订市侨联、市残联机关“三定”规定，增强维护权益、服务群众功能。

健全党总揽全局、协调各方的领导体系。健全完善保证党的全面领导的制度安排，持续完善党集中统一领导重大工作的议事协调机制，理顺设在有关部门的办事机构与所在部门之间关系。统筹优化纪检监察、宣传、网信、军民融合等党的职能部门职责配置，加强归口协调、统筹相关领域工作的职能。

政府职能转变。在69个市直部门（单位）综合处室加挂营商环境建设处牌子；为市水务局增加污水、排水设施建设管理相关职能，并将污泥管理职责由市生态环境局划转至市水务局；健全完善市区两级上下统一的电力行政执法体系；将全市森林公安机关划归同级公安机关直接领导管理，在全省率先成立森林警察支队。深化“5+1”（市场监管、生态环境保护、文化市场、交通运输、农业和城市管理）领域综合行政执法改革，整合组建各领域执法队伍，制定相关执法机构及事业单位“三定”规定。加强权责清单标准化建设，组织市、区县（市）两级对照政务服务事项目录动态调整权责清单。

事业单位服务保障。深入研究事业单位改革后续问题，形成事业单位问题清单和调整完善方案。加速构建产业技术创新体系，采取登记设立的方式设立沈阳产业技术研究院，创新实行动态编制和动态岗位设置，有力促进产业技术发展和专业人才引进。强化文化领域机构编制保障，设立沈阳博物馆，调整优化市公共文化服务中心机构设置，增加市文物考古研究所编制，推动文化事业繁荣发展。加强医疗保障体系建设，整合市医保局及所属事业单位城乡居民医疗保险服务机构，将各区县（市）负责新型农村合作医疗的职责以及人员编制上划，提升医疗保障水平。

城乡基层治理体系和治理能力现代化建设。持续深化乡镇（街道）机构改革，不断完善基层党建、城市管理、公共服务、社会治理、社区自治等职能，逐步理顺县、乡权责关系。强化业务跟踪指导，将和平区作为“机构编制工作试点单位”，探索创新可复制可推广的基层机构编制管理机制和经验做法。

机构编制统筹管理。加强教育发展、卫生防疫、文化建设、行政执法、安全稳定、统计管理、退役军人保障等重点领域机构编制保障。增加全市各级统计机构行政编制15名和事业编制104名；解决2018年和2019年军转干部落编问题；从康平县调整220名全额拨款事业编制用于补充和平区教职工编制；从市场监管执法队伍中统筹调剂99名编制，从新民市、法库县、康平县环境监察大队人员中划转82名编制，用于加强全市生态环境保护执法队伍力量。

定岗定责定流程工作。定岗定责定流程工作推动机构职能、权限、程序、责任法定化，组织市、区县（市）两级各部门在“三定”规定的基础上，调整完善岗位职能、责任、流程图等事项，市、区县（市）两级各部门共设置岗位6万余个，梳理职责16万余项，明确责任19万余项，制作流程图5万余张，进一步简化环节、优化流程、提高效率。

【《沈阳市政府工作部门权责清单动态管理办法》】 12月30日，市政府印发《沈阳市人民政府关于废止失效和修改部分规范性和政策性文件的决定》，其中明确对《沈阳市人民政府办公厅关于印发沈阳市政府工作部门权责清单动态管理办法的通知》进行重新修订。修订后主要内容为：明确调整情形和时限，将法律法规颁布、修订、废止以及机构、职能调整4种情形列入调整清单，规定10个工作日完成调整时限和申报材料。明确审核程序，需调整的行政权力事项，经机构编制部门和营商环境建设部门审核、政府法制部门合法性审查、政府审定后，确定权责清单调整。健全处罚措施，对于未按规定程序和时限调整权责清单、未及时制定行政权力运行流程图、未依法落实事中事后监管要求的，按有关规定给以通报批评，责令限期改正；逾期不改正或造成不良后果的，依法追究责任人员的责任。

（市委编办）

【《市委编办关于加强机构编制实名制管理工作的通知》】 12月4日市委编办印发。《通知》包括总体要求、基本原则、用编部门（单位）职责、相关要求4方面。（志　文）

老干部工作

【概况】 2020年，全市各级老干部工作部门把政治建设贯彻始终，聚焦组织凝聚，把学习贯彻习近平新时代中国特色社会主义思想作为老干部工作的首要政治任务，强化离退休干部思想武装，不断提高政治站位、强化制度保障、深化党建引领、深化服务创新，统筹推进疫情防控和老干部工作，履行好服务保障老干部工作和关心下一代工作委员会日常工作两大职能，解决老干部活动中心历史遗留问题取得突破性进展，完成近40项为老服务实事，形成一系列推动老干部工作高质量发展的创新成果，相关工作得到省、市领导20余次肯定性批示，受到广大老干部的广泛认可。7月，为进一步推进离退休干部“两学一做”学习教育常态化、制度化，建立网上答题系统，组织3批次线上答题活动。9月28日，组织市级离退休老干部参观考察沈北新区经济社会发展情况，亲身感受脱贫攻坚取得的新成果。进一步推动国有、民营、企事业单位离休干部住房补贴工作，指导沈阳机床集团、沈阳现代农业研发中心等单位自筹资金978万余元，解决203名离休干部住房补贴。为40户市直特困企业424名离休干部发放采暖费119.4万元。为全市151户企业1391名离休干部办理医疗统筹，为70户特困企业301名离休干部办理统筹金免缓缴手续；为特困企业易地安置离休干部审核发放医药费13万余元；为无主管企业离休干部解决医药费32万余元。在“七一”党的生日前将彩电提前发放到667名市属年满90周岁离休干部手中，全市自2007年以后有4780名市属离休干部享受到这一待遇。为满足疫情期间老年人居家学习需求，利用“沈阳老干部大学”微信公众平台，创新开展网络教学，推出10余类29期100余节课程，总点击量突破十万人次，其中民族舞教学课创下2285人次的最高点击量。截至年末，全市有离休干部4797人。按参加革命时期分：抗日战争时期参加革命259人；解放战争时期参加革命4538人。按行政隶属关系分：行政机关733人；事业单位1368人；企业单位2696人。按享受待遇分：正地（厅）级待遇2人，副地（厅）级待遇282人，正县（处）级待遇857人，副县（处）级待遇2140人，正副乡（科）级待遇363人，其他待遇1153人。按年龄结构分：80—89岁945人；90岁以上3852人。平均年龄92.2岁。2020年全市关心下一代组织数2999个。11月17—18日，中国关工委、中央文明办在北京召开纪念中国关工委成立30周年暨全国关心下一代工作表彰大会，对先进集体和先进个人进行表彰，沈阳市皇姑区、大东区关心下一代工作委员会荣获全国关心下一代工作先进集体称号，杨大勇、张德山、于承祥、阎秉忠、石兆义、徐文涛、赵全福、关维义8人获全国关心下一代工作先进工作者称号。11月23日，辽宁省关工委在辽宁大厦召开辽宁省关工委工作暨抗疫表彰大会。沈阳市和平区教育局关工委等61个单位获“沈阳市关工委系统新冠肺炎疫情防控工作先进集体”称号，沈阳市晏凤礼等22人获“沈阳市关工委系统新冠肺炎疫情防控工作突出贡献个人奖”，乔继红等186人获“沈阳市关工委系统新冠肺炎疫情防控工作先进个人”称号。12月15日，在市委市政府会议楼召开沈阳市关工委2020年度工作会议。

【《“我是共产党员”战“疫”特刊》印发】 5月，编印《“我是共产党员”战“疫”特刊》，受到社会各界的好评。沈阳市离退休干部抗击疫情的报道在中组部老干部局微信公众号上刊登，8月在中央电视台新闻联播播出，在辽宁卫视新闻分两期播出，《沈阳日报》整版进行登载。

【“传承红色基因，争做新时代雷锋传人”主题教育活动】 5至10月，编印《习近平总书记关于学雷锋系列讲话摘编》、举办“传承红色基因 做新时代雷锋传人”座谈会、邀请“五老”（老干部、老战士、老专家、老教师、老模范）代表走进雷锋生前所在部队解放军某部雷锋旅。举办学雷锋活动2994场，受教育人数34.4万人。全市成立“爱心工作站”30余个，开展志愿服务3296次，参加人数12.1万人次。

【《习近平新时代中国特色社会主义思想学习纲要》知识答题活动】 6—7月，为引导全市广大离退休干部和五老深入学习习近平新时代中国特色社会主义思想，推进“两学一做”学习教育，坚定理想信念永远跟党走，开展广大老干部学习《习近平新时代中国特色社会主义思想学习纲要》知识答题活动。此次活动2.5万余名老干部参与。7月在答题全对者中抽取50名给予奖励。对积极组织活动的17家单位给予优秀组织奖。

【“鸭绿江畔的追忆——抗美援朝老战士访谈”活动】 8月，推荐沈阳市参加过抗美援朝的宁段云、王福春、关大局3位老干部参加“鸭绿江畔的追忆——抗美援朝老战士访谈”访谈活动。访谈内容登载在《参考消息》微信公众号、《党史纵横》和《辽沈晚报》。

【第三届沈阳市老干部合唱赛系列活动】 11月15日至12月22日举办。该活动是市委宣传部主办的主题为“人民幸福城，我的沈阳美”第三届沈阳市合唱节的主体活动之一，有27支老干部合唱团队参与，精彩演绎53首合唱作品。合唱作品利用“沈阳老干部活动”微信公众号平台进行播出，经专家评委选出10支优秀参演合唱团队，举办云上合唱音乐会。并首次用抖音手机App转播第三届沈阳市老干部合唱赛精彩演出，视频点击量超过5600次，获得很好的社会反响。

【“永远跟党走”老干部书画摄影展】 11月17日举办。此次书画摄影作品展展出46个市直和区县（市）单位老干部的作品493幅，其中书法作品215幅、绘画作品186幅、摄影作品92幅。参展作品充分抒发全市离退休干部爱党爱国的炽热情怀，特别是通过多种艺术形式生动展现了近期抗击新冠肺炎疫情的感人瞬间。

【“我是共产党员”战“疫”微视频拍摄】 2020年，面对新冠肺炎疫情，沈阳市老干部、老战士、老专家、老教师、老模范在做好自身防护的同时，投身到战“疫”中，参加战“疫”人数3.5万余人，约22.5万人次，捐款捐物累计316.5万余元。市关工委和市委老干部局拍摄57集“我是共产党员”战“疫”微视频，得到省委常委、市委书记张雷，省关工委主任赵国红，市委副书记、市关工委主任刘晓东的批示。视频播放总量近960万次，产生良好的社会效应。

【第四届“关爱明天、普法先行”青少年普法教育活动】 2020年，在全市范围内开展普法教育活动，截至12月末，有32部微视频在“沈阳关工委”“沈阳普法”微信公众号上播发。根据不同需要，按小学低年级、小学高年级、初中、高中、大学5个版本编印青少年普法口袋书，作为青少年的法治科普读物。全市有法治报告团216个，法治报告员1311名，做法治报告388次，受教育人数近32万人次。

【离退休干部党支部规范化建设】 2020年，按照《辽宁省离退休干部党支部规范化建设标准（试行）》的要求，市委老干部局积极开展“支部力量、红枫行动”党建品牌创建活动，开设线上19期“枫采课堂”专栏，有效引导离退休干部、老年学员自觉在思想上政治上行动上同以习近平同志为核心的党中央保持高度一致。沈阳市8家基层组织获省委老干部局表彰。深入30余个社区调研，推动离退休干部党建与城市基层党建深度融合，激发离退休干部党员参与社区治理的热情，增添党组织的生机活力。

【走访老党员、老干部慰问活动】 2020年，沈阳市各级老干部工作部门走访147名健在的抗日战争时期及以前参加革命工作的离休干部，走访慰问15名百岁以上离休干部、32名特困离休干部、22名易地安置离休干部，送去慰问金和问候，让老干部感受到党的关怀和温暖。

【区县（市）离休干部医疗保障服务试点】 2020年，在沈阳市“持卡就医”整体工作运行良好基础上，为缓解全市区县离休干部到市直医院看病就医存在的问题，与市卫健委协调，新增沈阳市第五医院、市中医院等5家医院，让区县离休干部同样享受高效、便捷、优质的医疗服务。

（市委老干部局）

党校教育

【概况】 2020年，市委党校认真贯彻落实《中国共产党党校（行政学院）工作条例》（简称《条例》），坚持党校姓党，加强政治建设，充分发挥干部培训、思想引领、理论建设、决策咨询作用，举办培训班64期，培训学员9170人次（其中局级班四期，学员1106人次）。选派4名教师参加上级党校（行政学院）举办的师资培训班，1名教师考入中科院自然科学史研究所全日制博士研究生。推进教师进修和调研工作，组织13名教研人员外出调研。

教学。不断优化课程体系，进一步提升党的理论教育和党性教育比重，主业主课在主体班教学总课时占比达到86%，党性教育达到27%。完善“1+10+X”教学框架，加强“四史”（党史、新中国史、改革开放史、社会主义发展史）教学课程开发力度，“深化供给侧结构性改革”课程被评为学习贯彻习近平新时代中国特色社会主义思想辽宁省好课程。大力推行研究式教学，邀请劳模走进课堂开展访谈式教学，主体班次互动式教学课程比例达到34.2%。加大案例教学比重，制定《推进案例教学研究和案例库建设工作办法》。注重现场教学，建立教学基地42个。积极探索疫情防控常态化教学培训新方式，线上“直播+研讨”教学新模式，得到中央党校（国家行政学院）充分肯定。制定《全市党校（行政学院）系统教学资源共享办法》，实现教学资源共享。

●相关链接

1+10+X：教学框架，是按照“总-分-特”的思路设计课程。“1”是一个总论；“10”是十个分论，将习近平新时代中国特色社会主义思想分为经济篇、法治篇、民生篇、生态篇等10个方面逐一进行阐释；“X”是以东北振兴与沈阳振兴发展专题为特色课程，围绕沈阳全面振兴需要破解的若干问题，成立项目组。

科研决策咨询。申报课题62项，立项37项，公开发表论文63篇，出版著作1部，获奖成果3项。出版《咨政参考》6期，发表咨政建议7篇，收集科研成果114篇，评选优秀成果35篇。《精神 力量 财富》一书被评为第七届辽宁省哲学社会科学奖·成果奖（省政府奖）一等奖。课题研究设立党的十九届四中全会精神课题和沈阳市重点问题研究课题两大方向，立项课题23项。组织开展新冠肺炎疫情防控专项课题研究，立项课题14项，为全市统筹推进疫情防控和经济社会发展贡献党校智慧。制定《促进学员参与科研、决策咨询工作的办法（试行）》，收集科研成果114篇，评选优秀成果35篇，6篇优秀成果利用《沈阳干部学刊》《咨政参考》进行转化。

师资和干部队伍建设。坚持人才强校战略，深入实施“名师工程”，制定《教学名师评选管理办法（试行）》。制定《主体班专题课教学“优课优酬”激励办法》《科研成果认定及激励标准实施办法》，自筹部分资金对高质量教学、科研和决策咨询成果予以激励，不断提高教师岗位吸引力。积极稳妥开展职级并行工作。抓好年轻干部实践锻炼，抽调2人挂职锻炼，继续选派4人到村担任“第一书记”。

【《条例》贯彻落实】 9月21日，市委召开全市党校（行政学院）校（院）长会议，对贯彻落实《条例》，做好全市党校（行政学院）工作进行再部署、再落实。为解决制约全市党校系统发展的突出问题，市委副书记刘晓东带队，到13个区县（市）委党校（行政学校）进行调研，形成《关于深入贯彻落实〈条例〉推进党校（行政学院）高质量发展的调研报告》。起草全市《贯彻落实〈条例〉具体措施》，以市委办文件形式印发。为确保《具体措施》落地落实，制定13项工作制度，形成贯彻落实《条例》“1+13”系列措施。制定《领导干部上讲台制度》，省委常委、市委书记张雷为全体教师讲思政课，刘晓东、高伟、李松林、王冬石等市领导走上讲台，为学员授课。

●小资料

贯彻落实《条例》“1+13”系列措施。1是《贯彻落实〈中国共产党党校（行政学院）〉工作条例》具体措施；13是《中共沈阳市委办公室关于建立领导干部上讲台制度的通知》《主体班专题课教学“优课优酬”激励办法（试行）》《2020年度市委党的建设年度目标考核中关于贯彻落实〈中国共产党党校（行政学院）工作条例〉考核指标的细化评分标准》《关于规范各项工作纳入党校（行政学院）主体班教学内容的管理办法（讨论稿）》《促进学员参与科研决策咨询工作办法（试行）》《智慧校园平台建设与管理办法（试行）》《全市党校（行政学院）系统教学资源共享办法》《关于进一步推进案例教学研究和案例库建设的工作办法（试行）》《教学名师评选管理办法》《班主任工作规范》《学业证书管理规定》《关于规范教职工接多媒体采访的管理办法》。

【全市疫情集中隔离点服务保障】 2月5日至5月31日，市疫情防控指挥部启动校（院）为集中隔离点后，校（院）第一时间成立工作领导小组，制定工作方案，抽调精干力量迅速组建8个服务保障组。接收隔离人员660人，配餐3.9万份，转送物品368人次，完成服务保障任务，得到市疫情防控指挥部和有关市领导的高度肯定，中央电视台等媒体进行报道。（市委党校）

保密事业

【概况】 2020年，全市各级保密组织和广大保密工作者围绕全市中心工作，自觉抵御防范和有效处置国家安全风险，重点开展保密宣传教育、监督检查、保密服务保障等工作，推进领导干部、涉密人员、初任公务员等保密教育培训常态化，组织全市开展保密警示教育，为近50个地区和单位提供保密专题教育片，推动广大党员干部国家安全和保密意识得到进一步提高；围绕重点领域、重点部门开展日常检查与专项检查，找短板、补漏洞，发挥保密监督检查利剑作用；为全市重要会议、重大活动提供保密服务保障，进一步加强会议的保密管理，保密服务保障水平大幅提升。

【保密宣传月活动】 9月，市国家保密局围绕保密宣传月活动，设计制作30个保密宣传教育展板，先后在市委、市政府、市纪委、市公安局、浑南区等进行巡展，广大党员干部受到保密教育。借助网络平台开展保密知识网上答题活动，近2.4万人参与网络答题，巩固和加强保密宣传教育成果，进一步增强全市广大党员干部维护国家安全责任意识。

（市国家保密局）

【专题听取失泄密情况通报】 2020年，全市深入学习贯彻习近平总书记重要批示精神，以及中央保密委、省委保密委有关《通报》关于认清当前防泄密反窃密斗争的尖锐复杂形势。11月25日，市委常委会专门学习传达《通报》，坚决维护党和国家政治安全、政权安全、秘密安全的要求。在市委、市人大、市政府、市政协领导班子中传阅学习《关于2019年全国窃密泄密案件情况的通报》，进一步促进领导带头增强保密观念和保密意识。

（市国家保密局）

【《沈阳市机关单位保密工作规范》】 11月30日市委办印发。《规范》包括定密管理、人员管理、信息设备管理、文件资料管理、涉密会议管理、办公场所管理、保障措施7方面内容，引导全市机关单位工作人员规范自身行为、遵守制度措施。

（志　文）

市直机关（中省直企业）党建

【概况】 2020年，市直机关工委坚持以习近平新时代中国特色社会主义思想为指导，认真贯彻落实党的十九大和十九届二中、三中、四中、五中全会精神，落实市委工作会议和市直机关党的建设工作会议精神，以政治建设为统领，以建强基层组织为重点，以开展“服务年”为载体，努力践行围绕中心、建设队伍、服务群众职责任务，工委系统党的建设质量全面提升。扎实推进政治建设，制定《关于加强和改进市直机关党的建设的若干措施》，压实全面从严治党主体责任，《建立指标科学、责任明确、问责有力的机关党建工作考核评价机制研究》获全国机关党建研究成果优秀奖。持续深化理论武装，加强理论学习中心组管理，实施“青年理论学习提升工程”，创新党员学习教育模式，市委常委、市委秘书长李强作出肯定性批示。认真落实意识形态工作责任制，《让党建宣传“占领”党员“掌心”》获中央和国家机关工委“互联网+党建”典型案例二等奖，市委领导作出肯定性批示。开展“服务年”活动和“强党建亮承诺比服务优环境”工作，选树60个服务群众标兵、100个服务群众典型。开展市直机关党支部和社区党组织“共联共享共建共促”活动，为社区解决实际问题2000余件。积极组织党员参与社区防控、自愿捐款、志愿服务等工作，市委常委、副市长李松林作出批示。做好央企信访稳定工作，市委常委、政法委书记宋诚给予肯定性批示。贯彻“基层党建制度落实年”和“组织工作质量提升年”工作部署，工委系统党支部标准化规范化达99.7%。《关于试行分工负责制、有效发挥机关党委委员作用》获中央和国家机关工委“学习贯彻重要讲话精神优秀成果征集活动”二等奖。强化日常监督，开展纪律作风和营商环境情况明察暗访。审理案件117件，涉及党纪政务处分121人，市委常委、纪委书记王冬石给予肯定性批示。工委机关被市委、市政府授予“2017—2019年度沈阳市文明单位标兵”。举办10场“沈市机关先导讲坛”线上线下报告会，23万余人次党员干部参加。举办5期市直机关线上“党课开讲啦”，28.6余万人次党员在线学习。积极开展各类培训。举办工委系统2020年度发展对象培训班。组织新任处级领导干部党风廉政教育培训，市直机关处级领导干部学习贯彻党的十九届四中全会精神轮训。市直机关基层党组织换届选举工作培训。

【党建引领央企互惠共享交流会】 1月10日举办。组织中粮国际（北京）有限公司辽宁分公司、辽宁华润万家生活超市有限公司、沈阳市供销社、中国国旅（辽宁）国际旅行社有限公司4户企业依次进行交流分享，详细介绍企业背景、当前发展需求，企业核心产品特点、服务优势和合作方式等。工委系统84户企业的党委副书记、工会主席、党群工作部部长120余人受邀参加。

【“思想再解放、夺取双胜利”征文活动】 4月10日至5月7日，市直机关工委联合沈阳日报社开展“思想再解放、夺取双胜利”征文活动。进一步深入学习贯彻习近平总书记关于东北、辽宁振兴发展的一系列重要讲话和重要指示批示精神，引导广大党员干部聚焦全市中心，解放思想、锐意进取，为推动沈阳高质量发展、新时代振兴贡献智慧力量。征集作品900多篇，评选一等奖10篇、二等奖20篇、三等奖30篇，优秀青年作品奖20篇，并予以通报。

【市直机关工委获第五届全国基层党建创新案例优秀奖】 7月13日，第五届全国基层党建创新案例评选结果公布。市直机关工委推送的《推行“机关党建+四服务”工作模式 破解党建与业务工作“两张皮”问题》案例获评优秀案例。省直机关工委常务副书记和市委常委、市委秘书长李强分别给予肯定性批示。

►7月19日，市直机关青年志愿服务队在全市开展“传递书香传承文化”图书交换活动

（市直机关工委供）

【“传递书香传承文化”图书交换活动】 7月19日至9月25日，市直机关青年志愿者服务队携手为爱毅行志愿服务队开展的“传递书香，传承文化”图书交换活动，收到捐赠图书2000多本。为法库县李祥堡村儿童服务站龙泉书社，创立爱心图书角，为村留守儿童和贫困的孩子捐赠图书600多本。

【“功能型服务组织”微信服务平台】 9月6日，创新推出125个“功能型服务组织”，搭建菜单式“功能型服务组织网络平台”。为功能型服务组织和社区党组织配置登录账号，通过“沈阳机关党建”微信公众号的《互动平台》—《共建服务》专栏实现对接，建立群众“点单”、社区“下单”、功能型服务组织“接单”、社区“评单”的“菜单式”的志愿服务网络。全年为社区群众服务600余次。

【“畅跑迎国庆 聚力促振兴”线上马拉松活动】 9月25—27日，市直机关工委、市体育局、市总工会联合举办“畅跑迎国庆 聚力促振兴”2020年沈阳市直属机关职工线上马拉松活动。1500余人报名参赛，完赛733人，其中5千米363人、10千米225人、半马145人。活动创新形式，通过线上小程序报名，利用周末参赛，不限具体比赛时间地点，完赛有电子荣誉证书，获市直机关职工认可和广泛参与。

【工委系统党外知识分子联谊会第一届会员大会】 11月5日市直机关工委组织召开。大会听取《工委知联会筹备工作报告》；审议通过《工委知联会章程（草案）》和《工委知联会第一届会员大会选举办法（草案）》；选举工委知联会第一届会长、副会长，宣布工委知联会第一届秘书长、副秘书长名单。工委知联会第一届会员、部分单位机关党委专职副书记、党委工作部长或统战工作负责人90余人参加大会。

【第二届“初心杯”党建案例大赛暨“服务年”创新成果展示征集活动】 11月18日，举行第二届“初心杯”党建案例大赛暨“服务年”创新成果展示决赛。自8月开始，工委系统各单位、各区直机关工委围绕全市中心工作，总结提炼近百优秀党建创新案例，初选12个案例进入到决赛。经评委组评定，市委组织部公务员二处党支部、和平区直机关工委获最佳案例一等奖，市文化旅游广电局机关党委、市税务局第二税务分局党总支、市房产局城市公用事业发展中心物业管理服务部党支部和市教育研究院信息化部党支部获二等奖，市公安局浑南分局机关党委、市市场监督管理局机关党委、市民政局基层政权和社区建设处党支部、中建二局北方公司党委、市卫生健康委沈阳急救中心党委和沈阳公积金管理中心大东管理部党支部获三等奖。（市直机关工委）

二、沈阳市人民代表大会

综　述

2020年，市人大常委会以习近平新时代中国特色社会主义思想为指导，全面贯彻落实党的十九大和十九届二中、三中、四中、五中全会精神，深入学习贯彻习近平法治思想和习近平总书记关于坚持和完善人民代表大会制度的重要思想、关于东北辽宁振兴发展的重要讲话和指示精神，坚持党的领导、人民当家作主、依法治国有机统一，在市委的坚强领导下，在“一府一委两院”的大力支持下，在全体人大代表的共同努力下，紧密围绕做好“六稳”（稳就业、稳金融、稳外贸、稳外资、稳投资、稳预期）“六保”（保居民就业、保基本民生、保市场主体、保粮食能源安全、保产业链供应链稳定、保基层运转）工作任务，依法行使职权，主动担当作为，圆满完成市十六届人大三次会议确定的各项任务。

加强重要领域法规制度供给。为破除信息壁垒，提高政务数据管理水平和应用能力，制定政务数据资源共享开放条例；为加强燃气管理，促进清洁能源利用，制定燃气管理条例；为提升电梯质量安全水平，制定电梯安全条例，明确电梯在生产、经营、使用、维护、检测等环节的法律责任。为规范公共场所吸烟行为，保障公众身体健康，启动制定公共场所控制吸烟条例。开展社会急救医疗服务管理等4件立法项目的调研，对5件政府规章和3件规范性文件进行备案审查，制定立法顾问工作规则等6项工作制度。对机动车停车条例、居家养老服务条例开展执法检查，增强法规执行刚性。对60件现行地方性法规开展专项清理，为民法典全面贯彻实施奠定基础。

以依法监督推进中心工作落地落实。将打造推动民营经济加快发展的良好法治环境作为“一号重点建议”，连续3年持续推动，推动解决一批带有普遍性的问题，不断优化法治化营商环境。开展审计整改“回头看”，实施全闭环监督，审计整改率提升到97%。常委会加快居家养老服务体系建设议案办理，支持政府完善制度机制和政策措施，加快补齐短板，居家养老服务保障水平明显提升。着力推进就业促进法及就业促进条例贯彻实施，督促做好稳就业工作，兜牢就业民生底线。围绕满足群众日益增长的健康需求，推动加快国家级医养结合和安宁疗护“双试点”城市建设，提升医疗卫生服务水平。回应民众关切，推动解决小区配套幼儿园建设、农村饮用水安全、“菜篮子”稳产保供等事关群众切身利益的问题，助推创造高品质生活。聚焦高质量编制"十四五"规划开展监督，围绕"十四五"规划编制、就业、养老、公共卫生体系建设、人口发展战略、智慧城市建设、城乡社区治理等7个重大课题开展调研，形成高质量研究报告，社区治理课题报告在全国人大研讨会上做经验交流。通过向代表发出倡议、走访座谈、问卷调查、征求专家意见等形式，充分倾听民声、集中民智、反映民意，为"十四五"规划建言献策。

认真行使重大事项决定权和人事任免权。面对疫情暴发，常委会及时作出关于全力做好新冠肺炎疫情防控工作的决定。支持检察机关有效发挥职能作用，作出关于加强检察公益诉讼工作的决定，进一步明确行政、监察、司法机关在公益诉讼中的职责。针对沈阳市水资源匮乏的实际，作出加强再生水利用的决定，强化刚性约束，推动水资源循环利用。进一步完善人事任免程序，加强任职资格把关，依法任免国家机关工作人员113名。常态化听取"一府两院"相关负责人依法履职情况报告，突出强化审议意见整改落实，推动问题整改落地见效。将履职监督情况报告市委，增强任后监督的权威性，实现任免权和监督权的有机统一。

全力推进支持和保障代表依法履职、发挥主体作用。对盛京皇城综合保护利用议案进行联合督办，盛京皇城风貌取得突破性成果，入选国家AAAAA级景区创建名单，中街国家级步行街完成全面改造提升，营业额增长两倍以上。跨年度办理的停车难、行车难等议案，累计推动解决停车缺口50万个，机动车通行时速达到国家畅通工程一等标准，快速路网和地铁建设提速提效，市民出行更加便捷。强化代表履职服务保障。提高培训针对性、有效性，采取云端线上培训模式，围绕民法典、"十四五"规划等内容对代表进行培训。四级人大代表联动履职，开展活动150余次。拓展"双联系"的深度和广度，制定"双联系"工作办法，组成人员联系代表600余人次，组织代表参加常委会重要活动700余人次。

全面提高依法履职能力。举办各种形式的专题培训和辅导讲座，机关干部的政治素养和理论水平不断提升。充分发挥"智库"作用，咨询专家广泛参与常委会工作，提出有价值的建议217条。加强新闻宣传，讲好"人大故事"，在新华社、人民网、《沈阳日报》等媒体发稿6500余篇。践行"忠诚、尚法、卓越、笃学、成长"的"沈阳人大精神"，搭建学思践悟、交流展示的平台，举办8期"人大讲堂"。积极参与疫情防控、驻村扶贫和"万人进万企"，助推企业复工复产。成立机关青年工作委员会，开展丰富多彩的学习和社会活动。"沈阳·人民代表大会制度与实践展示馆"建成开放，累计接待省内外参观学习者890余人次。（市人大）

▶6月29日，沈阳·人民代表大会制度与实践展示馆开馆（市人大供）

市人民代表大会及其常务委员会会议

【概况】 2020年，市人大常委会召开人民代表大会1次，即十六届人大第三次会议，召开常委会会议8次。第17次会议由主任潘利国主持，第18次会议由主任潘利国、副主任邓福林分别主持，第19次会议由主任潘利国、副主任王健分别主持，第20次会议由主任潘利国、副主任安俊辉分别主持，第21次会议由主任潘利国、副主任马占春分别主持，第22次会议由主任潘利国主持，第23次会议由主任潘利国、副主任徐璐分别主持，第24次会议由主任潘利国、副主任邓福林分别主持。

【市第十六届人大第三次会议】 1月5—7日召开。大会表决沈阳市第十六届人民代表大会专门委员会有关组成人员名单；通过关于《沈阳市人民政府工作报告》的决议；表决通过关于沈阳市2019年国民经济和社会发展计划执行情况与2020年国民经济和社会发展计划的决议；表决通过关于沈阳市2019年预算执行情况和2020年预算的决议；表决通过关于《沈阳市人民代表大会常务委员会工作报告》的决议；表决通过关于《沈阳市中级人民法院工作报告》的决议；表决通过关于《沈阳市人民检察院工作报告》的决议。选举张为为沈阳市人民检察院检察长；选举马志军、王武范、刘彦学、刘晓虹、安建晔、吴奇汉、袁柳、顾少清、董开德为沈阳市第十六届人民代表大会常务委员会委员。

2020年市人大常务委员会会议

表3

会议名称	日期	会议内容
市十六届人大常委会第17次会议	2.14	审议《沈阳市人民代表大会常务委员会关于依法全力做好当前新型冠状病毒感染肺炎疫情防控工作的决定（草案）》
市十六届人大常委会第18次会议	3.18	审议市人大教育科学文化卫生委员会关于市十六届人大三次会议主席团交付审议的《关于加快盛京皇城综合保护利用工作的议案》等9件议案审议结果的报告；审议市政府关于贯彻实施《中华人民共和国就业促进法》《辽宁省就业促进条例》情况的报告；听取市政府关于全市疫情防控工作情况的报告；人事任免事项
市十六届人大常委会第19次会议	4.27	审议《沈阳市政务数据资源共享开放条例（草案）》（二审）；审议《沈阳市燃气管理条例（草案）》（一审）；审议《沈阳市人民代表大会常务委员会关于市人民政府机构改革涉及本市地方性法规规定的行政机关职责调整问题的决定（草案）》；审议《沈阳市人民代表大会常务委员会关于修改〈沈阳市人大常委会组成人员守则〉的决定（草案）》；听取审议市政府关于2019年度全市环境质量状况和生态环境保护目标完成情况的报告；听取审议市政府关于贯彻实施《中华人民共和国体育法》工作情况的报告；听取部分市政府工作部门主要负责人和市法院副院长、市检察院副检察长关于依法履行职责情况的报告；人事任职事项
市十六届人大常委会第20次会议	6.28	审议《沈阳市政务数据资源共享开放条例（草案）》（三审）；审议《沈阳市燃气管理条例（草案）》（二审）；审议《沈阳市电梯安全条例（草案）》（一审）；审议《沈阳市林地建设保护条例（草案）》（一审）；审议市政府关于沈阳市城乡绿化和生态林业高质量发展情况的报告；审议市政府关于沈阳市城镇小区配套幼儿园治理情况的报告；审议《沈阳市人大常委会关于许可对沈阳市第十六届人民代表大会个别代表采取取保候审强制措施的决定（草案）》；人事任免事项

续表3

会议名称	日期	会议内容
市十六届人大常委会第21次会议	8.25	审议《沈阳市燃气管理条例（草案）》（三审）；审议《沈阳市电梯安全条例（草案）》（二审）；审议《沈阳市林地建设保护条例（草案）》（二审）；听取审议市政府关于沈阳市2019年财政决算的报告，审查批准沈阳市2019年市本级决算；听取审议市政府关于2019年度沈阳市本级预算执行和其他财政收支的审计工作报告；听取审议市政府关于2020年以来国民经济和社会发展计划执行情况的报告；听取审议市政府关于2020年以来沈阳市预算执行情况的报告；听取审议市人大常委会执法检查组关于检查《沈阳市城市机动车停车条例》贯彻实施情况的报告；审议市人大常委会执法检查组关于检查沈阳市《中华人民共和国土壤污染防治法》贯彻实施情况的报告（书面）；听取审议市政府关于市十六届人大三次会议以来代表建议、批评和意见办理情况的报告；听取审议市法院关于市十六届人大三次会议以来代表建议、批评和意见办理情况的报告；听取审议市检察院关于市十六届人大三次会议以来代表建议、批评和意见办理情况的报告；人事任免事项
市十六届人大常委会第22次会议	9.11	补选辽宁省第十三届人民代表大会代表
市十六届人大常委会第23次会议	10.9	审议《沈阳市电梯安全条例（草案）》（三审）；审议《沈阳市林地建设保护条例（草案）》（三审）；审议《沈阳市公共场所控烟条例（草案）》（一审）；听取审议市政府《关于加快盛京皇城综合保护利用工作的议案》办理情况的报告；听取审议市政府关于解决“停车难”“行车难”议案办理情况的报告；听取审议市政府关于沈阳市国民经济和社会发展“十三五”规划完成情况和“十四五”规划编制情况的报告；听取审议市政府关于沈阳市法治政府建设情况的报告；听取审议市政府关于实施乡村振兴战略加快乡村产业振兴情况的报告；听取审议市政府关于沈阳市会展业发展情况的报告；听取审议市检察院关于加强法律监督维护公平正义工作情况的报告（并进行专题询问）；听取审议市人大常委会执法检查组关于检查《沈阳市居家养老服务条例》贯彻实施情况的报告；审议《沈阳市人民代表大会常务委员会关于加强检察公益诉讼工作的决定（草案）》；审议《沈阳市人民代表大会常务委员会关于接受张江徽辞去辽宁省第十三届人民代表大会代表职务请求的决定（草案）》；人事任免事项
市十六届人大常委会第24次会议	12.4	审议《沈阳市人民代表大会常务委员会关于召开沈阳市第十六届人民代表大会第四次会议的决定（草案）》；审议市人大常委会向市十六届人大四次会议所作的工作报告（草）；听取审议市政府《关于2019年度沈阳市本级预算执行和其他财政收支的审计工作报告》提出问题整改情况的报告；审议市政府关于2019年度沈阳市国有资产管理情况的综合报告（书面）；听取审议市政府关于2019年度沈阳市行政事业性国有资产管理情况的专项报告；审议《沈阳市人民政府关于提请审议批准2020年沈阳市本级预算调整方案（草案）的议案》；听取审议市政府关于市十六届人大三次会议以来代表建议、批评和意见办理情况的报告；审议市法院关于市十六届人大三次会议以来代表建议、批评和意见办理情况的报告（书面）；审议市检察院关于市十六届人大三次会议以来代表建议、批评和意见办理情况的报告（书面）；审议《沈阳市人民代表大会常务委员会关于加强再生水利用工作的决定（草案）》；审议《沈阳市人民代表大会常务委员会关于接受段文龙辞去沈阳市中级人民法院院长职务请求的决定（草案）》；审议《沈阳市人民代表大会常务委员会关于吴廷飞为沈阳市中级人民法院代理院长的决定（草案）》；人事任免事项

（市人大）

地方立法

（参见法治·人大立法）

监　督

【概况】 2020年，市人大常委会围绕振兴发展、改革攻坚和民生关切重点，实施依法正确有效监督。听取审议专项工作报告36项，组织专题询问1项，开展执法检查、集体视察、专题调研18次。转办督办常委会会议有关审议意见41件、编发督查工作呈阅件30期。

【审计整改监督】 2020年，市人大常委会深化审计整改工作。会同市审计局专题研究2020年审计监督工作重点，将深化2019年度财政预算执行审计、加强政府债务审计、避免债券资金闲置、提高资金使用效益、防范化解债务风险、做好社保资金等工作作为全年工作重点。为解决审计整改“屡审屡犯”和“年年审、年年犯”的问题，财经委注重提高监督效能，创新开展审计整改“回头看”，即对完成情况再监督、再落实，实现常委会审议意见落实情况的全口径、全方位、全过程监督，全市审计整改率由2019年末的95%提升至97%，审计整改工作取得成效。

【预算执行监督】 2020年，市人大常委会进一步加强对预算执行的监督，要求财政部门按月报送预算执行和政府性债务相关情况，每季度专门听取市财政局汇报，就人大代表和人民群众普遍关注的问题与财政局交换意见，针对预算执行和债务管理中存在的问题提出意见建议，加强隐性债务管理，有效防范化解财政风险，在省统一建设的预算联网监督系统的基础上，将国库集中支付与联网监督进行整合，将预算执行和年初预算安排进行比对，实现部门预算执行“T+1”查询，提高财政保障能力和资金使用效益，预算审查效率和质量进一步提高。

【营商环境监督】 2020年，市人大常委会围绕政策环境、法治环境和执法环境3个方面持续加大督办力度。研究制定《关于打造推动民营经济加快发展良好法治环境的建议2020年督办工作方案》，采取17项监督举措进行督办。对地方性法规、政府规章以及100多家市直部门和单位的规范性文件进行全面清理，开展《辽宁省优化营商环境条例》执法检查，组织系列代表主题活动，推动解决一批带有普遍性问题，2018—2020年市场主体数量年均增长超过11.1%，相关做法和成效在全国人大会议上做交流发言并被《人民日报》刊登。

【居家养老服务监督】 2020年，市人大常委会持续推动居家养老服务体系建设，在《沈阳市居家养老服务条例》实施1周年之际，对条例实施情况进行执法检查，提出“加大学习宣传力度、加强服务设施建设、大力发展养老产业、加强专业人才培养”4个方面的监督建议，支持政府完善制度机制和政策措施，加快补齐短板。建成区域性居家养老服务中心265个、改造升级社区养老服务站902个，农村家养老服务试点有序开展，居家养老服务保障水平明显提升。　（市人大）

重大事项审议

【概况】 2020年，市人大常委会坚持将行使重大事项决定权与开展重点监督工作紧密结合起来，围绕事关全市振兴发展的工作大局和人民群众普遍关注的重大事项，确定监督审议议题，适时作出决议提出审议意见，依法推动市委重大决策部署和全市重点工作的有效落实。先后审议全市重点工作21项。

【《城乡绿化和生态林业高质量发展情况》审议】 6月28日，市十六届人大常委会第二十次会议听取审议市政府《关于沈阳市城乡绿化和生态林业高质量发展情况的报告》。常委会组成人员认为，2020年春以后，市政府及有关部门努力克服新冠肺炎疫情影响，多措并举提高生态绿化质量和水平，建成区新增绿地面积超额完成年度绿化指标，春季植树造林新增32万亩（2.1万公顷），对此给予充分肯定。但是仍然存在环内主城区绿量仍然不足，四环路沿线绿化薄弱，建设项目附属绿地等规划执行不严等问题和短板。为此，建议市政府及有关部门要不断深化思想认识，落实好生态绿化各项工作，稳步提升绿化总量，要合理编制年度重点项目计划，落实财政资金，建立多元化投入机制，提升绿化品质与养护水平，坚持造林绿化的机制模式创新，推进森林资源多功能利用，促进生态林业增绿增质增效。

【检察机关加强法律监督维护公平正义工作情况专题询问】 10月28日，市十六届人大常委会第二十三次会议召开联组会议，对检察机关加强法律监督维护公平正义工作情况开展专题询问。市人大常委会主任潘利国参加会议并讲话。会议听取市检察院检察长张为关于检察机关加强法律监督维护公平正义工作情况的报告。11位市人大常委会组成人员、市人大代表、咨询专家围绕群众关注和社会关切，就如何进一步强化检察机关法律监督职能，维护法律尊严、促进社会公平正义进行专题询问。市检察院全体班子成员和相关部门负责人，市法院、市公安局、市司法局有关负责人到会应询。

【《关于沈阳市国民经济和社会发展“十三五”规划完成情况和“十四五”规划编制情况的报告》审议】 10月29日，市十六届人大常委会第二十三次会议听取审议市政府《关于沈阳市国民经济和社会发展“十三五”规划完成情况和“十四五”规划编制情况的报告》。常委会组成人员认为，“十四五”时期是乘势而上开启中国全面建设社会主义现代化国家新征程的第一个五年，是沈阳实现高质量发展、新时代振兴的关键时期。全市要按照党的十九届五中全会精神和省委、市委要求，贯彻新发展理念，坚持稳中求进工作总基调，以推动高质量发展为主题，以深化供给侧结构性改革为主线，以改革创新为根本动力，要在深化改革开放创新上谋突破，要在构建现代产业体系上谋突破，要在提升城市能级和品质上谋突破，要在更好保障和改善民生上谋突破，使“十四五”规划更具前瞻性、系统性、规范性和可操作性，顺应人民意愿、符合百姓期盼。

（市人大）

人事任免

【概况】 2020年，市人大常委会坚持党管干部和人大依法任免相统一，保证组成人员在干部任用上的知情权、参与权和监督权、进一步完善任免程序，加强任职资格把关，做好任前供职发言等环节工作，常委会依法任免116名国家机关工作人员，其中市人大专门委员会组成人员4名、市政府组成人员18名、监察人员6名、审判人员77名、检察人员11名，并进行宪法宣誓，激励任职人员忠于职守、以法律责。

【任后履职监督】 2020年，市人大常委会不断完善工作机制，强化任后监督的实效性，组织市科技局等4个政府工作部门主要负责人和市中级人民法院常务副院长、市人民检察院常务副检察长依法履职情况的任后监督，突出强化审议意见整改落实，采取当面反馈、集中整改、定期“回头看”等措施，推动问题整改落地见效。将履职监督情况报告市委，增强任后监督的权威性，实现任免权和监督权的有机统一。

（市人大）

2020年市人大常委会任免的“一府两院”人员情况

表4

会议名称	日期	人事任免内容
市十六届人大常委会第18次会议	3.18	任命：刘立民为沈阳市中级人民法院执行二庭副庭长；王智勇为沈阳经济技术开发区人民法院审判员；刘露路为沈阳经济技术开发区人民法院审判员；李硕为沈阳经济技术开发区人民法院审判员 批准任命：陈克学为沈阳市辽中区人民检察院检察长 免去：房东辉的沈阳市第十六届人民代表大会教育科学文化卫生委员会副主任委员职务；董伟钧的沈阳市第十六届人民代表大会财政经济委员会委员职务；苟光学的沈阳市第十六届人民代表大会环境与资源保护城乡建设委员会委员职务；王骞的沈阳市中级人民法院审判员职务；贺新发的沈阳经济技术开发区人民法院审判监督庭庭长、审判员职务；赵国银的沈阳经济技术开发区人民法院执行二庭庭长、审判员职务；朱闻天的沈阳经济技术开发区人民法院大潘法庭副庭长、审判员职务

续表4

会议名称	日期	人事任免内容
市十六届人大常委会第19次会议	4.27	任命：骆峰为沈阳市监察委员会副主任
市十六届人大常委会第20次会议	6.28	任命：姜梅为沈阳市中级人民法院立案一庭庭长；韩志彤为沈阳市中级人民法院刑事审判第二庭庭长；巴红岩为沈阳市中级人民法院刑事审判第三庭庭长；赵吉顺为沈阳市中级人民法院民事审判第一庭庭长；赵明静为沈阳市中级人民法院民事审判第五庭庭长；吴波为沈阳市中级人民法院民事审判第六庭庭长；张青为沈阳市中级人民法院少年及家事案件审判庭庭长；张卓琦为沈阳市中级人民法院审判监督第一庭庭长；张健为沈阳市中级人民法院审判监督第二庭庭长；曹蕾为沈阳市中级人民法院执行四庭庭长；程敏为沈阳市中级人民法院立案二庭副庭长；沈莹为沈阳市中级人民法院刑事审判第二庭副庭长；宋宁为沈阳市中级人民法院民事审判第一庭副庭长；王庆利为沈阳市中级人民法院民事审判第三庭副庭长；王银华为沈阳市中级人民法院清算与破产审判庭副庭长；张军为沈阳市中级人民法院民事审判第三庭庭长、审判委员会委员；徐扬为沈阳市中级人民法院审判委员会委员；王卉为沈阳市中级人民法院审判委员会委员；王东涛为沈阳市中级人民法院立案二庭庭长；杨珺为沈阳市中级人民法院执行一庭庭长；史致鹤为沈阳市中级人民法院立案一庭副庭长；刘大勇为沈阳市中级人民法院刑事审判第三庭副庭长；吴松为沈阳市中级人民法院民事审判第四庭副庭长；石瑗丹为沈阳市中级人民法院民事审判第五庭副庭长；王洋为沈阳市中级人民法院少年及家事案件审判庭副庭长；孔祥政为沈阳市中级人民法院执行一庭副庭长；郭霁阳为沈阳经济技术开发区人民法院审判员；徐晓东为沈阳高新技术产业开发区人民法院院长、审判委员会委员、审判员 决定任命：郑滨为沈阳市人民政府副市长；裴希岩为沈阳市生态环境局局长 决定免去：王广生的沈阳市人民政府副市长职务；彭肇文的沈阳市人民政府副市长职务；苗治民的沈阳市人民政府副市长职务；赵胜龄的沈阳市生态环境局局长职务 免去：韩志彤的沈阳市中级人民法院刑事审判第三庭庭长职务；巴红岩的沈阳市中级人民法院刑事审判第二庭庭长职务；赵吉顺的沈阳市中级人民法院民事审判第五庭庭长职务；赵明静的沈阳市中级人民法院执行四庭庭长职务；吴波的沈阳市中级人民法院审判监督第一庭庭长职务；张卓琦的沈阳市中级人民法院审判监督第二庭庭长职务；张健的沈阳市中级人民法院民事审判第三庭庭长职务；曹蕾的沈阳市中级人民法院立案一庭庭长职务；程敏的沈阳市中级人民法院立案一庭副庭长职务；沈莹的沈阳市中级人民法院刑事审判第三庭副庭长职务；宋宁的沈阳市中级人民法院民事审判第三庭副庭长职务；王庆利的沈阳市中级人民法院民事审判第一庭副庭长职务；王银华的沈阳市中级人民法院民事审判第五庭副庭长职务；张军的沈阳市中级人民法院民事审判第一庭庭长职务；王卉的沈阳市中级人民法院立案二庭庭长职务；王东涛的沈阳市中级人民法院行政审判庭副庭长职务；杨珺的沈阳市中级人民法院执行一庭副庭长职务；郭晓娟的沈阳市中级人民法院少年及家事案件审判庭庭长职务；贾义明的沈阳市中级人民法院审判员职务；付侠的沈阳市中级人民法院审判员职务；王青山的沈阳市中级人民法院审判员职务；杨帅的沈阳市中级人民法院审判员职务；宋丽君的沈阳高新技术产业开发区人民法院院长、审判委员会委员、审判员职务；吴国谦的沈阳高新技术产业开发区人民法院审判委员会委员、审判员职务

续表4

会议名称	日期	人事任免内容
市十六届人大常委会第21次会议	8.25	任命：宋丽为沈阳市监察委员会委员；石光为沈阳市中级人民法院审判员；田宇为沈阳市中级人民法院审判员；张海龙为沈阳市中级人民法院审判员；于森为沈阳市中级人民法院审判员 决定免去：范宏利的沈阳市人民政府副市长职务 免去：赵久平的沈阳市监察委员会委员职务；魏武宁的沈阳市监察委员会委员职务
市十六届人大常委会第23次会议	10.29	决定任命：吴向国为沈阳市金融发展局局长 任命：秦斌为沈阳市中级人民法院审判员；张伟为沈阳市中级人民法院审判员；王彦艳为沈阳市中级人民法院审判员；陈睿为沈阳市中级人民法院审判员；李晓颖为沈阳经济技术开发区人民法院审判员；孙硕为沈阳经济技术开发区人民法院审判员；林晓楠为沈阳高新技术产业开发区人民法院审判员；吴忠为沈阳市人民检察院检察委员会委员；江忠业为沈阳市人民检察院检察委员会委员；刘宏立为沈阳市人民检察院检察委员会委员；李奇洋为沈阳市人民检察院检察委员会委员；韩国钰为沈阳市人民检察院检察委员会委员；邹悦平为沈阳市人民检察院检察委员会委员 决定免去：项洪峰的沈阳市金融发展局局长职务 免去：栾福民的沈阳市中级人民法院审判员职务；耿文丽的沈阳市中级人民法院审判员职务；焦岩的沈阳市中级人民法院审判员职务；滕作鹏的沈阳市中级人民法院审判员职务；贾景的沈阳市人民检察院检察委员会委员、检察员职务；王太柱的沈阳市城郊地区人民检察院副检察长、检察委员会委员、检察员职务；和大伟的沈阳市城郊地区人民检察院检察员职务；雷炎的沈阳高新技术产业开发区人民检察院检察委员会委员、检察员职务
市十六届人大常委会第24次会议	12.4	决定任命：邱立全为沈阳市财政局局长；左志清为沈阳市农业农村局局长；石坚为沈阳市人民防空办公室主任 任命：吴廷飞为沈阳市中级人民法院副院长、审判委员会委员、审判员 决定：吴廷飞为沈阳市中级人民法院代理院长 决定免去：卢俊的沈阳市财政局局长职务；杨树的沈阳市交通运输局局长职务；刘澜波的沈阳市农业农村局局长职务；邹昊的沈阳市人民防空办公室主任职务 免去：关卫民的沈阳市监察委员会委员职务；方世义的沈阳市监察委员会委员职务

（市人大）

联系人大代表和人民群众

【概况】 2020年，市人大常委会主动运用“代表履职通”对代表建议“一站式”管理，1021件代表建议全部办结，办理结果同步答复代表和代表团。创新代表履职学习方式，通过“辽宁人大”手机App开展70期线上培训，开展3期民法典和“十四五”规划专题培训，500余人次代表参加学习培训。组织指导代表小组开展活动150余次，形成调研报告30余篇，提升代表小组活动实效。推进“双联系”工作纵深发展，制定《沈阳市人大常委会组成人员联系代表和代表联系人民群众的办法》，组成人员联系代表600余人次。组织700余名代表参加市人大常委会组织的工作视察、执法检查和专题调研等活动，安排全国、省、市代表参加各类座谈会、听证会等活动80余人次，推荐行业监督员130人，进一步拓宽代表参政议政渠道。

【全国和省、市人大代表视察沈阳经济社会发展情况】 12月15日，市人大常委会组织省、市人大代表，并邀请在沈全国人大代表集中视察沈阳经济社会发展情况。代表们按照所从事的职业和关注的行业，分为6个视察组，分别到揽军泵站、胜利大街快速路、浑南大道快速路、沈阳地铁二号线南延线项目现场；沈阳国际软件园、沈阳无距科技有限公司、沈阳美行科技有限公司；盛京皇城改造项目现场、沈阳美术馆、沈阳科学宫；刘二堡镇东高村设施农业基地、万谷园米业有限公司、沈阳绿源祥农产品有限公司；和平区政务审批服务局、检察蓝护航创业者法律服务站、和平区法院诉讼服务中心；辽宁禾丰牧业股份有限公司、虎石台街道古城新都社区、蒲河城市全民健身廊道等点位，全面了解沈阳市经济运行、农业农村、营商环境、城建环保、科技文化旅游、社会事业与企业生产经营等方面的工作。

【“疫情防控、复工复产——人大代表在行动”活动】 2020年，市人大常委会组织开展“疫情防控、复工复产——人大代表在行动”活动，号召全市各级人大代表在统筹做好疫情防控和经济社会发展中充分发挥作用。全市各级人大代表累计捐赠现金2260余万元，累计捐赠各类物资价值2700余万元，提供防疫物资信息300余条，提出疫情防控、复工复产方面建议270余条。

【“优化营商环境、提升文明程度、提高治理能力——人大代表在行动”活动】 2020年，市人大常委会组织开展“优化营商环境、提升文明程度、提高治理能力——人大代表在行动”主题活动，全市各级人大代表通过“监督快线”等方式提出意见建议700余件，解决率98%，助推沈阳市营商环境的改善、全市文明城市的创建和社会治理能力的提高。

【《关于加快盛京皇城综合保护利用工作的议案》办理】 2020年，在市十六届人大三次会议上，132位市代表联名提出《关于加快盛京皇城综合保护利用工作的议案》，被大会主席团确定为大会议案。市人大常委会对议案进行联合督办，制定专项督办方案，明确8项重点工作，推动政府从基础设施完善、景观提升、文商旅融合等方面，对盛京皇城风貌和业态进行综合改造，盛京皇城入选国家AAAAA级景区创建名单，中街国家级步行街完成全面改造提升，营业额增长2倍以上。

（市人大）

三、沈阳市人民政府

综　述

2020年，沈阳地区生产总值完成6571.6亿元，增长0.8%；一般公共预算收入736.1亿元，增长0.8%；固定资产投资增长4.1%；社会消费品零售总额下降5.4%；规模以上工业增加值增长2.8%；居民消费价格上涨2.3%；城镇居民人均可支配收入47413元，增长1.3%；农村居民人均可支配收入19598元，增长8.1%；城镇登记失业率3.12%。

疫情防控持续取得新成果。面对年初突如其来的新冠肺炎疫情，坚决落实“四防”（防输入、防扩散、防感染、防输出）“五早”（早发现、早报告、早诊断、早隔离、早治疗）“六快”（报告情况要快、下达任务要快、执行指令要快、落实反馈要快、综合汇总要快、督查督导要快），有效阻断疫情传播。进入常态化疫情防控阶段，坚持“外防输入、内防反弹”，完善公共卫生管理体系，助企纾困，保供稳价，迅速恢复全市生产生活秩序。12月23日，突发境外输入疫情后，果断实施全员核酸检测、划定重点管控区域、联防联控离沈通道等新举措，有效遏制疫情扩散和风险外溢。在新冠肺炎疫情的大战大考面前，广大医护和疾控人员冲锋在前，公安干警、基层干部、社区工作者连续作战，“盛京义勇”等志愿者不惧风险，广大人民群众顾全大局，企业和社会各界广泛参与，兄弟城市、国际友城与沈阳守望相助。全市上下众志成城、共克时艰，用实际行动诠释伟大的抗疫精神。

营商环境实现新改善。持续优化政务服务，取消下放调整行政职权1045项，工程建设项目审批时限大幅压缩。全面推行“一网通办”，依申请类事项网上可办率达到100%，150项便民服务实现“掌上办”，115个社区服务事项实现“全市通办”。切实减轻企业负担，新增减税70.4亿元，减免社保、水电气等费用超过130亿元，“万人进万企”解决企业各类诉求4195件。坚决兑现政府承诺，累计清偿政府拖欠企业工程款215.4亿元，解决招商承诺不兑现问题180个。

动能转换取得新进展。狠抓重大项目建设，全年开复工亿元以上项目1612个，赛轮轮胎等351个项目竣工投产。推动制造业改造升级，44个首台套项目获得国家支持，109个重大技改项目开工建设。培育数字经济形态，开通5G基站7321个，成功举办全球工业互联网大会。促进服务业加快复苏，发放消费券9791万元，带动各类市场主体投入10.3亿元，完成中街国家级步行街改造。

改革开放迈出新步伐。推动重点改革多点突破，沈阳机床集团完成资本注入，沈鼓集团等企业形成混改预案，市属国企实现外部董事全覆盖，历史遗留问题基本清零，开发区改革、农村改革等也取得新成效。推动更高水平对外开放，自贸区“证照分离”等528项改革举措落地实施，全市新落地亿元以上项目910个，实际利用外资增长2%，引进内资增长12.7%，中欧班列发运量增长79.1%，跨境电商交易额增长11倍。

创新驱动发展实现新突破。推动基础领域研究，沈阳材料科学国家研究中心一期封顶，新增省级以上科技创新平台59个，14个项目获国家科学技术奖。支持应用领域研究，组织107项关键核心技术攻关，“海斗一号”全海深自主遥控潜水器填补中国万米级作业型无人潜水器的空白。强化创新主体培育，全市科技型中小企业达到4559户、高新技术企业达到2560户、雏鹰企业达到776户、瞪羚独角兽企业达到88户，创新创业氛围更加活跃。

“三农”工作取得新成效。持续巩固脱贫攻坚成果，扶贫专项资金投入增长63.1%，脱贫人口人均年收入达到12803元。持续夯实县域经济基础，县域开发区开复工亿元以上产业项目增长111%，胡台、茨榆坨等首批6个中心镇开工重点项目87个。持续提升农业质量效益，建设设施农业突破2万亩（1333.33公顷），建成高标准农田78.7万亩（5.25万公顷），粮食总产量409.4万吨。持续改善农村人居环境，建成“四好农村路”660千米，135个美丽示范村通过省级验收。

城市发展迈上新台阶。加快完善综合交通体系，地铁十号线投入运营，浑南大道快速路全线贯通。加快补齐基础设施短板，13项输变电工程建成投运，主城区严重内涝问题明显改观，西部净水厂二期投入使用。加快提升城市管理水平，扎实推进“城市大脑”建设，工地扬尘管控等应用场景启动运行。加快改善生态环境质量，空气质量优良天数287天，17个省考以上河流断面全面达标，城市绿地覆盖率提高到39%以上。

民生保障水平实现新提升。全面完成城乡普惠幼儿园建设、“暖房子”工程等12件民生实事。全力抓好保就业，为4.4万户企业返还保险金8.4亿元，新增城镇就业11.57万人。促进教育优质均衡发展，治理288个小区配套幼儿园，新增2所省级示范高中，职教集团增加到18个。深化医药卫生体制改革，药品带量采购试点圆满完成，10个乡镇卫生院完成标准化改造。完善城乡养老服务，在100个社区实施政府购买居家养老服务试点。加强和改进社会治理，“村（居）民评理说事点”解决矛盾纠纷2.6万余件。国家安全发展示范城市创建取得积极进展。（岳增慧）

重要政令

【《沈阳市人民政府关于印发沈阳市推进开发区高质量发展实施方案的通知》】 4月10日印发。《通知》明确开发区高质量发展的重点任务，涵盖推进体制机制改革、强化产业招商、推动创新发展、提高集约化发展水平等方面。

【《沈阳市人民政府关于印发沈阳市5G产业发展方案（2020—2021年）的通知》】 6月26日印发。《方案》提出全市将重点推动5G与工业互联网的融合创新发展，到2021年底，培育5G产业链企业100户以上，培育50家“5G+工业互联网”试点示范工厂和示范园区，将浑南区和中德产业园打造成为5G核心引领区和应用示范区。

【《沈阳市人民政府关于印发健康沈阳行动实施方案的通知》】 7月31日印发。《方案》提出到2022年，基本建立与沈阳经济社会发展水平相适应、与城市功能定位相匹配、以市民健康为中心的健康促进政策体系，全市居民主要健康指标位居全国前列。到2030年，居民主要健康指标达到高收入国家水平。

【《沈阳市人民政府关于印发沈阳市知识产权运营服务体系建设实施方案（2020—2023年）的通知》】 9月28日印发。《方案》提出力争通过3年努力，围绕沈阳产业和经济发展需求，构建起要素完备、体系健全、运行顺畅的知识产权运营服务体系——知识产权运用和金融服务水平显著提升，知识产权对产业发展支撑作用日益突显，创新主体知识产权管理水平明显增强，知识产权服务集聚功能日趋完善。

【《关于印发沈阳市电商直播发展（网红经济）行动方案（2020—2022年）的通知》】 10月31日印发。《方案》提出到2022年，电商直播示范基地数量达到10个，网红经济街区数量达到30个，MCN（多频道网络）机构、电商直播服务机构及网红经纪公司数量达到100个，网红品牌数量达到100个，培养10000名国内知名、具有东北特色的网红达人，提升产业创新能力，形成具有沈阳特色的电商直播发展模式，将沈阳市打造成东北亚电商直播领先城市。

【《沈阳市人民政府关于印发沈阳市突发事件总体应急预案的通知》】 12月15日印发，2015年印发的《沈阳市人民政府关于印发沈阳市突发事件总体应急预案的通知》同时废止。《应急预案》将各类突发事件按照其性质、社会危害程度、可控性和影响范围等因素分为四级：Ⅰ级（特别重大）、Ⅱ级（重大）、Ⅲ级（较大）、Ⅳ级（一般）。发生较大及以上突发事件时，市委、市政府根据情况立即启动应急响应。应急响应启动后，可视突发事件事态发展情况及时调整响应级别。区县（市）党委、政府应急响应级别可参照市级层面应急响应级别设置。（市政府办公室）

重要会议

【概况】 2020年，市政府召开全体会议1次，由常务副市长高伟主持；召开常务会议31次，均由市长姜有为主持；召开市长办公会议278次。

【市政府第二十届五次全体（扩大）会议】 8月4日召开。会议的主要任务是总结分析上半年工作，安排部署下半年工作。市长姜有为指出，全市统筹推进疫情防控和经济社会发展，全面落实“六稳”（稳就业、稳金融、稳外贸、稳外资、稳投资、稳预期）“六保”（保居民就业、保基本民生、保市场主体、保粮食能源安全、保产业链供应链稳定、保基层运转）要求，经济运行回升向好，基本民生保障有力，城市运行安全有序，社会大局总体稳定，各项工作取得积极成效。同时要求全市各级政府和部门要深入贯彻习近平总书记系列重要讲话精神和党中央的决策部署，增强工作责任感和紧迫感，主动作为、勇于担当，知难而进、奋力攻坚，全力做好疫情防控，抓好经济增长，深化关键性改革，扩大开放合作，推动创新驱动发展，改善营商环境，打好三大攻坚战，提高城市治理水平，保障和改善民生，强化政府自身建设，努力实现全年经济社会发展目标，确保全面建成小康社会和“十三五”规划圆满收官，为“十四五”开好局起好步奠定基础。（市政府办公室）

2020年市政府常务会议

表5

会议名称	日期	会议内容
第二十届第48次常务会议	1.8	关于2020年《政府工作报告》任务分解情况的汇报、关于市“两会”期间建议提案征集情况和2020年办理工作安排的汇报、关于沈阳市根治拖欠农民工工资工作有关情况的汇报、关于贯彻落实习近平总书记关于生猪稳产保供重要讲话精神工作情况的汇报、关于传达全国扶贫开发工作会议和省脱贫攻坚会议精神及沈阳市贯彻落实工作安排的汇报、关于《沈阳市运河风景区管理办法（修改草案）》的说明
第二十届第49次常务会议	1.17	关于省“两会”和省委书记陈求发参加沈阳代表团审议时讲话精神的传达提纲、关于政府系统正风肃纪监督工作有关情况通报、关于全市安全生产集中整治工作进展暨春节和“两会”期间应急安保工作安排情况的汇报、关于《沈阳市加强自然灾害防治能力工作方案（讨论稿）》起草情况的汇报、关于《沈阳市“景观亮化工程”过度化等“政绩工程”“面子工程”问题项目清单（讨论稿）》形成情况的汇报、《关于2019年实施乡村振兴战略工作情况的报告（讨论稿）》起草情况的汇报、关于《辽河干流沈阳段新增生态封育区封育实施方案（讨论稿）》起草情况的汇报、关于《沈阳市关于促进高校院所科技成果转化的实施方案（讨论稿）》起草情况的汇报、关于《沈阳市加强人防工程项目审批管理整改工作方案（讨论稿）》起草情况的汇报

续表5

会议名称	日期	会议内容
第二十届第50次常务会议	2.6	关于全市安全生产形势的汇报
第二十届第51次常务会议	2.11	传达习近平总书记在中央政治局常委会上和2月10日在北京调研指导新型冠状病毒感染的肺炎疫情防控工作时重要讲话精神、关于《沈阳市城市基础能力调查工作方案（讨论稿）》起草情况的汇报、关于《沈阳市2020年盘活存量土地攻坚工作方案（讨论稿）》起草情况的汇报
第二十届第52次常务会议	2.20	《关于贯彻落实〈中共中央 国务院关于抓好“三农”领域重点工作 确保如期实现全面小康的意见〉的实施意见（讨论稿）》起草情况的汇报、关于《沈阳市深化创建国家安全发展示范城市工作方案（讨论稿）》起草情况的汇报、关于2021年世俱杯筹备工作情况汇报、关于《沈阳市推进经济开发区高质量发展的实施方案（讨论稿）》起草情况的汇报、关于《沈阳市疫情防控期间重要生活必需品稳价保供措施（讨论稿）》起草情况的汇报
第二十届第53次常务会议	2.27	2019年“重实干、强执行、抓落实”专项行动工作总结和2020年工作安排
第二十届第54次常务会议	3.13	关于盛京皇城综合保护利用工作（1）关于《沈阳市盛京皇城综合保护利用工作方案（讨论稿）》起草情况的汇报（2）关于《沈阳市盛京皇城文化旅游区创建国家5A级旅游景区工作方案（讨论稿）》起草情况的汇报（3）关于中街首批国家步行街改造提升试点工作进展情况的汇报、关于《沈阳市文化旅游产业服务质量提质升级实施方案（讨论稿）》起草情况的汇报、关于《沈阳市烈士纪念设施规划建设修缮管理维护工作方案（讨论稿）》起草情况的汇报、《关于沈阳桃仙机场第二跑道项目2020年工作推进方案（讨论稿）》起草情况的汇报、《关于沈飞公司局部搬迁和配套工程（航空产业园）项目建设2020年工作推进方案（讨论稿）》起草情况的汇报、关于《沈阳市深化公共资源交易平台整合共享工作任务清单（讨论稿）》起草情况的汇报、关于沈阳市申报国际消费中心城市培育建设试点工作汇报
第二十届第55次常务会议	3.26	关于《沈阳市自贸区“证照分离”改革全覆盖试点工作实施方案（讨论稿）》起草情况的汇报、关于《沈阳市落实耕地保护督察整改工作实施方案（讨论稿）》起草情况的汇报、《关于进一步推进户籍制度改革的意见补充规定（讨论稿）》起草情况的汇报、关于沈阳市2019年脱贫攻坚工作问题清单整改情况的汇报

续表5

会议名称	日期	会议内容
第二十届第56次常务会议	4.9	关于“重实干、强执行、抓落实”专项行动一季度工作开展情况的报告、关于传达学习习近平李克强等领导人对四川西昌市经久乡森林火灾重要指示精神及沈阳市工作安排的汇报、关于《沈阳市建设国家新一代人工智能创新发展试验区申报方案（讨论稿）》起草情况的汇报、关于《沈阳市燃气管理条例（草案）》的说明、关于《沈阳市2020年推进国有企业改革发展工作方案（讨论稿）》起草情况的汇报、关于《市国资委以管资本为主推进职能转变方案（讨论稿）》起草情况的汇报、关于拟设立“沈阳市平安建设先进集体、先进工作者”奖项的汇报
第二十届第57次常务会议	4.16	关于市政府系统2017年省委巡视组巡视反馈意见整改落实情况及迎接省委巡视整改落实“回头看”工作有关情况的汇报、关于《沈阳市职业教育改革实施方案（讨论稿）》起草情况的汇报、关于《沈阳市关于深化项目评审、人才评价、机构评估改革的实施意见（讨论稿）》起草情况的汇报、关于《沈阳市违建别墅清查整治专项行动自查自纠阶段工作情况的报告（讨论稿）》起草情况的汇报、关于传达学习习近平韩正等领导人对农村乱占耕地建房问题重要批示精神及沈阳市工作安排的汇报、关于《沈阳水务集团有限公司综合改革实施方案（讨论稿）》起草情况的汇报
第二十届第58次常务会议	4.28	关于《沈阳市构建行权治理体系 推进数字政府建设实施方案（2020—2022年）（讨论稿）》起草情况的汇报、关于《沈阳市培育建设国际消费中心城市实施方案（讨论稿）》起草情况的汇报、关于传达贯彻国家和省禁毒工作电视电话会议精神及沈阳市禁毒工作安排的汇报、《关于促进全民健身和体育消费推动体育产业高质量发展的若干措施（讨论稿）》起草情况的汇报
第二十届第59次常务会议	5.9	关于《政府工作报告》确定的12件民生实事进展情况汇报、关于沈阳市创建国家安全发展示范城市工作进展情况的汇报、《关于加快中心镇建设发展的实施意见（讨论稿）》起草情况的汇报、《关于提高城乡居民最低生活保障、特困人员救助供养、孤儿基本生活养育和60年代精简退职职工生活补助标准的方案（讨论稿）》起草情况的汇报、关于沈阳市第七次民族团结进步表彰大会模范评选推荐工作的汇报
第二十届第60次常务会议	5.17	关于《中普涉稳群体化解工作方案（讨论稿）》起草情况的汇报、关于国务院对落实有关重大政策措施真抓实干成效明显地方予以督查激励有关情况的汇报、《关于进一步强化稳就业举措的实施意见（讨论稿）》起草情况的汇报、关于沈阳市取消下放调整一批政务服务事项的汇报、关于沈阳市脱贫攻坚工作情况的汇报、关于辽宁安吉尔天龙泉水业有限公司和沈阳朝阳山矿泉饮品有限公司采矿权申请事项核查情况的汇报
第二十届第61次常务会议	5.29	（1）传达习近平总书记重要批示精神及其他领导人有关批示精神（2）关于深入贯彻落实习近平总书记重要批示精神进一步做好沈阳市疫情防控工作的汇报、关于国家统计局督察辽宁省防范和惩治统计造假弄虚作假情况反馈意见整改落实工作情况的汇报、关于国家级改革试点试验示范任务进展情况汇报、关于全市污染防治攻坚工作进展情况的汇报、《关于深化消防执法改革的实施意见（讨论稿）》起草情况的汇报

续表5

会议名称	日期	会议内容
第二十届第62次常务会议	6.10	关于中沈国际、沈鼓集团、副食集团混改预案起草情况的汇报，关于沈阳机床集团重整投资协议投资保障协议落实情况的汇报
第二十届第63次常务会议	6.10	传达省委学习贯彻全国两会精神专题培训班有关精神、《关于推动高水平对外开放的若干政策措施（讨论稿）》和《沈阳市推动高水平对外开放三年行动计划（2020—2022年）（讨论稿）》起草情况的汇报、关于《沈阳市5G产业发展方案（2020—2021年）（讨论稿）》起草情况的汇报、关于《沈阳市土地利用总体规划（2006—2020年）中心城区建设用地规模边界局部调整方案（2020年度）（讨论稿）》编制情况的汇报、关于《沈阳市林地建设保护条例（草案）》的说明、关于《沈阳市电梯安全条例（草案）》的说明
第二十届第64次常务会议	6.29	关于学习贯彻习近平总书记对防汛救灾工作重要指示精神和沈阳市2020年防汛准备工作情况的汇报
第二十届第65次常务会议	6.29	审议市委全会专项工作材料（1）关于“沈阳市进一步推进创新驱动发展”工作安排的汇报（2）沈阳市贯彻落实《中共中央 国务院关于构建更加完善的要素市场配置体制机制的意见》工作安排的汇报（3）关于深入推进全市开放合作工作安排的汇报、关于国家统计局督察辽宁省防范和惩治统计造假弄虚作假情况反馈意见整改落实工作情况的汇报、《关于贯彻落实国家建立房地产市场平稳健康发展城市主体责任制的实施意见（讨论稿）》起草情况的汇报、关于《沈阳市森林公安机关管理体制调整交接工作实施方案（讨论稿）》起草情况的汇报、关于调整中德园开发建设集团有限公司中德（沈阳）国际产业投资发展集团有限公司管理体制的情况汇报、关于推荐抗击新冠肺炎疫情国家级表彰对象的汇报
第二十届第66次常务会议	7.16	关于习近平总书记对防汛救灾工作的重要批示精神的传达提纲和下一步工作安排部署、关于宗教事务和督查“回头看”工作（1）新修订的《宗教事务条例》释法解读（2）关于沈阳市落实中央宗教工作督查“回头看”反馈意见整改情况的汇报、关于《沈阳市2020年压减非急需非刚性支出工作方案（讨论稿）》起草情况的汇报、关于《沈阳市2019年全国公共服务质量监测结果通报有关问题整改方案（讨论稿）》起草情况的汇报、关于《沈阳市批而未供和闲置土地消化处置专项行动工作方案（讨论稿）》起草情况的汇报、关于《沈阳市征地区片综合地价调整完善方案（讨论稿）》编制情况的汇报、《关于进一步调整优化结构提高教育经费使用效益实施方案（讨论稿）》起草情况的汇报、关于沈阳市教育科技领域市与区县（市）财政事权和支出责任划分改革方案（讨论稿）起草情况的汇报
第二十届第67次常务会议	7.31	传达省委十二届十三次全会精神、关于习近平总书记在吉林考察时重要讲话精神的传达提纲、关于《沈阳市优化营商环境行动方案（讨论稿）》起草情况的汇报、关于《健康沈阳行动实施方案（讨论稿）》起草情况的汇报、关于沈阳市未成年人思想道德建设工作情况汇报、关于清理拖欠民营企业中小企业账款工作情况汇报、关于沈阳浑南矿业有限责任公司等4户企业采矿权申请事项核查情况的汇报

续表5

会议名称	日期	会议内容
第二十届第68次常务会议	8.10	关于《沈阳市关于营造更好发展环境支持民营企业改革发展的实施方案（讨论稿）》起草情况的汇报、关于《沈阳市贯彻落实〈2020年东北全面振兴工作要点〉实施方案（讨论稿）》起草情况的汇报、关于传达全国农村乱占耕地建房问题整治工作电视电话会议精神及沈阳市工作安排的汇报、关于《沈阳市违建别墅清查整治专项行动工作总结的报告（讨论稿）》起草情况的汇报、关于《沈阳市重污染天气应急预案（2020年修订）（讨论稿）》起草情况的汇报、关于评选沈阳市第五批市级文物保护单位的情况汇报
第二十届第69次常务会议	8.10	关于沈阳市第七次全国人口普查工作情况汇报
第二十届第70次常务会议	8.31	关于习近平总书记对制止餐饮浪费行为作出重要指示精神的传达提纲、关于《沈阳市贯彻落实〈中共中央国务院关于新时代加快完善社会主义市场经济体制的意见〉重点任务措施清单（讨论稿）》编制情况的汇报、《关于全面加快科技创新推动高质量发展的实施意见（讨论稿）》起草情况的汇报、《关于全面加强危险化学品安全生产工作的实施意见（讨论稿）》起草情况的汇报、关于《沈阳市危险化学品禁止、限制和控制目录（讨论稿）》起草情况的汇报、关于沈阳市贯彻落实习近平总书记对山东省合村并居问题批示精神的汇报、关于沈阳市黑土地保护情况的汇报、关于《沈阳市与大连市合作交流实施方案（讨论稿）》起草情况的汇报
第二十届第71次常务会议	9.21	（1）关于习近平总书记对“十四五”规划编制工作作出重要指示精神和省委书记张国清到沈阳就“十四五”规划编制工作调研座谈时讲话精神的传达提纲（2）关于沈阳市“十四五”规划编制工作进展情况的汇报、关于传达习近平总书记在全国抗击新冠肺炎疫情表彰大会上重要讲话精神并做好沈阳市秋冬季疫情防控工作的汇报、关于沈阳市法治政府建设情况的汇报、关于《全面整治“散乱污”企业的通告（讨论稿）》起草情况的汇报、关于《沈阳市知识产权运营服务体系建设实施方案（2020—2023年）（讨论稿）》起草情况的汇报、关于《沈阳市海绵城市建设管理办法（讨论稿）》起草情况的汇报、关于《沈阳市城市地下管线管理办法（草案）》的说明、关于《沈阳市化工园区和危险化学品企业安全与环保隐患排查整治工作方案（讨论稿）》起草情况的汇报、关于《沈阳市消防车通道管理规定（讨论稿）》起草情况的汇报、关于部分区县（市）拖欠教师工资补贴问题的汇报
第二十届第72次常务会议	10.19	传达习近平总书记在中央财经委员会第八次会议上的重要讲话精神、关于学习贯彻习近平总书记对就业工作的重要指示精神和沈阳市稳就业工作情况汇报、关于构建行权治理体系推进数字政府建设工作进展情况的汇报、关于《沈阳市电商直播发展（网红经济）行动方案（2020—2022年）（讨论稿）》起草情况的汇报、关于《沈阳产业技术研究院组建方案（讨论稿）》起草情况的汇报、《关于加强公共卫生应急管理体系建设的实施意见（讨论稿）》起草情况的汇报、关于《沈阳市加强农村基层卫生服务体系建设工作方案（讨论稿）》起草情况的汇报、关于《沈阳市利用中央财政资金支持住房租赁市场发展实施方案（2020—2022年）（讨论稿）》起草情况的汇报、关于沈阳市乡村振兴重点工作情况的汇报、关于传达学习习近平总书记重要指示精神和沈阳市脱贫攻坚工作推进情况的汇报、关于《沈阳市公共场所控制吸烟条例（草案）》的说明

续表5

会议名称	日期	会议内容
第二十届第73次常务会议	11.9	地方政府债务相关法规释法解读、关于《沈阳市事故灾难与自然灾害突发事件应急指挥与处置工作办法（讨论稿）》起草情况的汇报、关于《沈阳市2020年食品安全工作情况的报告（讨论稿）》起草情况的汇报、关于落实省道交委与沈阳市道路交通事故预防工作会商会议精神推进沈阳市道路交通事故预防工作的汇报、关于“菜篮子”商品保供稳价工作的情况汇报、关于传达学习习近平总书记重要指示精神及沈阳市贯彻落实措施的汇报、关于《沈阳市开展农村乱占耕地建房整治专项行动摸排工作有关情况的报告（讨论稿）》起草情况的汇报、关于《沈阳市整治突出毒品问题实施方案（讨论稿）》起草情况的汇报
第二十届第74次常务会议	11.23	关于全市信访工作的情况汇报、关于《贯彻落实〈中共辽宁省委 辽宁省人民政府 辽宁省军区关于加强新时代退役军人工作的实施意见〉的措施（讨论稿）》起草情况的汇报、《关于清理规范城乡社区挂牌问题的实施方案（讨论稿）》起草情况的汇报、关于《沈阳市生活垃圾分类管理办法（草案）》的说明、关于废止《沈阳市重大行政决策程序规定》的说明、关于《沈阳市2020年河长制工作情况的报告（讨论稿）》起草情况的汇报
第二十届第75次常务会议	11.24	关于安全生产工作（1）关于《市委市政府及部门安全生产工作职责规定（讨论稿）》起草情况的汇报（2）关于《沈阳市突发事件总体应急预案（讨论稿）》起草情况的汇报、《关于沈阳市全面加强生态环境保护坚决打好污染防治攻坚战落实情况的报告（讨论稿）》起草情况的汇报、关于《沈阳市2020年实施乡村振兴战略工作情况的报告（讨论稿）》起草情况的汇报、关于2020年度苏家屯区等5个区县（市）县级土地利用总体规划修改方案的汇报
第二十届第76次常务会议暨国资国企改革领导小组第3次会议	11.25	关于《沈阳市国资国企改革三年行动实施方案（2020—2022年）（讨论稿）》起草情况的汇报
第二十届第77次常务会议	12.23	关于《市（中）直有关单位生态环境保护工作责任清单（讨论稿）》起草情况的汇报、关于全市第七次全国人口普查及统计工作情况的汇报、关于《沈阳市2021年城建计划预安排方案（讨论稿）》起草情况的汇报、关于盛京皇城保护利用工作（1）关于沈阳市盛京皇城文化旅游区创建国家5A级旅游景区工作进展情况的汇报（2）关于盛京皇城综合保护利用工作开展情况的汇报、关于《沈阳市2020年脱贫攻坚进展情况的报告（讨论稿）》起草情况的汇报
第二十届第78次常务会议	12.26	关于《政府工作报告（讨论稿）》起草情况的汇报、关于《沈阳市国民经济和社会发展第十四个五年规划和二〇三五年远景目标纲要（草案）（讨论稿）》起草情况的汇报、关于《沈阳市2020年国民经济和社会发展计划执行情况与2021年国民经济和社会发展计划草案的报告（讨论稿）》起草情况的汇报（书面）、关于《沈阳市2020年预算执行情况和2021年预算草案的报告（讨论稿）》起草情况的汇报（书面）、关于沈阳市2020年民生实事完成情况及2021年民生实事安排的汇报、关于沈阳市取消下放调整一批政务服务事项的汇报、《关于“只提报一次”改革的实施方案（讨论稿）》起草情况的汇报、关于沈阳产业技术研究院筹备工作情况的汇报

（市政府办公室）

政务服务

【概况】 2020年，市政府办公室以习近平新时代中国特色社会主义思想为指导，深入贯彻落实习近平总书记重要讲话和指示批示精神，坚持围绕中心、服务大局，充分发挥政府运转中枢和参谋助手作用，全面加强党的建设，努力提升“三服务”质量和水平；特别是面对突如其来的新冠肺炎疫情，积极协助市防指开展疫情防控工作，加强组织体系建设，加大协调调度力度，强化督查督办反馈，有力保障市政府和市防指高效运转、政令畅通、协调有序。

文字综合。紧紧围绕市政府重点工作，充分发挥参谋助手作用，突出疫情防控、“六稳”“六保”、经济运行、创新改革、“重强抓”专项行动、民生实事等全市性重点工作，紧跟领导思路，提高工作站位，为领导提供有内容、可操作的意见建议，高质量撰写文稿1400余篇、240余万字。

公文制发和办理。严格控制发文数量，实施报送公文质量考评制度，对各地区、各部门报送市政府或市政府办公室的文件进行审核把关，进一步提高各地区、各部门报送市政府公文质量。接收登记、录入、办理各级各类文件10913件，市本级制发文件100件，下降25%。

会议活动保障。严格做好市政府会议活动的审核把关，完成政务服务保障任务2719件次。其中，安排各类会议1696次，市领导视察调研活动521次，政务活动359次，公务接待110次；组织召开市政府常务会议31次、审议168项议题；以市政府名义召开全市性会议2次，较上年同期基本持平。

建议提案办理。市政府承办的1698件省、市建议提案全部办复，办理工作得到市人大、市政协领导的充分肯定，省人大《代表之声》刊载《沈阳市创新代表建议办理方式提升办理质效》的经验做法。

政务新闻、信息报送和舆情监控。强化政务宣传，组织政务新闻采访380件/次，审核把关新闻稿195篇。强化信息报送，编报《要情快报》365期、《市领导专报》41期、《沈阳政讯》26期；向国务院、省政府提报信息698条，被国务院采用26条、被省政府采用246条。强化舆情监控，收集处理涉沈民生类舆情信息98条，形成《舆情专报》6期。

政府门户网站建设。市委市政府门户网站发布信息28896条，其中党务公开信息发布1281条，政务公开信息发布11852条，转载中央政府网信息1344条，转载省政府门户网站信息501条，法规公文类信息199条，政策解读信息147条，其中文字解读123条，政府会议图解24条。

【督查督办3项工作获国务院表彰】 2020年，完成迎接国务院督导组到沈阳督导1次、省督导组实地督查8次；开展中央环保督察“回头看”、创建全国文明城市、统计督察整改联合督查、民生实事等专项督查活动。沈阳市商事制度改革、促进工业稳增长和转型升级、公立医院改革3项工作获国务院督查激励通报表彰。在2020年省政府督查激励通报30项工作中，沈阳市入选22项，其中13项排第1名。

（市政府办公室）

政务公开

【概况】 2020年，沈阳市政府以公开为常态，不公开为例外，建立健全各项政务公开制度，做好政府信息公开，拓宽公开渠道，及时回应关切。全年累计主动公开政府信息67.45万条，其中政府网站公开46.95万条、政务新媒体公开16.74万条、其他方式公开3.76万条。建立“全力抗击新型冠状病毒肺炎疫情——沈阳在行动”专题栏目，及时主动向社会通报疫情信息和防控工作进展，统一发布权威信息，科学宣传疫情防护知识，提高公众自我保护意识，发布疫情防控信息1.83万条。开设“扎实做好六稳工作，全面落实六保任务”专题栏目，分设工作动态、政策及解读、在线访谈三个子栏目，集中公开“六稳”“六保”政策及解读信息385条。组织召开新闻发布会123场，其中召开3场网络新闻通气会，13场疫情防控工作新闻发布会，76家次单位主要领导围绕疫情防控、复工复产等情况高频次权威发布，通过线上线下相结合，集中释放信息，回应媒体和公众关切，有效引导社会舆论。

规范工作流程。不断健全依申请公开办理制度，进一步优化接收登记、申请表审查、查找信息、保密审查、拟定答复意见、答复意见审核、答复申请、归档备查的办理流程，切实提高答复的时效性。受理公民、法人和其他组织提出的政府信息公开申请1626件。

突出改革创新。制定《沈阳市全面推进基层政务公开标准化规范化工作实施方案》，明确工作目标、任务分工、进度安排和工作要求，严格按照时点有力有序推进。按照国家26个领域标准化规范化目录指引，不断拓展26个领域标准目录的深度和广度，在二级公开事项的基础上，拓展三级公开事项，进一步细化市、区、乡镇（街道）三级政务公开事项标准目录。

深化“互联网+政务服务”。参与国办考核的56家网站全部纳入政府网站群，全市实现相关数据、服务、运维、安全等方面集约化管理。强化市级平台引领。全面落实省政府工作要求，完成市政府门户网站政务公开栏目改版工作，重新修订6个一级栏目、27个二级栏目、58个三级栏目，分类展示政府信息公开指南、政府信息公开制度、法定主动公开内容、政府信息公开年报、依申请公开等内容，确保各类信息规范统一，方便群众快速获取。

加大政务公开监督保障力度。制定并实施《沈阳市政务公开工作检查标准（试行）》，细化5项一级指标、15项二级指标、46项三级指标，明确工作内容、检查标准和检查方式，形成网上检查、实地督查相结合的工作推进机制，依法保障人民群众知情权、参与权、表达权、监督权。

【第十四届“5·15政务公开日”】 5月15日举办。在科学精准做好疫情防控的基础上，活动依托沈阳广播电视台全媒体平台、市“8890”综合服务平台，采取“云端”线上与网民互动等模式，集中宣传政策信息。组织市、区、街道660个单位参加现场咨询活动，接待咨询群众3.48万人，解答问题2.73万个，开展在线访谈300余次，活动专栏点击量19.71万次、浏览量7.47万次。

（市政府办公室）

▶5月15日，第十四届“5·15政务公开日” （市政府办供）

政务研究

【概况】 2020年，市政府研究室聚焦提升文字综合水平，完成2021年《政府工作报告》撰写任务。起草市政府主要领导《在市委经济工作会议上的讲话》《在市政府第二十届五次全体（扩大）会议上的讲话》《在市委农村工作暨脱贫攻坚会议上的讲话》《深入推进历史文化名城建设不断夯实文化+基础》等各类综合材料20余篇；完成市政府向市委、市人大、市政协汇报等各类汇报材料20余篇；形成市政府主要领导接受《人民日报》《光明日报》等媒体采访提纲。

调查研究成果丰硕。围绕国家重大战略和沈阳振兴发展，报送《市长专阅》37期，其中《关于疫情影响下的国内外经济形势与政策走向分析报告》《关于促进我市网红经济发展的对策建议》等调研报告获市政府主要领导充分肯定。强化市情调研，形成《沈阳市情调研报告汇编》《沈阳民生资料数据汇编》，进一步摸清沈阳市各行业领域的问题短板。瞄准政府关注、群众关心的热点难点问题开展调研，推出《关于民办幼儿园受疫情影响情况的报告》《全市老年人口养老服务需求调查报告》等一批有温度、接地气的调研成果。

信息服务决策作用持续增强。围绕全面深化改革创新，提报《学习借鉴硅谷经验打造活跃的创新生态系统》《中试基地试出科技创新和成果转化新活力利用》等信息；围绕营商环境建设，提报《上海推出新政加快特色产业园区建设》《上海出台新政推动服务贸易改革向纵深发展》等信息；围绕提升社会治理能力，提报《湖南湘西创新党建引领、互助五兴乡村基层治理模式》《北京出台新规推进基层治理能力现代化》等信息，报送《决策参考》54期，为领导科学决策提供参考。

政府参事智库作用充分发挥。充分发挥桥梁纽带作用，编制出台《参事工作管理办法实施细则》，引导政府参事将工作聚焦到市委市政府各项决策部署上，上报政府参事信息6篇、咨询报告13篇。注重提升智库课题成效，强化评审把关，突出成果应用，完成智库咨询课题报告7篇，提报《智库专报》24篇，《沈阳市宅基地“三权分置”改革困境及对策建议》《关于加快我市人工智能产业发展的对策研究》等4篇成果得到市政府主要领导批示。加强创新工作思路举措，开展“参事、智库专家基层行”活动，与阿里研究院开展深入合作，协调阿里集团将沈阳市纳入消费券发放城市，累计发放消费券1.2亿元，直接助力沈阳市新冠疫情后消费回补。

【《关于民办幼儿园受疫情影响情况的报告》】 3月完成。新冠肺炎疫情发生后，一些民办幼儿园特别是普惠幼儿园面临巨大生存压力，对教育发展、社会稳定也带来一些不确定性因素。市政府研究室学习整理北京市、上海市、厦门市等支持帮扶民办幼儿园的政策，为促进沈阳市民办学前教育特别是普惠学前教育健康发展提出有价值的建议。

【《关于国内梯联网行业发展情况研究》】 4月完成。根据2018年2月国务院办公厅颁发的《关于加强电梯质量安全工作意见》，市政府研究室对国内推进梯联网建设情况开展专项研究，形成此项研究报告。报告对国内梯联网建设模式进行详细梳理，指出梯联网建设遇到的主要问题，在借鉴其他城市经验基础上，提出推进沈阳市梯联网发展的几点建议。

【《加强我市公共卫生体系建设的策略研究》】 4月完成。市政府研究室梳理中国公共卫生体系建设历程，通过函调和网上资料查询了解广州、郑州等地经验与成效，调研了解沈阳市卫健委、市疾控中心、区县疾控机构相关情况，通过对比，查找沈阳市公共卫生体系建设存在的短板，为加强沈阳市公共卫生体系建设提出参考建议。

【《关于促进我市网红经济发展的对策建议》】 6月完成。为推动沈阳市网红经济规范、快速发展，市政府研究室组织力量搜集整理国内网红经济发展情况，赴营口老边区“网红小镇”学习考察，在学习借鉴国内主要城市经验的基础上，提出加快沈阳市网红经济发展的建议。

【《关于进一步做好我市老旧小区改造工作的调研报告》】 11月完成。为进一步做好“十四五”时期沈阳市老旧小区改造工作，市政府研究室会同市房产局、市城乡建设局、市财政局、市民政局等部门，采取深入实地和网上问卷等方式开展专项调研，了解沈阳市老旧小区改造概况和存在的主要问题，学习其他城市经验做法，为打造“老旧小区改造升级版”提出工作建议。

【《关于加快我市农民合作社发展的调研报告》】 12月完成。市政府研究室就沈阳市农民合作社的发展现状开展专项调研，分析沈阳市农民合作社发展存在的主要问题，学习天津市、青岛市、杭州市等城市在推进农民合作社多元化发展的先进做法，对推进沈阳市农民合作社健康持续发展提出相关建议。（岳增慧）

人力资源管理

【概况】 2020年，全市优化培养发展环境，人才人事工作扎实。落实人才政策，加强人才培养，努力营造人才成长发展的良好环境，统筹推进人才队伍建设，为全市经济社会高质量发展提供人才保障和智力支撑。

深化人才引进培养。以“引博”工程为抓手，开展全国重点高校博士“沈阳行”活动，新引进博士（博士后）513名，资助博士1474名，发放资助经费1845.6万元。启动“候鸟型”人才工作站建设，推进柔性人才引进和保障机制创新。选拔推荐2020年辽宁省“百千万人才工程”人选，推荐优秀专业技术人才享受国务院政府特殊津贴，沈鼓集团姜妍当选百千万人才工程国家级人选。深入实施“兴辽英才计划”、高精尖优才集聚工程、中青年科技英才培养工程、紧缺急需人才集聚工程，认定高层次人才1663人。全市“两院”院士24人，国家百千万人才工程人选95人，认定高层次人才累计6980人。向企业和广大劳动者推送线上职业技能培训平台60余个，将企业“以工代训”培训补贴资金发放由“企业申报”改为“免申直补”，组织选手参加的“创想杯”3D打印全国赛获优异成绩。

规范事业单位管理。印发《事业单位人事管理处2020年工作要点》并按时间节点要求，完成全市事业单位上年度考核备案和4532名管理岗位人员的普通管理岗位晋升备案；核准47家市直事业单位的岗位设置变更申请。组织10次公开招聘，为援助湖北等地一线编外医务破格入编、卫生系统公共卫生人员紧急招聘、教育系统公开招聘、特岗招聘、校园招聘和退役士官（大学生）定向招聘3463人。为建立科学规范、导向鲜明、形式多样、符合事业单位特点的奖励制度，出台《事业单位及时奖励实施方案》，给予3人记功奖励。并在年度考核中将一线医务人员的考核结果确定为优秀，且不占单位指标。

推进职称制度改革。研制开发沈阳市职称评审管理服务平台，加速信息化建设。鼓励企事业单位开展职称自主评审，从条件、程序等方面做好服务。完成25家事业单位专业技术岗位设置调整，办理216家事业单位6000余名专业技术人员的聘用备案。优化调整专业技术岗位结构比例，高级岗位数量与原标准相比普遍提高5—8个百分点。落实事业单位专业技术岗位聘用相关政策，提高服务质量，促进人员合理流动，在推行即来即办的基础上，进一步精简备案材料，简化签批手续，使符合聘任条件的专业技术人员及时晋升岗位等级，兑现工资待遇。

完善收入分配制度。为3683名抗疫一线医务人员发放临时性工作补助2676余万元，增发绩效工资2125多万元，人均发放1.3万元；在此基础上，给援鄂一线医务人员再发放二倍薪酬65.7万元，涉及751人，人均发放8750元。经过两轮“生育津贴”整治工作，对全市存在此类问题的1899家机关、企事业单位3.24万人进行全面清理整治，收回2.33亿元。推进提高基层干部津贴补贴标准和中小学教师班主任津贴发放工作，向市直18家单位发放津贴933余万元，分别为11人和6人颁发“市长特别奖”和“市长奖”。（何　灵）

【《沈阳市“候鸟型”人才工作站建设实施细则（试行）》】 7月，市人力资源和社会保障局等4部门印发。《实施细则》明确，沈阳市建立“候鸟型”人才工作站，吸引“候鸟型”人才来沈留沈。“候鸟型”人才工作站采取政府引导、设立单位共建、网上集中资源线下落实、市场化运作模式，依托院士工作设站单位、专家工作站设站单位、博士后科研流动站设站单位、博士后科研工作站设站单位、辽宁省博士后创新实践基地设立单位、高等院校、科研机构（院所）、高新技术企业、社科类社会组织等单位为载体进行建设。（志　闻）

公共机构节能

【概况】 2020年，全市公共机构节能办严格按照公共机构节能“十三五”规划和市委、市政府节能减排工作要求，多措并举，扎实推进各项工作。与2015年同期相比，2020年全市公共机构人均综合能耗、单位建筑面积综合能耗和人均水耗，均超额完成下降12%和16%的节能降耗目标任务。创新开展节能宣传周启动仪式，推进节能改造项目落地实施，高标准完成节约型机关创建活动目标任务，组织开展国家级节约型公共机构示范创建单位和能效领跑者创建单位创建工作，深入开展节水型公共机构建设，扎实推进生活垃圾分类工作，制发《2020年沈阳市公共机构节约能源资源工作要点》《2020年沈阳市公共机构节能工作考核评价实施方案》等5份文件，并逐项组织落实。能耗统计方面，按期组织全市进行能耗统计数据网络报送和能源资源消耗状况分析，并予以严格审核，按时向省公共机构节能办报送数据，保证数据的准确、完整、真实。根据省能耗统计工作要求，召开数据质量会审专题会议，对各地区、重点市直单位2019年能耗统计数据进行集中会审核定。在各类媒体上发布节能宣传信息50余篇，其中被国家级媒体采用8篇，被省级媒体采用15篇。同时，组织指导全市各地区、各市直部门（单位）发布宣传信息60余篇。完成第7批远程教育培训工作任务，38名参训人员全部通过培训考试。

节能创建活动取得突出成效。结合《辽宁省机关事务管理局节约型机关创建行动方案》工作要求，全面推进节约型机关创建，全市386家党政机关通过节约型机关创建验收，创建任务完成率55.62%，超额完成30%的年度目标。组织开展国家级节约型公共机构示范创建单位和能效领跑者创建单位创建工作，市妇婴医院等10家单位均通过国家审核验收。对节水型单位建设进行重点调度，创建工作取得突破性进展，市纪委监委、市公安局、市机关事务管理局等40家市直公共机构通过节水型公共机构建设。

生活垃圾分类工作持续深入。完善分类工作制度，细化分类工作考核细则，健全更新分类工作名录库，落实工作信息报送制度，定期组织报送分类台账。抓好分类工作常态化管理，先后3次对市直222家公共机构进行全覆盖实地检查指导，对检查中发现的问题开展“回头看”，持续提高分类工作水平。开展分类工作宣传教育活动，集中发放5万余张分类标识，设计制作宣传展板和海报，开展市直公共机构分类展板宣传巡展活动，累计观展万人次以上，每月组织公共机构利用沈阳机关党建微信平台、沈阳绿色账户App等途径开展分类宣传答题活动，全年累计约24万人次参与。

能改造项目效果显著。深入发挥公共机构节能专项资金引领作用，推动市公安局、市财政局、市工商联、市机关事务管理局等单位实施8个重大节能改造项目，项目节能率均在27.13%以上，最高可达92.44%。

【2020年辽宁省暨沈阳市公共机构节能宣传周启动仪式】 6月10日，市机关事务管理局会同辽宁省机关事务管理局共同举办。为适应疫情防控需要，避免大规模群体现场聚集，与辽宁广播电视台北斗融媒体合作，采取线上直播形式，成为全国首个在网络上召开的公共机构节能宣传周启动仪式，全市各级公共机构约5000人通过网络实时观看。

（贾松林）

公共资源交易

【概况】 2020年，沈阳公共资源交易活动总体平稳向好，公共资源交易领域成交项目7202个，交易总额1188.9亿元，增长40.5%。制度体系不断健全，出台《关于积极应对疫情创新做好当前招投标工作保障经济平稳运行的通知》《沈阳市深化公共资源交易平台整合共享工作任务清单》；公共资源交易平台功能不断完善，推行使用电子保函。6月底，全市工程建设招投标和政府采购领域正式推行电子保函，为企业提供在线保函办理、保费缴收、电子发票和保函开立等“一站式”便利化服务。电子保函方式替代传统的保证金方式，极大降低企业制度性交易成本。实现不见面开标，浑河右岸云龙湖至谟家堡闸段岸坎防护工程等项目通过公共资源交易平台不见面开标系统顺利完成不见面开标。投标人通过远程在线完成投标文件解密等交易流程，在为投标人节约大量成本的同时，也充分保证公平性和公正性。此外，远程异地评标系统顺利投入使用；交易环境持续优化，开展招投标不透明专项整治行动，完善对评标专家的考评管理机制。

【《关于积极应对疫情创新做好当前招投标工作保障经济平稳运行的通知》】 2月12日，市发改、市城建、市交通、市水务四部门联合印发。《通知》提出制定疫情防控和招投标工作预案、保证招标项目竞争度、切实发挥平台运行服务机构的作用等7个方面22条创新举措，保障疫情期间全市招投标活动平稳有序进行。

【《沈阳市深化公共资源交易平台整合共享工作任务清单》】 3月13日，市政府常务会议审议通过。《清单》列出包括完善配置机制、强化监管、组织保障等3个方面16项工作任务。（马冠军）

信　访

【概况】 2020年，全市信访工作以解决问题为核心，着力维护群众合法权益，着力服务做好“六稳”工作、落实“六保”任务的工作大局，取得良好工作成效，进京访下降46.61%、到省访下降35.39%、来市访下降31.07%。

“书记抓信访”责任落实。市、区县（市）两级党委、政府定期研究信访工作，党政主要领导带头包案接访，分管领导落实“一岗双责”，着力推进解决信访突出问题；全市1327人次领导干部接待群众来访3245批次、5623人次，包案化解信访案件1682件；全力开展信访矛盾减存控增攻坚，化解省交办台账案件3981件，其中2018、2019年台账剩余案件721件、2020年台账案件3260件。

重复信访治理。按照中央信访工作联席会议和省信访工作领导小组部署要求，在全市集中开展重复信访治理三年攻坚专项工作，成立工作专班，建立“日汇总、周调度、月通报”机制，集中力量序时推进。对省交办的5278件重复信访案件进行系统梳理，全部确责交办责任单位推进化解；同时，梳理出265件进京重复信访重点案件，开展“百日攻坚”。截至年末，重复信访治理台账化解2320件、化解率43.96%，进京重复访重点案件“百日攻坚”台账化解118件、化解率44.53%，均超额实现省里要求年底前化解40%的目标。

信访基础业务建设。扎实推进矛盾化解“关口前移”，全市建立信访代理站2036个、聘请代理员2896人，加强源头矛盾化解。信访事项及时受理率100%、按期办结率99.9%、群众满意率98.98%。严格落实首办责任制、推进实现最多访一次，国家信访局登记初访一次性化解率82.99%。沈阳市“落实首办责任制、推进实现‘最多访一次’”在全省做经验介绍。省信访工作领导小组在沈阳召开现场会，在全省推广沈阳市信访事项评议经验做法。组织对629个重点项目进行社会稳定风险评估，凡经评估的项目均没有发生信访突出问题，从源头上减少矛盾产生，沈阳社会稳定风险评估工作被省委政法委评为“优秀组织奖”。

疫情防控与矛盾化解。面对新冠肺炎疫情，及时启动应急预案，迅速调整规范疫情防控期间的信访工作，将网上信访打造成群众反映诉求的主渠道，并开通“沈阳信访”微信公众号，让群众足不出户就能反映诉求，减轻因人员流动给疫情防控带来的压力。启动网上信访快速办理机制，加大网上投诉办理力度，及时办理群众网上诉求10324件，妥善化解因疫情引发的突出矛盾325件。

“防风险、保稳定”工作。加强重点群体、重点人员等信访不稳定风险防控，防止出现规模性聚集、集体访和个人极端滋事问题。成立专班推进中普、兴隆等重点涉稳问题，没有发生规模性聚集，越级集体访大幅下降，稳定形势向好。推进厂办大集体改革稳定工作，安置22725人，安置率99%，没有发生集体上访等突出问题。对重点群体、重点人员实行分级分类管控，其中一二级风险139件，化解133件，化解率95.68%，超额完成省要求化解60%的工作目标。克服疫情影响，全力做好全国“两会”、北戴河暑休、党的十九届五中全会等重大敏感节点期间的信访稳定工作。

【信访矛盾减存控增三年攻坚任务完成】 2018—2020年，沈阳着力开展信访矛盾减存控增三年攻坚。其间，省交办沈阳台账案件13722件，全部封账清零。其中，2018年化解5986件，2019年化解3755件，2020年化解3981件。共性信访问题攻坚方面，解决已售商品房不能办理产权证145296户，解决城市房屋拆迁遗留超期回迁4551户，解决国有土地拆迁遗留问题694件；推进化解涉部分军队退役人员9个方面共性诉求，解决历史遗留个案880件；推动解决拖欠农民工工资问题654件。全市完成信访矛盾减存控增三年攻坚任务，全市有10个单位、17名个人被省信访工作领导小组评为先进。 （市信访局）

参　事

【概况】 2020年，全市参事工作紧紧围绕市委、市政府中心工作，努力克服新冠疫情影响，发挥参事参政议政、建言献策、咨询国是、民主监督、统战联谊作用。

参政议政。组织参事列席市人代会、政协会、市委市政府全会，发挥参事参政议政职能作用；组织参事参加由市长组织的“文化+”座谈会，直接提出资政建议；组织参事参加沈阳市《政府工作报告》征求意见座谈会，针对政府工作报告提出修改意见。围绕乡村振兴，组织开展“参事、智库专家基层行”活动，由市政府参事、中国工程院院士李天来牵头与相关智库专家组成考察小组赴新民市考察设施农业，召开现场座谈会，针对新民市设施农业现状及发展提出意见和建议，把脉基层，送智基层。

建言献策。围绕疫情防控、稳增长、沈阳市“十四五”规划、贯彻落实十九届五中全会等方面提出意见建议，提报26份建议。围绕疫情防控，形成《关于市政府征用星级酒店收治新冠肺炎疑似病例的建议》《实行新冠肺炎疑似患者自我申报政策加快我市传染源清零的建议》等4篇建议；围绕沈阳市经济稳增长，提出《遏制疫情消极影响推进我市经济持续稳中向好的若干建议》《关于我市抗疫情稳外经贸发展的对策建议》等9篇参事建议；围绕十九届五中全会，参事们以《聚焦五中全会精神 献策沈阳振兴发展》为题，在《沈阳日报》集体发声，从不同视角解读全会精神。

咨询国是。组织参事参加国务院参事室举办的“2020国是论坛”，参事王厚双以《双循环背景下中国对外开放创新的路径思考》为题在论坛上进行交流。参事李凯、王厚双应邀参加由中国（海南）改革发展研究院举办的以“高水平开放的中国与世界”为主题的第86次中国改革国际论坛，在东北振兴分论坛上分别以《双循环背景下海南自由贸易港建设的思考》《东北经济一体化进程及对策》为题作交流发言。

【参事建言“十四五”规划】 9—10月，针对沈阳“十四五”规划，市政府研究室（参事室）广泛征集参事意见建议，充分发挥参事的参谋智囊作用。谢地、刘积仁、曲道奎、郭殿满等参事围绕沈阳市“十四五”规划在产业发展、城市规划、文化建设等方面提出13篇建议文章，如《以沈阳为核心打造高质量发展“极”》《关于对“十四五”规划金融发展方向的建议》等，汇编成《参事智库专家关于沈阳市“十四五”规划的建议》，得到市委、市政府领导批示4次，相关建议在沈阳市“十四五”规划编制工作中吸纳，较好地发挥参事、智库专家参政议政、咨询国是作用。（张宝剑）

接　待

【概况】 2020年，市接待办以“文化+”新动能和优化营商环境为切入点，助推社会发展，助力沈阳振兴。坚持改革创新理念，创新提出“文化+接待”工作理念，使用非物质文化遗产李氏掐纸工艺制作“一河两岸”“沈阳市主题建筑”主题摆台，制作故宫“大政殿”主题摆台、桌签、手卡等接待用品，介绍沈阳文化，展现沈阳历史。坚持协调构建网络格局，统筹协调省、市和区县（市）三级公务接待部门和全市接待服务保障单位关系，探索接待保障购买服务，遴选签约18家定点接待场所，构建接待工作新格局。坚持绿色打造服务品牌，积极引领绿色接待新风尚，杜绝舌尖上的浪费。坚持开放加强交往交流，推行“亲商五条”，助力优化营商环境，着力构筑并优化合作交流平台，全力保障制博会、农博会、2020全球工业互联网大会等大型活动，认真筹备外交部辽宁全球推介活动冷餐会工作，完成万达集团、华为集团、苏宁集团、中国通用集团和京沈对口及沈阳经济区交流合作等接待任务。

【接待服务“亲商五条”】 2月，市接待办以优化营商环境为切入点，研究制定接待服务亲商五条：最简住宿流程，简化方便公务接待住宿办理，使得公务接待更加合理化和人性化；提供手绘地图，收集整理沈阳代表性旅游景点、标志性建筑，制作手绘地图，生动展现人文地理，宣传沈阳旅游文化；制作温馨祝福卡，包涵沈阳简介、天气预报、重要提醒等信息内容，让到沈嘉宾时刻感受沈阳接待的细致周到和热情体贴；全时车辆保障，专门设置应急保障车辆，实行24小时驻地服务，确保车辆保障及时到位；呈现融入项目元素、体现政商合作、突出地域特点、展现沈阳文化的特色餐饮。

【接待服务“四知七看六保障”】 4月，市接待办围绕进一步提升公务接待服务保障质量和水平，规范接待标准，细化服务内容，形成接待服务“四知七看六保障”的工作要求：团组接待“四必知”：知团组成员，知抵离时间，知饮食禁忌，知日程安排；现场服务“七必看”：看名签，看手卡，看摆台，看音响，看餐具，看座椅，看环境；接待服务“六保障”：迎送礼遇，酒店协调，参观陪同，接待用车，餐饮安排，会议座谈。

【“品沈阳特色、讲盛京故事”主题活动】 4月，市接待办借助外交部辽宁全球推介活动冷餐会工作平台，在全市范围遴选老边饺子等精品特色菜肴19道，并与中国饭店协会星厨委员会常务副主席、沈飞宾馆餐饮总监、中国十大名厨、辽菜传承功勋人物高玮建立工作联系，致力于开发和打造融合城市文化、承载民俗典故的“一菜一故事、品菜品寓意”接待餐饮服务特色，为接待工作提供优质的餐饮服务保障。（市接待办）

机关事务管理

【概况】 2020年，市机关事务管理局精准对标国家治理体系和治理能力现代化要求，全面落实国管局、省管局和市委市政府各项决策部署，牢固树立过紧日子思想，健全完善机关事务制度体系，着力提升机关事务管理效能和保障能力，努力推进节约型机关建设，为党政机关高效运转、提高施政水平提供有力保障。

国有资产管理成效显著。市机关事务管理局首次开展市本级行政事业单位国有资产清查工作，为全市资产处置、调剂，资产保值、增值提供基础数据支撑。制定出台《沈阳市行政事业单位国有资产出租出借管理暂行办法》，补齐资产配置、管理、处置等工作短板，优化资产处置流程。盘活国有资产，完成34家市本级行政事业单位资产报废、转让、出租等处置工作，涉及固定资产5739台（项、件、套），账面金额1.04亿元。推进办公用房管理与行权为一体的管理信息平台建设，全年累计审批市本级29家单位房产出租事项，实现租金收益848.74万元。建成市本级“实体+虚拟”公物仓，整合“线上、线下”资产543项，572台（件、套），为市公安局等9家单位调剂办公家具及设备738台（件、套），市场价值约148万元，最大限度发挥存量资产使用效益。

办公用房权属变更有重要突破。为着力推进办公用房集中统一管理，市机关事务管理局从权属划转工作入手，破解规划大厦产权划转中涉税不征或免征难题，依法依规严格履行审批手续，截至8月25日，完成规划大厦产权划转全部手续和证照的办理工作，这是全市首个办公用房权属统一工作的成功案例。

公务用车管理规范高效。市机关事务管理局在全省率先建立“公车管理+公务出行一张网”全生命周期管理模式，受到省机关事务管理局通报表扬。通过平台实现跨部门调用车辆功能，有效保障创城、人口普查、防汛等专项工作。落实过紧日子要求，推行加油、保险、维修、评估、拍卖、报废“六定点”管理模式，车辆运行支出同比下降2.6%。

机关服务保障水平逐步提升。市机关事务管理局建立财务集中管理模式，统一管理预算拨款单位33家，包括工会会费、党费等40个账户，管理金额近8亿元。大力推广集中采购模式，坚持依法依规、科学便捷、集约高效原则，制定局采购工作管理办法和小额零星采购协议供货商资质备案实施方案，并组织实施。深入落实过紧日子要求，紧抓节能降耗、严控运转成本，所管理各办公区全年能耗和运维支出下降8%。持续强化技防人防，加强隐患排查，组织应急演练，确保机关驻地绝对安全。定期开展礼仪与技能培训及考核，提升服务质量。全年保障会议803场，累计参会人员3.54万人次。顶住价格上升压力，通过统一用餐标准、统一菜谱、统一配送等方式，做到开源节流，提升餐饮质量。持续推进庭院线路改造、升级树木品种、清洗玻璃幕墙、维修院内道路等工作，不断提升各办公区室内外环境。

持续抓好疫情常态化防控工作。市机关事务管理局以市委市政府办公区为重点，对所管理的8个办公区，建立应急机制，坚持人物同防，加强全员值守，实施精准管控，确保疫情期间中枢机关顺畅运转、安全运行。对88家市直单位机关干部职工实施日排查日报告制度，先后组织3次市直机关防控措施落实情况检查，印发《市直机关疫情防控工作指南》。建立保障应急响应机制，确保疫情期间公务车辆出行、存量物资调配及时到位。同时，在疫情期间，落实市政府要求，及时出台政策，帮扶174户困难企业累计减免房屋租金697万元。

【《沈阳市机关事务管理办法》】 1月20日以市政府令第81号正式公布，3月1日起施行。《办法》分总则、经费管理、资产管理、服务管理、监督检查、法律责任和附则7章44条，是沈阳市在机关事务工作领域出台的首部纲领性文件。通过举办法律进机关主题活动，在《沈阳日报》连续刊载系列报道，参与“微民生”访谈节目录制，加强《办法》的宣传贯彻。

【“餐饮节约全链条精准管理”模式】 8月，为深入贯彻落实习近平总书记关于坚决制止餐饮浪费行为的指示精神，市机关事务管理局采用“餐饮节约全链条精准管理”模式，通过制作宣传海报、发放倡议书、联合媒体报道等进行宣传，邀请17家市直单位和区县机关事务管理部门代表召开座谈会，号召全市党政机关、事业单位发挥示范引领作用。全年厨余垃圾减少18%。相关工作经验做法分别被中央电视台新闻频道、国管局官网、省市主流媒体等报道。

【贫困村产品进机关、进机关食堂行动】 10月，市机关事务管理局在集中办公区设立“机关扶贫助农爱心驿站”（乡村“第一书记”推荐产品工作站），整合全市各贫困村质优价廉的特色农产品进站销售，并向全市机关干部职工发出倡议，鼓励大家积极购买，助力脱贫。同时，向其他独立办公的单位推广，形成覆盖全市党政机关事业单位的销售网络。（周学谦）

招生考试

【概况】 2020年，沈阳市考试院以实现“安全、公平、科学、规范”考试为工作目标，聚焦考务组织、疫情防控、服务保障三条主线，防范化解考试安全和疫情防控双重风险，统筹推进组考和防疫工作，完成高考、中考、自考、学考、研考等教育考试，公务员考试、事业单位招聘考试、教师招聘考试等人事考试，会计、卫生、建造师等专业技术人员资格考试45项考试任务，报考总人数92万人次。同时，完成55个专业及等级的专业技术人员资格考试报名审核工作，审核通过18万人；发放各类资格证书1.9万本，实现全年组考防疫“双平安”。

严抓疫情防控管理。科学严谨制定各项考试组考防疫方案和应急预案，开展全市考点应急演练，严格按要求落实隔离区域、应急隔离专用通道和隔离发热考场等防疫措施，协调市统筹推进新冠肺炎疫情防控和经济社会发展工作指挥部防控物资保障组（市发展和改革委员会）购置口罩、防护服、消毒剂、体温计等防疫物资20余万元，对涉考人员实行清单式管理，严格把控考生健康监测，每考点增设由卫生防疫部门选派的防疫副主考，通过传统媒体和网络平台发布各项考试考前提示，指导考生考前做好自身防护、体温检测和健康监测。同时，持续加强工作人员宣传教育和应急演练，自觉响应无必要不离沈号召，参加社区联防联控，自愿捐款、义务献血、志愿参加集中隔离点志愿服务。

完善考试制度体系。分类出台涵盖五类考试的《沈阳市考试院考试工作规则》。完善市、区两级考试委统筹指挥和考试项目化管理两个指挥体系。强化考试风险管控体系，完善《考试风险管理工作办法》《考点考核评价管理办法》等系列制度，建立风险管理台账，完善应急处置预案，形成主动防范、科学化解、高效应对的应急体系。

推进智慧考试建设。强化信息化技术应用，启用人脸识别技术和测温系统进行考生身份验证，升级维护GPS试卷车载监控设备，使用数传信号阻断技术，改造信息化考试环境，完成市级试卷保密室及评卷中心改造和标准化考点监控系统、广播系统升级改造，拨付资金支持大学等考点建设维护，新增省属、市属高校纸考考场1297个，机考考位3994个，确保考试环境和试卷安全。

强化考试队伍力量。建立“1+X”督考员队伍，外聘督考员378人，累计启用1117人次，在考风考纪监察和考务工作落实督查工作中发挥重要作用。开展面试考官评分情况数据分析，促进评分质量提升；抓实市、区、校三级考务培训和应急演练，强化培训效果。

优化考试服务举措。全国首创中考考生个人成绩分析报告推送服务，考生满意率92%；全省率先实现证书打印、邮寄一体化，证书邮寄发放率93%。开展高考体检“送检到校”“送考到校”和“网上补报名”服务。开展中高考考前心理疏导大型公益服务活动、高考综合改革系列宣传、中考志愿填报解读等服务活动。协调多部门联动护航助考，开通办理临时身份证、核酸检测、医疗救治等绿色通道，落实保电、防雨、防汛等应急措施，为特殊考生提供合理便利服务。为因疫情隔离的考生提供人性化关怀和个性化安排，在隔离宾馆和考点设置隔离考场安排参考，实现“应考尽考”。

【3.9万人参加普通高等学校招生统一考试】 7月7—9日举行。全市高考考生39222人，比上年增加5557人。沈阳市在13个考区设置59个常规考点，1346个常规考场，186个备用隔离考场；每个考区设置一个备用隔离考点。市考试院与各考区、各有关部门（单位）密切协作、联动保障，全面强化考务组织、疫情防控“双管理”，环境治理、考试服务“双保障”。市、区两级高考联合指挥部成员单位集中办公，快速稳妥处理突发事件，实现健康、公平、平稳、温馨、诚信考试的工作目标。

【11.7万人参加初中学业水平考试】 7月18—21日举行。全市有初三年级考生57488人，初二年级生物地理考试考生60024人，合计117512人，比上年增加4579人。设置13个考区，86个考点，2018个考场，258个备用隔离考场；每个考区设置1个备用隔离考点。市考试院与各考区、各有关部门（单位）强化担当，密切配合，协同作战，全力以赴抓好疫情防控和考试考务工作。市、区两级中考联合指挥部成员单位实行集中办公，提前制定预案，平稳应对雷雨天气，确保考生有序入场不聚集。

【5.2万人参加辽宁省考试录用公务员笔试】 8月22日举行。全市报名考生52287人，其中，政法类考生1844人、选调生1524人、公务员A类考生12946人、公务员B类考生35973人；设12个考区、88个考点、1746个考场。《行政职业能力测验》参考37904人，《申论》参考37456人。市考试院会同市委组织部积极协调市考试委成员单位全面落实服务保障，召开指挥部联席会议落实保障责任，组织开展考前风险排查，全面实现平安考试、顺利考试。

【1.9万人参加沈阳市公开招聘教师考试】 8月23日举行。全市报名考生19020人，考点设置在市内五区，启用标准化考点33个，最大考场数635个，备用隔离考场66个。市考试院一步落实工作责任，对标防疫要求，规范考务实施；成立联合指挥部，实行现场办公；全力做好疫情防控常态化下防疫组考工作，扎实有序推进各项工作落实，实现考务组织和疫情防控“双平安”。

【2.1万人参加全国会计专业技术中高级资格考试】 9月5—6日进行。考试形式为机考，考点设置在驻沈高校、中职院校和技工学校。中级考试报名考生20305人，51334科次，启用考点14个，设置考场133个，考试机位7366个，备用隔离考场14个，备用机位554个。高级考试报名考生779人，779科次，启用考点1个，设置考场18个，考试机位732个，备用隔离考场1个，备用机位40个。市考试院启动考试联合指挥部，考试期间实行现场办公；创新服务保障方式，为考生绘制参考路线图，发布考生参考防疫要求，实现考务组织和疫情防控“双平安”。

【3.9万人参加事业单位公开招聘人员笔试】 9月12日举行，全市报名考生39119人，全市启用中小学标准化考点63个，设置常规考场1304个，备用隔离考场63个。启动考试联合指挥部，协调10部门（单位）在考试期间现场集中办公，稳妥高效应对处置突发偶发事件。启动“1+X”督考队伍储备力量，调动选聘的市人力资源社会保障、市卫生健康委等部门督考人员，执行考试监察任务，对考风考纪、考务组织实施、考务人员履职尽责、试卷安全保密等关键环节和重点岗位进行全过程督查和检查，确保疫情防控常态化下考试安全、平稳、顺利。

【1.2万人参加卫生专业技术资格考试】 9月19—20日、26—27日进行。考点设置在驻沈高校、中职院校和技工学校。全市报名考生12222人，43099科次。9月19—20日考试启用考点8个，设置单场最大机位数3045个，9月26—27日考试启用考点10个，设置单场最大机位数2605个，分别设置备用隔离考场11个。启动“1+X”督考队伍储备力量，落实考试监察，实施第三监考，加大监考力度，确保考试安全、平稳、顺利。

【3.3万人参加二级建造师执业资格考试】 10月31日、11月1日进行。全市报名考生33840人，报考78785科次，设置考点40个，考场1097个。启动联合指挥部，高效协调联动；重点围绕试卷管理、应试人员入场、考风考纪监察防控等关键环节，细化各环节考务标准及要求，开展考点考务和考试监察分级培训；卫生防疫副主考严格管控考点防疫工作，派出268名巡考监察人员进驻考点，全过程监督管控考风考纪；发布疫情防控告知书和应试人员考试须知，专人接听咨询电话和监督举报电话，及时解答考生疑难问题，帮助考生顺利参加考试。

【2.9万人参加中央机关及其直属机构公开遴选（选调）和考试录用公务员笔试】 11月28—29日举行。此项考试首次由市本级考试机构组织实施。全市报名考生29073人，设置49个标准化考点、973个考场。选派人大代表和政协委员作为特约巡视员，强化考试工作监督监察。启动考试联合指挥部，协调9家相关成员单位在考试期间现场集中办公，加强突发事件应急处置，确保疫情防控常态化下考试安全、平稳、顺利。

【4.5万人参加全国硕士研究生招生考试】 12月26—28日进行。全市报名考生45396人，占全省报名总数的35.05%，特殊考生77人，其中1人（大连确诊病例密切接触者）在隔离宾馆参考，76人（重点管控区域隔离人员）点对点专车接送在原考点隔离考场全程管控参考，涉及10个考区、23个考点、27个备用隔离考场。市防疫指挥部综合组统筹协调各区县（市）防疫指挥部逐一排查特殊考生情况。各考区严格落实属地责任制，强化全链条、全过程管控和结果导向，统筹试卷调配使用和清点、复核、消杀，坚决杜绝试卷安全事故。市考试委15个相关成员单位实行24小时联络制和现场集中办公，持续做好疫情防控、治安管理、综合环境整治、突发事件应急处置等服务保障工作。（王文琦）

四、中国人民政治协商会议沈阳市委员会

综　述

2020年，在中共沈阳市委的领导下，市政协坚持以习近平新时代中国特色社会主义思想为指导，全面贯彻中共十九大和十九届二中、三中、四中、五中全会精神，深入贯彻中央和省委、市委政协工作会议精神，坚持团结和民主两大主题，充分发挥专门协商机构作用，为推动沈阳高质量发展、新时代振兴作出积极贡献。

深化理论学习。举办8次政协党组理论中心组学习、4次党组（扩大）会议学习；政协委员培训纳入市委党校主体培训班；举办13期“委员讲堂”，加快建设“书香政协”，形成全员覆盖、整体提升的大学习格局。

深入调查研究与建言资政。召开“加快推动中心镇建设，促进县域经济高质量发展”专题议政性常委会议，提出21条对策，为市政府完善《关于加快中心镇建设发展的实施意见》提供重要依据。召开“推动沈阳文化旅游产业高质量发展”专题议政性常委会议，提出推动沈阳市文化旅游产业发展的十个方面对策建议。召开“促进沈阳经济区物流一体化发展”专题议政性主席会议，提出打造数字沈阳港和实体沈阳港等建议。召开“加强城市基础设施安全运行”专题议政性主席会议，提出9个方面建议。围绕“促进我市夜经济繁荣发展”“推进农村土地制度改革”“加强住宅小区物业管理”“推进失智失独人员医养结合”“健全公共法律服务体系”等贴近民生的议题开展协商。以“推动锡伯族民族文化旅游业提速发展”为主题开展界别协商，围绕加强各民族交往交流交融和农村宗教工作调研视察，推动相关问题得到解决。围绕“加快数字政府建设”“推动高等院校科技创新成果在沈阳转化”等协商成果落实进行再协商，推动《沈阳市政务数据资源共享开放条例》颁布实施。

增强提案办理实效。制订《提案工作制度规范》，建立清单式提交和办理机制，实现“双向评议”常态化，收到提案880件，立案703件。“准确理解把握提案工作九个关系”的做法得到全国政协肯定，入选《新时代提案工作示范案例》。提交社情民意信息511篇，其中46篇被全国政协采纳，17篇得到市级领导批示，并转发相关部门办理。

注重自身建设。制定完善《委员履职考核评价实施细则》等制度。坚持把巡察整改作为对党忠诚的“试金石”，认真落实巡察反馈整改措施，扎实推进机关建设“提升规范年”活动。加快政协文史馆建设，编纂《沈阳政协志》《焦若愚在沈工作年谱》《沈延毅年谱》等文史资料。推进智慧政协建设提档升级，实现委员服务管理、提案“提审办评”等业务全程信息化，建立政协参政议政人才库，首聘专家人才96人。

抗击新冠肺炎疫情。市政协发出《致全市政协委员的倡议书》，组织医卫线36名政协委员在第一线冲锋陷阵，先后6次组织召开网络视频会议，帮助企业用足用好扶持政策，解决用工、资金、原材料供应等问题，特别是及时有效纾解公立医院资金周转遇到的困难。政协委员1000余人次参与抗疫防控，300余名委员捐款800余万元，68人次捐赠防疫物资，折合人民币7100万元。

截至年末，市政协有委员517人，常务委员会委员90人。年内，调整委员33人，增补委员38人，调整常委6人。（吴汉伟）

全体委员会议及常务委员会会议

【市政协十五届三次全体会议】 1月4—7日举行。会议审议并通过主席韩东太和副主席肖枫分别代表市政协常务委员会所作的工作报告和提案工作情况报告。会议协商讨论市长姜有为所作的政府工作报告；协商讨论沈阳市2019年预算执行情况和2020年预算（草案）的报告、沈阳市2019年国民经济和社会发展计划执行情况与2020年国民经济和社会发展计划（草案）的报告；协商讨论沈阳市中级人民法院工作报告和沈阳市人民检察院工作报告，对以上报告均表示赞同。会议增补了市政协副主席和常务委员。

（市政协）

2020年市政协常务委员会会议

表6

会议名称	日期	会议内容
市政协十五届十三次常委会议	1.7	审议通过市政协2020年工作要点；审议通过增补政协沈阳市第十五届委员会副秘书长名单；审议通过增补政协沈阳市第十五届委员会部分专门委员会主任名单；审议通过增补政协沈阳市第十五届委员会部分专门委员会兼职副主任名单
市政协十五届十四次常委会会议	7.27	协商讨论并通过《关于加快推动中心镇建设 促进县域经济高质量发展专题调研协商报告》
市政协十五届十五次常委会议	9.2	传达学习市委政协工作会议精神；审议通过《关于推动沈阳文化旅游产业高质量发展专题调研协商报告》；审议通过关于撤销赵秀海政协沈阳市第十五届委员会委员资格的决定
市政协十五届十六次常委会议	12.21	听取市党群系统、市政府系统关于政协沈阳市第十五届委员会第三次会议以来提案办理工作情况的通报；书面通报市法院、市检察院关于政协沈阳市第十五届委员会第三次会议以来提案办理工作情况；审议通过调整、增补政协沈阳市第十五届委员会委员名单、常委建议名单；审议通过关于授权主席会议对违纪违法政协委员及时作出处理的决定；审议通过市政协十五届四次会议相关事项；书面提报部分常委述职报告

（市政协）

政治协商

【概况】 2020年，市政协按照年度协商计划，联合各民主党派、工商联、无党派人士和区县（市）政协，整合社会各界智力资源，深入开展调查研究、协商议政，为编制“十四五”规划聚智赋能，形成一批质量高、影响大、可操作的资政建言成果。组织实施重点协商活动15次，其中1次全体会议协商、2次专题议政性常委会会议协商、2次专题议政性主席（扩大）会议协商、8次专题协商、2次再协商。

【“加快推动中心镇建设，促进县域经济高质量发展”调研协商】 3—7月，市政协先后深入4个区县（市），外埠灯塔市、海城市开展专题调研，实地考察10个中心镇（特色镇）及所属17户重点企业，召开系列座谈会、研讨会36次，形成《关于加快推动中心镇建设促进县域经济高质量发展》专题调研协商报告。报告从3个方面提出21条具有较强针对性的对策和建议，得到省委常委、市委书记张雷的充分肯定和市长姜有为、市政协主席韩东太的批示。

【“推动沈阳文化旅游产业高质量发展”调研协商】 3—9月，市政协联合市各民主党派、工商联、各区县（市）政协，深入30余户文旅企业（单位）开展调研，与50余家单位进行座谈，充分学习、借鉴国内先进地区的成功经验，形成《推动沈阳文化旅游产业高质量发展专题调研协商报告》，调研成果得到市委、市政府主要领导及相关部门的充分肯定和高度评价。 （吴汉伟）

民主监督

【概况】 2020年，市政协围绕党委、政府中心工作，主动适应民主政治建设的新形势，充分发挥民主监督员的优势和特点，不断提升政协民主监督实效，以生动的实践拓宽民主之路，以高效的工作诠释履职之责。在委员中推荐选派公益诉讼监督员、营商环境监督员、信访监督员等60余人。

【50名政协委员获聘首批公益诉讼监督员】 11月25日，市检察院召开公益诉讼监督员聘任大会，50名政协委员被沈阳检察机关聘任为首批公益诉讼监督员。公益诉讼监督员通过监督员微信群、12309检察服务电话和“公益随手拍”小程序等，主动了解社情民意，及时发现公益受损情况，为检察机关提供公益诉讼案件线索；立足各自领域，帮助检察机关开展课题研究和培训，协助打造专业化的公益诉讼办案团队，积极参加现场勘验、诉前程序听证、案件庭审观摩等活动，深入了解检察机关履行公益诉讼职能情况，有效监督规范办案。

（吴汉伟）

▶8月6日，市政协主席韩东太到和平区八卦街视察文化产业发展情况 （市政协供）

重要活动与重要建议提案

【东北三省副省级城市政协主席联席会议】 11月4日召开。会议围绕“积极融入构建新发展格局，打造东北对外开放新通道”，共商振兴大计，共谋发展良策，贡献政协智慧。会上，哈尔滨市政协主席秦恩亭、长春市政协主席綦远方、大连市政协主席王启尧、沈阳市政协主席韩东太分别以《促进物流行业发展协同共享，打通对外开放的合作通道》《加快东北地区物流业高质量发展的建议》《加强陆海统筹联动，提升大连国际航运物流中心对东北振兴的支撑能力》《共建“东北号”中欧班列，打造对外开放大通道》为主题进行交流发言。

【《关于推进失智失独人员医养结合工作的提案》】 2020年，农工党沈阳市委员会针对沈阳失智失独人员医养结合存在的问题和短板提出该提案。提案从顶层设计、多元发展、政策支持、安宁疗护、措施保障、人才建设等方面提出意见建议。市卫生健康委员会高度重视该提案，认真进行办理回复。市政协主席韩东太作为该重点提案的督办领导，率视察组到和平区北市社区卫生服务中心和辽宁中置盛京老年病医院进行视察，并听取市卫健委关于重点提案办理情况的汇报，督促相关部门要以求真务实的精神把提案办理好。（吴汉伟）

2020年政协沈阳市委员重点提案

表7

案号	提案者	案由	承办单位	督办领导
0054	农工党市委	关于推进失智失独人员医养结合工作的提案	市卫健委	韩东太
0542	归国华侨界严蕴强等3人	关于大力发展夜间经济，活跃沈阳市场经济的提案	市商务局	韩东太
0140	致公党市委	关于深耕日韩俄，经略东北亚，打造对外开放新前沿的提案	市发改委	张景辉
0124	九三学社市委	关于深化产教融合，把沈阳打造成东北职业教育中心的提案	市教育局	张景辉
0158	侯　巍	关于降低企业成本负担，助力民营企业健康发展的提案	市营商局	张景辉
0350	港澳台侨联络与外事委员会	关于完善“一带一路”开放环境，推进沈阳国际产能合作的提案	市发改委	韩晓言
0277	马平等11人	关于充分发挥自贸区新经济引擎作用，拉动我市区域经济发展的提案	沈阳自贸区	韩晓言
0214	市政协民族和宗教委员会	关于促进锡伯族文化+旅游融合，打造锡伯族文化旅游带的提案	市民宗局	赵东岩
0443	朴玉顺等42人	关于进一步推进我市历史建筑保护与利用的提案	市自然资源局	赵东岩
0177	民建市委	关于加快发展工业互联网，推进智能制造与装备制造深度融合的提案	市工信局	赵世宏
0096	台盟市委	关于加强数据共享共用，优化医疗信息化服务体系的提案	市卫健委	赵世宏
0517	赵　英	关于加强我市社区卫生服务中心诊疗服务能力建设的提案	市卫健委	赵世宏
0289	市台联	关于应对我市水资源危机的提案	市水务局	金志生

续表7

案号	提案者	案由	承办单位	督办领导
0203	市政协人口资源环境与城乡建设委员会	关于进一步完善我市既有住宅增设电梯工作机制措施的提案	市房产局	金志生
0113	市政协社会和法制委员会	关于推进依法治市，为打造一流营商环境提供法治保障的提案	市营商局	金志生
0039	民进市委	关于整治农村人居环境，推进农村垃圾分类的提案	市行政执法局	肖　枫
0245	市政协农业和农村委员会	关于我市积极发展蛹虫草产业的提案	市农业农村局	肖　枫
0080	刘　博	关于适当向医院开放公共停车资源，有效缓解就医车辆“停车难”的提案	市城乡建设局	肖　枫
0211	民盟市委	关于认真聚焦关键环节，推动实现“飞地经济”发展新突破的提案	市发改委	于　龙
0240	市政协文化文史和学习委员会	关于启动《盛京大典》出版工程的提案	市委宣传部 市档案馆 市文旅局	于　龙
0333	金　福	关于积极推进我市5G产业发展，加快其商业化推广和使用的提案	市大数据局	于　龙
0172	民革市委	关于规范治理我市废弃油脂收集行业的提案	市行政执法局	
0163	市工商联	关于优化招投标环境，促进建筑市场健康发展的提案	市发改委	
0022	李　霞	关于加强沈阳市青少年心理服务体系建设的提案	市教育局	
0051	马　妍	关于将旅游产业与大数据融合，打造我市智慧旅游城市的提案	市文旅局	
0233	万　方	关于加强应急救援队伍建设的提案	市应急局	
0269	连志萌	关于加强本市地下空间精细化管理的提案	市自然资源局	
0323	杨功涵等7人	关于建立遏制打击黑恶势力犯罪长效检察机制的提案	市检察院	
0458	李淑芳、刘鑫等6人	关于解决我市法院“执行难”问题的提案	市法院	
0572	张孟龙等10人	关于为物业服务行业开辟绿色通道的提案	市房产局	

（市政协）

五、中国共产党沈阳市纪律检查委员会 沈阳市监察委员会

综　述

2020年，全市纪检监察机关忠实履行党章和宪法赋予的职责，充分发挥监督保障执行、促进完善发展作用，以推动公开强化对权力运行的制约和监督，以健全完善监督体系促进治理体系建设，一体推进不敢腐、不能腐、不想腐，纪检监察工作高质量发展取得新的成绩。接收信访举报9999件次，立案4955件，处分3951人，留置93人，移送检察机关96人，严肃查处张江徽、赵秀海、周以胜、盛力等一批有影响、有震动的案件。开展以案释德、以案释纪、以案释法宣讲195次，受教育党员干部6.47万人。112人向纪检监察机关主动投案，91名党员干部和43家单位向纪检监察机关主动说明问题。

践行“两个维护”。围绕党中央重大决策部署和习近平总书记重要指示批示精神加强监督检查，问责77个党组织668人，通报曝光典型案例122起。立案审查违反政治纪律案件43件，处分49人。协助市委深化全面从严治党，督促各级党组织和领导干部开展谈话、约谈8528人次。

落实中央八项规定。认真贯彻习近平总书记关于坚决制止餐饮浪费行为重要指示精神，加强监督执纪。从讲政治高度整治形式主义、官僚主义，坚决纠正贯彻党中央决策部署只表态不落实、维护群众利益不担当不作为问题。全市查处违反中央八项规定精神问题548件，处理606人，通报曝光典型案例12起14人。

整治群众反映强烈的突出问题。开展“监督保障脱贫攻坚”专项行动，查结举报线索51件，立案16件，处分25人。推进扫黑除恶“打伞破网”，查处涉黑涉恶腐败和“保护伞”案件297件，处分276人，移送检察机关14人。开展民生领域损害群众利益问题集中整治，立案353件，处分337人。开展公有房产管理违纪违法问题专项整治，收回强占房和遗失房523处，盘活闲置房产15.88万平方米，入账失管房2.7万处，将4500万平方米的公有房产纳入规范化管理。

“两个监督”（正风肃纪监督、大数据监督）和“两个体系”（监督体系和治理体系）建设。监督平台累计入库数据89亿条，涉及资金4002亿元，在民政、人防等32个领域开展专项监督，发现疑似问题数据760余万条，立案851件，问责1323人，处分1748人，移送司法机关36人，挽回经济损失超过17亿元，节约资金或避免经济损失超过205亿元，推动梳理行权事项32669项，促进《沈阳市政务数据资源共享开放条例》颁布实施。围绕“蓝天保卫战”、脱贫攻坚等党中央重大决策部署和习近平总书记重要指示批示，在全市30个领域建立监督模型362个，发现疑似问题数据57.36万条，处理576人。全市主动监督成案率由过去的不足5%上升到41.6%。

推进政治巡察。派出35个巡察组，对208个单位和地区党组织开展常规、提级、专项巡察和巡察“回头看”，发现问题8300个，移交问题线索658件，在全国率先实现本届市委常规、提级两个巡察“全覆盖”。做好巡察“后半篇文章”，成立督导组开展整改常态化监督，前七轮整改问题10581个，整改率92.84%。利用信息化手段提升巡察工作质效，市纪委监委等相关单位根据巡察移交问题线索，留置41人，给予党纪政务及组织处理1303人，涉及违纪违规款9.2亿余元。

纪检监察机关自身建设。深化全员培训，开展“直播课堂”“清廉沈阳”大讲堂等活动，安排新调入和新提拔干部接访，累计培训、锻炼干部8600余人次。坚持刀刃向内，全市谈话函询纪检监察干部65人，组织处理22人，处分10人。完成第五轮内部督察，并对4家单位进行“回头看”，自身权力监督制约体系不断完善。（市纪委监委）

重要会议与活动

【市纪委十三届五次全会】 6月9日召开。会议以习近平新时代中国特色社会主义思想为指导，深入贯彻党的十九大和十九届二中、三中、四中全会精神，传达学习十九届中央纪委四次全会、省纪委十二届五次全会精神和廖建宇到沈阳调研时的讲话精神，总结2019年纪检监察工作，部署2020年任务。省委常委、市委书记张雷出席会议并讲话，市委常委、市纪委书记、市监委主任王冬石主持会议并代表市纪委常委会作题为《严格精准执纪执法，全面提升监督效能，为沈阳高质量发展新时代振兴提供坚强保障》的工作报告。

【全省纪检监察大数据监督现场会】 8月10日，省纪委在沈阳万实大厦召开全省纪检监察大数据监督现场会，在全省推广大数据监督工作，加挂“全省纪检监察大数据监督实训基地”牌子，向全省推广公务加油卡、地力补贴、民政、六类监察对象、人防五个专项，组织团队进行实训演练。同时，山西省、广州市、杭州市、雄安新区、深圳海关，以及中央军委等全国10个地区和单位正在推广复制沈阳经验做法。

【《正风肃纪进行时》特别节目】 8月17日在沈阳广播电视台录制。节目以《为梦想 再出发》为主题，分为“监督之问”“监督之责”“监督之光”三个篇章，通过演讲、嘉宾访谈、直播展示、诗报告等形式，总结回顾正风肃纪监督工作发展历程，全面展示“两个监督”和“两个体系”建设成果。在录制现场，主持人通过视频方式采访中国工程院院士、中科院计算技术研究所所长孙凝晖，现场采访沈阳新松机器人自动化股份有限公司总裁曲道奎以及沈阳市纪检监察干部代表、正风肃纪监督员代表等。

【赵乐际两次对沈阳大数据监督工作作出批示】 8月31日，中共中央政治局常委、中央纪委书记赵乐际在沈阳市纪委监委呈报的《关于沈阳市纪委监委深入推进大数据监督工作的情况汇报》上批示“沈阳深入推进大数据监督取得明显成效，积累了有益经验，可在纪检监察信息上择发。”12月2日，赵乐际在《人民日报内参》（第1450期，2020年12月1日）刊登的《为监督执纪安装科技“显微镜”——辽宁依托大数据从源头堵塞监管漏洞》上再次作出批示。中央纪委副书记、国家监委副主任刘金国批示，要求有关人员详细总结推广。

【张国清对沈阳大数据监督工作作出批示】 10月17日，省委书记、省人大常委会主任张国清在省纪委监委呈报的《关于开展大数据监督工作情况的报告》上批示“要坚信大数据监督是新时代监督工作方式方法创新的重点方向之一，在实践中不断完善。智慧识别和动态预警是平台和系统的核心功能，是成功的关键，在这方面要下功夫，要有人工智能和数据技术强有力的支撑。从来自主动监督的成案比率看，前期工作是很有成效的，要坚定信心。”

【全市纪检监察系统干部大会】 11月3日召开。会议主要是贯彻落实全省纪检监察大数据监督现场会议精神，对年初以来全市纪检监察工作进行总结回顾，就深入推进“两个监督”和“两个体系”建设进行部署安排。市委常委、市纪委书记、市监委主任王冬石出席并讲话。全市纪检监察系统270人参加。

【卢希到沈阳考察调研】 11月10日，中央纪委常委、国家监委委员卢希到沈阳实地考察“两个监督”和“两个体系”建设工作，参观沈阳正风肃纪大数据监督警示教育展示馆，在万实大厦主持召开座谈会，观看“人防系统腐败问题”等三个专项监督模型演示。市委常委、市纪委书记、市监委主任王冬石汇报相关工作情况。卢希对沈阳深化大数据监督，强化智能化反腐的探索实践和取得成效给予充分肯定。

（市纪委监委）

执纪审查

【概况】 2020年，全市纪检监察机关接收信访举报9999件次，立案4955件，处分3951人，留置93人，移送检察机关96人。立案审查调查市管干部23人，严肃查处张江徽、赵秀海、周以胜、盛力等一批有影响、有震动的案件。落实“三个区分开来”（把干部在推进改革中因缺乏经验、先行先试出现的失误和错误，同明知故犯的违纪违法行为区分开来；把上级尚无明确限制的探索性试验中的失误和错误，同上级明令禁止后依然我行我素的违纪违法行为区分开来；把为推动发展的无意过失，同为谋取私利的违纪违法行为区分开来）要求，对2500余名受处分干部开展跟踪回访和思想政治工作，帮助其改正错误、积极工作。有11个地区立案数量连续两年突破300件。全市派驻机构立案887件，增长40.6%。坚持惩前毖后、治病救人，全市纪检监察机关运用“四种形态”批评教育帮助和处理11466人次，其中第一、二种形态占比达93.1%。深入开展以案释德、以案释纪、以案释法宣讲，组织案件主办人到发案单位进行警示教育195次，受教育党员干部6.47万人。在强大震慑和政策感召下，有112人向纪检监察机关主动投案，91名党员干部和43家单位向纪检监察机关主动说明问题。

【“强化处长监督年”活动】 2020年，全市开展“强化处长监督年”活动，查处处级干部353人，其中区县（市）查处249人，分别增长11.4%、25.1%。

（市纪委监委）

巡察工作

【概况】 2020年，十三届沈阳市委4月20日、10月12日先后启动市委第七轮、第八轮巡察，组建20个巡察组，对6个单位党组织开展专项巡察，对21个单位党组织开展巡察“回头看”，对70个乡镇街道和14个区直重点部门开展提级巡察，实现本届市委任期内市本级常规巡察和乡镇街道提级巡察两个“全覆盖”。截至年末，发现问题12472个，移交问题线索2018件。

巡察发现问题反馈。4月7日、9月9日，市委各巡察组相继召开第六轮、第七轮巡察反馈会议，向被巡察单位和党组织主要负责人反馈巡察情况。市委巡察工作领导小组成员，市纪委副书记、分管常委（监委委员）、相关纪检监察室主任、派驻纪检监察组组长，市委组织部、市委巡察办相关负责人以及被巡察单位党组织主要负责人、全体干部职工和所属单位相关人员参加会议。截至年末，前七轮巡察反馈问题整改完成率达91.36%。

巡察宣传。有20余篇经验材料在中央及省、市相关媒体刊发报道。7月将编撰的《民生是最大的政治》一书上报中央巡视办主任王鸿津阅示；8月《沈阳市委巡察机构开展巡后评估促巡察队伍建设》的经验材料被中国纪检监察杂志和辽宁省纪检监察网相继报道推广；9月市委组织部专门下发通知，将市委巡察机构编撰的《巡察例鉴》明确为全市党组织支部主题党日学习内容；10月沈阳巡察工作陈列馆正式开馆，接待全国各地区相关部门参观学习20余次。

智慧巡察升级。全市推进巡察大数据监督平台建设，12月完成“一库四系统”迭代升级，即：巡察监督库、问题管理系统、问题线索管理系统、问题整改管理系统、政治巡察分析系统，设计14大板块、90个模块、8大模型规则、48种人工智能算法。整合区县（市）巡察工作发现问题和问题线索等数据资源，将区县（市）巡察工作所有的业务流程全部接入平台，实现平台共建、信息共享、成果共用，提升全市巡察工作规范化、信息化、智能化水平。

【市委书记专题巡察专题会议】 3月28日、9月9日，省委常委、市委书记张雷分别主持召开市委书记专题会，先后听取市委第六轮、第七轮巡察综合情况汇报，点出具体问题32个，提出处置意见26条。同时，张雷和市委相关领导阅看所有巡察组的巡察报告，对下一步工作进行深入细致的研究部署。（市纪委监委）

正风肃纪监督和大数据监督

【概况】 2020年，市纪委监委持续深化正风肃纪监督和大数据监督，围绕“深化大数据监督、强化智能化反腐、构建现代化监督体系、推进国家治理体系和治理能力现代化”工作目标，不断强化主动监督、精准监督、高质量监督，努力实现纪检监察工作的高质量发展。在民政、公务加油卡、人防、发改、科技、农业农村、六类监察对象、医保、公有房产、招投标等30余个领域开展专项监督，发现疑似问题数据超过760万条。

大数据监督平台迭代升级。沈阳大数据监督平台有监督数据库，数据备案、公示公开、比对分析、监督管理四大系统，建立起6大分析方法、600余个规则模型及200余种专利算法。采集全市党政机关、企事业单位项目、资金、物资、决策和行为人数据近90亿条，在互联网上公开公示1900余万条信息，涉及资金总额超过1700亿元。

大数据监督培训。组织大数据监督专家参与“清廉沈阳”大讲堂，讲授大数据监督理念。7月，举办大数据监督暨推进“两个体系”建设专题培训班，全市98家市直单位、垂管部门、国有银行等单位89名市管干部，218名处级干部参加培训。11月，举办全市纪检监察系统大数据建模培训班，99名干部参加培训。

【沈阳正风肃纪大数据监督警示教育展示馆开馆】 6月正式开馆，并先后进行数次升级改造。8月12日，市纪委监委与新华社辽宁分社联合策划，以网络直播的形式对沈阳正风肃纪大数据监督警示教育展示馆进行全网线上直播，在线观看峰值97万余人，全网总点击量2019万余次。沈阳正风肃纪大数据监督微信公众号累计推送信息140余条，阅读量超过2万次，关注人数4000余人。同时，建设网上虚拟展馆，为参观者打造全方位、沉浸式的参观体验。沈阳市按照“全国唯一、全国最好”的建馆原则，以一种新的形式展示反腐败斗争的新成果，对广大党员干部进行立体生动形象的警示教育。截至年末，展馆累计接待参观近400场，总计1.8万余人次。

【“全员建立监督模型”工作】 9月，在全系统开展“全员建立监督模型”工作。先后下发6个通知，动员全市纪检监察干部运用数据思维、模型思维建立监督模型，做到人人懂模型、人人建模型、人人用模型，做到一资金一建模、一项目一建模、一补贴一建模、一专项一建模、一案件一建模，要求做到总书记一指示一建模、一批示一建模。自开展“全员建模”工作以后，发现疑似问题数据60余万条，转化问题9466个，党纪政务处分551人，组织处理347人，移送司法机关10人。推动监督模型不断由“小、快、好”向“高、精、尖”迈进，开展重点领域“全覆盖建模”工作，召开监督任务全覆盖工作会议，跟踪调度公安、卫健、民政、房产、供销社等领域监督任务全覆盖。（市纪委监委）

▶12月，市委巡察大数据监督平台2.0版本完成迭代升级（市纪委监委供）

监督体系和治理体系建设

【概况】 2020年，市纪委监委持续深化正风肃纪监督2020年，全市将正风肃纪监督和大数据监督深化为监督体系和治理体系建设，推进治理体系和治理能力现代化。坚持每周六周日召开两场调度会，邀请市审计局、市统计局、市信息中心的领导，以及市人大代表和市政协委员等相关人员参加会议，以党内监督推动各类监督有机贯通、相互协调。连续进行110多场，参会人数5300多人（次）。全市下发监察建议85份，制定政策文件700余个，完善政策规定2600余个。在第一批、第二批试点单位取得阶段性成果的基础上，6月全面启动全市89个市直部门、企事业单位和高校“两个体系”建设工作。民政、营商、残联、人防、发改领域率先开展“两个体系”建设上下贯通工作。“两个体系”建设在全市13个区县（市）以及市直党政机关和企事业单位全部铺开。“两个监督”和“两个体系”建设工作在沈阳市实现全覆盖、无死角。

【“两个体系”建设3个地方标准制定】 2020年，市纪委监委联合市信息中心、市标准院等单位，完成《推进权力运行制约和监督的工作规范》《监督与治理信息系统融合标准》《“小专项”监督工作指南》三个推动“两个体系建设”的地方标准。

（市纪委监委）

六、民主党派与工商联

中国国民党革命委员会沈阳市委员会

【概况】 2020年，中国国民党革命委员会沈阳市委员会（简称“民革沈阳市委”），有主副委7人，常委15人，委员31人，基层工委4个，总支6个，支部50个，党员1330名。发展党员84人，其中，研究生学历28人，硕士学位19人、博士学位9人，博士后2人，具有中高级职称的41人，民革特色42人。

参政议政。在市政协十五届四次全会上，民革沈阳市委报送大会口头发言1件，书面发言4件，集体提案8件，界别提案2件，委员个人提案32件。

思想建设。7月，民革沈阳市委召开理论中心组学习“两会精神”研讨会，主委贾海洋作民法典辅导讲座。报送理论研究课题6篇，论文13篇，其中《创新民主党派民主监督运行机制研究》和《中国特色社会主义参政党在推进国家治理体系和治理能力现代化中的重要作用研究》为市委统战部立项课题。8月26日，市委统战部举办同心大讲堂·全市统一战线《习近平谈治国理政》第三卷理论学习会议，全市民革党员400余人分别在主会场、分会场和在线直播上参加学习。

调查研究。7月24日，民革沈阳市委赴康平县小城子镇开展专题调研，利用自身优势助力当地脱贫攻坚。9月，民革沈阳市委会重点课题及实践创新项目调研在辽中区启动，以辽中区为首站，对全市涉农区县开展系列调研；根据省、市委统战部关于开展实践创新活动的实施方案，以辽中区为核心，开展循环农业、设施农业系列调研。10月26—31日，民革沈阳市委赴重庆市、成都市就“智慧城管”“发展城市数字经济新业态新模式”“培育专业化市场化的农业服务组织”等课题开展调研。11月11—15日，民革沈阳市委年度重点课题调研组就《关于推进乡村治理体系和治理能力现代化的对策研究》课题在浙江宁波、温州两市开展调研。

疫情防控。民革沈阳市委组织各基层组织和广大党员投身沈阳市疫情防控工作。截至年末，捐款捐物400余万元。党员马晓春被中共中央评为“全国抗击疫情先进个人”；李英等4名党员被民革中央评为“抗击新冠肺炎疫情先进个人”；王玉等24名党员被民革省委评为抗击新冠肺炎疫情先进个人；和平区工委等4个基层组织被民革省委评为抗击新冠肺炎疫情先进集体。

【“奉献一片爱心 助力寒门学子”活动】 1月14日，民革沈阳市委开展第三期“奉献一片爱

心 助力寒门学子”活动（最后一年）。民革沈阳市委一行13人深入康平县贫困大学生家庭进行走访慰问，并将扶贫款1.5万元送到贫困家庭手中。民革沈阳市委号召企业家党员提供20个就业岗位，妥善安排应届大学生就业。

【沈台胞迎新春联谊会】 1月17日，民革沈阳市委联合台盟沈阳市委、市台联举办“不负韶华 同心奔小康”台胞迎新春联欢会。民革沈阳市委组织民革党员及专业演员10人出演《美丽的心情》《含苞待放的花朵》等5个精彩节目。在沈民革党员、台盟盟员、定居台胞和台商代表230余人参加联谊会。

【监督委员会成立】 7月10日，民革沈阳市第十三届委员会第六次全体（扩大）会议在沈阳市民主党派机关召开。会议审议通过《中国国民党革命委员会沈阳市委员会内部监督工作条例（草案）》，表决通过民革沈阳市第十三届委员会监督委员会组成人员预备人选建议名单，宣布民革沈阳市第十三届委员会内部监督委员会正式成立

【“同心·送法到台企”活动】 10月22日举办。民革沈阳市委联合辽宁同泽律师事务所共同举办。市委会专职副主委带领4位辽沈知名律师到沈阳金久利商贸有限公司（台企），与部分合资企业负责人进行交流座谈，随行律师对企业用工、资金信贷等方面普遍存在的问题和解决办法进行深入讲解，并对大陆与台湾在法律方面的差别进行说明。

【专项民主监督政府部门座谈会】 10月26日，民革沈阳市委召开营商环境专项民主监督政府部门座谈会。民革沈阳市委主委贾海洋出席会议并讲话，市民政局、公安局、市场监管局等政府部门的相关负责人参加会议，分别在解决群众办事难问题，推出系列便民、利民措施所取得成果以及存在的问题等方面发表意见。

【“同心大讲堂”活动】 12月8日，民革沈阳市委举办“同心大讲堂·宣传暨祖统工作培训班”，全市民革基层组织负责人、宣传委员、祖统委员70余人参加此次培训。培训班邀请中共辽宁省委统战部办公室副主任朱红亮作“关于进一步做好统战信息工作的建议”专题讲座，沈阳市委党校副教授韩雪作台海形势专题讲座。

【“同心公益”活动】 12月16日，民革沈阳市委组织企业家联谊会、机关总支第一支部部分党员赴浑南大乐社区开展“同心公益”——民革沈阳市委会“进乡村 惠民生”活动和法律进社区活动。随行党员为大乐社区捐赠价值1万余元的防疫物资并开展义务普法讲座。

【民革沈阳农业大学支部成立】 12月24日，民革沈阳农业大学支部委员会成立大会举行。会议任命张世宏为民革沈阳农业大学支部主委，张桐为支部副主委，邱硕为支部委员。 （杨潇音）

中国民主同盟沈阳市委员会

【概况】 2020年，中国民主同盟沈阳市委员会（简称“民盟沈阳市委”）有1名主委、10名副主委，1名秘书长（专职副主委兼任），55个直属基层组织，其中，委员会21个。有11个专门工作委员会、1个艺术家演出团和1个盟务工作智囊团。发展新盟员78名，平均年龄36.6岁，包括代表人士4名。截至年末，全市有盟员4704名。向民盟辽宁省委报送信息370篇，采用78篇，省政协采用46篇，民盟中央采用9篇，全国政协采用7篇，省领导批示3篇。向市政协报送信息223篇，采用91篇，省政协采用13篇，全国政协采用8篇，市领导批示2篇。向市委统战部报送信息238篇，市领导批示1篇，直通车市领导批示1篇。向市委统战部报送调研课题1篇，向民盟辽宁省委报送重点调研课题2篇。向民盟辽宁省委上报社情民意信息370条，民盟省委采用78篇，省政协采用14篇，民盟中央采用3篇，省领导批示3篇，全国政协采用8篇。建立健全机关工作制度，形成《民盟沈阳市委会机关工作制度汇编》。响应盟中央“互联网+盟员+机关”智慧化工作模式要求，完成民盟沈阳市委会盟员盟务管理信息系统的项目申报。在机关开展2期“读书会”活动，白艳立获“沈阳市学习型城市建设先进个人”称号。

思想政治建设。民盟沈阳市委机关把深入学习宣传习近平新时代中国特色社会主义思想作为首要政治任务，把贯彻落实中共十九大和十九届二中、三中、四中、五中全会精神与巩固扩大“不忘合作初心、继续携手前进”主题教育活动成果、加强中国特色社会主义参政党建设、履

行参政党职能有机结合起来，实现政治引领、思想引导、共识教育的常态化和长效化，不断夯实多党合作的思想政治基础。民盟沈阳市委被民盟中央评为“思想政治建设和宣传工作先进集体”，并获“《群言》杂志发行工作突出成绩奖”。协调组织主委会议6次，全委（扩大）会议1次，理论学习中心组集中学习6次，参加民盟中央、辽宁省委，市政协，中共市委统战部等组织的学习培训、专题讲座等10余次，深入学习党和国家的大政方针政策、习近平总书记系列重要讲话精神和《中共中央关于加强中国特色社会主义参政党建设的意见》等重要文件精神。号召各基层组织和专委会开展专题讲座、业务培训、参观学习等活动，在全盟营造浓厚的学习氛围。组织召开理论研究小组会议，集体研究课题方向和总体思路，增强理论研究的计划性、科学性、系统性，形成一批高质量的研究成果。完成2020年度统战理论研究课题招标工作，向中共辽宁省委统战部报送课题4项，获立项2项；向中共市委统战部报送并立项课题2项；向中共市委统战部报送统一战线工作实践创新项目3项，获立项1项。

宣传工作。坚持不断创新宣传方法和宣传手段，充分运用好“一网一刊一号”，把思想政治工作重心下移，思想政治教育、信息发布和工作交流实现常态化、便捷化。在“沈阳民盟”公众号开辟《云讲堂》专栏，下设《读书荟》《盟萌细语》栏目，开展读书、盟史、专业知识等宣讲活动，让学习内容更加贴近时代、贴近实践，贴近盟员的实际需求。举办民盟基层组织宣传信息员培训班，引导和帮助盟员准确把握思想政治宣传工作的性质、定位、方向、方法和路径。继续实施“盟史拯救工程”，开展盟史知识竞赛预赛，引导盟员学习民盟历史和党盟合作史。

参政议政。参加中共市委、市政府召开或者委托有关部门召开的通报会、座谈会等，并组织盟内专家学者分别就中共市委全会报告、政府工作报告、“十四五”规划、反腐倡廉工作等提出意见建议，为市委、市政府科学决策提供有益参考。通过“直通车”向中共沈阳市委报送3条建议，其中《五方面着力确保后疫情时期我市农业农村经济健康发展》获市委主要领导批示，通过市委统战部“党外人士社情民意专报”向市政府报送《关于加快改善我市人居环境的建议》等3条建议。组织开展有关抗疫复产、营商环境、装备制造等方面调研10余次，并参加市政协、市委统战部组织的沈阳经济区物流一体化、文旅产业发展、党派组织建设等专项调研。组织盟内专家学者、参政骨干赴营口、铁岭等地就中共市委统战部《关于做大做强做优沈阳市政策性担保机构的建议》重点课题进行调研，形成《关于加强沈阳政策性担保机构建设及搭建再担保体系的调研报告》《关于加快县域医共体建设，助力中心镇发展的建议》等一批高质量调研报告，其中《关于培育市场主体，促进产业集聚，加快推进沈阳经济区物流一体化发展的建议》《关于促进沈阳市文旅消费的建议》分别在市政协主席会、常委会议上做专题发言。承担民盟省委调研课题任务，按时完成《编制好"十四五"规划，推动辽宁省高质量发展》专项调研课题。在市政协全会上，民盟市委会提交5件集体提案，其中《聚焦关键环节 推动“飞地经济”发展实现新突破》作为大会口头发言，被列为全市重点提案和主席督办提案。

民主监督。民盟沈阳市委机关就营商环境建设中企业历史遗留问题解决难情况组织开展专项民主监督，进行企业调查问卷近200份，召开企业家座谈会，到市营商局开展调研座谈，收集第一手资料，提出科学定义遗留问题概念、落实主体责任、健全工作机制和探索依法解决途径等合理化意见建议。制定《中国民主同盟沈阳市委员会内部监督工作条例》，成立民盟沈阳市第十五届委员会内部监督委员会，并组织召开民盟沈阳市委会内部监督委员会第一次工作会议，内部监督委员会成员列席主委会、理论学习中心组集中学习和基层换届大会等重大会议和活动18次，为进一步加强中国特色社会主义参政党建设提供监督保障。

社会服务。民盟沈阳市委将“奉献一片爱心助力寒门学子”三年行动引向深入，民盟沈阳市委机关赴康平县北四家子、东升等5个乡开展助力寒门学子精准扶贫帮困活动，并号召各基层组织开展多种形式的帮扶慰问活动。根据国务院《关于深入开展消费扶贫助力打赢脱贫攻坚战的指导意见》，面向全市民盟组织发出参与消费扶贫活动的倡议，参与盟员累计110人次，消费金额总计1.2万元。巩固深化品牌效应，“同心大讲堂·农村教育烛光行动”由现场教学向网课转型，民盟教育界盟员制作英语云课堂，为教育事业奉献一己之力；开展“三下乡”服务活动，组织盟内医疗专家赴丹东东港市獐岛村开展医疗义诊活动，为群众提供医疗服务和就医指导，协调省图书馆向獐岛小学捐赠图书3000余册，并在该校建立图书流动站；“黄丝带帮教行动”走进龙山强制隔离戒毒所和大东区文官司法所，助力做好特殊人群的服务管理和教育帮扶工作；“民盟同馨讲坛”先后走进新村社区、沈阳市工人文化宫等地，开展10余场关于《和谐家庭与家风家教》《弘扬传统八德 坚守初心使命》等方面的公益讲座；开展庆祝“三八”妇女节、纪念“五四”青年节等线上特色主题活动；连续13年开展同心公益·民盟沈阳市委“六一”儿童节、教师节医疗咨询义诊活动等。民盟沈阳市委被民盟中央评为“社会服务工作先进集体”。

抗击疫情。疫情伊始，发出《关于做好新型冠状病毒感染的肺炎疫情防控工作的通知》，号召全市盟员全力以赴投身疫情防控阻击战。编发《众志成城 抗击疫情 沈阳民盟在行动》系列专题宣传报道41期，营造同心抗疫的良好氛围。发出《同心勠力共克时艰 民盟助力打赢疫情防控阻击战——号召全市盟员参与捐赠的倡议书》，并征集抗击疫情的文学、文艺作品。全市以民盟组织和盟员名义捐款12.4万元，捐赠抗疫物资价值1731.2万元，收到原创诗歌、抗疫歌曲、书画等文艺作品46件。录制“同心抗疫 沈阳民盟在行动”主题微视频，在“沈阳统战”和“沈阳民盟”公众号上同步播放，点击量3000余人次。将反映社情民意信息工作方向放在保民生、促经济，围绕公共卫生法制体系的顶层设计、中小微企业的相关扶持政策问题等方面，收到有关疫情方面的社情民意信息663篇，向民盟辽宁省委上报232篇，民盟省委采用19篇，省政协采用7篇，民盟中央采用3篇，全国政协采用2篇。

新苗人才计划。民盟沈阳市委注重加强对新盟员的培养和培训，新成立5期新盟员委员会培训班，并组建班委。举办4期“新苗议政沙龙”，帮助新盟员尽快提高能力素质，提高新盟员参政议政能力。举行第一至五期新盟员委员会培训班毕业典礼，179名盟员顺利毕业，其中23名盟员被评为“新苗人才”。

【同心大讲堂·民盟沈阳市委员会学习全国两会精神专题报告会】 7月7日在辽宁大厦举办。报告会邀请全国人大代表、本溪市金山医院肿瘤科主任、民盟本溪市金山医院支部盟员教授武文飞宣讲十三届全国人大三次会议精神。民盟沈阳市委会部分委员、新盟员委员会部分骨干新盟员及机关全体人员70余人参加专题报告会。市政协副主席、民盟沈阳市委会主委于龙等参加。

【“踏寻革命先贤道路 筑牢理想信念之基”主题教育活动】 11月1—7日举行。民盟沈阳市委组织部分新盟员骨干十余人赴重庆、四川等地，到中国民主党派历史陈列馆、华蓥山起义纪念馆、邓小平故里、贺麟故居纪念馆、费孝通纪念馆等教育基地进行参观学习和考察调研。

【“重温历史不忘初心 坚定信念携手前进”主题教育活动】 11月16—20日，民盟沈阳市委组织参政议政盟员骨干十余人赴南京、苏州、无锡等地，到陶行知纪念馆、梅园新村纪念馆、费孝通江村纪念馆、钱伟长故居等教育基地进行参观学习和盟务交流。（马　旭）

中国民主建国会沈阳市委员会

【概况】 2020年，中国民主建国会沈阳市委员会（简称“民建沈阳市委”）以落实深入贯彻落实《中共中央关于加强中国特色社会主义参政党建设的意见》等三个文件精神为主线，围绕民建省委和中共市委市政府中心工作履职尽责，各项工作取得新进展新成效。2020年8月7日，民建沈阳市第十四届委员会第五次全体会议增选李旭辉为副主任委员（专职）。2020年机关干部17人，会员人数3259人。发展会员128人。其中经济界人士104人，占发展总数的81.3%；公有经济31人，占24.2%，研究生以上学历的33人，占25.8%。对全市民建各级组织工作进行调研，完成调研材料《民主党派基层组织建设现状与思考》。截至年末，5个区委会所属支部基本完成换届工作；4所高校支部为换届工作做好相应准备。建成辽中、大东两个标准化的“会员之家”。民建市委被评为沈阳市学习型城市建设先进单位，获民建省委新闻宣传工作先进单位一等奖、网站组稿和“我与民建”主题征文一等奖。

疫情防控。新冠肺炎疫情发生后，民建市委成立“疫情防控领导小组及督导问责工作领导小组”，下发《关于做好新冠肺炎疫情防控工作通知》，全市民建各级组织和广大会员累计捐款捐物1300余万元，600余名会员投身防疫一线。举行“校企联动助就业 互利共赢促发展”沈阳民建会员企业网上招聘活动助力复工复产。在沈阳民建官网（公众号）设置《共抗疫情，沈阳民建在行动》专栏，制作沈阳民建抗击疫情专题微信公众号23期。会员谷野、陈少纯获全国抗击新冠肺炎疫情先进个人称号；民建沈阳市委和直属第三支部获民建中央抗击疫情先进集体称号；谷野、陈少纯、宋鑫、高英哲获民建中央抗击疫情先进个人称号。15个集体、41名会员获民建全省抗击新冠肺炎疫情先进集体和优秀会员称号。

思想建设。完善理论学习制度，促进理论学习常态化、规范化；将学习习近平新时代中国特色社会主义思想列为民建市委理论学习中心组、常委会议、全委会议重要内容，理论中心组开展专题学习5次，充分发挥领导集体在理论学习上的示范带头作用。组织全市会员3000余人次在线学习收看同心大讲堂《习近平谈治国理政》第三卷；2000余人次收看民建省委主委武献华全国“两会”精神视频报告会；200余人次参加《弘扬抗美援朝精神 传承爱国主义情怀》红色教学活动等。

协商议政。在中共市委、市政府召开的党外人士代表座谈会上，民建沈阳市委围绕生物医药、优化创新创业生态、持续优化营商环境、非公经济“两个健康”发展等方面提出具体建议，得到中共市委主要领导的充分肯定。特别是围绕“沈阳市制定‘十四五’规划”提出的生物医药、非公经济“两个健康”发展两项建议得到采用，被编入《沈阳市国民经济和社会发展第十四个五年规划和二〇三五年远景目标的建议》中。完成中共沈阳市委统战部重点调研课题1篇；参加市政协专题调研并完成分组报告；向市政协十五届四次会议报送《借力工业互联网推动沈阳积极融入双循环新发展格局的建议》等大会发言4篇，《提升传统产业迭代升级构建现代化新型的制造业体系的建议》等集体提案6篇。组织参政议政骨干会员赴丹东抗美援朝红色教学基地参观学习，并要求各区委、高校、专委会挑选区域内参政议政成果卓越或能力突出的会员作为参政议政人才库的推荐人选。成立专项民主监督调研组，重点围绕全市知识产权保护情况进行专项民主监督，并完成《关于我市知识产权保护情况的民主监督报告》。

调查研究。围绕民营经济发展、营商环境建设、科技成果转化、工业互联网等市委市政府中心工作，深入开展调研活动。完成《关于促进文旅产业融合的对策研究》《关于优化融资环境，增强金融服务实体经济能力的对策研究》等调研报告。参与市政协“加强城市基础设施安全运行”专题调研，完成《关于进一步加强城市房屋安全管理的调研报告》。

理论研究。在《人民日报》《中华工商时报》《辽宁日报》《团结报》等国家级、省级报纸杂志刊登信息27条。召开理论研究工作线上视频工作会议，并组织骨干会员参加民建省委理论研究中期推动会。探索理论研究成果转化路径，汇编并发放1100份《行程万里 初心如磐》民建周年庆祝文集；完成姜克让、俞家锟、李玉珩3名老会员“口述会史”视频采访纪实及资料保存工作。

社情民意。报送社情民意60篇。全国政协采用1篇、民建中央采用2篇、省政协采用1篇、民建省委采用30篇、市政协采用18篇。其中，《关于加强房屋租赁中介机构管理，切实维护业主合法权益和社会稳定的建议》被民建中央采用并报全国政协信息局；《关于设立沈阳市法定“企业家日”的建议》通过信息直通车报送，得到沈阳市主要领导的重要批示；在抗击新冠肺炎疫情期间，向有关单位报送相关社情民意12篇，为全市抗击疫情、科学决策提供参考。

社会服务。民建沈阳市委组织会员赴黔西县、丰宁县等地开展调研活动。项目扶贫投入220万元，消费扶贫投入20余万元，资助扶贫投入116万元，带动和惠及人口万余人。在河北丰宁县落实200万元的豆制品深加工项目扶贫资金和3万余元的光伏项目扶贫资金；在河北黑山嘴镇捐资4.2万元用于建造“辽宁民建山楂林”；在贵州黔西县东庄村落实10万元的中草药种植项目资金。继续帮扶资助对口贫困大学生，落实助学款4.5万元，跟踪助学，进行心理健康指导、学习指导、就业帮助等精准帮扶。民建沈阳市委获民建省委社会服务工作特殊贡献奖。鄂晓泉等14名会员获“民建省委2020年社会服务工作先进个人”称号；会员张建运企业——沈阳来金汽车零部件有限公司入选2020年辽宁民营企业百强名单。

【“校企联动助就业 互利共赢促发展”沈阳民建会员企业网上招聘活动】 7月15日民建沈阳市委举办招聘活动启动仪式。民建会员企业在不降薪、不裁员的同时，提供近千个就业岗位吸纳高校毕业生，涵盖石油化工、汽车配件、设备制造、教育科技、软件工程、建筑智能化、电力设备、医疗器械等行业。截至年末，招聘1600余人。

【孙东生考察沈阳会员企业】 9月25日，全国政协常委、民建中央副主席、黑龙江省副省长孙东生到沈考察民建会员陈少纯企业——沈阳迈思医疗科技有限公司，并召开座谈会。孙东生对陈少纯和企业取得的成绩以及在抗疫中所做的贡献给予充分肯定，并鼓励陈少纯再接再厉，创新企业发展，把企业做大做强，为经济社会发展多做贡献。

【民建沈阳市委65周年纪念活动】 2020年，组织开展形式多样、各具特色的教育活动。承办500人次参与的省市民建周年庆祝大型文艺演出，创作并制作歌曲《风雨同舟》MV；网站公众号同步开设“庆祝民建沈阳市委成立65周年”专题专栏；网站公众号同步开设“庆祝民建沈阳市委成立65周年”专题专栏；开展知识竞赛活动以及红色教学活动；组织骨干会员150余人次参加《同心大讲堂·回顾民建75年发展历程 继承民建优良传统》报告会；征集“我与民建”主题征文等系列庆祝活动。（单 舒）

中国民主促进会沈阳市委员会

【概况】 2020年，中国民主促进会沈阳市委员会（简称“民进沈阳市委”）发展会员160人。成立民进沈阳理工大学支部。完成直属工委下属的10个支部的换届工作。截至年末，有会员3370人。民进沈阳市委获“民进全国履职能力建设先进集体”“民进全国会史工作先进集体”“2020年度《民主》杂志发行优秀集体”等称号。

思想政治引领。推进全市基层组织开展主题教育活动，引领全市会员在“弘扬爱国奋斗精神、建功立业新时代”活动中取得新成绩。坚持理论学习中心组学习制度，参加民进中央、民进省委会庆祝中国民主促进会成立75周年系列活动，征集统战理论论文13篇，完成民进中央、民进省委会、中共市委统战部课题5项。上报宣传信息1119条，沈阳民进微信公众号推出“抗击疫情，沈阳民进在行动”系列报道，制作《同心抗疫，最美逆行党派人》抗疫专题宣传片。

参政议政。贯彻落实民进中央“履职能力建设”主题年工作要求，参加中共市委、市政府、市政协和中共市委统战部等召开的党外人士协商会、座谈会、情况通报会等50余次，就制定“十四五”规划建议等方面，提出建设性意见。完成民进省委会《推进智能制造，抢占工业互联网和数字经济制高点》《建设国家中心城市，争创东北亚区域中心城市》2项调研课题；参与市政协《加强顶层设计，推动沈阳文化旅游产业高质量发展》等课题的调研活动，完成调研报告8篇；完成市委统战部重点调研课题《关于进一步拓展“文化+”新领域，不断丰富新业态的对策研究》。向政协沈阳市第十五届委员会第四次会议提交集体提案13件，向民进省委提交2021年提案素材15件。

服务社会。开展2020年度“奉献一片爱心，助力寒门学子”第三年扶贫活动，为康平县5个村的5名贫困大学生家庭送1.5万元助学金和米面油等扶贫物资，并征求5名学生的就业意向，尽最大努力提供帮助；开展“同心公益·春联万家”活动，组织会内的书画界会员为康平小城子镇的村民书写400副春联、500张福字。新冠疫情爆发后，第一时间号召民进会员参与新冠疫情防控工作。向民进武汉市委会发出慰问信，组织基层和会员通过各种渠道捐赠口罩、酒精、消毒液、防护服等抗击疫情急需的物资和款项共计470余万元。其中，分两次筹措隔离服600套和一次性医用标准的检查手套1.6万只。

专项监督。受中共沈阳市

委委托，民进沈阳市委继续开展专项民主监督工作。市委会主要领导牵头组建专项民主监督调研组，就沈阳市2020年营商环境专项整治工作中的“产权保护领域政务失信专项整治”等内容，先后赴东北科技大市场、新松机器人自动化股份有限公司等地进行实地调研并开展座谈，高质量完成调研报告的撰写工作。

【民进沈阳市委向武汉市委会捐赠抗疫物资】 2月13日，民进沈阳市委领导得知民进武汉市委急需抗疫物资求助时，多方动员，想方设法筹集物资。直属工委五支部和九支部会员主动积极响应，他们踊跃筹措资金，广泛联系货源，以实际行动助力抗击疫情的战斗。沈阳蓝天标志服装有限公司加入驰援武汉抗击疫情的队伍中，共同筹措防护服400套，2月17日寄往民进武汉市委会，用于缓解当地医用防护物资紧缺的局面。（刘庆国）

中国农工民主党沈阳市委员会

【概况】 2020年，中国农工民主党沈阳市委员会（简称“农工党沈阳市委”）有党员2226人，基层组织56个。其中省级政协委员5人，市级人大代表3人、政协委员19人，区级政协委员78人、人大代表13人；医药卫生、人口资源和生态环境界别党员1603人，占党员总数的72%；副高级以上职称党员1098人，占党员总数的49.3%；平均年龄54.1岁。全年发展党员81人，平均年龄38岁，净增率为2.7%；大学以上学历77人，博士学位党员8人，硕士学位党员21人；医药卫生、人口资源和生态环境领域2人，占发展总数的3%；副高级以上职称14人，占发展总数的17.3%。成立农工党沈阳市委内部监督委员会，开展党内监督工作。班媛被中共中央、国务院授予“全国先进工作者”称号。在庆祝农工党成立90周年大会上，农工党沈阳市委会和农工党沈阳药科大学支部、农工党沈阳市百丰医药支部，以及赵春杰、董雪、李佰君、王琦、郭书海5名党员受到农工党中央的表彰。农工党沈阳市委、农工党沈阳市第六人民医院支部，被授予“农工党抗击新冠肺炎疫情先进集体”称号，庞昶、刘晓东、张肖冰、王琦、班媛、张新玉、杨悦、杨事达8名党员，被农工党中央授予“农工党抗击新冠肺炎疫情先进个人”称号。

参政议政。10月中旬，市政协主席韩东太率视察组对沈阳医养结合建设工作进行视察，推进农工党市委《关于推进失智失独人员医养结合工作》重点提案办理。同时，就特殊困难群体（“三失人员”：失能失智失独）医养结合工作需要夯实落地和着力推进提出八点建议。受中共沈阳市委委托，开展营商环境专项民主监督工作，对营商环境的民主监督提高到政党协商层面，完成《关于政府失信问题专项整治民主监督调研报告》。在市政协十五届三次会议上，市委会提交13件提案，李铁男代表市委会作题为《进一步完善服务体系，推进失智失独群体医养结合工作》的大会发言。市委会提交的1件提案和3名政协委员的提案被市政协确定为十五届三次会议重点提案。与市政协教科卫体委员会联合开展调研协商，形成《关于抗“疫”期间采取必要的财政扶植政策支持市属公立医院运营和发展的建议》，呈报送给市政府。与市政协联合举行第三届“沈阳市民营医院建设论坛”活动。参与市政协人口资源环境与城乡建设委员会“加强城市基础设施安全运行”专题主席会议和市政协经济委员会“促进沈阳经济区物流产业一体化”专题调研，完成《关于加快大沈阳基础设施规划建设，促进沈抚沈本同城快速实施的调研报告》《关于以中欧班列为抓手加快推进沈阳全面振兴全方位振兴的调研报告》，并分别被载入市政协主席会议专题材料汇编中。与市政协联合开展农村医养结合调研工作。向全体党员发出《开展“我为‘十四五’规划建一言献一策活动”》的倡议书，将优秀调研报告、意见和建议拟在政党协商、政协提案和社情民意信息等平台上采用，并列入有关参政议政工作考核及评优。

重点课题专题调研。完成农工党辽宁省委会部署的“加快推动我省高端装备制造业发展——省政协常委会课题”，完成《加快推动我省高端装备制造业发展的建议》，并作为省政协常委会大会发言材料，上报农工党辽宁省委会。开展加快医疗健康产业发展的对策研究，形成《关于加快我市医疗健康产业发展的调研报告》，为沈阳市健康产业发展提供可借鉴的依据。召开重点调研课题《关于加快我市医疗健康产业发展的建议》《加快推动我省高端装备制造业发展的建议》成果论证会，推动调研工作深入开展。

文明建设服务。开展社会服务活动，深入开展精准健康扶贫活动。继续按照农工党中央助力毕节市大方县脱贫攻坚工作任务的部署要求，组织医疗专家开展精准医疗扶贫工作，向大方县人民医院捐赠核酸检测物资价值48万元，再次被农工党中央授予定点贵州省大方县扶贫工作“先进单位”荣誉称号。持续开展“凝心聚力‘十三五’同心同行促振兴”主题实践活动。举办“保健康 促春耕”“定点帮扶乡镇卫生院”等品牌社会服务活动。圆满完成全市统一战线“奉献一片爱心 助力寒门学子”三年行动计划，各基层组织开展形式多样的“同心”社会服务实践活动70余次。

【“不忘合作初心，继续携手前进”主题教育系列活动】 2020年，农工党沈阳市委组织开展“庆祝农工党成立90周年征文”活动，9名党员撰写征文。87名党员在农工党辽宁省委会庆祝农工党成立90周年党史知识答题竞赛获“优胜奖”（100分）。举行“同心大讲堂·爱国 革命 担当 奉献——中国农工民主党90年的优良传统”报告会，邀请农工党中央党史教育基地——樊氏图书馆负责人樊振为现场观众做主题报告。举办庆祝中国农工民主党成立90周年书画摄影作品展。与农工党辽宁省委会联合举办庆祝农工党成立90周年暨抗疫一线党员先进事迹报告会，会上播放专题抗疫宣传片《共克时艰战疫情，行稳致远显担当——一张朴实的农工名片》，宣传全市农工党各级组织和农工党党员共克时艰的奋战历程，邀请农工党抗疫先锋王琦、李佰君、张肖冰、刘晓东，讲述抗疫期间难忘的经历。在喜园婚礼文化综合创意产业园举行“我爱你，中国”暨歌颂抗疫英雄之夜主题晚会。

（王　勇）

中国致公党沈阳市委员会

【概况】 2020年，中国致公党沈阳市委员会（简称“致公党沈阳市委”）发挥自身优势、凝聚侨海力量，投身时代发展大潮、融入沈阳发展大势，为推动全面建成小康社会，打赢“三大攻坚战”，助力“十三五”收官、“六稳”“六保”，夺取“双胜利”注入了致公力量。致公党沈阳市委被致公党中央评为先进集体、海外联络工作先进集体、2020年度新媒体宣传工作先进组织、抗击新冠肺炎疫情先进集体；被致公党辽宁省委会评为先进集体、“不忘合作初心 继续携手前进”主题教育实践活动先进集体、参政议政工作先进集体、脱贫攻坚工作先进集体。新发展党员55人。截至年末，有基层组织32个，完成换届15个；有党员982人。

思想建设。理论基础更加牢固，理论中心组专题学习习近平总书记在党外代表人士座谈会上的讲话、中共十九届五中全会及致公中央十五届四中全会、中央经济工作会议等重要精神，提升政治把握能力；开展领导班子成员、基层组织负责人、骨干党员、新党员等网上“云”培训，巩固多党合作思想政治基础；持续开展读书活动，党内专家领读《习近平谈治国理政》（第三卷）、《全民健康行动》等效果显著；举办同心大讲堂，专题讲解“两会”精神、民法典等，引领全市党员深入学习贯彻习近平新时代中国特色社会主义思想。思想引领持续深化，领导班子成员持续开展走基层活动，先后开展银企、政企，以及人才政策对接会等，切实帮助党员企业家纾困解难，提振打赢“两场战争”的信心士气；走访慰问抗疫一线党员及家属，及时把握党员思想动态，适时进行思想政治引领；开展“庆重阳 话传承 同心促振兴”等主题活动，引导青年党员继承和发扬致公精神，做中国特色社会主义事业忠实的建设者和捍卫者。活动载体不断创新，开展庆祝致公党成立95周年系列庆祝活动。舆情阵地纵深拓展，打造微信公众号精品，特别是疫情期间，25期《打赢疫情防控阻击战 沈阳致公在行动》系列报道，《两份写在笔记本上的入党申请书》《最美的鲜花送给最美的你》《一封初三女孩写给逆行妈妈的信》等党员抗疫事迹感人至深；不断深化与加拿大“红枫林”“一带一路网”等10余家海外媒体深度合作，将中国的抗疫故事、抗疫成果宣传出去，讲好中国故事，传递中国好声音。

参政履职。调查研究深入扎实，完成调研报告144件，报送致公党省委会30件次，向市政协全会提交集体提案5件、大会发言11件。完成致公党省委会重点课题2件，中共市委统战部重点课题1件，民主监督调研课题1件，优秀调研成果4件，市政协重点课题5件，中共省、市委统战部理论课题各1件、实践创新课题各1件。编发社情民意信息134件次，被中央统战部《零讯》采纳2件，致公党中央及全国政协采用10件次；致公党省委及省政协采用63件次；市政协采用19件次，市级主要领导批示1件次。政党协商务实聚焦，围绕《中共沈阳市委关于制定沈阳市国民经济和社会发展第十四个五年规划和二〇三五年远景目标的建议》《市委全会工作报告》《政府工作报告》、国家中心城市建设等重大课题，组织党内专家认真研讨，提出的意见建议有建设性、前瞻性，其中《关于构建营商法治指数着力优化我省法制营商环境的建议》《关于助力缓解中小企业复工复产难的建议》被市委市政府采用。特别是“关于大力发展枢纽经济，推进国家中心城市建设”“双核驱动、多核联动”的沈阳经济区和区域组团发展理念，被纳入沈阳“十四五”规划建议。民主监督扎实有效，受中共沈阳市委委托，开展垄断行业营商环境专项整治民主监督活动，形成高质量监督调研报告，为市委市政府进一步优化营商环境提供决策参考；定期参加廉政建设通报会，认真听取中共沈阳市委关于党风廉政建设情况，参加法院、检察院专题座谈会；发挥党员中人大代表、政协委员、特约行风监督员作用，有107人次担任各级人大代表、政协委员。

海外联络。新冠肺炎疫情暴发初期，及时向所联系的海外同胞发出援助祖国倡议书，美国、加拿大、意大利、阿根廷、新西兰等国家10余个海外华人华侨社团、商会和洪门组织积极响应，组织募捐，捐款捐物，支援祖国抗击疫情，所联系的海外团体捐赠国内200余万元；疫情全球蔓延后，及时发布《致海外同胞的一封信》，鼓励他们积极应对，为海外同胞邮寄“致公爱心小包裹”572个，海外华侨纷纷发来感谢信。深化与20余个国家（地区）40余个侨团的广泛联系，推荐13名侨领作为市政协海外列席委员。邀请归国留学人员参与走进丹东抗美援朝博物馆等活动，增强侨海人员对中国特色社会主义制度的认同感，引领他们尽快融入沈阳经济社会发展大势中。疫情期间，积极联络服务侨海人员，了解其生活工作情况。深入开展理论创新课题《危机中育先机 变局中开新局 引领侨海力量投身沈阳振兴》，进一步凝聚侨海人员，不断增进情感认同。启动侨海青创工程创新创业基地，为侨海人士创新创业提供支撑和服务。

社会服务。全市982名致公党员共赴抗疫，捐款捐物468.4万元，4名党员和1名机关干部家属援鄂；47名党员奋战在疫情防控最前线；145名致公党员志愿者下沉基层一线，10篇建议被中央层面采用，关于复工复产的工作建议被市政府主要领导批示。致福品牌更加成熟，“致力童心”“致福温暖工程”“致福光明行”“致福关爱行动”“致福科技下乡”等成熟品牌进一步巩固，“致福送诊”品牌内容不断拓展，“致福爱万家·口腔及心血管健康关爱”等活动受到百姓一致好评；“奉献一片爱心，助力康平学子”三年行动计划收官，所有受资助学生均实现兜底就业。脱贫攻坚成果显著，通过“西好货”电商平台、扶贫攻坚带货直播等途径以购代捐，助力重庆酉阳如期实现脱贫摘帽；贯彻新发展理念，长期为贵州毕节七星关区、四川乐山马边县产业扶贫提供技术资金支持，周春艳、张伟明、邱华3名党员被致公党辽宁省委授予脱贫攻坚突出贡献者称号。

自身建设。组织基础进一步夯实，修订《致公党沈阳市委基层组织管理办法》，全面开展基层组织建设年活动，全市基层组织基本建立起规范的学习、议事、决策、活动、述职等制度。规范组织形式，拓展组织覆盖面，启动基层组织换届工作。各基层组织建设不断细化、规范化，组织活力不断增强，履职热情不断高涨。医科大学工委充分发挥医疗专业优势，冲在疫情防控一线；苏家屯等支部下沉社区，58名党员参与其他防控工作及志愿者服务；大东、辽中等支部深入基层关爱弱势群体；直属五支部、直属六支部、铁西等支部深入一线调研及时有效；直属一支部、直属七支部等支部狠抓制度建设，活动形式不断创新。

【庆祝致公党成立95周年系列活动】 2020年为中国致公党成立95周年，致公党沈阳市委员会举办系列庆祝活动：9月组织“致力

为公 不负韶华”马德伟书法艺术展，歌颂中国致公党与中国共产党风雨同舟的光辉历程；围绕庆祝中国致公党成立95周年这一主题，全面回顾和深入总结致公党作为中国特色社会主义事业亲历者、实践者、维护者和捍卫者，组织党员撰写“我的致公情缘”征文；围绕中国致公党历史、沈阳致公历史录制专题视频，开展“我是致公党员 我来讲党史”活动；推荐在新冠肺炎疫情期间，逆行湖北，冲在一线的2名致公党员参与致公党辽宁省委会“最美致公人”评选活动；组织党员参与致公省委会“丹青绘盛世 笔墨画同心——书画展”和“新老主委话致公”文艺演出活动；制作《庆祝致公党成立95周年专刊》电子杂志。　（韩志强）

九三学社沈阳市委员会

【概况】 2020年，九三学社沈阳市委员会（简称“九三沈阳市委”）发展社员159名，主体界别约占总人数的86%，高级职称及硕士以上学位占发展数的97%。至年末，有2584名社员。完成和平基层委员会等4个基层组织的换届工作。在社省委“两优一先”评比中，东北大学基层委员会等6个基层组织被评为先进基层组织，何伟等9人被评为优秀社务工作者，陈东岳等49人被评为优秀社员。辽宁大学基层委员会被社中央评为九三学社创建75周年全国优秀基层组织。九三沈阳市委被命名为市级文明单位和市级学习型城市建设先进单位。

疫情防控。成立九三学社沈阳市委疫情防控领导小组，发布《致全市各级社组织和广大社员的倡议书》，32个基层组织的812名社员向王选基金捐款22.94万元，向其他机构捐款2.7万元、捐赠口罩防护镜等防疫物资20495个。围绕疫情防控和推动复工复产、落实“六稳”“六保”，先后收集社员信息229篇，整理归纳后上报省、市相关部门122篇，其中社省委采用21篇、沈阳市政协采用35篇。李丽萍、陈火元、赵鸿梅被社中央评为抗击新冠肺炎疫情湖北抗疫一线优秀社员，周青、王大庆、赵艳洁被评为抗击新冠肺炎疫情全国先进个人，九三学社沈阳市委被九三学社中央评为抗击新冠肺炎疫情全国先进集体。

思想建设。举办同心大讲堂·庆祝中华人民共和国成立75周年专题报告会，邀请北京大学王选计算机研究所副研究员、社中央宣讲团成员、王选纪念室主任丛中笑做专题报告。举办2020年宣传骨干培训班。向全市各基层组织征集100余名社员先进典型社员事迹，刊印《社员风采录》。组织开展纪念建社75周年系列活动。专访辽宁省人民医院院长兼党委副书记、辽宁省卫生健康委抗击“新冠”疫情指挥部副总指挥、九三学社社员王大庆，并形成《一份沉甸甸的任命书》一文，被社中央出版的《白衣披甲 家国情怀——九三学社参与抗击新冠肺炎疫情典型事迹》一书收录。九三学社沈阳市委被九三学社中央评为九三学社全国宣传思想工作先进单位。

参政议政。向政协沈阳市第十五届委员会第四次会议提交大会发言8篇，《关于推动我国工业软件发展的提案》，入选成为全国政协重点提案。报送各类信息360余篇，其中全国政协采用22篇，社中央采用18篇，省政协采用65篇，省委统战部采用4篇，社省委采用89篇，市政协采用139篇，市委统战部采用2篇，省领导批示4篇，市领导批示4篇。参与市政协组织的“围绕开展历史文化名城保护行动，推动文保、不可移动建筑利用、历史片区更新、历史文化街区改造与城市历史文化建设”“加快推动中心镇建设，促进县域经济高质量发展”“促进信息互通，健全标准体系，加快沈阳市物流智慧化发展”和“城市设施安全运行”专题调研4项，形成专题调研报告4篇。在党派大调研中，对“完善科技创新平台建设，推动科技成果转化”课题进行调研，并形成调研报告。承接“持续推进‘四好’营商环境建设”和“推进沈阳市创建国家中心城市”两项社省委重点调研课题，形成调研报告2篇。围绕“深入开展招投标不透明专项整治”课题开展民主监督调研。

专委会工作。思想建设与理论研究工作委员会申报统战理论研究课题14项，其中13项在省委、市委统战部及社省委中标，中标率92.86%；在社省委中标的10项课题中，5项获突出成果奖，5项获优秀成果奖；向市政协提供人民政协理论研究论文5篇；召开委员（扩大）会议。科教文卫、经济与社会发展、社会服务与联络工作委员会组织社员从不同层面开展10余次调研活动，形成调研报告6篇。青年工作委员会开展的“青年社员说说”，获2020年度“沈阳市统一战线实践创新项目”立项；举办“九三学社沈阳市委青工委第一届二次全体（扩大）会议暨2020年度青年社员培训”。妇女工作委员会开展纪念三八国际劳动妇女节110周年网上活动。

社会服务。继续开展“奉献一片爱心，助力寒门学子”活动，发动九三社员力量，帮助康平县5名贫困家庭大学生实习和就业，助力家庭脱困。组织社内专家学者赴铁岭市西丰县天德镇开展“同心公益·助力乡村振兴”科技咨询活动。前往九三学社梅花鹿生态养殖项目基地、天德镇天来花果山果业合作社进行技术指导，惠及养殖基地及合作社所有农户。在疫情防控常态化的形势下，创新工作方式，持续开展“同心公益”系列活动。九三学社沈阳市委被九三学社中央评为2016—2020社会服务工作全国先进集体。

【谱写新时代巾帼华章主题活动】 9月27日，社市委妇委会在铁西区红梅文创园举办“2020年妇委会工作会议暨庆祝九三学社创建75周年——谱写新时代巾帼华章”主题活动。九三学社沈阳市委专职副主委，妇委会主任、铁西基层委员会主委及各基层女社员骨干30余人参加活动。会议介绍2020年社市委妇委会工作的开展情况及下一阶段工作安排。会后，邀请国家一级作家，中国作家协会会员、辽宁作家协会事、沈阳市作家协会副主席、铁西区文联主席商国华为大家做“创作激情与社会责任——作品写作与建言献策”主题讲座；邀请国家非物质文化遗产传承人、辽瓷创作者铁维伟为社员展示陶瓷拉坯及烧制的流程；聘请专业茶艺师进行茶艺知识的讲解，提升社员对中华茶文化的理解及茶叶产品的品鉴能力。随后，与会者对红梅文创园内的味觉博物馆、原料库、发酵艺术中心、沈阳故宫文创体验馆等展馆进行考察。（吕珅珅）

台湾民主自治同盟沈阳市委员会

【概况】 2020年，台湾民主自治同盟沈阳市委员会（简称“台盟沈阳市委”）有兼职主委1人、专职副主委1人、副主委1名，内设办公室（人事）、组宣调研部，编制8人。发展盟员76人，其中，新发展1名，从外地调入2名。

政治引领。召开全委扩大会，组织全体市委委员、骨干盟员学习习近平总书记5月8日党外人士座谈会发表的重要讲话、台盟十届三中全会、中共沈阳市委经济工作会议精神。举办“加强中国特色社会主义参政党建设”暨“建盟日”主题教育活动，传达学习中共中央十九届五中全会精神。同时，举办第33期盟员培训班、抗击疫情先进典型事迹报告会、承办台盟中央青委会《九一八全记录》专题读书活动，组织15名青年盟员赴京参观盟中央举办的“金瓯无缺——纪念台湾光复75周年主题展”等系列活动，组织广大盟员重温台盟爱国爱乡的光荣传统，为推进两岸关系和平发展、完成祖国统一大业共同奋斗。

参政议政。向市政府提交提案14件，完成调研课题10个，被盟中央授予2020年参政议政工作市级组织突出进步奖，被盟省委授予2020年先进市委会。吴利薇撰写的信息《关于在创城过程中要注重生态环境保护的建议》得到副市长王忠昆的批示，由孙元撰写的信息《关于在地铁内销售口罩的建议》得到市长姜有为的批示并迅速得以落实。关于加强数据共享共用，李巍执笔的集体提案《优化医疗信息化服务体系的提案》被市政协评为2020年度优秀提案。

民主监督。承担中共沈阳市委营商环境民主监督课题，由主委吴利薇带队，赴市司法局、市市场监督管理局就全面推进严格规范公正文明执法、建立“双随机一公开”（在监管过程中随机抽取检查对象、随机选派执法检查人员、抽查情况及结果及时向社会公开）等在营商环境建设工作情况进行调研，就如何开展跨部门、跨行业、跨领域联合执法、包容免罚举措、规范行政处罚和执法工作程序等问题进行沟通交流，完成《关于对我市有序规范执法情况》民主监督报告。

宣传工作。开展“抗击疫情，义不容辞，沈阳台盟在行动”系列报道，采访编发助力抗疫的11位盟员的事迹14篇，全面弘扬台盟盟员临危请命舍己为人的可贵精神。开辟“建宁在一线”专题，大力宣传黄建宁在武汉一线救治危重症患者的先进事迹，中央电视台新闻联播、中国新闻网、《人民政协报》《中国统一战线》杂志、统战新语、中央广电总台国际在线等媒体对黄建宁进行深入报道。参与市委统战部开展的“同心抗疫最美逆行党派人”主题活动，完成《最美逆行台盟人》等两件微视频作品，并制作电子宣传海报，营造“学英雄，当先进，争一流”的浓厚氛围。参与完成盟中央抗疫画册《抗疫必胜，台盟在行动》编辑工作；提交市政协关于现代辽宁文化名人史料的征文——《在浩瀚的历史文献之海中遨游》及人物小传7000余字。

专题调研。4月，省、市台盟联合组成调研组，到沈北新区进行台资企业复产复工专题调研。调研组听取沈阳六和机械有限公司负责人企业生产经营情况介绍，并与沈阳冠品木器有限公司、沈阳福达汽车零部件公司等台资企业负责人进行交流，就如何应对企业外销订单下降、汽车零部件产业链本土化程度低、优化沈阳营商环境等问题进行深入探讨。

社会服务。7月，台盟沈阳市委发出为贵州省毕节市赫章县筹建金银山街道儿童活动中心奉献爱心倡议，有38名盟员和盟务工作者参与捐款，总额1.2万元。开展“奉献一片爱心，助力寒门学子”活动。沈阳瑞亚生物科技有限公司总经理、盟员赵悦彤为贫困大学生家庭累计送去9000元助学金及慰问品，盟市委会送去米、面、油等生活用品及学习书籍等，帮扶贫困大学生顺利完成学业。

疫情防控。台盟沈阳市委成立抗疫工作领导小组，发出倡议书，号召全体盟员坚守岗位、恪尽职守，为抗击疫情做出贡献。34名盟员为武汉灾区捐款捐物合计20560元。盟员黄建宁随辽宁省驰援湖北危重症患者医疗救治队奔赴武汉开展危重症患者的救治工作，被台盟中央授予“抗击新冠肺炎疫情先进个人”称号。台盟沈阳市委被台盟辽宁省委评为“抗击新冠肺炎疫情先进集体”。

【沈台两地青年创业交流分享会】 8月19日，台盟沈阳市委联合民革沈阳市委、市台联、辽宁云创企业管理咨询有限公司共同举办“创业·合作·发展——沈台两地青年创新创业经验线上交流分享会”。沈台两地的10位青年企业家交流创新创业体会，涉及5G直播经济、文化、音乐、自然科技、医疗健康、餐饮、创客孵化等。

【台盟市委第33期盟员培训班】 9月25—26日举办。此次培训设置《如何做好社情民意信息工作》《深入学习中共十九届四中全会精神，推进城市治理体系现代化》、民法典等课程，并邀请赴武汉驰援的辽宁省人民医院呼吸内科主任医师、台盟盟员黄建宁作《战疫，在武汉的日子》专题讲座。49名盟员参加培训。

（刘任飞）

沈阳市工商业联合会

【概况】 2020年，市工商联全面贯彻落实中央关于加强新时代民营经济统战工作的意见要求，围绕市委、市政府的决策部署，以促进“两个健康”（非公有制经济健康发展、非公有制经济人士健康成长）为主题，以开展“精准高效服务年”活动为牵引，创新推动各项工作取得显著成效。新组建各类商会10家，择优发展团体会员8家、个人会员15人。至年末，市工商联系统有会员32240个，商（协）会组织206家，行业商会104家、异地商会43家、外埠沈阳商会4家、街道（乡镇）商会55家。市本级有会员15298个，所属商会88家（行业41家、异地43家、外埠4家），市本级所属个人会员35人。其中市工商联为业务主管的商会42家；自愿加入市工商联并接受市工商联教育、引导、服务的团体会员46家，形成行业覆盖广、地区跨度大、组织层次多的组织网络体系。

理想信念教育。通过线上线下的教育引导方式，广泛宣传和组织学习党的十九届四中、五中全会、全国“两会”及习近平总书记系列重要讲话精神。在北京大学、市委党校举办民营企业家综合素质能力提升培训班；邀请省委党校、市工信局等部门专家教授，围绕惠企政策、民法典等内容，举办“沈商大讲堂”专题讲座4期；组织会员收看《如何做好抗疫斗争中的意识形态工作》等视频讲座6次；开展市工商联领导班子成员与执常委谈心交心活动，有针对性地做好思想引导。基层各单位探索创新教育形式，如沈北新区工商联组织企业家赴清华大学培训，广州商会举办“论担当与家国情怀的重要性”辅导讲座等。全年线上3000余人次点击学习、线下培训2200余人次。

宣传工作。坚持以弘扬企业

家精神为导向，充分借助《中华工商时报》《沈阳日报》、沈阳网等媒体，以及网站、《沈阳商会》杂志、微信公众号等自办载体，宣传报道全市工商联组织重大活动开展情况近百次，刊登新闻稿件230余篇；深入挖掘并采访报道王水林等39位企业家在抗击疫情、脱贫攻坚、创新创业等方面的优秀事迹；集中宣传曲道奎、金卫东、姜成3位全国劳动模范的先进事迹，起到宣传和示范引领作用。

扶贫帮困。通过推动“百企帮百村”“奉献一片爱心 助力寒门学子”三年行动等活动的开展，以及开展抗击疫情捐献的呼吁和倡议，引导广大民营企业帮助弱势群体，践行社会责任。辽宁方大集团、辽宁禾丰牧业公司、方林家居装饰公司、辽宁雪松医药连锁公司等6户在沈企业被全国工商联评为“抗击新冠肺炎疫情先进民营企业”；辽宁禾丰牧业公司、辽宁雪松医药连锁公司获评第三届“辽宁慈善奖”。以创建文明城市为契机，指导商会和企业成立志愿者服务队，深入街道、社区、养老院开展志愿服务，辽宁禾丰牧业公司、方林家居装饰公司、辽宁雪松医药连锁公司等12户企业被评为2017—2019年度市精神文明单位，市工商联获市精神文明建设标兵称号。

抗击新冠疫情。市工商联团结和带领全市各级工商联、商（协）会和广大会员企业响应市委、市政府号召，1900余户企业累计捐款捐物3.75亿元（其中捐款3.27亿元、捐物0.48亿元）。市工商联成立复工复产工作专班，深入开展调研，全面掌握企业复工复产存在的困难；组织力量整理编辑33项惠企政策汇编，运用网站、微信工作群等推动政策宣讲；组织50名律师成立应对疫情律师志愿服务团，为企业提供线上法律咨询；携手平安保险公司为442户企业免费提供员工保险，开展为企业减负行动，为877户企业免收（退还）会费355.85万元。

建言献策。组织开展《建设一流中国特色商会组织实现统战工作向商会组织有效覆盖》《加强商会党建工作 强化民营经济代表人士思想政治引领》《沈阳市民营经济政策落实情况研究》3个重点课题研究。针对民营企业复工复产和全市经济发展中存在的各类问题，撰写《关于发挥政府采购政策功能 助力中小微企业复工复产的提案》以及《关于营造良好发展环境 促进中小微企业发展的对策建议》《关于降低企业成本负担助力民营企业健康发展》《关于加强我市旅游装备制造业建设 推动文化旅游产业高质量发展的建议》等研究报告。做好提案撰写和答复工作，沈阳市工商联被全国工商联评为“抗击新冠肺炎疫情调查点工作先进单位”。

经济服务。与中国建设银行等8家银行签署战略合作协议，推进金融产品和服务创新，全力解决小微企业融资难、贷款难问题。其中，中国民生银行、中国邮储银行和中国建设银行合计为495户企业提供6.2亿元的资金支持。组建顾问团，整合银行、资产管理公司等专业机构资源，为企业提供政策解读、融资咨询等金融综合服务。协助商会举办第42届东北亚太国际美容化妆品博览会、2020沈阳广告美陈展、第十届中国·沈阳古玩艺术品秋季博览会、2020中国沈阳国际汽车展览会等。

维权服务。开展“万人进万企”活动，定期组织企业家参加“营商下午茶”，开展“辽商·检察官面对面”等沟通协商活动，协调解决民营企业家反映的突出问题，形成解决问题的长效机制。联合市委政法委、公检法司建立沈阳市保护民营企业合法权益联系协调工作机制，建立健全诉调对接机制和调仲对接机制，有效帮助企业解决各类纠纷。组织市工商联法律顾问开展“法律三进”（法律进非公有制企业、进工商联所属商会、进工商联机关活动）、“企问律答”“法治体检”活动，帮助企业防范化解法律风险。

京沈合作。召开北京商会企业座谈会，为在沈投资的北京企业提供金融、政策支持服务。举办线上“沈阳企业北京行”活动，组织市汽车服务业商会参加北京“奚仲云汽配嘉年华网上论坛”。组织部分区县工商联主席赴北京市工商联进行对接，促成北京南锣鼓巷商会与沈阳中街商会的进一步合作。

【《沈阳市工商联深化改革实施方案》】 10月22日，市委统战部印发。《改革方案》由总体要求、改革措施、组织实施三部分构成。“总体要求”提出改革的指导思想、基本原则和改革目标。“改革措施”包括改进组织体制和机构设置、创新运行机制、改进工作方式、加强干部队伍建设4个方面、18项具体内容。“组织实施”对加强组织领导、明确责任分工、强化督促落实进行明确。《改革方案》通过改革组织体制和机构设置，进一步优化领导成员结构和机关内设机构职能，从宏观上对工商联系统组织建设进行合理规划设置，加强商会党建工作力量；通过创新运行机制，不断提升民营企业经营者的素质，为企业开辟和拓展交流联系渠道；通过改进工作方式，更好地引导非公经济人士发挥主体作用，进一步提升工商联“精准服务”水平；通过加强干部队伍建设，进一步拓展干部发展空间，激发干部的工作热情。

（王博文）

七、人民团体

沈阳市总工会

【概况】 截至2020年末，全市基层工会组织8684个，涵盖单位55825家，其中独立基层工会7369个，联合基层工会1315个，新建工会组织632个；全市职工会员158.4万人，新发展会员22万人；建立女职工委员会5581个；专职女职工工作人员1009人；全市建立职代会制度涵盖单位11450个，涵盖职工74.9万人。

疫情防控和保障。市总工会列支3928余万元疫情防控专项资金，用于支持保障医院、社区等防疫一线工作，走访慰问医务人员、公安干警、防疫生产等一线职工，对114名援鄂医疗队员及其家属进行重点慰问帮扶，市总工会包保的隔离酒店安全隔离3100余人。深入开展“抓好防疫保复工、提升技能促复产”联合行动，组织173名集体协商指导员深入2000多户开复工企业指导劳动关系调处工作，协调律师团队线上解答企业复工复产涉法问题，有力推动企业复工复产。面向全市职工发出《倡议书》，加大防疫先进典型宣传表彰力度，在推荐全国劳模、省五一劳动奖章中对防疫一线职工予以倾斜，在评选沈阳五一劳动奖章中近三分之一名额用于表彰防疫基层单位和一线职工，有效激发广大职工劳动奉献精神。

服务经济社会发展。围绕助力全市做好“六稳”（稳就业、稳金融、稳外贸、稳外资、稳投资、稳预期）工作、落实“六保”（保居民就业、保基本民生、保市场主体、保粮食能源安全、保产业链供应链稳定、保基层运转）任务，制定实施“援企稳岗”9项举措，累计为6519户小微企业和困难企业返还补助工会经费2100余万元，为租赁市总工会房产因疫情影响导致停业的22户小微企业减免租金166余万元，实名制安置下岗职工6863人。围绕推动全市营商环境建设，在全市工会开展“聚共识、优服务、作贡献”专项行动，制定出台5个方面15项工作举措，营造“人人都是营商环境、个个都是开放形象”的社会氛围。围绕参与推进基层社会治理，联合市委组织部构建“组织联建、资源联合、服务联动”工作模式，启动“创城先锋号、劳模在行动”主题志愿服务活动，组织劳模、职工等工会志愿者队伍深入社区开展志愿服务210余次。围绕助力乡村振兴发展，制定实施“三下乡”行动方案，列支80万元支持4个帮扶村脱贫攻坚，列支84.35万元慰问全市1687名驻村“第一书记”，推动乡村、专业园区建设9家职工书屋，组织工人文工团、“宣传文化”大篷车深入乡村企业开展“送文化”活动13场。做好“三争取”（争取项目、争取资金、争取政策）工作，争取国家和省项目20个、资金1473万元。

思想政治引领。深化“奋进新时代·劳动筑梦”主题宣传教育，开展工会主题大宣讲活动800场、覆盖职工近10万人；组建市总工会党组、工会干部、劳动模范等5支工会宣讲团，集中宣传宣讲党的十九届五中全会、全国劳模表彰大会及市委十三届十三次全会等会议精神，推动习近平总书记重要讲话精神和市委决策部署广泛知晓、深入人心。弘扬劳模精神、劳动精神、工匠精神，开展“劳模工匠进校园”活动30余场次，深化“沈阳最美职工”“沈阳最美职工团队”评选，市总工会班子成员带队把荣誉送到基层单位和岗位一线；做好劳模和五一劳动奖评选表彰工作，沈阳市推荐评选的全国劳模洪家光得到习近平总书记亲自颁奖，并代表全国劳模宣读《倡议书》，展现沈阳劳模的时代风采。深入推进职工文化建设，举办全市职工文化艺术节和“劳动最美丽”文创大赛等活动，丰富职工精神文化生活。

职工技能竞赛。深入开展主题劳动和技能竞赛，围绕全市重大工程、重大项目、重点产业和新领域新业态，举办市级赛事20项，承办省级赛事3项，评选全市技术大王27名、技术标兵101人，8人获省级赛事第一名、62人进入前十名。着力提升职工技能素质，采取集中培训、订单式送课培训、“云课堂”网上培训等形式，开展40个工种的课程培训，组织市级培训班173期、录制培训课程视频100期，直接培训职工9068人次，覆盖职工3万余人。推动职工创新创造，创建劳模（职工）创新工作室联盟，举办首届职工技术创新活动周和创新工作室优秀创新成果展、职工技协59周年成就展，评选创新工作室优秀创新成果奖15项、职工技术创新“五小”（小发明、小革新、小改造、小设计、小建议）活动优秀创新项目300项。牵头推进全市产业工人队伍建设改革，制定出台《加强和改进新时代沈阳产业工人队伍思想政治工作的实施方案》，总结推广铁西区完善产改工作机制、沈阳燃气集团打通技能人才发展通道、沈阳中辰钢结构工程有限公司实施“党建强企”战略等试点经验，在全省产业工人队伍建设改革推进会议上作经验交流。

职工服务。牢固树立以职工为中心的发展思想，突出做好劳模、工匠、医务人员、困难职工、社区工作者等群体的服务帮扶工作，组织13批次620名劳模疗休养，发放劳模“四金”（劳模生活困难帮扶救助金、医疗帮扶救助金、特殊困难帮扶救助金和慰问金）558万元；举办三期“盛京工匠学院”培训班，培育142名高级工以上人才；常态化做好困难职工帮扶工作，为220户全国级困难职工发放帮扶资金243万元；成立社区服务工作工会联合会，将全市1万多名社区工作者发展为会员、落实会员待遇，并开展“金秋送平安、互助惠职工”活动，增强他们的归属感、获得感和责任感。加大特殊困难群体互助互济力度，为947名患有大病的职工支付大病互助金947万元，为4126名职工支付住院津贴互助金140余万元。关心关爱女职工，深入开展“女职工关爱室”示范点、“职工子女托管班”创建工作，组织4000余名女职工开展免费“两癌”筛查，为188名女职工发放慰问金154.2万元。加强职工就业创业培训和服务，对下岗待岗职工、农民工、高校毕业生、退役军人等重点群体按需培训，开展“春风行动”“就业援助月”等活动，全年就业服务职工34568人次。创新服务职工工作载体和方式，打造电子工会会员服务卡，拓展服务卡功能，推进会员商城建设，进一步提升服务职工信息化、智慧化水平。加强工会服务阵地建设，完成苏家屯区工人文化宫维修改造项目，稳步推进沈北新区联东U谷、大东汽车城等职工服务阵地建设，推动打造新时代“职工之家”服务阵地体系。深入开展全市职工队伍思想状况和现实需求调研，全面掌握职工所思所想、所需所盼，研究制定15项改进措施，提升服务职工的精准性、实效性。职工综合服务大厅积极构建和谐便民的窗口工作运行环境，以提供优质服务为宗旨，将全部服务流程及咨询电话通过市总工会网站进行公布。2020年，职工综合服务大厅总计接待职工来访8630人次、接听来电9867人次。

职工权益维护。加强源头参与，积极配合省总工会开展立法调研，参与市人大《慈善法》执法检查，在省人大立法座谈会上提出13条意见建议。加强普法宣传，深入开展“宪法宣传周”系列活动，组织《民法典》宣传、送法进基层等活动32场，惠及职工50余万人次。

开展企业民主管理标准化建设评估工作，推进规范企事业单位职工代表大会制度、厂务公开制度和职工董事职工监事制度建设。深入开展集体协商“稳就业促发展构和谐”行动，举办沈阳市第二届集体协商竞赛，推动构建和谐劳动关系。加强法律援助和政策咨询，全年接待法律援助280人次，受理日常信访诉求300余起。加强劳动就业、收入分配和职工诉求监测，指导全总监测企业30户、省总监测企业174户密切关注劳动关系领域新变化，覆盖职工近10万人。深化“安全生产月”“安康杯”竞赛等活动，开展全市工会安全生产集中整治，促进基层企业提高防范化解重大安全风险的意识和能力。

信息发布。沈阳工会网发布新闻595条；“沈阳e工会”官方微信平台发布微信956篇，总阅读量36万次；沈阳工人哥们微博发布信息1110条，总阅读量近942万次；抖音App官方号发布短视频185条。疫情防控期间，深入市六院隔离点及医护人员家中采访，转发疫情防控动态、确诊病例行程轨迹，发布各类政策解读、防控知识96条。开展沈阳市第十五届“五一新闻奖”评选活动。2020年沈阳工会网被评为“沈阳市十佳文明网站”。沈阳劳动模范纪念馆在疫情防控常态化新形势下创新服务手段，积极开展线上线下各类活动24场，总计覆盖11000人次。全年劳模纪念馆各类活动被中国新闻网、学习强国、沈阳日报等媒体宣传报道15次。举办首家“馆企”合作共建签约仪式，将共建触角延伸至企业。

（张敬梅）

►2020年沈阳市职工文化艺术节开幕式　（市总工会供）

【沈阳市第二届集体协商竞赛】 9月22—24日由市总工会举办。比赛由各区县（市）总工会、各产业工会组织推荐的15支代表队参加，经过预赛和复赛，有6支代表队进入决赛。比赛双方分别代表企业方和职工方，围绕劳动时间、工作条件、劳动报酬与福利等内容在规定时间内进行集体协商。比赛重点考察各个参赛队的法律法规应用、谈判策略与技巧运用、团队合作、沟通协调、语言表达、信息整合6个方面的能力，是对全市集体协商谈判实践的一次全面检验。沈北新区代表队获一等奖。

【沈阳市职工文化艺术节】 9月24日，由市总工会主办的“中国梦·劳动美·筑梦沈阳”——2020年沈阳市职工文化艺术节开幕式暨沈阳市总工会宣传文化大篷车“庆十一”文艺演出，在沈阳中辰钢结构工程有限公司举办，开幕式演出收视50余万人次。艺术节贯穿整个10月，活动分5个阶段、5个类别，经过区县（市）工会和产业工会层层选拔，全市各条战线近2000名职工文艺骨干、954个（部、件、组）职工文艺文化作品入围市级选拔赛，网上观看达336.4万人次。艺术节10月30日闭幕。

【集体协商理论与实操演练综合培训】 11月25—27日，市总工会在沈阳市职工大学举办沈阳市2020年度“集体协商构和谐、助推经济促发展”集体协商理论与实操演练综合培训。培训旨在进一步发挥工会组织在助推企业复工复产构建和谐劳动关系中的重要作用。沈阳市13个区县（市）总工会有关负责人和两级工会专兼职集体协商指导员参加。

（志　闻）

中国共产主义青年团沈阳市委员会

【概况】 2020年，沈阳共青团着眼保持和增强政治性、先进性、群众性，扎实履行引领凝聚青年、组织动员青年、联系服务青年的基本职责，引领全市广大青年投身振兴发展。截至年末，沈阳共青团有基层组织13351个，其中团委705个、团工委97个、团总支116个、团支部12433个，共有团员163998人，2020年新发展团员12600人，有少先队10601支、辅导员10892人。

团的政治建设。深入学习贯彻习近平新时代中国特色社会主义思想和习近平总书记关于青年工作的重要思想、习近平总书记在辽宁考察时和在深入推进东北振兴座谈会上的重要讲话精神，学习宣传党的十九届五中全会精神，同时严格落实意识形态工作责任制，改进团的自身建设。巩固深化“不忘初心、牢记使命”主题教育成果，做好“两学一做”和巡察“回头看”工作，开好专题民主生活会，完成团市委党组撤销工作。认真履行“一岗双责”，加强党风廉政建设，规范机关党建工作制度，全面夯实党建责任体系。持续严管团的干部、严控团员发展、严明团的纪律，加大团干部协管力度，推动区县团委换届，专项开展违规发展团员和团员档案规范化核查，落实团内请示报告制度，综合运用谈话提醒、通报批评、督导检查等手段，推动作风建设常态化、长效化发展。

团的组织建设。“智慧团建”系统录入各级团组织13351个、团员163998人；5772个团（总）支部完成自评工作，当年新发展团员录入比例达99.9%。打好“学社衔接”攻坚战，全年53936名毕业学生团员完成团组织关系转接。建立涵盖基层组织建设、服务青年发展和志愿者工作的3个专门委员会，高标准建设4个首批县域团代表联络站，打造1个县域团代表联络站典型。累计建成实体青少年空间188家，全年开展主题活动1676场，累计服务青年6.7万人次。重点吸纳新兴青年群体代表加入各级青联组织，市、区两级青联委员结构不断优化，青联组织的引领功能和贡献程度明显提升。推动市属高校全部出台校本级改革方案并实施，加强团教协作力度，深化“三下乡”（文化、科技、卫生下乡）社会实践，指导高校学生社团规范发展。压实全团带队政治责任，深入开展少先队主题实践，强化仪式教育，加强少先队辅导员队伍建设，引导少先队组织在共青团的带领下发挥积极作用。非公团建初显成效，印发《沈阳市非公有制企业团组织建设两个覆盖半年攻坚计划实施方案》，畅通新兴领域团建途径，探索网络领域团建延伸，已建党团组织且符合建团条件的“两新”（新经济组织、新社会组织）组织团组织覆盖率达30%以上，较上年末社会领域团组织新增517个。

思想政治引领。严格落实意识形态工作责任制。提高政治站位、强化底线思维，充分发挥意识形态工作领导小组和分析研判小组作用，将意识形态工作作为党的建设的重要内容，制发《团市委思想政治工作实施方案》，细化29项目标任务。广泛开展“青年大学习”，参与青年逾265万人次；“青年讲师团”招募4批51名成员；制作灯箱77版，在地铁百鸟公园站等14个站点开展“青春沈阳”主题图片展；“青年马克思主义者培养工程”培训优秀大学生骨干101名；评选“向上向善好青年”；开展中学精品团课大赛、“阳光少年 童心向党”童声合唱大赛等系列活动。

新媒体矩阵和融媒体建设。加强网络意识形态引领，在“云端”亮旗帜、发声音、展风采，壮大网络宣传员队伍，构建正向清朗网络空间。“云直播”项目广受好评，注重用好抗击疫情等一系列生动素材，开设“红领巾童心抗疫学雷锋爱国力行”少先队“云队课”，累计观看人数超过10万人，获点赞数超100万次；联合人民网在网络举行成人礼，吸引10万余名青年观看。举办与赴湖北武汉、襄阳抗疫一线宣传报道的记者面对面活动，全市35万余人观看在线直播，累计播放量达百万次。“新媒体”矩阵建设成效明显，“青春沈阳”微信公众号粉丝超8万人，年内发布消息597篇，阅读量超60万次；快手、抖音平台粉丝累计40余万人，发布视频372个，总播放量2.3亿次，点赞2169万次；在央级媒体刊发宣传报道75篇、省级73篇、市级221篇。

青年引领。积极参与疫情防控，组建疫情防控青年突击队249支、队员7901人，复工复产青年突击队107支、队员2479人；划拨专项团费32万元，用于支持一线疫情防控工作；组织市区两级青联、青企协定向捐赠款项、物资1141.5万元；为各大中专院校返校学生送去价值13万元的防疫礼包，组建防疫消杀志愿服务队，在12355平台开设24小时心理疏导热线；承担隔离安置宾馆的协调服务任务，机关干部自愿报名累计40批129人次参与。助力优化营商环境，召开沈阳共青团助力优化营商环境暨共青团沈阳市十六届三次全委（扩大）会议，制发行动方案，实施四项工程；举办“中国青年企业家走进沈阳经贸考察专题分享会”；推荐3家单位获评省助力优化营商环境青年文明号；组建市青企协“企业帮扶工作专班”，助力企业渡过难关。参与社会治理，开展“共青团与人大代表、政协委员面对面”活动，选派20名优秀青年代表旁听2020年市级“两会”，开创省市先河；完成1000人青少年事务社工队伍建设，进一步夯实工作基础；扩大“保护母亲河”“美丽沈阳 青春行动”等活动影响力，发出“青春沈阳 文明盛京”倡议，组织青年志愿者开展“春运暖冬”“擦亮沈阳”系列活动，助力创城大局；完成2020中国赛艇大师赛、2020工业互联网全球峰会、第二十届沈阳国际农业博览会等志愿服务工作，2万余名青年志愿者参与其中。

青年服务。认真落实《辽宁省中长期青年发展规划（2019—2025年）》有关要求，市、区两级均建立青年工作联席会议制度；建成沈阳市未成年人心理健康辅导中心，开展活动74场，线上线下近3万人参与；发放市政府奖助学金等299万元，受益学生5500余人，“百校千岗”活动累计帮助510名学生就业；中高考减压阳光行动为高考学子发放“爱心助考包”3万套；举办“团缘之恋”青年公益婚恋交友活动6场。面向大中专院校应届毕业生，创新采用“直播+招聘”模式，开展“盛京好职位”线上直播招聘6场，10万余人参与；面向农村青年，开展电商培训9场，1400余人参与；面向返城务工人员，开展“青春人才共享季”活动，参与用工企业212户，提供岗位2000余个；面向西藏那曲籍154名在辽就读应届毕业生，提供就业岗位195个。

【第十六届“振兴杯”全国青年职业技能大赛职工组决赛】 11月30日至12月3日在沈阳举办。共青团中央、人力资源社会保障部主办，沈阳市委市政府、辽宁团省委、辽宁省人社厅承办。大赛主题为“技能成才报祖国 青春奋进新时代”，全国各地及相关行业和企业的321名选手参赛，大赛邀请110名裁判专家、156名领队及技术指导。辽宁（沈阳）代表队取得3个赛项金奖。闭幕式首次以“冰雪之美”为主题，展现沈阳的文化底蕴和城市魅力。

（周锦添）

沈阳市青年联合会

【概况】 沈阳市青年联合会第十四届委员会自2019年12月换届后，2020年有委员313人，设10个活动组，开展青联日常活动；设10个联合界别组，分别是：科学技术、社会科学联合界别，教育、文化艺术、体育联合界别，农业界别，经济界别，金融商务界别，法律界别，新闻出版和新媒体界别，医药卫生界别，社会组织和社会中介、宗教联合界别，海外学人华侨、技能人才联合界别，根据行业特点开展活动。2020年，市青联依托组别、界别实现横纵向相结合的组织管理模式，在强化政治引领、服务中心工作、深化改革创新、扩大组织覆盖和广泛对外交流等方面都发挥重要的作用。

政治引领。组织全市各级青联组织与青联委员认真学习党的十九届四中、五中全会精神与全国“两会”精神。围绕习近平总书记给援鄂医疗队全体“90后”党员的回信，组织全市不同行业“90后”青联委员代表召开专题座谈会展开讨论。健全全市各级青联组织与青联委员加强理论学习制度，推动全市各级青联组织在学习上聚焦主题、定期开展、丰富形式、学以致用。

建言献策。五四青年节前夕，开展“为盛京建言、为振兴献策”沈阳青联委员大讨论活动。11月，开展学习十九届五中全会精神、为“十四五”规划建言活动，通过走进企业、深入区县，以招商项目推介、商务洽谈、考察论证等形式，围绕脱贫攻坚、创建文明城市、科技创新、企业复工复产、乡村扶贫、关爱留守儿童、卫生防疫、生态环保等方面，开展服务区域经济系列专题调研。

完善工作制度。出台《沈阳市青年联合会提案建议工作制度》，进一步规范畅通委员发声渠道；出台《沈阳市青联委员直接联系青年工作制度》，切实发挥好青联委员作为青年工作骨干的作用；制发《关于新形势下推进从严治会的规定》，不断深化青联改革、完善青联组织运行机制、委员履职机制，促进工作的经常性开展和规范化运行。

对上推荐。按照省青联委员增补工作要求，推荐省青联委员人选5人、省青联副主席人选1人，且全部当选。按照全国青联推荐工作整体部署，推荐全国青联委员人选4人，全部当选，其中1人当选为全国青联副主席，1人当选为全国青联常委。

强化组织覆盖。扩大联系服务对象，创新团建模式，成立沈阳市新青年联合团工委，推动沈阳市街舞协会成立，并帮助其建立沈阳市首个新兴领域青年团支部。建立健全团属组织，推动全市13个区县（市）建立县级团属青年社会组织，健全组织管理工作机制，完成1个志愿服务类、1个就业创业类县级团属社会组织的建立工作。深入推进“伙伴计划”，落实团中央“伙伴计划”工作要求，推荐5家社会组织参与全国易地扶贫搬迁安置服务项目竞投。

深化交流合作。开展“为‘奉献者’奉献”主题实践活动，为援疆援藏干部送去慰问品，为那曲小学捐赠价值5万余元的体育用品和乐器，向安多县学校捐赠5000元图书款，赴沈阳市艺术幼儿师范学校看望、慰问西藏籍学生。并陆续为各大中专院校返校学生送去口罩、酒精湿巾和洗手液等防疫礼包，价值13万余元，助力校园疫情防控。

疫情防控。第一时间向全市各级青联委员发出倡议，发动各区县（市）青联组织定向捐款捐物327.72万元。成立市青联“两新”组织青年突击队，为辽中区各个街道社区免费安装2米护栏782片、立柱1080根、底座1100个、道钉2000根，帮助社区及时有效建立隔离管理区域。组织新老团干部与青联委员，通过沈阳红十字会向沈阳急救中心定向捐赠4辆医疗救护车，在疫情初期缓解运送患者车辆不足的状况。

【“我与五四奖章获得者一起做志愿者”活动】 5月13日，组织历届五四奖章获得者代表、青年志愿者、青联委员在太原街、中华路沿线开展摆放共享单车志愿服务活动，助力沈阳创城。对太原街步行街周边沿街乱停乱放的共享单车进行统一规范整理，将倒在路旁的共享单车集中搬至指定停放区域内，对共享单车内的残留垃圾、粘贴的小广告做清理卫生工作，保持单车整洁形象。

【沈台青年企业家交流座谈会】 11月5日，市青年联合会联合沈阳市台办、台湾青年联合会和沈阳台商协会青年委员会举办，30余名沈台两地青年参加。与会青年以“共创、共赢、共享”为主题，进行深入探讨。会议增进沈台两地青年的交流和了解，在人才培养、文化交流、项目合作、青年创业等方面达成诸多共识，为进一步合作奠定基础。

（周锦添）

▶沈台青年企业家交流座谈会 （市青联供）

沈阳市妇女联合会

【概况】 2020年，全市妇联深入落实习近平总书记关于妇女和妇女工作的重要论述，扎实做好服务大局、服务妇女、服务基层的各项工作，为统筹推进疫情防控和经济社会发展贡献“半边天”力量。全市有妇女组织2607个，其中：市级妇女组织1个、区县（市）妇女组织13个、街道妇女组织110个、乡镇妇女组织69个，社区妇女组织1222个、村妇女组织1192个。市妇联有专职妇联干部41人。市直、党派妇委会有39个，其中：机关妇委会11个、高校及事业单位妇委会6个、民主党派妇委会8个，非公经济组织和社会组织妇委会14个。12月，沈阳市妇联家庭和儿童工作部被评为全国家庭工作先进集体。

思想政治引领。全市各级妇联推进“百千万巾帼大宣讲”活动，广泛宣传中央重大决策部署、全国两会精神和习近平总书记重要讲话精神，线上线下举办宣讲活动675场，受益群众9万余人次。开展“决胜小康、奋斗有我”主题宣讲活动，组织三八红旗手、巾帼志愿者、执委、致富带头人等先进典型录制60余个视频作品播放宣讲。在全市开展党的十九届五中全会精神宣讲进社区、进农村、进家庭、进高校、进企业、进巾帼文明岗“六进”活动，党组成员带头深入基层、深入到妇女群众中开展宣讲。开展“崇尚节俭文明你我”系列宣传实践活动，通过倡议引领、网上接力承诺、先进典型代言、各级妇联执委宣传践行、巾帼志愿者入企入社区劝导等工作举措，带领全市广大妇女和家庭拒绝餐饮浪费、崇尚勤俭节约。

服务全市大局。组织全市各级妇联干部、执委、8523名巾帼志愿者深入社区一线参与群防群控，动员各类妇女组织、各界妇女为疫情防控捐款捐物约合人民币400余万元。承担境外归国人员隔离点的管理任务，有17批次1370名海外归来的隔离人员在市妇联管理的隔离点安全解除隔离。开展“巾帼建新功、复工复产助振兴”主题活动，组织县区妇联利用电商平台开展网红直播和线上引流助农采购活动，观看量5100余人。将新一轮妇女创业担保贷款覆盖养殖、种植、餐饮、零售、加工等行业，发放贷款1247万元，扶持85名妇女创业。开展“助力营商环境巾帼行动”“姐妹话营商”下午茶、“助力营商环境巾帼行动”座谈会、“助力营商环境接力行动”网上献策等活动，为在沈企业解决实际困难，为职工及家庭提供政策宣传、法律援助等服务300余次。开展“春风送岗位”女性专场网络招聘月、“聚巾帼 心向党 促就业 保民生”沈阳市女性家政服务人员专场网络招聘月等活动送岗位，利用大数据在网上提供“一站式”服务，发布1100余个职位，用工3540人。开设抗击疫情法律服务热线和心理咨询服务热线，为一线医护人员、妇女和家庭普法宣传和心理咨询服务。

服务妇女儿童民生。向涉农区县妇联下拨“双进家”教育培训经费64万元，创建省级巾帼科技培训示范基地3个，选树区县级巾帼科技培训示范基地25个，培训妇女5150人次。举办巾帼电商创业创新专场培训班，培训女农民合作社负责人、女科技致富带头人和有意愿开网店微店的妇女群众1250人次。开展“女教授牵手农家女”活动，结对510余对，有2项种植技术成熟并推广试验。指导新民市成立8家“手工微工厂”，带动更多贫困妇女居家、就近灵活就业。组织妇女参与农村人居环境整治，建设“巾帼美丽示范村”10个，种植“巾帼花路”357条，举办庭院经济、环境整治、垃圾分类等公益讲座20场，发放垃圾分类宣传页等资料2万余份，累计发动1002名巾帼志愿者参与服务4000余小时。开展“大手牵小手”扶贫助学活动，整合社会爱心资源资助100名贫困儿童助学金5万元，市妇联赠送价值5万元的学习用品，并组织巾帼志愿者提供法律、心理、眼病等公益服务。开展“圆梦行动”儿童培训项目，在30个省市级示范儿童之家，面向留守流动、困境儿童提供儿童才艺、文化培训、安全教育、亲子阅读等公益培训，服务儿童3000人次。

保障妇女儿童权益。召开市政府妇女儿童工作委员会委员（扩大）会议，推进妇女儿童发展规划（2021—2030）的编制。开展婚姻家庭矛盾纠纷和妇女儿童权益突出问题排查化解专项行动，通过走访群众、入户调查、信访接待、维权热线等形式，摸清底数、化解纠纷。市本级受理妇女群众来信来电来访650余件次，结案率100%。开设普法“云盘”、制作女童防性侵H5（HTML5缩写，是构建Web内容的一种语言描述形式）微动漫、开展疫情防控专项法治宣传、民法典培训班等普法宣传活动，提高妇女儿童的法律意识。

基层妇联。开展“下基层、访妇情、促改革、强服务”大调研，党组成员带领机关干部先后走进100余个社区（村）妇女之家、复工复产企业、女性创业基地等开展调研。开展妇联干部线上培训，在线观看累计6.6万人次，实现全市2600余名妇联干部培训全覆盖。制定《沈阳市妇女联合会第十三届执行委员会委员履职管理办法》和《沈阳市妇女代表大会代表联系所在区域妇女群众制度》，举办市妇联执委履职能力培训班，组织执委联系服务妇女儿童1000余人次。探索“三社联动”（社区+社会资源+社会组织）、3+N（妇联+社区+社会组织+诸多社会资源）多方合作参与基层治理的有效模式，采取购买社会组织服务的方式，启动“理性结婚、责任父母”和“妇联牵万家”社区妇女之家营造项目，实现基层服务妇女和家庭工作项目化、专业化、社会化。建设“3+1”模式妇女议事会工作平台（即3个平台1条

▶市妇联开展“下基层、访妇情、促改革、强服务”大调研 （市妇联供）

主线，3个平台为信息收集反馈平台、议事协商平台、跟进协调平台），建立三级议事平台微信群1.9万个，解决问题739件。实施基层妇联“破难行动”，指导推动5个区县（市）妇联如期换届，选优配强专挂兼相结合的领导班子。在消防救援、律师、护工护理行业及产业园区建立妇联组织，成立首家“物业+小区+社区”新模式妇联、市级妇联首个“妇女微家”。在“四新”（在新领域、新业态、新阶层、新群体）领域建立妇女组织124家。

【三八国际劳动妇女节系列活动】 围绕疫情防控开展三八系列纪念活动。3月8日，沈阳市妇联负责人在《沈阳日报》刊发专题访谈，号召全市妇女立足岗位，争当新时代巾帼奋斗者。在新闻媒体、市妇联官微平台制作《致敬战疫“她”力量》《用心防疫 远离焦虑》《病毒无情家有爱》等节目170余期，做好特殊时期的妇女思想政治引领，累计点击量百万次。开展“致敬白衣天使、共迎盛京春暖”“共庆英雄凯旋、喜迎盛京春暖”等慰问活动，走访看望战“疫”一线女民警，关心关爱抗疫一线医护人员和家庭，先后11次到市第六人民医院、市疾控中心等地调研，为一线医务人员及家庭赠送生理期安全裤、食品、洗护用品等，并提供蔬菜配送、心理咨询、亲子教育、家政等服务。开展2020年度寻找“最美家庭”活动，评选优秀典型151户，李兴海家庭获全国“抗疫最美家庭”荣誉称号，沈阳市获全国、省级家庭类荣誉数量创历史新高。在新浪网、新浪微博平台举办“遇见最美家庭”2020年度沈阳最美家庭特别节目。

【庆祝六一国际儿童节系列活动】 六一国际儿童节期间，市妇联推出“文明盛京、少年先行、家庭共建”主题公益活动，面向全市少年儿童征集书画、诗歌、征文、视频等作品100余个。开展“联·益成长”儿童教育云课堂项目，联合专业机构为沈阳市100名小学、初中阶段贫困儿童提供为期6个月540学时的语数英专业培训和指导。启动“你点单我送课”家庭教育公益大讲堂，在沈阳女性微信公众号创建“家长学校”专栏，线上线下推出130堂家庭教育公益讲座。开展与新疆塔城儿童牵手活动，两地儿童通过线上进行六一联欢。 （王 硕）

沈阳市科学技术协会

【概况】 2020年，市科协下辖13个区县（市）科协，198个乡镇（街道）科协，68个农村专业技术协会，企业科协14个，高校院（所）科协25个，市级学会、协会、研究会28个。全市新建院士工作站1个、专家工作站29个（含县域地区专家工作站9家）、候鸟型人才工作站4家、海智工作站3家、学会服务站3个，引进院士及专家56人。完成国家、省、市科研课题147项，实施合作项目67项，开展技术攻关85项，获专利221项，培养高层次人才347名。2020年度科技创新智库立项决策咨询类课题209项，研究课题结题13项。举办第十七届沈阳市科学学术年会。推进《全民科学素质行动计划纲要》实施工作，市级科普大学组织网络教学33期，受众5万余人次。围绕“全面决胜小康，践行科技为民”主题，组织开展2020年沈阳市全国科普日活动。大力弘扬新时代科学家精神，广泛宣传科技工作者优秀典型。沈阳市科学技术协会获2019年度科协系统青少年科技教育工作“五星评比”一等奖，被中国科协评为2020年全国科普日活动优秀组织单位。

科技创新智库建设。聚焦装备制造业数字化转型、中小企业创新能力提升、科技成果转移转化、培育疫后经济增长点等事关沈阳高质量发展的重点难点问题，组织专家学者深入开展战略性、应用性研究，完成重点研究课题12项，决策咨询课题209项。《关于沈阳市中青年科技领军人才队伍建设的对策建议》得到市主要领导批示，拓宽人才政策宣传渠道、优化人才培养机制等建议被市委组织部、市科技局、市人社局等部门采纳应用。启动沈阳市科技工作者现状调查，面向各行业、各领域科技工作者发放和回收问卷3150份，针对科技工作者的数量结构、社会参与、现实诉求以及科技人才队伍建设新情况、新问题深入分析，初步形成研究报告。

服务科技工作者。资助14名高层次人才参加国际性学术会议，评选优秀学术成果364项、学术论文378篇，所有优秀论文编入《中国重要会议论文全文数据库》。与沈阳科威专利代理有限责任公司合作，就科技人员维权问题举办线上讲座和线下咨询活动。面向企业园区举办科技政策、人才政策宣讲会4次。支持有关单位举办第十六届全国敏感元件与传感器学术会议等高端学术交流活动13项。柔性引进西安交通大学蒋庄德院士等高端人才10余名，促成沈阳狮峪智能科技有限公司等3户企业在沈落地，成功对接合作项目12个。

科技工作者优秀典型选树。5月，开展第九届沈阳市十大科技英才、第十四届沈阳市优秀科技工作者评选，表彰先进典型190名。举荐3人获第二届全国创新争先奖、2人入选辽宁好人·最美科技工作者。在《沈阳日报》连续推出5期《科技为民、奋斗有我》人物报道专题，集中宣传科技英才突出贡献和先进事迹，营造尊重人才、崇尚创新的良好氛围。

全民科学素质纲要实施。完成“十三五”期间《全民科学素质行动计划纲要》落实情况评估。会同市财政局实施基层科普行动计划，支持17家单位承担科普能力提升专项；与市教育局等部门共同开展未成年人科学素质工作，举办青少年科技创新大赛、科普专家校园行、校园科技节等校内外重要科技活动13项；与市科技局、市文明办、市气象局等部门抓好科普阵地、科普资源建设，命名科普基地9家，开发科普挂图13套、科普图书3项。社区科普大学开展节能减排、垃圾分类、防灾减灾等专题活动300余场次，组织网络教学33期，受众5万余人次。

科普助力乡村振兴。市科协同新民市委组织部联手打造脱贫攻坚“云课堂”，播出《玉米高产栽培整体解决方案》等培训课程30余期，受众2万余人次。与沈阳农业大学合作实施科普惠农产业振兴示范项目，对全市5个示范村镇定点帮扶，指导当地发展温室葡萄、绿色水稻、肉牛养殖等优势产业，在苏家屯区永乐街道建立起全市首家科普小镇，联合举办农民科技创业致富带头人培训班2期，近百名农民科技骨干参训。与沈阳现代农业服务中心共同组织科普惠农送技下乡活动，选派专家深入30余个乡镇村屯，开展农业科技服务百次以上，推广农业实用技术和新品种30余项。

海外人才创新创业服务。4月15日，2020中国沈阳海智创新创业大赛召开新闻发布会，正式启动报名。大赛召开人才项目对接会、创业培训会9场次，举办海归人才创新创业论坛和海智科技创新成果展。大赛征集海内外科技项目270项，筛选出5个项目方与星咖汇创新空间签约。推进离岸创新创业基地建设，中德园基地新增落户企业13户、入孵企业4户，达成中外合作项目12个，并在日本新建立离岸中心。11月底，中德园获中国科协批准，成为东北首家、全国第21家国家级海外人才离岸创新创业基地。沈阳锦联新经济产业园基地引入国际商会总部入驻，70余家海外人才在基地注册成立公司。沈阳国际软件园基地与中欧科技创新网络签署协议，就引进中欧国家优质人才和项目开展合作。

科技志愿者服务。成立沈阳市科技志愿服务总队，发展科技志愿组织145个，注册志愿者突破1万人，注册数量在全国城市科协中位居前列。推动科技志愿服务与新时代文明实践中心建设、社会治理体系建设和文明城市创建等工作融合，大力实施服务乡村振兴行动、服务健康沈阳行动、服务创新驱动行动、服务科学决策行动和服务社会治理行动，开展科技志愿服务2000余次，涌现出辽宁中医药大学青苑志愿服务队、浑南科技大市场志愿服务队、九大妈社区志愿服务队等一批先进典型。

疫情防控。面对新冠肺炎

疫情，迅速制定防控工作方案，紧急发布通知和倡议，动员各级科协投身联防联控行动。组织全市科协系统开展防疫宣传、园区值守、卡点排查、防护消杀等志愿服务4500余次。围绕“两防”（防疫病、防恐慌）、“三导”（防疫辅导、心理疏导、舆论引导），编发防疫专刊及手册3.6万份，张贴科普挂图和宣传海报1.3万张；在沈阳科普E站推出防疫专题82期，利用门户网站、有线电视、微信公众号等载体，推送科普信息数万条；策划“疫情防控、科普同行”网上竞答活动，市民参与37万人次；开设心理咨询援助热线，先后为163名市民提供心理疏导服务；围绕统筹疫情防控和经济社会发展，向科技工作者征集对策建议78项。

【科技工作者日活动】 5月27日，市科协启动第四届“全国科技工作者日”系列庆祝活动。向全市科技工作者发出弘扬科学家精神、践行核心价值观倡议。组织科技界代表对习近平总书记在科学家座谈会上重要讲话精神进行专题研讨，发动广大科技人员深入学习习近平总书记给袁隆平、钟南山、叶培建等25位科技工作者代表的回信，线上线下参观“我和我的祖国—中国科学家精神展”，形成良好社会效应。

【辽沈全国科普日活动】 9月22日，2020年辽宁省暨沈阳市全国科普日启动仪式在辽宁省科技馆举行。围绕“全面决胜小康，践行科技为民”主题，打造一个主场、四项主题科普展、十大科普行动。动员16家纲要成员单位，30余家高校、科研院所、企业和市级学会，16家科普基地和百余所中小学及社区，组织开展主题性、特色性科普活动近200项，参与群众超过10万人次。适应疫情常态化防控需要，积极探索“云模式”，策划科技界代表人物“云寄语”、科普V视频展播、科普云课堂等一系列线上活动，点击率超百万人次。

【第十七届沈阳科学学术年会】 10月22日，第二届工业人工智能国际会议暨第十七届沈阳科学学术年会在辽宁友谊宾馆开幕。国内外专家学者和业界精英就沈阳市人工智能与工业制造融合发展问题交流研讨、建言献策，组织13场高端学术交流活动、13场重点学术活动，68位海外知名专家作前沿学术报告，形成《关于沈阳市工业人工智能产业发展的对策与建议》资政报告1份。

（宋　丹）

▶第二届工业人工智能国际会议暨第十七届沈阳科学学术年会在辽宁友谊宾馆开幕

（市科协供）

沈阳市归国华侨联合会

【概况】 2020年，市侨联团结带领广大归侨侨眷和海外侨胞，做好服务大局、服务侨胞、服务基层的各项工作，为统筹推进疫情防控和服务经济社会发展贡献侨界力量。创新宣传载体，与《侨园》杂志社签订全媒体战略合作协议，在《沈阳晚报》新媒体指尖沈阳App开设沈阳市侨联专区，在《人民日报》、中侨网和《沈阳日报》《侨园》杂志等30余家媒体平台发表新闻稿件300余篇，在面向全球的新媒体“华人头条”推送沈阳侨联工作信息30余条，点击量累计超过200余万次，形成“一网、一刊、多号、多群”的互联网矩阵宣传体系，讲好中国故事，传播沈阳声音，为世界了解沈阳提供开放平台。落实《沈阳市侨联改革实施方案》，承接市侨办划转的海外华人华侨社团联谊等8项职能，增加机关人员编制，完成机关定岗定责定流程工作。

疫情防控。1月27日，市侨联通过侨联微信公众号和新闻媒体多渠道向全市广大归侨侨眷和海外侨胞发出倡议，发动海外侨胞和全市各基层侨联、社会组织捐款捐物，组织海内外侨界捐款捐物折合人民币670余万元，驰援武汉、守护沈阳，市第六人民医院收到的第一批200箱消杀用品、省人民医院赴武汉医疗队防护装备均来自市侨联组织的捐赠，市侨联被中国侨联评为“全国侨联系统抗击新冠肺炎疫情先进集体”。4月23日，沈阳市侨联驰援海外防疫物资捐赠启运活动在市侨联举行。市侨联通过线上方式与西班牙、泰国、坦桑尼亚等国家的沈阳籍侨胞和侨团连线，向海外发出慰问函、留学生家书、防疫指南等，配合省侨联在欧美、日韩等国家的辽宁沈阳籍侨团组建“侨爱心守护团队”，及时向海外侨胞邮寄连花清瘟胶囊、医用口罩等抗疫物资，中国驻坦桑尼亚大使馆专门发来接收函，海外侨团发来感谢信。

服务侨商。疫情期间，市侨联深入侨商企业走访调研，宣讲沈阳市出台惠企有关政策，主动协调有关部门帮助中华老字号企业——沈阳广生堂药业解决国有企业转制期间产生的征信不良等老大难问题，打通企业与银行之间信贷渠道，为沈阳鑫昊市政工程有限公司、沈阳领拓科技有限公司、沈阳依神服装有限公司等50余户企业解决流动资金、厂房验证、生产增项和产品资质等实际困难和问题，支持企业复工复产。结合全市开展的“万人进万企”活动，与市营商局共同组织“营商下午茶”侨商专场、与市纪委监委建立侨商诉求报告制度、与市法院建立涉侨纠纷诉调对接机制，与市金融局举办金融机构与侨商企业对接洽谈会，组织开展“百家侨企调研服务”活动，协助侨企解决信贷、征信、人才引进等经营发展问题，为企业追回拖欠款及达成还款协议金额4907万元。《人民日报》等媒体对市侨联优化营商环境的经验做法进行宣传报道。实施新侨创新创业工程，围绕推进大众创业、万众创新，成立沈阳市新侨创新创业联盟，打造海外高层次人才回国创新创业示范平台，促进创新要素在侨创基地之间自由流动、优势互补，有效激发新侨创新创业活力；扶持建立沈阳通用机器人技术有限公司、沈阳泰科易科技有限公司、沈阳拜奥泰克等10家“沈阳市新侨创新创业基地”，项目总投资36亿元，吸引海外高层次人才100余人。刘开周、周亦胄等新侨创新创业带头人被中国侨联授予“中国侨界贡献奖”。

弘扬中华文化。1月17日，市侨联组织10名侨界知名书法家走进东软集团，举行“文化进东软、新春送侨福”送书法送春联活动。组织52名侨界艺术家创作抗击疫情主题书画作品87幅，举办网上微展，传递沈阳侨界爱心力量。承办5期中国侨联“亲情中华·为你讲故事”网上夏令营沈阳营，在疫情期间组织西班牙、新西兰华裔青少年200余人学习中华文化、了解中国国情，获取抗疫知识，认知辽宁、感知沈阳，受到海外华文学校和海外侨胞的好评。为市侨商会对接世界中餐业联合会，联合举办“东北亚餐饮大会”“2020东北亚餐饮国际论坛”，俄罗斯、塞尔维亚、泰国、日本等海外侨胞中餐业代表通过线上参与论坛，为沈阳餐饮企业复工复产、“走出去”“请进来”搭建平台，推动海内外中餐文化的交流合作。

维护侨益。实施“侨爱心工程”，为298名老归侨和12户低保归侨家庭发放帮扶补贴13万元。推选5名侨界人士担任市法院特邀调解员，接待涉侨来信来访60余件次，为涉侨维权案件提供法律援助5件，落实涉侨纠纷案件诉调对接机制。举办“侨法宣传月”活动，在区县（市）、驻沈高校、有关涉侨部门进行巡回展出，发放《侨法宣传手册》和宣传资料1000余册。开展“贯彻两会精神·普法进社区”主题活动，邀请侨界律师宣讲民法典和香港国安法，提高侨界群众对两部法律的认识，《人民日报》进行宣传报道。

参政议政。推荐海外侨胞为市政协特邀代表人士。组织侨联界委员提案《大力发展夜间经济，活跃沈阳市场经济》，列入市政协十五届三次会议31件重点提案，有关建议纳入《沈阳市夜经济示范（特色）街区认定标准》。沈阳市侨联特聘专家教授孙河川获2020年“中国侨联特聘专家建言献策一等奖”。

组织建设。完成6家基层侨联换届，成立首家律师事务所侨联，推进社区侨联和“侨胞之家”建设10家，落实中国侨联“侨胞之家”5个建设项目，和平区丰泽社区、沈阳农业大学、中国科学院沈阳分院侨联获2020年度全国侨联系统优秀“侨胞之家”。全市基层侨联组织发展到43个，形成区县（市）组织全覆盖，链接高校、企业、园区、社区和科研院所、新社会组织侨联较完备的组织体系。完成市侨联换届筹备工作，完成市侨青会、市侨文联、市法顾委换届工作，拓展侨联工作网络。筹建市侨商会党支部，党组织负责人担任商会法人，加强社会组织党建工作。

【张梅当选中国侨联委员】 1月12日，中国侨联十届三次全委会议在北京召开。会议选举1名中国侨联委员、常委、副主席，增补9名中国侨联常委，增补21名中国侨联委员。沈阳市侨联党组书记、主席张梅当选中国侨联委员。

【《我们为中国加油》宣传短片获奖】 2月，市侨联将沈阳华晨宝马汽车有限公司德国、奥地利、英国等33名外籍员工自发录制的支持中国抗击疫情的宣传短片《我们为中国加油》，通过中国侨联宣传平台、央广总台国际在线、华人华侨头条等媒体平台播放，把他们的祝愿与温暖传递给世界各地，视频在海内外产生积极反响，点击量超过百万次，并获中国力量·战“疫”短视频大赛一等奖。中国侨联领导对此给予高度评价。

【中国锡伯族博物馆、沈阳大学入选中国华侨国际文化交流基地】 11月10日，中华全国归国华侨联合会发布《中国侨联关于确认第八批“中国华侨国际文化交流基地”的通知》，中国锡伯族博物馆、沈阳大学成为第八批“中国华侨国际文化交流基地”入选单位。 （王天擎）

沈阳市台湾同胞联谊会

【概况】 2020年，市台联全面贯彻落实习近平总书记关于对台工作的重要论述和党中央对台工作各项决策部署，发挥台联组织优势，团结带领广大台胞投入疫情防控，履行团结、沟通、联谊、服务职能，为推进沈阳新时代高质量振兴发展、推动两岸关系和平发展作出贡献。

思想政治引领。举办市台联理事会、参政议政会、台情研讨会等深入学习贯彻习近平总书记系列重要讲话精神、全国“两会”会议精神，组织台胞参加省台联报告会、培训班，学习全国两会精神、全国台联十届三次理事会精神等；充分发挥网络新媒体作用，在沈阳台联微信群刊发政策理论解读，引领台胞加强学习。组织台胞深入揭批谴责台湾当局“台独”分裂行径。利用市台联刊物《沈阳台联》和微信公众号“沈阳台联”，做好宣传工作，引导广大台胞听党话、跟党走，自觉把思想和行动统一到中央的决策部署上来，引导台胞为两岸关系和平发展增添强大推动力，出刊6期，公众号推送信息600余条。市台联不断将“奉献一片爱心助力寒门学子”三年行动计划引向深入，引导台胞企业家发扬中华民族扶危济困传统美德，同心助力打赢精准脱贫攻坚战，共同塑造沈阳精神，组织在沈台商到5名帮扶的康平县贫困大学生家庭进行走访慰问，送去慰问金和对大学生家庭的关心。市台联台胞集邮协会设计制作《纪念台湾光复七十五周年》《纪念中国人民志愿军抗美援朝出国作战70周年》等形式多样的宣传封3套1300个，以特殊的方式践行台胞的使命和担当。

抗击疫情。面对疫情，市台联积极投入疫情防控工作。发布倡议书，凝聚全市台胞思想共识。发挥“沈阳台联”微信公众号等网络媒介作用，及时准确宣传防控政策措施，提高沈阳市台胞防控意识。及时主动联系并了解台胞家庭状况和困难，坚定台胞战胜疫情信心。组织台胞响应号召，累计捐款捐物12万余元，通过各种渠道表达奉献爱心。协助和配合市台商协会，为台商联系防疫物资，解决台商的后顾之忧。倡导台胞为做好疫情防控和社会稳定工作建言献策，上报政协提案和社情民意6篇。制作并邮寄“众志成城，抗击疫情”特别宣传封300封，鼓舞台胞抗疫斗志，树立信心。市台联副会长、省医院呼吸内科主任医师黄建宁主动请缨，随医疗队奔赴武汉抗疫一线开展救治工作，为在沈台胞树立榜样。开展“让爱心点亮中国 为医务人员加油”网上倡议活动，收到台湾同胞1200多人、社会各界13万余人次爱心点赞。活动被全国台联刊登在《海峡两岸》杂志上。市台联每月定期走访调研台资企业，了解复工复产情况，及时反映他们的呼声，尽最大努力帮助解决复工复产中存在的困难和问题。市台联了解到在沈常住台胞因无法申领“健康通行码”，遂向市委统战部上报《关于将在沈居住台湾同胞纳入“健康通行码”认证范围的建议》，得到市领导重视，解决在沈常住台胞申领“健康通行码”问题，市台联受到在沈常住台胞的一致好评。

建言献策。市台联提交市政协团体提案7件、市政协大会发言2件，其中重点提案1件。接待市发改委等6家单位的提案答复。参与市政协月集中办理协商和双向评议工作；推荐2名台商列席市政协全会，与市政协协商建立选聘市政协台商特邀代表机制。针对疫情防控工作和台湾岛内舆情，沈阳市台胞撰写的4篇提案和建议分别上报市政协和市委统战部，《关于进一步做好抗击疫情期间台湾岛内舆情引导的建议》等2篇经整理后分别上报省台联、全国台联。为快速解决在沈常住台商面临的实际困难，市台联通过社情民意专报将情况和建议上报市委统战部，专报得到市政府主要领导批示，责成市相关部门研究解决，确保问题得到解决，常住台胞能够顺利申领"健康通行码"。

【沈阳市台胞代表人士国情研修班】 6月6日在市委党校举办。市台联主办。市、区台联理事，中青年台胞骨干，以及各区县（市）、驻沈高校统战部从事对台工作的干部50余人参加培训。研修班采取线上和课堂教学相结合的形式，并交流分享学习心得和工作体会，进一步提高理论修养和政策水平，提高执行党的路线方针政策的自觉性，增强做好对台工作的责任感使命感。

【"文化飘香—沈台两地中华传统文化品鉴交流会"端午节联谊】 6月23日由市台联举办。两岸青年代表人士深入学习贯彻习近平总书记在《告台湾同胞书》发表40周年纪念会上发表重要讲话精神，弘扬中华民族传统文化，感受沈阳发展变化，同时也进一步深化两岸青年的情感交流，凝聚民族精神。 （高炳哲）

八、法　治

政　法

【概况】 2020年，全市政法战线坚决贯彻党中央决策部署和省委、市委工作要求，积极主动服务“六稳”（稳就业、稳金融、稳外贸、稳外资、稳投资、稳预期）“六保”（保居民就业、保基本民生、保市场主体、保粮食能源安全、保产业链供应链稳定、保基层运转），为统筹推进常态化疫情防控与经济社会发展作出突出贡献。全市政法系统坚持以习近平新时代中国特色社会主义思想为指导，认真学习贯彻党的十九大和十九届二中、三中、四中、五中全会精神，严格落实习近平总书记关于政法工作的重要指示批示精神和《中国共产党政法工作条例》，推动全市政法工作高质量发展，为沈阳高质量发展、新时代振兴提供安全稳定的社会环境。

党管政法制度效能凸显。抓深抓实《中国共产党政法工作条例》，有效发挥党领导政法工作的制度保障作用，推动“三类主体”（党委、党委政法委、政法单位党组（党委））责任落实，进一步巩固党领导政法工作总体格局。市委每季度调度全市政法工作，市委常委会31次研究推进政治安全、社会稳定、扫黑除恶、法治化营商环境建设等重点工作，5次召开市委政法委员会全体会议，深入学习习近平法治思想和习近平总书记重要讲话、训词和指示精神，研究贯彻落实具体措施。严格落实请示报告、决策和执行、监督和责任制度，党对政法工作的组织力、领导力显著增强，确保全市政法工作始终保持正确的政治方向。

疫情防控。全市政法机关发挥职能作用，维护医疗秩序、防疫秩序、市场秩序、社会秩序。全市监管场所严格执行封闭执勤模式，24小时严守监区安全，确保“零感染”。依法维护疫情防控工作秩序，从严惩处暴力伤医、制假售劣、哄抬物价等9类涉疫犯罪。充分发动网格员、平安志愿者实施联防联控、群防群治，组织30余万名“盛京义勇”参与守门护院、排查风险、防疫宣传。在疫情防控常态化下创新政法工作“线上模式”，开展“云调解”“云审判”，远程提讯、视频接访等措施，不断提升“屏对屏”智慧司法服务。全力服务保障“六稳”“六保”工作，及时出台应对疫情支持企业复工复产的指导性文件，打通防疫、用工、审批方面的堵点，赢得企业的赞誉。

平安稳定局面持续巩固。坚持前端防范、源头治理、主责主抓的导向，进一步提升全市“防风险、保稳定”工作的主动性、精准性、创新性、协同性。建立11个重点领域国家安全工作协调机制，不断加强国家安全人民防线建设。信访矛盾减存控增三年攻坚圆满收官，“书记抓信访”工作体系不断深化，累计化解台账案件13万件，涉军、涉教、住建、拖欠农民工工资等领域共性信访问题化解成效明显，进京访下降56.6%。决战决胜扫黑除恶专项斗争收官战，主要战果进入全国副省级城市第一方阵，沈阳市扫黑办被推选为全国拟表彰先进集体。加快推进市域治理现代化，以市域统筹推进治理资源均衡配置，社会治理综合服务中心建设扎实推进，村（居）民评理说事点实现全覆盖。

法治化营商环境建设。围绕“办事方便、法治良好、成本竞争力强、生态宜居”，充分发挥政法机关主力军作用，主动服务保障高质量发展。市委政法委着力构建营商法治环境建设制度、实施、保障、监督四大工作体系，做实“万人进万企”“护企法治联盟”等载体，组织建立知识产权案件审判“三合一”工作机制，不断凝聚为企业服务的法治合力。市法学会开展法治化营商环境建设专题研讨，研究成果获国家、省嘉奖。

政法领域改革。完成全市两级检察机关、基层法院内设机构改革。法院系统深化“分调裁审”改革，优化办案效果；加快智慧法院建设，提升办案效能，全市两级法院员额法官人均结案排名全省第一。检察机关构建以“案—件比”为核心的质量评价体系，公诉案件认罪认罚从宽制度适用率84.9%，公益诉讼案件年均增长15%，在全省检察机关队伍建设和业务建设考评中排名第一。公安机关建成9个执法办案管理中心，提升执法监督效能；持续推动简政放权，落实容缺办理、以函待证等措施，推出“户籍新政”，吸引新落户市民10余万人。

从严治党管警。组织首轮政治督察和纪律作风督查巡查，采取“条块结合”方式，推动整改共性问题。不断优化政法队伍领导班子结构，提拔或进一步使用市管干部21人。配齐全市179个乡镇（街道）政法委员，其中115人由乡镇（街道）党委副书记兼任，64人为专职。突出实战、实用、实效导向，开展政治轮训和业务素能培训，分级分类培训干警2万余人次。巩固深化主题教育成果，开展典型经验观摩学习、先进人物评选等载体活动，队伍凝聚力战斗力明显提升。

【市法学会11篇文章获副省级城市法治论坛奖】 10月，市法学会以全国副省级城市法治论坛、东北法治论坛、辽宁法治论坛、环渤海区域法治论坛等为交流平台，通过“大城市市域治理现代化的法治理论与实践研究”“东北地区法治环境与经济社会发展”“学习贯彻习近平法治思想——京津冀及环渤海区域防范化解重大风险法治保障研究”“扫黑除恶长效机制建设问题研究”等主题学术交流，选送11篇文章在全国副省级城市法治论坛获奖，46篇文章在辽宁法治论坛获奖，6篇文章在东北法治论坛获奖，4篇文章在环渤海区域法治论坛获奖，完成省法学会确定任务数的224%。辽宁法治论坛获一等奖数占全省一等奖总数的50%。获全国副省级城市法治论坛和辽宁法治论坛优秀组织奖。

（市政法委）

人大立法

【概况】 2020年，市人大常委会坚持问题导向、需求导向和成果导向，加强重要领域法规制度供给，不断提高立法质量和效率，推动法律法规有效执行。先后制定《沈阳市政务数据资源共享开放条例》《沈阳市燃气管理条例》等4件地方性法规，作出《作出关于依法全力做好新型冠状病毒肺炎疫情防控工作的决定》等5项决定，《沈阳市公共场所控制吸烟条例》完成常委会一审，并对《沈阳市城市建设档案管理条例》等4件立法调研项目进行调研论证工作，为沈阳市民营经济发展提供坚实的法治保障。

【《沈阳市人民代表大会常务委员会依法全力做好新型冠状病毒肺炎疫情防控工作的决定》】 2月14日，为贯彻落实习近平总书记关于“坚决打赢疫情防控的人民战争、总体战、阻击战”的重要指示精神和中央决策部署及省委、市委工作要求，市人大常委会在十六届常务委员会第十七次会议上作出《沈阳市人民代表大会常务委员会依法全力做好新型冠状病毒肺炎疫情防控工作的决定》。《决定》要求市和区县（市）人民政府及其有关部门应当全面依法履行职责，建立健全各级防护网络。任何单位和个人都应当遵守关于疫情防控的规定，服从本地区人民政府的统一指挥和管理，履行疫情防控义务。

【《关于市人民政府机构改革涉及本市地方性法规规定的行政机关职责调整问题的决定》】 4月27日，

为平稳有序调整地方性法规规定的行政机关职责和工作，确保行政机关依法履行职责，避免因地方性法规尚未修改而影响改革进程和相关工作，在市十六届十九次人大常委会上作出该决定。《决定》重点明确市级行政机关的职责调整，同步推进事业单位和区级行政机关的职责调整，同时规定，实施《沈阳市机构改革方案》需要修改地方性法规的，市人民政府应当及时提出法规案，依照法定程序提请审议。

【《沈阳市政务数据资源共享开放条例》】 6月28日通过沈阳市第十六届人民代表大会常务委员会第二十次会议审议，8月5日辽宁省第十三届人民代表大会常务委员会第二十次会议批准，10月1日起施行。《条例》7章38条。《条例》明确数据资源共享和开放的分类管理和定期更新机制，以及共享争议解决机制；明确限定不予共享和有条件共享、不予开放和依申请开放的范围，从制度上解决不愿共享、不愿开放，不会共享、不会开放的问题。《条例》规定各政务部门之间的数据共享和业务协同，应当通过共享平台进行，凡新建的需要跨部门共享信息的政务信息系统，应当通过市级共享平台实现，原有跨部门的数据共享交换系统应当逐步迁移到共享平台，政务部门新建政务信息化项目应当符合共享开放要求。沈阳市成为继贵阳之后，全国第二个颁布数据地方性法规的省会城市。

【《沈阳市燃气管理条例》】 8月25日沈阳市第十六届人民代表大会常务委员会第二十一次会议通过，11月24日经辽宁省第十三届人民代表大会常务委员会第二十三次会议批准，自2021年1月1日起施行。为增强管道燃气市场的竞争力和活力，《条例》规定，管道燃气经营依法实行特许经营制度。《条例》明确划分经营者和用户之间的维修、保养责任。《条例》还规定，管道燃气经营者应当每两年为居民燃气用户免费提供至少一次入户安全检查，每年对非居民燃气用户免费提供至少一次入户安全检查，建立完整的检查档案，检查档案保存时间不少于两年。针对瓶装燃气供应，《条例》规定，瓶装燃气经营者要建立充装前后的检查、记录制度，并按照特种设备相关管理规定，办理气瓶使用登记、申报定期检验。

【《沈阳市林地建设保护条例》】 10月29日沈阳市第十六届人民代表大会常务委员会第二十三次会议通过，11月24日经辽宁省第十三届人民代表大会常务委员会第二十三次会议批准，自2021年1月1日起施行。《条例》规定，市和区县（市）政府应当建立森林生态效益补偿制度，加大对公益林的保护支持力度。对已编制的林地保护利用规划不得随意变更，确需变更的应当依法按照原批准程序办理。采伐迹地应当在采伐的当年或者次年完成改造林任务，更新造林的面积不得少于采伐的面积。

【《关于加强检察公益诉讼工作的决定》】 10月29日，市十六届人大常委会第二十三次会议作出《关于加强检察公益诉讼工作的决定》。为加强检察公益诉讼工作，充分发挥检察机关法律监督职能，维护社会公平正义，维护国家利益和社会公共利益，《决定》进一步明确检察公益诉讼工作的基本原则和总体要求，公益诉讼的重点领域、办案程序，为强化检察机关调查核实权，还就各级人大支持和监督公益诉讼工作作出相应规定，为加强此项工作提供制度保障。

【《沈阳市电梯安全条例》】 10月29日沈阳市第十六届人民代表大会常务委员会第二十三次会议通过，11月24日经辽宁省第十三届人民代表大会常务委员会第二十三次会议批准，自2021年1月1日起施行。《条例》要求紧急情况下住宅电梯需要维修的，业主大会或者业主委员会可以依法启动维修资金应急使用程序。对于新安装载人电梯的，《条例》要求新电梯应当安装具备运行参数采集、信息网络传输、自动报警、实时通话等功能的物联网电梯系统，按照规定配备统一接口，并对市或者区县（市）市场监督管理部门开放。

【《关于加强再生水利用工作的决定》】 12月4日，针对沈阳市水资源匮乏的实际，市人大常委会在十六届常务委员会第二十四次会议上作出《关于加强再生水利用工作的决定》。《决定》明确生产、生活、生态等领域再生水利用的具体要求，提出政府主导、社会参与，统筹规划、合理布局，突出重点、稳妥推进的原则，逐步构建与沈阳市经济发展水平相协调，并与最严格水资源管理和生态环境控制要求相适应的城镇再生水利用系统。到2025年，基本建成布局合理、系统科学的再生水利用体系和考核体系，全市再生水利用率与国家考核标准保持一致，达到25%以上。

（市人大）

公　安

【概况】 年初新冠肺炎疫情暴发，市公安局日夜奋战在溯源查控、卡点堵控、基层防控和社会面管控“三线一面”主战场，10名干警驰援武汉抗疫一线，市公安局驻桃仙机场工作组被公安部记集体一等功；创新运用“双推、双核、双反”（两部门推送、两部门核实、两部门反馈）机制，发起“五省区”（辽宁、吉林、黑龙江、内蒙古和河北等省区）跨区域警务协作，核查疫情关联人员21.7万人次，留置看护和监管场所实现“双安全、零事故”；帮助东软集团、米其林沈阳轮胎有限公司等企业解决复工复产难题1523件，破获涉及23省、涉案金额2100余万元的特大非法经营伪劣医用防护服案，侦破的“2·02”制售伪劣口罩案被公安部评为十大经典案例。深入开展信访积案“百日攻坚”，省公安厅交办案件化解率98.72%。扫黑除恶专项斗争取得决定性胜利，打掉黑社会性质组织35个、恶势力犯罪集团42个、恶势力犯罪团伙70个，扣押查封冻结涉案资产33.39亿元，成果列全国副省级城市第一方阵；破获积压17年的公安部督导“4·30”特大持枪入室抢劫杀人案等151起命案积案；电信网络诈骗“断卡”行动成果显著，省部督导毒品目标案件侦破数量、质量创新高，市公安局被全国“扫黄打非”办公室授予先进集体称号。

治安防控。安管平台预警感知异常数据35万余条，推送整改风险隐患9万余件；实现危爆物品“不丢不响不炸”、森林火灾“零发生”，确保438项大型活动的绝对安全，打击枪爆工作经验在全国推广。

营商环境。创新推出“警务营商驿站”，建立以中心派出所为依托的24家“微车管所”，公共服务事项增至203项，跃居全国公安机关首位；134项公安行政审批事项全部实现网上办，网办率提高至66.67%。

公安改革。推进公安“两大战略”，试点推进刑警、治安、法制、监管等警种，指挥中心、后勤装备部、纪检政工室等合署办公警务改革，实现警力无增长改善；组建大数据情报合成作战中心，整合信息资源423类4221亿条，深度研发大数据合成作战平台10大基础、7大特色应用实战功能模块，构建起情报、指挥、行动一体化警务新机制。持续夯实公安基层基础，最大限度为派出所松绑减负，全面实行社区民警专职化，全市855个社区和1454个行政村实现“一区一警、一村一助理”全覆盖，精心打造10个市级“枫桥式公安派出所”和51个以优秀社区民警命名的警务室；“平安家园共同守护”微信群成员突破105万人，整改隐患5.6万余处，发放奖励150余万元。

规范执法。投入1.29亿元建成覆盖全域、支撑全警的9处执法办案管理中心，实现合成化作战、智能化管理、全流程监督；强化“一把尺子”标准，制定出台“执法办案岗位职责规定”和“执法过错责任追究办法”，全面推行基层法制员派驻制度，重新修订《沈阳市公安局法制员工作实施细则》，民警执法过错案件下降53%。

【部督“2003·4·30”特大持枪入室抢劫杀人案侦破】 2020年6月19日6时许，沈阳市公安局根据刑事物证技术大数据库甄别线索，在辽宁省绥中县某酒店门前，抓获公安部督办“2003·4·30”持枪入室抢劫并杀害7人的特大刑事案件犯罪嫌疑人杨某安。2003年4月29日，杨某安窜至大东区中胜街一居民楼内，先后对7名被害人实施控制。因担心事情败露，先后用刀杀害7名被害人，而后逃离现场。沈阳市公安局刑侦部门侦查足迹遍布黑龙江、内蒙古、北京、广东、四川等10余个省市，排查11万余可疑人员。由于历史侦查条件受限，案件经持续侦查始终没有取得突破。2016年，公安部组织开展“疑难命案积案攻坚行动”，将此案定为全国9起特大疑难目标案件之一，开展专案攻坚。专案组最终发现，沈阳市浑南区深井子镇人杨某安有重大作案嫌疑。沈阳市中级人民法院对该案进行审理。

【沈阳天元企业集团非法窃电案件侦破】 10月27日，沈阳供电公司向市公安局刑侦局报案称，位于苏家屯区八一镇官明街11—5号的沈阳天元企业集团涉嫌窃电，每天损失电量在1万千瓦时以上，初步估算沈阳天元企业集团2019年以后违法窃电价值近千万元。初步查明，天元企业集团董事长兼法人卢某财有重大窃电嫌疑。犯罪嫌疑人卢某财10月28日投案自首。卢某财交代，2013年用1.5

万元雇佣吴某贵第一次安装遥控窃电装置，实施窃电行为；2016年11月，苏家屯电业局对卢某财厂房所在线路区域集中更换智能电表，为继续获取非法利益，卢某财再次用1.5万元雇佣吴某贵为其安装窃电装置；2020年三四月间，卢某财用2万元雇佣马某华为其更换变压器增容，并指使其姐夫张某泉通过遥控器操纵遥控装置，控制电表读数，实施窃电行为。专案组将吴某贵、马某华、张某泉抓获，3人对犯罪事实供认不讳。卢某财、马某华、吴某贵以涉嫌盗窃罪被刑事拘留、张某泉被监视居住。

【侵犯三一重型装备有限公司商业秘密案侦破】 2020年11月，市公安局破获造成三一重型装备有限公司直接经济损失5300余万元的特大侵犯商业秘密案件。2019年6月，市公安局经济犯罪侦查支队在走访三一重型装备有限公司过程中了解到，企业生产的掘进机销售量明显下滑，主要原因是市场上出现由无锡华瀚能源装备科技有限公司生产销售的疑似侵权的同类产品。专案组先后到湖南、山西、贵州、四川等地调查取证。经查，侯某革等5名犯罪嫌疑人原为三一重型装备有限公司员工。4年前，5人利用职务之便，窃取该公司自主研发生产掘进机的核心技术。随后，5人离职后自行成立公司进行非法生产销售活动。2020年11月5—6日，专案组在沈阳、无锡两地将侯某某等5名犯罪嫌疑人全部抓获。侯某革等5名犯罪嫌疑人对侵犯三一重型装备有限公司商业秘密的犯罪事实供认不讳。

（方庆武）

【沈阳市禁毒教育基地启用】 6月24日启用。基地位于浑南区国际青少年活动中心4楼，布展面积2300平方米，展厅分为百年国殇 警钟长鸣、识别毒品 认清危害、毒害缠身 祸国殃民、毒情形式 刻不容缓、高悬利剑 全民禁毒、沈阳禁毒 成就辉煌、毒品预防 关爱未来、禁毒有我 人人有责八大板块，综合运用图文展示、情景再现、影视播放、实物陈列和体验互动等科技手段，向公众普及毒品知识、毒品危害和防毒拒毒方法。

（志　闻）

检　察

【概况】 2020年，全市检察院受理审查逮捕4642件6390人、审查起诉8719件11119人，经审查，批捕4092人，起诉9229人；严惩“全能神”等邪教组织犯罪，批捕33人，起诉41人；严惩严重暴力犯罪和涉毒品犯罪，批捕669人，起诉975人；依法惩治多发性侵财犯罪、危害食药安全和公共安全等犯罪，批捕1604人，起诉5003人；严格依法打好扫黑除恶专项斗争“收官战”，批捕涉黑涉恶嫌疑人987人，起诉1056人，起诉“保护伞”13人；受理各类民事申请监督案件920件，对认为确有错误的生效裁判，提出、提请抗诉和提出再审检察建议131件，对民事执行案件和执行违法行为提出检察建议200件，对审判程序违法行为提出检察建议172件；办理各类公益诉讼案件722件，发出诉前检察建议633件，行政机关及时整改629件，提起诉讼48件；起诉侵害未成年人的犯罪119件165人。

打击犯罪与保障人权。加强对刑事立案、侦查、审判活动的监督，强化刑事执行监督。适应人民群众对司法公正的更高期待，严格依法对民事诉讼和执行活动进行监督。持续推进反腐败斗争。加强与监察机关在办案中的有效衔接，依法审查监委移送的职务犯罪案件。选派精干力量，提前介入调查一起省部级职务犯罪案件。依法履行对司法工作人员侵犯公民权利、损害司法公正犯罪的立案侦查职责。打好扫黑除恶专项斗争“收官战”，确保“是黑恶的一个不放过，不是黑恶的一个不凑数”。聚焦重点行业、重点领域，发出检察建议，推动堵塞监管漏洞，实现长效常治。着力服务打赢“三大攻坚战”。严惩危害金融安全、侵害农民利益、破坏生态环境的刑事犯罪，办理一批人民群众高度关注的案件和全省首例洗钱犯罪案件。会同金融监管部门开展金融犯罪案件专题调研，推动健全机制，筑牢金融防线。在全省检察机关率先开展“命案受害家庭关怀行动”，对因案致贫的受害家庭进行司法救助。聚焦中央环保督察反馈意见，开展生态环境领域检察公益诉讼专项监督，依法推动环境问题的整改，守护“绿水青山”。

诉讼监督。坚持监督行政审判和促进依法行政并重。开展“加强行政检察监督促进行政争议实质性化解”专项活动，坚持行政裁判结果类案件全案审查制度，逐件提出具体的矛盾化解方案，力求实现“案结事了政和”。强化行政非诉执行监督，启动“占用耕地、林地建房”等专项行动，案件规模持续居全省前列，有效维护权利人的合法权益。落实市人大常委会《关于加强检察公益诉讼工作的决定》。树立“双赢共赢多赢”的理念，会同行政机关开展专项整治，促进人民群众反映强烈的“秸秆焚烧”“迹地还林”“扬尘污染”“网络餐饮”等问题的整改。在全国率先研发出检察公益诉讼大数据平台，以科技手段强化从线索收集、研判、调查，到监督建议整改落实跟进的“全链条”监督。最高人民检察院检察长张军评价该平台“解决群众的操心事、烦心事和揪心事”。

防范化解社会矛盾纠纷。落实“群众信访件件有回复”工作制度，通过检察长研判、调度重大信访案件等方式，做到对信访人7日内程序回复，3个月办理结果或进展答复。落实“谁执法谁普法”责任制，妥善解决群众诉求。完善两级院检察长、员额检察官接访、领导包案、律师参与化解等制度，实现刑事申诉案件、信访案件公开听证常态化，通过公开释法说理，进行法治宣传，促进和解、调解，修复社会关系。依法适用认罪认罚从宽制度，站位社会治理全局，贯彻宽严相济刑事政策，在依法严惩严重刑事犯罪的同时，按照“可用尽用、用准用好”的要求，做深做实认罪认罚从宽工作，有效通过办案减少社会对抗。

未成年人司法保护。持续深入落实“一号检察建议”，打击侵害未成年人的犯罪，对在押未成年犯、社区矫正未成年人逐案制定个性化方案，实施“一对一”帮教。建议法院对猥亵儿童的被告人发出全省首例“从业禁止令”，依法呵护未成年人成长。以“远离校园暴力”等为主题，开展线上线下法治宣传，面向全市中小学生制作推出十期“法治微课堂”，检察长担任“法治副校长”等活动受到广泛欢迎和好评，“法治进校园”巡讲受到高检院通报表扬，形成“一号检察建议”落实的“沈阳版本”。

打击涉疫犯罪。针对假冒伪劣医药用品、医疗废弃物污染开展公益诉讼专项行动，做好疫情防控的“公益代表”。面向全市中小学校，制作推出《疫情防控里的法律事儿》等十期“法治微课堂”，受众约75万人。组织两级院千余名干警下沉街道、社区及入境隔离安置点，参加联防联控，履行社会责任。制定出台《沈阳市检察机关“助防控、保稳定、促发展”工作意见》，助力企业复工复产，服务保障“六稳”“六保”。

打造法治化营商环境。把“每个检察人都是营商环境”作为郑重承诺，构建“护企安商”沈检模式。在依法履职中，做好“减法”。践行“谦抑、审慎、善意、文明”的司法理念，深入落实服务民营经济11项检察政策，切实做到“少捕、慎诉”，对涉案民营企业家能不捕的不捕，能不诉的不诉；让企业家大胆经营、放手发展，通过开展专项活动，监督侦查、审判机关清理涉民企“挂案”“积案”，为民营企业松绑解压；开通涉企申诉案件办理“绿色通道”，为民营企业减轻诉累；强化对企业产权和知识产权的保护，为企业挽回和避免经济损失。在职能延伸上，做好“加法”，出台服务民营企业15项工作举措；建立市检察院班子成员“分片包企”“问需企业专报”机制，推进检察机关“万人进万企”取得实效；开设12309企业法律咨询服务热线，组建检察官“博士团”“硕士团”，应邀走进企业、商会，开展法律服务活动40余次，为民营企业家授课19次；立足服务扶持中小微企业，在自贸区、市年轻一代企业家商会和部分县区成立“检察蓝护航创业者”法律服务站，帮助解决实际问题130余项；全力支持重大项目建设和重点企业发展，延伸职能，为东软医疗、辽宁成大等企业完成上市急需的无犯罪记录查询，确保企业及时上市。

接受监督。向市人大常委会定期报告检察工作情况，专题报告法律监督工作并回答问询，向主任会议报告公益诉讼、营商环境建设工作，完善代表联络和建议议案办理工作机制。邀请人大代表视察检察工作、参与案件公开审查、出席检察文化建设系列活动等，获得监督、赢得支持。坚持向政协通报检察工作，认真办理政协委员提案，邀请专家委员参加业务研讨。深入落实人民监督员制度，将全部业务纳入监督范围。两级院均设置律师阅卷室、接待室，办案中认真听取律师意见，提供异地阅卷服务。制作推出《你好，企业家》《“检”除黑恶守正不移》等职能宣传片，及时传播检察声音，接受舆论监督。

【《关于贯彻省检察院要求在疫情防控期间做好各项检察业务工作的通知》】 2月14日市检察院下发。《通知》针对办理涉疫情刑事案件、民事案件、行政案件、公益诉讼案件以及刑事执行检察工作提出新要求。为抓实涉疫情案件办理工作的业务指导，市检察院决定成立涉疫情防控检察业务指导工作领导小组。《通知》提出做好两级院工作对接，落实工作情况日报制度、办案数据日报制度、办案文书报备工作、工作信息报送制度，做到疫情防控和业务工作两手抓、两不误。（黄佳慧）

法 院

【概况】 2020年，沈阳法院受理各类案件342858件，审执结318323件，结案率92.8%，上升5.84个百分点，法官人均结案310.3件，受理、审结案件数量继续在全省法院领先。

刑事审判。依法惩处各类刑事犯罪，审结刑事案件8542件。审结严重暴力犯罪案件940件。制定新型毒品案件办理意见，审结毒品犯罪案件608件679人。打击非法吸收公众存款、电信网络诈骗等犯罪，审结相关案件167件。深入开展反腐败斗争，审结职务犯罪案件80件86人。依法从重从快惩处“假口罩案”“假消毒液案”等涉疫犯罪14件17人。深化扫黑除恶专项斗争，专项斗争开展以来审结涉黑涉恶案件257件1099人，判处5年以上重刑378人，审理“保护伞”案件12件，发布涉黑涉恶典型案例24件，4件入选全省十大典型案例。聚焦“行业清源”，发出司法建议326份。

民商事审判。依法服务和改善民生，审结涉及就业、医疗、住房、教育等案件33968件。深化家事审判改革，实行调解前置、社区调查、回访帮扶，化解家事纠纷15036件。保障群众“舌尖”“针尖”安全，审结制售伪劣食品药品案件104件。探索环境资源案件集中管辖及“三审合一”（民事、刑事、行政案件统一集中审理）新机制，审结案件530件。服务供给侧结构性改革，“辉山乳业”等案件办理效果明显，挽救关联企业83户。完善知识产权“三审合一”，审结知识产权案件1719件。平等保护中外当事人合法权益，审结涉外、涉港澳台商事案件143件。规范融资市场秩序，出台《加强职业放贷人审查工作的意见》，发布《与公司有关纠纷审判白皮书》，审结银行贷款、民间借贷、保险纠纷等案件40487件。

行政审判。依法监督行政机关依法行政，保护行政相对人合法权益，审结行政案件6329件、国家赔偿案件55件。完善府院联动机制，加大协调力度，推进行政争议实质性化解，调解结案569件。发布行政审判白皮书，发送《进一步推进行政机关负责人出庭应诉制度的建议》，负责人出庭应诉703件。深化司法与行政良性互动，定期会商法律适用问题，组织庭审观摩、培训授课8场425人。

执行工作。开展“巩固基本解决执行难成果”专项行动，执结案件10.34万件。推进综合治理执行难，联动单位增至48家，网上拍卖10071件，成交金额25.55亿元。强化失信惩戒，列入失信名单35716人次，限制高消费50290人，拘留93人，以涉嫌拒执犯罪移送公安机关15件17人，在省市电视台播放执行现场203期。开展规范执行行为专项整治，严肃查处机械执行、不文明执行、违规执行行为，对4起案件进行“一案双查”，处理5名责任人。

司法为民。疫情期间推送网上立案、微信办理操作规程，全市法院在线立案72864件，“云审判”4783件。开通三类四条企业服务热线，制定疫情防控期间民事、商事、房地产、劳动争议“四类纠纷”法律风险防范化解指导意见，助力企业复工复产。全面升级“厅网线巡”四位一体现代化诉讼服务中心，推行网上立案、跨域立案和掌上诉讼服务，网上立案率44.87%，跨域立案766件，12368热线提供诉讼服务73195人次，当场立案率98%。加强诉源治理，完善诉调对接中心及“道交一体化”等解纷平台，诉调对接单位增至123家，诉前调解案件70246件。法库法院被授予全国法院“一站式”建设先进单位。

司法改革。制定《司法人员权力和责任清单》，修订审判管理工作规则，完善法律统一适用，出台规范性文件38个。科学配置司法资源，基层法院全部完成内设机构精简整合。实行案件繁简分流、快慢分道，基层法院简易程序适用率68.2%。加快智慧法院建设，案件平均审理时间缩短至39.34天。创新审判监督管理机制，对591件“四类案件”（涉及群体性纠纷，可能影响社会稳定的案件；疑难、复杂且在社会上有重大影响的案件；与本院或者上级法院的判决可能发生冲突的案件；有关单位或者个人反映法官有违法审判行为的案件）实行精准管控，做到监督全覆盖。建立交叉评查制度，常规抽查覆盖全部员额法官，评查案件3832件，确认一般瑕疵案件146件，纳入法官业绩档案。加强司法人员职业保障，成立法官权益保障委员会。

民营经济司法保障。审结涉民企案件97482件。全市法院召开民营企业家座谈会33次，开设民企反映问题专门窗口，开展依法保护民营企业健康发展专项督查活动，查找整改4个方面16个突出问题。开展依法纠正涉产权错案专项行动，排查刑事案件982件。开展涉党政机关、国有企业拖欠民营企业债务等案件专项清理，执结129件，到位金额3.59亿元。持续开展“百名法官进百企”活动，健全常态化服务机制。

【《关于统筹推进新冠肺炎疫情防控为经济社会发展提供司法服务和保障的十项措施》】 4月16日市中级人民法院印发。《措施》以提升统筹推进疫情防控和企业复工复产司法服务和保障能力为主线，着眼企业司法需求，全面回应疫情防控和“后疫情”阶段复工复产面临的司法审判热点问题，涵盖从立案、审判到执行的各个司法流程，民事、刑事、行政、执行各个部类，重点就妥善处理疫情期间或与疫情有关的劳动争议、合同纠纷、涉企金融纠纷、医疗纠纷、消费纠纷、企业破产案件以及房屋租赁纠纷，提出宏观指导意见。同时，要求全市法院规范有序全面开展在线诉讼活动，深化审判执行全部类“分调解裁审”机制改革，畅通民营企业诉讼“绿色通道”，多元、高效、快捷化解涉疫、涉企矛盾纠纷，依法帮助企业纾解困难、复工复产。

【《关于充分发挥审判职能作用服务保障“六稳”“六保”工作的实施意见》】 7月市中级人民法院印发。《意见》以提升“六稳”“六保”司法服务和保障能力为主线，着眼沈阳市审判执行工作实践，提出平等保护各类市场主体、强化民生司法保障、营造安全稳定社会环境、维护诚信公平市场交易秩序、保障市场产业链供应链稳定、有效防范金融风险、助推知识创新和技术成果创新、健全企业市场救济和退出机制、助力法治政府建设、服务保障脱贫攻坚和国家粮食安全、依法规范民事强制和执行行为、提高基层矛盾纠纷化解效能、延伸拓展审判职能、提升司法服务保障能力等16条具体实施措施。

（姜　博）

司法行政

【概况】 2020年，全市司法行政工作围绕“省内创一流、全国争上游”工作目标开展工作。坚持党建引领、正向激励，加强司法行政队伍建设，4名一线干警获“五一劳动奖章”，涌现出全国模范司法所长王金福等典型。围绕中心服务，以法治手段保障疫情过后企业有序复工、高效复产，出台《关于依法防控新型冠状病毒肺炎疫情、切实保障经济平稳运行和社会和谐稳定的实施意见》，得到市委书记张雷肯定；扎实开展省级法治政府示范创建工作，向省委依法治省办推荐9个省级综合类示范创建地区及8个单项类示范创建项目，示范创建工作取得突破性进展；公开公平公正选聘20名政府法律顾问，建立市政府法律专家库。市政府法律顾问承办市政府法律事务377件，规范行政执法程序，全面建立并公示市直行政执法部门行政执法裁量基准；着眼服务保障经济社会发展，研究制定沈阳市司法行政系统服务保障“六稳”“六保” 助力经济发展维护社会稳定20条举措；开展法治政府建设督查互检专项行动，深入13个区县（市）及49个单位，规范行政执法行为300余次；牵头协调公检法开展涉案财物清理专项整治工作，清理涉案资产39.03亿元，上缴国库14.27亿元，返还当事人24.76亿元；梳理沈阳市全领域免罚清单，切实提升企业成本竞争力。深入贯彻《辽宁省关于全面推行行政执法公示制度执法全过程记录制度重大执法决定法制审核制度实施方案》，行政执法公示制度深入推进，行政执法全过程记录制度有效实施，重大执法决定法制审核全覆盖，推动市本级3791项、各区县（市）18564项行政执法事项清单在各级政府网站公示，全市执法记录设备配备比例稳步提升。

监所管理。围绕“两节”“两会”等重点时段，组织各监所大力开展以“工作大检查、风险大排查、隐患大整治、安全大提升”为主要内容的“大排查、大整治”专项行动，深化监狱戒毒管理，筑牢安全防线，监所安全稳定各项工作指标继续领跑全省。扎实做好疫情防控工作，制定“零感染、零输入、零输出”的工作目标，下发“六项措施”“七项制度”，各监狱、戒毒所连续封闭执勤314天，实现工作目标。

法律服务。开发建设“沈阳法治地图”，打造“半小时法治服务圈”；为疫情防控及复工复产开辟法律服务绿色通道；成立“法治体检”专业服务团，为3200余户企业开展专项“法治体检”；加强公共法律服务“三大平台”建设，全市以实体、网络、热线平台为横轴，以市级、县区（市）、乡镇（街道）、村（社区）实体平台为纵轴，搭建完成“三横四纵”平台架构。提供法律援助2570余件，指导全市各公证机构大力强化便民举措、积极拓展服务范围，55项公证便民事项实现全程网办，106项公证事项实现“最多跑一次”。

人民调解。以推进“村（居）民评理说事点”和个人调解室建设为突破口，在全省率先建成“村（居）民评理说事点”2411个。在全系统召开王金福先进事迹报告会，加大宣传力度，推动建成个人调解室271个，以“王公正调解室”“晖哥调解室”等为代表，初步形成品牌化效应，基层社会治理取得新成效。

普法。做好“七五”普法验收和普法宣传。民法典颁布后，成立领导小组、出台方案、召开新闻发布会、推出形象大使、组成普法讲师团、举行“奋进新时代、筑梦新征程，民法典宣传沈阳在行动”，实现云上、线下、实体、网络多维度推进，真正让民法典走到群众身边、走进群众心里。将法治教育全面纳入各级党委（党组）理论中心组学习计划及公务员培训课程规划，全市领导干部学法用法实现制度化规范化，市、区两级政府共举办各类法治讲座及培训8460余次；全社会知法学法守法用法意识不断强化，全市累计开展各类法治宣传活动逾7万场次，发放普法宣传资料及普法产品近800万件，普法微信公众号及抖音号累计阅读播放量已达2680万次，推动普法工作有效落实。

公共法律服务。全市律师事务所395个，其中合伙所366个、个人开业所26个；外地律师事务所在沈阳开办分所36个，设有境外律师事务所驻沈阳代表处；执业律师人数5918人，其中专职律师5263人、兼职律师204人、公职律师349人。办理各类诉讼案件及非诉讼案件数，其中刑事案件6069件、民事案件42750件、行政案件1801件、非诉讼案件27209件。公证行业案件受理57027件；其中国内公证案件41306件，涉外公证案件数15721件。公共法律服务件数360件，办理遗嘱类公证件数605件，委托类公证件数4332件，继承类公证件数25066件。

行政立法。市政府向市人大常委会提出的地方性议案数14件（包括主办件10件、协办件4件）；2020年度立法计划，政府规章3件，地方性法规4件；市政府收到报送备案的行政规范性文件23件，其中区县（市）政府文件2件，市直部门文件21件。

行政复议。全市各级复议机关收到行政复议申请12628件，审结复议案件12476件。审结的12476件案件中，驳回85件，维持7742件，确认违法75件，撤销75件，变更3件，责令履行22件，告知16件，化解性终止4458件，争议化解率达35.7%。

人民调解。截至年末，全市各级人民调解组织调处纠纷31597件，其中邻里纠纷16460件，占52.1%；婚姻家庭纠纷2831件，占8.9%；山林土地纠纷3515件，占11.1%；物业纠纷1769件，占5.6%；其他纠纷7022

▶7月14日，沈阳市新闻发布中心召开民法典宣传新闻发布会，党组书记局长王佩军现场解答记者提问（于永锋摄）

件，共调解成功31492件，调解成功率99.7%。达成书面协议4301件，未发生因调解不利导致的民转刑、群体性上访等案件。全市有专职人民调解员848人。

法律援助。法律援助机构接待咨询11424人次，12348公共法律服务热线接听解答咨询49111人次，办理各类法律援助案件8498件，其中刑事法律援助案件1955件，民事法律援助案件723件，行政法律援助案件61件，值班律师法律帮助案件5759件。

司法鉴定。全市司法鉴定机构13家，司法鉴定人数274人；司法鉴定机构完成各类司法鉴定件数39958件，其中法医类司法鉴定件数25557件，物证类件数14265件，声像资料鉴定（含计算机）件数129件，其他类鉴定件数7件；业务收入额5074.45万元。

2020年沈阳市9个省级综合类示范创建地区及8个单项类示范创建项目

表8

序号	省级综合类示范创建地区	序号	单项类示范创建项目
1	沈阳市本级	1	沈阳市本级（辽宁省行政复议规范化建设示范市）
2	和平区	2	沈阳市本级（辽宁省食品药品网格化智慧监管体系示范市）
3	沈河区	3	和平区（辽宁省推行政府法律顾问制度示范区）
4	铁西区	4	沈河区（辽宁省法治化营商环境示范区）
5	皇姑区	5	大东区（辽宁省行政审批制度改革示范区）
6	大东区	6	浑南区（辽宁省公共法律服务示范区）
7	浑南区	7	铁西区（辽宁省法律援助示范区）
8	沈北新区	8	法库县（辽宁省健全依法化解纠纷机制工作示范县）
9	苏家屯区		

（市司法局）

2020年沈阳市政府法律顾问人员

表9

序号	姓　名	所在单位及职务
1	李宗胜	沈阳安行律师事务所创始合伙人/全国人大代表、沈阳市政协委员
2	杨兴权	辽宁同方律师事务所高级合伙人/辽宁省人大代表
3	陈国兴	观策律师事务所合伙人
4	王　为	北京金诚同达（沈阳）律师事务所主任/全国人大代表、沈阳市政协委员

续表9

序号	姓 名	所在单位及职务
5	包玉秋	沈阳师范大学教授
6	闻芳谊	辽宁华恩律师事务所高级合伙人/辽宁省政协委员
7	赵程涛	金诚同达（沈阳）律师事务所合伙人
8	胡 伟	观策律师事务所主任/沈阳市人大代表
9	孙长江	北京大成（沈阳）律师事务所主任
10	雷雨波	辽宁正元律师事务所主任
11	徐 驰	北京隆安（沈阳）律师事务所名誉主任
12	孔祥参	中共沈阳市委党校法学教研部副主任、副教授/皇姑区人大代表
13	黄晓行	北京德恒（沈阳）律师事务所主任/县级政协委员
14	孙 迪	北京隆安（沈阳）律师事务所高级合伙人
15	王 莉	辽宁同泽律师事务所党支部书记
16	于天英	中共沈阳市委党校教授
17	韩维信	北京天驰君泰（沈阳）律师事务所合伙人
18	陈晓宇	辽宁公安司法管理干部学院教授
19	崔修滨	辽宁百联律师事务所主任/沈阳市政协委员
20	赵 路	北京盈科（沈阳）律师事务所合伙人

（市司法局）

【“村（居）民评理说事点”建设实现全覆盖】 2020年，全市以推进“村（居）民评理说事点”和个人调解室建设为突破口，在全省率先建成“村（居）民评理说事点”2411个，提前4个月实现全覆盖目标；全市“村（居）民评理说事点”参与解决矛盾纠纷1.64万件，调解成功16354件，调解成功率99.7%。（王吉峰）

行政执法

【概况】 2020年，沈阳市以巩固创城成果、持续推进创城工作为重点，深入开展城市治理工作。牵头召开推进会议7次，梳理城市治理精细化管理规范，实现城市治理全域指导协调。推进科学立法，完成《沈阳市生活垃圾分类管理办法》设立政府规章及《沈阳市相对集中城市管理行政处罚权规定》修改政府规章申报工作；委托第三方机构参与《沈阳市生活垃圾分类管理办法》的立法工作。规范行政执法程序，严格落实持证上岗制度、规范执法流程。按照《辽宁省住房和城乡建设厅关于印发辽宁省城市管理综合执法文书（试行）的通知》要求，印制新版执法文书，并自1月1日起启用新版执法文书，要求各分局严格按照填写规则使用新版文书。深入推进行政执法“三项制度”（公示制度、记录制度、法制审核制度），按照市政府办公室印发全面推行行政执法“三项制度”的实施方案要求，制定并印发《沈阳市城市管理综合行政执法局行政执法公示制度》《沈阳市城市管理综合行政执法局行政执法全过程记录制度》《沈阳市城市管理综合行政执法局重大行政执法决定法制审核制度》。加大普法力度，制定《市城管执法局2020年普法工作方案》，通过局网站、电子屏等宣传形式广泛宣传国家安全法、网络安全法等法律知识。邀请市委党校3名教授讲授宪法、民法典、行政诉讼法，进一步落实普法责任，提高全局领导干部的法律素质。

建设市场执法。建设市场执法整体工作稳中有进，违法项目比例下降。全市各类在建项目645个，存在违法行为项目115个，违法率17.8%，下降8.4个百分点。违法项目查处率维持高位，全系统查处违法项目97个，查处率84.3%（未查处项目为金廊项目、土地违法等特殊项目），与上年基本持平。违法案件处罚数量下降，查处建设市场各类违法案件664件，下降15.3%（处罚金额5680万元，增长6.9%）。建设市场重点执法工作扎实推进，下发建设市场执法工作要点、未批先建查处工作指导意见等一批工作规范性意见，全面指导各分局建设市场执法工作的开展。针对规划、施工、招投标、商品房销售等领域各分局执法中提出的问题开展专项指导，具体指导驻区分局个案办理70余件。加强对各分局建设市场执法检查，配合省住建厅，会同市城乡建设局开展建设市场专项执法检查，检查5区8个项目；会同市房产局开展商品房销售领域联合检查，检查10个项目；会同市城乡建设局、市人社局开展两期全市“三包一靠”（违法发包、转包、违法分包及挂靠承包）专项检查，对全市10个区40个项目开展“三包一靠”专项检查。各类检查发现项目问题均转各驻区分局处理，并提供明确指导意见。加强各部门转办案件的办理，处理住建厅转办案件4批次7件，转办市城乡建设局移交未批先建案件28批次113件，招投标转分包案件3批次5件，转办房产局商品房销售案件2批次3件，协助分局完成市自然资源局点位确权7批次23处。

违建整治。在全市大规模集中拆违的基础上，对全市范围内各类违法建设开展分类整治，老旧小区、背街小巷、重点区域、侵占公共空间等连片违建基本消灭。推动拆违工作重心平稳过渡，结合重点工作，深入研究自然保护区、风景名胜区、水源地、河道（含运河）、集体土地、电力、绿化、市容、房产、规划等各类违建拆除工作的法律适用，为拆违工作的深入推进提供法律保障，全市拆违工作重心已经由集中全面推进阶段过渡到重点难点定点突破阶段，并逐渐向常态化管控过渡。年初以后，以市城治办名义先后下发《关于加强拆违控违工作的通知》《关于进一步加强居民住宅区及街路两侧违法建设整治工作的通知》《沈阳市居民区及街路两侧违法建设处置工作意见》等一系列拆违控违指导性文件，组织各区开展住宅区及街路两侧违法建设（含违法搭建、违法拆改）专项整治工作，确定“严控新增，清理存量，防止反弹”的违建整治工作总原则，明确各区县（市）政府、街道、社区、物业服务企业四级违建防控责任体系。根据违建的不同类型及不同实施阶段制定了分类处置工作程序，确定市直相关部门履明确各区政府的属地监管责任，分多批次转办重点问题65个，同时强化业务督导，配合完成钉钉平台案件转办，开展有针对性的辅导、领办，指导各区依法履职。全市拆除各类违法建筑13.92万平方米，完成年初计划拆除量的105.16%。其中小区内违建0.42万平方米、184处，街路两侧违建2.31万平方米、162处，城乡接合部违建3.12万平方米、98处，其他违建8.06万平方米、129处。

散流体运输管理。全面加强对散流体运输车辆管理，推动工作向源头工地管理延伸，向末端处理能力管理延伸。推进建筑垃圾的资源化利用，全市建成建筑垃圾受纳场5座，3000余吨建筑垃圾运至资源化利用厂。对散流体运输车辆管理实行密闭化改装和清单目录管理，督促工地现场使用清单目录内车辆，出台《对违规行为一律实行上限处罚，降格处罚必须提报党组会审议》，立案查处272件，罚款405万元。建立完善执法工作措施，与市城乡建设局、市公安局、市生态环境局、市交通局等部门沟通，建立信息联络机制，利用各部门信息资源，为执法工作提供支撑，并与环卫企业建立对接机制，通过环卫人员扩大获取散流体运输违法违规行为线索的渠道。同时，配合开展“城市大脑”渣土车精准管控场景的建设，推动各部门信息互通，提高散流体运输执法效率。

【《沈阳市城市管理综合行政执法局重大行政执法决定法制审核办法（试行）》】 5月1日制定出台。《办法》分21条，明确法制部门的审核责任和各业务处室在法制审核工作中的业务指导责任，并确定“行政处罚案件分局审核、特定情形市局复审”的工作模式。全年完成300件法制审核和89件法制复审。

（刘冬蓓　李磊）

仲　裁

【概况】 2020年，沈阳仲裁办应对新冠肺炎疫情做好仲裁服务保障，推行仲裁法律制度，开展仲裁业务，仲裁案件质量效率进一步提高，仲裁公信力进一步提升，仲裁工作基础进一步夯实。受理劳动人事争议案件1361件，当期审结案件1293件，当期结案率88.21%；民商仲裁案件280件，涉案标的额10.66亿元，上缴财政非税收入1025万元，首次实现上缴非税收入突破1000万元，审限内仲裁案件结案率100%，完成年度指标任务。

2月21日，为应对新冠肺炎疫情影响，切实保障仲裁参与人的生命健康，妥善化解民商事纠纷和劳动人事纠纷，维护受疫情或防控措施影响的当事人的合法权益，为经济社会平稳发展提供优质便捷高效的仲裁服务，沈阳仲裁办及时面向社会发布《沈阳仲裁办应对新冠肺炎帮扶企业共渡难关八项措施》，做好仲裁服务保障工作，得到常务副市长高伟的肯定。5月27日，沈阳日报社驻沈阳仲裁委员会办公室（沈阳市劳动人事争议仲裁院）全媒体工作室成立，夯实全媒体对沈阳仲裁事业发展的坚强根基。自9月10日起，根据省司法厅精神，沈阳仲裁委员会开展换届工作，组建第三届沈阳仲裁委员会。自12月22日起，沈阳仲裁委员会举办首届优秀仲裁员评选活动。

【仲裁专递服务开通】 7月8日，在省司法厅的支持下，沈阳仲裁办与中国邮政速递物流股份有限公司沈阳分公司在沈阳仲裁委员会办公室举行仲裁专递服务签约仪式，开启民商事仲裁法律文书“仲裁专递”新时代，这是全国首次实现民商事仲裁法律文书“仲裁专递”。

【沈阳仲裁委员会驻西藏仲裁庭设立】 12月2日，举行沈阳仲裁委员会驻西藏仲裁庭授牌仪式，标志着沈阳仲裁委员会驻西藏仲裁庭正式成立。仲裁庭为对口支援工作和西藏、辽宁交流合作提供民商事仲裁法律服务。

【沈阳知识产权仲裁院（中德产业园知识产权仲裁院）设立】 12月17日，仲裁院揭牌仪式在中德园工业互联网创新大厦举行。仲裁院承担受理国内外的著作权、商标权、专利权及其他知识产权合同纠纷，提供涉及知识产权合同纠纷的法律咨询服务和知识产权仲裁法律制度宣传推广等工作，它的成立标志中德产业园知识产权保护体系进一步向国际化、多元化、专业化迈进，是提升沈阳市区域软环境、软实力的重大创新举措。

【首届优秀仲裁员评选活动】 7月1日仲裁员增补公示，沈阳仲裁委在册仲裁员436人。12月22日，举办评选活动，旨在评选工作态度勤勉、职业道德崇高、业务能力精湛的10名优秀仲裁员。2021年2月5日，评选李宗胜等10名优秀仲裁员。　（郭　健）

▶12月2日，沈阳仲裁委员会成立驻西藏仲裁庭　（市仲裁委供）

九、外事·侨务·港澳台事务

外　事

【概况】 2020年，市政府外办全力打好疫情防控阻击战，实现特殊时期外事工作新突破，为沈阳市疫情防控和振兴发展做出应有贡献。

涉外疫情防控。加强组织领导，成立涉外疫情防控工作领导小组和11个专项工作组，建立与外交部、省外办、驻沈总领事馆、外国商协会、重点外资企业沟通联络工作机制，组织开展外籍人士疫情防控情况摸排等工作。加强安抚纾解，发布多语种《致在沈外籍人士的倡议书》以及沈阳市防疫政策和措施信息，公布7个语种24小时涉外事务咨询服务电话，向外籍人士发布《每日疫情通报》，向10个国家44名被集中医学观察外籍人员履行领事通报义务。开展国际抗疫合作，32个沈阳市国际友城、外国友好团体、海外商协会以及中国驻外使领馆以各种形式向沈阳市表达慰问和支持。沈阳市向7个国家的10个城市捐赠防疫物资。翻译汇编沈阳抗疫经验，推送给17个国家的19个城市。严防境外疫情输入，组建机场现场组、“三站一场”（高铁站、地铁站、汽车客运站、飞机场）值守组和涉外疫情处置组，保障200多架次国际航班，为30余个国家1800多位外籍旅客提供服务。

服务企业复工复产。成立“外企服务工作专班”为沈阳市外资企业提供7种语言咨询服务，发布多语种复工复产政策信息。利用“快捷通道”为800余位外籍员工返沈复工提供便捷服务。组织沈阳市企业及产业园区在线参加俄罗斯新西伯利亚市“城市技术—2020”国际论坛等活动。带领沈阳市企业走进“一带一路”沿线国家使馆，为企业开拓国际市场搭建平台、拓展渠道。

创新对外交流新模式。探索特殊时期友城结好新模式，与乌干达金贾市采用视频方式、与葡萄牙布拉加市采用邮寄文本方式完成结好签约，沈阳市国际友城达到17国22市。成功举办第二届“对话辽宁”沈阳站活动、“沈阳—蔚山汽车产业对接会”，为沈阳市对日韩交流开拓新的渠道。

提高外事管理规范化水平。科学编制并下发《全市2020年因公临时出国（境）计划》。制定《沈阳市外国记者管理机制方案》，加强全市外国媒体记者管理和媒体采访活动。认真做好领事保护和涉外案件处置工作，处置7起领保案件。

【重要到访】 1月16日，韩国韩中交流协会会长金容德率团访沈，市委书记张雷会见代表团一行。

8月20日，美国驻华使馆临时代办傅德恩率团访沈，市长姜有为会见代表团一行。

11月14日，韩国驻华大使张夏成率团访沈，市委书记张雷、市长姜有为会见代表团一行。

【国际抗疫合作】 致函慰问。新冠疫情发生后，市委书记张雷和市长姜有为分别向日本川崎、日本佐世保、日本札幌、韩国仁川、韩国光阳、韩国光州、韩国龟尾、德国杜塞尔多夫、意大利都灵、美国芝加哥、乌干达金贾、德国慕尼黑、德国莱比锡、英国贝尔法斯特14个国外城市致函慰问。14座国外城市分别向沈阳市致函慰问。

防疫物资互赠。1月31日，日本川崎市捐赠8万只口罩运抵沈阳，是沈阳市接收的外国政府首批捐赠物资。2月7日，英国贝尔法斯特市捐赠2051套防护服和349副护目镜运抵沈阳。2月14日，圣马力诺中国友好协会捐赠7800只口罩运抵沈阳。2月17日，日本滨松市捐赠7400只口罩、100套防护服运抵沈阳。2月23日，俄中商务促进协会捐赠5万只口罩运抵沈阳。2月25日，韩国仁川广域市捐赠2.5万只口罩运抵沈阳。2月26日，韩国MST集团股份有限公司捐赠3120千克天然杀菌消毒剂运抵沈阳。3月8日，沈阳市捐赠日本川崎市1000套防护服运抵日本，这是中国地方政府第一批运抵日本的捐赠物资。同日，沈阳市捐赠日本札幌市2.5万只口罩运抵日本。3月12日，波黑驻华使馆联合波黑中国友好协会捐赠1.3万只口罩运抵沈阳。3月14日，沈阳市捐赠韩国大田广域市1000套隔离服运抵韩国。3月16日，日本佐世保市捐赠2000只口罩运抵沈阳。3月18日，沈阳市捐赠韩国仁川广域市1万只口罩和500套隔离服运抵韩国。4月22日，沈阳市捐赠德国慕尼黑市1.5万只口罩运抵德国。同日，沈阳市捐赠德国莱比锡市2万只口罩运抵德国。4月26日，沈阳市捐赠菲律宾奎松市2万只口罩运抵菲律宾。

抗疫经验分享。疫情期间，整理翻译全市公开发布的疫情防控政策措施，汇编成《携手抗疫 共克时艰——来自中国沈阳市的新冠肺炎疫情防控做法》（收录15项106条防疫措施和5个防疫操作流程，约8800字）推送给17个国家的19个城市，日本川崎、英国贝尔法斯特、法国克莱蒙费朗、俄罗斯乌法、菲律宾奎松、澳大利亚布里斯班等城市向沈阳市表示感谢。3月20日，沈阳市与葡萄牙布拉加市通过远程视频，交流分享疫情防控及城市公共卫生危机管理方面的经验。市委常委、副市长李松林详细介绍沈阳市疫情防控工作组织领导体系以及防控工作总体情况，市政府外办就向布拉加市捐赠防疫物资情况进行说明，市商务局、市卫健委、市疾控中心就医疗物资和防护设备采购、轻症病患隔离措施、医疗诊治和健康防护等问题进行详细解答。布拉加市市长里卡多·里奥以及该市民防管理局、公共采购局、公共关系部、公立医院、公共卫生组织、健康中心6个部门负责人参会。

【友城交流】 9月30日，沈阳市与葡萄牙布拉加市完成两市建立友好城市关系协议书文本互换，两市正式结为友好城市。

●相关链接

布拉加市是葡萄牙布拉加区首府，是葡萄牙第三大城市。布拉加市宗教氛围浓郁，是葡萄牙乃至世界最古老的基督教大主教管区，有“葡萄牙的罗马”之称。布拉加市经济活力较强，主要产业是建筑、冶金、机械、互联网技术。

10月26日，乌干达金贾市举行与沈阳市建立友好城市关系协议视频签约仪式，两市正式结为友好城市。乌方签约仪式会场设在乌干达国家议会大厅，乌干达国家议会议长瑞贝卡·卡达加、总统事务部部长艾斯特·姆巴约、地方政府事务部部长马格姿·拉斐尔，以及布索加大区和金贾市20余位政府高层出席活动。沈阳市政府副秘书长陈佳标代表沈阳市政府在线出席签约仪式。

●相关链接

金贾市是乌干达第二大城市，也是该国重要的工业城市，位于连接非洲内陆与印度洋商路的重要节点。该市交通便利，旅游业发达，农业和畜牧业基础条件优越，与沈阳市经济互补性强，合作潜力和空间广阔。沈阳市与金贾市在教育、医疗、公共卫生与健康等领域交往频繁，取得丰硕成果，为两市结好打下坚实基础。

10月29—30日，沈阳市与俄罗斯友城新西伯利亚市在线举办“城市技术—2020”国际论坛，沈阳国开和平投资有限公司、启迪（沈阳）科技园、中俄技术转化创新基地等企业出席活动。这届论坛围绕“人工智能”主题，举办“现代条件下城市发展的首要任务”主论坛，“智能房屋”“智能交通”等分论坛，以及3D智能技术展览等活动。俄罗斯科学院、俄航天国家集团YANDES公司、GLONASS技术合作伙伴等科技及相关领域的各国专家学者和知名企业代表出席各论坛活动。

●**相关链接**

新西伯利亚市“城市技术”国际论坛已举办5届，为全球城市建设、人工智能、创新能源、废物处理等领域的专家和企业提供交流合作平台。

11月18日，在市政府外办与市教育局的全力推动下，沈阳市外国语学校与俄罗斯伊尔库茨克市第47学校学生相聚云端，合作“手牵手”，在线“云交流”。活动中，两校学生在线交流外语学习、校园生活、兴趣爱好等方面的情况，大家踊跃发言，现场气氛活跃。此次活动的开展增进学生们对彼此学校和校园生活的了解，丰富学习体验，拓宽国际视野，保持两市教育领域交流的良好态势。

12月17日，为纪念沈阳与日本札幌建立友好城市关系40周年，进一步深化双方青少年友谊，市政府外办与札幌市总务局国际部共同策划的“沈阳市珠江五校·札幌市立大谷地小学线上交流会”活动在沈阳市珠江五校成功举办。沈阳市珠江五校与札幌市立大谷地小学6年级260余名学生，通过视频连线形式开展传统乐器演奏、歌舞表演、书写“福”字、制作友好灯笼、猜谜互动等线上交流活动。

（李　丹）

【会议与活动】 1月18—19日，“对话辽宁”沈阳站活动在沈阳举办，日本关西地区的政府、议会、企业、经济团体、行业协会、友好团体、媒体学者以及中方代表180余人出席活动。市委书记张雷、市长姜有为出席活动并会见日本关西地区代表团一行。活动以“推动中国沈阳与日本关西地区高质量合作”为主题，先后举办“沈阳—关西高质量合作交流会”“沈阳—关西金融机构对话会”“沈阳日本产业园推介会”3场主体活动，日本关西地区装备制造、环保、金融、健康护理、服务、贸易6大领域的43户企业与沈阳市10个县区、14户企业进行对接交流。

7月13日，沈阳市与韩国蔚山广域市通过视频连线形式举办“沈阳—蔚山汽车产业对接会”。市长姜有为、蔚山广域市市长宋哲镐、大韩贸易投资振兴公社社长权坪五参会并致辞。两市签署《关于建立汽车领域重点交流合作城市关系协议书》，27户企业进行17场视频对接洽谈活动。两市就加强汽车领域交流合作达成以下共识：在技术交流领域，双方将围绕汽车产业转型升级、新能源汽车产业发展，积极推动企业在技术研发、产品制造等方面开展互学互鉴、合资合作。在招商引资方面，两市将为有投资意向的企业提供土地、税收、配套等方面的政策咨询，向已落地企业提供相关政策支持。在经贸合作方面，两市将共同搭建汽车企业经贸交流平台，举办汽车产业交流活动。协议还确定推动两市在经贸、文化、医疗、教育、环保等领域扩大交流合作。（李　丹）

●**相关链接**

蔚山广域市是韩国最大的汽车生产基地，是与美国底特律、德国斯图加特和日本丰田市相比肩的汽车城，汽车及零部件企业多达520余户，拥有世界规模最大的单一汽车工厂——现代汽车蔚山工厂。该市人均地区生产总值位居韩国首位。

2020年市领导会见的部分友好人士

表10

序号	到访时间	到访国别和地区	到访者
1	1.8	欧盟	中国欧盟商会主席伍德克
2	1.20	德国	德国汽车工业协会中国办公室总经理博士慕容特
4	6.10	德国	采埃孚集团董事会成员、亚太区及印度区总裁博士柯皓哲
5	8.27	新加坡	恒仁集团董事会主席钟声坚

（市政府外办）

2020年驻沈总领馆情况

表11

派遣国	设馆日期	总领事	到任时间 / 任届	领区	馆址	邮编
美国	1984.5.30	安丽珊（女）	2019.8/14	辽宁、吉林、黑龙江	和平区十四纬路 52 号	110003
日本	1986.1.13	片江学巳	2020.11/14	辽宁、吉林、黑龙江	和平区十四纬路 50 号	110003
朝鲜	1986.9.6	具永赫	2016.3/8	辽宁、吉林、黑龙江	和平区南四经街 109 号	110003
俄罗斯	1991.5.7	谢尔盖·契尔年科	2018.10/8	辽宁、吉林	和平区十三纬路 31 号	110003
韩国	1999.7.8	崔斗锡	2020.12/10	辽宁、吉林、黑龙江	和平区南十三纬路 37 号	110003
法国	2008.10.27	安澜	2019.10/4	辽宁、吉林、黑龙江	和平区南十三纬路 31 号	110003
德国	2012.10.12	毕满天	2018.8/3	辽宁、吉林、黑龙江	和平区青年大街 286 号	110004
澳大利亚	2019.4.24（预开馆）	陈一白	2019.5/1	辽宁、吉林、黑龙江	和平区青年大街 286 号	110004

（市政府外办）

侨　务

【概况】 2020年，全市办理高考“三侨考生”（归侨学生、归侨子女学生、华侨华人子女学生）身份初审21人，中考“三侨考生”身份认定23人，办理华侨回沈定居9人，涉侨身份认定76份。新建2个“侨之家”，完善4个“侨之家”。4月，以市委统战工作领导小组办公室名义制发《沈阳市侨务工作联席会议制度》，推进侨务工作制度化建设，提升议事协调效能，从制度层面保障党对侨务工作的集中统一领导，实现机构改革后侨务工作高效有序运转。

为侨服务。市委统战部与部分区县（市）、驻沈高校、各涉侨部门和社会团体一道，分工合作，协同高效，开展《中华人民共和国归侨侨眷权益保护法》颁布30周年全市巡展纪念活动。与沈阳师范大学“侨之家”、沈阳何氏眼镜医院“侨之家”共同举办“侨爱工程—沈阳光明行”眼健康公益活动。

防疫抗疫。发挥侨务联席会议机制作用，与致公党沈阳市委、市侨联，各区县（市）委统战部等单位沟通协作，向多家海外侨团和华文学校捐赠抗疫物资折合人民币3万余元，向海外重点侨领捐赠装有口罩和护目镜等防疫物资的爱心小包裹300个。新冠肺炎疫情发生后，沈阳市收到泰国辽宁商会、坦桑尼亚中国和平统一促进会、阿联酋沈阳商会等海外侨团和侨领以及沈阳市侨界捐赠的抗疫物资折合人民币637.8万元。

【“讲好沈阳侨界故事”品牌活动】 1月，为加强侨界代表人士队伍建设，强化思想政治引领，探索涉侨宣传新模式，市委统战部在《侨园》杂志开设《讲好沈阳侨界故事》专栏，设立“同心战疫情”“齐心助振兴”“凝心献良策”三个专题，面向全球120个国家和地区及中国驻各国使领馆、各国重点华人社团开展宣传，并在《侨园》杂志微信公众平台、“沈阳同舟网”“沈阳统战”微信公众平台同步发布。全年开展4期品牌活动，刊登涉侨稿件20篇。（李　岩）

港澳事务

【概况】 2020年，为助推企业复工复产，市政府港澳办重点加强与香港官方机构沟通联络，依托香港平台帮助沈阳市企业“走出去”。与香港贸发局共同举办“香港智慧助力沈阳企业转型升级”线上研讨会，为企业转型升级搭建平台。组织沈阳市5户金融、投资企业线上参加香港投资推广署和香港应用科技研究院主办举办的“共建大湾区金融科技发展未来网上研讨会”，推动沈阳市金融科技领域创新。组织沈阳市14户企业线上参加由香港特区政府和香港贸易发展局共同举办香港“一带一路”高峰论坛，帮助沈阳市企业共享“一带一路”的最新发展和投资机遇。协助香港特区政府驻北京办事处及驻辽宁联络处在沈阳皇城恒隆广场举办“连系·香港”展览活动，向沈阳市民推介香港多元精彩的城市风貌。

【“香港智慧助力沈阳企业转型升级”在线研讨会】 5月22日，市政府港澳办联合香港贸易发展局举办。沈阳市对外贸易、软件开发、科技服务、智能制造、医疗等领域的80余户企业百余位代表在线参加会议，加深企业对香港作为国际商贸平台的了解，为沈阳企业转型升级提供平台。

【“连系·香港”展览】 7月24日至8月2日，由香港特别行政区政府驻北京办事处及驻辽宁联络处在沈阳皇城恒隆广场联合举办。香港特区政府驻京办、辽宁省政府港澳办、沈阳市政府港澳办派员出席开幕式活动。展览通过文字、图片、视频、互动体验等形式，展示香港连接内地与世界的桥梁功能、营商创业的独特优势、富有活力的创新特质、艺术与文化的蓬勃生机、中西文化的交汇融合及绿色生态的宜居环境，使沈阳市市民更加了解香港作为联系全球的枢纽及多元精彩的城市风貌。 （李 丹）

台湾事务

【概况】 2020年，市台办以习近平新时代中国特色社会主义思想为指导，深入贯彻中央和省、市委对台工作决策部署，克服两岸关系复杂形势和新冠肺炎疫情不利影响，围绕“两个服务”即服务中央对台工作大局、服务全市中心工作方向，有序推动台企疫情防控和复工复产。新注册台资项目32个，增长113.33%，增资项目13个，年度总投资额（含项目增资）3.44亿美元，增长232.11%，其中台资额2.84亿美元，增长182.15%，实际利用台资1.48亿美元，增长52.2%，对台经济工作逆势增长。受理涉台投诉协调案件12件，结案11件，结案率92%。处理涉台突发事件2件，办理台胞子女就学22人次。依托海峡两岸交流基地和青创基地，充分发挥沈阳资源优势，强化沈台亲情纽带，加强台胞服务保障，创新台青工作模式，以青年、陆配为重点，打造沈阳特色交流活动，持续深化入岛宣传，不断增进沈台同胞感情和台湾同胞民族认同，不断擦亮沈阳城市名片和提升沈阳对台影响力。

对台招商活动。8月17—21日，市台办、大东区招商局、沈阳市台商协会等单位，赴上海、昆山、嘉兴等地，围绕汽车零部件、新一代信息技术、现代农业和现代服务业等产业开展招商考察，拓展台商资源，洽谈一批意向项目。9月9—11日，市台办和沈河区、浑南区赴京拜会全国台企联和有关台企驻京首代，参访有关台企并就一批合作项目进行深入洽谈。市台办赴国台办汇报有关工作，得到国台办支持和肯定。9月14—18日，市台办、市台商协会、铁西区、大东区等单位赴东莞招商洽谈，考察当地台企，拜会知名台商70余人，召开“第三届沈台汽车产业交流合作周”东莞台商项目对接洽谈会，取得丰硕成果。

沈阳敏能汽车零部件有限公司开工。12月10日，台湾最大的汽车零部件企业——敏实集团旗下的沈阳敏能汽车零部件有限公司在大东区举行开工仪式。敏实集团是宝马集团全球重要合作伙伴之一，是全球最大的电池盒生产企业。该集团在沈投资设厂完善沈阳新能源汽车配套的产业链条，填补东北地区首家新能源汽车核心部件制造的空白。

【第九届台湾大学生中华文化研习营】 1月14—20日在沈阳举行。海峡两岸关系协会主办，沈阳市台办承办，沈阳大学协办，以“弘扬中华文化，共创美好未来”为主题。台湾中华历史传播

►1月14—20日，第九届台湾大学生中华文化研习营在沈举行。 （市台办供）

协会的42名师生及在台就读的沈阳籍陆生、沈阳大学的志愿者60余人参加活动。活动期间，两岸学子聆听名师讲座、参观文博场馆、体验传统文化、走进陆生家庭，增进相互友谊，加深彼此了解，深刻感受到祖国大陆的飞速发展和两岸同胞的血脉之情。

【市台商协会换届】 6月6日，按照国台办、民政部制定的《台湾同胞投资企业协会管理暂行办法》和《沈阳台商协会章程》相关规定，市台商协会举行换届大会，选举出第十一届台商协会会务干部，翟所容被选为会长，王姿涵被选为监事长，完成换届工作。

【“百人进百企”服务活动】 8月7日，为进一步提升服务台企工作水平，市台办组织全市对台系统百余名干部，深入全市300余户台企，进行“一对一”“一对多”全方位、全覆盖服务，帮助台企纾困解难，在做优营商环境的同时，促进“以台引台”“以商招商”。走访台企313户，梳理问题122个，化解78个，尤其是推动7名台商受邀为市、区两级政协特邀代表，进一步调动台商参与沈阳经济社会发展的积极性、主动性。

【台海形势报告会】 9月29日，市台办和市直机关工委联合举办“解决台湾问题，实现祖国完全统一”专题报告会，全国对台干部培训中心主任教授王杰到沈作报告，全面透彻地解读习近平总书记关于台湾问题的重要论述和中央对台方针政策，系统分析台湾问题的历史经纬、国际变局对台海形势的影响。全市对台系统干部，市直机关和驻沈中省直企业干部，部分市人大和市政协委员及相关群团组织成员近500人参加会议。

【第二届沈阳·新竹双城儿童艺术交流展】 10月18—23日在沈阳群众艺术馆举行。市台办主办，市台属联谊会承办。交流展以“和平·童趣·遇见”为主题，展出沈阳和新竹两个城市的101位小画家的画作，活动加强沈台两地少年儿童的交流，增进彼此了解。展出所得善款全部列入“家·爱公益计划”，两岸小画家们获颁爱心荣誉证书、“两岸和平使者小勋章”等荣誉。

【第四届沈台农业合作研讨暨项目对接会】 10月22—25日在沈举行。市台办、市农业农村局、沈阳台商协会、沈阳农业产业链协会主办，于洪区政府、浑南区政府、法库县政府、康平县政府、沈阳农业大学协办。以“链接、融创、发展”为主题。全国台企联、大陆各地台商协会和两岸的农业企业家、科技专家代表以及政府有关部门负责人200余人参加会议。活动借鉴台湾精致农业发展模式，深入贯彻乡村振兴战略，签订9个农业合作项目、3个揭牌项目，其中一家亲种植专业合作社成为大陆第一家沈台农业合作社。

【沈阳台商协会成立25周年庆典活动】 10月23日举行。市台办和沈阳台商投资企业协会共同主办。市委副书记刘晓东出席活动并致辞。全国台企联、大陆各地台商协会和两岸企业家及政府有关部门负责人200余人参加活动。沈阳台商协会1995年成立，发挥桥梁纽带作用，在服务会员发展、繁荣沈阳经济、推动沈台经贸合作中发挥重要的作用。

【“2020两岸媒体沈阳行”活动】 11月4—6日举行。市台办组织策划，中国台湾网、两岸知名自媒体人、台湾网红等组成的“2020两岸媒体沈阳行”媒体团一行，广泛运用直播等新媒体形式，对沈台交流合作和沈阳经济社会发展情况及沈阳历史、人文景观等进行报道，最高点击率5100余万次，进一步扩大沈阳在海外尤其是岛内的知名度和影响力。　　　（市台办）

十、军　事

警　备

【概况】 2020年，沈阳警备区党委抓学习强思想、抓主业紧备战、抓基层打基础、抓风气正导向，全面建设取得新的发展进步。举旗铸魂坚强有力，扎实开展“传承红色基因、担当强军重任”主题教育，重温党章、入党誓词、革命烈士家书，集体过好“政治生日”；注重挖掘红色资源、传承红色基因，集智打造具有鲜明特色国防教育场馆和备战打仗导向的军营文化；广泛开展纪念抗美援朝出国作战70周年活动，出版老战士红色故事书籍，组织“英雄赞歌”主题故事会，邀请参加白云山、长津湖、上甘岭战场的老首长讲述亲历故事，用红色记忆育红色斗志；组织红色系列文艺晚会和文化活动，吕品、程茂友等抗美援朝老战士的战斗事迹在中央电视台、《人民日报》广泛宣传；强化党管武装工作，强力推进议军会、述职会、军事日和宣布命令大会落位，党管武装7项制度在市县（区）两级较好落实；贯彻民主集中制，全面加强党委班子建设，警备区党委被省军区评为“先进师级党委”；狠抓新闻报道工作，年度排名继续列省军区第一名。疫情防控严谨周密，坚决执行省军区和沈阳市委决策部署，警备区疫情防控工作领导小组靠前指挥，全区官兵听令而行，两轮疫情反应迅速、防控严密，确保全区“零感染、无疑似”；制定疫情防控措施，采购防护物资40余万件（套）、消毒液1.3万升；组织4支民兵分队4640人次、志愿者2000余人次、无人机36架次支援地方防控，师团捐款135.8万元，驰援对口村屯防疫物资6.1万件，支援地方学校口罩30万个，购买帮扶地区滞销农产品4万千克；警备区《助力疫情防控“七项举措”》被《人民日报》《中国国防报》等10余家媒体刊发，被军委国防动员部《要讯》刊发。安全发展正规有序，坚持以明思路、建样板、当窗口、做示范为基点落点，高标准完成省军区赋予的“四个秩序”（规范战备秩序、规范训练秩序、规范工作秩序、规范生活秩序）规范建设试点任务，警备区接受全省13个军分区观摩检验和2个外省单位参观学习，全区正规化建设步入新阶段；警备区《以规范基地训练秩序为抓手，全面提升民兵正规化训练和管理水平》入围军委国防动员部管法创新研究成果并获三等奖；各单位投入400余万元对口帮扶32个村屯，帮扶项目50余个，警备区投入60余万元跨域支援朝阳县新地村脱贫；在常态疫情防控下，协调完成沈阳市驻军单位2.6万人考场保障，承担2次全军文职人员考试任务、1次网上集中审核、3次现场集中审验资格、3次集中体检政审；全力协调军人子女入学253人，落实高考加分政策72人，推进81名随军家属就业，解决官兵期盼和后顾之忧；广泛开展双拥共建，发动驻军参与创建文明城市活动；警备区和第六干休所被省委、省政府、省军区联合表彰为拥政爱民模范单位，政工处干事孙禹被评为“辽宁省拥政爱民模范”。沈阳市连续第9次获全国双拥模范城称号，并到北京现场参加表彰大会。沈河区朱剪炉街道武装部和苏家屯区佟沟街道武装部被省军区评为“先进基层武装部”；刘志寰等3人被省军区评为“党管武装好书记”；张家为等3人被省军区评为“优秀专武干部”。

（王昆鹏）

【国防动员潜力调查】 年初，根据省国动委《关于上报国防动员潜力分析评估报告及科技成果专题报告的通知》的要求，开展调查工作。1月底前完成全市无人机重点生产制造企业潜力数据统计调查，并上报省国动委；4月底前基本完成市级层面国防动员潜力数据的统计、汇总、审核；5月初完成数据总体提报工作并进行整改完善，5月下旬完成补充采集数据提报工作；12月底前，基本完成重点潜力核查工作并组织全市数据会审。

（庄利蕴）

【“四铁”先进单位量化评比活动】 5月，沈阳警备区党委拟制出台《沈阳警备区“四铁”先进单位量化评比实施细则（试行）》，在全区团级单位中贯穿全年开展“四铁”（铁一般信仰、铁一般信念、铁一般纪律、铁一般担当）先进单位量化评比活动。以“争在平时、突出任务、鼓励担当、凭绩优先”作为指导思想，区分平时工作、综合评价、一票否决3方面7类26项评比内容覆盖所有任务，坚持“上不封顶、下不设限、拉开层次、分出档次”的原则，每季结合量化成绩对团级单位作出评价，采取月统计、季通报、年总评方式，提高活动客观性和公信性。浑南区、于洪区、和平区人武部分别获人武部系统第一、二、三名，沈阳第二退休所、第四离休所、第十四离休所分别获干休所系统第一、二、三名。

（张明明）

【全省民兵分队拉动演练指挥集训】 6月20日，沈阳警备区依托民兵训练基地组织全省应急指挥组及人武部、民兵应急连主官指挥集训。警备区及大连、鞍山、丹东军分区应急指挥组和相关人武部部长、军事科长54人参加集训。参训人员观摩沈阳警备区、于洪区人武部指挥流程演练和民兵应急连实兵实装演练。此次集训为参加集训的军分区、人武部规范决心处置、展开行动方案和战术动作。（赵　为）

【沈阳电信组建基干民兵通信保障连】 根据全军后备力量建设“十三五”规划，依据《中华人民共和国国防动员法》和《辽宁省民兵组织实施办法》，中国电信沈阳公司配合沈河区人民武装部组建一支由76名党员在编的基干民兵通信保障连。7月15—17日，按照上级“应急应战”准备需要和沈阳市基干民兵年度训练计划安排，对入选民兵进行为期三天的专项训练。训练科目包括军事信息、擒拿格斗实用技巧、模拟作战训练（仿真枪防守对攻），实弹打靶等，党员民兵在体能上、技能上得到锻炼。

（彭丽洺悦）

【国防教育馆建成】 7月，沈阳警备区按照军委《新时代军史场馆体系建设规划》要求，建设国防教育展馆（位于沈阳警备区教导队，对外称沈阳市民兵训练基地）。投资60余万元，面积200平方米。展馆分为“国防之殇”“国防之魂”“国防之基”“国防之剑”“国防之悟”五个篇章，展示中华民族近代百年抗争史、创新史、复兴史。展示100余件实物。全市党政机关、企事业单位、社会团体和青少年学生1.3万余人次进馆参观。

（孙　禹）

【专武干部、民兵干部、基干民兵岗位练兵比武】 9月22—23日，沈阳警备区依托沈阳市民兵训练基地组织117名专武干部、民兵骨干岗位练兵比武。区分人员身份安排轻武器精度射击、单兵战术基础、战救技术、综合救援等9个竞赛课目，创下21项比武记录。此次活动，突出训练主体地位，强化练兵备战鲜明导向；突出训练实战要求，提升军事训练质量水平。（赵　为）

【纪念中国人民志愿军抗美援朝出国作战70周年“英雄赞歌”主题故事会】 10月30日在盛京大剧院举办。沈阳警备区主办。故事会分“英雄赞·致礼最可爱的人”“军人魂·永恒的精神丰碑”“鱼水情·跨越国界的友谊”“祖国颂·中华民族的气概”四个篇章，采取歌舞、演唱、演讲等形式，缅怀抗美援朝英烈的丰功伟绩，讴歌伟大的抗

▶10月30日，沈阳警备区组织庆祝抗美援朝70周年“英雄赞歌”主题故事会

（臧东华摄）

美援朝精神，赞颂祖国70年间所取得的辉煌成就。（苏　丛）

【通过军委国防动员部深化民兵调整改革检查考评】 年内，沈阳警备区根据中央军委民兵调整改革检查考评相关标准，动态集结点验各区县（市）重点民兵民分队，静态电话核查15%以上的乡镇（街道、功能区）应急排，并重点查看民兵档案，党管武装、组织建设、政治工作、练兵备战、保障措施五个方面内容的软、硬件建设。11月19日，军委国防动员部检查考评组采取现场核查、电话核对等方式，对沈阳市民兵建设和深化调整改革工作进行检查考评“回头看”，总评达到优秀。（沈吉敏）

【“我与美军打过仗”老干部口述历史活动】 年内，为纪念中国人民志愿军抗美援朝出国作战70周年，沈阳警备区开展“我与美军打过仗”口述历史活动。深入挖掘红色资源，梳理老干部出国作战故事线索。广大老干部、家属及子女踊跃参加，纷纷撰写回忆文章、录制音视频资料、提供珍贵历史文物，40余名老干部撰写回忆文章、战斗故事100余篇，先后有50余人接受中央电视台、《解放军报》《人民日报》《中国国防报》《辽宁日报》等中央及地方媒体采访，6名老干部采访在中央电视台《为了和平》大型纪录片中播放，在军内外产生广泛影响。（张　华）

人民防空

【概况】 2020年，市人防办持续推进全市重要经济目标综合防护系统验收工作，完成系统设备点验、岗位培训和装备实操等工作，在开展综合科目试用训练后，装备应用水平得到大幅提升。完成人防专业队整组和专业队训练工作，召开2020年度沈阳市人民防空专业队伍组织整顿和训练工作会议，全市23家行政部门、企（事）单位和13个区县（市）人防部门参加会议，完成10支人防专业队伍整组工作，编兵整组3899人。组织人防防化专业队开展集中脱产训练，培训30名防化专业人员，其间完成信息防护、心理防护、伪装防护等科目集中训练，培训专业防化人员91名。完成人防机关训练任务，组织沈阳中心防空分区6市的室内演练活动。组织参加“辽宁省暨沈阳市向新冠肺炎疫情牺牲烈士和逝世同胞哀悼仪式”鸣警活动，保障“勿忘九一八撞钟鸣警仪式”，开展春秋两季防空警报试鸣活动，出动12台机动警报车，400余部警报器参与演练，鸣响率达到98%，完成警报试鸣任务。牵头组织“LN—2020”机动指挥通信系统拉动演练，与省人防办、抚顺、本溪、铁岭、辽阳、阜新等人防单位，在本溪市观山湖人口疏散基地开展人防机动通信跨区域协同保障训练，提升实战化水平。完成人防机动通信拉练暨人防指挥通信警报业务组训任务，在盘锦地区开展组训演练，参训车辆19台，参训人员83人，提升指挥通信保障能力。

人防工程建设与管理。截至年末，审批人防工程面积34.15万平方米，竣工验收人防工程面积94.68万平方米（含地铁），收取易地建设费1.1亿元。推进沈阳站人防工程改造项目建设前期工作。完成全省人防工程维护管理规范化标准化试点建设任务，高质量完成万科鹿特丹、华润幸福里2个项目2.4万平方米的试点建设工作，安装标识标牌200余块，并在全省推广介绍经验。推

进人防工程国有资产开发利用工作，重点对“停车难”问题进行调研评估，形成专项工作方案，配合市城建局开展地下公共停车场闲置资源摸排，分类指导市、区两级同步做好人防工程开发利用工作。完成于洪区预备指挥所维修改造设计、造价工作、项目监理及施工招标等工作。加强人防行政执法工作，对210项人防工程进行执法普查，全面处理人防建设领域违规使用、未建、漏建等违法行为；收缴人防工程使用费及租金合计3666.7万元，其中人防工程使用费3100万元，国有房产土地租金421万元，北站人防交通枢纽停车费145.7万元。

优化人防领域营商环境。向国家人防办争取到“按计容面积的一定比例计算结建人防工程面积”的试点政策，5月，市人防办印发《沈阳市人防办关于调整城市新建民用建筑修建防空地下室面积计算方法的通知》，将原有按照建筑的类别、层数及规模核定人防工程应建面积的方式，调整为按照建筑计容面积的一定比例核算。拟制《沈阳市加强人防工程项目审批管理整改工作方案》并通过市政府常务会议审议，印发《关于明确人防工程审批事项有关问题的通知》，强化项目审批管理，规范项目审批流程。推行“不见面审批”工作机制，实行“网上办、邮件办、预约办”等便捷举措。开通审批“绿色通道”，全力保障宝马产品升级项目，收到报送材料当日即完成人防审批服务工作，并收到大东区委、区政府的感谢信。妥善处理宁山路小学北市校区、富春东北电商物流、和平区134中学长白岛分校等审批问题，受到相关企业的广泛好评。针对市纪委监委指出的“验收备案迟滞”问题，依据现行法律法规，结合行政审批制度改革，调整完善防空地下室竣工验收备案事项，使结建审批链条更加通顺。向各区县（市）政府下发关于市政建设项目人防审批适用原则问题的函，对市政建设项目的人防审批适用原则做进一步明确，进一步规范人防审批秩序，推进人防领域营商环境的建设。

人防宣传教育和安全生产。持续开展人防宣传教育“五进入”活动，即进学校、进社区、进企业、进机关、进网络，利用市区人防宣传展馆、室外广场宣讲、网络政务公开、警报试鸣等渠道，扎实做好人防法制宣传工作，增强市民国防意识。组织中小学校开展“防震减灾”应急疏散演练活动，结合全国防灾减灾日、九一八事变纪念日，开展社会宣传，普及人防知识，增强群众国防观念。按照省、市关于安全生产工作的部署要求，召开全市人防系统安全生产会议，强化各级“党政同责、一岗双责、失职追责”责任意识，部署年度安全生产工作任务。对沈阳北站人防工程运维监管系统（BIM系统）进行改造，升级人防工程人员密集场所大客流监测预警功能，提高沈阳北站地下交通枢纽的安全保障能力，实现人防工程精细化管理和实时监控预警。对13个区县（市）及市管人防工程防汛物资、人员、责任人等情况进行调查摸底，累计抽查点位200余个，统计数据上千条，建立《沈阳市人防办防汛台账》，实现全市人防系统安全度过汛期。专门聘请第三方专业机构对自建人防工程进行风险评估，梳理防范安全风险清单，摸清重点点位安全底数，形成全面的安全管理链条。建立安全风险点辨识管控清单，指导人防工程使用单位严格落实检查制度，督促落实安全生产主体责任。

【《关于明确人防工程审批事项有关问题的通知》】 2月28日市工程建设项目审批制度改革工作领导小组办公室印发。《通知》明确，由自然资源部门负责，在空间协同阶段通过“多规合一”平台征求人防部门意见，人防部门须在规定时限内通过平台回复意见至自然资源部门；由自然资源部门负责，在规划设计方案联合审定环节，依托工程建设项目联合审批平台，征求人防部门意见，人防部门须在规定时限内回复意见，逾期未回复，按照缺席默认原则，视为同意此规划设计方案；由城乡建设部门负责，将人防设计审查纳入施工图联合审查环节，委托具有相应审查资质的审图机构开展联合审图，并将施工图联合审查意见推送至人防部门，人防部门根据施工图联合审查意见，出具审批意见，并开展人防质量监督；由城乡建设部门负责，在竣工验收阶段，通过工程建设项目联合审批平台发起，征求人防部门意见，城乡建设部门在发放竣工验收备案文书时，依据联合验收相关部门（含人防）上传的竣工验收结果办理。　　（市人防办）

十一、经济管理

宏观经济运行管理

【概况】 2020年，全市开复工亿元以上项目1612个，增长23.2%，提前2个月完成全年目标任务，较上年同期增加304个，总投资13056.5亿元，完成项目形象进度投资2018.4亿元，较上年同期增加285.2亿元。其中，986个续建项目在上半年全部实现复工；新开工项目626个，较上年同期增加88个，增长16.4%。产业类别上，农业项目69个，较上年同期增加18个，占比4.3%；工业项目480个，较上年同期增加169个，占比29.8%；服务业项目1063个，较上年同期增加117个，占比65.9%。投资规模上，100亿元以上项目14个、50亿元—100亿元项目23个、20亿元—50亿元项目116个、10亿元—20亿元项目170个、10亿元以下项目1289个。坚决打好疫情防控阻击战，应对突发疫情，沈阳市用时8天抢建市第六人民医院50间隔离病房和70间医护人员休养区的“火神山”工程，创造“沈阳速度”，《光明日报》以“党旗一直在疫情防控第一线高高飘扬”为题进行专题报道，国家发改委等国内主要网站进行转发。招商引资成果显著，总投资410亿元的万科中日产业园等5个万科集团投资项目、总投资200亿元的光大集团人工智能物联网产业生态基地、总投资130亿元的正威沈阳国际稀谷等一大批层次高、规模大、牵动强、后劲足的重大产业项目签约落地。广泛开展“云招商”“云培训”“云签约”活动，新签约亿元以上项目1250个，增长58.2%；新落地亿元以上项目807个，增长43.6%。项目开复工呈现良好态势，抢抓项目建设黄金期，全市286个项目在一个月内集中开工复工。项目建设进度不断加快，华晨宝马汽车有限公司年初开工的三个建设项目——铁西新工厂、大东产品升级项目二期及研发中心二期扩建项目主体结构顺利封顶，京东商城亚洲1号浑南物流园二期、航空04专项智能制造示范基地等351个项目竣工，较上年同期增加135个，增长62.5%，累计完成投资1627.2亿元。在工业投资项目少、基础设施投资减少、2019年高速增长的情况下，推动区县加大项目挖掘力度、加快项目手续办理、加快投资入统进度，千方百计扩大有效投资。全市投资增速逐步回升，从8月开始持续转正，全年固定资产投资增长4.1%，高于全省平均水平。加快提升中心城市功能品质，深化城市“治改提创”，不断完善城市功能，充分发挥基本建设投资带动作用和使用效益，重点支持文化、医疗卫生等领域与百姓密切相关的妇幼保健、疾控诊治等重大民生工程以及公安、消防、司法领域设施项目建设，打造高品质生活服务中心，充分体现市基建投资的公益性。全年下达5批市基本建设计划，下达项目55个，下达资金4亿元。

要素市场化配置改革全面开展。围绕土地、劳动力、资本、技术、数据五大要素，出台42项改革举措。沈北新区腰长河村集体建设用地使用权入股联营、创建国家级人力资源服务产业园、健全沈阳企业征信平台功能、东北科技大市场创建国家技术转移人才培养基地、政务数据资源共享开放等工作取得新成效。围绕完善社会主义市场经济体制26个改革方向，推进沈阳知识产权中心海关协同保护、市场公平竞争审查公示、信用信息平台共享等191项改革举措。

国资国企改革三年行动启动实施。沈鼓集团、中沈国际集团、沈阳副食集团等企业形成混合所有制改革预案，产投集团等具备条件的市属国企全部实现外部董事占多数，沈阳水务集团等8户市属国企完成经理层市场化选聘。国有企业退休人员社会化管理接收率100%（40.9万人）。完成驻沈央企和省属企业194个“三供一业”（供水、供电、供热和物业管理）项目维修改造、249户“僵尸企业”处置收尾等工作，301户驻沈央企厂办大集体改革完成263户。市属国企运营总体平稳，22户市属国企资产负债率61.6%，低于全国国有企业平均水平（64%）；利润总额2.4亿元，比上年增加8.7亿元。

投融资体制改革加快推进。政府投资引导专项基金新增投资20.9亿元，支持沈阳中钛装备制造有限公司、沈阳新希望农牧科技有限公司等19户企业。新入库全国PPP项目监测服务平台项目6个，总数达到17个，总投资541.6亿元。盛京大剧院TOT（移交—经营—移交模式）、沈医二院BOT（建设—经营—转让模式）等项目确定社会资本投资方。

开发区改革持续深化。推进开发区大部制、扁平化改革，精简剥离行政和社会管理职能，“管委会+平台公司”运营模式全面推开。沈阳经开区、沈阳高新区等7个开发区管委会层面实行市场化选人用人机制，面向社会招聘高端专业人才。将亩均税收、亩均营业收入等“亩均效益”指标纳入绩效考核，新盘活闲置厂房59.2万平方米。沈阳经开区、沈阳高新区在全国排名分别上升3位和1位，分别达到第19位和36位。

【沈阳6条经验入选国务院第三批20条支持创新改革举措清单】 1月29日，沈阳市“集成科技骨干力量打造前沿技术产业链股份制联盟”等6条创新改革经验入选国务院第三批20条支持创新相关改革举措清单，在8个试验区居于前列。（马冠军）

国资监管

【概况】 2020年，市国资委扎实推进沈阳区域性国资国企综合改革试验，在重点领域和关键环节上取得阶段性成果。推进国企改革三年行动，制定沈阳市国资国企改革三年行动实施方案并经市政府常务会议审议通过。截至年末，20户市属企业资产总额3023.9亿元，增长6.6%；负债总额1856.1亿元，增长8.8%；所有者权益1167.8亿元，增长3.3%；资产负债率61.4%，比上年末上升1.2个百分点；营业收入231.6亿元，下降8.2%；利润总额4.1亿元，比上年同期增加8.2亿元；已缴税金10.9亿元，下降14.6%。

国企改革。“一企一策”持续推进重点企业混改。沈鼓集团、中沈国际合作集团有限公司、沈阳副食集团混改预案经市政府常务会审议通过。其中：沈鼓集团作为入选国家第四批混改试点名单企业，完成企业功能界定和分类，审计评估形成初稿。中沈国际集团完成资产重组，按照专家意见修改审计评估报告。沈阳副食集团完成首批11宗国有划拨土地作价出资（入股），为国企混改土地资产处置起到示范作用。燃气集团完成第二轮审计评估。沈阳水务集团综改方案经市委常委会审议通过，完成集团总部及下属单位组织架构调整。沈阳盛京能源发展集团有限公司积极对接战略投资者，通过司法重整方式化解债务危机。

国企管理。推进党的领导和完善公司治理相结合，印发《关于进一步规范国有企业党组织前置研究讨论重大事项的通知》及指导文本。建立46人的外部董事人才库，实现与省外部董事人才库共享，具备条件的市属企业百分百实现外部董事占多数。完成沈阳副食集团等8户企业12个经理层岗位面向全国公开市场化选聘。开展三项制度改革，总结推广沈鼓集团薪酬差异化试点经验；实施工资总额管理，赋予企业更加充分的工资分配自主权；调整企业负责人薪酬核定工作，建立更加完善的经营业绩考核体系。

国有资本运营。盛京金控投资集团立8支专项基金，总规模98.38亿元，吸引社会资本80亿元；综合运用应急转贷、委托贷款等业务模式完善金融服务，累计投放应急转贷资金690亿元。城投集团沈阳快速路PPP（政府和社会资本合作）项目完成融资贷款及发放，所有项目完成产值106.33亿元；采取TOT（移交—经营—移交）方式盘活会展中心存量资产，筹集资金18.7亿元。产投集团完成中航发燃机项目二期出资2.5亿元，投资沈阳维顶机器人有限公司高端系统集成项目1200万元。沈阳盛京资产管理集团在沈阳市国企改革发展基金基础上搭建国企改革系列基金，全方位参与市属企业改革。沈阳航空集团推动浑南航空产业园燃气轮机装试基地项目落地，推进浑南产业园二期和沈北航空产业园项目建设。

国资监管体系。建立国资委权责清单和授权放权清单，推进国资监管职能向以管资本为主转变。推进国资监管信息平台建设，与市纪委监委大数据平台实时对接，市属一级企业完成“三重一大”（重大事项决策、重要干部任免、重大项目投资决策、大额资金使用）备案事项2518项、金额2445亿元。完成沈阳航空集团等首批7户企业市场化选聘财务总监（财务副总经理）。制定出台《市属国有企业稽查办法（试行）》等监管文件，进一步完善国资监管制度体系。加强市属企业风险管控，对投资项目实行负面清单管理。每季度调度金融性债务情况，对高负债企业实行名单制管理。

解决历史遗留问题。在“三供一业”（企业的供水、供电、供热和物业管理）维修改造上，驻沈央企和省属企业194个项目全部完工。在厂办大集体改革上，驻沈央企完成全部301户企业性质界定，符合改革条件的企业292户，改革完成263户，完成率90%。在“僵尸企业”处置上，全面完成总计249户工业类“僵尸企业”处置收尾任务；重新确认的62户“僵尸企业”按省政府要求完成年度处置任务。在国企退休人员社会化管理上，全市40.9万名国企退休人员社会化管理工作基本完成。5月，国务院国企改革领导小组办公室将沈阳市统筹协调多个部门机构，在解决历史遗留问题等方面取得成效的改革成果，列入全国区域性国资国企综合改革试验成果清单。

国企党建。制定印发《2020年市国资委党的建设工作要点》《“组织工作质量提升年”实施方案》。推进市委巡察反馈问题整改，聚焦23个问题，完成全部96条整改措施。召开国资系统党建和党风廉政建设会议、国企党建嵌入业务工作专题座谈会。完成全市1780名国企党组织书记、党务工作人员普遍轮训，组织优秀党务干部参加北京市国资系统基层党支部书记和党务干部示范培训班。举办委机关及委属企业年轻干部学习培训班。

疫情防控。市国资委在国资系统疫情防控阻击战中发挥作用，组织动员各市属企业党组织和党员干部投身疫情防控和企业复工复产工作，累计为1.1万余户中小企业和个体工商户减免租金近1.1亿元。（刘鲁佳）

【《市国资委以管资本为主推进职能转变工作方案》】 4月27日市政府办转发。《方案》明确5项重点任务：强化以管资本为主的监管职能、精简国资监管事项、加强国有资产监督、全面加强企业党的建设、改进和完善国资监管方式。（志　文）

【市属企业完成清欠民营企业账款】 2019年起，按照国务院关于清理政府部门和国有企业拖欠民营企业账款专项行动的工作部署，市国资委组织市属国有企业，开展清理拖欠民营企业账款专项行动。截至2020年10月23日，市属企业累计偿还拖欠民营企业账款24.4亿元，全面完成清欠任务。（刘鲁佳）

国土资源管理

【概况】 2020年，全市做好土地要素保障工作，确保项目用地需求。谋划土地要素市场化配置改革工作，推动土地资源领域13项改革任务。持续开展城市建设用地节约集约利用评价及开发区土地集约利用评价与更新工作，为节约集约用地工作提供翔实的建设用地基础数据，为制定土地集约节约利用政策提供支撑，为辽宁省土地要素保障工作做出良好的表率。盘活存量土地资源，开展全市存量土地攻坚工作。完善执法制度、梳理执法流程、编制执法手册，6月，组织编写《沈阳市土地矿产执法操作指导手册》，执法手册收录全国性法律法规25部，地方性法律法规14部，司法解释7个，最高法判例3个，部门规章12个，规范性文件129个，政策解读3个。建立长效监管机制，推动网格化巡查体系建设，有11个区县确定网格员2655名，落实巡查区域，开展日常巡查工作。做好创建国家安全发展示范城市相关工作，制定地质灾害防治规划，并进行专家论证评审和中期评估。建设项目按规定开展地质灾害危险性评估；编制年度地质灾害防治方案，并按照计划实施。按照行业系统要求，在地质灾害隐患点设置警示标志和采取自动检测技术，有效防控地质灾害的发生。建设沈阳市地质灾害监测预警系统，在沈北新区、苏家屯区、康平县等地设立25个监测点。开展全国防灾减灾日宣传，结合“4·22”世界地球日、“5·12”防灾减灾日，组织开展相关活动3次，发放防灾减灾宣传册、挂图、折页1万余份。开展利用集体建设用地建设租赁住房试点工作，试点位于大东区前进街道后陵村，用地面积6.43公顷，后陵村以集体建设用地入股联营方式建设租赁住房，年末试点项目一期开工建设。保障增量指标，呈报用地项目297件、2445公顷全部通过省级审查，增长65%。有效保障大东宝马二期、中德园、地铁四号线、辽河油田、火渤铁路、沈闫线、四环（棋盘山段）、沈阜开发大道等重大项目用地。农村乱占耕地建房问题摸排工作取得成效，全市摸排并填报国家乱占耕地建房系统汇交平台疑似违法点12643个。

【13项土地要素市场化配置改革任务完成】 6月，市自然资源局制定《房地产开发项目代（竞）建条件监管办法》《关于推行工业“标准地”改革的实施意见》等政策文件，开展农村集体经营性建设用地调查，完成利用集体用地建设租赁住房试点任务，启动浑南M0、和平土地1.5级开发试点工作，获批新民公主屯镇全域土地综合整治试点项目，探索国企改革土地资产处置制度创新，完成副食集团等2批13宗划拨土地作价出资（入股）处置。

【违建别墅问题清查整治专项行动工作全面完成】 2020年，违建别墅问题清查整治专项行动工作进入全面整改阶段。对在2019年清查阶段确认纳入整治范围的33个违建别墅项目，全部予以拆除，并按要求进行生态修复。9月1日，省违建别墅清查整治专项行动领导小组办公室对沈阳市违建别墅问题清查整治专项行动工作进行核查验收，此项工作顺利完成。

【盘活存量土地583公顷】 2020年，全市盘活存量资源，征收存量储备土地30宗583公顷，整治净地不净19宗、处置闲置土地50宗、解决批而未供土地1773公顷，归还增减挂钩指标1004公顷，按时完成“增存挂钩”双降任务，处置量居全省前列，工作成效获省市肯定。

【土地矿产卫片执法检查工作全面完成】 2020年，组织开展完成2019年度国家土地矿产卫片执法检查工作。全面完成卫片图斑的核查判定、举证审核等工作，对拆除复耕类图斑整改落实情况及部分非新增建设用地违法大图斑完成实地查验，并将全部卫片执法数据成果通过省厅复核上报至部审核。经核查，2019年国家下发沈阳市2432个图斑，涉及面积64533亩（4302公顷）。其中合法图斑面积39418亩（2628公顷），违法图斑面积4661亩（311公顷）。扣除非新增建设用地违法等图斑后，沈阳市违法面积2018亩（135公顷），约谈问责比例为2.3%。

（市自然资源局）

财　政

【概况】 2020年，全市财政工作紧紧围绕全市中心工作，助力全市疫情防控和经济社会发展取得新成效。全市一般公共预算收入736.1亿元，增长0.8%；全市一般公共预算支出1074.1亿元，增长2.5%，其中全市民生支出完成876.1亿元，占一般公共预算支出81.6%。市本级一般公共预算收入72亿元，下降15.6%；市本级一般公共预算支出455.1亿元，增长7.7%。全市政府性基金收入583亿元，增长17.1%；全市政府性基金支出533.8亿元，增长24.6%。市本级政府性基金收入232.2亿元，增长21.5%；市本级政府性基金支出181.5亿元，增长32.7%。市本级当年国有资本经营预算收入0.5亿元，下降66.2%；国有资本经营预算支出0.7亿元，下降79.7%，主要是按上级要求清算收回“三供一业”分离移交中央财政补助资金。

全市一般公共预算收入主要科目。增值税212.8亿元，下降4.7%；企业所得税119.9亿元，增长11.7%；个人所得税21.3亿元，增长2.6%；资源税2亿元，下降20.5%；城市维护建设税39.9亿元，增长1.5%；房产税32.4亿元，下降8.4%；城镇土地使用税27.2亿元，增长5.3%；契税69.7亿元，增长20.9%；印花税10.7亿元，增长11.1%；国有资源（资产）有偿使用收入55.3亿元，增长2.5%；行政事业性收费等收入28.5亿元，下降37.4%；教育费附加、地方教育费附加、农田水利建设资金收入等专项收入40.6亿元，增长18.8%。

全市一般公共预算支出主要科目。一般公共服务支出86.4亿元，下降11.9%；国防支出0.8亿元，增长43.2%；公共安全支出78.5亿元，增长4.4%；教育支出120.1亿元，增长1.5%；科技支出22.6亿元，增长13.5%；文化旅游体育与传媒支出19.1亿元，增长32%；社会保障和就业支出266.5亿元，下降1.1%；卫生健康支出82亿元，增长25.5%；节能环保支出17.5亿元，下降56.4%；城乡社区支出123.4亿元，增长0.9%；农林水支出64.7亿元，增长1%；交通运输支出22.9亿元，增长21.7%；资源勘探电力信息等支出62.2亿元，增长36.2%；商业服务业等支出19.6亿元，增长131.8%；金融支出1.5亿元，下降61.1%；自然资源海洋气象等支出3.6亿元，下降22.1%；住房保障支出39.4亿元，增长21.2%。

市本级一般公共预算重点科目支出。教育支出21.7亿元，加上补助各地区转移支付资金29.9亿元，市本级用于教育方面资金51.6亿元。科学技术支出13.6亿元，加上补助各地区转移支付资金1.1亿元，市本级用于科技方面资金14.7亿元。文化旅游体育与传媒支出11.8亿元，加上政府性基金以及补助各地区转移支付资金2.6亿元，市本级用于文体方面资金14.4亿元。社会保障和就业支出146.3亿元，加上政府性基金以及补助各地区转移支付资金31.5亿元，市本级用于社会保障和就业方面资金177.8亿元。卫生健康支出43.2亿元，加上补助各地区转移支付资金9.8亿元，市本级用于医疗卫生方面资金53亿元。节能环保支出9.8亿元，加上补助各地区转移支付资金以及在城乡社区、农林水等科目中核算的45.8亿元，市本级用于节能环保方面资金共计55.6亿元。城乡社区支出36.9亿元，加上政府性基金、补助各地区转移支付资金以及在节能环保、交通运输、住房保障、债务还本等科目中核算的支出127.5亿元，城市建设方面投入164.4亿元。农林水支出11.1亿元，加上政府性基金以及补助各地区转移支付资金39.7亿元，市本级用于农林水事务方面资金50.8亿元。交通运输支出11.9亿元，加上补助各地区转移支付资金3.6亿元，市本级用于交通运输方面资金15.5亿元。住房保障支出23亿元，加上补助各地区转移支付资金2.5亿元，市本级用于住房保障方面资金25.5亿元。

加强财政收支管理。强化组织收入调度，加大存量基础设施盘活力度，努力培育涵养税源，挖掘税收征收潜力，确保应收尽收；规范非税收入入库管理，配合相关部门加大非税收入征缴力度，做到应收尽收，应缴尽缴。优化支出管理，组织调度市直各部门及各区县（市）明确压减范围及口径，办理预算压减及相关账务调整，全市压减非急需、非刚性支出48.2亿元，压减比例57.9%。争取上级支持，全市争取上级财政补助资金259.2亿元，增长5.4%，有效缓解资金压力。切实兜牢“三保”（保基本民生、保工资、保运转）底线，在分配新增均衡性转移支付资金时，提高保基本民生、保工资、保运转等因素在分配中的权重，对困难地区予以倾斜。下达各类补助资金119.1亿元，统筹调度资金21.3亿元，保障四区县（市）“三保”等刚性支出。下达各区县（市）补助资金341.5亿元。

做好疫情防控工作。全力做好防控资金保障，启动应急响应工作机制，建立资金拨付和政府采购“绿色通道”，确保资金、物资迅速抵达抗疫一线，保障城市及农村地区疫情防控；落实医务人员各项补助政策，保障全市疫情防控物资储备以及医疗救治设备购置、疫苗购置、传染病医疗救治中心建设、定点救治医疗机构及其他公立定点医疗机构正常运转、公共卫生体系和重大疫情防控救治体系建设。精准支持企业复工复产，研究制定支持企业复工复产政策举措，拨付援企稳岗补贴，对融资担保机构降费给予奖补，支持企业复工复产优惠贷款贴息工作，助力住宿餐饮企业缓解经营困难，加大对个体工商户扶持力度，对生产重要医用防护产品的企业按固定资产投资额给予补助，帮助企业复工复产，渡过难关。促进社会消费，安排居民消费券专项资金，有效带动社会消费；支持农产品流通体系建设，全力保障肉菜保供稳价；对受疫情影响的旅游企业发放文化、旅游和体育惠民消费券，对道路运输企业及公共交通企业发放补助，有效维护疫情防控期间文化旅游体育市场、公共交通系统正常运行。

落实积极财政政策。推动积极财政政策提质增效，编制涉企收费目录清单并实行动态化管理，进一步巩固市以下涉企“零收费”政策成果。减税70.4亿元，减免各类企业社会保险费超过120亿元，切实减轻企业负担。

转变财政投入方式。严格规范PPP（政府和社会资本合作）项目纳入财政部综合信息平台管理库，以盘活国展中心、盛京大剧院、奥体中心三馆为重心，扎实推进PPP项目开展。组织实施2019年引导基金绩效评价，顺利完成2020年引导基金年度投资总体方案编制下达工作。推动组建沈阳市科技成果转化基金、沈阳安芙兰农业健康股权投资基金，沈阳市引导基金获全国引导基金最具潜力10强。设立“园区集合贷”，拓宽科技企业融资渠道。支持结构优化调整，扶持培育科技创新动力，持续推进重大科技创新平台建设。加强电子政务资金监管，助力全市数字政府建设。助推宝马、机器人未来城、东软大健康、中航发燃气轮机等重大项目落地开花。加快现代农业发展步伐，支持沈阳市如期完成脱贫攻坚目标任务、高标准农田建设、农村人居环境整治，高质量推进“一事一议”村内道路建设，规范开展扶持壮大村级集体经济工作。稳步推进国有企业改革，完善国有资产监管体制，筹集资金增加国有企业注册资本金，推进中央下放企业“三供一业”分离移交，启动划转部分国有资本充实社保基金统计工作，有序推进处置“僵尸企业”和国有企业退休人员社会化管理工作。

稳步提高居民保障水平。提升社会保障水平，多渠道筹集资金，确保企业离退休人员养老金按时足额发放；深化医药卫生体制改革，加快推进公共卫生服务体系建设；完善社会救助政策，继续提高城乡困难群体基本生活保障水平，让困难群体共享改革发展成果；贯彻落实《沈阳市居家养老服务条例》，推进养老服务体系建设，促进养老服务事业良性发展；推动创业担保贷款工作稳步开展，统筹推进稳就业保就业工作，确保就业形势持续稳定。促进社会事业繁荣发展，支持普惠性学前教育学位供给、全市中小学实施“厕所革命”工程、驻沈高校“双一流”建设和市属高校发展，有序推进职业教育产教融合建设试点工作，保障教师工资待遇落实，支持群众体育和全民健身事业蓬勃发展；加大对文化事业投入力度，实现人均公共文化财政支出高于国家、省要求目标值，推动盛京皇城、中街、老北市等历史文化名城建设。提高群众幸福指数，落实好供暖补贴、廉租住房补贴、个人购房补贴、耕地地力保护补贴及玉米和大豆生产者补贴等政策；支持“三机场”（桃仙机场、东塔机场和沈飞试飞机场）、地铁、沈白客专、城乡绿化等城乡基础设施建设和维护，助力打赢污染防治攻坚战；筹集资金，保障扫黑除恶专项斗争、信访稳定等工作，不断增强群众安全感，做好创城资金保障工作，支持创建全国文明城市、国家安全发展示范城市以及国家知识产权运营服务体系建设重点城市，树立城市品牌形象。

坚持深化财政改革管理。稳步推进财政体制改革，完善跨年度预算平衡机制，调整公用经费定额标准，制定科技领域和教育领域市与区县（市）财政事权和支出责任划分改革方案，科学合理划分市与区县（市）在科技领域和教育领域共同财政事权范围。推动财政暂付款规范清理工作取得明显成效，做好预算管理一体化建设前期准备工作，推进市、县、乡全面编制政府财务报告，开展财政票据电子化管理改革，全面实施非税收入收缴电子化改革。继续加强政府性债务管理。落实政府债务限额管理，组织申报新增债券项目，全年累计发行政府债券290.8亿元，完成2020年度政府债务限额报告及预算调整工作。做好债务管理与预算决算衔接工作，对区县（市）置换债券资金使用情况进行调度督导。建立政府债务风险监测预警制度，强化银政合作缓释风险压力，完成化债231.4亿元，超额完成216.6亿元市政府债务化解工作任务，推动沈阳市参加国家新一轮化债试点工作，按时完成开行贷款本息偿还工作。做好地方政府性债务管理系统日常管理、债务数据调整、隐性债务监测平台管理等工作，足额偿还到期地债本息311.8亿元。规范外债项目管理，把好项目“论证关”“提款关”“还款关”，推动政府外债管理工作健康持续发展。不断强化财政财务监督，建立资金台账，实施动态监控，强化监督指导，确保直达资金在帮扶市场主体、保障民生、支持疫情防控等方面及时发挥作用。推进政府购买服务管理工作，组织编制政府购买服务预算和填报政府购买服务执行情况报表，沈阳市残联购买智力残疾儿童康复服务项目入选为全国政府购买服务项目典型案例。研究制定沈阳市首份政府采购负面清单，推动市本级实施网上商城采购。做好国有资产年度报告工作，加强行政事业单位资产、市本级公有房产出租出借、执法执勤用车和特种专业技术用车管理，开展市本级行政事业单位国有资产清查工作。克服因疫情勘查现场难等困难，采取容缺受理、先行审核等措施，完成政府投资审核项目1188个，报审造价179.86亿元，审定造价155.34亿元。持续推进依法理财，制定财政收支、疫情防控、直达资金、政府采购、绩效管理等40余个管理办法、意见和实施细则，进一步规范理财行为。

（市财政局）

【市财政配合制定农产品流通保供稳价政策】 6月，市财政局配合相关部门研究制定农产品流通保供稳价政策，通过财政政策引导带动和财政资金应急保障作用，进一步提升农产品流通市场供应保障能力。政策包括支持农产品电子商务发展，实施肉菜保供稳价，建立蔬菜、肉类应急调控制度，进一步完善农产品流通体系建设4个方面。

【沈阳投入近2500万元救助残疾儿童】 截至12月10日，全市全年累计投入救助残疾儿童资金2494.7万元，提升11.23%，审核救助残障儿童1475名，增加16.1%，累计救助人数1580人次，增加16.8%，位列全省首位。通过不断完善残疾儿童救助政策和增加残疾儿童定点康复机构供给及政策宣传，全市每年救助数量不断递增，5年累计救助5138人次。（志　闻）

税　务

【概况】 2020年，全市组织税费收入1612.3亿元，其中：组织税收1184.3亿元，增长2.1%；组织社保费收入354.9亿元，下降22%；组织非税收入73.1亿元，增长0.5%；组织地方级收入601.5亿元，增长2.5%。全年新增减税降费196.6亿元，其中，减税70.4亿元，减免社保费等126.2亿元。在全市绩效考核中，市税务局在46家单位中位列第一档次。省委书记张国清，省委常委、沈阳市委书记张雷，沈阳市长姜有为等省市领导先后10次作出批示，肯定税务工作。系统25个单位全部获市以上文明单位称号。充分利用税收数据，开展全方位复工复产分析，累计形成66篇分析精品，其中42篇获地方党政领导表扬性批示。

税收营商环境优化。全面优化办税缴费流程，14个涉税事项由限时办结转为即时办结，对17个涉税事项进行压缩。即时办结占全部办税事项比例达到96%，限时办结累计所需时限再次压缩2/3。推行区域办税缴费“一体化”，打造同城通办升级版。研发自然人手机开票平台，推出出口退税实行“随报随审随退”做法，推行车购税网上办、不动产与税费通办联办，设置房地产交易税收一体化自助机。开展“企业大走访、意见大征集”活动，走访企业9万户，收集意见建议513条。建立18个“税事通”工作室，组织229名业务专家，日均接线解答问题2000余个，投诉量下降七成。持续加大银税互动力度，设立“税银e站”。在总局组织的第三方纳税人满意度调查中，市税务局在全国省会城市的排名从2019年的第23名跃升至第6名。

依法治税。建立领导干部“学法用法述法评法”制度，召开6次全面依法行政领导小组会议，集中研究审议年度任务、行政复议等重点工作。带头履行行政机关应诉职责，领导干部出庭应诉率100%，26件行政诉讼案件实现零败诉。稳步推进行政执法公示制度、执法全过程记录制度、重大执法决定法制审核制度等，进一步提升“三项制度”信息化水平。优化升级税务行政处罚裁量执行标准，解决5类9项建议。做好行政复议诉讼，注重运用“枫桥经验”，实现法律效果和社会效果统一。编写权力清单，厘清县区局、税务所、税务分局各级行政权力。加快稽查指挥管理信息化体系建设，确保执法公平公正。加强“税收执法权、行政管理权”规范运行，开发全新指标，形成“风险即时监控、纠错不留死角、整改完全彻底、追责到人到岗”的监督体系。

税收管理。编写《常用涉税费事项操作标准》，规范172个常用涉税费事项，配套辅助查询系统，实现涉税费事项一目了然、操作标准具体规范。实施精准监控，在全省率先制定风险管理办法，完善“税收可视化平台”功能，实现“一户式”查询清晰明了，税收风险监控管理更加精准。自主搭建“可视化平台”，开发业务指标、数据展示、发票监控、“一户式”查询、后台管理五个模块，实现对纳税人缴费人行为特征全景分析和风险精准监控。加强税警科技协作，加装高清人脸抓拍设备，安装应用“人脸识别”系统，为稽查打击注入科技力量。建立增值税专用发票风险快速反应和异常预警机制，虚开、虚抵税款势头得到明显遏制。完善企业所得税全流程管理机制，开展首次个人所得税年度汇算，规范大企业税收管理。加强日常管理和预警评估，严防出口骗税。加强跨境利润水平监控，推进反避税管理，达成第一次网上中日预约谈判。全面实现企业职工基本养老保险省级统筹，养老保险缴费基数实现“双基数”（企业基本养老保险费社会统筹部分，以用人单位上月工资总额作为缴费基数）向“单基数”（单位缴费基数以职工个人缴费工资基数之和确定）转变。

税务监督。开发沈阳税务正风肃纪大数据监督平台。转变监督思路，进一步拓宽特约监督员范围。大力应用内部控制监督平台，开展跟进式执法督察，监督力度和时效全面增强。扎实推进国家税务总局巡视问题反馈意见整改落实，做好迎接总局巡视对辽宁的“回头看”，同步开展常规巡察。运用“四种形态”（批评和自我批评经常开展，让咬耳扯袖、红脸出汗要成为常态；党纪轻处分和组织处理要成为大多数；对严重违纪的重处分、作出重大职务调整应当是少数；严重违纪涉嫌违法立案审查的只能是极少数）处理干部136人次，给予党纪政纪处分5人。

▶4月1日，沈阳市税务局启动第29个全国税收宣传月活动　（市税务局供）

【市税务局“政策解读 在线交流”活动】 4月1日启动。这标志沈阳市第29个税收宣传月正式拉开序幕。“政策解读 在线交流”活动分三场，内容涵盖网上申报、纳税信用等级评定、增值税、企业所得税、个人所得税、社保费等各方面。税收宣传月活动持续到5月20日。　（孙宇航）

审　计

【概况】 2020年，市委审计委员会办公室坚持党对审计工作的领导。筹备召开市委审计委员会第三次、第四次会议，审议通过《沈阳市党政主要领导干部和国有企事业单位主要领导人员离任经济事项交接实施办法》《关于进一步加强审计整改工作的意见》等，建立沈阳市经济责任审计工作联席会议制度。在市政府党组理论学习中心组专题学习会议上，市审计局领导作市直部门委办局长释法第一讲，增强全市政府系统领导干部法治意识。做好审计工作“一盘棋”，加强对区县（市）审计委员会办公室的工作指导，确保党的各项决策部署落实到基层。市两级党委审计办筹备、协助各级审计委召开会议30次，提请会议审议议题82项，向审计委报送请示、报告和重要信息59篇，落实议定事项

67个。同时，加强与审计委员会及联席会议各成员单位的沟通协调，推动纪检监察、组织人事、巡察等与审计监督的有效贯通。完成重大政策措施落实情况、财政、企业、民生资金和项目等8大方面129个项目的审计或审计调查，向纪委监委等部门移送问题线索10起，促进相关地区和部门出台完善体制机制办法76个，审计报告、要情等被市领导批示59篇（次），相关工作被各新闻媒体报道161篇次，充分发挥审计“治已病、防未病”和做好“经济体检”、维护经济健康的职责使命。

重大政策措施落实情况跟踪审计。组织开展沈阳市文旅产业、历史建筑保护及修缮情况审计调查，其中，针对沈延毅艺术馆项目权属不清问题提报的审计要情，得到市委书记张雷等5位市领导的批示，要求“依法处置”，市政府专门召开会议研究，市纪委成立专案组进行调查。贯彻党中央关于疫情防控相关决策部署，开展疫情防控财政资金和捐赠款物审计监督，促进疫情防控资金物资规范和高效使用。

精准脱贫、污染防治相关审计。围绕如期完成脱贫攻坚任务，重点开展脱贫攻坚以及乡村振兴战略推进等审计。在辽中区、新民市2018年至2019年高标准农田乡村振兴相关政策落实和资金管理使用审计中，收回财政结余资金170余万元。围绕促进生态文明建设，开展沈阳市运河水系环境综合提升改造、退耕还林资金和项目等审计调查。尤其在2020年度农村人居环境整治工作情况跟踪审计中，重点关注村内道路硬化、亮化工程和生活垃圾治理等方面，采取“进行时动态纠偏”审计模式，发出《即行即改通知书》《提示建议书》74份，揭示81个问题，有力提高财政资金使用效率和人居环境整治工作质量。

促进财政资金提质增效、促进优化营商环境专项审计。组织完成31个区县（市）检法机关2018至2019年度财务收支情况专项审计调查，针对审计揭示的部分单位国有资产管理存在的问题，市委政法委、市政府分别召开专题工作会议，开展专项整治活动，取得较好成效。组织对市金融发展局、市商务局有关专项资金及政策落实情况开展审计调查，揭示“商贸流通领域多项惠企政策落实不到位”等问题，审计结果先后5次得到市委书记张雷等市领导的批示，要求抓好整改落实。开展2020年亿元以上政府投资建设项目在线跟踪审计，提报的审计要情得到市长姜有为的批示，要求相关部门注重调度项目质量。着眼促进优化营商环境，开展全市优化营商环境85条政策措施落实情况、清理拖欠民营企业中小企业账款情况等专项审计调查，市政府召开专门会议研究解决措施，促进营商环境优化。

财政审计。深入开展2019年度市本级预算执行和其他财政收支审计，揭示5大方面576个问题。其中，在连续4年实现部门预算执行审计“全覆盖”的基础上，开展市本级69个财政一级预算单位审计全覆盖，并助力区县（市）审计机关开展数据分析，实现全市两级1100个财政一级预算单位审计“全覆盖”。市人大常委会审议认为，市审计部门坚持依法审计、科学审计，认真负责、严谨细致、敢于担当，充分发挥审计常态化“经济体检”的职能作用。

民生审计。围绕民生大事、难事、急事，加强对社会保障、教育、医疗、住房等重点民生领域的审计力度。开展沈阳市2019至2020年度教育费附加中公用经费及相关政策落实情况专项审计调查，确保教育公用经费使用安全、规范、有效。组织对全市2019年度老旧小区改造提质工程进行专项审计，提出“引入政府、社会和居民共同出资的资金筹措机制”等意见和建议，提报的审计要情得到市长姜有为的批示，促进问题整改和老旧小区改造提质增效。

经济责任审计和自然资源资产离任审计。认真落实新修订的经济责任审计两办规定，建立全市经济责任审计工作联席会议机制，制定出台《沈阳市党政主要领导干部和国有企事业单位主要领导离任经济事项交接实施办法》和《沈阳市领导干部经济责任审计结果运用告知书》，以“任前告知、任中审计、离任交接、结果运用”四环节把控，实现全市领导干部任职期间经济责任“全链条”管理，形成各方面齐抓共管、通力协作的工作机制。组织对全市11家单位的13名领导干部开展经济责任审计。同步推进领导干部自然资源资产离任审计，加强对区县（市）审计机关的工作指导，扩大审计覆盖面。

审计制度化规范化建设。探索信息化审计模式，形成“一个中心、三大板块、三种方法、四个步骤”的大数据审计工作模式。相继开发366个审计方法模型，采取“总体分析、发现疑点、分散核实、系统研究”四个步骤，实现向信息化要资源，向大数据要效率。优化审计项目审计组织方式管理，充分利用局数字化审计分析平台，实现与基层区县（市）审计机关的联动配合和各个审计项目的统筹整合，做到“一审多项”“一审多果”。开展“审计质量提升年”活动，召开全市审计系统防范风险、提高质量情况通报会议，加大对区、县审计机关审计质量检查力度，提升审计监督质量，防范审计风险。加强审计业务“全链条”管理，修改完善《沈阳市审计局审计项目质量考核办法》，主要经验做法被《中国审计报》刊发。加强审计整改工作，出台《关于进一步加强审计整改工作的意见》，建立审计整改调度会议机制、审定业务会议机制、工作报告机制，分别召开市本级、区县审计机关审计整改工作调度会，与市人大财经委、市财政局联合建立预算执行审计整改工作联席会商制度，定期研究提高审计整改效能的具体措施，切实做好审计“下半场”文章。

【“进行时动态纠偏”审计模式研究成果获评省一等奖】 2020年，在2020年度农村人居环境整治工作情况跟踪审计中，重点关注村内道路硬化、亮化工程和生活垃圾治理等方面，创新实施“进行时动态纠偏”审计模式。发出《即行即改通知书》和《提示建议书》74份，揭示81个问题，提高财政资金使用效率和人居环境整治工作质量。“进行时动态纠偏”政策跟踪审计模式研究成果，被省审计厅评为2020年度重点科研课题一等奖。

（由庆华）

统　计

【概况】 2020年，对照国家统计督察组反馈意见，市委市政府举全市之力开展统计督察集中整改工作，督察整改取得扎实成效。组织核查2017—2019年新入库申报资料企业2102户，核查2020年1—3月规模以上工业、服务业企业、限额以上批零住餐企业等6172户，对问题企业实施数据修正和退库处理。完成第七次全国人口普查工作，得到广大市民的大力支持和帮助配合，3.6万名普查工作人员和盛京义勇等社会力量集中发力，普查工作顺利通过国家验收。提升统计队伍能力，县级统计机构增加事业编制104个，增加行政编制17个，锁定乡级专职行政、事业编制统计人员590名，编制配备达到省文件要求及工作需求；组织基层人员开展197期17537人次专题培训；编制6组23个模型，对联网直报数据即报即查，月均查询3200余次；建立和完善涉及42个市直部门、417个区县（市）直属部门的统计责任体系。优化统计服务质量，发放复工复产专项调查问卷5.5万余份，供市委市政府决策参考；实行“一月六报”制度，对重点指标加强预警；推动建立副省级城市数据共享机制；组建13个工作组进驻各区县（市），梳理5类22项网报易错问题；即时更新全市宏观数据库229万条经济数据。探索统计制度创新，全面分析全国地区生产总值统一核算改革和全市经济运行影响，涉及41项相关指标，组织12场967人次专题培训；全面完成“四经普”（第四次全国经济普查）国家、省、市和区县数据衔接，修正历史数据25个年份跨度；沟通国家和省统计部门，对接10个制度及相关政策性入统问题；探索开展民营经济统计工作，探索建立涉及7个大类、130个行业小类的数字经济统计指标体系，配合市发改委做好全市高质量发展指标体系研究。加大执法检查力度，检查96户企业，行政处罚4户企业，罚款总额6.2万元，向23户问题企业送达统计行政处罚告知书。助力疫情防控和复工复产，分三次对全市7057户企业开展快速问卷调查，形成26份专报，为市委市政府和各部门提供有力的统计信息支撑。完成各类统计分析报告181篇，获市领导肯定性批示50篇（次），其中市主要领导批示20篇（次）。开展经济运行全流程统计监测，每月上报《全市重点经济信息旬报》《主要经济指标上报数》《主要经济指标实际数》《主要经济指标预计数》。按时编印《统计月报》《主要经济指标》《沈阳统计手册》《沈阳统计年鉴》等统计资料。

【国家统计督察整改通过验收】 5月26日至8月31日，对照国家统计督察组4个方面13个具体问题，确定58项任务447项具体问题。其中，立行立改的43项373

个问题和限时整改的8项53个问题在规定时间全部完成，长效整改的7项21个问题均出台相关制度，执行落实情况符合整改方案的序时进度和具体要求，一次性通过验收。

【开展第七次全国人口普查工作】 推进全市人口基本信息登记（短表登记），截至11月1日，全市登记人口1272.4万人，占全省登记总人口的20.4%；常住人口907.0万人；户籍人口779.9万人，占全省18.1%；出生人口69472人，占全省22.3%；死亡人口64477人，占全省19.8%；港澳台及外籍人口8808人，占全省42.9%。在沈居住的外省市户籍人口166.1万人，居住在外省市的沈阳户籍人口22.8万人，净流入人口143.3万人。沈阳市各项人口数据总量均居全省首位，人口呈持续增长及净流入态势。

（赵 红）

工商行政

【概况】 2020年，全市实有市场主体93.21万户，增长8.39%。其中企业31.46万户，增长4.77%；个体工商户61.04万户，增长10.60%；农民专业合作社0.71万户，下降8.66%。全市实有市场主体注册资本（金）43986.65亿元，增长10%。其中企业43127.04亿元，增长10.23%；个体工商户677.14亿元，增长0.99%；农民专业合作社182.47亿元，下降4.79%。查处无照经营行为67起。查处专利侵权案件191件，其中实体领域专利侵权案件13件，电商领域专利侵权案件177件，假冒专利案件1件；查处各类商标侵权案件29件，案值37.25万元，罚没60.05万元；查处地理标志商标侵权案件1件；商标专利地理标志行政执法案件221件，结案率100%。打击商标恶意注册行为，对抢注“钟南山”“雷神山”的两名申请人和相关代理机构进行行政处罚。立案与疫情相关违法广告案件6件，罚没款3.25万元。查处各类违法广告案件105件，罚没款394.45万元。全市实有私营经济市场主体89.50万户，增长8.7%，占市场主体总量的96.02%。其中，私营企业28.46万户，增长4.83%，占市场主体总量的30.53%。按三次产业划分，一、二、三产业分别为3.09万户、8.54万户和81.58万户，分别占市场主体总量的3.32%、9.16%和87.52%。实有外埠到沈投资企业15.10万户，增长1.46%。全市新登记市场主体154017户，下降6.26%。其中企业52527户，下降14.16%；个体工商户101174户，下降1.52%；农民专业合作社316户，下降13.90%。全市新登记市场主体注册资本（金）总额4805.52亿元，增长13.96%。其中企业4675.78亿元，增长18.02%，个体工商户119.33亿元，下降51.67%，农民专业合作社10.41亿元，增长29.58%。全市新登记私营经济市场主体150911户，下降6.42%，占市场主体总量的97.98%。其中，私营企业49737户，下降15.01%，占市场主体总量的32.29%。新登记一、二、三次产业市场主体分别为5056户、14130户和134831户，占比分别为3.28%、9.17%和87.55%。户数前5位的行业为：批发和零售业62723户、住宿和餐饮业20769户、租赁和商务服务业14231户、居民服务修理和其他服务业10443户、科学研究和技术服务业10411户，占比分别为总数的40.72%、13.48%、9.24%、6.78%、6.76%。新登记外埠到沈投资企业30230户，下降20.44%。

【《关于印发中国（辽宁）自由贸易试验区沈阳片区“证照分离”改革全覆盖试点工作实施方案的通知》】 4月7日市政府印发。在自贸区开展“证照分离”改革全覆盖试点工作，按照直接取消审批、审批改为备案、实行告知承诺、优化审批服务4种方式推进改革。

【《关于进一步放宽市场主体住所限制和规范住所登记管理的通知》】 12月16日市市场监督管理局印发。《通知》充分释放沈阳市住所（经营场所）资源，激发市场主体创业创新活力，支持“一照多址”“一址多照”、住宅商用、集群注册等企业开办经营模式，对住所限制条件实行清单管理，支持使用网络经营场所办理登记等。

（王丹迪）

质量技术监督

【概况】 2020年，沈阳地区企事业单位参与制修订国际标准2项、国家标准213项，地方标准98个，团体标准32项。其中，启用快速程序制定发布的《重大传染病流行期间养老服务机构疫情防控消毒技术指南》市级地方标准，填补该领域国内空白。制定发布

《沈阳市生产经营疫情防控物资企业使用标准指引》，分4大类38项标准。178户企业参与对标达标提升“百千万”专项行动，自我声明对标结果396项，发布对标技术方案54项，参与企业数在东北地区城市中排第1位。抽查1939户企业，2714批次产品，发现不合格企业93户，不合格产品104批次，总体不合格发现率为3.83%。其中生产领域抽查770户企业，949批次，发现不合格29批次，不合格发现率为3.06%；流通领域抽查1169户1765批次，发现不合格75批次，不合格发现率4.6%，全部抽查结果均通过市市场监管局网站对外发布。

特种设备管理。出台《沈阳市电梯安全条例》《沈阳市大型游乐设施运营使用安全管理办法》，编制《电梯物联网技术要求》等三项地方标准；启动特种设备智慧化安全监管中心升级改造，完成特种设备安全动态智能监管平台前期调研和建设筹备工作。完成8大类特种设备风险辨识评估400家，隐患排查整治4986家次。全市物联网电梯数量达到1.4万台，占在用电梯总数的24%；3.35万台在用电梯投保电梯责任险，覆盖率56.8%。推动液化气瓶充装单位自主建立气瓶充装、储运、销售、检验的全产业链安全信息追溯系统，全市112家在用液化气充装站完成信息化升级改造，更换智能瓶45万只、智能充装枪429把，全部实现远程锁枪，基本实现气瓶充装信息可追溯。开展特种设备隐患排查整治，全市9987家特种设备使用单位完成对111461台设备的隐患自查，排查隐患1067个，整改完成968个，9793家单位签订安全承诺书。全市政府部门累计检查特种设备使用单位6318家、特种设备432847台（套），发现安全隐患1266个（整改804个），下发监察指令书171份，查封停用设备122台。特种设备违法处罚120.8万元。监督检查加油站、加气站、环境监测机构、医疗卫生机构、眼镜制配单位、集贸市场、计量器具制造企业等627户。

质量认证。检查认证机构10家，获证组织276家，发现问题35个，全部整改完毕。有302户企业2383种产品完成自我声明。为华晨宝马有限公司等15户企业核销CCC（强制性产品认证）免办证明。实有认证证书20313张，增长49%。通过组织培训、深入企业宣传，解决企业实际困难等方式，开展质量认证帮扶，惠及266户企业。

【《沈阳市大型游乐设施运营使用安全管理办法》】 6月30日公布并实施，有效期两年。《办法》分5章26条，从设备、人员、运营使用、监管、检验、应急救援等方面落实沈阳市大型游乐设施运营使用单位安全主体责任，规范运营使用行为，明确安全管理人员和特种设备作业人员岗位安全责任，强化大型游乐设施的运营使用安全，防止和减少事故发生，保障人民群众生命和财产安全。（王丹迪）

价格监管

【概况】 2020年，全市组织开展重点领域涉企收费专项整治，检查各类单位129家，责令退还违规收费212.25万元。加强防疫物资和重点民生商品价格监管，持续开展5家连锁店3类13种农副产品和4大连锁875个零售药店防护用品价格监测，完成监测日报350期、周专报37期、月专报6篇。组织检查重点场所17.3万家，出动12.4万人次，组织发放《规范新冠肺炎疫情防控期间医疗防护用品市场价格行为提醒告诫书》1.5万份，约谈8户医药企业。查办价格案件27起，案值104.03万元，退款1.9万元，罚款44.59万元。组织转供电、涉企等业务培训，先后完成《关于促进本市口罩生产企业加大销售数量的调查报告》《关于沈阳市口罩和熔喷布生产企业产品供应和价格的调研报告》《涉企收费专项检查及收费现状情况分析报告》等8篇调研报告，其中2篇被《市场监管研究》采用。疫情防控期间，督导沈阳水务集团综合降费743.6万元，缓缴水费企业190户，累计缓缴水费452.5万元；协调沈阳供电公司缓缴电费企业1801户，涉及电量6.29亿千瓦时，涉及金额3.62亿元，执行优惠电价优惠金额3.88亿元；督导沈阳燃气集团执行疫情期间非居民天然气优惠销售价格，涉及降费1.8万户，为用户节省燃气费近1403万元，缓缴燃气费企业63户，涉及金额1017.5万余元。

转供电专项整治。全市出动执法人员500人次；检查转供电主体单位311家，其中：5G基站转供电主体165家，一般工商业转供电主体146家。转供电专项整治被省审计厅列为贯彻落实国家和省重大政策措施典型经验做法。协调退还电力配套费414万元，《沈阳日报》以“专项执法为企业解难题”进行专题报道。

节日市场检查。出动执法人员2913人次，检查大型商场超市、农贸市场402家，餐饮住宿营业网点394家，景区景点29个，交通枢纽58处，特种设备使用单位4家，4S店17家，向经营者发放《提醒告诫函》1464份。

生活必需品价格专项检查。出动执法人员4862人次，检查生鲜超市1797家，农贸市场130家，经营业主11175户，向全市各生鲜超市、农贸市场及相关经营业主发放《提醒告诫函》4177份，督促77家商户经营者改正标价中的不当行为。

【规范全市转供电主体收费行为专项整治工作暨业务培训视频会议】 5月21日市市场监管局组织召开。会议结合沈阳市转供电实际情况和各区县（市）业务能力，从政策法规、调查取证、案例分析等方面对转供电调查开展专题培训。全市13个区县（市）市场监管局100余人参加。

【全系统涉企收费重点政策培训视频会议】 7月22日市市场监管局召开。会议对涉企收费检查工作沿革和特点、涉企收费相关概念、涉企收费重点政策及相关案例进行学习和解读。13个区县（市）市场监管局80余人参加会议。（王丹迪）

海　关

【概况】 2020年，沈阳海关全面深化政治建关、改革强关、依法把关、科技兴关、从严治关，统筹推进口岸疫情防控和促进外贸稳增长，强化监管优化服务，推动各项工作迈上新台阶。贯彻落实“六稳”“六保”决策部署，全面执行海关总署促进外贸稳增长各项工作要求，出台应对新冠肺炎疫情促进外贸平稳发展十六条措施，对接国家区域发展战略，深化改革创新，支持扩大高水平开放，深度融入共建“一带一路”，进一步提升中欧班列核心竞争力，持续推进沈阳综保区高水平开放高质量发展。监管进出口货物总值1105.8亿元、进出口集装箱15.7万次、进出境人员33.5万人次、进出境运输工具2669辆艘，征收关税161.7亿元，办理备案手册508份，金额14.2亿美元，缉私行政立案102起，刑事立案24起，无知识产权案件。

“放管服”改革。按照海关总署要求取消2项行政审批事项，推进“多证合一”改革，国际贸易“单一窗口”主要申报业务应用率继续保持100%。清理规范口岸收费，继续推行“先放后检”，大宗资源性商品通关效率有效提升。巩固压缩货物整体通关时间，关区整体进口、出口通关时间同比2017年（国务院有关压缩整体货物通关时间口径均为同比2017年）分别压缩81.4%、94.05%。服务开放平台建设。7月，沈阳海关“出入境人员综合服务‘一站式’平台”“飞机行业内加工贸易保税货物便捷调拨监管模式”2项创新措施列入国务院自贸试验区第六批改革试点经验，在全国复制推广。8月，辽宁自贸试验区（沈阳片区）实现保税备货、直购进口跨境电商双模式运行。9月，一般纳税人资格试点在沈阳综保区成功落地。支持沈阳空港功能升级，2月19日，沈阳空港获批进口药品指定口岸；9月3日，首批由捷克进口的240千克尼麦角林药品由从沈阳桃仙机场口岸顺利提离；12月4日，沈阳至旧金山跨境电商国际货运包机定班航线实现首航；12月5日，沈阳至伦敦货运包机实现首航。助力集成电路装备制造企业降本增效，提供资质申请、商品归类及要素填报等前置指导，帮助企业运用国际贸易“单一窗口”进行申报，减免税业务办理100%无纸化作业；开辟快速审核通道，提供专人专岗加急审批服务；关注薄膜沉积设备、涂胶显影机等关键装备，开展税政调研，提出税政建议；当年审核集成电路装备关键零部件减免税进口货值2.3亿元。

中欧班列发展。落实总署支持中欧班列发展的10条措施，力促中欧班列（沈阳）运行提质增效，全年监管中欧班列数增长79.1%。7月3日，推动“沈阳—莫斯科别雷拉斯特”线路开行，打通经绥芬河出境新通道；8月30日，沈阳中欧班列经绥芬河口岸出境新通道顺利开通；启动“区港直通”改革试点，助推沈阳中欧班列集结中心建设，有关专题报告得到辽宁省委书记张国清和沈阳市委书记张雷的批示肯定。支持异地小微民营企业在海关监管作业场所开展组货业务，服装鞋帽、小商品等可拼箱实现“满载”发运。

疫情防控。1月，新冠肺炎疫情发生后，第一时间设立进口防疫物资快速通关专用窗口，开通绿色通道，在口岸一线实行7×24小时全时守候，即到即放。综合运用提前申报、两步申报、汇总申报、担保验放、“门到门”查验、批准转关顺势监管等便捷作业模式，全力保障进口防控物资通关“零延时”“零等待”。加强出口防疫物资质量安全监管，建立出口防疫物资监管联动机制，对行邮、快件、跨境电商出口防疫物资实施监管“全覆盖”，检出不合格出口防疫物资18批282万件。主动发挥辽宁省疫情防控指挥部5个工作组成员单位作用，参与地方公共卫生立法及辽宁省疫情防控工作等文件编制；与地方联防联控机制组成全链条防控闭环，实现采样结果互认，共同实施“滚动采样”，相关工作得到国务院联防联控机制赴辽宁工作指导组肯定。分类施策、精准布控，严格落实“三查三排一转运”（全面开展健康申明卡核查，体温检测筛查、医学巡查；严格实施流行病学排查、医学排查、实验室检测排查；对已判定的确诊病例、疑似病例、有症状人员、密切接触者四类人员一律按照有关规定转交地方联防联控机制落实转运、隔离、留观等防控措施）检疫措施，高质量完成北京分流航班检疫监管任务。11月15日，沈阳海关疫情防控作业信息化管理系统在沈阳空港口岸正式上线启用，该系统实现口岸作业环节全流程无纸化，人均检疫时间缩短一半。推行“鼻咽拭子+口咽拭子”样品采集模式，实施“视频监控+现场跟班”作业监督模式，有效提高采样质量；实验室日检测能力由十几份提升至上千份，全年累计检出核酸阳性64人。

口岸监管。推广应用新一代风险作业系统、查验管理系统和移动查验单兵设备，提升人工分析布控水平，加强实际物流监控，提高查验能力水平。牵头建立辽宁省口岸安全风险联合防控工作机制，“多查合一”稽查作业有效率55.26%，追补税款3102.79万元。坚决禁止洋垃圾入境，查获禁止进口固体废物243件，扎实开展进口固体废物专项稽核查。严厉打击象牙等濒危动植物及其制品走私，查获象牙制品88件。深入开展安全生产专项整治，建立健全长效机制，排查整治涉危监管作业场所（场地），坚决遏制重特大事故发生。始终保持打击走私高压态势，深入开展“国门利剑2020”行动，协查挂牌督办案件7起，联合破获案值超14亿元的转关走私韩国日用品进境大案；查证走私冻品7000余吨；破获关区首起跨境电商走私犯罪案件。

【帮扶企业复产复工】 3月起组建业务“专家组”开展在线问诊，推行“无接触”“不见面”办理海关业务，为企业复工复产必需的机器设备、原材料开通绿色通道，批准重点企业缓期缴纳税款，减免税款滞纳金。用好用足原产地政策，做到“一企一策”，推行原产地证书全流程电子化、无接触，全年签发原产地证书2.02万份，签证金额12.72亿美元，企业享受关税优惠3.56亿元。加大技贸措施服务力度，助力企业开拓国外市场。

【沈抚新区海关揭牌开关】 8月25日，沈阳海关所属沈抚新区海关正式挂牌开关并正式对外办理海关业务。沈抚新区海关主要承担沈阳地区相关进出口通关、税收征管、业务统计等职责，并负责沈抚示范区、沈北新区等周边区域进出口企业的进口目的地检验及出口申报前的监管服务工作。

【支持宝马新能源汽车全球生产基地建设】 2020年，沈阳海关建立新能源汽车整车、动力总成生产用进口设备清单，派员驻厂实施现场检验，监管华晨宝马汽车有限公司进口汽车生产线用设备约7000万元；为电传系统、电池冷却管等重要进口零部件定制检验方案，同步提供“提前申报”“延时、错时+预约通关”等便利措施；支持企业开展新能源汽车加工贸易业务，跟踪指导确认新车型商品编号、更新出口成品清单。联合大连海关支持国产宝马新能源汽车首次出口海外市场，11月11日，首批357辆纯电动BMWIX3整车出口至欧洲。

（李春芳）

出入境检验检疫

【概况】 2020年，沈阳海关筑牢口岸卫生“境外、口岸、境内”三道防线，严防埃博拉、拉沙热、黄热病等重大传染病疫情叠加，累计检出各类传染病病例104例。把好国门生物安全关，严防非洲猪瘟、高致病性禽流感、沙漠蝗等重大疫病疫情，检出有害生物29种220种次。落实食品安全“四个最严”（最严谨的标准、最严格的监管、最严厉的处罚、最严肃的问责）要求，“国门守护”行动检出5.3吨进口厄瓜多尔南美白虾不合格，货值3.3万美元，因检出IHHNV（传染性皮下及造血组织坏死病毒）呈阳性作不予进口处理。加强进出口商品检验监管，检出不合格进出口危险化学品1190吨。“口岸天平”行动检出大宗商品短重货物1.15万吨。严格执行检疫审批制度，从源头杜绝非洲猪瘟疫情国家和地区的猪、野猪及其产品传入中国；针对德国发生非洲猪瘟疫情，强化非洲猪瘟病毒检测力度；加强抽采样、送检及结果上报等业务工作指导，持续收集全球非洲猪瘟疫情信息，及时发布风险预警。加强病媒生物监测严防虫媒传染病在口岸传播，细化完善病媒生物监测方案，及时送样检测，科学分析相关数据，开展口岸运营单位病媒生物消杀控制，全年对鼠、蚊、蝇等病媒生物开展监测23次，捕获样本1061只。出入境检验检疫3.2万批，货值1279.3亿元，其中进出口工业品1.5万批，货值1212亿元；食品及化妆品0.9万批，货值33.6亿元；动植物及其产品0.8万批，23.3亿元（此3项数据为主要的出入境检验检疫货物类别，非全部数据项），处罚违法案件3起，罚没金额18.7万元。

【为第七批在韩志愿军烈士遗骸遗物进境提供通关便利】 2020年，沈阳海关对接退役军人事务厅、外办、边检等部门，提前完成空军运输机进境备案。9月27日，快速完成航空器登临检疫、烈士遗骸棺椁及遗物检查、消毒处理工作，开设4条测温专用通道、3间专用采样室完成38名入境人员卫生检疫；为烈士遗骸和遗物、赴韩交接烈士遗骸代表团成员和机组人员入境开辟专用通道，提供通关便利。完成117具装殓志愿军烈士遗骸棺椁及遗物的监管验放工作。（李春芳）

劳动经济管理

【概况】 2020年，全市以维护劳动者合法权益为宗旨，以规范劳动用工秩序、查处各类劳动违法案件为突破口，妥善化解矛盾纠纷，着力创造公平正义的法治环境。

推行集体协商和集体合同制度。开展“集中要约行动”，在推进企业集体协商的基础上，把行业集体协商和区域集体协商作为深入推进集体合同制度建设的重要形式和主要工作目标，累计有效集体合同数量678份，覆盖企业1126户，涉及职工7.52万人，集体合同备案率100%。加大劳务派遣工作监管力度，做好劳务派遣行政许可审批工作，严把审批关口，加大日常监管工作力度，稳步推进对劳务派遣的管理工作，审批劳务派遣行政许可254家，办理劳务派遣许可变更、延续、注销260余件。

推进劳动关系和谐。表彰“沈阳市模范劳动关系和谐企业”82户，新松机器人公司等5户驻沈企业获全国模范劳动关系和谐企业称号。研发沈阳市实名新签劳动合同就业人员信息库系统并推广使用，全年注册企业3.76万户，网上备案37.4万人。

强化劳动保障监察。以落实“三金三制”（农民工工资保证金、政府应急周转金、政府应急维稳金，农民工实名制、工资专用账户制、银行按月代发工资制）为核心，不断完善保障农民工工资支付长效机制，全市劳动监察队伍检查用人单位7457户、受理举报投诉并立案查处784件、为7584名劳动者追发工资等待遇1.19亿元；处理农民工欠薪案件325件，涉及人数1.78万人，涉及金额5.78亿元。深化劳动争议化解，推进仲裁诉讼衔接机制建设，全市劳动仲裁案件调解成功率70.23%、仲裁结案率95.75%、仲裁终结率77.25%。

（何　灵）

【集体协商“稳就业促发展构和谐”行动计划】 4月起实施。“行动计划”实施两年，目标是到2021年实现已建工会的企业集体协商建制率动态保持在85%以上，规模（限额）以上已建工会的企业开展年度集体协商、签订工资专项集体合同保持在95%以上。具体措施为：因企施策，推动开展集体协商；抓住重点，推进行业集体协商；质效评估，推进协商提质增效；坚持制度，深入推进要约行动。（志　闻）

社会信用体系

【概况】 2020年，全市统一的社会信用代码实现全覆盖，社会信用信息共享水平显著提高，信用承诺广泛应用，信易贷服务实体经济发展愈发发挥作用。以信用为基础的新型监管机制基本构建，在36个省会及副省级以上城市中排第一名。

信用信息共享。信用信息归集全覆盖，依托市信用信息共享平台，累计归集信用信息14.2亿余条，居全国前列；信用信息覆盖商事主体88万户，信息来自全市36个市直部门、216个区县部门及燃气、水务、供电等公共事业单位。信用信息公示及时高效，依托“信用中国（辽宁沈阳）”网站累计公示行政许可和行政处罚信息123万余条，红黑名单信息3.5万余条，市级信用评价信息10万余条。信用信息互联互通，市信用信息共享平台与市大数据中心共享交互平台、建筑工程、公共资源交易、行政审批等领域业务平台实现实时共享。

信用监管体系。创新事前环节信用监管，在行政审批、证明事项、信用修复、行业自律及主动承诺5个方面推行信用承诺，信用承诺覆盖20余个领域。加强事中环节信用监管，推进全市30余个领域开展行业信用分级分类监管，推进在公共资源交易、行政审批、项目申报、稳岗就业、评优评先、公务员调任等领域全面查询企业信用信息。完善事后环节信用监管，规范全市红黑名单管理，归集红黑名单信息35962条，并在信用沈阳网站向社会公示，推进守信激励和失信惩戒；加强失信主体信用修复，累计指导帮助600余户企业完成信用修复，为全省第一名。

政务诚信建设。开展政府失信专项整治，编制《2020年政府失信问题专项整治行动方案》，累计清理偿还政府拖欠工程款183亿元、解决招商政策承诺不兑现180个。推进民营企业账款解决，妥善解决政府部门及国有企业拖欠民营企业账款案件12件，组织相关责任主体全面签订信用承诺书。完善政府信用监测预警，开展13个区县（市）信用监测，不断提升区域政务诚信水平，带动全市政务诚信环境不断优化。做好营商环境评价，组织10余个市直部门建立营商环境评价档案26份，上报至国家营商评价系统，沈阳市获满分。

创新“信易+”应用。深入推进信易贷，依托沈阳市中小微企业信用信息应用平台，为银企双方创造覆盖广、成本低、高便利的融资对接新模式。截至2020年，沈阳市中小微企业融资对接平台注册金融机构40家，提供金融产品304个，注册企业1701户，累计融资对接成功3318笔，金额108.06亿元，“信易贷”规模位居全国前列。提供诚信企业便利化服务，印发实施《沈阳市诚信创建示范企业优惠政策》，在税务、信贷、行政审批、人力资源、市场监管、行政执法、科技创新等10个方面为诚信示范企业提供便企服务，提升企业信用获得感。

诚信创建活动。会同市文明办等部门联合开展诚信乡村、诚信行业、诚信街道（镇）、诚信街区及诚信经营示范店等诚信示范创建活动，经过建立评价指标体系，组织专家小组评审，相继评选出诚信建设示范村9个，诚信创建示范企业156户，政务诚信示范街道（镇）16个，诚信示范街区5个及诚信经营示范店19个，引领诚实守信的社会风尚。

【《2020年政府失信问题专项整治行动方案》】 5月28日市发改委编制。《方案》重点明确整治目标、整治内容、整治措施、行动步骤及工作要求等内容，着力整治政务拖欠工程款、招商承诺不兑现及净地不净等政府失信问题，建立动员部署、集中整治及成果总结三个推进阶段。

（马冠军）

2020年沈阳市诚信建设示范村

表12

序号	村名	序号	村名
1	大东区前进街道辛家村村民委员会	6	辽中区潘家堡镇于家台村村民委员会
2	浑南区李相街道王士兰社区村民委员会	7	新民市红旗乡九天地村村民委员会
3	沈北新区黄家街道大丁社区村民委员会	8	法库县吉祥街道黄花岭村村民委员会
4	于洪区光辉街道东老边村村民委员会	9	法库县吉祥街道东农村村民委员会
5	辽中区刘二堡镇皮家堡村村民委员会		

（市发改委）

2020年沈阳市诚信创建示范企业

表13

序号	企业名	序号	企业名
1	特变电工沈阳变压器集团有限公司	27	辽宁易新盈文化传媒有限公司
2	沈阳市金粮食品原料有限公司	28	沈阳盛鑫电子商务有限公司
3	辽宁威兰生物技术有限责任公司	29	沈阳示剑网络科技股份有限公司
4	辽宁轩禾装饰装修工程有限公司	30	沈阳市碧桂园房地产开发有限公司
5	沈阳望达志远国际贸易有限公司	31	华润置地（沈阳）有限公司
6	沈阳拂兰儿特服饰有限公司	32	金地集团（沈阳）房地产置业有限公司
7	沈阳君仕制衣有限公司	33	辽宁冬冬食品销售服务有限公司
8	沈阳市新天地制衣有限公司	34	沈阳北方建设股份有限公司
9	沈阳依神服装有限公司	35	辽宁省城乡市政工程集团有限责任公司
10	沈阳大光明钟表眼镜有限公司	36	辽宁千玺建设有限公司
11	沈阳亨得利钟表眼镜有限责任公司	37	沈阳惠东管道控制有限公司
12	沈阳乐善中医疑难病门诊部	38	沈阳海之韵投资有限公司海韵锦江国际酒店
13	沈阳市政集团有限公司	39	沈阳创联工业技术有限公司
14	中冶沈勘工程技术有限公司	40	沈阳风驰软件股份有限公司
15	中建东设岩土工程有限公司	41	沈阳康泰电子科技股份有限公司
16	中建八局第四建设有限公司辽宁分公司	42	沈阳盘古网络技术有限公司
17	中国建筑东北设计研究院有限公司	43	沈阳天眼智云信息科技有限公司
18	鲁迅美术学院艺术工程总公司	44	华通汽车物流有限公司
19	沈阳建筑装饰装修有限公司	45	辽宁安吉联合物流有限公司
20	沈阳永安电梯有限公司	46	辽宁京邦达供应链科技有限公司
21	沈阳绿色环保产业集团有限公司	47	门到门信息技术有限公司
22	辽宁三友能源技术有限公司	48	沈阳东北有色金属市场有限公司
23	辽宁华秦环保科技集团有限公司	49	沈阳深国际综合物流港置业有限公司
24	沈阳光大环保科技股份有限公司	50	沈阳中外运物流有限公司
25	辽宁麦基科技有限公司	51	辽宁格莱瑞律师事务所
26	辽宁甜程国际旅行社有限公司	52	辽宁中联运物流有限公司

续表13

序号	企业名	序号	企业名
53	沈阳东方钛业股份有限公司	79	中铁九局集团电务工程有限公司
54	沈阳三洋电梯有限公司	80	沈阳福林特种变压器有限公司
55	东北制药集团股份有限公司	81	沈阳广通电子工程有限公司
56	辽宁远大诺康生物制药有限公司	82	沈阳信佳利工程有限公司
57	沈阳兴齐眼药股份有限公司	83	沈阳泽尔检测服务有限公司
58	沈阳双鼎制药有限公司	84	辽宁省交通规划设计院有限责任公司
59	沈阳红药集团股份有限公司	85	辽宁新发展交通集团有限公司
60	华润（辽宁）医疗器械有限公司	86	辽宁众诚道勤建设有限公司
61	辽宁万隆医药有限公司	87	奥维通信股份有限公司
62	辽宁成大生物股份有限公司	88	沈阳人和机械制造有限公司
63	沈阳光大制药有限公司	89	辽宁康福食品有限责任公司
64	东软医疗系统股份有限公司	90	沈阳德恒装备股份有限公司
65	东软集团股份有限公司	91	沈阳沈飞线束科技有限公司
66	辽宁华夏天通科技股份有限公司	92	国能绿色能源股份有限公司
67	辽宁有色基础工程公司	93	沈阳中街冰点城食品有限公司
68	辽宁有色勘察研究院有限责任公司	94	沈阳五联商业广场有限责任公司
69	沈阳宝利基市政工程有限公司	95	沈阳五爱产业发展集团有限公司
70	沈阳三新实业有限公司	96	沈阳本钢冶金科技有限公司
71	沈阳市第二市政建设工程有限公司	97	沈阳德氏冷饮食品有限公司沈河分公司
72	沈阳中辰钢结构工程有限公司	98	沈阳荟华楼珠宝有限公司
73	中铁九局集团第六工程有限公司	99	沈阳福库商贸有限公司
74	中铁九局集团第四工程有限公司	100	华润（沈阳）地产有限公司
75	辽宁省水利水电科学研究院有限责任公司	101	中农置粮科技股份有限公司
76	沈阳市锦拓电子工程有限公司	102	辽宁省建设科学研究院有限责任公司
77	沈阳市龙兴源建筑工程有限公司	103	沈阳一运实业有限责任公司
78	沈阳幸森电气设备有限公司	104	福耀集团（沈阳）汽车玻璃有限公司

续表13

序号	企业名	序号	企业名
105	中国物资储运总公司沈阳东站仓库	131	沈阳工业泵制造有限公司
106	沈阳萃华金银珠宝股份有限公司	132	沈阳宏远电磁线股份有限公司
107	沈阳鹏瑞利长峰购物中心有限公司	133	沈阳祺鹏集团有限公司
108	沈阳黎民百姓商贸有限责任公司	134	沈阳特变电工电气工程有限公司
109	辽宁新隆嘉现代农业有限公司	135	沈阳微控新能源技术有限公司
110	沈阳海特克液压成套有限公司	136	沈阳远大智能高科机器人有限公司
111	沈阳泉银实业总公司	137	沈阳中金模具钢有限公司
112	沈阳正大畜牧有限公司	138	沈阳中能热力有限公司
113	沈阳恒拓装饰制品有限公司	139	新疆特变电工集团有限公司沈阳电气分公司
114	国药控股国大药房沈阳连锁有限公司	140	沈阳盛京电力有限公司
115	红塔辽宁烟草有限责任公司沈阳卷烟厂	141	沈阳远大电力电子科技有限公司
116	沈阳洁神环境能源科技有限公司	142	辽宁亿邦制药有限公司
117	辽宁龙源高校后勤管理有限公司	143	玖龙纸业（沈阳）有限公司
118	沈阳特种无缝钢管有限公司	144	沈阳三九药业有限公司
119	新生活集团（中国）有限公司	145	新民市鹤湖水稻生产专业合作社
120	沈阳航星机械有限公司	146	沈阳远程摩擦密封材料有限公司
121	沈阳博来德滋电子科技有限公司	147	辽宁永辉超市有限公司
122	沈阳防锈包装材料有限责任公司	148	沈阳波音饲料有限公司
123	辽宁北方环境保护有限公司	149	沈阳飞研航空设备有限公司
124	沈阳恒久安泰环保与节能科技有限公司	150	沈阳隆焱热力有限公司
125	辽宁奉天检测技术有限公司	151	唯品会（沈阳）电子商务有限公司
126	辽宁虎驰科技传媒有限公司	152	沈阳新宏远陶瓷有限公司
127	辽宁欣科电气股份有限公司	153	沈阳华棠阁服饰有限公司
128	荣科科技股份有限公司	154	沈阳市北华医材有限公司
129	沈阳迪安医学检验所有限公司	155	辽宁亿茂服装有限公司
130	沈阳东镭光电技术有限公司	156	辽宁盛京堂生物科技有限公司

（市发改委）

2020年沈阳市政务诚信示范街道（镇）

表14

序号	街道（镇）名	序号	街道（镇）名
1	沈河区五里河街道办事处	9	铁西区兴华街道办事处
2	沈河区泉园街道办事处	10	于洪区陵西街道办事处
3	沈河区北站街道办事处	11	苏家屯区民主街道办事处
4	沈河区风雨坛街道办事处	12	苏家屯区八一街道办事处
5	沈河区皇城街道办事处	13	辽中区养士堡镇
6	大东区二台子街道办事处	14	新民市罗家房镇
7	皇姑区北塔街道办事处	15	新民市大民屯镇
8	皇姑区明廉街道办事处	16	法库县吉祥街道办事处

（市发改委）

2020年沈阳市诚信示范街区

表15

序号	区名	序号	区名
1	和平区太原街	4	皇姑区中粮祥云小镇步行街
2	沈河区中街商业步行街	5	铁西区兴华商业街
3	大东区东中街步行街		

（市发改委）

2020年沈阳市诚信经营示范店

表16

序号	店名	序号	店名
1	华为体验太原街店	7	沈阳今旅饭店有限公司
2	欧亚集团沈阳联营有限公司	8	中兴—沈阳商业大厦（集团）股份有限公司
3	深圳市印力物业服务有限公司沈阳分公司	9	海底捞大悦城店
4	沈阳盛京红樱桃餐饮集团有限公司	10	瑞士美度表中街店
5	沈阳唯尚贸易有限公司新加坡眼镜城	11	国药控股国大药房沈阳连锁有限公司天益堂中街分店
6	辽宁芊芊医药连锁有限公司	12	沈阳茂业时代置业有限公司茂业百货铁西分公司

续表16

序号	店名	序号	店名
13	辽宁鑫奉珠宝首饰有限公司鑫奉珠宝楼	17	沈阳市铁西大商新玛特购物休闲广场有限公司
14	沈阳铁西百货大楼有限公司	18	沈阳国利金盾烧伤创伤医院
15	沈阳铁西万象汇购物中心	19	辽宁战地烧伤研究所
16	沈阳掌中信和通讯器材有限公司		

（市发改委）

全面创新改革

【概况】 2020年，沈阳“三权”（所有权、经营权、承包权）改革、军民融合等方面的6条经验入选国务院第三批20条创新改革举措，数量居全国8个试验城市首位。沈阳科技条件平台与首都科技条件平台实现科技创新券跨区域“通用通兑”，浑南区软件园为15户科技型中小企业提供“园区集合贷”4300万元，辽宁通用航空协同创新中心实现全产业链式联盟、市场化运作，中科院金属所创新“技术+团队+股权”捆绑式转化模式。深化商事制度改革、促进工业稳增长和转型升级、公立医院综合改革3项工作获国务院督查激励。

【沈阳获全国产业转型升级示范区建设工作年度评估优秀奖励】 年初，按照国家发展改革委地区振兴司《关于做好产业转型升级示范区建设年度评估工作的通知》要求，组织各示范区开展2019年度自评工作，完成《沈阳市产业转型升级示范区建设2019年度自评报告》编制。7月，国家发改委、科技部、工业和信息化部、自然资源部和国家开发银行五部门公布产业转型升级示范区建设2019年评估结果，沈阳市被评为优秀等级，并奖励中央预算内资金1000万元。这是沈阳市继2017年、2018年评估中获优秀后第三次获此殊荣。此外，中德园作为全国5个示范园区之一获通报表扬。（马冠军）

十二、公共安全

安　监

【概况】 2020年，市应急管理部门认真贯彻习近平总书记新时代中国特色社会主义思想，统筹发展和安全，持续推进创建国家安全发展示范城市攻坚战、遏制生产安全事故防控战、保障城市运行安全持久战和森林草原防灭火、防汛抗旱“三战”“两防”工作，组织发挥好应急处理突发事件、安全生产、消防安全、防汛抗旱、森林防灭火、抗震救灾、防灾减灾7大指挥部职能作用，协调推进安全生产专项整治三年行动、企业复工复产大检查、疫情防控、城市运行安全保障、重点时段应急安保、重点行业领域安全生产等各项工作，全市安全生产形势持续稳定，生产安全亡人事故起数、死亡人数分别下降3.4%、5.4%，连续10年未发生重特大生产安全事故。

安全生产责任体系。压实部门监管责任，制定《市委市政府及有关部门安全生产职责规定》，进一步厘清44个部门安全生产责任清单；市安委会办公室、市政府督查室对行业部门开展安全生产专项整治三年行动、创建国家安全发展示范城市、防汛督查；实施化工园区和危险化学品安全、消地结合、夜市经济、打非治违联合执法行动，夯实齐抓共管工作基础；安全生产专项考核内容由单一事故指标调整为安全管理全域指标，权重提高到5%，部门安全生产履职尽责意识明显增强。落实企业主体责任，编发19项企业复产复工检查清单，线上线下指导9383户企业安全复工复产，协助企业整改隐患5874项，实现零感染、零输入、零事故；制定企业主体责任50项重点内容检查清单，在72户重点监管企业试行；强力推进企业安全生产标准化建设，53户非煤矿山企业、623户危险化学品企业、945户规模以上工业企业实现100%达标，标准化企业事故为零。抓实全员岗位责任，开展全员安全生产培训教育，对全市1408名高危企业主要负责人和安全管理人员开展专项警示教育、应急处置专题培训和线上线下考试；持续推进以国有及国有控股为主的企业主要负责人安全生产履职考核，对54户在产危化品生产企业安全经费提取使用情况实施审计；通过企业微网格，明确公司、车间、工段、班组、岗位五级安全职责，压实3.9万处风险点岗位管控责任。

安全生产法制体系。城市运行法规体系加快完善，结合国家安全发展示范城市建设，组织制定《沈阳市燃气管理条例》等3部地方性法规规章；出台《沈阳市危险化学品禁止限制和控制目录》等3个规范性文件，进一步明晰城市高层建筑、大型商业综合体、电梯、游乐设施、危化品、消防车通道等12个重点领域的城市安全治理责任和机制，全市涉及城市运行安全的地方性法规规章19部。地方性行业规范制定取得突破，编制出台《沈阳市游乐设施安全管理办法》《沈阳市大型商业综合体安全管理办法》《沈阳市交通枢纽安全管理办法》，进一步厘清游乐设施、商业综合体、交通运输等重点行业和领域安全监管责任主体、管理流程；制定18个行业领域重大隐患判定标准，45个行业领域风险辨识评估分级标准和隐患排查建议清单，安全风险管控和隐患排查整治更加精准。安全生产监管执法能力持续加强，会同城建、交通运输、市场监管等7部门联合签署《关于对安全生产领域失信生产经营单位及其有关人员开展联合惩戒的合作备忘录》，修订应急管理领域行政处罚自由裁量指导标准93项，对338条行政处罚自由裁量标准分类设定首次免罚情形；开展安全生产执法队伍大比武大练兵，获全省第一名，行政复议和诉讼败诉案件为零。

安全生产预防控制体系。城市整体安全评估省内率先完成，委托应急部研究中心，全面开展城市安全风险评估工作；出台《沈阳市行业和区域安全风险评估规范》《企业风险源辨识建议清单》，完成13个行政区、14个功能区，以及生产安全、自然灾害、城市运行安全等45个行业领域5624家重点场所单位风险辨识评估分级工作，绘制城市安全风险“红橙黄蓝”分布图，编制形成城市安全风险白皮书，城市总体评估为低风险。高危行业源头管控持续深化，29户城镇人口密集区危险化学品生产企业完成搬迁改造，淘汰200万吨以下小炼油企业3户，关闭退出危险化学品生产企业14户，三环路内烟花爆竹禁售禁放，烟花爆竹管理实现历史性突破；加快推进化工产业调整，化工园区定位调整为高新生物科技，园区整体风险等级由A类降至B类。（市应急局）

【“安全生产月”活动】 6月1—30日开展。其间，全市各地区、各有关部门和单位开展形式多样、内容丰富、线上线下相结合的宣传活动。全市应急系统、教育系统等联合行动，开展应急安全宣传教育进企业、进社区、进家庭、进学校和进农村“五进”活动757场次；“沈阳应急大讲堂”活动走进沈阳广电直播间，收看134万人次；市教育局、市应急局联合人民网、辽宁传媒学院共同举办“应急安全一堂课”校园安全公开课收看86万人次；全市应急安全知识网络问卷答题参与172万人次。

【《关于全面加强危险化学品安全生产工作的实施意见》】 10月20日市委办市政府办印发。《意见》提出强化安全风险管控、强化全链条安全管理、强化企业主体责任落实、强化基础支撑保障、强化安全监管能力5方面意见16条具体措施，以防范化解系统性安全风险，坚决遏制重特大事故发生。（志　闻）

气象服务

【概况】 2020年，市气象局不断提高气象服务水平，将“提升气象预报预测精准化水平”工作列入《中共沈阳市委关于制定国民经济和社会发展第十四个五年规划和二〇三五年远景目标的建议》，将4项气象工作纳入《沈阳市国民经济和社会发展第十四个五年规划和二〇三五年远景目标纲要》。有序推进沈阳气象事业发展“十四五”规划编制。向市委报送《关于报送新中国气象事业70周年座谈会情况的报告》，获省委常委、沈阳市委书记张雷肯定性批示。注重城市防汛和农村防汛齐头并进，密切监视、全力应对台风“巴威”“美莎克”和“海神”，准确预判台风所带来的强风雨影响。制作发布决策服务材料371期、决策短信50余万条，启动应急响应21次（重污染天气应急4次、暴雨应急2次、台风应急1次、暴雪应急2次、寒潮大风应急1次、大风应急1次、城市/全市防汛应急响应10次），累计应急响应时间781小时30分钟。

粮食生产气象服务。为春播、秋收提供气象保障，利用高分遥感技术开展水稻插秧面积提取、作物长势监测工作，针对旱情开展大规模增雨作业，新建增雨防雹燃气炮作业点，累计增加降水量3.3亿立方米。按照新型冠状病毒感染的肺炎疫情防控指挥部要求，制作发布《2020年疫情防御气象专报》54期，充分利用农村应急广播发布疫情防控信息，组织党员志愿者参加全市疫情防控工作。发布气候评价、墒情监测、春播专题服务、秋收专题服务、农用天气预报、产量预报、设施农业预警等各类农气服务材料63期，与市农业农村局联合发布《农事与气象》服务材料9期，开展专题农业调查12次，通过短信、微信等渠道发布农业气象信息201次。联合省生态气象和卫星遥感中心完成辽中区寒富苹果气候品质认证。

防灾减灾服务。推动市减灾委下发《关于做好气象防灾减灾标准化建设工作的通知》，与市农业农村局、市民政局联合印发《关于加强农村应急广播系统建设工作的通知》，与市应急局联合印发《关于加强农村应急广播系统建设和管理工作的通知》。汛期前，市政府组织开展大喇叭专项检查，督促县区实现“城中村”预警发布系统的全覆盖，新建农村应急广播172个。1687个农村应急广播系统覆盖全市1515个行政村，农村应急广播系统平均在线率97.41%。全市社区和行政村预警信息接收责任人3425人，市县乡村四级防汛责任人短信接收人员4928个，城市社区和农村行政村等社会单元覆盖率达到100%。针对城市内涝、农业灾害、河流水库防汛调度以及山洪地质灾害等问题，与水务、自然资源等部门开展会商研判，联合发布通知预警，形成防灾减灾合力。

气象观测网络布局。升级改造19个6要素自动气象站，新建1套微波辐射仪。新增8个自动降雪观测站，市区自动降雪观测站提升至16套，降雪观测密度达到10千米，为全市指挥调度除雪作业提供精准依据，研发出适合冬季使用的降水分布图。253个区域自动气象站、22个能见度仪、16套固态降水观测仪、5套雨滴谱仪和17套农业小气候观测站纳入社会化保障。区域自动气象站传输及时率达到99.84%，维修及时率达到100%。市长姜有为在《沈阳市气象局关于2月14至16日强降雪寒潮天气气象工作情况报告》给予肯定批示。

【沈抚改革创新示范区气象服务保障】 2020年，发布精细化预报信息1000余条，气象灾害预警信号100余个，发布《沈抚改革创新示范区决策气象信息》59期，通过突发事件预警信息一体化平台向相关部门及人员发布预警信息、天气预报、降水汇报等手机短信5万余条次。7个区县（市）气象局严格落实重大气象灾害叫应制度，汛期向地方政府领导汇报天气情况55次，地方政府领导实地汛期工作检查10次。

（张　楠）

应急管理

【概况】 2020年，全市应急管理部门以加强应急预案体系建设为抓手、以强化实战性应急演练为载体、以统筹应急救援力量建设为根本、以提升救援协调能力为举措，扎实推进各项应急准备工作的落实。督促、指导、组织编修完成市政府总体应急预案1部、市级各类专项应急预案36部，区县政府及开发区总体预案14部、区县级各类专项应急预案392部、街镇应急预案945部、社区（村）应急预案3087部。组织开展沈阳市森林防灭火应急实战演练、沈阳市防汛抢险应急实战演练、沈阳市非煤矿山事故应急救援演练，与省应急厅共同开展辽宁省航空消防应急救援综合演练，队伍拉动演练6次，社会应急救援力量比武1次，大型应急培训3次。组织协调现场应急救援8次，撰写的《沈阳创新突发事件应急联动救援机制》经验举措被《新华每日电讯》刊登。完成《沈阳市重大突发事件情景构建汇编》，提高全市处置重大突发事件的应急准备能力。

应急救援专业力量建设。依托规模以上企业和社会力量组建8支沈阳市突发事件应急救援队伍。将驻沈部队、武警部队和民兵应急力量纳入应急救援队伍体系建设。成立由公安、消防、武警、卫健、环保、地铁、供水、供电、供气、供热、移动、联通12家重点部门和单位组成“沈阳市城市运行安全应急保障力量”。截至年末，全市组建市级应急救援队伍41支34070人，区县级队伍262支12296人，乡街队伍160支8528人，社会队伍8支505人，形成“全灾种、大应急”覆盖城乡的应急救援队伍体系。

应急救援协调联动机制建设。初步建立“战区应急救援作战”模式，形成以综合性消防救援队伍为主体的“东西南北中”五大区域作战指挥部，区域作战的指挥体系。按照全市其他各应急救援队伍力量分布特点，将应急救援力量就近配置，构建东部战区、西部战区、南部战区、北部战区、中部战区，实现就近支援、快速联动、密切协作格局。

市应急局与沈阳警备区联合下发《关于建立沈阳市突发事件军地应急联动机制实施意见》，包括建立军地应急预案对接和联训联演机制、军地联合抢险救灾组织指挥体系、军队参加抢险救灾指挥调用机制、军地应急信息共享共用机制、军地应急救援联络员机制等内容，为维护沈阳人民群众生命财产安全和社会和谐稳定提供坚强保障和有力支撑。

【沈阳市首届社会力量应急救援技能竞赛】 7月26日在沈阳消防救援基地举行，参加比武竞赛的8支队伍包括市、区县（市）社会团体、在校大学生和社会志愿者。竞赛分为理论测试、技能考核、绳索上升接力赛、单人向下疏散救援、单人伤员救援定点转运等考核竞赛科目。个人成绩获第一、第二名的选手分别授予“沈阳市技术大王”“沈阳五一劳动奖章”等称号，并优先推荐市人社局2020年“沈阳市技术能手”和“盛京大工匠”评选。

【全市应急救援队伍建设三年规划编制】 7月，沈阳市突发事件应急管理委员会印发《沈阳市应急救援队伍建设三年实施规划（2020年—2022年）》，明确应急救援队伍建设思路，确立应急救援队伍建设目标。《规划》指出，到2020年末，以综合性应急救援队伍为主体、专业应急救援队伍为骨干、军队应急救援队伍为突击力量、专家应急救援队伍为辅助、社会化应急救援队伍为补充的市、区县（市）应急救援队伍全面建立。到2021年底，建立沈阳市航空应急救援体系，形成“专常兼备、反应灵敏、作风过硬、科学高效”和“全灾种、大应急”的应急救援队伍体系。到2022年底，构建党委、政府统一领导，应急管理部门统筹协调，综合性消防救援队伍主调主战，各方应急救援力量密切协同的“战区化”联调联战应急救援新机制。（市应急局）

【《沈阳市突发事件总体应急预案》】 12月15日市政府印发。《预案》包括总则、组织体系、运行机制、应急响应、恢复与重建、应急保障、管理与监督、附则8部分内容。《预案》自印发之日起施行。（志 闻）

【企业应急预案网上备案新模式】 2020年，市应急局为进一步优化沈阳国际化营商环境，降能提效，创新企业应急预案网上备案模式，明确生产经营单位申报应急预案备案时，不再需要企业“跑腿”到应急管理部门现场办理备案事项，只需将相关备案材料通过应急预案备案模块上传即可完成预案备案工作。通过线上办理和服务，实现企业到政府部门办事由“最多跑一次”向“零跑腿”工作目标转变。截至年末，完成企业应急预案审核备案71户，涉及应急预案278部。

（市应急局）

消防管理

【概况】 2020年，全市发生火灾1809起，直接财产损失2316万元，与上年比呈下降趋势，火灾形势持续平稳。全市各级召开消防工作会议130余次，下达消防工作目标任务清单和相关文件600余份，各级领导带队检查消防工作80余次。

应急能力。举办第二届火焰蓝杯比武竞赛。成功处置沈阳石蜡化工有限公司火灾、岐山二校坍塌事故救援。开展城市综合体、化工、地质灾害、水域救援等支队级实战拉动演练10次。完成“2·3”皇朝万鑫、“4·17”棋盘山复盘、化工火灾处置桌面推演等工作。接警出动2.6万次，其中火警出动1.3万起，抢险救援3941起，社会救助8818起，抢救财产损失2702.4万元，救助疏散被困人员429人。

消防安全责任制。下发《2020年全市消防工作任务清单》，出台《沈阳市消防安全委员会各成员单位工作职责》《沈阳市消防安全督办约谈实施办法》，并建立重大问题“街道吹哨、部门报到”机制。组织开展重点行业消防安全标准化达标创建活动，印发《沈阳市重点行业消防安全标准化管理达标创建工作实施方案》。

消防宣传。持续打造消防宣传文化品牌，结合当地特色开展119消防宣传月启动仪式13场。评选沈阳市消防救援支队宣传大使男女各3人，全市601所中小学校、153所幼儿园完成“消防副校长”聘任工作，利用抖音、微博等新媒体平台开展“消防副校长进校园”“全市消防安全责任人、管理人”培训等网络直播5次，直播热度7856万，同时在线最高人数735万人，沈阳本地观看人数190余万人，微博直播时段全国排名第9，人气第1。消防原创评剧《战疫情 勇担当》被《中国消防》、学习强国平台、人民网等媒体全网推送，播放量超过2300万次。以上两项工作被纳入全国消防宣传工作月报内容，沈阳消防公开课被中国消防公众号推送报道。

消防车道治理。10月13日，在沈阳召开全省“打通消防生命通道”综合治理现场会，推广沈阳经验。同期出台《沈阳市消防车通道管理规定》《关于堵塞消防车通道消防违法行为适用简易程序处罚的通知（试行）》等3个规范性文件。全市累计排查社会单位、住宅小区3.4万家次，督改隐患问题10421处，累计清理违停车辆600余台，清除不规范停车泊位1197个，约谈、培训街道社区及物业服务企业负责人1300余名，在主流新闻媒体曝光违法行为9批次1143件。

（市应急局）

【《沈阳市消防车通道管理规定》】 9月27日市政府办公室印发。《规定》有23条内容。《规定》明确，市、区县（市）政府应急管理部门对本行政区域内的消防车通道工作实施监管，并由本级政府消防救援机构负责实施。消防车通道上不得设置停车泊位、构筑物、固定隔离桩等障碍物，消防车通道与建筑之间不得设置妨碍消防车举高操作的树木、架空管线、广告牌、装饰物等障碍物等内容。《规定》鼓励单位和个人通过96119举报投诉电话，举报占用、堵塞、封闭消防车通道的行为。《规定》自印发之日起施行。

【全员岗位大练兵暨第二届火焰蓝杯比武竞赛】 10月12—16日在市消防救援支队训练基地举办。机关组队务处、火调技术处、作战训练处获3000米跑前3名；组织教育处、队务处、法制与社会工作处获百米竞技操前3名；大队组新民大队、苏家屯大队、康平大队获3000米跑前3名，铁西大队、沈河大队、新民大队获4×100米前3名；消防救援站组特勤二站、特勤一站、腾飞二街消防站获甲组团体前3名，正良二路救援站、中央南大街救援站、中心街救援站获乙组前3名，新民开发区专职队、南十一路专职队、辉山专职队获丙组前3名。　（志　闻）

民政救灾

【概况】 2020年，全市下发《关于进一步做好县（区、市）级应急物资储备库建设工作的通知》《关于进一步加强应急物资储备工作的通知》等文件，构建全市应急物资储备体系，在储备库建设、物资储备及规划等方面为各地区部门提供政策依据。完善应急物资调拨协调机制，在市应急管理局、市发改委印发《救灾物资调出使用工作制度的通知》的基础上，结合疫情防控、暴风雪等特殊条件，制定《关于印发沈阳市应急管理局疫情防控应急物资保障工作方案的通知》《关于暴风雪强低温下全市应急救灾物资调拨使用工作的指导意见》等文件，完善寒潮等特殊条件下应急物资装备调拨协调机制。编制应急物资储备规划，市突发事件应急管理委员会办公室印发《沈阳市应急物资储备规划（2020—2025）》，明确各地各部门储备责任与任务，并要求在市突发事件应急管理委员会统一领导下，市发改、卫健等专业应急部门负责储备本部门处置突发事件所需的专业应急物资和应急处置装备。增加应急救灾物资保障能力，编制2020年度应急物资储备购置计划，市财政局审核专项资金765.94万元用于应急（救灾）物资采购；市级应急救灾物资实物储备供应能力由2019年满足3000人转移安置提升至2020年满足1万人转移安置的需求；市级财政核拨的救灾物资采购专项资金由2019年的103.8万元提升至2020年的765.9万元。推进市、区县（市）两级应急物资储备库建设，争取中央资金2660万元，建设1.5万平方米的市（医疗）应急物资储备库；推动各地建设应急物资储备库，每个地区设立至少1所区县（市）级应急物资储备库。

【冬春专项救助2200余人】 2020年，全市按照要求及时准确通过国家自然灾害灾情管理系统报送灾害信息。重点向建档立卡贫困户、受灾低保对象、分散供养特困人员及残疾人等特殊群体倾斜，开展灾后救助，保障受灾群众基本生活。省应急管理厅、省财政厅下拨沈阳市冬春生活救助资金14万元，涉及2221人，专项用于受灾群众冬春期间口粮、衣被、取暖等困难补助。

（市应急局）

【沈阳首个智能化应急物储中心投入使用】 8月20日，浑南区2020年防汛抢险救援誓师大会暨浑南区应急物资储备中心启动仪式举行。浑南区应急物资储备中心一期正式投入使用，这是全市首个智能化应急物资储备中心。项目一期工程2月21日启动建设，项目地处浑南区中心地段，总占地面积3.46万平方米，规划建设四库四场和三个保障中心。中心一期建成投入使用，有仓库2座、功能区3处，储备森林防火、防汛抗旱、地震灾害、卫生防疫等当前需求急迫的8大类130余万件防灾防疫物资。中心引进京东现代物流管理理念，利用数字化信息化管理手段进行物资的入库、出库、管护、报表、调拨、预警等动态全程记录，实现对应急物资的全链条、全流程、全周期智能管理，确保应急物资按照实际需求的精准投送，提高应急物资保障的针对性、实效性。

（志　闻）

水旱灾害防治

【概况】 防汛。汛期雨情方面，6月1日至9月20日（汛期），全市累计降水量445.1毫米，与历年同期（446.6毫米）持平；其中，6月降水量为历年同期（86.0毫米）的5成；7月降水量仅为历年同期（166.4毫米）的3成；8月降水量为历年同期（149.6毫米）的1.9倍；9月1—20日降水量为历年同期（41.8毫米）的1.7倍；7月20日至8月20日（主汛期），全市累计降水量177.9毫米，与历年同期（181.5毫米）持平；8月20日至9月20日，全市累计降水量201.6毫米，为历年同期（80.3毫米）的2.5倍。市降水总体呈现出入汛少、汛末多的特点。汛期水情方面，9月12日21时，9月9日6时4分，浑河沈阳水文站洪峰流量920立方米/秒（近5年最大洪峰流量）；9月9日20时30分，浑河闸最大泄流量996立方米/秒。辽河马虎山水文站洪峰流量994立方米/秒。全市29座中小型水库未出现超汛限情况，全部在汛限水位以下运行。市防汛办不断完善防汛抗旱工作机制和预案，加强抢险救援队伍建设和物资储备，组织、协调、指导各地区及市水务、公安、应急、气象、水文等43个沈阳市防汛抗旱指挥部成员单位，成功应对“7·19”“8·13”“8·24”等15次较强降水过程及“巴威”“美莎克”“海神”3次台风，市防汛办先后发布启动防汛预警及响应18次，2次科学调整防汛预警响应等级。严格压实责任，按照网格化管理模式，落实河流、水库、城市防洪、山洪易发区、抗旱等方面的行政、技术、抢险市、县、乡、村四级防汛抗旱责任人3532人，并在门户网站进行公示；落实市领导包区县、区县领导包乡镇、乡镇领导包村、村领导包组包户双包责任人16038人。

抗旱。合力做好农业抗旱减灾。6—7月全市持续高温少雨，7个主要涉农地区农作物受灾面积117.07万亩（7.8万公顷），其中成灾面积82.04万亩（5.5万公顷），绝收面积19万亩（1.3万公顷）。市防汛抗旱指挥部组织农业、水务、气象、水文等相关部门以及各地区周密部署、科学调度，全市未出现人畜饮水困难情况，水田作物未出现旱情。市农业农村局按照《沈阳市种植业重大自然灾害突发事件应急预案》，全力开展抗旱减灾工作；先后印发《沈阳市种植业应对高温干旱技术指导意见》《沈阳市种植业应对高温干旱天气工作实施方案》，围绕科学灌溉、病虫害防控、生产自救、技术指导与服务、查勘定损等方面统筹推进全市抗旱减灾工作。市水务局组织开展地下水位监测，成立4个技术服务组指导各涉农地区启用水库、方塘进行抗旱；组织浑河、辽河各灌区实施第4次、第5次补水，累计供水量约2.8亿立方米。市财政局安排1000余万元用于玉米螟、水稻二化螟等病虫害防控和无人机飞防作业补助，全市病虫害防控面积545.4万亩次。市气象局及时发布气象预警信息，累计开展人工增雨作业6次，有效缓解旱情发展。各涉农区县（市）迅速行动，层层发动，累计投入抗旱人力47.2万人次，水泵10.7万台次，出动农用车辆8.8万辆次，累计浇地398万亩次，喷施叶面肥12.3万亩（0.8万公顷），追施粒肥1.9万亩（1266.7公顷）。各保险公司累计出动查勘人员1449人次，出动查勘车辆428台次，无人机77架次。（市应急局）

【台风“巴威”防御】 受第八号台风“巴威”影响，8月26日傍晚至27日白天沈阳地区出现强风雨天气。省委常委、市委书记张雷，市防汛指挥部指挥长、市长姜有为第一时间作出指示批示，亲赴市防汛指挥部和防汛防台风一线进行指挥调度。市委、市人大、市政府、市政协各双包保市级领导深入包保责任区全程指导防汛工作，有序有效推进防御应对各项工作落实。经沈阳市防汛抗旱指挥部会商研判并报请市人民政府同意，全市机关、企事业单位（除必须按时下班外）

8月26日下班时间提前至15时，学校、假期辅导班、幼儿园15时30分停课；26日15时起，夜市、室外旅游景区关闭，建筑工地停止施工。沈阳市防御台风“巴威”工作取得积极成果，全市河库水位平稳，未收到严重灾情、险情和人员伤亡报告，深基坑、危化品企业、尾矿库等防汛重点目标未发生突发情况及险情，供水、供电、供气、供油、通讯运行正常。（志 闻）

森林防火

【概况】 2020年，全市9个涉林地区和市森林防火指挥部28个成员单位认真贯彻中央、省、市领导的重要指示批示精神，深刻汲取“4·17”棋盘山山火教训，狠抓落实，有效推进。全市未发生森林火警火情，实现“未冒一股烟，未着一把火，未伤一个人”，森林防灭火工作取得胜利。构建防扑一体，出台指挥部工作规则，明确工作职责及工作制度，调整28个成员单位工作职责，进一步明确责任，层层签订森林防灭火责任书，构建市、县、乡、村四级网格化包保责任体系。部门联手联防控野外火源，全市护林员加强巡逻，设立检查站133个，3个监控中心72个视频点位、6个瞭望塔全天全时监控，7架无人机开展空地一体化巡查，卫星遥感实时运转；公安、自然资源部门开展打击野外用火行为专项行动。规范宣传内容，下发宣传工作规范，对各地区、成员单位，新闻单位做出具体宣传工作部署。建立联防机制，与气象部门、自然资源部门建立会商研判机制，发布高森林火险橙色预警13次，黄色预警1次，采取应急响应措施，确保高森林火险时段森林防灭火稳步推进。坚持实战牵引，组织20个成员单位开展全市森林灭火背靠背式实战演练；组织对森林防灭火工作人员专业培训711人次；抽调法库、康平专业森林消防队员到浑南区开展轮训，提升业务能力。集中靠前驻防，5支专业森林消防队伍309人，集中食宿，实行准军事化管理，重点时段在11个重要点位靠前屯兵、协同防控。严格值班值守，实行24小时专人值班和领导带班制度，实行工作信息日报告制度，实时掌握森林防灭火工作进度，确保通讯联络畅通和信息报送及时。

【《沈阳市森林防灭火指挥部工作规则》】 2月29日市森林防火办公室出台。《规则》重新明确市森防指、市森防办工作职责及工作制度，调整市森防指28个成员单位工作职责，进一步明确森林防灭火工作属地管理责任、林草部门行业管理责任，应急部门扑救责任和林业经营主体责任，积极推动实体运行，建立常态化工作模式，形成职责明确，任务清晰，权威高效的责任体系。

（市应急局）

震灾应急

【概况】 2020年，全市境内记录到1.0级以上地震10次，其中1.0—1.9级3次，2.0—2.9级6次，3.0级以上1次，最大地震为11月22日4时28分康平2.7级地震。除康平2.7级地震外，其余地震均属于孤立型浅源地震，没有造成人员伤亡和财产损失。

抗震救灾组织体系建设。调整市抗震救灾指挥部架构，成员单位由原来的37个调整到47个，责任分工更加明确。加强对基层业务指导和培训，组织沈阳经济技术开发区和13个区县（市）参加辽宁省应急厅地震和地质灾害应急培训班，切实提升业务水平。

地震应急准备和处置。科学开展情景构建和地震应急能力建设水平调研，加强地震应急准备工作。落实辽宁省抗震救灾指挥部地震应急检查工作任务，沈阳市地震应急准备工作得到辽宁省检查组一致好评。同步对区、县（市）开展地震应急检查工作，强化应急基础数据收集和更新，为沈阳市地震应急科学决策提供数据支撑。制定《2020年度强化地震监测跟踪工作方案》《沈阳市突发地震震情处置机制》和《沈阳市2020年地震灾害应急准备工作方案》，指导新民市、辽中区科学开展年度地震危险区应对工作。

震害防御。市应急管理局、市自然资源局、市城乡建设局等单位加强合作，落实建设工程抗震设防要求监管工作；出台《沈阳市区域性地震安全评价实施细则》，地震区域性安全评价工作迈出实质性一步。加强防震减灾宣传工作多样化和分众性建设，以日常宣传和重点时段强化宣传相结合的方式，开展丰富多彩的防震减灾科普宣教“进社区、进学校、进企业”活动，取得显著成效。

地震监测预报。实现沈阳市地震台网中心与六个地震台站同步视频会商，完成地震监测台网中心的搬迁和改造工作，持续推进地震预警工程项目建设。由测震虚拟台网、前兆台网、预警台网、宏观监测台网等组成的地震监测网络实现集约化、可视化、智能化、规范化管理。

【防震减灾知识“进社区”活动】 5月13日，市应急管理局联合沈阳市蓝天救援队、沈河区应急管理局等单位，先后在和平区南市场街道延安里社区、沈河区朱剪炉街道兴丰等社区开展意在“提升社区干部应急处置能力，社区居民自救互救能力”的防震减灾知识进社区活动，组织4场地震应急救援知识培训，现场200余人参加活动，向社区捐赠防灾减灾图书100余册，发放宣传册1000多份，宣传单2000多份。人民网、沈阳电视台、沈阳电台、《沈阳晚报》等11家媒体对活动进行报道。

【地震现场模拟演练】 8月12日，市应急管理局通过模拟市内某地发生有感地震，完成地震现场流动台架设、震情参数获取、紧急会商、流动办公区搭建、应急通讯联络等地震现场演练科目。演练过程中邀请经验丰富的地震监测人员进行短周期流动测震台架设、数据采集和GPS定位，并对流动台功能进行培训和现场操作，提升监测应急人员的业务水平。

【《沈阳市2021年度地震趋势研究报告》获省二等奖】 10月21日，辽宁省年度地震趋势会商会在沈阳召开。会议研判未来一年辽宁省地震趋势，着重对年度异常和短临异常进行分析，经会商会集体讨论后形成趋势判定意见。会议期间，辽宁省各市局、各地震台站相继做专题发言，评审委员会对全省的19个会商报告进行评审，《沈阳市2021年度地震趋势研究报告》获辽宁省二等奖。

【《沈阳市防震减灾“十四五”规划》】 12月8日，市应急管理局编写完成。《规划》对“十三五”期间防震减灾工作进行回顾，尤其对“十三五”期间沈阳市防震减灾工作取得的成绩、存在的问题和“十四五”期间面临的形势进行分析，对“十四五”期间发展目标、主要任务、重点项目、保障措施等进行科学设定。

【《沈阳市地震应急预案》修订】 12月25日，市应急管理局修订印发《沈阳市地震应急预案》。《预案》调整市抗震救灾指挥部成员单位架构，成员单位由原来的37个增加到47个，责任分工更加明确。设置综合组、抢险救援组、物资保障组、医疗防疫组、救助安置组、治安保障组、交通保障组、电力保障组、通信保障组、新闻宣传组、调查评估组、救灾专家组、救灾指挥组、次生灾害防范组、气象服务组、震情监测及科学考察组、房屋快速鉴定组、救灾捐赠与涉外组、恢复重建组19个职能工作组，各组协调配合共同推进抗震救灾工作。

【沈阳市地震台网中心升级改造】 2020年，沈阳市升级改造地震台网中心自主研发前兆台网运行管理系统，实现对前兆台网53套在线运行设备数据的实时监控，设备故障申报与维修更加便捷。全年沈阳市地震监测台网连续运行率99%以上。

（市应急局）

交通安全管理

【概况】 2020年，市公安局交通警察局坚持问题导向、实效导向原则，把握“抓队伍、谋改革、保畅通、护安全”四条工作主线，深入推进全市道路交通管理工作，突出抓好疫情防控、全国文明城市创建和营商环境建设等重点工作，推出首批便民利企12条服务举措，持续加大对酒驾、醉驾、涉牌涉证、超载、超员、百吨王等重点交通违法行为的查处力度。全市查处各类交通违法行为590.3万件，增加7.5%，全市6类重点车辆的检验率99.99%，报废率100%；全市机动车保有量271.734万辆，驾驶人数量317万人；新增停车泊位37498个，查处违法停车332.6万件。全市交通事故“件死伤损”4项指标下降3.6%、6.24%、5.59%、0.35%，

创城管理。全年创城工作开展以后，市公安局交通警察局围绕创建全国文明城市动静态违法整治、交通宣传教育、设施建设维护等中心工作，成立创建文明城市工作专班，压实四级包保责任，按照“一岗一策、一路一策”的管理模式加强交通秩序管理，累计查处违法停车332.6万件，增加44.1%；依托新闻媒体营造浓厚交通宣传教育氛围，争取各级党委政府支持，组织发动

交通志愿者，确保各项创城交通管理工作深入推进、取得实效，打造安全、畅通、和谐、有序的道路交通环境，完成创建文明城市总评年各项工作任务。

交管服务。牢固树立“人人都是营商环境、处处都是公安形象”工作理念，推出首批便民利企12条服务举措，沈阳车管所时隔4年被公安部评为2018—2019年度全国一等车辆管理所。纳入市政府考核的30项交管行政审批业务全部实现网上办理，业务办理网办率45%。其中实现全程网办事项13项，业务办理网办率64.6%。236个车驾管服务站点遍布沈城，3千米服务半径圈基本形成。

交管勤务模式升级。以创城迎检工作为契机，将全面提高路面见警率、管事率和群众满意率为目标，围绕“四横、四纵、两环”（四横指昆山路、北一路市府大路北顺城路、中山路、中华路十一纬路沈州路南顺城路；四纵指北陵大街青年大街、黄河大街南京街、南北快速干道、和平大街；两环指一环路、二环路）和33条主次干道、25个主要路口，科学设置全天岗40处、高峰岗219处、主线巡段54个，逐一落实支队领导、大队领导、中队领导、民警“四级包保责任”制度。同时，以皇姑大队作为试点，全面推行交通管理勤务机制改革，增加摩托巡逻力量、解放定点管控警力，全力打造现代化交通管理勤务模式。

道路交通安全设施。市道交委办公室组织交通事故预防工作专家组，对G102沈阳段开展实地安全巡查，制定完善交通标志标线、设置中心隔离护栏、增设交通信号灯等16项治理措施；按照省道交委要求，在途经辽中区、新民市、康平县、法库县的国省公路安装交通信号灯100套、区间测速35套、单点测速106套、减速带1000处；紧抓创建国家安全发展示范城市契机，推动财税独立区投入1.21亿元，为213条双向6车道及以上道路安装隔离设施，实现安全隐患明显减少、通行秩序明显好转、交通事故明显下降的工作目标。

执勤执法规范建设。坚持“制度管人、制度管事”的工作理念，健全完善《交警局制度汇编》，出台十项规章制度。结合营商环境建设工作，制发《交通警察局法治化营商环境建设十项工作纪律》，促进执法流程和现行制度进一步完善。依托三条视频网络线路、八大系统软件、3078个监控摄像头，采取视频监督、现场监督、数据监督等形式，每周7天不间断地对车驾管重点岗位和风险点，进行全方位、全流程、全要素监管。

疫情精准防控。年初和年末两次疫情防控工作，交警局第一时间启动紧急工作状态，迅速成立交警局疫情防控指挥部，严格落实四级责任包保制度，按照“严查严控、保障畅通”的工作原则，坚守“思想政治阵地、环沈堵控阵地、社会管控阵地、安全防护阵地、应急保障阵地、媒体宣传阵地”六大阵地，科学合理调配警力部署，累计出动警力8万余人次、警车2万余台次，高效组织完成千名警力抽调、封闭区域管控、核酸检测点交通管控、离沈通道管控、社会面管控、交通运输服务保障、复工复产企业交通保障等一系列工作，确保重点区域管控到位、社会面道路交通持续平安稳定。

国家安全发展示范城市创建。集中开展创建国家安全发展示范城市任务基础信息摸排采集工作，并建立迎检台账。对摸排中发现的重点、难点问题登记在册，逐条落实整改管控责任并层层压实，确保按时限推进完成各项指标任务。在全力完成自身任务的基础上，支持其他相关单位开展工作，采取联合行动、沟通解决的方式，确保指标任务落实到位。国家安全示范城市创建在省局初评中，交警局牵头的四项工作全部满分，其余11项涉及的工作均完成。

【交通管理“金点子”活动】 5月，市公安局交通警察局部署启动“为公安交警进一言·为交通管理献一策”金点子评比活动，发动广大沈阳交警参与积极建言献策。截至年末，收到2300条建议，采纳800条。

【交通管理“随手拍”活动】 8月，市公安局交通警察局部署开展“提高路面见警率和管事率”随手拍活动。倡导全体沈阳交管人时刻保持主人翁意识，及时发现并处理发生在沈城大街小巷的交通管理方面问题。活动依托警务通移动综合警务平台开发功能模块，涵盖提报、办理、反馈、评星等流程步骤，全流程实行网上办理办结，取得切实可见的活动效果。截至年底，收到280条意见，采纳200条。（方庆武）

食品药品监督

【概况】 2020年，全市出台《深化改革加强食品安全工作实施方案》，对食品安全工作作出全面部署。窖腌酸菜“历史顽疾”根治，提前一个多月实现全部7175个窖清零销号和社会稳定双重目标。开展食品安全建设年、“十大攻坚”行动和“五大示范”创建活动，在东北三省率先实现食安封签区域全覆盖；构建企业、保险公司、银行等参与的食品安全责任险投保模式，3万余家高风险单位投保，数量列全省第一位；2330家学校和托幼机构食堂100%实现“明厨亮灶”；全系统累计完成食品抽检监测4.03万批次，达到千人口4.9份，其中，食品安全抽检监测2.46万批次，不合格（问题）食品发现率4.4%，不合格（问题）食品发现能力居全省前列；食品评价性抽检1.57万批次，合格率99.1%，超过国家不低于98%的目标。连续3年开展百千万民意征集活动，食品安全满意度达到77.13%，较上年度提高2.16个百分点。沈阳航空口岸被国务院批准为药品进口口岸，并完成首单备案。检查疾病预防控制机构、疫苗接种单位和集中采购医疗机构575家，零售药店4965家，医疗器械经营单位9237家，覆盖率均为100%。累计完成药品、医疗器械、化妆品监督抽检831批次，依法对11批次不合格产品进行核查处置。有化妆品使用单位12323家，化妆品专营店6319家。全年累计检查美容美发机构4590家，排查新开办化妆品网络销售者193家；开展沈阳市化妆品监督抽检105批次，合格率96.2%；查处化妆品违法案件18件，罚没款合计31.8万元。完善食品药品网格化智慧监管系统功能，全市14.2万户食品药品生产经营单位全部纳入大数据管理，统一归集企业登记注册、行政许可、监督检查、行政处罚、检验检测及投诉举报等信息，实行“一企一档”，全年累计通过“沈阳食药监管”App完成对16.4万户次食品药品生产经营单位监督检查，检查发现问题17.9万个。同时，在全省率先开发启用“沈阳食药监管”退热药填报系统，实现购药人、药店等13项信息及时登记、时时上传。疫情防控工作期间，累计取缔活禽交易业户109户；检查零售药店3.82万家次，关停整顿204家次；检查非医用日用防护用品企业1.58万户次；检查学校食堂603家；用时43天建成医用防护用品检验检测实验室；帮助50户重点防疫物资生产企业从零起步、从无到有，获批医疗器械注册证79张，实现日产能口罩1000万片、医用防护服5万件、额温仪3000台，填补省、市医用防护物资空白。

【全省率先开发启用“沈阳食药监管”退热药填报系统】 为做好新冠肺炎疫情防控工作，5月22日，沈阳市在全省首家开发启用填报系统。实现购药人、药店等13项信息及时登记、时时上传。截至2020年12月底，全市4965家零售药店累计实名登记购买退热类药品人员信息170.61万条，将2.15万条自诉有发热等症状的人员信息，即时推送至市、区两级指挥部和市信息中心，充分发挥零售药店疫情防控的“哨点”作用。

【进口冷链食品安全管控】 12月20日，市指挥部出台15号令和12号通告，确定5家首站定点冷库，全面实施“专库存储、专区管理、专队作业、信息追溯”和“专班监管、清查存量、严查增量、违法取缔”管理，铁西区、皇姑区、浑南区、于洪区分别组建工作专班115人，对5家首站定点冷库进口冷链食品实施全程进驻监管。同时，联合卫健、疾控、公安、交通、商务等部门，建立涉疫进口冷链食品快速反应工作机制，妥善处置浙江厄瓜多尔进口冷冻南美白虾、鞍山巴西进口牛肉、锦州俄罗斯进口鳕鱼等17起涉疫进口冷链食品突发事件，涉事货物总量2018.37吨，严防进口冷链食品疫情输入风险。

（王丹迪）

十三、农　业

综　述

2020年，全市农业部门深入实施乡村振兴战略，扎实推进农业产业发展，稳步推进农村改革，深入开展农村人居环境整治和乡村治理，全市农业农村经济社会实现平稳健康发展，完成各项工作任务，开创乡村振兴新局面。农林牧渔业总产值609.8亿元，增长2.8%。农村居民人均可支配收入19598元，增长8.1%。

农业供给能力质量明显增强。粮食产量409.4万吨，实现“十七连丰”。建成高标准农田78.7万亩（5.2万公顷），列全省第一；完成保护性耕作135.6万亩（9万公顷），超省任务2.6万亩（1733.3公顷）；主要粮食作物耕种收综合机械化水平达到95.75%，位列全省首位。蔬菜产量384.3万吨，设施蔬菜产量占1/2。肉蛋奶总产量143.9万吨，年底生猪存栏230万头，全面恢复至2017年同期存栏量90%水平。水产品产量21.3万吨，新增稻田综合种养1.13万亩（753.3公顷）。“两品一标”（绿色食品、有机农产品和农产品地理标志）农产品累计达466个，主要农产品抽检合格率达99%以上。

产业融合发展水平持续提升。新增市级产业化龙头企业71户，创建辽中康森稻米等市级产业化联合体6家，沈北辉山国家农业科技园产值超百亿元。农产品加工企业248户，销售产值750亿元，增长7%，31个农产品加工大项目完成固投10.5亿元，沈阳伊利东北酸奶生产基地等16个项目竣工投产。建成电商村110个，电商主体发展到1200家、销售额100亿元，分别增长20%、25%。农博会线上交易额29.5亿元，增长1.5倍。建成康平展望休闲农业示范园等11个都市休闲农业项目，法库半拉山子村获评中国美丽休闲乡村，美丽休闲乡村达到40家，休闲农业年营收5.4亿元。新民大民屯、辽中杨士岗获评国家农业产业强镇，苏家屯来胜堡村获评国家“一村一品”示范村镇。

农村改革各项任务有序推进。颁发土地确权土地承包经营权证书58.1万份，实现“应颁尽颁”。土地流转面积319万亩（21.3万公顷），流转率39%，市、县、乡三级土地纠纷仲裁调解机构全面建立。如期完成农村集体产权试点任务，登记赋码率98.5%，超省任务3.5%。沈阳市农村产权交易服务中心升级为省级平台，交易额7.2亿元。于洪区和沈北新区获批国家宅基地制度改革试点，兴隆台、王滨、满堂3个街道获批宅基地闲置利用和农房试点。评选市级示范合作社、示范家庭农场67家，农业生产托管18.8万亩（1.3万公顷）。建成法库、康平中化MAP（现代农业技术服务平台）服务中心，全流程订单服务面积10万亩（6666.7公顷）。农事企业贷款发放182.2亿元，个人涉农创业担保贷款发放9670万元，完成1.13亿元的安芙兰农业健康基金设立。

农村人居环境整治成效显著。农村改厕、农村生活垃圾和污水治理等民生工程持续推进，推广“室内水冲+三格式化粪池”模式，完成改厕5.5万座，生活垃圾处置体系覆盖率达到95%以上，污水集中收集行政村覆盖率28%。开展省级美丽示范村创建，村容村貌不断提升，第一批135个美丽示范村全部通过省级验收，第二批135个美丽示范村建设工程完成村庄规划、村庄道路硬化、亮化等工程。规模化、标准化、生态化养殖场水平不断提高，畜禽养殖废弃物资源化利用率85%以上。秸秆“五化”（肥料化、饲料化、基料化、原料化、燃料化）利用扎实推进，综合利用率达到90%以上。

乡村治理各级试点全面开展。完成全市乡村治理顶层设计，明确乡村治理试点示范的时间表、路线图和任务书。组织实施引领示范村工程建设，积分制试点有力推进，在全市创建乡村治理引领示范村102个。沈北乡村治理经验在全国推广，孟家台等4个村国家乡村治理体系建设试点取得成效。康平县获批省级乡村治理体系建设试点县，土耳坨等10个村获批省级乡村治理试点村，全市农村地区实现国家、省级试点示范全域覆盖。

决战决胜脱贫攻坚圆满收官。坚持抗疫抗旱两线作战，实施资产收益项目5个、“飞地”扶贫项目4个，安排就业3738人，医保报销10332人，资助就学1174人，危房改造416户，兜底保障5634人，全市建档立卡人口实现动态为零，人均纯收入全部达到5000元以上，未出现返贫和新致贫人口。（王玥琳）

种植业

【概况】 2020年，全市种植业以稳定粮食生产、大力发展设施农业为工作重点，促进现代农业发展，不断推进种植业提质增效，有效应对春季干旱，夏季防涝，广泛开展绿色统防统治等工作，全面完成各项工作任务。

粮食生产。全市粮食播种面积810.7万亩（54万公顷）、产量409.4万吨。主要粮食作物为玉米和水稻，其中玉米586.47万亩（39.1万公顷）、298.3万吨；水稻188.3万亩（12.6万公顷）、102.3万吨。

经济作物种植。全市经济作物主要品种为蔬菜、花生、西甜瓜、饲料作物、花卉等，面积逐步稳定在200万亩（13.3万公顷）左右，形成康平花生、辽中鲜切花、新民西甜瓜等特色产业种植区。其中花生种植区域集中在康平县和法库县，两地面积及产量占全市总量的70%以上；西甜瓜种植区域集中在新民市，产量占全市总量的90%以上；饲料作物种植区域集中在法库县和沈北新区，两地面积及产量占全市总量的89%以上；花卉种植区域集中在辽中区、沈北新区和浑南区，包括鲜切花、盆栽花卉和观赏苗木，面积占全市总量的85%。全市经济作物播种面积203.7万亩（13.58万公顷）。其中蔬菜93.8万亩（6.3万公顷）；油料作物49.1万亩（3.3万公顷），含花生47.8万亩（3.2万公顷）；瓜果类21.8万亩（1.5万公顷），含西瓜16.7万亩（1.1万公顷）、甜瓜1.76万亩（1173.3公顷）、草莓1.4万亩（933.3公顷）；饲料作物30.7万亩（2.05万公顷）；中药材2.8万亩（1866.6公顷）；花卉0.6万亩（400公顷）；其他5万亩（3333.3公顷）。

种植业保险。全市种植业保险主要开展粮油作物保险、农业大灾保险和日光温室大棚保险，全市完成种植业保险面积617.12万亩（41.14万公顷），其中：粮油作物承保面积74.84万亩（4.99万公顷）；大灾农业保险面积542.19万亩（36.15万公顷），日光温室大棚面积为0.09万亩（60公顷）。按品种分，完成玉米474.17万亩（31.61万公顷）、水稻126.04万亩（8.4万公顷）、大豆4.29万亩（2860公顷）、花生12.53万亩（0.84万公顷）；参保农户20.62万户；完成保费总额2.78亿元，其中粮油作物保费2383.83万元，大灾农业保险保费2.54亿元，日光温室保费23.13万元。

耕地地力保护补贴发放。中央下拨沈阳市耕地地力保护补贴资金6.81亿元，补贴面积753.02万亩（50.2万公顷），涉及132个乡镇，1789个村，补贴农户62.73万户，平均补贴标准90.59元/亩，实际发放补贴资金6.83亿元。

生产者补贴发放。生产者补贴中央拨付资金5.62亿元，实际发放5.62亿元，其中：玉米生产者补贴实际发放4.02亿元，补贴面积534.82万亩（35.65万公顷），补贴农户40.12万户；大豆生产者补贴实际发放3154.93万元，补贴面积11.46万亩（7640公顷），补贴农户1.35万户；稻谷生产者补贴实际发放12808.16万元，补贴面积165.05万亩（11万公顷），补贴户数10.9万户。

（常宝营）

【12个品牌农产品获省百强品牌农产品称号】 5月，省农业农村厅等7部门会同省直有关单位组织开展辽宁省第四批中国特优区评选工作。新民小梁山西瓜、康平甘薯、康森留芽米、永乐葡萄、华美鸡串、新农寒富苹果、辽育白牛、为雅番茄、城市公社芸豆、弘桥北虫草、原味居清醋、菇菇鲜金针菇12个品牌农产品获辽宁省百强品牌农产品称号。

【沈阳花卉首次参加粤港澳大湾区现代农业嘉年华】 9月29日至10月4日，沈阳市农业农村局组织5户花卉企业首次到广州天河体育中心参加粤港澳大湾区“菜篮子”暨广州现代农业嘉年华。参展企业挑选多肉植物、君子兰等作为主要参展品种。展会期间现场销售花卉8000余盆，销售额15万元。（志　闻）

畜牧业

【概况】 2020年，全市以推进农业供给侧结构性改革为主线，转变养殖方式，促进畜牧业转型升级，提质增效，稳定发展畜牧生产，保障市场肉蛋奶供应。全市畜牧业产值259.4亿元，生猪出栏363.3万头，家禽出栏9817.9万只，禽蛋产量22.6万吨，牛奶产量54.4万吨。以重点项目为抓手，促进畜牧产业标准化、规模化发展。辽寨牧村大型肉牛养殖集群基地项目自2019开始建设，占地面积523亩（34.8公顷），截至2020年项目投资2亿元（其中市本级扶持2400万元），建成牛舍104栋，养殖面积约20万平方米，有养殖户80多家，存栏肉牛2.7万头，年可出栏肉牛4万头，建设污水池1万立方米，贮粪场1万立方米。新希望集团在沈阳市投资15亿元，流转土地9336亩（622.4公顷），建设生猪标准化规模养殖场项目18个，生猪存栏59.53万头，可年出栏生猪205万头。多措并举恢复生猪生产，自2018年8月3日沈阳市发现非洲猪瘟疫情后，落实贷款贴息政策，开展生猪良种补贴，制定市本级扶持政策，并继续实施《沈阳市稳定生猪生产促进转型升级工作方案》，生猪养殖克服非洲猪瘟后续影响及新冠肺炎疫情双重困难实现稳步恢复。截至2020年底，生猪存栏228.9万头，能繁母猪29.8万头，全面完成省下达生猪存栏恢复至2017年同期存栏量90%任务。

【1户企业入选国家级畜禽养殖标准化示范场】 12月，农业农村部办公厅公布2020年农业农村部畜禽养殖标准化示范场名单。全国180家畜禽养殖场入选，辽宁省占4家，沈阳幸福农场养殖有限公司旁风养殖基地（肉鸡十场）入选。（钟　波）

水产业

【概况】 2020年，全市大力发展现代渔业，积极调整和优化养殖品种结构，强化水产品质量安全监管，不断提高水产业发展水平，保证全市水产品有效供给和经济平稳增长。

渔业生产。全市水产养殖面积23.2万亩（1.5万公顷）。其中，池塘面积15.3万亩（1万公顷），水库面积7.9万亩（5267公顷）；淡水水产品产量21.3万吨，增长1.2%；渔业增加值6.4亿元，增加2.5%；新增稻渔综合种养（小龙虾、河蟹）面积1.1万亩（733.3公顷）。国家、省、市抽检沈阳市水产品样品550个，监测合格率100%。苗种繁育能力进一步增强。到“十三五”末，全市有苗种场17家，其中省级良种繁育场8家、苗种场4家，苗种繁育能力达到30亿尾，比2015年增长27.4%。有3家省级良种繁育场实施省优势品种引进项目。在省优势品种引进和市精品鱼苗种引进补贴政策带动下，各良种场引进名优新品鱼苗、鱼种，主要引进品种有福瑞鲤、津新鲤、彭泽鲫、河蟹、加州鲈、鲌鱼、丁桂鱼等。名优新品种养殖面积10.4万亩（6933公顷），占池塘养殖面积的56.6%。

渔政执法。制定打击非法捕捞联合执法工作方案。为统筹推进沈阳市河湖长制、河湖警长制联合执法工作，加大对河湖综合治理领域违法犯罪活动的打击力度，进一步规范公安机关与市区（县、市）两级渔业行政主管部门联合协作，落实省、市政府关于行政执法与刑事司法衔接的相关要求，形成齐抓共管的坚强合力，会同市公安局制定出台《渔业联合执法工作方案》。

增殖放流。实施鱼类增殖放流，在蒲河流域及浑河流域投放鲢、鳙鱼种150万尾，促进生态环境修复。

【8户企业入选“国家级水产健康养殖示范场”】 12月25日，农业农村部渔业渔政管理局公布国家级水产健康养殖示范场（第十五批）名单中，沈阳多米虾农业科技有限公司、沈阳昌润达淡水鱼养殖有限公司、沈阳华泰渔业有限公司、沈阳市金山水产养殖公司、辽中区红运来淡水鱼养殖场、沈阳市兴农淡水鱼养殖专业合作社、沈阳真诚实业有限公司、沈阳市宝鱼水产养殖场8户养殖企业入选。全国1005户养殖企业入选，有效期自2021年1月1日至2025年12月31日。

【引进3个水产优势品种】 2020年，市农业农村局组织专家对沈阳市优良水产养殖品种进行遴选论证。向省农业农村厅申报并实施津新鲤、小龙虾、三角鲂3个品种的水产优势品种引进更新与改良项目。（张敏慧）

农业产业化（农产品加工）

【概况】 2020年，深入实施乡村产业振兴战略，以推进农产品加工项目和产业链建设为重点，积极培育壮大龙头企业，全市农产品加工业的集聚力、辐射力和带动力不断增强，进一步促进农业产业化经营和一、二、三产业融合发展。全市农产品加工总产值突破750.85亿元，增长10.8%，规上企业248户，市级以上农业产业化重点龙头企业201户，其中国家级12户、省级39户、市级150户。

农业产业化蓬勃发展。初步形成禽业、生猪、牛业、蛋业、乳业、粮油、蔬菜、花卉、果业、渔业10条产业链，形成2个省级农产品加工集聚区，其中：沈北新区辉山国家农业科技园成为全省唯一超百亿加工集聚区，创建12家市级以上农业产业联合体，获批建设新民、辽中、法库3个省级现代产业园区，形成以沈北新区禾丰牧业集团为核心企业的白羽肉鸡国家级产业集群。

农业新业态不断壮大。新民市大民屯镇、辽中区杨士岗镇镇获评国家农业产业强镇，发展市级专业村50个，苏家屯区来胜堡村获评第十批全国“一村一品”示范村镇，于洪北虫草获评全国特色产品，蛹虫草大健康项目获全国双创比赛三等奖。法库半拉山子村获评中国美丽休闲乡村，辽中皮家堡村等获评省级美丽休闲村镇，评选浑南王士兰村等32个市级美丽休闲乡村。（杨晓倩）

【全国首个农业产业链协会成立】 8月7日，沈阳市农业产业链协会会员大会召开，为全国首个成立的农业全产业链协会，其前身为沈阳市农业产业化龙头企业协会。协会以龙头企业为核心，会员单位有合作社、家庭农场、专业大户以及金融、媒体、电商、物流、科研、检测认证等。截至年末，协会有会员135家。农业产业链协会在搭建全市农业产业链大数据平台、全市优质农产品展示展销平台等平台方面发挥作用，并为会员企业提供人才培训等。

【沈阳市农业产业链招商大会】 11月11日在沈阳新都绿城喜来登酒店举办。市政府主办，市农业农村局承办，沈阳日报社、市农业产业链协会协办。大会设沈阳市农业产业链招商大会、2020“链易得”首届农业创新融合大会、“双十一”（指11月11日）农产品网络直播节暨沈阳日报社全媒体用户节农业分会场活动等8大主体活动。市农业产业链协会会员企业、产业强镇、中心镇、农产品加工集聚区参与展示。10余位农业嘉宾和专家参加主题分享和规划研讨。北京、江苏、云南、广东等省内外农业投资商及企业与沈阳农业产业链核心企业、园区洽谈合作。（志　闻）

农　机

【概况】 2020年，全市农业机械化完成跃进式发展，特别是玉米机械收获水平实现倍增，全市主要粮食作物机械化发展迈进高级发展阶段。

农机总量。全市农机总动力428.89万千瓦，超额完成“十三五”目标。主要农作物生产机具增长较快，拖拉机保有量8.03万台，联合收割机8603台，配套农机具11.97万部。装备结构优化，大型机具占比上升。绿色环保农业机械化发展迅速，植物保护类机械、秸秆类、畜牧环保类机具增长加快。

机械化作业水平。全市主要农作物耕种收综合机械化率96.91%，列全省首位。其中，玉米、水稻、花生、大豆、马铃薯耕种收机械化率分别达到96.59%、

97.32%、98.47%、99.34%、97.78%，主要农作物农机作业水平基本实现全程机械化。

基础条件建设。农机库房建设连续7年政策供给，市本级财政计补贴1400万元，总投入4200万元。建成农机库房140个。联动高标准农田建设政策4.14亿元，共建高标准农田机耕道路1459.89千米。

农机服务体系建设。全市有农机服务组织1124个。其中，农机合作社1025个，入社人数6059人，作业面积3367万亩（224.5万公顷），农机服务总收入12.45亿元。通过农机订单作业、土地托管等模式代耕、代种、代收作业服务规模逐年扩大，推动小农户与现代农业有效衔接。

农机化科技推广。开展水稻旱直播机械化技术、大豆、玉米轮作全程机械化、玉米耕作模式对比试验示范等3个项目，推广面积4.5万亩（0.3万公顷）。

耕地保护性耕作。实施耕地深松作业66.6万亩（4.44万公顷），耕地质量和农作物产量有效提升。完成耕地保护性耕作135.6万亩（9.04万公顷），建设3个保护性耕作整体推进县、8个县级、20个乡级保护性耕作基地，有效保护黑土地耕地质量。建设5个全国主要农作物生产全程机械化示范县（市、区）。

【《沈阳市黑土地保护性耕作行动实施方案（2020—2025年）》】 5月20日出台。《方案》坚持生态优先、用养结合，通过政府与市场两端发力、农机与农艺融合、科技支撑与主体培育并重、重点突破与整体推进并举、稳产丰产与节本增效兼顾，遵循规律与技术创新、机制创新相结合，稳中求进，逐步在全市适宜地区全面推行保护性耕作，促进沈阳市黑土地保护和农业可持续发展。全年全市完成保护性耕作136.5万亩（9.1万公顷），超额完成任务。

【沈阳市2020年较大农机事故应急处置演练】 8月26日举办。市农业农村局主办、于洪区农业农村局承办。省、市、县200余人观摩。演练按照《沈阳市农机事故应急处理预案》和《沈阳市2020年农机事故应急处置演练方案》的要求，模拟一个较大农机事故，农机、安监、公安、消防、医疗、保险等不同部门密切配合，从事故报案、案情报告、现场救援到事故调查处理的全过程，演练达到预期目的。

（沈洪俊）

农业科技

【概况】 2020年，沈阳市现代农业研发服务中心（沈阳市农业科学院）（简称“中心”）实施科技项目26个，其中，国家级科研项目1个（沈阳综合试验站），市发改委项目3个（完成2019年2个在建项目和1个新增计划项目预算审核），市科协项目1个（完成院士专家工作站8个温室基础工作），市科技局项目3个（市科学计划农村特派团专项3项），本级科研项目18个（涉及六大专业领域17个专业方向）。组织申报省地方标准2个（其中获批省市地方标准各1个），完成采购项目9个。获辽宁林业科学技术三等奖1项，发表学术论文4篇，获市科协四尊先进工作者称号1人。完成申报国家自然基金项目和省重点研发计划项目各1项（均为联合完成）、省科技贡献奖3项、2021年市基本建设农业农村类项目1个，提报农业领域重点项目作为2021年建设储备项目3个。

农技服务。成立市春耕备耕农业科技服务领导小组，制定《沈阳市2020年应对疫情春耕备耕农技指导服务工作方案》，组成5个技术指导组，9个工作推进组开展全面调研、分类指导、线上培训和重点服务等，做好疫情防控期间全市农技指导服务工作。组织省内农业专家深入田间地头实地指导22次，申报市人社局“高级专家服务基层”活动。构建全市新型三农服务体系，组建专家团队，建立农村科技特派员制度和产业示范基地，开展科技下乡大篷车活动。组建8个科普惠农专家团队，开展线上、线下指导和电话咨询等服务活动52次，成立科技特派团10个，建设产业示范基地10个，开展科技大篷车活动15次。加强微信公众平台升级，及时发布农业科技服务动态、农业技术、专家答疑等内容，并接受相关技术咨询，专家回答农民技术需求共性热点问题，发布信息103条。特别是在疫情期间，远程指导农民做好技术、产品等内容服务。在沈阳国际农业博览会上运用3D、VR、5G等新技术，以线上集中展示4天，线上运营服务1年的方式，在沈阳市综合馆制作VR虚拟展厅（3D）面积150平方米。中心科技共建产品“玉兰虾田米”和自主研发产品“爱尚艾格营养鸡蛋”获沈阳国际农业博览会金奖，同时，中心获优秀组织奖。在黑土地保护上，根据法库县和沈北新区两个高标准保护性应用基地土壤条件、秸秆覆盖量等实际情况，通过开展土壤理化、生物性状、生产成本、作物产量变化、病虫草害变化、机具装备适用性监测和召开现场会进行保护性耕作技术培训方式，对广大农户进行保护性耕作提供全方位技术支撑。

种质资源普查与征集。起草完成《科研副产品管理办法》、“科普惠农项目实施方案”“科普惠农项目合作协议书”等。编制《关于深化项目评审、人才评价、机构评估实施方案》，组建“沈阳市现代农业研发服务中心科技志愿服务队”并完成注册。完成7个玉米品种备案登记。与中国马业协会联合组织“十四五”驴种业规划研究，共同完成《驴种业“十四五”发展研究报告》，农业农村部种业管理司特发函致谢。

成果转化。承担市级重大农业科技推广项目2项，开展优质大豆高产栽培技术集成示范推广，引进铁豆53等5个新品种，完成试验示范面积5560亩（370.67公顷），核心示范区优质大豆品种平均亩产225.29千克，相比对照（辽豆15）增产7.2%；开展沈阳市设施果蔬提质增效绿色栽培技术集成与示范推广项目全市落实技术累计示范面积3265亩（272.08公顷），建设核心示范区10个，设立应用效果试验点10个，示范区设施果蔬平均亩增效18.2%。举办科技培训18场次（其中线上培训3次），现场指导、技术咨询等125次，培训人数1000余人次，发放技术资料500余份。

绿色农业服务。采购推广用含黄腐酸生物有机肥767吨，安排布置水稻、花生6个试验，示范总面积38350亩（2556.67公顷），其中水稻35350亩（2356.67公顷）、花生3000亩（200公顷）；设立7个核心示范片，其中水稻千亩核心示范片4个、花生百亩以上核心示范片3个。加强地力和农业环境监测组织与治理，继续实施重金属中轻度污染农田安全利用技术。设置田间试验50亩（3.33公顷），选定供试玉米30种、水稻20种，对300份玉米自交系鉴定，推广示范种植水稻10亩（0.67公顷）。采集试验农产品样品1137个，土壤样品29个，为推进受污染耕地安全利用提供技术支撑。加强农产品产地环境网络预警监测。以农产品产地为重点，组织开展沈阳市农产品产地环境监测网络预警，对全市主要大宗农产品主要产区设置150个国控例行监测点进行采样监测，采集农产品147个，土壤样品149个。在农业农村部组织的每年例行涉农检测机构检测能力考核中，中心技术人员在农产品重金属、农药残留及水产品兽药残留三项能力验证考核中通过考核验证。在2020年沈阳市粮油检验员证年检认证工作中，完成培训664人次。

交流合作。以李天来院士工作站、中化农业大田作物科技服务等重点项目为依托，围绕科研联合攻关、科技成果转化、技术人才培养等方面深入开展对外交流合作。与8家国外科研院所及企业建立联络关系，与9家国家级科研单位建立合作关系，与11家省级或国内知名的研究团队（大学）开展密切合作，为9个涉农区县提供科技服务，与16家国内外涉农龙头企业实现合作对接。加强京沈对口合作。与北京农林科学院就农业科技服务体系建设继续进行合作，并就引进1台设施农业HZI多功能环保机达成意向，将其纳入总体采购范围。中心畜牧所与零点食品有限公司就围绕改善鸡肉与鸡蛋品质等内容展开横向课题研究，项目11月启动，投资120万元。

人才服务。开展高端人才引进，科学合理设置招聘岗位，招录农业科技发展急需的专业技术人员，引进博士研究生1名。全力做好人才服务，申报高级专家服务基层项目2个，开展“百千万”人才资助项目申报工作，申报并获批1人；申报2020年国务院特殊津贴4人；向市食品安全委员会推荐食品安全专家委员会委员4人；推荐“全国技术能手”评选1人；申报2020年度辽宁省“百千万人才工程”评选6人；申报辽宁省粮食系列职称评审专家2人；推荐2020年市政府特殊津贴评选6人；为46人申报沈阳市高层次人才认定。做好新型农民科技培训，聘请市农村科技培训讲师团专家赴法库县，就养羊防疫、饲料喂养、驱虫防病等科学知识对11户专业养殖户进行养羊技术培训，传授节省饲料多产羊羔养殖技术，带动区域养殖业发展。完成第三十四期4个专业441名学员的授课和毕业手续办理工作。

【《驴种业“十四五”发展研究报告》】 5月20日完成。《报告》主要分为“十四五”

种业发展面临的机遇与挑战、“十四五”种业发展的总体思路、“十四五”种业发展的重点任务、“十四五”种业的重点科研与区域布局、“十四五”种业发展的实施保障五方面内容，对“十四五”时期沈阳驴种业发展进行剖析和展望。（刘海员）

农村集体三资管理

【概况】 全市农村集体产权制度改革工作涉及13个区县（市）、152个乡镇（街道）、1972个独立核算的村级单位，涉及面和单位数量居全省首位。2020年，全市以“归属清晰、权能完整、流转顺畅、保护严格”为改革目标，全面推进农村集体产权制度改革。截至年末，全市完成国家农村集体产权制度改革试点任务。

分类施策，合理确认人员身份。全市农村产改涉及面广、工作量大，近郊区和远郊县，农民对集体经济组织成员诉求和关注度存在巨大差异。为做好农村产改的重点工作，市级撰写《关于我市农村集体经济组织成员资格界定的调研报告》，明晰全市成员界定工作思路。

试点先行，规范资产监管。为适应农村集体产权制度改革期间加强集体资产监管需要，全市出台《沈阳市农村集体资产监督管理办法（试行）》，指导各区县（市）落实年度清查制度，建立资产监管机制，建立健全集体资产财务管理各项制度。

【9个涉农区县（市）产权交易分市场全覆盖】 2020年，市农业农村局充分利用多年积累的农村“三资”管理经验和渠道，依托已有农经系统，搭建农村产权交易市场“市县乡”三级架构体系，率先在省内实现9个涉农区县（市）产权交易分市场全覆盖，其中沈北新区等7个分中心及康平县、法库县2个办事处挂牌运营。（方朝明）

农　垦

【概况】 2020年，全市垦区有国有农场7家，分布在6个区县，分别是于洪区光辉畜牧场、康平县三台子畜牧场、沈北新区前进农场和青年农场、铁西新区四方台农场、皇姑区北陵农场及苏家屯区塔山农场。经与市土地管理部门共同核查确认，沈阳市7家国有农场土地总面积8.14万亩（5426.7公顷），其中：建设用地总面积4000亩（266.7公顷），农用地总面积7.62万亩（5080公顷），耕地面积5.6万亩（3733.3公顷）；未利用地总面积1600亩（106.7公顷）。

国有农场办社会职能改革。全市7家国有农场的办社会职能改革工作全面完成。其中，于洪区政府在光辉畜牧场内成立2个社区，分别是光辉畜牧场一社区和光辉畜牧场二社区，划归光辉街道管理。2个社区的工作人员由光辉畜牧场剥离12人及政府抽调人员组成，光辉畜牧场为新成立的社区提供1264.73平方米3处办公用房，各相关部门按照职能分工，分别承担光辉畜牧场内的相关社会管理职能。沈北新区政府在前进和青年2个农场区域内分别成立2个居民委员会，按照就近原则划归兴隆台和黄家街道管理。原2个农场的户籍、房产道路建设与维护、亮化、环境卫生、民政优抚、计划生育、武装部、信访稳定、综合治理以及卫生所等社会管理职能全部由2个街道对口管理，实现办社会职能的完全分离。

国有农场企业化改革。于洪区将原沈阳市光辉畜牧场和沈阳光辉实业总公司进行剥离，成立沈阳市翼辉农业发展有限公司，强化国有农场统一经营管理和服务职能，完善现代企业制度，改进企业运营模式。沈北新区将前

▶康平县三台子畜牧场农垦扶贫专项资金项目建设中　（市农业农村局供）

进和青年农场进行集团化重组，重新设计国有农场企业的组织架构图。改制后2个国有农场实现出资人所有权和企业法人财产权的分离，并明确赋予企业独立的法人财产权，使农场真正成为依法自主经营、自负盈亏、自担风险、自我约束的独立市场主体。

扶贫专项资金项目建设。为康平县三台子畜牧场争取贫困农扶贫专项资金100万元，用于康平县三台子畜牧场农业基础设施改造建设项目。

【农垦国有土地使用权确权登记发证】 2020年，市农业农村局根据农业农村部农垦局《关于组织报送农垦国有土地使用权确权登记发证成果的通知》，组织7家国有农场的数据复核确认报送人员，用3个月完成确权成果建库上图工作。经确认沈阳市农垦国有土地总面积8.14万亩（5426.7公顷），对比2018年上报的8.19万亩（5460公顷），存在0.05万亩（33.3公顷）的差额，主要原因均为2018年各农场上报数据时保留两位小后分别采取四舍五入法造成的计算误差。

（胡晓东）

林　业

【概况】 2020年，自然保护地体系基本建立，完成15处保护地摸底调研，形成《沈阳市自然保护地总体规划》《沈阳市湿地保护规划》初步方案，康平辽河、法库獾子洞、辽中蒲河等重要湿地生态修复工程持续推进，野生动物保护、森林病虫害防治、森林防火工作落到实处。林草资源管理持续强化，林业生态建设有序推进，完善政策法规建设，《沈阳市林地建设保护条例》经人大批准颁布实施，联合财政部门印发《沈阳市湿地生态补偿资金管理暂行办法》。持续推进国土绿化，强化统筹协调，完善组织形式，大面积开展造林和生态修复工作。落实保护发展森林资源目标责任制，严格执行林木采伐限额管理，森林病虫害防治率达到100%。全面衔接生态保护红线评估调整与自然保护地优化整合，方案由省自然资源厅报部审查待批。参与创建辽河国家公园，加强湿地资源保护与修复。完成年度生产矿山828.68亩（55.25公顷）、闭坑矿山726.46亩（48.43公顷）治理任务。

国土绿化。腾退林地40.2万亩（2.68万公顷），实施造林32.9万亩（2.19万公顷），修复棋盘山受灾林地5544亩。号召机关、单位、社会团体和广大市民开展全民义务植树活动，市委市政府特邀省四大班子领导和驻军首长参加义务植树活动，掀起全市国土绿化高潮。

种苗和森防工作。组织各地区开展春季造林苗木检疫抽查、打击假冒伪劣种子以及侵犯职务新品种权活动、松材线虫病春秋两季普查等工作，督导浑南区开展松材线虫病疫区疫木采伐处理，制定并下发《沈阳市松材线虫病疫木除治监管方案》《2020年沈阳市美国白蛾防治实施方案》《关于进一步加强对病死枯死松科植物清理除治工作的函》《关于开展松材线虫病 美国白蛾等林业有害生物秋季监测普查工作的通知》《关于做好松材线虫病秋季普查和松木检疫监管工作的通知》等指导性文件。成立沈阳市危险性林业有害生物防治临时指挥部，完成《沈阳市危险性林业和草原有害生物灾害应急预案》制发工作。同时，组织各有关区县（市）全部完成《应急预案》以及相关《实施方案》的编制，用于指导当地林业有害生物防治工作。

沙化治理。在沙化严重地区加大力度组织实施造林绿化工程，全年沙化治理造林面积10万亩（0.67万公顷）；在春季制定并下发沙尘暴灾害防治方案，组织各地区开展沙尘暴灾害防治工作；制定“世界防治荒漠化与干旱日”工作方案，组织全市沙化地区开展丰富多样的宣传活动；配合省林业和草原局完成省“十四五”防沙治沙规划编制调查研究；向省林业和草原局提报全市沙化土地区生态重要性和脆弱性等相关材料，为省林业和草原局在全国重要生态系统保护和修复重大工程总体规划中申请工程资金提供支持。

（市自然资源局）

【全市森林灭火应急实战演练评估会议】 4月17日在棋盘山地区召开。实战演练于当日14时启动，现场模拟棋盘山冰雪大世界东停车场东北侧山脊及林区发生火情。20个成员单位按照预案规定的职责和响应动作，迅速开展应急处置。演练历时110分钟，设定演练的接警时限、到场时间、力量配备、预案管理、装备保障、动作执行、专业技能7项能力目标考核内容。在评估会上，市森防办通报实战演练总体情况。涉林区县及相关部门汇报森林防灭火工作。市森林防灭火指挥部总指挥、市长姜有为参加会议并讲话，并对演练情况进行点评。（志　闻）

水　利

【概况】 2020年，“大禹杯”和“河长制”两项考核位居全省前列，沈阳市落实省以上水利建设投资计划完成率列全省第一名，省政府给予500万元奖励。市水务局先后获驻市政服务中心“最美优质服务窗口”、全市文明机关、市政府系统建议提案办理工作标兵单位等称号，在全市绩效考核中取得较好成绩。

水资源保护力度不断加强。用水总量控制在31.38亿立方米以下，灌溉水有效利用系数0.596，主要水功能区水质达标率68.75%，压减地下水开采量2764万立方米，全面完成省政府年度任务目标。加强节约用水管理，用水率达90.1%，位居全省前列；组织实施新民浑蒲灌区节水改造工程，提升农业节水水平；颁布《沈阳市再生水管理办法》，沈阳市再生水利用率达20.63%，提前完成国家要求的20%的指标任务。水安全保障能力全面提升，投资7297万元，实施浑河苏家屯区段等防洪工程建设；实施新民市、于洪区农村基层防汛预警预报体系建设；完成225条街路专项清淤，消除积水点90.3%；成功抵御台风“巴威”等强降雨过程；加强出厂水和管网水水质监管，水质综合合格率99.99%；新建改造小区供水内网309.82千米，城市供水管网漏损率较上年下降1—2个百分点。新建改造农村饮水安全工程61处、涉及7.69万群众饮水，全市农村饮水集中供水和自来水基本实现全覆盖。水环境质量明显改善，推进污水收集处理补短板工程建设，仙女河等5座污水处理厂提标改造后稳定运行；完成南部二期等8座污水处理厂新、扩建工程，新增污水处理能力42.5万吨，城市污水集中处理率从94.27%提高到95.65%，达到国家目标要求；实施仙女河污水转输等32项工程，提高污水收集能力；启动南部三期等7座污水处理厂，新增污水处理能力63万吨，有效缓解污水系统日常高水位运行状况。

开展河长制工作。严厉打击取水、供水领域中各类违法行动，清理河湖“四乱”（乱占、乱采、乱堆、乱建）问题468处。国家级媒体先后对《沈阳市以“六个机制”推进落实河湖长履职尽责和河湖长制“六大任务”》《沈阳市践行生态文明理念建设幸福河流》两个典型经验进行报道，河长制工作位居全省前列。实施人居环境整治工程，在全市范围内开展流经村屯的河道清淤疏浚工作，对辽中区等7个区县（市）68条村屯河道进行清淤疏浚，保障河道过水通畅。水生态治理成效显著。辽河新增生态封育面积42.9万亩（2.86万公顷），辽河沈阳段生态廊道全线贯通，总面积101万亩（6.73万公顷）河道区域进入自然生态恢复阶段。实施法库县吉祥街道侵蚀沟综合治理工程，治理侵蚀沟38条，完成康平县苏家岗、三道沟生态清洁小流域治理两个项目建设。完成引辽入蒲工程建设，年度补水24280万立方米，确保17个省考以上断面达标。

【《2020年沈阳市河湖长制工作实施方案》】 3月24日，沈阳市河长制办公室下发。《方案》分为指导思想、工作目标、工作任务、责任分工、工作方法、考核评价六部分。《方案》以涉河湖重点工程、水功能区管理、辽河干支流生态封育、河湖管理范围划定为重点，持续推进整治“四乱”、未经许可设置的排污口和影响行洪安全、河势稳定、水环境水生态行为的河长制日常管理工作，全面改善河湖水生态环境。（程云泊）

十四、工　业

综　述

2020年，全市工业经济努力克服新冠肺炎疫情影响，确保工业经济运行稳步回升。

全市完成规模以上工业总产值增速由一季度下降25.3%，到上半年下降7.6%、三季度下降0.5%和全年增长2.7%，呈现稳步向好发展态势。规模以上工业增加值增长2.8%，增速与上年持平，高于全省平均水平（1.8%）1个百分点，与全国（2.8%）同步。

从各区县（市）完成产值占全市比重看，铁西区、大东区分别占34.6%和29.6%，浑南区、沈北新区分别占9.5%和9.4%，苏家屯区占5.5%，其他8个地区占比均不足5%。从增长情况看，铁西区、浑南区、新民市、于洪区、沈北新区、法库县、康平县、辽中区、皇姑区、和平区10个区县（市）产值实现增长，大东区、苏家屯区、沈河区3个区县产值呈负增长。

全市12个行业“六增六降”，其中，汽车及零部件业、农副产品加工业、建材业、电力热力燃气及水生产和供应业、钢铁及有色金属业、纺织业6个行业产值实现增长；机械装备制造业、医药制造业、石油化工业等6个行业生产仍下降。其中，电子信息、航空业、其他行业下降10%以上。汽车及零部件业持续增长，在全国汽车市场呈现稳中有进的态势下，第一大行业汽车及零部件业自下半年起逐步恢复生产，全年产值增长4.7%，增速高于全市平均水平2个百分点。机械装备制造业降幅收窄，年初受疫情影响，机械装备业2月是生产最低点，3月起降幅持续收窄，11月收窄至-1.4%，全年产值下降1.1%。农副产品加工业快速增长。农副产品加工业始终保持两位数增长，全年产值增长11.9%。石油化工业下降较大，因国际原油等大宗商品价格下降影响，石化行业产品价格持续走低，产值下降10%。医药制造业持续下滑，因疫情期间医院平诊减少及药房需求下降，医药企业生产受到影响，全年医药业下降4.9%。

沈阳中小企业大多规模小，创新能力低，自身素质差。缺乏创新意识和创新欲望。研发经费投入不足、企业创新意识不强，缺乏创新型人才。企业管理者文化素质参差不齐，企业内部管理不合理。随着城镇化不断发展，农民工数量逐渐减少，沈阳民营企业面临招不到可用之人，求职者找不到心仪岗位的尴尬局面，供需错位导致沈阳用工紧张。虽然政府出台多项政策引导金融机构加大中小企业贷款力度，中小企业贷款仍旧困难。沈阳市部分中小企业因无法从银行贷到款，而无法正常运转，还有相当多的企业背负着沉重的银行利息而面临破产。　（市工信局）

产业集群

【概况】　2020年，全市19个产业集群产值4396亿元，增长3.2%。扎实推进重点装备制造产业链建设，通过梳理6大重点装备制造领域中43户龙头企业的百余种核心产品配套情况，确定11个具有代表性的主导产业产品链条，制定11个重点装备领域制造产业链推进方案，建立市区两级重点装备制造产业链协同推进工作机制，形成“1+11”产业链建设工作机制，编制并印发《沈阳市重点装备制造产业链建设行动方案（2020—2025年）》；重点组织实施“五个一批”产业链建设项目，即加快建设一批投资亿元以上的在建重大项目；实施一批新产品产业化项目；解决一批“卡脖子”关键核心技术问题；策划储备一批产业链招商项目；查找一批产业链“断点”问题。

推动京沈对口合作向纵深阶段发展。为了加强两地部门、社会组织、企业、重大项目的沟通交流，9月23—25日，组织一系列活动，促进京沈两地经济协同发展。组织沈阳国际软件园、沈阳航空产业集团、欧盟开发区等12家产业园区相关负责人到北京易享集团、创E+、798艺术区、创业公社等园区进行考察学习。与北京市经信局举行局长级对话，商讨北京沈阳两市工信领域推进京沈合作事宜。与北京电子商会、中关村京企云梯科技创新联盟共同商讨通过社会组织搭建合作桥梁，促进两地企业合作交流事宜。与赴北京锻炼干部一同考察北京企业。

提升产业基础能力和产业链水平。在开展产业基础能力调研的基础上，对各区县有关产业链建设情况及产业链建设项目进行调度，并结合《沈阳市重点装备制造产业链建设行动方案（2020—2025年）》目标任务、发展方向等内容，起草形成《沈阳市进一步提升装备制造业产业基础能力和产业链水平的总体方案》，并推进实施。

【先进制造业集群决赛答辩】2020年，组织成立沈阳市机器人及智能制造协会，指导组建以中科院沈阳自动化研究所为核心，由新松机器人、东软集团研究院等7家核心理事单位发起，45家会员单位共同组成协会。开展全市机器人及智能制造产业相关的统计、服务等工作，助力培育先进制造业集群。9月17日，到工信部规划司汇报沈阳市机器人及智能制造产业集群建设情况。制定《参加国家级先进制造业产业集群决赛的工作方案》，组织召开市发改委等10余个部门协调会议，梳理产业支持政策及推动机器人及智能制造集群发展的亮点工作，确定《培育发展先进制造业集群实施方案》等参赛材料，上报工信部。12月18日，市委常委、副市长李松林，集群促进机构中科院沈阳自动化研究所副所长李硕分别从政府和促进机构角度向专家组汇报沈阳市培育机器人及智能制造业产业集群所做的工作及取得的成效，市大数据局、促进机构回答专家的提问。专家组长对答辩情况给予高度评价。　（市工信局）

两化融合

【概况】　2020年，全市围绕智能制造现状，推进两化融合评估和贯标试点工作，培育智能升级试点示范项目，持续推动制造业智能化转型升级。

国家、部、省的智能制造、工业互联网等项目申报。东软医疗系统有限公司、沈阳富创精密设备有限公司、沈阳新松机器人自动化股份有限公司获国家智能制造专项、智能制造解决方案供应商项目资金补助3200万元，全部拨付到位。组织推荐沈阳新松公司等4户企业的22个项目参与工信部“2020年智能制造系统解决方案供应商”公开投标。有21个项目获批省智能制造及智能服务试点示范项目。联合大数据局征集46个2020年工业互联网等工业化和信息化融合项目；向省工信厅推荐“5G+工业互联网”示范园区6个、示范工厂项目25个；申报2020年网络安全技术应用试点示范项目5个；联合大数据局和市财政局，向省工信厅推荐东软集团等14个企业项目申报省工信厅工业互联网创新发展项目资金，获5696万元资金支持，并拨付至市财政。

智能升级示范项目建设。围绕推进重点领域智能升级，建立动态项目培育库。截至年末，储备项目175个，覆盖9个区县（市）。落实智能升级示范项目政策，按照《沈阳市支持智能升级示范项目政策及管理实施细则》，2019年度评选通过15个智能升级示范项目，向企业拨付

7044万元。2020年度择优评选出5户智能工厂、12家数字化车间行业示范项目。

两化融合评估和贯标试点。持续开展两化融合评估工作，依托沈阳赛宝科技服务有限公司，累计完成对230余户企业的评估，企业数字化研发设计工具普及率和关键工序数控化率分别达到70.9%和56.4%。持续推进两化融合管理体系贯标试点工作，按照工信部《信息化和工业化深度融合专项行动计划（2013—2018年）》要求，沈阳世润重工有限公司等6户企业获批省级贯标试点。截至年末，两化融合贯标试点企业累计45户。

智能升级项目推进实施与培育。为做好2020年度智能升级项目的推进实施与培育，4月2日和8日，市工信局先后到华晨汽车集团、富创精密设备公司、沈阳航天三菱汽车发动机有限公司、东北制药集团、沈阳名华模塑科技有限公司等智能工厂、数字化车间示范项目，开展专题调研。7月23—24日，市工信局联合市大数据局，组织智能制造相关专家及专业技术服务机构，赴沈阳拓荆科技有限公司、沈阳芯源微电子设备有限公司等5户电子信息制造业企业的智能工厂、数字化车间建设项目实地开展技术对接与诊断服务，为企业项目的工艺流程、生产与质量管理、“互联网+”的协同制造等方面建设提供专业技术指导与咨询服务。8月18日和25—27日，市工信局邀请新松机器人公司胡建平等智能制造及信息化领域专家，组成2个专题调研组，分赴铁西、沈北、大东、浑南、于洪、苏家屯、新民7个地区，对辽沈工业集团、特变沈变公司等35户项目企业开展专题调研，提供专家诊断服务。

【位置服务与产业融合交流会议】 5月9日在中国移动辽宁有限公司举行。市工信局组织。沈阳新松机器人公司、沈阳三一重装有限公司等8户智能工厂、数字化车间重点项目企业参加会议，加快推进5G及位置服务在智能工厂、数字化车间管理、远程控制、自动驾驶等方面的应用及落地。（谢英慧）

【沈阳成为东北唯一拥有工业互联网综合型解析能力的城市】 5月14日，市大数据局和市工信局组织全市11个产业链25户重点企业在沈阳联通公司召开全市推进标识解析二级节点项目建设工作会议。沈阳联通公司配合市政府推进沈阳市二级节点建设工作，全力打造完整的工业互联网标识解析服务体系，为全市企业提供标识注册量800万个、QPS（每秒查询数）解析量100万的服务能力。7月24日，辽宁联通获得中国信通院批准，在沈阳建设工业互联网标识解析综合型二级节点，使沈阳市成为东北地区唯一拥有工业互联网综合型解析能力的城市。（张　睿）

【沈阳市机器人与智能制造协会成立】 5月22日，沈阳市机器人与智能制造协会成立大会暨第一届第一次会员大会在东北科技大市场举行。市政府党组成员、副市长苗治民等领导及中科院沈阳自动化研究所、新松公司等7家发起单位领导及56户相关行业的企业会员单位领导出席大会。新松公司总裁曲道奎当选为协会会长。（王皓然）

【电子信息制造业智能升级政策宣讲和服务推介会议】 5月28日举行。市工信局会同市大数据局组织。智能升级专家4人，中科院沈阳自动化研究所、沈阳鸿宇科技有限公司等智能制造服务机构6家，东软医疗公司、富创精密公司等17户骨干企业部门负责人参加会议，加快推动电子信息制造业智能制造发展，分行业、分层次推进智能升级项目的实施与行业示范项目的培育。

【汽车行业智能升级政策解读及项目服务对接交流会议】 7月13日举行。市工信局会同大东区汽车城在欧盟经济区委员会4楼多功能厅召开会议。会议邀请智能制造领域专家及华为技术有限公司、沈阳创新设计服务有限公司等7家智能制造服务机构，名华模塑公司、沈阳来金汽车零部件有限公司等20余户骨干企业项目负责人参加会议。

【装备制造业智能升级政策解读及项目服务对接交流会议】 8月14日举行。市工信局会同铁西区工信局组织召开。会议邀请智能制造领域专家及新松机器人公司等17家智能制造专业服务机构参加，为特变沈变公司、远大集团等40余户骨干企业详解政策核心内容、评审流程及专业技术要点，现场开展服务对接交流。

（谢英慧）

【沈阳联通完成工业互联网大会重保任务】 10月18日，全球工业互联网大会在沈阳召开，中国联通有限公司沈阳分公司应组委会要求全程实施网络重保。为了确保良好的5G体验，公司对大会主会场新世纪博览馆的5G网络进行部署，对分会场友谊宾馆、索菲特酒店5G网络进行升级。历时两天的重保期间，公司投入重保巡检车辆65台次，现场测试65人次，参与重保人员230人，光缆巡线人员150人次，巡线1648千米，巡检机房72次，确保大会整体网络畅通。（张　睿）

【智能仓储系统项目对接会议】 12月22日由市工信局召开，特变电工沈变公司等10户工业企业和赛轮集团股份有限公司等4家智能仓储领域优秀服务商派出30余人参加会议。通过开展精准的对接交流服务，为需求企业提供有针对性的专业技术指导，帮助企业加快实施智能化改造。

（谢英慧）

【沈阳联通服务宝马5G+工业互联网】 2019年初，基于5G大带宽的特性，中国联通沈阳分公司在宝马铁西工厂区实施基于5G宏站下的车辆数据的实时回传，解决原始通过手工携带硬盘拷取车辆实时数据的繁琐流程。2020年，规划视觉识别，车辆数据实时回传，AGV（装备有电磁或光学等自动导航装置，能够沿规定的导航路径行驶，具有安全保护以及各种移载功能的运输车）项目，无线视频监控，远程数据读写等8个5G工业应用场景。中国联通沈阳分公司携手华为公司X-LAB实验室，针对华晨宝马汽车有限公司生产线基于5G+MEC的工业组网环境顺利搭建完成，8个5G应用场景全部通过测试，为后续业务商用奠定基础。

（张　睿）

▶12月22日，市工信局在21世纪大厦召开智能仓储系统项目对接会议　（市工信局供）

军民融合

【概况】 2020年，全市以建设国防装备制造基地、国防科研基地、面向北部战区的军队后勤保障社会化基地为主要目标，初步建立军民融合工作协调、军地需求对接和军地资源共享共用“三个机制”，并在省军民融合发展绩效考核、军队资产遗留问题处理以及北部五省高新技术成果展承办、国家首批民用无人驾驶航空试验区申报等方面取得突出成绩。军民融合企业数、总产值等各项指标增长率持续保持全省领先，全市军民融合发展呈现整体推进、加速发展的良好局面。

军民融合发展统筹部署。3月30日，市委书记、市委军民融合发展委员会主任张雷主持召开市委军民融合发展委员会第三次会议，审议通过《中共沈阳市委军民融合发展委员会2019年工作总结》《中共沈阳市委军民融合发展委员会2020年工作要点》《中共沈阳市委军民融合发展委员会工作规则》《中共沈阳市委军民融合发展委员会办公室工作细则》。市委军民融合办年度重点工作和重点项目清单获省委军民融合办高度认可，并在全省推广。

“三个机制”建设。围绕军民融合工作协调、军地需求对接和军地资源共享共用“三个机制”建设不断开拓创新。出台《沈阳市军民融合工作指导手册》和《沈阳市军民融合发展工作协调机制（试行）》，并创新考核方式，首次将军民融合考核指标纳入全市绩效考核体系，进一步加强对区县和成员单位的指导和协调力度。制定《沈阳市军地需求对接机制》，有效加强军地需求对接。依托沈阳市科技条件平台网，畅通军民科技融合渠道，推动沈阳市军工领域大型实验设备共享共用。

军民融合重点园区和项目建设。中航沈飞股份有限公司局部搬迁项目获国家国防科工局前期工作正式批复函；燃气轮机自主创新研发的AGT-110重型燃气轮机总装下线，标志国家“三轻一重”燃气轮机创新发展示范项目研制取得重大突破。创新提出将沈阳市军民融合产业园规划为“一基地、两园区、三个‘孵化器’”，孵化器建设在全省先行先试。

军民融合多领域开展。不断推进网信军民融合，与沈阳警备区联合开展网络安全进军营活动。继续推进国防教育，常态化组织全市学生到九一八历史博物馆、二战盟军战俘营旧址陈列馆等爱国主义教育基地开展主题教育活动。持续开展军民融合高层次人才奖励工作，初步确定3名退役军人为2020年沈阳市军民融合高层次人才奖励资助对象。基础设施建设取得新成果，充分发挥军地协调对接作用，推进5G基站向部队所辖医院布局，协调北部战区空军保障部所辖463医院、沈阳联勤保障中心所辖陆军总院、解放军第二〇二医院、沈阳沈联门诊部5G基站进场建设；推进科技协同创新，对2020年度省重点研发计划科技军民融合项目进行调研和组织申报。

【北部五省（区）高新技术成果联展暨辽宁第二届高新技术成果展】 9月18—20日在辽宁工业展览馆举办。中央融办、国防科工局、中央军委有关部门、七大军工集团总部及五省（区）融办等500余名领导和嘉宾参会。170户高新企业1000余项技术成果参展，达成合作170项，现场签约53项。沈阳市参展企业数量、产业领域及项目签约数量位列全省第一。

【首批军队移交资产遗留问题办结】 2020年，贯彻落实习近平总书记有关指示要求，充分发挥统筹协调作用，推进各责任部门和区县（市）围绕难点问题谋创新、出实招。截至12月27日，全市首批遗留问题全部办结，办结率100%。有关工作获得省领导肯定性批示。

【国家首批民用无人驾驶航空试验区申报成功】 2020年，市委军民融合办牵头组织11个市直部门和法库县开展无人机试验区申报工作，主动协调国家民航局、民航东北地区管理局和省委军民融合办，争取大力指导和支持。在历经初审、专家评审、答辩等环节后，从全国50余个申报城市中脱颖而出，成为全国13个获批的城市之一，也是东北地区唯一申报成功的城市。

【军民融合产业建链补链】 2020年，围绕为重点军工企业培育和扩大本地配套战略供应商规模，开展本地化配套情况摸排和民企配套能力调查。组织十余次不同层次、不同规格的军地技术产品需求对接会和推介活动。组织本地民口企业参与国家军民融合公共服务平台和全军武器装备采购信息网注册，推动企业在全国范围内开展协同交流合作。注册企业数和增幅均位列全省第一。

（市军民融合办）

工业投资及重点项目

【概况】 制造业投资及重点项目。2020年，全市制造业投资完成270.2亿元，增长10.1%。其中，汽车产业是促进制造业投资稳步增长的核心动力，完成投资119.5亿元，增长13.1%，占制造业投资44.2%。从总量上看，铁西区、大东区、法库县分列前三名，完成投资量分别为92.1亿元、59.3亿元、31.2亿元。从增速上看，浑南区、大东区、于洪区、新民市、法库县、康平县6个地区高于全市平均增速；苏家屯区、辽中区小幅增长；皇姑区、铁西区、沈北新区3个地区下降。浑南区、大东区、于洪区位列前三名，增速分别为91.4%、66.1%、56%。

重大项目情况。2020年，全市投资亿元以上制造业项目351个，计划总投资1535.7亿元。其中，铁西区、浑南区、大东区、沈北新区4个地区项目在数量和投资额均占较大比重，项目总计204个，计划总投资1274.7亿元，分别占全市的58.1%和83%；辽中区、新民市、法库县、康平县4个县域地区项目117个，计划总投资218.4亿元，分别占全部市的33.3%和14.2%。

【获评“稳增长和专项升级成效明显市”】 根据《工业和信息化部办公厅关于组织申报2019年工业稳增长和转型升级成效明显市（州）的通知》要求，市工信局组织编写申报材料，开展申报工作，经省工信厅推荐、工信部组织评审，2020年3月沈阳市被工信部评为“2019年度工业稳增长和转型升级成效明显市（州）”，受到国务院通报表扬。全国有10个城市入选，沈阳成为东北地区唯一入选城市。

【109个重大技术改造项目完成投资113.8亿元】 2020年，为加大工业固定资产投资力度，增加有效投资，全市组织实施亿元以上重大工业技术改造项目109个，计划总投资670.9亿元，当年

累计完成投资113.8亿元，开复工率100%。其中，铁西区、大东区项目总投资额为319亿元和167.3亿元，占全市比重为47.5%和24.9%，其他各地区占比不足10%；铁西区、浑南区、沈北新区、法库县、苏家屯区项目数分别为28个、17个、15个、12个、12个，占比均超过10%。

（宋　健）

机械装备制造业

【概况】 2020年，全市机械装备制造业持续推进产业结构优化和创新发展，保持逐步回稳向好的发展态势。全市机械装备制造业拥有规模以上工业企业534户，工业总产值902.7亿元，下降1.1%，占全市工业比重16.8%；工业增加值216.2亿元，下降1.3%，占全市工业比重15.2%；营业收入903亿元，下降0.8%；利税总额66.6亿元，增长295.3%；利润总额46.2亿元，扭亏转盈。

推进高端装备研制，助力国家重点工程。沈阳鼓风机集团股份有限公司研制试车成功国产最大130万吨/年乙烯装置裂解气压缩机组。特变电工沈阳变压器集团有限公司研制的14台±800千伏换流变压器和24台桥臂电抗器投运。中国科学院沈阳自动化研究所主持研制的中国首台作业型全海深自主遥控潜水器“海斗一号”，在马里亚纳海沟完成首次万米海试与试验性应用任务。推进重点项目建设，促进产业转型升级。重点推进沈阳新松机器人智能科技开发有限公司沈阳新松机器人未来城、沈阳东博热工科技有限公司智能型真空熔炼及真空热处理成套装备技术等省高质量发展项目。推进三一重型装备有限公司基于油气悬挂技术的智能电动矿用宽体自卸车研发及配套数字化车间建设、沈阳远大压缩机有限公司高端氢气天然气压缩机装置智能制造基地、沈阳钛山装备零部件有限公司高端钛合金零部件智能制造数字化工厂等全市重点项目。

加快落实支持政策，推进企业高质量发展。沈阳拓荆科技有限公司等10户企业44个项目，获国家首台（套）重大技术装备保险补偿项目资金支持7688万元，项目数量居全国各城市第三名，副省级城市第一名。沈阳精锐数控机床有限公司等24户企业38个项目，获2020年辽宁省首台（套）重大技术装备保险补贴项目资金支持3430.2万元，项目数量居全省首位。沈阳透平机械股份有限公司等17户企业19个项目，获2020年市级首台（套）重大技术装备补助项目资金支持4615.39万元。沈阳机床股份有限公司“HTM系列卧式铣车（车铣）复合加工中心”和沈阳中科数控技术股份有限公司“基于国产CPU的高档数控系统和关键功能部件在七轴车铣复合加工中心的示范应用”2个项目，获“高档数控机床与基础制造装备”科技重大专项（04专项）资金支持883万元。沈阳铸造所等4户企业6个项目，获2020年度04专项地方配套资金支持1619万元。

【北方重工集团T12主动式多功能履带铲运机试车成功】 3月1日，由北方重工集团有限公司自主设计研发的国内首台T12主动式多功能履带铲运机，在工况条件下试车成功。T12多功能主动式履带铲运机可实现一次完成铲土、运输、推平、整理等施工作业，较传统的用挖掘机铲挖、装载车运输、推土机协同作业的施工方式，具有施工效率高、费用低等显著优势。此装备此前从欧美国家高价进口，北方重工集团自主设计研发成功后，彻底打破国外垄断，填补国家工程机械领域的空白。

【北方重工集团全断面半煤岩掘进机成功投运】 5月15日，北方重工集团有限公司研制生产的全断面半煤岩掘进机“新煤1号”，在新汶矿业集团翟镇煤矿下井投入运行。北方重工集团设计研发的该型掘进机，掘进能力达5.4米/小时，工作效率达到传统工法施工的20倍。

【中科院自动化所作业型全海深自主遥控潜水器万米海试成功】 6月，中国科学院沈阳自动化研究所主持研制的中国首台作业型全海深自主遥控潜水器“海斗一号”，在马里亚纳海沟成功完成首次万米海试与试验性应用任务。“海斗一号”在国内首次利用全海深高精度声学定位技术和机载多传感器信息融合方法，获取完整的全海深剖面与深渊海底的温盐深、深度剖面洋流变化等宝贵数据，填补中国万米作业型无人潜水器的空白，标志中国无人潜水器技术跨入可覆盖全海深探测与作业的新时代。

【沈鼓集团130万吨乙烯装置裂解气压缩机组试车成功】 7月9日，沈阳鼓风机集团股份有限公司研制、改造、安装的国产最大130万吨/年乙烯装置裂解气压缩机组，在中沙（天津）石化改造项目中氮气试车一次性成功。130万吨/年乙烯装置用裂解气压缩机组是沈鼓集团制造且运转的最大机组，是整机功率最高的裂解气压缩机组。此次机组改造试车成功标志沈鼓集团在百万吨级乙烯压缩机组的研制、改造、安装上处于世界领先地位。

（刘易林　常淇）

【GMC45620u入选辽宁首台（套）重大技术装备认定名单】 9月10日，省工信厅公示2020年度辽宁省首台（套）重大技术装备名单，沈阳机床集团中捷机床有限公司GMC45620u龙门移动式五轴联动加工中心入选。GMC45620u龙门移动式五轴联动加工中心通过省级新产品鉴定，是沈阳机床集团自主研发的面向轨道交通领域的高端五轴联动加工中心，主要用于高铁车厢侧墙、边梁、底架等大型结构件的深加工。

▶沈阳机床集团GMC45620u龙门移动式五轴联动加工中心入选辽宁首台（套）重大技术装备认定名单　　（沈阳机床集团供）

【协办省职工技能数控车工组大赛】 9月10日，2020年辽宁省职工技能大赛数控车工比赛在通用技术集团沈阳机床数控机床产业园区举行。辽宁职工技能大赛由省总工会、省人力资源和社会保障厅主办，经过初赛，11个市33名选手进入决赛。沈阳机床集团成立赛场组织组、接待服务组、后勤保障组、医疗保障组、设备维护组等10个工作组100余名工作人员确保比赛成功举行。沈阳机床集团职工贺亮、钟晓龙、梁志增代表沈阳市参加决赛并获前3名。

【肖亚庆到沈阳机床宣讲十九届五中全会精神】 11月15日，中央宣讲团成员、工信部党组书记、部长肖亚庆深入沈阳机床集团车间现场，与工人代表、劳模代表、技术代表现场交流，面对面宣讲党的十九届五中全会精神。肖亚庆就“发展实体经济的重点工作”“提升产业链供应链现代化水平”“如何把握新发展格局的前沿方向”等大家关心的问题进行详细阐释，并勉励大家说，做新时代制造业工人、制造业工匠、制造业工程技术人员是非常光荣的，要站得更高看世界，用智慧和实干创造出更多新技术、新产品，在构建新发展格局中体现沈阳机床集团的担当，体现产业工人的担当，为国家构建新发展格局做出更大贡献。

（张英凯）

【“嘉克·通用技术杯”国际焊接大赛】 12月15—18日在中国通用技术集团沈阳机床集团举行。大事是“2020一带一路暨金砖国家技能发展与技术创新大赛”中的一项最重要赛事，由通用技术集团、中国发明协会、教育部中外人文交流中心联合主办，是中国举办规模最大的国际焊接大赛，有中国、蒙古、喀麦隆、保加利亚等国家39支队伍、300余名选手参赛。大赛最终决出5项团体奖、48项个人单项奖。沈阳机床集团获大赛突出贡献奖，沈阳机床集团气焊工胡南获氧—乙炔气焊项目一等奖第三名。

【沈鼓集团110万吨乙烯三机试车成功】 12月22日，由沈阳鼓风机集团股份有限公司打造的110万吨/年乙烯装置用压缩机三机组，在中韩石化110万吨/年乙烯脱瓶颈改造项目中投料试车一次性成功。中韩石化改造项目是中国石化“十三五”时期重点工程，通过改造升级，将乙烯装置产能由80万吨/年提升至110万吨/年。

【特变沈变集团±800千伏特高压干式直流套管研制成功】 12月，由特变电工沈阳变压器集团有限公司自主研制的±800千伏特高压干式直流套管，在中国首条清洁能源外送工程，青海—河南特高压直流输电工程进行应用，通过全部试验并成功挂网运行。2020年，国家能源局将“特高压交直流套管”列入科技创新重点攻关和产业化推进示范项目。±800千伏特高压干式直流套管研制成功，打破国外技术垄断，有效解决高压直流套管制约中国直流输电发展的瓶颈问题。

（刘易林　常淇）

【沈阳优尼斯公司VMCQ系列立式加产品问世】 2020年，沈阳优尼斯智能装备有限公司推出VMCQ系列立式加工中心产品，主要针对加工板类、盘类件、壳体件、模具等精度高、工序多、形状复杂的零件，可在一次装夹中连续完成铣、钻、扩、铰、镗、攻丝及二维三维曲面，斜面的精确加工，加工实现程序化。VMCQ系列产品相对之前产品技术更加纯熟，刚性和可靠性均有大幅提升。（优装备）

汽车制造业

【概况】 2020年，全市汽车制造业拥有规模以上汽车企业154户，整车生产企业5户（华晨宝马汽车有限公司、上海通用北盛汽车有限公司、华晨雷诺金杯汽车有限公司、华晨汽车集团控股有限公司、华晨金杯汽车有限公司），汽车零部件企业336户，主要有采埃孚伦福德汽车系统（沈阳）有限公司、德科斯米尔（沈阳）汽车配件有限公司、沈阳航天三菱汽车发动机制造公司，本特勒汽车系统（沈阳）有限公司、卡斯马汽车系统（上海）有限公司沈阳分公司等全球顶级汽车零部件企业。汽车产业产值2554.8亿元，逆势增长4.7%，占全市工业总产值比重为47.7%，工业增加值660.4亿元，占比46.5%。整车产销量分别为73.9万辆和74万辆。

龙头企业带动作用显著。华晨宝马公司是汽车产业的领军企业，也是宝马集团在全球最大的生产基地，全年华晨宝马公司产值1873亿元，增长11%，占汽车产业总产值的73%。

配套体系逐步完善。在华晨宝马公司和上通北盛公司等知名品牌的引领下，全市形成汽车动力总成、汽车底盘、汽车车身及附件、汽车电子电器设备、其他类五大类零部件配套体系，其中，汽车发动机、底盘类零部件、内外饰配套能力处于国内领先水平。

重大项目扎实推进。华晨宝马公司铁西新工厂、大东新工厂二期以及研发中心二期扩建项目主体封顶，iX3纯电动车投产并面向全球市场销售，华晨宝马公司动力电池中心二期扩建完成，华晨宝马公司新工厂项目建设顺利推进。上通北盛公司创酷SUV出口乌兹别克斯坦，新一代别克、雪佛兰紧凑型车及其变型车项目、北厂精益管理项目推进。恒大新能源汽车（辽宁）有限公司整车、轮毂电机、新能源电池项目全面开复工建设。2月27日，华晨宝马公司第300万辆国产宝马汽车在沈阳新大东工厂成功下线。11月11日，华晨宝马公司首款纯电动车型iX3装船发运，面向全球39个国家和地区出口，以欧洲市场为主。12月11日，上汽通用北盛公司雪佛兰新一代创酷装车发运，出口“一带一路”国家乌兹别克斯坦，首批出口290余台。（市工信局）

【金杯汽车公司非公开发行股票】 1月17日，金杯汽车股份有限公司收到中国证监会核准批文，6月4日完成股份登记，发行2.19亿股，募集资金净额6.53亿元，募集资金扣除发行费用后全部用于补充流动资金及偿还公司债券，使公司营运资金得到补充。

（都兴鑫）

【华晨宝马动力电池中心二期正式建成投产】 9月14日，工程建成投产。投资6.74亿元，新增建筑面积12533 平方米。中心生产的新一代动力电池将率先搭载在华晨宝马公司首款纯电动汽车BMWiX3上。此次工程将宝马集团在中国的动力电池产能提高超过一倍。（市工信局）

航空航天制造业

【概况】 沈阳航空航天制造业拥有沈飞公司、黎明公司、沈飞民机公司、中国航发燃机公司、沈阳飞机设计研究所（601所）、中国航发沈阳发动机研究所（606所）、航空工业空气动力研究院（626所）等一批重要航空制造企业和科研院所，直接从事航空产业人员4万余人，高级科技人员4000余人。全市规模以上企业20户，主要产品为民用飞机机身大部件、国产燃气轮机、2—4座级通航整机。2020年，全市航空产业全口径产值450亿元，增长7%；受疫情影响，民用航空规模以上产值19.2亿元，下降4%。

沈阳市与意大利泰克南公司建立战略合作伙伴关系，收购泰克南P2006T、泰克南P2008JC、泰克南P2010三款飞机生产线，获在中国（含港澳台地区）的生产制造、销售及售后服务授权，具备泰克南P2006T和泰克南P2010两款飞机量产能力，成为中国为数不多具备单双发通航整机制造能力的城市。依托辽宁通航研究院的研发能力及技术优势，锐翔RX1E和锐翔RX1E-A两款飞机实现量产，成为中国唯一具备新能源电动飞机量产能力的城市。11月13日，工信部产业发展促进中心、中国和平利用军工技术协会和中国机床工具工业协会在沈阳航空制造公司举办数控机床专项成果与航空领域对接会。工信部、科技部、国防科工局、中国工程院、辽宁省工信厅等相关部门领导，数控机床专项专家，以及机床、用户领域企业代表参加会议，并实地考察沈阳航空制造公司实施的国产高档数控机床在航空结构件制造领域综合示范应用基地。该项目示范应用57台国产高档数控机床，其中五轴机床39台，组建自动化生产线9条，实现机床、数控系统、工业控制软件、刀具100%国产化，完成300余类2000余件典型零件的加工，其加工能力可以覆盖90%以上的飞机结构件，示范应用基地成为国家数控机床专项实施十年最具标志性的成果。12月，中国航发燃气轮机有限公司研制的具有完全自主知识产权的AGT-110重型燃机在沈完成总装下线。

【获批首批民用无人驾驶航空试验基地（试验区）】 10月21日，国家民航局公布首批民用无人驾驶航空试验基地（试验区）名单，沈阳等13个城市获批首批民用无人驾驶航空试验基地（试验区），标志沈阳市在促进无人驾驶航空行业管理与社会管理深度融合方面率先开始先行先试，并有序开展中国民用无人驾驶航空试点示范工作。（市工信局）

【航空工业沈飞入选“新基建”国家级示范项目】 在工信部公布2020年大数据产业发展试点示范项目名单上，航空工业沈飞公司“工业大数据应用平台”项目入选。至2020年，沈飞公司建立完整的执行层信息化管理体系，全面上线车间制造执行系统，结合全新的智能制造技术，将传统的MES（制造执行系统）系统拓展成涵盖生产运营各个领域的综合智能管理平台。公司经营水平和工作效率大幅提升。公司MES应用实践获2019年度中国智能生产杰出应用奖。

（航空工业沈飞）

石化工业

【概况】 2020年，沈阳石化工业有规模以上企业114户。代表性企业有沈阳化工集团、米其林沈阳轮胎有限公司、普利司通（沈阳）轮胎有限公司、赛轮（沈阳）轮胎有限公司、沈阳科创化学品有限公司、沈阳三聚凯特催化剂有限公司等，主导产品包括PVC糊树脂、聚乙烯、丙烯酸酯、轮胎及橡胶制品、催化剂、农药等。2020年，全市石化工业工业总产值216亿元，下降10%，占全市规模以上工业比重4%；增加值41.5亿元，下降2.2%。

重点监控的6户企业产值146.6亿元，下降5.9%。沈化集团产值56.9亿元，下降17%；米其林公司产值47.1亿元，增长7%；赛轮公司产值14.8亿元，下降5.8%；普利司通公司产值6.8亿元，下降22.4%；科创公司产值17亿元，增长25%；三聚凯特公司产值4亿元，下降23%。重点企业占行业的67.9%。原油加工能力140万吨/年，实际原油加工量49万吨，下降41%；PVC糊树脂生产能力20万吨/年，实际产量20.3万吨，增长1.4%；烧碱生产能力20万吨/年，实际产量20.8万吨，增长1.5%；聚乙烯生产能力10万吨/年，实际产量6.9万吨，下降42.6%；系列丙烯酸酯生产能力13万吨/年，实际产量8.4万吨，下降30%；轮胎外胎产能1600万条/年，实际产量1301万条，增长13.3%；农药原药产量8075吨，与上年持平；农药制剂产量10651吨，下降1%；催化剂产量1.18万吨，下降19%。同年，贯彻落实《国务院办公厅关于推进城镇人口密集区危险化学品生产企业搬迁改造的指导意见》精神，推进沈阳炼焦煤气有限公司、沈阳奥麦奇化学有限公司、沈阳美狮化工有限公司等29户危化品生产企业就地改造达标、搬迁入园或关闭退出。米其林新增600万条高性能子午线轮胎项目土建工程全部完成，并进行设备安装调试。全年项目投资3.7亿元。

【赛轮轮胎年产330万套高性能智能化全钢载重子午线轮胎项目】 4月项目开工建设，11月18日正式投产。总投资20亿元，占地面积13万平方米，建设包括智能炼胶、材料工程、成型、硫化、检测和立体库等车间。项目全面接入“橡链云”工业互联网平台，对生产全过程、设备运行情况和原材料采购、海陆运输过程及经销商、零售终端、每条轮胎的使用情况实现实时监控。

（王　鹏）

冶金工业

【概况】 2020年，沈阳冶金工业以有色金属和黑色金属深加工、金属新材料为主导，以民营经济为主体，以深加工和精加工为特色，以服务装备制造业为主。全市规模以上冶金企业57户，从业人员约6000人，完成规模以上工业总产值76.7亿元，增长8.2%；工业增加值9.6亿元，增长5.1%。出台首批次新材料应用补助专项，列入《沈阳市工业发展专项管理细则》。按照政策要求，2020年组织专业技术、财务审计机构对申报企业进行第三方评审，安排补助资金约280万元。

重点企业运行。沈阳中钛装备制造有限公司抓住“军转民、民参军、军民合作”三条主线，推动军民共用新材料产品和技术双向转化，实现产值6亿元，增长33%；沈阳中科三耐新材料股份有限公司加快开发新产品，发展军民共用新材料，实现良性互动，推进叶片技术向民用燃机领域拓展，实现产值1亿元，增长31%；中铝沈阳有色金属加工有限公司在“国内循环”为主、“国际循环”促进的发展理念下，产能进一步得到释放，实现产值5.6亿元，增长21%；沈阳东创贵金属材料有限公司克服新冠肺炎疫情影响，下游用户国外订单逐步恢复，主要产品贵金属靶材成交价格上涨，实现产值5.5亿元，增长21%；沈阳铸造研究所有限公司开发优质铸件产品，实现产值5.5亿元，增长21%。

重大项目建设。总投资130亿元的正威国际稀谷项目，一期完成基建施工，材料科学研究中心实现主体封顶；总投资2亿元的沈阳和世泰通用钛业有限公司钛合金精加工中心项目，新建一座钛合金精加工数字化车间，10月竣工投产；中科三耐公司单晶叶片生产项目基本完成基础设施、电力配套建设和主要设备采购；中钛装备公司高性能钛合金精加工项目完成钢结构施工。由沈阳铸造研究所研制的氢泵壳体、级间壳体等7种优质钛合金铸件成功应用于“长征五号”遥五运载火箭氢氧发动机。

【建设“部企联合实验室”洽谈会】 8月，沈阳材料科学国家研究中心与沈阳中钛装备有限公司举行建设“部企联合实验室”洽谈会。实验室围绕重大装备制造需求，以钛及钛合金产品、工艺、可靠性为研究方向，重点开展钛合金材料及零部件生产工艺、性能评价、可靠性分析等研究，打造研发、中试、检测、技术示范综合平台。双方6人参加会议。

（张唯川）

医药制造业

【概况】 2020年，沈阳医药制造业由化药、生物药、中药3个子行业以及12种主要剂型、近3000个品种组成。拥有规模以上企业41户，代表性企业有东北制药集团股份有限公司、沈阳三生制药有限责任公司、辽宁成大生物股份有限公司等。工业总产值188.7亿元，下降4.9%；主营业务收入175亿元，下降3.9%；利税43.2亿元，增长3.7%；利润33.1亿元，增长2.5%。东软健康医疗国际产业园项目，智能化医学影像设备研制平台（二期）项目主体封顶，正进行外部装修；产业链协同制造板块和智能养老护理板块175亩（11.67公顷）土地摘牌，正进行规划设计。三生制药北方生物医药科技园项目，一期3幢主要建筑中联合生产楼、研发办公楼、展示中心正进行外部施工。二期项目4月底摘地157亩（10.47公顷），进行规划设计。东药集团维生素C智能化绿色国际工厂建设工程项目，4月投产，产量达到设计产能80%。

【《沈阳市生物医药及医疗器械产业发展“十四五”规划》】 5月，在对《沈阳市工业经济发展“十三五”规划》中医药产业发展情况总结评估的基础上编制。《规划》回顾医药产业“十三五”发展情况，分析国内外发展趋势和环境，提出产业“十四五”发展总体思路和目标，确定“十四五”期间发展重点、主要任务、空间布局和重点项目，并制定相应保障措施。

（秦小溪）

建材工业

【**概况**】 沈阳建材行业主要由水泥、陶瓷、新型墙体材料3个大行业等组成。骨干企业有沈阳冀东水泥有限公司、沈阳山水工源水泥有限公司、亚泰集团沈阳建材有限公司、洛斐尔建材（沈阳）集团有限公司、沈阳顺风实业集团有限公司、辽宁利盟高科新材料有限公司等。2020年，受新冠肺炎疫情影响宏观经济不景气和市场需求不足，建材工业整体增速放缓，固定资产投资下滑，企业经营压力较大，市场竞争较为激烈。全市规模以上建材企业124户，工业总产值173.4亿元，上升7.1%，占全市比重3.2%；工业增加值44.3亿元，增长8.9%，占全市比重为3.1%。

重点企业运行。2020年，强化运行监测分析，推进复工复产。沈阳大唐陶瓷有限公司完成产值6.3亿元，增长6%；沈阳鸿业玻璃容器有限公司完成产值6.8亿元，增长1%；沈阳冀东水泥有限公司完成产值2.66亿元，增长6.5%。

重大项目建设。沈阳新晟和陶业有限公司景观陶瓷制品制造项目占地面积90亩（6公顷）。全资收购沈阳合佳乐陶瓷有限公司主要建设陶瓷制品、产品、包装物制造的生产线2条，库房、员工宿舍及办公楼等，8月8日点火试生产。沈阳科勒卫浴有限公司陶瓷卫浴自动化生产线扩建项目，购置陶瓷卫浴自动化生产线，包括原料及泥浆制备自动化生产线、模具开发及制造生产线、坯体成型及高压成型自动化生产线等。第三条隧道窑8月正式点火试生产。

【**辽宁省功能材料产业校企联盟第四届研讨会**】 11月20日在辽宁新材料创新中心召开。大会由联盟常务理事、辽宁省轻工科学研究院院长许壮志和联盟秘书长教授王占杰共同主持。会议分为产业推介、行业创新发展、技术创新、产学研对接交流4个部分。辽宁法库经济开发区、沈阳皇姑区政府的代表分别介绍当地在新材料创新发展方面取得的成果和促进产业发展的相关政策。中信钛业股份有限公司代表介绍高纯二氧化钛的产业化及应用前景。沈阳理工大学教授魏莉等7名专家以及部分企业的代表介绍技术创新方面的成果。与会高校的专家学者与企业的科技人员开展产学研对接交流活动。省内13所高校和研究所的教授和学者、17户企业的技术和管理人员80余名代表参加此次会议。

（杜　军）

纺织工业

【**概况**】 2020年，全市纺织行业拥有规模以上工业企业19户，占全市规模以上工业企业数量的1.2%，其中，康平县、大东区、于洪区、辽中区各3户，苏家屯区、浑南区、铁西区各2户，沈北新区1户。完成工业总产值10.7亿元，增长15.2%，占全市比重0.2%。沈阳新区弘曲棉纺织有限公司为东北最大的缝纫线生产基地，公司年产能10万枚纱锭、30万枚纺锭、3.6万吨缝纫线，有员工700余人，全年完成产值1.26亿元，下降20%。沈阳市新天地制衣有限公司是东北地区最早的专业从事工装生产的服装企业，全年完成产值9108万元，增长49.1%。产业集群化发展逐步显现，纺织服装业集聚的重点地区主要在沈河区、于洪区和康平县。其中：沈河区是“中国服装商贸名城”，也是“中国服装定制产业基地”，于洪区有沙岭女裤产业集群入驻企业158户，康平县有塑编及纺织产业集群入驻企业97户，从业人员7546人，全年完成产值14.9亿元。

【**沈阳纺织服装企业转产口罩及防护服**】 年初，全国各地口罩供应十分紧缺，沈阳本地没有1户生产口罩和防护服企业。市工信局通过沟通行业协会商会，调研走访生产企业，帮扶推进投产一批、整合重组扩产一批、技术改造转产一批，仅用一个月时间实现医用口罩及防护服产能从无到有和批量生产。截至年末，全市有口罩生产企业31户，累计生产口罩3.2亿片。医用防护服企业9户，累计产量243万件。

（孟　静）

十五、建筑业

综　述

2020年，全市进一步突出建筑业支柱产业的地位，建筑业企业完成建筑业总产值1567.8亿元，增加8.3%。做好建筑业“放管服”工作，不断优化审批流程，减少企业负担，简化审批事项，实行全程网上办理，打造建筑领域良好营商环境。

大力推动建筑产业转型升级。持续推进建筑业企业结构性改革，支持有条件企业拓展装配式业务，鼓励钢结构、建筑幕墙等优势专业企业向“专、精、特、新”发展。探索工程总承包和全过程工程咨询。通过总结企业实践经验，深入企业调研座谈，开展培育试点企业工作。大力发展装配式建筑，推进现代建筑产业发展。

有效制定落实惠企政策措施。下发《关于促进沈阳市建筑业持续健康发展的意见》，进一步推进建筑业健康发展。鼓励外埠企业本地化经营，为央企和外埠优势企业在沈注册的子公司颁发二级资质证书。落实本地企业资质扶持政策，帮助本地企业申报提升资质层次，帮扶企业做大做强，良性发展。鼓励本地企业“走出去”，为诚实守信企业赴外地施工提供支持帮助。落实项目补贴政策，装配式住宅项目享受“备案价上浮一定比例”的政策，对通过评审考核的项目落实财政奖励补贴政策。

强化建筑业企业资质动态监管。加强建筑施工、工程监理、造价咨询企业资质动态监管核查工作，按照《建筑业企业资质管理规定》有关工作要求，开展建筑企业资质动态监管工作，推进筑业企业规范建经营活动。

发挥建筑业行业协会作用。支持建筑业、装饰装修、工程监理等行业协会发挥规范建筑业企业行为、强化行业自律等职能作用，发挥协会在政府和企业之间的桥梁纽带作用，倡导企业建设优质工程，提升评先创优动力。

全面落实安全生产责任制。深入开展建筑业领域安全生产专项整治三年行动，对建筑施工安全生产进行专项整治，全面治理安全生产隐患。依托“沈阳市安全生产综合信息平台”，对项目安全风险进行辨识评估，建立安全风险数据库，绘制“红橙黄蓝”四色安全风险空间分布图，形成安全风险评估报告。同时，加强安全度汛、应急演练等工作，不断提升管理水平。防汛期间，对全市深基坑建立“户口簿”式管理台账，实现“一坑一策”，对重点监管对象组织专家评估检查、加强值班值守，并强化周边巡视，保障沈阳市建筑施工现场安全度汛。　（吕　刚）

勘察设计

【概况】 截至年末，全市有勘察设计企业380户，施工图审查机构7家，工程设计企业所具有的资质标准分为综合资质、行业资质、专业资质、专项资质四个序列，涵盖21个行业的相应设计类型。其中工程设计综合资质只设甲级；工程设计行业资质和工程设计专业资质设甲、乙两个级别；建筑、市政公用、水利、电力（限送变电）、农林和公路行业设立工程设计丙级资质，建筑工程设计专业资质设丁级。全市范围内具有甲级企业151户，乙级企业172户，其他类型企业57户。沈阳市勘察设计协会有会员单位172家，其中理事单位92家。沈阳市的7家施工图审查机构完成施工图审查902项，总建筑面积2801.15万平方米；居住与公建项目395项，工业项目203项，市政项目304项。联合市财政局完成对施工图技术审查政府购买服务的价格认定工作，并报送市政府审定，按此价格标准执行。

【建筑师负责制试点项目】 6月，印发《沈阳市推进建筑师负责制试点工作管理暂行办法》。适用范围为沈阳经济技术开发区、辉山经济技术开发区、浑南高新技术产业开发区、沈阳欧盟经济开发区、沈阳雪松经济开发区五个开发区内的带方案出让的工业项目、社会投资小型工业建筑项目、小型仓储建筑项目以及自用小型民用建筑项目。以自愿为原则，实行建筑师负责制的试点项目，施工许可审批前可不进行勘察设计施工图文件技术性审查，转为事中事后监管，缩短工程建设审批所需时间，配合完成“拿地即开工”。 （胡宗毅）

【“三调”项目监理】 2020年，沈阳市国家、省市、县区第三次国家土地调查统一时点更新调查项目，按要求全部完成6个县区的调查工作，成果通过省级和国家级核查；“三调”成果国家级外业核查项目，完成初始调查阶段的“互联网+”核查及内蒙古自治区、河北省、黑龙江省等10个县区的外业核查工作；2019年变更调查数据内业汇总及增量图斑外业核查项目，公司承担阜新市、营口市、鞍山市20个调查单元的核查工作全部完成，核查成果全部通过国家级核查；三调成果预检、验收和归档项目完成实施方案的编制工作，并且方案通过省三调办组织的专家评审。

【不动产统一登记数据整理】 2020年，全市不动产二期项目完成市内九区490余万户房产发证登记数据整理、沈北不动产分中心约16.7万卷房产登记档案扫描整理工作，基本实现全方位地、房、户三个层次的整合。不动产三期项目完成航飞建模、档案扫描、数据库建设及调查入库等专项技术设计和质检方案编写工作；完成市内十区农村地区全部450平方千米无人机航飞与建模工作，处于成果整理与备份归档阶段；基于实景三维模型完成55万幢农房采集，进入全面收尾阶段。完成81万卷农村不动产档案扫描，完成2区试点全流程作业、成果入库及9区首件工作，全面铺开并完成首批58个村的调查工作。

【自然资源调查与确权登记】 2020年，全国自然资源统一确权登记工作正式实施，公司负责开展白石砬子、北票鸟化石国家级自然保护区自然资源调查与确权登记，完成项目的实施方案编制工作、与保护区所在地自然资源主管部门的对接工作、外业现场调查、资料收集工作，并完成成果建库。 （李旭喆）

建筑工程

【概况】 2020年，全市开展工程质量监督9177项（单位工程），建筑面积7934万平方米，其中在建工程7427项，建筑面积6374万平方米，监督工程竣工验收1228项，建筑面积881万平方米。打造良好营商环境，疫情期间创新竣工验收监督模式，组织16个项目开展线上验收试点活动。组织建筑施工企业参加建设工程质量省优及国优参评活动，其中获省优质主体结构奖345项，获省优质工程奖80项，入选国家优质工程1项。

【沈阳恒隆市府广场一期入选国优工程】 沈阳恒隆市府广场一期（2#办公楼、宴会厅）位于沈河区斗姆宫4号及18号。由辽宁恒隆地产有限公司投资兴建，中建三局集团有限公司施工总承包。勘察及设计单位均为中国建筑东北设计研究院有限公司。监理单位是北京帕克国际工程咨询有限公司、北京兴电国际工程管理有限公司。项目在2008年6月10日开工，2018年12月10日竣工。工程实际总造价28.4亿元。办公楼主体结构为带加强层的型钢混凝土框架-筒体结构，核心筒采用现浇混凝土楼盖体系，核心筒外采用钢-混凝土压型钢板组合楼盖体系，基础为桩-筏基础。项目总建筑面积21.18万平方米（2#办公楼建筑面积204185平方米），办公楼地下4层地上68层，建筑高度350.6米，地下4层主要为车库、设备用房，地上为办公用房和酒店。在中国施工企业管理协会2020年12月1日的公告中，该项目入选国家优质工程奖候选工程名单。（张　诚）

建筑市场管理

【概况】 2020年，全市加强建筑市场建设，全力打造文明、规范、健康的建筑市场秩序。突出整治建筑领域“违法发包、转包、违法分包、挂靠”和未批先建等违法乱象，市城乡建设局与市人社局、市城管执法局建立长期执法工作联动机制，联合印发《沈阳市建筑市场违法行为联合执法实施方案》，6月、11月组织两次对2020年度建筑市场专项联合执法检查。同时，接受全国农民工工作督察、住建部实地督查、省住建厅建筑市场检查，对检查中发现的各类管理不规范问题进行全市通报，下达整改通知书，并及时跟踪进行整改。对存在的严重违法发包、转包等违法行为依法履行行政处罚程序。进一步加强沈阳市建筑工程项目的监管，搭建建筑工人实名制综合管理信息平台，将全市所有在建项目纳入实名制平台统一进行管理，信息化管理水平得到有效提升。

深入推进审批制度改革。为有效解决和遏制沈阳市建设市场普遍存在的“未批先建”违法行为，结合全市施工周期时间短等季节特点，6月制定出台《沈阳市房屋建设工程施工手续实施分阶段办理》《沈阳市市政基础设施及轨道交通工程开工手续实行告知承诺制办理》等相关制度，为全市建设工程的施工抢出2—3个月的宝贵施工期，让地产开发商“拿地即开工”，也从源头上解决全市“未批先建”违法行为屡禁不止的困扰。

持续打造良好营商环境。进一步扩大全市施工许可证豁免的范围，将施工许可办理限额从“投资额30万元以下或建筑面积300平方米以下”调整为“投资额200万元以下或者建筑面积1000平方米以下”，解决全市小规模的市政项目、小型房建项目，特别是对群众反映强烈的个体工商户装饰工程，最大限度地予以豁免。

【《关于加强城市地下管线工程建设施工许可审批和竣工验收备案管理的通知》】 6月1日市城乡建设局印发。《通知》对施工许可和竣工验收备案提出总体要求，规范施工许可审批和竣工验收备案的所需要件，对各级审批监管职责进行明确。

【《关于加强和改进施工许可审批现场踏勘工作的实施意见》】 8月20日市城乡建设局印发。《意见》对市区监管部门的职责分工、工作内容及有关工作要求进行明确，规范所需准备的相关材料和现场是否具备施工条件的标准以及具体工作流程。

（何　伟）

十六、房地产业

房地产市场

【概况】 2020年，沈阳房地产开发投资累计完成1235.89亿元，增长5.2%；其中住宅投资989.83亿元，增长3.5%，商品住宅投资占全部房地产投资的80.1%。沈阳商品房施工面积7111.84万平方米，增长7.3%，其中住宅施工面积5211.89万平方米，增长9.5%。全市商品房新开工面积1630.2万平方米，增长24.5%，其中住宅新开工面积1193.5万平方米，增长20.9%。沈阳商品房竣工面积649.5万平方米，下降2.5%，其中住宅竣工面积514.4万平方米，下降3.6%。全市商品房合同备案面积1506.39万平方米，下降23.5%，其中商品住宅合同备案面积1313.13万平方米，下降25%。全市存量房转让面积1218.33万平方米，下降18.7%；存量住宅转让面积1158.56万平方米，下降14.5%。 （申岩松）

【《沈阳市应对新型冠状病毒肺炎疫情保障房地产市场平稳健康发展政策措施》】 2月17日市房产局等六部门联合印发。《措施》分八项内容，旨在通过推进项目有序开复工、保障土地供应完善管理服务、积极促进商品房入市和销售、稳妥释放商品房预售监管资金、做好住房公积金缴存及使用工作、稳妥实施税费支持政策、全面做好水电气等要素保障、进一步提高行政审批效率，保障沈阳房地产市场平稳健康发展。《措施》提出，对已取得施工预许可证的项目，将施工预许可有效期暂延长至3月末。因疫情影响导致生产经营困难的房地产企业，可按规定缓缴或适度下调住房公积金缴存比例，待企业效益好转后恢复正常缴存。未能按月缴存公积金的单位，说明情况并足额补缴住房公积金的，视为正常缴存。

【《关于进一步促进我市房地产市场平稳健康发展的通知》】 9月6日市房产局等九部门联合印发。《通知》提出，严格住房用地出让溢价率管控；制定严格的房地产开发项目竞配建管理办法，加强全过程监管，保障竞配建设施与商品房建设同步设计、同步审批、同步施工、同步验收、同步交付使用等8项内容。其中第8条明确：严格执行个人购买首套商品住房首付比例不低于30%规定，第二套商品住房首付比例提高到50%。首付款须一次性支付，禁止分期支付和“首付贷”。将个人住房转让增值税免征年限由2年调整到5年。

（志　闻）

房地产管理

【概况】 2020年，全市深入推进“一城一策”试点工作，出台12项扶持政策和8条房产新政等系列措施，统筹做好疫情防控和房地产市场工作，保持房地产市场平稳健康发展。全年实现商品房备案1506万平方米，其中商品住房备案1313万平方米。12月商品住房同比指数105%，完成国家房地产市场调控目标。沈阳市被国家确定为第二批中央财政支持住房租赁市场发展试点城市，制定《沈阳市利用中央财政资金支持住房租赁市场发展实施方案（2020—2022年）》《沈阳市住房租赁市场发展试点专项资金管理办法》《沈阳市住房租赁供给类奖补项目遴选办法》等相关配套政策，配建45万平方米，改建11.3万平方米，在全国名列前茅，全市租赁住房年成交量49.9万套，租金价格23.8元/平方米，住房租赁同比价格指数总体控制在0.8%，符合国家不超过5%的监测要求。全市实施房屋征收项目8个，涉及居民856户；改造老旧小区63个，452栋住宅楼，建筑面积244万平方米，惠及居民37182户；改造电力弃管小区265个、农村危房650户、棚户区2509套；既有住宅加装电梯52部，居住环境得到明显改善；出售直管住房2100户、建筑面积94414.53平方米。面对新型冠状病毒肺炎疫情，联合有关部门出台《沈阳市应对新型冠状病毒肺炎疫情保障房地产市场平稳健康发展政策措施》《关于修订〈沈阳市应对新型冠状病毒肺炎疫情保障房地产市场平稳健康发展政策措施〉及有序释放商品房预售监管资金的通知》《关于进一步促进我市房地产市场平稳健康发展的通知》，推进项目有序开复工、保障土地供应完善管理服务、积极促进商品房入市销售、稳妥释放商品房预售监管资金、做好公积金缴存及使用工作、实施税费支持、全面做好水电气等要素保障和提高行政审批效率，明确土地出让金缴款时间、明确延期交付房屋续展期计算方式、实施税费支持和提前释放预售监管资金。

【沈阳市成为第二批利用中央财政发展住房租赁试点城市】 7月30日，沈阳市入选第二批中央财政支持住房租赁市场发展试点城市。2020—2022年3年试点期间，中央财政每年拨付8亿元，3年24亿元的奖补资金，支持全市发展住房租赁市场。

【《关于配建租赁住房的若干意见》】 6月19日，市房产局、市财政局、市人社局、市自然资源局、市城乡建设局、市营商环境建设局6部门联合出台。《意见》为规范配建租赁住房行为，对配建租赁住房的责任主体、竞拍程序、配建协议的签订、规划设计方案的制定、建设与施工监管、竣工验收和交接、确权与登记、运营和日常管理做出具体的规定。（王　健）

物业管理

【概况】 截至年末，全市有物业服务企业858户，在管物业项目1944个，从业人员7.4万余人，人员构成为管理人员、保安人员、保洁人员、维修人员等。2020年，按照沈阳市新冠疫情防控指挥部和政府部门的工作部署，物业服务企业主动地投入全市疫情防控工作，开展小区封闭、人员测温、环境消毒、垃圾清运等工作，同时针对百姓需求，开展蔬菜配送等便民服务，配合街道社区开展人员排查等。物业服务企业克服自身经营困难，在面临人员流失，企业营收下降等不利情况下，认真履行社会管理责任，投入大量资金采购口罩、消毒液、测温枪等物品，有力保障全市住宅区在疫情期间的安全、稳定。

【《沈阳市物业服务企业和物业项目负责人信用信息管理办法》修订完成】 3月市房产局重新修订。《办法》进一步厘清市区两级房产部门工作责任，完善细化信用信息构成内容，删除、增添部分法律法规的禁止性行为的扣分标准，企业拒不整改的处理等规定，督促物业企业注重信用建设，提供质价相符和依规依约的物业服务。

【“智慧物业”信息系统】 2020年，市房产局开发建设“智慧物业”信息系统。该系统开发紧密结合国家、省市物业管理法规政策以及现实工作需求，以行业管理迫切需要解决的问题为导向，开发设定信用管理、网上备案、业主投票、投诉受理等模块，明确市区两级工作职责与管理权限，方便物业企业和百姓的办事流程，收集物业企业和住宅区的完备数据，为实现物业管理的“一网通办”打下坚实基础。（市房产局）

十七、商　贸

综　述

2020年，面对国内外严峻形势和突发疫情，全市商务系统坚决贯彻习近平总书记关于统筹疫情防控和经济社会发展重要讲话和指示批示精神，全面落实市委、市政府工作部署，在大战大考中展现责任担当，全市商务经济总体下行，社会消费品零售总额和对外贸易额呈现负增长。自下半年始，各项指标逐步回暖向好。社会消费品零售总额3637.6亿元，下降5.4%，高于全省1.9个百分点；外贸进出口总额1028.1亿元，下降4.2%，高于全省5.7个百分点；实际利用外资7.14亿美元，增长2%；实际到位内资1116.6亿元，首次突破千亿元，增长12.7%，超额完成全年计划任务。

抓好疫情防控。强化市场应急保供，生活必需品量足价稳；协调境外商协会、团组和口岸单位等，促进医疗防疫物资采购和出口；协调启用142家、储备111家市区两级隔离宾馆，12569间客房可随时投入使用。

促进消费增长。出台促进商业消费14条措施，发放三轮居民消费券，拉动社会消费超百亿元；中街步行街完成国家级改造提升试点任务正式开街；培树38条夜经济街区，高峰时最大客流量146万人，带动6万人就业；大力发展网红经济，限额以上单位实物商品网上零售额420.8亿元，增长11.8%。

稳定对外贸易。指导防疫物资生产企业办理国际认证，促进防疫物资出口，助力企业开拓国际市场；推动跨境电商实现快速发展，交易额增长11倍；指导企业理性“走出去”，新签对外承包工程合同额增长163.6%。

创新开展招商引资。组织重点项目“云签约”和重大招商引资“云活动”，新签约和落地亿元以上项目分别达1372个和910个，增长均超30%。

及时启动大型会展活动。在北方率先复展，成功举办首届中韩投资贸易博览会暨中国（沈阳）韩国周。

统筹全市对外开放合作。召开全市对外开放工作会议，完善对外开放政策体系；加快经开区、综保区及中日产业园、中韩科技园建设；推动疫情常态化下客改货、货运包机工作；深化京沈、沈大合作，汇聚区域优势资源促进协同开放。　（郭桂彤）

批发零售业

【概况】 2020年，受新冠肺炎疫情影响，全市批发零售业遭受严重冲击，增速明显下滑。自4月起到年底，随着疫情逐渐好转，以及采取的一系列恢复经济增长的有效措施，指标降幅连续逐月收窄，呈现稳步复苏增长的发展态势。全市限上批发零售贸易企业销售额下降10.9%，相比一季度疫情期间回升16.1个百分点。从商品销售类值看，家用电器和音像器材下降26%，服装鞋帽针纺织品下降11.8%，粮油食品下降8.4%，通信器材下降8.6%，文化办公用品下降4.7%，日用品增长28.4%，化妆品下降20.6%，金银珠宝下降33.9%，汽车下降0.8%，石油下降17.6%，医药下降12.7%。

常态化促消费。市商务局认真贯彻落实市委市政府的工作要求和部署，大力开展系列促消费活动，联合文旅、体育、宣传、网信、行政执法、供销社等部门，先后共同组织开展“惠民消费季”“消夏购物节”“消费促进月”“全民乐购 约惠沈城”等多次全市性促消费活动，组织各区县（市）、流通领域各行业协会、主要商业街区和重点流通企业推出配套活动500余项，激发社会消费潜力。同时于二、三、四季度先后组织发放三轮总额9791.9万元的居民消费券，拉动社会消费超百亿元。

推动夜经济发展。制定并实施《沈阳市关于加快发展夜经济的实施意见》，出台《沈阳市夜经济示范（特色）街区认定标准》，组织认定12条市级夜经济示范（特色）街区。培树中街、北市场、奉天巷、兴顺夜市、1905、浑南之夏、红梅夜市、歇马夜市、吉祥夜市等一批具有文化特色的中、高端夜经济街区。全市开办夜经济街区38条，夜经济店铺约1.1万个，直接就业约6万人，最高峰时日均客流量146万人。　　（盛　杰）

【首批12个夜经济示范（特色）街区评选】 4月，市商务局制定专门的夜经济示范（特色）街区的认定标准，设置7个方面、15项考核评价指标，作为全市夜经济街区建设改造提升和认定市级夜经济示范（特色）街区的评价依据，并由市商务局委托第三方机构依据认定标准进行专业评审。12月公布的首批夜经济示范街区7个：中街步行街、太原街、塔湾兴顺国际夜市、红梅文创园、沈阳天地、沈阳万象城当夏好市、中央公园夜市；夜经济特色街区5个：奉天巷、嘉里城歇马夜市、1905文创园、吉祥汽车主题商业步行街、铁锚1956文创园。

（志　闻）

【第三届进博会沈阳交易分团组团】 第三届中国国际进口博览会11月4—10日在上海国家会展中心举办。市商务局按照“越办越好”的总要求和辽宁交易团秘书处《第三届中国国际进口博览会辽宁交易团组织工作方案》，开展沈阳交易分团筹备工作，超额完成辽宁省交易团下达的任务指标。这届进博会沈阳交易分团注册报名企业298户，参会人数1251人，达成合作意向117项，意向交易额3.6亿美元，折合人民币24.1亿元，完成率120.5%。进博会期间，市商务局陪同市长进行场外招商引资项目4个；组织场内走访企业132户，意向性洽谈10户，为区县现场对接1户。　　（盛　杰）

住宿餐饮业

【概况】 2020年，住宿和餐饮行业受疫情冲击较大。全市限额以上住宿餐饮企业777户，住宿业营业额下降29%，其中限额以上下降34.2%；餐饮业营业额下降16.5%，其中限额以上下降25.8%。为缓解疫情损失，促进住宿餐饮业发展，市、区两级商务部门认真落实省帮扶住宿餐饮企业政策，向661户企业拨付资金2644万元，确定首批14家供餐机构为沈阳市复工单位提供团餐外送服务，并有序组织开展辽菜品牌推广、绿色餐饮企业等级评定工作。经省商务厅组织的评定，全市有27家餐饮店、66个菜品、9个宴席、42名厨师获评“辽菜餐饮名店”“辽菜名菜”“辽菜名宴”“辽宁名厨”，获评数量位全省第1，5户餐饮企业获评2020年度AAAAA级“辽宁绿色餐厅”。

（齐　芳）

【沈阳被认定为中国饺子文化重要起源地】 9月20日，中国饺子文化起源地研究课题成果在沈阳故宫发布。中国饺子文化起源地研究课题，是沈阳市委宣传部、沈阳市文联2019年6月向起源地文化传播中心申报的2020中国起源地文化研究课题项目。2020年1月2日，中国饺子文化起源地研究课题在北京大学启动。2020年8月13日，中国饺子文化起源地研究课题研讨论证会在北京大学举办。经起源地文化传播中心组织中国民间文艺家协会中国起源地文化研究中心、中国西促会起源地文化发展研究工作委员会的智库专家、课题组专家评审意见，形成中国饺子文化起源地研究课题成果：沈阳为中国饺子文化重要起源地。

【2020东北亚餐饮大会暨第六届（沈阳）花椒餐博大会】 10月24—26日在新世界博览馆举行。由

沈阳市商务局、和平区委区政府、沈阳市侨商联合会支持，世界中餐业联合会、花椒学院主办。俄罗斯、塞尔维亚、泰国、日本的海外侨胞中餐业代表，通过线上参与本次论坛。花椒餐博大会由东北亚餐饮产业高峰会议、东北食材供应链展及东北优质餐饮品牌展、东北餐饮美食节、东北亚餐饮产业颁奖盛典等组成。东北亚餐饮产业颁奖盛典设置2020东北亚餐饮产业年度人气品牌、最具影响力品牌、供应链创新奖、最具餐饮创新力购物中心、创新力媒体、抗疫特别贡献奖、大会最佳伙伴七个奖项。其中，2020东北亚餐饮产业年度人气品牌前三名由大连鸣记脆皮烤鱼、哈尔滨无名缘、沈阳奉天小馆夺得；沈阳700CC天然苏打水茶饮、沈阳椒爱水煮鱼、哈尔滨张亮餐饮是2020东北亚餐饮产业最具影响力三强品牌；2020东北亚最具餐饮创新力购物中心排名中，沈阳华润中心万象城、沈阳中街大悦城购物中心、沈阳K11购物艺术中心、沈阳印象城购物中心包揽前四名。

（志　闻）

►2020东北亚餐饮大会暨第六届（沈阳）花椒餐博大会在和平区拉开帷幕　（和平区供）

2020年全市住宿、餐饮业重点企业经营情况

表17

企业名称	行业	总量（万元）	增速（%）	12月当月增速（%）
东北大厦	住宿	10339	–33.4	–66.2
香格里拉	住宿	10949	–43.5	–25
辽宁大厦	住宿	2738	–15.9	–10.6
万豪酒店	住宿	1940	–27.6	–18.2
万鑫酒店	住宿	2415	–32.1	–23.2
百胜餐饮	餐饮	344000	–12.9	–16
金拱门	餐饮	48000	7	–3.5
合兴快餐	餐饮	24601	–19.8	–12.9
鹿鸣春	餐饮	744	–23.3	0.7
潮州城	餐饮	1068	–25.8	–9.6
老边饺子	餐饮	1198	–58.3	–26.1

（市商务局）

商贸物流业

【概况】 2020年是沈阳市2019年被商务部确定为全国首批城乡高效配送专项行动试点城市相关推进工作的收官之年，市商务局会同市交通局、市公安局、市供销社和市邮政管理局等责任部门完成试点任务。通过试点，沈阳市城乡配送网络得到更加优化，京东于洪亚洲一号、门到门、圆通速递3个综合物流中心建成运营。配送模式创新更加深入，大润发、华润万家、百家乐等快消品连锁超市的统一配送率达60%以上，苏宁、国美等家电连锁企业的统一配送率达80%以上，国药控股、成大方圆、东北大药房等医药连锁企业均实现100%的统一配送率。试点示范效应更加明显，城乡配送试点（示范）企业实现主营业务收入769153.62万元，上升5.82%；运营标准化托盘1196486个、非标准化托盘12140个，标准托盘使用率达99%；运营标准周转箱63177个，非标准周转箱3200个，标准周转箱使用率达94.93%；运营配送车辆8133台，其中自有车辆3565台、租赁车辆4568台；运营配送网点数量33561个。 （王宝东）

【沈阳—莫斯科别雷拉斯特中欧班列开通】 7月3日，“沈阳—莫斯科别雷拉斯特”点对点中欧班列正式开通。莫斯科别雷拉斯特物流中心是中俄两国首个物流平台设施合作项目。此次首列开往别雷拉斯特物流中心的中欧班列自沈首发，除常规货物外，还装载省商务厅、市商务局、沈河区政府向俄罗斯铁路股份公司捐赠的30万个医用外科口罩，用于别雷拉斯特物流中心中俄双方一线员工在疫情期间工作使用，安全作业。

【沈阳中欧班列开行数量增长79.1%】 2020年，沈阳中欧班列面对新冠疫情，第一时间复工复产，并快速恢复常态化运营。通过口岸拓展，实现满洲里口岸、二连浩特口岸、绥芬河口岸三通道并行。同时，依托中国外运全球网络资源，整合内贸海运与陆运资源，开通国际中转通道，搭建贯通南北、横跨亚欧的多式联运网络。全年沈阳中欧班列开行381列，上涨79.1%；累计发运30966TEU（TEU即国际标准箱单位），上涨64.5%；累计承运货值16.4亿美元，上涨85.1%。沈阳中欧班列可到达欧洲20余个国家40余个城市，通过公铁联运可覆盖欧洲全境。

（志　闻）

烟草专卖商业

【概况】 2020年，沈阳市烟草专卖局（公司）销售卷烟34.78万箱，收入108.17亿元，利税29.18亿元，破获国网案件9起（2起被列为部督案件），在沈阳市纳税百强企业排前5名。卷烟营销上，坚持市场导向，优化品牌布局，卷烟规格数量精简到136个；采取“商圈+档位”等“加标签”方式，优化投放策略；开展“百千万”工程，抓好地产烟培育，“人民大会堂”系列销售2.6万箱；探索零售户诚信体系建设，甄别诚信“大户”；建成各类现代终端近6900户，发挥诚信互助小组稳价诚信作用。专卖管理上，围绕打造“强势、优势、实力专卖”，开展系列专项行动，打假打私战果显著，查获违法卷烟1.16万件，破获案件2626起，5万元以上案件505起，刑拘32人、逮捕13人、判刑15人；加强稽查和市管两支队伍建设，与市公安局建立情报研判工作室，推广“互联网+监管”系统，应用“APCD”（即将零售市场检查工作分为分析、计划、检查、处理四个环节）和“双随机”（随机抽取检查对象、随机选派执法检查人员）等方式，提高检查命中率和违法问题查实率；强化专卖内管，开展对物流寄递等环节的重点治理；落实“放管服”要求，优化合理布局，处理违规户、清理无证户和“小脏乱差”户3672个，市场生态持续优化。企业管理上，目标管理绩效考核向2.0版本升级，考核结果与薪酬分配对接；强化预算管理，细化资产管理，完善成本费用定额标准，财务管理水平不断提高；开展专项审计，严格整改发现问题，审计监督作用进一步发挥；以物流为重点狠抓对标管理，深化精益管理，降本增效465.28万元；召开首届QC（质量控制）成果发布会，3个课题在全省QC成果评比中获奖；坚持防疫防控和安全管理一体推进，未发生重大安全生产责任事故；与广西中烟互联网研究中心开展“互联网+”项目合作，推动信息化与生产经营管理有机融合。

【3·15烟草专卖宣传活动】 3月13日，市烟草局在全市开展

“防控疫情法治同行”系列宣传活动。通过企业公众号、客户微信群等媒体和设立法律咨询台、发放普法材料、摆放展板等形式，开展烟草专卖法律法规、防疫防控和卷烟真伪鉴别知识宣传，公开销毁非法卷烟3600余件，展现沈阳烟草卷烟打假打私消费维权成果和良好社会责任形象，活动被沈阳电视台等新闻媒体采访报道。

【“互联网+”合作项目研讨会】 4月17日，市局（公司）与广西中烟互联网研究中心召开“互联网+”合作项目研讨会。广西中烟互联网研究中心就沈阳烟草CRM客户关系管理系统、企业公众号建设、智能投放系统、合作直营终端等进行项目论证，双方就开发合作事宜达成共识。

【《沈阳市烟草制品零售点合理布局管理办法》听证会】 7月23日，市烟草局组织召开修订《沈阳市烟草制品零售点合理布局管理办法》（简称《办法》）听证会，27名零售户、消费者、无证户听证代表出席，《沈阳日报》等媒体记者及各区、县局负责人列席。会上，介绍《办法》修订内容、理由和依据。与会代表进行认真审议，表示赞同，并提出意见和建议。会后，市局对《办法》进行补充和完善，并上报辽宁省烟草专卖局、市政府法制办备案，予以公布实施。《办法》8月13日正式实施。

【市烟草专卖局（公司）与大连理工经管学院建立校企战略合作】 10月28日，市烟草专卖局（公司）与大连理工大学经济管理学院举行“校企合作”签约仪式，建立校企战略合作伙伴关系。依托高校资源，联合在大数据应用、管理创新等方面开展课题项目攻关，为企业高质量发展助力赋能。市局（公司）与大连理工经管学院签署协议并座谈交流。

（市烟草局）

物资商业

【概况】 2020年，沈阳物资集团有限责任公司主营业务涉及钢材物流配送、市政材料生产销售、建筑机械租赁、煤炭、油品经营等方面。集团有土地66万平方米，房产18万平方米，资产总额21亿元，净资产8亿元，总产值35.55万元，资产负债率63.24%，国有资本保值率99.67%，成本费用利润率13%，职工总数3922人。集团持续深化改革，夯实传统产业，强化整合重组。面对新冠肺炎疫情暴发、经济运行波动等压力和风险挑战，集团打造以“钢贸物流”为主、生产资料经营、建筑物资租赁、新型建材生产、清洁能源等为辅的“一体多翼”产业发展格局。其中，生产资料经营以煤炭和水煤浆销售为主，经营触角延伸至广东、山东、江西、浙江、湖北等地；钢材物流配送是以钢材仓储为主营业务的国家级大型国有批发市场，吞吐量始终占沈阳总体份额的90%以上；建筑物资租赁努力发挥国有企业的领头羊作用，通过建立大客户群和引进市场稀缺的大吨位塔吊及先进高端变频升降机，大力发展差异化经营，成为东北地区规模最大的建筑物资租赁企业；新型建筑材料引进德国玛莎路缘石、地砖生产线建设项目，开发彩色方石、透水砖、彩色装饰砖等系列产品，成为沈阳市城市改造工程重点使用产品，发展前景良好。

集团法人治理结构更加完善。召开党代会完善集团党委班子成员，召开职代会选举职工董事，重新组建集团董事会，7名董事全部新任，其中外聘董事4人。对监事会成员进行重新确认。制定董事会议事规则和监事

▶7月23日，市烟草局组织召开修订《沈阳市烟草制品零售点合理布局管理办法》听证会

（杨勇摄）

会议事规则，制定印发《物资集团党委前置研究讨论重大事项工作规定》《物资集团“三重一大”决策制度实施办法》。将党建工作总体要求纳入公司章程，把党的领导融入公司治理的各环节。

重点专项工作进展顺利。集团认真落实市委市政府关于国有企业混改的决策部署，先后与多家意向投资方洽谈集团层面和二级企业混改方案。在市国资委指导下，选聘专业律师、会计师事务所开展企业清查和清产核资。全面完成厂办大集体企业改革任务，核销集体企业职工养老统筹1100万元，关闭壳企业、僵尸企业11户，为28户参改单位387名职工发放补助金810万元。全面推进退休职工档案社会化移交工作，按时完成2894名退休职工的移交任务，合格率100%。与沈阳汇鼎房产经营管理有限公司签订“三供一业”移交协议，将16户企业管理的24处54栋、建筑面积15万平方米、住户3092户的住宅移交给该公司，完成“三供一业”移交阶段性工作。

【钢材物流事业部经营模式创新】 沈阳钢材物流配送中心隶属于沈阳物资集团，是一家以钢材仓储、写字间租赁、管理模式输出为主营业务的大型国有企业。开发远程协同系统和手持终端，实现仓单实时在线管理，货物远程智能交割。在行业内率先使用磁盘吊作业，降低人力成本，提升工作效率。创新轻资产扩张经营模式，通过管理输出的方式，收编同业资源，推进连锁分库建设，在原有5家分库的基础上新增设6家分库，分库总占地面积27万平方米，仓储量增加53万吨，辐射至哈尔滨、大连、鞍山、辽阳等地，与山西太原、河北石家庄等地开展合作洽谈，逐步将分库推向全国。开展托盘业务，为钢贸企业提供融资服务。汇聚上海欧冶物流股份有限公司、厦门建发集团有限公司、杭州热联集团股份有限公司等一批钢贸龙头企业进驻市场。通过开展“党建共建”等活动，密切与合作企业的关系，被欧冶物流评为“2020年度最佳诚信合作伙伴”。2020年实现吞吐量455万吨，交易额超200亿元。

（市物资集团）

供销商业

【概况】 2020年，全市供销社系统汇总利润1.6亿元，增长5.17%；所有者权益19.14亿元，增长3.02%；农产品市场交易额160.2亿元，增长9.99%。

疫情防控。沈阳市供销合作社联合社（简称市供销社）积极参与市场保价稳供工作，全力支持省、市指定的防疫期间保供企业地利生鲜和地利市场保持全时高效运转，供应果蔬等农副产品205万吨，地利市场销售辽沈地区水果总量近40万吨，疫情防控爱心捐款400万元；成立保障春耕农资供应工作专班，全系统筹集化肥13万吨，农药5000吨，为春耕生产提供农资供应。编辑防疫简报42期，宣传报道20余次。

综合改革。综合改革各项目标任务如期完成，形成《沈阳市供销社综合改革评估报告》，集团化、集约化推进社有企业改革。年初，市供销社作为唯一一家市级社，在总社理事会会议上做综合改革典型发言；6月，市供销社综合改革工作作为典型，以会议交流材料方式在全系统推广。

特色电商服务体系。市供销社直属企业沈阳新供销运营管理有限公司，自主开发“沈阳市城乡电子商务公共服务平台”。在“辽事通”App开通特产直供专区，开办“京东中国特产·沈阳馆”和拼多多供销乡村特产店，对接十荟团等电商平台和地利生鲜、华润万家等大型商超。市供销系统建成电商村40个，逐村进行产品和项目定位，量身定做宣传短片，依靠网红、“第一书记”在“快手”等第三方平台进行直播带货，重点推介“秋实惠语”“盛京秋实”品牌农产品和各电商村的特色农产品。在拼多多平台上开通4个村级供销乡村特产店，累计销售8.8万单。

农产品现代流通体系。沈阳地利农副产品批发市场建立后熟水果气熏中心，改造冷库5000平方米。在法库县红砂地村等农特产品产区，设置移动式50吨级冷链物流中转库。依托沈阳地利农副产品批发市场，发挥以城带乡的农副产品集散中心作用，市场年交易总量近200万吨、交易额超160亿元。与北京市供销社、京东物流签订战略合作框架协议。

社会化服务。全年全市土地托管（流转）服务面积突破19万亩（1.27万公顷）。与市农行合作搭建“产、供、融”一体化平台，在辽中区试点开发“大光惠农贷”金融产品，为117位农户发放贷款274万元。新增农村综合服务社3家，城乡社区服务中心16家，新建辽中区大兰坨村、于家台村、老观坨村，苏家屯区十里河镇4个金融服务网点。

【“供销惠农·双减双增”试验示范项目】 自2019年11月，依托大光农业服务中心，推出“供销惠农·双减双增”（减农药、减化肥，增产量、增收入）试验示范项目，大力推广“双减增效”技术，为种植户免费提供“安全农产品解决方案”，采取此项技术可实现平均减肥30%、减药50%、增收20%以上。截至2020年末，参与农户近千户，亩增收达到万元以上。通过快手直播平台，“面对面”与国内知名农业专家连麦，解答技术难题，累计为全国种植农户答疑解惑3万余人次；通过线上语音在省内70多个农业技术推广群为农户讲课400多场次。

【供销县域运营中心建成】 7月，以法库县为试点，先行整合县内“中和电商”等资源，轻资产建成供销中和电商运营中心，初步形成法库县农产品公共服务体系。充分整合利用闲置社有房产资源，建设新供销数字电商产业园作为法库县城乡电子商务公共服务体系的县域运营中心。县域运营中心集农产品展示直播销售、包装分拣、仓储物流、电商培训、电商大数据中心、企业孵化、快递统仓、为农综合服务等多种功能于一体。探索推出“数字中央厨房”模式，整合沈阳市农产品深加工资源，为各村提供农产品电商标准化服务。截至年末，数字中央厨房生产包含花生系列、杂粮系列、调味系列等产品，其中杂粮销售额862506元，白面232953元，花生88722元，辣白菜4585元，桔梗8561元，蜜汁萝卜1873元，牛肉酱75300元，全品类产品合计销售额127.45万元。

【城区供销社、供销菜场投入运营】 10月25日，城区供销社首家旗舰店正式对外营业。城区供销社以消费合作社为模式，在线下实体体验馆以“民生+养生+便民”服务为主，提供包含健康检测、健康食材、无人售货、乡村旅游、家庭绿化、家政服务、上门维修、上门换锁、私人健康管理等综合服务。12月15日“供销菜场”百店项目正式启动，有20家投入运营，为沈城百姓提供基地直达餐桌的“鲜直达”全新消费体验。

【沈阳城乡电子商务公共服务平台上线运营】 10月28日，市供销社自主开发的“沈阳市城乡电子商务公共服务平台”正式上线运营。平台除推出土地托管、快线商城、涉农大数据、信息分类服务等业务，还可开展惠农政策、滞销求助、农技学堂、金融信贷、生活缴费、教育培训、专家智库、“第一书记”、案例展示和乡村旅游等多种服务。截至年末，平台累计完成滞销求助3次，农技学堂线上直播30场，金融服务52笔，“第一书记”活动12次。

【机关扶贫助农爱心驿站运营】 10月30日，在市委市政府办公楼开设机关扶贫助农爱心驿站，联络全市驻村“第一书记”报送本村特产名录，以康平县、法库县等省定贫困村及“第一书记”推荐农产品为主要供货源，上架200余种，同时选用先进的自助销售终端，提供24小时数智便民服务。截至年末，机关扶贫助农爱心驿站销售额206490元。

【村级供销社建成102个】 2020年，全市实施“供销合作社培育壮大工程”，制定《沈阳市推进村级供销社建设指导意见》，确定“1+N”模式和“六有”（“1+N”模式，即以供销社为主体，广泛吸纳村级经济组织、农民专业合作社、涉农龙头企业、农户等入社的经营模式。“六有”，即有授权或登记、人员、场所、职能、制度和标识）建设标准，成立村级供销社。建设村级供销社102个。12月7日，全省供销合作社基层组织建设现场会在法库县召开，总结和宣传沈阳市村级供销社建设的基本做法。

【垃圾分类“秋实模式”】 2020年，秋实再生资源集团公司推进垃圾分类“秋实模式”建设，打造一站式精准服务，全年回收生活垃圾可回收物1534次，交售量808吨，签约省、市直公共机构767家，建设环保屋（暂存点）374处，宣传培训176场，培训人员2.5万余人次，秋实环境服务微信公众号注册113045人。（栾冠华）

副食商业

【概况】 2020年，沈阳副食集团面对国际国内经济形势不断变化和新冠肺炎疫情带来的影响，全面完成各项经济目标。截至年末，副食集团在职职工974人，主营业务收入87547万元。仓储物流收入30204万元，减少12960万元，减幅30%；商贸流通收入55115万元，增加631万元，增幅1.16%；餐饮酒店收入

2866万元，减少2636万元，减幅47.9%。利润总额5715万元，减少2834万元，减幅33.15%。全年累计为11257户中小微企业和个体工商户减免租金8500余万元，位列市属国企之首。

国企改革创新。形成并通过混改方案，制定副食集团深化改革三年行动计划。对副食集团45宗土地进行梳理，开展土地测绘、权籍调查、数据整合，解决4宗土地及22处房产去抵押去查封、修正10宗土地面积证实不符、9宗土地地上房产改扩建、十二线土地使用权变更等历史遗留问题。完成13宗划拨土地作价出资（入股），是沈阳市国企混改土地资产处置创新举措的首次成功实践，为国企混改土地资产处置起到示范引领作用。下属二级企业青花公司经历二次改革，完成股权转让，实现集团由资产经营到资本经营的跨越。

疫情防控保供。干部职工坚持奋战防控、保供第一线，投入资金60余万元购买消毒液、口罩及防护设备，全面做好市场内消毒及流动人员测温排查，保证市场良好经营秩序。商超门店全部正常营业，批发市场全部按时开放，稳定货源、调配供需，全力以赴保障市民的“菜篮子”不脱销、不断档；保供应、保就业、保稳定。商超门店主动联系相关农产品合作社，与3家农产品合作社及公司建立良好合作关系，增加果蔬的进货渠道。疫情初期，预定土豆1000千克、草莓45千克、地瓜1500千克、橙子350千克。春节假期一次性购进方便面件500件、挂面700件、大米500件、面粉500件；迅速启动老百姓日用品、应急商品日统计制度、应急商品数据库日报制度，出台疫情应急预案以及疫情期突发人员集聚应急预案等。在做好商品调配同时，以成本价销售大量商品，保证市民平稳购物。十二线蔬菜批发市场与市商务局签订沈阳市冬季蔬菜动态储备服务采购项目合同，储备土豆1200吨、洋葱300吨，保证冬季市场供应。为防范进口冷链食品污染输入风险，自三季度开始对冷库存放商品的来源及商品品类进行严格的检查，逐一给业户打电话通知检查时间，并要求业户提供货物的报关检疫等证明材料。组织全部业户及小工每周一次核酸检测。12月，将塔湾智能冷库、水产5万吨冷库、富运冷库、富都冷库设置为进口冷链食品专区。

经营管理。沈阳糖酒公司及时调整销售方向和品种，取得新品种果酒的沈阳区域独家代理权；通过灵活市场调剂及时补充货源，抢在五粮液、国窖1573、郎酒等酒提价前，完成名酒低价库存储备。茅台及年份酒等品种既未脱销断档也无库存积压，实现全年利润收益大幅增长。与四川古蔺郎酒销售有限公司签订2021年青花郎区域运营商总额1亿元的经销协议。富华酒店两次被政府征用作为隔离酒店，解除隔离后，充分利用网络营销手段，增加曝光度，参加在线旅行社的各类营销活动，使酒店的客房销售逐步实现常态化，提升平均出租率，找准经营方向，全面提升市场竞争力，实现营收。沈阳富点冷链物流有限公司、沈阳火天下餐饮管理有限公司、沈阳中和福茗雅茶业有限公司、沈阳富星宠物服务有限公司4户合资企业落地，不断扩宽副食集团经营业态。

【塔湾冷库获批市级文保单位】 塔湾冷库始建于1952年，为两层钢混框架结构。2020年，冷库建筑面积6439平方米，固定资产652.53万元，日常管理人员16人，冷库仍能正常经营使用。塔湾冷库作为国内首批建设的冷库，见证商业冷库的发展历程，具有重要的代表意义。沈阳副食集团为恢复历史原貌，对冷库内部进行大修，按照工艺流程进行制冷系统展示，对冷库发展史进行系统回顾，为全面了解食品冷藏技术的演进历程提供的现实依据。9月3日，塔湾冷库作为“近现代重要史迹及代表性建筑”获批“沈阳市第五批市级文物保护单位”。

【沈阳市最大户外商业雕塑建成】 2020年，副食集团配合沈阳皇城改造，历时5个月，12月10日完成沈阳大东副食品商场外立面改造项目，其中描述“东关菜行”历史的沈阳市户外商业最大浮雕壁画总高度约5米，长度约119.7米，总面积约600平方米，是沈阳市户外最大商业雕塑，在全国同行业中名列前茅。浮雕分为五个场景，分别为城下晨曲、东关百蔬、回围秋畋、行市之冠、日月新天，贯穿“东关菜行”从初起、形成、发展到繁荣的全过程。（王化凤）

粮食商业

【概况】 2020年，全市粮食产业经济入统企业306户，其中：主营业务收入2000万元以上企业145户，占比47.4%。按企业性质划分：国有及国有控股企业12户，占3.9%；内资非国有企业282户，占92.2 %；港澳台及外商控股企业12户，占3.9%。按企业经营类型划分：大米加工企业180户、饲料加工企业91户、其他成品粮加工企业7户（杂粮）、小麦粉加工企业2户，其他企业26户（收储、制酒、其他粮油深加工（添加剂）、食用油、养殖、副食酿造等）。工业总产值306.3亿元，主营业务收入313.4亿元，销售收入313.6亿元。

【参加第十八届中国国际粮油产品及设备技术展示交易会】 10月31日至11月2日，交易会在安徽省合肥市滨湖国际会展中心举行。沈阳市中粮米业（沈阳）有限公司等4户企业参加这次展示交易会，其产品沈阳市中粮米业（沈阳）有限公司福临门寒地东北长粒香、沈阳信昌粮食贸易有限公司十月稻田有机大米、沈阳市万谷园米业有限公司康森枫叶米、沈阳康奉堡农业发展有限公司康奉堡小米分别被组委会评为“第十八届中国国际粮油产品及设备技术展示交易会参展产品金奖”。 （马冠军）

老字号管理

【概况】 2020年，在全市范围内组织开展第三批“辽宁老字号”申报推荐工作，东北制药集团股份有限公司、辽宁申扬律师事务所和沈阳朝鲜族百货大楼有限责任公司等15户符合条件的“老字号”企业获评“辽宁老字号”称号，获评数量位居全省第一。按照商务部及省、市商务部门“老字号”认定规范的要求和标准，截至年末，全市有70家老字号（“中华老字号”14户，“辽宁老字号”43户，“沈阳老字号”13户）。

【沈阳老字号推广展销系列活动】 2020年，沈阳市商务局推广展销“老字号”特色产品。1月，组织马家烧麦、老边饺子等“老字号”企业，参加“最年味”盛京年货大集展销活动；9月，组织八王寺、老龙口等“老字号”企业参加第四届“中华老字号（山东）博览会”；组织开展“老字号嘉年华活动”，在第十二届中国（沈阳）食品博览会开设“老字号嘉华年专区”；第三届中国国际进口博览会上，在沈阳中街展区以“传统、智慧、灵动、美味”的为主题，展示萃华、老龙口、八王寺、中街冰点、老边饺子5户沈阳优秀“老字号”企业的产品，诠释沈阳市“老字号”执着坚守的匠心技艺和丰富独特的商业文化价值。 （齐　芳）

进出口

【概况】 2020年，全市进出口总额1028.1亿元，下降4.2%，占全省进出口总额的15.7%；其中，进口总额753.7亿元，下降0.4%，占全省进口总额的19.4%；出口总额274.4亿元，下降13.2%，占全省出口总额的10.3%。同期，全省进出口总额6544亿元，下降9.9%；其中，进口总额3891.8亿元，下降5.8%；出口总额2652.2亿元，下降15.3%。从贸易方式看，一般贸易方式进出口占总量八成以上，全年进出口总额867.1亿元，占比84.3%；加工贸易方式进出口总额146.2亿元，占比14.2%；其他贸易方式进出口总额14.7亿元，占比1.5%。从企业性质看，外资企业进出口总额806.4亿元，占比78.4%，为进出口第一大户；民营企业进出口总额131.3亿元，占比12.8%；国有企业进出口总额86.8亿元，占比8.4%；其他企业进出口总额3.6亿元，占比0.4%。从贸易对象看，沈阳市前5大贸易伙伴依次是欧盟、美国、东盟、日本和韩国，前5大贸易伙伴的累计进出口总额占比80.8%，进出口分别为596.8亿元、88.8亿元、49.5亿元、47.9亿元和47.8亿元；其中，与东盟的进出口总额增长最快，增长7.1%；与欧盟的进出口规模最大，占比58.2%。从产品机构看，机电产品依然是主力产品，进出口总额828.9亿元，占比80.6%。

【防疫物资进口应急机制建立】 为有效应对新冠肺炎疫情，沈阳市快速建立“一个平台，三个机制”（即海外货源信息共享微信平台、需求通报机制、信息甄别机制、进口便利化保障机制）的疫情防控物资采购应急模式。截至5月底，全市进口口罩、防护服等防护物资2.1亿元，其中，进口口罩206万只，防护服14万套，有效平稳全市防疫物资初步需求。

【获批国家二手车出口试点城市】 11月30日，商务部召开二手车出口专题工作会议，宣布沈阳市等20个省市获商务部、公安部批准开展二手车出口业务，标志沈阳市成为国家二手车出口业务试点城市。 （魏　铎）

2020年全市出口前10位国家与地区

表18

位次	国家地区	出口额（亿元）	同比（%）
1	美国	45.0	−7.2
2	日本	22.7	−31.9
3	德国	22.0	27.6
4	韩国	21.3	−6.4
5	印度	10.2	−23.0
6	澳大利亚	9.3	−3.0
7	巴西	7.6	26.2
8	泰国	7.5	11.7
9	荷兰	6.5	−11.0
10	加拿大	6.2	−48.9

（市商务局）

2020年全市进口前10位国家与地区

表19

位次	国家与地区	进口额（亿元）	同比（%）
1	德国	279.6	3.4
2	美国	43.8	−14.8
3	墨西哥	34.2	25.7
4	匈牙利	33.4	27.2
5	捷克	33.2	8.7
6	法国	32.7	−14.4
7	奥地利	31.9	−8.0
8	罗马尼亚	28.4	12.2
9	韩国	26.5	−4.2
10	波兰	25.5	−8.0

（市商务局）

利用外资及港澳台投资

【概况】 2020年，全市新设外商投资企业192户，下降11.9%；商务部注册资本项下口径实际利用外资7.14亿美元，占全省25.2亿美元的28.4%，在14个城市中绝对值排第1名。截至2020年，全市新设外商投资企业累计15039户、实际利用外资累计637.9亿美元。

重点国家和地区利用外资突出。全年有11个国家和地区的企业在沈阳市实际投资，其中前5位的分别是：中国香港4.9亿美元，占全市总额的68.8%；法国7024万美元，占9.8%；日本6668万美元，占9.3%；瑞士3677万美元，占5.2%；韩国1574万美元，占2.2%。

重点行业利用外资占比较大。全年全市制造业利用外资2亿美元，下降12.3%，占全市总额的28.3%；房地产业利用外资3.2亿美元，下降39.2%，占全市总额的45%。

服务业利用外资受疫情影响波动较大。全年全市服务业利用外资1.7亿美元，占全市总额的23.5%。一季度，服务业利用外资仅535万美元，随着全市疫情的有效控制，企业复工复产，利用外资数量开始逐渐增长。二、三、四季度利用外资分别为1665万美元、1亿美元、4268万美元。

【13个利用外资项目超千万美元】 2020年，全市利用外资大项目支撑作用明显，实际利用外资超千万的大项目13个，调资5.4亿美元，占全市总额的76.1%。其中，农业项目1个，金额2210万美元，占大项目总额的4.1%；工业类项目4个，金额1.9亿美元，占大项目总额的34.3%；房地产业项目4个，金额2.4亿美元，占大项目总额的44.8%；其他服务业项目4个，金额9155万美元，占大项目总额的16.9%。

（王　洋）

2020年全市实际利用外资及港澳台资超千万美元企业

表20

序号	企业名称	行业类别	实际投资（万美元）	所在县区
1	沈阳鼎峰瑞置房地产开发有限公司	房地产业	10400	沈北新区
2	沈阳恒景置业有限公司	房地产业	7145	于洪区
3	华晨雷诺金杯汽车有限公司	制造业	7024	大东区
4	松下蓄电池（沈阳）有限公司	制造业	5585	铁西区
5	沈阳南华鸿基房地产开发有限公司	房地产业	4177	大东区
6	辽宁正威供应链管理有限公司	服务业	4000	浑南区
7	菲仕兰乳业有限公司	制造业	3020	法库县
8	米其林沈阳轮胎有限公司	制造业	3000	铁西区
9	亚联财小额贷款有限公司	服务业	2624	沈河区
10	沈阳盛新艺乐物业有限公司	房地产业	2577	和平区
11	十月稻田农业科技有限公司	农、林、牧、渔业	2210	新民市
12	辽宁正威实业发展有限公司	服务业	1400	浑南区
13	沈阳信焯管道工程有限公司	服务业	1131	康平县

（市商务局）

2020年全市合同外资及港澳台资前十位国别（地区）情况

表21

位次	国别（地区）	合同外资（万美元）	位次	国别（地区）	合同外资（万美元）
1	中国香港	283275	6	印度	4462
2	韩国	28774	7	中国台湾	3637
3	荷兰	12388	8	新加坡	3631
4	法国	6962	9	加拿大	2679
5	日本	6783	10	新西兰	2232

（市商务局）

2020年投资总额前十位新设外资及港澳台资企业情况

表22

序号	企业名称	国别（地区）	投资总额（万美元）	注册资本（万美元）
1	九龙（辽宁）实业发展有限公司	中国香港	70851	2834
2	辽宁万福实业有限公司	中国香港	59833	59833
3	沈阳紫曦实业有限公司	中国香港	58352	58352
4	华润电力（沈阳）有限公司	中国香港	47252	15593
5	鑫世合（辽宁）能源产业有限公司	中国香港	30000	30000
6	盛汇（沈阳）房地产开发有限公司	中国香港	29152	29152
7	辽宁正威供应链管理有限公司	中国香港	28251	28251
8	辽宁正威实业发展有限公司	中国香港	28044	28044
9	辽宁嵘运达国际贸易有限公司	中国香港	25913	25913
10	采埃孚电驱动科技（沈阳）有限公司	新西兰	17105	2231

（市商务局）

对外及港澳台经济合作

【概况】 2020年，全市企业对德国、泰国、美国、日本、荷兰、乌兹别克斯坦、印度尼西亚和中国香港8个国家和地区新批境外投资项目10个，其中，新设项目5个、增资项目4个、并购项目1个；对外承包工程企业与俄罗斯、白俄罗斯、刚果（金）、尼泊尔、巴布亚新几内亚、喀麦隆、几内亚、塞尔维亚、委内瑞拉、法国、意大利、澳大利亚、沙特阿拉伯和秘鲁等35个国家新签对外承包工程合同67份；对外劳务合作企业与日本、新加坡和韩国等8个国家新签合同153份。

非金融类对外直接投资。全市新批非金融类境外投资项

▶沈阳企业参加2020厦门国际投资贸易洽谈会（市商务局供）

目10个，下降50%；协议投资额6625.22万美元，下降94.71%；中方投资额6482.94万美元，下降94.8%。

对外承包工程。全市对外承包工程新签合同67份，下降43.2%；新签合同额241694.59万美元，增长3.9%；完成营业额74673.95万美元，下降21.7%。

对外劳务合作。全市对外劳务合作企业新签合同153份，下降28.8%；新签合同额3049.46万美元，下降67.8%；完成营业额8842.82万美元，下降25.4%。

【企业“走出去”服务】 2020年，全市组织企业参加“2020厦门国际投资贸易洽谈会”“第17届中国—东盟博览会”和省商务厅2020年“走出去”专项资金申报培训会、省商务厅2019年度对外直接投资统计企业培训会、泰国—中国辽宁双向投资线上研讨会、沈阳—香港投资企业座谈会、辽宁—克罗地亚海山省经贸交流线上对接会等培训交流和投资对接活动，不断为企业“走出去”提供有效服务。（燕广升）

国际贸易促进

【概况】 2020年，市贸促会围绕市委、市政府中心工作，以“产业引领和项目引进”为导向，以“促进促成和服务成效”为目标，为推进全市疫情防控和开放型经济高质量发展贡献贸促力量。

促进沈阳企业“走出去”。市贸促会创新外联工作，采取“线上线下”办公的方式布局海外联络网络，为企业搭建经贸合作桥梁。通过采取“线上见面”办公的方式，向瑞士、比利时、墨西哥、罗马尼亚等56家国际友好商协会进行友好互动交流。通过“线下”互访互动，先后与日本北海道银行沈阳事务所、英中贸协沈阳代表处、荷兰综合康复协会、荷兰家禽协会等10家经贸机构进行“面对面”交流。与中国贸促会驻泰国代表处、泰国大拓律师事务所在线上共同举办“泰国投资说明会”，为11户参会企业提供“走出去”平台。

推动项目“引进来”。在市贸促会推进下，世界500强日本东芝公司、日本亚洲投资株式会社等日本知名企业，先后与沈阳高新区管委会、沈阳万科公司签订《万科中日产业园项目战略合作三方协议》，围绕全市重点打造的万科中日产业园项目，建立战略合作伙伴关系，全方位、多领域开展战略合作。

拓展外联渠道。市贸促会先后与日本一般社团法人东海日中贸易中心、德中经济联合会、孟加拉国委托代购商协会、埃及中国总商会签订友好合作协议，市贸促会签订境外友好商协会数量达到100家。

加强企业服务力度。开通法律咨询热线，为企业提供涉外商事法律服务。联合沈阳海关对部分出口业务数据进行统计，形成《沈阳地区原产地证书应用情况分析及建议》调研报告。组织企业参加中国贸促会和中国国际商会组织的“探索疫情下经济与贸易的机遇和挑战”“立足中国质量、促进市场合规——以标准、认证、产品监管规范防疫物资出口”主题网课、防疫物资生产、出口政策解读和贸易准入操作实务等20多场网上培训咨询研讨等活动，帮助企业掌握国际贸易争端法律知识与实务。针对疫情对企业的影响，制定《沈阳市贸促会助力外贸企业应对疫情影响行动计划》。发布经贸摩擦预警信息195期，完成“沈阳市贸促会关于疫情期间办理不可抗力事实性证明的政策解读”并制作音频文件，让企业及时了解相关信息动态，最大限度防范风险。及时在市贸促会官方网站发布各类境外企业求购、招标、境外投资等信息100余条。同时，先后与中国贸促会驻英国、泰国、埃及、日本、韩国、新加坡等代表处召开视频工作会议，宣传推介沈阳市情和企业供需信息，并获取海外最新经贸信息。

【机场口岸疫情防控协调】 2020年，根据“沈阳市疫情防控指挥部”指令，市贸促会负责机场口岸疫情防控总协调，主要负责突发事件处理、牵头协调、数据统计、后勤保障等重要任务，并具体负责为飞抵沈阳的外籍人士提供翻译对接服务，协调外籍人士核酸检测、信息采集、人员分流、人员转运和人员安置等工作。完成统计、分析、报告由92个国家和地区经国内其他城市中转到沈的545个航班信息，涉及境外中转入沈人员6356人。向抵沈104个航班中的韩、日、美、德、加等外籍人士提供翻译对接服务1530余人次。

【防疫物资进出口信息服务】 2020年，新冠肺炎疫情暴发初期，市贸促会多方筹措防控物资和收集货源信息，先后向14个国家的17家商协会发送关于协助筹集医疗用品的函件，与54家境外公司确认相关货源，包括口罩约200万只、手套20万双、防护服3.5万套，为全市进口防疫物资开拓采购渠道。同时，市贸促会组织沈阳新松机器人公司等防疫物资出口企业参加“中国—拉美国际贸易数字展览会”，并将《沈阳市医疗防控物资生产企业简介》和市贸促会编印的《2020贸易沈阳》推送给97家海外商协会，为东北制药公司等企业提供境外采购信息，促进防疫物资企业产品出口。

【2020年沈阳名优产品“一带一路”海外行活动】 2020年，市贸促会组织沈阳新松机器人公司、东北制药集团等150多户企业参加中国—拉美（墨西哥）国际贸易数字展览会、线上中俄（远东）经贸合作会议等展示洽谈会等活动。其中，中国—阿联酋经济贸易数字展览会专设“沈阳展区”，吸引中国、阿联酋等11个国家及地区的采购商与沈阳市95户企业进行对接洽谈，利用数字展览平台为企业提供在线交流和精准对接服务。

【提供39份企业疫情不可抗力证明】 2020年，市贸促会发挥法律服务职能，发布《沈阳市贸促会关于“新型冠状病毒疫情”防控期间开展商事认证及法律服务的通告》《沈阳市贸促会为企业出具不可抗力事实性证明的通知》，开通法律服务绿色通道，为沈阳远大集团、华晨宝马公司等20户企业出具39份与疫情相关的不可抗力证明，涉及17个国家，合同金额1.5亿元。

（赵　刚）

会展业

【概况】 2020年，全市会展活动数量、面积较上年明显减少。全市举办各级各类会展活动108项，其中专业展馆60项，非专业展馆48项；实现展览面积105.74万平方米，其中专业展馆74.56万平方米，非专业展馆31.18万平方米。为防控疫情扩散，1月27日市商务局向各会展单位下发《关于暂停全市展览会活动的通知》，全市会展活动全部暂停。3月下旬以后，按照市防指统筹推进疫情防控和经济社会发展有关精神，全市积极推动会展业复工，由于会展业人员大量聚集和大量流动的行业特点，同时受黑龙江、吉林、北京、大连等地疫情反弹影响，复工工作几次启动、几次叫停。市商务局推进建立疫情防控常态化下举办展会的长效机制，8月6日市商务局、市卫健委、市公安局联合印发《关于展览活动新冠肺炎疫情常态化防控工作的指导意见》，指导疫情防控、推动行业复工，沈阳市会展业在北方率先复工。同时，全市推进线上展会发展，汽博会、五金展、建材展、机器人展、制博会、家博会等大型自有品牌展会实现线上线下联动办展。截至2020年末，沈阳展览业协会有会员单位113家，其中会展场馆3家、组展企业24户、展览工程企业38户、会展服务企业22户、高等院校会展相关专业5家（沈阳4所高校的5个专业）、相关部门2家（市贸处会和市转型升级中心）、其他会展相关企业19户，基本涵盖会展主体业务及与之相关的业务领域。

（赵燕南）

【第五届中国沈阳国际机器人大会】 8月3日，在中国贸促会“贸促云展平台”和沈阳创新天地以“线上线下”相结合方式举办。由市政府主办、市贸促会承办。大会以“智联融合 创新未来”为主题，线下会议邀请到院士、专家、学者、企业家、研究机构代表180余人，线上通过云端直播观看大会4632人，参与直播互动1030人。市领导出席开幕式并致辞，8位机器人领域的知名专家学者做主题演讲。大会同期举办2020中国沈阳国际机器人数字展览会，140户企业700余种产品进行线上展览展示，90余户企业通过网上对接洽谈913次，线上浏览31608人次。新华社将该活动举办情况翻译成五种语言，向美洲、欧洲、亚太等多个国家和地区推送，当地主流媒体、门户网站及重点资讯网站转载量超过420家次，阅读量超过1.1亿人次。（赵　刚）

【第十九届中国沈阳国际汽车工业博览会】 8月19—24日在沈阳国际展览中心举办。展会展出规模13万平方米，吸引参展汽车品牌110余个，展出车辆1000余台，展会现场意向交易额近10亿元。这届沈阳汽博会是沈阳市会展业复工后举办的首场大展，也是展会主办单位中国机械工业集团有限公司疫情暴发以后举办的首场展会。

【第十九届中国国际装备制造业博览会】 9月1—5日在沈阳国际展览中心举办。辽宁省政府、国家发改委、商务部、科技部和中国贸促会主办，中国机械工业联合会、中国机电产品进出口商会等单位协办，沈阳市政府承办。这次展会是新冠肺炎疫情发生后，全国第一个举办的国家级、国际性大型工业类专业展会，展会以“转型升级 合作共赢”为主题，采用线下线上结合的方式举办。展会使用沈阳国际展览中心4个室内展馆和1个室外展场。展览总面积6万平方米，参展的企业512户，展位总数2016个。主要展示以人工智能、工业机器人为代表的高新智能装备；以高档数控机床为代表的金属加工装备；各类通用和专用装备及零部件，以及特种车辆、农用机械设备等大型装备。展场特装比例达到80%以上。参展企业包括美国、德国、法国、瑞士、日本、韩国等11个国家和中国香港、中国台湾地区在华投资控股企业79户；北京、上海、天津、浙江、广东、江苏等16个省、市、自治区参展企业433户，世界500强及跨国公司35户，国外著名机床企业8户，国内知名装备制造业企业30户。沈阳市有192户企业参展，各类经贸活动和现场贸易签约额8.49亿元。线上云展与线下展会同步开幕，持续到9月底结束，邀请德国通快集团、日本大隈株式会社等1116户装备制造企业入驻，在线云观展总计流量112万人（次）。

▶2020第十九届中国沈阳国际汽车工业博览会现场　（市商务局供）

【第十二届中国沈阳国际家博会】 9月11—13日在沈阳国际展览中心举办。在沈阳市政府、中国家具协会支持下，辽宁省家具协会主办，有北京市、上海市、天津市、黑龙江省、广东省等13个省市自治区的参展企业925户，总意向成交额33.5亿元。其中辽宁参展企业627户，占参展企业总数67.7%，意向成交额23亿元，占总额的68.6%；沈阳参展企业407户，占参展企业44%，意向成交额15.6亿元，占总数的46.5%。展会启用沈阳国展中心全部8个展馆，设置品类展区11个，实现展览面积12万平方米。（赵燕南）

【第二十届沈阳国际农业博览会（线上）】 9月19—22日完成集中展示期，进入365天不落幕的常态化运营阶段。由沈阳市政府主办、沈阳市农业农村局承办。11个国家的44户国际企业，16个省和辽宁省内12个市的800户企业参展，观众上网浏览40.96万人次，签约和交易金额29.5亿元，增长21.3%。这届线上农博会广泛运用3D模型、AI智能分析、VR虚拟展览、智能贸易匹配等高科技手段，提供全天候多项云端服务。通过手机端、PC端的在线直播、图文、视频展示等方式，面向全球采购商和参展商进行“云展示”；通过智能算法推荐、搜索与筛选，以及精准撮合活动，达成供采双方信息对接，实现“云对接”；通过在线视频、即时通讯、留言等实现“云洽谈”；通过搭桥链接电商平台、商家联系信息等实现“云交易”。这届线上农博会邀请以色列、荷兰等农业领域发达国家，展示其农业先进技术和产品，提高农博会的口碑和档次；将京沈合作、经济区一体化合作、援疆援藏，以及与全国友好城市和省市直相关单位的合作列入农博会合作主体，扩大合作范围；将100个电商村全部纳入农博会展示主体，进行重点展示和宣传，推进农村电商建设。（徐战军）

【第九届沈阳法库国际飞行大会暨2020通航应急应用产业博览会】 10月16—17日在沈阳通用航空产业基地举办。市政府等单位主办，市贸促会会同法库县政府等单位共同承办。大会采取“线上线下”结合的新模式，集中展示国内外特种航空器在应用领域的拓展，探索研究中国通航的发展方向。其间，举办“2020年辽宁省航空消防应急救援综合演练”活动、沈阳市无人机行业管理与低空安全研讨会、2020通用航空应急应用产业发展研讨会、通航特种航空器及无人驾驶航空器网络博览会和通航（无人机）应急应用产业博览会。

（赵　刚）

【2020中国计算机大会分会场】 10月22—24日，沈阳、杭州、济南作为分会场与北京主会场同步举办。中国计算机学会主办，沈阳分会场由市产业转型中心与沈阳经济技术开发区管委会共同承办。结合辽沈产业特色和东北区域优势，与中国计算机学会人工智能、虚拟现实、教育和信息系统专委会合作，邀请包括院士林惠民等在内的近百位教授、研究员和龙头企业科学家，在人工智能、智能制造、智慧医疗、区块链、智慧交通、智慧农业、人才培养和网络安全等领域组织12场高水平论坛，并邀请政府领导、学术权威与企业家嘉宾现场就专业前沿技术、产业发展、项目合作、人才引进等问题进行现场论辩。同时，沈阳分会场还组织VIP酒会、参观智能制造工业园区等特色活动，为沈阳经济技术开发区招商推介、共谋复兴提供精细化服务和产业发展机会。

（市产业转型中心）

【首届中韩投资贸易博览会暨中国（沈阳）韩国周活动】 11月13—17日在沈阳新世界博览馆举办。沈阳市政府、辽宁省商务厅、大韩民国驻沈阳总领事馆等单位共同主办。这次活动以“携手并进、合作共赢”为主题，在以往韩国周的基础上，扩大涵盖范围，举办中韩经贸合作峰会、中韩投资贸易博览会、中韩汽车产业交流合作对接会、中韩文创企业发展论坛、辽宁自贸区沈阳片区推介会、中韩国际技术转移项目对接会、慢慢燕行路友情无终点“中韩丝绸之路”历史风情展、中韩美食节、中国朝鲜族游客韩国旅行故事摄影大赛颁奖仪式等系列活动，有3500多位嘉宾代表、203户韩国企业和530家采购商参展、参会，29个项目实现签约，合同额1457.12亿元。

（赵燕南）

广告业

【概况】 2020年，全市有广告经营单位5530户，其中国有企业53户，集体企业157户，私营企业3689户，内资公司（非私营）1085户，外商投资企业12户，个体工商户497户，事业单位28户，全市广告经营额30.6亿元，发布公益广告360368条次。监测各类广告626493条次，发现涉嫌违法广告16590条次，违法率2.6%。依托国家互联网广告监测平台，监测全市互联网广告监测平台PC端31批次100条涉嫌违法广告线索、自媒体89批次125条涉嫌违法广告线索，移动端互联网广告监测平台35件涉嫌违法广告线索。全市办结医疗、药品、医疗器械、食品、保健食品等违法广告案件105件，罚没款394.45万元，查处的案件数居前三位的是药品、食品和医疗服务。

疫情防控广告监管。累计出动检查人员8.14万人次，排查超市、商场6.15万家，检查药店、医疗器械经营店5.03万家，检查LED屏幕等户外广告2.1万条，检查店堂广告2.59万条，检查印刷品广告0.17万条，监测媒体广告8万余条次，立案与疫情相关违法广告案件6件，并均已结案。

虚假违法广告治理。对国家总局违法广告线索做到查看率、处理率100%，下发责令停止发布通知书778份，编发31期监测通报。通过市局网站，对10起典型食品、药品、医疗等虚假违法广告案例予以公开曝光。开展食品安全建设年虚假违法广告专项治理工作，制定并下发《沈阳市市场监督管理局2020年食品安全建设年虚假违法广告专项治理工作方案》，对全市开展虚假违法广告专项治理工作进行安排部署；全市出动执法车辆414台次，出动执法人员2395人次，监测食品、保健食品广告8417条次，检查食品超市、集贸市场等各类销售场所1250余个。查处虚假违法农资广告，出动执法人员1183人次、326车次，其中新民市局查办的沈阳今朝生物科技有限公司发布农药违法广告案，被国家总局选为2020年第二批典型虚假违法广告案件。开展互联网广告专项整治工作，开展整治宣传活动119次、行政约谈6次；办结全国互联网广告监测中心转办线索18条次，查处虚假违法互联网广告26件，罚没款13.2万元。

低俗庸俗媚俗广告清理整治。集中利用3个月时间，组织开展清理整治含有“软色情”等低俗庸俗媚俗广告行动。出动执法人员517人次，执法车辆88台次，排查店堂广告301条次、户外广告386条次、监测传统媒体广告1679条次、互联网广告30条、移动互联网广告14条，未发现“软色情”等低俗庸俗媚俗广告。

规范公务员考试培训市场秩序专项工作。出动检查人员1144人/次，出动检查车辆201台/次，检查各类培训机构258家，监测网站（网页）各类广告和资讯信息128条次，引导公务员考试培训机构守法经营，合法开展广告宣传工作。

【全市整治虚假违法广告联席会议】 4月29日，市市场监管局组织召开。会议解读国家总局等十一部门整治虚假违法广告工作制度和工作要点，通报广告监测情况，总结2019年广告监管工作，部署2020年广告监管工作。市公安局、市网信办、市通信办、市委宣传部、人民银行沈阳分行营业管理部、市文广局、市卫健委、市市场监管局15人参加会议。

【全系统广告监管工作培训会议】 7月3日，市市场监管局召开培训会议。由专业工程师培训广告监测平台操作，市市场监管局、各区县（市）局广告监管负责人及业务骨干20人参加培训。

（王丹迪）

十八、中国（辽宁）自由贸易试验区沈阳片区

综　述

2020年，沈阳片区坚持制度创新与实体经济发展相结合，着力推动重点领域关键环节创新突破，以制度创新促进产业形态发展，大力发展“保税+”等新兴业态，培育经济增长内生动力，推动主要经济指标实现快速增长。全口径税收增长14%，进出口贸易额增长41.4%，两项指标分别为成立初期的3.8倍和2.4倍。

一批制度创新经验在全省和全国推广。抽调25名机关干部组建专门工作团队，深入75户企业开展调研，解决企业发展的个性问题，围绕企业共性问题开展探索试验，在投资贸易、金融服务、结构调整和对外开放等重点领域和关键环节创新突破。形成飞机行业内加工贸易保税货物便捷调拨监管模式、出入境人员综合服务“一站式”平台2项全国复制推广创新经验，税务处罚标准化办理等15项全省复制推广创新经验，资本项目结汇便利化等25项全市落地实施的创新经验。在东北地区首家开展合格境外有限合伙人试点和跨境电商企业信用融资试点。

对外开放平台实现功能拓展。首次开通沈阳至旧金山、伦敦、洛杉矶三条跨境电商定班国际货运包机航线。依托桃仙机场药品口岸完成全市首单进口药品。东北冷鲜港获批全省唯一内陆进口肉类指定监管场所，实现进出口贸易额4亿元，形成辐射东北地区的保税冷链物流网络。综保区桃仙园区建设加速推进，桃仙河改造等基础设施竣工。

利企惠企促进营商环境优化。首个商标业务受理窗口获国家知识产权局批准设立。政策兑现单一窗口为92户企业及相关人才兑现政策支持资金2700万元。实施“证照分离”改革全覆盖试点，78户企业办理许可288件，涉及事项92项。组建审批局，15个部门181个审批事项实现一个机构、一枚印章审批。提升通关便利化水平，累计复制推广87项创新经验，实施提前申报、限时审批、“7×24小时”通关等举措。

产业项目集聚推动结构升级。全年新建续建项目77个，完成投资59.6亿元，项目数和投资额均是2017年3倍。滴滴东北区域总部、天风证券、和怡光电膜等40余个项目签约落地。有94户企业被认定为国家高新技术企业、43户企业被认定为省雏鹰企业，科技企业累计有效发明专利1114件。跨境电商及第三方服务企业360户，全年交易量突破200万单。引进华狐直播电商产业园、魔筷直播基地等30余户直播电商企业。　　（韩　唯）

▶沈阳片区成立审批局，实现一枚印章管审批　（沈阳自贸区供）

规划建设

【概况】 2020年，启动沈阳片区“十四五”规划编制工作，明确发展目标、定位和指标体系，优化空间发展部局，以制度创新推进产业升级。完善沈阳综合保税区桃仙园区道路管网建设，完成3.4千米桃仙河道改造工程，整合优化综保区产业发展空间。3.8千米路网和配套污水、雨水、电力管道等市政设施竣工，园区基础设施基本完备。加快建设“保税+”产业配套设施，联检服务中心二期竣工使用，保税仓项目主体工程完工，保税仓储面积大幅增加，基本满足跨境电商等产业发展需求。联检服务中心B座项目开工建设，园区产业配套设施进一步完善，为项目落地和产业发展奠定良好的环境。

【联检服务中心（二期）】 项目规划建筑面积4236平方米，地上1层、局部2层。项目建成并完成规划核实、消防验收、档案初验合格证的办理工作，12月底完成竣工验收备案。

【联检服务中心B座】 项目规划建筑面积23432.5平方米，地上7层，地下2层，计划总投资1.6亿元。9月开工建设。截至年末，完成土方工程、基坑工程、地下室施工，达到±0结构施工。

【保税仓（一期）】 项目总占地面积2.6万平方米，总建筑面积约1.8万平方米，地上1层（局部2层），计划总投资1.3亿元。9月开工建设，完成基础土建施工、外环境施工、钢结构施工。截至年末，完成钢结构主体工程。

（韩　唯）

招商引资

【概况】 2020年，沈阳片区大力推行全员招商，充分调动各部门招商主动性，通过视频会议、网上洽谈、网上签约等形式，加强项目商洽沟通，聚焦京津冀、长三角、珠三角等地区招商引资，洽谈储备项目160余个，邀请接待426个招商考察团组，其中海外团组105个。罗布长风供应链、嘉华京天恒温库、中储物流保税仓等70余个项目达成入驻购地意向，滴滴东北区域总部、和怡光电膜等40余个项目签约，项目转化率30%以上。累计注册外资企业407户，是成立前的26倍，分别来自47个国家和地区。全面推行“预约办、网上办”，整合涉企服务的30余个部门职能，开通35部窗口咨询电话，为企业提供电话咨询、线上指导及预约服务，对于涉及疫情防控等特殊政务服务事项，开通“绿色通道”，特事特办，满足企业和群众疫情严峻时期的办事需求。

【沈阳进口药品首单通关】 2020年，沈阳片区引进中国医药集团下属的中国医药健康产业股份有限公司。该公司从捷克布拉格采购货值102万美元的240千克尼麦角林，经转韩国首尔运抵沈阳，缴纳进口关税125万元。9月3日，首批进口药品从桃仙机场口岸顺利通关，使进口药品不再“绕道”大连、北京、天津等口岸，减少进口药品的中间环节，缩短药品进口周期，降低运输成本。

【全省首次跨境电商定班国际货运包机开通】 9月4日，沈阳片区开通沈阳至旧金山、伦敦、洛杉矶3条跨境电商定班国际货运包机航线。由沈阳片区与上海甲申速递有限公司合作，借助甲申公司海上、航空、陆路等国际货物运输代理网络，拓展贸易通道，开通空中货运航线。截至年末飞行19个航班，货物总重量260吨，总

金额1481万美元。（韩　唯）

经济发展

【概况】 2020年，沈阳片区加快推进“保税+”业态发展。推动尼瓦纳（沈阳）再制造、辽宁山青机械维修服务两家公司落地综保区，启动维修再制造业务。加快推动保税仓储、保税物流产业发展，沈阳中保力石科技实业有限公司、沈阳储运集团保税仓、环球资源跨境物联中心等一批保税仓储项目入驻综保区。全面开通跨境电商1210和9610业务，辽宁致通供应链管理有限公司、上海甲申速递有限公司沈阳分公司等企业落户综保区并开展业务，京东（沈阳）外贸综合体项目完成签约。跨境电商及第三方服务企业达到360户，比上年增长3倍，占全市2/3以上，全年跨境电商通关量206.5万单，订单金额总值5.1亿元，首家跨境电商体验展示销售店开业运营。引进30余户直播电商企业。

开放交流平台建设。制定沈阳片区推进沈大合作交流工作计划，启动“京沈高精尖产业智库服务平台”项目。聘请匈牙利投资专家为自贸区海外经贸顾问。

宣传推介。举办温州商会企业家走进沈阳自贸区招商引资说明会、中国（沈阳）韩国周自贸区推介活动；充分利用参加进博览会、辽洽会、京沈对口合作（浑南）行等活动，推介自贸区发展情况与优惠政策。

（韩　唯）

【沈阳片区企业法律服务热线开通】 3月16日，沈阳片区与相关律师事务所联合开通热线电话，免费为企业提供涉外投资和对外贸易等方面的法律咨询。沈阳片区针对企业复工复产后，产生的诸多方面法律需求，围绕疫情防控期间企业内部管理、劳动用工、对外运营潜在风险，员工关心的合同、工资、复工等领域，梳理归纳出40个热点问题，开通3部热线电话，为企业和员工免费解答相关法律咨询，提高企业、员工知法用法能力。（志　闻）

十九、金融业

综　述

截至年末，全市金融企业纳税115.47亿元，占全市税收9.75%。全市本外币贷款余额18129亿元，增长7.8%（比全省高2.5个百分点，比大连高4.4个百分点），比年初新增贷款1317亿元；存款余额19442.5亿元，增长3.0%（比全省低5.4个百分点，比大连低6.4个百分点），比年初新增加573亿元。全市新增金融机构2家，持牌金融机构766家。全市法人金融机构21家。全市证券交易额38312.26亿元，增长34.43%（数据来源省证监局）。全市原保险保费收入356亿元，增长3.2%。赔付支出155.6亿元，增长29.6%。其中财险增幅2.7%，寿险增长3.5%。保险密度达到4671元/人，保险深度达到5.5%（数据来源省银保监局、省银保监协会）。

金融服务实体经济能力有效提升。金融产业绩效位居东北第一名。连续8年新增贷款超千亿元，为实体经济发展注入资金保障。抗击新冠肺炎疫情期间，为帮助防疫重点保障企业和中小企业解决融资问题，出台4项金融支持政策，发放小微民企票据再贴现20亿元，支小再贷款7.8亿元。支持复工复产项目153个，累计发放贷款77.3亿元。为国家、省级防疫重点保障企业累计授信额度超40亿元。信贷资金紧缩时期，政府增信机制发挥巨大的杠杆效应。助保贷累计为108户企业融资2.3亿元，拨付风险补偿金2324.9万元。新增创业担保贷款8.41亿元，贴息1871万元。应收账款质押融资试点累计开展业务12笔，为下游企业贷款2.1亿元。

多层次资本市场建设稳步发展。上市企业后备企业库入库企业201户。成大生物通过上交所科创板审核。何氏眼科在创业板上市申请获深交所受理。中科仪在科创板上市申请获上交所受理。风景园林、金麒麟在新三板精选层挂牌申请获受理。辽股交新增沈阳挂牌企业245户，占全省挂牌企业82%；新增融资31.91亿元，占全省新增融资42%。沈阳累计挂牌企业898户，占全省挂牌企业79%；累计融资91.69亿元，占全省累计融资17%。

政策体系、规划体系、法规体系进一步完善。修订金融政策的配套实施细则，确保专项资金支出合法合规、有的放矢。全年金融专项资金支出7859.68万元，执行率99.87%。印发实施《沈阳区域金融中心发展规划（2020—2030）》，为沈阳未来十年和十四五期间金融发展找准定位、明确目标。成立沈阳市金融稳定发展委员会，印发实施《沈阳市打好防范化解重大金融风险实施方案》《沈阳市金融突发事件应急预案》，为全市打赢金融风险攻坚战建立工作机制和奠定基础。

金融基础设施建设稳步推进。沈阳企业征信平台、综合金融服务平台、金融风险预警平台均正式上线运营，并发挥关键作用，将数据与金融应用场景有效结合，大幅提升全市金融服务能力和监管能力。《沈阳市信用保证基金管理试行办法》12月出台实施。

金融风险处置工作有条不紊。非法集资陈案逐步化解，全年完成化解陈案30件，超额完成省三年陈案减半工作目标；7个部督案件均取得突破性进展，4个重点案件全部进入侦诉程序；交易场所、P2P（互联网金融点对点借贷平台）、投资类公司风险排查与处置工作进展顺利；39家交易场所经省地方金融监管局批准保留12家，11家列入“黑名单”，其余均进行工商变更；29家P2P平台全部停业并启动退出程序。重大金融风险处置工作有序开展，中普公司启动首期债务清偿资金发放，向35477人发放清偿资金4.18亿元，支付人数完成率85.63%，支付金额完成率87.58%。（于天义）

银行业

【概况】 2020年，全市有银行类金融机构58家，包括：政策性银行2家（开发银行辽宁省分行、农业发展银行辽宁省分行营业部）；国有商业银行5家（工商银行沈阳分行、农业银行沈阳分行、中国银行沈阳分行、建设银行辽宁省分行、交通银行辽宁省分行）；邮政储蓄银行1家；股份制商业银行11家（招商银行、中信银行、华夏银行、光大银行、浦发银行、兴业银行、广发银行、民生银行、浙商银行、平安银行、渤海银行沈阳分行）；城市商业银行12家（盛京银行，大连银行、哈尔滨银行、营口银行、锦州银行、阜新银行、辽阳银行、葫芦岛银行、吉林银行、朝阳银行、丹东银行、抚顺银行沈阳分行）；民营银行1家（振兴银行）；农村商业银行2家（沈阳农村商业银行、新民农村商业银行）；农村信用联社5家（沈阳市农村信用合作社联合社、辽中农村信用合作社联合社、法库农村信用合作社联合社、康平农村信用合作社联合社、苏家屯农村信用合作社联合社）；村镇银行6家（沈北、新民、辽中、法库富民村镇银行，于洪永安、康平抚银村镇银行），外资银行11家（韩亚银行、企业银行、大华银行、东亚银行、汇丰银行、三井住友银行、三菱日联银行、新韩银行、渣打银行、友利银行、韩国产业银行沈阳分行）；金融租赁公司1家（锦银租赁有限责任公司）；消费金融公司1家（盛银消费金融有限公司）。截至12月末，全市金融机构本外币各项存款余额19442.5亿元，增长3%，比年初增加572.9亿元；沈阳市金融机构本外币各项贷款余额18129亿元，增长7.8%，比年初增加1317.1亿元。银行业营业性机构1526家，减少13家（其中中资机构数1510家、外资营业性机构数16家）；中资商业银行各项存款余额18691亿元，各项贷款余额17772.3亿元，中资银行机构数1510家；外资银行各项存款余额92.5亿元，各项贷款余额126.3亿元，外资法人机构数0家，本地外资法人银行分行数0家，异地外资法人银行分行数0家，外国银行分行数及同城支行数0家，外资银行代表处数0家。外资银行人民币业务各项贷款占银行各项贷款比重98.9%，人民币业务各项存款占银行各项存款比重99.1%。

疫情防控。人民银行沈阳分行营业管理部统筹金融系统支持疫情防控，落实中国人民银行总行等五部委文件，印发《关于进一步强化金融支持防控新型冠状病毒感染肺炎疫情的通知》，对驻沈金融机构提出4个方面17条政策要求。会同市发改委、市工信局、市金融发展局和市财政局联合出台应对疫情支持企业经营发展的政策措施。落实人民银行总行3000亿元抗疫保供专项再贷款政策，通过建立人民银行与政府、银行、企业“四个联动”机制，为全市36户国家级疫情防控重点名单企业发放防疫专项再贷款10.3亿元，为省级防疫保障名单企业发放优惠贷款5.7亿元。

稳健货币政策。金融支持稳企业保就业取得较好效果。加大银企对接工作力度，制定进一步做好金融支持稳企业保就业工作方案，成立金融支持稳企业保就业工作组和3个职能小组，印发《关于开展“稳企业、保就业”重点名单企业银企对接工作的通知》，督导辖内银行业金融机构与5批次493户企业开展“一企一行”对接累放资金366.8亿元。

落实总行5000亿元复工复产再贷款再贴现和1万亿元普惠性再贷款再贴现政策。全年累计发放支小再贷款5.9亿元，再贴现170亿元，其中地方法人业务占比超过75%，全部用于民营及小微企业。推动两项直达工具（延期还本付息、信用贷款支持计划）精准落地，召开融资对接辅导会，就普惠小微企业贷款延期还本付息及普惠小微企业信用贷款政策向企业家代表进行详细解读；召开货币政策工具落实情况分析会，指导金融机构对企业延期还本付息需求做到“应延尽延”。截至12月末，全市金融机构办理8459笔贷款延期还本操作，本息合计87.9亿元；地方法人银行普惠小微信用贷款余额3.4亿元，比年初增加2.2亿元，增长188.5%。“双支柱”调控框架（健全货币政策和宏观审慎政策）进一步健全。全年普惠金融定向降准、下调服务县域的农村商业银行准备金等降低准备金率5次，累计释放普惠资金51亿元。完善新增存款用于当地县域考核工作机制，普惠金融定向降准为4个县域2家法人金融机构下降准备金1个百分点。完善调度贷款投放预测数据报送机制，信贷投放实现与预期基本吻合总量微增，节奏合理化水平在全省领先。发挥好MPA（宏观审慎评估体系）信贷政策执行项的引导作用，辅助盛京银行从C级达到B级，获得更多货币政策工具资金支持。稳妥实施“三农”、小微政策效果评估及合格审慎评估，将再贷款资金运用成效纳入信贷政策导向效果评估体系，督导金融机构把握好信贷投向，加大优惠利率贷款投放力度，全力支持普惠小微企业、民营企业发展。

融资渠道。建立复工复产企业债券融资对接工作机制，对总行反馈的民营企业、龙头企业及其核心配套企业，逐家摸排发债融资需求，开展发债辅导，全市企业银行间市场当年累计发行债券76亿元。

金融精准扶贫。推动康平县落实扶贫小额信贷贴息工作，并推动财政部门对以前年度贷款贴息情况进行整改，减轻贫困户负担。探索集体经营性建设用地使用权抵押贷款，为缓解“三农”融资难融资贵找到新办法。

金融管理。稳步推进“两管理、两综合”（对银行业金融机构的开业管理、重大事项报告管理；综合执法检查、综合评价）工作，完成综合执法检查工作，开展征信、支付结算、反洗钱等专项检查。做好取消企业银行账户许可后的账户风险监测工作，加强可疑账户排查。持续推动扫黑除恶专项斗争工作，与公安部门建立打击电信网络新型违法犯罪协作机制、反洗钱工作机制，制定《沈阳市“断卡”行动金融工作方案》，联合公安部门实施联合惩戒，有效遏制跨境赌博、电信网络诈骗等违法违规活动，沈阳市企业账户涉案数量基本清零，个人账户涉案数量大幅下降。防范区域洗钱风险，完成辖区161家机构反洗钱分类评级工作，对15家金融机构下发《反洗钱监管意见书》。加强风险研判和防范化解工作，按月编制《风险监测专报》，对地方法人银行业金融机构经营指标进行动态趋势监测。开展法人银行金融机构资产质量真实性核查。持续做好存款保险投保机构运行监测，完成存款保险标识启用工作。稳步推进央行评级工作，开展4个季度的非现场评级工作。做好证券、期货公司相关经营数据收集工作，加强非银行类金融机构风险监测。梳理沈阳市23家A股上市公司公告，持续关注高风险上市公司经营动态。加强对大型有问题企业监测，防范大型企业风险向金融机构转移。加强对重点法人银行流动性日常监测，每日及全年重要时点考核各行准备金动态调整情况，及时为相关机构补充流动性，累计办理常备借贷便利30亿元，第一时间补齐机构头寸缺口，化解流动性风险苗头。强化对高风险金融机构的监测，对高风险金融机构进行约谈、下发风险警示函，并将风险情况通报高风险机构所在地政府。压实村镇银行发起行责任，于洪永安村镇银行9.8亿元应收账款妥善处置，资产质量得到改善；辽中富民村镇银行、新民富民村镇银行和康平抚银村镇银行迁出高风险机构名单。有效压控房地产高杠杆风险，建立全市银行业金融机构房地产信贷周监测制度，引导银行机构房地产信贷业务合理增长。分3批次召开金融机构房地产信贷约谈会，对4家国有商业银行开展“一对一”约谈，并对8家股份制银行、城商行进行现场走访，控制房地产贷款增速及新增占比在合理范围内。

金融服务。以服务实体经济为出发点，大力推进现代金融基础设施建设，优化金融服务手段，推动金融服务创新，不断增强社会各界对基层央行的认同度。参与营商环境建设。落实市委、市政府对标工作的相关要求，制定印发《营管部优化营商环境专项治理工作方案》，在全辖开展优化营商环境专项治理工作。同服务对象开展座谈会，结合征求到的意见建议，完善营管部服务大厅便民硬件设施，加强窗口服务人员业务和服务能力培训，窗口服务水平得到持续提升。做好金融业调查统计工作，参与国家金融基础数据库建设，完成单位贷款数据采集试点工作；完善沈阳市经济金融发展情况调查数据库，常规统计数据以及金融运行月度、季度分析质量稳步提高。开展沈阳市“一城一策”房地产融资总规模试编数据报送工作，建立长效的房地产市场融资情况数据体系。召开沈阳市金融形势分析会，对地区金融运行情况的分析研判水平全面提升。金融信息化建设全面推进。有序推进辖内金融机构IPv6（互联网协议第6版）改造，沈阳农村商业银行、于洪永安村镇银行、盛银消费完成IPv6部署。组织辖内金融机构开展移动金融客户端安全软件与风险防范技术在线培训、金融科技数据治理在线培训，提升金融机构线上金融服务渠道安全应用水平，推动金融信息安全共享。金融标准化、金融网络安全宣传工作扎实推进，完成支付系统、中央银行会计核算系统、国家金库集中核算系统、货币金银系统、征信系统等核心应用业务系统的保障工作，系统和网络安全保障能力有效提升。支付服务水平进一步提升。做好支付系统运维管理，全年处理大额支付系统业务829万笔、小额支付系统业务5302万笔、跨行网银业务4496万笔，金额合计44.9万亿元。加快传统金融业务与移动支付业务融合速度，与中国银联辽宁分公司持续开展商圈、街区、小微商户等受理场景建设，继续推动移动支付向县域及以下地区纵深发展。充分发挥“金融服务站”普惠功能，2988个县域“金融服务站”代理生活缴费9万笔，金额450万元；办理小额取现18万笔，金额4800万元，支付便民取得新进展。建立农民工工资专用账户制度和拖欠农民工工资“黑名单”联合惩戒反馈机制，加强与地方政府部门在治理拖欠农民工工资方面的合作力度。

征信管理。完成辖内接入机构二代系统查询切换工作。以务实惠民的原则全面增强征信服务意识，全市信用报告查询网点增至53个，完成个人及企业信用报告查询62.7万次，协助司法机关办理查询6458笔。发挥征信在服务中小微企业融资方面的作用，推进动产融资统一登记公示系统和应收账款融资服务平台对接工作；完善沈阳市中小微企业信用信息应用服务平台票据贴现线上申请功能，开通疫情产品推荐板块，累计对接融资金额6.6亿元。大力推进农村信用体系建设。新增培育信用户7621户，信用村48个，信用乡镇3个。

国库服务。加速跨境人民币缴税入库进程，从企业提出纳税需求到款项入库仅需5个工作日；税务与国库信息交流平台全面上线运行，实现税务部门与国库部门的信息共享，降低退库资料人工传递的成本；做好首次个人所得税汇算清缴退税工作，妥善化解退税压力。全辖各级国库办理增值税留抵退税25.17亿元；办理个人所得税汇算清缴退税29万笔、20.01亿元。

货币发行。强化人民币流通管理，合理安排券别结构，保障现金合理供应。巩固现金服务示范区、示范网点建设成果，在沈阳自贸区（浑南）创建现金服务示范区、市区内18个银行网点建设现金服务示范网点的基础上，

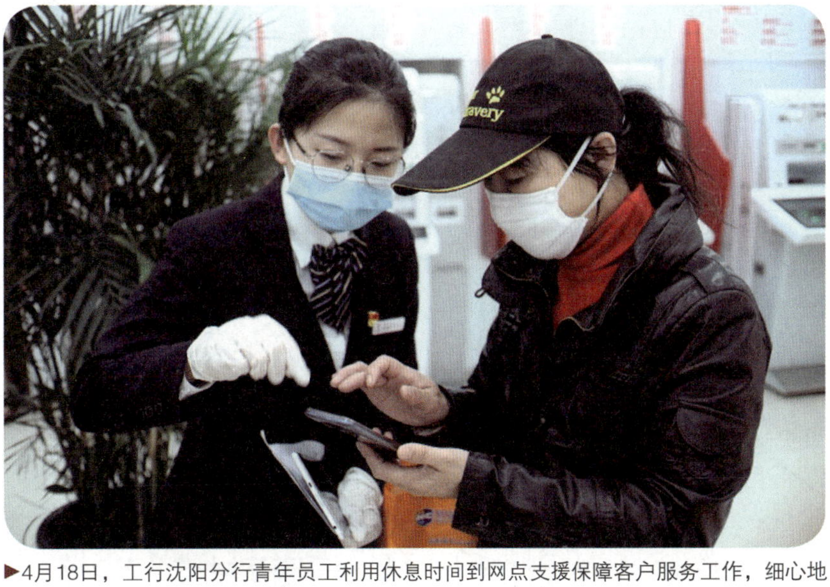

▶4月18日，工行沈阳分行青年员工利用休息时间到网点支援保障客户服务工作，细心地指导客户利用手机银行办理操作
（工行沈阳分行供）

稳步扩大现金示范网点建设。稳妥做好新版第五套人民币5元纸币发行和纪念币发行管理工作。加大假币违法犯罪打击力度，持续做好整治拒收现金和违规使用人民币图样工作。

金融消费权益保护。开展金融消费权益保护执法检查与评估。深入开展3·15、“守住钱袋子”和“金融知识普及月”等金融消保宣传教育活动。组织辖内银行业金融机构召开沈阳市金融消费者投诉处理经验线上交流分享会，分享成功案例。与辽宁省银行业纠纷调解中心达成投诉转办处理机制，妥善处理金融消费者投诉491笔。（刘荣佳）

【沈阳综合金融服务平台App上线】 2月25日，沈阳综合金融服务平台App正式上线运行，企业通过手机注册登录并发布贷款需求后，金融机构将在线跟进并提供信贷服务。该平台具备自动撮合功能，企业发布的贷款需求如在一定时间内没有被金融机构关注或解决，会进入平台撮合需求列表，平台将按照规则进行自动撮合，以帮助企业解决融资难题。（志　闻）

【金融服务抗疫绿色通道】 2020年，为做好新冠肺炎疫情防控工作，各级国库拨付疫情防控专项资金4.4亿元，指导金融机构开立防疫相关账户96户，为疫情防控定点医院和受理捐赠的慈善类商户等减免转账和结算手续费225万元，配合税务部门办理疫情防控重点保障物资生产企业退税8087万元。为服务疫情防控工作的企业和个人提供信用报告查询和异议处理绿色通道。（刘荣佳）

保险业

【概况】 截至年末，全市保险金融机构69家，其中：财险公司28家，寿险公司41家。沈阳财险公司分别为融盛财政保险股份有限公司（总部）、中国人民财产保险股份有限公司辽宁省分公司、中国太平洋财产保险股份有限公司辽宁分公司、中国平安财产保险股份有限公司辽宁分公司、华泰财产保险有限公司辽宁分公司、天安财产保险股份有限公司辽宁省分公司、中华联合财产保险股份有限公司辽宁分公司、永安财产保险股份有限公司辽宁分公司、华安财产保险股份有限公司辽宁分公司、阳光财产保险股份有限公司辽宁分公司、永诚财产保险股份有限公司辽宁分公司、都邦财产保险股份有限公司辽宁分公司、太平财产保险股份有限公司辽宁分公司、中银保险有限公司辽宁分公司、渤海财产保险股份有限公司辽宁分公司、亚太财产保险股份有限公司辽宁分公司、安华农业保险股份有限公司辽宁分公司、英大泰和财产保险股份有限公司辽宁分公司、国任财产保险股份有限公司辽宁分公司、浙商财产保险股份有限公司辽宁分公司、中国人寿财产保险股份有限公司辽宁省分公司、紫金财产保险股份有限公司辽宁分公司、中航安盟财产保险股份有限公司辽宁分公司（外资）、富邦财产保险股份有限公司辽宁分公司（外资）、富德财产保险股份有限公司辽宁分公司、中意财产保险股份有限公司辽宁分公司（外资）、永诚财产保险股份有限公司辽宁分公司及大家财产保险股份有限公司辽宁分公司。沈阳寿险公司分别为华汇人寿保险股份有限公司、中国人寿保险股份有限公司辽宁省分公司、中国太平洋人寿保险股份有限公司辽宁分公司、中国平安人寿保险股份有限公司辽宁分公司、泰康人寿保险股份有限公司辽宁分公司、新华人寿保险股份有限公司辽宁分公司、太平人寿保险有限公司辽宁分公司、民生人寿保险股份有限公司辽宁分公司、富德生命人寿保险股份有限公司辽宁分公司、中荷人寿保险有限公司辽宁分公司、农银人寿保险股份有限公司辽宁分公司、中国人民健康保险股份有限公司辽宁分公司、中美联泰大都会人寿保险有限公司辽宁分公司、平安养老保险股份有限公司辽宁分公司、恒安标准人寿保险有限公司辽宁分公司、中意人寿保险有限公司辽宁省分公司、中国人民人寿保险股份有限公司辽宁省分公司、太平养老保险股份有限公司辽宁分公司、英大泰和人寿保险股份有限公司辽宁分公司、中英人寿保险有限公司辽宁分公司、幸福人寿保险股份有限公司辽宁省分公司、工银安盛人寿保险有限公司辽宁分公司、国泰人寿保险有限责任公司辽宁分公司、合众人寿保险股份有限公司辽宁分公司、阳光人寿保险股份有限公司辽宁分公司、中宏人寿保险有限公司辽宁分公司、百年人寿保险股份有限公司辽宁分公司、国华人寿保险股份有限公司辽宁分公司、光大永明人寿保险有限公司辽宁分公司、中邮人寿保险股份有限公司辽宁分公司、中信保诚人寿保险有限公司辽宁省分公司、平安健康保险股份有限公司辽宁分公司、和谐健康保险股份有限公司辽宁分公司、信泰人寿保险股份有限公司辽宁分公司、泰康养老保险股份有限公司辽宁分公司、招商信诺人寿保险有限公司辽宁分公司、建信人寿保险有限公司辽宁分公司、交银康联人寿保险有限公司辽宁省分公司、华泰人寿保险股份有限公司辽宁分公司、中国人寿养老保险股份有限公司辽宁省分公司及大家人寿保险股份有限公司辽宁分公司。

2020年，全市保险密度（人均保费收入）4671.9元，其中：人身险保险密度3120.7元、财险保险密度1551.2元。按照《中国保险业发展“十三五”规划纲要》，到2020年，保险深度达到5%，保险密度达到3500 元/人，沈阳市保险业实现“十三五”发展目标。截至年末，沈阳地区经营情况为保费总收入356亿元，增长3.2%。保障金额35.6万亿元，保险保障作用进一步提升。其中：财产保险保费收入118.2亿元，保险市场占额33.2%，增长2.7%。人身险保费收入237.8亿元，保险市场占额66.8%，增长3.5%（数据来源于省银保监局、省银保监协会）。沈阳市预防和打击保险诈骗中心办公室累计受理保险诈骗案件162件，涉案金额224万元，指导保险机构自行处理骗赔案件2823件，止损金额18032万元。沈阳市保险舆情风险监测中心累计监测舆情报道224篇，负面报道5篇。其中国家级7篇，省级媒体106篇，市级媒体97篇，网络媒体14篇。

【保险消费维权服务站处理保险纠纷835件】 2020年，沈阳地区61家保险机构设立消费维权服务站，选聘人民调解员70人，接待受理上访群众累计千余人次，满足沈阳地区保险纠纷处理工作需求。全市累计受理“道路交通事故赔偿纠纷网上数据一体化处理”诉调对接案件835件，其中，调解成功191件，涉案金额1487万元。（于天义）

【辽宁保险业金融知识教育示范基地成立】 12月29日，中国人民财产保险股份有限公司沈阳市分公司成立辽宁保险业金融知识教育示范基地，这是辽宁财险业首家金融知识教育示范基地。基地位于沈阳市分公司本部，建筑面积120平方米，能够容纳40人以上的金融宣教活动。配备专职讲师2名，志愿者15名。基地通过将广大消费者“请进来”的宣传形式，开展普及金融知识、宣讲业务流程、告知金融风险、引导依法理性维权等各项活动，对社会公众进行金融知识普及、金融意识和金融素养培养，推动消费者权益保护公众宣传工作的有序开展，调动消费者的参与热情，共建和谐金融环境。（唐国卿）

【快处中心处理道路交通事故70%以上】 2020年，全市道路交通事故快速处理中心受理城市轻微道路交通事故117522件，占沈阳市道路交通事故70%以上。快处中心自成立以后接待省内外各兄弟省市相关政府部门及单位的参观交流，被中央及地方新闻媒体宣传报道，成为沈阳市道路交通管理及保护保险消费者合法权益的形象工程及为百姓办实事的民生工程。

【商业保险定点医院理赔1.76亿元】 2020年，沈阳地区商业保险住院总人次56608人；住院医疗总费用43263万元；住院医疗理赔总额17635万元；次均医疗费用0.82万元；次均住院天数10.4天。全年向各医院下发文件3次；签订双方合作协议122份；为全市406人办理专管员调查证；到医院现场解决问题9 次；疫情期间，沈阳市商业保险定点医院行业管理中心为医院和保险公司之间协调近百次。

（于天义）

证券业

【概况】 截至年末，全市上市公司24家，总股本228.22亿股，总市值1896.55亿元。新三板挂牌公司50家，辽宁股权交易中心挂牌及展示1480家。证券公司2家，证券分公司36家，证券营业部99家，客户资产总额3443.8亿元，年内累计证券交易额38629.06亿元。期货公司1家，期货分公司9家，期货营业部17家，保证金金额52.36亿元，年内累计期货代理交易额47871.24亿元。证券投资咨询公司1家，证券投资咨询分公司2家，外国证券类机构驻华代表处1家，独立基金销售机构分公司2家，取得基金销售业务资格的地方商业银行1家。备案私募基金管理人58家，基金产品规模51.57亿元。2020年，沈阳企业通过资本市场直接融资32.9亿

元。其中股票融资11.9亿元，债券融资21亿元。（于天义）

【东北首家合格境外有限合伙人试点】 6月16日，光控（辽宁）产业投资基金管理有限公司在自贸区沈阳片区成立，成为东北首家合格境外有限合伙人（QFLP）基金管理企业，填补东北地区空白。光控（辽宁）产业投资基金管理有限公司发起设立100亿元产业投资基金，实际运营中可裂变为多支专注于各重点领域的产业子基金，最终带动形成200亿元—300亿元规模总投资。

（韩　唯）

典当拍卖业

【概况】 2020年，全市典当拍卖行业基本处于年审整改的状态，60%的典当拍卖企业经营困难，整个行业盈利能力大幅下滑，行业风险总体可控。截至年末，全市典当拍卖企业从156户降为148户（年审注销8户）。全行业资产总额13.75亿元，下降2%；注册资本金14.29亿元，下降7.5%。全年典当总额16.35亿元，下降3%；年末典当余额4.3亿元，下降10.3%；经营收入3546万元，下降21.7%；上缴税金416万元，下降27.9%；税后利润-37万元，下降95.3%。市金融发展局主要配合省地方金融监管局对典当拍卖企业进行2018年度年审整改和2019年度的年审工作。

【103户典拍企业参加年审】 7月，全市开展2019年度典当拍卖年审工作。根据8月4日省金融监管局《关于进一步规范典当行及分支机构设立、变更、注销事项行政审批申请材料的通知》，进一步加强典当拍卖行业管理。全市148户典当拍卖企业抽检A类5户，B类全覆盖，参审103户。

（于天义）

二十、交通·邮政

交　通

2020年，货物运输总量18918.2万吨，比上年下降2.4%。其中，铁路478.1万吨，增长13.2%；公路18435万吨，下降2.8%；民用航空5.1万吨，下降30.8%。旅客发送量7799.8万人，下降60.7%。其中，铁路2440.9万人，下降54.0%；公路4893.0万人，下降64.4%；民用航空465.9万人，下降40.3%。年末全市民用汽车保有量263.5万辆，比上年末增长7.5%。其中，载客汽车242.6万辆，载货汽车19.9万辆。私人汽车保有量233.4万辆，增长8.7%。沈阳与国际25个城市、国内102个城市（地区）通航。沈阳机场航线达到273条，其中国际航线31条，国内航线242条；民航运输飞机起降10.6万架次，比上年下降26.4%；机场旅客吞吐量1318.1万人次，下降35.8%。

道路运输。全市有长途汽车客运站12个（总站、西站、五爱、SK、省快客站、机场、沈北天兴、新民、辽中、康平、法库、苏家屯），客运企业132户（班车企业32户、包车企业100户），道路客运车辆5853台（班车1710台、包车4143台），长途客运线路744条（省际91条、市际143条、县际155条、县内355条），通达12个省份和省内其他13个地级市，全市100%的乡镇通客车。全市有道路货运企业1.4万户（含危险品运输企业97户、大件运输企业136户、专项运输企业1121户），在沈注册的营运货车5.7万台（含危货运输车辆4273台），全年完成公路货运量1.84亿吨。全年取消11.4万台4.5吨及以下普通货运车辆营运证和从业资格证，进一步降低普通货运车辆制度性交易成本，减轻企业负担。申报市投资2020年场站建设计划20个、资金1.08亿元，申报省投资2021年场站建设计划16个、资金1.7亿元。开展瓶装液化石油气运输企业及车辆检查工作，督促运输企业规范运输和停放行业。超额完成淘汰老旧营运柴油货车工作，全年淘汰老旧柴油营运货车2008台，为年度计划的100.4%。仅用一个月时间，完成全市8511台两客一危（从事旅游的包车、三类以上班线客车和运输危险化学品、烟花爆竹、民用爆炸物品的道路专用车辆）及农村客运车辆智能视频监控报警装置安装。

交通基础设施建设。到年末，全市初步构筑起以沈阳为中心辐射周边的沈大、沈盘、沈彰、沈哈、沈抚、沈丹6条综合交通走廊，每条走廊至少分布1条高速公路、1条干线公路、1条高速铁路（除沈抚外）和1条普速铁路。公路方面，初步构筑起以高速公路为主骨架、干线公路为大通道、农村公路为脉络，干支相连、城乡互通的公路网络体系，公路总里程13128千米（其中高速公路653千米、国省干线公路1476千米、农村公路10521千米、专用公路209千米、城管里程269千米），公路网密度101.14千米/百平方千米，实现县县通高速。全年全市累计完成公路建设投资13.05亿元，其中，农村公路建设完成投资4.1亿元，干线公路建设完成投资1.78亿元，PPP项目建设完成投资6.07亿元，公路养护及四环等维护费完成投资1.1亿元。全市地方自筹资金完成投资8.37亿元，其中，农村公路自筹资金完成投资2.3亿元，PPP项目自筹资金完成投资6.07亿元。新建、维修改造农村公路580千米；完成农村公路危桥改造工程27座；完成干线公路建设、养护工程125.4千米、危桥拆除重建工程10座。沈闫线、四环二期、马宋二期、西北连接线4个PPP项目均已进场，其中，沈闫线主线建成通车；四环二期棋盘山隧道累计成洞1787米，桥梁工程完成桩基68.6%；马宋二期完成桥梁桩基33%；西北连接线完成桥梁桩基2.11%。

道路运输安全管理。持续坚持开展干线公路路面治超联合执法，路政执法部门会同公安交管部门累计出动执法车辆8053台次，参加联合执法的路警人员20427人次，累计检测认定违法超限超载车辆3968台次，监督实施卸载分装消除违法状态3930台次，卸载分装货物12.41万吨。加强国省干线及高速公路路域执法工作，保护路产路权完好。

铁路。沈阳市辖内有铁路单位17个，其中独立车站3个（沈阳站、苏家屯站、裕国站）、车务段1个（沈阳车务段）、货运中心1个（沈阳货运中心）、机务段2个（沈阳机务段、苏家屯机务段）、工务段2个（沈阳工务段、沈阳工务机械段）、高铁基础设施段1个（沈阳高铁基础设施段）、客运段1个（沈阳客运段）、供电段1个（沈阳供电段）、电务段1个（沈阳电务段）、车辆段3个（沈阳车辆段、苏家屯车辆段、沈阳动车段）、通信段1个（沈阳通信段）。运输辅助单位29个。营业里程698.811千米，运营车站52个，配属客车2619辆，配属动车组191组，配属机车755台，日均图定开行列车113.5对。严格落实疫情防控要求，停运减编旅客列车9.6万列次；严格落实国铁集团3次预留列车席位“隔离区”措施、4次“隔号”售票控制措施以及5次退票政策，做好疫情期间禁止发售无座席的售票组织措施；组织Z1次等列车加挂行李车，向武汉等重点地区运送各类疫情物资。优化列车运行图，采取既有动车延长的手段，向外延长开行区段，填补动车开行方向空白，主要为：沈阳—连云港G2630/1 G2632/29次延长至盐城、沈阳北—威海G2652/3 G2654/1次延长荣成、沈阳南—武汉G1272/3 G1274/1次延长至福州。沈阳管内货运系统构建长协价格和动态平台价格相结合的市场化价格体系，对实施效果差的18个项目进行调整。客服中心受理客户电话205万个，人工接听181万个，处理旅客各渠道投诉问题7256件，旅客求助5967件，帮助查找遗失物品4961件，接到旅客表扬来电、信243件；建立旅客典型投诉问题通报机制，下发15期投诉通报，查实责任投诉295件，通报典型问题107件；在12306官网及媒体平台发布325条列车停、开行信息；审核失信人员信息260件，将涉铁违法人员纳入铁路失信系统，为广大旅客提供良好的乘车环境。

城市公交。到年末，全市以地铁、城市公交为骨干，出租汽车、有轨电车、共享单车等为补充的城市公共交通发展格局基本形成。9月7日，交通运输部命名沈阳市为国家公交都市建设示范城市。有公交企业15户（国有3户、民营7户、混合所有制5户），公交线路321条，线路运营总里程5253.3千米，公交车辆6012台。新开调整公交线路22条，增加运营里程18.6千米，填补公交空白15.8千米，重点解决中街方城改造工程公交配套工作，打通东塔桥等跨河大桥的公交通路，填补祝科街、青榆路、青城山路、香湖街、锦江山路等街路公交空白，加强公交线路与地铁九、十号线的接驳换乘。公交都市配套工程2处新建公交场站项目为城建计划项目，古城子公交停车场新建工程，计划投资525万元；温馨港湾公交停车场新建工程，计划投资417万元，主要建设内容为综合服务区、维修车间、停车路面、围墙、大门等；全年完成两处公交停车场项目，古城子公交停车场3000平方米，温馨港湾公交停车场5000平方米，合计新增公交场站面积8000平方米。到年末，全市新能源和清洁能源公交车辆占比为

85%。全年日均客运量180.3万人次，中心城区公交站点500米覆盖率达到100%，公交专用道累计302.1千米，公交场站140处，公交车进场率为75.5%。

城市轨道交通。地铁开通一、二、九、十号线，安全开行列车44.24万列次，运营里程1238.0万列千米，客运量31006.8万乘次，设置车站92座，形成“一横一纵双L”（一横指一号线、一纵指二号线、双L指九号和十号线）的网格化运营格局。在建地铁四号线、二号线南延线、三号线、六号线和一号线东延线5条线路，在建里程140千米。地铁既有线运营里程突破100千米，首发车站增加至14座，全线换乘车站增加至7座。坚持最严格的疫情管控标准，实现全线、全周期地铁运营未停运，实现“零感染”“零疑似”“零传播”。推动智慧地铁建设，实现银联、支付宝、微信地铁全场景移动支付，开通手机二维码扫码过闸，非现金支付比例可达90%以上。地铁集团获省市安全生产标准化示范工程荣誉9项。有轨电车开通6条线路，运营里程232.4万列千米，客运量621.1万人次。

出租汽车。全市巡游出租车21197台（市区17128台、郊县4069台），从业人员3.8万人，全年日均客运量89.3万人次。核准网约车平台公司43家、网约车3941台，日均订单约14万个。全年累计查处各类违规案件3170件，其中，查处非法营运黑车1738件，出租及其他违规1432件，持续推进交通环境净化。

民用航空。沈阳桃仙国际机场（简称“沈阳机场”）旅客吞吐量1318.1万人次，下降35.8%；货邮吞吐量17.2万吨，下降10.7%；运输起降10.6万架次，下降26.4%。在东北地区主要机场三项指标累计排名中，沈阳机场货邮吞吐量排名继续保持首位，航班起降架次和旅客吞吐量均排名第二。在当年全国机场累计旅客吞吐量排名中，沈阳机场排名稳定保持在第22位。沈阳机场国内旅客吞吐量1289.7万人次，下降31.5%；货邮吞吐量16.7万吨，下降8.1%；国内航班运输起降10.4万架次，下降21.9%。国际及地区运输起降2021架次，下降83.3%；旅客吞吐29.4万人次，下降84.2%；货邮吞吐量0.54万吨，下降54%。沈阳机场有51家国内外航空公司运营273条航线，国内航线242条，国际航线31条。与沈阳通航的城市有127座，其中国内城市（地区）102座，国际城市25座。覆盖美国、德国、日本、韩国、新加坡、泰国、越南、加拿大、俄罗斯等国家和地区以及国内省会大部城市。由于新冠肺炎疫情影响，至年末，沈阳机场严格执行民航局国际航班政策，国际航线航班仅有韩国大韩航空公司每周1班首尔航班，中国南方航空集团有限公司北方分公司每周1班首尔航班和每周1班东京航班。沈阳机场有51家公司投放过夜运力66架次，其中基地航空公司有5家，分别是：中国南方航空集团有限公司北方分公司（简称“南方航空”），深圳航空有限责任公司（简称“深圳航空”），春秋航空股份有限公司（简称“春秋航空”），北京首都航空有限公司（简称“首都航空”）和瑞丽航空有限公司（简称“瑞丽航空”）。南方航空在沈投放过夜运力26架，是沈阳机场首要承运人，运营航班30440架次，运输旅客362.2万人，货邮吞吐量3.84万吨，分别占机场总量的28.7%，27.5%和22.3%，全年平均客座率70.8%。深圳航空在沈投放过夜运力9架，运营航班11226架次，运输旅客129.1万人，货邮吞吐量2万吨，分别占机场总量的10.6%，9.8%和11.6%，全年平均客座率73.2%。春秋航空在沈投放过夜运力9架，运营航班9508架次，运输旅客134万人，货邮吞吐量1万吨，分别占机场总量的9.0%，10.2%和5.9%，全年平均客座率76.9%。首都航空在沈投放过夜运力2架，运营航班1877架次，运输旅客27万人，货邮吞吐量1757.4吨，分别占机场总量的1.8%，2.1%和1.0%，平均客座率78.7%。瑞丽航空在沈投放过夜运力5架，运营航班4338架次，运输旅客66.3万人，货邮吞吐量3791.3吨，分别占机场总量的4.1%，5.0%和2.2%，平均客座率82.8%。

（王铁刚　陈干城　王长安　赵大光　童清松　李保翰）

【东北地区客货综合交通枢纽建设】 1月15日，《沈阳桃仙国际机场总体规划（2019年版）》获得民航局批复。沈阳机场战略目标升级为“服务沈阳经济区和支撑沈阳国家中心城建设，发展成为东北地区全面振兴、全方位振兴和高质量发展的重要中心门户机场，打造东北亚区域性枢纽机场和国际性综合交通枢纽”。3月20日，民航东北管理局下发通知，沈阳机场容量标准从5月3日开始由28架次/小时提升至30架次/小时，机场发展潜力得到进一步提升。6月4日，民航东北地区管理局召开沈阳机场航空主业发展三年行动项目推进工作会议，研究讨论通过《沈阳机场航空主业发展三年行动方案》，并部署后续推进工作，为打造东北地区客货综合交通枢纽提供行动引领。9月15日，召开促进沈阳机场航空主业发展恳谈会，民航东北管理局、民航东北空管局和31家航空公司的领导应邀参加，南航、东航等主要航空公司表态将加大投入，优化航线航班，支持沈阳机场的发展并出台《促进沈阳机场航空主业发展相关政策》，调动和吸引航空运输企业在沈阳机场生产运营积极性。（沈阳机场）

【沈阳获批药品进口口岸】 1月，经国务院批准，沈阳空港口岸成为全国第24个拥有药品进口口岸的城市，使沈阳对外开放平台通道进一步拓展。（李光毅）

【沈阳“综合运输服务示范城市”通过国家验收】 为进一步提升沈阳市综合运输服务效率，加快推进现代综合交通运输建设，2015年8月，沈阳市申请成为全国首批“综合运输服务示范城市”试点单位。全市交通运输行业坚持“服务、智慧、融合、共赢”的创建原则，以服务“国家中心城市”建设为中心，重点围绕提升综合客运枢纽服务水平、构建畅通高效物流配送网络、扩展综合运输信息平台服务功能、创新综合运输组织模式和服务产品、完善综合运输服务管理协调机制、加强综合运输服务政策标准等6个方面55个重点项目建设，全面完成创建初期的设定目标。2020年3月4日，通过交通运输部验收。

（王铁刚　陈干城　王长安
赵大光　李航）

【沈阳管内车站全部实施电子客票】 7月28日，集团公司沈阳管内车站全部实施电子客票业务，过闸速度从原来的3.8秒/人，缩短至1.3秒/人，实现系统运行稳定、业务办理高效、现场组织有序、旅客使用便利的目标。全年累计减少软纸票费用支出1805万元。

（李　航）

2020年沈阳机场基地航空公司基本情况

表23

航空公司	南方航空	深圳航空	春秋航空	首都航空	瑞丽航空
旅客吞吐量（人）	3621724	1290976	1339538	269976	662574
同比增长（%）	-37.30%	-42.44%	-8.47%	-53.52%	-34.60%
货邮吞吐量（吨）	38365.8	19923.9	10195.42	1757.37	3791.32
同比增长（%）	-20.84%	-34.95%	44.91%	-43.74%	-6.60%
航班起降（架次）	30440	11226	9508	1877	4338
同比增长（%）	-28.44%	-34.23%	10.44%	-50.46%	-28.84%
平均客座率（%）	70.8%	73.2%	76.9%	78.7%	82.8%
过夜运力（架）	26	9	9	2	5

（沈阳机场）

2020年沈阳机场新开通国内航线

表24

航空公司	航线	航班号	班期	开航日期
湖南航空	沈阳-岳阳-桂林	A67315	周二、四、六	6月27日
湖南航空	沈阳-扬州-昆明	A67156	周二、四、六	1月2日
春秋航空	沈阳-烟台-重庆	9C8768	周一、五	5月4日
深圳航空	沈阳-运城-丽江	ZH9713	周三、五、日	7月12日
长龙航空	沈阳-徐州-珠海	GJ8009	周一、三、五、日	10月25日
长龙航空	沈阳-徐州-广州	GJ8062	周一、二、三、四、五、六、日	3月7日
南方航空	沈阳-襄樊	CZ5243	周一、三、五、日	2月12日
瑞丽航空	沈阳-无锡-昆明	DR6556	周一、三、五、日	10月25日
青岛航空	沈阳-忻州-温州	QW6023	周二、四、六	5月16日
成都航空	沈阳-忻州-贵阳	EU1846	周一、三、五、日	10月25日
青岛航空	沈阳-温州-南宁	QW6025	周一、三、五	5月4日
春秋航空	沈阳-榆林-乌鲁木齐	9C6653	周一、二、三、四、五、六、日	11月18日
瑞丽航空	沈阳-太原-无锡	DR6573	周二、五、日	5月10日
四川航空	沈阳-太原-三亚	3U8564	周一、三、五、日	5月6日
西藏航空	沈阳-太原-拉萨	TV9896	周一、三、五、日	7月19日
昆明航空	沈阳-太原-海口	KY8241	周一、三、五、日	10月26日
福州航空	沈阳-太原-福州	FU6626	周一、三、五、日	5月15日
瑞丽航空	沈阳-黄山-珠海	DR6577	周一、二、三、四、五、六、日	5月6日
瑞丽航空	沈阳-唐山-昆明	DR6582	周二、四、六	9月8日
春秋航空	沈阳-济南-宁波	9C6467	周二、四、六、日	9月1日
春秋航空	沈阳-济南-桂林	9C6167	周一、三、五、日	5月3日
首都航空	沈阳-济南-海口	JD5504	周一、二、三、四、五、六、日	10月25日
西部航空	沈阳-济南-重庆	PN6248	周一、二、三、四、五、六、日	10月30日

续表24

航空公司	航线	航班号	班期	开航日期
西藏航空	沈阳-石家庄-拉萨	TV9874	周二、四、六	7月18日
河北航空	沈阳-石家庄-重庆	NS3242	周二、四、六	10月27日
瑞丽航空	沈阳-满洲里	DR6595	周二、四、六	7月24日
深圳航空	沈阳-南通-三亚	ZH9732	周一、二、三、四、五、六、日	1月1日
瑞丽航空	沈阳-南通-南宁	DR6563	周一、三、五、日	5月4日
青岛航空	沈阳-南通-南昌	QW6015	周一、二、三、四、五、六、日	5月3日
湖南航空	沈阳-南通-长沙	A67264	周一、三、五、日	12月23日
深圳航空	沈阳-南宁	ZH9370	周一、二、三、四、五、六、日	1月23日
厦门航空	沈阳-南京-厦门	MF8180	周一、二、三、四、五、六、日	1月10日
青岛航空	沈阳-南京-深圳	QW9827	周一、二、三、四、五、六、日	2月24日
青岛航空	沈阳-南京-海口	QW6011	周二、四、六、日	7月2日
青岛航空	沈阳-南京-长沙	QW6076	周一、二、三、四、五、六、日	5月3日
四川航空	沈阳-泸州-三亚	3U8042	周一、二、三、四、五、六、日	7月16日
长龙航空	沈阳-临沂-珠海	GJ8673	周二、四、六、日	3月13日
瑞丽航空	沈阳-连云港-珠海	DR5043	周一、三、五、日	5月5日
成都航空	沈阳-吕梁-贵阳	EU1848	周二、四、六	10月27日
瑞丽航空	沈阳-兰州-合肥	DR5025	周一、二、三、四、五、六、日	12月13日
华夏航空	沈阳-临汾-重庆	G54838	周二、四、六	3月28日
春秋航空	沈阳-南昌-湛江	9C8923	周一、二、三、四、五、六、日	5月3日
青岛航空	沈阳-泉州-南宁	QW6019	周二、四、六	5月5日
长龙航空	沈阳-井冈山-珠海	GJ8637	周三、五、日	10月27日
东方航空	沈阳-银川-西宁	MU2121	周一、二、三、四、五、六、日	7月12日
深圳航空	沈阳-台州	ZH9783	周一、三、五、日	7月1日

续表24

航空公司	航线	航班号	班期	开航日期
首都航空	沈阳-衡阳-海口	JD5265	周二、四、六	7月16日
青岛航空	沈阳-淮安-长沙	QW6027	周三、五、日	10月27日
长龙航空	沈阳-杭州-珠海	GJ8673	周一、三、五、日	2月19日
青岛航空	沈阳-杭州-成都	QW9811	周一、二、三、四、五、六、日	2月25日
长龙航空	沈阳-合肥-深圳	GJ8760	周一、二、三、四、五、六、日	2月21日
成都航空	沈阳-合肥-福州	EU2763	周二、四、六	1月21日
瑞丽航空	沈阳-呼和浩特-西安	DR5044	周一、三、五	10月25日
南方航空	沈阳-呼和浩特-银川	CZ5365	周一、二、三、四、五、六、日	3月23日
瑞丽航空	沈阳-福州-南宁	DR6587	周一、二、三、四、五、六、日	1月8日
瑞丽航空	沈阳-福州-琼海	DR6585	周一、二、三、四、五、六、日	10月29日
春秋航空	沈阳-常州-揭阳	9C6173	周一、二、三、四、五、六、日	5月3日
东方航空	沈阳-常州	MU2920	周一、二、三、四、五、六、日	10月25日
青岛航空	沈阳-长沙-厦门	QW9873	周二、四、六	2月27日
南方航空	沈阳-长沙-三亚	CZ6483	周一、二、三、四、五、六、日	2月20日
祥鹏航空	沈阳-郑州-赣州	8L9598	周一、三、五、日	11月1日
青岛航空	沈阳-郑州-福州	QW9817	周二、四、六	2月25日

注：根据机场统计数据及相关航空公司提供资料，统计口径为与2019年相比新增的航班航线　　（沈阳机场）

2020年沈阳机场取消的国内航线

表25

航空公司	航线	航班号	班期	开行日期
深圳航空	沈阳-扬州-三亚	ZH9732	周一、二、三、四、五、六、日	2019年1月1日
湖南航空	沈阳-烟台-昆明	A67132	周一、二、三、四、五、六、日	2019年3月31日
深圳航空	沈阳-烟台-泉州	ZH8722	周一、二、三、四、五、六、日	2019年3月31日
南方航空	沈阳-义乌-揭阳	CZ6588	周二、四、六、日	2019年1月1日

续表25

航空公司	航线	航班号	班期	开行日期
瑞丽航空	沈阳-襄阳-北海	DR6579	周一、二、三、四、五、六、日	2019年4月1日
东方航空	沈阳-信阳-泸州	MU5381	周一、二、三、四、五、六、日	2019年7月1日
深圳航空	沈阳-无锡-厦门	ZH9703	周一、二、三、四、五、六、日	2019年1月3日
桂林航空	沈阳-忻州-海口	GT1001	周二、四、六	2019年1月3日
瑞丽航空	沈阳-武汉-芒市	DR6573	周一、二、三、四、五、六、日	2019年1月1日
南方航空	沈阳-温州-海口	CZ6560	周一、二、三、四、五、六、日	2019年3月31日
春秋航空	沈阳-武冈-深圳	9C8576	周二、四、六	2019年1月3日
长龙航空	沈阳-威海-西安	GJ8834	周一、二、三、四、五、六、日	2019年1月1日
瑞丽航空	沈阳-榆林-昆明	DR6578	周一、三、五、日	2019年1月2日
瑞丽航空	沈阳-太原-昆明	DR5338	周一、二、三、四、五、六、日	2019年1月1日
南方航空	沈阳-青岛-桂林	CZ8889	周二、四、六	2019年4月2日
南方航空	沈阳-青岛-北海	CZ6343	周一、二、三、四、五、六、日	2019年4月1日
春秋航空	沈阳-揭阳-湛江	9C6175	周一、三、五、日	2019年6月23日
春秋航空	沈阳-石家庄-深圳	9C6209	周二、四、六	2019年5月2日
天津航空	沈阳-日照-西安	GS7650	周二、四、六	2019年1月1日
南方航空	沈阳-上海浦东-深圳	CZ3610	周一、二、四、六	2019年1月5日
深圳航空	沈阳-南通-厦门	ZH9701	周二、四、六、日	2019年1月1日
湖南航空	沈阳-南宁-温州	A67337	周一、二、三、四、五、六、日	2019年4月5日
深圳航空	沈阳-南京-福州	ZH9707	周一、二、三、四、五、六、日	2019年1月1日
西藏航空	沈阳-南充-拉萨	TV9918	周二、四、六	2019年4月18日
首都航空	沈阳-兰州-丽江	JD5811	周二、四、六	2019年1月1日
首都航空	沈阳-兰州-昆明	JD5823	周一、三、五、日	2019年1月11日
南方航空	沈阳-兰州-西双版纳	CZ6329	周一、二、三、四、五、六、日	2019年3月31日

续表25

航空公司	航线	航班号	班期	开行日期
西藏航空	沈阳-贵阳-拉萨	TV9918	周一、二、三、四、五、六、日	2019年1月9日
上海航空	沈阳-济宁-温州	FM9554	周一、三、五、日	2019年1月2日
华夏航空	沈阳-济宁-重庆	G54860	周二、四、六	2019年4月2日
西藏航空	沈阳-银川-拉萨	TV9930	周一、三、五、日	2019年3月31日
首都航空	沈阳-呼和浩特-南宁	JD5283	周一、二、三、四、五、六、日	2019年1月1日
天津航空	沈阳-二连浩特-西安	GS7648	周一、三、五、日	2019年1月20日
成都航空	沈阳-长沙-南宁	EU2706	周一、三、五、日	2019年1月2日
湖南航空	沈阳-长治-昆明	A67316	周一、三、五、日	2019年1月2日
天津航空	沈阳-赤峰	GS6698	周三、五、日	2019年3月31日

（沈阳机场）

2020年沈阳机场取消的国内航线

表26

航空公司	航线	航班号	班期	开行日期
大韩航空	沈阳-大邱	KE874	周一、四	2019年3月13日
依可亚航空	沈阳-莫斯科	E0426	周二	2019年7月2日
吉祥航空	沈阳-上海-曼谷	HO1359	周一、二、三、四、五、六、日	2019年6月26日
澜湄航空	沈阳-西哈努克	LQ823	周二	2019年6月25日
南方航空	沈阳-伊尔库茨克	CZ8301	周二、四、日	2019年7月9日
瑞丽航空	沈阳-福州-西哈努克	DR5035	周一、二、三、四、五、六、日	2019年1月1日
易斯达航空	沈阳-清洲	ZE802	周二、六	2019年1月27日

（沈阳机场）

邮　政

2020年，全市邮政行业业务收入（不包括邮政储蓄银行直接营业收入）累计完成66.85亿元，增长25.53%；业务总量累计完成107.7亿元，增长49.49%。全市快递服务企业业务量累计完成51536.49万件，增长45.44%；业务收入累计完成54.92亿元，增长29.33%。其中，同城业务量累计完成14441.58万件，增长20.1%，异地业务量累计完成36946.92万件，增长58.99%，国际及港澳台业务量累计完成147.99万件，下降14.04%。全市有邮政局所230处，集邮门市14处，报刊亭62处，邮乐购站912处。设有信息化投递部223处，信筒箱398个，投递段道1639条（城市1330条），邮路总长度17147千米，配备邮政汽车531辆、三轮车521辆。邮政公司收寄国内包裹快递3750.3万件，其中快递包裹3671.8万件、特快78.5万件，收订各类报刊1.13亿份、函件886.63万件；11185客服中心年呼入总量60.1万人次，比上年增长6.26%。沈阳邮政收入9.2亿元，其中代理金融收入4.24亿元，新增储蓄存款21.7亿元；寄递业务收入3.15亿元，增长22.9%，业务量增幅65.9%。邮政基础业务保持平稳发展，收入1.19亿元；分销与增值业务量质兼顾，收入4082万元，分销商品综合毛利率达到11.3%。

夯实末端安全管理基础。联动全市221个派出所保障平安沈阳。发挥属地化和网格化管理机制，将全市450余户独立许可企业、700余个分支机构和600余个末端网点进行属地化细分，压实企业主体责任。发挥群防群治作用，联合市政法委、市公安局组织建设快递行业从业者“盛京义勇”团队。成立由市邮政管理局（市快递协会）、区综治办、区公安分局、区交警支队、区团委参加的工作领导小组。

落实农产品补贴。市邮政管理局会同农业农村局和财政局落实为期3年、每年1000万元的具体补贴方案。对邮政行业每年向外寄递本地农产品、特色产品的增量部分，实行每寄递一个邮件、快件（价值50元以上）补贴1元。组织14户品牌企业开展快递服务现代农业项目摸排上报工作，百世大米项目年寄递量360万件，业务收入1080万元，带动农业总产值1.44亿元；中通公司、圆通公司、邮政公司等企业的土豆、地瓜、杂粮等项目年寄递量达到10万件以上。

邮政普遍服务水平巩固增强绿色邮政建设不断深化，扶贫形式多种多样，风险防控坚守底线，未发生重大资金案件和重大安全事故。疫情防控期间，沈阳邮政职工“零感染”，保证防疫期间地区邮政综合服务正常有序，免费承运各类捐赠物资3683件，配送政务类邮件48.8万件，处理海关进口防疫物资24.1万件，免费办理捐款12.4万元。66名党员主动参与地方联防联控社区服务。组建10支疫情防控青年突击队，协助处理邮件10.8万件。助力政府“停课不停学”，累计为全市47所学校邮寄教材4.8万件。

（冯丝慕　刘建鑫）

【200箱防疫捐赠物资邮递服务】 2月22日，沈阳心理卫生中心到皇姑区岐山路揽投部，捐赠200箱防疫物资到湖北黄冈中心医院。揽投部告知客户邮政可以邮寄，并且防疫物资优先免费送达。揽投部主动上门帮助客户打包、封装，仅用1小时将3车防疫物资装车完毕，当天全部发运。揽投部随时跟踪物流信息并告知客户，24日9时该批物资顺利达到黄冈。26日，沈阳心理卫生中心到区分公司送锦旗表示感谢。

【2000份爱心包裹邮递服务】 2月27日，辽宁省妇联紧急为在湖北援鄂的医务工作者寄递2000份爱心包裹。市寄递部商企中心紧急派出10名党员、团员，赶往华润万家东北物资储备库，与华润万家党支部组成70人临时突击队，用3.5小时完成1.2万件商品的分发、张贴、包装、收寄等工作，最终形成1000件待邮寄物品。

【“政邮银”战略合作协议签署】 10月23日，市邮政分公司与市农业农村局、市邮政储蓄银行共同举办“政银企携手助农户、产加销齐抓促增收”惠农金融政策培训大会。会议期间，市农业农村局、市邮政分公司、市

▶沈阳心理卫生中心制作锦旗对邮政公司表示感谢　　（沈阳邮政公司供）

邮储银行三方签署《惠农服务战略合作协议》，建立共同推进惠农服务工作的全面战略合作关系。

（刘建鑫）

【沈阳市快递物流行业党委成立】 12月17日，市邮政管理局正式成立中共沈阳市快递物流行业党委，将非公企业党组织设置及工作落实落细落到位，发挥党建在行业发展的主导性地位。疫情期间充分发挥党员先锋模范作用，成立24家疫情防控青年突击队和26家临时团支部。收到省疫情防控指挥部医疗保障组的感谢信。

【沈阳“中国快递示范城市”创建】 2020年，市邮政管理局启动为期3年的创建工作。11月，市政府办公室出台《沈阳建设“中国快递示范城市”实施方案（2020—2022年）》，推动行业发展、助力地方经济发展。明确提出建设高质量的邮政业民生服务体系，建设高标准的邮政业现代市场体系，建设高效能的邮政业国际寄递体系，建设高精准的邮政业风险防控体系，建设高水平的邮政业绿色发展体系。

【552个村试点“快递进村”】 2020年，全市推动《沈阳市人民政府办公室关于印发沈阳市推进电子商务与快递物流协同发展实施方案的通知》进一步落地实施，加大乡村电商与快递物流业的对接和融合发展，先期以新民市335个村、法库县217个村为示范点，逐步在全市推广。全面打通工业品下乡和农产品进城通道，形成服务乡村振兴的常态机制。

（冯丝暮）

二十一、信息业

电　信

2020年，全市电信业务总量908亿元，增长22.7%。固定电话用户112万户，移动电话用户1263.4万户。年末4G移动电话用户981.1万户，5G移动电话用户254.7万户，分别占移动电话用户的比重为77.7%、20.2%。年末移动互联网用户955.5万户。全年移动互联网接入流量11亿G，比上年增长29.3%。截至年末，全市累计梳理、解决5G建设问题4324个，累计建成5G基站7321个，数量位居全省首位；新建5G基站6255个（联通、电信3246个，移动3009个），提前超额完成省政府下达的5472个全年任务目标，完成率114.31%。实现5G网络市内城区，康平县、法库县、辽中区、新民市核心区域全覆盖，并对全市交通枢纽、重点产业园区、三甲医院、院校等406个重点区域进行5G网络重点覆盖；全市5G移动电话用户211万户，增长295倍。市政府印发《沈阳市5G产业发展实施方案（2020—2021年）》，以技术、产业和应用协调发展为主线，创新试点示范应涵盖工业互联网（智能制造）、医疗健康、车联网、智能电网、新型多媒体、智慧教育等领域，典型应用场景超过128个。全市无线电管理工作围绕科学配置无线电频率资源、严格查处无线电干扰、保障重大活动各类考试无线电安全等重点任务，累计监测12347小时，其中固定监测网监测11579小时，移动监测车外出监测768小时。完成"两会"通信保障以及市政协视察新农村建设、专题视察等通信保障工作。对2020年沈阳法库国际飞行大会塔台指挥、安保、机场保障、无线麦克等使用的17个频率全天候跟踪监测，确保活动顺利进行。制定并完善各类考试保障方案和应急预案，为高考、公务员录用等考试提供保障，保障天数53天，对监测到的6个疑似作弊信号实施技术阻断和压制。建立干扰排查快速反应联动机制，排查无线电干扰13起，及时消除无线电通信安全隐患。联合市文旅广电局和公安部门查获"黑广播"17个，对重点区域实施针对性连续监测。

无线电台站监管。依规收缴无线电频率占用费70万元。协助省工信厅审批申请设台单位4家（华润沈阳站西广场项目，华晨宝马公司新厂区项目，沈阳瑞柏酒店管理有限公司沈阳万豪酒店分公司，华润长白万象汇项目），指配频率9对。新核验业余无线电台111部，换发业余无线电台执照78个。

5G+融合应用。工业领域，华晨宝马公司率先打造全球领先的5G汽车生产基地，新松机器人公司、特变电工沈变集团、沈阳远大压缩机股份有限公司、赛轮（沈阳）轮胎有限公司、辽宁振昌智能电气设备有限公司等20余户工业企业启动建设基于“5G+工业互联网”的智能工厂。医疗领域，沈阳东软医疗系统有限公司打造5G脑卒中分析平台和基于5G网络的急救系统；中国医大一院、中国医大盛京医院、省人民医院、省肿瘤医院、沈阳六院开展5G远程诊断、5G远程手术试点示范。车联网领域，铁西区和大东区规划建设基于5G网络的智能网联汽车测试区，沈阳美行科技有限公司提供5G自动驾驶高精度地图服务。融媒体领域，沈阳广播电视台上线5G艺卡智能拍摄机器人，开通“5G+4K/8K”超高清节目报道，打造全国领先的网络视听产业生态圈。教育领域，文艺二校、朝阳一校等教学机构探索“5G+VR”远程沉浸式教学；沈阳建筑大学等在沈高校启动5G智慧校园建设。VR/AR领域，华为（沈阳）VR云创新中心在和平区顺利上线，举办首届华为VR开发应用大赛。

5G产业环境。生态环境持续优化。沈阳市5G产业技术创新战略联盟成员单位扩展至45家。推动中德园打造省级5G应用示范区，重点布局和发展“5G+工业互联网”“5G+车联网”等垂直行业，推动5G产业形成集群式发展态势。沈阳国际软件园率先与中国移动沈阳分公司合作建设“5G预研实验室”，东软集团与中国联通沈阳市分公司合作成立面向5G应用的联合创新实验室，沈阳广播电视台成立新基础设施建设应用创新研究中心。搭建交流对接平台，联合市委网信办、市科技局等单位，举办8场数字经济科技大讲堂，邀请国内知名专家、企业家，通过线上线下相结合的方式，有针对性地讲授5G技术与应用等急需内容，累计在线参与人员8.3万人次，人民网、辽宁电视台等媒体进行重点报道。（林　阳）

【沈阳天翼云资源池投产】 1月17日，中国电信沈阳分公司浑南天翼云3.0机房电源配套工程具备运营条件。通过对枢纽楼425机房进行整改，建成高标准自有IDC（互联网数据中心）机房，既满足天翼云3.0的需求，又满足其他政企ICT（信息和通信技术）业务发展需要。工程2019年10月中旬开工。该云机房整屋面积345.6平方米，该期工程新增5个微模块，可容纳132个高压直流的机柜。（彭丽洛悦）

▶沈阳天翼云资源池投产，具备IDC业务承载能力　（沈阳电信供）

【沈阳联通“出入防控平台”服务皇姑区防疫】 新冠肺炎疫情期间，中国联通沈阳市分公司无偿提供“出入防控平台”用于布控沈阳市皇姑区公共整体部署。2月8日，中国联通皇姑区局公司邀请皇姑区政府相关领导参与测试“出入防空平台”应用效果及部署推广工作。该平台可实现出入人员登记、代居民登记、进出消息即时提醒、社区登记人员管理及报表导出功能。在确定平台的实用性和可操作性后，平台即在全区116个开放式社区全部启用。（张　睿）

【沈阳5G城市中心项目签约】 2月28日，皇姑区与大唐网络有限公司以视频会议形式签署合作协议，共建沈阳5G城市中心项目。沈阳5G城市中心”项目围绕“赋能传统产业”开展，率先在园区内构建5G开发云平台、5G硬件模组及芯片支持平台、5G基础网络开发测试平台三大创新平台；开展5G技术普及、5G+解决方案落地等新型技术赋能模式，快速聚集行业应用项目。（志　文）

【铁西结核防治所网络装维通信保障】 3月3日，为保证疫情期间新型肺炎疫情防控工作信息通信服务畅通，中国移动沈阳分公司响应区域疫情防控指挥部号召，为沈阳市唯一一家由公立医院改造为集中医学观察点的医疗机构——铁西结核防治所搭建移动网络通信环境。公司投入各项人员60余人、基站主设备巡查巡检19次，并将一周的专线铺设工期压缩到60小时内，完成收治所内专线建设、设备装维及网络通信保障工作。

【沈阳移动“热成像+智慧考勤”项目服务】 3月14日，为做好中小学开学后的疫情防控工作，全力保障学生复课后的人身安全，中国移动沈阳分公司与沈河区、苏家屯区教育局就“人脸识别测温项目”达成合作，覆盖以上两个区全部中小学91所、师生10万余名。截至年末，依托该项目，提升以上中小学复课复学后体温监测工作效率，助力校园疫情防控工作。

（彭丽书婉）

【沈阳电信智能机器人外呼平台服务社区人口普查】 3月21日，中国电信铁西营销部利用中国电信智能机器人外呼平台，在6个小时内帮助铁西区兴华街道爱工社区完成针对社区居民家庭外来人口以及入境人口开展的人口普查工作，出具详细的普查数据，提高工作效率。

（彭丽洺悦）

【东北首个机场移动5G网络室内覆盖】 5月17日，中国移动沈阳分公司率先完成沈阳桃仙国际机场T1航站楼、T3航站楼、公务机楼以及室外登机口停机坪等区域5G网络覆盖并投入试运行，并在5月底全部开通并投入使用。沈阳桃仙国际机场成为东北地区首个实现5G室内覆盖的航空枢纽。

【沈阳移动与沈阳安联妇婴医签订5G+智慧医院战略合作协议】 7月9日，中国移动沈阳分公司与沈阳安联妇婴医院有限公司签订5G+智慧医院战略合作协议，为其提供在5G+智慧医疗、互联网专线、移动云、视频彩铃、融合宽带、云视讯、云MAS短信等方面服务。此次合作是中国移动沈阳分公司在医疗行业首个5G+DICT典型案例。截至年末，安联妇婴医院相应业务使用情况良好。

【省内首条地铁线路开通5G信号】 7月10日，中国移动沈阳分公司成功开通沈阳地铁9号线全站台5G信号，率先实现省内首条地铁线路全站台5G信号覆盖，辽宁省城市轨道交通正式迈入5G时代。

【辽沈第六届高招线上咨询会移动服务】 为更好的服务辽沈地区高考生，中国移动沈阳分公司联合全国发行量最大的教育类专业报纸《教育周报》《数学周报》及国家优秀教育期刊《中国数学教育》《基础教育论坛》在7月10日、7月24日开展两场2020年辽沈地区第六届高校招生线上咨询大会，线上观看人次超6万，达到活动效果。

【省内首个依托输电杆塔5G通信基站投运】 8月14日，中国移动沈阳分公司依托沈阳电力220千伏蒲大线103号输电杆塔实施的通信基站建设项目完成设备安装调试，正式投运。此次通信基站建设项目由中国移动沈阳分公司与沈阳供电公司合作开展，是辽宁省内首个依托输电杆塔建设的5G通信基站，是跨行业实现5G基站建设的创新尝试。

（彭丽书婉）

【沈阳电信举办辽宁首家5G+MEC智慧商业综合体发布会】 9月26日，中国电信沈阳分公司与沈阳大悦城联合举办“辽宁首家5G+MEC智慧商业项目发布会”。中国电信沈阳分公司首次利用5G+MEC+XR数字孪生技术，依托天翼云构建5G云网+平台+应用的智慧商业生态，助力实体商业加速新型基础设施建设和数字化转型，帮扶商户培育扩大线上线下融合的新型信息消费模式，促进社会实体经济加速回暖。该项目通过打造“5G云XR数字孪生平行世界”，在购物中心内完成5G信号全面覆盖、设置丰富的AR红包探宝和景观打卡等互动环节，给消费者带来全新的沉浸式、娱乐化互动体验。

（彭丽洺悦）

【沈阳联通承建居家隔离人员视频监控系统】 12月，中国联通沈阳市分公司率先响应政府号召，助力市大数据局、市公安局提供机器人智能外呼系统、重点人员电子围栏管理等管控举措，为重点人员轨迹筛查提供重要依据，免费为居家隔离市民安装防疫保障监控系统，累计上线视频监控设备1340余台、门磁4400余部，同时协助全市13个区县（市），出动千余名员工、70余台车辆配合政府工作人员安装居家隔离设备，并提供7×24小时维护保障，保证上线的防疫监控设备的数据传输稳定。

（张　睿）

智慧沈阳建设

【概况】 2020年，全市智慧城市初见成效。智慧城市基础设施水平不断增强，禾丰牧业股份有限公司、中国联通辽宁分公司两个标识解析二级节点完成软硬件环境搭建工作，并成功与国家顶级节点连接。5G基站开通数量位列全省首位，全年建设5G基站6255个，累计建成5G基站7321个，全市406个重点区域5G网络全覆盖。政府治理能力不断提升。互联网+城市治理方面，渣土车管控、工地扬尘管控等应用场景启动运行，提升城管数字化感知能力。互联网+政务服务方面，沈阳市“多规合一”业务协同共享平台，显著提升项目建设的行政审批效率；依托一体化政务服务平台，全市政务服务事项网办率97.1%，全程网办率40%。150项便民服务实现“掌上办”，就业创业、医保等8个业务系统115项便民事项实现“全市通办”，企业群众办事更加便捷顺畅。互联网+公共服务方面，契税自助机首次进驻沈阳，凭身份证、购房发票，可以自助办理增量房契税申报、缴纳税款、领取契证等全流程业务。沈阳故宫博物院、张氏帅府博物馆、九一八历史博物馆、新乐遗址博物馆、市图书馆等相继完成数字化升级。

【《沈阳市构建行权治理体系 推进数字政府建设实施方案（2020—2022年）》】 6月14日市政府印发。《方案》分总体要求、总体框架、主要任务、保障措施4方面内容。《方案》提出依托信息化手段实现科学配权、改革限权、阳光示权、全程控权，保障监督和治理同向发力，逐步破除“行权履责不明、政务服务不畅、决策依据不足、项目重复建设、民生资金贪腐、慢作为乱作为”等痼痛顽疾的建设目标。《方案》提出构建行权治理体系、完善治理体系的功能中枢、推动已建信息系统深度整合、统一行权治理标准体系4项主要任务。（林 阳）

【《关于全面实施电子政务工程建设项目“六统一”工作的通知》】 10月30日，根据市政府常务会议关于电子政务工程项目要“统一规划、统一建设、统一运维、统一管理、统一标准、统一平台”精神，市政府办公室、市发改委、市财政局、市大数据局、市信息中心联合印发《通知》。《通知》对“六统一”提出明确要求，要求自2021年起，全市电子政务工程项目全部纳入数字政府规划体系；符合数字政府建设规划，通过立项审批的电子政务工程建设项目全部纳入统一建设范畴；全市新建电子政务工程建设项目必须符合数字政府建设的技术、数据、接口、硬件配置等各项标准，自2020年起，全市已建、新建电子政务工程建设项目全部纳入集中运维、统一管理，必须纳入“盛世通”数字政府建设统一平台；全市已建电子政务工程建设项目必须按照数字政府建设的技术、数据、接口、硬件配置等各项标准进行提升改造。市政府办公室负责组织协调、督查督办各相关单位“六统一”工作推进落实情况。

（张大鹏）

电子信息制造业

【概况】 2020年，沈阳电子信息制造业拥有规模以上企业60户，总体规模位居全省第2位。全市电子信息制造业受新冠肺炎疫情、中美贸易战等因素影响，2月经济运行数据达到波谷（−29%），企业不断克服疫情影响，有序复产复工，经济运行数据逐月反弹，降幅逐渐收窄，产业发展逐步向好。全年实现产值204.4亿元，增长0.1%。全市电子信息制造业在IC装备、数字医疗、通信产品、终端产品制造4大重点领域，推进20个重点项目建设，合计总投资42.4亿元，开工项目17个，完成投资4.5亿元。

IC装备产业。重点企业生产稳定有序，企业订单、产值大幅增长，主要产品在国内主流集成电路生产线上批量应用。沈阳拓荆公司产品实现装机60台套，公司产品累计装机超100台，累计流片量突破1000万片。先进制程设备工艺验证及出货量均大幅增加。到年底，沈阳拓荆公司的半导体薄膜设备国内市场的占有率突破20%。沈阳富创精密设备有限公司承担的国家02专项“IC设备关键零部件集成制造技术与加工平台”和“基于焊接和表面涂覆技术的大型铝件制造技术开发”项目通过验收。富创公司自主研发的国内首件300毫米物理气相沉积设备大型传输平台，通过北方华创上机验证，核心制程达到国际先进水平，实现替代进口。沈阳芯源微电子设备股份有限公司自主研制的前道清洗机设备在中芯国际集成电路制造有限公司、上海华力微电子有限公司等客户通过工艺验证。涂胶显影设备获株洲中车电力机车有限公司、青岛芯恩集成电路有限公司、宁波中芯国际集成电路制造有限公司等大客户订单。公司产品累计销售突破900台套。

数字医疗产业。东软医疗系统股份有限公司自主研发的512层全景多模态CT获国家批准上市，技术水平达到国际先进水平。新冠肺炎疫情为数字医疗设备带来新的发展机遇，CT产品和医用呼吸机等医疗物资产品需求急剧增加，全市数字医疗企业国内和海外订单数量均实现大幅增长。东软医疗系统股份有限公司、新松医疗科技股份公司、迈思医疗科技有限公司等企业在全国共同抗击新冠疫情的战役中表现突出，东软医疗系统股份有限公司入选工业和信息化系统抗击新冠肺炎疫情先进集体表彰对象。

【东软医疗系统开发生产移动CT】 沈阳东软医疗系统有限公司“雷神”CT移动扫描单元仅用七天，即完成研发、验证及订单式生产。2月16日，沈阳东软医疗系统有限公司的“雷神”移动CT设备同时发往武汉、广州、河南、北京、新疆等地。“雷神”移动CT扫描单元凭借灵活性及机动性能够深入疫区进行筛查和复检，节省医疗资源的同时，从源头遏止交叉感染。

【同方辽宁计算机生产基地落成】 8月6日，同方辽宁计算机生产基地落成暨首台信创产品下线仪式在沈阳市浑南区举行。同方辽宁计算机生产基地坐落于沈阳市浑南区，占地面积约14万平方米，建成完整的自动化计算机生产线，可满足从主板到整机完全自主设计、自主开发与生产的需求。 （林　阳）

软件服务业

【概况】 2020年，全市有规模以上软件企业1149户，在全省占比超过60%，持续稳固东三省龙头地位。

骨干企业持续壮大。东软集团业务辐射能力进一步增强，与广西、山西签订战略合作协议。连续第10年蝉联中国医疗IT解决方案市场份额排名第一位，继续领跑中国医疗行业信息化建设。获“2019年中国软件出口和中国服务外包排名双冠”，同时获“2019中国软件出口（服务外包）最具竞争力品牌”。位列中国电子信息行业联合会发布的“2020年度软件和信息技术服务竞争力前百家企业”20位。荣科科技股份有限公司服务国内三甲医院 TOP100 超半数，获2019年度中国软件行业最具影响力企业。2020年被工信部评为“专精特新”小巨人企业。易讯科技股份有限公司IPv6改造相关服务居国内市场领先阵营。

创新能力不断增强。软件著作权登记数量达到17454件，增长38%。沈阳自动化所、紫光中德技术有限公司、国网辽宁电力公司中标国家2020年制造业高质量发展（工业互联网）项目。紫光中德技术有限公司、辽宁电力公司能源相关项目入选“工信部2020年工业互联网试点示范项目”。东软熙康健康科技有限公司项目入选“工信部新型信息消费示范项目”。辽宁向日葵教育科技有限公司获“信息消费产品创新奖”并入选大赛优秀项目集。沈阳雅译网络技术有限公司申请的科技部“科技冬奥科研项目”获批。美行科技有限公司车载导航引擎和移动互联网位置服务占国内市场近40%，稳居亚洲第一名。创新设计装备制造业工业设计公共服务平台，形成工业设计产业链云服务可推广模式。鸿宇科技有限公司、安新自动化控制有限公司等研发的工业App获批工信部试点示范称号。

特色产业加快发展。华为（沈阳）VR云创新中心正式上线运营，首家VR企业沈阳唯透数字技术有限公司完成测试并上云。东软集团获批“辽宁省区块链专业技术创新中心”，取得相关专利20余项。风驰网际图像及人面部识别人工智能技术产品在东北三省处于垄断地位；雅译翻译公司自主研发的小牛翻译系统中英机器翻译准确率达到85%，入选行业隐形冠军。

集聚效应显著提升。截至年末，沈阳国际软件园获入驻企业1322户，其中世界500强46户，园区内有22户企业拟培育上市。辽宁省信创产业园落户皇姑区，吸引东华软件股份公司、联想集团、麒麟软件有限公司、上海兆芯集成电路有限公司等18户信息技术创新应用头部企业（指龙头企业）入驻园区。

【东软集团抗疫获感谢信】 东软集团充分发挥技术优势，投身抗疫，先后推出“疫情自填报”平台、“火眼AI”新冠肺炎智能辅助筛查等信息化系统，为全国300多家医疗机构提供疫情时期的技术保障服务。开发的“全场景疫情病原体检测信息系统”驰援大连市、沈阳市、石家庄市、黑龙江省等省市区的全员核酸检测，表现优异。2020年4月、2021年1月，东软集团先后收到国务院和国家卫健委三封感谢信。

【辽宁省信创产业园正式运营】 12月12日，总投资8亿元的辽宁省信创产业园在沈阳市皇姑区正式开园运营。辽宁省信创产业园是由辽宁省信息产业发展公司、东华软件等企业共同投资建设的信息技术创新应用产业集聚区，是东北地区唯一一家省级信息技术创新应用产业园。截至年末，吸引东华软件股份公司、联想集团、麒麟软件有限公司、上海兆芯集成电路有限公司等18户信息技术创新应用头部企业入驻园区。

（林　阳）

二十二、城乡建设

综　述

截至12月末，城建项目累计完成投资292.4亿元，比上年增加1.7亿元；城建计划安排209个项目，开复工205项，开工率98%。全年对城建重大项目、重点工程进行统筹安排、分批下达计划，保证项目顺利进行。

全力推进重点民生工程。补齐排水防涝设施短板，在完工70项工程的基础上，2020年实施100项工程全部完工并投入使用，经过3年建设，139处积水点得到有效治理，15处积水点通过管线清掏、增加雨水口等方式得到有效缓解，积水点设计标准内消除率90.3%，重点区域干线排水能力达到国家3年一遇标准，覆盖汇水区域约87平方千米，构建“源头减排、管渠提标、排涝除险”和“应急管理”相协调的“3+1”的排水防涝体系。有效改善群众“停车难”“行车难”问题，加快推进“停车难”3年治理行动：通过新建和盘活共享闲置泊位等措施，解决停车泊位缺口15万个，3年累计解决50万个停车泊位缺口，智慧停车管理水平得到提高；加快推进实施重大交通设施建设，解决“行车难”：胜利大街快速路及互通立交、昆山西路与304国道高架桥、浑南大道快速路实现全线通车；地铁三号线、四号线、二号线南延线加快建设，一号线东延线、六号线工程全面开工；大堤路快速路、四环棋盘山隧道、西北连接线等重点工程加快实施建设。推进民生基础设施建设，辽西北供水工程正实现稳定供水；大伙房水库输水配套工程西部净水厂（二期）顺利投产，康平县净水厂、法库县净水厂、新民市净水厂及供水配套管网工程实现稳定供水，有效改善当地一直存在的群众饮水问题；城镇燃气管理水平得到稳步提升，制定并审议通过《沈阳市燃气管理条例》；超额完成年度新建改造燃气管网任务，天然气供气管道总长度11855千米；开展全市瓶装液化石油气安全专项整治等行动，完善燃气经营许可网上办理程序，完成餐饮场所安装可燃气体报警装置。推动城乡建设工作落实落细方面，黑臭水体治理示范城市、海绵城市建设工作稳步推进，按照控源截污、清淤疏浚、生态修复三方面措施，实施满堂河提升、白塔堡河改造等10项工程，第三季度城市黑臭水体交叉监测中，沈阳市12个水体检测指标全部合格；审议通过《沈阳市海绵城市建设管理办法》，进一步规范海绵城市建设管理活动；城市体检工作稳步开展，根据《住房和城乡建设部关于支持开展2020年城市体检工作的通知》，沈阳市被住建部选定为

2020年城市体检样本城市。制定《2020年沈阳市城市体检工作方案》，构建“50+6”城市体检指标体系；农村人居环境整治工作取得实效，开展村内道路硬化442千米、安装路灯9320盏。

行业管理提质增效。建筑市场监管工作不断规范，施工许可审批方式持续改进。规范评标活动，建立多部门联合执法检查机制；编制建设工程造价指标，为企业评估项目投资效益、工程造价宏观管理等提供参考依据；完成建筑工人实名制综合管理信息平台建设，出台管理办法，并完成国务院督察组对沈阳市保障农民工工资支付的实地督查迎检工作。建筑施工现场管理工作持续强化，深入开展扬尘专项整治“百日攻坚”行动，压实主体责任，保持高压态势，不断加强施工现场扬尘管控。制定《扬尘污染防治实施细则》实现扬尘防治制度化、常态化、不回潮、不反弹；开展建筑施工安全专项整治、安全生产月等活动，隐患问题全部跟踪整改完成。全面加强建筑工地疫情防控工作，坚持一手抓复工复产、一手抓疫情防控，确保“两手抓、两手赢”。地下空间管理进一步规范，出台《沈阳市城市地下管线管理办法》，规范地下管线规划建设行为，填补沈阳市地下管线管理的立法空白；开展地下空间项目信息摸底调查工作查，建立项目信息库；制定地下管线信息普查三年工作方案，组织开展全市地下管线信息普查工作；开展《沈阳市地下空间管理条例》立法准备工作，推进地下空间法治化管理；协调太原街地区地下空间连通工作，推进地下连通项目建设。装配式建筑推广有序开展，2020年前10个月新建装配式建筑面积763.3万平方米；完成第二批国家级产业基地的申报及复核工作及第二批辽宁省装配式建筑产业基地的申报及评审工作；开展星级评价及构件厂驻厂监造工作；组织专家开展建筑产业化示范项目设计阶段评审，并将评审结果在网上公示；主办“新型建筑工业化技术交流会暨万科首府未来城示范项目观摩活动”。“放管服”改革纵向深化，推进“清单制+告知承诺制”改革，一系列清单的标准化建设，落实“证照分离”改革，参加“万人进万企”活动，与企业开展“一对一”对接服务，扎实推进国家营商环境评价、城建专班和营商案件办理、“企评众议”等工作，全面树立“店小二”的服务意识，打造良好的营商环境。

（毕　迪）

城乡规划

【概况】 2020年，按照国家、省工作部署，全力推进《沈阳市国土空间总体规划（2020—2035年）》编制工作，按照国家下发的市级编制指南和部署要求，在2019年工作方案（暂行稿）基础上下发2020年版《工作方案》，构建市级总规成果体系。9月29日，自然资源部组织召开全国市级国土空间规划编制工作视频会议，沈阳市受邀在主会场参会并介绍沈阳编制经验。在中心城区控制性详细规划全覆盖的基础上，继续推进规划报批与成果管理工作。启动棋盘山东部副城、沈北副城、城市学院、大数据中心等中心城区以外的城市开发区域控规编制；组织完善16个开发区控详规划，形成开发区控详规划成果；完成控制性详细规划成果法定审批标准制定及2020年控制性详细规划成果维护工作，将155个控规单元的成果纳入电子数据库，控规文本成果归档管理。继续推进村庄规划编制，组织编制135个“美丽示范村”实用性村庄规划。提出专项规划管理的重点工作，成立工作小组、建立工作群，随时进行进度跟踪和督促工作。《沈阳市5G通信基础设施专项规划》《供热设施用地布局规划（2019—2035年）》等13项专项规划完成方案编制工作，其中，《新能源汽车充电基础设施专项规划》等6项专项规划通过市级审查。沈北新区石佛寺村、新民市辽滨塔村、法库县叶茂台村3个历史文化名村保护规划获省政府批复，编制完成高压开关厂等5个历史片区保护规划。完成建设项目用地预审及选址意见书187件，建设用地规划许可证395件，建设工程规划许可证工程许可705件。

【《沈阳市5G通信基础设施专项规划（2020年—2025年）》】 7月8日通过市规委会主任会议审议。规划范围为沈阳市市域（含一区两县一市），面积12860平方千米。规划以国家、省、市推动5G快速发展相关文件为依据，充分研究沈阳市5G通信基础设施的现状情况及建设需求，对接《沈阳市5G产业发展规划（2020—2025年）》，对5G设施的应用场景用地分类、基站服务半径、服务盲区、5G基站布局、站址资源整合、通信机房及通信管道布局等深入分析，将5G基础设施落位，通过建立完善的“局、站、网”设施网络化体系，支撑全场景5G应用。

（市自然资源局）

【《沈阳市海绵城市建设管理办法》】 9月25日市政府办公室印发。《办法》分总则、规划管理、建设管理、运行维护、监督管理、附则6章21条。《办法》提出，海绵城市建设应遵循“生态优先、安全为重、规划引领、统筹推进、分区管控、政府引导”的原则，通过“渗、滞、蓄、净、用、排”等综合措施，最大限度地减少城市开发建设对生态环境的影响，将80%以上的降雨就地消纳和利用。到2020年，城市建成区20%以上的面积达到海绵城市目标要求；到2030年，城市建成区80%以上的面积达到海绵城市目标要求。

（志　闻）

村镇建设

【概况】 2020年，全市人居环境整治村内道路硬化和村庄亮化是政府工作报告确定的民生实事项目。全市抢前抓早、提前部署，以预定节点时间、加强调度、及时干预的工作思路，采取制订方案、细化考核目标、现场调度、加强对区县（市）政府督促力度等工作措施，克服工地分散、部分区县资金紧张的实际困难，按期、超额完成任务。年内完成村路硬化442千米，安装路灯9320盏。项目建设完成，有效拉动区县基础设施建设投资，解决当地居民的出行和夜间活动照明问题，对人居环境提升显著，具有良好的示范引领作用。开发地形图管理系统对建设成果进行数字化记录管理，为今后道路翻修、翻建查档提供参照。

（董成哲）

【《关于加快中心镇建设发展的实施意见》】 6月18日市政府印发。《意见》分总体要求、发展目标与路径、主要任务、支持政策、保障措施五方面内容。《意见》提出，以建设小城市和县域副中心为目标，力争用两个3年的时间，做大经济总量、做强主导产业、扩大人口规模、中心镇基础设施和公共服务水平接近或基本达到小城市水平，在推动乡村振兴中发挥重要作用。到2022年，推进2个重点镇建设小城市，推进4个镇建设区域中心镇，中心镇数量达到6个；到2025年，推进6个镇建设小城市，再梯次推进4个镇建设区域中心镇等发展目标。（志　闻）

市政设施管理

【概况】 2020年，市政设施管理工作打破只管市级道路的传统思维模式，树立“大市政”观念，理顺全市市政行业管理、执法、维养工作责任体系，制定《沈阳市市政设施管理办法》等46项规章制度。统筹全市高标准开展挖掘和占路工程监管，实行分段施工分段恢复，加强钢板铺设、撼沙回填、路面恢复等环节的细节管控，全面提升管理水平，减少对环境和交通的影响。强化服务意识，提前与水电气热部门沟通衔接，做到工程实施前交底、实施中指导、完工后验收。完成141项挖掘工程监管、46项占路施工计划审核，完成市政道路管养维护1.7万条次，维修破损66.9万平方米。全年市管道路32条，桥梁145座，隧道1座。全年完成道路沥青路面维修283252平方米、方砖路面维修14314平方米、调补边石30451平方米、维修更换隔离墩690个、灌缝96885米、道路机非隔离护栏维修15952米、人行道处理障碍151处、热熔盲道17041米、安装井盖消音条14290米；桥梁维修655座次，栏杆、扶手维修9453米、桥梁混凝土修补54111平方米，止水带维修5698米，桥梁水洗182万平方米，桥梁粉饰75119平方米，桥梁除锈24973平方米，声屏障维修9385米，泄水管维修13026米，防护网维修682平方米，地下通道维修59座次，限高架、限载牌制作安装154座次，桥面维修84695平方米，伸缩缝维修1273米；五爱隧道全年运行安全。对全市189座桥梁的进行定期检测。

城市桥梁隧道管理。本着“应设尽设”原则，全面开展城市桥梁隧道限高限重标识设置工作，安装455座桥梁、182块限高、594块限重标识。定期对542座市政桥梁隧道开展城市桥梁隧道技术状况检测评估和安全设施隐患进行排查，排查出存在安全设施隐患问题、桥梁病害问题12件。按照城市桥梁隧道风险评估标准，辨识评估风险源395项，并编制行业安全风险等级四色图、较大以上安全风险空间分布图和城市桥梁隧道行业安全风险清单，从安全风险清单中梳理出较大及以上安全风险清单登记表，全面加强桥梁隧道安全风险管理，确保桥梁隧道安全运行。

道路挖掘管理。为规范道路挖掘工程管理，树立文明施工新形象，市城管执法局制定并实施《沈阳市城市道路挖掘文明施工标准》《沈阳市城市道路挖掘管理和路面恢复技术导则》，建立挖掘工程实名制路长管理制度，明确道路监管单位和执法单位，分别负责全过程监管和执法。全面落实责任追究制度，对工作开展不力的单位责令督办整改，对问题严重的进行责任追究。指导各区按照属地化管理原则，对道路挖掘审批、文明施工监管、工程验收和恢复质量验收等进行全过程闭环管理。

占道施工工程管理。为加强道路大、中修等占路工程的管理，市城管执法局制定并实施《沈阳市大中修道路工程高标准作业管理标准（试行）》《沈阳市占用城市道路工程钢板铺设通用标准（试行）》《沈阳市市政工程占道施工围挡设施设置标准（试行）》等作业管理标准，督促建设单位高标准组织占道工程施工。统筹全市占道施工计划审核，对占道工程施工工期安排是否科学合理、分段施工落实情况、钢板铺设和围挡设置等文明施工保障措施是否到位、工期和文明施工约定等情况予以全面审查，符合标准要求方可实施。组织各区执法部门严格进行巡视管理和执法检查，发现问题责令整改，违反相关法律法规的，予以上限处罚。

（市行政执法局　市政公用局）

【抗美援朝烈士陵园环境维护工程】 工程总投资1700万元，遵循多层级发展的思路，建构三个层次的纪念性空间设计理念，分为停车场、场地铺装、植物种植三个标段同步实施，其中停车场建设面积17940平方米、场地铺装建设面积29636平方米、项目植物种植面积约27856.55平方米，种植各类乔木1228株、灌木910株、草坪和花卉及小型灌木22573.8平方米。6月26日完成全部招标工作。同时，在前期手续办理期间，平行开展场地内的排迁工作。8月10日，主体工程完工并投入使用，绿化工程10月末完成。（市政公用局）

【《沈阳市市政设施管理办法》】 7月24日市城市管理综合行政执法局印发。《办法》分9章30条，明确在市行政区域内市政设施的使用、养护、维修及监督管理活动等内容，进一步加强市政设施管理工作，保障城市道路完好、发挥功能。（李　铁）

市政项目建设

【概况】 2020年，大辛、老虎冲、西部三座生活垃圾焚烧发电项目运行良好，处理生活垃圾229万吨，发电8.5亿度，节省约70万吨标煤。按照上网补贴电价0.65元/度计算，发电收益5.5亿元，实现经济效益和社会效益双赢。大辛积存渗沥液应急处理项目，继续处理至9月30日，累计达标出水159万吨。老虎冲积存渗沥液应急处理项目，继续处理至2月24日，累计达标出水78万吨。浑南大道跨南京街桥、跨金阳大街桥工程附属工程8月全部完成。全市继续开展排水防涝工程建设，全年实施100项排涝工程。截至年末，全市139处积水点得到有效治理，15处积水点得到有效缓解，积水点设计标准内消除率90.3%，沈阳城市内涝的“城市病”得到有效治理。

【胜利大街浑南大道互通立交桥通车】 工程向北连通胜利大街跨长白北路桥，南至三环雪莲街收费站，西起沈苏西路，向东连通浑南大道跨南京街桥，2018年6月开工建设，由中铁一局及中铁大桥局承建，2020年9月29日桥梁主体全部完工并正式通车运行，声屏障、照明等附属工程2020年11月全部完成。整体工程新建桥梁长度6679米，面积15.7万平方米；新建地面道路及慢行系统15.6万平方米；新建绿化面积2.7万平方米；新建停车泊位386个及公交车停车场1座。项目具有“建设规模大、涉及专业领域多、实施模式新、协调任务重、技术含量高、沉降控制要求高、环保要求高”等施工难点，是全市投资规模最多，建设体量最大，建设难度最高的高架桥，它的开通标志沈阳市“新的南二环”正式形成。（市政公用局）

【长青街快速路工程全线通车】 工程是沈阳东南部地区快速路系统的重要组成部分。工程北起一环万柳塘路，南至浑南大道以南银卡路，全长5.4千米。长青街快速路2018年8月3日进场施工，2020年8月15日全线正式通车。

通车后的长青街快速路有效改善中心区交通拥堵，同时与东一环快速路、二环路、浑南大道快速路等交通要道进行衔接，极大地缓解青年大街、南北快速路的交通压力。

【浑南大道快速路工程全线建成】 工程是沈阳快速路网的重要组成部分，也是沈阳市二环功能南移工程的重要一环。工程主线由高架桥及隧道组成，工程西起胜利大街以西440米处，东至文汇街以东280米处，全长约10.7千米。浑南大道快速路2019年2月22日开工建设，2020年9月27日全线建成通车。通车后的浑南大道快速路由原来的双向8车道变为桥上6车道，桥下8车道，形成上有桥梁，中有道路，下有隧道和地铁的多层空间交通形式，同时实现东一环、长青街及胜利大街快速路的有效连通，以复合交通廊道形式疏解中心区交通压力。（梁文涛）

【南二环加宽改造工程】 工程位于三好街和青年大街上下匝道之间，总投资3080万元，工程目标为南侧道路加宽8米，由双向6车道改为双向8车道。工程全长807.03米，包含防撞墙建设、隔音屏安装、道路中线及中央隔离带改移、全幅洗刨盖被等项目。施工过程中，通过采取在夜间铣刨、沥青摊铺施工，逐个车道进行施工及每两车道进行摊铺等施工方式，做到将交通影响降至最低，极大缓解施工期间的交通压力。工程2019年8月开工建设，2020年6月主体工程竣工通车，剩余附属绿化工程于2020年11月全部完成。改造后，南二环道路全宽34米，保证两侧各4车道通行，打通二环交通拥堵瓶颈，解决路段通行能力弱的弊端。

【沈阳市排水防涝二期二批项目完工】 项目总投资14.6亿元（工程费），征地拆迁费由辖区政府承担。工程包括三个部分：浑河以北老城区改造项目（EPC模式），包括38个建设项目，新建排水管道37千米及1座龙王庙二期泵站；肇工排水系统工程起点为肇工街与北四马路路口，向南沿肇工街新建4.1千米排水主线，沿线建设北四马路、南七马路、南十马路、勋业三路支线管道6.5千米，终端新建流量为30立方米每秒的揽军泵站1座；沈大边沟等4项排水工程；沈大边沟排水系统新建排水暗渠5千米，新建精勤泵站进水管道工程1.7千米，扩建沈辽路地道桥泵站、望花泵站及进出水管道。工程于2019年11月1日陆续进场施工，2020年6月30日完工并投入使用。

【大辛垃圾、老虎冲垃圾填埋场区绿化工程】 项目位于大辛和老虎冲生活垃圾卫生填埋场内，总投资1089万元，对原有绿地进行高密度补植，形成天然绿化屏障，破解生活垃圾填埋场带来的邻避效应问题。其中大辛垃圾场投资434万元，增加杨树10555株，夏橡45株，雅斯特海棠100株，紫丁香球40株，榆叶梅球50株；老虎冲垃圾场投资655万元，增加杨树15270株，海棠320株，紫丁香978株，榆叶梅1041株。2020年4月完工，有效改善场区环境品质。

【胜利大街揽军路跨铁路转体桥工程】 工程西起揽军路腾飞一街，拟于揽军路高架桥两侧各新建一条匝道，上跨沈山线、沈大上下行线等6条铁路线路后，沿胜利大街向南600米落地，实现铁西方向与胜利大街南向的互通连接。施工过程中，解决涉铁路线方案审查、房屋拆迁、施工进场通道、管网排迁等问题，确保工程能够顺利实施。截至12月30日，完成除转体桥部分以外的全部主体工程，并完成施工进场通道建设。（市政公用局）

【236条背街小巷整治】 2020年，全市结合创城工作，针对省政府、皇城等13个重点区域周边破损严重背街小巷142条，及35个农贸市场周边背街小巷94条，开展整治行动。全市建立三个层级的工作协调机制，在统筹研究管线和道路工程建设时序基础上，推进工程类项目实施。联合第三方团队组织5轮创城点位周边背街小巷排查，对检查发现的问题限期整改，圆满完成工作任务。（梁文涛）

市容环卫

【概况】 2020年，继续聘请第三方机构定期对全市创卫工作进行暗访和排名，每月考核打分，逐步实现创卫工作常态化，为2021年创卫复检打好基础。进一步完善生活垃圾分类投放、收集、运输、处理体系建设，不断提高生活垃圾分类工作的覆盖率、公众参与度和垃圾回收利用率。基本建成生活垃圾分类投放、收集、运输、处理体系，采取党建引领、行业推动、数据分析、全民动员等措施，落实生活垃圾“四分类”（有害垃圾、可回收物、湿垃圾和干垃圾）要求。各行业部门组织383家医院和医疗机构、91家农贸市场、51个驻沈高校校区、2300余户物业企业、42家星级饭店、90余户国有企业、91家公共机构开展生活垃圾分类工作。在辽宁电视台创办《点赞辽宁——“垃圾去哪儿”》专题节目，《沈阳日报》《沈阳晚报》每月1次专版报道分类工作。市级公共机构生活垃圾分类覆盖率100%，中小学和公立幼儿园生活垃圾分类覆盖率100%。全市分类注册户数达144.22万户，在职党员注册人数10.13万人，分类达标片区覆盖率62.95%，生活垃圾回收利用率33.24%。举办垃圾分类粉丝嘉年华活动，不断推动落实生活垃圾“四分类”要求，9月通过住建部专家组考核，沈阳市在全国46个试点城市中排第16名，比上年底提高6名。组织环卫企业保障生活垃圾收运体系正常运行，建立包括投放、收集、运输、处置环节在内的规范化的生活源废弃口罩集中收运处置体系，组织36个组122人到各区开展检查环境治理情况，制定重点管控区域生活垃圾收运规范，建立居家隔离家庭生活垃圾收运工作闭环，实行专车运输和直运焚烧处理绿色通道，严格落实“一运一消杀”要求，实现风险区生活垃圾全程严控。完成12场降雪、总降雪量68.3毫米的除运雪任务。

户外广告牌匾标识管理。按照市政府关于城市环境综合整治工作部署，组织各地区对违规设置和存在安全隐患的户外广告及牌匾标识设施开展排查整治工作。有278处违规大型户外广告，整改69处，拆除163处。同步组织拆除路旗广告34条街路，果皮箱广告132处，牌匾221处，18米以上楼顶镂空字57处，整改规范各类设施257处。制定《沈阳市户外广告设置管理指导意见》《沈阳市牌匾标识设置导则》，持续加强户外广告牌匾设施设置管理工作业务指导与规范管理。组织利用户外广告电子屏进行公益宣传工作，完成疫情防控、最美逆行者、援鄂医疗队平安凯旋及垃圾分类、文明城宣传、文明出行、世界无烟日等65次公益宣传任务，累计约1400小时；完成“国家防灾减灾日”“人口普查”等5次金廊沿线公益路灯杆旗标发布工作。

门前三包。以市创卫办名义印发《关于进一步落实门前三包责任制管理办法强化责任压实和责任追究的指导意见》，通过沈阳智慧城管系统及新研发的手机程序实现“门前三包”实名制电子签状，组织各区城管执法系统150余人进行操作培训，把“门前三包”工作进一步做细做实。完成签订电子责任状11万余份，签状率98%，解决门前三包方面问题7070件。其间，接受《沈阳日报》记者专访，发新闻通稿——《让“门前三包”包到位落得实》，在全市范围内对门前三包工作进行宣传。

环卫扫保。巩固一、二级街路保洁水平，提升三、四级街路保洁标准，机械化清扫范围由一、二级街路拓展至所有街路。作业频次由每日“三班次”调整为“四班次”。按照新的机械化清扫范围、频次，测算需新增各类型干式清扫车237台。针对街路积尘情况全域实行“以克论净”考核，每月通报排名，累计扣罚扫保不到位环卫企业2389.75万元。实行城乡环卫工作一体化和农村环卫作业市场化，逐步完善农村环卫基础设施，建立健全农村保洁制度，全市农村生活垃圾收运处置体系基本实现全覆盖，完成国家、省下达的农村人居环境整治生活垃圾治理工作指标。

【《关于进一步落实门前三包责任制管理办法强化责任压实和责任追究的指导意见》】 3月24日市创卫办印发。《意见》15条，主要针对落实沈阳市门前三包责任制管理办法提出具体意见，进一步明确责任体系与职责、对违规行为的查处与投诉方式、对不履职行为的问责。

【《点赞辽宁——“垃圾去哪儿”》专题节目】 5月，在辽宁电视台创办《点赞辽宁——“垃圾去哪儿”》专题节目，播出时间周六18:15—18:30，一个月2次，以综艺访谈形式宣传垃圾分类工作。截至年末，共播放16期。（许博　李兵　陈军）

园林绿化

【概况】 2020年，全市城区绿化工作按照“三环、三带、四楔”（“三环”：三环路沿线绿化带、浑北环城水系、浑南环城水系组成的环状生态空间；“三带”：浑河带、蒲河带、北沙河三条河流构成的带状生态空间；“四楔”：楔入城市内容部的东北部、东南部低山丘陵型生态绿楔，以及西南部、西北部农田水域型生态绿楔）中心城区绿地系统总体布局，推进城区增绿、补绿、复绿工程，全面提升城区绿化管护水平，组织各区开展大规模新建绿地和植树工作，新增绿地面积8.21平方千米，是计划面积的2.1倍，建成区绿地率39.1%，完成全市绿地率39%的指标要求，新建和改造公园27座，新建和改造绿地159块。完成街路行道树、“三环”“三带”绿化补植，补植树木11.6万株，组织全民植树20万株，修剪树木90.4万株、绿篱796万米，覆盖216处、76.48万平方米裸露地面。协调指导全市城区绿化工作，组织编制《沈阳市城区绿化三年工作方案（2020—2022年）》。制定沈阳市园林绿化养护考核办法、沈阳市园林绿化管理规范，每月组织检查考核，排名结果媒体公示。

公园绿地新建改造。强力推进城市公园绿地建设，在沈河、铁西、于洪、苏家屯等区域高标准建设丁香东湖、中德宝马、千禧、七家等10座公园。其中，丁香东湖公园栽植银杏树2600余株，成为全市银杏景观最突出的公园，为市民秋季观赏银杏提供更多更好的选择。同时打造中央大街、开发25路、全运五路、万柳塘路等10条绿化景观街路，并新建31块2.7平方千米城市绿地，进一步解决公园绿地服务半径覆盖短板。全面开展老旧公园提升，重点对中山公园、青年公园等20座公园的破损园路、广场进行提升改造；对重点街路周边132块绿地的设施及绿化景观进行提升改造；对428条街路行道树缺株进行补植；对垃圾场、污水处理厂进行绿化补植，完成树木补植10万株，改善百姓周边环境。

全民植树。以开展大规模国土绿化行动为契机，以春季全民植树为抓手，在全市范围内积极开展全民绿化活动。围绕庭院居住区等贴近百姓身边的绿化重点区域开展全民植树活动，由市、区两级绿化部门提供苗木，调动党政机关、企事业单位、社会团体及社区居民参与到活动中来。在500余处点位栽植树木20万株，其中乔木3.2万株、灌木16.8万株。为丰富义务植树形式，提高尽责率，组织开展树木绿地认植认养活动，并率先在居住区内开展试点，通过“一树一码”信息系统明确养护责任人，调动社区群众的积极性，提高树木成活率，引导市民参与植绿护绿活动。按照乔木“一树一码”、灌木“一片一码”的原则，完成二维码树牌悬挂5万余个。

闲置土地绿化。探索新的绿化模式，对全市577块土储、棚改裸露地块开展排查，重点对2020年短期不能出让、且具备绿化条件的39个地块实施基础绿化，实现新增绿地1.97平方千米。完成中金启程、高官台西等32块拆迁地块绿化改造，昔日脏乱差的环境改造成为市民休闲娱乐新场所，得到广大群众的好评。

运河综合景观打造。运河水系综合提升实施河道杂物清理、河道淤泥处理、护岸维修改造、景观闸改造、加水点建设、绿道建设、绿化景观提升等一系列工程，综合环境得以大幅度提升。提前完成12件民生实事之一的运河水系提升改造工程，建设运河滨水慢道64千米，实现单侧100%贯通、对侧59%贯通，改扩建游园50座。

【《沈阳市城区绿化三年工作方案（2020—2022年）》】 1月8日市政府办公室印发。《方案》分为5部分，即总体要求、工作目标、工作任务、资金测算及安排、保障措施。《方案》明确5方面21项工作任务。按照方案安排，到2022年底，新建公园11座、绿地38块、基础绿化45处，落实建设项目附属绿地84块，实现新增绿地面积8.02平方千米，建成区绿地率38.12%，公园绿地服务半径覆盖率80%。 （崔崖山）

供　电

【概况】 2020年，国网沈阳供电公司是国家电网有限公司31户大型供电企业之一，承担沈阳地区10区1市2县和2个国家级开发区1.3万平方千米的供电保障任务。公司设置14个职能部门、15个业务实施机构、7个城区供电分公司、8个县区供电分公司，有职工近8000人。截至年末，沈阳电网拥有66千伏及以上输电线路5608千米（2020年新增50.147千米）、变电站237座（2020年新增5座）、变电容量2496.05万伏安（2020年新增146.88万伏安）。全社会用电量376.13亿千瓦时，增长2.75%；居民用电量75.39亿千瓦时，增长10.17%；城市综合电压合格率100%，最高负荷649.43万千瓦，供电可靠率99.96%；售电量329.55亿千瓦时，增长2.59%，售电总量东北第1。综合线损率7.04%，减少0.22个百分点。同期线损监测达标率96.01%，较年初提高38.14个百分点。公司获2020年度省公司先进集体、“效益提升年”特殊贡献单位等荣誉。

疫情防控。公司密切关注疫情变化及上级部署，抓紧抓实抓细防疫措施，确保公司和电网平稳“跨年”。编制电力大数据报告27份，为政府精准施策提供有力支撑。不折不扣落实阶段性降低用电成本和缓缴电费等优惠政策，累计减免电费5.49亿元，惠及企业34万户。开通办电绿色通道，以最快速度完成市第六人民医院等5家单位增容改造任务。组织抢修队伍22支680人、抢修车辆340台全天候待命，保证12家定点医院及省、市疾控中心、29个发热门诊、18个党政机关单位和23家疫情防控物资重点生产企业安全可靠供电。

安全生产专项整治三年行动。组织修订岗位安全责任清单，压紧压实全员责任。完成市、县两级安全管控中心建设。依托安全风险管控平台，深化风险防控机制，“四个管住”（管住队伍、管住人员、管住计划、管住现场）全面落地。结合地区特点实施差异化运维，编制运维策略指导书，设备缺陷治理率提高35%。省内率先完成主辅设备监控和集控站试点建设。加强高压电缆设备投运质量管控，获“全国质量信得过班组”称号。加大配网不停电作业力度，强化停电时户数预算式管控，用户年均停电时间压降至3.72小时，比上年减少11.7小时。完成调控智能指挥中心系统建设。改造各级应急指挥中心，强化政企信息交互，突发事件处置能力不断提升。完成春秋检、迎峰度夏（冬）以及重大节日、活动保电等任务。公司连续16年实现“安全年”。

电网建设。高质量完成沈阳“十四五”电网规划，为加快建成沈阳坚强智能电网打下坚实基础。在新市府区域试点开展“具有中国特色国际领先的能源互联网”规划，获国网公司高度肯定。保持电网投资力度，申报2021年固定资产投资28.31亿元。宁山220千伏输变电工程可研取得阶段性成果。召开两次市电力建设领导小组会议，解决62项电网发展建设难题。促请政府精简电网项目审批流程，前期工作高效推进。省内率先组织电网工程开复工，将疫情影响降到最低。主网工程新开工29项、投运20项，39项续建工程全部按计划推进。重点工程取得新进展，产业220千伏输变电工程如期投运，盛京—滂江220千伏电缆隧道工程1、3区间顺利贯通，顺城220千伏变电站用时49天完成二号主变更换。实施配网工程154项、农网工程139项，供电可靠率提升至99.96%。加大遗留工程及超长工期项目清理力度，受阻8年之久的爱国联网等5项工程销号完毕。清理属地配网遗留工程604项，清理资金31.05亿元。推广实量实测、首基试制，出台工程质量管控指导原则等3项制度文件，工程进度、质量得到有力保障。

经营服务。推广电能替代项目，替代电量10.5亿千瓦时。加大电费回收力度，利用“不见面催费”等方式，实现电费颗粒归仓。大力推广“网上国网”，居民线上交费率82.19%。与政府部门联合下发《电力客户信用管理办法》，将欠缴电费、破坏公共电力设施等行为纳入征信系统。开展“政、警、企”联动打击窃电专项行动113次，查获违窃用电832户，全年累计收缴违窃金额7903.13万元。实施“旗帜领航·降损增效”百日攻坚，取得2次百强县、12次百强所、1次同期达人的优异成绩。大力实施“阳光业扩”（业扩是指供电企业从受理客户用电申请到正式供电的全过程，包括新装、增容、用电变更等业务；“阳光业扩”，即让业扩办理透明、公开），电力营商环境不断优化。深化供电服务指挥平台应用，加强服务全流程管控，全口径投诉758件，下降43.77%。省内率先开展电力杆塔商业化运营，建成东北首座“三站融合”（利用变电站基础资源融合建设数据中心站和5G通信基站，实现公司存量资产价值的进一步挖掘）示范变电站，融合新建27座5G通信基站，基础资源利用率不断提升。

管理。完成内设机构调整，梳理项目管理中心等部门职责界面，推进运检、计量采集融合性大班组建设，公司运转更加高效。修订企业负责人业绩考核及全员绩效管理实施方案，全员价值创造力不断增强。深入推进提质增效行动暨“效益提升年”活动，建成覆盖区（县）、所的内部模拟市场。率先完成税费省级支付试点任务，平稳高效撤销4个市级电费账户，实现电费

100%省级直收。推进“三清理两提高”（清理长期挂账在建工程、工程物资、工程往来款项，提高项目计划转资和项目竣工决算率）工作，清理长期挂账在建工程901项、民营企业账款454项。落实国家保险费用减免政策，减少支出4957.97万元。辽东北区域中心库按期投运，物资储备和调运能力全面增强。加强小微企业物资全过程管理，寄存物资结算时效从90天压降至30天。完成3万余卷工程档案数字化，有效提升档案管理质效。完成法治央企建设情况验收自查。联合市委宣传部等单位开展民法典宣传活动，公司选送作品获全市一等奖。开展全员合规管理培训考试，落实“三道防线”（业务部门、经法部及安监、审计、监察、内控管理等部门）管理责任。完成国网公司物资管理专项审计等迎审任务。开展干部经济责任审计11次，揭露问题风险148项。加强关键领域专项审计，围绕扶贫领域开展审计10次。构建违规经营投资责任追究体系，有效提升监督效能。

改革创新。完成全部19项“三供一业”（国企将家属区水、电、暖和物业管理职能从国企剥离，转由社会专业单位实施管理）分离移交。推进“放管服”改革，下放15家单位5000千伏安及以下业扩报装、22家区县（市）公司及生产单位财务核算权限。省管产业单位稳步发展，本部人员精简44%，实行单项工程核算，开展内控及合规专项行动，管理能力不断提升。增强市场开拓能力，实行全面托管模式，发挥属地、品牌优势，市场占有率48.86%；加强队伍素质能力建设，被国网公司评为施工企业能力标准化建设单位；成立综合能源服务分公司，拓展电力物业代维市场，培育利润增长点。持续加大往来账款清理力度，完成还款4.14亿元，收回欠款2.91亿元，签订清欠协议2180份。创新步伐不断加快，公司牵头承担的1项国家级、4项国网公司级、7项省公司级科技项目顺利通过验收。组织群众性创新项目18项，立项数量及获批金额均创历史新高。获得发明及实用新型专利授权25项。签订省内首批科技成果转化合同。成立2个科技攻关团队及2个省公司级实验室，为创新人才搭建平台。公司牵头的导线标准首获国网技术标准创新贡献奖。管理创新项目获辽宁省一等奖1项、二等奖4项。全面质量管理成果获行业级二等奖1项、省级奖励12项。公司连续三年被评为省、市两级全面质量管理优秀企业。

【省内首个新冠肺炎集中救治中心供电保障】 1月下旬，针对沈阳市第六人民医院改造后面临用电负荷激增的情况，在沈阳市政府统一协调下，经公司与院方共同研究决定，在该院原有1255千伏安用电容量的基础上，再增加1260千伏安用电容量。1月27日，电力配套工程正式启动。公司全体人员日夜奋战，只用30个小时就建成1条10千伏电源线路、1座2台变压器共计1260千伏安的箱式变电站，并一次送电成功。1月30日，院方请求把箱变移动到与院方受电接口端更近的位置。为能够安全转运12吨重的箱变，沈阳公司施工队伍安排1台100吨的吊车、2台50吨的吊车相互配合吊运箱变。2月1日16时30分，送电成功，为抗击疫情提供供电保障。2月7日，沈阳市新型冠状病毒感染的肺炎疫情防控指挥部给公司发来感谢信。

【盛京—滂江电缆工程首台盾构机下井组装】 220千伏盛京—滂江电缆线路工程是东北地区首条采用盾构方式建设的电缆隧道工程，起点自二环外东北角盛京变电站，终点至滂江变电站，路径全长约5.4千米。隧道地下埋深10—26米，盾构管片外径6米，内径5.4米，全线设置7个竖井。4月6日1时30分，两台运载盾构机盾体组装件的重型运载车按计划抵达220千伏盛京—滂江电缆线路工程3号盾构井施工现场，随即进行下井组装。该盾构机是220千伏盛京—滂江电缆线路工程迎来的首台盾构机。整机由刀盘、前盾、中盾、尾盾、拼装机、链接桥、台车等13个链接件组成，总长度80米，总重量约500吨。承担3号盾构井至4号盾构井、5号盾构井至4号盾构井之间的电缆隧道掘进任务。施工隧道总长度2.2千米，两个区间坡度均为先下坡后上坡。该盾构机5月中旬完成全部组装、调试，具备掘进始发条件。

【东北区域首个“三站融合”项目】 国网沈阳供电公司高度重视“三站融合”项目，多次组织与外部合作单位的商务洽谈。5月11日，在国网沈阳供电公司66千伏应昌变电站原有的电力通信增高架上安装5G通信传输设备。用15天完成数据中心站建设，3天完成5G通信基站建设”。8月14日，辽宁省内首个依托电力杆塔建设的5G基站正式开通。66千伏应昌变电站是东北区域首个建成并投运的非集装箱式多站融合数据中心站。随着5G通信基站的建成，该站成为东北区域第一个“变电站+数据中心站+5G通信基站”的“三站融合”示范变电站。

【满融地区迁改16条电力线路】满融地区位于和平区与苏家屯区的交界处，该区域将重点打造国际领事馆、国际文化、国际技术、国际商贸、国际金融“五大支撑平台”。在其规划的9.19平方千米范围内有多条输电线路穿过，制约了地区发展。公司接到当地政府来函申请后，立即组织技术人员与满融地区规划归口部门对接了解需求，需要迁改的16条线路中涉及多条重点联络线、重点变电站电源线，作业风险、施工难度增加。公司结合沈阳电网运行方式，提前梳理停电风险，确保工程按期、安全、保质竣工。5月18日，经过7天的连续施工，按期完成220千伏浑太线、白太线2千余米线路的移设、加高等改造作业，为沈阳满融地区总体规划中的国际领事馆区域地块及沿线多个储备地块发展“让路”。

【2020年沈阳地区供售电量均居东北首位】2020年，沈阳地区年度供、售电量分别达到354.5亿千瓦时、329.55亿千瓦时，位居东北首位。从沈阳2020年全社会用电量的增速情况看出，居民电量的拉动作用较为明显，第二产业随沈阳地区疫情稳定和企业恢复正常工作生产电量回暖增长，城市的生产、建设能力迅速回归正轨。复工复产过程中，国网沈阳供电公司严格执行电费电价优惠政策，电费优惠总计5.49亿元，累计为1801户电力客户办理缓缴电费3.62亿元。

（沈阳供电公司）

供　水

【概况】2020年，据市水务局统计，全市城市供水情况：全市日供水量186.9万立方米，供水人口825.5万人（按1户3口人统计），用水户372.9万户，市街供水管网4839.3千米，小区内网5114.1千米，用水总量68375.5万立方米。沈阳水务集团有限公司（简称“水务集团”）完成供水量6亿立方米，日均供水量164.1万立方米；主城区单位耗电量0.292千瓦时/立方米；售水量4.25亿立方米；在装水表340.6万块；供水人口755.7万人，用水户337.5万户。实际运行二次加压泵站2251处，泵站运行率99.86%，全市基本实现全天24小时供水。主城区北部水源仍为地下水，其他区域水源基本置换为地表水为主的供水水源，地表水供水总量2/3以上。全力打好疫情防控阻击战。实施科学合理调度，全面保障全市35家定点医疗机构、48家定点隔离酒店供水安全。

（市水务局　市水务集团）

【水务集团用水项目服务中心成立】2020年，水务集团在各营业分公司成立“用水项目服务中心”，安排专人实行“包办制、保姆式”上门服务，从主动为企业服务入手，实现工程环节淡化隐性处理，在企业内部消化，让企业“足不出户、零跑腿”实现交钥匙工程，提高用户获得用水满意度。从“用水项目服务中心”成立到年末，水务集团“用水项目服务中心”为226户企业提供服务，提升企业获得感。5月开通微信公众号，12月实现App用水报装多渠道受理，用水报装办理过程可视化、智慧化、信息化。提供报装受理、移动支付、缴费查询、网点查询以及进度查询等服务。（市水务集团）

供　气

【概况】2020年，全市天然气供气量10.29亿立方米，增长6.25%，最大日供气量394万立方米；新开栓燃气用户11.3万户，用户总数294.7万户；新建及改造燃气管网258.5千米，天然气供气管道总长度11855千米；沈阳燃气集团有限公司售后服务受理票件总数3.87万件，96177客服专线受理量115万件，转办率、处结率均为100%；实现安全生产责任事故为零，火灾事故为零，疫情防控感染病例为零的目标。沈阳燃气有限公司管网输配分公司（燃气管网抢修中心）副主任焦万胜，被授予“全国劳动模范”称号。

抗疫保障。在抗击新冠肺炎疫情工作中，沈阳燃气集团有限公司第一时间成立“疫情防控领导小组”，广泛组织动员党员干部投身疫情防控和供气保障工作，全力保障全市生产生活用气的稳定供应。集中全力加大应急保供措施的执行力度，紧急调配上游气源及运输资源，确保广大居民及工商用户用气不受任何影响；为19家医疗救治机构和指定医疗机构、11个省市区疫情防控指挥部、27个隔离酒店观察点提供燃气应急保障。落实省、市关于应对新冠肺炎疫情支持中小企业生产经营若干政策，63户中小企业延缓交纳燃气费，涉及金额1017.5万元，有效缓解中小企业的资金压力。

老旧燃气管网改造。老旧燃气管网改造工程被市政府列入2020年全市12件民生实事之一。沈阳燃气集团有限公司克服疫情和创城等客观因素，自筹资金完善城市燃气基础设施建设。全年累计完成改造206.76千米（市街管改123.55千米，庭院管改83.21千米），新建燃气管网52千米，超额完成年初确定的工作目标。随着老旧管网改造的持续深入，燃气管网的安全运行等级得到显著提升，各类地下管网信息得到进一步完善。

创新项目建设。集团有限公司将企业发展作为第一根本，不断增强企业的生存力、竞争力、发展力和持续力，有效推动全市大气污染防治和生态文明建设。全年屡创市场先例，全市首个分布式能源项目——华晨宝马汽车有限公司大东厂区项目正式签约落地，华晨宝马汽车有限公司铁西厂区冷热电三联供项目开栓供气；全市首个合同能源管理项目——城建金融大厦项目正式运行；全市首个“气化乡村”项目——祝家镇气代煤项目顺利实施。

安全管理。安全生产责任制得到全面落实，安全管理体系不断完善，广泛开展安全生产网格化建设，加强风险管控与隐患排查治理。公司通过市创城办的考核验收和国家创城办考核组的初步验收。深入开展隐患排查治理工作，排查并整改安全隐患219处，清理燃气管线违章占压72处。专业化安检工作不断推进，走访用户143.5万户，安检隐患整改8.3万件；直排式燃气热水器类专项整改2.36万户，室内安全隐患整治工作取得阶段性进展；开展安全宣传活动282场次，受众群体10.5万人次，发放报漏奖励人数106人次，奖励金额15.25万元。

营商环境建设。对标国内先进地区，在实行“容缺受理”“延时服务”“上门服务”等举措的基础上，推出“2·0·0”营商服务举措，即“获得用气”包括2个环节（受理环节、通气环节），受理0要件、用户0跑腿。燃气一键报装平台上线运行，实现燃气报装“掌上办”。组建“甲投用气项目”工作专班，围绕用户和项目的堵点症结问题，研究共性解决方案，梳理重塑工作流程，进一步提升服务质量和工作效率。

深化改革。稳步推进混合所有制改革，积极对接战略投资者，委托中介机构开展相关工作，完成专项审计和资产评估工作，为下一步企业改革提供强有力支撑。为客观、真实、公正地体现企业未来发展和企业实际价值，聘请第三方咨询机构结合全市燃气“十四五规划”“气化沈阳”方案、燃气行业未来发展趋势等对公司未来五年盈利情况进行科学预测，切实维护国有资产权益和企业利益。

【全市首个燃气安全文化广场落成】 10月23日，沈阳首个燃气安全文化广场在沈河区滨河街道怡静园社区落成。作为一种新型燃气安全普及形式，广场寓教于乐“接地气”的宣教形式，让市民在休憩娱乐和日常生活中感受燃气安全文化内涵，传递燃气安全理念，传播安全知识。广场主体由3个部分组成，第一部分为广场入口处的“精神堡垒”，第二部分为墙面宣传画，第三部分为燃气地面迷宫。广场整体风格以企业形象颜色蓝色为主，中间穿插绿色和黄色。绿色代表低碳环保，黄色代表燃气管线，利用黄色管道贯穿起整个设计，寓意把燃气安全传遍千家万户。

（邓一喆）

供　热

【概况】 2020年，完成2019—2020采暖期供热工作。截至年末，全市热用户399万户，供热总面积3.85亿平方米，集中供热面积3.64亿平方米，集中供热率94.6%，其中热电联产（含调峰热源）供热面积1.55亿平方米，燃煤热源厂供热面积2.09亿平方米，清洁能源供热面积0.21亿平方米。全市有燃煤热源205座，锅炉531台，其中热电厂11座、锅炉45台，热电联产调峰热源厂17座、锅炉66台，燃煤锅炉房177座、锅炉420台。换热站2941座。供热管网总长度12560千米，其中一次网2890千米、二次网9670千米。供热企业167户（燃煤供热111户，清洁能源供热56户），其中国有企业34户，供热面积1.51亿平方米，占比39.2%；非国有企业133户，供热面积2.34亿平方米，占比60.8%。全市供热故障下降13.8%，房产热线供热诉求下降24.8%，8890平台供热诉求下降58.6%。在省8890平台供热诉求办理工作考评中，沈阳市第七次列全省第一名。组织对智慧供热监管平台进行升级完善，建立热网数据管理、供热地理信息、供热监测、供热应急管理、供热大数据分析等系统。组织各区建设区级监管平台，实现上下联动、数据共享和协调指挥，监管范围覆盖138家供热单位、2886座换热站。供热期间，市、区供热管理部门充分利用该平台24小时监管热源厂、换热站供水、回水温度参数情况，进一步提高供热监管水平。制定《沈阳市2020—2021采暖期供热应急煤炭储备实施方案》，完善《沈阳市冬季极端天气供热应急预案》；储备应急煤炭15万吨、筹集应急资金6400万元；组建供热应急抢修队伍30支，储备发电机、电焊机等主要应急设备221台，备用移动锅炉6台，规范市、区供热应急指挥系统职责及供热紧急情况处置程序，提高供热应急保障能力。

【供热“三修”总投资6.8亿元】 2020年，为改善供热效果，全市供热“三修”（供热空闲季节对锅炉房管道和终端设备等的检查维修）总投资6.8亿元，大修锅炉434台，鼓风机、引风机698台，除渣机238台，维修楼栋2035栋；组织对9家重点供热单位和9处重点区域进行集中整改，涉及1368万平方米供热面积、16万户热用户供热效果得到明显改善。

【供热旧管网改造162千米】 2020年，超额完成重点工程任务。全市供热旧管网改造162千米，淘汰和改造民用燃煤供热锅炉房锅炉17台，推广应用地源热泵技术38万平方米，实施“暖房子”工程205万平方米。

（市房产局）

二十三、环境保护

综　述

2020年，市生态环境局充分发挥统筹协调作用，推动全市形成“党委统一领导、政府主责推动、部门分兵把口”的工作体系。成立10个污染防治攻坚战专项小组，分别制定印发攻坚方案，同时围绕审批、执法等方面出台相应方案，形成“1+10+N”工作体系；编制污染防治工程、管理和政策类攻坚“三大清单”，梳理汇总114项任务，纳入市政府调度体系予以密集推进。针对省污染防治攻坚战推进会上通报的“双20”（全省20个重点河段突出问题、21个大气重污染区域突出问题）问题，制定“5+6”（5个河流断面：细河于台断面、浑河东陵大桥断面、浑河于家房断面、北沙河东羊角断面、白塔堡河曹仲屯断面；6个大气国控点位：浑南东路点位、新秀街点位、沈辽西路点位、太原街点位、文化路点位、小河沿点位）专项整改方案，成立15个专项工作督导组，分区包保督办，严密推进整改。在决胜关键时刻，在全市开展污染防治攻坚战“百日攻坚”，大气污染防治“八日攻坚”等专项行动，取得良好效果。全市环境空气质量优良天数287天，占比78.4%，比上年增加3天，较2015年增加80天，达到新标准实施以后的最好水平；细颗粒物平均浓度42微克/立方米。推进碳排放权交易试点建设，起草试点建设方案，完成500户重点控排企业碳排放核查，研究论证部分行业碳排放基准线，完成交易场地及机构比选工作。17个省考以上河流断面累计均值实现全部达标且首次全部消除劣Ⅴ类水质，重点支流河白塔堡河曹仲屯断面持续达标；国考地级水源水质达标率100%。10项水体达标续建工程完工；北沙河和白塔堡河12项工程措施和5个重点河段15项工程措施全部完成。推进相关单位实施污水收集处理补短板工程40项，8座污水处理厂建设工程完成4项，污水管线建设工程完成31项；完成白塔堡河等10项黑臭水体水系治理项目。强化综合调度和统筹协调，实行工作提示和督办机制，推进土壤污染防治，全市危险废物处置有序，医疗废物以及城镇污水处理厂污泥安全处置率均为100%，土壤环境质量保持稳定。强化“双随机”（在监管过程中随机抽取检查对象、随机选派执法检查人员）环境执法监管，开展建设项目、固定源，涉水、涉气、涉疫等专项执法，立案查处900起，下达决定849件，处罚总额4500余万元；针对“双20”通报问题，开展五轮异地交叉执法行动，发现环境问题3930个，立案处罚120个，对环境违法行为

呈高压打击态势。（陈志明）

污染减排

【概况】 2020年是“十三五”污染减排工作收口之年，按照省政府“十三五”污染减排工作方案，紧紧围绕减排目标，落实“重强抓”工作要求，确定年度减排项目、制定减排计划、调度项目进展、控制新增总量指标，持续推进污染物减排工作。截至12月30日，化学需氧量、氨氮、二氧化硫、氮氧化物分别比2015年累计削减60508.58吨、4266.07吨、41836.23吨、34873.94吨，分别下降25.14%、22.96%、41.3%、42.2%，完成省政府确定的分别累计削减43474吨、2782吨、38067吨和28587吨，下降18%、14.68%、37.58%和34.59%的目标。

制定并组织落实年度减排计划。年初，围绕大气、水和农村污染防治目标，结合污染防治计划，编制《2020年沈阳市污染减排工作计划》，将年度污染减排指标、重点任务、减排项目等分解落实到各区县（市）政府，并纳入绩效考核。同时，将污染减排工作纳入市生态环境局“1+10+N”专项工作中，制定印发《2020年沈阳市污染减排工作实施方案》，为推进污染减排工作奠定基础。

落实污染物减排月调度和分析预警制度。对重点减排工程和全口径行业进行月调度月报告，每月核实减排数据、分析减排指标问题，对14家污水厂进水浓度降低问题进行分析预警，提示相关区县有序推进减排项目，进一步督促各减排项目和工程如期实施。

全面开展污染减排核查核算。做到污染减排项目“应统尽统、应算尽算”，全面反映大气和水污染防治工作成果。按照省生态环境厅关于开展2020年度污染物减排核查核算工作通知，12月1日前组织完成水和大气污染减排核查核算工作，上报大气减排项目115个、水减排项目75个。

落实污染物总量指标审核制度。严格落实省环境生态厅《关于进一步加强建设项目主要污染物排放总量指标审核和管理的通知》，定期对各区县（市）建设项目总量指标审核工作进行调度，统筹全市污染物余量指标使用，对污染物余量指标不能满足需求的地区及时在全市范围内进行调剂使用，既保障建设项目顺利落地，又落实属地新增总量的控制制度。

【浑南区水污染防治考核达标】 2020年是国务院“水十条”终期考核年，也是“十三五”水污染防治攻坚战决战年。浑南区严格按照省市部署，举全区之力加大水污染防治攻坚力度，辖区7条重点河流实现连续8个月考核达标，助力全市省考以上河流断面全部达标且消除劣V类水质，完成“十三五”水污染防治任务目标。（朱广溪）

【沈阳首届城市固废处理高峰论坛】 11月18日，沈阳首届城市固废处理高峰论坛暨沈阳城市固废处理基地启动仪式在沈北新区举行。与会专家学者围绕“城市污水厂污泥过程减量化技术”“团体标准助力固废资源产业化发展”“城市污泥的无害化处理与资源利用”“‘城市矿产’开发现状与展望”等课题进行交流。沈阳城市固废处理基地占地780亩（52公顷），由沈阳中城集团投资15亿元建设，是集多废合一、多产联动、协同处置、循环再生为一体的绿色环保产业园，工程一期建成投产。基地全部建成达产后（分二期），

▶浑南生态环境分局清理白塔河河道垃圾　（市生态环境局供）

每天可处理污泥1200—1400吨、建筑垃圾4000吨，有效解决建筑垃圾随意倾倒污染环境问题。

【全市排污许可发证登记“全覆盖”】 2020年，沈阳排污许可发证登记实现“全覆盖”。截至年末，全市纳入排污许可信息管理系统的固定污染源20410家，其中，完成发证1643家、登记14259家、因特殊情形不予发证和不予登记的4508家。市生态环境局先后完成33个行业清理整顿、91个行业发证和登记、排污许可全覆盖“回头看”三个阶段的工作，做到“应发证尽发证、应登记尽登记”。（志　闻）

环境监督管理

【概况】 2020年，全市深入推进生态环境保护综合执法改革。全面开展生态环境违法问题查处和执法大练兵活动，出动执法人员20901人次，检查企业9773户次，立案900件，下达处罚决定书849件，下达处罚决定金额4500余万元。查封扣押案件47件，停产限产案件6件，移送行政拘留案件16件，涉嫌环境污染犯罪移送案件6件；全员参与提升执法能力，广泛采用线上学习、专题研讨、案例评析、现场比武等方式，提升执法人员现场检查、调查取证、法律适用、程序遵守能力。截至年末，开展6期执法业务培训、2期局长讲坛、2期执法经验座谈、3次异地交流学习。组织开展形式多样的环境保护执法行动，开展“双20”突出问题环境执法行动，深入实施全市重点河段、大气重污染区域突出问题整改攻坚，加强“双20”突出问题的执法监管工作，组织全市开展五轮跨区交叉强化执法行动，发现环境问题3930个，立案处罚120个；开展环境执法“利剑斩污”攻坚行动，组织全市涉水环境问题大排查，确定污水处理厂、涉水企业、涉挥发性有机化合物排放源、企业堆场、工业窑炉、涉危险废物企业、在线监控数据超标企业、信访涉固定源企业八项内容，全市累计检查2416户次，发现环境问题242个，立案查处150件，立行立改92件；开展供暖期燃煤锅炉环境保护专项执法行动，结合空气质量变化趋势，适时开展供暖首日晨查、大气污染防控“八日攻坚”“三日攻坚”“第三轮攻坚”等大气污染防控系列执法行动，全市累计出动执法人员1424人次，执法车辆545车次，检查企业2061户次，涉气类立案10起；开展医疗废物监管工作，组织开展疫情防控期间医疗卫生机构污水和医疗废物监管执法工作，对3474家次医疗机构和瀚洋环保公司进行现场执法巡查和普查，查处8起环境违法行为，监督新冠肺炎医疗废物得到有效处置；开展固、危废专项执法行动，全面排查全市危险废物环境管理现状，严查重点行业领域、重点化工园区、重点违法行为，对涉危险废物环境违法犯罪实施精准打击。办理各类生态环境信访投诉38055件，比上年减少9393件，下降19.7%，8890平台获2件15星件、5件10星件、1件6星件，群众满意率88.67%，12345平台按期回复率100%，回复评价率90.9%。

大气环境质量持续巩固。推进清洁供暖，实施“煤改气”“煤改电”494万平方米。实施燃煤污染治理，完成16台燃煤发电机组超低排放改造。开展机动车尾气污染治理，加强重污染天气应对。实施挥发性有机物治理，强化扬尘污染管控，开展秸秆综合利用和焚烧管控。同时，推进碳排放权交易试点建设。

水环境质量取得历史突破。强化对城镇污水处理厂排污监管，核查各类入河排放口1666个，整治重点由干流向支流河拓展。完成104个行政村农村生活污水治理、140处农村黑臭水体治理。11处一级保护区内环境风险隐患完成整治，加强水源地规范化建设，推进水源水质达标。7个省考以上河流断面累计均值实现全部达标且首次全部消除劣Ⅴ类水质，重点支流河白塔堡河曹仲屯断面持续达标，国考地级水源水质100%达标率。

土壤环境治理扎实推进。建立建设用地联动监管机制，与公安等部门加强联动、形成有效合力，在全省率先完成重点行业企业用地调查工作。开拓性开展沈阳市土壤环境质量监测网格化建设，有效开展污染地块技术试点工作，在污染地块再开发利用环节进行全程监管，提前完成514座加油站改造工作。开展污染地块安全利用率核算试点工作，解决个别地块的历史遗留问题，污染地块安全利用率达到100%。

服务社会工作质量得到提升。创新“承诺办”，采取即来即办服务。疫情防控项目豁免办，开设疫情应急防控项目“绿色通道”，实行特事特办，对11类疫情应急防控项目实行豁免办理环评政策。重大项目包保办，全市1147个亿元以上重点项目完成环评审批1107个，环评审批率创历年新高。

做好医疗废物处置。为了做好新冠肺炎疫情防控工作，全面加强医疗废物收运处置过程监管。实行专点贮存、专人负责、专车转运、专线运输、专时操作，严密实施医疗单位大普查、涉疫医疗垃圾日详查、医疗废水周抽查，强力推动疫情防控期间环境监管工作顺利开展。应对疫情防控医疗废物处置，细化集中隔离安置宾馆废弃物收运处置工作流程，确保涉疫情医疗废物无害化处置率实现100%。

【市生态环境保护综合行政执法队挂牌】 7月15日，沈阳市生态环境保护综合行政执法队正式挂牌成立，派出大队和“局队合一”执法队12月20日全部完成挂牌工作，并完成班子和机构组建、岗位设置、本系统人员的划转及副处级以上领导配备等工作。新组建的市生态环境保护综合行政执法队为市生态环境局所属行政执法机构，整合生态环境、自然资源、农业、水务等部门相关执法职责，统一行使生态环境保护的行政处罚权以及相关的行政检查、行政强制等执法职能。

【环保督察整改获中央督察组肯定】 2020年，有力推进中央生态环境保护督察及督察“回头看”反馈问题整改落实，2978件群众举报案件全部办结销号，办结销号率100%，出台系列制度，实行挂图作战、挂牌督办。成立工作专班，重点问题实行“清单制+责任制”整改，提前1个月完成祝家堆存污泥清运处置和场地修复，得到中央督察组肯定；18个断面全部达标并消除劣Ⅴ类水质，水质恶化问题整改取得历史性突破，祝家污泥和浑河城市段治理被生态环境部列为督察整改典型案例。 （朱广溪）

▶7月15日，沈阳市生态环境保护综合行政执法队揭牌 （市生态环境局供）

环境科研监测

【概况】 2020年，国家重点研发计划《辽宁中部城市群大气污染联防联控技术集成与应用示范》《水生态植物强化净化系统研究》《燃煤工业锅炉超低排放控制技术》稳步持续推进，“十三五”水专项《辽河流域水污染治理与水环境管理技术集成与应用》《辽河保护区河流健康修复与管理技术集成》均完成年度研究任务，市本级科技项目《基于可回收热媒的污染土壤热脱附技术转化》《沈阳市污染土壤修复与安全利用关键技术研究》《北方城镇污水处理厂原位提标改造技术转化》均完成验收，《挥发性有机物及异味气体污染源排放控制成套技术成果转化》完成阶段性研究任务。完成辽宁省技术转移示范机构和沈阳市技术转移示范机构的年度考核工作；组织申报沈阳市水环境保护与水生态修复重点实验室。申请知识产权42项，新增授权知识产权74项，发表SCI（科学引文索引）、EI（工程索引）等科技论文26篇，公开出版发行的专著11部，公开出版发行的编著和统编教材2部。获得中国环境科学学会环境科学进步奖2项、中国环境保护产业协会环境技术进步二等奖1项、省科技进步三等奖1项；入选辽宁省重点节能减排技术目录5项、入选沈阳市节能减排技术目录4项。组建11个“双20”专班，构建完成7+1+1（7指日报、周报、月报、季报、半年报、年报和专报；1+1指污染源在线监控违法线索单和报告书）的环境监测报告体系，全年出具544份报告。立足于监测数据时效性、着眼于空气质量变化趋势，全天候配合市生态环境局实时调研及问询。加密发布11个国控点位六项污染的实时5分钟数据及同比变化趋势。为省、市管理部门细化、逐时化协调、管控空气质量提供详尽的数据支持和技术支持。在全市建立交叉监测工作方式，开展重污染断面、点位预警监测工作，完成全市40个地表水断面的交叉监测工作。

【三个省级环保平台通过评估】 2020年，全市推进科研平台建设，接受省科学技术厅对辽宁省城市生态重点实验室、辽宁省城市大气环境污染防治重点实验室、辽宁省危险废物处置专业技术创新中心三个省级科技平台的评估工作，均顺利通过并获得保留。（朱广溪）

二十四、开发区

沈阳经济技术开发区
中德（沈阳）高端
装备制造产业园

【概况】 2020年，沈阳经济技术开发区在全国218家经开区中，综合实力排名挤进全国前20名，排名第19名，位居辽宁省第一名。成功举办“创新赋能高质量 扩大开放新格局——中德园五周年”等9个系列活动，向外展示五年来中德园的建设发展成果，进一步提升中德园龙头牵引地位。沈阳中关村“一基地”规划建设蓝图对外发布，“一园区”建设稳步推进，集聚效应，引领作用凸显。

2020年，完成地区生产总值1002亿元，增长2.8%；规模以上工业总产值1823.2亿元，增长9.2%；固定资产投资257亿元，增长10.3%；一般公共预算收入83.4亿元，增长1.1%；社会消费品零售总额695亿元，总量与上年持平；实际利用外资1.1亿美元，增长106%。签约亿元以上项目98个，完成全年计划140%；全年亿元以上落地项目59个，完成全年计划118%。累计实现开复工市重点项目240个，总投资2427亿元，全年完成投资335亿元，其中：新建项目100个，全年完成投资147亿元；续建项目140个，全年完成投资188亿元。

区域经济。在工业发展上，规模以上工业增加值增长7.2%。实现装备制造业产值500亿元、汽车及零部件产业产值950亿元、生物医药产业产值118亿元。沈鼓集团、特变沈变集团订单分别增长20%和19%。沈阳三生制药有限责任公司跻身中国医药研发20强。新增6个数字化车间，40户企业上云，46户企业实现“小升规”，5户企业实现“规升巨”。康师傅（沈阳）饮品有限公司等6户企业被评为国家级绿色工厂，占全省27.3%。中德园被工信部评为“绿色工业园区”。在农业发展上，实现农业总产值8亿元，增长3.5%。新建设施农业2000亩（133.3公顷）、高标准农田2.9万亩（0.19万公顷）。农村集体土地确权工作基本完成。农村集体产权制度改革任务全部完成，登记赋码率100%。四方台镇2000余亩（133.3公顷）稻田养蟹种养成功。佳逸种植家庭农场被评为省级示范项目。新增彰驿村等5个电商村。八三堡村获评市级“一村一品”专业村。综合产权交易中心铁西分中心投入运营，4个项目挂牌交易。在招商引资上，拓展“云洽谈”“不见面”招商新路径。通过视频连线方式，加强与企业的网上对接，举办并参与“京沈协同创新汇—政企线上精准对接”活动6次。赴京津冀、长三角、粤港澳等重点区域14个城市外出招商，举办招商活动26场，洽谈推进64个项目，新签约项目202个，协议投资额2155亿元。在项目建设上，建立“一个平台、四个体系”（项目全周期管理平台，项目入库来源体系、项目调度体系、项目问题解决体系、项目考核体系）项目建设管理制度，解决杉杉奥特莱斯、赛轮轮胎项目等人防规划审批各类问题400余项。实现240个亿元以上项目开复工，项目总数增长20%，项目数量和投资额均位列全市首位。瑞士布可哈德、本特勒二期等61个项目竣工。投资200亿元的华晨宝马汽车有限公司第三工厂、研发中心主体封顶，34项宝马配套工程按节点推进。投资30亿元年产330万套的赛轮轮胎项目实现当年开工、当年投产。

深化改革。深化开发区机构改革，坚持市场化选人用人机制，实行聘任人员职级化管理，激发整个人才队伍的干事创业活力。加强“管委会+平台公司”运行模式，最大限度发挥沈阳中德园开发建设集团有限公司、中德（沈阳）国际产业投资发展集团有限公司市场化优势，完成中德控股公司组建。实施“问效一体化”改革，高质量完成开发区攻坚任务和重点工作。加大国有企业改革，完成沈鼓集团二级公司混改、铸锻公司司法重整，加快推进冶金机械、有色冶金等企业破产重组，完成126户厂办大集体改制，61户僵尸企业处置，162户国有企业退休人员实现社会化管理。探索启动“一区多园”建设改革，市场化、专业化推进产业聚集发展。

科技创新。全年科技研发费用达到31.4亿元，占地区生产总值的比重达到3.2%。中科沈阳产业技术创新研究院落户经开区，首批5个中科院项目+团队“带土移植”入驻；高分子复杂结构增材制造国家工程实验室辽宁分中心落户铁西。双创载体数量突破20家。完成沈鼓集团130万吨裂解气压压缩机等45个首台（套）重大技术装备项目储备，新增专利327件。新增瞪羚企业7户，省级“专精特新”企业36户，高新技术企业116户，累计注册国家科技型中小企业786户。组织“创青春辽宁省青年创新创业大赛决赛”“中国计算机大会沈阳分会”“2020年中国创新设计大会沈阳峰会”等活动，吸引近600户知名企业相聚铁西，共谋发展。

对外开放。国际合作综合服务平台和中德园离岸创新中心跨境电商平台为园区内企业对外合作、双向交流提供多种语言口译、笔译服务。创建日本离岸创新中心，成立海外人才（日本）工作站，设立中日友好科技展示中心和沈阳人才引进工作站。与德国慕尼黑华人促进会签订合作协议，联合设立开发区中德园驻慕尼黑招商代表处。举办中德创新委员会第二次会议、中德园五周年大会等30多项国际经济交流活动。对接海外新的科技成果转移项目20项，完成区内注册23户企业，注册资本3亿元。

城建与管理。基础设施不断完善，开工建设38.3万平方米中德公园；完成中央大街环岛平交化改造工程。第一条景观路开发25号路正式通车；新建220千伏产业变、66千伏赵家变电站正式投入使用；完成12项电力配套、7项排迁、19个给排水配套工程，补植绿化树木6.4万株，草坪200万平方米。新建5G基站1157座，基本实现中德园区5G网络全域覆盖。城市管理不断精细，对辖区内重点街路、背街小巷、地铁出入口、校园周边的占道经营、流动商贩、露天烧烤、店外摆放、乱贴乱挂等违法行为进行清理整治。累计清理流动商贩占道经营6300余处，乱堆乱放6900余处，露天烧烤510处，暂扣烧烤炉具127个。开展户外广告牌匾整治，针对重点街路的镂空字、大型户外广告、沿街门店牌匾标识进行整治，修复缺字、断条、亮化不全的广告牌匾。累计拆除存在安全隐患的高立柱广告11处，落地式广告37处，墙体及桥体广告12处，共365平方米；违规牌匾及LED屏幕161处。

（经开区）

【中德园获批东北首家国家海外人才离岸创新创业基地】 11月30日，中德（沈阳）高端装备制造产业园获批国家海外人才离岸创新创业基地，成为中国科协批准设立的东北首家、全国第21家国家级离岸创新创业基地。沈阳市科协围绕园区产业特色和功能定位，以中德园为核心区，国际软件园、锦联产业园和新松机器人创新实验室为共建区，打造境外创新中心+境内离岸基地的“双离岸”模式。中德园基地以中德发展（沈阳）离岸创新服务中心有限公司为运营主体，分别在深圳、德国海德堡、瑞典斯德哥尔摩、日本东京设立离岸创新中心，多点位搭建创新人才柔性引进、成果项目在沈转化、跨境

孵化创业和招商引资对接平台。2020年，该基地新增落户企业13户，注册资金超过3亿元，入孵企业4户。（志 闻）

【2020中德（沈阳）高端装备制造产业园高质量发展大会】 12月17日召开。大会以“创新赋能高质量、扩大开放新格局”为主题，全面回顾中德园五年的建设成果，展望未来前景、明确目标任务。会上，总投资380亿元的30个项目签约，主要涵盖智能制造、新一代信息技术、工业互联网等领域，线上线下500余人参加。（经开区）

►2020中德（沈阳）高端装备制造产业园高质量发展大会 （经开区供）

沈阳金融商贸开发区

【概况】 2020年，沈阳金融商贸开发区实际利用外资11090万美元，为年计划221.8%；实际利用内资36.7亿元，为年计划118.38%；进口总额2.68亿元，为年计划103.08%；出口总额15.85亿元，为年计划106.02%；固定资产投资64.12亿元，为年计划76.7%，下降15.63%，占全区43.56%；房地产固定资产投资30.03亿元，为年计划106.49%，下降28.9%，占全区51.32%；互联网和相关服务营业收入2.85亿元，增长9.41%，占全区97.57%；建筑业总产值402.75亿元，增长18.35%，占全区93.67%；限额以上批发业商品销售额3438.13亿元，下降29.13%，占全区93.93%；限额以上零售业商品销售额104.56亿元，下降15.15%，占全区35.1%；限额以上住宿业营业额5.27亿元，下降28.9%，占全区82.09%，限额以上餐饮业营业额3.81亿元，下降27.85%，占全区71.71%；商品房销售面积21.39万平方米，增长34.01%，占全区23.32%。2019年度省级以上开发区综合发展水平考核中，获总分897分，并在全省74家省级以上开发区中考核排第1名。

统计督察整改。对数据代填代报情况、236户贸易业、124户服务业、6户工业、189户建筑业数据报表情况、违反统计相关规定文件、统计人员配备情况进行逐一清查，对发现的问题及时整改。

信息化服务平台建设。通过建立企业信息通用平台（企信通），设立专员包保重点税源企业，组织金融机构召开银企对接会议，协助沈阳星狮房地产开发有限公司、辽宁芒果网络股份有限公司等10余户企业解决资金紧张难题，帮助企业走出困境。

常态防疫。开发区借助沈河区外来人员数据监控平台等高效手段，对区内63栋商务楼宇、3279户企业实行专人包保。同时，全力推动复工复产，为50余户企业对接扶持政策，为300户企业对接金融机构，仅美的君兰江山、旭辉铂宸府项目、卓展装修改造项目达成融资19.2亿元。4月末，各重点行业生产生活秩序全面恢复。

重大项目。召开调度会、协调会34次，联系、走访企业1024次，为项目解决各类问题120余个。52个亿元以上项目全部开复工（任务指标48个），占比沈河区开复工项目的50%。

产业链招商。开发区利用“云端”网络大力发展线上招商，参与“走出去”招商12次；开展“请进来”招商活动12次。区亿元协同办理平台上有项目296个，其中意向项目148个，洽谈项目72个，签约项目12个，落地项目79个（含非亿元项目）。

产业转型。开发区建立健全“管委会+平台公司”运行机制，打通金融功能全链条，加快集聚科技金融等新兴业态金融机构，加大金融产品创新引导力度，完善“一塬三平台”（易金融数据塬、数据平台、服务平台、产品平台）等金融服务平台及“一所三中心”（沈阳联合产权交易所、沈阳农村综合产权交易中心、辽宁金融资产交易中心、辽宁股权交易中心）等资本要素平台和要素市场功能，提升沈河金融品牌影响力。

【万科富丽华项目】 5月20日，地上六层建筑爆破成功，标志区重点项目取得重大阶段性成果，项目建设工作有序进行。

【华府新天地项目】 2020年，二期D组团项目建设资金紧张、建设速度滞后，开发区为D3塔楼单独出具《配套费收缴情况通知书》，使企业顺利取得预售许可。在华府新天地三期地块争议问题上，帮助企业行政复议成功。

【迎宾街立体泊车楼项目】 2020年，由于与台资健晖君悦酒店纠纷，项目启动受阻，开发区寻求市台办助力，对接有关部门，有效推动相关手续办理，顺利推动项目开工建设。 （韩　瀚）

沈阳综合保税区

【概况】 沈阳综合保税区2011年9月获国务院批准设立，规划面积6.2平方千米，分为两个区块，区块一（近海园区）规划面积4.2平方千米，位于沈阳近海经济区，区块二（桃仙园区）规划面积2平方千米，位于自贸区沈阳片区，由辽宁自贸试验区沈阳片区管委会管理。沈阳综合保税区坚持“资源共享、错位布局、互为补充、共同发展”原则，充分发挥综合保税区两园区功能优势、区位优势、资源优势，着力夯实保税加工、保税物流、保税服务等基础功能，大力发展跨境电商、维修再制造、研发设计、文化贸易等“保税+”新业态，建设沈阳现代化都市圈和国家级中心城市的功能完善区与提升区。2020年，沈阳综合保税区实现进出口值19.59亿元，增长45.4%。

近海园区依托沈阳西部出海货运铁路“近海站”和沈西工业走廊的区位优势，加强与沈阳经济技术开发区和中德高端装备制造产业园合作，推进与大连港、营口港、中欧班列等“区港联动”，实现“公铁海陆”多式联运，畅通物流通道，做强保税物流功能为基础的特色综合保税园区。区内基础设施及配套齐全，保税仓库+查验仓库1.5万平方米，工业标准化厂房2万平方米，恒温仓库3.3万平方米，冷冻库1.3万平方米。可满足重装设备、恒温、低温、超低温各类货品仓储及项目入驻需求。建成总面积6000平方米的跨境电商产业园，包含跨境电商培训中心、网红直播基地等内容，同时设有双创孵化中心、保税商品展示中心和跨境保税仓等功能场所，为广大跨境电商企业入区创业发展提供便利条件。区内海关备案企业72户，其中保税加工企业10户，保税物流企业10户，贸易服务类企业52户。

桃仙园区依托国家高新技术开发区产业集聚、桃仙国际机场空港及口岸功能等优势，发挥自贸区核心功能区的平台作用，重点发展航空制造、保税加工、保税物流、跨境贸易等产业。区内9000平方米跨境保税仓投入使用，新建1.8万平方米综合保税仓即将竣工。初步形成以中航沈飞民用飞机有限公司和沈阳沈飞国际商用飞机有限公司为代表的航空制造特色产业。保税物流进展顺利，富都冷链物流转关货物全年700标箱货值突破3.5亿元；“保税+”医疗开局良好，药品进口沈阳首单缴纳进口关税125万元。全面开通跨境电商1210和9610业务，远达国际快件中心新增3条信息化、智能化高端查验分拣线，开设沈阳至旧金山、伦敦及洛杉矶跨境电商定班国际货运包机航线，桃仙园区跨境电商公共服务平台备案企业达到210户，对接电商平台15户，接入快递、支付企业8户。2020年，跨境电商1210及9610完成172万单，交易金额1.8亿元。区内海关备案企业76户，其中保税加工企业6户，保税物流企业5户，贸易服务类企业65户。 （朱有光）

【《中国（辽宁）自由贸易试验区沈阳片区跨境电子商务产业扶持政策》】 4月30日自贸区沈阳片区管委会印发。《政策》对符合条件的跨境电商平台落户、运营、平台建设等给予政策支持。

（韩　唯）

二十五、民营经济

综　述

2020年，全市民营经济克服新冠肺炎疫情影响，呈现稳中向好的发展趋势，民营经济实现增加值占全市地区生产总值的45%以上，民营经济实现税收总收入占全市税收收入的50%以上，民间投资占全市固定资产投资的60%以上，民营经济市场主体存量占全市市场主体的95%以上。

发展环境进一步优化。落实公平竞争审查制度，建立由32名专家组成的沈阳市公平竞争审查专家库；全市梳理涉及市场主体经济活动的政策措施1316项，清理排除、限制竞争的政策措施20项；依托“12315”投诉举报平台，建立公平竞争审查投诉举报渠道。“一网通办”取得初步成效，启动“一网通办”百日攻坚行动，34879个政务服务事项上线运行，依申请类事项可网办率由年初的91.3%提升至100%，全程网办率由13.9%提升至63.4%，网办业务占比由19.8%提升至48.1%。开展专项整治，围绕政府失信、办事难等8个方面整治内容，推动政府拖欠工程款、招商承诺不兑现、招投标程序不规范等39类问题有序整改，建立40项长效机制。

公共服务体系不断完善。加强综合金融服务平台及企业征信平台建设，实现平台互联互通，金融机构可通过综合金融服务平台调取企业征信报告。企业征信平台完成10家数据源单位信息采集，累计入库信息超过4亿条。支持企业在资本市场直接融资，4户企业进入上市程序，1户企业申请进入新三板精选层，6户企业在辽宁证监局辅导备案。打造中小企业公共服务体系，全市市级以上中小企业公共服务示范平台达到106个，其中国家级示范平台7个，省级示范平台33个，市级示范平台66个。

民营企业活力进一步释放。深入实施“个转企”“小升规”“规升巨”培育行动。全年“个转企”2198户、“小升规”243户、“规升巨”20户。推动民营企业创新发展，民营科技型企业占全市科技型企业总量的90%以上。国家科技中小型企业注册4559户，增长48.5%；高新技术企业注册2560户，增长39.43%。辽宁省雏鹰企业776户，占全省比例41.19%；独角兽企业6户，占全省比例60%，辽宁省瞪羚企业82户，占全省比例30.48%，数量均位居辽宁省首位。全市双创载体数量212户，创业孵化面积560万平方米，集聚创业人员16.6万人。国家级“专精特新”小巨人企业17户，省级“专精特新”中小企业102户。

（高　健）

工　业

【概况】 2020年，全市民营第二产业实现增加值717.9亿元，增长5.4%，占全市第二产业的33.2%。全市规模以上民营工业企业1176户，实现增加值401.9亿元，增长1.3%，占全市规模以上工业企业的28.3%。新兴产业重点领域加速成长，新能源汽车“整车+零部件”体系逐步建立，华晨宝马汽车有限公司新工厂、沈阳恒大新能源科技有限公司新能源汽车基地加快建设，华晨宝马汽车有限公司iX3纯电车远销42个国家和地区；累计建设充电终端1633个。数字医疗领域，东软医疗系统股份有限公司研制的“雷神方舱CT”为抗击新冠肺炎疫情做出贡献，256层耀世CT产品获国家药品监督管理局颁发的医疗器械注册证，标志中国在超高端CT领域自主研发水平步入国际先进行列。电力装备领域，沈阳特变电工沈阳变压器集团公司正负800千伏特高压干式主流套管研制成功，打破长期以来国外技术垄断。

制造业发展质量明显提升。推进制造业智能升级，东软医疗系统股份有限公司高端医学影像设备、沈阳富创精密设备有限公司集成电路装备零部件柔性数字化车间等国家智能制造新模式、智能制造系统解决方案供应商项目，获得资金支持；培育21个省智能制造及智能服务试点示范。辽宁禾丰牧业股份有限公司入选“中国民营企业500强”；沈阳宏远电磁线股份有限公司获批国家制造业单项冠军。航空产业规模逐步增长，辽宁锐翔通用航空有限公司RX4E四座电动飞机完成6架试验机制造及合格审定申报。提升制造业企业精益管理水平，组织培训83期，培训1912人次，实施精益管理咨询项目70个。工业设计稳步发展，4户企业获批省级工业设计中心，10项产品被评为省级工业设计示范产品。

工业企业发展环境不断优化。优化服务，着力帮助企业解决问题，为企业解决问题诉求683余项，其中基础设施专项整治平台问题解决率100%。组织23个国家及省服务型制造示范平台，开展营销、培训、金融等10余个方面的公益服务；建立“沈阳市工业生产要素服务平台”和“生产要素”微信公众号，汇集工业企业5万户、产品10.2万件、科技服务机构300家。组织“百企走进工业设计”“百企义诊”“工业设计大讲堂”等活动30余场，服务企业500余户。组织银企对接会和“一对一”融资对接，服务企业220户，融资总额3.16亿元。开展产需对接等惠企活动100余次，沈阳北方重工集团有限公司、沈阳特变电工沈阳变压器集团公司等重点制造业企业本地配套率分别达35%、33%。　（高　健）

【特变沈变集团参与世界级水电工程项目】 7月，特变电工沈阳变压器集团有限公司研制生产的14台±800千伏换流变压器和24台桥臂电抗器，在乌东德水电站特高压多端直流示范工程全部成功投运。乌东德水电站是世界首个特高压多端混合直流工程、首个特高压柔性直流换流站工程，也是容量最大的特高压多端直流输电工程。　（刘易林　常淇）

商　贸

【概况】 2020年，为深入贯彻落实国家、省等促进民营经济发展的相关政策，按照《沈阳市促进民营经济发展若干政策措施》的工作部署，市商务局支持民营企业、中小企业发展壮大，广泛开展政策宣传，充分利用网站、微信公众号等媒介平台及“万人进万企”的工作机制，定期发布上级商贸流通、外资外经等方面的最新优惠政策措施；组织企业参加电商、家政、外贸实务操作等各类专题培训班，提升企业从业人员专业业务素质与能力，全市商贸流通领域民营经济呈现良好发展态势。　（王宝东）

【沈阳市年轻一代民营企业家商会成立】 2月24日正式成立。商会是由沈阳市年轻优秀的非公经济人士为主自愿组成的非营利性社会组织，成员包括：在父辈的企业中担任重要职务的优秀二代企业家、在沈自主创业的优秀年青一代企业家、在沈大学生创业者中的优秀人才、留学回沈创业者的优秀代表以及新经济组织和新社会组织中的优秀成员，商会会员分布全市13个区县（市）。12月19日，商会成立大会暨年会在辽宁友谊宾馆举办，市区县相关部门负责人及驻沈各友好商会代表近200人出席。截至年末，商会发展102位商会会员，平均年龄34.12岁，企业总资产管理规模260亿元，年纳税额超2亿元，为社会创造就业岗位8436个。

（志　闻）

二十六、经济合作交流

沈阳经济区

【概况】 2020年，沈阳市深入实施沈阳经济区发展战略，加强沈阳市东北创新中心、区域金融中心、东北人才中心、东北亚物流中心建设，着力培育沈阳经济区连接、聚合、扩散能力，坚持资源共享、优势互补、互利共赢，推进沈阳经济区一体化发展。全年确定84项重点工作任务，其中沈阳市牵头推动的任务38项，纳入省专项工作组牵头推动的任务28项，其他市牵头18项。沈阳经济区实现地区生产总值10786.3亿元，占全省42.9%；一般公共预算收入1137.9亿元，占全省42.9%，增长1.5%。

一体化合作体制机制。继续完善沟通协调机制，在年初新冠肺炎疫情暴发后，创新工作方式，采取视频会议的方式，组织各市相关部门连续召开7次网络视频会议，调度落实重点工作任务。每月定期采用网络视频会议与实地调研相结合的方式推进一体化工作。强化政策支持，争取沈阳经济区产业投资基金投资各市；筛选4个项目，完成投资6.8亿元，4个项目在争取银行贷款5亿元实施项目建设的同时，吸引4亿元社会资本以股权方式进行投资；为落实省“一圈一带两区”（沈阳现代化都市圈，辽宁沿海经济带，辽西融入京津冀协同发展战略先导区和辽东绿色经济区）战略，邀请国家发改委国土开发与地区经济研究所编制《沈阳都市圈战略规划》和《沈阳都市圈三年行动计划》。

要素一体化。在科技服务上，加强重大创新平台建设，全面升级东北科技大市场，引进北京6家服务机构和全国3个科技创新平台；科技条件平台汇聚专业服务机构334家，累计技术服务交易额1.2亿元；兑付2019年科技创新券483万元；面向全社会组织申报项目280项，其中重大关键核心技术攻关项目217项、重大科技成果转化项目63项。实施关键技术（“卡脖子”）攻关项目107项，研发总投入超过10.09亿元。在金融服务上，辽宁股权交易中心挂牌企业2335户；综合金融服务平台、企业征信平台均上线运营。在人才服务上，共建人力资源信息共享交流平台，举办4场沈阳经济区人才招聘会，推进各城市12所院校签订校地合作协议。在物流服务上，沈阳港多式联运中心项目完成选址和用地成本测算，与鞍山西柳国际物流园、抚顺石化物流基地、本溪钢铁物流园、辽阳佟二堡皮草交易市场等重要物流节点实现连接；2020年沈阳中欧班列开行381列，增长79.1%，居东北第一位，全国第九位。在企业服务平台上，推动精益管理、工业设计等平台向经济区城市辐射；组织精益管理培训班、观摩学习活动18期，培训515人次；推进精益管理咨询实现重大突破，实施精益咨询项目65个。在农业服务上，完成沈阳农博网各市农产品电子商务资源整合对接工作，完善农博网B2C电商系统、农博网智慧餐系统、农村电商平台系统；9月19日启动第二十届沈阳国际农业博览会（线上），交易额28.23亿元，增长21.32%。

产业一体化。充分发挥各市自身优势，延长产业链条，提升资源要素配置共享度，推进产业链互补发展。在汽车产业链方面，推动辽阳忠旺集团、辽阳浩森（金兴）汽车、本钢宝锦（沈阳）汽车新材料、本钢豪斯特等重点项目建设，加强汽车及零部件产业配套合作。在医药产业链方面，推动沈阳圣元药业有限公司和沈阳志鹰药业有限公司将生产基地搬迁到本溪高新区，注册成立辽宁亿帆药业有限公司，项目开工建设，年底前实现玻瓶、软袋大输液两个生产车间投产。在装备制造产业链方面，推动本钢（沈阳）技术研究院建设项目落户浑南，本钢与浑南区签署合作框架协议。推进鞍钢为特变电工沈变集团中厚钢板配套供货，完成供货约1万吨，供货额7000余万元。

旅游一体化发展。定期召开区域旅游一体化工作联席会议，制定《推进沈阳经济区旅游产业一体化建设实施方案》。4月22日，省文旅厅在鞍山召开沈阳经济区文化旅游一体化联席会议，会议商议，全年通过节庆活动的联动，经典线路的连接提升沈阳经济区特色旅游节庆活动品牌。5月19日，联合沈阳经济区五城市及众媒体平台，发起线上营销推广活动。推出清代文化史迹游等10条精品旅游线路。全面提升旅游品牌的知名度和市场竞争力，从8月22日起至国庆节前，沈阳、鞍山、抚顺、本溪、辽阳五城市百余家景区，面向国内或沈阳经济区五个城市的游客推出半价优惠、打折促销、免费开放等系列优惠政策。10月13日，组织沈阳经济区五城市赴成都、西安联合开展冬季文化旅游营销活动，举办文化旅游推介会

公共服务一体化。推动教育品牌化合作发展，将沈阳经济区校长教师培训作为重要内容纳入全省整体培训方案中，完成培训100名校长、骨干教师。创立沈阳市医学影像去胶片化管理新模式，实现医学影像信息共享互认。协同构建智慧城市，加快部署5G网络基础设施建设，开展5G试点示范应用，邀请经济区各市参加2020全球工业互联网大会，全年累计建成5G基站7321个，实现406个重点区域5G网络全覆盖。

基础设施一体化。统筹推进沈辽（沈阳到辽阳）大道建设、沈闫线（沈阳到闫家沟）扩建工程、马宋（马官桥到宋家沟）公路二期改扩建工程等工作。沈闫线扩建工程全长4.63千米，投资4081万元。沈闫线主体工程完工，主线通车。加快推进抚顺103路、104路延伸至高望线连接泗水街附近的公交场站，实现与何氏医学院及沈阳公交线路零距离换乘。通过利用现有公交车延伸站点，转接跨市乘客的方式解决零距离换乘问题。

环境治理一体化。沈阳市与经济区四市形成大气污染联防联控协调机制，加强区域重点大气污染源监管，有效推进重点区域大气污染联防联控工作，协同开展浑河水系治理；推进南部污水处理厂二期扩建工程，实现污水处理单元全线通水，提前实现达标排放；持续强化大气污染联防联控，建立大气污染防治联席会议制度，共同解决祝家污泥处置工作，编制北沙河综合治理规划。

【沈阳经济区一体化发展工作会议第二次会议】 4月27日，省委副书记周波主持召开沈阳经济区一体化发展工作会议第二次会议，听取沈阳经济区一体化工作进展情况汇报，研究部署下一步工作。省委常委、沈阳市委书记张雷，市长姜有为出席会议。会议强调，要结合“十四五”规划编制，加强顶层设计，充分沟通协商，进一步修改完善《沈阳经济区一体化发展战略规划》，抓好组织实施。会议同时议定7条具体举措。

【沈阳与辽阳一体化对接活动】 6月30日，辽阳市党政代表团到沈全面对接一体化工作。双方签署合作备忘录，共同推进19个重大项目和事项。

【沈阳与本溪一体化对接活动】 7月20日，沈本合作交流座谈会在沈阳召开。两市签署本钢研究院项目及沈本共建后花园合作协议。在沈期间，本溪市代表团考察部分企业和园区。

【沈阳经济区调整为沈阳现代化都市圈】 12月，省委、省政府提出“一圈一带两区”重大区域发展战略，由建设沈阳经济区调整为建设沈阳现代化都市圈。

进一步明确，加快建设沈阳现代化都市圈，以沈阳为中心，以鞍山、抚顺、本溪、阜新、辽阳、铁岭、沈抚示范区（7市+1区）等为支撑，打造新型工业化的示范区、东北振兴发展的增长极。

（马冠军）

经济协作

【概况】 2020年，为贯彻落实习近平总书记关于东北振兴与国家重大区域发展战略对接和交流合作的重要讲话精神，市商务局围绕构建区域协调发展格局，对接京津冀协同发展、长江经济带建设及长三角一体化发展、粤港澳大湾区建设等国家重大区域发展战略，参与沈阳经济区一体化建设，推进沈阳市与大连市合作交流，以扩大有效投资、推进项目建设为牵引，以“走出去、请进来”招商为抓手，共建共享优势资源，协同推进联动发展，为助力沈阳全面振兴全方位振兴提供有力支撑。筹划组织围绕京津冀、长江经济带、粤港澳大湾区等重点区域开展“走出去、请进来”招商活动40次，举办重点项目签约仪式8次，签约项目72个，签约额累计2861.19亿元。

沈大合作交流。两市分别成立以市委、市政府主要领导任组长的沈大合作交流工作领导小组，共同形成《沈阳市与大连市合作交流实施方案》，10月以市委、市政府文件形式同步印发。结合产业基础、区位优势、资源要素等特点，组织沈阳市13个区县（市）与大连市12个区市县、先导区结成“一对一”结对合作地区，建立常态化沟通联络机制。围绕协同推进产业合作、科技创新、自贸区共建、对外开放、建设沈大经济走廊以及卫生、文旅、体育等领域开展合作交流，推动两市经济社会一体化均衡发展，促进合作交流互利共赢。

在沈异地商会经济合作交流。组织在沈异地商会先后与康平县、辽中区、自贸区、中德产业园举办4场招商引资对接会、说明会，开展产业推介、项目对接、座谈交流，搭建政府与企业、企业与企业经济合作交流平台，实现信息互通，资源互享，优势互补，合作共赢。

【沈大合作交流座谈会】 6月11日在沈阳召开。省委常委、大连市委书记谭作钧出席会议并讲话，省委常委、沈阳市委书记张雷主持会议并讲话。大连市委副书记、市长陈绍旺，沈阳市委副书记、市长姜有为介绍两市合作开展情况和下步合作安排并签署《沈大合作交流备忘录》。

（梁　栋）

【京沈对口合作座谈会】 12月17日在沈阳举行。省委常委、市委书记张雷，北京市委常委、副市长崔述强出席会议并讲话，市长姜有为主持会议。会上，组织17个京沈对口合作产业项目进行集中签约，签约项目涵盖园区共建、数字经济、科技金融、医疗健康、文化旅游等领域，签约额187.2亿元。

国内投资

【概况】 2020年，市领导率团赴北京、上海、深圳、南京等重点地区城市，开展“全方位、多层次、多领域”招商活动9次，完成内资引进项目331个，引进实际到位资金1116.62亿元，完成省、市确定全年任务的102.4%，增长12.7%。

招商活动强度和频次不断增加。市领导、局主要领导高位推动，主动出击，坚持把招商引资作为第一要务，带头开展招商引资活动。为克服上半年疫情影响，下半年增加招商活动频次，率队赴北京、上海、深圳、南京等重点地区城市，7月至12月开展9次活动。

招商项目质量和规模不断提升。围绕沈阳市主导产业，瞄准长三角、珠三角、京津冀、长江经济带等重点地区，中国500强企业、民营500强企业、行业领军企业，推动重点产业招商和产业链招商，精准招商，引进一批批重点企业的好项目。

招商引资活动靶向性不断提高。注重市级层面的招商统筹工作，加强顶层设计，把招商活动做实做细；在策划筹备阶段更注重选择与沈阳市主导产业发展相契合，对沈阳市产业结构调整和转型升级有益的投资项目，由招商引资向招商选资转变，增强招商引资工作的靶向性。

（金　嫚）

【沈阳市政府与金地集团签署战略合作协议】 1月9日，沈阳市政府与金地（集团）股份有限公司举行合作签约仪式。省委常委、市委书记张雷出席签约仪式，市长姜有为、金地（集团）股份有限公司董事长凌克出席签约仪式并致辞。按照此次签署的战略合作协议，金地集团将在沈阳投资建设“金地智造天地”等9个产业项目，计划总投资298亿元。在签约仪式上，双方就于洪智能制造产业园及于洪区金地广场项目、浑南区智能制造中心+航空制造生产线项目、金地皇姑科创城项目进行现场签约。

（志　闻）

京沈对口合作

【概况】 2020年，京沈对口合作工作创新谋划对口合作模式，有效应对疫情影响，聚焦重点领域，细化实化责任，有力有序持续推进。强化两市高层互动交流，9月6—8日，市长姜有为率沈阳市代表团赴京考察，开展以人工智能、智慧交通、工业互联网、金融产业为重点的招商推介活动，考察中国工业互联网研究院工业互联网测试中心、清华紫光集团等。12月17日，北京市常务副市长崔述强率北京市代表团赴沈开展高层对接交流，举行京沈对口合作座谈会，就聚焦京沈两地“十四五”规划战略定位和重点内容，高水平推进京沈对口合作达成高度共识。同时集中签约合作项目17个，总投资近180亿元。完善对口合作工作机制，京沈两市高度重视对口合作工作，推进对口合作工作深入开展；制定印发《北京市与沈阳市2020年对口合作工作计划》，细化分解为140项工作任务和60项活动；为规避疫情影响，创新探索招商项目“云签约”“线上活动”等方式开展工作，大力推进“屏对屏”“不见面”的对口合作新模式，实现京沈两地时时互动、同频共振，进一步提升对口合作工作效率和数字化水平。深化全方位对接合作，共同收集汇总《中关村产业技术联盟手册》《北京市疏解非首都功能企业名录》等合作信息，共同组织各地区（园区）、部门和有投资意向企业深入对接，策划推进一批标志性重大合作事项（项目），推进落实中关村创新中心、中科院机器人与智能制造创新研究院等320个京沈对口合作项目，累计实际完成投资280亿元。深化人才交流合作，围绕新兴产业、科创、金融、投融资等领域，继续开展干部挂职交流，第三批28名互派挂职干部到岗工作，首次开展成果交流展示调研活动。沈阳医学院邀请首都医科大学专家指导教学科研工作，选派沈医临床教师到首都医科大学附属医学院进修，医疗系统互派11位专家学者交流学习，远程会诊6次，参加学习人员4381人次，诊疗患者74人次。

（马冠军）

【2020京沈对口合作第三届京沈科创产业生态共同体峰会】 11月28日在沈阳举行。中关村科技园区朝阳园管理委员会、北京科学技术开发交流中心、中国技术交易所、北京市朝阳区高新技术企业协会等部门负责人及京沈两地企业代表参会。京沈两地的政府和企业代表达成6项签约合作，同时还为“京沈合作科技创

▶12月17日，京沈对口合作座谈会暨项目签约仪式在沈阳举行　　（市发改委供）

新中心”进行揭牌，并共同启动“自贸区沈阳片区——京沈高精尖产业智库服务平台”项目。峰会期间，围绕人工智能、数字经济、虚拟现实等热点话题，北京与沈阳企业展开经验分享。

（志　闻）

对口支援

【概况】 2020年，沈阳市加强科学筹划，把握重点，开展资金项目、干部人才、产业合作、智力支持等方面援助工作，提高受援地经济和社会发展的内生动力。

经济援助。沈阳市上解援助资金25030万元。其中，援疆资金18585万元、援藏资金4645万元、援阜资金1500万元、援三峡库区资金300万元。安排对口援助项目35个，使用援助资金2.4亿元。其中，实施援疆项目17个，使用援疆资金1.43亿元；实施援藏项目11个，使用沈阳市援藏资金0.79万元；援阜项目6个，使用援阜资金1500万元；援三峡库区移民工作项目4个，使用援三峡资金300万元。

产业援助。通过深入分析受援地区经济结构和资源禀赋，持续完善产业援助规划布局，帮助受援地举办沈阳展会、文化经贸活动，组团考察互访5次，面向全国精准施策、精准招商。逐步搭建起全方位、多层次、宽领域的经贸交流合作平台，为受援地经济社会可持续发展注入强大活力。

智力支持。以强化援助干部人才提供智力支持为主线，推进行政、文化、教育、科技、医疗卫生等方面人才建设和智力支持工作，同时在沈开设各类培训班，为受援地区培养一批带不走的教育医疗队伍。10月18—23日，在沈阳市委党校举办安多县村（居）党支部书记能力素质提升培训班，46名安多基层党支部书记参加。着眼培养一支带不走的高质量师资队伍，组织塔城地区选派幼儿园、小学、初中、高中4个学段150名教师，赴沈阳参加各首席教师工作室跟岗实践培训。塔城卫健委选派两批64名医疗及管理人员在沈阳进行进修学习。中国医科大学附属盛京医院等三甲医院与阜新市展开合作，在重症医学科、呼吸科、儿科等专科方面，完成阜新市149名专业技术人员教育培训，进一步提升阜新市医疗卫生专业技术人才的服务能力和技术水平。

【高伟看望援藏干部】 9月10—13日，常务副市长高伟率党政代表团赴西藏安多县考察和调研对口帮扶工作。考察安多县小康示范村和天龙酒店两个援藏项目，看望和慰问沈阳市援藏干部、人才，参加沈阳市对口帮扶安多县工作座谈会和慰问金捐赠仪式，捐赠慰问资金200万元。

（马冠军）

【塔城首家肛肠病诊疗中心创立】 12月1日，塔城地区肛肠病诊疗中心揭牌仪式在塔城市人民医院举行。该中心是沈阳援疆专家协助创建的塔城地区首家肛肠诊疗中心。塔城地区肛肠病诊疗中心建筑面积1240平方米，有医护人员20余人，设置床位30余张。引进首台电子肛门镜用于肛肠疾病的精确检测，建立低菌消毒的专用换药室，购置换药床、恒温冲洗仪、LED检查灯等用于肛肠科术后换药，有序规范肛肠病术后换药的操作流程及规范治疗。（志　闻）

【姜有为看望援疆干部】 12月10—12日，为深入贯彻落实第三次中央新疆工作座谈会精神，沈阳市委副书记、市长姜有为率沈阳市党政代表团赴新疆塔城市，看望慰问沈阳第六批援疆干部人才，深化两地交流合作，推动落实对口援疆工作任务。（马冠军）

▶9月10日，沈阳市向安多县捐赠慰问金200万元　（市发改委）

二十七、教 育

综 述

2020年，全市有各级各类学校2304所，在校生175.9万人，在职专任教师10万人。其中，幼儿园1548所、小学279所、初中218所、工读学校1所、特殊教育学校18所、普通高中87所、中等职业学校78所、高等教育机构75所。学前三年毛入学率97.9%，小学学龄人口毛入学率119.3%，初中毕业生升学率110%，高中阶段毛入学率124.5%。

推进学前教育优质普惠发展。印发《沈阳市学前儿童看护点管理指导意见（试行）》，开展看护点分类治理工作。重新发布《沈阳市普惠性民办幼儿园认定与管理办法》，指导区县有序开展普惠性民办幼儿园认定工作，新增158所普惠园。完成288个小区配套园治理任务，治理完成数量全省第一，出台《沈阳市城镇小区配套幼儿园规划建设管理办法》，建立配套园管理长效机制，人民网等80余家国家和省级媒体广泛宣传。全市公办在园儿童占比46.4%，普惠性幼儿园覆盖率85%，均超过辽宁省要求。

推进义务教育优质均衡发展。出台《沈阳市新优质均衡（示范）学校创建方案》，创建103所义务教育新优质均衡示范校，优质资源覆盖率97.4%。新建改扩建37所学校，有效解决新增1.2万名孩子入学问题。深化课程改革，评选40门精品校本课程，认定30所沈阳市义务教育课程改革先进学校、20所基地学校及100所达标学校。全省集团化办学现场会在沈阳市召开，和平区教育局、126中学和第七中学做经验介绍。首次实行公办、民办学校同步招生，将民办学校招生纳入审批地管理。落实公办义务教育免试就近入学和“单校划片”招生政策，继续实行阳光分班。完善学生资助政策，建档立卡贫困家庭学生辍学台账实现动态清零。

推进普通高中教育优质特色发展。制定消除普通高中大班额工作计划，提前完成大班额消除任务。开展普通高中“四校一社”（优质示范性普通高中、优质特色普通高中、普通高中教育教学改革典型校、普通高中学生发展指导典型校和普通高中优秀学生社团）创建工作，认定10所教育教学改革典型校、14所学生发展指导典型校、40个优秀学生社团，以评促建，不断提升普通高中办学水平。新增2所省示范高中，3所高中申报省特色高中。顺利完成普通高中自主招收体育、艺术特优生，分4批次完成中招录取工作，统一录取4.4万人。

推进职业教育优质融合发展。市政府出台《沈阳市职业教育改革实施方案》，新增22个中职专业、35个专业点，各类职业院校招生3.2万人。推进“1+X”（学历证书+若干职业技能等级证书）证书制度试点工作，17所院校39个专业成功申报66个证书培训，培训人数7823人。举办2020年沈阳职业院校技能大赛，79所中高职院校的1300多名师生参与。宝马培训中心、中德跨企业实训中心投入使用。市外事服务学校获辽宁省中职唯一的中职国赛金牌。深入开展“学校放假、社区开学”“市民通识教育线上课堂”等活动，举办全民终身学习周活动，年参与300多万人次。

支持高校“双一流”（世界一流大学和一流学科）建设。出台《关于支持市属高校发展建设的意见》，安排3亿元专项资金支持东北大学、中国医科大学等17所驻沈高校“双一流”建设，确定34所高校136个项目在沈高校“双服务”项目。会同市人社局等18个部门出台《推进高校毕业生留沈就业创业工作实施方案》，制定17项具体措施，吸引更多人才留沈。搭建4个云就业平台，举办79场网络招聘会，发放求职补贴80余万元，市属高校总体就业率87.5%。（余　生）

2020—2021学年度沈阳市各级各类学校（机构）基本情况

表27

	学校（园）数（所）	毕业生数（人）	招生数（人）	在校生数（人）	教职工数		建筑面积（平方米）	占地面积（平方米）
					计（人）	其中：专任教师（人）		
总计	2304	444975	507638	1758842	142098	100278	25110630	52080353
一、高等教育机构	75	204999	247009	783665	42463	26811	13686238	28851449
1. 研究生培养机构	25	17519	25869	68829				
2. 普通高校	45	100741	126600	440146	41992	26576	13524514	28655548
本科	26	67569	74470	288945				
专科	19	33172	52130	151201				
3. 成人高等学校	5	26381	35379	74969	471	235	161723	195901
本科		15098	19931	44995				
专科		11283	15448	29974				
4. 网络本、专科		60358	59161	199721				
本科		27124	48062	130388				
专科		33234	11099	69333				
二、中等职业学校	78	23505	26371	74064	7355	5149	1002682	1970686
其中：普通中专学校	30	14930	15116	45925	4899	3587	790426	1346362
成人中等专业学校	0	0	0	0	0	0	0	0

续表27

	学校（园）数（所）	毕业生数（人）	招生数（人）	在校生数（人）	教职工数 计（人）	教职工数 其中：专任教师（人）	建筑面积（平方米）	占地面积（平方米）
职业高中学校	48	8575	11255	28139	2456	1562	212256	624324
三、普通中学	305	95440	100814	295817	31678	26107	5791978	13153742
初中	218	59717	63055	189588	19885	16051	3281044	8234675
高中	87	35723	37759	106229	11793	10056	2510934	4919067
四、工读学校	1	15	17	48	29	19	—	—
五、普通小学	279	63242	82745	423472	27481	24555	2529957	4910651
六、特殊教育学校	18	275	205	2654	726	489	75132	230778
七、幼儿园	1548	57499	50477	179122	32366	17148	2024643	2963048

（市教育局）

学前教育

【概况】 2020年，全市坚持公益普惠发展基本原则，多渠道扩增学前教育普惠学位，扎实推进学前教育事业健康发展。各级各类幼儿园1548所，其中公办幼儿园409所；在园儿童约17.9万人，其中公办幼儿园在园儿童占在园儿童总数的46.4%；教职工约3.2万人，专任教师约1.7万人。学前教育普惠率85%。稳步提升学前教育普惠水平，重新发布《沈阳市普惠性民办幼儿园认定与管理办法》，鼓励、引导和支持民办幼儿园面向社会提供公益性、普惠性的学前教育服务，进一步扩大普惠性学前教育资源覆盖面。全市普惠性幼儿园1295所，普惠性幼儿园在园儿童占比达到85%。沈阳市将新增城乡普惠性幼儿园150所列入民生实事项目任务，市教育局明确工作任务，有序推进项目建设实施。通过接收小区配套幼儿园、新建改扩建公办幼儿园、鼓励民办园提供普惠服务等多种途径，新增城乡普惠性幼儿园158所，增加普惠性学前教育学位供给2万余个。持续提升办园质量。继续开展幼儿园评估定级工作，截至年末，全市五星级幼儿园140所、四星级幼儿园141所，三星级幼儿园588所。推进“幼小衔接”试点项目，指导教研部门开展幼小无缝衔接研训项目，选定15所实验园和15所实验校结成对子，进一步探索防止和纠正学前教育“小学化”倾向的有效路径。开展直属幼儿园拉练观摩活动，组织直属幼儿园园长及骨干教师通过实地观摩、经验分享、交流座谈等方式，进一步提升直属幼儿园园长管理水平，提升直属幼儿园办园品质。优化学前队伍建设，召开全体学前行政管理人员业务提升培训，编印《学前教育文件汇编》，提高依法治教能力和执政水平；开展全市幼儿园园长普及民法典培训，进一步增强幼儿园园长依法治教、依法办园的责任意识。学前教育系统评选出骨干校长7名，名师5名，骨干教师125名，师德标兵2名。专任教师大专以上学历占比90%，初步形成一支素质较高、相对稳定、可持续发展的学前教育师资队伍。疫情防控上，坚决贯彻省市防指决策部署，把守护师幼生命安全和身体健康放在第一位，全力织牢织密疫情防控组织网络。抓住建立制度体系，出台《沈阳市教育局市发展改革委市财政局关于沈阳市疫情防控期间幼儿园收费有关问题的通知》，规范沈阳市疫情防控期间幼儿园收费行为；出台《沈阳市幼儿园疫情防控工作方案》《沈阳市幼儿园常态化疫情防控一日活动指南》《沈阳市幼儿园常态化疫情防控一日生活教育教学指导意见》《沈阳市幼儿园常态化疫情防控相关工作导则》等指导性文件，为指导全市幼儿园疫情防控制定科学高效的方案和流程。建立信息畅通体系，通过网络云平台，形成基于大数据的信息汇总，密切掌握全市幼儿园每日动态信息。开设线上停园不停教专栏，组织全市首席教师编制家庭活动案例，开展家庭教育的宣传指导，相关做法被《中国教育报》《沈阳日报》等媒体报道。科学谋划开园工作，6月18日沈阳市幼儿园安全平稳复园，开园相关做法被中央电视台新闻频道报道。

【《沈阳市学前儿童看护点管理指导意见（试行）》】 1月21日，市教育局、市政法委、市发改委、市公安局、市城乡建设局、市卫健委、市市场监督管理局、市应急管理局、市城市管理综合行政执法局9部门联合印发。《意见》指出学前儿童看护点管理要遵循“属地管理，夯实责任；分类设置，动态管理；部门协作，齐抓共管；社会参与，形成合力”的基本原则，按照规范、扶持、提升一批，达到办园标准的颁发办园许可证，存在问题经整改仍不达标的坚决予以取缔的工作要求，稳妥做好无证园分类、扶持、治理工作，建立教育部门牵头、相关部门依法行政、街道（乡镇）共同参与的综合管理体制，全面提高沈阳市学前教育整体发展水平。

【辽宁省暨沈阳市学前教育宣传月】 以“特殊的时光，不一样的陪伴”为主题，六一儿童节在“沈阳教育发布”微信公众号发布辽宁省暨沈阳市学前教育宣传月“云”启动仪式。活动月期间通过开展名师公益讲座、讲述战“疫”故事、实施线上培训等方式，加强社会宣传，营造良好的支持学前教育发展氛围，进一步引导全社会树立正确的育儿观、教育观。《中国教育报》和中央广电总台国际在线等媒体对活动进行专题报道。

【沈阳市实现“一乡一园”目标】 2020年，依托中心镇建设加快推动农村学前教育发展，市教育局7月印发《沈阳市教育局关于印发沈阳市推进中心镇中心幼儿园建设工作方案的通知》，成立建设专班，深入6个中心镇中心幼儿园专题调研，研制提质方案，辽中区茨榆坨街道幼儿园和新民市胡台镇幼儿园第一批创建晋升为四星级幼儿园。年内，沈阳市实现“一乡一园”目标，每个乡镇均有一所公办乡镇中心幼儿园。（赵　贺）

义务教育

【概况】 2020年，全市义务教育阶段普通学校497所，其中普通小学279所，与2019年持平，普通初中218所（含113所九年一贯制学校），比2019年增加2所。义务教育阶段在校学生54.2万人，其中，小学42.3万人，初中11.8万人。全市小学教职工2.7万人，其中专任教师2.5万人；初中教职工2万人，其中专任教师1.6万人。小学学龄人口毛入学率119.3%，初中学龄人口毛入学率115.3%，初中在校生年度保留率99.9%。推动城乡义务教育优质均衡发展工作，印发《沈阳市新优质均衡（示范）学校创建方案》，创建2020年沈阳市新优质均衡（示范）学校103所。截至年末，成立74个教育集团，优质教育资源覆盖率97.4%，市域内优质学校帮扶农村学校覆盖率达到100%。和平区教育局、126中学和第7中学代表沈阳市在全省集团化办学模式改革工作会上做经验介绍，文艺二校集团化办学经验刊登在《人民日报》上，沈阳市集团化办学经验被《中国教育报》《中国教师报》相继报道。

线上教学和线上辅导。印发《沈阳市教育局关于做好中小学校延期开学期间线上教学和线上辅导工作的通知》，实现线上教学“全覆盖”，播出100天，播放3292节课，总访问人次7775万次，总浏览15172万次。

中小学招生。印发《2020年沈阳市普通中小学招生入学工作实施意见的通知》，公布13个区县（市）2020年度学区划分方案，全市阳光分班工作8月26—28日结束。小学新生8.3万人，初中新生6.3万人。

义务教育课程改革。9月28日，召开“2020年沈阳市义务教育课程改革现场会暨2019年义务教育精品校本课程表彰会”，分享文化路小学、皇姑区聋人学校课程建设经验，并对2019年义务教育精品校本课程进行表彰。组织开展2020年义务教育学校精品校本课程评选工作，评选出41门义务教育精品校本课程。印发《关于遴选沈阳市义务教育课程改革先进学校、基地学校、达标学校的通知》，启动“三校”遴选工作，遴选课程改革先进校50所、基地校30所、达标校108所。

义务教育减负。11月13日，辽宁省加强义务教育阶段学生作业管理座谈会在沈阳市和平区望湖路小学新世界校区召开，皇姑区珠江五校等5所义务教育学校进行经验交流。11月17日，和平区铁路五小、沈河区二经二校在全省加强义务教育阶段学生作业管理推进中小学生减负工作电视电话会议上分享减负工作经验。11月20日，全市召开加强义务教育阶段学生作业管理推进中小学生减负工作视频会议，并对沈阳市减负工作进行部署。央视新闻频道《新闻1+1》栏目对沈阳市第126中学校长进行访谈。

教材教辅管理。完善沈阳市教材教辅管理领导小组人员架构，提升管理效能。召开教材教辅征订工作会议，完成征订工作。完成全市中小学图书馆图书审查清理工作。全市成立中小学教材教辅排查工作领导小组，加大检查力度，组织开展全市中小学教材专项排查工作。

劳动与实践教育。5月6日，全市关于劳动教育的线上升旗仪式在沈阳云课上播出，全市497所义务教育学校，约60万义务教育师生参与线上升旗仪式。遴选出劳动教育特色校137所、项目校59所。沈阳市《综合实践课程实施管理与浅析》获中国教育学会教育管理分会论文一等奖，教育部命名沈阳市苏家屯区陈相九年一贯制学校为首批“乡村温馨校园建设典型案例学校”。

【“劳动美·环境美”社会实践系列活动】 4月28日，市教育局印发《关于深入开展“劳动美·环境美”社会实践系列活动的通知》，通过开展“三个一”（组织一次线上升旗仪式、开展一次线上班团队会和开好一次家长会）教育宣传活动、“童心战‘疫’齐动手”活动、“社区美化靠大家”活动，提高劳动教育实效性，举办活动1500余次，全市约有60万名中小学生参与系列活动。

【区县建立控辍保学工作台账】 9月29日，市教育局与市扶贫办、市委统战部等9部门会签出台《沈阳市教育局等十部门关于转发〈进一步加强控辍保学工作健全义务教育有保障长效机制的若干意见〉的通知》，指导区县建立控辍保学工作台账，每月排查建档立卡贫困家庭适龄儿童就读情况，做到不漏一人。

（陆奕宏　安曼　王阿俏　王健）

【首批全市冰雪运动特色学校】 10月28日，2020年全市校园冰雪运动工作部署会议暨体教融合试点项目推进会议在沈阳市广全学校举行。会上公布《沈阳市教育局市体育局关于命名首批全市冰雪运动特色学校的通知》，沈河区文化路小学、沈河区马官桥小学等50所学校被命名为首批“全市冰雪运动特色学校”。沈阳市将冰雪项目纳入中小学校教育教学内容，通过体育课程、综合实践活动课程等方式，组织各校结合实际开展冰雪项目，冬季学校自主浇筑室外冰场，非冬季时间学习开展轮滑、旱地冰壶、陆地冰球等运动活动。（志　闻）

【第二批沈阳市义务教育学校管理标准达标示范校】 2020年，沈阳市教育局开展义务教育学校管理标准达标校创建专项视导工作，从通过管理标准达标市级验收且工作突出的学校中，遴选出55所第二批沈阳市《义务教育学校管理标准》达标示范校，并于12月9日印发《沈阳市教育局关于公布第二批沈阳市义务教育学校管理标准达标示范学校名单的通知》，包括和平区四经街第一小学等55所学校。

（陆奕宏　安曼　王阿俏　王健）

沈阳首批50个“冰雪运动特色学校”名单

表28

序号	学校	所在区县	序号	学校	所在区县
1	沈河区文化路小学	沈河区	26	沈河区朝阳街第一小学	沈河区

续表28

序号	学校	所在区县	序号	学校	所在区县
2	沈河区马官桥小学	沈河区	27	和平区望湖路小学	和平区
3	沈阳铁路第五小学	和平区	28	和平区南京街第一小学	和平区
4	和平区和平大街第一小学	和平区	29	和平区浑河站小学	和平区
5	沈阳市第十五中学	铁西区	30	和平区振兴二校	和平区
6	铁西区重工街第五小学	铁西区	31	和平区砂山四校	和平区
7	皇姑区三台子第一小学	皇姑区	32	铁西区雏鹰实验小学	铁西区
8	皇姑区航空实验小学	皇姑区	33	沈北新区新城子街第一小学	沈北新区
9	辽宁省实验学校沈北合作学校	沈北新区	34	浑南区第九小学	浑南区
10	沈阳市辉山学校	沈北新区	35	沈阳市第二十一中学	皇姑区
11	北京师范大学沈阳附属学校	浑南区	36	东北育才丁香湖小学	于洪区
12	苏家屯区陈相九年一贯制学校	苏家屯区	37	沈阳市第七中学	沈河区
13	苏家屯区白清九年一贯制学校	苏家屯区	38	沈阳市培英中学	铁西区
14	于洪区国奥小学	于洪区	39	铁西区启工二校金谷分校	铁西区
15	于洪区于洪新城第二小学	于洪区	40	铁西区勋望小学云峰分校	铁西区
16	沈阳市实验学校	沈河区	41	于洪区东北英才学校	于洪区
17	沈阳市第二十中学	和平区	42	于洪区花城学校	于洪区
18	沈阳市盛京小学	大东区	43	沈阳市广全学校	铁西区
19	沈阳市清乐围棋学校	铁西区	44	苏家屯区林盛九年一贯制学校	苏家屯区
20	皇姑区岐山路第一小学	皇姑区	45	皇姑区聋人学校	皇姑区
21	沈北新区清水台镇中心小学	沈北新区	46	朝阳一校沈北分校	沈北新区
22	于洪区杨士中心校	于洪区	47	文艺二校沈北分校	沈北新区
23	和平区文化路小学	和平区	48	沈河区北一经小学	沈河区
24	沈河区文艺路第二小学	沈河区	49	铁西区勋望小学景星分校	铁西区
25	大东区珠林路第一小学	大东区	50	铁西区勋望小学建农分校	铁西区

（市教育局）

普通高中教育

【概况】 2020年，全市登记在册的普通高中87所，有在校学生的普通高中83所。按照办学性质划分，公办普通高中57所，民办普通高中26所。普通高中在校生10.8万人，其中公办学校在校生7.7万人，占比71.7%，民办学校在校生3.1万人，占比28.3%。按照隶属关系划分，省管学校2所，公办、民办各1所，在校生4068人；市管学校8所，公办5所、民办3所，在校生8129人；区县（市）管学校73所，公办51所、民办22所，在校生9.6万人。全市普通高中学校占地面积485.7万平方米，其中运动场面积133.2万平方米；建筑面积248.7万平方米，其中教学及辅助用房面积88.9万平方米；固定资产总值41.3亿元，其中教学仪器设备值6.1亿元。普通高中教职员工1.2万人，其中专任教师1万人，行政及教辅人员1727人；从性质看，公办学校教职员工9283人，其中专任教师7902人，行政及教辅人员1381人，民办学校教职员工2535人，其中专任教师2189人，行政及教辅人员346人。全市建成省级示范性普通高中33所、省级特色高中7所、省级教育教学改革典型校5所；完成市级标准化高中建设70所，优质化高中建设64所，市级优质特色高中建设20所；启动3所学校的综合高中试点工作。全市普通高中教育呈优质、多样、特色发展局面。

高中教育改革。先后出台《沈阳市全面提升普通高中教育质量的若干措施》《沈阳市高中阶段教育普及攻坚计划实施方案》等文件和政策，开展标准化、优质化建设，新高考改革后，开展“四校一社”（示范性普通高中、特色普通高中、普通高中教育教学改革典型校、普通高中学生发展指导典型校和普通高中优秀学生社团）建设工作，实现全市普通高中教育平稳、健康发展。

高中教育经费投入。2018—2020年，全市公办普通高中教育总投入54.37亿元，包括人员经费投入41.2亿元，公用经费投入6.68亿元，项目经费投入6.49亿元。每年总投入在18亿元左右。

初高中升学数量。2018—2020年，初中毕业生升入普通高中的比例分别为77.9%、71.4%和67.5%，虽呈逐年下降态势，但与国家和省关于普职比大致相当（普通高中和中等职业学校在招生计划安排上实现5:5的比例）的改革发展要求仍有差距。

普通高中招生计划。全市公办省级示范性普通高中实行指标到校政策，即以区县（市）级行政区域为单位，本地的公办省级示范高中将招生计划的70%以指标形式分配到本地区的初中学校。沈阳市普通高中平均校额1301人，其中公办普通高中校额1358人，相对于省教育厅在校额上限的3000人要求，还有较大的提升空间。沈阳市优质普通高中（省级示范高中）坚持稳中有升的招生计划，基本满足市民对优质高中教育资源的需求。

（陈维忠）

【东北育才学校成为东北唯一北大数学后备人才培养基地】 1月8日，北京大学数学学院授予东北育才学校“北大数学后备人才培养基地”称号，全国有23个中学获此称号，在东北仅东北育才学校一家。　（东北育才学校）

特殊教育

【概况】 2020年，全市有特殊教育学校17所，学校分布在13个区县（市）。特殊教育学校有专任教师565人；在校生1972人、毕业生275人、招生205人；全市普通学校随班就读学生1080人；全市送教上门学生528人；全市设立资源教室（中心）13个。全市新增市特级特殊教育骨干教师10人、市级特殊教育名师2人、市级师德标兵1人。截至2020年，全市有市首席教师5人、市名师15人、市骨干教师75人、市教育专家3人、市优秀校长7人、市骨干校长20人，确保特殊教育学校能够正常开展教学、康复训练、巡回指导和管理工作。聋教研中心培训300人次，培训内容涉及聋校教师任职资格培训、聋校教师专业技能培训和教师师德培训。提升特殊教育资源中心功能。沈阳市将特殊教育学校由单一教育功能向集教学、研究、指导、培训等多元服务功能转型，成为特殊教育指导中心、师资培训中心、残疾人学习教育中心、家长培训中心。截至年末，全市13个区县（市）均建特殊教育资源中心。残疾儿童入学安置上，13个区县（市）均成立残疾人专家委员会，与残联等相关部门密切合作，各区县（市）对全国适龄残疾儿童少年入学情况监测系统进行全面核查，对全市453名残疾儿童进行普查分类，切实做好残疾儿童入学安置。完善普通学校资源教室作用，沈阳市按照国家《普通学校特殊教育资源教室建设指南》，配备教育教学和康复设备，全市已建和在建特殊教育资源教室79个，满足残疾学生个别化教育需求和康复训练需求。

【残疾儿童义务教育入学安置率达到100%】 2020年，全市13个区县（市）对“全国适龄残疾儿童少年入学情况监测系统”进行全面核查，对全市453名残疾儿童进行普查分类，切实做好残疾儿童入学安置，残疾儿童义务教育入学安置率达到100%。

（安　曼）

民办教育

【概况】 2020年，全市民办义务教育学校33所，其中小学5所、初中14所、一贯制学校14所。在校学生5.7万人，其中小学2.2万人、初中3.5万人；教师3914人，其中小学1486人、初中2428人。全市民办学校分布相对不均衡，有的地区较多，如铁西区6所、沈北新区4所；有的地区没有民办义务教育学校，如和平区、康平县。有的区民办学校在校生占比较高，如辽中区民办学校在校生数占该区义务教育阶段在校生总数的19.3%。全市民办普通高中26所，其中由沈阳市管理的25所，民办高中每年招收学生人数9000名左右，在校学生2.7万人左右。在全市13个区县（市）中，民办高中主要分布在以下10个区县（市）：和平区1所、沈河区1所、大东区3所、皇姑区5所、铁西区4所、沈北新区2所、苏家屯区1所、浑南区2所、辽中区2所、新民市1所，市教育局直接管理3所。沈阳市民办中等职业学校37所，实有招生学校32所，在校生2.1万人，教职工1761人，其中专任教师1607人。加强对各区县（市）年检工作开展业务指导，9月完成全市32所民办中职学校的年检工作。其中，19所学校为合格、11所学校基本合格、不合格学校2所。完成2020级新生学籍注册工作，全面使用身份采集核验系统，并对民办中职学校学籍进行入校抽检。

【《沈阳市民办义务教育学校招生办法（试行）》】 6月5日市教育局印发。《办法》规定，民办义务教育学校招生纳入审批地统一管理，在审批地范围内招生。省教育厅审批委托沈阳市招生管理的民办学校，即省实验中学分校，在市域内招生；市直属学校及市教育局审批且在办学许可证有效期内的民办学校，在市域内招生；区县（市）审批的民办学校在本区县（市）招生。

【民办义务教育学校实施电脑随机录取】 2020年，全市对民办义务教育学校报名人数超过招生计划的，实行电脑随机录取。8月1日，向社会公布2020年民办义务教育学校招生计划，同日33所民办义务教育学校统一通过“盛事通”平台进行网上报名。8月7日，全市民办义务教育学校统一派位录取，同日录取1万人。8月16日，以区县（市）为主体进行补录工作。

【4所民办普高通过省级示范性普通高中评估验收】 2020年，市教育局在民办普通高中先后开展标准化、优质化普通高中创建工作，同时鼓励具备条件的学校申报省级示范性普通高中。全省有4所民办普通高中通过省级示范性普通高中评估验收，这4所学校全部位于沈阳：沈阳师范大学附属学校、沈阳市翔宇中学、沈阳市洪庆中学、沈阳市广全学校。

（陈维忠　汤镇）

民族教育

【概况】 2020年，全市有包括朝鲜族、满族、回族、锡伯族、蒙古族5个民族在内的各级各类民族普通中小学校23所，其中小学8所、初中4所、九年一贯制学校8所、高中3所。在校生总人数1.3万人。这些民族学校分别分布在全市的9个区县，其中市直属学校1所，朝鲜族第一中学；和平区4所，西塔朝鲜族小学、朝鲜族第六中学、满融朝鲜族实验小学、回民中学；沈河区3所：回族小学、回民初中、满族中学；皇姑区1所，皇姑区朝鲜族学校；浑南区2所，浑南区朝鲜族学校、浑南区英达满族小学；沈北新区3所，沈北新区朝鲜族学校、兴隆台锡伯族学校、沈北新区蒲河满族学校；苏家屯区2所，朝鲜族第二中学、苏家屯区朝鲜族中心小学；于洪区2所，朝鲜族第三中学朝和朝鲜族吴家荒中心小学；法库县1所，四家子蒙古族小学；康平县4所，沙金台、柳树屯，西关屯逸夫蒙古族满族九年一贯制学校，东升满族蒙古族九年一贯制学校。同时，为支持新疆、西藏等民族地区的教育发展，沈阳市普通高中还有3所内地民族班，分别是东北育才学校新疆部、沈阳市第11中学西藏班、沈阳市翔宇中学青海班。东北育才学校新疆班有在校学生248人，其中维吾尔族学生137人、其他民族111人，内派教师4人。沈阳市第11中学有西藏班在校学生164人，其中藏族139人、其他民族25人。沈阳市翔宇中学青海班有在校学生871人，全部为藏族，内派教师9人，全部为藏族。沈阳市教育局3所直属中职学校有少数民族在校生902名，涉及机械加工、电气控制与运行、城市轨道交通、电子电器维修与应用、会计学和幼儿教育等专业。2020年，全市民族教育工作主要依据《国务院关于加快发展民族教育的决定》和《辽宁省人民政府关于加快发展民族教育的实施意见》2个文件，先后出台《沈阳市教育局等六部门关于加快发展民族教育的实施意见》《沈阳市教育局市民委印发关于创建沈阳市中小学民族团结教育基地学校建设方案的通知》等文件，扎实有效开展工作。市教育局每年设立200万元民族教育专项经费，除用于改善民族学校的办学条件外，还用于传承优秀的民族文化，如朝鲜族歌舞、锡伯族射箭、满族珍珠球和辽绣、回族的京剧等。

【双语教学朝鲜族学校三科教学推行用汉语授课】 9月，按照省教育厅的要求，在全市所有用双语教学的朝鲜族学校中推行语文、思政、历史3科通用教材用汉语授课。沈阳市所有朝鲜族中小学1—8年级全部使用国家规定的通用教材，并使用通用语言进行授课，推行过程平稳有序。 （陈维忠）

职业教育

【概况】 2020年，全市有在校生的中职学校78所，在校生7.8万人，附设中职班22所，其他机构有4家，在校生422人。专任教师5149人，生师比14.4:1，专业课教师3213人，“双师型”教师1397人，“双师比”43.5%。专任教师中本科以上学历4808人，占比93.4%，研究生以上学历711人，占比14%。专任教师中具有高级职称1723人，占比34%。2020年，教育部门管理中职学校毕业生2.5万人，就业2.4万人，未就业1276人，就业率94.9%，对口就业率84.1%。直接就业1.4万人，升学9539人，占毕业生37%，普通高考升学3029人，占升学人数的31%，职业教育人才成长“立交桥”畅通。市外事服务学校获辽宁省教育系统先进集体，辽宁装备制造职业教育集团获国家第一批示范性职业教育集团（联盟）培育单位，市旅游职教集团申报国家中等职业教育示范性职教集团（联盟）培育单位，沈阳市工业技术学校（苏家屯区职教中心）被评为辽宁省县级职教中心转型发展示范校。辽宁省职业教育与继续教育教学成果奖25个；市外事服务学校高星级饭店服务与管理专业、市装备制造工程学校技术应用专业获“三定”（订单、定制、定向）示范专业，市化工学校中药专业成为现代学徒制示范专业。沈阳市信息工程学校等2名中职班主任获辽宁省中等职业学校班主任基本功大赛一等奖并入围国赛；另有3名班主任参加全省“最美中职班主任”评比，其中沈阳市中医药学校王丽娜被推荐到国家参加评比。在“文明风采”活动评选中，有8个项目获省奖，其中市艺术幼儿师范学校3个典型案例获一等奖，沈阳民族艺术学校获“展演类”一等奖，沈阳市外事服务学校绘画4幅作品获“展览类”一等奖。获辽宁省教师教学能力大赛一等奖2个，三等奖3个，其中3个作品代表辽宁省参加国赛。2020年职业教育获评沈阳市骨干校长4人、骨干教师25人、名师13人、师德标兵2人、名班主任17人。市政府印发《沈阳市职业教育改革实施方案》，明确未来5—10年沈阳职业教育发展目标、任务和措施。沈阳市职业教育以“产教融合型试点城市建设”为抓手，围绕“提高办学层次、深化产教融合、提高服务能力”目标，产教融合校企合作工作取得积极进展，协助市发改委完成产教融合项目储备库填报工作。全市有市信息工程学校“智慧物联网+X”产教融合实训基地等17个项目入库。完成“沈阳市职业教育联席会议制度”和沈阳职业教育产教融合促进联盟等几个长效机制建设的筹备工作。推进“1+X”证书试点项目，全市有17所院校申报汽车维修、物流管理、WEB前端等66个证书，专业达到39个，教育部批准培训7823人，有近600名学生考取相应证书，57名专业教师参加新能源汽车等9个证书的培训。订单培养规模接近1万人。

培训工作。开展60余所中职学校，1100余名专任教师、学科带头人、教学校长等参加10门公共基础课新课标培训的三期国家级培训；296个名校长及专业带头人等8个项目业务骨干线下培训；国家级创新团队163名3个项目线上培训等。开展京沈对接、中职骨干教师培训、校企合作产教融合人员培训以及专业教师实践教学能力提升培训等累计各类培训项目17个、1928人次。在社会服务培训中，有16所学校开展各类培训2万人次，培训项目65个，农村技能提高培训5580人次，面对企业培训8491人次。

“双元试点项目”建设。逐步完善“1+1+N”双元体系（1个中德学院、1个跨企业培训中心、N个大企业培训中心）。市教育局累计投入2.2亿元，支持沈阳职业技术学院装备制造职业教育公共实训基地和铁西中德园跨企业培训中心建设。装备制造公共实训基地内部装修，铁西中德园跨企业培训中心12月建成、挂牌并投入使用，每年能够满足职业院校学生实训1000人次，为中小企业培训人数不低于3000人次。培训中心为中德园区内的中小企业提供人力资源开发和培训，满足中小企业需求。中心投入运营后由铁西中德园管委会出资9000余万元为华晨宝马公司建设培训中心，每日最多可容纳500余人的培训及各类活动。

新疆班和西藏班建设。沈阳现代制造服务学校及沈阳市汽车工程学校的面向新疆籍学生开设轨道交通运营管理、电子电器应用与维修、金融事务、会计专业、电气运行与控制专业、电梯安装与维修保养和汽车制造与检修等专业，基本上形成具有本校特色的新疆学生培养模式。沈阳市艺术幼儿师范学校内地西藏中职班1—6月有在籍学生174人，9—12月有在籍学生137人，全部为幼儿教育专业。3月，西藏班管理办公室被评为“省巾帼文明岗”。在2020年升学考试中，西藏班69名毕业生中有67人考上高等院校，其中有38人被拉萨高等师范学科学校录取。10月，在西藏教育厅组织的征文比赛中，学校西藏班有5名同学获一、二、三等奖，2名老师获优秀指导教师。12月，在教育部民族司和西藏教育厅联合主办的全国专题会议上（西安），幼师学校西藏班是唯一一所作典型经验发言的中职学校。12月，学校获省民宗局、省教育厅颁发的“手牵手，共成长”行动优秀集体，5名老师被评为优秀指导教师。

【职业学校精准扶贫】 2020年，沈阳市落实《省对口支援工作领导小组关于印发〈2020年辽宁省东西部扶贫协作生师联动工作方案〉的通知》文件要求，组织指导学校落实精准扶贫和对接任务。市装备制造工程学校等3所学校与贵州省六盘水市的3所中职学校进行对接，签订《帮扶协议》，并开展至少1个月的柔性帮扶；市外事服务学校对西藏那曲市职业技术学校进行帮扶，加强学校的烹饪专业建设，对教师进行培训等；沈阳现代制造服务学校等3所学校承接新疆塔城地区15名教师培训任务；完成京沈对接项目25名骨干教师培训任务；启动沈阳大连合作交流项目。

【职业学校招生人数全省第一】 2020年，全市有77所职业学校招生，计划总数3.1万人，实际招生2.9万人，完成比例93%，招生人数排全省第1名。

【职业学校学生在沈顶岗实习93%以上】 2020年，沈阳市职业学校学生顶岗实习地域以沈阳市为主，占比93%以上。行业以二、三产等基础性、服务类为主，占86%以上。沈阳市职业学校与华晨宝马汽车有限公司、沈阳市机械行业协会、沈阳市机电装备集团、沈阳鼓风机集团、海尔集团、沈阳地铁公司、沈阳香格里拉大酒店、平安银行沈阳分行、平安保险沈阳分公司、京东物流东北区域分公司、上海兴国宾馆、钓鱼台国宾馆等110户企业和集团开展校企合作。企业反馈对实习生满意度高，学生实习就业基地规格高，确保实习就业质量。

【3所学校获全国职业院校技能大赛奖励】 2020年，全国职业院校技能大赛试点赛中职组设18个比赛项目，市外事服务学校、市信息工程学校、市轻工艺术学校参加4个比赛项目，获一等奖1个、三等奖2个，其中市外事服务学校获酒店管理专业国赛金牌，成为辽宁省唯一获金牌的中职学校。（汤　镇）

高等教育

【概况】 2020年，全市有市属高校4所，分别为沈阳大学、沈阳医学院、沈阳职业技术学院、沈阳广播电视大学，在校学生4.1万人，专任教师2612人。紧密对接沈阳地方产业需求，开展教学研究、加强社会合作、凝练专业特色，重点建设服务产业能力强的学科专业。市属高校获国家、省级竞赛奖励393项，沈阳大学获“优路杯”全国BIM（建筑信息模型）技术大赛金奖，学生团队在全国高校经济学综合博弈实验大赛中获国家一等奖1项、二等奖2项、二等奖团队1项。沈阳医学院学生团队在第六届全国大学生基础医学创新研究暨实验设计论坛获二等奖2项、三等奖2项。沈阳职业技术学院与宝马、米其林、鞍钢集团等39户企业合作建立现代学徒制试点班27个，1名学生被授予第20届“全国青年岗位能手”称号。沈阳广播电视大学《沈阳故宫》系列微课程获批国家级精品开放课程。

学科专业建设。市属高校拥有服务国家特殊需求博士人才培养项目1个，一级学科硕士学位授权点10个，硕士专业学位授权点21个，学士学位授权点76个，获批省级以上实验教学示范中心21个，获批省级校外实践教育基地21个。沈阳大学科技园博士后科研工作站在全国博士后科研工作站综合评估中获得“优秀”等级，新增“国际商务”“风景园林”2个专业学位硕士点，环境工程、会计学2个专业被确定为国家一流专业建设点；沈阳医学院新增公共卫生和护理学2个专业学位硕士授权点；完成国家开放大学沈阳电大共享专业（机电一体化电梯方向）专业验收工作；沈阳职业技术学院全面启动中国特色高水平高职学校和专业建设。

师资队伍。市属高校坚持深化和落实“放管服”改革，健全人才管理体制机制，狠抓人才队伍建设。沈阳大学引进沈阳市顶尖人才博士李世友及其科研团队，成立生物入侵研究中心，构建有害生物控制高质量研发平台。沈阳医学院5人入选辽宁省“百千万人才工程”。沈阳职业技术学院2个教师团队入选中国机械行业先进装备制造职教集团教师教学创新团队，1人获评全国青年岗位能手。

科研服务。市属高校围绕沈阳产业振兴需求，以科技项目为纽带，以科研平台作支撑，加速科研成果应用与转化，有效释放高校科技创新动能。2020年，市属高校科技成果获批国家级课题12项，获批省部级课题150项；纵向科研经费总额2139.2万元，横向科研经费总额909.9万元；科技成果转化57项；教师发表学术论文834篇，其中被三大检索系统收录136篇。沈阳大学作为核心单位承担“典型地下水污染场地应用与验证”项目国家重点研发计划，获批“辽宁省多组硬质膜研究及应用重点实验室”“辽宁省危险环境作业机器人工程研究中心”。沈阳医学院“突发公共卫生事件应急能力研究团队”被评为辽宁省高等学校新型智库研究团队。沈阳职业技术学院发挥优势服务区域脱贫攻坚，与新疆阿勒泰市教育局签订战略合作协议。　（韩思晨）

【辽大获第十八届Jessup（杰赛普）国际法模拟法庭辩论赛一等奖】 3月，辽宁大学参加中国第十八届杰赛普（Jessup）国际法模拟法庭赛。辽宁大学代表队列中国赛区第6名，获得一等奖（一等奖共12名），这是辽宁大学在该项比赛取得的最好成绩。参赛队伍专业指导教师为法学院高宁，带队教师为任玥，队长尹一君、冯硕，队员为李思潼、崔宇萌、盛炯、孙雨孟、刘秋悦。此次比赛有北京大学、中国人民大学、武汉大学等56所高校参加。

（陆辉　丁云鹏　马心竹）

【沈阳农大获批建设两个国家现代农业科技示范展示基地】 5月，农业农村部公布国家现代农业科技示范展示基地名单，沈阳农业大学院士陈温福牵头申报的国家现代农业科技示范展示基地（辽中）、院士李天来牵头申报的国家现代农业科技示范展示基地（沈河）入选。沈阳农业大学是此次唯一获批建设两个国家现代农业科技示范展示基地的高校。　（沈阳农大）

【“一带一路”国际医学教育联盟（BRIMEA）第一届理事会第三次理事大会暨第四届国际高等医学教育论坛】 6月19日在中国医科大学举办。主题为“共建医学教育共同体，实现人类健康大目标”。联盟理事长单位、中国医科大学代表联盟向理事会汇报2019年工作总结和2020年工作展望，审议并通过7家新申请入盟的成员单位，并代表联盟发出“共建医学教育共同体，实现人类健康大目标”的倡议。随后，举行“一带一路”国际医学教育联盟第四届国际高等医学教育论坛。

（张　萱）

【东大获批第一批辽宁省高价值专利培育中心】 6月28日，东北大学获批辽宁省高价值专利培育中心。学校设置专项基金面向国家战略需求重点领域、战略性新兴产业，围绕学校特色优势学科布局重大基础核心专利和软件著作权等，2018—2020年布局申请国际专利301项，授权32项，实现转化的高价值知识产权及其组合165项，合同额3.95亿元。

（东北大学）

【辽大获ICC国际刑事法院中文模拟法庭比赛一等奖】 6月，辽宁大学参加在北京在举行的2020年国际刑事法院中文模拟法庭比赛（ICC中文赛），获ICC国际刑事法院中文模拟法庭比赛一等奖，并获此次比赛的最佳书状、最佳辩护方。这是辽宁大学连续三年获得此次比赛一等奖。辽宁大学参赛队伍专业指导教练为法学院高宁，副指导教练博士宿博佳，带队教师为任玥，队长崔志翼，队员姜珊、张宇彤、佟珊珊、范高杨、谷放。全国66所高校参加本次比赛。

（陆辉　丁云鹏　马心竹）

【沈阳农大合作出版英文期刊BIOCHAR获“中国科技期刊卓越行动计划”项目资助】 7月27日，中国科技期刊卓越行动计划办公室公布“中国科技期刊卓越行动计划”高起点新刊入选项目名单，沈阳农业大学与施普林格·自然集团合作出版的全英文季刊BIOCHAR获批立项，项目经费50万元。BIOCHAR于2019年3月创刊，由院士陈温福担任主编。创刊以后，BIOCHAR收到45个国家的作者投稿，国际稿源占80%以上，其中发达国家占30%，28个国家的审稿人为BIOCHAR审稿。截至7月10日，BIOCHAR在线发表论文50篇，总下载量59525次，总被引232次。

（沈阳农大）

【首届中国东北与东北亚经济趋势论坛】 8月18日在辽宁大学蒲河校区召开。由辽宁省发展和改革委员会、辽宁大学、中央财经大学政府管理学院和国家发改委中宏网联合举办。辽宁大学和省发改委签署战略合作协议。双方将围绕辽宁省经济发展实际，针对产业结构调整、对外开放格局构建、金融体系优化、供给侧结构性改革、文化经济路径探索等一系列重大战略问题展开深入研究。论坛围绕中国东北经济趋势分析等12个与东北振兴紧密相关的主题展开深入探讨。国家发改委宏观经济研究院、北京大学、中央财经大学、北京工业大学等高校50余位专家学者和辽宁大学百余名教师参加论坛。

（陆辉　丁云鹏　马心竹）

【东北大学“双一流”建设周期总结专家评议会】 9月7日在国际学术交流中心召开。中国高等教育学会第六届理事会会长瞿振元，中国科学院院士成会明，中国科学院院士、哈尔滨工业大学常务副校长韩杰才，中国科学院院士、大连理工大学副校长贾振元，中国工程院院士桂卫华，中国工程院院士丁烈云，中国工程院院士谢建新，中国工程院院士、太原理工大学校长黄庆学，中国工程院院士林君，清华大学教授杨殿阁等各学科领域顶尖专家和知名学者出席会议。校长赵继作学校“双一流”建设周期总结总体汇报，副校长唐立新、冯夏庭分别作控制科学与工程学科群和冶金工业流程学科群建设情况汇报。专家组听取学校“双一流”建设各项工作汇报，对学校建设举措和成效给予充分肯定。

【东大与华为签约共建“未来技术学院”】 9月23日，东北大学与华为技术有限公司联合共建“东北大学未来技术学院”签约仪式在东北大学举行。东北大学校长赵继，副校长孙雷、王建华，华为公司有关部门负责人出席签约仪式。此次校企合作，双方以开放、协同、包容的理念，把科技最前沿知识融入教学体

▶8月18日，辽宁大学召开首届中国东北与东北亚经济趋势论坛　（辽宁大学供）

系，开启东北大学未来技术学院创新发展的探索。　（展　成）

【突破东北振兴座谈会暨东北亚发展论坛】 10月16日在辽宁大学蒲河校区召开。辽宁省发展和改革委员会、国家发展改革委宏观经济管理编辑部、辽宁大学联合主办，辽宁大学和中宏网承办。中国社会科学院学部委员金碚，中国社会科学院生态文明研究所党委书记杨开忠，中国社会科学院经济研究所所长黄群慧，中国宏观经济研究院社会发展研究所所长杨宜勇，中国宏观经济研究院经济研究所所长孙学工，中国宏观经济研究院国土开发与地区经济研究所所长高国力，中国政策科学研究会常务理事徐洪才、中国社科院工业经济研究所研究员陈晓东，以及辽宁大学、中央财经大学、沈阳航空航天大学、沈阳农业大学、深圳大学的专家学者分别做主旨报告。辽大向与会专家颁发"东北亚发展50人论坛"专家委员会聘书。省发改委向与会专家颁发"十四五"规划咨询专家聘书。会议围绕东北发展新趋势、新挑战、新机遇，重点对辽宁"十四五"规划重大政策重大项目设计、"十四五"时期辽宁经济社会高质量发展、辽宁如何在双循环新格局中凝聚发展新优势实现新突破，以及辽宁改革开放、产业发展、推进东北亚经济合作等方面进行深入交流研讨。

（陆辉　丁云鹏　马心竹）

【东北亚区域经济合作与东北振兴国际论坛】 10月24日在沈阳举行。东北大学、中国（海南）改革发展研究院主办，中国东北振兴研究院承办，辽宁省政府国有资产监督管理委员会作为支持单位。中央部委、国家级智库、辽沈地区政府相关职能部门负责人，辽宁省国有企业高级管理人员，东北地区高校、研究机构与日本、韩国智库的专家学者，日本、韩国驻沈阳总领事馆外交官，以及新华社、中新社、辽宁电视台、《辽宁日报》《沈阳日报》等媒体的代表300余人出席论坛。　（展　成）

【《新文科建设语境下的设计学科建设》（艺术设计大讲堂·第二期）论坛】 10月31日在鲁迅美术学院举行。教育部高等学校设计学类专业教学指导委员会、鲁迅美术学院主办，清华大学艺术与科学研究中心、清华青岛艺术与科学创新研究院共同承办。作为教指委"大讲堂"活动的首次线下大型会议，论坛邀请教育部高等学校设计学类专业教学指导委员会委员16人与全国70余所高等院校设计类院系负责、专业带头人、教研室主任、骨干教师进行主题演讲与互动对话。

（周雪飞）

【2020年辽宁省普通高等学校本科大学英语挑战赛写作大赛、阅读大赛和教师大赛】 11月7日在辽宁大学崇山校区举行。辽宁省教育厅、辽宁省财政厅共同主办，辽宁省高等学校外语教学研究会、外语教学与研究出版社协办，辽宁大学承办。辽宁省50余所高校的118名写作选手、125名阅读选手和22所高校的教师团队参加比赛。大赛均以网络形式进行。辽宁大学教师团队获特等奖1个，学生获特等奖1个、一等奖3个、二等奖6个、三等奖2个。其中，黄颢、郭晶和公共基础学院教师团队获代表辽宁省参加2020年"外研社 国才杯"全国英语演讲大赛、写作大赛和"教学之星"大赛的资格。

（陆辉　丁云鹏　马心竹）

【辽宁省深化普通高校本科教学改革工作现场会】 11月14日在沈阳农业大学举行。辽宁省教育厅主办、沈阳农业大学承办。中国工程院副院长院士邓秀新，中国科学院院士谢华安、钱前，中国工程院院士李玉、罗锡文、陈温福、李坚、朱有勇、李德发、万建民、宋宝安、张洪程、沈建忠、李天来、邹学校、康振生、张佳宝、胡培松出席启动仪式。省政府副秘书长孙繁柏出席会议，省教育厅厅长冯守权出席会议并讲话。省内部分高校负责人、国内涉农领域知名专家学者出席会议。　（沈阳农大）

【肖亚庆到东大座谈】 11月15日，中央宣讲团成员、工信部党组书记、部长肖亚庆到东北大学调研，辽宁省委副书记、省长刘宁，省委常委、宣传部部长刘慧晏、省委副秘书长唐国华、省工业和信息化厅厅长苗治民，东北大学党委书记熊晓梅、校长赵继等共同参加座谈交流会。肖亚庆讲述习近平总书记亲自领导《中共中央关于制定国民经济和社会发展第十四个五年规划和二〇三五年远景目标的建议》起草工作的全过程，深刻阐述在以习近平同志为核心的党中央坚强领导下，党和国家事业发展取得的历史性成就、发生的历史性变革。东北大学"学习报国"青年宣讲团成员以"2021—2035：指引青春的导航密码""伟大的中国共产党""创新加速跑，一个都不能少”为题进行宣讲成果汇报。

【东大与方大集团合作洽谈会】 11月17日，东北大学与方大集团举办合作洽谈会，方大集团董事局主席、东北大学校董会常务董事方威，高级合伙人、集团执行董事兼高级副总裁黄智华，集团副总裁、九江钢铁公司董事长颜建新，北方重工集团董事长王学民等有关领导和技术骨干，东北大学校长赵继，中国工程院院士王国栋，东北大学副校长孙雷、唐立新，东北大学国家重点实验室和相关部门负责人、相关学院专家学者等参加洽谈会。双方对未来进一步深化交流合作的方式和内容进行展望，并就轧制技术及连轧自动化创新成果、矿产资源高效利用创新技术研究与工程应用、电磁冶金新技术与高品质钢研发、高端装备数字化设计与智能制造、热处理技术、合金钢及建筑用钢棒材生产工艺技术研究、先进汽车钢等领域的研究进展作专题学术报告和交流座谈。

（展　成）

【辽大首获外事审批授权】 11月17日，外交部授予辽宁大学一定的出访来访外事审批权启动仪式暨辽宁大学因公出国（境）管理办公室揭牌仪式在辽宁大学举行，这是辽宁省省属高等院校首次获得外事审批授权。此后，辽宁大学可以根据人事隶属关系和人员管理权限，自行审批本单位除现任校领导班子以外的人员因公出国和邀请外国人员来华事项，可有效解决因公出国手续繁杂、办理时间周期长及教学科研人员“出国难”问题，进一步推动辽宁大学同国外友好高校、科研机构开展国际交流合作。

【第二届“振兴辽宁 高校先行”学术论坛】 11月19日在辽宁大学举行。以“新发展格局下高等教育高质量发展与‘十四五’规划”为主题。论坛以线上线下结合的方式开展。论坛由辽宁省教育与经济社会发展研究重点基地和辽宁大学区域高等教育发展战略与政策研究中心主办。论坛邀请教育部发展研究中心、厦门大学教育研究院的专家围绕“十四五”时期高等教育的高质量发展、关于大学战略规划若干问题的思考作专题报告。省内50余所高校的党委书记、校长以及发展规划、学科建设和高教研究机构的负责人等总计约200人参加会议。

（陆辉　丁云鹏　马心竹）

【沈阳农大清退236名超期研究生】 2020年，沈阳农业大学按照《普通高等学校学生管理规定》及省教育厅相关要求，对236名超期在籍硕士及博士研究生予以清退，其中硕士研究生119名、博士研究生117名。沈阳农业大学超期研究生全部实现“清零”，释放出研究生“严出”的强烈信号。沈阳农业大学不断强化落实研究生教育主体责任，狠抓研究生培养质量，连续五年博士学位论文国家抽检无质量问题，省级优秀博士、硕士学位论文数量位居省属高校前列。新增博士学位授权一级学科3个、硕士学位专业类别6个，研究生教育体系不断完善，研究生培养质量持续提高。

（沈阳农大）

终身教育

【概况】 2020年，全市全民终身学习的氛围日益浓厚。沈北新区老年大学、沈河区老年大学、沈北新区财落街道老年教育中心、新民市金五台子镇三台子村社区学校老年教育中心获评“2020年辽宁省继续教育优秀学校（机构）”，沈河区家庭教育学校获评“2020年全国优秀社区教育院校”。组织开展的“乡村睦邻点建设”和“春暖疫路、携手前行”市民通识教育线上课堂项目，分别被省教育厅推荐为国家级职业教育和继续教育改革发展典型案例和2020年省级终身教育品牌。结合疫情防控常态化的要求，形式多样地开展线上线下相结合的教育系统送课进社区、2020年沈阳市社区居民系列线上大赛、2020年沈阳市中小学生“学校放假 社区开学”、2020年沈阳市全民终身学习活动周等活动，惠及各类人群百万余人次。利用乡镇成人教育中心校资源，面向辖区内农村居民开展现代生活教育培训、外出务工维权及技能培训、新型职业技术培训等千余场，惠及农村居民10万人次。以助力乡村振兴为出发点，推进农村成人教育转型，乡村睦邻学习点建设和“乡村送课进万家”活动覆盖范围不断扩大，乡村睦邻学习点310家，覆盖全市所有涉农区县（市），“乡村送课进万家”全年完成500余课时，近5万名乡村居民受益。

【新时代公民理想信念宣讲千余课时】 2020年，全市深入推进习近平新时代中国特色社会主义思想进教材、进课堂、进头脑，全年在区（县）、街（镇）、社区（村、屯）3个层面开展新时代公民理想信念宣讲1000余课时，受众人群10万人。

【社会主义核心价值观专题系列宣讲500余次】 2020年，全市把学习和弘扬社会主义核心价值观贯穿各类学习型组织创建、各类社区居民团队建设全过程，开设开展社会主义核心价值观专题系列宣讲活动500余次，受众人群5万余人。

【全市老年教育网络基本形成】 2020年，沈阳市老年人大学、市社区大学老年教育学院、沈阳大学夕阳红学院累计开设50余个专业、150个教学班，学员1万余人；依托各区县（市）成立的老年大学13个，在校老年学员近3万人；常年参与街道（乡镇）级老年教育中心、社区（村、屯）老年学校学习的老年人50万人次。

（李景晓）

教育管理

【概况】 2020年，全市基本完成1439个中小学厕所新建、改造和提质任务，新建面积约2.9万平方米，新增蹲位6506个，改造蹲位6908个，全面达到“四净三无两通一明”（地面净、墙壁净、厕位净、周边净，无溢流、无蚊蝇、无臭味，水通、电通，灯明）标准。《人民日报》报道沈阳市经验。全省集团化办学现场会在沈阳市召开，工作经验全省推广。提前完成普通高中大班额消除任务，认定10所教育教学改革典型、14所学生发展指导典型校、40个优秀学生社团，新增2所省示范性高中、3所省特色高中。出台《关于支持市属高校发展建设的意见》，安排3亿元专项资金支持东北大学等17所驻沈高校“双一流”建设，确定34所高校136个项目在沈高校“双服务”（服务沈阳高质量发展、全方位振兴；支持高校内涵建设，服务科学发展）项目。沈阳大学与华为公司共建ICT人才培养基地，招收新生35人。召开科技成果转化应用推进会，推介转化项目96项。审核安排479名国际学生、港澳台学生和华侨子女就读沈阳市中小学。

疫情防控。健全疫情防控工作体系，成立全市教育系统疫情防控工作领导小组，下设12个工作组，实行战时机制，建立战时指挥体系。落实国家、省市工作要求，出台防控工作方案、应急预案等文件80余个，制定食堂管理、班主任工作等9个工作导则，建立完备的制度防控体系，高校疫情防控工作流程在全省推广。成立12个督查组，持续开展防控工作督查检查，累计检查学校4114所次。统一配备兼职校医446人，开展各类培训演练10715场次，补充安装352个水龙头，储备230万只口罩等防疫物资。建立学校发热门诊点对点机制和发热学生核酸检测绿色通道，建立市区校三级公共卫生安全应急预防体系。严格落实“三不”（学校达不到当地疫情防控要求的，不能开学；校园疫情防控措施不到位的，不能开学；没有明确应急预案的，不能开学）原则，按照错峰、错区域、错层次的原则，从4月15日起全市各级各类学校分批次错时有序开学复课。开学后，严格落实“日报告、零报告”、体温检测、通风消毒、错峰就餐等常态化疫情防控举措，实行校园封闭管理，做好重点地区人员排查，及时有效处理校园突发疫情。

教育教学。深入学习贯彻习近平总书记六一国际儿童节寄语讲话精神，开展中国道路主题宣传教育活动。开通线上“习语讲堂”，录制10节特色课堂，开发《金句来习》市本课程4册。成立13个新时代教育实践志愿者服务队，开展“清洁沈阳”“文明健康”等学雷锋志愿服务活动。举办中国人民抗日战争暨世界反法西斯战争胜利75周年主题教育活动，中央电视台对活动进行现场直播。召开义务教育课程改革现场会，评选40门精品校本课程，认定30所沈阳市义务教育课程改革先进学校、20所基地学校及100所达标学校。成立16个学科工作站，探索建立新型教研工作体系。完成高一年级统编思想政治、历史、语文三科新教材全员线上培训。

招生就业。首次实行公办、民办学校同步招生，社会反响良好。落实公办义务教育免试就近入学和“单校划片”招生政策，继续实行阳光分班，起始年级新生全部按政策入学。1.8万名随迁子女在全市中小学就读，实现同城同待遇。完成普通高中自主招收体育、艺术特优生，分4批次完成中招录取工作，统一录取4.4

万人。出台《推进高校毕业生留沈就业创业工作实施方案》，制定17项具体措施，吸引更多人才留沈。搭建4个云就业平台，举办79场网络招聘会，发放求职补贴80余万元。市属高校总体初次就业率达到87.5%。

教师管理。召开教师节大会，出台《沈阳市加强和改进新时代师德师风建设的实施意见》，评选40名市师德标兵，256人次开展63场师德巡回报告，覆盖教师3.4万人。开展在职教师校外违规补课专项治理，查实13起，处理教师22人。探索在校园招聘中面试前置招聘方式，多方式招聘1299名新教师。拖欠教师工资补贴有效解决，补发工资补贴3.4亿元，实现义务教育教师平均工资收入不低于当地公务员水平。落实农村教师差别化补助政策，发放补助2964.6万元。直属学校按照社平工资10%发放班主任津贴，平均每人每月707元。

【疫情期间线上教学近20万节】 2020年疫情期间，全市组织3000余名一线优秀教师和教研员录制课程，向全市近70万名中小学生提供“云课”3292节。协调广电部门设立专门12个专用频道，实现停课不停学不停教，总访问量1.53亿人次。全市中职学校开展线上教学，累计开设2450门网络课程，线上教学19.6万节。

【沈阳市教育局获评全国文明单位】 2020年，沈阳市教育系统完成创建文明城任务，177项档案材料、361个学校点位均无扣分。11月20日，沈阳市教育局被中央文明委评为第六届全国文明单位，沈阳市仅有6家单位获此殊荣。

（裴德利）

二十八、科学技术

综　述

2020年，市科技局承担源自中央文件工作任务41项，源自市委全会等市委市政府工作任务113项，源自各级政府工作报告、绩效考核、“重强抓”等工作任务152项，累计17类任务来源、306项工作任务，汇总梳理后50项重点工作任务，均全面实现既定目标，科技创新工作取得新进展，为全市高质量发展提供有力战略支撑。争取省级以上重大专项和重点研发计划项目2029个，争取资金10.2亿元。其中，争取国家级项目600个、资金7.2亿元；省级项目1429个、资金3.0亿元。12个项目获国家级科学技术奖励。年末，全市拥有市级以上民口独立科学研究与技术开发机构53个；市级以上重点实验室337个，其中国家级8个；市级以上技术创新中心（工程技术研究中心）262个，其中国家级7个。拥有两院院士24名，其中中国科学院院士5名，中国工程院院士19名。各类技贸机构技术贸易成交额303.9亿元。获专利授权21153件，其中发明专利授权3596件。

科技创新投入持续增加。2020年沈阳市R&D经费投入强度2.64%，高于全国平均水平0.41个百分点，高于全省平均水平0.6个百分点。科技型企业群体快速壮大，总数超过8000户，其中高新技术企业数量是“十二五”末期的6.2倍、年均增长45%、总数达到2560户。重大科技创新成果显著，在2020年初召开的国家科学技术奖励大会上，有14个项目获奖，为历年最高。研发费用加计扣除，数量2055户，总额65.47亿元。高新技术企业全年累计推荐企业1234户，增长40.23%，其中，重新申报386户，增长100%，首次申报848户，增长23.44%；总量达到2560户，较上年增加724户，增长39.43%。市财政科技拨款总额数（市科技局管理部分）4.13亿元。

着力激发创新创业活力。实施双创载体提标升级行动，2家载体获批国家级众创空间，11家载体获省级认定（备案），42家载体备案为市级双创（大众创业，万众创新）载体。推动组建沈阳市创新创业孵化联盟，打造创新创业资源有效配置及孵化服务资源交互共享的新生态。深入探索“双创+”模式，总结“双创+骨干企业”“双创+产业园区”“双创+产业链”“双创+楼宇经济”“双创+平台”5个新模式。举办第九届创新创业大赛（辽宁赛区）沈阳地方赛暨2020沈阳创新创业大赛，沈阳和研科技有限公司、沈阳嘉越电力科技有限公司获全国优秀企业奖。

科技金融服务体系不断完

善。科技金融服务中心形成中心、银行、担保三方协调机制，推出园区集合贷、订单贷等创新科技金融产品，为科技企业累计获得融资1.6亿元；天使基金增资完成，科技成果转化基金报市政府审批通过，基金小镇、科技金融广场等示范基地稳步推进，入驻各私募投资机构超过50家，基金规模超300亿元；综合金融服务平台注册企业超500户，为企业解决融资7900万元；科技金融联盟和创新联盟推出网上培训和网上银企对接等活动，举办各类活动70余场，为企业获融资意向超2.6亿元；联合盛京担保、科技担保等政策性担保公司累计新增支持科技企业贷款金额近5亿元；加快多层次资本市场建设，会同金融局建设上市后备企业库，成大生物通过上交所科创板审核。

开展科技特派员示范工程。开展科技特派员助力决胜脱贫攻坚专项行动，把科技特派员与脱贫攻坚、乡村振兴等工作有机结合，征集产业、民生技术需求119项，设立农村科技特派团专项资金500万元，支持科技特派团50个，科技服务涵盖大田、果树、蔬菜、食用菌、林业、养殖业、农机、农产品深加工等产业结构调整重点领域，也涉及垃圾处理、村屯规划、村屯绿化、秸秆等废弃物利用、厕所改造等民生领域。截至年末，开展活动169场，培训人员5379人，发放科普丛书11559册，推广新技术、新品种145个，引进新品种180个，建立利益共同体17个，形成龙头企业13户，建立科技示范基地83个，引进各类资金1426万元，累计增加效益2565.3万元。

（呼博　王超　陈茜　卢砚硕　李静　裴亚涛）

科技研究

【概况】 2020年，全市争取国家项目600个，争取资金7.19亿元，其中国防科技项目1个，资金4000万元；实施关键核心技术攻关项目107项。国家重点实验室8家、国家工程技术研究中心7家（无新建）；新建市级重点实验室10家、市级技术创新中心10家，市级重点实验室达到35家、市级技术创新中心达到33家。沈阳市获2020年度国家科技奖12个，其中，主持项目5项目，参与项目7项。特等奖1项、一等奖1项，二等奖10项。2020年省科技奖励118个，其中，一等奖25项，二等奖45项，三等奖48项。

组织实施应急科研攻关项目。针对疫情防控工作的紧迫形势，建立“协同选项、定向报项、线上审项、同步立项”的应急科技计划项目组织管理模式。按照市科技计划立项程序，协调市财政局、市政府办公厅等有关部门，及时审批下达两批“防治新冠肺炎科研攻关应急专项”计划，安排项目20个，累计拨付专项补助资金1390万元。

开展关键核心技术攻关科技计划专项行动。组织制定《沈阳市关键核心技术攻关及重大科技成果转化科技计划专项实施细则》，明确关键核心技术判定标准、需求管理、项目组织、支持方式、管理职责等方面要求，系统梳理关键核心技术攻关科技计划专项行动的组织模式和经验，进一步明晰项目形成机制和支持方式。安排下达关键核心技术攻关项目59项，拨付专项补助资金5500万元，拉动企业研发投入6.06亿元；安排下达重大科技成果转化项目60项，按照“先立项、后补助”的方式予以支持。

探索重点项目攻关“揭榜挂帅”机制。组织制定《2020年沈阳市关键核心技术攻关“揭榜制”项目工作方案》和《沈阳市重点技术攻关项目“揭榜制”实施细则》，明晰“揭榜制”工作的实施重点、实施路径、实施主体。按照“从企业中来，到企业中去”的方式，围绕全市12大重点产业创新链方向，通过科技创新管理平台面向社会征集关键技术问题需求，初步凝练形成产业共性技术、企业关键技术两大类攻关项目榜单38项。

开展“三争取”（争取项目、争取资金、争取政策）工作。先后7次受到市政府三争取办表扬，争取省级以上重大专项和重点研发计划项目2029个，争取资金10.22亿元。其中，争取国家项目600个，争取资金7.19亿元；争取省级项目1429个，争取资金3.03亿元，在“十三五”末期项目和资金大幅压缩的情况下，基本保持上年度规模和水平。

（王　超）

【沈阳科技平台汇聚服务机构246家】 截至2020年，沈阳科技平台汇聚服务机构246家，共享科研仪器设备2540台（套），登记科技成果2039项，在线注册企业2428户，能够提供各类科技服务项目3008项，新增服务机构47

家，累计完成技术服务交易额1.2亿元。（彭美媛　王雪）

科技交流

【概况】 2020年，全市组织筹划中国大学生铸造工艺设计大赛”“第十六届全国敏感元件与传感器学术会议”“国际基因组学大会第三届眼科大会”“2020沈阳智创师创新创业大赛”等大型科技交流活动。举办“中国大学生铸造工艺设计大赛”“第十六届全国敏感元件与传感器学术会议”“国际基因组学大会第三届眼科大会”“2020沈阳智创师创新创业大赛”等重大科技交流合作活动，邀请诺贝尔奖获奖者、中国科学院院士、中国工程院院士7人，全国行业学会负责人15人，专家学者400余人，高校师生代表160余人。举办论坛、座谈、对接活动29场次，推介科技成果、技术需求369项，发布成果转化、人才引进、创业孵化政策26项，组织对接洽谈36次，签订合作协议47项，路演项目83个，获奖项目282个

构建国际科技合作平台。为应对新冠肺炎疫情给国际科技交流和项目对接带来的不利影响，联合东北科技大市场，组织建设沈阳国际科技合作在线服务平台，强化线上平台和线下服务联动，探索国际交流与合作新路径。企业、高校、科研院所1572人实名注册平台会员，线上发布国外技术成果、高端科技人才等科技合作信息473项，包括“一带一路”、中东欧、日韩俄等国家在内的国外科技合作需求信息189项，高端人才信息188项。对接中澳火炬创新园等17家海外科技机构，为300余家创新主体提供技术、人才、项目对接服务。

组织实施国际科技合作项目。沈鼓集团引进意大利新比隆公司具有国际领先水平的机械驱动蒸汽轮机技术，跻身国内工业驱动汽轮机高端市场。东软医疗系统股份有限公司获批科技部发展中国家技术培训班项目，有20多个国家的82名数字医疗设备技术人员参加培训。沈阳市科技企业与加拿大、英国等国高技术企业和科研机构联合开展科技攻关，获批省重点研发计划国际合作专项支持60万元。沈阳市对外科技交流中心建设的对日、对韩技术转移服务平台被认定为省级国际技术转移示范服务机构。沈阳清办管理有限公司、沈阳星云极客创新创业管理服务有限公司建设的域外创新中心被认定为省级离岸（域外）创新中心。

深耕对日韩俄等东北亚国际科技合作。从组织合作项目、开展交流活动等方面给予重点支持，搭建对接平台，鼓励和引导相关单位引进先进技术、引进高端专家、推动技术和产品输出。（李　伟）

【2021“盛京杯”沈阳工业设计大赛文化创意设计赛暨沈阳十大特色文化创意系列产品评选活动】 5月活动启动。以“文化创造价值 文创改变生活”为主题，征集全国作品496件，104家设计单位和15位独立设计师参赛，评选产品组金奖2项、银奖3项、铜奖5项、优秀奖20项，获得金银铜奖的作品同时被命名为“沈阳十大特色文化创意系列产品”；评选概念组金奖1项、银奖2项、铜奖3项、优秀奖10项，优秀组织奖13项，特别贡献奖1项。9月23日举行颁奖典礼及设计作品展，参加典礼人员100余人。（宁　震）

【参展第二十三届北京国际科技产业博览会】 9月17—20日，组织沈阳市14户高新技术企业、科研院所赴京，参加第二十三届中国北京国际科技产业博览会。展出生物医药、大健康、人工智能、机器人、新材料等领域的展品31件（套）。新松医疗公司的医用氧气机、拜奥泰克公司的新冠检测试剂盒、溢源生物公司的空间智能消毒机器人、华研电子公司的超声雾化负离子健康仪、迈思医疗公司的无创呼吸机高流量氧疗一体机等均吸引大量展会观众，接待参展客商1000余人次。（王丹丹）

【组织参评中国技术市场金桥奖】 10月22日，在第十届中国技术市场金桥奖表奖中，组织推荐的沈阳鼓风机集团和东北大学分获项目和个人一等奖，东软集团、应急管理部沈阳消防所和沈阳建筑大学分获集体、项目和个人二等奖，沈阳工业大学、沈阳药科大学和沈阳工程学院等分获集体和项目优秀奖，市创新与转化中心获优秀组织奖和集体一等奖，获奖数创历年之最。（宁　震）

科技管理

【概况】 2020年，全市加强科技管理指导和服务，组织召开“2020年沈阳市创新主体培育专

题培训会议”33场，涉及企业6210户次，引导企业向高新技术领域发展。落实科技政策，支持高新技术企业培育库的企业103户，给予补助资金932.26万元；支持重新认定高新技术企业789户，给予补助资金1.396亿元，优化沈阳营商环境。优化工作体系，进一步明确细化沈阳市加强高新技术企业工作小组成员的责任分工，将企业创新主体培育工作纳入绩效考核体系，加强督导、检查、通报推进各项工作有效落实。建立动态监测体系，搭建企业培育信息库，对企业名单进行动态管理，及时对企业相关信息进行调查、跟踪监测和研究分析；以年度火炬统计调查、辽宁省国家高新技术企业月报为牵引，联合各区县（市）科技管理部门等单位，开展季度、年度经济运行数据汇总分析工作，及时掌握企业创新发展情况，为政府决策提供依据。

促进科技成果转移转化。印发《沈阳市促进高校院所科技成果转化实施方案》，鼓励高校院所赋予科研人员职务科技成果所有权或长期使用权。沈阳化工大学获批科技部等9部委首批赋予科研人员职务科技成果所有权或长期使用权试点单位（全国40家）。培育专业化技术转移人才，东北科技大市场获批第二批国家技术转移人才培养基地（全省仅沈阳、大连2家），沈阳市累计培育技术经纪人（技术经理人）超过600名。

优化科技人才发展环境。起草《沈阳市关于深化项目评审、人才评价、机构评估改革的实施意见》中关于人才评价部分内容，在优化科技人才计划与布局、科学设立科技人才评价标准、树立正确的人才评价使用导向、强化用人单位人才评价主体地位4方面提出具体举措。将高新技术企业实用人才纳入首次购房补贴范围。提出沈阳市鼓励引导人才向县域地区流动、柔性引才措施中科技创新方面的政策。

落实科技人才政策支持。2020年度沈阳市中青年科技人才支持计划项目立项122项，支持在沈创新创业的中青年科技人才174人，资助金额1395万元。组织2017、2018年度的226项中青年科技人才项目完成验收。组织第三方机构开展科技人才项目绩效评估，为科技人才项目的科学实施提供决策建议。加强科技人才政策宣传解读，面向市直、区县、院所、企业开展组织培训600余人次。加大科技人才褒奖力度。推荐19名获国家科技奖励和在国家重大工程中作出突出贡献的科研人员申请市长特别奖。推荐7名科技人才获辽宁优秀企业家、辽宁好人最美科技工作者称号。

持续推进“青年农民上大学”工作。2020年度“青年农民上大学”第二十期培训班培训学员316人，246人通过结业考试并取得结业证书，评选出优秀学员28名、优秀学员干部28名，确定沈阳市青年农民科技示范户40个，拨付产业项目资助资金20万元。组织召开青年农民上大学培训工作推进会及青年农民上大学培养方案论证会，完善培训方式方法、招生形式、招生渠道，修订形成全新青年农民上大学培养方案，对培训教材进行重新编印。重新修订《沈阳市“青年农民上大学”管理办法》，克服新冠肺炎疫情的影响，将互联网+农业课程引入教学计划，利用微信、腾讯会议、QQ等多种载体，组织26名专家开展网络授课27门，培训学员6000余人次，辐射带动周围农民1000余人次。

（肖强　卢砚硕　陈茜　刘露阳　李静　裴亚涛）

【《关于全面加快科技创新推动高质量发展的实施意见》】 9月29日市委办公室印发。《实施意见》包括强化技创新体系、提升科技供给能力，强化创新链产业链融合、壮大发展新动能，强化创新主体地位、提升企业创新能力，强化民生科技创新、提升治理能力现代化水平，强化创新要素协同、优化创新创业生态环境5大方面19项任务，83项具体任务事项。

【沈阳市创新驱动工作推进（座谈）会】 10月15日召开。31个市委、市政府部门和地区，20家高等院校、科研院所、企业等创新主体，以及科技管理部门90余人参会。《关于全面加快科技创新推动高质量发展的实施意见》相关牵头单位、责任单位按照《实施意见》工作任务清单，落实工作安排；高校院所、科技企业、新型研发机构、科创产业园等创新主体建言献策。（志　闻）

【沈阳市科技活动周】 8月23日辽宁省暨沈阳市科技活动周启动仪式在沈阳创新天地举行，29日结束。本届活动周围绕“科技战疫 创新强国”主题，采取线下实地参与和线上播放展示等方式，组织包括抗击疫情专题展、科技创新竞赛、科技进校园、科普基

▶8月23日，辽宁省暨沈阳市科技活动周启动仪式在沈阳创新天地举行　（李新摄）

地系列活动4大类近30项活动，取得较好效果。

【9家单位被认定为沈阳市科普基地】 2020年，依据《沈阳市科普基地认定管理办法》，将沈阳兴齐眼药股份有限公司等9家单位认定为沈阳市科普基地。截至年末，市级科普基地数量达到77家。

（李　新）

科技园区

【概况】 2020年，沈阳继续推进沈大国家自主创新示范区建设。沈大国家自主创新示范区地区生产总值978.2亿元，增长12.1%；公共财政预算收入150.47亿元，增长3.4%；固定资产投资约546.6亿元，增长16.1%；规模以上工业总产值1337.2亿元，增长12.3%；高新技术产品产值占规模以上工业总产值之比达到75%以上。产业转型升级取得实效，同方产业园正式运营，东软医疗健康装备产业基地、机器人未来城一期、安拓智能装备产业园三四期主体封顶。恒大新能源汽车等328个重点项目实现开复工建设，华为辽宁总部等210个亿元以上项目实现签约，正威沈阳国际稀谷等重大项目落地建设，华晨宝马研发中心二期建成使用。科技创新能力大幅提升，材料科学国家研究中心一期建筑封顶，沈阳产业技术研究院揭牌成立，新型研发机构18家，高新技术企业974户，瞪羚独角兽企业30户，雏鹰企业数量420户。创新创业生态不断优化，省级以上孵化载体53家，占全市63.8%。组织开展培训交流、论坛、大赛以及项目路演等各类创新创业活动约550场。推进改革先行先试，高发投集团实现企业与管委会深度融合，整合改组沈阳大三好投资有限公司等国有企业，提升国资国企监管水平，以“中德开”与中关村合作开发建设为契机，进一步提升资本增值能力。推进“放管服”改革，“浑南会客厅”涉企行政服务事项一站式办结，和平片区实现70%以上政务服务事项“一窗”办，中德园“最多跑一次”审批事项占比实现100%。开放创新不断深化，区域合作不断强化，京沈合作科技创新中心挂牌运行，中关村创新大厦项目开工建设。对外开放加快深化，中日产业园签约东芝集团，推进“中融科技南非离岸创新中心”建设，中德企业创新孵化中心揭牌成立。

支持东软智能医疗研究院二期建设，给予经费500万元，凝练产业关键技术，聚焦重点研发方向和项目，通过创新成果转移转化，完善企业孵化与服务功能，推进产业会员研发新产品并实现产业化。推进东软医疗辽宁省高端医学影像设备专业技术创新中心、东软熙康辽宁省医疗健康大数据工程研究中心建设。与发改委、财政局、工信局共同研究制定并出台《东软健康医疗国际产业园专项资金管理办法》，发布《2020年东软健康医疗国际产业园科技专项申报指南》，立项支持攻关项目7项，支持科技资金2000万元，项目研发总投入近8000万元，加快园区企业研发创新。

深入光明小镇针对重点企业、重点产品开展调研，持续支持园区内入驻企业进行重大前沿原创技术创新、产学研用联合技术攻关、双创孵化、成果转化和项目产业化。沈阳眼产业研究院一期项目顺利通过验收，启动沈阳眼产业技术研究院二期建设，给予1000万元资金支持，研究院“H801重组蛋白研发及转化”项目获批市疫情防控应急科研攻关专项，在疫情攻坚战中发挥重要作用。眼基因库二期项目“眼基因诊断平台建设”启动并获得立项支持1000万元。指导何氏集团紧密围绕国家重大战略任务，精准凝练科学问题和重大需求，协调省科技厅形成辽宁省“十四五”重大研发需求清单，推荐至科技部；协调市教育局、科协等单位，以青少年近视防控基地和近视防控科普馆为载体，丰富小镇文化科技内涵。

（石莹　张颖）

【沈阳产业技术研究院成立】 12月27日，沈阳产业技术研究院揭牌仪式暨首届专家委员会成立大会在沈阳国际软件园举行。沈阳产业技术研究院是沈阳市政府批准成立新型研发机构，实行市场化运营、企业化管理。揭牌仪式上，沈阳产业技术研究院分别与清华大学、东北大学科研团队，沈阳航空产业集团，北京科技金融促进会、德鸿创展投资公司，沈阳富创公司、沈阳恒久安泰公司签署合作意向协议。在揭牌仪式期间，召开产研院首届专家委员会会议。首届专家委员会由36位知名院士、专家、企业家组成。（志　闻）

知识产权

【概况】 2020年，全市有效发明专利19795件，增长14.96%；万人有效发明专利拥有量23.79件。PCT（专利合作条约）国际专利申请118件。10家单位的11个项目获第二十一届中国专利奖，获奖项目数量占全省的61%；19个项目获辽宁省首届专利奖。全市商标申请量49736件，商标注册量31226件，累计有效注册量179060件，各项主要指标在东北地区处于领先。全市有地理标志保护产品18件，占全省20.2%。地理标志证明商标10件，占全省7.7%。农产品地理标志登记产品1件。辽中区为国家地理标志产品保护示范区。全市有专利代理机构29家，占全省43.12%，执业专利代理人167人。6月10日，沈阳正式获批知识产权运营服务体系建设重点城市，获中央财政1.5亿元支持，专项用于知识产权运营服务体系建设。发布全国首部商标网上注册宣传片《商标注册网上自助申请指引》。9月23日，该宣传片正式登陆国家知识产权局官方抖音号，向全国推广。

印发《2020年沈阳市知识产权执法保护行动方案》，明确执法关键领域，优化工作措施，强调工作要求。9月28日，印发《沈阳市知识产权运营服务体系建设实施方案（2020—2023年）》，确定知识产权运营服务体系建设目标和重点任务。查处专利侵权案件191件，其中实体领域专利侵权案件13件，电商领域专利侵权案件177件，假冒专利案件1件；查处各类商标侵权案件29件，案值37.25万元，罚没60.05万元；查处地理标志商标侵权案件1件；商标专利地理标志行政执法案件221件，结案率100%。

【“公主屯鸡蛋”获“后稷特别奖”】 10月26日，第二十七届杨凌农高会后稷奖评选结果公布，沈阳市选送的地理标志产品“公主屯鸡蛋”获农高会最高奖“后稷特别奖”。这是继2019年“新民大米”获奖后，沈阳市地理标志再次获这一奖项。全国有11个省、市、自治区的375项农业科技项目申报“后稷特别奖”或“后稷奖”。经评奖专家委员会审议，评选出35个“后稷特别奖”、140个“后稷奖”。

【知识产权质押融资8.2亿元】 3月19日，市知识产权局印发《沈阳市知识产权质押融资风险补偿基金扶持名录（2020版）》，将风险补偿扶持科技企业名录增至2097户，进一步扩大知识产权质押融资的覆盖面。全年沈阳市实现知识产权质押贷款23笔，质押金额8.2亿元。

【《产业知识产权（专利）联盟服务管理办法》】 5月21日，市知识产权局印发《产业知识产权（专利）联盟服务管理办法》，分5章22条，重点对联盟的基本原则、组建、运行和管理进行规范。（王丹迪）

2020年沈阳市获第二十一届中国专利奖项目

表29

序号	专利号	专利名称	专利权人	奖项
1	201730183090.7	医用血管造影X射线机机架	沈阳东软医疗系统有限公司	外观设计银奖
2	201010615758.8	工业机器人碰撞保护方法和装置	沈阳新松机器人自动化股份有限公司	专利优秀奖
3	201110173880.9	钢索预应力玻璃幕墙	沈阳远大铝业工程有限公司	专利优秀奖
4	201110221818.2	一种圆筒混料机现场制造安装一体化的方法	中国有色（沈阳）冶金机械有限公司	专利优秀奖
5	201310406274.6	一种索引建立方法及系统、检索方法及系统	东软集团股份有限公司	专利优秀奖
6	201510535353.6	一种纯水介质综采工作面支护系统	三一重型装备有限公司 中国神华能源股份有限公司神东煤炭分公司	专利优秀奖
7	201110273781.8	一种解决改机问题的限定分配调度方法	中国科学院沈阳自动化研究所	专利优秀奖
8	201510880762.X	CT金属伪影处理方法和装置	东软医疗系统股份有限公司	专利优秀奖
9	201110124993.X	一种基于前景累积图像的图像型火灾探测方法	应急管理部沈阳消防研究所	专利优秀奖
10	201310716954.8	十字交叉开挖支撑后拆式隧道施工方法	中铁十九局集团第三工程有限公司	专利优秀奖
11	201630209603.2	智能车床（i5T3.3）	沈阳机床股份有限公司	外观优秀奖

（市市场监督局）

2020年沈阳市获辽宁省首届专利奖项目

表30

序号	专利号	项目名称	申报单位	奖项
1	201510579601.7	一种网侧接入750kV换流变压器	特变电工沈阳变压器集团有限公司	一等奖
2	201410802395.7	一种超低间隙相高韧性铸造钛合金及熔铸方法	沈阳铸造研究所有限公司	一等奖
3	201410803593.5	一种半导体制成厚胶膜涂覆装置及其使用方法	沈阳芯源微电子设备股份有限公司	二等奖
4	201310034636.3	一种电力系统输电断面暂态稳定极限的计算方法	国家电网公司东北分部	二等奖
5	201010565183.3	平面多关节型机器人手臂机构	沈阳新松机器人自动化股份有限公司	二等奖
6	0109612.5	重组人血小板生成素制剂的制备生产方法	沈阳三生制药有限责任公司	二等奖
7	201110314914.1	一种PCL压缩机模型级及其设计方法	沈阳透平机械股份有限公司	二等奖

续表30

序号	专利号	项目名称	申报单位	奖项
8	201210319523.3	磷霉素氨盐的制备方法	东北制药集团股份有限公司	二等奖
9	200910012398.X	一种周期性纵向变厚度带材、纵向变厚度板材及其制备方法	沈阳东宝海星金属材料科技有限公司	三等奖
10	201310369755.4	一种适用于数控系统的容错低功耗调度方法	中国科学院沈阳计算技术研究所有限公司	三等奖
11	201610029236.7	一种利用气体压差作用实现浮动的自同心密封件及其安装方法	沈阳航空航天大学	三等奖
12	201410702346.6	T型接头双缝双弧TIG焊接集成系统及方法	沈阳飞机工业（集团）有限公司	三等奖
13	201410454873.X	一种罐式炉低温煅烧工艺	沈阳铝镁设计研究院有限公司	三等奖
14	201610340838.4	一种喷淋头及其等离子体处理装置	沈阳拓荆科技有限公司	三等奖
15	201610199858.4	一种民用飞机双曲段半堵塞式货舱门	中航沈飞民用飞机有限责任公司	三等奖
16	201210120526.4	一种制备稳定晶型硝磺草酮的方法	沈阳科创化学品有限公司	三等奖
17	201110356327.9	一种用于无油干式真空泵双驱动主轴控制系统	中国科学院沈阳科学仪器股份有限公司	三等奖
18	200910013347.9	电站间接空气冷却器自动清洗装置	沈阳仪表科学研究院有限公司	三等奖
19	201610160706.3	铁路下穿公路隧道双层套管加筋管棚跟管钻进施工方法	中铁九局集团第六工程有限公司	三等奖

（市市场监督局）

截至2020年沈阳市地理标志保护产品

表31

序号	区域	地理标志名称	获批时间
1	苏家屯区	永乐葡萄	2010.12.7
2	沈北新区	清水大米	2010.12.14
3	大东区	老龙口白酒	2011.7.5
4	浑南区	东陵红树莓	2011.7.5
5	辽中区	辽中寒富苹果	2011.11.30
6	辽中区	辽中鲫鱼	2011.11.30
7	辽中区	辽中玫瑰	2012.8.14

续表31

序号	区域	地理标志名称	获批时间
8	法库县	法库牛肉	2012.8.14
9	康平县	康平地瓜	2013.7.24
10	辽中区	辽中大米	2014.9.2
11	辽中区	辽中葡萄	2014.9.2
12	苏家屯区	苏家屯大米（红菱大米）	2014.9.2
13	法库县	五龙山葡萄	2014.12.1
14	新民市	梁山西瓜（小梁山西瓜）	2015.12.29
15	新民市	新农寒富苹果	2017.531
16	法库县	八虎山山楂	2017.5.31
17	新民市	柳河沟香瓜	2017.5.31
18	新民市	公主屯鸡蛋	2018.3.14

（市市场监督局）

截至2020年沈阳市地理标志证明商标

表32

序号	商标名称	注册号	注册商品	注册人	地址
1	东陵红树莓	7537322	红树莓（鲜水果）	沈阳市东陵区农业技术推广中心	沈阳市东陵区长青街115号
2	沈北大米	8239133	米	沈阳市沈北新区米业协会	沈阳市沈北新区新城子街中央路60号
3	康平甘薯	10126704	地瓜	沈阳市康平县杂粮发展协会	沈阳市康平县康平镇中心街258号
4	康平寒富	10750171	苹果	康平县林业工作总站	沈阳市康平县康平镇城南街
5	康平花生	11618924	花生	康平县农业技术推广中心	沈阳市康平县康平镇向阳街
6	大民屯白菜	10901409	白菜	新民市大民屯镇农业技术推广站	辽宁省新民市大民屯镇本街
7	新农寒富苹果	21538968	苹果	新民市新农村乡经济发展服务中心	辽宁省新民市新农村乡新农村
8	新民大米	28996194	大米	新民市农业技术推广中心（新民市植保站）	辽宁省新民市辽河大街16号
9	柳河沟香瓜	21538966	香瓜	新民市柳河沟镇瓜果种植协会	辽宁省新民市柳河沟镇大赵屯村
10	新民血肠	28996195	血肠	新民市食品管理行业协会	辽宁省新民市民族街88号

（市市场监督局）

2020年全市专利申请情况

表33　单位：件

国内专利申请总量	国内专利申请类型			国内专利申请分布				PCT申请总量
	发明	实用新型	外观设计	大专院校	个人	机关团体	科研机构	企业	
32896	9182	21738	1976	6346	7075	979	2112	16384	118

（市市场监督局）

2020年全市专利授权情况

表34　单位：件

国内专利授权总量	专利授权类型			专利授权分布					发明有效量
	发明	实用新型	外观设计	大专院校	个人	机关团体	科研机构	企业	
21183	3596	15734	1823	4593	3474	808	1075	11203	19795

（市市场监督局）

社会科学

【概况】 2020年，市社科联努力在服务全市工作大局中发出社科声音、施展社科作为、彰显社科贡献。截至年末，全市社科工作者约20万人；市社科联有联办研究基地52个；直属社会组织29家，会员5000余人；科普基地65家，开展科学普及活动519场，其中“辽海·沈阳讲坛”45场。

理论研究。围绕中央和省、市委重要决策部署，经济社会发展重大而紧迫的问题，以及抗击新冠肺炎疫情等问题，研究论证2020年度沈阳市社会科学立项课题选题，精心设计课题指南，面向社会公开招标，确定课题350项。组织课题组开展研究，通过完善激励机制，实时跟踪调度督导等方式，提高研究成果的决策应用转化率，结题成果获领导批示42项，被决策采纳119项，发表论文446篇，出版专著16部。

决策咨询。进一步调动广大哲学社会科学工作者为沈阳经济社会发展建言献策的积极性、主动性和创造性，促进更多高质量研究成果涌现。整合社科资源，开展市委、市政府急需的重大课题研究，打造《沈阳市社科界对策建议专报》资政建言平台。上报对策建议11期，市领导批示23件次，其中市委主要领导批示3次，市政府主要领导批示5次，市委主管领导批示5次。

社团管理。不断加大对直属社科类社会组织党建工作的指导力度，实现党组织应建尽建，扎实推进社会组织党的组织和党的工作全覆盖。严格落实社会组织年检年报前置检查，健全完善社会组织信用建设，促进社会组织规范运行。批复成立沈阳市诗书画乐研究会等4个直属社科类社会组织。

学术活动。开展沈阳市直属社科类社会组织创建全国文明城市创新案例征集评选活动，1项优秀案例在《人民日报》报道。承办第十七届沈阳科学学术年会社会科学分会场活动，征集114篇学术论文。组织举办“弘扬军旅情怀　助力城市发展”“传承家风文化与创建文明城市”等8场学术论坛。举办第二届中国沈阳邻里·家文化节。推动全市形成浓厚文化氛围，提升城市文化品位。

社科普及。承办辽宁省社科普及周启动仪式。举办沈阳市社会科学普及周。举办“辽海·沈阳讲坛”之“指尖讲坛”活动。举办“小康生活　文明沈阳”VLOG（视频博客）大赛，11件作品被“学习强国”选用。首创“社科利民进社区”“社科大集”活动，受到人民群众广泛好评。加强科普基地建设，1项科普活动在《人民日报》报道。

【解放思想推动新时代振兴论坛】 8月28日在市府恒隆百分点公司召开。市委宣传部、市社科联共同举办。中国社会科学院工业经济研究所研究员陈耀、上海社会科学院党委宣传部部长研究员汤蕴懿、深圳市委党校原校委委员教授袁晓江、江苏省委党校投融资教研室主任教授许卫、东北大学副校长教授孙雷、辽宁社会科学院副院长研究员梁启东、辽宁大学自贸试验区研究院院长教授王厚双、东北大学马克思主义学院院长教授田鹏颖、沈阳国际软件园董事长赵久宏等专家从中心城市建设、民营经济发展、产业转换升级、提高科技企业竞争力、集聚“文化+”新动能、着力打造产业链条、扩大对外开放、弘扬企业家精神、结合沈阳实际深入贯彻落实习近平新时代中国特色社会主义思想9个方面发表意见和建议，为沈阳经济社会发展建言献策。

【沈阳“文化+”新动能论坛】 9月24日在康莱德酒店召开。市委宣传部、光明日报社主办，市社科联、沈河区委、市文旅局共同承办。国家清史办主任兼国家清史编纂委员会常务副主任卜键，南开大学教授、博士生导师石培华，中国科学院地理与资源研究所研究员、博士生导师刘家明等9位专家围绕“强化大文化理念，集聚‘文化+’新动能”，为沈阳文化产业发展建言献策。

【沈阳市“第一书记”论坛暨驻村工作经验交流会】 11月6日在创新天地东北新闻发布厅召开。市委组织部、市社科联共同举办。会上，5位第一副书记依次上台发言，介绍驻村帮扶工作经验和对今后工作的思考。中国农业科学院战略规划办公室主任王济民和中共中央党校教授张希贤分别以《“十四五”全面实施乡村振兴战略 加快推进农业农村现代化研究》和《加强新阶段农村党建工作》为题作报告。

（段科明）

2020年度沈阳市社会科学立项课题结题评审情况

表35

优秀（39项）			
序号	课题编号	课题名称	课题组负责人
1	SYSK2020-02-07	关于加快国家中心城市建设的对策研究	孙　丽
2	SYSK2020-02-04	关于大力支持沈阳民营经济发展的对策研究	杨志安
3	SYSK2020-02-02	关于大力推动我市应急产业发展的对策研究	王厚双
4	SYSK2020-25-02	“飞地经济”助力沈阳乡镇振兴的对策研究	赵　旭
5	SYSK2020-06-02	关于大力支持沈阳民营经济发展的对策研究	冯荣凯
6	SYSK2020-31-02	沈阳建设国家中心城市的经济辐射力分析与推进政策	尹　博
7	SYSK2020-24-01	关于发展“飞地经济”加快中心镇建设的对策研究	李晓红
8	SYSK2020-21-01	关于加大年轻干部队伍建设，优化干部队伍结构研究	徐维东
9	SYSK2020-05-03	新时代加强高校基层党组织党风廉政建设研究	姚海霞
10	SYSK2020-18-03	新时代高校党的创新理论传播方式研究	潘　红

续表35

优秀（39项）			
序号	课题编号	课题名称	课题组负责人
11	SYSK2020-31-01	关于促进沈阳文化产业发展的对策研究	王　焯
12	SYSK2020-02-03	关于沈阳市在创建全国文明城市活动中实现“三连冠”目标的对策研究	曲赜胜
13	SYSK2020-01-01	关于我市疫情防控的“科技＋文化”创新支撑研究	陈　思
14	SYSK2020-28-01	东北振兴视域下档案文化传播的价值体现研究	杨剑云
15	SYSK2020-27-09	文保志愿者在沈阳城市文化建设中定位与队伍发展问题研究	赵　旭
16	SYSK2020-07-08	关于挖掘历史文化内涵大力推进文商旅一体化发展对策研究	栗　翠
17	SYSK2020-09-03	“按绩付费”视角下沈阳市基础设施PPP项目绩效管理研究	项英辉
18	SYSK2020-10-01	老龄化背景下政府参与蛰居失能老人居家养老服务路径研究	毛智慧
19	SYSK2020-01-02	关于繁荣发展社会科学“十四五”规划的对策研究	贾建锋
20	SYSK2020-04-01	社会力量参与突发事件应急管理研究	王淑玲
21	SYSK2020-01-03	关于加快国家中心城市建设的对策研究	张景奇
22	SYSK2020-07-02	毕业生在沈高质量就业研究	金雪莹
23	SYSK2020-07-07	沈阳市生活垃圾分类治理中政企社联动机制研究	张　韬
24	SYSK2020-05-01	沈阳市生态环境承载能力预警机制研究	周　密
25	SYSK2020-31-03	生态文明国际合作面临的挑战与对策研究	江　楠
26	SYSK2020-15-03	沈阳高端装备制造业核心竞争力提升对策研究	姜　博
27	SYSK2020-36-01	沈阳市能源结构优化与低碳发展路径研究	梁华罡
28	SYSK2020-31-06	关于沈阳市金融服务实体经济的困境及对策研究	姚明明
29	SYSK2020-37-01	地方深化金融供给侧结构性改革研究	李忠壹
30	SYSK2020-25-10	巩固脱贫攻坚成果的对策研究	郭　睿
31	SYSK2020-31-08	关于新时代党的创新理论传播方式研究	周　蓬
32	SYSK2020-22-06	“雷锋精神”时代内涵视域下高校思想政治教育理论体系的调整	常婉舒

续表35

优秀（39项）			
序号	课题编号	课题名称	课题组负责人
33	SYSK2020-31-09	新时代沈阳工业遗产转型再生效果与策略研究	李晓南
34	SYSK2020-08-02	关于以打造民国风格特色街区为重点，再现民国文化风貌的对策研究	张　毅
35	SYSK2020-27-21	关于文旅产业深度融合的路径研究	毛惠媛
36	SYSK2020-29-06	基于产教融合的沈阳跨境电商人才链培育研究	肖春悦
37	SYSK2020-45-02	健康城市视阈下的社区工作者心理健康维护对策研究	邹茹莲
38	SYSK2020-34-06	区块链技术在沈阳市企事业单位内部控制体系中的应用研究	王　东
39	SYSK2020-11-02	“沈阳市社会科学界联合会”徽标（LOGO）创新设计研究	刘　蓬
良好（78项）			
序号	课题编号	课题名称	课题组负责人
40	SYSK2020-27-02	关于发展“飞地经济”加快中心镇建设的对策研究	何序哲
41	SYSK2020-02-01	关于统筹城乡补“三农”短板的对策研究	吴云勇
42	SYSK2020-23-01	沈阳经济区农业供给侧改革“三品一标”策略实施路径研究	黄永洁
43	SYSK2020-32-01	加快科技成果在沈、来沈转化的对策研究	陈　萍
44	SYSK2020-25-05	关于着力推动沈阳城乡区域协调发展的对策研究	葛　晶
45	SYSK2020-33-01	新基建创新应用集聚文化+新动能研究	马　丽
46	SYSK2020-11-01	以“盛京皇城”项目为中心，沈阳聚集文化+的对策研究	李松石
47	SYSK2020-19-01	我市高校青年科技人才培养机制研究	刘淑霞
48	SYSK2020-25-03	关于促进沈阳文化产业发展的对策研究	尹春志
49	SYSK2020-20-01	沈阳红色旅游文创产业资源策略研究	常　悦
50	SYSK2020-24-04	关于挖掘历史文化内涵大力推进文商旅一体化发展对策研究	邓　蕾
51	SYSK2020-16-03	全域旅游背景下沈阳市红色文化旅游多元融合发展对策研究	董乃群
52	SYSK2020-16-01	关于提升沈阳美丽乡村设计建设品质的对策研究	郭媛媛
53	SYSK2020-09-06	沈阳皇城胡同文化的价值提取与可视化展示研究	刘思铎

续表35

良好（78 项）			
序号	课题编号	课题名称	课题组负责人
54	SYSK2020-17-01	关于挖掘历史文化内涵大力推进文商旅一体化发展对策研究——以辽河文化为切入点造福于沈城人民	李睿琛
55	SYSK2020-29-04	高等职业教育精益化生产人才培养的研究	吴佩珊
56	SYSK2020-22-01	大数据视阈下完善沈阳智慧协同应急体系的对策研究——基于城市“平时”运行与“战时”应急管理的深度融合	吴维军
57	SYSK2020-06-06	后疫情时代沈阳城市社区自治的困境与对策研究	齐　伟
58	SYSK2020-07-03	关于完善城市基层自治体系的对策研究跨学科（法学、政治学）	王旭伟
59	SYSK2020-06-03	关于完善城市应急管理体系的对策研究——以沈阳市为例	周晓晔
60	SYSK2020-25-01	沈阳市科技创新人才战略规划研究	周玉良
61	SYSK2020-13-04	打造沈阳大型交通枢纽公共文化空间的对策研究	梁　莹
62	SYSK2020-21-02	关于繁荣发展社会科学“十四五”规划的对策研究	方晓辉
63	SYSK2020-45-01	关于完善城市应急管理体系的对策研究	李京蕾
64	SYSK2020-07-10	中小学校突发事件应急处置协同响应机制建设研究	郝淑华
65	SYSK2020-03-02	沈阳市安宁疗护服务体系构建	王玉梅
66	SYSK2020-02-10	关于沈阳战略性新兴产业自主创新的路径研究	吴振华
67	SYSK2020-25-08	关于沈阳跨境电商综试区发展的对策研究	张潇予
68	SYSK2020-02-16	习近平生态文明思想融入沈阳市高校思想政治理论课教学研究	王　宽
69	SYSK2020-05-05	全媒体视域下党的创新理论传播路径研究	刘彦伯
70	SYSK2020-09-13	完善城市基层自治体系的对策研究——以沈阳为例	张铭宸
71	SYSK2020-09-16	新时代加强高校党务工作队伍建设策略与实践研究	李　思
72	SYSK2020-09-09	关于激发高校“双带头人”党支部书记党建工作活力的对策研究——以沈阳市为例	许　音
73	SYSK2020-16-07	提升沈阳城市文化品质的对策研究—以盛京皇城特色历史文化资源的开发重塑为例	殷莉晶
74	SYSK2020-11-04	沈阳新型文化产业及美育产业策略研究——在互联网＋技术支持下于沈阳建立数字美术馆的可行性及策略研究	李　雪

续表35

良好（78项）			
序号	课题编号	课题名称	课题组负责人
75	SYSK2020-17-04	基于视觉形象视域下沈阳工业文化创新发展的对策研究	陈思阳
76	SYSK2020-25-07	关于沈阳历史文化文创产品的设计与研究——以四条文化主线为例	丁滟殊
77	SYSK2020-09-18	新时代沈阳科技创新人才队伍建设长效机制研究	马　健
78	SYSK2020-02-19	基于人口结构的耕地保护生态补偿机制研究	王珍珍
79	SYSK2020-06-08	基于居民健康支出视角下沈阳市医疗健康产业供给侧改革的对策研究	陈　晶
80	SYSK2020-27-15	关于推进沈阳开放创新的对策研究	吕　瑶
81	SYSK2020-18-10	加快沈阳人工智能产业链建设的对策研究	郭莉莉
82	SYSK2020-17-06	沈阳市中小企业转型升级中科技服务供给侧改革及服务模式研究	吴　雷
83	SYSK2020-07-16	关于大力发展新型农业经营主体的对策研究	张雪艳
84	SYSK2020-38-03	关于推进沈阳冰雪经济发展的对策研究	宫远山
85	SYSK2020-18-12	“一带一路”倡议下的沈阳地区数字媒体艺术产业创新发展模式研究	邱　晨
86	SYSK2020-27-13	关于加快科技成果在沈、来沈转化的对策研究	尚　航
87	SYSK2020-17-07	基于区块链技术应用的沈阳民营企业融资创新研究	崔永生
88	SYSK2020-19-04	关于沈阳市营商环境建设水平提升的长效机制研究	岳红梅
89	SYSK2020-25-09	“一带一路”背景下沈阳市推进跨境电子商务发展的对策研究	黄秀丹
90	SYSK2020-18-09	全球价值链视角下沈阳装备制造业地位提升路径研究	林萍萍
91	SYSK2020-02-22	突发公共疫情下高校舆情引导机制研究	赵　振
92	SYSK2020-27-14	关于提高基层党组织建设质量研究	李　斌
93	SYSK2020-15-06	精准脱贫视域下村级基层党组织功能强化研究	徐凤莉
94	SYSK2020-27-32	沈阳市乡村振兴治理体系建设研究	王文波
95	SYSK2020-24-06	政府治理视域下营商环境建设长效机制研究	孟庆海
96	SYSK2020-12-06	青少年社会心理服务体系的研究与构建	赵　彤
97	SYSK2020-23-03	基于多元主体融合共建的高职学生“工匠精神”培养体系构建研究	张　博

续表35

良好（78 项）			
序号	课题编号	课题名称	课题组负责人
98	SYSK2020-06-13	借助“一河两岸”打造沈阳体育名城的对策研究	刘　波
99	SYSK2020-19-03	基于“银发经济”背景下，沈阳市老年人文娱生活现状及精准推荐研究	耿　越
100	SYSK2020-08-04	文化兴邦，品牌筑城——建设国家中心城市背景下的沈阳市空间文化特质提升途径研究	金连生
101	SYSK2020-29-08	关于打造全国知名红色文化教育基地的对策研究	马　野
102	SYSK2020-08-03	沈阳市文化创意产业园现状分析与活力提升对策	张思斯
103	SYSK2020-12-04	关于沈阳工业文化创新发展的对策研究	姚红媛
104	SYSK2020-22-07	关于青少年生态保护意识养成教育研究——以高职教育为例	李阳阳
105	SYSK2020-09-25	以易班为平台宣传“沈阳故事”的路径研究	周东旭
106	SYSK2020-08-05	文化和旅游融合发展视域下沈阳红色旅游品牌传播研究	姚枫秋
107	SYSK2020-13-14	全媒体时代沈阳城市形象塑造与对外传播策略研究	齐　飞
108	SYSK2020-09-22	关于以打造民国风格特色街区为重点，再现民国文化风貌的对策研究	吕丹娜
109	SYSK2020-29-07	依托“现代学徒制”加强“工匠精神”培养与激励的对策研究	王　珺
110	SYSK2020-09-40	适应沈阳全面振兴发展的科技创新人才培养对策研究	袁　勇
111	SYSK2020-09-23	沈阳市重点区域交通拥堵分析及精细化管控对策研究	刘伟东
112	SYSK2020-15-08	健康中国 2030 背景下大学生体重管理体系构建研究	王莹莹
113	SYSK2020-27-19	关于提升沈阳市社区治理能力对策研究	陈秋红
114	SYSK2020-10-10	关于完善沈阳市公共卫生医疗体系的对策研究	陈　宁
115	SYSK2020-21-16	沈阳建设国家中心城市交通拥堵治理对策研究	刘丽坤
116	SYSK2020-10-09	基于供需双方视角的时间储蓄养老服务发展路径研究	宋艳丽
117	SYSK2020-13-12	东北振兴视角下沈阳市高层次人才引进的对策研究	徐姗姗

（市社科联）

二十九、文化·旅游

综　述

2020年，全市文旅系统统筹推进疫情防控和文旅工作发展，通过实施“文化+”战略，以“文旅领域供给侧改革，历史文化名城保护提升，人民幸福城·我的沈阳美”三大攻坚战役，推动文化旅游高质量发展。全市旅游总收入502.6亿元，下降42.6%；国内旅游收入总量500.7亿元，降低41%；国内旅游人数总量5407.1万人次，降低42.6%；入境旅游收入总量1.89亿元，降低93%；入境旅游人数总量3.4万人次，降低96%。国庆中秋假日期间，沈阳市接待游客584.33万人次，消费33.23亿元。其中：外省市到沈游客108.61万人次、消费9.07亿元，包括省内跨市游客48.66万人次、跨省游客59.95万人次，分别消费4.65亿元、消费4.42亿元；沈阳居民在当地消费475.72万人次，消费24.16亿元。与2019年相比，2020年国庆中秋假日到沈游客，消费人次恢复84.7%，消费金额恢复82.85%，高于全国平均值。全市有103家A级旅游景区，其中AAAAA级1家，即沈阳市植物园（沈阳世博园）；AAAA级16家，包括沈阳故宫博物馆、沈阳棋盘山风景名胜区等；AAA级69家，包括沈阳新乐遗址博物馆等；AA级16家，包括沈阳金三角森林公园（水洞景区）等；A级1家，即康平万亩松旅游景区。

推动公共服务补短板、提效能，新建102处村文化广场建设。加强旅游基础设施建设，改造提升旅游景区游客中心37座、新建改建旅游厕所142座、扩建改建景区停车场36处、新增更换景区导览标识916块。开展县级文化馆图书馆总分馆制建设，县级图书馆总馆18个、分馆240个，县级文化馆总馆13个分馆203个。指导13个区县（市）开展基本公共文化服务标准化建设。

启动实施沈阳市文化旅游产业服务质量提质升级工程，召开全市提质升级工作会议，出台《沈阳市文化旅游产业服务质量提质升级工作方案》，强力推进7大方面、27项、136个具体任务，推动A级旅游景区、旅游片区和街区、星级饭店、旅行社软硬件全面提升。深化与携程集团战略合作，签署战略合作框架协议。完成沈阳盛京大剧院政府和社会资本合作项目，实现融资20.75亿元。促进文旅消费，起草《沈阳市进一步促进文化和旅游消费的实施意见》，发放文化消费券、旅游消费券，直接拉动消费1.2亿元，举办电影消费季、图书消费季等系列活动，联合沈阳经济区5城市百余家景区，推出半价优惠、打折促销、免费开放等系列优惠政策。

举办2020沈阳艺术节，推出200余场演艺、展览及交流活动，扮亮沈阳城市的文化空间和艺术氛围。强化艺术沈阳阵地建设，盛京大剧院引进舞剧《永不消逝的电波》、开心麻花爆笑舞台剧等高端演出，演出国内精品剧目233场。（陆　明）

专业文化

【概况】 2020年，市文旅广电局推进艺术精品创作生产，组织市属院团先后创排7部舞台剧目和1部委约交响作品，分别是京剧《逆行者》《将军魂》；评剧《过大年》《帅府轶事》；话剧《战国红》；歌舞剧《天使》、文旅融合演出《沈阳印记》及交响曲《史诗·西迁》。同时，盛京大剧院引进舞剧《永不消逝的电波》、话剧《白鹿原》及交响音乐会《中国爱乐乐团20周年音乐会》等高端演出，演艺市场信心得到大力提振。评剧《过大年》入选2020年全国舞台艺术重点创作计划，参演省第十一届艺术节，并获辽宁省第五届文化艺术政府奖文华奖。艺术惠民工作采取线上与线下相结合模式实施。组织录制艺术惠民线上培训视频，沈阳交响乐团开展线下艺术惠民开放式排练；盛京大剧院开展近10期艺术惠民讲座，向更多的市民和艺术爱好者普及专业艺术知识；沈阳市公共文化服务中心（沈阳市文化演艺中心）国庆期间推出“金秋国韵 璀璨梨园”京剧惠民演出，丰富群众精神文化生活；推广文化惠民电子消费券，让更多的百姓和艺术爱好者能近距离领略到高品质的专业艺术魅力。以沈阳艺术节为契机增设“宝马艺术季”板块，举办“凤仪·箫韶——赵家珍古琴名家音乐会”“2020沈阳艺术节——华晨宝马艺术季启幕暨华晨宝马艺术空间商成祥作品展”及华晨宝马中德文化交流活动等一系列文化艺术活动，有效搭建中外交流文化艺术平台。

（谭　兰）

【2020沈阳艺术节】 9月19日至10月31日举办。以“礼赞新时代 ‘艺’起铸风采”为主题。本届艺术节深入实施“文化+”战略，设置“炫彩舞台”“视觉先锋”“战‘疫’颂歌”“艺术+N”四大版块、三大提升计划、17个主题单元，推出200余场演出与展览及交流活动，涵盖戏曲、话剧、杂技、曲艺、舞蹈、交响乐、美术等艺术门类。

【戏曲进校园】 2020年，市文旅广电局开辟戏曲进校园线上模式，组织市属艺术院团开展“云·送戏”节目录制与播出；组织沈阳京剧院、沈阳评剧院克服档期创排剧目多、演出任务重等困难，精心复排6部传统剧目，在不同时间进入6所学校开展戏曲进校园实地演出，让广大学生近距离感受传统文化的魅力，弘扬社会主义核心价值观。

（谭　兰）

文博事业

【概况】 2020年，开展第五批市级文物保护单位推荐申报工作，经市政府常务会通过后，公布第五批市级文物保护单位名录。完成41处第十批省级文物保护单位保护范围和建控地带划定工作。启动“百馆工程”项目，以国有博物馆为主体、非国有博物馆为重要补充，形成综合性、专题特色型、行业博物馆共同发展格局，满足人民群众多层次、多样化的文化需求。截至年末，沈阳市列入国家文物局全国博物馆名录20家，包括国有博物馆13家，非国有博物馆7家，其中国家一级馆2家（沈阳故宫博物院、九一八历史博物馆）、国家二级馆4家（张氏帅府博物馆、新乐遗址博物馆、沈阳工业博物馆、辽宁古生物博物馆）。开设文物陈列展览展览50个，其中常设展览24个，临时展览26个（其中引进展览8个），另有输出展览3个。全市有市级以上文物保护单位313处，其中，全国重点文物保护单位31处，省级文物保护单位94处，市级文物保护单位188处。完成文物保护工程10项。其中，国家级5项，省级2项，市级3项。（罗　澜）

【“阅读沈阳”——文博在线线上阅读活动】 2020年2月3日至2021年2月10日，整合全市各博物馆、文物保护单位及考古成果等文博资源，推出“阅读沈阳”——文博在线系列，以在线阅读的形式，每天推送文博信息，让市民足不出户即可了解沈阳历史，共享城市文化。截至2020年末，“阅读沈阳”推出文物介绍文章200余期，其中各级文物保护单位介绍文章100篇。

【考古勘探90个地块】 2020年，全市完成90个地块的考古勘探工作，用地面积892.6万平方米，实际勘探面积466.2万平方米。发现15处可能存在文物遗存的地块，经国家文物局批复后完成包括2019年申请项目在内的10项基本建设考古发掘工作，发掘面积6000平方米。

【历史文化名城三年行动计划文物保护项目】 截至2020年，三年行动计划涉及的42项文物保护项目中，文物修缮完成的有14项，分别是：沈阳故宫太庙修缮工程，沈阳故宫大政殿组群台明修缮工程，中山广场及雕塑群维修工程，清福陵东南角楼东北角楼和东红门修缮工程，中东铁路建筑群—悦来栈旧址防水工程，沈阳二战盟军战俘营旧址消防工程，叶茂台辽墓群安防工程，张学良旧居东围墙基础加固及墙体修缮，东北工学院建筑群机电馆修缮工程，南满医学堂旧址修缮工程，奉天海关大楼旧址修缮工程，王明宇公馆旧址修缮工程，清昭陵仪仗房、茶膳房、果房、涤器房保护修缮工程，肇新窑业办公楼旧址修缮工程；考古发掘完成3项，分别是：新民北崴遗址考古发掘（2019）、新民北崴遗址考古发掘（2020）、沈河区中心里遗址考古发掘。此外，沈阳市周恩来少年读书旧址修缮工程，沈阳故宫油饰彩画修缮工程和张学良旧居红楼群2号楼、3号楼、4号楼及东警卫楼修缮等文物保护工程积极推进。

【众志成城 共同抗疫——沈阳市抗击新冠肺炎疫情纪实展】 5月18日在九一八历史博物馆临时展厅开幕，市文旅广电局、市文物局主办，九一八历史博物馆承办，9月6日闭幕。2月，市文物局在全国率先发起“公开征集抗击疫情见证物活动”，九一八历史博物馆征集到数千件见证物。该展览分“疫情突起 决战决策”“全面阻击 共克时艰”“众志成城 共同战疫”“长子情怀 最美逆行”“党旗飘扬 城市力量”5部分，展出珍贵照片200余张，抗疫实物300余件。

【《中共满洲省委与东北十四年抗战》百场巡展】 8月3日正式拉开序幕。市委宣传部、市文旅广电局、市教育局、沈阳博物院主办，中共满洲省委旧址纪念馆、东北抗联史实陈列馆、东北抗日义勇军纪念馆联合举办。中共满洲省委旧址纪念馆以流动巡展的方式走进沈阳市和平区团结路小学、沈阳市公安局110指挥中心、东北抗联史实陈列馆、东北抗日义勇军纪念馆，为广大学生、市民和人民警察送去精彩展览和生动讲解。其中：中共满洲省委旧址纪念馆巡展36场，东北抗联史实陈列馆巡展41场，东北抗日义勇军纪念馆巡展27场。央视新闻直播间通过网络平台直播巡展现场活动，向全国观众展示以中共满洲省委旧址纪念馆为代表的红色文化宣讲团的形象与风采。巡展将举行100场，献礼中国共产党成立100周年。

【“盛京礼物网络发布会暨直播带货”活动】 7月18日，市文旅广电局局长携沈阳市四大博物馆馆长在沈阳故宫凤凰楼联袂向全网推荐“盛京礼物”。沈阳博物院各大馆1500余款文创产品组团出击，沈阳故宫史上第一款神兽巧克力、汗王宝剑筷等文创产品精彩亮相。《人民日报》、淘宝直播、微博、腾讯、抖音和腾讯视频五大平台实时推送，全媒体展示“盛京礼物”，530万名网友同步观看。

【两个博物馆获评国家二级馆】 7—12月，中国博物馆协会根据国家文物局发布的《博物馆定级评估办法》《博物馆定级评估标准》《评分细则计分表，组织开展第四批全国博物馆定级评估工作。经过材料申报、书面审查、现场评估、数据比对和综合评定，并报请国家文物局备案，中国博物馆协会核定中国工业博物馆、辽宁古生物博物馆成为国家二级博物馆。

【沈阳故宫典藏清代宫廷珍品展】 11月6日，作为沈阳故宫“金玉满堂文化季”六大活动之一，“金玉满堂——沈阳故宫的奢华典藏”在沈阳故宫銮驾库开展，该展览展期持续9个月，吸引近40万人走进展厅观展，得到社会各界的好评。经沈阳故宫博物院与国家博物馆沟通，“金玉满堂——沈阳故宫的奢华典藏”展经过补充完善，2020年12月至2021年3月，在国家博物馆举办，展出珍贵文物256件套。

（仲　凯）

非物质文化遗产保护

【概况】 12月，省政府公布辽宁省第六批省级非物质文化遗产代表性项目名录，沈阳市杨氏太极拳等11个非遗项目被列入。开展第六批市级非遗项目代表性传承人认定工作，33人被认定为沈阳市市级非遗代表性传承人。在文化和自然遗产日期间，开展沈阳市2020年“文化和自然遗产日”

非物质文化遗产线上宣传展示活动。截至年末，全市市级以上非物质文化遗产代表性项目221个，其中国家级10个，省级51个，涵盖非遗全部10大类别；市级以上非物质文化遗产代表性传承人209人，其中国家级10人，省级38人。沈阳市的非物质文化遗产代表性项目及代表性传承人在东北地区均居前列。（陈启明）

【第三届“非遗青春攻略·东游记”】 12月12日在沈阳玖伍文化城正式启动。活动聚焦北京、西安、沈阳三座古城的历史文化，同时将三座古都的重要文化IP（知识产权）代表——北京兔爷、西安唐妞、沈阳努爷赋能本届非遗活动。这次盛会邀请到满族刺绣、满族剪纸、苏公扇庄、奉天皮影、面人记忆、锡伯族弓箭、蓝染记忆等20余项非遗项目共同亮相。活动期间，近万人参与活动。2018年开始，玖伍文化城以“非遗青春攻略”为主题举办两届非遗活动。（孙东辉）

【非遗进校园进社区活动】 2020年，《沈阳北市“摔跤”》《少林追风刀》《沈阳杨氏太极拳》《东北大鼓》《钟氏刻瓷》百余人次非遗传承人和近百个非遗项目走进东新小学、丁香小学、艺术学校、东北大学、沈阳站社区、平罗街道二牛所口镇等30余个校园和社区传承非遗技艺传播传统文化，受到师生和群众的欢迎。

【30个非遗项目数字化保护】 2020年，为进一步保护非物质文化遗产，完成“朝鲜族尚帽舞”“王氏传统制砚技艺”“辽三彩烧造技艺”等30个非遗项目记录和“非遗在沈阳”宣传片拍摄制作工作。（陈启明）

公共文化

【概况】 1月23日起，受新冠疫情影响，全市公共文化机构全面关停，5月陆续恢复开放，10月全面开放。通过互联网展示群众文艺作品，开展艺术普及、文化展示、非遗传承等公共文化活动。同时，公共文化机构进一步完善自身建设，完成县级公共文化标准化体系、总分馆制体系、公共文化机构法人治理结构改革、数字文化体系、资金管理和使用等方面的工作，组织102个村文化广场建设、184场文化演出（戏曲）进乡村和近2万人参与的“人民幸福城·我的沈阳美”品牌群众文化活动。辽宁电视台经济频道转播“人民幸福城，我的沈阳美”主题文化惠民活动（播出3次，每次时长40分钟），惠及全省14市的城乡群众。全市公共文化机构创作抗疫歌曲《坚守》《飞过蓝天的云朵》、对口快板《绚丽的晚霞》和西河大鼓《雪夜深情》等优秀作品，其中快板《喜游辽宁14城》获“辽宁省第十一届艺术节群众文化活动”曲艺类一等奖。举办“名家名作画名城‘大地飞歌’美术作品展”“李文信、李仲元父子学术成就展”“市图百年优秀图片展”等一系列展览活动。开展“第三届沈阳合唱节”“阅读沈阳·书香盛京”等文化活动。编写的图书《精神 财富 力量》12月获第七届第八届辽宁省哲学社会科学奖·成果奖（省政府奖）一等奖。研究报告《构建沈阳地区图书馆文化供给侧服务平台》8月获2018—2020年度沈阳市社会科学优秀学术成果三等奖。乡镇（街道）以上公共文化机构完成群众文化活动9225场（次），线下活动惠及258.05万人次，组织业余团队1400余个，原创剧目12个，文化配送701场，观众人数19万人次。

【第三届沈阳合唱节】 从10月合唱节开幕式开始，到12月“迎新年”优秀合唱团专场音乐会闭幕。市委宣传部、市文旅广电局主办，市公服中心、群艺馆、市合唱协会承办。此次沈阳合唱节以“人民幸福城我的沈阳美”为主题，成功举办合唱快闪、开幕式演出、合唱工作坊、闭幕式及各类专场演出等主题活动60余场，参与团队343支2万余人，线上线下观众70万人次。

【102个村文化广场建成】 2020年，按照省文旅厅统一安排，沈阳市投入510万元，完成村文化广场建设102个，涉及6个区县（市），其中浑南区6个、苏家屯区10个、辽中区9个、新民市43个、康平县6个、法库县28个。

（綦宏亮）

广播电视

【概况】 2020年，全市广播电视系统严格落实意识形态工作责任制，以做好党的十九届五中全会宣传报道工作为主线，把握正确舆论导向，占领宣传主阵地。开展抗击新冠疫情、党的十九届五中全会、纪念中国人民抗日战争暨世界反法西斯战争胜利75周年、纪念中国人民志愿军抗美援朝出国作战70周年等重大主题宣传。组织全市广播电视机构参加国家广电总局、省广电局部署的广播电视节目创优推优评选以及展播活动。开展对广播电视广告宣传监管及卫星电视地面接收设施专项整治。完成全市"全国一网"有线电视网络整合工作。继续深化广播电视村村通向户户通升级工程，开展地面无线数字化覆盖工程建设，实现广播电视从模拟信号到数字信号的地面无线数字覆盖。全市广电工作获省广电局意识形态成绩突出事项（绿牌）表扬，以及2020年度全省"小金童"广电视听优秀少儿节目大赛优秀组织单位、2020年度全省优秀广播剧大赛优秀组织机构、2020年度全省境外卫星电视地面接收设施专项整治工作第一档次等荣誉。

复工复产宣传舆论引导支持。沈阳广电各播出单位通过新闻报道、专题节目、纪录片、短视频、公益广告和文艺作品等形式，宣传阐释习近平总书记重要讲话和指示批示精神，宣传解读党中央、国务院统筹推进疫情防控和经济社会发展重大决策部署、各地疫情防控举措、复工复产进展、"三农"工作和春季农业生产、科学防疫知识、抗疫一线工作者感人事迹等，为夺取疫情防控和实现经济社会发展目标双胜利提供有力支持、营造良好氛围。

违规广电广告监管。及时传达、落实国家广电总局、省广电局有关广播电视广告播出要求，组织各播出机构开展自查自纠活动，纠正虚假夸大、违规超时、流动字幕、医疗养生类节目内容和形式违规等突出问题。依托省、市监测平台，对各播出机构广告播出情况进行监听监看，转发省局《广播电视广告核查周报》28期，省、市监测中心监测及市民投诉的违规广告40余起，对存在问题的播出机构及时进行警示，对问题严重的4起违规广告进行停播处理。

卫星电视地面接收设施管理。在境外卫星电视传播秩序专项整治工作中，全市出动执法人员242人次，执法车辆36台次，检查小区102余个，拆除居民擅自安装的卫星电视广播地面接收设施288个，检查乡镇56处，检查宾馆酒店80余次，巡查居民小区55余次。通过执法中开展的法律宣讲，当事人自行拆除70余个，排查非法私自安装的卫星地面接收设施666处，发放《卫星电视广播地面接收设施管理规定》宣传单300余份，发放责令整改通知书5份，要求限期整改，收缴销毁非法设备11个，立案1起，罚款3000元，取得阶段性成果。

【沈阳广播电视台全媒体创客空间揭牌】 4月，总面积846平方米、有108个现代化融媒办公空间工位的沈阳广播电视台全媒体创客空间正式揭牌。截至年末，进行孵化的项目29个，完成孵化项目11个，近500名广电"创客"入驻全媒体创客空间。12月，沈阳广播电视台被认定为2020年辽宁省文化和科技融合示范基地，沈阳广播电视台全媒体创客空间被认定为全省17家省级众创空间之一。

【沈阳广电传媒文化博物馆开馆】 5月18日正式开馆。这是东北地区首座以高科技互动展示为核心的广电博物馆，填补辽沈地区博物馆类型的空白。沈阳广电传媒文化博物馆展陈面积近3000平方米，室内展区收藏实物、图片、影像资料、广电技术设备等展品2000余件，承载媒资大数据检索、前沿科技实验平台、文化创意产品研发等多种功能；室外展区包括10讯道标清转播车、微波电视转播车等曾经广电发展历程中的先进设备。沈阳广电传媒文化博物馆采用国内最先进的5G、4K、8K、AR、VR、裸眼3D全息影像技术、媒资大数据

▶5月18日，沈阳广电传媒文化博物馆正式开馆　（沈阳广播电视台供）

检索等硬核技术。特展厅推出："'初心与手迹'——中国现代文学馆馆藏红色经典手稿展"展出《青春之歌》《创业史》《保卫延安》《红岩》等16部、64幅具有重要文学价值、历史意义与时代精神并重的红色手稿；记"疫"专题展，通过音视频、图片、绘画、实物及体验项目等展览形式，集中展示抗击疫情中涌现出的感人事迹和英雄壮举。

（张志国）

【沈阳广播电视台全媒体5G直播带货盛典】 6月18—20日，沈阳广播电视台与市商务局、市农业农村局共同启动为期3天的沈阳广电全媒体5G直播带货盛典。此次活动得到快手、京东、有赞、顺丰等头部平台和众多知名企业的大力支持。沈阳广电门户App"云盛京"云端发力，广电旗下各头部平台新媒体发布号矩阵全程策应；7个频率、频道的众多知名栏目参与，利用5G直播优势，实现大小屏实时互动。其间，30多名沈城名嘴、流量大咖参与直播带货，打造具有沈阳广电特色的"广播电视+直播平台+网红+供货链条"的直播带货生态。以"云上地摊"为主题的619"云盛京"专场，更是创造9小时不间断接力的直播带货记录。直播带货盛典3天直播的总浏览量超过100万次，评论总量超过2000条，全媒体矩阵宣发总触达突破1亿次。沈阳广播电视台与市农业农村局签署战略合作协议，助推沈阳市电商产业发展。

【沈阳广电全媒体会客厅启用】 7月16日，沈阳广播电视台应用"4K/8K+5G+AR/VR"技术集成建设的"全媒体会客厅"正式投入使用。该项目颠覆以往城市会客厅的物理空间局限，成为广域、全网、全息、互动的城市文化旅游展示空间和信息服务载体。通过5G等新技术的创新应用，突出全媒体跨域互动传播的网络平台功能，丰富和优化沈阳全媒体传播生态系统，面向全国和世界发挥文化传播和城市文化展示、旅游推介等功能，更好地讲好沈阳故事、传播好沈阳声音、树立好沈阳形象。《人民日报》、新华社、中央广播电视总台、抖音、快手等全国24家新闻单位和机构进入到全媒体会客厅的沈阳广电5G云应用联盟。8月18日，第二十九届北京国际广播电影电视展览会（BIRTV2020）"沈阳广播电视台5G应用创新云展示"活动在全媒体会客厅举行。

【杜比7.1.4全景声影音工场建成】 2020年，DOLBY7.1.4全景声影音工场一期工程建设完成，主要是由文艺棚向全景声混录棚的升级建设，内容有系统升级改造，包括工作站、监听音响7.1.4、视频回放、渲染工作站等整体系统改造；还包括声学装修改造，主要有吸音模块，EQ协调体、造型协调体、二次余数扩散系统，声学扩散模块，项目建成后混响时间达到0.8-1.0秒，本底噪声指标达到NC-25标准。8月，DOLBY7.1.4全景声影音工场通过DOBLY ATMOS国际认证资质，成为东北地区首家、国内领先的专业风向标级音频制作基地，具备沉浸声、环绕声、立体声音频节目的生产能力。

【"2020中国一日·美好小康——随作家走进故事"全媒体直播活动】 11月21日上线直播，由中国作家协会主办，沈阳广播电视台、中国作协创研部、中国作家网联合承办，时长12小时。直播活动选取习近平总书记视察过的21个具有标志性意义的地点，采用5G、4K、卫星传输、云传输等技术，通过《人民日报》、新华社、央视新闻、澎湃新闻、抖音、快手等30多家国内头部网络平台及100多家合作媒体同步进行5G直播。同步推出的"辽宁一日美好小康""沈阳一日美好小康"直播活动，与中国一日大型直播相互牵引，向全国

▶ 11月21日，沈阳广播电视台直播活动　（沈阳广播电视台供）

全网展现辽宁、沈阳脱贫攻坚的成果成效。中宣部、中作协、省政协、省委宣传部、省广电局、市委主要领导给予认可和肯定。

【中国·沈阳影视产业服务基地揭牌】 12月25日举行揭牌仪式。沈阳广播电视台与全国9家影视企业和机构签约，成为立足东北，辐射全国的影视服务平台。同时，将围绕东北文化、辽沈文化、红色文化、明清文化，集中力量打造一批影视IP。同时，将有效衔接剧本选取、影视立项投资、剧组拍摄等全环节，为精品剧目提供全方位服务，不断提升沈阳大都市圈文化竞争力。（陈　萍）

【全市“全国一网”有线电视网络整合完成】 2020年，按照中宣部等九部委印发《全国有线电视网络整合发展实施方案》以及国家广电总局相关部署，2020年底前完成“全国一网”股份公司的组建要求。市文旅广电局协调有关单位成立沈阳市有线电视网络整合领导小组并开展工作。截至年末，沈阳广播电视台参与有线电视网络整合工作基本完成。

【广电地面无线数字化覆盖工程建成】 2020年，在巩固有线、卫星两种广播电视覆盖方式的基础上，全市开展广播电视地面无线数字化覆盖工程建设，采取先进的地面无线数字广播电视技术手段，统筹规划全市广播电视覆盖方案。到年末，基本实现全市城乡数字广播电视户户通，数字广播电视综合人口覆盖率达到99%以上，形成覆盖城乡、便捷高效、功能完备、服务到户的新型广播电视覆盖服务体系。

【全市广电疫情报道2.2万条】 2020年，沈阳广电系统做好疫情防控宣传，致敬医护人员、赞颂一线英雄、慰问病患同胞、鼓舞国人士气。截至3月23日0时，全市广播电视和网络视听系统中，广播电视宣传报道总计22035条，总时长38696.5分钟；疫情防控科普知识宣传报道总计5307条，总时长13523分钟。

（张志国）

电影管理

【概况】 2020年，全市电影工作面对突发疫情冲击，按照市委、市政府和省委宣传部的统一部署，通过联动检查确保安全防控、通过公益放映丰富文化生活、通过新建扩建提升硬件设施，最大限度满足观众常态化疫情防控下的欣赏影片的精神文化需求。市委宣传部联合市卫健委、市应急局等部门历时15天，对全市影院疫情防控、消防安全、放映安全、电力安全、冬季供暖安全及运营管理安全等工作进行3次全面检查排查，切实维护安全、良好、规范的电影市场秩序。在做好常态化疫情防控前提下，大力开展公益电视放映活动，在市内公园、广场及部分涉农区县（市）的行政村（含涉农社区）开展公益电影放映活动16220场，其中农村放映14790场，城市1430场，受益观众近200万人次。按照《辽宁省2020年银幕发展工作安排》的通知要求，印发《沈阳市2020年银幕发展工作实施方案》，并抓好落实，全市新（扩）建影院10家，完成新（扩）建银幕65块。其中，新建城市影院8家，新增银幕61块；新建乡镇影院1家，新增银幕3块；扩建影院1家，新增银幕1块，硬件设施进一步优化，观影体验有效提升，推动全市电影行业持续繁荣发展。全市电影票房1.76亿元，观影551万人次，放映50.48万场，位居东北三省首位。

【沈阳市电影惠民消费季活动】 从8月21日起，组织开展沈阳市电影惠民消费季活动，活动历时4个月，投入1200万元，以文化惠民优惠券形式刺激群众观影，扶持电影市场。市委宣传部联合市委组织部、市直机关工委下发关于观看《外来书记》《我和我的家乡》《金刚川》等优秀影片的通知，要求各地区各部门紧密结合党日活动等时机，积极组织广大党员、干部、职工观影，带动广大市民积极消费。

（市委宣传部）

文学艺术

【概况】 2020年，市文联全面贯彻中央及省、市委系列重大决策部署，认真履行“团结引导、联络协调、服务管理、自律维权”职能，团结引领全市广大文艺工作者围绕中心、服务大局，深入生活、扎根人民，积极推动沈阳文艺事业繁荣发展。截至年末，全市有作家、戏剧、美术、音乐、曲艺、书法、摄影、舞蹈、民间文艺、杂技、影视11个市级文艺家协会，会员6000余人；有13个区县（市）文联，沈鼓集团、水务集团等4户企业文联以及市总工会等3个行业文联作为团体会员。

疫情防控。大年初四向全市文艺工作者发出《勠力同心、共克时艰、为坚决打赢疫情防控战贡献文艺力量》倡议书，组织广大文艺工作者以抗击疫情为主题，创作各门类文艺作品1500余部。组织美协会员为全市300余名参加湖北抗疫工作的医务工作者画肖像画并展出。联办“天行健——抗疫进行时艺术作品主题公益展”。运用沈阳文艺公众号推出《沈阳文艺界战“疫”在行动主题文艺作品展》38期，发布文章107篇，推广文艺作品955件，用文艺凝聚起沈城市民抗击疫情的强大精神力量。

文艺创作。创编的快板《十三个显著优势意义深》、相声《大与小》等宣传四中全会精神的曲艺作品得到中宣部部长黄坤明的充分肯定。创作的战疫歌曲《我要你平安归来》在人民网、央视网、学习强国平台等多家央媒登载报道。拍摄的宣传片《时装周上看不到的XIU》在2019“讲好中国故事”创意传播大赛中获国家二等奖。编排的舞蹈《又见山里红》《一梦敦煌》等分别在辽宁省群众舞蹈展演、“小荷花”少儿舞蹈比赛中获一等奖。召开沈阳市迎接中国共产党成立100周年文学创作座谈会，打磨既有沈阳文化特色又符合时代精神的好作品。举办中国饺子文化起源地课题调研座谈会，将中国饺子文化起源地落户沈阳。

文艺活动。先后推出“奋进小康 共绘新沈阳——影像见证新时代 聚焦扶贫决胜期”摄影作品展及巡展，“纪念中国人民抗日战争暨世界反法西斯战争胜利75周年沈阳美术作品展”，第二届中国旗袍文化节“锦绣旗袍·魅力盛京”作品展等10余项展览展示活动。以线上与线下相结合的方式，首创“家国情、文化风”传统诗词歌赋诵读、展示系列活动，新华社每日电讯予以报道。在苏家屯区中兴街小学打造首家传统文艺进校园实践基地。举办纪念沈阳文联成立70周年暨奋进新时代·共绘新沈阳“忆起·一起·艺起”主题展览。开展“到人民中去——2020沈阳文艺志愿服务系列活动”40余场。

文艺家之家建设。实施文联大厦功能提升工程，整合文联大厦公共资源，改建成600余平方米的沈阳文联艺术展览馆和200余平方米的小礼堂，进一步完善文艺家作品存放室、档案室以及文艺工作者活动交流区，打造文艺工作者的温馨家园。

组织建设。全面完成市级11个文艺家协会换届任务，结束协会最长19年未换届的历史。举办全市文联系统干部及各文艺家协会骨干培训班。协调市民政局顺利完成各文艺家协会年检登记工作。协调市编办将区县文联纳入各区县机构、编制设定范围，并指导各区县加强基层文联机构、队伍建设。

【文艺进万家 健康你我他——到人民中去·2020文艺志愿服务活动】 5月22日，市文联“文艺进万家 健康你我他——到人民中去·2020沈阳文艺志愿服务主题活动”暨“践行雷锋精神、同创文明城市、共建幸福家庭”主题系列活动正式启动。活动包括举办雷锋精神书法展、开办沈阳摄影云课堂、创办“战疫”英雄美术肖像展、联办抗“疫”作品公益展等，以“文艺是奋进的号角”为基调，以“文艺进万家 健康你我他”为主题，通过线上与线下相结合的方式让广大市民尽享高质量的文艺之旅。

【我们的节日·端午节——沈阳市“家国情、文化风”主题系列活动】 6月24日启幕，市文联主办，市作家协会、市戏剧家协会、市音乐家协会、市书法家协会、市电影电视家协会、市民间文艺家协会、和平区文联、铁西区文联、于洪区文联共同承办，玖伍文化城协办。活动包括原创情景剧《端午的故事》展示、屈原诗词联颂、非遗传承人互动、书法家现场挥毫泼墨等环节，彰显节日文化内涵，树立节日新风。

【奋进小康 共绘新沈阳——影像见证新时代 聚焦扶贫决胜期沈阳摄影作品展】 7月31日至8月6日在沈阳日报美术馆展出。市委宣传部、市委组织部、市文联主办。此次展出的100件摄影作品来自社会征集和组织创作。作品征集收到投稿作品千余件，由专家评审甄选出40件作品参展。在此基础上，市摄影家协会组织摄影家深入基层创作采风，对市委组织部推荐的铁西、浑南、于洪、沈北、苏家屯、辽中、新民、法库、康平9个区县（市）的30位驻村“第一书记”，进行跟踪记录和持续挖掘，精选60件作品展出。摄影展采用线上线下结合的方式，同步在多家媒体公众号上集中展播。（王　兰）

【2020“心境空间 构筑和谐”中国空间艺术构造大展】 8月8—9日在鲁迅美术学院举行。中国美术家协会环境设计艺术委员会、辽宁省美术家协会、鲁迅美术学院主办，鲁迅美术学院建筑

艺术设计学院承办，中国建筑学会室内设计分会、辽宁省设计学类研究生创新与学术交流中心、辽宁省美术家协会艺术设计委员会、东北环境设计交流平台协办。中国空间艺术构造大展是集环境艺术、空间艺术、公共艺术、装置艺术、雕塑艺术等多种艺术形式于一体的综合性大展。大展的主题是“智慧 科技 筑梦未来”，旨在探索面对5G时代，如何打造智慧生活，运用科技手段，构筑更加人性化的智能空间，探寻未来设计的新方向。大展收到全国19个省市自治区的47所院校选送的137件作品，参展师生400余人。经过初评，有60件作品入围，其中53件作品进行现场搭建，2件作品进行线上评选。经过严格评选，评选出10件创新创意作品，10件匠心构筑作品，40件入围作品。（周雪飞）

【全市文联系统干部及各文艺家协会骨干培训班】 9月24—25日在沈阳市职工大学举行。市文联主办。全市文联系统干部（各区、县级文联干部）、各市级文艺家协会主席团成员、文艺骨干和新文艺组织的相关人员120余人参加本次培训。培训班上，市文联围绕深入学习把握习近平新时代中国特色社会主义思想和习近平总书记关于文艺工作的重要论述；了解掌握新时代文艺家协会工作思路和方法，坚持文化自信、自觉践行四力；重视和强化意识形态建设；推进文艺评论和文艺创作适应新时代发展要求，创新推动全市文艺工作高质量发展等内容邀请省内知名专家、教授进行专题授课。（王　兰）

【鲁美创作主题雕塑亮相志愿军公园】 经过近半年的施工，10月22日辽宁省丹东市志愿军公园正式对公众开放。鲁迅美术学院雕塑系集体创作《志愿军》《支援》《生命之援》《过江》《首战告捷》《和平》《杜鹃分外红》7组雕塑在公园展示。雕塑的设计及造型，反映伟大的抗美援朝精神的丰富内涵和时代价值，成为丹东市又一独具特色的红色文化地标。

【继承鲁艺传统　传承艺术精神——鲁迅美术学院推介艺术家文献展】 11月10—13日在鲁迅美术学院举行。此次展览集中展示学院14位老艺术家各个时期的代表作、著作、画稿、讲义手稿以及相关珍贵文献千余件，其中多件作品属首次公开展出。展览从文献的视角，展示老艺术家们作为新中国培养的第一代美术家，以鲁艺精神为引领，在新中国七十一年的发展进程中，留下与祖国共沐风雨的艺术足迹。

（周雪飞）

【2020沈阳文艺志愿服务演出】 12月4日，由市文联主办，市戏剧家协会、市音乐家协会、市曲艺家协会、市舞蹈家协会、市杂技艺术家协会、市职工文联、市铁西区文联、市文化宫（工人文化宫）承办的“文艺让生活更精彩”纪念沈阳市文联成立70周年暨2020沈阳文艺志愿服务演出，在沈阳市工人文化宫上演。演员阵容强大，节目形式多样，涉及艺术门类众多，包括器乐演奏、歌唱、舞蹈、戏曲、朗诵、魔术、曲艺等10余个艺术形式。

【沈阳市迎接中国共产党成立100周年文学创作座谈会】 12月13日在华人大酒店举行。商国华、刘嘉陵、周建新、陈昌平等著名作家、评论家参会，与市作协成员、各方作者亲切交流互动，大家一起就沈阳市向建党百年定向创作的五部长篇小说展开热烈的讨论。在创作方向、主题提炼、创作技巧等方面，专家们提出很多建设性意见。

【“忆起·一起·艺起”沈阳市文联70周年系列主题活动】 12月23日，市文联成立70周年纪念活动在沈阳市文联大厦开启。活动中，沈阳文联艺术展览馆启用，并为市民带来“忆起·一起·艺起”主题展览暨“奋进小康——共绘新沈阳”沈阳美术、书法、摄影、民间艺术作品展。此外，沈阳文艺界代表也齐聚沈阳市文联成立70周年座谈会，为推动沈阳文艺事业发展建言献策。（王　兰）

【《石屏斋论乐》出版】 12月，杨久盛的学术论文集《石屏斋论乐》由辽宁大学出版社出版。该书35万字，收录文章20篇，汇集作者近60年的主要研究成果，涉及民间音乐、宫廷音乐、宗教音乐、音乐史、音乐思想等研究领域，部分论文系对辽宁民族音乐进行系统和深入研究的开山之作。其中，《〈江河水〉一曲的由来和发展》《辽宁鼓乐综述》《满族民歌寻踪》《满汉民歌之融合与剥离》《“建平十王会”调查报告》《论音乐的民族性》等论文在学界具有较大影响。该书成为东北民族音乐研究者的必读书目。（张　涛）

●相关链接

杨久盛，沈阳新民市人，回族，1940年生，曾任沈阳音乐学院音乐舞蹈研究所所长、硕士研究生导师，中国满族音乐舞蹈研究会副会长，非物质文化遗产首批国家名录评审专家组成员等职。主要学术著作有《清代盛京宫廷乐舞研究》《辽宁千山佛教音乐》《〈军乐稿〉译注》（合著）等。

文化市场

【概况】 2020年，全市有演出场所103家，娱乐场所439家，互联网上网服务营业场所594家。演出审批422批次。其中剧场演出审批312批次，歌舞娱乐场所演出审批34批次，酒吧、饭店等非演出场所演出审批30批次，临时搭建舞台演出审批11批次，涉外驻场演出审批35批次。

【文化市场“一网通办”】 2020年，按照市营商局“一网通办”相关工作要求，进一步加大改革力度，调整沈阳市需求侧索引化事项管理平台内容，对审批事项进行优化审批服务，减少审批环节、缩减审批时限，行政审批28项均减少法定时限70%以上，优化审批流程，所有事项都可进行网上全程办理，快递收送件，能够做到不见面审批，申请人跑动次数为零。实行电子证照，告知承诺等相关工作，提高工作效率，节省申请人时间，全年办理审批事项784件。

（赵逸伦）

出　版

【概况】 2020年，全市出版工作以学习贯彻习近平新时代中国特色社会主义思想作为首要政治任务，坚持党管媒体、党管导向的原则，落实《出版管理条例》《报纸出版管理规定》《期刊出版管理规定》《党委（党组）意识形态工作责任制实施办法》，意识形态安全得到有力保证，全市出版工作取得长足进步。突出社会效益，把正出版导向，策划推出《沈阳红色记忆》《抗美援朝战史研究系列》《不忘初心，回望沈阳的红色原点》《贾佳战地日记》等一批既叫好又畅销的优秀主题出版物，产生良好社会影响。加强出版管理，精品力作不断涌现，有声读物《动物映像》入选2020年全国有声读物精品出版工程；《在刺刀和藩篱下——日本731部队的秘密》获国家新闻出版署第二届全国新闻出版行业平面设计大赛二等奖、全国第九届书籍设计展铜奖；《沈阳大学学报自然科学版》被收录为“中国科技核心期刊”（中国科技论文统计源期刊）；《建筑节能》连续7年获评“中国科技核心期刊”，并入选业界顶尖学术论文及业内认可的较高水平期刊。全市有市属出版社3家：沈阳出版社、东北大学出版社、辽宁大学出版，市属21家公开报纸、市属38家公开期刊。3家出版社出版码洋分别为：沈阳出版社39888.43万元，东大出版社3032万元，辽大出版社3806.36万元。（市委宣传部）

【国内首部单人抗疫日记线上连载】 2月12日，武汉封城第21天，沈阳出版社率先推出全国首部单人抗疫日记——《战“疫”正前方：贾佳战地日记》，并创新传播方式，通过“连载+音频”出版形态，营造正向舆论，被《中国日报》《中国新闻出版广电报》、中央电视台、人民网、中新社等全国几十家主流媒体报道转载，42天收获网友56万次阅读和收听。（孙东辉）

文化产业

【概况】 2020年，全市文化产业规模逐步增长，产业结构调整步伐逐渐加快，产业发展空间不断扩大，投资热度进一步提升，居民文化消费日趋活跃，文化产业与相关领域的融合发展不断加深，产业发展水平加速提升。争取全省疫情帮扶资金，4月5—24日完成对文旅企业帮扶资金的拨付1829万元，涉及7个县区23户企业。与市财政局共同制定印发《沈阳市应对新冠肺炎疫情支持旅游企业的政策措施》和《实施细则》，为符合条件的15户文旅企业发放疫情补贴。其中，冰雪企业4户，冰雪嘉年华企业4户，旅行社7家。发放文化和旅游惠民消费券，举办文创设计专项赛等一系列重大文旅活动，激发文旅产业发展活力。

【沈阳与携程集团签订战略合作协议】 3月3日，沈阳市政府与携程集团签署战略合作协议暨沈阳旅游复兴V计划政策发布会。沈阳旅游复兴V计划，作为双方合作率先启动的项目之一，加速在线旅游加速模式。

【文创设计专项赛】 7月20日至9月23日，市文旅广电局与《沈阳日报》、沈阳科技创新成果转化中心共同组织举办2020年“盛京杯”沈阳市工业设计大赛文化创意设计专项赛。此次大赛分为实物产品组和概念组，其中实物产品组评选出金奖作品2件，银奖作品3件，铜奖作品5件以及优秀奖作品20件；概念组评选出金奖作品1件，银奖作品2件，铜奖作品3件，优秀奖作品10件。

【1200万元文化惠民消费券发放】 8月19日起，至2021年2月28日，联合中国银联辽宁分公司共同出资，向沈阳市民发放1200万元“沈阳市文化惠民电子消费券”，其中市政府出资1000万元，银联配资200万元。活动主要覆盖互联网上网服务经营场所、书店音像店、影院、剧院剧场、文博场馆、娱乐场所、文创产品店7大类消费场所。

【2000万元旅游消费券发放】 9月17日起，与携程集团合作发放旅游优惠券，其中市政府出资1000万元，携程集团平台让利1000万元，同时配套500万元的营销资源。主要惠及领域为沈阳地区酒店民宿、景区、沈阳和沈阳经济区旅游线路，其中，酒店民宿补贴额度1620万元，占补贴总额的81%，景区消费补贴350万元，旅游线路消费补贴30万元。

（魏　钦）

党　史

【概况】 2020年，市委党研室深入学习贯彻习近平总书记关于史志工作的重要论述，坚持疫情防控和业务工作统筹推进，紧紧围绕全市中心工作，有序开展党史资料征编研究工作，探索创新宣传教育模式。编纂出版《中国共产党沈阳年鉴·2020》110余万字；编辑完成《中国共产党在沈阳（1921—2021）》（青少年读本）初稿20余万字，配图400余幅；编辑印刷《沈阳党史》双月刊6期40余万字，每期向全市相关部门和基层单位发放5800册；研究确定沈阳改革开放新时期60个专项选题，为编著《中国共产党沈阳历史（第三卷）》打下坚实基础。优质高效完成《陈政高同志在沈工作期间史料》总计80万字，包含《文献史料》7册、《图片集》1册和《专题史料》1册。为中共中央办公厅机要交通局编纂的《党内交通群英谱》撰写文稿5篇，约1.5万字，图片10幅。为省委党研室编纂的《火种——辽宁各地第一个党组织建立始末》撰写文稿5篇，约2.3万字，图片30余幅。审读《中国共产党沈北新区（新城子区）历史（第二卷）》，并有重点地再次审读《中国共产党法库历史（第一卷）》。紧扣重要时间节点，主动出击，开展一系列具有特色的宣传教育活动。加强干部培养锻炼，选派12人次到延安干部学院、大别山干部学院等地参加业务学习，提升素质能力。全室工作被人民网、中共中央党史和文献研究院网，以及《辽宁日报》《沈阳日报》、沈阳广播电视台等报道30余次。积极开展地方党史宣讲，为市委督查室、市委党校等单位宣讲党史12次，受众2000余人，收到良好社会效果。与市委组织部、沈阳电视台联合推出情景式党课，以受众喜闻乐见的形式开展党史宣传教育，完成《五四游行冲在前 开辟党建不畏险》等14堂党课稿件。充分利用《沈阳党史》期刊和政务网站宣教平台，及时宣传和记录工作亮点和重点，门户网站发布工作信息和成果280余条。

【青年讲堂成为市直机关青年理论学习品牌】 6月末，为推动青年干部提升工程，抓好党史干部梯队建设，在市直机关率先成立青年理论学习小组，引领年轻干部学理论、钻业务、提能力。配合全市功能性党支部建设，创新举办青年讲堂，通过给年轻干部出选题、交任务、压担子，促进他们迅速成长为全市党史宣

▶ 青年讲堂　　（市委党研室供）

讲“生力军”。青年讲堂举办3期，得到市直机关工委充分肯定，成为市直机关青年理论学习的品牌。

【全市首家青少年党史教育示范基地成立】 8月20日，沈阳市首家青少年党史教育示范基地在沈阳市第56中学成立，室主要领导和于洪区委领导共同为基地成立揭牌。市委党研室为示范基地和青少年学生提供党史书籍资料，推动示范基地越建越强、越建越好。教育部门充分利用这一平台载体，发挥资源优势，创新宣教形式，彰显育人功能，不断激发青少年学生学习党史、新中国史的热情，教育引导青少年学生传承红色基因、弘扬优良传统。

【重大历史事件纪念日宣传活动】 2020年，为纪念抗日战争胜利75周年，室主要领导在《沈阳日报》上发表《沈阳纪念抗战胜利具有特殊意义》理论文章，从专业角度解读沈阳在抗战中的历史地位和作用；与《沈阳日报》联合推出纪念专栏《胜利之后》，分3期展现党领导抗战的艰辛历程和重要意义。为纪念抗美援朝出国作战70周年，与《沈阳日报》联合推出12期纪念专栏《遍地英雄》，与沈阳广播电视台联合推出“激情岁月、钢铁后方”融媒体节目，以音频、文字、图片等形式全面展示沈阳支援抗美援朝的历史。

【筹备建党百年系列活动】 2020年，着眼于为青少年学好党史、传承红色基因提供生动教材，编辑完成《中国共产党在沈阳（1921—2021）》（青少年读本）初稿20余万字，配图400余幅。策划编纂《九一八事变前后中共党组织在沈阳》，完成前期选题论证和资料储备。积极与市委宣传部、沈阳电视台等单位合作，推动成立沈报集团驻市委党研室全媒体工作室，形成纪念建党百年宣传的强大合力。

（市委党研室）

▶8月20日，沈阳市首家青少年党史教育示范基地在沈阳市第56中学成立

（市委党研室供）

地方志

【概况】 2020年，沈阳市地方志工作紧紧围绕省、市、县三级第二轮地方志书全部出版和综合年鉴全覆盖（简称“两全目标”）的工作重点，聚焦志鉴编纂主责主业，攻坚克难，积极作为，较好地发挥方志工作存史、资政、育人职能。年内，编纂出版《沈阳年鉴》2020卷120余万字；编纂出版《沈阳街道乡镇志》（第四辑）90余万字；编辑印刷《沈阳大事记2019》单行本9万余字，配图90幅；编辑印刷2020年月度《沈阳大事记》12期约10万字。开展地方志援藏援疆对口帮扶，审阅《塔城市年鉴》《安多县志》200余万字，通过视频连线开展地方志业务“云指导”，安多县委特地发函表示感谢。认真履行志书评审职能，参与《辽宁省志·铁道志》《辽宁省志·测绘志》《沈阳市纪检监察志》《大连市志（1986—2005）》《辽阳市志（1989—2005）》志稿审核并出具评审意见，累计审稿300余万字。为省政府办公厅组织编纂的《辽宁抗日战争志》提供资料书籍17本，资料近3万字。室主要领导带队分赴13个区县（市）开展调研，对基层史志部门队伍建设和业务工作进行有针对性的指导，推动《沈阳市关于加强党史和地方志工作的实施意见》贯彻落实。积极推进地方史志馆建设，与浑南区五三街道合作建立街道史志馆。结合与社区党组织“共联共享共建共促”活动，开展“史志图书进社区”，到6个基层社区、村送书累计500余册，增强史志图书宣传效应。

【沈阳市“两全目标”全省率先完成】 按照国家要求，到2020年实现地方志工作“两全目标”。2019年末，沈阳市在全省率先完成市县两级第二轮志书出版工作，受到省政府办公厅通报表扬。为确保完成全市综合年鉴2020卷目标任务，坚持聚焦重点、突破难点，积极克服机构改革带来的诸多困难，组织召开全市地方志“两全目标”工作推进调度会，室主要领导带队深入各区县（市）调研督导，要求在加快编纂进度的同时严把政治关、史实关、体例关、文字关、出版关。11月16日，市本级和区县（市）综合年鉴2020卷（14册，800余万字）全部出版发行，在全省率先实现地方志工作“两全目标”，省政府办公厅向市委、市政府发来贺信表示祝贺。

【《沈阳年鉴》2019卷获评全国一等奖】 12月30日，中国地方志指导小组、中国地方志学会印发《关于对第七届全国地方志优秀成果（年鉴类）的通报表扬》，《沈阳年鉴》2019卷获市级综合年鉴一等奖，这是《沈阳年鉴》在全国地方志年鉴类优秀成果中获得的最佳成绩。

【抗疫资料编辑58万字】 2020年，新冠肺炎疫情发生后，立足本职工作，发挥专业优势，积极主动作为，第一时间选派业务骨干进入市疫情防控指挥部，开展抗疫资料编辑工作。编写《沈阳市新冠肺炎疫情防控工作大事记》，市委书记批示专记、市委书记防控工作大事记专记、市长批示专记、市长防控工作大事记专记，《抗击新冠肺炎的沈阳行动》（白皮书）历程部分，总计约33万字。同时，编纂完成《沈阳市新冠肺炎疫情防控工作资料选编》25万字，以文字和图片的形式记录市委市政府带领全市人民抗击新冠肺炎疫情的历程，全方位、多角度反映沈阳市抗疫举措和先进事迹。（市委党研室）

▶沈阳市“两全目标”成果　　（市委党研室供）

档　案

【概况】 2020年，市档案馆履行“为党管档、为国守史、为民服务”职责使命，坚持在全国档案部门中对标先进，围绕沈阳市释放“文化+”新动能等中心任务，创新开展“档案资源利用年”工作，聚焦主责主业，有效服务全市中心工作，实现小部门也应有大作为的目标任务。接收市民政局等单位档案6206卷、366件；接收著名军旅作家胡世宗捐赠的近357幅中国当代名人字画，开展口述档案征集工作，出版《口述档案 胡世宗捐赠珍藏字画选解》并举办展览；征集抗美援朝、契照等档案资料3000余件，其中乾隆二十五年（1760）3月的执照将馆藏最早档案年限提前50年。提供档案利用服务2876人次，利用档案资料5490卷（件）。档案鉴定开放3876件。完成馆藏档案数字化四期（2020年度）项目数字化加工任务，完成66个全宗原文数字化142.71万页（A4幅面），文件级著录12.93万条，馆藏档案全文数字化率达到65%。为沈阳争取国家重点档案课题经费超过1000万元，用于国家重点档案保护开发项目《民国奉系军阀统治时期奉天城市建设档案汇编》《民国时期沈阳工商业发展情况档案汇编》《黑土地上的红色记忆——东北抗日义勇军、抗日联军亲历者回忆档案汇编》等国家重点档案保护开发项目的实施。在沈阳抗战历史文化名城建设上，出版《黑土地上的红色记忆——东北抗日义勇军、抗日联军亲历者回忆档案汇编》；召开第二届“弘扬伟大抗战精神，深化抗战文化研究，推进沈阳打造抗战历史文化名城研究”论坛；依托“印象沈阳”全媒体服务平台，推出《沈阳抗战历史文化名城“视听指南”》。在档案文史资政上，助力全市疫情防控工作，编辑《鉴往知来 以史为鉴 坚定信心 抗疫必胜——百年前沈阳等东北地区完胜战

"疫"》；为释放"文化+"新动能，促进沈阳市全面振兴全方位振兴，完成《用诗词歌赋擦亮沈阳名片》《充分发挥市档案馆（市文史研究馆）助力沈阳释放"文化+"新动能的独特作用》档案资政，相关材料得到市人大、市政府等主要领导肯定性批示。推进电子档案移交和接收工作，制定《沈阳市档案馆电子档案移交与接收暂行办法》《沈阳市政务服务"一网通办"电子文件归档管理规范（草案）》；推进"数字化档案项目"，助力"一网通办"；项目资金列入沈阳市《2021年城建项目投资计划（续建及前期）》。

【感知"沈水"之美——落实习近平生态文明思想的沈阳实践展】 9月17日，开展仪式在市档案馆二楼共享大厅举行。沈阳市档案局、沈阳市档案馆（沈阳市文史研究馆）主办。市委常委、市委秘书长李强等领导出席开展仪式，沈阳市文史研究馆研究员代表、九城区档案部门人员、市档案馆（沈阳市文史研究馆）全体职工参加开展仪式。展览分为"千年河韵""沈阳实践""沈水印象"三部分，全方位再现"沈水"即蒲河、浑河、辽河的悠久历史印记，全景式呈现沈阳市委、市政府贯彻落实习近平生态文明思想、推进沈阳生态文明建设取得的巨大成就和大美"沈水"的精彩万象。展览在市委展出期间受到市委各部门的广泛关注和一致好评。展览于年末结束。

【民生档案跨馆出证系统建设】 2020年，探索建立覆盖市、区县两级档案馆的民生档案跨馆利用平台建设。9月1日，市档案馆举办"沈阳市民生档案信息资源跨馆出证系统区县（市）档案馆应用培训会"。11月24—25日，牵头举办"东北三省四市档案馆"民生档案信息资源跨馆查询暨档案工作合作会议，签署《"东北三省四市"副省级国家综合档案馆民生档案信息资源跨馆查询合作协议》，进一步扩大民生档案资源共享范围，推进东北地区档案利用服务工作提质增效，加强东北三省四市的业务交流与合作。（市档案馆）

▶ 第二届推进沈阳打造抗战历史文化名城研究论坛 （市档案馆供）

【全市最具规模档案离场加工中心建成】 4月8日，沈阳机要印务有限公司建成全市最具规模的可容纳4000卷档案周转、40人投入生产的"档案离场加工服务中心"，率先布局档案数字化市场。截至年末，国企退休人员档案数字化项目签约100余家，签单额超过1200万元，以绝对优势抢占公检法诉讼档案数字化市场。（孙东辉）

文史

【概况】 2020年，市文史研究馆围绕沈阳市释放"文化+"新动能等中心任务，积极探索新时期文史馆服务、创作工作的新思路和新举措。举办"文苑菁華——全国部分省市文史研究馆赠送我馆书画作品展"；编辑出版《"文史风华"——首届全国市级文史研究馆文化交流活动集》；开展历史文化调研考察活动；组织"寻找盛京文脉"系列采访报道；推进文史馆新址工程收尾工作及沈延毅艺术馆项目建设。

【沈阳经验在全国文史参事会议交流发言】 市档案馆（市文史研究馆）着眼于打造展示辽沈地区优秀文史成果窗口、积聚文史高端人才研究基地、国内外文史研究交流园地、弘扬中华优秀传统文化的平台。因工作成绩突出，被中央文史研究馆选中，与上海市政府参事室、重庆市政府参事室、广东省文史研究馆一起在6月8日召开的全国政府参事室文史研究馆工作会议上作经验交流发言，介绍文史工作创新做法和取得的成果。

【“印象沈阳”档案文史品牌】 6月18日，创新推出《赞咏沈阳诗赋经典百篇》及有声朗读平台，用诗词歌赋擦亮沈阳城市名片。《赞咏沈阳诗赋经典百篇》是沈阳市哲学社会科学专项资金资助项目，是“印象沈阳”品牌工程的又一项成果。该书从与沈阳有关的海量古诗篇中精选百篇赞咏沈阳的佳作，为沈阳皇城5A景区建设、大东区区史馆建设给予档案文史助力。

【《沈阳历史文化典籍丛书》（第十辑）】 《沈阳历史文化典籍丛书》是市档案馆（市文史研究馆）对辽沈地区被长久湮没地方文献典籍，长期坚持研究、搜集整理、抢救保护、校注并逐年出版的传播地域历史文化的大型文献丛书，自2008年开始出版到2020年末出版十辑30册。这些典籍包括沈阳先贤作品《沈阳百咏》《陪都纪略》《奉天古迹考》等。《沈阳历史文化典籍丛书》（第十辑）2020年末出版，收录民国时期张之汉和王永江的诗文。（市档案馆）

旅游项目建设

【概况】 2020年，全市整合推进文旅项目78个，其中：各区县（市）新建涉旅项目30个，续建项目39个，改扩建项目9个；项目总投资1713.1亿元，当年计划投资164.71亿元，完成投资额80.33亿元。按投资规模划分，当年计划投资额2亿元（含）以上项目15个，其中：新建项目8个，续建项目7个；总投资1496亿元，当年计划投资144亿元，完成投资额63.46亿元。当年计划投资额1亿元（含）以上项目21个，其中：新建项目11个，续建项目9个，改扩建项目1个；总投资1518亿元，当年计划投资152.2亿元，完成投资额69.43亿元。按建设内容情况划分，文化旅游项目26个，其中：新建项目14个、续建项目10个、改扩建项目2个；总投资1333亿元，当年计划投资114亿元，完成投资额46.44亿元。乡村旅游项目19个，其中：新建项目3个、续建项目16个；总投资64.3亿元，当年计划投资12.2亿元，完成投资额5.48亿元。工业旅游项目3个，其中：新建项目2个，改扩建项目1个；总投资14.87亿元，计划投资4.78亿元，完成投资额4.55亿元。其他项目30个，其中：新建项目11个，续建项目13个、改扩建项目6个；总投资301亿元，当年计划投资34.4亿元，完成投资额23.86亿元。

【恒大童世界文化旅游城】 该旅游城是恒大集团在东北地区投资开发、建设运营的第一个大型文化旅游综合体项目，选址在苏家屯区东部的临空经济示范区，总投资1000亿元，规划设计童世界主题乐园、文化旅游商务、休闲生活居住三大功能区，建成后每年游客量1500万至2000万人次，拉动旅游消费超200亿元。2020年，该项目主要开展主城堡、南北童话大街主体结构施工，当年完成投资额26.54亿元。（佟胜富）

经济区旅游一体化

【概况】 2020年，深入贯彻落实省委省政府提出的《沈阳经济区三年攻坚计划》，推动沈阳经济区文旅一体化快发展。围绕沈阳经济区文旅一体化联席会议精神，坚持“防疫和复产”攻坚原则，加速推动文旅市场复苏与振兴，重点开展“春、夏、秋、冬”四季游互动营销等活动，取得显著成效。副省长张立林专题听取工作汇报，并对沈阳经济区文旅一体化联合营销推广工作给予充分肯定。

【“共助文旅抗击疫情”在线公益培训活动】 2020年，沈阳市文旅局牵头联合北京市文旅局、整合沈阳经济区（鞍山、本溪、抚顺、辽阳）、对口帮扶城市（阜新市、新疆塔城市和西藏安多县）八城市，携手北京巅峰智业旅游文化创意股份有限公司、“旅豆学堂"文旅在线培训服务平台，共同推出“共助文旅 抗击疫情”在线培训活动。2月15日至3月6日，21天7门课程，每天3节，全程免费，270余家3000余人次参与培训，为疫情后文旅企业复工复产做好充分准备。

【“春暖花开、疗愈康体”健康游惠民打折促销推广】 4月8日，沈阳经济区五城市联合户外旅游景区景点企业，面向沈阳经济区及国内外游客，开展主题为“春暖花开疗愈康体”健康游惠民打折促销推广和致敬白衣天使免费畅游主题活动，活动涵盖沈阳市植物园、药山风景区、千山景区、赫图阿拉城、清永陵、辽阳龙鼎山动物园、关门山、铁刹山、大冰沟三林公园、本溪大峡谷等26家景点景区，引导市民和游客到户外景区健康踏青游，力促旅游业复苏。

【“春季游五一小长假”文旅产品集中营销推广活动】 4月29日，沈阳经济区五城市联合发起营销推广活动，带动全省各市互动互助游。五座城市结合各自文旅资源优势，全方位组织调动各市县区及文旅企业积极参与，推出最具城市特色的文化旅游产品，利用各地、各单位网站、公众号、官方微博、官方抖音等全媒体平台进行统一上线营销，推出“魅力五城最美打卡地”“春暖花开正当时 乘风破浪游五城”“五城邀您体验别样春日温柔”“五城市春游最攻略”等系列特色文旅线路产品。

【沈阳经济区都市旅游圈十大精品主题线路发布】 5月19日，沈阳经济区五城市联合众媒体平台，发起线上营销推广活动。推出清代文化史迹游、民国往事溯源游、工业印记风采游、红色文化研学游、奇特景观体验游、古迹寻踪探访游、生态文明欢乐游、温泉康养休闲游、珍馐美味品鉴游、游购尚品开心游10条精品旅游线路，为广大市民游客提供出行便利指南。

【“夏凉避暑 魅力五城”沈阳经济区都市旅游圈夏季联合营销宣传推广活动】 6—8月，调集社会各方优势资源，全方位营销推广五城市夏季游特色产品和活动内容，推出25大“避暑纳凉好去处”“5天6晚沈阳经济区都市旅游圈最攻略”等特色文旅产品，为市民出游提供便捷服务。中央广电总台国际在线、中国日报网（英文版）、今日头条、抖音、新浪辽宁、腾讯大辽、网易辽宁、搜狐新闻、马蜂窝旅游、今日辽宁网等数十家媒体平台给予大力宣传。

【“金秋送爽 魅力五城”沈阳经济区都市旅游圈秋季联合营销宣传推广活动】 8月22日，五城市借助沈阳经济区五城市整体的旅游资源优势，全面提升“魅力五城·醉美沈阳经济区”旅游品牌的知名度和市场竞争力。活动从8月22日至国庆节前，五城市百余家景区面向国内及沈阳经济区五个城市的游客推出半价优惠、打折促销、免费开放等系列优惠政策，促进旅游市场复苏振兴。同时，五城市文旅部门，联手联动推出100余项文旅特色活动，持续启动“七大”创意营销（“百项文旅活动”、“百家景区”惠民大促销、旅行商“百种旅游线路产品展”、“百位旅游达人”代言、“百个微网社群”万人传播、“秋季游主题口号”宣传月、“百个社区”推广季）。

【沈阳经济区五城市联合冬季游营销推广活动】 2020年12月至2021年3月期间，围绕“相约冬季 魅力五城”主题，采取“线上+线下”集中、专题、持续宣传等推广方式，五城联动联合营销，推出冰雪、温泉、民俗、三大类冬季旅游产品。同时，全新设计推出“沈阳经济区冰雪旅游图”，一图读懂沈阳经济区冬季冰雪游，为市民和游客出行提供便利服务。（孙学林）

节庆会展活动

【概况】 2020年，全市文旅市场逐步复工复产后，节庆会展活动暂以线上为主：5月19日“中国旅游日”，沈阳经济区线上发布都市旅游圈十大精品线路，为游客出行提供指南；6月13日“文化和自然遗产日”，推出非物质文化遗产线上宣传展示活动和“跨越山海 云游中国——拥抱自然 畅游辽宁 福运沈阳 清凉一夏”沈阳世博园站直播活动。夏秋季疫情形势好转后，组织线下各类旅游相关节庆会展活动，推动文旅市场逐步复苏。各区县举办浑河之夏文化艺术季、浑河岸交响音乐节、锡伯族泥巴节、荷花节、菊花文化节、水果采摘节等各类文旅节庆活动以及端午、中秋、重阳等传统节日的庆祝活动。9月19日至10月31日，举办2020沈阳艺术节，推出4大板块，17个主题单元，91项演出、展览及艺术交流活动等内容。与网易辽宁合作，以“传奇盛京 福运沈阳”为主题，赴西安、成都宣传推介沈阳市清文化、民国文化、工业文化和冰雪文化等文旅资源；年末参加辽宁冬季旅游推介和投资说明会，到北京、南京、广州、上海等地开展冰雪营销，并针对这些地区推出专项优惠政策。

【“文化和自然遗产日”非物质文化遗产线上宣传展示活动】 根据文化和旅游部及省文化和旅游厅关于开展2020年“文化和自然遗产日”非遗宣传展示活动

及组织开展“非遗购物节”的通知精神，组织策划沈阳市2020年“文化和自然遗产日”举办非物质文化遗产线上宣传展示活动暨“非遗购物节”活动。预热活动从6月4日开始，6月13—19日为主体活动时间，每天在抖音上进行1场非遗线上直播活动，进行7天7场。在活动期间抖音平台收获粉丝1.2万，获3000多个点赞量，其中东北大鼓短视频获得1.5万次的播放量，点赞人数达到1500多个，评论过百个。

【“传奇盛京 福运沈阳”文化旅游推介会】 10月13日、15日，由沈阳市委宣传部、沈阳市文旅广电局主办的“传奇盛京 福运沈阳”文化旅游推介会分别在成都和西安举行。推介会上采用视频短片播放、节目表演、幸运抽奖、名人讲解等形式，吸引沈阳、成都、西安三地重点旅行商、媒体代表等600余人参会，与成都、西安签约达成15项文化旅游合作项目。（金晓蕊）

三十、卫生健康

综　述

2020年，市卫生健康委以人民健康为中心，以打造便民、利民、惠民的高品质医疗卫生服务体系为主线，在创新开展“医院管理年、学科建设年、营商优化年”基础上，推进“人才建设年、科技创新年、基层提升年”工作。疫情防控、公共卫生体系建设等各项工作取得新进展，全市卫生健康事业继续保持良好发展态势。截至年末，全市拥有各级各类医疗卫生机构5170个，其中医院283个（三级医院49个），社区卫生服务中心（站）144个，乡镇卫生院115个，村卫生室2262个，门诊部、诊所（卫生所、医务室）2306个，公共卫生机构41个，其他卫生机构15个，省属单位15个，市属单位25个。实有床位7.28万张，平均每千人口床位8.74张，省属单位1.96万张、市属单位1.28万张、民营机构1.52万张。全市三级医院床位47663张，床占比65.45%。卫生人员10.2万人，其中卫生技术人员8.53万人，其中执业（助理）医师3.36万人，注册护士3.93万人，1:1.17。平均每千人口卫生执业（助理）医师4.04人；平均每千人口注册护士4.74人；省直属单位卫生人员2.3万人；市属单位卫生人员总计1.61万人，其中执业（助理）医师5048人，注册护士6642人；每万人口拥有全科医生3人。沈阳地区总诊疗人次3547.6万人次，其中省属单位945.8万人次，市属单位519.5万人次。入院人数132.9万人次，出院人数181.1万人，住院病人手术人次数55.7万人，病床利用率75.28%，每百门急诊的入院人数5.22人，市属医院总收入76.7亿元。全面两孩生育政策依法、平稳、有序实施，出生率5.58‰；一孩率69.5%、二孩率28.5%、多孩率2%。办理生育登记41667例，其中一孩登记占68.7%；二孩登记占28.5%；多孩登记占2.8%。沈阳市公立医院综合改革成效显著，被国务院办公厅作为“落实有关重大政策措施真抓实干成效明显地区”予以通报表扬，平安医院创建工作被国家卫健委列为表现突出地区。沈阳市医养结合、安宁疗护国家级双试点城市建设全国领先，医养结合“沈阳模式”被国家卫健委作为典型经验予以推广。

疫情防控工作扎实推进。新冠肺炎疫情发生后，全面落实“四防”（防输入、防扩散、防感染、防输出）“五早”（早发现、早报告、早诊断、早隔离、早治疗）“六快”（报告情况要快、下达任务要快、执行指令要快、落实反馈要快、综合汇总要快、督查督导要快）“八条主线”（加强排查检查、抓好流调诊断、强化隔离检查、提升救治能力、确保物资供应、严格市场监管、深化环境治理、注重宣传引导）工作要求，抗击湖北疫情输入阻击战、抗击境外疫情输入阻击战、抗击哈牡两市疫情输入阻击战、抗击吉林市疫情输入阻击战、抗击北京市疫情输入阻击战、抗击大连市疫情输入阻击战“六大战役”取得圆满成功。副总理孙春兰在大连调研期间对沈阳市抗击吉林舒兰疫情输入防控工作给予充分肯定，国家卫健委监督局和监督中心对沈阳市监督体系建设给予高度评价。

公卫体系持续优化。加快补齐公共卫生短板，以市委市政府名义印发《关于加强公共卫生应急管理体系建设的实施意见》《沈阳市加强农村基层卫生服务体系建设工作方案》，全面提升沈阳市公共卫生建设管理和服务水平。深入推进疾病预防控制体系建设，独立设置沈阳市疾病预防控制中心、沈阳中心血站和沈阳市卫生健康监督中心。扎实开展重点疾病防控，单苗接种率达到95%以上。开展“抗击新冠肺炎疫情，卫生监督系列专项行动”等蓝盾系列专项整治行动，累计监督检查单位4.6万户次。

健康沈阳行动重大突破。印发《健康沈阳行动实施方案》及《健康沈阳行动监测评估与考核办法》，围绕全方位干预健康影响因素、维护全生命周期健康等四大方面，实施19个专项行动。爱国卫生工作持续加强，起草《沈阳市公共场所控制吸烟条例（草案）》，减少烟草烟雾危害，保障公众健康。开展“千人进千村”工作，清理疫情防控卫生死角3万余处。职业健康防治平稳有序，完善职业健康监管机制，9个区县完成备案职业健康检查机构。食品安全稳步开展，扎实做好食品安全风险监测工作，加强食品安全企业标准备案管理。

人事制度改革稳步推进。推进委属单位以聘用管理、岗位管理、常态化人才招聘为核心的人事制度改革。开通人才招聘绿色通道，为市、区两级卫健中心和市六院紧急招聘473名公共卫生人员，为赴湖北和大连的22名编外人员办理入编手续。开展2020年沈阳市医疗卫生系统公开招聘，面向社会公开招聘事业单位编制工作人员1035名。健全编内编外人员同工同酬、收入分配向一线重点岗位倾斜的激励机制。制定《沈阳市卫生健康委青年科技人才培养计划》，激发创新活力。市六院李兴海获国家卫健委颁发的“中国医师奖”。

科研评价工作创新发展。推进沈阳市临床医学研究中心及重点实验室建设成果评价等4类评价体系。市妇婴医院获评辽宁省科技进步二等奖。市六院获评辽宁省科技进步三等奖。对外合作交流有序推进，加快市六院与韩国釜山高神大学福音医院、市十院与德国海德堡大学附属胸科医院等11个国际合作项目建设。卫生信息化建设加速推进，继续推进沈阳市区域人口健康信息平台互联互通，完成全部委属医疗单位与市级平台互联互通，1—12月上传门诊就诊记录354万人次。推进“云医院”建设，启动项目招标采购工作。

基层卫生能力全面夯实。“大病不出县”行动深入实施，13个区县（市）疾控中心、监督机构恢复独立建制。辽中区、沈河区疾控中心具备核酸检测能力，为县级疾控中心招聘专业人员263人。6家市属医院对4家县级医院进行专科帮扶。完成2019年度12个中医馆建设验收，70%乡镇卫生院和社区卫生服务中心能够提供中医治未病服务。10个乡镇卫生院标准化建设稳步推进，完成2458名乡村医生执业注册换证。改善村医执业环境，市财政投入519万元为村卫生室配置设备。

中医事业取得重大成果。联合市民政局制发《关于开展中医药健康养老服务示范单位申报工作的通知》，沈阳市中医院等10家单位通过市级中医药健康养老示范单位初审。推荐天益堂中街分店等3家单位为辽宁省中医药健康旅游示范单位。开展省级中医药文化宣传教育基地遴选工作。开展区域中医药诊疗中心建设，发挥中医药在治未病中的主导作用和在康复医疗中的核心作用。沈阳市铁西区、大东区、于洪区、沈北新区通过全国基层中医药工作先进单位复审。北汤温泉和辽中花溪地温泉被评为“辽宁省中医药健康旅游示范单位”。

“一老一小”服务有力保障。1—12月全市出生人口4.25万人，其中二孩占比28.5%。“两癌”免费筛查全面实施，受益妇女6.5万人。新生儿免费疾病筛查，遗传代谢病筛查率99.5%，听力障碍筛查率97.8%。市妇婴医院卓英梅等28人被中国妇幼保健协会评为“坚守产房三十年资深助产士”称号。组织开展沈阳市儿童口腔健康服务项目工作，为全市适龄在校学生提供免费口腔检查和窝沟封闭。制定安宁疗护质控标准，完成沈阳市第一届、第二届全国“敬老文明号”21家单位的考核工作。平安

医院创建工作被国家卫健委列为表现突出地区，医养结合“沈阳模式”被作为典型经验予以推广。（尹晶晶）

医　疗

【**概况**】 截至年末，全市拥有各级各类医疗卫生机构5170个，实有床位7.28万张，平均每千人口床位8.74张。全市三级医院床位47663张，床占比65.45%。卫生人员10.2万人，其中卫生技术人员8.53万人，其中执业（助理）医师3.36万人，注册护士3.93万人，1:1.17。平均每千人口卫生执业（助理）医师4.04人；平均每千人口注册护士4.74人；省直属单位卫生人员2.3万人；市属单位卫生人员总计1.61万人，其中执业（助理）医师5048人，注册护士6642人；每万人口拥有全科医生3人。沈阳地区总诊疗人次3547.6万人次，其中省属单位945.8万人次，市属单位519.5万人次。入院人数132.9万人次，出院人数181.1万人，住院病人手术人次数55.7万人，病床利用率75.28%，每百门急诊的入院人数5.22人，市属医院总收入76.7亿元。

医疗救治能力。全市累计报告新型冠状病毒感染的肺炎确诊病例102例，外地转入确诊病例43例；本地报告无症状感染者34例，外地转入无症状感染者9例。确诊患者治愈145例（本地102例、外地转入43例）；43例无症状感染者解除在院隔离观察，死亡0例。辖区内定点发热门诊截至12月31日24时，接诊57734人次。

急救保障体系。执行院前医疗急救任务18.7万次，全市完成各类突发事件现场救援、医疗保障等任务134项358次，调派急救车2031台次，急救人员6250人次，救治患者341人次。完成新冠肺炎相关病例1971人次，其中确诊病例112例（含转运省内其他城市确诊病例37例），无症状感染者46例，急救车行驶里程10.6万千米。同时完成发热及呼吸道症状相关病例1333人次，保障沈城疫情防控安全。

【**辽宁省集中救治中心（沈阳）成立**】 1月31日，按照“集中患者、集中专家、集中资源、集中救治”的原则，沈阳市第六人民医院挂牌“辽宁省新型冠状病毒感染肺炎集中救治中心（沈阳）”。该中心成立后集中收治沈阳市内及省内铁岭、鞍山、盘锦、阜新、朝阳、辽阳、丹东、营口、抚顺9个城市的新型冠状病毒感染肺炎确诊患者。沈阳分中心是全省第一个挂牌，第一个到外地转运患者，第一个收治外地确诊患者的区域集中救治中心。2020年外地转入确诊病例43例全部治愈出院。

【**1026名医护援助湖北抗击疫情**】 2月9日，按照省卫健委统一部署，紧急抽调21家医疗机构111名医护人员，分5批前往湖北武汉和襄阳。其中医生31人，护士80人，医务人员专业均为呼吸、重症医学及感染科专业，具备较强的专业业务能力。驻沈省属医疗机构派出医务人员620人，部队医疗机构255人，市卫协37人。全市累计派出1026人。

【**7个新冠肺炎市级医疗救治专家组成立**】 2月，为有效应对疫情，抽调精干力量组建沈阳市新冠肺炎市级医疗救治7个专家组，对医疗救治、院感防控等工作提供技术指导和咨询。同时坚持中西医并重，制定“一人一策、一例一套”治疗方案，确保及时治疗干预，提高救治率、治愈率，降低病亡率。

【**7家互联网医院建立**】 12月，为减少线下就诊造成的交叉感染，建立市四院、沈阳兴齐眼科医院等7家沈阳市互联网医院，开展网上预约诊疗。沈阳急救中心负责相关病例转运工作，县域内独立设置急救转运体系，在病例首诊医疗机构、口岸、隔离场所、定点医院和社区间无缝闭环管理。（尹晶晶）

医　政

【**概况**】 截至年末，全市无偿献血总人次117881人次（含单采13301人次），采血总量37.87吨，单采血小板21040治疗量，新冠康复者血浆2300毫升；向临床供血37.01吨，供应单采血小板21153.5治疗量，供应浓缩血小板774单位；红细胞分离率99.75%，全面满足临床用血需求。

医疗监测质量提升。10月20日至11月5日，开展覆盖市登记管理医疗机构和各区县（市）中心（人民）医院的医疗质量管理与控制检查工作。累计派出专家500余人次。开展口腔、病理、医疗美容、血液透析、临床营养、放射诊断和检验等专业质控检查，对发现的问题限期整改并制发结果监测通报。

救治能力增强。建成全国一流120指挥调度平台，实现市民呼救30秒接听率100%、急救数据动态管理等多项功能，并首次采用国内领先一机八屏接警调度台，打通院前急救信息化最后一公里；借助120指挥调度平台，与5家医疗机构建立生命体征传输系统，实现患者信息数据共享；年内与市域内各级医疗机构合作建立32个卒中中心、18个胸痛中心、4个创伤中心，有效提升急危重症患者救治效率。

医联体有新进展。制定《沈阳市城市医疗集团建设实施方案》，进一步完善医联体网格化布局；研究探索成立紧密型城市医疗集团，指导沈北新区制定《区域医疗集团建设的实施方案》；构建远程医疗协作网，提供远程会诊、教学、培训等服务，用信息化手段促进医疗资源纵向流动。经规范清理，全市建设医联体51个，其中城市医疗集团15个、县域医共体4个、专科联盟20个（其中有13个跨市域）、远程医疗协作网11个、其他托管类1个。

县域服务有新突破。完成2020年县医院医疗服务能力调查评估及上报工作；建立对口支援“五位一体”（市卫生健康委、各区县（市）卫生健康局、各支援医院、受援医院以及派驻人员）在岗管理制度，采取信息化模块和“钉钉”打卡等方式确保在岗率及开展补助发放，助推分类诊疗制度落在实处，派驻4批人员643名；开展县级医院专科帮扶工作，扩充帮扶医院，扩大受援地区，针对需求制定帮扶措施，建立上下联动的常态化工作机制，年内累计派出医师70人次，开展义诊23次，会诊21次，接收进修人员10名，开展学术活动20次。

推进“三调解一保险”（院内调解、人民调解、司法调解、医疗风险负担机制有机结合）工作。继续推进医疗责任保险和医疗纠纷人民调解工作。市医调委调解医疗纠纷149例，成功率90%，司法确认率98%，调解赔付率100%。全市二级以上公立医院和政府办基层医疗机构全部参加医责险。

做好涉外医疗服务工作。重新修订《沈阳市国际医疗服务指南手册》，并为外籍人士免费发放1万册。安排专人对接华晨宝马新工厂项目建设医疗保障工作，会同规信处实行挂图作战的方式督促市一院等4家市属医疗机构加紧实施门诊电子病历建设，实现医院数字化管理。新冠肺炎期间组织涉外定点医院对外籍人员就医正常开诊，截至12月底，接诊外籍人士就医7818人次（其中宝马公司4401人次、急救转运31人次），为全市打造国际化营商环境提供健康保障。

【国家首批“4+7”药品集中采购和使用试点】 沈阳市作为国家首批“4+7”（4个直辖市和7个副省级城市））国家药品集中采购和使用试点城市，试点周期从2019年3月20日至2020年3月19日24时，试点工作圆满完成。试点周期内，25个中选药品采购额1.48亿元，完成总任务量的206%，药价平均降幅52%，比2018年节省采购资金约2.42亿元，中选药品替代作用明显。

【“促进诊所发展”试点】 根据国家卫生健康委等5部委联合下发的《关于印发开展促进诊所发展试点意见的通知》要求，2019—2020年沈阳市开展促进诊所发展试点工作，全市诊所数量2225家（不含中医诊所），新备案诊所274家，提供家庭签约服务诊所14家，纳入医联体诊所14家，全职医生3020人，多地点备案医生257人，成为公立医疗服务体系的重要补充。（尹晶晶）

基层卫生

【概况】 截至年末，全市社区卫生服务中心（站）144个，乡镇卫生院115个，村卫生室2262个，社区门急诊总量332.1万人、占医疗机构门急诊总量比重9.32%，门急诊均次费用399.2元。全市组建家庭医生签约服务团队1793个。落实国家基本公共卫生服务项目，项目补助经费提高至人均74元。

县域综合医改。制定《全面推进紧密型县域医疗卫生共同体建设实施方案》，康平县召开县域医共体暨健康医疗集团成立大会，全面启动医共体建设。在推进康平县试点的同时，积极指导其他地区抓紧组建紧密型医共体。2020年底前，辽中区、新民市、法库县组建由党委、政府主要领导牵头的管理委员会，以政府名义出台工作方案，组建以县医院为龙头，包括县级公立医院、全部乡镇卫生院和一体化管理村卫生室在内的紧密型医共体。

乡镇卫生院标准化建设。为改善村医执业环境，市财政投入492万元配置村卫生室设备，完成2458名乡村医生执业注册换证。新民市、康平县开展常态化村医执业注册试点，选拔73人进行培训。落实医学专业毕业生免试注册乡村医生政策，向社会公示村医岗位63个。落实乡村医生待遇，县域地区完成2019年度离岗村医补助发放1582万元。

【“优质服务基层行”活动】 2020年，推进基层医疗机构人员设施配备、基本医疗服务和质量安全管理、医院感染管理、机构综合管理等重点工作，经市级审核，全市28家社区卫生服务中心达到活动基本标准。经省卫生健康委复核，和平区太原街社区卫生服务中心等4家单位达到推荐标准，沈阳市推荐标准达标单位数量、申报通过率均位列全省首位。（尹晶晶）

疾病控制

【概况】 2020年，全市疾病预防控制工作以预防和控制重大传染病发生和流行、有效提升人民群众健康水平为目标，各项工作均取得显著成效，连续六年在省综合目标考评中排名第一。

传染病防控能力提升。落实联防联控、监测预警、预防接种等综合性防控措施，传染病疫情报告综合评价质量居全省首位，乙类传染病报告发病率下降29.8%，疫情保持平稳；开展艾滋病、结核病、地方病“十三五”终期评估，肺结核患者成功治疗率和规范管理率均达到90%以上，艾滋病病死率下降至0.6%，完成国家和省市“十三五”规划目标；超前部署甲肝防控工作，制发《沈阳市甲肝疫情防控工作方案》《沈阳市甲肝聚集性疫情应急处置预案》，细化工作措施和专业流程，全市甲肝报告发病率下降54.1%。

预防接种管理精细化。开展适龄儿童接种145万人，免疫规划疫苗单苗接种率保持在95%以上；全市新建门诊33家，累计建设门诊196家，覆盖全市门诊的88.3%，门诊数量、规模和覆盖率均居全省首位。其中，和平区、铁西区、浑南区、新民市、康平县、法库县等地区实现数字化预防接种门诊全覆盖，提前、超额完成2020年全省民生实事数字化预防接种门诊建设工作任务；实现智能手机网上预约和点对点信息服务管理，2016年以后出生儿童绑定率达85%，建立“知情同意书电子签核”系统，有93家门诊的电子签核系统投入使用。

慢性病、精神病防治工作持续推进。深入推进第二阶段全民健康生活方式行动，命名健康支持性环境示范单位8类49家；持续推进“慢性病综合防控示范区创建”“儿童口腔健康服务”等重点项目实施，沈河区通过省级慢病示范区复评审，累计实施学生口腔健康检查6.4万人，完成窝沟封闭牙齿6.1万颗；实施严重精神障碍管理治疗项目，强化3.3万名严重精神障碍患者健康管理，患者规范管理率和面访率均达到90%以上，未发生因管理不到位而导致的严重肇事肇祸事件。

地方病攻坚工作提质增效。落实地方病防治专项攻坚行动工作任务，完成孕妇和儿童碘缺乏病监测3900人、氟病区饮用水氟含量监测村屯858个、8—12岁儿童氟斑牙监测1.1万人，监测结果通报各区县（市）政府和市水务局、市工信局、市市场监管局等部门；强化部门协作，致函市水务局和新民市、康平县、法库县政府，督促推进饮水型氟中毒防治工作；按照“知情自愿”的原则，推动地方病现症病人救治措施落实，完成现症氟骨症病人随访298人，核实诊断和治疗氟骨症病人154人。

创新学校和环境卫生工作服务载体。完成以近视为重点的5728名学生常见病和健康危险因素监测、43家各类公共场所和200个家庭农村环境卫生的健康危险因素监测，为学生常见病防治和各类环境卫生健康危险因素控制提供技术支持。开展枯丰水期饮用水卫生监测，采集水样804份，合格740份，合格率92%，相关结果上报市政府，并通报相关部门。按季度向社会公开末梢水水质安全状况信息。

【新冠肺炎疫情处置】 2020年，代市指挥部拟定《沈阳市常态化新冠肺炎疫情防控方案》《沈阳市秋冬季新冠肺炎疫情防控方案》《沈阳市秋冬季新冠肺炎疫情应急处置工作方案》《沈阳市冬春季新冠肺炎疫情防控方案》。开展防控策略措施和疫情发展趋势的分析研判，精准提出防控建议，形成综合研判报告109期。累计完成流行病学调查报告134份，开展流行病学个案调查932例，出动机动队1300余次、5000余人次，及时向社会发布《疫情排查通告》46期。先后启动市委党校等23家市级密接集中隔离医学观察点，抽调精干人员组建疾控组、医疗组和安全后勤保障组，为隔离人员提供全方位全天候医疗卫生服务和安全保障。组建市联合检测实验室，启用生物安全实验室5个，组建检验技术团队6支，累计完成检测130余万人份。加强疾控机构核酸检测能力建设，市区两级疾控中心全部完成新冠病毒核酸检测实验室建设，日检测能力1.6万人份。全市科学设置接种点232个，其中常规免疫门诊217个，成人接种门诊13个，临时接种点2个，全部接种台实现扫码接种，累计接种14万人。（尹晶晶）

卫生科教

【概况】 2020年，全市卫生科技建设取得显著成果。截至年末，市属医疗机构拥有专家工作站11家，省级科研平台7个，市级临床医学研究中心达到15个。获国家级独立课题6项（其中2项国家自然基金），国家级协作课题16项，省级独立课题26项，协作课题5项，市级课题46项，获科研经费1243余万元。发表SCI论文98篇，影响因子达到310.705。获省级科技进步奖一等奖1项，二等奖1项，三等奖5项。针对疫情防控工作，协助中小企业开展联合科研攻关，获批课题7项，资金支持125万元。新增专家工作站9个，吸引10余位专家入站。1人获沈阳市十大科技英才提名奖，23人获评优秀科技工作者。4人获评“四尊”优秀领导，2家单位获评“四尊”（“尊重劳动、尊重知识、尊重人才、尊重创造”）先进单位，14人获评“四尊”先进工作者。6名青年医生获“沈阳市青年岗位能手”称号。

生物安全监管。率先在省内出台《新型冠状病毒感染的肺炎生物样本转运操作规程》，针对重点环节，持续开展三轮生物安全现场督导检查，范围覆盖全市13个区县（市）疾控中心及相关医疗机构，防止实验室泄露或人员感染。会同各区县（市）相关部门，对沈阳市行政区域内病原微生物实验室开展生物安全检查，实地督导和现场执法一级、二级病原微生物实验室172个，覆盖率达到75.8%，远高于省卫健委要求的50%覆盖率。同时依据国家有关的法律、法规，对实地督导存在生物安全隐患的机构，出具专家意见书、检查单、卫生行政执法、现场检查影像资料等材料170余份，并限期全部落实各项整改措施，确保实验室生物安全工作落到实处，坚决杜绝病原微生物安全事故发生。

业务管理培训。截至年末，有近2000人完成住院医师规范化培训并结业。学员转注册率100%。全科、精神等5个紧缺专业住培比例达到国家标准。全市有2827名医生注册或加注全科，每万城乡常住人口配备全科医生3.38名，完成上级卫生行政主管部门制定的阶段性工作目标。开展各级各类疫情防控、核酸检测及流行病学调查等专项和全员培训28项，累计培训27.73万人次，参与率及合格率100%。全市卫生专业技术人员省级继教审验合格率100%。完成2021年国家级继教项目的申报工作40项，举办本年度国家级继教项目及省级继教项目15项，举办市级继教项目201项。

【组织高层次人才讲学274人次】 2020年，委属各单位通过视频、电话、网络平台等方式推动与国内外卫生健康领域相关机构，开展医疗卫生和疫情防控交流合作。截至年末，委属各单位组织高层次人才讲学274人次。7家委属单位通过信函、邮件等形式，与8个国外相关机构，开展8项专业和疫情防控等方面的国际间学术交流，确保高层次人才讲学和国际交流“不断线”。（尹晶晶）

中　医

【概况】 2020年，全市中医药工作着力完善中医药服务体系，强化中医药人才培养，推动中医药健康服务业发展，推进中医药科学研究和科技创新，加强中医药系统队伍建设，健全中医药应急体系，完善中西医协作应急救治机制，提升中医药应急救治水平，推动沈阳市中医药高质量传承创新发展。

助力疫情防控。发挥中西医结合救治新冠肺炎优势，制定《沈阳市新型冠状病毒感染的肺炎中医药防控工作方案》，成立市级新冠肺炎中医药防治专家组，对新冠肺炎的中医预防、救治、院感防控等工作提供政策建议和技术支持。提高县级中医医院防治传染病能力和防控医院感染的水平，开展县级中医医院传染病防治能力建设项目，成立建设项目专家指导组，组织对建设项目实施进行业务指导、评估验收。

开展西学中培训。为落实国

家中医药管理局“六批师承”和“四批优才”培养项目；继续开展“西学中”培训，年度招生168人；选拔优秀人员参加省中医临床皮肤病、中医外科、心血管病、脾胃病、肺病专科基层技术骨干培训；组织开展基层医疗机构中医药适宜技术培训，邀请省、市知名中医药专家任课并进行现场指导，推广中医药适宜技术项目10项，年度完成培训500余人次。（尹晶晶）

【世界首个中药炮制类术语国际标准发布】 10月27日，“中药炮制术语国际标准发布会”在辽宁中医药大学举行。该标准由辽宁中医药大学教授李可大团队主导制定，是世界首个中药炮制类术语国际标准，也是中国首个主导并在ISO发布的中医药类国际标准。该标准的关键技术在于建立中药炮制学术语概念体系，建立中药炮制学术语库和知识库，满足国际中医教学、医疗、科学研究、管理、出版、贸易及学术交流需求。

【沈阳首家中医互联网医院上线】 11月12日，在沈阳中医药创新发展大会上，沈阳市中医院互联网医院正式启动，这是沈阳首家中医互联网医院，可实现线上诊疗、药品配送等一体化服务。该院互联网医院探索预约挂号、线上咨询、在线复诊、药品配送、在线支付等便捷服务。医院中医科、内科、外科、儿科等17个科室的名医都可提供线上诊疗服务。

【苏家屯区中医医院获批“国家高级卒中中心建设单位”】 11月25—27日，“中国脑卒中大会暨国家脑卒中防治工程总结会”在合肥召开，苏家屯区中医医院（即辽宁省血栓病中西医结合医疗中心）获批“国家高级卒中中心建设单位”。7月，国家卫健委脑防委高级卒中中心专家组对苏家屯区中医医院进行国家高级卒中中心单位建设现场验收。专家组对区中医医院卒中建设各项工作给予充分肯定和好评；就医院在脑卒中诊疗与康复方面始终坚持中西医结合、标本兼顾的理念给予充分肯定，通过国家卫健委审核最终确认。（志　文）

卫生监督

【概况】 2020年，全市卫生监督系统围绕中心，服务全局，创新思路，狠抓落实，受到国家卫生健康委综合监督局调研组的充分肯定和认可。截至年末，累计出动监督人员35279人次、车辆11373台次，监督检查单位55602户次（其中医疗机构13333户次、疾控机构81户次、公共场所38387户次、学校及托幼机构3801户次），下达卫生监督意见书35632份。完成1842户“双随机”工作任务，出动卫生监督人员3600余人次，处罚案件48件，罚款4.18万元，为百姓营造良好的卫生健康生活环境。同时，做好医疗卫生、传染病、公共场所、生活饮用水、放射卫生等专业各项日常工作，累计查处违法违规案件473件，罚款88.1万元，全面保障全市人民身体健康和生命安全。

卫生监督体系建设。全市加快建设专业高效、统一规范、文明公正的卫生监督体系，将前一轮改革中划归卫生健康服务中心的市区两级卫生监督机构独立。市级卫生监督机构恢复独立设置，更名为“沈阳市卫生健康监督中心”，规格为沈阳市副局级，人员编制由65名增加到98名。市委编办下发《关于设立各区、县（市）疾病预防控制中心和卫生健康监督中心的通知》，13个区县（市）监督机构均完成独立设置。

【2019年度卫生健康行政执法优秀案例评选】 3月，组织开展2018年10月1日至2019年12月31日办结卫生健康行政处罚案件评查，全市报送62卷案卷，评查出2019年沈阳市卫生健康行政执法优秀案卷、2019年度沈阳市卫生健康行政执法十大优秀案例，并择优选送9例参加全省优秀案例选评，有1例被评为省级优秀案例。

【消毒产品生产企业分类监督】 8月，市卫健委制定下发《2020年沈阳市消毒产品生产企业分类监督综合评价工作实施方案》。此次试点工作选取29户正常生产的消毒企业，占全市在生产企业总数的51.8%（29/56）。其中生产消毒器械企业5户、消毒剂企业8户、卫生用品企业10户、抗抑菌制剂企业6户。全市实际评价的29家单位中，评价为优秀29户（其中满分26户）、无重点监督单位，企业管理水平比前两年有明显提高。通过与生产企业卫生许可延续、信用体系等挂钩以及向经营单位、医疗卫生机构等推送综合评价结果、通报关键项不合格生产企业等手段加强动态监管，为消毒产品的监管创立新的监管模式。

【蓝盾系列专项整治行动】 2020年，应急防控阶段，开展蓝盾1号至6号抗击新冠肺炎疫情、科学消毒、健康相关产业、重点场所爱国卫生、集中隔离医学观察场所、中小学校卫生专项检查。常态化防控阶段，开展蓝盾7号至10号，进行生活饮用水、医疗美容、医疗机构依法执业、中医诊疗等卫生监督领域专项整治。

（尹晶晶）

老龄健康

【概况】 2020年，市老龄工作委员会办公室落实关爱服务新冠肺炎疫情防控一线医务人员老年亲属工作，确定沈阳德济医院、沈阳市中环中医院、沈阳松辽中医院三个医养结合机构，作为一线医务人员老年亲属托养定点服务机构，设立80张床位，免费为一线医务人员老年亲属提供食宿、护理服务。继续开展养老机构与医疗机构签约服务工作，全市247家登记注册的养老院全部与医疗机构签约，签约率100%。推荐的沈阳市安宁医院等9家单位和徐卫华等15名个人获全国“敬老文明号”、全国“敬老爱老助老模范人物”称号。

安宁疗护试点。会同市民政局、市医保局联合制发《沈阳市国家级安宁疗护试点工作实施方案》，明确市安宁疗护服务内容。下发《关于印发2020年沈阳市安宁疗护试点机构质量控制评估考核方案的通知》，并在市精卫中心设沈阳市安宁疗护质量控制中心。全市遴选13家医疗卫生机构开展安宁疗护试点工作。

医疗和养老服务“放管服”改革。与市民政局、市市场监督局、市医保局、市委编办联合下发《关于加强医养结合机构审批登记备案工作的通知》，进一步明确医养结合机构审批备案的流程等内容。

医养结合标准化建设。制定《医养结合基本服务规范（试行）》，为各医养结合机构提供规范依据标准。下发《关于印发沈阳市医养结合床位设置标准的通知》《关于印发沈阳市医养结合床位认定流程的通知》等文件，明确医养结合床位的功能定位、监管部门。申报沈阳市医养结合标准化试点项目，成立沈阳市医养结合标准化专家评估委员会，制定未来2年全市医养结合标准体系建设方案。

【医养结合试点机构现场质控】 7月31日，下发《2020年沈阳市医养结合试点机构医疗卫生服务质量评估方案》，组织医养结合质控中心专家组于8月中下旬对2019年确定的31家医养结合试点机构进行现场评估，并现场反馈，针对各机构存在的具体问题现场下达整改要求，促进医养结合床位标准化建设。

【老年健康周宣传活动】 为了宣传普及老年健康政策和科学知识，8月24—30日，组织各区县（市）卫健委、各医养结合试点机构，开展主题为“提升健康素养，乐享银龄生活”的宣传活动，张贴宣传海报1900余张，发放宣传手册4400余份。

【老年照护培训785人】 8月28日，沈阳市第二期老年照护师培训班正式结业，41名学员通过考核结业并获“老年照护师”证书，成为沈阳市第二批持证上岗的专业老年照护师。11月18—19日，举办基层医疗卫生机构安宁疗护专业技术人员培训，培训学员260人。11月28日至12月12日，举办沈阳市首期基层医疗卫生机构老年医学培训，培训学员424人。12月20日，全国第七期暨沈阳市第三期老年健康照护师培训班正式开班，报名学员60人。

【“金色的幸福”——2020沈阳百对老人金婚盛典】 10月15日在五里河公园举行，由市老龄委、市卫健委主办。市人大、市政府、市政协等领导为老人赠送金婚照片。有100对金婚老人参加，年龄最大的87岁，年龄最小的72岁。

（尹晶晶）

▶ 市人大、市政府、市政协等领导为老人赠送金婚照片　（市卫建委供）

三十一、体　育

综　述

2020年，全市体育工作始终以人民为中心，深入推进体育供给侧结构性改革，统筹推进疫情防控和体育事业发展，各项工作取得新进展、新成效。市体育局（包括局本级及市体育事业发展中心）体育事业资金投入23072万元，其中：财政拨款投入15199.55万元，体彩公益金投入7872.45万元。体育彩票销量11.72亿元，处于全省前列。

制定产业发展政策。围绕落实国务院关于推动体育产业高质量发展的文件精神，市政府在全省率先出台《促进全民健身和体育消费推动体育产业高质量发展若干措施》，提出赛事有效供给、场地建设管理、市场主体培育、产业多元化发展、促进体育消费、落实优惠政策6个方面20条措施，并制定36项任务清单和33项项目清单。制定完成《沈阳市电竞产业发展行动方案（2020—2022年）》《沈阳市电竞产业发展行动方案（2020—2022年）》。重启体育用地规划编制工作。

促进体育消费释放。在国家体育总局评选的50个国家体育产业示范基地、单位和项目中，浑南区（示范基地）以及“和平杯”国际青少年足球邀请赛（示范项目）双双入选，填补沈阳体育产业“国家队”的空白。沈阳市获评40个首批国家体育消费试点城市之一，为推动沈阳市体育事业高质量发展创造有利的环境和条件。启动体育惠民消费券发放工作，倡导健康消费理念，创新消费引导机制，通过“盛事通”微信公众号发放300万元体育惠民消费券，带动体育消费2000余万元。

培育产业项目新业态。举办电竞精品系列赛事，着眼“发展新产业，培育新业态，促进新消费”，举办“第十五届英雄联盟城市英雄争霸赛辽宁省赛”“2020年穿越火线百城联赛辽宁省赛”“王者荣耀第七届王者高校联赛区域联赛沈阳站比赛”“2020年沈阳电子竞技公开赛暨首届沈阳经济区电子竞技大赛”4项电竞精品赛事，4200余名选手参加比赛，赛事曝光点击量1500万次。以电竞赛事发展，营造城市浓厚电竞氛围，拓展城市能级和核心竞争力，有效推动“电竞+”产业融合发展。培育特色电竞基地，重点推动电竞人才培养基地、电竞主题新业态基地、电竞企业孵化基地3个特色电竞基地项目建设。

做好惠企帮扶工作。持续做好“万人进万企”工作，组织开展“创新服务 助企成长”“冬日送暖”“强意识 转作风”等专项活动，组织服务干部通过电话、微信等方式与企业对接400余次，向企业传达疫情相关政策措施100余次，收到企业提出的问题诉求16条，通过自办解决8条，通过“民企直通车”App转办8条。落实市政府惠企帮扶政策，制定支持体育企业开工复工政策服务指南和应对新冠肺炎疫情减免承租中小企业租金实施办法，给予承租直属事业单位房屋、场馆等30余户中小企业和符合条件的1653家体彩销售实体店，减免租金和发放补贴600余万元。（郑洪志）

竞技体育

【概况】 2020年，坚持疫情防控工作与竞技体育工作“两手抓、两不误”，做到持续不断提升竞技体育综合实力。面对国内外多数重要赛事延期举办的新情况，做到主动应对、及时调整、精准施策。在严格落实市疫情防控指挥部要求的基础上，外出冬训各运动队在训练驻地进行封闭训练，严格实行封闭管理。各训练单位复学、复训工作有序开展，严抓省运会备战工作不放松。出台《沈阳市体育后备人才培养基地管理办法》，进一步推动竞技体育后备人才培养工作深入开展，提升竞技体育战略优势。起草《沈阳市推进竞技体育社会化工作指导意见（征求意见稿）》。制定“三大球”振兴发展行动方案，推进足协改革和篮球学校建设；推进青少年足球、篮球项目社会化合作，广泛抓好后备人才培养；鼓励社会力量开展三大球赛事活动，不断提升沈阳市三大球项目影响力；结合省运会规程整合三大球项目队伍，全面做好备战工作，为三大球项目取得优异成绩奠定人才基础。沈阳运动员在国内举办的各类全国比赛中获14枚奖牌。其中田径运动员王嘉男在2020年全国田径锦标赛中获得男子跳远冠军，取得8.36米成绩，创造2020赛季跳远世界最好成绩。市各级训练单位向省级训练单位输送试训运动员113人，区县（市）级体校向市级训练单位输送运动员100人。

【“2019—2020中国青少年滑雪大奖赛”（沈阳东北亚站）暨沈阳国际青少年滑雪邀请赛】 1月19—20日在沈阳东北亚滑雪场举办。港澳地区、北京、吉林以及辽宁省内选手参加比赛。同时，此次赛事邀请韩国春川市同年龄组选手参赛。比赛分为U10、U14、U18三个组别，男女高山滑雪大回转、男女单板滑雪大回转等12个小项。这是沈阳首次承办国家级高山滑雪赛事。参加此次赛事的裁判员、教练员、运动员、技术官员、工作人员及志愿者400余人。沈阳籍陈镜元获U18男子高山大回转第三名，沈阳籍何建锐、李彦宏、李彦呈分获U14男子高山大回转第二名、第三名、第四名，沈阳籍董于郊获U10男子高山大回转第三名，沈阳籍朱婧琦获U10女子单板大回转第一名。

【2020年第六届“和平杯”国际青少年足球邀请赛】 8月21—24日在沈阳“和平杯”世界足球公园举行。此届赛事主题是“一带一路连接世界·和平友谊放飞梦想”，邀请国内球队150支，其中省外球队10支、省内校园球队36支、高校留学生球队4支、市内校园球队100支，2000余人参赛。小飞侠新星队、沈阳桐凡队分获U8组冠军和亚军；沈阳市望花一校队、沈阳河北二校队分获U9组冠军和亚军；小飞侠勋望队、沈阳市望花一校队分获U10组冠军和季军；东北育才精英队获U11组季军；华腾正红队、沈阳鑫远翔足球俱乐部队分获U12组冠军和季军。（郑洪志）

2020年沈阳举办重要体育比赛情况

表36

赛事名称	比赛日期	比赛地点	参赛人数
“2019-2020中国青少年滑雪大奖赛”（沈阳东北亚站）暨沈阳国际青少年滑雪邀请赛	1月19—20日	沈阳东北亚滑雪场	400余人
2020年第六届“和平杯”国际青少年足球邀请赛	8月21—24日	沈阳“和平杯”世界足球公园	2000余人

续表36

赛事名称	比赛日期	比赛地点	参赛人数
2020中国赛艇大师赛（沈阳站）暨第三届沈阳国际赛艇公开赛	10月16—30日	沈阳浑河城市中心段（浑河桥-长青桥）	600余人

（市体育局）

群众体育

【概况】 2020年，全市群众体育健全健身组织，加大经费投入，建设器材设施，开展赛事活动，强化健身服务，全民健身工作取得阶段性成果。高标准完成《沈阳市全民健身实施计划（2016—2020年）》各项任务指标，“15分钟健身圈”基本形成，健身人群435万人次以上，经常参加体育锻炼人数比例达52%以上，人民群众的幸福感和获得感显著增强，幸福指数明显提升，为沈阳经济社会发展注入新鲜活力。健身组织健全完善，形成市、区县（市）、街道（乡镇）、社区（村屯）“横向到边、纵向到底、无缝衔接”的健身组织体系；全市有单项体育协会184个、健身俱乐部1100个，健身站点2490个；安装配置惠民、利民、便民的健身设施器材，为20个体育公园和130个乡村文体广场，122个社区、村屯安装292套1700件（个）各类体育健身器材，提前超额完成体育民生办实事任务；组织线上线下相结合的沈阳马拉松嘉年华、中国赛艇大师赛（沈阳站）等大型精品赛事10余场次，开展全民健身活动500场次；培训社会体育指导员1500人次，组织国民体质监测6000人次。

体育场（馆）所疫情防控和开放复工两手抓、两促进。深入全市600个体育场所、48家电竞公寓进行疫情防控检查，检查体育场所、公园广场健身场地9900余场次，检查电竞公寓1200余场次，高标准完成体育系统疫情防控任务。在常态化疫情防控条件下，严格按照市疫情防控指挥部要求，做好体育场（馆）所开放复工，印发《关于组织全市文体市场经营场所恢复营业的通知》和《关于组织全市游泳场所恢复营业的通知》等文件，下发开放复工指南，指导做好疫情防控及复工复产工作，确保体育场（馆）所开放复工率稳步提升。

【沈阳市民冰雪趣味运动会】 2月1日在沈阳奥体中心举办。以“筑梦冰雪，拥抱冬奥”为主题。此次活动为“筑梦冰雪·拥抱冬奥”沈阳市群众性冰雪系列活动之一，活动设置欢乐雪圈世界、超级冰滑梯、雪山冲浪、冰车竞速4个比赛项目，800余人参与活动，年龄从10岁至60岁，人群覆盖儿童、老年人、妇女、机关干部和企事业单位职工等群体。《中国体育报》《沈阳日报》、沈阳网、光明网等9家媒体对赛事做宣传报道。（郑洪志）

【“盛京冰嬉节”暨第三届中国沈阳冰龙舟大赛】 2月2日在沈阳浑河水域城市段冰雪面举行。比赛设企事业组、俱乐部组2个组别，408名选手参加大赛。大东区文旅局、和平区文旅局、沈河东陵街道办事处分获企事业组第一名、第二名、第三名；游泳协会一队、东北大学、冬泳协会二队分获俱乐部组第一名、第二名、第三名。《中国体育报》、沈阳电视台、《沈阳日报》《沈阳晚报》《辽沈晚报》、新浪网等20余家平面媒体、网络媒体争相报道赛事盛况。

【第二届沈阳市全民健身国际徒步节】 6月20日举办。以“体育+”方式注入新动能，突出全民性，促进文化、体育、旅游有机融合。活动将线上线下深度融合，6个线上活动丰富多彩，6个线下主题活动包括人文、文旅、抗疫、复工复产、振兴与发展、创城、民生内涵丰富。除1个主会场6个分会场举办活动外，群众自行组织的徒步队伍在万柳塘公园、中山公园、青年公园等快乐徒步。当日，本溪、阜新、铁岭、丹东等各市徒步队伍与沈阳互动，积极参与、响应，在各城市公园广场组织徒步活动以及参与线上活动。近5万人参与此次活动。

【沈阳首届武术文化节】 8月5—16日举行。先后举办沈阳“武术之都”研讨会、线上武术比赛和线下武术项目展演。活动实行“1+5”模式，会场设于和平区沈水湾公园云飏阁，各区武术协会、武术馆（校）12支代表队400余名运动员，10余位名家展演。沈河、浑南、铁西、沈抚、新民设5个分会场，进行武术、太极拳等项目表演，超万人观看表演。辽宁广播电视台、沈阳广播电视台，《辽宁日报》《辽沈晚报》《沈阳晚报》等20余个媒体进行宣传报道，刊发稿件300余篇次，网络关注流量10余万人次。

【沈阳马拉松嘉年华】 2020沈阳马拉松嘉年华（简称“沈马嘉年华”）8月26日开始至9月20日结束。有超37万人报名参赛。其间，举办10天马拉松博览会、4场网络直播带货、新科技宣传推广等活动，得到中国田协和社会各界的高度关注和肯定，经验做法得到国家体育总局充分肯定并被省体育局在全省推广。其中，沈阳马拉松博览会是中国马拉松历史上首次将线下博览会转移到互联网上，打造国内首创的线上马博会模式。马博会创新性地利用线上销售平台，联手沈阳广播电视台进行4场直播带货50余种产品，总成交数量1.1万单，拉动消费110余万元。各跑团及广大跑友为备战线上马拉松，购买服装、食品等补给用品，直接拉动消费近1亿元。联合沈阳地区5家万达广场共同推出“沈马美食补给站”，完成沈马线上赛选手，持“沈马电子完赛证书”可在沈阳万达广场太原街店、北一路店、奥体店、全运店及沈辽路店的90家商铺，享受0元或5折招牌菜的优惠。万达美食补给站约有2万人次参与，间接拉动消费600余万元。

【2020中国赛艇大师赛（沈阳站）暨第三届沈阳国际赛艇公开赛】 10月16—30日举办。此次比赛在疫情防控常态化背景下邀请世界各地的赛艇队伍，依托线上“云赛场”与线下“中国最美城市静水赛道”进行比赛，通过云视频技术实现一场赛艇比赛盛会。比赛设置7个组别，有57支代表队600余名运动员参加比赛。

（郑洪志）

体育科研与基本建设

【概况】 2020年，组织技术人员参加医学继续教育的网站华医网的疫情期间线上培训工作，及时组织医务人员对国家相关部门调整的治疗方案、预防控制方案、院内感染控制方案等进行学习。同时，主动为复学、复训提供人力、物力全方位支持，开展运动员生理生化指标的测试及复查工作。采用冲击波、中频治疗仪、TDP（特定电磁波谱）治疗仪、自体位牵引仪、微波治疗仪以及艾灸、针灸、按摩等方法治疗运动员伤病。完成运动员骨龄测试，预测身高工作。对运动员进行形态、血尿、骨龄、台阶及心理等30个项目的检查，检查100余人。

【国民体质监测3286人】 2020年，按照国家体育总局举办全国第5次国民体质监测工作部署，完成测试器材的接收和验收及升级工作。自10月19日起陆续对法库县、苏家屯区、和平区开展全国第5次国民体质监测沈阳地区的测试工作，3286人参加国民体质监测。

（郑洪志）

三十二、社会保障

社会保险

【概况】 2020年，全市推进社保制度改革，社会保险体系完善。企业职工基本养老保险参保人数409.4万人（其中在职参保人数275.4万人）、工伤保险参保人数181.2万人、失业保险参保人数150.1万人。1月1日起，城镇居民基本医疗保险和新型农村合作医疗两种制度整合为统一的城乡居民基本医疗保险和大病保险制度，在全市行政区域内全面实施。职工医保住院政策范围内报销比例达到79.79%、居民医保达到68.43%。职工医保基金总收入157.05亿元（其中统筹84.11亿元，个人账户72.94亿元）；基金总支出135.94亿元（其中统筹76.05亿元，个人账户59.89亿元）；基金当年结存21.11亿元（其中统筹结存8.06亿元，个人账户结存13.05亿元）；累计结存165.47亿元（其中统筹结存72.11亿元，个人账户结存93.36亿元）。居民医保基金收入33.05亿元，基金支出22.74亿元，基金当年结存10.31亿元，累计结存27.74亿元。截至年末，全市有生育保险参保单位10.2万户，生育保险参保人数330万人，其中在职205.5万人，退休124.5万人。女性参保人数167.2万人，享受待遇人次10.9万人，女职工生育人数3.78万人。

社保待遇调整发放。通过加强基金支出管理、加大追缴冒领和重复领取养老金工作力度等措施，确保全市133.9万名企业离退休人员养老金等各项社保待遇按时足额发放。完成2020年企业和机关事业单位退休人员养老金待遇调整，企业退休人员养老金实现“16连涨”，人均增资142元，调整后月平均2906元；机关事业单位人均增资178.8元，调整后月平均4823.3元。及时调整补发伤残津贴、生活护理费和供养亲属抚恤金三项待遇及2020年城乡居民养老保险基础养老金部分。

援企稳岗退费补贴。继续执行降低企业及机关事业单位养老保险单位费率比例由20%降至16%政策；将工伤保险浮动费率政策继续执行至2021年12月31日；将降低失业保险费率1%（企业和个人各0.5%）政策延长至2022年8月31日。办理16万笔社会保险费统筹部分退费业务，退付资金3.27亿元；4次升级失业保险返还政策，向4.4万户企业发放稳岗返还8.9亿元，稳定就业岗位126万个。在全省率先推行系统筛查和企业申报相结合的返还模式，变“人找政策”为“政策找人”，对全市所有符合普通性稳岗返还条件的企业实行“免申直返”，实现“不见面、免申请、秒返还”。阶段性减免社保费用95.13亿元，为33.16万名失业人员发放失业补助金7.09亿元；

发放应急性稳岗返还资金1.6亿元，惠及企业138户，稳定就业岗位5.5万个。推进基本养老保险省级统筹制度改革和机关事业单位退休人员养老保险关系转移工作，按新办法计发2.55万人。工伤保险业务全面实现网上办理，打通便民服务“最后一公里”。

医保基金监管。健全严密有力基金监管机制，开展“打击欺诈骗保 维护基金安全”集中宣传月活动，利用线上线下相结合的方式进行广泛宣传；建立和完善部门间相互配合、协同监管的综合监管制度，推行网格化管理。开展打击欺诈骗保专项治理，全市处理定点医药机构3250家，解除医保定点协议17家，暂停医保服务协议205家，行政处罚5家，移送司法机关2家，行政处罚76.2万元，追回医保基金9655.6万元。

（孙云松　何灵）

【DRG付费国家试点】 2019年5月，沈阳市被确定为国家DRG付费（按疾病诊断相关分组DRG付费方式）试点。在2018年9家三级公立医院启动试点付费工作的基础上，2020年1月新增16家试点医院，全市试点医院25家，较国家试点进度要求提前2年实现DRG实际付费，为全国试点工作提供实践经验。

【异地就医国家试点】 8月1日起，实现省内异地就医个人账户通刷功能，即在省内定点医疗机构普通门诊和定点零售药店购药，可以直接使用医保个人账户直接结算。9月，启动异地就医自助备案服务，实行自助开通异地就医持卡直接结算服务模式，利用沈阳智慧医保App、沈阳医保官网等渠道为沈阳市参保人员提供更为便利的异地就医备案服务。

【医保服务事项“一网通办”】 2020年，市医保服务事项全部实现“一网通办”，将参保、续保、个人账户查询、异地就医备案等51项高频经办事项全面实现网办。“好差评”系统完成与市平台对接，实现即时服务评价。

【医保业务“一窗通办”】 2020年，市医保局用更加高效便捷的“一窗通办”服务，开启便企利民“直通车”，将230项服务事项整合为71项，形成统一的对外服务清单，逐项编制标准化办事指南。

【医保电子凭证推广】 2020年，医保电子凭证在17家定点医院和707家定点药店上线试运行，截至年底，激活用户219万人，激活率超过30%。

（孙云松）

社会救助

【概况】 5月，全市出台《关于提高城乡居民最低生活保障特困人员救助供养孤儿基本生活养育和60年代精简退职职工生活补助标准的通知》，城市低保标准从每人每月685元提高到每人每月715元；农村低保标准从每人每月480元提高到每人每月510元。城市低收入（原城市低保边缘）标准从每人每月685元至822元提高到每人每月715元至858元；农村低收入（原农村低保边缘）标准从每人每月480元至576元提高到每人每月510元至612元。农村特困人员分散供养标准从每人每月655元提高到每人每月820元；城市特困人员供养标准和农村特困人员集中供养标准维持不变。集中供养孤儿养育标准从每人每月1731元提高到每人每月1807元；散居孤儿养育标准从每人每月1305元提高到每人每月1363元。对60年代精简退职职工生活补助标准提高7%，第一档每人每月提高到580元，第二档每人每月提高到543元，第三档每人每月提高到503元，第四档每人每月提高到465元，累计发放生活补助395.27万元。强化脱贫攻坚与兜底保障政策衔接，将全市建档立卡贫困人口中的6308人纳入农村低保、特困供养范围，占贫困人口总量的38%，民政兜底保障“降准扩围”成效显著。持续开展农村脱贫攻坚兜底保障情况督查督战，建立脱贫人口监测预警机制，严格落实“渐退保障”制度，有效化解和降低返贫风险。

【省内率先完成204名长期滞留流浪乞讨人员落户安置】 10月，在全省率先完成长期滞留流浪乞讨人员落户安置工作，稳妥安置204人，占全省安置总人数的50%。特别是将集中托养在辽中区精神病医院的192人转移安置到市社会福利院，全程未发生任何问题。

（赵　睿）

社会优抚

【概况】 2020年，全市认真学习贯彻习近平新时代中国特色社会主义思想和关于退役军人工作的重要论述及批示指示精神，加强顶层设计、健全体制机制、落实政策措施，科学统筹、稳中求进、守正创新、提质增效，全市退役军人工作取得长足进步，安置就业、褒扬纪念、双拥共建等工作走在全省乃至全国前列，广大退役军人的权益得到更好地维护和保障。

服务体系建设。全市建立退役军人服务中心（站）2607个，其中标杆型退役军人服务中心（站）5个，示范型退役军人服务中心（站）167个。市、区（县、市）、街道（乡镇）、社区（村）“四级”退役军人服务保障体系建设的全面完成。“两中心两站”始终秉承服务宗旨，充分发挥载体效能，大到大病救助、就业培训，小到信息登记、政策咨询，退役军人可以得到全方位精准服务，不出社区就能解决问题。

优待抚恤。制定出台《沈阳市退役军人事务局等18部门关于加强军人军属、退役军人和其他优抚对象优待工作的实施意见》等文件。全市按照平均增加10%的标准，继续调整提高部分优抚对象抚恤和生活补助标准，惠及10大类优抚对象2.73万名，发放各类抚恤补助1.85亿余元，价格临时补贴1000余万元。元旦、春节期间组织对老荣军、企业退休、抗美援朝参战人员等优抚对象进行重点走访慰问，全市为4718名特困优抚对象发放“两节”救助金283万元。10月，联合沈医二院赴法库、康平等地开展对农村优抚对象送医送药活动，免费发放药品价值近7万元。

权益维护。落实市领导定期约访制度，建立健全市直部门协同联动、情报信息共享、快速应对处置的风险防控机制，广泛开展退役军人常态化联系和法律援助工作。组织见面会、恳谈会15场，接访约访退役军人重点群体代表33次，攻坚解决6个重点难点问题，共性信访问题化解率100%，上级交办信访案件化解率95.67%，来信、来访、网上信访案件办结率95%。

退役安置。接收计划分配军转干部329人、自主择业军转干部569人、退役士兵2000余人（其中，符合政府安排工作条件的443人）。举办全市首届计划分配军转干部双向选择对接洽谈会，自主择业军转干部、自主就业退役士兵回沈返乡欢迎仪式暨适应性培训动员大会，双向选择、指令性分配、“直通车”服务安置不断完善。沈阳市面向符合政府安排工作条件就业困难退役士兵定向招录禁毒社工经验做法在全国宣传推广。

就业创业服务。组织大型现场招聘会5场，网络招聘会1场，上线“沈阳市退役军人网络招聘平台”，总计提供就业岗位5000余个，帮助3000余名退役军人达成初步就业意向。开展职业技能培训15个班次，参训1100余人，530余名培训合格后的退役士兵被用人单位争相聘用。举办沈阳市首届退役军人创业创新大赛，承办全省复赛。将316户退役军人创业企业纳入示范企业名录，对2个退役军人创业孵化基地、4个创新工作室予以扶持。

军休服务管理。充分发挥接收安置服务大厅“一站式”服务优势，接收军休干部（士官）358人。组织抗美援朝志愿军老战士代表参加中央、省市举办重大纪念活动，宣传伟大的抗美援朝精神。在春节、“八一”重要时间节点，走访慰问军休干部2422人次。保证军休干部工资和福利待遇落实，为9242名军休干部、577名遗属发放工资、津补贴、遗属补助费17.3亿元；发放军休干部荣誉金、取暖费等各项待遇1.1亿元。协调市财政局等部门，累计申请财政医疗资金2208.8万元。

褒扬纪念。完成沈阳抗美援朝烈士陵园提质改造一期环境维护工程，筹划推进二期工程。完

▶ 6月29日，沈阳市首届退役军人创业创新大赛启动仪式在蓝凌退役军人众创空间有限公司演播大厅举行
（陶冶摄）

成第七批在韩志愿军烈士遗骸迎回安葬仪式、纪念中国人民志愿军抗美援朝出国作战70周年敬献花篮仪式，沈阳市受到退役军人事务部通报表扬，并受邀在“再启航”全国网络平台宣讲工作经验。承办辽宁省暨沈阳市向烈士纪念碑敬献花篮仪式、烈士光荣证颁授仪式。评选优秀退役军人典型70名，在中央和省级媒体刊发沈阳市退役军人参与社会服务方面先进事迹10余篇。

军地双拥共建。春节、“八一”等重大节日期间，全市各级走访慰问部队232个，召开军政座谈会174次，组织联欢会、文艺演出73场次，走访慰问优抚对象3656户，困难退役军人4099户，抗疫一线部队人员家庭203户，发送慰问信3510件、春联年画1万件，发放慰问金646.07万元。落实军地互提需求、互办实事“双清单”制度，建立工作台账，开设绿色通道，帮助驻沈部队解决随军家属安置、土地确权等7个问题，协调军人子女入学382人，为1492名随军未就业家属发放生活补助734万元。沈阳市以总分排名全省第一的成绩连续第九次被评为全国双拥模范城。

【“走访贫困老兵，感悟红色精神”主题帮扶援助活动】 春节开始，市退役军人事务局对政府主导、民间团体辅助共同开展退役军人帮扶援助活动进行有益探索，协调对接华天航空集团、点点爱心公益团队、蓝翎军创有限公司等各类社会组织和爱心团队20余个，开展烈士寻亲、捐资助学、技能培训、一对一长期包保等持续性帮扶援助项目，惠及困难退役军人家庭近百户。

【市首届“拥军兴沈”退役军人创业创新大赛】 6月29日，沈阳市首届“拥军兴沈”退役军人创业创新大赛启动仪式在蓝凌退役军人众创空间有限公司演播大厅举行。大赛由市退役军人事务局会同市人力资源和社会保障局、市总工会共同主办，设“新兴产业”“传统产业及生活服务业”“现代农业”3个行业赛以及“精准扶贫”“创新团队”2个专项赛。7月30日，举行大赛闭幕暨颁奖仪式，各类评出一、二、三等奖。

【“沈阳市退役军人网络招聘平台”上线】 市退役军人事务局与“智联招聘”签署战略合作协议，在“八一”建军节上线“沈阳市退役军人网络招聘平台”。截至年末，平台登记企业238户，发布多层次、高质量、可成长的就业岗位1873个，满足退役军人求职需要，通过全天24小时就业服务“不打烊”，将退役军人专场招聘活动升级转变为“天天惠军人，日日做专场”的常态化服务。

【沈阳抗美援朝烈士陵园环境维护一期工程竣工】 8月15日，沈阳抗美援朝烈士陵园环境维护一期工程竣工。工程完成地面铺装18928平方米；设置停车位101个，占地面积23460平方米；种植各类乔木1228株、灌木910株、草坪和花卉22573.8平方米。同时，对陵园沥青路面、花岗岩地面、入口台阶、纪念碑平台和广场灯光照明进行提升改造，并在陵园入口处和广场两侧设置抗美援朝出国作战70周年主题纪念设施。

【第七批在韩志愿军烈士遗骸迎回安葬】 9月27日上午、28日上午，第七批在韩志愿军烈士遗骸迎回安葬仪式分别在桃仙机场和沈阳抗美援朝烈士陵园举行。国务院副总理孙春兰，退役军人事务部、中央宣传部、中央对外联络部、外交部、财政部、中央军委政治工作部、中央军委国际军事合作办公室负责人，辽宁省委、省政府负责人，沈阳市委、市政府负责人，驻沈解放军和武警部队军级以上单位负责人，抗美援朝参战老兵、烈士家属等800人参加仪式。此次有117位志愿军烈士英灵回家。（王　珞）

【《沈阳市退役军人事务局等18部门关于加强军人军属、退役军人和其他优抚对象优待工作的实施意见》】 9月27日，市退役军人事务局、市委宣传部等18个部门印发。《意见》分指导思想、基本原则、优待工作内容和具体分工、保障措施4部分。其中优待工作内容分荣誉激励、生活优待、养老优待、医疗优待、住房优待、教育优待、文化交通优待、其他社会优待8项内容。

（志　文）

【沈阳市首届计划分配军转干部“双向选择”对接洽谈会】 10月16日在沈阳宾馆举办。市直各委、办、局和群团组织等75家有计划任务的单位人事部门负责人参会，238名计划分配军转干部参会洽谈，227名军转干部与用人单位达成初步意向。

【农村优抚对象“送医送药”活动】 10月20—22日，先后赴法库县、康平县部分乡镇农村，对在乡优抚对象进行“送医送药”，发放药品206种，总价值近7万元，惠及平均年龄在65.9岁的在乡老复员军人、伤残退伍军人、“参战参试”退役人员等优抚对象100余名。

【纪念中国人民志愿军抗美援朝出国作战70周年敬献花篮仪式】10月23日在沈阳抗美援朝烈士陵园举行。中央军委副主席张又侠，中央对外联络部、中央宣传部、外交部、退役军人事务部等负责人；辽宁省委、省政府部分负责人；沈阳市委、市政府，驻沈解放军和武警军级以上单位领导；抗美援朝参战老战士和抗美援朝烈士家属，部队官兵、国家机关工作人员、中小学生等群体代表约600人参加，同时邀请朝鲜驻华大使出席。

【2.5万名退役士兵办理保险接续】 2020年，市退役军人事务局制发《退役士兵社会保险补缴工作流程图》，明确接收安置单位无缴费能力认定办法，组织多层次培训活动，在社区张贴4万余份公告，并利用市政府门户网站、微信群、微博等媒体广泛进行政策宣传。截至年末，全市受理退役士兵保险接续25262人，养老保险办结23600人。

（王　珞）

社会福利

【概况】 2020年，全市养老服务体系更加健全。《沈阳市居家养老服务条例》贯彻实施情况得到市人大常委会执法检查组的肯定。在全市100个社区开展政府购买居家养老服务试点，为特殊老年人群体提供助餐、助浴、助医等服务。在109个村开展农村居家养老服务试点，探索互助性养老的新模式。发展普惠养老，争取到普惠养老城企联动中央预算内专项资金756万元，新增普惠养老床位507张、社会化养老床位3500余张。在全省率先启动困难老年人家庭适老化改造工作，首批600户改造完成，每户最高补贴3800元。连续第4年开展养老院服务质量建设专项行动，全市养老机构服务质量基础指标合格率100%。规范开展养老服务机构星级评定，65家服务机构被评为星级。通过内设护理院、医务室，签订医疗服务协议等方式，在全市252家养老机构开展医疗服务，覆盖率100%。新建区域性居家养老服务中心105个、社区养老服务站302个，超额完成政府民生实事任务。截至年末，全市有养老机构252家，社会化养老床位4.87万张。区域性居家养老服务中心265个，社区养老服务站902个，服务老人237.17万人次。儿童福利院1个，床位500张。救助管理站7个，救助流浪乞讨人员和临时遇困人员3129人。直属福利企业9户，在职职工973人，其中，健全职工752人，被托管残疾职工221人。无示范福利企业基地。全市销售福利彩票14.07亿元，兑付三等奖以上50万元以下中奖奖金5119.48万元，一万元以上中奖人数1118人，代扣代缴个人所得税451万元，筹集社会福利公益金1.31亿元。全市募集善款5601.25万元、实物178.46万件，折合人民币2602.83万元。

【中国老龄政策法律（第六届）高端论坛】 11月8日在辽宁大学举办。“开放与创新：‘十四五’规划展望 居家养老与老龄健康”为主题，中国老龄政策法律研究所和辽宁大学法学院主办。市人大常委会主任潘利国、中国老龄事业发展基金会理事长于建伟出席论坛开幕式并作主旨发言。政府、高校、养老服务企业等单位专家学者作主题报告，线上和线下参会人数200余人。

【2020中国沈阳中日养老产业交流讲座】 11月11日以线上线下相结合的方式举行。沈阳市人民对外友好协会、沈阳市民政局和日本驻沈阳总领事馆主办。沈阳30余家养老机构及企业代表、6户日资企业代表出席活动，沈阳市友城佐世保市相关人员、沈阳医学院相关专业师生及沈阳市养老相关机构和企业人员通过直播收看讲座。围绕“智慧养老·发展高质量的社区养老”主题，沈阳医学院院长郭宏和长崎国际大学教授韩荣芝分别开展讲座。其间，日本的专家学者通过视频连线与主会场同步开展交流。

【首次公示部分适宜领养儿童信息】 12月28日，市民政局网站首次向社会公示市儿童福利院适宜领养10名儿童信息名单，方便社会各界爱心人士领养。10名儿童在3–11岁之间，大都身体健康，性格开朗活泼，愿意与人亲近互动，具备被领养及回归家庭的基本条件。

【儿童福利信息动态管理精准化提升年专项行动】 2020年，开展“儿童福利信息动态管理精准化提升年”专项行动，全面掌握农村留守儿童、困境儿童、孤儿等服务对象和服务机构总体情况，将全市4类7000余名特殊儿童信息纳入全国儿童福利信息系统平台，实现精细化动态管理。

（志　闻）

慈　善

【概况】 2020年，全市举办慈善募捐活动126次，拨付善款7389.34万元，受捐对象8600人。持续开展4大类50个慈善公益创投救助项目，投入资金300万元。为落实全国人大常委会对沈阳市贯彻《中华人民共和国慈善法》执法检查提出的工作要求，组织实施沈阳市爱心广场（爱心超市）项目建设，进一步释放慈善公益组织能量。

抗击疫情物资捐赠。1月30日，沈阳旅居海外的华人华侨为全市疫情防控一线的公安干警、医护人员捐赠N95口罩、医用连体防护服、防雾护目镜等一批医疗防护物资。市民政部门开通海外捐赠绿色通道，将沈阳市慈善总会、沈阳市红十字会、沈阳市教育基金会、沈阳市民营企业家爱心慈善会、沈阳市利州公益事业发展中心、沈阳市普助帮困服务中心、沈阳市华易伤害预防公益基金会、沈阳市和平区益新残障人社会工作服务中心8家公益慈善组织列入国家税务总局和国家海关进口物资受赠人名录，享受进口物资免税政策。

第三届“辽宁慈善奖”推荐。9月，市民政部门向省民政厅推荐18个具有特色的慈善项目，其中9个项目获奖，分别为最具爱心慈善楷模2个，最具影响力慈善项目4个，最具爱心捐赠个人2名，优秀慈善工作者1名。

【沈阳市帮帮团志愿服务协会成立】 6月23日成立。会员单位31家，其中，常务理事单位13家：沈阳市阳光惠民社会工作服务中心、沈阳市和平区惠万民社会工作服务中心、沈阳市仁爱社会工作服务中心、沈阳市沈河区唯善社会工作服务中心、沈阳市皇姑区利州社会工作服务中心、沈阳市和平区益新残障人士社会工作服务中心、沈阳市众享社会工作服务中心、沈阳市铁西区乐和社会工作服务中心、沈阳市沈北新区青杨社会工作服务中心、沈阳市普助公益事业发展中心、沈阳市沈北新区星河青少年社会工作服务中心、辽宁万隆医药有限公司、辽宁华强环保工程集团有限公司。协会广泛邀请从事志愿服务、慈善工作、社会工作的社会组织及热心公益慈善的企业加入，为加强全市社会组织、爱心企业、公益团队沟通交流搭建平台，进一步推动沈阳公益慈善、志愿服务事业健康发展。

【全国人大常委会慈善法执法检查】 9月10—11日，全国人大常委会执法检查组到沈阳市就《中华人民共和国慈善法》贯彻实施情况开展执法检查。检查组分别考察沈阳市华易伤害预防公益基金会、益新残障人社会工作服务中心、青杨社会工作服务中心、利州公益事业发展中心4家社会组织和市儿童福利院，随机抽查市慈善总会，并召开座谈会，听取有关慈善组织负责人、社区工作者、专家学者意见建议。检查组对沈阳市慈善法贯彻实施情况给予充分肯定，同时提出问题建议。沈阳市全面落实检查组问题建议及省委书记张国清批示精神，大力推进整改，出台4个政策性文件，妥善解决慈善组织在办公用房、税费优惠、项目建设等方面遇到的一系列实际问题。

（赵　睿）

残疾人事业

【概况】 2020年，市残联将残疾人事业发展与疫情防控统筹推进。全市有肢体残疾、视力残疾、精神残疾、智力残疾、听力残疾、语言残疾以及多重残疾7类持证残疾人182505人。各类媒体对沈阳市残疾人事业发展广泛宣传，其中，《人民日报》《光明日报、中央电视台等国家级媒体报道110余条。市残联被市委、市政府评选为文明单位，相关工作受到省营商环境局通报表扬。

残疾人社会保障。全市25542名残疾人纳入低保并落实分类上浮救助政策；69620名残疾人领取重度残疾人护理补贴6649万元、26332名残疾人领取困难残疾人生活补贴3159万元；2590名55—59岁参保重度残疾人生活补助标准由每人每月55元提高到108元；投入资金497.7万元为181221名残疾人投保意外伤害保险；投入1139万元对1744名低收入一级残疾人实施专项救助；争取省残联资金40.4万元，为404户贫困残疾人家庭实施无障碍改造。

残疾人就业。依托中国残联网络系统开辟全国首家城市残疾人就业服务专区，在疫情期间为残疾人和涉残企业提供线上招聘面试等就业服务；开展“专员驻企服务 专区智慧服务 专项定制服务”；将全市减费降税等各类政策制成“政策包”，组成专班送达涉残企业；为残疾人发放就业补贴1873.7万元、创业疫情补贴155.3万元；完成实名制就业3938人、实名制培训5046人次，分别完成省任务指标181.4%和160.7%。

残疾人教育保障。在全市各区域特殊教育学校全覆盖、对残疾学生教育实施“一人一案”的基础上，成立区域残疾人教育专家委员会，进一步提高残疾学生教育保障的专业水平；投入450余万元资助残疾儿童、学生3308人（含困难残疾人家庭大学生），实现“分阶段、分人群、全方位、全覆盖”连续性资助。全市有27名残疾考生被各类高校录取。

特殊残疾人照料服务。为1010名特殊残疾人提供日间照料服务。沈阳市安宁医院被评为全省精神残疾人托养照护服务示范机构。

残疾人社区精准康复服务。争取中央、省财政96万元，完成各类残疾人社区康复服务14571人次，服务率突破98%。

残疾儿童康复救助。对在视力、听力（言语）、肢体、智力和精神（孤独症）等方面有出生缺陷或发育障碍的0—10岁儿童，给予手术、辅助器具适配、康复训练及贫困家庭残疾儿童康复训练生活补助，投入2494.7万元，审核救助儿童1580人次。组成61个远程康复训练技术小组对1271名残疾儿童实施网上康复训练。

残疾预防。实施残疾预防行动，孕前健康检查、新生儿及儿童筛查等12项主要任务指标全部高于国家标准。

残疾人文化体育。开展残疾人线上文化艺术节，举办线上“决胜小康战疫有我”主题征文、“你更懂我 携手共小康”手语培训、“决战脱贫同奔小康”微视频展播等活动40余场次。举办冰雪康复健身、达人秀展示等活动，沈阳市残疾人运动员在辽宁省特殊奥林匹克乒乓球训练营活动中获3金1银和团体第三名，沈阳市聋人男女代表队在辽宁省首届聋人篮球锦标赛中获冠亚军。

残疾人脱贫攻坚。投入420万元为建档立卡脱贫残疾人提供巩固扶持；组织社会资金50万元扶持119户农村残疾人发展种植养殖；发挥农村残疾人就业基地作用，为600多名农村残疾人免费提供实用技术培训；投入98.9万元为加入农村合作社创业的残疾人提供支持；完成86户农村贫困残疾人家庭危房改造任务；投入20.1万元，对134名建档立卡重度精神、智力残疾人开展“以奖代补”居家服务；选树脱贫攻坚典型，激发广大残疾人脱贫内生动力。

【特殊群体疫情防控】 在疫情发生第一时间，组织全市各级残联、残疾人工作者和助残社会力量等2000余人，参与基层疫情防控行动；在全市残联系统开展“特别的爱给特别的你”专项行动，筹集社会资金15万元为日常生活出现困难的1200余名残疾人购买生活必需品，对重度残疾人和重点需照护的残疾人提供临时生活照料，开展志愿服务110余次，服务残疾人6300人次；针对不同类别残疾人开展多种形式的防疫宣传、健康指导、心理咨询等服务；助残社会组织为本地和武汉抗疫捐款捐物价值170余万元；广大残疾人主动配合防控要求，落实防控措施，以自身做好防控的实际行动回报社会。

【残联改革方案出台】 3月19日，以市委、市政府名义在全省率先出台《沈阳市残疾人联合会改革实施方案》，着眼于增强“政治性、先进性和群众性”，

▶ 10月14—16日，在辽宁省特殊奥林匹克乒乓球训练营活动中，沈阳市获3金1银和团体第三名，同时，获“精神文明奖”（市残联供）

去除“机关化、行政化、贵族化、娱乐化”，对全市残联改革进行系统安排，提出在组织建设、服务大局、服务残疾人等7个方面的29项具体举措，并加大推进力度，13个区县（市）全部出台本级改革方案。中残联将皇姑区、法库县作为全国基层残联组织专项改革试点地区，取得阶段性成果。

【全市残疾人综合服务平台试运行】 5月，涵盖市残联全业务集“政策咨询、线上办理、信息反馈、综合评价”为一体的“沈阳市残疾人综合服务平台”开始试运行，18项残联业务实现全市通办，全年办结2300余件。

【开办5期“‘小先生’讲堂”】 2020年，市残联发挥社区残疾人专职干事本身也是残疾人、能够更贴近残疾人、更能以同理心带动残疾人的优势，谋划“‘小先生’讲堂”行动，开设培训班5期，培训残疾人专职干事600名，由市宣讲团成员、党校专家、省市残联领导和干部授课，重点设计“1+N”课件，即：每个“小先生”都能够熟练使用一套标准化的课件，同时，配以灵活丰富讲解的内容。残疾人专职干事深入残疾人家庭开设“五中全会精神宣传‘小先生’讲堂”，“讲堂”中有针对聋人朋友的手语版视频课件，有针对盲人朋友的有声版课件，各类残疾人均能参与其中。 （郝　林）

红十字会工作

【概况】 2020年，市红十字会统筹开展抗击新冠肺炎疫情捐赠工作和“三救三献”（应急救援、人道救助、应急救护、献血、造血干细胞捐献、人体器官捐献）核心业务，做到“两手抓，两手硬”。

疫情防控。全市启动重大突发公共卫生事件一级响应后，市红十字会第一时间成立防控工作领导小组，制定《沈阳市红十字会接受社会捐赠公告》，率先向全社会发布接收捐赠信息。出台《市红十字会疫情防控工作分工责任制》，制定完善《沈阳市红十字会捐赠款物工作管理办法》《沈阳市红十字会接收境外捐赠物资工作流程》等工作制度和流程，依法依规开展防控款物募集工作。市红十字系统累计接收捐款2418.08万元，其中市本级累计接收捐款925.34万元，接收捐赠物资折合人民币5063.44万元。其中接收境外捐赠物资24批次，向外国友好城市捐赠物资10批次。市红十字会及时公开公示捐赠信息，官网发布《接收、分配社会捐赠款物公告》111期；通过沈阳电视台、《沈阳日报》发布公告32期。全市志愿者参加疫情防控工作超1500余人次，累计服务时长超过1.5万小时，出动无人机1500余架次。沈阳市红十字会被辽宁省红十字会授予“辽宁省红十字会抗击新冠疫情先进集体”称号，金铂潇被中国红十字会总会授予“中国红十字会抗击新冠疫情先进个人”称号，周鹏骞被辽宁省红十字会授予“辽宁省红十字会抗击新冠疫情先进个人”称号。

应急救援及应急救护。在5月12日全国防灾减灾日期间，开展以“提升基层应急能力，筑牢防灾减灾救灾的人民防线”为主题的系列宣传活动。在活动期间，组织活动20场，设立宣传展板190块，发放宣传品2.6万份，受益群众2.9万人。举办110期公益普及培训，受益群众6423人。开办线上、线下相结合的急救员培训班51期，1945人经考核合格取得红十字救护员证书。各区县（市）红十字会普及培训175期，培训近万人。开展400余人参加的应急演练3次。

人道救助。开展“博爱送万家”活动。在两节期间，走访困难群众、日孤及养父母等并发放慰问品，全市红十字系统走访困难群众1603户，受益2903人，送去救助金、慰问品折合人民币28.69万元。红十字大病救助上，配合国家总会开展的“小天使基金”和“天使阳光”大病救助工作，有5名贫困白血病患儿得到小天使基金”救助，累计救助金19万元；1名先天性心脏病患儿得到“天使阳光”基金救助，救助金额2万元。在博爱助学上，向社会募集救助金10万元，对中国医科大学和农业大学的200名贫困学生开展助学救助。

遗体（器官）捐献。受疫情影响，市红十字会推出“生命回响·云上缅怀”网上云祭祀活动。市红十字会工作人员、红十字志愿者、捐遗家属及医学院校的师生代表们1200余人参与此次活动。遗体捐献志愿登记693人，眼组织捐献志愿报名73人，实现遗体捐献51例，实现眼组织捐献1例。

造血干细胞捐献。市红十字会与市红十字会医院、沈阳中心血站签订造血干细胞血样采集合作协议，便于全市适龄群众留取血样，加入中华骨髓库。造血干细胞采样164人份，初筛198人，再动员63人，高配19人，体检13人，成功捐献7人，累计捐献49人，在辽宁省排名第1。市红十字会王楠是辽宁省红十字系统第一位实现捐献的专职工作人员。

红十字宣传。拓展宣传渠道，注重传统媒体与新媒体融合。在官网、官微转发国家、省、市关于疫情防控等工作的指示精神、重大部署和主要措施等各类疫情信息和相关文章406篇，在各主流媒体发布新闻报道194篇，其中在国家级媒体刊发文章19篇、省级媒体14篇、市级媒体161篇，“学习强国”4篇，编制工作信息35期。

推进依法治会。6月，市人大常委会对全市贯彻实施《中华人民共和国红十字会法》情况进行视察，起草《沈阳市贯彻落实红十字会法工作报告》并以市政府办公室文件形式印发市政府对《市人大常委会关于我市贯彻落实〈中华人民共和国红十字会法〉情况视察意见》研究处理情况的报告。（金铂潇）

【沈阳获全国无偿献血先进城市称号】 12月25日，国家卫生健康委员会与中国红十字会总会、中央军委后勤保障部卫生局联合下发《关于表彰2018—2019年度全国无偿献血表彰奖励获奖者的决定》，表彰全国2018—2019年度在无偿献血工作中作出突出成绩的单位和个人。沈阳市连续8届、16年获“无偿献血先进城市”称号。在新冠肺炎疫情防控期间，沈阳市创新采血模式，采取电话预约的方式，主动上门到献血人员约定地点采血，方便特殊时期市民献血。在保障全市医疗机构的临床用血的同时，还调集省内1000单位红细胞成分血驰援武汉抗击疫情。全市有1044人、1184人、3015人分获无偿献血奉献奖金奖、银奖、铜奖。市无偿献血志愿服务队有16人、12人、18人、42人、97人分获无偿献血志愿服务奖五星级志愿工作者、四星级志愿工作者、三星级志愿工作者、二星级志愿工作者、一星级志愿工作者。（志　闻）

住房保障

【概况】 2020年，沈阳市被国家确定为完善住房保障体系试点城市。不断完善住房保障体系，继续发挥公租房基本保障作用，采取租赁补贴与实物配租并举的保障方式，解决中等偏下收入家庭、外来务工人员、新就业大学生的住房困难问题。租赁补贴3.42万户，其中新增8600户，发放租赁补贴1.1亿元，实物配租4361套，超额完成国家和省下达的年度工作任务，在保家庭7.9万户，基本实现应保尽保。大力推进政策性租赁住房建设，归集政策性租赁住房项目8个、房源2800套，全部投入运营；开展“政银企”战略合作，与省建行和万科、龙湖、华润等房地产开发企业签订三方战略合作协议，利用优惠金融贷款，助力企业筹建房源。人才公寓和政策性租赁住房并轨取得新进展，出台《公共租赁住房管理办法》，启动实施全市通办，打破户籍、地域壁垒，实现住房保障便民化。梳理保障房业务17项，查找风险点8个，措施22项，实现管理规范化。开发经适房合同备案信息系统，解决部队和铁路经适房项目办证难问题。推进雪莲雅居、丽水新城三期项目工程施工，督促建设单位抓好施工管理，保证施工进度和质量。稳步推进光明新村、克俭等项目装修工程施工。加强公租房项目资金管理和拨付审核，确保规范安全使用。创新工作方式，工作重心下移，为宝马等290户企业配租3680套。

【《沈阳市完善住房保障体系试点方案》】 6月12日，市房产局、市发展改革委员会、市财政局、国家税务总局沈阳市税务局、市人力资源和社会保障局、市自然资源局、市城乡建设局、中国人民银行沈阳分行营业管理部、沈阳住房公积金管理中心联合印发。《方案》包括1个实施方案、2个指导意见和1个任务分解表，明确具体的工作目标、工作内容、实施步骤和保障措施。同时，将任务细化到责任单位。

【《关于采取“限地价 竞自持”发展政策性租赁住房的若干意见》】 7月31日，市房产局、市自然资源局、市城乡建设局、市营商环境建设局联合印发。《意见》明确自持政策性租赁住房的规范标准、建设规模、“事前”“事中”“事后”的监管等事项。（王　健）

三十三、社会生活

城镇居民生活

【概况】 2020年，全市深入贯彻落实中央关于疫情防控及经济发展等各项决策部署，经济总体运行稳中向好，城镇居民收入企稳回升。城镇居民人均可支配收入47413元，增长1.3%。

【城镇居民收入“三升一降”】 2020年，全市城镇居民收入四项构成呈现“三升一降”态势，收入结构不断优化。工资性收入是收入的主要支撑因素，城镇居民人均工资性收入25445元，增长0.6%。受疫情反复的影响，部分服务型行业复工复产较晚，如辅导班、托管班、电影院、KTV、洗浴等场所，连续停业使得此类行业的经营净收入大幅下降，对全市居民总体的经营净收入影响较大。城镇居民人均经营净收入7601元，下降2.7%。沈阳持续加大保障民生，养老金标准逐年提升并按时足额发放，全市物价联动机制及时启动，困难群体基本生活得到较好保障，促进转移净收入实现较快增长。城镇居民人均转移净收入11255元，增长6.4%，增速位列四项收入之首。随着城市辐射作用增强，房屋租金价格稳中有升，带动财产净收入呈现小幅增长态势。城镇居民人均财产净收入3112元，增长0.3%。

【城镇居民消费“两增六降”】 2020年，全市及时出台发放各类消费优惠券、主要商圈及重点企业开展优惠促销等促进消费的相关政策，消除疫情的不利影响。随着各项促进消费措施落实落地，城镇居民消费缓慢恢复。城镇居民人均消费支出31562元，下降7.5%，降幅分别比一季度、上半年和前三季度收窄3.3、4.2和3.2个百分点。八大类消费支出呈“两增六降”态势。其中：城镇居民食品烟酒消费及居住消费呈增长态势，增幅分别为1.9%和6.6%。以旅游为代表的教育文化娱乐支出降幅最大，下降33.3%；医疗保健支出和其他用品及服务支出分别下降5.5%和10.5%；衣着支出、交通通信支出和生活用品及服务支出分别下降13.0%、11.4%和9.3%，降幅较前三季度收窄5.6、2.1和1.9个百分点，消费回暖趋势较为显著。 （薛　淼）

农村居民生活

【概况】 2020年，全市全力做好“六稳”（稳就业、稳金融、稳外贸、稳外资、稳投资、稳预期）“六保”（保居民就业、保基本民生、保市场主体、保粮食能源安全、保产业链供应链稳定、保基层运转）工作，应对新冠肺炎疫情冲击，经济运行企稳回升，人民生活水平持续改善。农村居民人均可支配收入19598元，增长8.1%。

【农村居民收入四项构成全面增长】 2020年，全市农村居民收入四项构成呈现全面增长态势。随着一系列稳就业政策落地见效，农民外出务工有序推进，务工人数和薪酬水平均呈现稳步提升态势，促进农民工资性收入持续向好，农村居民人均工资性收入7446元，增长6.2%，对可支配收入的贡献率为29.5%。粮食产量稳步增长和牧业生产稳定向好，生猪、牛、鸡蛋等畜禽产品价格高位运行，带动农户收益明显提升，农村居民人均经营净收入9687元，增长10.5%，对可支配收入的贡献率为62.4%。农村土地租赁市场受疫情影响较小，加之粮食价格稳中有升，带动农村转让承包土地经营权租金价格小幅上涨，农村居民人均财产净收入475元，增长3.7%，对可支配收入的贡献率为1.1%。市委市政府高度重视疫情期间对农村困难群体的兜底保障工作，各项强农惠农措施有效落实，提高新型农村养老保险和城乡低保标准并按时足额发放，农村居民人均转移净收入1990元，增长5.5%，对可支配收入的贡献率为7%。

【农村居民人均消费增长2.6%】 2020年，随着新冠肺炎疫情得到有效控制，经济社会秩序加快恢复，农村居民消费增速有所回升。农村居民人均消费支出12413元，增长2.6%。受居民居家时间增加的影响，拉动食品需求量增加，食品烟酒消费支出4279元，增长12.4%，增长最快。由于年初疫情影响，农村居民发展享受型消费紧缩，随着疫情形势逐渐好转，降幅有所收窄，仍然处于恢复复苏阶段，人均发展享受型消费支出5430元，下降4.3%，降幅较一季度收窄2.6个百分点。其中，人均教育文化娱乐消费下降最快，为17.9%，其他用品及服务次之，下降7.1%。 （崔映姗）

2020年沈阳市居民消费价格分类指数

表37

项目名称	上年同期=100	项目名称	上年同期=100
居民消费价格总指数	102.3	3. 水电燃料	99.7
一、食品烟酒	107.9	4. 自有住房	100.4
1. 食品	109.2	四、生活用品及服务	97.9
（1）粮食	103.7	1. 家具及室内装饰品	97.7
（2）薯类	106.7	2. 家用器具	93.2
（3）豆类	102.8	3. 家用纺织品	98.7
（4）食用油	101.7	4. 家庭日用杂品	100.6
（5）菜	107.9	5. 个人护理用品	100.1
（6）畜肉类	133.3	6. 家庭服务	96.3
（7）禽肉类	98.5	五、交通和通信	96.8
（8）水产品	100.4	1. 交通	95.3
（9）蛋类	91.0	2. 通信	99.9
（10）奶类	101.6	六、教育文化和娱乐	100.5

续表37

项目名称	上年同期=100	项目名称	上年同期=100
（11）干鲜瓜果类	99.1	1. 教育	101.8
（12）糖果糕点类	100.1	2. 文化娱乐	98.8
（13）调味品	101.0	（1）文娱耐用消费品	92.6
（14）其他食品类	101.3	（2）其他文娱用品	97.0
2. 茶及饮料	100.6	（3）文化娱乐服务	95.5
3. 烟酒	102.4	（4）旅游	104.0
（1）烟草	101.9	七、医疗保健	103.2
（2）酒类	103.0	1. 药品及医疗器具	99.9
4. 在外餐饮	106.0	2. 医疗服务	105.7
二、衣着	98.8	八、其他用品和服务	102.9
1. 服装	97.8	1. 其他用品类	106.1
2. 服装材料	101.3	2. 其他服务类	100.9
3. 其他衣着及配件	101.2	（1）旅馆住宿	95.6
4. 衣着加工服务费	101.5	（2）美容美发洗浴	102.1
5. 鞋类	101.0	（3）养老服务	100.3
三、居住	100.3	（4）金融保险	101.2
1. 租赁房房租	100.8	（5）其他服务类	100.0
2. 住房保养维修及管理	100.8		

（市调查队）

2019—2020年沈阳市居民生活主要服务价格

表38　　单位：元

名称	规格特征	计量单位	2019年	2020年
缝纫	扦裤脚	条	9.97	10.67
钟点工	清理卫生	小时	36.39	46.53

续表38

名称	规格特征	计量单位	2019 年	2020 年
诊查费	普通门诊诊查费	次	9.07	9.07
注射费	静脉输液	次	6.4	7.47
诊断费	纤维胃十二指肠镜检查	次	227.7	228
实验室诊断	尿液分析	次	7.01	7
临床手术治疗	剖宫手术	次	1452	1580
临床手术治疗	阑尾切除术	次	1117.33	1250
住院费	普通 4 人间市级医院	天	35.67	37
理发	（男）全活	次	18.5	20
洗浴	洗浴	次	7.8	7.8
洗车费	小型车	次	38.32	43.25
车辆修理服务	自行车补带	次	4.5	5.21
公共汽车零票	专线全程	张	1.42	1.45
地铁零票	9 站内	张	2	4
出租汽车	白天	千米	1.82	1.2
市内固定电话通话费	市内电话通话费 3 分钟内	次	0.2	0.2
信件邮寄	信件邮寄（外埠平信）	封	1.2	1.2
公园门票	昭陵公园门票	张	6	4.67
有线电视收费	有线电视月租费	月	24	24
采暖费	冬季采暖费	平方米	21.3	23.3

（市调查队）

就业创业

【概况】 2020年，全市落实就业优先政策，就业创业形势稳定。城镇新增就业11.57万人、城镇登记失业率3.12%、城镇失业人员再就业10.21万人、帮扶就业困难人员就业1.51万人、扶持创业带头人2780人、认定并帮助零就业家庭就业167人、引导高校毕业生等失业青年到企业参加就业见习新增6638人、吸引储备高校毕业生13.3万人。

强化重点群体就业。出台《沈阳市人民政府关于进一步强化稳就业举措的实施意见》，压实工作责任，设立监测点，对重点区域、群体、行业和企业等进行持续动态监测，加强就业情况分析。为8643人发放首次购房补贴15855万元；为12994人次发放吸引人才就业创业租房补贴2815万元，人才驿站接待求职毕业生入住1733人（次）。开展“才领东北、筑梦盛京”招才引智系列活动。各类高校毕业生专项招聘活动发布就业岗位信息12.5万条，开发基层公共岗位2000多个，2137人上岗。推进线上“就业援助月”活动，提供用工信息对接、技能培训、自主创业等服务；为8934名公益性岗位人员拨付补贴资金24076万元，为4498名困难家庭高校、中职毕业生发放求职创业补贴449.8万元，帮扶86名困难家庭高校毕业生全部实现就业。开展2020年“春风行动”，线上提供用工信息、技能培训、自主创业等服务21877人（次），农村劳动力转移就业4.32万人，有就业愿望和劳动能力的建档立卡贫困劳动力3738人全部实现就业。

扶持创业带动就业。持续完善和落实各项创业扶持政策，进一步降低小微企业创业担保贷款申请条件及创业带头人认定门槛，对优质创业项目和大学生贷款免除反担保，优化补贴发放流程。发放创业担保贷款1968笔、64988万元，扶持创业带头人2510人、带动就业15129人；发放大学生创业场租补贴资金341万元、大学生创业场地补贴资金53万元。开展创业导师、创业标兵和创业活动评选，充分发挥典型引路和经验复制作用，为15人发放沈阳市优秀创业导师奖励资金36万元、10名创业标兵发放奖励资金10万元、2家创业活动承办单位发放沈阳市优秀创业活动奖励资金10万元。开展“中国创翼”沈阳赛区选拔赛活动，获一等奖1个、二等奖1个、三等奖2个，沈阳赛区获大赛优秀组织奖。开展全市创业工作政策培训会，为500名区县（市）创业相关部门负责人及街道、社区具体经办人员开展为期2天的创业政策培训，对创业担保贷款、创业带头人补贴等相关政策进行解读答疑。

优化就业公共服务。对重点企业用工提供专项的一对一服务，加快推动国家级人力资源产业园建设，签约入驻各类企业107户；针对失业人员等群体开展就业技能培训9832人（次），为农村劳动者等群体提供免费在线培训13251人（次），为797人发放就业技能培训补贴资金166.52万元。推进“智慧就业”和“互联网+公共就业服务”信息化建设工作，完善线上公共就业服务功能，完成与“盛京好办事App”和“沈阳一体化政务服务综管平台”的功能对接，实现网上电子就业创业证申领、就失业登记查询等公共服务。开展“共同战‘疫’我们在行动”网络专项招聘活动，为1208户企业发布5196个岗位招聘信息，招聘用工3万余人。组织各类线下招聘活动246场，服务企业4901户（次），提供就业岗位近7.5万个。

【《沈阳市人民政府关于进一步强化稳就业举措的实施意见》】 6月4日印发。《意见》包括实施就业优先政策、推动经济增长扩大就业、支持企业发展稳定就业、优化技能培训提升就业、推动创业带动就业、突出重点群体促进就业、加强就业援助保障就业、强化组织和信息保障8方面，27条具体措施。（志　文）

【“云端揽英才、幸福在沈阳”大学生就业见习网络招聘】 6月5—30日，组织开展“云端揽英才、幸福在沈阳”2020年沈阳市大学生就业·见习网络招聘活动，实现企业和求职者实时面试，1312户辽沈地区知名企业面向高校应（往）届毕业生等群体提供1.28万个招聘岗位，达成就业意向超过1万人。（何　灵）

【沈阳市创新创业孵化联盟成立】 7月15日在东北科技大市场举行成立大会。沈阳市创新创业孵化联盟是在市科技局指导下，由科技企业孵化器、众创空间、大学科技园、加速器等创新创业载体，以及投融资机构、科技中介服务机构等118家自愿联合发起成立的非法人、公益性联盟组织。成立大会上，发布《沈阳市创新创业孵化联盟创业带动就业宣言》，联盟还同东北大学、沈阳工业大学、沈阳建筑大学、沈阳工程学院等高校签署联盟带动高校毕业生创业就业合作协议。

（志　闻）

【第八届大中城市联合招聘高校毕业生“沈阳站”巡回招聘会】 11月7日在沈阳新世界博览馆举办。邀请全国356家单位参加招聘活动，其中，广东、江苏、海南、安徽等地参会单位55家，沈阳本地参会单位301家，提供岗位1308个，招聘人员7756人。

（何　灵）

消费者权益保护

【概况】 2020年，登记消费者来电、来信及互联网信息数230546件，其中接收咨询142228件、投诉63886件、举报24432件，接待来人来访264人次，为消费者挽回经济损失1388.43万元，咨询解答满意率100%，案件按时办结率100%。市消协组织接待消费者电话、来人来访、来信数量17301件，其中咨询6553件、受理投诉9873件、不予受理投诉875件等，投诉解决率91.3%，涉及商品和服务金额527.55万元。发布消费警示、消费提示等10余条，媒体宣传100余次。

疫情期间稳定市场工作。发挥12315热线的窗口作用和辐射效应，建立启动疫情防控投诉举报工作应急处置机制及流程，实行全员上岗、全时接听，坚持接诉登记、受理转办、督导催办、反馈回访等全流程高效运转，将投诉举报告知受理时限由7日压缩至3日，将办结时限由45日压缩至15日。

“放心消费”创建活动。市消协在全市大型商业、服务企业中开展“放心消费”创建活动。市消协深入全市13个区县（市），到辖区企业对放心消费创建活动进行督导。与市文明办联合举办“节约粮食，反对浪费、理性消费、从我做起”主题宣传活动。印制600张宣传画和2000余份倡议书，通过进社区、进企业等形式发放给消费者。

【线上3·15国际消费者权益日主题活动】 3月，携手沈阳电视台制作并播放3·15公益广告；携手沈阳新闻广告连心桥节目推出云上消费维权特别节目；走进沈阳网微民生节目，宣传消费维权年主题及法律法规；携手沈阳市个体私营企业协会、沈阳市电子商务协会在中街、青年大街、北站等繁华地段，利用大型LED显示屏，播放年主题“凝聚你我力量”和消费维权宣传语；与沈阳广播电台汽车小辣椒节目推出3·15特别节目“责任大于利益”等。利用3·15活动日，集中搞好消费投诉问题解答和维权知识的普及宣传。

【省市12315平台对接完成】 年内，市12315平台完成与省12315和8890平台对接，实现国家、省、市、区和所五级互联互通。热线人员42人（2名平台技术运维人员）和20个接听坐席，开通7天×24小时全天人工在线接听，实行“一个号码（平台）受理、一套流程处理、一个标准统计、一个窗口对外、一个部门负责”的工作程序。 （王丹迪）

婚姻、收养登记管理

【概况】 2020年，全市14个婚姻登记处办理国内结婚登记51723对（其中复婚登记10926对），离婚登记38106对，补发婚姻登记证书23080个。办理涉外国人、港澳台地区、华侨及出国人员结婚登记98对，离婚登记43对，涉及国家24个。出具“无婚姻登记记录证明”0份。办理国内收养登记12例，涉外收养登记0例。

【沈阳市婚姻登记信息化管理系统启用】 1月1日起，沈阳市婚姻登记信息化管理系统正式启用。该系统可高效准确甄别当事人身份，自动进行婚姻登记信息全国联网审查、公安人口身份及户籍、残疾人信息查询，具备分时段预约和材料预审功能，可实时同步归集婚姻电子档案。婚姻登记窗口全部配备具备人像识别、身份证读取、高拍扫描等功能的数据采集设备。全年同步归集电子档案11.3万余份。

【沈阳成为东北首个婚姻登记跨区办理城市】 9月1日起，在全市范围内开展跨区域办理婚姻登记工作。婚姻登记当事人男女双方或一方为沈阳市户籍居民的，可以选择本市任一区县（市）婚姻登记机关办理婚姻登记。可跨区办理的婚姻登记业务包括结婚登记、离婚登记和补领婚姻登记证。婚姻登记档案查询等业务暂不实行跨区办理。涉港澳台居民及外国人的婚姻登记仍由市民政事务服务与行政执法中心市涉外婚姻登记中心统一办理。沈阳市成为东北首个实现跨区办理的城市。截至年末，全市办理婚姻登记业务40719件，其中跨区办理婚姻登记业务4368件，占比10.72%。 （赵 睿）

社区警务

【概况】 截至11月30日，全市户籍人口7617078人，户数2903835户，城镇人口5487729

人，乡村人口2129349人。全年全市出生52604人，死亡76341，自然增长率-3.12‰（出生-死亡）/近两年平均户籍人口）；迁入人口126122人，迁出人口39045人，机械增长率11.48‰（迁入-迁出）/近两年平均户籍人口）。出台“户籍新政”，4月2日市政府转发市公安局《关于全面取消人才落户限制进一步放开落户政策补充意见的通知》，截至12月31日，累计有97896名外埠人员通过沈阳“户籍新政”办理落户，其中，人才引进17566人，在沈与用人单位签订劳动合同1427人，投资落户1612人，购房落户37529人，三投靠（子女投靠父母、父母投靠子女、夫妻双方相互投靠）落户38560人。

按照《中共沈阳市委关于加强新时代全市公安工作的实施意见》，1月2日下发《关于将“盛京义勇”奖励经费纳入政府年度财政预算的紧急通知》，将全市“盛京义勇”奖励经费纳入当地政府年度财政预算。新冠肺炎疫情暴发后，1月27日，市公安局第一时间制发《沈阳“盛京义勇”积极参与抗击新型冠状病毒肺炎疫情阻击战的工作意见》《沈阳“盛京义勇”坚决打赢抗击新型肺炎疫情阻击战倡议书》《沈阳市“盛京义勇”开展疫情防控应急志愿服务工作指引》，组织发动全市“盛京义勇”，在疫情防护宣传、政策措施解读、稳定社会情绪、社区村屯出入管理以及重点人员精准防控等方面提供具有一定专业水平的疫情防控志愿服务，踊跃带领广大居民群众迅速全面开展疫情防控群众自治、社区自治。沈阳“盛京义勇”获2020年度辽宁省“基层社会治理十大创新”奖项。12月23日以后，针对疫情防控工作，全市“盛京义勇”队伍大力开展邻里守望、村屯守护、社区守护，全面实施群防群控、联防联控。在执行重点管控区域（明廉地区）和19个中风险小区封闭管控任务中，皇姑、铁西、于洪等公安分局组织“盛京义勇”2.2万余人次，会同卫健、民政部门严格执行“三隔离”（隔离境外回国人员、高中风险地区人员、密切接触者）“三封闭”（封控区域、封单元、封户）措施，落实“四对一”（社区工作人员、社区民警、医务工作者、社区志愿者针对居家隔离人员）包保机制，确保每个重点人、重点户、重点单元管控到位。在全员核酸检测工作中，广泛发动“盛京义勇”，配合全市卫健、防疫等相关职能部门，全力开展全员核酸检测安保工作，为确保全员核酸检测工作顺利完成提供重要支持。

【沈阳市“盛京义勇”表彰大会】 11月20日召开。会议授予和平区平安志愿者协会等60家单位为“盛京义勇”先进单位；授予潘宏生等20名“盛京义勇”特别贡献奖，给予每人1万元奖励；授予高宝山等100名“盛京义勇”突出贡献奖，给予每人5000元奖励；授予孙学敏等3080名“盛京义勇”为先进个人，给予每人2000元奖励。市委政法委、市公安局、市信访局、市司法局负责人，各区县（市）委政法委领导，市平安志愿者协会领导及理事代表，以及盛京义勇先进集体和先进个人代表200人参加表彰大会。（方庆武）

出入境管理

【概况】 2020年，全市办理公民因私出入境证件58402件，下降90.6%，签发外国人签证证件10126件，减少39.2%，台胞证84本，减少26.3%；出入境通行证210本、减少68.75%。

受理窗口服务质量。落实“七个一”（一张笑脸、一个敬礼、一声您好、一杯清水、一次告知、一站服务、一句再见）窗口服务规范，推行“好差评”评价制度，推出“一机自助办”和全省出入境管理系统第一个“一证办”便民服务举措。出入境窗口工作得到国家移民管理局的肯定表扬。

法治化营商建设。深入推进“六稳”（稳就业、稳金融、稳外贸、稳外资、稳投资、稳预期）“六保”（保居民就业、保基本民生、保市场主体、保粮食能源安全、保产业链供应链稳定、保基层运转）工作，通过对涉外企业和领导包保企业的走访调研，解决企业难题，助力企业复工复产；3项出入境行政许可和13项出入境公共服务事项实现“一网通办”，全年网办率达到50%以上；出台首批“取消企业外事联络员办证手续”等7项出入境“极简审批”举措。全市8个出入境受理大厅参与沈阳创建第六届全国文明城市实地迎检工作，建设学雷锋志愿服务站，升级改造母婴室、无障碍卫生间和无障碍设施等硬件设施。

【“请代表委员走近公安”活动】 10月19日，市出入境管理局邀请4位人大代表、政协委员，通报年内优化营商环境建设工作取得的成果和下一步工作安排，同时就有议题进行深入地沟通和交流。代表、委员对出入境管理局开展的营商环境建设工作稳步提升，特别是出入境证件办理工作时限短、流程优、要件简，达到全国最优，予以肯定。

（方庆武）

殡葬管理

【概况】 2020年，全市有殡仪馆9家（含市回龙岗殡葬服务中心），经营性公墓19家（含市回龙岗殡葬服务中心），公益性公墓14家，骨灰撒海机构1家。全市火化遗体64064具，其中市回龙岗殡葬服务中心火化20910具，其余殡仪馆火化43154具。经营性公墓销售墓穴16592个，销售骨灰格位28个。举办骨灰撒海活动22期，骨灰撒海2143盒。销售1平方米以下小型墓位8923个，节约土地0.89公顷。受疫情影响，清明节期间暂停现场祭扫，参与网络祭扫群众28.1万人次（其中殡葬单位自建网络平台3.4万人次、沈阳殡葬服务网9.7万人次，指尖沈阳云祭祀15万人次），各殡葬机构组织代祭扫服务3353次。市回龙岗殡葬服务中心、市纪念林、市海葬大厅等6家单位举办公益性集体免费代祭服务10场，受益人群49.73万户。

农村散埋乱葬整治。7月，按照市委主要领导批示要求，出台《关于印发〈加快推进全市农村散埋乱葬整治工作的任务分工〉的通知》，开展散埋乱葬问题排查，建立工作台账，排查散葬坟墓322902座、硬化大墓257座。

殡葬服务机构行风整治。5月，由民政部门会同纪检监察部门，开展全市殡葬服务机构行风整治专项行动，排查问题12个，其中殡仪馆运营管理方面问题9个、公墓运营管理方面问题3个。截至年末，全部整改完毕。

智慧殡葬服务体系建设。推进“互联网+殡葬服务”，搭建殡葬事业服务管理平台，平台由沈阳市智慧殡葬平台、沈阳殡葬服务网和沈阳殡仪微信公众号三部分组成，向社会实时公布全市9家殡仪馆、14家公益性公墓、19家经营性公墓和具有殡葬行业信用标准资质的中介服务机构的殡葬服务项目、收费标准、服务流程，以及尸体存放、告别厅租用、骨灰寄存等重点业务办理情况，提供预约登记、信息查询、在线选购、评价投诉等服务项目，方便百姓办事的同时切实保障群众的知情权和监督权。

【村级公益性公墓试点经验全省推广】 1月，由民政、财政、自然资源、生态环境等部门联合出台《关于印发沈阳市加快推进村级公益性公墓建设工作实施方案的通知》，确定浑南区、于洪区、沈北新区、苏家屯区、新民市、辽中区、法库县、康平县8个涉农区县（市）为2020年村级公益性公墓建设试点地区，要求每个地区建设完成1处村级公益性公墓，并将此项工作列入城区（县）领导班子绩效考核内容。截至11月下旬，全市8个试点地区全部完成公墓建设任务，在全省绩效考核中获第一名，经验做法在全省宣传推广。（赵　睿）

【《市民政局关于进一步加强和规范殡仪馆运营和服务管理的实施意见》】 8月3日印发。《意见》就殡仪馆服务收费管理、业务流程管理、服务保障管理、引导文明殡葬、服务环境建设、服务监督和投诉受理等六方面工作作出科学指导，进一步提升全市殡仪馆规范化、制度化运营管理水平。

【《沈阳市遗体运输车辆管理规定》】 8月22日市民政局印发。《规定》进一步明确合法车辆统一涂装备案、司乘人员工作职责、建立多部门数据信息共享及登记比对制度、严格查处非法车辆等内容，为治理殡葬黑车、整顿殡葬服务市场提供政策依据。同步完善全市遗体接运服务呼叫管理平台，实现96144预约服务“一号通”，通过按键选择实时转接全市9家殡仪馆预约服务，有效满足群众服务需求。

社区建设

【概况】 2020年，先后召开市社区建设工作委员会（扩大）会议、市社区建设工作委员会联合办公室工作会议、农村社区治理现场会议，安排部署城乡社区治理重点工作。深入推进基层民主建设，建立各类协商自治组织3200余个，召开协商会议3.16万次，解决百姓实事5.2万件。全面完成1527个农村社区、955个城市社区的村规民约、居民公约制定修订工作，全市覆盖率达到100%。连续第4年选派社区工作者赴北京参加“工作式”培训，举办2期社区工作者沙龙，进一步创新社区工作者培养方式。市区两级财政投入社区经费9.2亿元，改扩建社区综合服务设施34个，总面积2.1万平方米，为全市社区新配备电脑1431台、打印机967台、信息采集一体机1910套。截至年末，全市有基层群众性自治组织2482个，其中城市社区居民委员会955个、农村村民委员会1527个；城市社区工作者9738人，平均年龄41.4岁，人均薪酬水平为5450元/月。城乡社区全部配置社区综合服务设施，建筑面积全部达标。

社区疫情防控。组织社区工作者、楼长、物业人员、志愿者开展“地毯式”“拉网式”排查，推行“居民出入通行证”制度，推广沈河区永环社区制作装户图经验做法，确保重点人员全面掌控、不遗不漏。由民政部门牵头制作社区疫情防控“五张网”（织密社区疫情防控组织网、责任网、宣传网、信息网、服务网）“五张图”（绘制社区疫情防控资源整合调度图、主体防控责任图、疫情信息态势图、现场处置流程图、核酸检测运行图）模板，在全市社区成功推行，工作成效得到省长刘宁的肯定性批示。建立居家隔离人员“四对一”（一名社区工作者、一名公安民警、一名基层卫生工作者、一名志愿者负责包保一名重点人员）包保机制，组织安装门磁报警器、视频监控等设备万余套，构建起24小时安全防护网。出台一线城乡社区工作者关心关爱措施，发放慰问金和临时性工作补贴每人最高3300元。

城乡社区减负。印发《关于推进社区减负回归自治功能本位的指导意见》《关于进一步推动村级组织减负的指导意见》《沈阳市关于清理规范城乡社区挂牌问题的实施方案》等文件，减少城乡社区承接各类事项79项，取消城乡社区挂牌210个，切实为社区减负松绑。沈阳市经验做法在全省宣传推广，保留的城乡社区挂牌成为全省的模板。

村（社区）“两委”换届。12月4日，召开沈阳市村（社区）“两委”换届工作会议暨领导小组（扩大）会议。由市委组织部、民政部门共同研究制定换届工作方案、流程图等，组织开展换届工作培训，深入各地区指导换届工作22次。截至年末，全市13个区县（市）均启动村（社区）“两委”换届工作，其中：199个社区、585个行政村完成推选选举委员会工作；182个社区、542个行政村完成推选村（居）民代表工作；190个行政村完成选民登记工作；14个社区、9个行政村完成候选人推选工作。

【社区运行和服务机制创新试点】 1月21日，全市出台《沈阳市社区运行和服务机制创新试点工作实施方案（试行）》，安排1200万元专项资金在24个社区开展运行和服务机制创新试点，通过政府购买服务引入社会组织参与社区服务，激发社会组织参与社区治理活力。12月10日，举办社区运行和服务机制创新暨“三社联动”工作培训班，提升工作人员创新社区治理工作能力和水平。

【社区便民服务事项“全市通办”推行】 7月1日，在全市社区正式推行便民服务事项“全市通办”，沈阳成为继上海之后在社区层面实现便民服务事项“全市通办”的城市。由民政、营商部门牵头将人社、房产、卫健、医保等7家市直部门的115项服务事项纳入“通办”范畴，通过优化流程、减少环节、精减要件、共享数据，办理时限压缩50%以上，全市社区通过平台月受理居民服务事项13.3万件次。

【3个社区获评全市退管示范社区】 10月24日，全市退管示范社区授牌仪式在和平区马路湾街道电业社区举行。和平区马路湾街道电业社区、铁西区兴华街道广场社区、大东区长安街道民航社区被授予“沈阳市国有企业退休人员社会化管理服务示范社区”。截至10月，全市基本完成国企退休人员社会化管理工作主体任务，工作完成总量全省第一，时序进度高于全省平均水平。

【全市首个社区发展促进会成立】 10月28日，皇姑区社区发展促进会成立，它是全市首个社区发展促进会。该组织是全区性、联合性、非营利性社会组织，由热衷社区综合治理建设的社会各界爱心人士自愿组成，包括人大代表、政协委员、工商企业家、律师、高校学者等各界精英人士80余人。由区民政局管理。设会长1名，常务副会长1名，秘书长1名，副会长8名。具体职能包括促进改善社区文化建设环境、公共服务环境与硬件环境；参与社区治理项目及相关内容的可行性评估，并对社区服务内容、工作质量进行监督；承担社区治理项目，承担社区治理课题研究，并推动研究成果的实施；深入社区，收集群众反映的意见；参与社区各项志愿服务，不定期走访帮扶等。（赵　睿）

民族事务

【概况】 2020年，市民宗局认真落实辽宁省民族团结进步表彰大会精神，以铸牢中华民族共同体意识为主线，组织各少数民族联谊会、各区县（市）民族和宗教部门召开学习会、培训会、座谈会统一思想，强化举措落实，部署重点任务，促进民族团结进步事业繁荣发展。截至年末，全市有清真食品生产经营单位583家，其中：清真餐饮429家、清真肉铺117家、清真熟食10家、清真屠宰场13家（牛羊4家、肉鸡9家）、清真糕点2家、其他12家；有23所民族学校，8所内地民族班，民族班师生总数3151人。

民族团结进步创建。夯实民族团结进步创建进社区等“六进”工作基础，探索进机关宣传展示民族工作成果，进连队筹建“军民共建民族团结书屋”等创建工作新领域。丰富宣传载体，推进“互联网+民族团结”行动，各级各类媒体报道30余篇。选树典型，筹备召开全市第七次民族团结进步表彰大会。以“同结石榴籽·共圆小康梦”为主题，举办第15个民族团结进步宣传月活动，营造民族团结进步氛围，组织开展“中华民族一家亲”民族团结知识有奖答题活动，2万余人次参与。增强中华优秀传统文化认同感，深化“手牵手 共成长”百名文体名家走进内地民族班活动，增设书法、剪纸2门课程。

民族乡村经济发展。充分利用国家和省、市扶持少数民族发展的优惠政策，建立少数民族发展资金项目库。落实少数民族发展资金1736万元，实施少数民族发展资金项目24个，重点支持辽中区、新民市、法库县、康平县少数民族乡村经济社会事业发展。于洪区马三家街道边台村、新民市公主屯镇辽滨塔村、康平县郝官屯镇小塔子村被评为国家级特色村寨。

城市民族工作。促进各民族群众的交往交流交融，在沈阳电视台举办“一个也不能少”民族工作汇报演出，在沈北新区兴隆台街道稻梦空间举办《我们的家园》民族文化精品节目展演，编印《沈阳民族之光》民族工作宣传册、《民族之花》特色村寨宣传彩页。加强少数民族流动人口服务管理，联合铁西何氏眼科医院举办关爱在沈新疆籍中小学生眼健康公益活动，在全市少数民族流动人口经营业户中评选十佳诚信经营示范户，组织拍摄“家在沈阳”公益宣传片，组织少数民族流动人口参观全国民族团结进步教育基地锡伯族家庙，强化民族团结进步和爱国主义教育。

【《沈阳市人民政府关于表彰全市民族团结进步模范集体和模范个人的决定》】 6月8日印发。《决定》表彰2014年以来为全市民族团结进步事业作出突出贡献的40个模范集体和59个模范个人。

【“不忘初心，奋进新时代”主题网络书画展】 6月30日，为庆祝中国共产党成立99周年，市满族联谊会满族画院举办“不忘初心，奋进新时代”主题网络书画展，画展在网络长期开设。画展邀请辽宁省文联名誉主席郭兴文参加并创作书法作品《中流砥柱》，满族画院以及社会各界书画艺术家积极参与，书画通过辽宁区域经济网等相关网络平台进行专题展览，展出精品书法作品7幅、国画及油画作品20幅、剪纸作品3幅。（马云松）

【第三届锡伯族泥巴节】 6月25—30日，沈北新区第三届锡伯族泥巴节在稻梦空间景区正式启动。这届泥巴节首次将开幕式主舞台搭建在稻田中，开展锡人鼓语、模特大秀、萨满舞蹈，泥地狂欢、泥巴文创市集、玩泥祈福等精彩活动，充分展示锡伯族传统文化魅力。

【全国民委系统现场交流会】 10月12—13日，国家民委在沈阳市召开全国民委系统推进中小学铸牢中华民族共同体意识教育现场交流会。国家民委党组成员、副主任边巴扎西出席会议并讲话，辽宁省委常委、统战部部长范继英出席会议并致辞。辽宁、上海、湖北、四川、西藏、陕西、沈阳等地民族工作部门代表分别作交流发言。与会代表实地考察学习东北育才学校等有关单位铸牢中华民族共同体意识教育成果。（付聪　张岩）

宗教事务

【概况】 2020年，全市宗教工作积极抗击疫情，实施“双暂停”（暂停开放宗教场所、暂停一切集体宗教活动）118天。完成中央宗教工作督查“回头看”反馈意见整改落实工作。建立沈阳市宗教大数据平台，切实维护全市宗教和谐稳定大局。全市性爱国宗教团体、各区县（市）民族和宗教部门深入开展学习党的十九届五中全会精神活动，全市宗教系统形成上下联动、效果叠加的学习宣传效果。推动和引导全市宗教界自觉将国旗、宪法和法律法规、社会主义核心价值观、中华优秀传统文化融进宗教活动场所，“四进”（国旗、宪法和法律法规、社会主义核心价值观、中华优秀传统文化进宗教活动场所）活动提前一年实现全覆盖。坚持中国宗教中国化方向，慈恩寺、太清宫等10余处场所被列为省、市、区三级党校“坚持我国宗教中国化”教育实践基地。开展“读一本好书”“解一本好经”“上一堂好课”活动，向全市各宗教团体发放国旗和相关书籍5000余册。组织开展2020年全市宗教政策法规学习月活动，提高宗教界学法守法意识，加强宗教“三支队伍”（党政领导干部、宗教工作干部、宗教界人士）培训，提升宗教工作“三支队伍”业务能力。完成道教团体换届工作。

【全市宗教工作培训班】 5月14—15日，组织开展2020年宗教政策法规专题培训，采用线上培训和线下视频等形式进行，设置“习近平总书记关于宗教工作的重要论述”“坚持我国宗教中国化方向”等4个课题内容，35个市直部门、13个区县（市）统战和民宗部门、150余个乡镇（街道）、300余处宗教场所相关人员参加培训。

【反宗教极端思想系列宣传教育活动】 8月17—21日，市民族和宗教局、市伊斯兰教协会，深入清真南寺、辽中清真寺、新民清真寺、法库清真寺、铁西清真寺，先后举办“维护民族团结、抵御宗教渗透”培训会、“反宗教极端思想、抵御宗教渗透”座谈会、新修订的《宗教事务条例》宣传教育大会、反宗教极端思想“卧尔兹”讲经巡讲会等系列活动。属地民族和宗教局、公安、街道、社区，清真寺管委会负责人、阿訇及600余名信教群众参加，发放《宗教事务条例》3000余册。（曲士正）

【和平法会及讲经交流活动】 8月28日，沈阳市佛教界在沈阳慈恩寺举行纪念中国人民抗日战争暨世界反法西斯战争胜利75周年祈祷世界和平法会及举办沈阳市佛教界2020年讲经交流活动，缅怀在抗日战争中故去的烈士及死难同胞，祈愿国家繁荣昌盛、世界和平安泰。全市佛教活动场所负责人、教职人员及信众代表等190余人参加，13名通过初选的优秀教职人员分别登台讲经，践行社会主义核心价值观，弘扬优秀传统文化。8名教职人员组成巡讲小组，在全市重点佛教活动场所开展巡讲活动。（雷　鸣）

区域界线管理

【概况】 2020年，完成省、市、区（县）三级行政区域界线联合检查工作。沈阳市完成内蒙古与辽宁第四轮省级行政区域界线康平段现地勘查；完成与鞍山市、抚顺市、本溪市市级界线联检任务，分别由鞍山市、抚顺市、本溪市牵头。督导各区县（市）完成2020年度县级行政区域界线联检任务。

【县级行政区域14条界线联检完成】 3—12月，市民政局督导11个区县（市）完成2020年度14条县级行政区域界线联合检查工作。当年度联检界线为：和平—苏家屯、沈河—浑南、大东—沈河、大东—皇姑、大东—浑南、铁西—苏家屯、铁西—于洪、浑南—和平、沈北—大东、沈北—皇姑、于洪—和平、于洪—皇姑、新民—铁西、辽中—铁西（牵头单位在前）。（赵　睿）

【内蒙古与辽宁第四轮省级行政区域界线联检完成】 内蒙古自治区与辽宁省行政区域界线西起冀蒙辽三省区交会点，东至蒙辽吉三省区交会点，全长1162.5千米。涉及沈阳市的地段为内蒙古自治区通辽市科尔沁左翼后旗与康平县沿线区域，沈阳市代辽宁省管理维护的界桩为14B号。本轮界线联检任务由内蒙古自治区主持，11月初，沈阳市民政部门会同康平县民政部门对照联合勘定的行政区域界线协议书，赴现地进行踏勘作业，核对14B号省级界桩县地经纬度坐标，清理界桩周边环境，对界桩基座进行重新涂刷及维护，完成界线联检任务。

【省内第四轮市级行政区域界线联检完成】 2020年，沈阳市分别承担与鞍山市、抚顺市、本溪市市级界线联检任务，牵头单位均为对方城市。沈阳—鞍山线由北向南，从沈阳、鞍山、锦州三市交会点起，到沈阳、辽阳、鞍山三市交会点止，全长88.9千米，设5个桩号，埋设7个界桩。沈阳—抚顺线北起沈阳、抚顺、铁岭三市交会点，南至沈阳、抚顺、本溪三市交会点，全长111.12千米，设界桩点10处（未包括两端的三市交会点）。其中，实地埋设花岗岩界桩10个，利用国家三角点1处，同号双立1处。沈阳—本溪线由西向东从辽阳、沈阳、本溪三市边界线交会点起，至抚顺、沈阳、本溪边界线交会点止，全长21.66千米，实地埋设界桩1个。

地名管理

【概况】 2020年，沈阳市向省档案馆移交第二次全国地名普查档案47472卷，命名道路91条，更名道路2条，按时上报国家标准地名图集，省级标准地名图、录、典沈阳部分内容，完成国家地名信息库市本级3706条数据审核。审核出版《沈阳市主城区地名图》，编辑《沈阳市标准地名词典》6.3万字，《沈阳市标准地名录》10414条，对省地名志沈阳部分各类词条进行订正、扩充，编撰42个词条近3万字。

【93条道路规范命（更）名】 2020年，全市命名91条道路（含新建77条、调整14条），新建道路包括南文萃路、南塔前巷、天坛一街15巷、热闹路23巷、万寿寺街99巷等；调整道路包括东望北街、考场街、劳动路、新生三街、新生二街等。更名2条道路，分别是原吉祥庵巷更名为金生巷，原吉祥庵北巷更名为金生北巷。 （赵 睿）

2020年沈阳市新建道路命名情况

表39 单位：米

序号	名称	道路起点	道路止点	道路长度	道路宽度
1	南文萃路	天坛二街	阳光2000家园小区北出入口	700	10
2	南塔前巷	沈水路北侧绿化带	文萃路	570	10
3	天坛一街15巷	建大家园小区西出入口	天坛一街	140	8
4	热闹路23巷	热闹路	顺通巷	145	5
5	万寿寺街99巷	小西小区西出入口	万寿寺街	70	6
6	王家沟街	东望北街	沈阳绕城高速公路王家沟收费站	2600	30
7	考场街10巷	考场街	王家沟街	387	12
8	文中堂街	大东路	珠林路	1200	12
9	万柳塘路22巷	万柳塘路	万泉小区东门	196	8
10	兴和巷	凯翔一街	滂江街	203	8
11	仁德巷	善邻路	和睦南二路	298	14
12	新东一街3巷	新东二街	新东一街	200	18

续表39

序号	名称	道路起点	道路止点	道路长度	道路宽度
13	新东一街7巷	新东二街	新东一街	200	6
14	新东二街17巷	新东三街	新东二街	220	8
15	新东三街17巷	联盛南巷	新东三街	376	8
16	新东三街19巷	联盛南巷	新东三街	379	12
17	明堂街25巷	东站街	明堂街	416	12
18	联合南路	观泉路	东辽街	2600	18
19	工农路277巷	如意五路	工农路	160	5
20	工农路269巷	如意五路	工农路	160	5
21	东站街73巷	柳东街	东站街	384	16
22	柳东街	联合路	观泉路	995	12
23	东振路	观泉路	柳东街	920	16
24	二台子街14巷	二台子街	黎明柳林苑北门	286	8
25	望花南街39巷	北大营海鲜市场西侧围墙	望花南街	407	9
26	荣悦路	望花丽景小区东侧规划路	望花北街	668	12
27	金柳路	苏家屯与浑南区界（沈阳科技学院西侧）	南京南街	850	22
28	玉兰街	规划路（00坐标系：X:4615881.87 Y:41532285.136）	青榆路	791.48	22
29	青兰街	规划路（00坐标系：X:4608584.546，Y:41547375.830）	佳园路	426	24
30	桃林路	紫兰街	规划路（00坐标系：X:4608608.951，Y: 41543684.893）	2481	24
31	胜林路	丹阜高速	嘉兰街	1743	24
32	乐学路	道义南大街	学园街	850	6
33	蒲昌路4巷	蒲昌路	正义路	330	5

续表39

序号	名称	道路起点	道路止点	道路长度	道路宽度
34	道义南大街 11 巷	边防小区南门	道义南大街	350	6
35	校园街	道义南大街	蒲新路	610	6
36	道义南大街 55 巷	校园街	道义南大街	300	6
37	蒲昌路 23 巷	沈师北侧围墙	蒲昌路	260	4
38	蒲悦新路	道义北大街	沟子沿路	2200	12
39	道义北大街 26 巷	道义北大街	宏颐泷园小区南 2 门	300	6
40	双楼一街	蒲南路	蒲河路	1300	6
41	树子街	沈北路	蒲南路	2000	12
42	一帆路	京哈线西侧	秋月湖街	1100	8
43	二泉路	京哈线西侧	秋月湖街	1000	8
44	兴明街 39 巷	兴明街	兴盛街	340	5
45	虎石台南大街 42 巷	虎石台南大街	兴明街	500	4
46	建设北一路 50 巷	建设北一路	虎石台南大街 42 巷	160	4
47	建设路 52 巷	建设路	建设北一路	400	4
48	建设路 60 巷	建设路	建设北一路	400	4
49	兴明街 35 巷	建设路 60 巷	兴明街	160	4
50	站前街 33 巷	站前街	站前街 35 号西侧	200	4
51	站前街 36 巷	站前街	站前街 36 号西侧	120	4
52	盖州路	虎石台北大街	金星街延长线	1600	12
53	青州路 11 巷	中央路	青州路	130	4
54	青州路 19 巷	中央路	青州路	130	4
55	青州路 23 巷	中央路	青州路	130	4
56	银河街 32 巷	银河街	新城子大市场东侧	160	4

续表39

序号	名称	道路起点	道路止点	道路长度	道路宽度
57	银河街34巷	银河街	新城子大市场东侧	160	4
58	太阳街6巷	太阳街	南极街	140	4
59	贵州路9巷	富华园小区北门	贵州路	270	4
60	福州路46巷	福州路	贵州路	430	4
61	银河街54巷	银河街	沈北新区第二小学东门	130	4
62	银河街78巷	银河街	常州路	480	4
63	虎石台北大街26巷	虎石台北大街	北斗公园东侧	220	4
64	聚农路23巷	辉山学校北门	聚农路	200	4
65	春水路	辉山北大街	松树村北进村口	2000	6
66	碧水路	辉山北大街	清西街	900	12
67	闻水路	辉山北大街	清西街	950	6
68	秋水路	辉山北大街	清西街	900	12
69	山水路	辉山北大街	清西街	900	12
71	清兴街	秋水路	乐水路	830	7
72	后屯路	辉山北大街	顺州路	3500	6
73	顺水路	清西街	望花台街	4300	6
74	望花台街	蒲秀路	顺水路	3400	6
75	巴尔虎山路	涟水街	塔湾二手车交易市场停车场东门	630	10
76	海棠山路	丽江街	宁江东街	1200	12
77	长海路	巢湖街	西止海逸私阁小区围墙（西湖街24-10号）	860	8/12

（市民政局）

2020年沈阳市调整道路命名情况

表40

序号	调整前街路基本情况					调整后街路基本情况				
	名称	道路起点	道路止点	道路长度（米）	道路宽度（米）	名称	道路起点	道路止点	道路长度（米）	道路宽度（米）
1	东望北街	东望街	八棵树铁路线	1600	18	东望北街	东望街	沈阳绕城高速公路	5280	18
2	考场街	东望北街	八棵树考场	2600	10	考场街	东望北街	沈阳绕城高速公路	3510	10
3	劳动路	民强三街	望花北街	1040	18	劳动路	沈阳绕城高速公路沈阳东收费站	望花北街	6740	18
4	新生三街	工农路	新生路	700	14	新生三街	工农路	联合路	984	14
5	新生二街	工农路	联合路	800	10	新生二街	如意五路	联合路	960	10
6	友助巷	东陵西路	联盛巷	500	2	友助巷	八家子街	联盛巷	281	4
7	新东三街	和睦路	东陵西路	637	6	新东三街	凌云街	东陵西路	841	6
8	东宁街	东塔街	凌云街	440	6	东宁街	东塔街	和睦路	617	6
9	和睦南一路	黎明五街	地坛街	820	12	和睦南一路	东塔街	地坛街	1130	12
10	上园路	沈铁路	望花南街	1400	30	上园路	联合路	望花南街	1800	30
11	崔公堡路	清西街	虎石台北大街	6100	6	崔公堡路	望花台街	虎石台北大街	1800	6
12	北江街	白山路	青山路	430	12	北江街	白山路	松山西路	1000	12
13	赣江街	赤山路	三环路	770	8	赣江街	西江街 221-21 号（格林木棉花小区）	三环路	1120	8
14	渤海路	洪湖南街	巢湖街	1000	20	渤海路	洪湖南街	西湖街	1550	20

（市民政局）

2020年沈阳市更名道路命名情况

表41

单位：米

序号	名称	原名称	道路起点	道路止点	道路长度	道路宽度
1	金生巷	吉祥庵巷	文化路	五爱街 15-28 号与 15-29 号楼之间	510	7
2	金生北巷	吉祥庵北巷	五爱街 15-29 号与 15-56 号之间	五爱街	230	7

（市民政局）

社会组织管理

【概况】 2020年，全市新增社会团体69家、注销社会团体数44家，新增民办非企业单位433家，注销民办非企业单位177家，新增基金会1家。截至年末，全市有社会团体1069家，其中市级543家、区县级526家，民办非企业单位4648家，其中市级220家（含涉外6家）、区县级4428家；新设立行业协会8家，累计207家，行业协会非公企业会员11687个；608家市本级社会组织参加2019年度年检；对68家社会组织实施行政处罚，其中撤销22家、警告45家、责令改正1家。

规范开展年检。强化社会组织年检预审作用，首次试行业务主管单位网上前置审查；实施现场审核，在沈阳市社会组织服务管理平台上增设预约功能，有效防止人群聚集。2019年度应参加年检的全市性社会组织674家，参检608家，参检率90.21%。

社会组织评估。10月，重新调整沈阳市社会组织评估委员会和复核委员会组成人员，增加专家学者比例，确保评估结果更加客观公正。完成22家社会组织评估等级，其中，AAAAA级社会组织8家，AAAA级社会组织9家，AAA级社会组织5家。

●小资料

AAAAA级社会组织8家：沈阳市市容环境发展协会、沈阳市心理咨询师协会、沈阳家具产业协会、沈阳市建筑装饰协会、沈阳市慈善总会、沈阳市律师协会、沈阳市社区工作者协会、沈阳市和平区惠万民社会工作服务中心。AAAA级社会组织9家：沈阳市众享社会工作服务中心、沈阳服装（服饰）行业协会、沈阳市民营企业家爱心慈善会、沈阳市华易伤害预防公益基金会、沈阳市惠万民居家养老服务中心、沈阳人力资源服务行业协会、沈阳市婚姻家庭咨询师协会、沈阳市古玩行业商会、沈阳市沈北新区青杨社会工作服务中心。AAA级社会组织5家：沈阳辽美中等职业学校、沈阳志远职业中等学校、沈阳乐居社工服务中心、沈阳市铸造协会、沈阳市大爱社会工作服务中心。

【行业协会商会脱钩改革完成】 2019年9月15日至2020年11月30日，准确划定脱钩改革实施范围，通过上下比对、业务界定、身份核实等工作措施，精准识别出101家脱钩改革行业协会商会，呈报市委市政府审定后，经省民政厅审核同意报国家联组办。深化党委政府领导主导、民政部门牵头、各相关部门协助的脱钩联动工作机制，严把工作程序步骤，指导、督促脱钩行业协会商会及时更换证照，确保脱钩工作形成闭环。围绕“五分离、五规范”（机构分离，规范综合监管关系；职能分离，规范行政委托和职责分工关系；资产财务分离，规范财产关系；人员管理分离，规范用人关系；党建、外事等事项分离，规范管理关系）工作目标，圆满完成全市行业协会商会脱钩改革任务。

【社会组织党建实现“两个覆盖”】 6月，印发《市民政局社会组织党委关于集中推进“两个覆盖”工作的实施方案》，进一步明确全市性直接登记和脱钩社会组织的党建管理体制和隶属关系，初步形成市委非公工委统一领导，市民政部门社会组织党委督促落实，属地街道、社区归口负责组建，相关单位各履其职、齐抓共管的工作机制。参加2019年度年检的全市性直接登记和脱钩社会组织全部实现党的组织和党的工作覆盖。

【行业协会商会涉企收费抽查检查】 8月，全市首次由市、区两级市场监管部门联合开展行业协会商会涉企收费抽查检查，指导会费标准超4档或者会费具有浮动性的10家行业协会商会完成整改。向中国社会组织信用信息共享平台和“信用中国”网站推送社会组织双公示信息68条，在“信用中国”上公示388家行业协会商会涉企收费信息。

（赵　睿）

家庭服务业

【概况】 截至年末，全市有家庭服务网点超4100家，从业人员2.5万余人，当年实现的营业额超21亿元。动员市家庭服务业协会指导重点家政企业组织与贫困县进行对接，通过举办宣讲会、招聘会等，帮助贫困劳动力应聘及就业，发挥沈阳市菠萝家政服务有限公司、沈阳百强家政有限公司、沈阳金牌家政连锁有限公司、沈阳娘子军家政服务有限公司等“百城万村”家政扶贫企业在决战决胜脱贫攻坚中的作用，缓解家政企业招工难问题，同时通过扶贫对象的安置把地方特色产品推销到沈阳，拉动扶贫地区经济增长。进一步推动家政服务业信用体系建设推广宣传工作，提高消费者利用信用信息选择家政服务的意识，提升家政服务企业和服务人员守信意识和主动提供自身信用信息的积极性。8月下旬，在全市主要街路的5块LED显示屏，同时集中宣传家政服务业信用体系建设工作。

【8000名家政人员通过信用审核】 2020年，根据省商务厅、省发展改革委《关于印发建立辽宁省家政服务业信用体系实施方案的通知》，组织各区县（市）商务主管部门、市家庭服务业协会会员单位及部分家政企业开展政策解读及业务宣讲，组织家政企业及家政服务员开展信用信息登录工作，对家政企业及家政服务员信用信息进行督报。截至年末，商务部“家政服务信用信息平台”统计显示，全市有136户户政企业信用信息登记通过平台审核，超8000名家政服务员登记个人信用信息并审核验证通过。

（齐　芳）

集　邮

【概况】 2020年，市集邮协会因疫情影响主要通过线上进行集邮活动，传播集邮文化，为广大会员和集邮爱好者服务。3月开始，到4月1日，购买选票300张，组织会员参加全国最佳邮票评选活动。7月1日开始至年末，每当新邮发行后，组织会员单位参加《全国纪特邮票发行服务满意度调查活动》，对新邮进行评价。8月23日，组织会员和集邮爱好者近百人参加中国邮政集团公司沈阳分公司在中共满洲省委旧址举办的纪念《共产党宣言》中文版发行100周年邮票首发式。9月下旬开始，组织发放会员特供双连张7500张。10月开始，为会员预定2020年集邮会员专用邮票册500册。截至年末，全市集邮协会会员1万人、基层协会组织129个、集邮爱好者5万人。

【7名会员获省职工邮展奖励】 11月8日至12月8日，第三届辽宁省职工邮展暨全国城市职工集邮邀请一框网络展览在辽河油田举办。沈阳裴成荣一框书信《致军人公函》、张若男一框书信《沈阳知青生活》、王莉一框图画明信片《雷锋照片背后的故事》获镀金奖；沈阳崔已强一框极限《开国大典》、崔爽一框极限《延安岁月》获银奖；沈阳田恒丰一框书信《战役祖孙情》、田长崇一框专题《我爱北京天安门》获铜奖。

【抗“疫”主题集邮展览】 11月23—30日，皇姑区党群活动中心与沈阳市职工集邮协会携手，举办讲述抗“疫”故事，弘扬中国精神，抗“疫”主题集邮展览。邮展以集邮者的视角，通过沈阳市集邮协会、方雅少年邮局及个人集邮爱好者在新冠肺炎期间收集的千余枚封、片组集，计9部29框邮集，真实的记录战“役”历程。（市集邮协会）

收　藏

【概况】 截至年末，沈阳市收藏家协会经组织整顿有会员148人，下设古籍旧书资料研究专业委员会、红山文化研究会、连环画收藏专业委员会、东北酒具文化研究会4个专业委员会。因抗击疫情，减少大型活动，协会与辽宁省古玩商会，沈阳市古玩商会，鲁园古玩城经批准，共同举办古玩艺术品大型交流活动1次。协会专项活动2次，其中9月3日举办纪念中国人民抗日战争胜利七十五周年文物史料捐赠活动，收藏家高大航，李恩生将收藏多年的日本侵华时期的藏品无偿捐献九一八历史博物馆；开展传承历史文化，讲好沈阳故事活动，10月21日举办“东城记忆”老物件展，11月5日举办红色“徽煌”—聆听英雄模范讲述勋章背后的故事。继续办好《鲁园古玩》杂志，并免费向收藏爱好者发放1.2万余册（双月刊）。

【秋季沈阳古玩艺术品博览会】 9月中旬在沈阳鲁园古玩城举办。由辽宁省民间文物艺术品商会、沈阳古玩行业商会、沈阳市收藏家协会主办。展会室内设300个档口，室外设5000个摊位，国内外的古玩艺术品收藏家，爱好者，经营者参与本次活动。活动全面展示古玩艺术品上百万件。参展商5000人左右，购物交流者近10万人次，交易额6000万元左右。（李晓旭）

住房公积金管理

【概况】 2020年，沈阳住房公积金管理中心归集住房公积金246.9亿元，完成计划指标127.93%；新增开户人数13.34万人，完成计划指标133.36%；支持28805户家庭购房建筑面积279.17万平方米，投放个人住房贷款92.01亿元，完成计划指标108.25%；支持提取住房公积金193.39亿元；实现增值收益11.71亿元，完成计划指标123.23%；归集余额770.71亿元，个贷余额655.6亿元，资金运用率85.06%；个贷逾期率为0.02%，低于0.11%的全省平均值和0.1%的全国平均值，个贷资产质量继续保持稳定。出台政策支持复工复产，出台《关于应对新冠肺炎疫情实施住房公积金阶段性支持政策》，政策执行期间，全市有1604家单位按规定申请办理缓缴和降低缴存比例手续，涉及职工21.2万人，累计缓缴和少缴资金3.46亿元。归集扩面工作稳步提升，通过数据核查比对，进一步夯实缴存单位的缴存基数，企业可根据经营状况选择5%—12%的缴存比例，在减轻企业负担和保障职工合法权益的基础上，增强企业缴存后劲。推动与工商、社保等部门联网核查，健全中心信息数据库，大力实施精准扩面，督促单位诚信合规缴存。满足刚性和改善性提取贷款需求，紧跟市政府调控步伐，推动租购并举住房制度，提取资金定向应用于职工住房消费，住房消费类提取占全部提取75.06%。支持城区老旧小区改造建设，推进既有住宅增设电梯提取住房公积金。持续保持安全规范运营，以建立健全规章制度为基础、信息化为载体、内部稽核为手段，加强“两个体系”建设，严密防范管理运营风险，资金流动性风险、资金管理风险、个人贷款逾期风险等都保持在国内较好水平。优化公积金营商环境建设，实现公积金专网系统与政务外网对接，完成公积金App与辽事通和沈阳政务服务App的统一身份认证，通过联网核查数据，确保企业和群众“登陆一张网，办通所有事”，政务服务事项网上可办率100%，全程网办率90%，“最多跑一次”和“一窗办理”率均达到100%。

【既有住宅增设电梯提取住房公积金59万元】 2020年，为满足职工特别是低收入职工的多元化的基本住房消费需求，减轻职工完善既有住宅使用功能、改善居住条件的个人负担成本，切实提升住房公积金制度公平性，4月1日起，符合沈阳市既有住宅增设电梯范围，实际支付既有住宅增设电梯费用，且无未偿清沈阳住房公积金贷款的缴存职工及配偶，可在增设电梯交费票据载明日期两年内申请提取住房公积金。受理既有住宅增设电梯提取住房公积金业务17笔，累计提取59.86万元。（陈　亮）

三十四、人　物

组织机构主要负责人

【中共沈阳市委员会】

书　记：张　雷

副书记：姜有为

　　　　刘晓东

常　委：刘桂香

　　　　高　伟

　　　　李松林

　　　　王少林

　　　　王　镇

　　　　王冬石

　　　　于振明

　　　　宋　诚

　　　　李　强（12月免）

　　　　范宏利（8月免）

　　　　齐为跃（3月任，11月免）

　　　　王　阳（11月任）

秘书长：李　强（12月调离沈阳）

办公室主任：李　强（12月调离沈阳）

组织部部长：刘桂香

宣传部部长：于振明

统战部部长：王　镇

政法委书记：宋　诚

政研室主任：张向阳（4月任）

　　　　　　李伟梁（4月免）

网信办主任：于振明

机构编制委员会办公室主任：

　　　　　　张信宇（9月任）

　　　　　　雷雨润（9月免）

军民融合办主任：高　伟

台办主任：王欢苗（4月任）

　　　　　王羽轻（4月免）

巡察办主任：赵　岩

巡察组组长：袁　革

　　　　　　孙常福

　　　　　　冯　志

　　　　　　王海波

　　　　　　魏武宁（7月任）

　　　　　　孔宪才（11月任）

　　　　　　杨　弘（4月免）

　　　　　　陈玉涛（10月免）

市直机关工委书记：

　　李　强（12月调离沈阳）

信访局局长：梁　威

老干部局局长：张小虎

【沈阳市人大常委会】

主　任：潘利国

副主任：马占春

　　　　徐　璐

　　　　邓福林

　　　　王　健

　　　　安俊辉

秘书长：孟昭贵

【沈阳市人民政府】

市　长：姜有为

副市长：高　伟

　　　　李松林

　　　　王少林

　　　　王广生（6月免）

　　　　彭肇文（6月免）

　　　　苗治民（6月免）

　　　　范宏利（8月免）

　　　　王忠昆

　　　　郑　滨（6月任）

秘书长：曹　鹏

政府办公室主任：曹　鹏

发展改革委主任：王庆海

教育局局长：闫凤霞

科技局局长：赵日刚
工业和信息化局局长：韩　博
民族和宗教局党组书记：王永刚
民族和宗教局局长：朱　翎
公安局局长：
民政局局长：于久元
司法局局长：王佩军
财政局局长：邱立全（11月任）
　　　　　　卢　俊（11月免）
人力资源社会保障局局长：
　　　　　　杨志宏
自然资源局局长：赵　辉
生态环境局局长：
　　　　　　裴希岩（6月任）
　　　　　　赵胜龄（6月免）
房产局局长：陈　杰
城乡建设局局长：刘旭辉
交通运输局局长：
　　　　　　陈大为（12月任）
　　　　　　杨　树（12月免）
水务局局长：孙　博
农业农村局局长：
　　　　　　左志清（11月任）
　　　　　　刘澜波（11月免）
商务局局长：赵　戈
文化旅游广电局局长：关蓉晖
卫生健康委主任：苏立明
退役军人局局长：闫卫东
应急局局长：王晓刚
审计局局长：刘莹光
政府外办主任：王晶莹
人民对外友好协会会长：赵长义
国资委主任：孙百如
市场监管局局长：曲向军
体育局局长：张晓权
统计局局长：赵永圣
政府研究室主任：赵　斌
金融发展局局长：
　　　　　　吴向国（9月任）
　　　　　　项洪峰（9月免）
人防办主任：石　坚（11月任）
　　　　　　邹　昊（11月免）
营商局局长：段继阳
医保局局长：王志刚
机关事务局局长：孙鸿庆
城市管理行政执法局局长：
　　　　　　谷军营
市政公用局局长：侯绍立
大数据局局长：李　莹
驻京办主任：杨德东
驻沪办主任：史浩然
驻深办（香港经贸代表处、澳门经贸代表处、台海经贸联络处）主任：束从杰（11月任）
　　　　　　刘振宁（11月免）
供销社党组书记、理事会主任：
　　　　　　孔德树

【政协沈阳市委员会】

主　席：韩东太
副主席：张景辉
　　　　韩晓言
　　　　赵东岩（1月任）
　　　　赵世宏
　　　　金志生
　　　　肖　枫
　　　　于　龙
秘书长：姜　军

【中共沈阳市纪律检查委员会】

书　记：王冬石
副书记：孙建军
　　　　韩春声
　　　　骆　峰（3月任）
常　委：赵　岩
　　　　孔宪才
　　　　毕成伟
　　　　宋　丽
　　　　赵久平（7月任）
　　　　侯　军（7月任）
　　　　骆　峰（3月免）
　　　　关卫民（11月免）

【沈阳市监察委员会】

主　任：王冬石
副主任：孙建军
　　　　韩春声
　　　　骆　峰（3月至4月市监委副主任人选，4月正式任）
委　员：孔宪才
　　　　毕成伟
　　　　宋　丽（7月至8月市监委委员人选，8月正式任）
　　　　赵久平（7月免）
　　　　魏武宁（7月免）
　　　　关卫民（11月免）
　　　　方世义（11月免）

【沈阳市中级人民法院】

院　长：吴廷飞（12月任副院长、代院长）
　　　　段文龙（12月免）

【沈阳市人民检察院】

检察长：张　为（1月任）
　　　　赵东岩（1月免）

【民主党派】

民革沈阳市委主委：贾海洋
民盟沈阳市委主委：于　龙
民建沈阳市委主委：范　民
民进沈阳市委主委：赵　凯
农工党沈阳市委主委：李铁男
致公党沈阳市委主委：李展超
九三学社沈阳市委主委：原忠虎
台盟沈阳市委主委：吴利薇

【群团】

总工会主席：顾少清
团市委书记：刘晓虹
妇联主席：袁　柳
科协党组书记、副主席：吴智丰
科协主席（不驻会）：成会明
社科联党组书记、主席：李宏印
文联党组书记、主席：王　菁
侨联党组书记、主席：张　梅
台联党组书记：刘　刚（兼）
台联会长（不驻会）：杨晓健
残联党组书记、理事长：刘　文
贸促会党组书记：李　屹
贸促会会长：赵　凯

工商联党组书记：金　翔（兼）
工商联主席：侯　巍
红十字会党组书记、专职副会长：张春青（7月任）
段　阳（5月免）

【市属事业单位】

党校（沈阳行政学院、市社会主义学院、市团校）常务副校（院）长：刘　祥
档案馆（文史馆）党组书记、馆长：张春风
党史研究室（地方志办公室）主任：李向来（4月任）
鲁　颖（2月免）
日报社党委书记兼社长：程谟刚
日报社总编辑兼党委副书记：兰宝刚
接待办公室党组书记、主任：程　心
仲裁办（劳动仲裁院）党组书记、主任（院长）：邱立民
公积金中心党组书记、主任：唐玉辉
广播电视台党委书记、台长：马　丽
广播电视台总编辑兼党委副书记：关　金
创新与转化中心党组书记：王　罡
市创新与转化中心主任：吴希平
产业转型中心党组书记：李　芃
产业转型中心主任：任宝箭
农业服务中心（市农科院）党委书记：夏君轶
农业服务中心（市农科院）主任（院长）：徐　强（12月免）
信息中心（市信用中心）党组书记、主任：刘智勇（7月任）
李世勇（7月免）
考试院（市招考办）党组书记、院长（主任）：骆　颖（6月任）
公共资源交易中心（市政府采购中心）党组书记、主任：
葛　明（4月任）
许　健（2月免）

【市属高校】

沈阳大学党委书记：苏文捷
沈阳大学校长：赵彦志（7月任）
李　峰（7月免）
医学院党委书记：陶庆才
医学院党委副书记、院长：
任　甫（7月任）
肖纯凌（7月免）
广播电视大学党委书记：齐　舒
广播电视大学党委副书记、校长：任　冰（7月任）
王　滨（3月免）
职业技术学院党委书记：
王久成（9月任）
张黎明（8月免）
职业技术学院院长：
肖纯凌（9月任）
王久成（9月免）

【市属企业】

副食集团公司党委书记、董事长：李　军
副食集团公司党委副书记、总经理：刘玉东
物资集团有限责任公司党委书记、董事长：徐　磊（7月任党委书记、提名为董事长人选）
王军锋（6月免）
物资集团有限责任公司党委副书记、总经理：刘　戈（9月任党委副书记、提名为总经理人选）
水务集团有限公司党委书记、董事长：蒋　勇
水务集团有限公司党委副书记、总经理：陈显利
国际经济技术合作有限公司党委书记、总经理：唐乐珍
机床（集团）有限责任公司党委书记、董事长：
关锡友（3月因改革免）
机床（集团）有限责任公司党委副书记、副董事长、总经理：刘　岩（3月因改革免）
鼓风机集团股份有限公司党委书记、董事长：戴继双
鼓风机集团股份有限公司党委副书记、总经理：马　诚
基础产业建设发展集团有限公司董事长、总经理：徐晓勇
产业投资发展集团有限公司党委书记、董事长：苏庆祥（9月免总经理）
产业投资发展集团有限公司党委副书记、总经理：韩　波（9月任党委副书记、提名为总经理人选）
出版发行集团有限公司党委书记、董事长：王　京（3月免总经理）
出版发行集团有限公司党委副书记、总经理：李　兵（7月任党委副书记、提名为总经理人选）
燃气集团有限公司党委书记、董事长：刘守宇
地铁集团有限公司党委书记、董事长：卢春风
地铁集团有限公司党委副书记、总经理：巴　放
旅游集团有限公司党委书记、董事长：栾　峰
旅游集团有限公司党委副书记、总经理：陈　亮
航空产业集团有限公司党委书记、董事长、总经理：
吴　波（9月任党委书记、提名为董事长人选）
市城市建设投资集团有限公司党

委书记、董事长：董　强
市城市建设投资集团有限公司党委副书记、总经理：王铁利（7月任党委副书记、提名为总经理人选）
盛京金控投资集团有限公司党委书记、董事长：王琳琳
盛京金控投资集团有限公司党委副书记、总经理：于国强（7月任党委副书记、提名为总经理人选）
盛京资产管理集团有限公司董事长：刘延辉
盛京资产管理集团有限公司总经理：张洪利（7月提名为总经理人选）
中德园开发建设集团有限公司董事长：张洪利（7月企业管理体制由市管变为区管）
中德（沈阳）国际产业投资发展集团有限公司董事长：王铁利（7月企业管理体制由市管变为区管）

【区县（市）】

和平区委书记：刘志寰
和平区人大常委会主任：王泓伟（11月提名，12月当选）
蔡效军（12月免）
和平区政府区长：马　原
和平区政协主席：厉　馨
和平区纪委书记：何增春
沈河区委书记：王心宇
沈河区人大常委会主任：杨文凯
沈河区政府区长：林宇航
沈河区政协主席：张顺成
沈河区纪委书记：程　洁
铁西区委书记：刘克武
铁西区人大常委会主任：刘　斌
铁西区政府区长：郭忠孝
铁西区政协主席：王玉辰
铁西区纪委书记：
刘　成（7月任）
侯　军（7月免）
皇姑区委书记：李　军
皇姑区人大常委会主任：李　凯
皇姑区政府区长：李　盛
皇姑区政协主席：林学家
皇姑区纪委书记：闫　伟
大东区委书记：李　刚（12月任）
王新北（12月免）
大东区人大常委会主任：牟丽博（12月提名，12月当选）
徐　强（12月免）
大东区政府区长：王林祥（12月提名，12月当选）
李　刚（12月免）
大东区政协主席：马　旭（12月提名，12月当选）
陈玉光（12月免）
大东区纪委书记：黄　玉（9月任）
于明海（7月免）
浑南区委书记：单　义
浑南区人大常委会主任：金光熙
浑南区政府区长：闫占峰
浑南区政协主席：周　武（2019年11月提名，2020年1月当选）
浑南区纪委书记：于　凯
于洪区委书记：朱文波
于洪区人大常委会主任：黄宝晖
于洪区政府区长：高政威
于洪区政协主席：张海涛
于洪区纪委书记：么家伟（9月任）
白雪峰（9月免）
沈北新区区委书记：闻　然
沈北新区人大常委会主任：刘东耀
沈北新区政府区长：吴　军（12月提名，12月当选）
刘树敏（12月免）
沈北新区政协主席：金玉龙
沈北新区纪委书记：李清杰
苏家屯区委书记：李　军
苏家屯区人大常委会主任：侯晓东
苏家屯区政府区长：李逸群
苏家屯区政协主席：王德利
苏家屯区纪委书记：张　堃
辽中区委书记：温向伟
辽中区人大常委会主任：马立伟
辽中区政府区长：卜世杰
辽中区政协主席：李淑文
辽中区纪委书记：刘　涛
新民市委书记：周鹏举（6月免）
新民市人大常委会主任：徐占海
新民市政府市长：张文哲
新民市政协主席：范庆军
新民市纪委书记：季春辉
法库县委书记：刘阳春（6月任）
王欢苗（6月免）
法库县人大主任：段秀华
法库县政府县长：徐　强（12月提名，12月当选）
陈大为（12月免）
法库县政协主席：刘连恒
法库县纪委书记：魏　婷（7月任）
刘　成（7月免）
康平县委书记：李旭臣（12月任）
滕增泰（10月免）
康平县人大主任：王一平
康平县政府县长：徐　强（12月提名，12月当选）
李旭臣（12月免）
康平县政协主席：吕明臣
康平县纪委书记：陈　晨（9月任）
徐德庆（9月免）

【自贸区】

中国（辽宁）自由贸易试验区沈阳片区管委会党工委书记：李松林
中国（辽宁）自由贸易试验区沈阳片区党工委副书记、管委会主任：单　义

（市委组织部；市委统战部）

新闻人物

【刘浩】 1980年5月生，沈阳市人，2002年6月加入中国共产党，中国科学院沈阳自动化研究所机器人学国家重点实验室研究员。他长期从事消化道、心血管、腹腔等危害人类健康的重大及多发性疾病的诊断和治疗工作，与国内多家著名三甲医院的医学专家密切合作，医工交叉，进行手术机器人的创新研发。其研制系列化的腔镜手术机器人，其中消化内镜机器人、咽拭子采样机器人等实现了临床应用。刘浩所研制的机器人为国际上首个进入新冠肺炎疫情红区内实施近距离人体组织交互操作的机器人，为新冠肺炎等重大传染病医护人员的感染防控提供了重要的技术途径，也为传染病未来的机器人智能化无人值守奠定重要技术基础。他获得国家科技进步二等奖、辽宁省自然科学学术成果奖一等奖等，获评辽宁省“兴辽英才计划”青年拔尖人才称号。2020年5月，获人力资源社会保障部、中国科协、科技部、国务院国资委联合举办的第二届全国创新争先奖表彰奖励。

【姜周华】 1963年10月生，浙江杭州萧山人，1984年10月加入中国共产党，东北大学冶金学院特殊钢冶金研究所所长、二级教授、博士生导师，特殊钢先进冶金工艺和装备教育部工程研究中心主任、辽宁省特殊钢电冶金专业创新中心主任，辽宁省沈抚改革创新示范区东大工业技术研究院院长，澳大利亚昆士兰大学和乌克兰国立冶金大学名誉教授。第八届国务院学科评议组成员，第八届教育部科技委委员，中国金属学会电冶金分会和特殊钢分会副主任委员。主持完成150余项国家和企业的科研项目，取得大量具有国际领先或先进水平的原创性科研成果，解决中国重大装备所需高端特殊钢的系列“卡脖子”问题。获国家科技进步一等奖1项（排名第1）、二等奖2项、省部级科技奖14项，制定国际标准2项、国家标准3项，是中国首位获“IEC1906”国际标准大奖的专家。入选辽宁“百千万人才工程”百人层次、“兴辽英才计划”领军人才，获国务院政府特殊津贴。2020年，获全国先进工作者，第二届全国创新争先奖，第四届杰出工程师奖，沈阳市市长特别奖。

【潘一山】 1964年5月生，辽宁东港人，1986年11月加入中国共产党，辽宁大学校长，中国岩石力学与工程学会副理事长、中国煤炭工业协会防冲击地压专家委员会主任、中国煤炭学会煤矿动力灾害防治专业委员会主任、中国煤炭工业协会煤矿重大动力灾害防控协同创新中心主任。1984年起，潘一山开始冲击地压等灾害研究。先后主持国家973计划项目、国家自然科学基金重大项目等项科研任务，取得国家科技进步奖二等奖2项、国家发明专利27项、高水平论文（论著）百余篇，将中国冲击地压防治技术提升到国际领先水平。潘一山深入冲击地压危险矿井，对冲击地压机理开展系统持续研究，提出冲击地压扰动响应失稳理论，主持研发冲击地压预测防治成套技术，解决冲击地压预测防治的系统性和定量化难题。潘一山积极转化科技成果，主持和参与多项冲击地压防治国家标准制定，担任组长主持编制《防治煤矿冲击地压细则》《煤矿冲击地压防治监管监察指导手册（试行）》，在全国所有冲击地压矿井和监管监察部门推广执行。2020年，他组织冲击地压专家，面向全国开展专家网络咨询活动，从3月初开始进行近50次煤矿的冲击地压网络咨询，与煤矿技术人员精准对接，为煤炭企业提供防冲技术建议和解决方案。2020年5月，获人力资源社会保障部、中国科协、科技部、国务院国资委联合举办的第二届全国创新争先奖表彰奖励。 （志　文）

【吴振时】 1962年7月生，辽宁省开原市人，2001年12月加入中国共产党，1977年参加工作，现任沈阳市沈北新区辉山街道森林里社区书记、人民调解委员会主任。吴振时从事调解工作30余年，为居民办实事、解难事，跑遍辖区每个角落，哪里有纠纷，吴振时就会出现在哪里，无论是田间地头纠纷、拆迁补偿纠纷，还是邻里矛盾纠纷，吴振时认真履行职责，坚持严格调解与灵活处理相结合。近年来，由吴振时接待、参与调解的纠纷200余件，成功率在97%以上；组建老吴调解工作室，满腔热忱为群众排忧解难，赢得居民的认可和赞誉。原辉山畜牧场职工家属因没有养老生活待遇，100余人去区政府上访，吴振时赶到现场稳定居民的情绪，并承诺到相关部门沟通协调，终于为98人办理转入手续。2016年，居民到社区反映无休闲娱乐场所，吴振时及时向有关部门申请，在浅水湾小区北侧修建大约2000余平方米的林荫广场，解决周边百姓老有所乐、老有所依，老有所养，得到居民的一致称赞。2020年，吴振时所在的社区在全区率先建立完善居民评理说事点，把调解工作做到居民身边去，着力解决人民群众最基本最直接最现实的矛盾问题。水木康桥物业公司19号楼高层外墙皮脱落，把居民何女士的车砸坏，物业公司拒绝赔偿。吴振时接到网格员的电话后赶到现场，和网格员分别安抚双方，化解矛盾。经过两次调解，物业公司最终同意何女士免交7年物业费，何女士也愿意承担部分损失。吴振时认真研究新形势下矛盾纠纷特点规律，不断学习人民调解法等相关法律知识，提高自身法律知识水平和调解技巧，工作中注重创新方法，在群众中被誉为“小区24小时的小巷总理”。吴振时先后被省司法厅、市司法局评为人民调解工作先进个人，2016年获沈阳市劳动模范称号，2020年12月9日，被司法部授予“全国模范人民调解员”称号。　　　　　　（市司法局）

【褚姗姗】 女，1989年3月生，群众，昌图县中心医院护士。12月5日，褚姗姗在淮河街沈医二院公交车站候车期间，遇一人昏迷，她立刻对其实施心肺复苏术等救助手段。四五分钟后，患者颜面、口唇、颈动脉、瞳孔恢复正常。待患者完全清醒后，她默默离开现场。褚姗姗获颁2020年沈阳市“市长奖”奖章和证书。

【戴鹤轩（Franz Decker）】 1967年2月生，华晨宝马技术及生产高级副总裁。2016年9月，戴鹤轩加入华晨宝马。戴鹤轩带领团队开展产品升级项目如期建设，支持沈阳工厂在宝马集团的战略地位不断提升；开展工厂新车型项目和研发二期建设项目，完成密集新车型本地化导入，加强本地化研发能力；注重工厂技术革新，倡导绿色制造，将工厂建设成为宝马集团可持续发展标杆工厂，引导汽车制造业健康发展新方向。戴鹤轩获颁2020年沈阳市“市长奖”奖章和证书。

【袁仲雪】 1955年5月生，1980年6月加入中国共产党，山东青岛人，硕士研究生，工程技术研究员，青岛科技大学教授，第十二届全国人大代表，享受国务院政府特殊津贴。现任国家橡胶与轮胎工程技术研究中心主任、中国橡胶工业协会主席团企业执行主席、赛轮集团股份有限公司董事长等职。2002年，袁仲雪发起成立赛轮子午线轮胎信息化生产示范基地有限公司，2018年，出任赛轮集团股份有限公司董事长。赛轮集团是中国首家A股上市民营轮胎企业，公司集轮胎研发、生产、销售和服务为一体，在青岛、东营、沈阳、越南及柬埔寨建有现代化轮胎制造工厂，产品畅销180余个国家和地区。2019年集团实现营业收入151亿元，增长约10.5%；实现净利润12亿元，增长约79%。赛轮（沈阳）轮胎有限公司是赛轮集团股份有限公司的全资子公司，2020年11月二期增产项目正式投产，工厂接入自行研制的“橡链云”工业互联网平台，全面实现信息化生产和智能制造。赛轮（沈阳）轮胎有限公司是东北首家智能化轮胎制造企业，是国家高新技术企业，沈阳市两化融合示范企业，省、市二级技术中心，沈阳市走出去企业战略合作联盟创始单位。袁仲雪获颁2020年沈阳市“市长奖”奖章和证书。

【辛国良】 1963年10月生，1983年8月参加工作，1990年12月加入中国共产党。硕士研究生学历，教授级高级工程师，现任国网沈阳供电公司总经理、党委副书记。2016年到沈阳工作以后，深入调研地方发展需要，千方百计争取项目和资金改造电网。“十三五”期间完成电网投资超过100亿元，新建66千伏及以上变电站24座，新增变电容量4940兆伏安、线路长度665千米，电网投资、建设规模连创历史新高。创新工作思路和方式方法，有效解决历史遗留问题213项，盛京500千伏输变电、前显66千伏变电站等长期受阻工程重新开工建设，沈阳电网供电能力、服务质量得到显著提升。2020年面对疫情防控严峻形势，第一时间开通办电绿色通道，实施零上门、零审批、零投资“三零”服务，完成沈阳市六院、光彩消毒药剂厂等5家单位增容改造任务。组织22支140人的抢修队伍、61台抢修车辆全天候待命，保证重点单位和全市居民安全可靠用电。带领国网沈阳供电公司先后获全国文明单位、全国“青年文明号”“工人先锋号”、国网大型供电企业业绩进步标杆、国网公司东西人才帮扶工作先进集体、辽宁省用户满意企业等荣誉。辛固良获颁2020年沈阳市

"市长奖"奖章和证书。

【尹旭】 1983年8月生，沈阳通利公共交通有限公司211车队司机。11月11日8时30分，尹旭驾驶车辆在第五中学附近的大北边门铁道口等待火车通过时，一名女乘客晕倒在车厢里，完全失去意识，他果断处理，仅用4分钟将发病乘客送到医院，为脑干突发出血的女乘客得到及时救治赢得时间，受到省市多家新闻媒体的报道表扬，及市交通局、客运集团公司表彰。尹旭获颁2020年沈阳市"市长奖"奖章和证书。

【孙刚】 1980年3月生，黑龙江双鸭山市人。7月，孙刚从黑龙江到新民运西瓜。7月14日傍晚，其货车在新民市梁山镇修车时突发意外起火。货车上垫西瓜的草帘子较干燥，火势迅速蔓延。事发闹市区，周边环境复杂，有加油站、粮库、住宅区，以及行人和车辆，一旦发生爆炸后果不堪设想。孙刚果断驾驶货车驶向四五千米外的肖家窝堡，在人、车稀少处下车逃生，随后货车爆炸。孙刚为确保群众生命财产安全、驾驶起火货车驶离闹市区的勇敢行为，受到社会各界赞誉。他的事迹引起阿里巴巴天天正能量公益平台的关注，并为他颁发正能量奖金。孙刚获颁2020年沈阳市"市长奖"奖章和证书。 （市人社局）

先进人物

【全国劳动模范】

吕　雷　辽宁省城乡建设集团有限责任公司工程部职员，中级工

洪家光　中国航发沈阳黎明航空发动机有限责任公司工装制造厂夹具工段数控车工，高级技师

王清涛　东北制药集团股份有限公司207分厂二工段搬迁操作工，高级工

夏德明　国家电网公司东北分部调控分中心系统运行一处处长，正高级工程师

慈　君　沈阳安运公共交通有限公司111线路驾驶员

焦万胜　沈阳燃气有限公司燃气管网抢修中心副主任，工程师

李双学　东软医疗系统股份有限公司副总裁兼CT产品研发中心高级总监，助理研究员

盖立亚　（女）沈阳优尼斯智能装备有限公司i5T5产品线经理，教授级高级工程师

高安培　中国建筑第二工程局有限公司北方公司沈北万达项目经理，高级工程师

王义华　（女）沈阳晟百特清洁服务有限公司家政服务员

王　硕　（满族）沈阳世润重工有限公司（五、六轴加工）智能制造车间班长

王家强　（满族）辽宁东鹰电器集团有限公司数控机床操作工

戴继双　沈阳鼓风机集团股份有限公司党委书记、董事长，教授级高级工程师

徐大庆　辽宁省交通建设投资集团有限责任公司党委书记、董事长

唐云鹏　中国铁路沈阳局集团有限公司沈阳动车段技术支持中心副主任，助理工程师

吴跃放　中国储备粮管理集团公司辽宁分公司党委书记、总经理，农艺师

曲道奎　沈阳新松机器人自动化股份有限公司总裁，研究员

金卫东　辽宁禾丰牧业股份有限公司董事长，高级畜牧师

李金辉　沈阳市辽中区金鑫辉煌农业机械服务专业合作社理事长

姜　成　（朝鲜族）辽宁雪松医药连锁有限公司董事长，副主任中药师

高国栋　沈阳兴大建设集团股份有限公司维修班班长

周继红　沈阳新民市罗家房镇房申村党总支书记、村委会主任

安　亮　华晨宝马汽车有限公司大东工厂车身车间驻留总装车间返修段工段长，高级技师

宋翠玲　（女）沈阳市于洪区城东湖街道阳光100社区党委书记、居委会主任，社会工作师

孙　飞　（锡伯族）航空工业沈阳飞机工业（集团）有限公司55厂机加3工段车工班班长，高级技师

邓永久　沈阳乘慧堂文化传播有限公司设计师

王玉杰　（女）中国电信股份有限公司沈阳分公司客户服务部主任，高级通信工程师

【全国先进工作者】

李文明　辽宁省沈阳第二监狱老

残监区副监区长
李晓峰　辽宁省交通运输事业发展中心运输分中心副主任，高级工程师
崔宇宏　中华人民共和国铁西海关稽查三科科长
姜周华　东北大学冶金学院特殊钢冶金研究所所长，教授
孙思予　中国医科大学附属盛京医院副院长、内镜中心主任，主任医师、教授
韩　英　（女）辽宁省金秋医院心血管内科主任，主任医师
王　迪　沈阳市民政事务服务与行政执法中心回龙岗殡葬服务中心（公墓）火化班班长，高级工
李　娜　（女）沈阳市第六人民医院重症医学科护士长，主管护师
丁仁彧　中国医科大学附属第一医院重症医学科副主任，主任医师、教授
陈　平　（女，满族）辽宁广播电视集团（辽宁广播电视台）新闻中心记者二部副主任，主任记者
董翰博　辽宁报刊传媒集团（辽宁日报社）二级首席记者，助理记者
鲁振伟　沈阳市公安局沈河分局山东庙派出所副所长
关凤艳　（女，满族）沈阳市第二中学校长，正高级教师
班　媛　（女）沈阳市第六人民医院医生，副主任医师
张眉眉　（女，满族）辽宁省疾病预防控制中心副所长，主任技师
秦艳萍　（女）辽宁省财政厅社会保障处一级主任科员

【全国抗击新冠肺炎疫情先进个人】

王振宁　（满族）中国医科大学副校长，中国医科大学附属第一医院党委书记，主任医师
马晓春　中国医科大学附属第一医院重症医学科主任，主任医师
赵　敏　（女）中国医科大学附属盛京医院急诊科主任，主任医师
朱　芳　（女）辽宁省人民医院副院长，主任医师
谷　野　沈阳市第六人民医院院长，主任中医师
于　辉　辽宁省肿瘤医院主管护师
孟大为　辽宁省金秋医院耳鼻喉科主任，主任医师
曲妮妮　（女）辽宁中医药大学附属医院呼吸科主任，主任医师
孔　艳　（女）沈阳市大东区津桥街道百乐社区党委书记、居委会主任
田富祥　辽宁省委办公厅副主任兼辽宁省档案局局长
梁宏军　辽宁省卫生健康委员会科技教育处处长
杨佐森　辽宁省疾病预防控制中心党委副书记、主任，主任医师
陈少纯　沈阳迈思医疗科技有限公司总经理

【全国优秀共产党员】

王振宁　（满族）中国医科大学副校长，中国医科大学附属第一医院党委书记，主任医师
谷　野　沈阳市第六人民医院院长，主任中医师

【中国青年五四奖章】

张文良　（满族）沈阳造币有限公司钳工高级技师、维修班班长
丁仁彧　中国医科大学附属第一医院重症医学科党支部书记、副主任，教授、主任医师
姚秀超　沈阳橡胶研究设计院有限公司研发中心基础理论与材料研究主任工程师

（志　闻）

【全国青年岗位能手、全国技术能手】

张　博　中国联合网络通信有限公司沈阳市分公司职工
张潇文　航空工业沈阳飞机工业（集团）有限公司职工
韩迷慧　辽宁省交通高等专科学校教师
李　南　中国航发沈阳黎明航空发动机有限责任公司职工
赵兴恒　辽宁丰田金杯技师学院教师
杨国心　航空工业沈阳飞机工业（集团）有限公司职工

【全国青年岗位能手】

张兴茹　（女）沈阳地铁集团有限公司运营分公司值班站长

【全国优秀共青团员】

杜佳欣禹　（女）辽宁省沈阳市东北育才学校高二（1）班学生

（周锦添）

【一线女医务人员抗击新冠肺炎疫情全国三八红旗手】

王　萍　（女）沈阳市疾病预防控制中心副主任

【全国卫生健康系统新冠肺炎疫情防控工作先进个人】

丁仁彧　中国医科大学附属第一医院主任医师、教授
于　娜　（女）中国医科大学附属第一医院副主任医师、副教授
尹　超　中国医科大学附属第一医院主管护师
冯　伟　沈阳市第四人民医院主任医师
张眉眉　（女，满族）辽宁省疾病预防控制中心主任技师
赵克明　辽宁中医药大学附属医院主任医师
赵　鑫　（女）中国医科大学附属第一医院副主任护师
崇　巍　中国医科大学附属第一医院教授　（志　闻）

【全国民政系统抗击新冠肺炎疫情先进个人】

张　琼　（女）沈阳市民政局二级主任科员

【全国抗击新冠肺炎疫情优秀城乡社区工作者】

郑　秀　（女）沈阳市沈河区风雨坛街道永环社区党委书记、居民委员会主任　（赵　睿）

【中国青年科技奖】

唐云龙　中国科学院金属研究所研究员

【第十二届中国医师奖】

马　壮　（北部战区总医院）；李兴海（沈阳市第六人民医院）

【第二届全国文明家庭】

洪家光家庭　（沈阳市大东区东塔街道春晖社区）；李兴海家庭（沈阳市于洪区城东湖街道青铜社区）；孟震家庭（沈阳市和平区南九马路新华西社区）；李秀风家庭（沈阳市铁西区兴顺街道建二社区）

【全国优秀农民工】

李　岩　法库县东润泽玉米种植家庭农场副场长
金巨鹏　大东区新金鑫达汽车配件商店店长

【中国红十字会抗击新冠疫情先进个人】

金铂潇　沈阳市红十字会主任科员

【辽宁五一劳动奖章】

栾建军　沈阳机床股份有限公司沈一车床厂大CAK装配车间装配钳工
朱　俊　沈阳鼓风机集团股份有限公司定子车间PAMA180数控镗床加工中心镗铣工
刘　洋　上汽通用（沈阳）北盛汽车有限公司冲压车间模具维修经理
王启俊　东北制药集团股份有限公司213分厂左卡系列乙酰兼酒石酸盐兼富马产品班操作班长
林宽文　中捷机床有限公司重大型产品线龙门车间装配钳工
张殊慧　（女）沈阳造币有限公司模具设计制作中心高级工程师
陈　雷　中国航发沈阳黎明航空发动机有限责任公司技术中心工艺技术研究室工艺员
郭　锐　辽沈工业集团有限公司第一机械厂班长
邢　阳　中车集团沈阳汽车车桥制造有限公司数控操作工
魏忠华　沈阳航天新光集团有限公司数控车工
靳国海　中天证券股份有限公司客户经理
蔡广生　中兴—沈阳商业大厦（集团）股份有限公司营业员
林宗伟　沈阳副食集团有限公司工程物业部环境部主任
温启龙　沈阳兴隆大家庭购物中心有限公司兴隆大奥莱分公司业务科长
董　辉　（女）沈阳燃气有限公司沈河（大东）营业分公司经营部地区经营管理团队长
付晓东　沈阳焦煤股份有限公司铁路运输中心副主任
刘宏洋　中铁九局集团第四工程有限公司沈阳地铁（盾构）项目党支部书记
李　驰　沈阳新北燃气有限公司售后服务部服务班长
杨俊岭　中冶沈阳勘察研究总院有限公司项目二部部长
杜飞铮　沈阳圣野蜂王浆有限公司技术员
王晓东　沈阳市沈河公用事业建设发展集团有限公司市政排水一部工人
张艳平　（女）沈阳重工食品有限公司质量检测员
孙广来　汽车行业工会联合会工会主席
康仁宇　沈阳浩博实业有限公司技术研发专员
王东生　传奇电气（沈阳）有限公司车间主任
孙会儒　沈阳新区弘曲棉纺织有限公司总工程师
田凤石　苏新市政公用工程有限公司生产部职工

张来阳　航空航天工业部第六〇一研究所机械厂主任
张凤义　沈阳东新药业有限公司办公室主任
张雪艳　（女）沈阳艾克电缆科技有限公司技术员
郑英德　沈阳市新民福源食品有限公司设备管理员
裴禄军　红塔辽宁烟草有限责任公司沈阳卷烟厂党委书记副厂长
孙英品　盛京银行股份有限公司零售业务部总经理
王梓晗　沈阳地铁集团有限公司工程三处处长
白　洁　（女）沈阳市大东区万泉街道东逸社区居民委员会书记
王建新　（女）铁西区兴顺街道嘉业社区党委书记
胡　涛　沈阳市浑南区五三街道嘉华社区居民委员会总支部书记/社区居委会主任
张　丽　（女）沈阳市沈北新区新城子街道云峰社区书记
李　佳　（女）沈阳市皇姑区寿泉街道中海西社区联合工会工会主席
刘志刚　中国联合网络通信有限公司沈阳市分公司党委书记、总经理
钱雪松　沈阳飞机工业（集团）有限公司党委书记董事长
常　敏　沈阳橡胶研究设计院 有限公司党委书记兼总经理
杨大智　沈阳国宇投资控股集团有限公司董事长
郭洪生　沈阳蓝英工业自动化装备股份有限公司董事长
马旭平　特变电工沈阳变压器集团有限公司党委书记、董事长兼总经理
沈锡钢　沈阳发动机研究所（606所）中国航发集团专职型号总师
张　澎　中国航空工业集团公司沈阳飞机设计研究所专业领域副总设计师
高文珍　（女）沈阳市第五十六中学教师
苏秋颖　（女）沈阳市辽中区特殊教育学校校长
周　丹　（女）沈阳市公共文化服务中心（沈阳市文化演艺中心）一级演员
孙义全　沈阳孙义全文化艺术传播有限公司高级文创
李英娜　（女）沈阳广播电视台新闻主播
陈　刚　沈阳环境科学研究院副院长
衷洪杰　中国航空工业集团公司空气动力研究院副总工程师
韩紫阳　沈阳铝镁设计研究院有限公司设计管理部副主任

【2019年度辽宁青年五四奖章】

左林玄　中国航空工业集团公司沈阳飞机设计研究所专业领域副总设计师
卫桂霞　沈阳市第四人民医院主管护师

【2019年度辽宁五四荣誉奖章】

张　德　中共沈阳市和平区委副书记

【辽宁省爱国拥军模范】

张　力　沈阳市退役军人局移交安置处处长
陈美霖　辽宁和佳园林绿化工程集团有限公司董事长
杨旭坤　和平区委组织部分管日常工作副部长兼区公务员局局长、一级调研员
许海清　浑南区退役军人局一级调研员
甘旭洲　皇姑区退役军人局事务科科长

【2019—2020年度辽宁省三八红旗手标兵】

赵淑娟　沈阳市新昌粮食贸易有限公司总经理

【2019—2020年度辽宁省三八红旗手】

于东霞　沈阳市汉夏种植专业合作社董事长
宫　正　沈阳广播电视台云盛京事业部副主任、首席主持人
高玉红　沈阳市辽中区妇联党组书记、主席
葛　薇　沈阳市皇姑区明廉街道党工委副书记
孙　晓　沈阳市妇婴医院院长兼党委副书记
张　岩　沈阳市沈河区二经街第二小学校长
翟小松　鑫奉珠宝首饰有限公司总裁、沈阳市女企业家协会会长

【2020年沈阳青年五四奖章】

牛菲菲　沈阳铁路信号有限责任公司工人
方　伟　沈阳市人民政府办公室主任科员、法库县依牛堡子镇人民政府副镇长、中共法库县祝家堡村党支部“第一书记”
兰东旭　沈阳市第五人民医院护士
华成祥　航空工业沈阳飞机工业（集团）有限公司工人

刘　访　沈阳广播电视台记者
刘志刚　中国联合网络通信有限公司沈阳市分公司党委书记、总经理
刘琳琳　沈阳市公安医院护士
刘　源　沈阳市税务局机关团委副书记
刘潇霆　新民市高台子镇艾屯村“第一书记”
孙福明　辽宁日月星文化传媒有限公司总经理
杨全占　沈阳铸造研究所有限公司团委委员、团支部书记
贡世琦　沈阳市市政公用局四级主任科员
李京弢　辽宁省青少年体育联合会青训部负责人
李　睿　中国航发沈阳发动机研究所高级工程师
佟　岩　沈阳医学院附属第二医院医师
张晓菊　皇姑区返乡大学生志愿者
胡歆岩　沈阳普助帮困服务中心副理事长
聂庆明　辽宁恒大装饰工程有限公司总经理
崔　浩　沈阳飞机设计研究所室副主任
程荣凯　辽中区刘二堡镇东高村党支部书记

【2020年度感动沈阳人物】

陈　红　中国人民解放军北部战区总医院
谷　野　沈阳市第六人民医院院长
王唯佳　法库籍南开大学学生
宋楠楠　康平县二牛所口镇刘家窝堡村“第一书记”
王蕾蕾　沈阳市和平区花蕾助残服务中心
陆国斌　鲁迅美术学院教师
张爱忠　沈阳锡伯龙地创意农业产业园总经理
邬大为　抗美援朝志愿军代表著名词作家

【沈阳市民族团结进步模范个人】

李　哲　（女）和平区西塔街道安图社区
于泓尧　（女）和平区西塔街道办事处
徐铁安　和平区北市场街道办事处
安光军　和平区民族和宗教事务局
韩广宇　中共沈河区五里河街道
陈海平　沈河区民族和宗教事务局
黄来英　（女）沈河区马官桥街道福陵社区
李　丽　（女）沈河区朱剪炉街道宝石社区
王翠红　（女）铁西区综合事务服务中心
勾　浩　中共铁西区兴顺街道
曲欣欣　（女）铁西区文化旅游体育事业发展中心旅游产业服务中心
刘咏艳　（女）沈阳市第十一中学
刘　伟　（女）皇姑区明廉街道明北社区
刘丽波　（女）皇姑区黄河街道长江北社区
李宏强　大东区民族和宗教事务局
岳耀鹏　市公安局大东分局
张丽娟　（女）沈阳市盛京教育集团
安志国　浑南区王滨街道魏家沟社区
刘璐瑶　（女）浑南区五三街道办事处
童　丹　（女）浑南区民族和宗教事务局
李晶磊　于洪区农业农村局
易关平　中共于洪区委统战部
夏晓峰　中共于洪区陵西街道
付永林　（锡伯族）沈北新区文化旅游体育事业发展中心
安存辉　（锡伯族）沈北新区兴隆台街道办事处
马喜军　沈北新区黄家街道拉塔湖社区
高　爽　苏家屯区八一红菱街道办事处
李凌云　（女）苏家屯区中兴街道七家社区
张　新　（女）苏家屯区湖西街道金宝花园社区
王桂艳　（女）辽中区民族和宗教事务局
金　鸥　（女）辽中区蒲西街道新华社区
肇建国　（满族）中共辽中区刘二堡镇蒲河满族村
闫　颖　（女）新民市民族和宗教事务局
赵福伟　（女）中共新民市辽滨街道
李成友　中共新民市兴隆堡镇
艾语菲　（女）中共法库县委统战部
孙　洪　中共法库县卧牛石乡苇子沟村
刘　生　（蒙古族）中共法库县龙山街道
邹存鑫　（女，蒙古族）中共康平县沙金台蒙古族满族乡
邢殿林　康平县西关屯蒙古族满族乡人民政府
马天东　中共沈阳市委组织部

曹金萍　（女）中共沈阳市委宣传部
吴贵阳　中共沈阳市委统战部
曲　丹　（女）中共沈阳市委机构编制委员会
刘雪昌　市人大民族华侨外事委员会
张恩会　市政协民族和宗教委员会
闫　宁　（女）市发展改革委
陈维忠　（土家族）市教育局
彭福昌　市民族和宗教局
王　宇　市公安局
吴旭丹　（女，满族）市民政局
齐　芳　（女）市财政局
于海涛　市人力资源社会保障局
郑　岩　市农业农村局
金　仙　（女，朝鲜族）国家税务总局沈阳市大东区税务局
海　东　（女，满族）沈阳市满族中学
白　骥　（蒙古族）沈阳米修文化传媒有限公司
赵政勋　（朝鲜族）沈阳市公共文化服务中心朝鲜族文化艺术馆
白　旭　（回族）辽宁岭头羊餐饮管理有限公司

【沈阳市2020年最美志愿者】

王亚玲　沈阳市和平区直机关工委志愿服务队队长
任　重　沈阳市互联网发展联合会志愿服务队发起人
杨　瑶　沈阳市教育局“师之爱”志愿者服务队队员
王振荣　沈阳市公安局皇姑分局寿泉派出所平安志愿者协会会长
隋如华　沈阳译元慈孝交流中心义工
牛彩霞　沈阳市利州公益事业发展中心总干事
刘　洋　沈阳市生态环境局青年志愿者服务队队员
王　军　沈阳市农业农村局志愿服务队队员
赵　乐　沈阳市第七人民医院青年志愿者服务队负责人
尹　航　沈阳市应急管理局青年志愿者服务队队员
钱　江　沈阳市市场监督管理局志愿服务队队员
吕曼曼　沈阳市疫情防控党员志愿服务队队员
温　馨　沈阳市浑南区爱循环青年志愿服务队秘书长
贾备战　沈阳市本级入境隔离安置工作党员志愿者
张　晨　沈阳市苏家屯区青年志愿者协会会长
车　欣　沈阳新东方外语培训学校巾帼志愿服务队队长
马东梅　沈阳市现代农业研发服务中心科技志愿服务队队长
张高飞　沈阳市残疾人福利基金会志愿者协会会员
赵洪宇　沈阳绿食汇爱心团队创始人
任傲阳　沈阳3589志愿者联盟创会会长
李　丹　沈阳市志愿服务联合会办公室副主任
王祉涵　沈阳市青春志愿者协会会员
张　涛　沈阳广播电视台党员志愿者服务队队员
安大龙　和平区学雷锋劳模志愿服务队队长
郝　赫　沈河区风雨坛街道雨坛社区曲艺志愿服务队队长
王莉梅　铁西区工人村街道西站社区居民
李宏涛　皇姑区华山街道中光社区盛京义勇服务队队员
张京涛　大东区法治宣传志愿服务队队员
康亚芬　民盟浑南“同心”志愿者服务队队员
姬晓明　辽宁省公益基金会成员
路　鹏　郭明义爱心团队“帮助别人快乐自己”分队副队长
于靖明　老班长志愿服务小队队员
谷多绵　谷多绵志愿服务队队长
康博野　辽中区青年志愿者服务队队长
刘志会　新民市城区第四小学志愿服务队队员
刘　丹　沈阳市平安志愿者协会会员
孟繁琦　青春康平志愿服务队队员

【2020年度沈阳市学雷锋活动岗位学雷锋标兵】

姚志诚　航空工业沈阳飞机工业（集团）有限公司研究员级高级工程师（退休）
班　媛　（女）沈阳市第六人民医院重症医学科副主任
陈　实　沈阳市人民检察院四级高级员额检察官
王春艳　（女）皇姑区华山街道安民社区党委书记
姜　成　辽宁雪松医药连锁有限公司董事长

【2019—2020年度沈阳市三八红旗手标兵】

王冬阳　东北育才学校国际部主任
王　军　辽宁君弘兆业文化传媒有限公司董事长
王婕妤　新民市东蛇山子镇副镇长（挂职）、前窑村“第

一书记”

田　娜	辽中区城郊街道卡北村妇联主席
田海燕	沈河区南塔街道溪林社区党委书记
齐晓光	城投集团所属沈阳客运集团康利巴士252路驾驶员
刘　莉	沈阳市第六人民医院护理部副主任（主持工作）
张卓琦	沈阳市中级人民法院审判监督第一庭庭长
李雪飞	沈阳市普助公益事业发展中心党支部书记、主任
宋昕烨	沈阳鼓风机集团股份有限公司透平设计院仪控成套设计室主任

（志　闻）

逝世人物

【陈连仲】（1947—2020.8.15），天津市静海人。1960年，陈连仲加入沈阳曲艺团，拜相声名家彭国良为师，学说相声。1979年，陈连仲跟随沈阳曲艺团参加国庆三十周年献礼演出。同年，他与王志涛合作表演相声《特殊生活》《台湾来信》获文化部表演二等奖。与王志涛合作表演的《百听不厌》获文化部“金狮奖”相声比赛一等奖、文化部“文华奖”新节目奖。此外，他表演的《宝玉哭灵》《戏剧杂谈》等作品均在社会上产生广泛影响。他台风稳重，捧逗俱佳，表演生动含蓄，捧哏上个性鲜明，独具特色，代表作有《特殊生活》《杂学唱》《红灯永亮》《无中生有》《百听不厌》等。收徒有范伟、严翔、潘海涛、韩立新、浦立明、陈云飞等。曾任沈阳曲艺团副团长、沈阳市曲艺家协会副主席、沈阳市政协委员等职务。沈阳相声市级非遗代表性传承人、国家一级演员。

【刘尊田】（1926.10—2020.10.23），辽宁省复县（今瓦房店市）人。1945年9月参加革命工作，1945年12月加入中国共产党。1945年9月至1977年5月，历任新金普兰店区快马场乡副乡长，辽南五地委工作队副队长，营口市建设区委书记，东北局组织部干部处办公室研究科干事、研究员、副科长，中共沈阳市委办公室副处长、处长，研究室处长，党刊编辑室处长，农村整风整社办公室组长，甄别办公室组长，市委办公厅处长、副主任，昭乌达盟革委会农牧组副组长等职务。1977年5月至1982年3月，历任辽宁省农业办公室副主任、政策研究室副主任。1982年3月至1988年1月，任中共沈阳市委常委、秘书长。1988年1月至1993年2月，任沈阳市政协副主席、党组副书记。1993年8月离休。中共沈阳市第六、七届委员会委员。

【韩彬】（1919.12—2020.12.15）四川省苍溪县人，1934年1月参加中国工农红军第四军，1938年2月加入中国共产党，1982年5月离休。历任红四军第三十一军勤务员、宣传员，红军改编八路军、第十八集团军后，任129师勤务员、宣传员、学员，后历任115师师部、山东分局、山东军区电台报务员、电台台长、报务主任，胶东军区、东海军分区电台报务、主任，东北民主联军总部三处电台第五台台长，东北社会部、东北公安部电台台长、科长，辽宁省公安厅政治部副主任、主任，沈阳市公安局副局长等职务。　（志　闻）

三十五、先进集体

国家级先进集体

【全国抗击新冠肺炎疫情先进集体】 中国医科大学附属盛京医院党委；中国医科大学附属第四医院第四批援鄂医疗队；沈阳市交通运输局共产党员突击队；沈阳市铁西区霁虹街道明朗社区党委；辽宁广播电视集团（辽宁广播电视台）新闻部；辽宁监狱援鄂女警队临时党支部；沈阳桃仙国际机场股份有限公司党委

【中国青年五四奖章】 中国医科大学新冠肺炎疫情防控医疗总队 （志　闻）

【全国五四红旗团委】 中国航空工业集团有限公司沈阳飞机设计研究所团委

【全国五四红旗团支部】 辽宁省沈阳市浑南区中嘉博众集团博之众团支部；中国航空发动机集团有限公司沈阳发动机研究所航空发动机总体设计一部团支部 （周锦添）

【全国红十字模范单位】 沈阳市红十字会医院

【全国敬老文明号】 沈阳市安宁医院　辽宁中置盛京老年病医院 （尹晶晶）

【全国关心下一代先进县（市、区）关工委】 沈河区关工委

【第八届全国服务农民、服务基层文化建设基层文化市场综合执法队伍先进集体】 沈阳市文化市场综合执法总队苏家屯大队

【第六届全国文明村镇】 新民市兴隆堡镇；新民市新农村镇靠山屯村；新民市陶家屯镇蓝旗堡子村；康平县胜利街道孔家窝堡村；法库县大孤家子镇半拉山子村；沈阳市辽中区潘家堡镇于家台村；沈阳市于洪区平罗街道前辛台村；沈阳市苏家屯区白清姚千街道马耳山村

【第六届全国文明单位】 辽宁龙源新能源发展有限公司；中铁物资集团东北有限公司；沈阳市教育局；沈阳市第一人民医院；中国建设银行沈阳铁西支行；沈阳铁路公安局；国家税务总局沈阳市皇姑区税务局；辽宁省交通建设投资集团有限责任公司（本部）；辽宁省水资源管理集团有限责任公司（本部）；沈阳市铁西区启工消防救援站；中国建设银行沈阳中山支行；国家税务总局沈阳市沈北新区税务局；沈阳市沈河区南塔街道溪林社区；沈阳市大东区万泉街道办事处

【全国先进基层党组织】 中国医科大学附属盛京医院党委；沈阳桃仙国际机场股份有限公司党委

【第二届全国文明校园】 东北育才学校

【第五届全国未成年人思想道德建设工作先进单位】 辽宁省沈阳市沈河区教育研究中心

【全国卫生健康系统新冠肺炎疫情防控工作先进集体】 中国医科大学附属第一医院重症救治医

疗队　　　　　　　　　　（志　闻）

【全国民政系统抗击新冠肺炎疫情先进集体】 沈阳市救助管理站　　　　　　　　　　（赵　睿）

【2018—2019年度全国一等车辆管理所】 沈阳市公安局交通警察局车辆和驾驶员管理所

【第四批全国“扫黄打非”进基层示范点及示范标兵】 和平区南京一校长白岛二分校　（志　闻）

省级先进集体

【2019年度辽宁青年五四奖章集体】 东软医疗系统股份有限公司雷神方舱移动CT扫描单元研发团队

【辽宁省双拥模范县（市、区）】 沈阳市和平区、浑南区、于洪区、沈河区、铁西区、皇姑区、大东区　　　　（志　闻）

【辽宁省爱国拥军模范单位】 沈阳市退役军人局双拥工作处、沈阳市委宣传部宣传教育处、沈阳市教育局体育卫生与艺术教育处、沈阳市公安局社区警务支队、沈阳市社会福利院（光荣院）、沈阳市财政局社会保障处、沈阳市人力资源服务与行政执法中心创业部、和平区太原街街道办事处、沈河区马官桥街道办事处、皇姑区黄河街道办事处、铁西区彰驿站街道彰驿站村、于洪区迎宾路街道机场社区、沈阳水务集团、沈阳燃气公司、中铁沈阳局集团沈阳站、沈阳蓝凌退役军人众创空间有限公司　　　　　　　　　　（志　闻）

市级先进集体

【2017—2019年度沈阳市文明单位标兵】 沈阳市人民代表大会常务委员会（机关）；中国人民政治协商会议辽宁省沈阳市委员会（机关）；中共沈阳市纪律检查委员会沈阳市监察委员会；中共沈阳市委组织部；中共沈阳市直属机关工作委员会；沈阳市发展和改革委员会；沈阳市教育局；沈阳市科学技术局；沈阳市生态环境局；沈阳市交通运输局；沈阳市卫生健康委员会；沈阳市城市管理综合行政执法局；沈阳市公安局和平分局西塔派出所；沈阳出入境边防检查站执勤一队；沈阳市红十字会医院；中航沈飞民用飞机有限责任公司；国家税务总局沈阳市税务局第三稽查局；沈阳市城乡建设事务服务中心；中国邮政集团有限公司辽宁省康平县分公司；中国移动通信集团辽宁有限公司沈阳分公司沈河区分公司；中国联合网络通信有限公司沈阳市分公司实体渠道中心；中国电信股份有限公司法库分公司；国网沈阳市苏家屯区供电公司；沈阳燃气有限公司铁西营业分公司；沈阳浑南水务集团有限公司；沈阳铁道国际旅行社（集团）有限公司；沈阳地铁集团有限公司；沈阳桃仙国际机场股份有限公司航站楼管理部；交通银行辽宁省分行；沈阳市工商业联合会；铁西区那家老院子田园土楼大酒店；沈阳诚真餐饮有限公司；小蜜蜂会计（沈阳）股份有限公司；中国电力财务有限公司东北分公司；中共和平区委政法委员会；辽宁卫华医药有限公司；沈河区滨河街道多福社区；辽宁名优产品国际销售有限公司；沈阳荟华楼珠宝有限公司；铁西区营商环境建设局；铁西区笃工街道办事处；铁西区霁虹街道新湖社区；国家税务总局沈阳市皇姑区税务局；皇姑区人力资源和社会保障局；皇姑区卫生健康局；国家税务总局沈阳市大东区税务局；大东区万泉街道办事处；大东区二台子街道办事处；国家税务总局沈阳高新技术产业开发区税务局；浑南区市场监督管理局；于洪区城东湖街道办事处；于洪区沙岭街道水木城典社区；国家税务总局沈阳辉山经济技术开发区税务局；沈阳市公安局交通警察支队沈北新区大队；沈北新区正良街道办事处；苏家屯区市场监督管理局；苏家屯区中兴街道十里锦城社区；国家税务总局沈阳市辽中区税务局；沈阳近海经济区管理委员会；新民市公安局；新民市辽滨街道东南社区；法库县人民法院；法库县交通运输局；康平县胜利街道办事处；康平县北三家子街道办事处

【2017—2019年度沈阳市文明村镇标兵】 和平区浑河站西街道前鲜村；铁西区新民屯镇火石岗村；浑南区浑河站东街道（涉农）；浑南区桃仙街道马楼子社区（涉农）；浑南区高坎街道葫芦社区（涉农）；于洪区平罗街道前辛台村；于洪区马三家街道曹台村；沈北新区黄家街道大丁社区（涉农）；沈北新区兴隆台街道石佛一社区（涉农）；苏家屯区永乐街道互助村；苏家屯区

十里河街道大范村；辽中区养士堡镇王家岗村；辽中区六间房镇马三家子村；辽中区潘家堡镇蔡伯街村；新民市公主屯镇河东村；新民市大柳屯镇要英台村；新民市罗家房镇房申村；法库县丁家房镇；法库县大孤家子镇半拉山子村；法库县十间房镇尚屯村；法库县秀水河子镇高三家子村；康平县东升满族蒙古族乡；康平县胜利街道孔家窝堡村；康平县张强镇官宝窝堡村；康平县西关屯蒙古族满族乡罗家屯村

【2020年度感动沈阳人物（集体）】 新冠肺炎疫情沈阳抗疫团队；“奋斗者”中科院金属研究所钛合金团队 （志 闻）

【沈阳市民族团结进步模范集体】 和平区西塔街道图们社区居民委员会；和平区浑河湾街道砂阳南社区居民委员会；和平区北市场街道皇寺路社区居民委员会；沈阳市公安局沈河分局国内安全保卫大队；沈河区城市建设综合行政执法中心朱剪炉分中心；沈河区文化旅游和广播电视局体育科；铁西区民族和宗教事务局；铁西区四方台镇人民政府；铁西区兴华功能区兴工九委社区居民委员会；皇姑区民族和宗教事务局；皇姑区华山街道惠胜社区居民委员会；皇姑区明廉街道明西社区居民委员会；大东区长安街道东胜社区居民委员会；大东区文化旅游和广播电视局体育科；大东区行政审批大厅服务中心办公室；沈阳市公安局浑南分局国内安全保卫大队；浑南区浑河站东街道办事处党群工作办公室；浑南区英达满族小学；于洪区马三家街道边台村民委员会；于洪区朝鲜族吴家荒中心小学；沈北新区民族和宗教事务局；沈北新区道义街道太湖社区居民委员会；苏家屯区沙柳路小学；苏家屯区民主街道振兴东社区居民委员会；辽中区蒲东街道办事处；辽中区冷子堡镇金山堡村民委员会；新民市公主屯镇人民政府；新民市大柳屯镇人民政府；法库县龙山街道办事处；法库县包家屯镇十家子村民委员会；法库县三面船镇小桑林子村民委员会；康平县沙金台蒙古族满族乡人民政府；康平县西关屯蒙古族满族乡罗家屯村民委员会；康平县郝官屯镇小塔子村民委员会；中共沈阳市委宣传部宣传教育处；东北育才学校；沈阳市民族和宗教事务局民族事务协调处；沈阳市沈北新区法律援助中心；沈阳市扶贫开发领导小组办公室；沈阳市公共文化服务中心朝鲜族文化艺术馆

【沈阳市爱国拥军模范单位】 （和平区）教育局；退役军人事务局；人力资源和社会保障局；青年大街小学；太原街街道办事处；浑河湾街道办事处；南市场街道办事处；（沈河区）财政局；教育局；退役军人事务局；万莲街道办事处；南塔街道办事处；马官桥街道办事处；（铁西区）退役军人事务局；市公安局铁西分局：兴顺街道办事处；启工街道办事处；兴华街道办事处；沈阳市第四中学；（皇姑区）退役军人事务局；教育局；市公安局皇姑分局；黄河街道办事处；沈阳市第120中学；区中心医院；沈阳市皇姑区人民政府军用饮食供应站；（大东区）组织部；宣传部；退役军人事务局；教育局；财政局；万泉街道办事处；（苏家屯区）民政局；教育局；人力资源社会保障局；陈相街道办事处；白清姚千街道办事处；（浑南区）宣传部；教育局；退役军人事务局；浑河站东街道办事处；（于洪区）市公安局于洪分局；迎宾路街道办事处；陵西街道办事处；平罗街道办事处；于洪区人民医院；（沈北新区）宣传部；财政局；教育局；虎石台街道办事处；兴隆台街道办事处；（辽中区）消防救援大队；财政局；退役军人事务局；（新民市）新民市民政局；兴隆堡镇人民政府；高台子人民政府；（法库县）民政局；吉祥街道办事处；（康平县）退役军人事务局；胜利街道办事处；（市直单位）市委办公室；市政府办公室；市委组织部；市委宣传部；市军民融合办；市信访局；市发改委；市教育局；市科技局；市工信局；市公安局；市民政局；市司法局；市财政局；市人社局；市自然资源局；市房产局；市交通局；市商务局；市文广局；市卫健委；市退役军人局；市应急管理局；市场监督管理局；市医疗保障局；市税务局；市总工会；团市委；市妇联；（企业单位）沈阳燃气有限公司；中国铁路沈阳局集团有限公司沈阳站；沈阳水务集团；沈阳地铁集团有限公司运营分公司；辽宁和佳园林绿化工程集团有限公司；辽宁中金欧亚珠宝有限公司；盛京红磨坊

【2020年沈阳青年五四奖章集体】 拜澳泰克生物医学团队；特变电工沈阳变压器集团有限公司蒙古330kV项目部；沈阳市消防救援支队；国家开发银行辽

宁省分行客户四处；中建二局北方公司华晨宝马总装物流车间项目部；沈阳市卫生健康委员会团委；沈阳橡胶研究设计院有限公司科研攻关突击队；沈阳风驰软件股份有限公司；沈阳燃气集团有限公司售后服务管理部安检团队；中国移动通信集团辽宁有限公司沈阳分公司

【沈阳市2020年最佳志愿服务组织】 沈阳市直机关青年志愿者服务队；沈阳市益新社会工作服务中心；沈阳荣强雷锋爱心车队；沈阳市群众艺术馆文化志愿者团队；辽宁弘鼎胜律师事务所青年志愿者协会；沈阳医学院青年志愿者团队；沈阳市普助公益事业发展中心；沈阳市和平区雨荷社会工作服务中心；沈阳市沈河区国红企业家社会组织服务中心；沈阳标榜美容美发学校爱心公益服务团；沈阳市皇姑区黄河街道庐山社区盛京义勇服务站；沈阳市大东区津桥街道退役军人志愿服务队；沈阳市浑南区全程婚恋公益服务中心；沈阳市于洪区人民检察院志愿服务小分队；沈阳市沈北新区科普志愿者协会；沈阳市苏家屯区沈南爱心公益团；沈阳市辽中区养士堡镇养前村十九大艺术宣讲团；新民市巾帼志愿者服务队；法库县夕阳红艺术团志愿服务队；康平县卧龙湖生态保护与行政执法中心志愿服务队

【2020年度沈阳市学雷锋活动示范点】 沈阳市第六人民医院；沈阳市公安局沈河分局万莲派出所郭勇警务室；沈阳市沈河区南塔街道溪林社区；沈阳地铁集团有限公司运营分公司青年大街站；沈阳通利公共交通有限公司258路车队

三十六、区县（市）

和平区

【概况】　和平区位于沈阳市中部，是沈阳市中心城区之一。东起青年大街沿线与沈河区相连，西至铁路沿线、沈大高速公路与铁西区相接，南至金桔路与苏家屯接壤，北至铁路沿线与皇姑区毗邻。辖浑河湾、新华、太原街、南湖、马路湾、南市场、北市场、长白、沈水湾、浑河站西10个街道，包括101个社区、10个村。土地面积59平方千米，常住人口73.1万人。居住着汉、回、满、蒙古、朝鲜、锡伯等29个民族。区内驻有辽宁省委、省政府部门及北部战区联合指挥部等党政军机关，东北电业、邮电、铁路等枢纽企业，辽宁广播电视台、辽宁日报传媒集团等新闻机构，沈阳市煤气、自来水、联通等公用集团，美、俄、德、法、日、韩、朝7国驻沈阳总领事馆。有东北铁路指挥中枢、东北地区最大的铁路编组站沈阳站和通达全国各地的SK客运站，地铁一、二、九号线途径和平区，城市交通网络四通八达。和平区具有近百年的商业发展历史和文化积淀，商贸集聚功能十分突出，拥有东北首个创业创新大街三好街、全国著名商业街太原街、素有“北方不夜城”之称的西塔地区以及充满关东风情的北市地区，汇聚中兴商业大厦、欧亚联营、K11艺术购物中心、华润万象城、山姆会员店等知名商贸企业，以及皇朝万鑫酒店、华润君悦酒店、艾美酒店、丽都喜来登饭店、假日酒店等沈阳市主要的五星级和四星级酒店。和平区市场体系完善，有16个大型专业市场、10余条特色商业街、50余个贸易市场及近万个商业网点，构成全市最大的产品交易市场和购物区域，辐射2500余万人，直接影响着沈阳周边8座超百万人口的城市群及东北三省和内蒙古自治区。2020年，和平区获评中国百强主城区第55名，位列东北第一。连续九次获省级双拥模范城。全年获国家、省、市荣誉25项。区政府驻十一纬路76号。

区域经济。2020年，和平区地区生产总值967.1亿元，增长0.2%；规模以上工业总产值53.6亿元，增长0.5%；固定资产投资额增长8.3%；社会消费品零售总额610.1亿元，增长92.4%；实际利用外资3892万美元；一般公共预算收入90亿元，增长0.2%；一般公共预算支出47.3亿元，下降15.9%；城镇居民人均可支配收入54067元，增长2.3%，城镇居民人均可支配收入与经济增长同步。实施减税降费27.8亿元。辽宁省两次促消费启动仪式在和平举办，和平区成为东北首个发放电子消费券的城区，以“政府补贴+平台补贴”的合作模式，带动全行业消费6亿元。出台“支持中小企业发展10条政策措施”，为2516户企业兑现扶持资金。实现金融对消费、科技、文化、绿色产业支持287.7亿元，实现普惠金融支持169.1亿元。全区收入、投资、消费等经济总量位居全市前列。全区外贸企业进出口拓展至亚洲、欧洲、北美、南美。6户外贸企业成功申请高科技产品出口等级证书。罗森便利店全年店面数75家。新世界旗下沈阳芊丽酒店正式运营，注册资金984万美元。举办产业投资大会、花椒大会等系列活动，打造和平电商直播产业链、餐饮业招商名片新品牌，韩国周列入辽宁国际贸易洽谈会系列活动。新世界博览馆举办商业创新大会、全球工业互联网大会等展会17场。新增各类市场主体12376户，存续量增长15.5%。在全省率先启动营业执照全市通办，跨区异地打照，体现“和平速度”。亿元以上重点项目102个，年度完成投资216.8亿元。华润万象汇投入使用，开业当天客流量超10万人次，零售额1731万元。盘活先建办公楼等8个闲置楼宇14万平方米，启动停缓建工程6个。领事馆东-1地块成功出让，开发区对全区经济带动作用持续加强。推进华为VR云、国家北斗数据中心辽宁省分中心、航天科工IPV6、深兰科技、清华紫光、美团出行等40余个互联网、大数据、人工智能项目，包揽辽宁省沈阳市数字经济签约会全部20个合作项目。围绕主导产业布局，细化42个招商领域，筛选363户实力企业，立足产业链、供应链、价值链提升，实施精准对接、精准培育和精准招商。实施“线上线下结合”“请进来、走出去”招商战略，实现亿元以上签约项目166个，落地项目107个，均居全市前列。以“品质和平”为主线，在泛太原街、南湖、北市、长白满融四大版块，构建夜文化、夜餐饮、夜休闲、夜购物、夜旅游、夜娱乐于一体的夜经济体系。万象城、K11、太原里夜间客流量不断提升。奉天巷打造民国风综合文旅创意街区，高峰期日均客流量6万人次，成为沈阳市恢复消费新亮点、文化社交新领地。由北至南22条特色夜经济街区活动，打造具有烟火气、盛京味、时尚潮、国际范的夜和平新形象，成为沈阳乃至辽宁消费回暖、经济复苏的标志性“灯火”。举办“商业振兴座谈会”“网逛太原街”等活动，促进区域发展。时尚地下街、太原里、玖伍文化城入选“和平十二名片”。太原街获评首批“辽宁省示范步行街”。深入推进与中关村领创空间、启迪科技园的合作，引进“和平智脑”数字经济产业园。举办“创客中国”辽宁省中小企业创新创业总决赛、北京启迪商学院深化合作交流会等双创活动123场。新评审通过72户高新技术企业，2户企业入选瞪羚企业。新注册科技型中小企业183户。加快建设东北大学—三好街科技成果转化基地。依托科技金融广场，引进沈阳经济区一期基金等24家股权投资机构，基金规模47亿元，实现直接投资12.1亿元，惠及企业11户。和财基金参与投资约印子基金募集5.8亿元，实现为全区创业创新发展赋能。东北地区首条“大众点评必吃街”在西塔街揭牌。老北市改造后打造文商旅综合体，十一黄金周举办皇寺庙会游客125万人。举办八卦街观光市集、咖啡文化节等特色文化活动，打造百家特色店，集中体现民国时代文化情结。

城市建设与管理。满融生态新区城市设计、控详规划及专项规划在市规委会通过。加快云龙湖跨浑河桥接线路、上河地区路网建设。完成340个老旧小区破损路面维修，安装维护613块楼体蓝牌。拆除违法建筑101处、各类牌匾广告986处。组织党员干部7万人次，发动“和平蓝”志愿者10万人次，常态化助力创城。高标准完成全市45%国考受检点位的繁重任务，实现零扣分。调查治理烧烤类餐饮企业油烟排放60户，整治“散乱污”企业274户。16户36台燃煤锅炉全部完成脱硫、除尘、脱硝升级改造工程。790件抗霾攻坚案件全部办结。减排二氧化硫1467.7吨、氮氧化物485.5吨，超额完成市减排任务。实施白塔堡河、浑南总干和平段以及老背河黑臭水体整治工程。实施长白地区雨污分流改造，建设全市第一套智慧排水管理系统。办理市水体三方交办案件90件，办结率100%。落实“河长制”，两个国考断面水质全部达标。完成20处积水点、22千米陈旧供暖管线、16个老旧小区、18个电力设施改造。推进沙浑南北线、浑于甲乙线等高压线入地工程。完成浑太、白太高压线架空移设工程。新建、改造16座二类水洗公厕。改造38个垃圾压缩站密封棚，建成98个环保屋，创建50个生活垃圾分类示范试点小区。栽摆花卉410万株，栽植树木8166株、绿篱3.1万平方米，覆盖裸露地面10.4万平方米。完成存量土地攻坚5宗、解决批而未供土地47.2公顷。“万人进万企”活动解决企业困难和问题290个。创新推出政务服务“一网办”等“办事方便”十大举措。“深化‘放管服’改革”“优先选择为企业登记便利化工作”在国务院考核中被通报表扬。建设完成区域融合、资源共享、开放互通、协商共治的社会治理体系。在全市率先探索实施智慧工地建设，加强安全、环保等综合性风险管控。建设10个“胡静琴式”社区工作室，完成三好社区等5个社区办公用房及居民服务设施改造提升。推进“全国第四批社区治理和服务创新实验区”创建，探索“5+N”精细化社区治理和服务创新路径，并申报全国市域社会治理创新案例。全面完成涉黑涉恶案件及线索“双清零”工作，破获3起部督案件、2起省督案件。建设3个“枫桥式”派出所、16个“张登林式”警务室。“雪亮工程”建设成效显著，基本实现视频监控全覆盖。完成正射影像地图、矢量电子地图、三维模拟地图以及451个相关图层建设，构建和平区人、地、事、组织的全要素地理信息数据库。构建“网格+党建引领”“网格+文物保护”“网格+创城”等业务应用，进一步融合人工智能、人脸识别、车辆智能分析、物联网智能监测等高科技应用，全面促进社会治理工作精细化，服务精准化。疫情防控上，完成35轮708万人次排查。实现1101个小区楼院全部物理封闭，筹集8654万元保障资金，集中隔离6504人，核酸检测57344人。和平区始终保持零确诊病例，疫情防控工作在全市排名第一。马路湾街道电业社区疫情防控措施典型经验，被国务院联防联控机制在全国推广。创新推出“有需求线上办，非必需不窗口”疫情应急服务模式在全市借鉴推广。

民生工作。实名制安置就业2.1万人，困难再就业1414人，发放人才新政房租补贴5578万元、失业保险8625万元、稳岗补贴1.35亿元、失业补助金7400万元。发放低保金3114万元、孤儿基本生活养育费26万元、特困人员供养金92.6万元、临时救助金82万元。发送复员干部生活费234万元，缴纳医保22万元。为全区持证智力残疾人配备定位手环。完成14个居家养老服务中心、33个养老服务站建设。北市社区卫生服务中心增设54张“医养结合”床位，试点开展医养结合及安宁疗护工作。接待行政复议立案受理或法律咨询55件次，承办行政复议案件24件。行政诉讼案件35件，下降57.3%。回迁安置居民798户，“回迁难”局面得到根本性扭转。

社会事业。和平区分别被教育部和中央电教馆授予“基于教学改革、融合信息技术的新型教与学模式国家级实验区”“在线教育应用创新项目区域”称号。134中学长白校区投入使用。新增普惠幼儿园15所。开展“满天星”训练营，推动校园足球进一步发展。举办中小学艺术节、“和平之声”童声合唱节。中高考再创佳绩，高考600分以上达到317人，中考总平均分连续22年全市领先，进入“前三校”的学生占其招生总数35%。建成区疾控中心PCR实验室（基因扩增实验室），加强卫生应急物资储备。启动东北地区重大慢病防控科技综合示范研究项目，区妇婴医院与盛京医院成立全市首家妇幼健康专科医联体。计免门诊推行预约诊疗，普通门诊推行家庭医生微信、电话预约。引进物联网智慧疫苗服务技术，打通疫苗安全使用“最后一公里”。举办“浑河之夏”文化艺术季、浑河岸交响音乐节、郎朗钢琴广场演出季。“盛京文化港湾、北市戏曲码头”被评为沈阳市艺术惠

▶第六届浑河岸交响音乐节 （和平区供）

民“双百万共享工程优秀品牌活动”。在全市率先设立19处文物讲解二维码。开展和平区首届文化旅游周活动。“浑河晚渡”古迹、满洲省委旧址入选最受欢迎的沈阳十大旅游景点。举办2020 TGA腾讯电竞运动会、王者荣耀东北大区决赛等4项活动，开启和平电竞元年。“和平杯”国际青少年足球邀请赛入选国家体育产业示范项目。

【“和平杯”国际青少年足球邀请赛入选国家体育产业示范项目】 3月，国家体育总局公布《体育总局体育经济司关于2019年国家体育产业基地评选结果的公示》，“和平杯”国际青少年足球邀请赛入选国家体育产业示范项目。“和平杯”比赛场地坐落在浑河岸边，是世界上唯一的足球主题公园，有40块连片足球场和现代化的配套服务设施。

【和平区“品质社区”建设启动】 5月29日，在和平区新华街道丰泽社区“善德”文化广场举行启动仪式。“品质社区”项目是和平区创建全国第四批社区治理和服务创新实验区的关键环节，设计“3+N”工作模块：“3”即以“党建引领、网格支撑、邻里共建”为基础的社区共性目标，“N”即“社区平安、教育、健康、养老、创业、环保、文体、安全、物业”9个特色项目模块，各社区因地制宜认领模块。该建设计划3年内在全区推广。

【“5G时代，让梦成真”首届华为VR开发应用大赛】 7月14日开幕，9月26日落幕。和平区政府和华为技术有限公司共同举办，教育部虚拟现实应用工程研究中心、中国电子商务虚拟现实市场促进专业委员会以及辽宁省先进装备制造业基地建设工程中心联合指导。大赛赛程2个多月，300余个项目参赛。沈阳广播电视台《VR新闻·全景看沈阳》获VR（虚拟现实）影视赛道一等奖。

【和平区建成全国最大集装箱小镇】 9月25日，全国最大的集装箱小镇——融·InBox集装箱小镇在满融地区开业。小镇占地面积8.5万平方米、采用200余个全新节能环保集装箱建成，囊括电竞体验、街头秀场、主题餐饮、儿童娱乐、共享办公、主题民宿、特色小吃、汽车影院等休闲娱乐设施，设置翼展烟火市集、箱遇有时广场、听风逐野民宿三大功能区。十一期间客流量逾10万人次。

【国家重点研发计划项目和平区研发示范基地启动】 11月5日，国家重点研发计划——东北地区重大慢病防控科技综合示范研究项目和平区研发示范基地，在和平区北市社区卫生服务中心启动。通过开展5大类疾病13个病种的重大慢性病防控适宜技术的示范应用研究，建立健全重大慢病研究体系和创新网络，探索符合和平区特点的慢性病综合防控模式和防控体系，并促进和平区逐步形成上下贯通、优势互补、资源共享、可持续发展的多维度综合慢性病健康管理服务网络，提高和平区慢病综合防控能力水平。 （邹月娟）

和平区主要经济指标

表42

指标	单位	2020年	同比增幅（%）
地区生产总值	万元	9670759	0.2
第一产业	万元	1352	40.1
第二产业	万元	828958	-2.2
第三产业	万元	8840449	0.4
规模以上工业总产值	万元	535620	0.5
规模以上工业增加值	万元	164645	0.2
固定资产投资额			8.3
社会消费品零售总额	万元	6100746	92.4
实际利用外资	万美元	3892	–
一般公共预算收入	万元	900291	0.2
一般公共预算支出	万元	472542	-15.9

续表42

指标	单位	2020年	同比增幅（%）
城镇居民人均可支配收入	元	54067	2.3
商品房销售面积	万平方米	82	15.6

注：1. 社会消费品零售总额1995年以后数据按照2018年第四次全国经济普查结果进行修订。
2. 实际利用外资从2020年起采用商务部口径数据，与往年不可比。以下各区县（市）同。

（和平区）

沈河区

【概况】 沈河区地处市中心，东到三环与浑区为邻，南至浑河中心线与东陵区相连，西抵南、北三经街与和平区搭界，北迄长大线铁路中心线与大东区、皇姑区接壤。南北长6.9千米，东西宽13.6千米，位于北纬41° 44′ 58"至41° 58′ 45"，东经123° 24′ 54"至123° 34′ 18"之间。沈河区是沈阳市具有悠久历史的老城区，有2300多年的历史。素有“一朝发祥地，两代帝王都”的美誉。土地面积60平方千米，常住人口78.3万人，区内居住着汉、满、回、朝鲜等23个民族，辖11个街道，包括111个社区，管理以金融商贸为属性的省级开发区——沈阳金融商贸开发区。区内拥有浑河等5大水系、青年公园等5大公园和市府广场等6大广场，7.2千米的中央都市走廊沈阳金廊纵穿南北，15.6千米的浑河北岸都市滨水休闲产业带横贯东西。区内前清文化、民国文化、宗教文化、商贸文化和现代商务文化交相辉映。拥有历史文化旅游资源89处，包括世界文化遗产、国家AAAA级旅游景区和省市级文物保护单位及历史风貌建筑，如世界文化遗产沈阳故宫、见证近代东北历史的张氏帅府、首批全国十大著名商业街中街等。有道教、佛教、天主教和伊斯兰教等区域性宗教场所21家。2018年12月，沈阳中街作为东北地区唯一代表，被商务部列为首批国家步行街改造提升试点。2019年11月，盛京皇城入选国家AAAAA级景区创建行列。闻名东北亚的五爱和南塔是中国都市中最大的小商品和鞋类批发市场，日均客流量近30万人次，商品辐射韩国、俄罗斯、蒙古等国家，年市场销售额580亿元。中街、彩塔、歇马台等夜经济带经成为沈阳夜经济发展示范街区和特色街区。先后获全国和谐社区建设示范区、全国平安建设先进区等国家级荣誉40余项。区政府驻盛京路25号。

区域经济。2020年，沈河区地区生产总值977.6亿元，增长0.1%；规模以上工业总产值35.2亿元，下降1.1%；固定资产投资额下降34.7%；社会消费品零售总额830.9亿元，增长90.1%；实际利用外资1.1亿美元；一般公共预算收入79.8亿元，增长0.6%；一般公共预算支出43.5亿元，下降16.9%；城镇居民人均可支配收入53822元，增长2.5%。富丽华大厦等3个停缓建项目有序推进，出让原九中地块，北方出版物配送中心等2宗土地具备出让条件，高东—3等13宗土地征收实现突破。建设20栋特色楼宇，启动30万平方米存量楼宇。域内的沈阳金融商贸开发区是国家优化金融生态综合改革试验区，聚集辽宁股权交易中心等区域金融要素市场、区域性公司总部、各类金融企业和分支机构1800余家，聚集安永（中国）企业咨询有限公司沈阳分公司、沈阳毕马威会计师事务所等著名中介服务企业1100余户。2020年，沈河区金融业增加值231.7亿元，占全市45%；本外币贷款余额1.28万亿元，占全市70%。开发区单位面积金融机构数量及经济贡献率居东北地区首位。沈河区位列《中国县域经济发展报告（2020）》全国百强主城区第58位。第七次全国人口普查摸底完成比居全市首位。沈河区作为中心城区，以金融、文旅和商贸产业为代表的服务业聚集优势明显，第三产业增加值占地区生产总值达90%以上。2020年，连续召开两届服务业开放创新大会，进一步明确金融、文旅、商贸三大主导产业和数字经济、农业科技两大培育产业暨“3+2”产业体系，围绕22个产业细分领域，发布招商计划和培育计划，推进产业链建链、补链、延链、强链；在细分产业的基础上，进一步明确金融和文化创意“两个中心”建设的发展方向，开放75个场景机会，出台15条促进产业高质量发展支持政策，实现从“给优惠”向“给机会”转变。对中街实施综合改造，先后投入6.35亿元（其中政府投资1.75亿元），对中街沿街建筑进行历史风貌和文化修缮，对3.3万平方米的中街步行街路面进行重新铺装，对主街保存较为完整的28栋建筑总计78个商家外立面集中进行保护性修缮。以“日观光+夜经济”为突破口，对71栋建筑进行灯光亮化，再现“四平灯市”，塑造“最美夜中街”。9月25日沈阳中街启幕，日均客流量保持在40万人次，春节期间消费额上涨137%，国庆节、元宵节等节假日单日客流量最高139万人次，人流转化为流量经济模式初步形成。同时，创新盛京皇城地区管理。成立盛京皇城文化旅游区综合发展理事会，搭建“业界共治理事会+法定机构”共建共治模式和公共治理架构，在区人大授权下，由理事会作为业界共治主体协调处理皇城地区日常公共事务，将理事会建成高效获取诉求、快速解决矛盾、汇集各方资源、共享发展成果的工作主阵地和利益共同体。组建联合执法管理队伍，形成建管运营长效机制，提升盛京皇城建管品质，巩固中街首批国家级步行街改造提升成果。

城市建设与管理。强化城市网格化治理，将社区居民信息以信息化方式“装入”基层治理服务管理平台，在建立111个一级网格、457个二级网格、1629个三级网格、5322个四级网格基础上，实现多网合一、全域覆盖，完善一网统管“城市大脑”功能，构建从发现问题到解决问题的全流程闭环式管理模式，建设生态、宜居、历史、现代、国际的现代化中心城区。到3月末，自行处置案件8263件，结案率95.7%，按时结案率94%。对于未能及时完成的案件，指挥平台持续跟进并督促完成。根据“路长制”工作导则（试行），每条路段设立责任路长，负责对市政设施、施工围挡、环境卫生、防汛除雪、绿化带、街面秩序、沿街立面、架空线缆、餐饮油烟、门前“三包”等工作进行检查、督导和落实。完善基础设施建设。新建4条小区配套路，完成3条道路改造，恢复道路挖掘3.1万平方米，对800余万平方米道路进行维修养护，道路完好率98%以上。完成5个点位排水防涝工程和22条污水管线清淤。完成5处基础绿化工程和31处绿化景观提升。投资1.2亿元，完成15个老旧小区改造。对所有老旧小区公共设施进行维修排险，改造46个自行车棚、49个电力弃管小区用电设施和10千米供暖管网。新增停车泊位2.8万个。投入2.2亿元，完成辉山明渠综合治理。投入1.6亿元，治理满堂河并形成生态景观廊道，建设国家级“海绵城市”和“黑臭水体治理”双示范工程。园林绿化面积2023万平方米，建成区绿化覆盖率达42.1%。深入实施“蓝天、碧水、净土”工程，提前超额完成“十三五”时期节能减排任务，城区环境品质持续提升。营商环境更加优化，加快机制创新，落实告知承诺制、否定备案制、容缺受理制，梳理公开“容缺受理”事项清单，制定《沈河区政务服务容缺受理管理细则》，制作《容缺受理通知书》《容缺受理承诺书》模板；深入开展“万人进万企”活动，强化帮扶领导及部门考核，设立“为企服务中心”，为1237户企业送达两级政府政策包。推广社区治理经验，在中国城乡社区治理经验学术研讨会发言，全面介绍展示沈河区以“车棚革命”为切口，撬动社区治理创新及践行“两邻”（与邻为善、以邻为伴）理念的工作情况。《以“车棚革命”为载体创新社区空间营造 提升居民社区归属感》案例获《中国城市社区治理报告》优秀案例。联合东北大学文法学院共同撰写《与邻为善 以邻为伴——沈阳市沈河区践行“两邻”理念案例选编》。制定《关于深入践行“两邻”理念推进社会治理体系和治理能力现代化的意见》及《贯彻落实〈关于深入践行“两邻”理念推进社会治理体系和治理能力现代化的意见〉的实施方案》，以区委、区政府文件形式印发全区执行。以《社区治理“两邻理论”与社会工作创新》为题，在《中国社会工作》杂志上详细介绍在新时代背景下“两邻理论”对社会工作发展创新的重要意义。疫情防控上，强化联防联控，建立排查、溯源、隔离、检测、管控闭环管理体系，包括志愿者在内的1.8万人参与其中。在全市率先建立“外来人员数据监控平台”并推广“五色装户图”经验。派出12个医疗保障组驻守隔离宾馆，为3200余名隔离人员提供医学观察、健康管理和心理疏导。减税降费20亿元。出台12条扶持政策，减免国有资产租金4500万元，为企业解决30亿元融资需求。落实惠企政策26项，9200余户企业受益。

民生工作。投入45亿元实施惠民利民工程。完成10件为民办实事工程。实名制扶持创业带头人344人，带动就业2076人。吸引储备大学毕业生就业创业8210人次。城镇新增就业1.1万人。发放稳岗补贴1.2亿元，发放量及受益企业数量居全市首位。培育5家服务型社会组织。新建15个居家养老服务中心，改造39个社区养老服务站。按时足额发放养老金54亿元。帮助农民工讨回拖欠工资900余万元。发放居民低保金补助金3180万元。为住房困难家庭发放补贴1150万元。全域社区均设置退役军人服务站。通过"先予处置"模式，解决民生应急问题1.4万件。整合民生诉求渠道，受理民生诉求案件4.8万件，结案率96.7%。

社会事业。公共服务水平持续提高，组织区内高中申报沈阳市教育教学改革典型校、学生发展指导典型校、优秀学生社团项目；完成实验学校东校区中学部、文艺二东校区、15所中小学"厕所革命"改造项目；异地新建方凌小学项目开工；完成全年学前奖补资金2708.8万元的发放工作；完成素质教育学校改建幼儿园项目、锦城邻里幼儿园改造项目方案设计。完成19所小区配套幼儿园治理工作，新增10所普惠性幼儿园。与域外13所学校实施合作办学，义务教育均衡程度与发展水平位于全省前列；巩固国家公共文化服务体系示范区创建成果，举办群众文体活动及培训176场次。升级改造区体育公园健身设施，健身器材完好率90%以上。推进优质服务基层行活动，区属4家医疗机构达到国家级推荐标准，15家医疗机构全部建成医联体。区域医学检验中心初步建成。实现社区中医服务网络全覆盖。建成186个"百姓乐园"和"居民之家"。完善就业、康养、文娱等"15分钟服务圈"。举办盛京夜市文化节。（王一凡）

【首届五爱网红主播选货大集】 7月15日，东北首家官方授权的腾讯直播基地正式落户五爱商圈内的深业美博广场。同日，"跃动五爱·腾飞沈河"首届五爱网红主播选货大集暨网红产品博览会系列活动启动。系列活动由市商务局、沈河区政府主办。通过直播经济红利，加快推进五爱（南塔）商圈批发市场销售渠道的转型升级，实现线上线下联动发展。多家国内知名网络直播机构及新媒体公司及百余名优质签约网红主播参与活动。23家五爱优质商户和40余位主播达成合作意向，签约金额逾3000万元。

【沈河区中街商会成立】 9月10日，沈河区中街商会第一届第一次会员全体大会暨中街商会成立大会在中街举行，选举出沈阳荟华楼珠宝有限公司、沈阳春天百货有限公司、沈阳商业城股份有限公司等15家单位为首届理事会单位。商会由中街街区企业家和商户自发成立，沈阳荟华楼珠宝有限公司董事长李斌当选中街商会会长。（志　闻）

【沈河区位列赛迪营商环境全国百强区第65位】 12月7日，赛迪顾问城市经济研究中心发布2020年赛迪营商环境百强区榜单，沈河区位列全国第65位。2020年，沈河区贯彻落实"简政放权"，全年累计承接下放事项90项，重新整理核对政务服务事项2545项，省市网上抽查事项100%实现"应进必进"。深化流程再造，推动"一网通办"，"6+1"类政务服务事项100%网办、86.3%"全程网办"，实现132个政务服务事项"掌上签批"，审批24小时不间断，梳理"一件事一次办"套餐277件。（王一凡）

沈河区主要经济指标

表43

指标	单位	2020年	同比增幅（%）
地区生产总值	万元	9776005	0.1
第一产业	万元	–	–
第二产业	万元	1186931	7.1
第三产业	万元	8589074	–0.9
规模以上工业总产值	万元	351623	–1.1
规模以上工业增加值	万元	155406	–1.0

续表43

指标	单位	2020年	同比增幅（%）
地区生产总值	万元	9776005	0.1
第一产业	万元	–	–
第二产业	万元	1186931	7.1
第三产业	万元	8589074	–0.9
规模以上工业总产值	万元	351623	–1.1
规模以上工业增加值	万元	155406	–1.0
固定资产投资额			–34.7
社会消费品零售总额	万元	8308754	90.1
实际利用外资	万美元	11090	–
一般公共预算收入	万元	797993	0.6
一般公共预算支出	万元	435141	–16.9
城镇居民人均可支配收入	元	53822	2.5
商品房销售面积	万平方米	91.8	34.7

（沈河区）

大东区

【概况】 大东区是沈阳城区之一，位于沈阳城东北部，西南、南、东南与沈河区毗邻，西北与皇姑区相连，东北与浑南区（棋盘山开发区）相接，北与沈北新区接壤。大东区因位于大东边门外而得名。土地面积100平方千米，辖10个街道，包括112个社区、18个村，常住人口75.5余万人。大东区是沈阳民族工业的发祥地。清末，奉天银元局、大亨铁工厂等沈阳最早的民族工业在大东兴起。民国时期，全国最大的东三省兵工厂在大东建立。1931年，自行设计、生产出第一台“民生牌”载重汽车。新中国成立后，黎明公司、新光公司、矿山机器厂、中捷友谊厂、东基集团等著名的国有大中型企业成为沈阳工业的重要支柱。大东区历史文化积淀深厚，有建于明永乐十三年（1415）的大法寺、清崇德八年（1643）的东塔，有赵尔巽、杨宇霆、王明宇、吴俊升、常荫槐、孙烈臣等民国名人故居，以及被列入“盛京八景”的星阁晴霞、万泉垂钓、东塔春耕等文化遗产。截至2020年末，大东区有景点11家，其中，AAAA级景区1家，为九一八历史博物馆；AAA级景区7家，分别为华晨宝马汽车有限公司工业园、周恩来少年读书旧址、大法寺、老龙口酒博物馆、龙之梦旅游度假中心、东北陆军讲武堂旧址陈列馆、造币博物馆；AA级景区1家，即八王寺饮料有限公司工业园；A级景区2家，即北湖渔村生态园、铁锚1956文创园。截至2020年末，大东区有公共图书馆2处，馆藏文献40余万册；文化馆3处（区级1处、央企1处、市级1处）；街道文化活动中心14个；社区书屋108个；社区公共电子阅览室108个；不可移动文物21处；非物质文化遗产12项。大东区地灵人杰，周恩来曾在大东读书，辛亥革命喋血奉天第一人张榕、东北抗日义勇军最早倡导者黄显声、著名文化人士杜重远、金毓黻等曾在大东驻足。区政府驻津桥路20号。

区域经济。2020年，大东区地区生产总值742.5亿元，下降4.2%；规模以上工业总产值1587.3亿元，下降4.3%；固定资产投资额增长21.8%；社会消费品零售总额257亿元，增长92.3%；实际利用外资1.2亿美元；一般公共预算收入90.7亿元，增长7.1%；一般公共预算支出51.9亿元，下降8.6%；城镇居民人均可支配收入48811元，增长2%。稳住经济发展“基本盘”，主动化解疫情冲击，高频调度经济运行、下沉企业解决难题成为贯穿全年的工作常态；面向重点产业等领域精准发力、扩大投资，固定资产投资增速居全市首位；推动生产生活恢复，新增减税降费12.5亿元，其中减免社保等各类费用7.65亿元，在全市率先推出“惠企3条”，协调解决物资、用工等企业复产难题和黄石、大连等地产业链供应问题；5月起主要指标全面回暖，市场经营有序恢复，全年市场主体数量实现正增长，总数突破7万户。激活重大项目，实现亿元以上重点项目开复工102个，其中产业项目78个，占比76%；华晨宝马汽车有限公司产品升级项目总装车间封顶；沈阳华润热电有限公司新、老厂区地块出让；凌云瓦达沙夫等14个工业项目竣工投产，华通零部件科技工业园等19个零部件项目开工建设，敏能项目填补全市新能源汽车核心部件领域空白；全区制造业固定资产投资增长近50%，为后续发展蓄积强劲动能。加速产业转型，华为（沈阳）智能网联汽车云创新中心正式上线，12户驻区企业上云用云、协同创新；建成延锋安道拓等7个数字化车间，启动名华模塑等8个智能制造项目；福耀集团（沈阳）汽车玻璃有限公司获批国家级绿色工厂；引导15户企业推进精益管理，签约数位列全市三甲。丰厚服务业发展内涵，全面启动“一路一街一镇多园”项目，大东路历史文化街区（一期）完成建设，21处文旅资源与东中街现代商业元素串珠成线；吉祥汽车主题商业街启幕，138台“街景车”为百年老街注入新活力；市内最大的婚礼主题公园喜园（一期）投入运营；沈阳老龙口酒厂成为第四批国家工业遗产。壮大新兴动能，联东U谷（一期）交付运营，瑞诺斯智能制造（沈阳）有限公司等10户企业陆续进驻；汽车创智城启动建设，卡利欧玛智慧能源（沈阳）有限公司等首批10户企业正式签约；沈阳人力资源服务产业园大东园区开园运行，智联招聘、小黄牛零工平台等16家机构组团加盟；寰亚数字化经济产业园、龙工场跨境电商产业园投入运营；楠钰直播电商基地、梦马传媒产业园等互动全媒体平台落地开业，直播经济阵营成员突破30家。完成国有企业退休人员社会化管理移交，“厂办大集体”改革收官，完成15户僵尸企业处置；汽车城集团公司改革迈出关键性一步，主导推进产业投资和产城融合，沈阳汽车城招商管理有限公司启动运营。推动农村领域改革，18个集体经济组织全部登记赋码颁证，推进乱占耕地建房问题清查整治专项行动。逐步化解遗留问题，全额偿清拖欠民营企业无分歧欠款9823.9万元，化解政府各类债务30.9亿元，债务风险等级进一步降低。扩大开放合作，华晨宝马汽车有限公司首款全球发售的纯电动车型iX3量产上市；新一代雪佛兰创酷销往乌兹别克斯坦；拜澳泰克（沈阳）生物医学集团有限公司与巴基斯坦动力工程自动化公司开展国家层面战略合作；5月起在全市率先赴南方开展招商，9月底再次启动招商百日会战，签约科大讯飞东北总部、香江国际科创中心等亿元以上项目104个，落地85个；强化区域对接合作，新增京沈合作项目32个；飞地合作伙伴再增康平、新民、沈北3地，与旅顺口区对接开展沈大合作。11月13日，中国信息通信研究院发布《中国工业百强县（市）、百强区发展报告（2020）》，大东区位列全国第69名，位居全省入围城区第一名。

城市建设与管理。拓展城市空间格局，突出规划引领作用，启动编制新一轮国土空间规划，配套完善竖向、交通及综合管网3个专项规划，弥补二环外城市规划指标缺失短板；强化整体谋篇布局，启动总额53.5亿元的汽车城基础设施PPP项目，投资26.5亿元实施145个城建项目，系统提升建成区基础设施。全力拓展发展空间，实施新一轮土地攻坚，盘活存量土地164公顷，实现232公顷9宗经营性用地、6宗工业用地土地挂牌出让，望花、东贸库、凌云板块成为投资热点。提升城市功能品质，加快完善基础设施，推进21条道路整修、19条背街小巷整治，实施29条街路排水管线改造、6条街路污水补短板工程；建成开通5G基站614个；新增停车泊位1.8万个；投资7669万元高标准实施7个老旧小区提升改造，完成54个电力弃管小区设施改造，为450个老旧小区引入保障型物业管理；创新拓展投资渠道，配建政府租赁用房8.25万平方米，保护历史建筑7栋2万平方米，配建教育设施4000平方米、公园4.3公顷，创新经验在全市推广。改善城市人居环境，以文明城市建设为契机，清理市容“八乱”（乱贴、乱画、乱停、乱放、乱搭、乱建、乱摆、乱堆）2万余处，拆除各类违建3.2万平方米，全部点位通过国检验收；提升群众休闲体验，改造万泉公园等35处公共空间，新增及修复绿量9.44万平方米；改善生态环境质量，整治13户“散乱污”工业企业，1919户用煤居民全部完成散煤替代，小河沿路国控点位退出全省大气重污染区域；朱尔屯污水处理厂改扩建项目投入运营；域内4个水体区考断面全部达标。省级生态环保督察“回头看”35件交办案件全部销号；全面推进垃圾分类，绿色积分全市领先。塑造营商环境新优势，项目审批服务打造“大东品牌”，宝马项目“摘地即开工”服务模式和带方案出让“七日工作法”成为全市项目审批服务样板；改善企业和市民办事的切身体验，首创“一件事”全链条套餐式服务；开辟全市首家“新办企业服务专区”，创新推广“码上办税”，线下办税人数降低50%；860个政务服务事项全部入网，全程网办率76%。畅通诉求办理的工作链条，深入开展“万人进万企”“访遍大东”活动，常态化开展“营商下午茶”问需于企；商协会窗口进驻大厅，在全市最先形成商协会服务制度化、阵地化。推进“党群一张网、服务叫得响”试点，党建引领下的“一网一格多功能”治理模式在疫情防控和民生服务中发挥重要作用。加快“数字政府”建设，人口、房屋等信息上网，视频监控、数据共享等功能上线运行，城市治理驶入数字化轨道。完善应急体系建设，区应急指挥数字化平台投入运行。推进安全发展示范城建设，启动安全生产专项整治三年行动，消防通道集中整治经验在全省推广。

民生工作。疫情期间保障90%临街超市和11处早、日市及农贸市场持续开放。2.2亿元中央专项资金直达基层、惠企利民。投入区级财力7.08亿元，保障养老金按时足额发放。稳定就业大局，发放援企稳岗补贴7800万元、稳定就业岗位11万个，占企业参保总人数77%。保障应届大学生就业8980人。协调解决65起农民工欠薪案件，为4000多名农民工讨回工资7000余万元。推动帮扶精准高效，全面开展困难群体保障计划、失业保险扩围、全面小康兜底行动等民生升温举措。完善养老服务体系，13个区域性居家养老服务中心、37个社区养老服务站建设完成并投入使用。

社会事业。开展线上教学超10万课时，实现疫情期间停课不停学。改善学校办学条件，辽二小学分校等3所新建学校主体完工，实施盛京小学等42个校园文化和维修改造、34所学校“厕所革命”项目，完成望花丽景等11所小区配套幼儿园治理任务。加强师德师风建设，弘扬教师奉献精神，深化学生成长教育。投入5346万元首次实施教师住房货币化分配和发放教师绩效奖励。提升公共卫生服务能力，为区医院购置64排CT、全自动生化分析仪等关键设备。推进省级安宁疗护中心示范建设。通过全国健康促进区评估验收。疫情期间开展诵经典、话民俗等“云活动”，举办文化体育活动1228场，参与群众8.5万人次。

【10个亿元以上项目“云”签约】 3月5日，沈阳市召开重点招商项目云签约仪式，大东区10个亿元上项目集中完成签约，累计总投资额249.67亿元。其中，融创国际汽车文化示范区等文旅产业项目2个，总投资额232.1亿元；博森汽车排气系统扩建等汽车零部件项目6个，总投资额15.44亿元；辽宁亿茂服装有限公司军民融合和东北医疗灭菌中心项目2个，投资额2.13亿元。

【引进东北首个新能源汽车核心零部件项目】 4月29日，大东区与敏实汽车研发有限公司签约，标志东北首家新能源汽车电池盒生产项目落户，填补沈阳新能源汽车核心零部件制造企业的空白。项目总投资约8亿元，在沈阳汽车城建设北方新能源汽车电池盒生产工厂，占地面积约6.6万平方米，主要为宝马3系、5系、X3等车型进行新能源汽车电池盒配套。 （汪玉贵）

【沈阳龙工场跨境电商产业园开园】 7月28日，沈阳龙工场跨境电商产业园开园仪式举行。产业园位于大东区善邻路36号龙腾时代产业园，以“互联网+大数据+品牌+外贸渠道+供应链金融+本地制造”为主线，向海外市场辐射影响力，促进沈阳传统经济转型升级，提升本地外贸出口额。大龙网是商务部首批跨境电商试点企业之一，博鳌亚洲论坛官方合作伙伴。 （志　闻）

【“一网一门一次”改革】 2020年，大东区实施“一网一门一次”改革，在推进政务服务事项“一网通办”上，推动实现政务服务事项无差别受理、办理流程和评价标准统一，完成国家、省、市、区的四级统一，完善政务平台582个在用服务事项，实现线上线下“一套服务标准、一个办理平台”。在推进政务服务事项线下“只进一扇门”上，整合进驻房产、不动产等市区部门31个，设立银行、邮政等社会服务窗口235个，扩展审批和服务事项729项。在推进政务服务事项办理“最多跑一次”上，立足“减次数、减材料、减时间”要求，实现“最多跑一次”事项475项，“高频”服务事项100项，出台《大东区政务服务中心“最多跑一次”政务服务指南》；梳理剩余政务服务和公共服务高频事项，形成第二批50个事项“最多跑一次”事项清单，涉及税务等5部门。（汪玉贵）

大东区主要经济指标

表44

指标	单位	2020年	同比增幅（%）
地区生产总值	万元	7424605	-4.2
第一产业	万元	644	-47.3
第二产业	万元	4851005	-4.0
第三产业	万元	2572956	-4.4
规模以上工业总产值	万元	15873102	-4.3
规模以上工业增加值	万元	4273871	-4.7
固定资产投资额			21.8
社会消费品零售总额	万元	2570036	92.3
实际利用外资	万美元	11501	-
一般公共预算收入	万元	906776	7.1
一般公共预算支出	万元	518924	-8.6
城镇居民人均可支配收入	元	48811	2.0
商品房销售面积	万平方米	47	-34.3

（大东区）

皇姑区

【概况】 皇姑区位于沈阳市北部，是沈阳市中心城区之一，也是辽宁省行政中心区和文化教育大区。东邻大东区，南邻沈河区、和平区、铁西区，西邻于洪区，北邻沈北新区。土地面积66平方千米，常住人口87.7万人，辖10个街道，包括128个社区、3个村，拥有一个省级经济开发区——沈阳首府经济开发区。皇姑区历史悠久，名称可上溯至清建立之初的“皇姑坟”。域内华山路是清历代皇帝回沈祭祖的大御路。有国家重点文物保护单位5个，包括7200年前新石器时代的新乐遗址，近千年历史的辽代无垢净光舍利塔，世界文化遗产清昭陵，东北大学旧址，审判日本战犯特别军事法庭旧址。省人大、省政府、省政协、省军区及50%以上的省直机关坐落于此，汇集辽宁大学、辽宁中医药大学、沈阳飞机设计研究所等大专院校、科研院所33所，驻区团以上部队46个。交通纵横交错、四通八达，拥有12条交通主干道和沈阳北站北出口，沈阳地铁二号线、九号线、十号线贯穿皇姑区。新乐遗址、舍利塔、清昭陵和北塔构成沈阳最丰厚的人文景观，沈阳“绿肺”北陵公园、沈阳“玉环”北运河构筑沈城最佳人居环境。区政府驻松花江街3号。

区域经济。2020年，皇姑区地区生产总值579.9亿元，增长1.2%；规模以上工业总产值21.1亿元，增长2.3%；固定资产投资下降额13%；社会消费品零售总额240.5亿元，增长92.1%；实际利用外资913万美元；一般公共预算收入35.5亿元，下降5.1%；一般公共预算支出38.2亿元，增长14.2%；城镇居民人均可支配收入48184元，增长1.7%。狠抓总投资928.3亿元的重大项目建设，开复工亿元以上项目102个，增长27.5%，完成投资109.5亿元。新开工亿元以上项目39个，20个项目竣工交付。创新招商工作体制，“走出去”与“线上”招商相结合，引进项目132个。亿元以上落地项目52个，增长73.3%。坚持服务更新，推出“皇钻十六条”产业扶持政策3.0升级版，聚焦产业扶持、人才保障、金融支持，兑现产业扶持政策资金2900万元，提升企业创新活力。市场各类主体73319户，增长11.5%。盘活存量土地，推动土地节约集约利用，土地出让10宗，面积89.6万平方米，成交总价突破100亿元。按时全部完成10宗土地攻坚任务，全市排名第一。服务实体经济，解决1.3亿元资金需求，提供6030万元复工复产专项贷款。支出2亿元，解决拖欠工程款等历史遗留问题，争取各类专项资金18亿元。加强对77座3000平方米以上楼宇动态服务，新入驻环保设计院等12个项目，盘活存量楼宇资源超3万平方米，商务办公楼宇入驻率达82.7%，增长7.7%。大力引进优质企业，中石油东北原油销售中心等4户总部企业迁入，形成区库收入3000余万元。集聚“文化+”新动能，加强老旧厂房改造，建成作坐产业园等3个文化产业园区。推进“夜经济”特色街区升级改造，提升塔湾兴顺国际夜市、中粮祥云小镇步行街服务，沈阳天地17号街成为辽宁省示范步行街。围绕C6科创走廊，首府新区实现金地科创智慧城、中化环境科学城等投资20亿元以上产城融合项目落地。加快首府科创园等4个科创平台建设，打造省级信创产业研发生产基地，促进产业升级。园区亿元以上重点项目55个，增长66%。开展“飞地经济”区域合作，签约京沈对口合作项目12个。举办清华校友三创大赛、全国双创大赛沈阳赛区等全国知名创新创业赛事，搭建各类创新互动交流平台，激发企业创新活力。落实梯度培育计划，科技型中小企业341户，增长51%；高新技术企业170户，增长42%，瞪羚企业6户；新增省、市级双创载体14家，省级新型研发机构5个。沈阳科创工场、沈阳·苏青创新工场满园运营。沈阳·智优沃数字产业加速器、沈阳星云产创加速中心、沈阳·苏青创新社区等5个科创产业园区落地运营。辽宁省信息技术创新产业园开园运营，首期引入联想、麒麟、东华、兆芯、奇安信等18户行业头部企业。

▶“皇钻十六条”产业创新发展政策3.0版新闻发布会　（皇姑区供）

城市建设与管理。总投资3.2亿元，实施46项城建计划，华山路、辽河街等改造工程全部竣工，陵园街全线贯通。实施总投资4000万元的10个城建项目，推进首府未来城规划路、绿化提升覆盖、北部污水处理一体化等园区配套服务类工程。总投资2.89亿元，实施15项城市维护计划，对昆山路、淮河街、延河街、长江桥维修改造，完成31条街路排水改造和管渠清淤工程。以创城为契机，全面清理整治市容环境，拆除违法建筑2.2万平方米，清理流动商贩及占道经营1万余处。投资2020万元，提升25处景观绿地，增加绿化21.1万平方米。投资1183.7万元，加强环卫设施设备建设。推行“深度清洁”作业模式，全区一、二级街路机械化湿式洗扫率达100%。全年大气优良天数优于市平均水平。开展大气、水、噪声、土壤污染等专项整治行动，整改水污染防治问题34件，完成19座加油站油罐防渗改造。持续推进生活垃圾分类，完成123个环保屋、12个示范片区及111个达标片区建设工作。中央环保督察和“回头看”反馈意见23项整改任务全部完成销号备案，省生态环境保护督察34件交办件全部办结。推进“放管服”改革，1393项政务服务事项实现全口径“最多跑一次”。“人社服务快办行动”改革试点获人社部肯定，皇姑经验在全省复制推广。坚持联防联控，保障疫情防控支出资金，加强重点地区入沈人员管控，落实全流程闭环管理，全面筑牢疫情防线。加快标准化社区建设，成立社区发展促进会，打造50个四星级社区、5个五星级社区。全面完成“七五”普法验收，建成纠纷调解室181个，调解矛盾纠纷1505件。创建国家安全发展示范城市，开展安全生产集中整治行动，重点领域未发生生产安全事故。严格食品药品安全监管，保障人民群众饮食用药安全。推进平安皇姑建设，深化扫黑除恶专项斗争，获省级平安区称号。

民生工作。全力稳就业，新增就业14056人。开展援企稳岗“护航行动”，发放稳岗返还资金4150万元，稳定就业岗位7万个。发放创业担保贷款3111万元，吸引大学毕业生就业创业6887人。保障养老金足额发放，弥补企业养老金缺口资金1.93亿元。拨付2.2亿元，推进低保、特困人员解困，落实优抚资金1.9亿元。改造11个老旧小区，惠及居民8076户。对173个散体小区全部完成封闭，80个小区实施常态化保障型物业管理。随着舍宅新居项目95户居民完成安置选房，“回迁难”问题得到基本解决。完成31个项目1.8万户解遗办证，实施7个小区临时电代正式电改造，新建停车泊位1.5万个，整治完成31条背街小巷。

社会事业。教育支出9.68亿元。实施学校改扩建项目，全区中小学多媒体教室率达到100%。新增普惠幼儿园22所，治理小区配套幼儿园19所。开展骨干校长培训，公开招聘教师411名。投入1.55亿元，加大卫生服务体系建设。开展文化惠民活动267次，参与市民10万余人次。建成16家区域性居家养老服务中心及42家社区养老服务站。深化“城市合伙人”理念，在上海、深圳布局2个“域外创新中心”获省级认定。通过平台链接乌克兰材料研究所、南京大学、大连理工、辽宁中医等6所国内外高校院所创新资源，加速实现科研成果和领先技术产业化进程。

【苏青创新工场开园运行】 1月17日，沈阳·苏青创新工场正式开园运行。项目位于皇姑区黄河北大街258号，占地面积3600平方米。苏青创新工场是皇姑区和创业服务平台南京苏青合伙人联合创立，服务于全市高校在校大学生、青年创业教师和留学归国创业大学生、城市青年创客等创业群体。以“青创群”“青创赛”“青创库”“青创课”等方式，把高校大学生带入基地开展创业沙盘模拟和实战演练，把基地汇聚的创业资源注入高校，以及开展具备多样性、专业性、实操性的创新创业活动，解决青年在创业过程中的具体问题。年末，苏青创新工场实现满园运营。

【400亿元京沈合作项目落户皇姑】 3月27日，皇姑区举行京沈合作重点项目云签约仪式。皇姑区政府与中交集团、中化集团、中国信科大唐网络有限公司、中国长城总公司、北京尚科科技有限公司、中关村产业联盟、沈阳万科房地产开发有限公司、北京中创鸿星投资管理有限公司等12户企业签订项目协议，投资总额近400亿元。签约项目均为科技创新类项目，涵盖产业园区、孵化器、应用中心、产业学院等领域，内容丰富，合作方式灵活多样。

【27个大项目集中开复工】 4月1日，以首府科创园为代表，总投资160.9亿元的27个重大项目在皇姑区集中开复工。此次开复工的项目还有方正国际软件沈阳总部、万象汇等11个科创服务类、3个民生类、5个地产类、1个商业地产类和7个制造业项目。

【“冯元平抗疫剪纸作品”明信片首发式】 4月22日，沈阳市非物质文化遗产传承人，皇姑区艺术展示馆——冯元平剪纸艺术馆馆长冯元平创作的抗疫剪纸作品明信片首发式在沈阳首府万科未来城举行，这也是东北首发抗疫剪纸作品明信片。作品以邮折的形式进行展现，包括党旗在前党员向前、钟南山、李兰娟、陈薇、张继先、张伯礼、雷神山、共产党员先锋岗、平安守望、我们赢了等内容。首发式后，明信片邮寄给钟南山、李兰娟、陈薇等抗疫英雄。

【全市首个市民文明公约推广示范小区建立】 6月28日，皇姑区举行市民文明公约推广示范小区创建活动。启动仪式上，授予万科首府未来城小区皇姑区“市民文明公约推广示范小区”称号，这是全市首个市民文明公约推广示范小区。万科首府未来城小区在硬件设施建设上融入智慧城市建设中控系统，在软件建设上，小区在业主入住前开展“社群公约”线上投票、线下推广活动，由业主选出和谐相守、和睦邻里、感怀自然等首批十条公约印制宣传。

【“皇钻十六条”产业创新发展政策3.0版发布】 11月11日，皇站区发布“皇钻十六条”产业创新发展政策3.0版。2018年，皇姑区发布“皇钻十六条”产业创新发展政策，2019年修订发布“皇钻十六条”2.0版。3.0版有五大“聚焦”，即聚焦主导产业、合作提升、要素供给、米均效益、操作细则。（王　茁）

皇姑区主要经济指标

表45

指标	单位	2020年	同比增幅（%）
地区生产总值	万元	5798587	1.2
第一产业	万元	496	12.6
第二产业	万元	967530	4.1
第三产业	万元	4830561	0.5
规模以上工业总产值	万元	211039	2.3
规模以上工业增加值	万元	60079	3.1
固定资产投资额			−13.0
社会消费品零售总额	万元	2404929	92.1
实际利用外资	万美元	913	–
一般公共预算收入	万元	355363	−5.1
一般公共预算支出	万元	382033	14.2
城镇居民人均可支配收入	元	48184	1.7
商品房销售面积	万平方米	94.2	−12.3

（皇姑区）

铁西区

【概况】 铁西区是沈阳市城区之一，是中国著名的工业区，地处沈阳西南部，位于东经123°11′13.6″至123°24′21.5″，北纬41°42′22.9″至41°46′19.1″。东与和平区、苏家屯区接界，西接辽中区，北临皇姑区、于洪区。土地面积286平方千米，常住人口133.6万人。铁西区辖14个街道，包括140个社区、54个村。14个街道为昆明湖街道、凌空街道、兴华街道、重工街道、兴顺街道、工人村街道、启工街道、霁虹街道、笃工街道、大青中朝友谊街道、高花街道、彰驿站街道、翟家街道、大潘街道。3个镇为新民屯镇、四方台镇、长滩镇。区内交通发达，基础设施完备，工业文化浓厚，城区环境优美，所辖中国工业博物馆、宝马沈阳铁西工厂被评为国家AAAA级景区，盛京驿站、华圣寺、沈阳机床等景点被评为国家AAA级景区。2007年6月9日，国家发改委和国务院振兴东北办授予沈阳市铁西区“铁西老工业基地调整改造暨装备制造业发展示范区”的称号。2008年，被列入改革开放30年全国18个典型地区之一，获联合国全球宜居城区示范奖。2009年，《铁西装备制造业聚集区产业发展规划》获国家发改委正式批准，上升为国家战略。同年，铁西区被命名为“国家可持续发展实验区”“国家新型工业化产业示范基地”“国家科技进步示范区”“国家首批知识产权强区”“全国义务教育均衡化示范区”，入选“新中国60大地标”。区政府驻重工北街37号。

区域经济。2020年，铁西区地区生产总值987亿元，增长2.6%；规模以上工业总产值1853.6亿元，增长9%；固定资产投资额增长8%；社会消费品零售总额590.1亿元，增长96.8%；实际利用外资1.1亿美元；一般公共预算收入119.7亿元，增长1.1%；一般公共预算支出98.6亿元，下降12.6%；城镇居民人均可支配收入47988元，增长1.3%。工业发展态势良好，实现装备制造业产值500亿元、汽车及零部件产业产值950亿元、生物医药产业产值118亿元。沈鼓集团、特变沈变集团订单分别增长20%和19%；沈阳三生制药股份有限公司跻身中国医药研发20强；新增6个数字化车间，40户企业上云（云技术），46户企业实现“小升规”，5户企业实现“规升巨”；沈阳康师傅饮品有限公司等6户企业被评为国家级绿色工厂，占全省27.3%；中德园被工信部评为“绿色工业园区”。现代服务业稳步发展，编制文旅产业发展规划，红梅文创园、奉天工厂等文化新地标聚集效应显现，举办首届“铁西消夏季”系列活动，国庆节假期吸引游客163万人，跻身全省旅游十大热点区域榜单；国家级人力资源服务产业园通过人社部初审，智联招聘等70户企业入驻；新增海通新动能、正为高科技、兴辽人才三支基金，基金总规模70亿元，完成投放10.7亿元。新建设施农业133.3公顷、高标准农田1933.3公顷。农村集体土地确权工作基本完成。农村集体产权制度改革任务全部完成，登记赋码率100%。四方台镇133.3余公顷稻田养蟹种养成功。佳逸种植家庭农场被评为省级示范项目。新增彰驿村等5个电商村。八三堡村获评市级“一村一品”专业村。综合产权交易中心铁西分中心投入运营，4个项目挂牌交易。

城市建设与管理。完成卫工街景观改造提升工程，兴华街改造有序推进。大堤快速路建设工程顺利实施。开发25号路正式通车。完成中央大街环岛平交化改造。浑河26街综合管廊竣工。220千伏产业变电站、66千伏赵家变电站投入使用。实施沈阳市排水防涝肇工排水工程，解决长期困扰群众的城市内涝难题。施划停车泊位8万个，停车难问题得到缓解。新建5G基站1157座，中德园基本实现5G网络全域覆盖。

民生工作。社会保障支出17.1亿元。突出抓好高校毕业生、退役军人等群体就业，城镇新增就业1.6万人，城镇登记失业率2.5%，保持零就业家庭动态为零。发放“稳岗返还”等各类补贴3.6亿元。完成职业技能培训2万人次。发放各类救助金1.3亿元。新建居家养老服务中心18个、养老服务站40个、农村居家养老试点8个，幸福家园等7个民营养老机构投入运营，“9123”（9个区域性居家养老服务中心、100个居家养老服务站、20个社会养老机构和3个大型专业化养老机构）养老服务体系基本形成。完成126户残疾人家庭无障碍改造。新增保障性住房租赁补贴1798户、回迁安置3650套，解遗办证1.6万户。

社会事业。教育投入12.3亿元，新改扩建勋望虹桥分校等17所学校，万科国际学校开工建设，新建7所幼儿园。成立启航文教发展服务有限公司，新增公办学前学位4750个，幼儿园公办率从16%提升至40%。沈阳中德应用技术学院、跨企业实训中心正式挂牌。霁虹、重工社区卫生服务中心达到“优质服务基层行”国家推荐标准。“全国健康促进区”创建通过省级验收。在全市首推“工业文化+”研学路线。开展“全民读书季”“全民健身日”等文体活动百余场。

【沈阳站西广场地下停车场投入使用】 4月12日正式对外开放。停车场面积5万平方米，设1300个机动车泊位，采用“停车、乘车、寻车”一站式智能化系统。离开停车场时，登录“沈阳站西停车场”微信服务号，输入车牌号，即可实现智能寻车、线上缴费。

【沈阳市2020年诚信创建示范企业第五场表彰仪式】 9月10日在沈阳经济技术开发区管委会举行。表彰仪式由铁西区信用体系建设领导小组办公室承办，对铁西区获沈阳市“诚信创建示范企业”荣誉称号的企业进行授牌。沈阳市评选出157户诚信创建示范企业，其中沈阳市铁西区推荐的特变电工沈阳变压器集团有限公司、东北制药集团股份有限公司等34户企业获评，在全市13个区县（市）中排名第一。

（朱庆国）

铁西区主要经济指标

表46

指标	单位	2020年	同比增幅（%）
地区生产总值	万元	9870129	2.6
第一产业	万元	78502	3.1
第二产业	万元	6008768	6.3

续表46

指标	单位	2020年	同比增幅（%）
第三产业	万元	3782859	-3.5
规模以上工业总产值	万元	18536460	9.0
规模以上工业增加值	万元	4764696	8.9
固定资产投资额			8.0
社会消费品零售总额	万元	5900920	96.8
实际利用外资	万美元	11257	-
一般公共预算收入	万元	1197151	1.1
一般公共预算支出	万元	986265	-12.6
城镇居民人均可支配收入	元	47988	1.3
商品房销售面积	万平方米	133.6	-23.9

（铁西区）

苏家屯区

【概况】 苏家屯区位于沈阳市南部，素有“沈阳南大门”之称。东邻抚顺县，南与本溪县、灯塔市相邻，西与辽中区、于洪区隔河相望，北与铁西、于洪区、浑南区毗邻。南北长28.7千米，东西宽57.3千米，位于北纬41° 27′ 38″ 至41° 43′ 11″ ，东经123° 05′ 56″ 至123° 47′ 10″ 之间。土地面积782平方千米，林地面积110平方千米。城区面积17.4平方千米，辖12个街道，包括56个社区、122个行政村，常住人口52.4万人。居住有汉、满、蒙、回、朝鲜、锡伯、黎、达翰尔等民族。辖区地处辽东丘陵和辽河平原过渡带，地层属于华北地层区，太古界鞍山群构成基底。由于燕山运动和喜马拉雅山运动，沈阳大断裂带的出现，地势自东向西倾斜。东部为石质低山丘陵地带，海拔高度150—250米，最高点在姚千户屯镇马耳山，主峰330.8米；中部为土质丘陵区，海拔高度70—100米；西部为平原，海拔高度30—40米，最低点在永乐街道大韩台村，海拔高度22.2米。区内有浑河、北沙河、十里河、柳沟河4条主要河流，境内流经149.5千米。沈大、沈丹铁路在辖区交会，沈大、沈本高速公路、沈营公路3条国、省级公路自北向南通过。区政府驻翠柏路14号，区政府距桃仙国际机场20千米，距沈阳市政府13千米。

区域经济。2020年，苏家屯区地区生产总值225.3亿元，增长0.1%；规模以上工业总产值295.7亿元，下降1.4%；固定资产投资额增长20.5%；社会消费品零售总额87.9亿元，增长94.3%；实际利用外资217万美元；一般公共预算收入25.8亿元，增长2.5%；一般公共预算支出30.9亿元，增长1.8%；城镇居民人均可支配收入37827元，增长0.8%；农村居民人均可支配收入22364元，增长7.8%。探索推进“基金+招商”模式，推动园区项目落地，规上企业总产值175亿元，占全区比重75%；实际到位内资87亿元，增长57%，综合实力位居省级开发区前列。大项目建设取得实效，创新重点项目“一表三图”（项目计划表、位置图、效果图和进展图）调度考核体系，102个亿元以上重点项目全部开复工；桃李面包东北总部基地、艺创阀门等35个项目主体完工；达利食品、苏宁易购等23个项目竣工投产运营；传统招商与“云签约”模式相结合，亚威智能电网、固耐重工等亿元以上产业83个项目签约，总投资约832亿元。偿还拖欠民营企业、中小企业账款8305万元。帮助企业争取补贴奖励1650万元，区财政直补资金910万元；新增减税降费5.1亿元，新增各类市场主体6873户，增长17.56%，位居全市第一，新增“四上”（规模以上工业企业、资质等级以上建筑企业、限额以上批零住餐企业、规模以上服务业企业）企业39户，18户企业实现“小升规”、150户完成“个转企”。农业优化增效。实施高标准农田建设2866.7公顷，粮食总产量33.8

万吨。新建改造设施农业93.3公顷，新建村级供销社12家，打造市级农村电商村9家。新增4户市级以上农事龙头企业，实现产值60.3亿元。

城乡建设与管理。全力推进全国文明城市创建，投入1.1亿元，推进“七千七”等3处平房区基础设施改造，新建“七家公园”、荷花街绿地等10个村级文化广场，体育场、文化广场改造稳步进行。新增绿化面积84.5万平方米。创建国家安全发展示范城市，整改安全隐患745项；改造11个老旧小区，5栋住宅楼增设电梯，完成6.5万平方米“暖房子”工程；封闭管理79个老旧小区，整治210处城乡接合部卫生死角；实施村内道路硬化31千米、改造农村户厕7196个；施划道路标线5万平方米，新增停车泊位1.2万个、隔离护栏8500米。维修改造农村公路81千米，开展北沙河综合整治，解决北乱等50个污水溢问题，启动红菱、姚千污水处理厂及截污管网建设。拆除河道南街9.6万平方米违章建筑；扎实开展蓝天行动，投入2187万元市场化推进秸秆离田，治理“散乱污”企业67户，散煤替代2866户，空气优良天数272天。实施净土工程，完成原沈阳有色金属加工厂污染地块修复治理。农村承包地确权登记颁证工作被中央农办、农业农村部确定为全国典型地区，是沈阳唯一获此殊荣区县，省长刘宁批示在全省学习推广。开展信访减存控增攻坚行动，化解香醇波尔多小区供水、新兴绿色家园供暖等重点信访案件146件。推进“评理说事点”建设，调解矛盾纠纷1044件。城乡“扫保一体”（清扫、保洁、收集、运输、处理）化扩面延伸，15个社区环保屋投入使用。深入推进“放管服改革”，2180项依申请类事项网上可办率达到100%，全程网办率超过67%；设立“四大专区”集中受理，整体审批时限平均压缩至法定时限的30%以内。深入开展“万人进万企”活动，为102个重点项目、86户规上、57户限上企业配备项目管家，办理企业诉求63件。疫情防控上，第一时间进入战时状态，9名医护人员驰援武汉，2400余名机关干部下沉一线，3000余名医务人员、公安干警，以及4000名社区（村）工作者、志愿者参与到疫情防控中。社会各界通过红十字会、慈善总会等捐款捐物330余万元。建成3所核酸检测实验室，苏家屯在全市率先制定社区（村）精准防控工作方案、率先开展外环境核酸检测。日均检测能力2880人份。强化部门联动、包校督导，配齐防疫物资，各级各类学校安全有序复课，5096名学生完成中高考。制定支持企业复工复产政策措施，提供各类贷款2.54亿元。

民生工作。积极促进稳岗就业，扶持创业带头人101人，城镇登记失业率控制在4%以内。发放各类救助资金4671万元。完善退役军人保障体系，发放优抚金1199万元，补缴社会保险2608万元。新建4个区域性居家养老服务中心、20个社区养老服务站，新增11个农村居家养老服务试点。解决超期回迁安置2632户、解遗办证2111户。

社会事业。维修改造林盛等15所学校，陈相学校获国家级乡村温馨校园称号。新增公办学位630个。新晋2处市级文物保护单位，新建10个村级文化广场。注重校园食品安全，学校食堂“互联网+明厨亮灶”覆盖率100%；苏家屯区中医医院（辽宁省血栓病中西医结合医疗中心）获批“国家高级卒中中心建设单位”。投资800万元新建区中心医院、区中医院、疾病预防控制中心核酸检测室，满足常态化预防检测需求。

【来胜堡村获评“一村一品”示范村镇】 11月20日，农业农村部公布第十批全国“一村一品”示范村镇名单，苏家屯区八一红菱街道来胜堡村成为沈阳唯一入选村镇。来胜堡村以设施农业温室大棚为主导产业，大力发展旅游产业，以草莓、葡萄采摘，苹果、油桃种植为主要特色项目，以油菜种植为主，销往全国各地，从事设施农业人员730人，占全村常住人口54%，年收入3500万元，占全村收入75%以上，人均可支配收入3.1万元。

【马耳山村获评“全国文明村镇”】 11月20日，苏家屯区白清姚千街道马耳山村获评第六届“全国文明村镇”。马耳山村通过全国文明城市创建活动，构成全民参与创建工作的新格局。开展“美丽乡村、清洁乡村”活动，加快生态文明建设，开展“五乱”（乱摆设摊点、乱停放车辆、乱扔弃垃圾、乱张贴广告、乱搭建工地）整治，落实门前“三包”制度，推进建设全民健身广场、篮球场等供村民茶余饭后健身的场地。集体经济2020年收入3000万元，生态旅游区年接待游客约28万人次，实现旅游年收入2000万元，人均年收入3万元。

（罗福兴）

苏家屯区主要经济指标

表47

指标	单位	2020年	同比增幅（%）
地区生产总值	万元	2253378	0.1
第一产业	万元	164515	3.1
第二产业	万元	1086575	3.1
第三产业	万元	1002288	-4.0
农林牧渔业总产值	万元	367190	3.1
粮豆总产量	吨	338562	6.4
蔬菜产量	吨	219895	3.1
规模以上工业总产值	万元	2956920	-1.4
规模以上工业增加值	万元	1123495	0.5
固定资产投资额			20.5
社会消费品零售总额	万元	879091	94.3
实际利用外资	万美元	217	-
一般公共预算收入	万元	257537	2.5
一般公共预算支出	万元	309372	1.8
城镇居民人均可支配收入	元	37827	0.8
农村居民人均可支配收入	元	22364	7.8
商品房销售面积	万平方米	90	-21.9

（苏家屯区）

浑南区

【概况】 浑南区位于沈阳市东南部，东部和抚顺市山水相连，南与苏家屯接壤，西与和平区相邻，北与沈北新区毗邻。位于北纬41° 36′ 10″ 至41° 57′ 54″ ，东经123° 18′ 41″ 至123° 48′ 19″ 之间。地跨浑河、太子河两个流域，地处辽东丘陵和下辽河平原过渡带，境内地形大体由浑河冲积平原和长白山余脉的低山丘陵所构成，其地势由西向东逐渐升高。区位优势明显，位于辽宁中部城市中心，拥有东北最大的航空港、高铁站和多条铁路、高速路。自然资源和人文历史丰厚，浑河流经全域，陨石山、朝阳寺等古迹星布其间，沈阳建筑大学、沈阳理工大学等10余所高校及省市文化体育场馆坐落域内，是东北首个国家级生态区。坐拥省图书馆、省博物馆、省档案馆、省科技馆四大文化场馆。土地面积734平方千米，常住人口79.9万人，辖白塔街道、李相街道、桃仙街道、满堂街道、高坎街道、东湖街道、五三街道、浑河站东街道、祝家街道、王滨街道、汪家街道、深井子街道12个街道，包括78个社区、148个村。2010年2月，市委市政府将东陵区、浑南新区（沈阳高新区）、航高基地整合为东陵区（浑南新区），“三区”合署办公。2013年11月，棋盘山开发区并入东陵区（浑南新区）。2014年6月，经国务院批准，东陵区（浑南新区）正式更名为浑南区。区政府驻世纪路13号创业大厦。

区域经济。2020年，浑南区地区生产总值579.1亿元，增长4.2%；规模以上工业总产值506.6亿元，增长3.4%；固定资产投资额增长21%；社会消费品零售总额471亿元，增长100.2%；实际利用外资7212万美元；一般公共预算收入94.8亿元，增长8.3%；一般公共预算支出73.7 亿元，增长3.4%；城镇居民人均可支配收入49896元，增长1.5%；农村居民人均可支配收入24879元，增长9.5%。2020年，浑南区净增高新技术企业250户，总数784户，新增科技型中小企业396户，总数1152户；新增瞪羚及潜在、种子独角兽企业10户，总数23户，居全省前列；推荐雏鹰企业349户，占全市四成以上；火炬统计企业R&D投入占地区生产总值5.7%。高新区实现亿元以上开复工项目220个（市考指标210个），增幅22.2%，其中新建项目84个、续建项目136个，完成形象进度投资316.5亿元。快速推进市场化改革，实行“管委会+平台公司”的运营管理模式，组建沈阳高新发展投资控股集团有限公司（简称“高发投集团”），负责高新区企业化招商和项目服务工作，初步形成浑南区、高新区行政管理一体化，行政区强化社会事务管理，高新区突出经济管理，高发投专注市场开发的以管委会为平台，互为支撑的管理架构。亿元以上项目签约210个、落地项目145个、开复工项目220个。建成5G基站1050个，开展5G应用场景示范5个。产业特色更加鲜明，IC装备产值增幅超过54%，生物医药和健康医疗产值保持两位数增长，2万余台套高端医疗器械抢占国际市场，辽宁成大生物公司通过上交所注册审核，中科科仪技术发展有限责任公司、风驰软件科技有限公司进入上市程序。建设高标准农田1086.7公顷，发展特色经济作物1000公顷，新增市级以上农业产业化龙头企业5户。

城市建设与管理。坚持全员发动、全线压上、全力而出，破解各类建管难题，通过全国文明城市复检。实施市政道路、管网、电力等基础工程73项，维修改造农村公路81.7千米，施划路内停车泊位1.1万余个、共享单车泊位2500余处。拆除城市违建6.7万平方米，新增绿地49万平方米，改造提升背街小巷14条，304国道城乡接合部整治成为全市标杆。建成垃圾分类环保屋100座、分类智能箱140个，农村垃圾收运全覆盖。构建“大棋盘山”发展格局，完成107项景区提质改造任务，拆除违章建筑2.7万平方米，取消登山收费，高分通过国家AAAA级景区复核验收。完成895公顷、51万株火烧疫木采伐处理，高标准完成“七彩谷”项目一期建设，植树造林570.5公顷，棋盘山重现青山碧水。开展违建别墅清查整治，10个整改项目全部拆除并复耕复绿。稳妥推进农村乱占耕地建房问题专项整治，建立生态红线管理台账，滑石台自然保护区等生态红线点位实现常态化巡查管控。发展格局日趋优化，编制完成《沈阳高新区产业发展空间规划》。完成征拆1200公顷，实现组卷报批271公顷，存量土地攻坚综合完成率全市第一。建成社会治理综合指挥服务中心，将群众反映的“负面”事项一站式受理、一盘棋调处、一体化解决。城市社区便民服务事项实现“全市通办”，在省内率先实现“评理说事点”全覆盖。建成全省首个区级应急物资储备库，应急减灾快速反应能力不断增强。第七次全国人口普查顺利推进。巩固提升扫黑除恶专项斗争成果，刑事警情下降2.9%，治安警情下降4.4%，“平安浑南”建设取得成效。

民生工作。新增城镇就业8000人，减免职工养老、失业等保险9.3亿元，稳定就业岗位8.5万个，城镇登记失业率保持在3.1%以内。向困难群体发放各类救助资金2904万元，帮助4000余名农民工追回拖欠工资1.5亿元。完成3715户居民“解遗办证”，改造供热老旧管网16.7千米。新增区域性居家养老服务中心10处、社区养老服务站22处。

社会事业。创新能力显著提升，6个国家重大专项课题完成，芯源微涂胶显影机填补国内空白，东软医疗512层全景多模态CT打破国际技术垄断，拓荆新一代PECVD进入国内14纳米先进工艺线。编制完成沈阳（浑南）科技城规划，材料科学国家研究中心等重大科技创新平台加速建设。沈阳产业技术研究院完成组建，苏州医工所沈阳健康工程技术研究院挂牌成立，新增省级重点实验室7家、专业技术创新中心3家、新型研发机构4家。公共服务提质升级，制定实施全区教育高质量发展五年规划，启动3所学校建设，正式组建浑南高级中学，新增幼儿园公办学位4662个；改造提升乡村卫生室76个，全域核酸检测能力实现5日内全覆盖。开展乡村游欢乐季、农民丰收节等群众性文体活动，获评国家体育产业示范基地。梦幻冰场、梦幻盛京·冰雪世界项目开业，城市书房、云中食街获好评，“浑南之夏”文化艺术节累计接待游客400余万人次。

（李　非）

【浑南区获批国家体育产业示范基地】 3月12日，国家体育总局发布《体育总局体育经济司关于2019年国家体育产业基地评选结果的公示》，浑南区获评国家体育产业示范基地。浑南区有体育场、游泳馆、羽毛球馆、自行车馆、射击馆、综合训练馆等专业和社会体育场地场馆近千个，年承接各类赛事活动2000余场次，参与运动人数400余万人次。浑南区体育产业经形成以体育竞赛表演、健身休闲、场馆设施、中介服务、培训教育、智能制造、销售贸易为一体的“全产业支撑、全生态培育”的发展新格局。

【浑南区实现“评理说事点”全覆盖】 3月，浑南区在区级层面建成1个区级“村民评理说事中心”，在街道层面建设10个“村民评理说事站”，在社区（村）级层面建设70个“居民评理说事点”、148个“村民评理说事点”，在全省率先实现城乡统筹、全域覆盖。三级评理说事平台各司其职、互相呼应，系统地保证群众诉求及时传递、矛盾纠纷及时化解，实现“小事不出村、大事不出街、难事不出区”的社会治理新格局。

【浑南区税务局线上直播税费政策】 4月27日，浑南区税务局联合沈阳双创产业运营管理有限公司开启首场直播，税务干部在线为纳税人、缴费人详细解读税费政策。直播中，浑南区税务干部和企业的4名主播，就纳税人关注的在疫情防控期间涉及的重点保障物资企业减免、个体经营企业增值税优惠政策等问题，从政策和实际操作两方面进行细致解答。关注直播的有16万人次。

【全市率先发布高校毕业生安居办法】 4月28日，浑南区在全市率先推出《沈阳市浑南区（沈阳高新区）高校毕业生安居办法（暂行）》，对符合条件的高校毕业生租住政府公寓和人才用房予以租金补贴，提升城区人才吸引力。《办法》分7章、25条，内容包括房源类别、申请条件、申请程序、租金补贴、监督管理等方面。《办法》规定，申请者获得补贴后，政府公寓房租相当于100元/月/套，人才用房个人享受面积部分租金相当于免费；补贴年限为本科毕业生不超过3年，硕士毕业生不超过4年，博士毕业生不超过5年。

【浑南区非物质文化遗产商会成立】 11月24日成立。商会有会员56个，包括从事非物质文化遗产保护与研究工作者、专家学者、热心非遗事业者、非遗产品企业、非遗保护志愿者，以及辽三彩烧造技艺、董辉面人、郭家烧鸡等入选非物质文化遗产名录的国家级、省级、市级、县（市）区级的保护单位与传承人。商会贯彻“保护为主、抢救第一、合理利用、传承发展”的非物质文化遗产保护工作方针，对非物质文化遗产继续挖掘、抢救、保护、研究、传承、弘扬、创新和发展开发。 （志　闻）

浑南区主要经济指标

表48

指标	单位	2020年	同比增幅（%）
地区生产总值	万元	5791462	4.2
第一产业	万元	63485	0.5
第二产业	万元	2300472	4.6
第三产业	万元	3427505	3.9
农林牧渔业总产值	万元	125990	0.4
粮豆总产量	吨	201553	15.7
蔬菜产量	吨	30865	1.0
规模以上工业总产值	万元	5065716	3.4
规模以上工业增加值	万元	1308734	3.8
固定资产投资额			21.0
社会消费品零售总额	万元	4710350	100.2
实际利用外资	万美元	7212	–
一般公共预算收入	万元	947620	8.3

续表48

指标	单位	2020年	同比增幅（%）
一般公共预算支出	万元	737266	3.4
城镇居民人均可支配收入	元	49896	1.5
农村居民人均可支配收入	元	24879	9.5
商品房销售面积	万平方米	402.3	4.4

（浑南区）

沈北新区

【概况】 沈北新区位于沈阳市区北部，东与抚顺市、铁岭县毗邻，南靠大东区、皇姑区，西与于洪区、新民市相连，北隔辽河、万泉河与法库县和铁岭市相望。土地面积884平方千米。辖10个街道，包括41个社区、142个村。常住人口61.9万人，全区人口中有40个少数民族，是锡伯族故里。考古发现约7000年前就有人类在这里劳作、生息，清末辖于奉天府。成立初期设新城子中心区，1959年12月成立新城子区。2006年10月8日，经国务院批准新城子区与辉山农业高新区合并后更名为沈北新区。沈北新区有丰富的自然资源，拥有466.7平方千米良田，东部林地果园70平方千米。有辽河、蒲河等8条河流和石佛寺水库等大、中、小型水库4座。沈北新区有浓厚的历史文化底蕴和现代化人文基础，有中国医科大学、辽宁装备制造业学院等25所大学和职业学校，被称为"大学城""职教城"。地铁二号北延长线通车运行，怒江街、陵园街全线贯通。锡伯族博物馆2018年7月26日建成，截至2020年末累计接待参观人员7万余人，其中2020年接待3万余人。锡伯族喜利妈妈信俗被确定为国家非物质文化遗产项目。成功举办"蒲河之夜"文化节、蒲河国际线上马拉松赛等品牌活动。新区拥有沈阳怪坡虎园、方特欢乐世界2家AAAA级景区，稻梦空间等AAA级景区12家。新区获评"全国村庄清洁行动示范区"。区政府驻辉山农业高新区明珠路1号。

区域经济。2020年，沈北新区地区生产总值367.9亿元，增长0.1%；规模以上工业总产值502.9亿元，增长2.1%；固定资产投资额增长9.1%；社会消费品零售总额92.1亿元，增长92.2%；实际利用外资1.1亿美元；一般公共预算收入43亿元，增长5.9%；一般公共预算支出48.4亿元，增长6%；城镇居民人均可支配收入42738元，增长1.1%；农村居民人均可支配收入22479元，增长8.1%。各项经济指标止跌回稳，发展形势持续向好。项目建设取得新成果，引进投资100亿元的君豪嘉年华文旅商业综合体等亿元以上项目170个，开（复）工投资80亿元的核工业装备制造研发基地等亿元以上项目210个；新增市场主体8824个；全社会用电量24.1亿度，增长4.2%，经济总量和活跃程度持续提高。工业转型升级步伐加快，开发"链上沈北—产业服务平台"（依托工业互联网、大数据及人工智能技术，通过线上及线下服务，促进产业链上、下游企业生产要素的供需对接及融通发展，为提高产业本地配套率，重构并稳定产业链、供应链提供有力支撑），有效整合全区1073户工业企业、8000余个重点产品、500余家工业服务供应商，精准绘就沈北新区产业地图；辉山农业高新技术产业示范区作为全省唯一候选区向国家申报，沈阳大陆激光集团有限公司被评为国家专精特新"小巨人"（指专注于细分市场、创新能力强、市场占有率高、掌握关键核心技术、质量效益优的"排头兵"企业）；好丽友食品（沈阳）有限公司入选省级绿色工厂；沈阳德恒装备股份有限公司等21户企业实现增资扩产，辽宁依生生物制药有限公司等3户企业顺利盘活，同年形成产值2亿元。全年完成主导工业产值428.4亿元，占规上工业总产值的85%。服务业发展势头强劲，商品房销售持续增长，商品房销售面积201.8万平方米、增长10%；全面实施"文化+"（在文商旅融合、文创产品开发等方面都有新的成果，推动重大历史文化问题研究、历史文化遗产保护与开发、公共文化空间营造、公共文化服务供给、标志性文化工程建设）战略，成功举办文旅产业招商推介会，中国航天科教馆等3个项目实现签约；全年A级景区接待游客210万人、门票收入2.3亿元，同比恢复40.4%和64.6%。现代农业稳步提升，新建高标准农田39.3平方千米，粮食总产量2.1亿千克，生猪存栏量4.6万头，蔬菜产量12.8万吨，国家地理标识“清水大米”品牌知名度不断提升；加快推进农业产业结构调整，实现“旱改水”1.3平方千米、稻虾综合种养4.7平方千米，沈北小龙虾成为特色名片；推动一、二、三产融合发展，软枣猕猴桃种植基地、千亩高标准设施农业基地等项目稳步推进，市级以上农业产业化龙头企业达到43户，农业现代化水平显著提高；加快建设数字乡村，与腾讯公司合作开展数智乡村、农业产业振兴和城乡协同发展3大工程，5个电商村、60家电商经营主体上线运营，线上交易额4200万元。

城市建设与管理。城建项目有序推进，打通正良四路等5条断头路，新建蒲田北一路等9条道路，维修改造农村公路24.2千米、危桥4座；新建农村客运班线候车亭60个。王驿变、辉新甲乙线投入使用；完成道义三街、蒲昌路排水和沈北路雨水泵站工程，22个积水点位得到有效解决；新增5G基站583个，实现5G大数据全覆盖；完成沈康高速连接线地上物征拆，主线路基工程全线贯通。城乡管理标本兼治。构建城市常态化管控体系，完善“智慧城管”平台建设，促进城市管理数字化、常态化。高标准创建“文明城”，完成聚农路等7条背街小巷的整治改造及道义大街等3条街路的景观提升；拆除违建37处、2万平方米，新增机动车停车位4500个、非机动车停车位1200个，清理占道经营行为7400余起，有效拓展居民生活空间。为58个行政村统一配置垃圾分类设备，清泉垃圾中转站投入使用，农村垃圾处置体系实现全覆盖。全面实施绿化工程，新建基础绿地11块、公园5座，增加绿地面积594万平方米。生态环保成效显著。大力开展治污工程，道义污水厂（四期）、虎石台南污水厂（二期）通水调试，道义、虎石台地区12条道路雨污分流改造工程全面竣工；完成长河、新台子等4个“千吨万人”水源地（即黄家街道长河地下水型水源地、沈北街道新台子地下水型水源地、财落街道四清地下水型水源、兴隆台街道建新地下水型水源地）。一级保护区及尹家县级水源地农业面源整改工作；村镇生活污水治理机制不断完善，11个美丽示范村污水处理工程有序推进。开展抗霾攻坚，推进拆小联大及清洁能源改造，采用防尘网、绿化、补植等方式覆盖裸露地面186万平方米；大力实施秸秆禁烧管控，综合利用秸秆28.3万吨；加快推进挥发性有机物排放综合整治和散煤替代工作，主要污染物排放量持续减少。稳步推进土壤污染防治，原新城子化工厂铬污染土壤管控全面完成。全区污染治理基本结束。人居环境提升。投资1.9亿元，完成涉及5个地块、1142户居民的棚户区改造；投资1838万元，完成4个老旧小区综合改造，惠及居民2078户；完成3个小区、14栋楼暖房子工程，惠及居民1063户；在全市率先完成26个弃管小区电力设施维修、74栋楼“三供一业”及6户危房改造工程；妥善办结明发锦绣华城小区1524户房证解遗工作；解决7个小区燃气拖期开栓问题，惠及居民4539户。累计投入资金1.4亿元，持续深化农村人居环境整治，巩固“三清一改”（清理农村生活垃圾、清理村内塘沟、清理畜禽养殖粪污等农业生产废弃物、改变影响农村人居环境的不良习惯）成果，推进“厕所革命”、绿化亮化等工程，改造室内水冲厕所6182个，无害化厕所普及率90%以上，获评“全国村庄清洁行动示范区”。实施12个村庄、22处自备井改造工程，实现农村24小时供水，惠及农民2.5万户。

民生工作。社会保障持续增强。着力“稳就业”，实现城镇新增就业5847人、失业人员再就业4806人，扶持创业带头人125人，零就业家庭动态保持为零；加快建设养老服务设施，建成11个区域性居家养老服务中心，新增床位206张，每千人床位达到35张；按时足额发放各类救助资金4033万元，多措并举兜住民生底线；有序推进退役士兵保险接续，连续第七次获市双拥模范区。

社会事业。自主创新不断增强，依托大学城科创优势，启动12平方千米新旧动能转换产业示范片区规划建设，努力打造改革创新新高地；围绕产业链部署创新链、人才链、资金链、政策链，推动“政产学研金”（“政”代表政府，“产”代表企业，“学”代表学校，“研”代表科研院所，“金”代表金融配套）；举办首届校政企沙龙，转化科技成果87项，合同成交额突破1亿元；新增高新技术企业55户，新增众创空间5个、孵化面积3.7万平方米。教育事业蓬勃发展，不断加大教育投入，引入优质名校，与辽宁大学合作共建附属实验学校，南京一校沈北分校等7所学校和幼儿园如期开学，新兴中学综合楼投入使用，新增学位5910个；完成83中学等一批校园改造工作，高标准升级改造21所中小学厕所；推动幼儿园普惠发展，新增普惠性幼儿园16所，公办在园儿童占比达到50.2%，普惠率达到89.7%，29所民办幼儿园实现降费提质；采取“五步工作法”（即“收”，2013年以后规划、建设的小区配套幼儿园一律收回；“换”，将售楼处、商业网点改造成小区配套幼儿园；“补”，开发企业异地补建幼儿园；“加”，通过集团扩容和建设小学附属幼儿园；“降”，民办园小区配套园执行普惠园收费标准，降费不降质）治理小区配套园56所。卫生事业显著提升，全面提升医疗卫生服务质量，完成区中心医院肿瘤放疗中心及高压氧舱建设；区中心医院和疾控中心2个核酸检测实验室投入使用；持续深化医药卫生体制改革，中心医院等10家基层医疗机构和标准化村卫生室全部实施国家基本药物制度，全年让利百姓210万元；夯实基本公共卫生服务能力，建立覆盖区、街道、社区的三级医疗体系，缓解百姓“看病难、看病贵”问题。文体事业稳步发展，有效巩固省级公共文化服务体系示范区建设成果，单家村被授予“游客喜爱的美丽乡村”称号，腰长河村入选辽宁省乡村旅游重点村名录；开展锡伯族生态保护区创建，深入挖掘石佛寺城址文化内涵；电影《我和我的家乡》取景稻梦空间；举办“蒲河之夜”文化艺术节、蒲河国际线上马拉松赛等品牌活动，丰富群众文化生活。（于民野）

【沈北新区无物业的弃管小区清零】 9月30日，沈北新区政府与沈阳中城国有资产经营集团有限公司正式签署战略合作协议，中城集团全面接管沈北新区老旧弃管小区，实施物业化管理，标志沈北新区无物业的弃管小区清零。中城集团接管新城子、虎石台、道义、正良、财落、清水台6个街道351万平方米、93个小区、660栋楼、42361户，对老旧弃管小区开展以秩序维护、绿化保洁、安全防范、停车管理和维修维护为基础的保障型物业服务。

（志　闻）

【重点项目审批时限总体压缩50%以上】 2020年，沈北新区在全市率先出台“拿地即开工”（企业从取得土地到获得施工许可，由原来的35个工作日缩减至3个工作日）审批服务实施意见，为190个项目办结施工许可手续，审批时限压缩50%以上；强化“互联网+政务服务”，推行“线上办”和“不见面审批”，政务服务事项100%实现“最多跑一次”，453个政务服务事项实现“不见面审批”，100个政务服务事项实现“零次跑”，全年累计审批各类事项23121件，办结率98.7%。

（于民野）

沈北新区主要经济指标

表49

指标	单位	2020年	同比增幅（%）
地区生产总值	万元	3678526	0.1
第一产业	万元	200240	-10.3
第二产业	万元	1762886	2.3
第三产业	万元	1715400	-1.1
农林牧渔业总产值	万元	396845	-10.4
粮豆总产量	吨	235002	9.3
蔬菜产量	吨	151908	0.4
规模以上工业总产值	万元	5028757	2.1
规模以上工业增加值	万元	1096356	1.1
固定资产投资额			9.1

续表49

指标	单位	2020年	同比增幅（%）
社会消费品零售总额	万元	920749	92.2
实际利用外资	万美元	10911	–
一般公共预算收入	万元	429771	5.9
一般公共预算支出	万元	484056	6.0
城镇居民人均可支配收入	元	42738	1.1
农村居民人均可支配收入	元	22479	8.1
商品房销售面积	万平方米	201.8	10.0

（沈北新区）

于洪区

【概况】 于洪区位于沈阳市西北部，东临铁西区、皇姑区，南隔浑河与苏家屯区相望，西与新民市接壤，北邻沈北新区。行政区域面积499平方千米，辖10个街道，包括109个社区、81个村，有2个国有农场、1个教养院及1个飞机场。境内有浑河、蒲河、细河、九龙河、小浑河5条河流，总长76.1千米。常住人口106.6万人。居民由汉、满、朝鲜、锡伯、蒙古、回、苗、侗、壮、土家、维吾尔、俄罗斯、达斡尔13个民族构成。区内有AAA景区4家：小韩村温泉度假村、大德农博乐园、丁香湖公园、九龙上河温泉度假村；省级文物保护单位1家：永安桥；国家级非物质文化遗产：何钧佑的《锡伯族民间故事》。区政府驻黄海路37号，距离市政府22.8千米。

区域经济。2020年，于洪区地区生产总值388.9亿元，增长1.2%；规模以上工业总产值145.5亿元，增长10%；固定资产投资额增长7.4%；社会消费品零售总额222.1亿元，增长104%；实际利用外资7145万美元；一般公共预算收入38.5亿元，增长0.9%；一般公共预算支出35亿元，增长0.2%；城镇居民人均可支配收入48973元，增长0.6%；农村居民人均可支配收入24667元，增长7.4%。于洪区落实疫情防控各项举措，推进企业复工复产。“小升规”26户，符合“规升巨”企业3户。165户规上企业产值145.5亿元，增长10%，排名全市第2，达历史最好水平。签约精益咨询企业11户，高新技术企业净增52户，超额完成39户考核任务，总数达到201户。新注册科技型中小企业181户，总数512户。注册新型研发机构1家。省瞪羚企业备案3户，潜在瞪羚备案3户。96户科技型中小企业享受加计扣除255万元。1户企业获批工信部“专精特新小巨人”企业；6项产品获批省中小企业“专精特新”产品；5户企业获批“专精特新”中小企业。完成清偿账款2543万元，无分歧欠款偿还比例100%。完成高标准农田建设7.2万亩（4800公顷），总量12.38万亩（8253公顷）。完成黑土地保护性耕作1.4万亩（933公顷），与中化集团战略合作全产业链服务3000亩（200公顷），粮食总产量1.75亿千克。新建规模养殖场6家，生猪存栏3.08万头，畜牧业产值增长20%。发展香御草莓、拉马台西红柿精品果蔬基地，启动国家级蛹虫草数字化种植基地和交易市场建设，推广“企业+合作社+农户”模式，家庭农场发展到20家，农业专业合作社发展到575家，马家干调获批为市级农业产业化龙头企业，市级以上农事龙头企业总数发展到12户，实现产值28亿元，于洪区北虫草被评为全国乡村特色产品，波音饲料被评为省级示范联合体。“大棚房”恢复农业生产功能480亩（32公顷）。永安格力云仓、永辉东北仓储中心开工建设，沈阳国际物流港连续3年获评“全国优秀物流园区”。电子商务方面，富春网营、苏宁易购电商运营中心相继开工，京东益成销售额增长300%，全年限额以上电商企业商品零售额56亿元，增长30%，永安国家电商示范基地综合评价由D档晋升为C档。领克06新车东北发布会在于洪举办，北部直播基地投入使用，在全市率先推出“无接触配送”，相继举办“农产品直播带货节”“618名车名店名厨消费节”“丁香湖惠民车展”等惠民促销活动，限上社会消费品零售总额增长10.5%，其中汽车销售额47亿元，增长4.5%。

城市建设与管理。投入公路建设、养护及创城工作相关资金合计2.23亿元，完成各级公路建设及3条出口路提升改造合计里程83.8千米，涉及沙岭、马三家、造化、迎宾路、光辉、平罗6个街道的86个行政村及社区，惠及人口约40万人。完成细河于台断面水质生态改善、小浑河氟化物污染整治、于洪新城管网雨污混接摘除等重点生态工程，新建改造58处农村污水处理设施，完成“万人千吨”水源地建设及22处集中式饮用水源地一级保护区环境风险整治，彻底整治农村黑臭水体问题12个，全区5条地表主要河流水质稳定达标，获评农村黑臭水体整治国家示范试点和全国全面推行河长制湖长制工作先进集体。开展“散乱污”综合整治，整治“散乱污”工业企业376户，完成散煤替代5318户，59个工地、275处易扬尘点位管控得到加强，224条三级以上道路全部落实湿式机扫，沙岭工业园内13户涉挥发性有机物企业污染治理任务按期完成。浑河新堤防工程于洪段顺利合龙。总投资2.02亿元的排水防涝二期工程加快推进，累计改造小浑河、北分干渠河道20千米，针对14处积水点位，新改建排水管线22千米、新建改造排水泵站8座、完成雨污分流45处，防洪排涝能力显著提高2倍以上。完成文大北路、细河南路西延工程，西北连接线、永安大道、王秋线等主干路网工程顺利推进。实施“四好农村路”等26项城乡道路新建改造工程，总里程82.2千米。植树造林347.7亩（23.2公顷），建成丁香东湖公园，新增城区绿化面积60公顷。完成33项重点项目电力通信排迁和25项配电工程，建成5G基站856个。专业扫保实现全域全覆盖，主次干道市政设施完好率达99%以上。推进城乡垃圾分类，建成垃圾分类中转站67座、分类环保屋140个、分类容器3万余个，基本实现小区、村屯垃圾分类设施全配置。新建临时停车场10处，施划、复线停车泊位1.8万个，停车难得到有效缓解。对标对表文明城市标准，累计召开创城工作调度会13次，下发督办单119份，开展二手车市场等11项专项整治，改造背街小巷21条、城乡接合部道路14条、城市出口路3条，封闭管理开放式小区89个，拆除违建别墅等各类违章建筑1.58万平方米，通过文明城市复检。于洪区在市政府的统一安排下防疫、调流、隔离精准有效，累计完成283个物业小区、200个非物业小区和81个行政村封闭管理，核酸检测采样4.1万人。及时有效处置重点疫区关联病例。完成7次分流国际航班接转和12家隔离宾馆派驻任务，医学观察隔离人员686人。医疗、应急物资储备充分保障，科学梳理防疫物资种类和需求，精准对接供货渠道，累计采购口罩35万只、防护服1.6万套，保障疫情防控、学校复课。复工、复产、复市及时有序，抢先抓早对冲疫情影响，提前建立7大工作专班，及时发布支持中小微企业共渡难关的8条举措，保证产业链供应链稳定。

民生工作。坚持就业优先，出台适龄农民就业方案，建成于洪区人力资源服务云平台，召开网上招聘会71次，5023人签订劳动合同。发放失业保险金6571万元、失业补助金2778万元，返还稳岗补贴1937万元，新增城镇就业7769人，城镇登记失业率控制在3%以内。加大困难群体帮扶力度，按时按需发放各类救助金约4000余万元，实现“应保尽保、应救尽救”。提高养老服务水平，建成9个区域性居家养老服务中心、29个社区养老服务站。提高城乡居住品质，完成2个老旧小区、18处农村危房、23千米供热旧管网、58个电力弃管小区和30万平方米暖房子改造工程，凤凰水城、坤祥苑等小区解遗办证818套。完成廉租房、公租房保障401户。

社会事业。新城一小教学楼扩建、东北英才第一中学新建、沈师二校洪湖校区改造工程竣工并交付使用，新增学位4410个，引进优秀校长1名，新招聘录用教师330名。开展小区配套幼儿园治理，新增普惠幼儿园16所，收回14所小区配套幼儿园开办公办园，普惠性幼儿园覆盖率86.6%。引进7所学校优质教育资源，于洪英才教育集团、两个区属幼教集团办学条件、师资力量和办学品质不断提升，国家级“立德树人德育高地”项目落地挂牌。提升医卫服务质量，疾控中心实验室通过国家检验检测机构资质认定，区医院通过市卫生应急规范化创建评估验收，家庭医生签约总人数21.6万人，电子健康档案录入、中医药健康管理等13项基本公共卫生服务项目有序推进。做好常态化防控，坚持疫情监测和重点部位、重点环节常态化防控不放松，区医院发热门诊、肠道门诊标准化改造工程竣工，体检中心投入使用，建成区医院和区疾控中心两个PCR（聚合酶链式反应）核酸检测实验室。文化事业健康发展，先后举办沈阳首届玫瑰节、“喜迎中秋欢度国庆”非物质文化遗产进景区系列活动，永济桥获批为市级文物保护单位。文化旅游业逐步恢复，网吧、影院、歌厅等娱乐场所复产复市，“久约丁香·四季游”等大型文旅活动召开。新建体育公园足球场3个，为20个村文化广场配置健身器材140件。（郑海龙）

【于洪区首届插秧文化节】 5月11日在光辉街道门台村南的稻田举行。活动以“认领一亩田”形式，33家单位500余名志愿者佩戴党徽，统一着装下田插秧，完成试验田插秧30余亩（2公顷）。插秧文化节开启网络云直播的全新互动模式，万余名观众参与。（志　闻）

【89个老旧小区封闭改造工程完成】 6月，针对新冠疫情暴露出的老旧小区管理难题，于洪区按照《市长办公会议纪要》要求启动老旧住宅园区封闭工作。年内，全区89个老旧小区封闭施工全部完成。通过加装电子杆、设置门卫室、砌筑围墙等基础设施，实现对人员和车辆的有效管理。

【于洪区企业获“中国创翼”沈阳赛区佳绩】 7月14日，在市人社局主办、市人力资源服务与行政执法中心承办的“中国创翼”创业创新大赛辽宁·沈阳赛区总决赛中，于洪区有9个项目入围选拔赛，4个项目晋级总决赛，最终获创新组一等奖1个、三等奖1个，创业组优秀奖2个，获奖总数与名次位列全市第一名。晋级总决赛项目比例达16%，高于4.2%的全市平均水平。（郑海龙）

于洪区主要经济指标

表50

指标	单位	2020年	同比增幅（%）
地区生产总值	万元	3888648	1.2
第一产业	万元	102912	2.2
第二产业	万元	1021865	7.9
第三产业	万元	2763871	-1.3
农林牧渔业总产值	万元	205064	2.1
粮豆总产量	吨	180832	-0.4
蔬菜产量	吨	172305	1.6
规模以上工业总产值	万元	1455441	10.0
规模以上工业增加值	万元	356433	5.8
固定资产投资额			7.4
社会消费品零售总额	万元	2220903	104.0
实际利用外资	万美元	7145	-
一般公共预算收入	万元	384601	0.9
一般公共预算支出	万元	350402	0.2
城镇居民人均可支配收入	元	48973	0.6
农村居民人均可支配收入	元	24667	7.4
商品房销售面积	万平方米	169.5	-8.9

（于洪区）

辽中区

【概况】 辽中区位于辽宁省中部、沈阳市西南部，东邻辽阳，南接台安，西连黑山，北界新民。辽中区因在古代辽郡以西、辽水以东，宛在中央而得名。土地面积1645平方千米，耕地面积8.7万公顷。辖4个街道办事处、16个镇，包括18个社区、216个村，拥有1个省级经济技术开发区——近海经济区。常住人口39.5万人。居民有汉、满、回、蒙古、锡伯、朝鲜等20个民族。辽中自然条件优越，辽河、浑河、蒲河、绕阳河4河过境。辽中区位优势明显，距离沈阳市城区52千米，在1个半小时经济圈内有钢都鞍山、煤都抚顺、化纤城辽阳、石化城盘锦等8大工业原料资源主产城市。境内各级公路总长1200余千米，京沈、灯辽、本辽、辽新高速公路与辽宁中部城市群、东北腹地联通，辽中设有火车站，秦沈铁路穿境而过。区政府驻蒲东街道滨水新区滨水路26号。

区域经济。2020年，辽中区地区生产总值200.5亿元，增长2.5%；规模以上工业总产值83.4亿元，增长0.8%；固定资产投资额增长11.3%；社会消费品零售总额50.1亿元，增长93.2%；实际利用外资612万美元；一般公共预算收入9.1亿元，增长6.2%；一般公共预算支出36.1亿元，增长25.8%；城镇居民人均可支配收入37056元，增长0.4%；农村居民人均可支配收入20522元，增长9.2%。项目建设成效显著，实施全员招商、专业招商双线推进，组织“走出去”“请进来”精准招商活动72次，签约亿元以上项目102个；落地亿元以上项目80个，总投资额394亿元；投资50亿元的茨榆坨中心镇核心区建设项目、新农利合冷鲜港及异域风情小镇等重大项目签约入驻；落实市级重点项目入库100个，开复工94个；推动“北京—辽中”京沈对口合作园区建设，达成对口合作项目7个，其中建成项目1个、签约项目6个，总投资约138亿元；开展与铁西区、沈北新区的“飞地经济”交流合作，全区签约落地飞地项目74个，总投资额110亿元；完成“政银担”贷款574笔2.9亿元，同省建行签订战略合作框架协议，完成政银合作转贷6亿元，建行“三角惠”贷款业务清偿拖欠民营中小企业欠款2.2亿元；实施总投资6亿元的沈阳综合保税物流产业园等3个PPP项目；发行政府一般债券3000万元，推进茨榆坨城市更新首批企业债券8亿元申报工作；“三争取”工作争取资金1.9亿元，争取省级扶持政策1个，争取国家级项目3个、省级项目5个。三次产业企稳向好，全区农作物播种面积8.2万公顷，增设施蔬菜暖棚122.4公顷，粮豆作物产量59.5万吨，蔬菜产量86万吨，肉蛋奶总产量20.6万吨；试行食用农产品合格证制度，发展质量溯源管理主体26家，16家专业合作社29个农产品获得绿色食品、有机食品认证，“辽中玫瑰”入选沈阳十大农业品牌。成立16个村级供销合作社，建设22个电商村、130家电商经营主体，举办线上带货直播活动8次，销售额900万元；获批中央网信办等七部委首批国家级“数字乡村”试点项目；杨士岗镇被农业农村部列入2020年农业产业强镇，发展佑户坨、后岭等9个市级“一村一品”专业村，环珍珠湖现代农业产业示范区获省市专项资金2000万元支持。工业生产走出低谷，技术改造项目投资4亿元，年度“小升规”完成20户，高新技术企业新增11户、增幅50%，科技型企业新增22户，沈阳远程摩擦密封材料有限公司实现区瞪羚企业零的突破；综合保税区建成6000平方米跨境电商产业园，内设跨境电商培训中心、网红基地、集双创孵化中心、保税商品展示中心和跨境保税仓于一体的跨境电商基地，建成2.4万平方米具有国际标准的恒温仓库，为开展跨境电商保税备货模式发展创造有利条件；成立沈阳综保区保税商品交易平台和展示交易中心。全区商品房销售面积27.3万平方米，同比增长2.4%。

城乡建设与管理。投资5576万元，完成80.6千米各级公路和3座桥梁建设任务。投资500余万元，完成卡力马渡口恢复工程。三大运营商及铁塔公司开通运行5G基站117个，新建信号薄弱地区4G基站75个。投资760万元改造道路交通安全设施，道路交通事故死亡人数下降32.7%。对老城区、新城区、保税区、火车站四大管辖区域的市政基础公用设施进行全方位维修养护，维修彩砖380平方米、补缺彩砖730平方米、维修边石660延米、补缺直条边石123延米；更换维修检查井203座、更换维修雨水井351座；简易补修路面坑槽150平方米；安装检查井防坠网180座；摊铺沥青混凝土路面50平方米。推进生活垃圾分类工作，城区投放垃圾分类智能箱8个、环保屋10个，农村地区设立垃圾分类环保屋169个。建设完成14个美丽示范村道路硬化和亮化、绿化工程。完成农村24处黑臭水体整治。完成农村改厕任务5952座，打赢蓝天、碧水、净土保卫战。

民生工作。投入各级扶贫专项资金1145万元，对38名贫困学生实行“两免一补”资助政策，389名建档立卡贫困人口纳入社会兜底保障，实现城乡居民医疗、大病、救助、补充保险四重保障全覆盖。完成20个老旧小区、78户农村危房改造任务，完成棚改任务261套，实施暖房改造工程5.4万平方米。完善城乡最低生活保障体系，发放救助资金2529万元，惠及2.3万人。发放创业担保贷款2083万元，城镇新增就业2491人，农村劳动力转移就业6560人。救助流浪乞讨人员106人次。公办敬老院接收集中供养五保人员9人，院五保人数311人。

社会事业。辽中区完成科技型中小企业注册66户，新增注册企业17户，重点培育目标高新技术企业12户。获批辽宁增材制造产业技术研究院、沈阳市智能流体机械装备产业技术研究院项目资金1000万元。伟嘉牧业的新型猪用增免中兽药研制与关键技术攻关和艾克电缆的基于矿物绝缘电缆的氧化镁粉体配比及智能制管同步灌装技术攻关被市科技局列入2020年沈阳市科技计划（第二批）项目，争取项目资金150万元。完成公办园在园幼儿占比48%的任务指标，认定普惠B类民办幼儿园5所，普惠率97.7%；完成2所义务教育课程改革先进学校、3所基地学校、11所达标学校申报评估。成立辽中蒲河文化研究会，开展蒲河文化主题研究活动。举办第十届中国沈阳国家湿地公园旅游节等5场大型文旅活动。争取国家、省市资金投入1.2亿元，建成区中医院、区人民医院新发热门诊，完成茨榆坨等6家镇级卫生院标准化建设。初步形成以区人民医院为龙头，4家公立医疗机构、1家社区卫生服务中心、16家卫生院为成员单位，辐射全区村卫生室的区域内医共体。辽中区被评为省级双拥模范区。（李思瑶）

【“创建全国文明城辽中玫瑰在行动”系列活动】 5月18日启幕。辽中区委宣传部倡议市民设置“创建全国文明城辽中玫瑰在行动”主题手机屏保壁纸，城区内所有LED大屏、临街电子屏同时显示相关内容。30位志愿者车载玫瑰，在骑行中向创城一线的工作者和文明市民献辽中玫瑰。借助电商平台，通过微博直播推广辽中玫瑰、辽中大米、辽中鲫鱼、辽中葡萄、辽中寒富苹果五大地理标志产品。（志　闻）

【沈阳跨境电商二级节点暨跨境电商项目集中签约仪式】 8月28日在近海园区跨境电商产业园举办。市政府主办，市商务局、辽中区政府承办。辽中区与22户企业签约，涵盖跨境电商平台企业、支付企业、物流企业、孵化企业、仓储企业，签约总金额5000万元。（李思瑶）

▶辽中玫瑰在行动活动　（辽中区供）

辽中区主要经济指标

表51

指标	单位	2020年	同比增幅（%）
地区生产总值	万元	2005275	2.5
第一产业	万元	795588	5.5
第二产业	万元	318692	4.0
第三产业	万元	890995	–0.8
农林牧渔业总产值	万元	1597869	5.4
粮豆总产量	吨	536015	–7.4
蔬菜产量	吨	883708	1.8
规模以上工业总产值	万元	833747	0.8
规模以上工业增加值	万元	103695	2.9
固定资产投资额			11.3
社会消费品零售总额	万元	500631	93.2
实际利用外资	万美元	612	–
一般公共预算收入	万元	91340	6.2
一般公共预算支出	万元	361314	25.8
城镇居民人均可支配收入	元	37056	0.4
农村居民人均可支配收入	元	20522	9.2
商品房销售面积	万平方米	16.3	3.0

（辽中区）

新民市

【概况】 新民市位于辽宁省中部，沈阳市西部，距沈阳市区60千米。东与沈阳市沈北新区、于洪区相连，南与沈阳市辽中区相邻，西与锦州市黑山县接壤，北与沈阳市法库县、阜新市彰武县毗邻，西北一角与阜新市阜新县搭界。位于北纬41° 23′ 至42° 17′ 、东经122° 25′ 至123° 20′ 之间。据辽宁省专业部门对新民市域内旧石器时代文物考古测定，3万年前就有人类在此繁衍生息，战国时期和秦统一中国后均属辽东郡。西汉时期，新民境内有县的建制，即在今新民市前当堡镇大古城子村建立望平县，统管辽河东地区500余年。清嘉庆十八年（1813）在新民屯设新民厅，辖区包括今新民、黑山、彰武、辽中、台安、盘山、法库及于洪一部分。清光绪二十八年（1902），清政府设立新民府。1913年设立新民县。1993年6月14日，经国务院批准，新民变为县级市。新民市土地面积3297平方千米，耕地面积2158.1平方千米。常住人口56.6万人。辖4个街道、4个乡、20个镇，包括33个社区、339个村。新民市境内有沈通、辽宁中部环线2条高速公路。有102、103、101等6条国、省级公路，京哈、高新（高台山—阜新）2条铁路横贯东西，其中京哈高铁在新民境内设有中间站——新民北站，新民进入2.5小时北京交通圈。新民市城区内有图书馆、文化馆、群众艺术馆、纪念馆、大剧院、大型体育场馆、会议中心。新民市大剧院是新民市地标性建筑，新民市文化博览园是国家AAAA级文化产业示范基地，沈阳仙子湖旅游度假区是国家AAA级旅游景区。新民市有储量丰富的石油、天然气及温泉资源。2020年，新民市小梁山西瓜入围第四批中国特色农产品优势区名单；新农村镇寒富苹果入选中欧地理标志协定保护名单；辽宁众盟禽业有限公司获批粤港澳大湾区“菜篮子”生产基地；公主屯鸡蛋获第二十七届中国杨凌农业高新科技成果博览会最高奖——后稷特别奖；大民屯镇被农业农村部、财政部评为“农业产业强镇”；新民市被评为全省文明城市标兵，兴隆堡镇、新农村镇靠山屯村、陶家屯镇蓝旗堡子村获第六届全国文明村镇称号；公主屯镇辽滨塔村获“中国少数民族特色村寨”称号。市政府驻辽滨街道南郊路2号。

区域经济。2020年，新民市地区生产总值257.9亿元，增长5.4%；规模以上工业总产值100.4亿元，增长15.4%；固定资产投资额增长3.5%；社会消费品零售总额94.6亿元，增长105%；实际利用外资2475万美元；一般公共预算收入13.7亿元，增长10.2%；一般公共预算支出48.8亿元，增长14.1%；农村居民人均可支配收入19749元，增长8.5%。实现亿元以上项目开复工80个。在沈阳市招商引资（对外开放）工作考核中，新民市总体排名县域第一名。新民市在京成功举办新民乡村振兴产业高端论坛。中国建筑集团、中国交建集团、中铁北京局等龙头企业进驻新民；扬翔集团投资30亿元的生猪养殖全产业链项目、新希望集团投资11.2亿的7个现代化生猪养殖项目、方林装饰集团投资8亿元的智能制造家居产业基地项目实现当年签约、当年落地、当年开工；玖龙集团投资26亿元的年产62万吨制浆项目实现当年签约并立项；投资5亿元的正林智能制造家居产业基地项目、投资3.3亿元的亿邦药业大分子小分子制药项目开工建设；中国扶贫开发投资20亿元的新民市现代农业全产业链示范区项目、国家电投集团远达环保股份有限公司投资15亿元的辽西北供水二期工程及乡镇污水、环境综合治理工程项目等一大批重点项目实现签约落地开工；北京天地智慧医疗设备有限公司投资5亿元的高端医疗装备制造项目、江苏宝莲生物科技股份有限公司投资1.2亿元的甜叶菊全产业链项目签约落地，其中高端医疗装备制造项目成立合资公司，国资占股30%。谋划储备中央投资项目187个，争取中央预算内资金项目10个、资金4.9亿元。全年签约亿元以上项目91个，增长111.5%；协议投资总额624.9亿元，增长71.18%；亿元以上项目落地61个，落地转化率67%。投资5.5亿元完善开发区、中心镇等重点区域基础设施建设，优化项目承接平台。盘活27户企业闲置土地资源，为31个项目解决用地需求80公顷。全市粮食总产量116.4万吨，新增高标准农田面积4560公顷，新增设施农业面积1333.3公顷，全市设施农业生产面积1.1万公顷。全市蔬菜总产量164.5万吨、总产值39.5亿元，肉产量14.9万吨，禽蛋产量5.7万吨，奶产量3万吨，水产品产量6.3万吨，水果产量79.9万吨，新民成为沈阳市、辽宁省乃至东北地区重要农副产品供应基地。发展壮大农事龙头企业，投资500万元以上农事企业65户。推进“三品一标”（无公害农产品、绿色食品、有机农产品和农产品地理标志）农产品认证，绿色农产品认证242个，认证覆盖率72.2%。商贸服务业高质量发展，克服新冠肺炎疫情对传统服务业的冲击，助力零售、餐饮、住宿等行业复产复市；大连友谊集团在新民投资运营的友谊商城成为年内东北第一家新开业商场；围绕现代商贸物流，切入“互联网+”，探索新模式，培育新业态，推动产业转型升级；韵达物流总部基地、信昌“十月稻田”等重点项目全面开工建设；城乡三级电商运营网络建设稳步推进，电商交易规模持续扩大，有电商企业140户、店铺5424家，全年网络零售额36.19亿元，信昌粮贸在京东、天猫、拼多多等电商平台，全年零售额19.5亿元，线上销售额稳居全国前三；景区文旅项目提质升级，欧亚菲温泉水世界成功晋升AAA级景区，举办金秋车展、油菜花节、荷花节、寒富苹果采摘节、国际马术赛等活动，接待游客360万人次，旅游收入3.8亿元。防控疫情期间，春耕生产应时完成，出台支持中小企业生产经营措施14条，为2962户企业免费办理复工险，为企业贷款19.8亿元，减免土地使用税、社保费等1.7亿元。

城市建设与管理。新民市持续增强城区综合承载力建设，南郊、铁北排水泵站和站前西路系列城建项目投入使用。维修改造各级公路376千米，辽西北供水工程通水运营。新建农村饮水安全工程1处、改造7处，受益人口1.2万人。引入社会资本5.6亿元，推进城乡供水一体化。实施柳河右岸防洪治涝等水利工程10项，棚户区改造安置152套，危房改造299户。建成5G基站135个、新农源充电桩100个，推动城市数字化、信息化、智能化进程。完成顾屯开关站两台180兆伏安主变压器送电建设工程，改变新民西部地区没有220千伏变电站的历史。持续推进垃圾分类工作，高质量完成城区253万平方米日常扫保工作。清理整顿出店经营、流动摊位占道经营等影响市容市貌违规现象，拆除违规设置户外广告牌匾143处。全面推进抗霾攻坚，整治“散乱污”工业企业170户，全面做好秸秆禁烧工作。空气质量优良天数272天。严格落实“河长制”，各级河长巡河3.1万人次，完成各类河道污染问题整治970个。扎实做好中央生态环保督察“回头看”工作，取缔违法窑腌酸菜坑7000个，完成梁山、大民屯垃圾场10万吨渗滤液处置。实施植树造林656.7万株、6473.3公顷。推广节能建筑18万平方米，新增辽河流域封育面积1.1万公顷。新民市用7天时间完成新民市第二医院和胸科医院新冠肺炎患者定点救治医院改造，新建新民市人民医院核酸检测实验室，日检测能力500人次。全市排查人口72.5万人，核酸检测5.4万人次，集中隔离888人次，治愈新冠肺炎患者1例。

民生工作。新民市民生类支出41.3亿元，占全市一般公共预算支出84.6%。持续巩固贫困人口实现“两不愁三保障”（不愁吃，不愁穿；保障义务教育、基本医疗和住房安全），建档立卡贫困人口基本医疗保险参保率、患病救治率、基本养老保险参保率均达到100%。标准下农村贫困人口全面脱贫，3个省级贫困村通过省级美丽示范村验收，实现从贫困村到美丽示范村的嬗变。全市脱贫攻坚工作通过国家验收。实施就业优先战略，城镇新增就业4754人，农村劳动力转移就业7476人。扶持创业带头人80人，发放创业担保贷款3000万元。享受失业保险援企稳岗还政策企业131户。举办招聘会12场，提供岗位信息2549个，吸纳储备大学毕业生就业创业1255人。全市参加养老保险18.5万人，发放养老金18.3亿元。补发教师工资及取暖费1.9亿元。落实基层医疗保障制度，解决乡村医生养老问题。发放低保、特困、拥军优属、残疾人救助等各项补助金1.9亿元。

社会事业。完成烈士陵园提质改造，使其成为沈阳市爱国主义教育基地。完善学校布局，胡台学校分校一期、职业中等专业学校实训基地主体工程完工。加强教师队伍建设，新招聘教师77人。新增普惠性幼儿园24所。加大医疗保障力度，市人民医院综合楼开工建设，农村卫生院标准化建设全部完成。深入推进“大病不出县”两年行动计划，筹建市乡两级紧密型医共体，提高县域内常见病、多发病诊疗能力。完善城乡社会保障体系，老年人、残疾人、孤儿等社会特殊困难群体服务能力有效提升。辽河乐园、冰雪嘉年华等旅游项目建成使用，新建农村村级文化广场43个。开展文明文化实践工作，巨流河古城遗址、日本驻新民领事馆旧址被沈阳市政府批准为第五批文物保护单位。

（马百良　李春绽）

【新民寒富苹果成为中欧地理标志保护产品】 9月14日，中欧签署《中华人民共和国政府与欧洲联盟地理标志保护与合作协定》，《协定》主要规定地理标志保护规则和地理标志互认清单等内容，纳入双方550个地理标志。新民市的“新农寒富苹果”入选第二批中欧地理标志协定保护名录，有权使用欧盟的官方标志。协定于2021年3月1日正式生效，4年内获得保护。

【新民市电商示范村暨农产品电商联盟启动仪式】 10月17日在沈阳海莱农业有限公司举行。各村“第一书记”、电商村人才代表、电商经营主体、合作社负责人等60余人参加活动，12316金农热线对启动仪式进行全程直播，直播观看量1542人次。启动仪式上，集中为新民市电商村代表颁发“新民市电商示范村”牌匾，向企业代表颁发“新民市农产品电商联盟”牌匾，同时发布“新民优品电商村”平台。

【大东区与新民市“飞地经济”合作交流会】 11月3日召开。大东区和新民市有产业互补性。从汽车零部件角度，大东区汽车零部件产业面临着产业链延伸的需求，而新民市的造纸、印刷等产业可以为大东区的汽车零部件提供外包装配套和服务；从生物医药角度，大东区有德国科学家团队——拜澳泰克研究院，新民的生物医药产业园可以与之深入交流；从农产品深加工角度，大东区吉祥车文化主题街区需要新民的农产品深加工给予产品支持和服务，大东区的大龙网跨境电商要出口也需要新民的产品支持。双方签署飞地经济区域合作框架协议，取长补短、互通有无、协作发展。

【新民小梁山西瓜入围“中国特色农产品优势区”名单】 12月1日，农业农村部、国家林业和草原局等7部委公布第四批中国特色农产品优势区名单（79个），新民市关东小梁山西瓜名列其中，是辽宁省唯一入围的农产品优势区。新民市把西瓜产业作为“一县一业”发展规划的核心项目，2020年全域西瓜生产面积增加到16万亩（1.07万公顷），年产量70余万吨，年产值15亿元，从业人员10万余人，种植、经销合作社组织及西瓜协会50多个，形成以梁山、柳河沟为主，辐射带动卢家屯、周坨子、姚堡等13个柳绕乡镇的小梁山西瓜农产品地理标志保护区。在乡镇级西瓜生产规模上，梁山镇以4.4万亩（2933.3公顷）位居全国第一；在反季节设施西瓜生产规模上，柳河沟镇以3.9万亩（2600公顷）居全国首位。（志　闻）

新民市主要经济指标

表52

指标	单位	2020年	同比增幅（%）
地区生产总值	万元	2578576	5.4
第一产业	万元	836392	6.1
第二产业	万元	571689	11.5
第三产业	万元	1170495	1.8
农林牧渔业总产值	万元	1625359	6.0
粮豆总产量	吨	1163837.9	0.7
蔬菜产量	吨	1644673	3.2
规模以上工业总产值	万元	1003793	15.4
规模以上工业增加值	万元	306674	29.4
固定资产投资额			3.5
社会消费品零售总额	万元	945628	105.0
实际利用外资	万美元	2475	–
一般公共预算收入	万元	136783	10.2
一般公共预算支出	万元	487848	14.1
农村居民人均可支配收入	元	19749	8.5
商品房销售面积	万平方米	19.9	12.4

（新民市）

康平县

【概况】　康平县位于辽宁省北部，地处北纬 42° 31′ 至 43° 02′，东经122° 45′ 至 123° 37′ 之间。东隔辽河与昌图相望，南接法库，西临彰武，北与内蒙古科左后旗毗邻，位于沈阳一小时经济圈内，是沈阳经济区北部腹地的重要支撑点之一，是沈阳城市发展四大空间战略的向北门户，又是辽、吉、蒙两省一区接合部的区域中心。康平县东西长73千米，南北宽58千米，土地面积2167平方千米，城区建设面积21.5平方千米。康平县西南为兴安岭——医巫闾山余脉，北部为科尔沁沙地东南缘，东部为辽河冲积平原，形成西高东洼、南丘北沙、地形起伏的特点。康平属北温带大陆性季风气候。年均日照2867小时，多年平均降水量524毫米，平均年蒸发量2018.2毫米。年平均风速4.6米/秒。平均气温6.9℃，平均结冻期164天，平均冻土深度120厘米，无霜期151天。境内有辽河、东、西马莲河、利民河等河流，河流总长218千米，流域面积2160平方千米。辽河境内长度52.7千米，拥有辽宁省第一大、东北第二大的平原淡水湖——卧龙湖。全县水资源量1.89亿立方米，可利用地表水为6220万立方米，可利用地下水1.26亿立方米。煤炭储量丰富，探明储量近10亿吨，地下有优质天然锶矿泉水，锶含量为国家颁布的饮用矿泉水标准的8—10倍。康平是全国风能资源最丰富的地区之一，风向稳定，可开发建设150万千瓦的发电厂。全县森林面积8.47万公顷，森林覆盖率39%，是国家三北防护林建设重点县、国家级生态建设示范区、全国绿化模范县。全县常住人口27.8万人。辖12个乡镇（5镇、7乡）、3个街道、1个新城区、1个开发区，包括15个社区、161个村。161个行政村实现“村村通”油路，658个自然屯实现“屯屯通”水泥路。全县有各级公路311条、1826.5千米，公路密度为每百平方千米拥有公路83.98千米。沈阳至黑龙江明水国道203线贯穿南北，彰武至桓仁省道横贯东西，铁路货运抵达康平。特别是境内23.6千米沈康高速、52.2千米铁朝高速呈十字形连通，康平至北京车程6小时、至长春2小时、至沈阳1.5小时。境内旅游资源丰富，有国家AAA级景区卧龙湖风景区、巴尔虎山（北坡）森林公园、海洲万亩松林景区、金沙滩国家级沙漠公园、大辽圣市商业街、辽河湿地公园生态景观带、清诚慎亲王那尔苏陵园等旅游景点。卧龙湖大辽文化冬捕节是康平县一大特色旅游品牌。县政府驻胜利街道迎宾路106号。

区域经济。2020年，康平县地区生产总值114.6亿元，增长0.4%；规模以上工业总产值44.9亿元，增长3%；固定资产投资额下降26.9%；社会消费品零售总额30.6亿元，增长93.1%；实际利用外资1131万美元；一般公共预算收入11.3亿元，增长4%；一般公共预算支出33.7亿元，增长23.1%；农村居民人均可支配收入17585元，增长7%。项目建设成果显著，发展动能加速集聚。“走出去”招商212次，举办大型招商推介会6次，签约项目71个，增长52%，协议引资总额174.1亿元。总投资5亿元的辽宁骏标科技轮胎中心、总投资7亿元的中农联农特产品冷链物流产业园、总投资15亿元的吉能热电联产项目签约，总投资22.5亿元的辽宁能源30万千瓦风电项目列入全省风电建设计划，总投资10亿元的信邦汽车配套OEM产业园项目开工建设。通过引进辽宁华坤农林废弃物资源利用、富莱碳纤维等重点项目，盘活闲置资产7处、闲置土地37.4公顷。推进“飞地项目”70个，其中投产运行4个、续建9个、新建开工34个、签约23个。与苏家屯区、大东区正式建立“飞地经济”对口合作关系。省级飞地园区面积扩大为3.9平方千米，实施满蒙风情小镇城北热源厂供热三期工程、园区停车场建设等8个基础设施项目。“减免缓”政策全面落实，累计为全县企业减税降费1.8亿元，1880户企业获赠平安复工险。组织银企对接活动50余次，汇编《康平县金融产品手册》，为中小微企业发放贷款8亿元，与中国银行股份有限公司沈阳分行签订战略合作协议。解决企业“用人难”问题，为163户企业对接用工需求1689人。现代农业稳步发展，完成高标准农田建设7333.3公顷，年均交易量100万头（匹）的郝官屯牲畜交易市场正式投入使用，康奉堡小米获“国际粮交会金奖”“辽宁好粮油”称号。线上农产品交易总额3亿元，建设农产品电商示范村27个。工业经济平稳运行，规模以上工业总产值44.8亿元，增长2.9%。工业用电量4.1亿千瓦时，增长9%，其中园区工业用电量3.3亿千瓦时，增长13.6%。塑编产业产值增长2.2%；风力发电产值增长3.9%；光伏发电产值增长1.2%；农产品精深加工产业产值增长83.8%。

城乡建设。启动实施卧龙湖水体改善实验项目，卧龙湖核心区实现整体围封，利用引辽济湖工程引水1500万立方米。三级河长巡河1.8万人次，整治黑臭水体35条，辽河干流康平段全部实现封育管理。2018年中央环保督察“回头看”反馈问题全部销号。完成植树造林7773.3公顷。整治“散乱污”工业企业19户。秸秆综合利用率稳定保持在90%以上。辽西北供水工程实现稳定供水，配套管网工程竣工，城区破损道路全面修复，含光街南延道路及雨污分流工程、滨湖一街污水管网改造工程、朝阳路维修改造工程完工。新增集中供热面积14万平方米，建设5G基站76个，中国移动5G网络信号实现城区全覆盖。全面实施乡村建设行动，推动省级美丽示范村28个，安装室内水冲厕所5500座。国道绥沈线54.1千米、省道法盘线张强镇段7.6千米建成通车，维修改造农村公路75千米，建设“一事一议”村内道路111千米。张强镇、小城子镇、郝官屯镇完成中心镇发展规划编制，西关屯乡列为县级特色乡镇。城乡管理水平不断提升，小城子镇被确定为国家档案服务农村基层社会治理试点；总投资2848万元的“雪亮工程”开工建设；清理占道经营1450余处，市场经营秩序进一步规范。

“放管服”改革持续推进，与市同步取消下放调整政务服务事项90项，实现高频事项“一证通办”13项，做到工程建设项目审批、新办企业服务“一窗受理”。依申请类政务服务事项网上可办率达到100%。新增登记市场主体3998户，全程电子化登记率达到90%以上。深入开展“万人进万企”“一对多”等专项活动，精准收集并帮助企业解决问题53件。围绕政府失信、办事难等8个方面解决问题32个，建立长效机制8项。清理偿还拖欠民营企业工程款3184.1万元。完善12345市民热线、8890平台运行机制，解决企业与群众诉求问题2529件。新冠肺炎疫情发生后，康平县构建统一高效的指挥体系、全域覆盖的排查体系、全民参与的工作体系、全县联动的保障体系。累计排查重点地区返康人员1726人，实现疫情防控“零病例”。第一时间全面落实支持复工复产17条、稳定经济运行31条、促进商业消费14条等政策措施。全县52户规模以上工业企业、129户规模以下工业企业迅速实现开复工，1710家商超、1016家餐饮住宿等场所有序恢复经营，分批分次推动73所中小学及幼儿园复学复课。巩固常态化防控体系，认真总结各地区突发疫情案例处置经验，编制《新冠肺炎疫情常态化防控手册》。全面做好常态化疫情防控工作，完成重点行业从业人员核酸检测1.3万余人次，入康冷链物流食品实行100%检测。

民生工作。在中央、省、市投入的基础上，县级投入1000万元，专项扶贫资金8412.3万元，用于到户产业、资产收益、飞地经济、危房改造等扶贫领域。富硒花生深加工、羊肚菌食用菌大棚种植等5个资产收益扶贫项目主体完工，牧康农牧东升乡生猪养殖飞地扶贫项目开工建设。大辽商业街“扶贫助农创新创业”基地投入运营，入驻平台企业20余户。新增城镇实名制就业1768人，农村劳动力转移输出5750人，零就业家庭保持动态为零，为5043人发放失业补助资金1561万元。城乡居民基本医疗保险参保率达到99%，报销比例70%以上。补发教师工资1.2亿元，企业退休人员养老金按时足额发放，退役士兵养老保险补缴、城乡低保、特困人员供养提标任务全面完成，残疾人各项保障政策有效落实。新增社区居家养老服务中心1个、服务站5个，完成农村居家养老服务试点15个。完成老果园地块棚改征收工作，改造老旧小区3个。

社会事业。教育布局进一步优化，康平高中被评为沈阳市普通高中教育教学改革典型校，21所学校“厕所革命”如期完工，康平新望产业学院建设加快推进。高质量完成紧密型县域医共体建设试点任务，15家乡镇卫生院中医馆建设和数字化门诊实现全覆盖，村级卫生室标准化建设全面完成。县人民医院PCR核酸检测实验室运行良好，疾控中心PCR核酸检测实验室完工。认真贯彻落实公共文化服务保障法，新建村级文体广场6个，开展艺术惠民活动50余次，公共文化场馆实现免费开放，公共数字文化平台投入使用，文物管理工作进一步加强。全县旅游景区运营良好，卧龙湖景区晋升省级旅游度假区，举办第八届大辽文化冬捕节、卧龙湖之夏、中国好声音沈阳赛区决赛等大型节庆活动，接待游客128万人次，旅游收入3.1亿元。游客接驳中心、卧龙湖民宿建成开放。

【第八届沈阳卧龙湖大辽文化冬捕节】 2019年12月28日至2020年1月16日举行，1月11日举办开幕式。主活动场设在卧龙湖码头，主题为“鱼跃龙湖，盛世康平”。开幕式期间，开展卧龙湖渔馆、大辽文化精品庙会、辽冬年货大集等活动，设立卧龙湖有机鳏鱼和由沈阳百位社区书记代言的“康寿四宝”（康平小米、地瓜、全麦面、花生）销售点，游客看冬捕、逛庙会、吃鱼宴、买农产品。22万人次游客观看开幕式，冬捕节期间总游客数量80余万人次。中央电视台等数十家媒体报道。 （姚　维）

【大东区与康平县签署“飞地经济”框架协议】 6月28日签署。重点推动香江健康山谷医养结合文化旅游、辽宁颁金农创平台、沈阳泓鑫供应链金融、华录智能水培技术综合体应用工厂项目等7个总投资9.8亿元的飞地项目。康平县提供规划面积3.85平方千米的“飞地园区”作为发展空间平台，大东区则负责按照康平规划需求帮助招引客商，推动产用结合、产需对接和产业链上下游整合。大东区发挥宝马、雷诺的吸附效应，构建稳定零部件供应链及华晨集团建设零部件产业基地，再引进零部件项目30个以上；携手填补金融业、互联网新兴产业空白，再引进文旅项目10个以上。 （志　闻）

康平县主要经济指标

表53

指标	单位	2020年	同比增幅（%）
地区生产总值	万元	1146450	0.4
第一产业	万元	356190	-2.3
第二产业	万元	290404	5.4
第三产业	万元	499856	-0.2
农林牧渔业总产值	万元	695854	-2.2
粮豆总产量	吨	545164.9	-11.9
蔬菜产量	吨	328479.3	5.1
规模以上工业总产值	万元	448639	3.0
规模以上工业增加值	万元	117225	1.7
固定资产投资额			-26.9
社会消费品零售总额	万元	305999	93.1
实际利用外资	万美元	1131	-
一般公共预算收入	万元	113225	4.0
一般公共预算支出	万元	336829	23.1
农村居民人均可支配收入	元	17585	7.0
商品房销售面积	万平方米	10.2	-20.3

（康平县）

法库县

【概况】 法库县位于辽宁省北部，地处辽河中游右岸，东接调兵山市和铁岭市，东南部隔辽河与沈北新区相望，南为新民市，西与彰武县毗连，北与康平县为邻，东北与昌图县、开原市接壤，县城南距沈阳90千米。地理坐标为北纬40° 8′ 46″ 至42° 39′ 29″，东经122° 44′ 23″至123° 45′ 14″之间，南北纵距60千米，东西横距80千米，土地总面积2281平方千米。法库为满语Faku音译，汉译为鱼梁，寓水草丰美之意。辖2个街道、12个镇、5个乡（含1个蒙古族乡），包括12个社区、233个村，有汉、满、蒙古、朝鲜、锡伯等22个民族，人口44.4万人。境内有沈康、铁朝、铁新3条高速公路和国家、省级公路6条，县级公路实现村村通，有铁康线铁路1条和火车站1座，交通便捷。县城内建有集图书馆、文化馆、博物馆、体育馆、影剧院和文化广场为一体的文化体育中心。叶茂台辽墓群为全国文物保护单位，五龙山景区、财湖景区、爱新觉罗祖家坊度假区、白鹤楼景区为AAA以上旅游景区。成功举办网上陶瓷博览交易会、国际飞行大会。获中国瓷谷、全国生态县、国家农产品质量安全示范县、国家级通用航空产业综合示范区等荣誉称号。县政府驻吉祥街道兴法东路22号。

区域经济。2020年，法库县地区生产总值183.3亿元，增长0.8%；规模以上工业总产值130.3亿元，增长6.1%；固定资产投资额增长4.1%；社会消费品零售总额60.8亿元，增长101.1%；实际利用外资3020万美元；一般公共预算收入12.2亿元，增长2.2%；一般公共预算支出32.8亿元，增长1.6%；农村居民人均可支配收入18470元，增长8.8%。首届网上陶瓷博览交易会成功举办，40余户生产企业60余款陶瓷新品同步上线，法库陶瓷产品打入华北市场，销售额突破29.5亿元，增长28%。沈阳兴发陶瓷有限公司、沈阳广梵希陶瓷有限公司等5户企业完成技术改造，沈阳科勒卫浴有限公司第三条智能生产线竣工投产。通用航空圣宏植保无人机、旋飞无人机等轻资产项目入驻通航研究院。美国小熊轻型越野飞机组装项目签约落地，签约亿元以上项目49个。通过“腾笼换鸟”“筑巢引凤”盘活土地12.9公顷。开复工亿元以上项目80个，其中主导产业项目34个，增长21.4%。全县完成309个村集体产权制度改革，流转土地3.5万公顷。围绕服务业发展，开展乡村旅游建设，十间房镇尚屯村、登仕堡子镇张家堡村等7个村被评为沈阳市美丽休闲乡村，大孤家子镇半拉山子村被评为全国乡村旅游重点村、中国休闲美丽乡村。开展“惠民消费季”活动，发放5期电子消费券92.6万元，拉动消费增长4.2倍。发展直播经济等新业态，法库县获批全市首家“2020年国家级电子商务进农村综合示范县”。围绕现代农业发展，粮食产量74.5万吨，新增特色经济作物800公顷。推进畜牧业发展，牛饲养量28.6万头，增长19.8%；羊饲养量37.5万头，增长6.1%；家禽饲养量1974.1万只，增长16.6%。非洲猪瘟疫情得到有效防控，生猪存栏量基本恢复到2017年末水平。启动现代农业产业园建设，秀水河子高标准现代设施农业项目开工，菲仕兰乳业有限公司完成生产线升级改造，沈阳供销涌合肉业有限公司肉牛深加工项目签约落地。加快现代农业设施建设，建成高标准农田5413.3公顷，完成吉祥街道小房申村坡改梯田51.3公顷。国家级农产品检测中心提质升级，代表辽宁省通过农业农村部验收。全县9个专业村被评为市级“一村一品”专业村。

城乡建设与管理。设计供水能力5.5万吨净水厂投入运行，日均供水量2.2万吨。通讯基础设施加快建设，79个5G基站开通运行。居住环境稳步提升，21栋楼5万平方米暖房子工程如期竣工。拆除高空广告牌1000余平方米，清理流动商贩1400余家，清除招贴、喷涂4000余处。开展油烟净化设施专项检查行动，查处整改餐饮企业36户。完成“四好农村路”（把农村公路建好、管好、护好、运营好）“一事一议”村内道路216.4千米，美丽示范村村内道路60.1千米。完成农村饮水工程27处，农村改厕5818座。新增辽河生态封育面积1400公顷，完成拉马河、王河18条河流划界工作。新增水土流失治理面积9.89平方千米，完成38条侵蚀沟治理工作。獾子洞湿地“退耕还湿”240余公顷。围绕营商环境建设，深化“放管服”改革，顺利承接市级政务服务事项82项；推进“一网一门一次”改革，“最多跑一次”事项占比100%，网办率100%；深入开展“营商下午茶”“万人进万企”活动，有效解决企业困难和诉求154件。

民生工作。6个省级重点贫困村全部摘帽，623户1645人全部脱贫，新增建档立卡贫困人口“动态为零”。产业扶贫成效显著，投入101万元扶持326户发展高效种养殖业。《中国新闻》等主流媒体对此进行报道。四家子蒙古族乡红砂地村采用“代养羊产业扶贫模式”，即村委会采用委托方式将村集体繁殖羊交农户养殖。村委会承担市场风险，农户承担技术风险。采用此种模式后，增收显著。健康扶贫落实医疗保险个人补助政策，提供慢性病患者签约服务。教育扶贫提标扩面，152名建档立卡贫困学生得到资助。就业扶贫稳步推进，有就业意愿的489名建档立卡贫困劳动力实现就业。危房改造应改尽改，173户建档立卡贫困户喜迁新居。兜底扶贫应纳尽纳，538名建档立卡贫困人口全部纳入兜底保障。新增农村劳动力转移就业7631人，城镇实名制就业2302人。坚持创业带动就业，扶持创业带头人80人，发放创业担保贷款3771万元。城乡低保准增长5%。发放特困人员供养金、残疾人补贴、老年人补贴共2763万元。

社会事业。推进学前教育普惠性发展，幼儿园普惠率100%。卧牛石小学等20所学校供暖管网改造、校舍维修全部竣工。深化与301医院、北部战区总医院合作，医疗保障能力逐步增强。冯贝堡镇富拉堡村等28个村文化广场完成提质升级。辽宁省第九届户外运动大会、“我在法库跑沈马”等赛事活动成功举办。融媒体中心建设不断加强，“新闻+政务+服务”功能不断完善。法库县获市级“双拥模范县”称号。

（张志红　李晔）

【首届法库网上陶博会】 7月18日首届法库网上陶博会（第17届沈阳法库国际陶瓷博览交易会）开幕，由中共法库县委、法库县政府主办，辽宁法库经济开发区（沈阳通用航产业基地）管理委员会承办，沈阳瓷都开发建设有限公司、辽宁法库陶瓷协会、辽宁法库经济开发区企业家联合会、中国电信沈阳分公司联合协办。陶博会以“未来已来——云端·法库瓷”为主题，以VR（虚拟现实）展馆体验为主，融入现代互联网新兴技术及元素，开辟营销新平台、新渠道，展示法库陶瓷新技术、新产品。在网上陶博会的VR全景展示界面，不仅可以看到法库新城全城鸟瞰图，还能看到2002年第一批陶瓷产品走下生产线的地方，东北地区最大的陶瓷制品集散中心——中国陶瓷谷大市场等场景。（志　闻）

【全市首家2020年国家级电子商务进农村综合示范县】 7月，法库县正式被确定为“2020年国家电子商务进农村综合示范县”。制定《法库县电商示范县实施方案》，起草《法库县电商示范县资金管理方案》和《法库县电商示范县项目管理方案》，依托市供销系统电商平台建立24个村级服务站。至年末，实现网上交易额1880万元、网上试货16.9万单，中和电商科技平台通过线上、线下累计销售红薯、花生等农副产品约10万千克。（李　晔）

【国内首次水陆空一体化航空消防应急救援综合演练】 10月17日，辽宁省航空消防应急救援综合演练在法库通用航空产业基地举行。这是国内首次在演练中实现跨水陆空，多场景、多部门、重协同、重实战的一次航空消防应急救援演练，调集救援直升机7架、无人机9架、消防车3辆、保障消防车辆12辆、16支队伍312人，演练科学布置无人机火场侦察、三维建模、高层灭火、火灾现场净空保障、直升机吊桶洒水灭火、山林草原灭火、水上救援、航空医疗救援等13个应急救援演练科目，演练为国家综合航空消防应急救援工作进一步积累新经验，也为应急救援体系和能力建设提供新思路。

▶10月17日，辽宁省航空消防应急救援综合演练在沈阳法库通用航空产业基地举行

（法库县供）

【辽宁首条低空短途运输航线开通】 12月27日，辽宁省首条“法库—盘锦”低空短途运输航线在法库县财湖机场正式开通，“泰克南P2006T”执飞首航。“法库—盘锦”低空短途运输航线由辽宁众翔通用航空有限公司运营，航线面向市民开放。每次飞行除飞行员外，可以搭乘3名乘客。主航线的飞行高度为去程1800米，回程1500米，航程距离175千米，飞行时间约65分钟。至年末，飞6班。（张志红）

【9个专业村获评市级“一村一品”专业村】 2020年，法库县有9个村被评为市级“一村一品”专业村，分别为丁家房镇大蛇山子葡萄专业村、秀水河子镇长岗子辣椒专业村、三面船镇小桑林子牛肉养殖村、叶茂台镇叶茂台花生专业村、依牛堡子镇大粮洞谷子专业村、依牛堡子镇拉马河子西蓝花专业村、吉祥街道小房申地瓜专业村、登仕堡子镇张家堡树莓专业村、秀水河子高三家子温室棚菜专业村。（李　晔）

法库县主要经济指标

表54

指标	单位	2020年	同比增幅（%）
地区生产总值	万元	1833187	0.8
第一产业	万元	435495	4.0
第二产业	万元	408339	6.5
第三产业	万元	989353	-2.9

续表54

指标	单位	2020年	同比增幅（%）
农林牧渔业总产值	万元	915651	4.0
粮豆总产量	吨	772801.6	–5.2
蔬菜产量	吨	241563	4.9
规模以上工业总产值	万元	1302662	6.1
规模以上工业增加值	万元	359637	13.2
固定资产投资额			4.1
社会消费品零售总额	万元	607542	101.1
实际利用外资	万美元	3020	–
一般公共预算收入	万元	122171	2.2
一般公共预算支出	万元	328238	1.6
农村居民人均可支配收入	元	18470	8.8
商品房销售面积	万平方米	22.7	–47.9

（法库县）

三十七、街道（乡、镇）

和平区南市场街道

【概况】 南市场街道位于和平区东部，地处沈阳市重要经济、文化、政治核心位置。东起三经街，南起北六马路、西滨河路，西至南京北街、和平大街、光荣街，北至市府大路。辖区南部毗邻鲁迅公园，北部与八一公园接壤，八卦街云集广场坐落于辖区中心。辖区面积3.48平方千米，辖小区庭院225个，住宅楼567栋，户数4.3万户，户籍人数10.9万人，常住人口9.3万人。街道下辖宝环、八卦街、延安里、和平新村、沈电、云集、二〇二医院、领事馆、鲁园、市府、桂林、红塔、群芳13个社区，驻街企业3700户。南市场地区有25座从民国时期到建国初期各式建筑风格的老建筑，其中5座省级历史文物（法国汇理银行奉天支行、奉天邮电管理局、宋任穷旧居、汤玉麟公馆旧址、万福麟公馆旧址）、8座市级历史文物（美国花旗银行奉天支行旧址、同泽俱乐部旧址、张寿懿公馆旧址、张作相公馆旧址一、张廷枢公馆旧址、张作相公馆旧址二、王铁汉办公旧址、穆继多公馆旧址）、12座区级历史文物（法国驻奉天领事馆旧址、于学忠公馆、新华社辽宁分社1945年旧址、盛京时报旧址、中山路152号欧式建筑、八经街61—1号建筑、中苏友谊宫旧址、奉天电报电话局旧址、东北设计研究院办公楼、南市场八卦街旧址、十五纬路6号及8号建筑、泰东大厦）。咖啡小巷是辖区内特色街区，内含70余家咖啡店。街道办事处地址位于南五经街8—1号。

经济发展。南市场街道经济稳步快速增长，产业结构调整不断优化，电子信息、文化传播、新闻出版、企业总部、动漫创意等都市型产业集聚发展。辖区内运营商务楼宇16座，总建筑面积41万平方米，入驻企业435户。辖区内省直单位51家，总部企业49户，2020年完成税收17.27万元，占全区任务20%，税收贡献度全区第2。固定资产投资78.1亿元。全年重大项目16项，竣工10项。扶持创业带头人26户156人；对个体工商户提供小额贷款，发放22笔365万元。

城市管理。以网格化治理为基础，以科室包保社区机关干部包保楼院为抓手，以志愿者协助监督为补充的管理模式提升管理效率、降低管理成本、减少管理矛盾，创建整洁卫生、文明健康、安全和谐的街道形象。2020年，街道坚持政、企、民议事协商服务平台长效制，街道、社区、物业公司、居民业主代表不定期召开联席会议26次协调解决棘手问题、疑难事项和矛盾纠纷67件。坚持定期组织辖区企事业单位、商户、居民开展形式多样的垃圾分类活动，其中开展垃圾分类专题讲座24场参与800余人，组织垃圾分类传单发送活动32次发送传单、宣传册1000余册。街道应急科派出检查人员1060人次，检查企业6686户次，下达执法文书286份，发现隐患800处，全部监督整改。组织企业开展消防安全应急演练1次，并在八卦街广场开展安全生产月宣传活动。

社会事业。2020年，辖区内负责管理退休职工30898人；公租房新增253户，有1645户享受公租房待遇，有738户享受补贴，907户享受实物配租；廉租房新增9户，辖区内有258户低保人员享受廉租房，领廉租房补贴197户，实物配租61户；有低保473户616人，新增16户21人；有特困11人，全部分散供养；残疾人补贴新增34人，有932人享受残疾人双项补贴。举办就业网络招聘会提供岗位信息2888条，个人求职信息2327人。街道共建立社区居家养老服务站12家，建成并运营居家养老服务中心4家，在建设中的养老服务中心2家，对辖区内老年人开展服务。

（程思雨）

【“云逛八卦街”线上直播】 3月19日，南市场街道联合八经咖啡协会、炊具协会、康辉旅游公司等企业、协会，在淘宝网直播平台开展“春暖盛京城 云逛八卦街”活动。南市场地区商家在直播中提供手工制作体验券、咖啡、啤酒等抽奖福利等。区委、区政府在直播中介绍“858南市休闲文化街区”规划建设内容以及南市场街区历史文化、八卦街的由来、复市复工举措等。18—20时，直播观看人数34256人，累计收获31.2万次点赞。（志　闻）

沈河区泉园街道

【概况】 泉园街道位于沈河区东南部，东起凌云街，西至江东街，南起浑河河道中心线，北至方凌路，辖区面积7.8平方千米。居民3.8万户、8.1万人，主要民族有汉、回、满、锡伯、朝鲜、蒙古族等。驻街企业954户。辖9个社区，社区工作者121人。街道幼儿教育资源丰富，有思博睿幼儿园、小哈津幼儿园、小耶鲁幼儿园、安琪幼儿园、凌云京京幼儿园等。辖区内街路纵横、交通便捷，各类公共基础设施配置完善。街道办事处定编44人，实有43人，设8个科室。街道办事处位于方家栏路49-8号。

经济发展。泉园街道2020年规上工业产值2.1亿元；固定资产投资1.9亿元，完成年计划的115%；限上社会消费品零售额9649万元，下降14%；限上零售业销售额8707万元，下降7.6%；限上批发额2.3亿元，增长17.9%；装卸搬运和仓储业（服务业）1413万元，下降5.4%；建筑业总产值9369万元，完成年计划的70%；四上企业增户指标3户，完成3户服务业企业入库，完成率100%；招商引资引进3户企业，1户零售企业、2户服务业企业。

城市管理。开展辖区内环境综合整治活动，全面提高辖区的环境卫生水平。在小区单元门、公示栏等显著位置粘贴整治通知，发动群众自行清理所在单元楼及小区环境。对小区内的乱堆乱放、乱搭乱建、乱贴乱画、残冰积雪、圈地占地、饲养家禽、三堆杂物、楼道杂物、非机动车乱停乱放、堵塞消防通道等各类违规行为进行清理整治。开展集中清扫活动，组织机关、社区、物业、保洁员等人员1000余人次参加，清理残冰积雪、枯枝烂叶、白色垃圾、废弃家具、破旧自行车及各类残土杂物300余车。投入20余万元对创城重要受检点位周边老旧小区内公共设施开展维修，对路面台阶、老旧小区公共区域木质窗框、墙体大白破损、园区花坛破损的点位进行修复。联系社会爱心企业为小区修剪树木6次、100余棵，区整体环境得到较大提升。深入开展平安建设工作，吸纳社会各界力量，号召平安志愿者3751人参与日常巡逻及扫黑除恶、禁毒、法制宣传活动。“两灯”（楼道灯和雨搭灯）亮化率100%，维修效率和质量较高。打造沈阳市“关爱之家”项目，开展关爱工作，打响泉园品牌亮点。建设9处“评理说事点”，充分借鉴“枫桥经验”工作模式和内容，及时建立和规范组织架构。深入做好居民群众调解工作，调处邻里纠纷、涉物业纠纷等信访代理案件750余例，调处成功率100%，网上办结率100%。

社会事业。建设1家养老服务中心、3家养老服务站。8月28日，福康相知养老服务站对外营业。11月2日，御龙养安享居家养老服务中心、青阳养安享养老服务站对外营业。11月8日，佳和社区养老服务站对外营业。组织免费为群众测血压、义诊、计生咨询服务，向群众发放计划生育新政策、法律法规和优生优育、生殖保健、避孕节育、健康扶贫等宣传资料和药具药品等各项活动，以多种形式耐心向群众解答相关问题。

社会保障。城镇实名制就业2041人，扶持创业带头人54人。创业带头人带动就业指标数90人，实际完成311人；创业项目推介6个，上报用工信息指标800条，实际完成10064条。求职登记指标数300条，实际完成876条。现场培训会12场。小额担保贷款下达指标数135万元，实际完成255万元，排全区第1名。发放失业金206.4万元，1200人次，上报失业预警9家。办理非因工伤残或因病丧失劳动能力鉴定，进行办理病退14人次，其中成功9人次。（蔡思文）

【垃圾分类主题活动】 7月23日，泉园街道联合市邮政管理局、市邮政分公司共同主办“文明环保 一起‘绿动’推行垃圾分类 抵制包装过度”主题活动。活动设有太极剑表演、有奖知识问答、专家讲解、剪纸技艺展示、宣读《推行垃圾分类 抵制包装过度倡议书》等环节，通过喜闻乐见的活动形式，提高居民群众的垃圾分类意识。（志　闻）

大东区东站街道

【概况】 东站街道地处大东区东北部，地跨一环、二环两界，属城乡接合部地区。2020年，街道辖区面积8平方千米，下辖11个社区，常住人口约10.4万人。有56个居民小区，其中物业小区23个、非物业小区33个。由于区域面积相对较大、又处在城乡接合部，所以地区居民人员构成也相对复杂，企业职工宿舍区多、回迁安置小区多，弱势群体相对集中。全街有低保户458户、626人，低保边缘户15户、35人，残疾人1407人；有棚户区面积近10万平方米、2000余户居民。有1条铁路沿线、2条铁路专用线途径本辖区，著名的奉海火车站旧址（现沈阳东站火车站）坐落于此。华晨雷诺金杯汽车有限公司、华晨金杯汽车有限公司、华晨宝马汽车有限公司大东工厂三大汽车整车厂和中铁物资集团东北办事处、国瑞大东方、国瑞汽配城、东北陶瓷城、陶瓷大世界、东站货运中心等大型企业均在辖区。既有万科蓝山、金地铂悦、龙湖地产、碧桂园、国瑞等一些较为高端的楼盘，也有陶瓷后堡、毛君屯、山嘴子等一些环境较差的棚户区。全街有1个较大型商场、1个较小规模的厅棚菜市场，2所中学、3所小学，1处较大型医院。东站街道文化站被沈阳市文旅局评为“2020年度基层示范点”。街道办事处位于大东区东建街35—7。

经济发展。2020年，东站街道以改善营商环境为着眼点，以服务和引导作为项目立项、协调重点，大力发展第三产业，建设具有东站特色的街路经济带，以东站为核心的物流业、以汽配市场为核心的汽车零部件、以陶瓷城为核心的建材业以及围绕东北大马路为轴的服务业等清晰的经济发展行业体系，发挥项目的牵动作用，推进经济发展。引进产业协同创新基地项目1个、商贸企业7户、建筑企业4户，亿元以上项目2个，全街主要经济指标较上年有大幅增长，固定资产投资、内资引进和项目建设超额完成，限上贸易业社会消费品零售总额完成全年的142%。

城市管理。以沈阳市创建全国文明城市为抓手，东站街道各网格开展“地毯式”整治行动，推进创城工作向标准化、规范化、长效化迈进，提升和巩固创建水平。加强城市环境治理，推进垃圾分类工作。着重清理非物业的老旧小区内的私搭乱建等问题，清除杂物千余处。国瑞、铁路一期、铁路二期、毛君屯、陶瓷城、东站街45号等项目的征收工作有序推进。区域性集体合同签订11份，独立工会企业签订集体合同5份。成立社会治安综合治理工作领导小组，建立社会治安综合治理工作长效监管机制。开展铁路护路联防与安全大检查工作，加强特殊人群的服务管理。开展全国禁毒示范城市创建工作，铲毒500余株。围绕“防风险、保稳定”，扎实做好锦园路铁路沿线拆违、陶瓷后堡棚户区改造征收群体等的信访稳定工作。做好安全生产、消防安全、燃气安全和特种设备安全工作，全年无生产事故。建立安全生产网格化监管架构图、绘制新的监管地图，确保网格化系统正常运行。分别开展一企一档安全生产大检查、高层建筑消防安全整治和消防车通道集中整治“回头看”专项行动、瓶装液化气及燃气锅炉隐患排查、特种设备隐患及烟花爆竹专项检查。在沈阳市创建安全示范城工作中，修改完善18个专项预案，3个专项应急演练方案、脚本和评估报告，严格落实安全生产专项整治三年行动，确保专项整治取得实效

民生工作。传达养老保险和医疗保险政策，加强退管人员管理。组织分析就业工作进展和进度，促进辖区内就业、创业、培训等工作按部就班开展，确保无零就业家庭。组织参与民政救助工作和住房保障工作公开、公正、有序进行，维护辖区内困难群体的稳定。全面推进残疾人工作，为残疾人家庭和残疾人群体做好无障碍改造、残疾人康复、残疾人辅具发放等工作。组织开展卫生防疫和计划生育奖扶特扶工作落实。（王海洋）

【“消除事故隐患，筑牢安全防线”宣传活动】 6月12日，东站街道以“消除事故隐患，筑牢安全防线”为主题，在国瑞城小区开展安全生产月宣传活动。东站街道工作人员通过宣传展板向居民讲解地震救灾小常识、高楼如何逃生、室外如何避震、交通工具如何避震等，普及消防安全知识、《生产安全事故应急条例》和《沈阳市安全生产条例》，增强全民安全生产意识。各社区安全员向群众发放燃气安全知识手册、“致居民的一封信”宣传单和自然灾害个人防护手册，解答居民关心的安全生产问题，并现场受理群众的举报。（志　闻）

皇姑区北塔街道

【概况】 北塔街道位于皇姑区东南部，东起北运河，南至昆山东路，西至北陵大街，北至铜山路。辖区面积6.4平方千米，辖辽河社区、龙江社区、武功山社区等17个社区，人口14万人。街道地处金廊北段黄金地带，与金融商贸开发区、金融一条街呈“金融金三角”之势。北部有“城市绿肺”北陵公园。辖区内驻有省政府、省人大、省军区等党政机关。街道办事处位于皇姑区巴山路48-3号。

经济发展。2020年，街道批发业销售额4.9亿元，零售业销售额10.6亿元，住宿业营业额4861.6万元，餐饮业营业额2928万元。沈阳天地17号街成为辽宁省首批示范步行街。推动企业复工复产，推出“疫情不怕难、经营零负担”5个“零”行动，即公司注册“零”费用，贷款“零”利息，纳税“零”风险，房屋“零”租金，创业“零”成本；建立街道企业服务群，采取上门服务、电话、微信视频连线及QQ远程协助等手段，对企业开复工进行全程跟踪服务，从疫情防护准备到疫情期间各种政策通知，做到对企业从“线上”到“线下”全方位支持。做好“3+2”（新乐、黄河、明廉3个街道为主要试点，北塔、华山2个街道为备选试点）街道经济发展试点工作，对区域内市场主体、商用楼宇、商用街区情况进行摸排，确保市场主体、经济总量、财税贡献稳定；进一步挖掘区域资源，以创建主题楼宇、特色街区为抓手，重点培育服务于全区主导产业及配套功能的特色产业，逐步延伸产业链条；以市场化、专业化、平台化为手段，突出一楼一特色，盘活区域内闲置楼宇资源，提高楼宇企业入住率、属地纳税率、同行业入住率。

城市管理。全面推行垃圾分类工作，辖区内17个社区全部设立标准垃圾分类环保屋，建立垃圾分类工作台账，以辽宁好人徐海波为主讲人的志愿宣讲团定期到各个社区开展垃圾分类宣讲工作。探索老旧小区改造新模式，

▶皇姑区北塔街道抗疫“党员先锋队”（皇姑区供）

认真听取居民诉求，广泛征求意见，指导居民成立业主委员会，引进保障型物业，对辖区内所有具备条件的小区全面实行封闭管理。开展市容环境集中整治及绿化美化行动，清理乱堆乱放、卫生死角等杂物197车，补种丁香、连翘等树苗1688株，与沿街商户签订门前三包责任书1737家。推进5G建设工作，街道涉及5G安装点位44处全部完工。开展“扶一把”公益活动，规范小区内共享单车乱停乱放现象。坚持联防联控，织密基层疫情防控网，确保外防输入不放松、内防反弹不懈怠，全面筑牢疫情防线。

社会民生。城镇新就业615人，就业困难人员就业170人，新增创业780人，创业带头人49人，带动就业294人，吸引储备大学生就业1062人。低保户435户548人，低保边缘户5户8人，发放低保金410.3万元。临时救助86人次，发放救助金30.2万元。加快高品质星级社区建设，打造“绿色双拥”“红色管家服务”“10分钟便民圈”等7个社区特色品牌。排查各社区房产106处，全部录入沈阳市公有房产监督管理平台。完成3个社区养老服务站选址工作，建立和完善困境儿童系统和台账。

【“焕春暖心爱天地”活动】 4月7—9日举行。北塔街道与沈阳天地内天地厨房美食广场、COSTA COFFEE、赛百味、悦荟牛排、酷公社等19家爱心商户、平安财富中心及社会爱心人士联合举办。活动中将包括矿泉水、爱心便当、奶茶果汁、面包点心在内的1120份爱心餐，免费赠送给外卖送餐员、环卫工人等“城市守护者”。

【共享单车主题治理活动】 4月下旬，由北塔街道武功山社区徐海波志愿联盟牵头，开展共享单车“扶一把 摆一下 画个家”公益活动。社区志愿者组成示范团，带动社区居民对倒在地上的单车“扶一把”，对乱停乱放的单车“摆一下”，发动各小区物业公司给随意摆放的单车“画个家”。4月28日，公务员小区物业率先在园区为共享单车“画个家”。居民响应号召，通过“一扶一摆”，社区单车无序停放问题有较大改善。

【北塔街道志愿服务大集】 8月22日大集开集。徐海波志愿联盟爱心服务队参加。志愿服务大集把多种便民服务集于一体，形式新颖有趣。志愿者设立多个服务点，为居民提供医疗服务、教育咨询、汽车美容、磨刀理发、有线电视安装、视力检查，骨密度和微量元素检测等服务。

（王　茁）

铁西区笃工街道

【概况】 笃工街道地处铁西区北部，东起兴华北街，南起北四中路，西至卫工北街，北至沈山铁路线与皇姑区接壤处，辖区面积4.8平方千米。辖区总户数约5.5万户，常住人口13.9万人，流动人口1.1万人，以商业住宅小区为主。辖区内企业、商户3900余家，其中规上企业103户（规模以上工业6户，服务业17户，建筑业15户，房地产业4户，固投2户，批发业18户，零售业37户，住宿业2户，餐饮业2户）。主要企业包括万达广场、星摩尔购物中心、宜家家居和沈阳国际纺织服装城等大型商业购物中心；宝马世界、千缘财富商汇、新财富大厦、天文大厦等10座大型写字楼宇；沈阳市第一粮库、沈阳热电厂、粮食物流中心、国大药房区域总部、地利生鲜辽宁总部及北二路汽车产业带等重点企业；1905重型文化广场、奉天记忆文化创意产业园等文化创意产业。街道办事处位于景星北街街22乙。

经济发展。经济指标稳中有进、持续向好。2020年新增入库企业2户，为世盟创展文化经营（辽宁）有限公司和沈阳特盛房产开发有限公司。固定资产投资13.4亿元，完成全年计划的243.2%；限额以上社会消费品零售额、限额以上批发业销售额、限额以上零售业销售额分别为138.3亿元、40.6亿元、138.2亿元，分别完成全年计划的99.4%、149.5%、138.4%；规上工业总产值8.1亿元，完成全年计划的77.8%。

城市管理。通过加强日常巡查进行安全隐患排查并督促整改，与驻街企业签订安全生产及消防安全责任状500余份。为辖区10户独居孤寡老人免费安装消防烟感报警器，为社区及重点点位配备灭火器，全面落实安全责任制。加大对外委施工企业的监管力度，累计检查外委施工300余次/户，备案企业30余户次。

社会保障。创业带头人42人，完成全年指标的100%，带动就业252人，完成全年指标的100%，就业登记1558人，完成全年指标的197%。完成养老保险扩面49人，养老保险断保续保421人次。新审批低保27户33人，停保21户29人，累计发放低保金220.2万元。临时救助发放37人次、6.1万元。新办理公租房110户，廉租房补贴10户。发放残疾人两补6354人次，54.2万元。

【8个战疫临时联合党支部成立】 新冠疫情发生后，社区老党员、居民在职党员、辖区企业党员、个体工商户党员、社区民警、机关干部党员等到社区报到。为让隶属于不同单位的党员找到组织，笃工街道党工委传承“支部建在连上”的革命传统，3月在下辖的8个社区分别成立疫情防控临时联合党支部，387名在职党员加入。

【助力车企网络促销】 “双十一”网络促销日活动中，笃工街道主要领导带队上门服务，帮助辖区31家线上4S店做活动，形成购车高潮，拉动汽车销量和辖区经济增长。（刘　晶）

苏家屯区十里河街道

【概况】 十里河街道位于苏家屯区南端，辖区面积104.7平方千米，东北与陈相街道接壤，南与灯塔市隔河相望，西北与八一红菱街道毗邻，北与林盛堡街道、沙河街道相连。东部处于辽东丘陵地带，地形东高西低，由海拔100—200米山地组成，最高点海拔182米为杨城寨村东城山，有海拔100米以上的山头17个，其余地域海拔为60—70米。西部地势平坦，平均海拔40米。东部区域地下蕴藏着富含偏硅酸、锶等微量元素优质矿泉水、含铁量比较高的铁矿石。十里河、柳塘沟河由东向西拥抱辖区，十里河为沈阳市与辽阳市界河，流经6个村19千米；柳塘沟河流经5个村21千米。两条河出沈进入辽阳市辖区汇入北沙河。107省道、101省道、202国道、沈海高速公路、哈大电气化铁路、哈大高速铁路在辖区内过境。下辖18个行政村和1个社区。户籍人口8441户、25340人，居住有汉、满、蒙、回、朝鲜、锡伯、黎、达斡尔等民族。街道办事处位于十里河村财吉街38号。

区域经济。有规模以上企业4户，年产值25.4亿元。累计完成固定资产投资9905万元，一般公共预算收入1879万元。农业新建和改建大棚30栋3540万公顷；高标准农田建设完成10个行政村土地调整，抽回消亡、机动地89.5公顷；完成4个村土地确权1333.3公顷；农户耕地地力补贴7354户5713.8公顷；完成农业保险参保1942户4815.1公顷；完成十里河板桥堡花卉基地、杨城寨、蔡家屯村新建和旧棚改造30栋3.3公顷；杨城寨电子商务有限公司和板桥堡盛京多肉等多家电商平台交易额均恢复到疫情前水平；完成沈阳耘垦有限公司孵化中心项目建设办结立项备案；完成昊明禽业4000万只肉鸡屠宰出口深加工；“悠见南山”精品文化民宿项目土地调规；沈阳新城水泥制品项目有序建设；王老吉·白云山（沈阳）生产基地建设完成土地规模指标；投资1000万元完成杨城寨特色小镇基础设施一期建设。

城市建设与管理。以“创城”为契机，杨城寨特色小镇完成石砌道路护坡6207.5米、边沟2625，新建围墙2430米、大门2个，种植绿植4000余棵。清理河道56处，清除垃圾32吨。发动志愿者1000人次，清理农村“三堆两垛”（粪便堆、沙土堆、杂物堆、柴草垛、砖石垛）800处，拆除旱厕37处，投保厕所两处，十里河标段100%完成室内室外厕所改造任务。维修路灯18盏，101省道安装路灯40盏。清理沟渠垃圾12处，拆除路旗、条幅600条，清理小广告、墙壁喷涂1000处，清除垃圾2000吨。规划停车位170个，商户门前规划经营线1000延长米。

疫情防控。制定《十里河街道新型冠状病毒感染的肺炎疫情联防联控工作方案》，建立街道干部监查村内情况“一对一”包保机制，网格化地毯式排查重点地区返乡人员。利用街道办事处和各村52个喇叭、悬挂条幅686幅，配备3辆流动宣传车进行宣传。对3个教堂、地藏寺、60家棋牌室人员密集场所加强管控，确保无病例发生。一手抓疫情防控一手抓企业发展，企业复工复产率100%。（李寿彦）

【“做文明苏家屯人”主题志愿服务活动】 8月19日，十里河街道开展“创建全国文明城市，做文明苏家屯人”主题志愿服务活动，推进创城工作深入家庭。街道志愿者采取集中发放、入户赠送等方式，将创城宣传水杯、宣传扇、纸抽等宣传品发放到辖区居民的手中，向居民讲解创建文明城市的重要意义，文明礼仪、文明出行等方面知识，引导居民投身文明城市创建。（志　闻）

浑南区五三街道

【概况】 五三街道位于浑南区北部，东临文溯街，南临绕城南环线，西临青年南大街，北临南堤路，辖区面积24.2平方千米。至2020年末，辖区户籍人口10万余人，常住人口26万余人，人口数量居全区首位。下辖20个城市社区和9个村经委会，下设党支部227个，在册党员4986名。五三街道由1953年成立的五三合作社发展而来，在浑南区位优势明显，基础良好，受到国家、省、市等各级政府嘉奖60余次，包括1996年中组部“全国先进基层党组织”等国家级先进称号。2020年，五三街道获评“2020年度辽宁省第四次全国经济普查优秀集体”“沈阳市文明单位”“2018—2020年度沈阳市学习型城市建设工作先进单位”“浑南区双拥模范单位”等称号。街道办事处位于文溯街16号浑南国际新兴产业园西区A座。

经济发展。五三街道位于浑南中心区，商业集聚，街道科学引导各类企业复工复产，对辖区内的企业实施动态化管理。街道全年整体经济运行稳中向好，规模以上工业产值130亿元，固定资产投资完成产值17.1亿元，其他盈利性服务业累计收入11.8亿元。持续优化营商环境，建立“万人进万企”企业开复工专项帮扶工作台账；开展浑南区“万人进万企”主题活动银企对接专项活动；发放“企业应急服务专线”宣传海报，进一步提高专线知晓度，助力企业复产复工和生产经营；建立营商环境监督员队伍，定期做好维护营商载体建设及信息平台录入工作；协助辖区内符合条件的15户住宿餐饮企业申领帮扶资金。

城市建设与管理。完成正威沈阳新技术动能创新产业园项目一期用地13.1公顷、文德街排水项目11.7公顷土地及房屋的征收工作。签订正大项目剩余9户房屋征收补偿协议，完成净地征收工作。完成城建天和项目F6、F6-1、F6-4、F12-2四宗地块地上物征收工作。完成农场棚改项目4户居民房屋征收补偿安置协议签订工作。解决张官村屯整体拆迁剩余12户遗留问题。组织开展创城宣传和创城劳动，加强道路和基础设施的改造，重点改善9个老旧无物业及低收费小区的卫生环境。完成农机试验场、东黄、孤家子小区的整体改造。组织社区开展域内体育场地普查工作，19家社区普查体育场地284处。在重点地区举办“4·15”国家安全教育日宣传活动，开展以“同结石榴籽 共圆小康梦”为主题的涉疆领域民族团结进步宣传月活动。通过宣传栏、电子屏、业主微信群等形式开展扫黑除恶宣传活动。开展铁路设施巡查12次，禁止居民在铁路沿线烧荒、禁止穿越铁路等宣传教育活动12场。创新开展企业安全生产网格化监管，街道监管3884户，日常隐患排查无死角。开展消防通道综合整治，约谈涉事物业公司5家，整改消防隐患7处，为域内老旧小区施划消防车通道标识13处，配备微型消防站26个，更换、补充灭火器174具。（王　鹍）

社会民生。做好养老设施建设工作，完成美好社区养老服务站、神龙康福缘居家养老服务中心建设，加快金地和优品社区养老服务中心建设。累计失地农民参保7479人；累计退役军人信息采集3266人，发放补助金及抚恤金229万元；享受残疾人“两项”补贴人员375人，发放资金35.6万

▶浑南区五三街道清理小招贴活动　（浑南区供）

元；农村低保15户（23人），城市低保103户（128人），累计发放保障金109.9万元；创业带头人扶持26家，带动就业148人；民生诉求3400余件；接待农民工229人，追讨工资91万元。开展型煤推广工作，对孤家子、农机试验场、塞纳地区推广型煤96.5吨，受益群众160户。

【民法典专题培训讲座】 9月10日举办。五三街道与北京市炜衡（沈阳）律师事务所党支部联合开展。讲座由律师事务所合伙人、党支部书记律师张满军授课。参与此次普法培训的有五三街道全体工作人员，各社区、经委会书记和非公企业代表70余人。 （志 闻）

沈北新区辉山街道

【概况】 辉山街道位于沈北新区东南部。东临棋盘山风景区和浑南区的满堂街道，南依浑南区前进街道，西接虎石台街道，北临马刚街道。区委区政府及蒲河新城管委会、沈阳革命烈士公墓、辉山风景区位于境内。辖区面积87平方千米，户籍人口3.3万人，其中城镇人口1.5万人、农村人口1.8万人，常住人口近10万人。下辖18个社区，其中城市社区6个、农村社区12个。党工委下设148个基层党组织，有党员2117名。驻区企事业单位812家，其中规模以上工业企业109户。境内102国道、沈哈高速、蒲河大道、沈北大道相互贯通，5条公交线路方便居民出行。境内有休闲广场10个，公园1处。辖区内绿化面积1.1万平方米、绿化覆盖率46%、人均占有绿地25.5平方米。辉山区域内驻有多所名校，主要有辽宁装备制造职业技术学院、辽宁现代服务职业技术学院、沈阳二中、东北育才双语学校、文艺二校沈北分校、沈阳市翔宇中学、辉山学校和中山私立学校。辉山街道曾获省级“文明机关”“达标竞赛活动优秀单位”，以及市级“十大工业化示范乡镇（街）”“低保工作、退管工作先进单位”“征兵工作先进单位”荣誉。街道办事处位于辉山大街123号。

经济发展。香港南华集团、重庆中十冶集团有限公司、沈阳维康医院项目落户辉山，建立起以房地产、农产品深加工、食品加工、电子动漫等为主体的产业格局，恒大集团、龙湖地产、碧桂园地产、春日集团、蒲兴禽业、中粮集团、冬冬食品、123科技产业园等一批龙头企业带动本地经济发展。2020年规上企业产值350.2亿元，固定资产投资37亿元。城镇居民人均可支配收入24463元，农民人均可支配收入18914元。

城市建设与管理。完成大蔡村危房改造工作。对全村的201户面积差、楼层差及按区政府会议纪要为特殊群体进行资金测算和资金请示。完成城中村改造工作。对蒲河村、孙家村的棚改户谈话、签字，完善手续。完成恒大绿茵小镇、四环项目的拆迁补偿工作。广泛宣传发动党员群众、志愿者深入企业、村居、商务楼宇，上门走访，发放宣传单，提高群众的创城知晓率和参与度。开展垃圾分类工作，通过电子显示屏、社区网格员进小区、进企业发放致广大居民的一封信等多种形式进行宣传，发放一封信2500多份。做好公租房和廉租房新增和年审工作。截至年末，完成公租房新增35个，廉租房新增2个。完成年审廉租房42个，公租房年审78个。实施“幸福乡村”建设，开展农村积存垃圾集中清理工作；清理点位288处，清理垃圾133吨；清理三堆（柴草堆、粪便堆、杂物堆）147个，出动人工477人次，车辆301台次；清理人居环境第三方点位480处。

社区建设。提升街道“智慧化”管理水平，加快智慧管理平台建设，完成政府网站信息公开制度化工作；重要节日慰问13人，发放慰问金9800元，加强街道“文明化”综合管理；全面推进蓝天行动和无违建社区建设，坚持违建的排查工作，网格员与物业公司定期下片走访排查，排查违建5处，下发自行拆除通知单后业主未在规定时间内进行恢复，形成各种材料上报执法局城管科；办理完结辽宁省生态环境保护督察组交办的案件6件次。推进河长制工作，建立一河一册档案，街道村河长巡河制度常态化。处理问题点位107处。严格执法，加强秸秆禁烧环保宣传，发放秸秆禁烧环保宣传资料2000份、森林防火宣传物品2000份，在各村悬挂环保横幅12条，12个村设立防火村规民约，建立露天焚烧秸秆有奖举报和投诉制度。成立消防队伍，演练12次。街道工作人员与各社区网格员及物业排查城市小区，清除消防通道障碍37条，规划各类消防通道标识54处。悬挂安全城市宣传条幅103幅。

疫情防控。防控疫情期间，依托17个社区党委（支部）建立“桥头堡”，发挥其核心引领作用，建立“党员先锋岗”51个。招募党员志愿者213人、群众志愿者89人，接收区直机关报到党员99人，同时组织干部61人、社区工作人员56人、网格长（员）478人，在辖区设置51个人员出入检测点，进行全天候不间断体温检测和信息登记。设立宣传专栏、温馨提示、宣传板、条幅、给居民的一封信、出动流动宣传车、微信群发消息、发放宣传画和宣传手册等形式，组织居民有效防控疫情。组织2117名党员捐款，累计捐款金额19万元。

（孙存峰）

【“情暖重阳 老幼同乐”重阳节活动】 10月25日，辉山街道联合沈阳市安宁医院居家养老服务中心到社区开展“情暖重阳 老幼同乐”重阳节活动。市安宁医院居家养老服务中心5名爱心志愿者到人和社区为10余位老人提供义剪指甲、健康宣讲、中医疗法体验等服务，并给他们带去慰问品。

（志　闻）

【散乱污企业专项整治】 2020年，实施蓝天、清水、净土三大行动，落实四环内居民散煤替代工作，截至年末，辉山境内4个社区散煤替代221吨。坚持日排查制度，对烧散煤或搀兑现象，及时制止并予以说服教育。供暖期排查1247户次，参与排查人员55人次，通过整治，辉山境内空气质量明显提升。（孙存峰）

于洪区北陵街道

【概况】 北陵街道地处于洪区北部，东以怒江街为界，南以新开河为界，西至丁香湖，北与造化街道接壤。行政区域面积24.9平方千米，总户数15.1万户，总人口26万人，由汉、朝鲜、满、回、蒙古、俄罗斯、达斡尔族等20个民族构成。街道下辖20个社区（2020年撤销后丁香、小转湾2个社区），6个村改公司（原为自然村，城市化后，村更名为公司）。辖区内有商铺3109户、工业生产企业61户（规上13户）。辖区街路109条，其中一二级街路8条、三四级街路26条、三四级以下及背街小巷75条。街道办事处位于白山路52—6号。

经济发展。2020年，街道重大项目建设任务31个，完成31个，在库项目31个（新建项目6个、续建项目25个）。怒江北街东、西地块出让面积11.3万平方米，成交总价8.3亿元，由金祥集团竞得。固定资产投资46.8亿元，房地产销售面积49.8万平方米，规模以上工业总产值14.5亿元，社会销售品总额1.3亿元，限上贸易业30亿元，内资引进29亿元。扎实推进绿地配建学校项目，征收用地1.5万平方米，征收5户、7929平方米。绿地回迁楼项目4月开始施工建设。

城市管理。打造北陵城管“整治+绿化”管理新模式，在和平村铁路沿线、英守南等地块整治后易反弹的部位，协调区城管局种植树木1500余棵。会同多家单位对下坎子和松山西路105号平房区开展集中整治，彻底解决平房区杂物乱放、垃圾成堆、残土裸露、环境脏乱等问题，并且建立“街道调度+社区动员+网格巡视+环卫保洁+植树绿化+执法查处”的城管模式，巩固综合整治成果，提升区域卫生环境。

社会事业。建成2个养老服务中心和16个社区养老服务站。扎实开展文明城市创建工作，安装高质量公益广告400余处，开展环境整治综合治理行动，增加绿化面积200余平方米。开展垃圾分类活动266次，居民注册绿色账户3.3万户，在远洋公馆小区率先引进厨余垃圾处理器。全年发放农民工工资6.6万元。开展“打非治违”专项整治行动和消防安全“百日攻坚战”工作，排查62处住宅小区和疏散通道。整改公共区域管理及用电安全隐患1314处；组织消防演练20次，建成微型消防站30个。

疫情防控。做好20个社区、2882栋楼、6个平房区排查检查、流调诊断、隔离观察、物资供应、环境整治、社区值守、宣传引导和防控督导等工作，购药信息核实1.7万人次，重点管控和中风险地区核酸检测7.6万人次，三轮全民核酸检测67万人次，密接人员集中隔离483人次，居家隔离1043人次。12月23日，北陵街道橡树湾二期、宏达家园2个园区开始封闭管理，进行全员核酸检测，12月24日2个园区被辽宁省确定为疫情防控中风险地区，2021年1月8日2个园区调整为低风险区。（姜玉香）

【“退休不褪色　永远跟党走”主题活动】 7—8月，北陵街道党工委以庆祝中国共产党建党99周年活动为载体，带领基层党组织开展形式多样的主题活动：上林湾社区党委组织退休党员在上林湾小区的广场上演唱《我和我的祖国》向祖国致敬；阳光尚城社区党委多种形式做好离退休干部党建工作和政治学习，保证老党员离岗不离党，永葆政治本色；云都社区、丹景山路社区、四季花城社区等基层党组织与退休党员一起，以举行“重温入党誓词宣誓”仪式、学习党史等形式，让党员加入社区党组织，增进党的凝聚力和向心力。

【“传递爱心·温情汇聚”社区公益文艺演出】 7月15日，北陵街道、于洪区文明办在湖畔新城社区小区广场联合举办。演出有舞蹈、歌曲、小品等形式，表演者来自辖区的社区广场舞舞蹈队、张琳钢琴学校、星幕艺术教育学校，年龄最小4岁、最大的70多岁。演出融合创建文明城市的宣传，在节目中穿插创建国家文明城应知应会测试问答，居民踊跃参与。（志　闻）

辽中区牛心坨镇

【概况】 牛心坨镇位于辽中区最西部，东与满都户镇为邻，南与台安县桓洞镇接壤，西隔柳河与黑山县新兴镇相望，北与大黑岗子镇毗连。境域南北纵长12.5千米，东西横宽7.6千米，辖区面积113.8平方千米，占辽中区总面积的6.3%。1948年11月，属辽中县第八区（满都户）；1956年7月，成立牛心坨乡；1958年6月，并入满都户超美公社；1961年5月，成立牛心坨公社革命委员会；1978年11月，恢复牛心坨人民公社；1983年2月，成立牛心坨乡；2010年6月，撤乡变镇。全镇辖西房身、牛心坨、二道房、小黑岗、三道房、李胡岗、榆树底、姜家、连三湾、老虎岗、花牛沟、寇家12个行政村45个自然屯。2020年，全镇总人口2万余人，有汉、满、回、朝鲜等民族。牛心坨镇交通便捷，“本辽辽”（本溪—辽阳—辽中）高速公路满都户出口距镇政府所在地的牛心坨村仅1千米；省级公路304线横跨牛心坨境内10千米，从镇政府门前经过，进入黑山境内；县级公路“高嫩线”（高家—嫩草坡）15千米；镇级公路“陈瓜线”（陈家岗—瓜茄岗）10.5千米、“三嫩线”（三道房—嫩草坡）12.1千米，村屯柏油路基本实现全覆盖。这些公路使得村村相通，屯屯相连。镇政府位于牛心坨村。

经济发展。2020年，地区生产总值6.2亿元，增长10%，其中第一产业5.8亿元，增长10%；第二产业650万元，增长8.3%；第三产业3500万元，增长9.4%。固定资产投资5150万元，减少0.05%；工业固定资产投资1550万元，完成年初计划的103.3%；一般公共预算收入238万元，完成年初计划的104%。农民人均收入15610元，增长4%。全镇有耕地8075.2公顷，农作物主要以玉米、水稻、花生为主。花生种植面积由2019年的1333.3公顷增加到2333.3公顷；经济作物主要以寒富苹果、朝天椒、棚桃、棚葡萄等为主。引进的辽宁绿农优品农业有限公司建成投产，当年带动周边农民种植朝天椒100公顷。引进土地指标出售项目，牛心坨镇通过把姜家村原长沟屯土地增减挂钩项目整理出来的3.3公顷集体建设用地指标的地块改造成水田，再将改造后水田新生成的土地指标出售给辽河油田，出售指标总额1725万元，全部上缴区财政，为实现区财政大额创收作出贡献。招商引资工作取得新突破，利用土地增减挂钩项目整理出的土地资源和辽中区招商引资优惠政策，加大项目引进力度，引进投资5300万元的沈阳中奉风力发电有限公司6.6兆瓦分散式发电项目，引进投资1.2亿元的沈阳市优骏畜牧养殖有限公司种猪繁育及生猪养殖基地项目，引进投资1.1亿元的辽宁兴牧源牧业有限公司种牛繁育及肉牛养殖基地项目，引进总投资2.1亿元的沈阳国源风力发电有限公司分散式发电项目，分别落在满都户、六间房、潘家堡、冷子堡4个镇；引进轻烃燃气项目，主要用于西房身村居民小区供气供暖；引进总部经济项目17个。三产业发展平稳，全镇有商饮服修商户335家，从业人员647人；镇内有占地2.5万平方米的集贸市场1处，围绕市场开设17家饭店、61家商店、11家发廊、3家食品专卖店、1家浴池。全年客流量近百万人，商品成交额6400余万元。

村镇建设。对镇政府门前主街进行改造升级，公路两侧铺设彩砖，修建600米人行路，商户门前规划49个停车位。对镇政府办公楼内的公共厕所进行改造，实现单厕隔断水冲无障碍，达到规定标准。重新布局镇文化站，更新图书室的书架和书桌，配备电脑，设置棋牌室、声乐室，完善各项规章制度。用于主街建设、厕所改造、图书室整改资金15万元，着力解决村庄环境“脏乱差”问题，实施保洁员全天在岗制度，使人居环境不断改善。

社会民生。教育工作坚持教学防疫两不误，被市教育研究中心评为“课改基地”。文化工作以防疫、生产、宣传教育为主题，弘扬正能量。镇刊《绿野乡音》印发36期。完成西房身居民小区“轻烃燃气”改造工程，并为用户免费安装壁挂炉，从根本上解决暖气供暖问题；完善姜家小区冬季供暖模式，由原来的政府参与改为管理公司全权负责；推进西房身和姜家小区房产证办理工作，彻底解决回迁居民有房无证的历史遗留问题；解决西房身、姜家小区楼房的防水、保温、阳台等维修问题；完成11户危房改造工作，并通过相关部门验收；推进榆树底村125户农村厕所改造工程，达到上级要求标准；免费为288名妇女进行“两癌”（乳腺癌和宫颈癌）筛查；发放临时救助资金6万余元。

【引进超亿元畜牧养殖种猪繁育及生猪养殖基地项目】 2020年，牛心坨镇利用当地的土地资源和辽中区招商引资的优惠政策，引进投资1.2亿元的沈阳市优骏畜牧养殖种猪繁育及生猪养殖基地项目。项目占地约13.3公顷，主要建设内容有良种繁育中心、生猪养殖基地、无害化处置中心及配套辅助设施等，计划建设规模8万平方米、生猪育肥养殖圈舍70栋，分3个区域，每栋饲养育肥猪1000头，年出栏14万头。2020年，投资3000万元，建成28栋育肥猪舍，边建边进猪，年末育肥猪存栏2.8万头。

（王天文）

新民市辽滨街道

【概况】 辽滨街道地处新民市城区南部，位于北纬41° 59′ 14″至41° 59′ 47″、东经122° 49′ 18″至122° 49′ 34″之间，辖区总面积25.9平方千米，有35036户、71506人，有回、满、蒙古等10个少数民族。耕地871.2公顷，林地55.9公顷。下辖8个社区、3个行政村。辖区有640家机关企事业单位。站前大街、中兴路、辽河大街、民族路、南环路、102国道、本辽高速公路贯穿境内。2020年，辽滨街道获新冠疫情防控工作先进集体，“红标识+”党建项目获新民市“双十佳”党建项目之一。街道办事处驻南郊路16号。

经济发展。全街规模以上工业总产值1.6亿元，增长1%；固定资产投资3.8亿元，下降25.5%；社会消费品零售总额1.2亿元，减少24.7%；税收1.5亿元，完成年计划的97.4%。工业引擎带动作用凸显，全街有工业企业10户，其中规上企业2户。全街种植玉米476公顷、水稻68.7公顷，粮食总收入约2234万元。农业产业结构不断优化，设施农业面积100公顷，陆地蔬菜面积133.3公顷，年收入1476万元。畜禽养殖收入2912万元。

城市管理。申报暖房工程改造项目，改善居民的生活品质。改造涉及向阳和城南2个社区、7栋楼房，面积1.9万平方米。全年为47户低保家庭申报取暖费补贴项目。开展“门前三包”电子签状活动，充分利用网格化管理体系，采取“分条”“定点”的方式，走访宣传实施开展“门前三包”电子签状工作，全街790家商户和单位签订“门前三包”电子责任状。完成植树造林任务4.3公顷。完成农村集体产权制度改革工作任务。土地确权颁证工作有力推进，颁证527本。

社会事业。年末，城镇最低生活保障196户290人，农村最低生活保障67户114人。国家抚恤、补助各类优抚对象115人。参加新型农村养老保险233人。有90岁以上高龄老人127人。全年特扶新增人员13人，农村奖扶新增人员19人。上报特扶金一卡通109人78万元，上报农村奖扶金一卡通167人16万元。办理新城（农）保217人，办理就业创业证105人。

【“红标识+”党建项目】 2020年，辽滨街道党工委构建“红标识+”党建联盟，形成“街道党工委+社区党组织+楼栋党小组+党员中心户”的四级党建工作网络，整合各方力量，打破各自为战，推动各层级共建，开创弃管小区治理新模式。社区的自管党员、在职党员、各单位驻区党组织加入其中，雷锋楼院、吉祥楼院等各种特色楼院建立，各社区成立特色楼栋党小组213个，有1224名党员参与弃管小区自治管理当中。

（姚思曼）

康平县东关街道

【概况】 东关街道地处康平县南部，东邻郝官屯镇，南与法库接壤，西与方家屯镇相连，北接康平县城。G25长深高速横跨东西，国道203线贯穿南北，区位特点和优势明显。域内资源丰富，境内有小康、大平2座国有煤矿，1座国电控股火力发电厂，南辖三台子水库，北邻卧龙湖，位居“203线经济带”康平县城南段，素有康平南大门之称。东关街道行政管辖面积147.5平方千米，其中耕地面积6000公顷，林地面积1266.7公顷，户籍人口2.8万人，常住人口2.2万人。下辖五棵树村、陶岱屯村、泡子沿村、梁家窝堡村、三台子村、钱家窝堡村、拉马屯村、孙白窝堡村、关家屯村、嘎叭屯村、苏家岗村11个行政村和1个裕民社区，38个自然屯，75个居民组。街道有36个行政编制，实有公务员20人，工勤2人。事业单位改革后，街道原有的16名事业人员全部划归到康平县农业服务与行政执法中心，工作地点在东关街道办事处。街道办事处位于关家屯村。

经济发展。2020年，东关街道财政收入指标3010万元，完成财政收入3600万元。东关街道始终践行“项目为王”的理念，持续跟进有投资意向企业，促成新项目落地并抓好落地项目的跟踪、协调及服务工作。煤矸石综合利用基地项目总投资6亿元，签约方为辽宁铁强节能环保建材有限公司，项目选址康平县东关街道梁家村，项目有利于解决小康、大平两矿煤矸石污染，并带动康平及周边墙体建筑材料产业提升，拉动运输、包装、建筑等行业的发展。生物质炭精加工项目总投资5200万元，签约方沈阳宇威炭业有限公司，项目占地2公顷，选址东关街道梁家村。东关街道与河南三诺食品集团有限公司签订项目协议书，三诺食品深加工项目投资规模达到1.1亿元，占地3公顷，项目全部达产，产值7000万元，复利税1400余万元。与沈阳诚瑞建筑工程有限公司签订钢结构构件加工项目建设协议，项目总投资2100万元。东关街道形成“一村一品、一屯一业”的产业格局。张氏食用菌合作社等为代表的新型农业经济组织发挥引领作用，工业、特色农业、食品深加工成为街道的主导产业，成为农民致富增收的重要保障。

乡村建设。加强美丽乡村建设，抓好村屯绿化、亮化、美化工作，连通卧龙湖与三台子采沉区，修建东关河景观工程。项目依托东关河沿岸自然资源，在卧龙湖至三台子采沉区全长9.8千米的沿岸规划建设自然生态沿河景观。借助城乡结合区位优势，充分挖掘周边羊汤、农家乐、采摘园等特色经济，发展观光产业，建设康平内河新景观。争取资金600万元修建三台子村二道河子建设固定强排站1座。争取资金560万元对关家屯、嘎叭屯两村3.4千米的穿村沟道进行生态清洁小流域治理。对关家屯、嘎叭屯两村866.7公顷土地进行高标准土地整理。争取资金110万元修建五棵树村“美丽村庄”活动广场。以三台子沉陷区水面开发为基础，着力把东关建设成为以辽金文化为依托，集旅游、民宿、餐饮、探险等为一体的新型休闲农业生态公园。项目预投资20亿元，立项并纳入国家重点项目库。三台子沉陷区文旅小镇规划完成，46.7公顷闲置地块计划开设花海、农家乐项目。

民生工作。东关街道完成造林面积136.7公顷，修建村外道路、村屯内路、村间巷道40.4千米。投入环境整治资金400万元，投资20万元对苏家岗村文化站进行维修改造，对嘎叭屯村、梁家窝堡村、孙白窝堡村等村部进行维修。排查采煤沉陷区险房户27户73人，完成22户采煤沉陷区搬迁补偿工作。完成27户66人建档立卡贫困户的档案整理、材料上报工作。对17户危房险房户进行住房改造，发放低保、两节救助、采暖等各类民政补贴资金50.8万元，发放临时救助金7.6万元，完成农村低保、非农低保、低保边缘户、五保户330户556人的复核审查工作。

疫情防控。东关街道成立疫情防控指挥部，配备专人对疫情工作进行协调管控。按照每个防控单元100—200人的标准，精准划控管控单元并进行编号，将东关街道11个村划分29个管控区域，管控人数1.4万人。召开疫情工作部署会议10余次，用各村大喇叭播报疫情相关广播300余次，出动宣传车100余台次，悬挂宣传标语100余幅，发放致全县干部群众的一封信8000余份，利用微信群转发疫情通告、消息等2万余条。协调各类宣传防疫物资，投入资金7万余元。

【辽宁华坤农林固体废弃物综合利用项目】 4月，康平县与辽宁华坤环保科技有限公司签订达成合作，引进农林固体废弃物综合利用项目、粪污无害化处理项目、生态修复项目，构建以城乡固体废弃物资源化利用和无害化处理为主的产业集群雏形，推进固体废弃物综合利用向集聚化、规模化、产业化、市场化方向发展。农林固体废弃物综合利用项目选址原康平铝厂，总投资1.8亿元，占地10万平方米，2020年开工建设，进入机器设备安装阶段；粪污无害化处理项目总投资8000万元（其中市政府投资4000万元、企业自筹资金4000万元），项目主要对牲畜粪便进行集中无害化处理，解决全县养殖业污染问题；生态修复项目总投资1亿元。（姚　维）

法库县龙山街道

【概况】 龙山街道位于法库城西，办事处驻地五台子村，距县城10千米。东与吉祥街道毗邻，南与十间房镇、丁家房镇接壤，西与双台子乡相交，北与四家子蒙古族乡、慈恩寺乡搭界，沈环、法彰、法新公路、陶瓷运输专线横穿境内，交通便捷。属半丘陵、半平原地形，辖区面积134平方千米，耕地面积11.6万公顷。辖17个行政村、23个自然屯，居住有汉、满、蒙古等民族，人口30981人。2020年，龙山街道获沈阳市民族团结进步模范集体和沈阳市精神文明创建工作先进单位等称号。

经济发展。2020年，龙山街道财政一般预算收入5970万元，完成全年任务的211.4%；固定资产投资8775万元，完成全年任务的130%；规模以上工业总产值1.5亿元，完成全年任务的103%；零售额增速提高至22%，新增企业1户；省外内资4500万元，完成任务的112%。人均收入14200元，投产DIY文化美术用品生产项目、辽宁冠伊绝热材料项目、众友建筑材料生产项目、金悦机动车检测服务项目4个；落地蔡家沟民宿旅游开发项目、报废汽车拆解项目、法库展梦再生资源项目3个；签约商业网点建设项目、万盛机械设备租赁项目、辽宁智慧应急产业项目3个。

社会事业。以一卡通方式为各类民政对象发放各类资金500余万元，临时救助23户，发放临时救助款2万余元。全年街道新参保人数180人，为400余人次办理城乡居民养老保险的参保、个人信息变更、达龄待遇以及死亡人员的丧葬费领取等业务。

宜居乡村建设。完成红花岭等9个村的绿化工作，栽植各种绿化树木7485棵。对东新城堡等4个村13.6千米的道路进行修缮。完成古井子等7个村的河道治理工作。工程化造林156块，面积133.3公顷，对658个小班1112公顷进行核查工作，为2021年提供可造林空间66.7公顷。（刘艳红）

【辽宁衡驰冶金科技有限公司产值逾1亿元】 公司位于龙山街道四台子村，厂区占地面积4.9万平方米，建筑面积2.1万平方米。公司从事硼系列合金的科研、生产、销售，生产的主要产品硼铁合金是炼钢生产中的强脱氧剂及硼元素加入剂。2020年，生产硼铁6600吨，产值1.4亿元、销售收入1.3亿元、利润1700万元、税收430万元。（孙长策）

三十八、社区（村）

和平区南市场街道八卦街社区

【概况】 八卦街社区名称源自八卦街，辖区面积0.18平方千米，东起三经街，南起十二纬路，西至六经街，北至十一纬路，有19个楼院，居民5240户，常住人口10157人。有党员465名，设立10个党支部。社区内有市第七人民医院、省肛肠医院等11个企事业单位，个体工商户400余家。获辽宁省节水型示范社区、沈阳市百佳社区、沈阳市和谐社区示范单位、沈阳市标准文明社区、和平区精神文明单位等称号。社区办公地址位于东纬路6号海洋小区院内。

城市管理。社区以党建探索共建途径、强化共治基础，按地域划分10个网格党支部，“社区党组织—网格党支部—楼院党小组—党员中心户”实现全覆盖。依托小区院长、楼长、单元长等党员骨干力量，准确掌握社情民情舆情。设立党员先锋岗和党员责任区，引导党员为群众做好事、办实事。制定党风廉政建设工作计划，将廉政文化融入日常工作中。订立社区居民公约和小区友邻公约，推进大家庭理念和家文化建设。八卦街社区是老旧社区，“六多”特点突出，即老年人口多、外来务工人员多、网点商户多、信访问题、弃管小区多及安全隐患多。作为品质社区试点社区，八卦街社区选择平安特色模块建设，建立“411”全能型社区综治工作站，“4”即社区警务室、矛盾调处室、治安监控室、心理咨询室，“11”即社区综治指挥中心和社区智慧管理平台。动员各方力量共同探索社区发展建设有效路径，社区干部加入网格，按照定格、定线、定人、定责、定时、定质、定量、定论“八定”要求，每个网格员对规定网格、规定路线每日进行两次巡查，并形成GPS巡查轨迹。社区还利用“和平万户通”组建由社区网格长、网格员、院长、楼长、单元长组成的5级“网格化”管理组织体系，建立以小区楼院或单元为单位的微信群，实现“小事不出网格，大事不出社区，难事不出街道”。

民生工作。社区有低保户32户48人，特困户2户2人，在民生服务工作中对低保户和特困群体进行入户走访，一对一帮扶，不仅关心他们的生活、更关心他们的心理健康，让他们的生活充满阳光。引导有行为能力的低保户参加社区志愿服务和公益活动，如垃圾分类宣传活动等。社区不定期组织失业人员参加区人社局的招聘会、职业技能培训等，让失业人员有一技之长，实现再就业，辖区内失业人员较少，就业环境较好。（李芳芳）

【安全生产宣传月活动】 6月16日是全国第19个安全生产宣传月安全咨询日，辽宁省交通运输厅、沈阳市安委会办公室、沈阳市交通运输局等单位与八卦街社区共同组织开展“消除事故隐患、筑牢安全防线”为主题的安全生产咨询日活动，通过布置展板、悬挂条幅、发放印有安全常识的日常用品、印刷品、现场解答等方式，向社区居民、企业员工宣讲安全乘坐地铁、公交车、船舶的常识。（志 闻）

沈河区泉园街道御龙社区

【概况】 御龙社区成立于2004年6月。东起方正街，南起方家栏路，西至小河沿路，北至方圆街，辖区面积0.62平方千米，有居民6022户，常住人口近1.3万人。辖115栋341个单元，包括郦都花园、御龙逸城等6个园区。社区办公用房2000平方米，工作人员17名。社区党委下设9个特色网格党支部，社区自管党员393人，在职党员351人。辖区内有各类生产经营单位309家。社区办公地址位于方圆街11号。

2020年，社区成为“两邻”工作区级试点单位。将共建与践行“两邻”理念活动相结合，建立联席会议机制，共同参与社区治理，发挥引领功能，协调多元利益关系、化解重大矛盾纠纷、引领社区居民自治，实现党建共建、发展共建、文化共建、服务共建。与党建工作相结合，充分发挥党委的政治核心与战斗堡垒作用，强化日常管理，促进党员先锋模范作用的有效发挥，形成社区党委统一领导，党员群众积极跟进，充分发挥党员先锋模范带头作用，亮身份，担责任，尽所能，树形象。积极开展“五帮五做”两邻活动，即帮解读政策法规，做“宣传员”；帮化解矛盾纠纷，做“调解员”；帮传播文明风尚，做“引导员”；帮反映社情民意，做“信息员”；帮搭建邻里平台，做“示范员”。社区先后获“省和谐社区建设示范社区”“市先进基层党组织”“沈河区文明社区”等称号。御龙社区有文艺团队9支，多次代表街道参加市、区级文化汇演并获各种荣誉。（蔡思文）

【御龙社区居家养老服务中心招选会】 7月30日召开。由区民政局、泉园街道办事处、人大代表、政协委员、居民代表等11名评委组成评审委员会，泉园街道纪工委进行现场监督，各参选企业就建设运营居家养老服务中心提交方案并进行说明及现场答辩。沈阳市颐元居家养老服务有限公司中标。御龙居家养老服务中心具备生活服务、日间照料、健康保健、医疗康复、文体娱乐、餐饮等服务功能。结合养老中心运营单位特色，为社区内低保人群提供无偿、低偿、志愿服务。

（志 闻）

大东区东站街道蓝山社区

【概况】 蓝山社区位于沈阳东站东部，东起东北大马路南侧与施工巷西侧交汇处，南起施工巷西侧与工农路南侧交汇处，西至南干线北侧与沈阳铁路工务附件厂西侧交汇处，北至沈阳铁路工务附件厂西侧与沈吉线北侧交汇处。因辖区内的万科蓝山园区标志明显，经区社区建设指导委员会批准，2012年11月30日，将原三洋社区更名为蓝山社区。社区总占地面积1.1平方千米。由3个物业小区和8个老式小区及部分平房区组成，常住人口4359户、10643人，有12个网格、63栋楼、183个单元。社区内驻街机关和企事业单位主要有沈阳市喜伦纺织工业有限公司、沈阳雅顿朗逸酒店、中铁九局第七工程有限公司、沈阳华悦建筑装饰工程有限公司、中铁快运东北物资配送中心，个体商户97户。有社区工作者13人。2020年，东站街道蓝山社区被市委市政府评为“文明单位”，被大东区精神文明建设指导委员会评为“文明大东”优秀志愿服务社区，蓝山社区五色花志愿服务队被大东区精神文明建设指导委员会评为“文明大东”优秀志愿服务组织。2020年，媒体报道蓝山社区工作、活动118次。社区办公地址位于东北大马路301—1。

城市管理。蓝山社区把常态化管理精细化服务纳入全国文明城市创建工作中。为让老旧小区卫生环境彻底改观，社区工作人员、志愿者与社区保洁员开展大规模的卫生清理、整治活动。协助保洁员清理完成辖区内9个老旧小区院内垃圾、杂物等40吨，清理小张贴和乱涂乱画、喷涂广告1000个，同时对社区的卫生死角、楼道、楼门口、扶梯、窗户等进行彻底打扫和清洗，种植观赏花卉。为老旧小区安装AI智能门，加强对小区内车辆停放管理，社区各小区环境卫生迈上新台阶。

社区文化。开展各类文化活动11次，引导居民弘扬中华美德、传递核心价值观，展现文化自信。春节期间举办“瑞鼠兆丰年 盛世迎新春”联欢表彰会，社区居民群众、党员志愿者、驻街企业员工代表共庆新春佳节，小区支部的党员服务明星们与志愿服务企业、单位代表登台亮相。清明节开展“文明祭奠·清明缅怀”征文活动，感怀先人先烈、感恩亲人，以文明的方式追思已故亲人、英雄人物。七夕节蓝山社区开展“我们的节日·七夕——晒家风传勤俭美德”宣讲活动，蓝山社区老党员、社区志愿者吴香莲为辖区青年朋友们讲爱情观、劳动观、道德观、责任感、家风家事。在重阳节举办“多彩重阳爱在重阳”联欢茶话活动。

志愿服务。社区党员、群众、驻街企业累计开展义务献血、清洁家园、摆放共享单车、文明宣讲等各类志愿者活动30余次，以志愿服务传承雷锋精神。

【蓝山社区劳动擂台赛】 4月11日是沈阳第21个共产党员奉献日，主题是“疫情防控当锋、清理家园作表率”。蓝山社区党委当天在和乐小区举办劳动擂台赛。在职党员、社区党员们混合组成“先锋队”“榜样队”进行“劳动大比拼”，以打擂的形式开展防疫、环境清理、宣传等工作，为群众做表率。 （王海洋）

皇姑区黄河街道 庐山社区

【概况】 庐山社区毗邻北行商业区、北站北商圈，东起北陵大街，南起昆山中路，西至黄河南大街，北至岐山中路，占地面积0.2平方千米，有居民4715户，人口1.2万人。辖区为典型的综合型社区，涵盖辽宁省公安厅家属院为主的开放式老旧小区、等级物业小区。辖区等级物业管理小区4个，分别为温馨苑、紫金名门、庐山苑、庐山郡，物业楼宇10栋；低档保障型物业小区1个，为辽宁省公安厅家属院，老旧楼宇10栋；散体楼30栋，其中楼龄最久的始建于1952年。驻街企事业单位20余家。社区办公地点位于庐山路1甲3号2门，办公用房面积450平方米，社区工作者10人。辖区老龄人口1879人，优抚对象1人，低保27户29人，残疾人197人，志愿者1413人，社会组织9家。社区党委下设党支部12个，其中包含非公党支部1个，自管党员485人。

社区服务。引入先进社会组织，对服务对象开展孤老陪伴、四点半工程、家长课堂、书画学堂、太极八段锦、健康针灸等各类公益服务。组织公益志愿者走进社区、走进家庭，提供订制化服务项目，带动青年志愿者和大学生志愿者参与社会服务，变社区服务为社区+社会组织服务，倡导由专业的人做专业的事，引导社区服务向专业化方向发展。

社区治理。广泛宣传动员，创建文明城市，覆盖辖区党员、群众、门市、驻街单位。结合创城工作，将庐山路4号院、8号院及湘江街25号楼等点位列入老旧小区改造计划。对庐山路4号院2栋楼12个单元175户房屋进行更新改造。9月，庐山社区代表皇姑区接受全国文明城市创建工作验收检查并顺利通过。

疫情防控。引领辖区党员、大党委成员单位、居民骨干、驻街单位、“两代表一委员”、志愿者团队、社会组织等多方力量，共同参与疫情防控。投入防疫志愿服务力量2000余人次，接收志愿服务团队捐赠物资400余件。

【老照片老物件展】 6月末，庐山社区党委在辖区灵庙大院举办以“致敬卫士·致敬岁月”为主题的老照片老物件展。活动现场，讲解员通过老照片、老物件讲述辽宁省公安厅成立的由来、灵庙大院的历史演变以及公安老党员的英雄故事。活动征集老照片164张，各类老物件70余件，包括1960年的《沈阳日报》、1952年的党员学习笔记、老党员遗体捐赠证书等展品。市委组织部、皇姑区政协机关、皇姑区文旅局、省公安厅老干部处机关、黄河派出所、中国银行皇姑支行等单位分别组织党员参加活动。

【“红色家园”建设成果分享表彰会】 10月21日，庐山社区党委举办“夕阳无限好·奉献更青春——‘红色家园’建设成果分享表彰会”。社区居民代表、社区大党委成员单位沈阳市教育研究院、昆山中路消防救援站参加活动。表彰会上，社区党委分别评选出“无私奉献奖”“大院好儿媳”“大院好女婿”“大院好邻居”“最美物业

人”“特殊贡献奖”和“最佳共建单位”等奖项。（王　茁）

铁西区笃工街道北二中路社区

【概况】 北二中路社区成立于2008年9月，位于铁西区圣工街北二路与北三路之间，辖区面积0.45平方千米。东起保工街，南起北三路，西至奖工街，北至北二路。北二中路社区有6557户，常住人口5274户、15310人，辖81栋楼、工商户213户、商住户1070户，4个居民小区均为物业小区。党委下设8个支部，自管党员303名，在职党员312名。社区干部13人（外借3人）、残联干事1人。社区办公地址位于北三中路22—2号1门。

社区服务。把便民服务送到居民身边，社区工作者及志愿者时常走访空巢、高龄老人，在寒暑假期开展托管班，为双职工家庭解决看护放假儿童问题。新冠肺炎疫情发生后，北二中路社区建立专班联系服务机制，做好驰援武汉医护人员的家属生活保障工作，为辖区内2名驰援武汉医护人员的家属送去生活用品，并看护未成年子女，医护人员回沈后向社区送锦旗。

社区管理。督促协助物业公司清除园区装修垃圾、楼道杂物，清理僵尸机动车、自行车，铺设草坪，补植树木。发放门前三包责任书，开展垃圾分类等宣传活动。

【创建国家安全发展示范城市消防演习活动】 3月8日，北二中路社区联合富云新都物业开展消防演习活动。在小区广场开展消防基础知识培训，就灭火器材的使用方法进行讲解演练。物业员工和业主掌握了一般灭火器材的操作使用方法，提升应对消防突发事件的防御能力。（徐靖鹏）

苏家屯区十里河街道胡古家子村

【概况】 胡古家子村地处十里河街道东北部，东部、南部分别与沈双台子村和团山寺村接壤，西与江浒屯村隔河相望，北与陈相街道蛇山村相连。包含宁官和胡古家子2个自然村。辖区面积6.45平方千米。户籍人口442户、1371人，耕地5.37平方千米。拥有丰富的地下矿泉水资源。村内的胡古泉有400年的历史，相传萨尔浒之战后，努尔哈赤起兵攻打沈阳、辽阳，进军至胡古村时发现清泉喷涌而出，认定其为祥瑞之兆，并取水扎营，次日取得虎皮驿大捷。后人在泉边修建“龙潭亭”作为纪念，并命名为“胡古泉”，后称“关东第一泉”。泉水四季长流，注入柳塘沟河，柳塘沟河流经辖区4.5千米。

经济发展。辖区内有小商业5户，经济作物主要以种植玉米、大豆、蔬菜、水果为主。玉米播种428公顷，产量4495吨，产值1168.8万元；果蔬产量550吨，产值64.8万元；淡水养鱼12.7公顷，产量47吨，产值95万元；肥猪出栏700头，产值420万元，母猪100头，产值160万元；羊出栏38只，产值11.4万元；人均收入1.8万元。

宜居乡村建设。完成农业开发作业水泥路面6.5千米、砂石路面4千米，村路油漆路面3千米。完成改厕94户。新建篮球场地400平方米，篮球架2个；室内乒乓球场地120平方米，球台3副，活动700人次；室外健身场地20平方米，器材5套。对胡古涌泉水发源地安装防护铁栅栏，对周

▶苏家屯区十里河街道胡古家子村胡古泉（苏家屯区供）

边环境进行整治。

民生事业。城乡居民参保养老保险298人，办理医疗保险506人。退休325人，退休金70.2万元。低保户11户、17人，补贴8.2万元，特困户8户、9人，补贴8.9万元；90岁老人1人，补贴0.2万元；登记退役军人20人，补贴11人，补贴0.7万元。计划生育奖扶127人，补贴12.2万元，特扶3人，补贴2.2万元，直通车85人，补贴0.8万元，中心户长4人，补贴0.2万元。200人在外务工，收入397万元；土地确权4.7平方千米。玉米生产者补贴48.5万元，大豆生产者补贴0.3万元，秸秆禁烧补贴6.4万元。调解民事纠纷6起。

疫情防控。疫情防控进行网格化管理，严防死守，在村主要路口设置卡站，对外来人员和车辆进行登记，对食杂店、水源地、公共场所每天进行上下午消毒。下发疫情防控宣传单，利用村内广播及流动广播宣传疫情防控常识，大数据每季度按时上报。

【胡古家子村光伏发电项目】 为壮大村级集体资金，2019年9月，光伏发电项目安装完毕，项目由112块270瓦多晶太阳能组件和1台30千瓦逆变器组成，工作面积800平方米。2020年，光伏发电项目入网，年收入2万元。

（王　丽）

浑南区五三街道嘉华社区

【概况】 嘉华社区成立于2008年12月，为浑南区典型农民回迁型社区。东起文琮街，南起汇泉东路，西至文豪街，北至远航中路。辖区面积0.6平方千米。包括嘉华新城及孤家子小区，有68栋楼、5270户、10056人。嘉华社区党总支下设3个社区党支部，有党员91名，其中在职党员10人。公共设施65件，社会组织20个。服务设施由主体办公楼、文体活动中心、社区卫生服务站和1万余平方米的文化广场组成。驻地单位有巨子产业园等。社区办公地址位于文源街2号。

社区管理。因农民回迁小区的特点，园区未实行封闭管理，文明城市复检工作中，累计清理68栋楼、300余家门市小招贴及堆积杂物。人口普查工作中，完成社区5000余户、近万人的摸底登记。

社区建设。面对回迁型社区居民群众日益增长的多样化需求，嘉华社区党总支坚持“共建共治共享”理念，探索社区“大党委”共建模式，先后与沈阳理工大学、沈阳巨子实业有限公司等18家单位结成共建对子，定期开展“回家”系列主题活动，充分发挥驻区单位的场地、资金、技术等资源优势，构建起“与邻为善，以邻为伴”的红色家园。嘉华文体活动中心占地400平方米左右，建有舞蹈室、图书室、健身室、书画室、器乐室，设备设施齐全，周一至周五社区各艺术团队轮班活动，满足嘉华园区内不同文艺团体的需求。

民生工作。为解决园区内双职工无暇照顾子女的问题，嘉华社区与沈阳理工大学志愿者团队合作，为社区内4至13岁低保、单亲、低收入、流动、留守儿童和青少年提供免费、多元的“快乐四点半”课堂。在课堂上经常性开展青少年爱国主义教育讲座、读书月、儿童非遗手工艺品技能培训、皮影戏、手工制作等活动，丰富课余生活，解决双职工家庭的后顾之忧。（侯笑楚）

【嘉华社区联合邮储银行开展闹新春活动】 1月19日举办。活动以“非遗传承 魅力中国”为主题，设置观看皮影戏、剪福字、捏泥人、包饺子等环节，让居民体验非物质文化遗产的魅力，并营造喜庆的节日氛围。

（志　闻）

沈北新区辉山街道冯道社区

【概况】 冯道社区是区委、区政府所在地，占地面积2.5平方千米。社区东起人和街中心线（辉山河、蒲泉街）、南起明珠路中心线、西至沈闫线、北至蒲南路中心线。辖管9个小区，常住人口5111户、12795人，其中汉族10110人、满族2570人、其他少数民族115人。社区管辖企业范围东至沈闫线、南至大东交界处（莫岭沟村外）、西至虎石台交界处（辉山大街中心线）、北至聚农路中心线（安农路中心线）。冯道社区有工作者12名，残联专干1名。办公用房2000余平方米。设有一站式便民服务大厅、调解室、党员活动室、图书室、心理咨询室、远程教育室、中控室、警务室等服务机构。社区党委下辖22个党支部，有党员296人，预备党员15人。其中自管党支部5个，党员179人，预备党员3人；企业党支部17个，党员117人，预备党员12人。2020年，冯道社区被沈北新区总工会授予“工人先锋号”称号。社区办公地址位于沈北新区辉山冯道街20号。

创立微党课。为在常态化疫情防控形势下更好地夯实基层党组织建设，强化对党员的经常性教育管理，社区党委7月起在社区举办系列主题微党课。微党课以3个“围绕”设计讲授内容，即围绕习近平新时代中国特色社会主义思想，围绕市、区要求部署，围绕街道、社区工作实际。微党课按照“10”“20”“30”原则设计：“10”，即党课讲授时间原则上不超过10分钟；“20”，即参加人数原则上不超过20人；“30”，即每堂党课间隔时间原则上不超过30天。

疫情防控。社区党委充分发挥社区党建联席工作机制，组织共驻共建单位、部门、企业召开联防联控工作会议，建立由社区工作人员、网格员、社区民警、物业人员、党员志愿者等组成的社区疫情防控工作小组，挨家挨户张贴宣传单，宣传疫情防控科学常识，并利用支部党员、小区居民微信群等载体推送疫情防控相关通知。在常态化疫情防控中，组织网格员开展精准排查、精准防控，严格落实“一问二测三登记”制度，小区设立防控卡点，24小时严防死守，做好出入人员登记车辆消杀等。在防控的同时，做好为隔离人员买米、买菜，送生活用品的后勤保障工作，解除隔离人员后顾之忧。

【冯道社区首届邻里节暨环湖健步走】 9月1—26日举行。150余名党员居民参加，其中年龄最大的75岁，年龄最小的29岁，全部身着统一服装进行健步走活动。邻里节期间举办以“致幸福——美在瞬间”为主题的随手拍云摄影展活动，有20幅优秀摄影作品在冯道社区公众号展出。举办中秋幸福厨房冰皮月饼DIY活动，增强居民对传统文化的热爱。

【积分兑换超市设立】 11月，冯道社区设立积分兑换超市，每一个奖品都有对应的积分值，让志愿者们的付出能在积分上精准体现。社区志愿者每参加一次社区组织的活动或者参与扶贫解困、公益捐款、助人为乐、义务巡逻等都有相应的积分。社区制订“党员积分制”让党员“亮”身份，“动”起来。志愿者积分采用专人管理、量化积分的管理方式。成立由社区干部、居民、正风肃纪监督员组成的评审委员会，负责积分认定的审核工作。自积分兑换活动开展后，社区党员和居民志愿者参加组织活动150人次，做好事20件。（孙存峰）

于洪区北陵街道木棉花社区

【概况】 木棉花社区位于于洪区东北部，因辽宁报业格林豪森房地产开发有限公司联合开发的木棉花楼盘而得名。辖区面积0.58平方千米，管辖木棉花、中海学府、中海蓝堡、西江苑别墅、绿地一期5个小区，居民7491户、1.2万人，由汉、朝鲜、达斡尔、俄罗斯、高山、回、黎等11个民族组成。社区办公地址位于西江街221—21号，办公面积657平方米。

网格管理。实行“地面网格、空中网络”管理模式，根据社区所辖范围、小区界限、楼院数量及居住集散程度等，将辖区划分成8个网格。建立“一图、一表、一体系、一微信群”构架，由网格员统筹网格内各项工作，提升办事效率和精准服务水平。

便民服务。完善“便民服务站”，推行行政管理、社会事务、便民服务为一体的“一站式”服务，发挥社区居民文艺团队作用，在社区开展丰富多彩的庆祝活动。成立以辖区在职党员、离退休党员、自管党员为主的志愿者队伍，开展关爱空巢老人、留守儿童、农民工及其子女、残障人士、便民利民、活跃文化等系列志愿服务活动12次。

（王　萍）

【社区金融服务站设立】 7月1日，于洪区在北陵街道木棉花社区设立社区金融服务站，指导群众理性投资、树立正确理财观念，并定期向社区居民普及法律、金融基础，增强群众对非法集资危害性的认识，自觉抵制非法集资。（志　闻）

辽中区牛心坨镇姜家村

【概况】 姜家村位于辽中区牛心坨镇政府南2.5千米处，地处全镇中心位置，东邻辽中区满都户镇，南与台安搭界，西与黑山为邻，北靠省级公路304线，区级公路“高嫩线”（高家—嫩草坡）

直接从村内通过。姜家村有377年历史，清顺治元年（1644）形成村落，因姜姓人先居于此，故名“姜家窝棚”，后因村部设在此处，故称姜家村。姜家村2004年与原闵家村、高力房村合并，村名仍为“姜家村”。全村版图面积1572公顷，耕地面积1032公顷。全村有居民762户、2597人，以汉族为主，隶属牛心坨镇管辖。2012年在全县率先实施土地增减挂钩项目，2016年6月全村群众整体搬迁上楼，居民小区命名为辽西华苑小区，项目恢复耕地95.5公顷。交通便捷，环境优美，产业发达，民风淳正，基础设施完善，村容村貌整洁。2020年，姜家村被市委、市政府授予“文明村镇”称号。

经济发展。以寒富苹果、棚葡萄为主导产业，通过产业调整促使农民增收。姜家村寒富苹果有12年的发展历史，发展数量在全镇处于领先地位，是农业旅游、观光、采摘的主园区，并有国家级寒富苹果标准园1个，产品远销河北、山东等地。2020年，苹果价格大幅下跌的情况下，示范园的苹果仍获得较好的收益。姜家村有棚葡萄10公顷，品质优良、口感甜润，平均每亩收入3.5万元左右。全年，姜家村先后引进投资5300万元的沈阳中奉风力发电有限公司6.6兆瓦分散式发电项目、投资1.2亿元的沈阳市优骏畜牧养殖有限公司种猪繁育及生猪养殖基地项目和投资1.1亿元的辽宁兴牧源牧业有限公司种牛繁育及肉牛养殖基地项目。全年姜家村人均收入15625元。

社会民生。姜家村小区规划用地13.1万平方米，总建筑面积8.1万平方米，其中住宅建筑面积5.6万平方米，主要包括住宅楼17栋74个单元、村部1个、门市楼10个及户外仓房426个。各项基础设施不断完善，小区内所有街路实行硬覆盖，街路两侧安装路灯，公用地实施绿化；2020年，在小区大门外新建一条1000延米的柏油路，直接与区级公路“高嫩线”相连，截至年末，投资600余万元修建农田砂石路10千米、村内柏油路12千米；小区内有文化广场2个，占地2000平方米，各种运动器材齐全，并建有乡村文化大舞台一个。建有占地面积300平方米的污水处理站一处，输配水管管径700毫米，归属于辽中区环保局管理；建有780立方米大型秸秆沼气站一处，占地面积600平方米，对小区居民实施24小时供气；建有占地面积200平方米的供热站一处，供热能力1000户（2个10吨锅炉），热力管网分布小区各居民楼；小区居民由镇自来水厂24小时统一供水；小区内设有卫生室、隔离室、储备室。小区居民业余文化生活活跃，成立舞动青春表演队和夕阳红表演队，多次代表牛心坨镇参加辽中区举办的广场舞展演。（王天文）

【辽宁兴牧源牧业有限公司种牛繁育及肉牛养殖基地项目】 11月引进。选址在姜家村孙家窝棚组，占地约7.3公顷，项目计划总投资额1.1亿元，其中固定资产投资7414.8万元，流动资金2534.6万元。主要建设内容包括良种繁育中心、肉牛养殖基地、无害化处置中心及配套辅助设施等，建设规模8万平方米，年肉牛养殖规模4500头。2020年，场地完成平整和土地流转。（李思瑶）

新民市辽滨街道南塔社区

【概况】 南塔社区位于新民市区东南部，辖区面积1.35平方千米，常住人口5824户、14860人，住宅楼150栋，商业网点260户。新民市融媒体中心、新民市自然资源与行政执法中心、新民市公安局等11家单位驻在本社区。社区办公地址在新民市南郊路33号，办公面积283平方米，设有一站式服务大厅、多功能活动室、图书室、会议室、养老服务站。社区工作人员5名，设有党组织书记、居委会主任、副主任、“两委”委员。南塔社区党委下辖3个党支部，有党员103名。社区以党建为引领，打造“共驻共建社区”。

社区党建。社区在辽滨街道党工委构建“红标识+”党建项目指导和帮助下，社区党委构建“传承雷锋精神，实现弃管小区自治管理”党建项目。先后成立楼栋党小组16个，145名共产党员亮明身份，居民志愿者共同参与，弃管小区的楼院、楼道卫生定期有人清扫，园区内5个花坛居民栽种花草5000余株，上下水维护等难题也能够自行解决，形成“同住一栋楼，同是一家人”的和谐楼院氛围。

社区服务。2020年，社区一站式大厅实现“一口式”服务，不断延伸服务内容，为居民代办事情2050件。社区通过组织班子动员会，分区深入走访、动员、宣传，以楼栋为单位建立133个微信群，及时宣传贯彻党的路线、方针、政策。同时推行三级网格化服务，服务身边人，化解身边事。

社区民生。社区有低保户18户、24人，残疾人67人，优抚对象12人，90岁以上老人9人，享受新城保71人，公租房31户，廉租房6户，参加城镇医保433人，帮助再就业人员找工作232人。面对高龄空巢老人弱势群体，社区干部定期上门服务，把他们所需用品送到家里。南塔社区利用节假日与共建单位走访帮扶困难群体15人，定期送去慰问金及生活用品。

【雷锋社区创建】 2020年，南塔社区以学习雷锋故事，传承雷锋精神，争做雷锋志愿者，打造雷锋社区，先后创建"雷锋成长快乐站"、雷锋小区、雷锋小广场、雷锋楼院2个、雷锋超市、雷锋书屋、雷锋教育基地、雷锋物业、雷锋服务队。（李　静）

康平县东关街道泡子沿村

【概况】 泡子沿村坐落于东关街道南部，东临梁家村，东南临三台子水库，西临陶岱屯村，北接梁家窝堡村。区域面积7.7平方千米，耕地面积428.7公顷，林地面积68.7公顷，所辖区域有泡子沿、三官营子、小城子3个自然屯，全村有人口2173人，总户数620户。

经济发展。泡子沿村主导产业以种植业和养殖业为主。2020年，主要种植作物玉米种植面积233.3公顷，其他高效作物26.7公顷，合作社流转土地133.4公顷，在保证种植面积的同时，引导农民发展生猪、肉牛饲养，发展以庭院为主的蔬菜、林果种植。截至年末，养殖户125户，随着养牛户的增加，仅养殖一项实现人均增收2000元以上。发展非农产业，促进二、三产业发展。利用周边厂矿提供的创业和就业机会，扶持引导农民自主创业，创办民营企业，发展个体经济，有家庭农场、塑钢厂、酒厂、榨油厂、建筑工程队和个体装修队10余家。发展劳务经济，泡子沿村围绕邻近厂矿的有利条件，鼓励村民输出劳务、外出务工，2020年泡子沿村输出劳务500余人次，年创收400余万元，人均增收2000元以上。

乡村建设。围绕春季造林"四旁"绿化，三堆清理补栽风景树2000株。市妇联在泡子沿村建立"巾帼志愿者"美丽示范村，种植花草2.4万平方米。解决330户农民安全饮水问题，新修水泥路500米。

疫情防控。执行24小时值班制度，全面摸底排查，做好疫情监测和信息上报工作。疫情防控期间发放《致广大村民的倡议书》和健康手册2000余份，对全村620户开展地毯式排查并建立档案，设立监测点位2处，登记560车次，测量体温1000余人次。

【东关街道首届秧歌广场舞大赛获奖】 9月25日举办。泡子沿村的广场舞小分队参赛。编排秧歌节目《火火的爱》赢得比赛第3名。（姚　维）

法库县龙山街道前满洲屯村

【概况】 前满洲屯村当地简称"前屯村"。坐落在南八虎山脚下，隶属于龙山街道，距法库县城15千米，临国道505（省道105）西4千米处。前满洲屯村有前屯、李家街、黄花村3个自然屯。区域面积667公顷，其中耕地面积约400.2公顷、林地约186.8公顷、水域约11.3公顷、荒地约13.3公顷。有居民312户、1300余人，其中满族人口645人，约占50%。前满洲屯村始建于雍正四年（1726），为沈阳迁来居住的清朝大臣钮祜禄·额亦都后裔郎姓。共有广豹等兄弟4人，其中落户前满洲屯村的是老大广豹、老四珠勒。广豹有5个儿子，即郎进忠、郎进山、郎进达、郎进士、郎进孝，他们在此居住繁衍，形成5支家庭体系，至今均存在，前满洲屯人大部分为广豹后代。

经济发展。种植玉米约333.5公顷，高粱、大豆、地瓜等杂粮约13.3公顷；寒富苹果约6.7公顷；黑果花楸约13.3公顷；大连樱桃大棚种植5棚，占地302公顷，苗木约3.3公顷。全村养牛700余头、猪300余头；村企业酒厂1户，月产酒500千克以上。农民人均纯收入1.3万元左右。

宜居乡村建设。2020年，对村内巷道2.4千米路面进行水泥硬化，9千米高标准农田道路完成初期5千米建设，完成一期边沟工程2070米、二期边沟工程1412

米，植树造林26.7公顷，新安装路灯40盏。修建一座满洲文化牌坊和1000米文化墙。聘用专职保洁员3名，负责全村街道清扫和垃圾清理，并配备垃圾车3台，清理街道1800平方米。通过党员活动和聘用村民劳动的方式，开展2次专项村屯环境整治工作，对道路和两侧边沟2000余米进行垃圾清理，村容村貌得到改善。

【建百亩大樱桃温室大棚】 大连佛伦德有限公司在前屯村流转土地1.87公顷，建1栋温室大棚，引进大连樱桃种植，返租给村民。2020年末，公司新建4栋大樱桃温室大棚，流转5.53公顷，加上边角余地6.67公顷（100亩），年收入约8万元。

（刘艳红）

三十九、企事业单位信息

【中国建设银行辽宁省分行】 2020年，建行辽宁省分行发挥数字化转型新优势，聚焦住房租赁、普惠金融、金融科技、乡村振兴等重点领域，深入推进新金融实践，持续强化服务能力，为经济社会发展提供有力支撑。分行在沈阳地区各项贷款余额2323亿元，还原证券化、不良处置后，实际新增351亿元，余额、新增均为中、农、工、建四大国有银行第一。处置不良贷款48.4亿元，资产质量平稳可控。落实减费让利，新发放贷款定价4.15%，降低0.54个百分点，降幅12%。

为“六稳”（稳就业、稳金融、稳外贸、稳外资、稳投资、稳预期）“六保”（保居民就业、保基本民生、保市场主体、保粮食能源安全、保产业链供应链稳定、保基层运转）提供保障。保障防疫资金，为25户“疫情防控重点保障企业”投放专项贷款7026万元。向能源、物流、公用事业等复工复产关键领域投放贷款670亿元，为建筑、制造、医疗等产业链条企业提供供应链融资39亿元，投放贸易融资104亿元。扶持小微企业，推出贷款延期、续贷等帮扶措施；通过利率优惠、收费减免，向小微客户让利2200万元。累计捐赠款项物资285万元，免费为2.7万名抗疫一线人员提供专属保险。

实体经济服务。投放对公非贴贷款1422亿元，比上年多投522亿元。承销非金融企业债务融资工具110亿元，四大国有银行第一。支持企业降杠杆，协助中国水电六局落地10亿元市场化债转。跟进轨道交通、医疗卫生、工业园区等行业基础设施建设，累计投放基建贷款728亿元，比上年多投259亿元。

新旧动能转换。服务特变电工沈变集团、沈阳新松机器人公司、沈鼓集团等高端装备制造企业，提供转型升级资金284亿元。对接清洁能源、节能减排等领域，做好绿色信贷投放，余额208亿元、增长174%。建立瞪羚企业授信审批“绿色通道”，执行利率和费用优惠，为沈阳宝隆飞机零部件有限公司、沈阳泽尔检测服务有限公司等39户企业提供贷款4677万元。民营企业贷款余额226亿元，增长20%。

政府融资结构优化。支持隐性债化解，为和平区、铁西区、皇姑区、沈河区、苏家屯区及辽中区、新民市投放35亿元基础设施贷款，置换8个隐性债项目。首创“三角惠”产品，助力解决“清理拖欠民营中小企业账款”问题，累计投放3亿元。组建专班，为项目收益专项债提供配套融资22亿元。

普惠金融。贷款余额75亿元、新增26亿元，服务客户1.5万户、新增2700户；贷款余额和新增、客户数和新增，在四大国有银行中占比均超过50%。做大、做强建行"惠懂你"App，不断创新、完善大数据信贷产品体系，实现"一分钟"融资、"一站式"服务和"一价式"收费，"惠懂你"App贷款余额31亿元，增长59%。与东北科技大市场联合推出"创业者港湾"，为双创企业打造"金融+孵化+产业+辅导"一站式综合服务平台。

金融科技服务。参与数字政府建设，在"辽事通"上线沈阳地区的医疗、教育、出行、司法等领域高频服务事项142项；独家为"沈阳政务服务"App提供开发维护，实现154项热点服务"网上通办"。开发"欠薪预警系统"，为监管部门治理欠薪问题提供数字化解决方案，开立农民工工资代发专户500余户，覆盖农民工5.8万人。

租赁住房。与市政府签署战略合作协议，准备500亿元信贷资金，支持政策性租赁住房发展与老旧小区改造，当年发放首笔老旧城区改造贷款1000万元。协助搭建公租房管理信息系统，登记房源4.2万套，覆盖保障人口7万户。创新推广"存房"业务模式。构建开放共享的住房租赁综合服务平台，累计发布房源6.5万套。

对外开放。创新"跨境参贷通"，为交投等15户核心企业引入境外低成本资金104亿元，节约融资成本5000万元。搭建"全球撮合家"平台，联合建行俄罗斯分行、米兰分行举办"云洽会"，帮企业找订单、拓市场。深度对接"单一窗口"，同业率先推出"关银一KEY通"，为外贸企业提供"口岸入网+线上金融"的一站式综合服务。

脱贫攻坚。新增金融精准扶贫贷款6600万元，年末余额4亿元。依托建行"善融商务"平台，销售贫困县产品1780万元。发行3期扶贫理财产品，带动公益捐赠15万元，帮助贫困人口1308人。

乡村振兴。新增涉农贷款11亿元，余额65亿元。为新望科技生猪养殖项目发放银团贷款4.9亿元，支持恢复生猪生产。协助辽中区、法库县、苏家屯区搭建"三资"管理平台，加强和改进乡村治理。创新"裕农贷"，累计投放1.5亿元，惠及农户3300户，破解农户融资难题。"裕农通"服务点覆盖全市所有行政村，加载18项民生服务场景，将金融服务送到乡村百姓家门口。

社会服务。在全市172个建行网点打造"劳动者港湾"，为环卫工人、出租车司机等户外劳动者以及社会公众提供便民惠民服务。开放建行培训资源，持续组织开展"金智惠民"工程，向社会大众普及金融知识，惠及小微企业主、个体工商户、涉农群体等2万余人次。（孙三齐）

【中国工商银行沈阳分行】 2020年，中国工商银行沈阳分行聚焦服务实体经济、零售业务转型、防控信贷风险、深化改革等重点工作，统筹好疫情防控和经营发展工作。提升实体经济服务能力，为实现"六稳"（稳就业、稳金融、稳外贸、稳外资、稳投资、稳预期）提供助力，实体贷款总量较年初净增66亿元，实现增量稳步提升目标。以提升产品渗透率为目标，推动存款稳中有增。截至年末，各项贷款余额1362亿元，比年初净增82亿元，增长6.4%。其中公司贷款余额753亿元，个人贷款余额540亿元。全部存款余额1889亿元，比年初净增91亿元，增长5.03%。其中个人存款余额1205亿元，对公存款余额643亿元。国有大行的社会口碑和影响力进一步增强，先后获"'十三五'中国企业文化建设优秀单位"、辽宁省金融工委"五一劳动奖"、"年度工银成就集体奖"等荣誉。

金融服务。工商银行继续在提高服务效率、加快服务渠道建设、增强金融产品供给能力和加强服务精细化管理等方面加大投入，努力满足客户多元化、现代化金融服务需求，广泛开展军人专属理财产品推介、银行产品知识大讲堂、留学语言培训和移民主题活动、贵金属特色季等宣讲活动，建设新增2家对公外汇权限网点，27家对私外汇权限网点等，中间业务收入增长5.16%。支持脱贫攻坚的"春暖行动""金秋行动"，精准扶贫贷款和产业扶贫贷款分别较年初增加5673万元和4470万元，均超额完成任务。客户体验持续改善，创建"千佳"网点1个、省行标杆网点3个，超时等候网点全面"清零"。精准服务实体经济，激发条线与业务运转效能，完成大客户服务中心改革，增强两级行营销合力，实现对重点大客户的全流程服务。推动普惠业务增点扩面和服务下沉，初步形成"1个事业部+12家业务中心+2家跟进发展行"的架构，业务辐射能力进一步增强。深耕业务实现"破冰"，代理股权投资、对公保险"首台套"等业务填补全省空白，股权质押等业务填补分行业务空白；实现跨境贷、医保贷、担保模式涉农贷款的全省“首单”。省医保局正式在沈阳地区上线医保电子凭证业务，沈阳分行立即掀起全员推广医保电子凭证的热潮，累计签发医保电子凭证超21万户。引领创新产品，“付款票据通”业务在总行二级分行排第一名，是辽宁省唯一开办“付款票据通”业务的分行，为后续全面推广起到典型示范带动作用。

经营管理。工商银行坚持“全链条”风险防控，找准主攻方向和突破口，守住资产质量生命线，打好防范化解重大金融风险攻坚战，不良贷款余额和不良贷款率实现“双降”。强化内部控制的主基调，深耕各个作业流程，深入推进“制度责任年”主题活动，未发生案件与案件风险事件。落实监管新要求，巩固自查整改工作成果，促进全行合规管理工作向纵深发展。尽职履行反洗钱义务，反洗钱监管评级实现沈阳地区银行业的首个A级，连续5年保持沈阳地区同业排第一名。

疫情防控。全行坚持精准施策、科学应对，提升防控等级，压实各级责任，细化网点“前线”精细化防控手段，全覆盖织密疫情防控网，确保全行员工零确诊、零疑似。全行扛起金融保障重大责任，开展支持复工复产的“春润行动”、支持外贸外资的“春融行动”，累计为疫情防控重点保障领域和复工复产客户投放贷款1.8亿元，全国性客户投放户数及金额均位列地区国有银行之首。沈阳分行围绕客户需求，变“线下办公”为“线上统筹”，变前后台“分兵把口”为“全链条一站式”服务，简化业务流程，提高客户服务效率。

（刘琳娜）

【盛京银行股份有限公司】 2020年，盛京银行坚持存款立行、合规立行、人才立行、科技立行的基本行策，持续推动制度建设、文化建设和队伍建设，聚焦基础客户服务与合规经营，资产负债结构显著优化，流动性持续稳健安全，风险抵御能力不断增强，品牌形象和市场核心竞争力得到全面提升，实现质量、规模、效益的协同发展。存款营销取得重大突破，流动性困境根本性解决。坚持“存款立行”基本行策，开展存款营销劳动竞赛，实施多元化负债发展策略，科学调整负债规模，深化以产品拉动、公私联动、线上线下联动的业务模式，持续加大一般性存款营销力度，流动性问题得到彻底解决。截至2020年12月31日，全行总资产1.03万亿元，发放贷款和垫款总额5470.63亿元，吸收存款总额6814.05亿元，营业收入162.67亿元。在北京、上海、天津、长春4个中心城市及辽宁省内14个城市设立18家分行，实现省内城市机构网点全覆盖，全辖机构网点208家。职工人数7556人。

持续完善公司治理。充分发挥混合所有制企业体制机制优势。推动两会一层（董事会、监事会、高管层）依法合规有效履职；强化董事长、监事长、行长三权分立，相互制衡；构建董事会管战略、管风险、管重大决策，监事会管监督、管董监事和高管履职，高管层管日常经营的公司治理架构，各治理主体相互制衡、协调运转。加速化解问题资产，不断强化风控体系。坚持“大清收”的总体战略目标，持续加大清收力度，重点地区和分行由总行派驻专业清收团队，指导参与清收工作；全行上下通力配合，综合运用现金清收、法律诉讼、资产重整和债务重组转化等方式，快速、有序开展问题资产的多渠道清收化解。大力推进合规建设，合规文化不断深入人心。牢固树立“合规优先、风险为本、稳健发展”思路，借助监管外力，促进内控合规建设，将“合规立行”“合规创造价值”理念有效传导至每名员工，提升合规管理有效性，形成“敬畏监管、尊重监管、主动配合监管”的理念，根植“违规可耻，合规光荣”的企业文化。加强人才队伍建设，市场化机制改革稳步推进。实施市场化激励机制，员工按绩取酬，正向激励作用显著。推进企业化、市场化选人用人机制改革，加大同业优秀管理人才和营销人才引进力度，选拔优秀人才充实经营管理重要岗位，从国有大银行、股份制银行、外资银行引进优秀管理人才和业务骨干66人，全行干部队伍的素质和管理能力显著增强。

全力支持地方经济建设。坚持立足“回归本源、专注主业”，充分发挥地方总部银行资源整合优势，加大对辽沈地区的优质信贷资产投放力度；聚焦优势行业，全力支持辽沈经济发展，通过产融结合、银企合作，努力打造银企合作的新标杆；助推民营和小微企业发展，确立“以供应链核心企业为主、以商圈核心客户为辅”的市场客群，实行行内资金定价优惠政策，支持小微企业发展；全力支持疫情期间企业复工复产，把做好医疗机构及医药生产流通企业、防疫设施设备和物资生产等企业的金融服务保障工作作为重中之重，确保企业复工复产。（孙亚男）

【招商银行沈阳分行】 2020年，招商银行沈阳分行有1家营业部，36家同城支行，12家社区、小微支行，省内下辖丹东分行、鞍山分行、抚顺分行和盘锦分行4家异地机构，拥有24小时自助银行17家。有员工1528人。当年银行实现业绩稳健增长，资产质量进一步提升。截至年末，银行全折人民币自营贷款余额534.24亿元，全折人民币自营存款时点余额995.15亿元，实现营业净收入28.83亿元。沈阳分行坚持以质论优、风险收益综合平衡的风险把控原则，强化授信管理，建立贷前、贷中和贷后管理风险预警机制，提高风险控制水平，在经济下行的巨大压力下，始终将不良贷款率控制在总行预算范围内。当年银行先后获年度支持地方经济发展金融贡献奖、年度最具品牌价值银行、年度市民最喜爱银行卡、年度金融业助力复工复产贡献奖、年度最佳手机银行、沈阳榜样企业领袖大奖、优秀财富管理银行、年度最佳金融科技创新奖等奖项。（张倖铭）

【中国人民财产保险股份有限公司沈阳市分公司】 中国人民财产保险股份有限公司沈阳市分公司是沈阳市成立最早、规模最大、网点最多的财险公司。7月，辽沈营销服务部并入大东支公司。至年末，分公司下辖支公司18个，拥有1196名员工，保险服务网络覆盖所有县区和大部分乡镇。公司经营机动车辆保险、财产保险、工程保险、船舶保险、货运保险、责任保险、信用保险、意外伤害保险、健康保险、农业保险等业务。新提任领导干部11人，平均年龄38岁，县域班子40岁以下占比提升至57%。

政企合作。先后与康平县、辽中区、法库县、新民市、和平区政府签订战略合作协议，服务地方政府，主动承接政府职能转变和国家重大战略实施释放出的保险需求。为深入落实国务院“放管服”政策，公司与沈阳市公安局交通警察局全面深化合作，继续深化“警保联动”系列便民服务，项目得到广大市民的高度认可。8月，公司与省政府征兵办公室共同签署“辽宁省军区预定新兵综合商业保险”，标志着公司在军队保险服务领域涵盖预定新兵、现役军人、退伍军人等领域。

支持复工复产。3月，公司与铁西区政府联合召开新闻发布会，向辖区内中小餐饮企业推广餐饮复业保障险种“餐饮安心保”。这是全市通过保险机制助力餐饮企业复工复产、保障餐饮从业者和餐饮消费者利益的首创之举。同时，公司以政府突发公共卫生事件责任险与财产损失保险为主要切入点，与和平区、辽中区政府签署保险合作项目，累计为和平区与辽中区120万人提供风险保障。为落实市政府“蔬菜稳产保供”的工作要求，稳定疫情期间沈阳市蔬菜价格，4月，公司联合市农业农村局、市财政局及市金融发展局创新开发地方政策性蔬菜价格保险及秧苗种植保险工作。

保险宣传。7月，公司与沈阳广播电视台签署战略合作协议，双方重点围绕加强保险公众宣传工作，提高全社会保险意识，实现全方位全媒体合作。打造保险、传媒新品牌，推进保险+金融媒体战略新产业，实现互利共赢。（唐国卿）

【中国人寿保险股份有限公司沈阳市分公司】 2020年，公司克服新冠肺炎疫情不利影响，实现总保费、续期保费、首年期交及短期险保费正增长。总保费252766.92万元，增长5.35%，其中续期保费183143.06万元，增长5.23%。长期险首年标准保费12466.06万元，年度完成率50.79%。首年期交保费43711.43万元，年度完成率74.31%，增长5.48%，其中10年期及以上首年期交保费15321.32万元，年度完成率57.24%；保障型产品保费6219.90万元，年度完成率39.25%。短期险保费16242.79万元，年度完成率80.91%，增长16%。中标2020年沈阳市城乡居民大病保险业务，协议期3年，承办沈阳市5区1县、171万人口的城乡居民大病保险业务。年度政策性健康险保费9188.42万元。疫情防控工作做到早预防、早布置、早防控。制订方案及细则，建立访客登记制度；明确值班值守人员，保持与各级政府、卫生防疫机构、社区的联系，协调医疗资源采购口罩、消毒水、防护服、一次性手套、餐盒等，费用支出35万元，为员工配备口罩、消毒液和酒精等防护设备和消毒清洁用品，向员工发放口罩5万余只；制定应急处理机制，实现疫情初期的平稳过渡。部署《常态化防控工作方案》，实现公司运行秩序平稳，保障全员安全。

向沈阳市疫情防控一线的医护人员（1.5万人）赠送最高50万元人身意外伤害保险。市公司党委及下辖各级党组织开展捐款活动，225名党员捐款20660元。

（韩雪霜）

【沈阳优尼斯智能装备有限公司】 2020年，沈阳优尼斯智能装备有限公司（简称“优装备”）主营业务为智能机械设备、机床制沈阳优尼斯智能装备有限公司造；机械加工；机械电子设备及配件销售；设备租赁；软件开发、销售及技术服务；智能制造技术咨询、技术服务、技术成果转让；自营和代理各类商品和技术的进出口等。主要生产i5智能机床系列及VMC系列机床，致力于为客户提供，高精度、高效率、高品质的产品及服务。截至年末，公司用工人数1028人，占地面积约2万平方米，总产值约2.72亿元，发货1269台。

i5系列产品开发21类比较有特色的智能化功能，包含视觉、图形诊断、三维仿真、图形引导编程技术、主轴热补偿、机床体检、工单管理功能、多平台多语言的二次开发接口等更多地结合应用场景，在温度补偿、一体式链排、视觉识别系统、加工方式选择、Z轴空间、主轴刚性、引导方式等方面有较大优势，实现操作智能化、编程智能化、维护智能化和管理智能化，为用户提供更加便利的解决方案。

VMC系列立式加工中心是优装备开发的具有自主知识产权的产品之一。广泛应用于汽车、教育、军工、医疗器械、工程机械、电子、能源、管道、阀门、模具、纺织机械、航空航天、卫浴、通信器材自动线等各个行业领域。

（优装备）

【航空工业沈阳飞机工业（集团）有限公司】 2020年，航空工业沈阳飞机工业（集团）有限公司（简称“航空工业沈飞”）在新冠肺炎疫情与复工双重压力下，全面完成各项工作任务。航空主业跨代升级，提前实现航空工业各项目标；国产大飞机、干支线飞机满足配套需求，民机转包业务积极推进。经济指标翻番增长。纵深推进改革管理，军工核心资产成功上市成为中国战机第一股，开拓产品、产业、产融并进新局面。“瘦身健体”取得重大进展，“三供一业”（国有企业职工家属区供水、供电、供热及物业管理）分离移交基本完成，厂办大集体改革和退休人员社会化稳步推进；“三定”改革迈出重大步伐，精简机构35.8%、管理人员编制18.3%；探索构建岗位职级体系，畅通拓宽员工全职业生涯发展渠道；AOS运营管理体系初显实效，流程体系与制度体系逐步匹配，三级自主管理全面覆盖，管理工具深度应用，管理业务流程化、标准化；计划管控和绩效考核进一步优化；智能园区建设取得阶段性成果，提升现代化企业新形象。制造实力显著增强，条件建设向核心、重要能力聚焦；智能制造在结构件加工、装配总装线上实现突破，先进制造技术不断转化应用；“两化”融合持续提升产品制造和主价值链管控能力，信息化集成加快推进；扎实推进质量综合提升工程，坚持开展工艺纪律整顿，实物质量持续向好，连续4年实现批产飞机不合格品审理单降低20%、万元产值质量损失率降低2%。扎实开展队伍建设，坚持党管干部、党管人才原则，全面贯彻国企领导人员“二十字”标准和新时代航空工业人才发展体系，选用育留考工作机制进一步完善。优化队伍结构、减少用工总量、激励内部挖潜，劳动生产率比2014年提升60.8%。创新人力资源管理模式，职级管理、技能人员能力管理、新型专家体系建设、员工退出机制等工作迈出新步伐。

“十三五”期间，公司承担和参研52项外部课题；累计申请专利2150项、授权专利1486项；其中发明专利1143项。累计获国家级科技进步奖24项、国防科技进步奖87项、集团科技进步奖380项、辽宁省科技进步奖29项，打造出一支具有一定技术能力、结构相对合理的人才队伍。航空工业沈飞联合大连理工大学机械学院院长王永青团队，共同完成国家科技重大专项课题《高档数控机床在梁框肋等典型飞机结构件制造领域的综合示范应用》子项目《飞机座椅滑轨类零件柔性自动化夹具》验收评审工作，标志着公司在国产高档数控设备应用上更进一步。截至年末，课题组建设完成数字化车间级的国产高档数控装备集中示范应用基地。截至年末，航空工业沈飞在册职工14349人。工资总额增长50.8%，增设员工就餐补贴，调增交通费和企业年金投入。帮扶救助困难职工2万余人次，发放救助金2300余万元。设立职工服务部，新建1座职工食堂和5处职工停车场，改造体育场、文化宫等文体设施，不断提升员工获得感、幸福感。持续完善民主管理制度，办结职工代表提案206件，切实维护职工合法权益。

（航空工业沈飞）

【中国航发沈阳黎明航空发动机有限责任公司】 2020年，中国航发沈阳黎明航空发动机有限责任公司（简称“中国航发黎明”）依托“透平机械制造技术”核心技术专长，形成较为完整的航空发动机技术体系和工业制造体系，满足先进航空发动机批产与科研。作为中国重要的航空发动机科研生产基地，公司装备先进的高技术设备和数字化装备，拥有国家级技术中心、计量检测中心、专业生产线的COE技术团队等，掌握发动机装配、试车、修理等先进技术，为公司未来发展储备坚实技术力量。公司大力推进AEOS体系建设，强化运营管理能力，不断优化组织机构，建立流程管理机制，逐步推动公司由职能型管理向流程型管理转变。按照“小核心、大协作、专业化、开放式”原则，强化供应商管控。推进信息化建设，形成基于架构的信息化治理体系。持续推进PDM、ERP、MES等系统的深入应用，推动公司向行业标杆型企业迈进。9月18日，由中国科协航空发动机产学联合体、中国航空学会等10余家单位联合主办的2020中国空天动力创新创业大赛在南京开赛。中国航发黎明技术中心员工的《基于惯性摩擦焊的航空发动机某零件一体化结构制造技术》项目作为黎明唯一参赛项目挺进大赛决赛，获2020中国空天动力创新创业大赛优胜奖。12月3日，由共青团中央、人力资源社会保障部联合举办的第十六届“振兴杯”全国青年职业技能大赛在沈阳落下帷幕。中国航发黎明青年职工获全国青年职业技能大赛机床装调维修工金奖和模具工铜奖的殊荣。（中国航发黎明）

【沈阳鼓风机集团股份有限公司】 2020年，沈鼓集团工业总产值增长10.7%，“十三五”期间复合增长率为8.4%，较“十二五”时期提高10.2个百分点；工业增加值增长11.1%，“十三五”期间复合增长率为11.9%，较“十二五”时期提高16.7个百分点；营业收入增长15.6 %，“十三五”期间复合增长率为12%，较“十二五”时期提高18.1个百分点；利润增长1.6倍，自2017年以来，复合增长率达到86.4%。开展“数字化车间”项目、重大产品提前交付攻关项目等86项共产党员工程，实现技术攻关21项、流程优化27项、生产保供19项，有效推动各项任务指标完成。2020年，沈鼓集团党委书记、董事长戴继双被评为全国劳动模范、“中国石油和化工行业影响力人物”。沈鼓人连续五届蝉联全国劳模殊荣。沈鼓集团再次蝉联中国机械百强企业，入围2020年中国能源（集团）500强企业，获批工信部组织评选的制造业与互联网融合发展试点示范，获中国“好设计”金奖、中国技术市场协会“金桥奖”、“十三五”中国企业文化建设优秀单位、可持续品牌传播卓越企业等荣誉。透平公司获评辽宁省工业设计中心，往复机公司获评辽宁省工程研究中心。

▶中国航发黎明青年职工喜获“振兴杯”荣誉　（中国航发黎明供）

▶2020年11月，沈鼓集团被中国企业文化研究会授予“十三五”中国企业文化建设优秀单位称号　（沈鼓集团供）

企业改革。沈鼓集团完成市场化职业经理人的体系设计，集团领导班子首次签订绩效责任状，为探索领导班子成员的市场化薪酬管理奠定基础；集团与子公司一把手签订三年任期责任状，明确任期目标和任务；沈鼓研究所实现独立运营，开始为集团创造价值和效益；成立创业就业服务分公司，以妥善处理企业改革员工分流安置工作；“三项制度”改革成果（员工职业发展通道改革、薪酬体系改革、员工绩效改革）进一步深化，规范各类奖金奖励标准和办法，建立子公司薪酬总额管理制度，启动工时定额改革试点工作。

技术创新。140万吨/年乙烯“三机”、2948风洞主压缩机、SACC（6+1）样机、ORC样机、18MW一体机、CAP1400核主泵、钠泵工程样机等一批高端新产品的研制加快推进；在单元技术方面，有效突破叶轮优质高效研磨抛光、时域共振模态测频等一批关键技术；牵头组织国内供应商实施乙烯压缩机铸造机壳、防喘振阀、大尺寸高压切断球阀等关键配套件国产化工作，为解决进口配套件“卡脖子”问题奠定坚实基础。技术创新成果丰硕，沈鼓集团与客户联合研发的“400万吨/年煤间接液化成套技术创新开发及产业化”“复杂原料百万吨级乙烯成套技术研发及工业应用”项目获国家科学技术奖一等奖；沈鼓集团牵头完成的“大型蒸汽裂解装置用离心机组的研制”“大型高效合成气制乙二醇装置关键设备”项目分获中国机械工业科技进步特等奖和二等奖。进一步完善研发体系，沈鼓集团下属高新技术企业达到12户，较“十三五”初期数量翻一番。标准化工作稳步推进，取得BCL高频机壳标准化开发、汽轮机引进标准转化等一批积极成果，集团获首届中国标准化“科学技术奖”。技术保密体系有效运行，不断完善保密制度，健全技防体系，建设科技保密文化，有效降低泄密风险。

开拓市场。广东石化2000万吨/年炼油、140万吨/年乙烯、海南炼化百万吨乙烯等13个项目实现国产化；天然气长输管线压缩机保持100%中标率；成功签订首台套“6+1”空分机组和天然气管道18MW集成式压缩机组，标志沈鼓集团在炼油、乙烯、天然气长输管道、煤化工、高端精细化工等行业实现较大增长和突破，并持续保持旺盛的市场竞争优势。国际市场开发有效对冲海外疫情影响，各项核心指标均有大幅增长，签订美国英伟达尼龙化工三期、中东MEG循环气压缩机等一批重大项目订单，标志沈鼓动设备进入世界一流EPC（工程总承包模式之一）和工程公司领域。努力开拓新市场和工程成套，签订黄草峡储气库项目、迷宫式压缩机产品订单；工程成套在气体行业和石化空分领域签订一批重要订单，打造工程设计、土建施工、设备安装、工程方案优化的EPC项目全流程方案。

管理创新。大力开展管理提升和管理创新工程，加速优化组织流程和资源配置效率，有效防控各项风险，在法人治理、企业管控、生产组织效能、企业信息化建设、产品质量、人力资源管理六大方面取得显著成效，企业运营呈现提质增效的良好势头。按订单设计模式的制造企业精益供应链管理创新项目获辽宁省企业管理创新成果二等奖。

数字化转型。在智能制造领域，应用MES、CAPP等信息化系统，在转子车间试点建设数字化车间。同时，扎实推进ERP优化升级、科技信息安全保密、CRM销售云集团推广项目、服务云（二期）等信息化项目建设，完成数据中心动环系统和骨干网络升级改造，企业信息化水平得到有效提升。（沈鼓集团）

【沈阳机床（集团）有限责任公司】 2020年，沈阳机床集团党委围绕学习贯彻习近平新时代中国特色社会主义思想，全面开展“不忘初心、牢记使命”主题教育，全面开展十九届四中、五中全会精神宣讲教育。公司一手抓疫情防控，一手抓生产经营，取得两线作战的胜利。新产品研发取得新突破，重大活动组织也获得成功。沈阳机床聚焦关键技术，强化自主创新，走“专精特新”的产品路线，坚定打造全球“单项冠军”，坚持服务“制造强国”战略。5月，沈阳机床集团获国家知识产权局授予的“国家知识产权优势企业”称号。

疫情防控。1月23日，公司下发《关于发布新型冠状病毒感染的肺炎疫情预防与控制工作方案的通知》，制定措施、严格管控，确保实现复工复产。2月20日，《人民日报（海外版）》头版刊登《“双线作战，咱都能胜！”》一文配图使用沈阳机床复工复产照片。截至3月末，沈阳机床14个经营实体单位复工面100%，复工率75.6%，一线复工率92.9%。

企业管理。沈阳机床对接通用技术集团战略、文化和制度，实施三项制度改革，重建企业组织机构，全员竞聘上岗，激发企业和员工活力。公司重建企业规章制度156项，规范企业运行机制，努力打造公开、公平、正义的企业氛围。

参展第十九届制博会。9月1日，第十九届中国国际装备制造业博览会在沈阳国际展览中心开幕，通用技术集团沈机集团及沈机股份组队参展。参展8款数控机床产品，均为制博会首次推出，产品突出“专精特新”特色。其中，V6i、i5M3.2两款产品分别针对汽车制动毂和3C加工行业，代表“专”；HoriMill50V高速卧式加工中心、VertiTurn2020iM倒立式车削中心和VMC850Q立式加工中心三款产品具有极高的稳定性和高精度，代表“精”；VMC1680u立式五轴加工中心、i5M8.4车铣复合五轴联动加工中心两款产品为特殊客户量身打造，分别针对大型零件加工、特定车削加工，代表“特”；V系列i5智能数控机床产品具有新外观、新性能、新操作，代表“新”，是沈阳机床发力高端制造、智能制造的精品力作。（张英凯）

【中车沈阳机车车辆有限公司】 中车沈阳机车车辆有限公司（简称“中车沈阳公司”），隶属于中国中车齐车集团，坐落于沈阳经济技术开发区开发大路28号。公司主要产品为铁路货车新造、检修和各种铁路配件制造，是中国铁路货车检修龙头企业，货车新造骨干企业。截至年末，沈阳公司员工总数3249人，其中高级职称218人、中级职称339人，高级技师80人、技师112人。公司下设23个职能部室、8个生产分厂、5个参股公司、1个全资子公司、3个分公司。厂区占地面积86万平方米，建筑面积29万平方米，固定资产原值170156万元，净值89127万元。全年营业收入160362万元，考核净利润4156万元。

改革改制。制动机分公司托管厂办大集体企业二分厂和四分厂改制工作稳步推进，完成企业清算关闭等工作，实现当年启动当年完成。退休人员社会化管理移交工作顺利推进，完成8461人移交，是驻沈央企中首户率先完成移交工作的企业，并进入常态化移交阶段。公司“大班组”改革经一年试点，全面推广实施，班组数量由232个缩减至59个，安全、质量、成本等各项管理要素和指标实现从专业部室到班组的贯穿，打通管理末梢。

经营管理。公司树立“紧日子”思想，挖潜创效成果显著，9项可控费用降幅达到19.8%；物资采购降采率达到2.79%；外部用工数量同比压减21%；累计争取减税降费补助1559万元。重点指标持续向好，“两金”（企业成品占用资金和应收账款资金）总额实现连续五年压降，保持行业先进水平；资产负债率达到近年最好水平；货车业务综合毛利率实现连续三年提升。人才活力持续激发，中层领导干部人数压降至114人，其中“80后”占比近30%；员工总量减少182人；高技能人才占比达到70.9%；核心人才总数达到382人。精益管理持续进步，精益制造体系标准贯标覆盖率达到主型产品80%，公司列入中车精益管理三级企业升级名单。产品质量管理不断加强，年度检修货车典型故障反馈率排名进入并保持前三名，新造货车典型故障反馈率排名稳定在中上游水平。

科技创新。公司坚持“聚焦主业、稳中求进”战略主基调，长钢轨运输车组机械化作业提升项目稳步推进，完成轨道连接装置等11项技术攻关；铁路工务机械装备产品谱系进一步拓展；JSQ6型小汽车专用运输车厂修试修评价顺利通过，成功获得厂修

▶沈阳机床集团参展第十九届制博会　（沈阳机床供）

许可；空气辅助无气喷涂技术成功开发，配件喷涂油漆利用率提高20%；转向架弹簧水性沥青漆实现全面应用，填补货车行业水性沥青漆应用空白。公司申报专利27项，其中发明专利16项。

市场营销。以“联合出海”模式中标的澳大利亚400米钢轨车组项目成功交付，代表公司铁路换轨装备首次成功打入国际市场。签订新造货车订单3020辆，新造货车市场占有率超过历史滚动份额；签订检修货车订单7717辆，检修货车市场占有率保持优势地位；签订车轴、交叉杆等配件业务合同6734万元，经济贡献率持续提升。相关多元业务加快拓展，铁路工务机械装备和智能非标装备产业初步育成，实现销售收入439万元。

安全环保。推行分工与包保并行机制，签订责任状和承诺书。创新安全管控“一招鲜”，试行建立班组安全联保互保机制，推行安全“绿标”考核管理，深化公司安全环保网格化建设，发现各类安全隐患286项。加强环保治理，生态保护污染防治攻坚战三年行动实现圆满收官。实现安全消防“三零”（零伤害、零事故、零损失）目标，并获评沈阳市安全生产履职考核优秀单位。

（中车沈阳机车车辆有限公司）

【东北制药集团股份有限公司】 2020年，东北制药集团股份有限公司（简称“东北制药”）员工总数7500余人，公司资产总额约120亿元。新冠肺炎疫情对公司的经营发展造成强烈冲击，公司营业收入73.84亿元，下降10.17%；归属于上市公司股东的净利润1225.7万元，下降92.95%。东北制药克服疫情带来的一系列严重影响，保证员工健康安全及生活稳定，保持良好的运营秩序，保证药品正常供应，为人民用药需求及国家社会稳定保驾护航。

研发转化。一致性评价工作成果显现，对乙酰氨基酚和维生素B_6顺利通过仿制药一致性评价。仿制药新产品注册申报集中发力，依非韦伦片（0.6g）完成补充研究并顺利通过新产品注册现场检查；盐酸羟考酮注射液获2个品规的注册批件；完成左乙拉西坦片等5个原料药仿制药注册申报；4个在研仿制药原料药和7个在研仿制药制剂项目完成中试放大。工艺研发项目快速推进，维生素D_2复产、VC单磷酸酯、硫糖铝新工艺优化等一批项目开展实施；牛磺酸低聚木糖蛋白粉获国产保健食品注册证书，酒精棉球获医疗器械注册证书，顺利完成169套包装配套文件升级。与沈阳药科大学签订战略合作框架协议，加快推进“现代药学创新研发中心”建设。

生产管理。VC产品细河新生产线实现一次性开车成功，产品合格率100%，完成原料生产板块的最后一块拼图。日本标准高端VC实现入库，标志东北制药VC特殊品规产品重新回归高端市场。通过开展质量活动，公司7个班组成果获进军国家级班组成果资格。完成33项各级监管部门质量认证和质量审计。自动化方面从工业大数据建设开始，建立东北制药工业大数据产成品投入、产出分析平台，重点分析企业能源数据。此外，实现原料药厂区工业物联网与办公网络的物理隔离，提升工业大数据的安全性。以“东北制药原料药生产基地智能工厂”为主题成功申报沈阳市智能工厂项目。

精细化管理。多层面开展赛马工作，全年累计执行赛马奖励60余万元。充分发挥辽宁省省长质量奖获奖企业质量标杆作用，宣传推广卓越绩效模式，成功举办“2020辽宁省卓越质量管理推广示范基地开放日活动”。为适

▶5月21日，出口澳大利亚力拓钢轨车组在大连港口整装待发　　（贾晨摄）

应公司的快速发展，对组织架构进行科学合理调整，规范机构名称。建立内部末位淘汰机制，营造优胜劣汰的竞争氛围，让各级人员充分参与竞争，提升工作效能。审计监察工作全面落实，狠抓执纪问责，严肃处理各类违法违规违纪行为，审计监察累计经济创效180余万元。开展各类安全检查854次，持续加大安全投入，安全投入1300余万元。

全力抗疫。大年初二，公司紧急发出复工复产通知，面对疫情，调整生产计划，加班加点优先、满负荷生产疫情需要的VC、抗病毒药品、消炎类药品和解热镇痛药品。公司紧急策划开发75%乙醇消毒剂和酒精棉球，满足沈城市民需要。东北制药进出口贸易公司两个月内助力政府从国外进口口罩40.45万只、防护服10万套，从国内采购口罩5万只；党群组织牵头向湖北武汉及沈阳、营口等地红十字会、慈善总会及医疗机构捐赠抗疫物资，捐赠防护服42825套，医用口罩10万个，VC2万瓶，捐款捐物累计6700余万元。疫情期间，公司组织党员自愿捐款抗击新冠肺炎疫情，党员群众捐款39万余元。辽宁省统筹推进新冠肺炎疫情防控和经济社会发展工作总指挥部和沈阳市委、市政府先后为公司发来感谢信，对东北制药抗疫贡献给予充分肯定。

产业扶贫。在辽宁方大集团定点帮扶甘肃省临夏州东乡县的产业扶贫中，东北制药贴膏、针织毛衫、金银花三个项目在东乡县先后成功落地。其中，贴膏项目实现投产即盈利运行。针织毛衫项目确立“1+N”产业扶贫模式，注册“米拉尕黑”东乡族特色品牌。金银花项目引进金银花饮料和中药饮片生产线，将打造集种植、采摘、收购、精深加工、销售于一体的全产业链体系，为东乡补齐产业短板，同时兼具生态效益、社会效益和经济效益。到2020年末，三个产业扶贫项目安置就业1800余人，获国家、省、州各级领导的充分肯定。　　　　（东北制药）

▶东北制药甘肃东乡金银花扶贫项目　　　　（东药集团供）

【沈阳化工股份有限公司】 沈阳化工股份有限公司（简称“沈阳化工”）位于沈阳市经济技术开发区化学工业园，占地面积88万平方米，在岗职工1019名。采用世界先进技术生产离子膜烧碱和聚氯乙烯糊树脂，两种产品年生产规模均达到20万吨水平。PVC糊树脂产能位列亚洲第一位、世界前三名。2020年，沈阳化工营业收入29.66亿元，增长46%；利润10.74亿元；税息折旧及摊销前利润13.26亿元。主导产品烧碱产量20.75万吨，增长1.4%；销量19.14万吨，增长0.2%；产销率99%（扣除自用量）。主导产品糊树脂产量20.1万吨，增长1.4%；销量20.17万吨，降低1.5%；产销率100%；销售收入24.79亿元，提高71%，其中手套料销量11.5万吨，增加39%，产品单价突破2.5万元/吨。

沈阳化工生产规模持续提升，成立大型机组特护小组和设备专题攻关小组；完成生产预算措施47项；实现烧碱、糊树脂“双二十”产量目标。科技研发实现突破3万吨/年种子乳液法糊树脂项目节能报告通过省级审核；《优化聚合控制，提高糊树脂产品质量》等五个研发项目，经省政府立项为重点技术创新项目，获7项专利授权。沈阳化工电商平台正式上线运营，为供应链各方参与者打造一站式数字化服务平台。重视安全环保工作，启动消防站投勤；完成HSE制度转化39项；实施“二道门”、SIS系统升级改造等3个安措项目，实现安全生产零事故目标；完成一般工业固体废物贮存库建设

▶沈阳化工20万吨糊树脂产品包装设备（沈阳化工供）

并投用；完成危险废物及电石渣跨省转移手续；污染物全部达标排放。（刘克峰）

【沈阳新松机器人自动化股份有限公司】 沈阳新松机器人自动化股份有限公司（简称“新松”）成立于2000年，是以机器人技术为核心的高科技上市公司。新松本部位于沈阳，在上海设有国际总部，在沈阳、上海、杭州、青岛、天津、无锡、潍坊建有产业园区，在济南设有山东新松工业软件研究院股份有限公司。同时，新松在韩国、新加坡、泰国、德国、香港等地设立多家控股子公司及海外区域中心，拥有4000余人的研发创新团队，形成以自主核心技术、核心零部件、核心产品及行业系统解决方案为一体的全产业价值链。新松成功研制具有自主知识产权的工业机器人、协作机器人、移动机器人、特种机器人、服务机器人五大系列百余种产品，面向智能工厂、智能装备、智能物流、半导体装备、智能交通，形成十大产业方向，致力于打造数字化物联新模式。其中，工业机器人在国民经济重要领域广泛应用；协作机器人为国内首发；移动机器人全球综合竞争力强劲突出，技术国际领先；洁净（真空）机器人打破国外技术封锁，填补中国在该领域的空白；服务机器人业销往海内外，形成全智能产品及工业4.0整体解决方案独有优势。2020年，新松公司从业人员4240人；总产值31.5亿元，增长1.75%。2月5日，新松公司驰援抗击疫情第一线，通过市红十字会，向防疫前线单位捐助总计价值610万元的系列机器人产品及智能医疗辅助设备，捐助涵盖SL-AC1-A医用配送机器人7台、SRYC1402C多功能餐饮服务机器人14台、SL-MB1-A智能护理床10台。10月13日，新松“电动护理床”“下肢康复训练机器人”“床椅一体化机器人”“无源外骨骼”四款医疗机器人产品入选工业和信息化部、民政部、国家卫生健康委员会《智慧健康养老产品及服务推广目录（2020年版）》。10月30日，“辽宁交专—新松机器人技术应用学院”揭牌暨“新松机器人东北地区产教融合示范基地”签约仪式在辽宁省交通高等专科学校举办。12月18日，新松公司入选工业和信息化部、民政部、国家卫生健康委员会第四批智慧健康养老示范企业。12月12日，新松

▶新松“火弧”机器人智能焊接系统（新松公司供）

“火弧”机器人智能焊接系统获“Leaderobot 2020年度中国工业机器人本体领袖奖”。

（王皓然）

【金杯汽车股份有限公司】 金杯汽车股份有限公司组建于1988年，1992年7月24日在上海证券交易所上市，是辽宁省第一家上市公司。2020年，公司认真贯彻落实公司董事会的部署和要求，围绕“调结构、稳增长”的主航道，统筹推进年初重点工作任务，牢固坚持新发展理念，以供给侧结构性改革为主线，坚持问题导向、目标导向和结果导向；以提质增效为抓手，着力实现高质量、有效益、可持续的增长；以管理提升为支撑，齐抓共管，着力打造具有核心竞争力的企业；以开放合作为路径，着力推进零部件产业结构调整；以降杠杆减负债为重点任务，着力化解经营风险，努力把金杯汽车打造成具有较强可持续发展能力的上市公司。截至2020年12月31日，公司总股本13.11亿元，总市值80亿元。公司主营业务是设计、生产和销售汽车零部件，主要产品包括汽车内饰件、座椅、橡胶件等。主要客户包括华晨宝马汽车有限公司、华晨雷诺金杯汽车有限公司等车整车生产企业。2020年，公司营业收入54.57亿元，下降2.55%；公司实现归属于上市公司股东的净利润-4.55亿元，比年初下降849.71%。截至年末，公司总资产49.03亿元，比年初下降18.61%，归属于公司股东的净资产5.63亿元，比年初增长33.79%；资产负债率76.55%，比年初下降7.67个百分点。

重点零部件企业稳健运行。沈阳金杯延锋汽车内饰系统有限公司通过优化供应链，实现订单管理效率提升，每年可节约上百万元资金；通过海关AEO高级认证复审，为后续业务获得打好基础；内饰产品废品损失率为0.22%；沈阳金杯安道拓汽车部件有限公司通过优化布局、AGV部署、自动KITTING线建立等方法，持续提升直产效率与辅产效率；通过智能化工厂建设，实现企业高效运营管理。业务上，成功获得新五系仪表板、门板两个业务定点；克服疫情影响，保证宝马X5（G18）门板、仪表板、中控项目7月完成首次总成样件和设备验收，12月在金杯延锋汽车内饰系统有限公司厂内完成安装调试，确保项目开发顺利进行。3系电动款（28 BEV）门板项目完成设备模具开发并回厂。获得宝马G68整椅、雷诺XPJ整椅及雷诺G2020整椅业务。在研发上，沈阳金杯安道拓汽车部件有限公司通过高新技术企业认证，正式通过技术中心资质审核，并被辽宁省工信厅授予省级企业技术中心资质；沈阳金杯安道拓汽车部件有限公司对原有的国家级实验室进行全面改造，新增加的试验项目通过国家CNAS的认证。

开拓外部市场。公司宝马座椅业务、宝马内饰业务稳定发展，受华晨集团重整影响，华晨中华产品供货量大幅减少，为此公司积极开拓外部市场：子公司铁岭华晨橡塑制品有限公司与长春一汽四环华通汽车零部件有限公司的合资有序推进，参股公司海辰智联面对华晨中华订单萎缩，拓展外部市场，获得批量军工产品订单；参股公司沈阳仕天在汽车上游原材料业务上取得突破。子公司沈阳金杯安道拓汽车部件有限公司股权重组，公司实施重大资产重组购买金杯安道拓50%股权，完成工商变更。

提升内部管理。公司对标同行业优秀零部件企业和上市公司，寻找差距，积极改进。推进内部改革，公司重点在发展规划、三项制度改革、风险及内部控制等方面开展工作。公司重视产品质量提升和成本控制，通过实施技术改造、优化生产工艺、精益生产和管理、加强企业间协同效应等措施，提升产品品质，努力降低制造成本。建立OA系统协同办公平台，顺利从纸质办公向电子流程审批过渡，实现资源共享、移动办公、高效协同的事务处理机制，有效提升公司管理水平和办公效率，提升信息化、数字化管理能力。落实集中采购工作部署，有采购业务企业均实现集采平台电子信息采录，建立和完善各项采购管理规章制度和操作程序。着力推进“精细化管理，阳光采购”内外相结合的相互制衡的运行机制，不断提升企业采购质量和效率。（都兴鑫）

【沈阳采油厂】 沈阳采油厂（简称“厂”）是中国石油天然气股份有限公司辽河油田分公司重要的油气生产单位，是国内外开发规模最大、现代化程度最高的高凝油生产企业，主要任务是组织沈阳油区（及科尔康油田）的油气生产经营。驻地位于辽宁省沈阳市新民市兴隆堡镇，总占地面积1148公顷，驻地占地面积134.9公顷。2020年末，用工总量3466人，其中工人2524人、干部942人（高级技术人员117人）。

厂机关设14个科室，直属单位5个，基层单位14个，其中直接从事油气生产单位7个。资产原值248亿元，净额56亿元，资产数量28540项，在册设备12404台套。油井总数2126口，开井1596口；水井总数617口，开井501口；气井总数111口，开井31口；观察井69口。全年投入科技经费3938万元，完成科技项目8项，获辽河油田公司科技进步奖6项，国家专利授权4项，工艺技术提升3项，打下低成本发展的基础。获全国“安康杯”竞赛优胜单位、中国石油天然气集团有限公司先进HSE标准化站队、辽宁省党支部标准化规范化建设示范点、辽宁省职工创新工作室、辽宁省基层平安示范单位，受到省部级、市局级表彰53个次、126人次。

生产。原油产量100.5万吨，比计划超产1.7万吨，自2010年后，重上100万吨台阶；原油商品量100.5万吨，比计划增加1.7万吨；天然气产量10322万立方米，比计划超产3422万立方米；天然气商品量6727万立方米，比计划增加5377万立方米；油气综合商品量105.86万吨，比计划增加5.98万吨；油田注水1030.32万立方米，比计划增加110.32万立方米。基本建设投资102377.99万元，总建筑面积47.25平方米。建成投产三元驱配注站1座。完钻探井8口，进尺2.33万米。完钻开发井107口，进尺25.89万米。

探测。完钻投产探井9口，新增探明石油地质储量938万吨，占辽河油田公司23%。储量替换率达到1.26，自2015年后首次回到1.0以上。统筹研究大民屯油田北段，老区扩边取得新进展，实施滚动探井4口，新增探明石油地质储量35万吨。引入水平井体积压裂技术，非常规致密砂岩取得新发现，实施评价井3口，新增探明石油地质储量848万吨。风险探井获得成功，为大民屯页岩油3.43亿吨资源量动用奠定基础。

产能建设。新区一体化产能建设，老区多方式产能建设，生产时率256天，达2000年后新高，位居辽河油田公司第一。精细注水、有效注水，提升水驱效果，积极推进注水专项治理，注水247井次，动态调配430井次，增油2.8万吨。按照油田开发潜力大小、效益高低，优选实施措施增产，实施措施174井次，增油3.93万吨，节约措施及作业费用392万元。生产方式转换有序推进，沈84-安12块5个井组、沈67块6个井组开展化学驱注入试验，增油2678吨，辽河油田第一个高凝油砂岩油藏、第一个高温砂岩油藏化学驱区块见到成效。

运管管控。开井数比2019年增加159口，躺井减少23井次，耗气量减少289万立方米，实现全年电费零增长，比计划节约87.91万度。完善对标管理体系，积极推进“选标、对标、分析、提升、考评”闭环管理，坚持机关与基层联管同责、精细管理与专项整治同向发力、工艺挖潜与科技创效一体推进，标准化站队创建100%达标，5座联合站连续2年被评为“优质低耗联合站”。沈一联合站蝉联辽河油田公司检查评比第一名，成为辽河油田公司集输系统标杆。厂被评为辽河油田公司“采油管理先进单位”。

改革。推进“业务归核、管理扁平”的“油公司”模式改革。运输业务归核化重组，社保业务、离退业务、广源集团公司整建制划转，未上市业务和人员剥离划转，撤销沈阳工程技术处建制，解决（上市业务和非上市业务）“两本账”问题，实现“一项业务、一个属性、一本账套”模式。五定（定编、定责、定岗、定员、定岗位规范）工作常态化，提高组织运行效率和整体经济效益。整体联动，推进厂办大集体改革，推进人员安置分流。突出激励约束，完善薪酬分配机制，制定《沈阳采油厂2020年绩效考核办法》，坚持效益优先、强化业绩导向，形成“分配靠效益，收入凭贡献”绩效氛围。（孙金昌）

【中兴—沈阳商业大厦（集团）股份有限公司】 2020年，公司全体干部员工迎难而上，积极应对和化解疫情所带来的客流锐减、销售下滑等不利因素影响，下半年实现经营业绩扭转，销售额、毛利额连续4个月实现增长，并保持向好态势。

经营。针对2020年特殊的市场形势，提出“四个面对”工作举措，即“面对消费找定位，面对品牌抓王牌，面对服务定任务，面对成果谈收入”，以此确定中兴商业在近一时期的发展方向。重新定位广告宣传语，正式启用并推广“你+我家 中兴大厦”广告宣传语，突出“生活化”“家庭化”的经营理念与文化氛围，打造一个全家欢乐购物的时尚生活圈。严把商品质量，提高服务品质，建立中兴与消费者之间的情感纽带，让消费者体会到“走进中兴门，都是中兴人”的亲切感和归属感。保持与头部品牌密切联系，落实货源，落实调整。劳力士实现品牌直供，特别为中兴商业增加经典款和入门款的货品配备，使劳力士在整个市场中的销售名列前茅，销售突破亿元大关，是同期销售额的3倍；欧米茄、周大福销售超过5000万元；兰蔻、中金、雅诗兰黛销售超过4000万元；萧邦、万国销售均超过3000万元。疫情期间，MCM（风尚、缔造、慕尼黑）品牌斥资600万元进行全新旗舰店的升级改造，乔丹品牌旗舰店落户中兴成就太原街新地标，La Prairie（莱珀妮）、始祖鸟、阿迪达斯等40余个品牌重装升级，提振消费信心和品牌士气。

管理。着力加强供应商关系建设，举办“踏浪 弄潮”闭门会议，邀请50余位渠道方与品牌方的精英代表出席，共同探索商业新格局、新思路，在业内引起强烈反响。众多品牌积极看好混改后中兴商业的发展态势，合作意愿强烈，与优秀的体育用品集团、国际化妆品集团、女装服饰集团、男装服饰集团等重点集团公司建立紧密战略合作伙伴关系；与重点钟表品牌、化妆品牌、运动品牌、国际服饰品牌等头部品牌形成点对点备货模式。推进降本增效工作，严管细抠工作各个环节步骤，想尽一切办法为企业节约成本，创造效益。通过加强设备设施维修，项目重新招标，加强合同签订及执行情况审核等工作，堵塞跑冒滴漏，保障企业利益。全力抓好安全主体责任的落实工作，责任主体签订《安全目标责任状》《防恐怖工作安全责任书》，年度安全指标按要求完成；强化安全检查，落实隐患整改，局部装修改造现场安全监护和夜间安全防范工作无差错。大力开展安全培训工作，提升全员安全防范意识；贯彻落实省、市、区三级政府及集团有关疫情防控的指示精神和要求，及时制定疫情防控预案并做好贯彻执行。严格做好工作人员健康监测、环境清洁、消毒通风、人员防护、客流量控制等工作，无疫情发生。

履行社会责任。疫情期间，中兴商业在做好安全防控的前提下，充分保障营业时间，同时与众多供应商开展合作，通过组织协调，保证超市生活必需品“菜篮子、米袋子”供应充足，价格稳定，来源安全，为顾客健康提供保障。响应党中央、方大集团号召，以高度责任感和使命感深化县情认识，远赴甘肃省临夏州东乡县开展产业扶贫，6个扶贫项目解决当地就业612人。

（谷　宇）

【沈阳市产业转型升级促进中心】 2020年，市产业转型中心周密统筹协调全市各项大型活动，协助沈阳市政府各部门举办第十九届中国国际装备制造业博览会、东北专场网络招聘会、推进京沈对口合作工作、承办2020年计算机大会沈阳分会场工作等15项活动。全面推进沈阳市中小企业服务体系平台建设工作，开展系列公益培训和企业服务日活动，提高为企业提供公益服务的履职能力，将政策细化、量化，进一步推动政策落地、落细、落实，让民营企业从政策中增强获得感。

中小企业公益性服务。应对疫情影响创建“线上讲堂”，举办“疫情防控期间劳动关系问题”线上公益辅导活动3次；与政府部门深度融合，举办“中小高新技术企业贷款贴息申报”线上辅导活动，协助市工信局兑现贴息贷款3108万元；与社会机构和企业合作，举办“2020财税新政及税收形势分析报告会”等活动3次；组织“创客中国”中小企业创新创业大赛沈阳区域赛决赛和“沈阳高新技术企业走进中关村创新创业对接会”等活动3次。推进中小企业公共服务平台建设，申报省、市中小企业公共服务示范平台并获得认定，升级平台项目方案正式纳入2021年全市电子政务建设工程并与市工信局联合推进对标先进地区企业服务平台建设。

非接触技术及应用前景专题研讨会。4月7日，为助力疫后经济发展，与中国计算机学会会员中心沈阳办公室着手策划“非接触技术及应用前景专题研讨会”，探讨疫情过后如何服务企业发展，企业如何快速走出一片技术应用新天地。会议历时3.5小时，全国网络视频直播在线参与人数近2500人，会议吸引沈阳300余户企业组织收看。

京沈对口合作。认真开展“解放思想推进高质量发展大讨论”活动，推进开放创新，引进中关村（沈阳）智能制造创新中心正式落户铁西区，1月17日正式运营。促成中国航天科工集团航天科技馆项目11月25日签约落户沈北新区；促成中国计算机学会成立沈阳办公室，并取得2021年中国计算机青年精英大会的举办权。

（市产业转型升级促进中心）

【沈阳市信息中心】 2020年，市信息中心（市信用中心）围绕“数字政府”建设，主动在全市疫情防控大局中发挥技术支撑和保障作用，全面推进政务信息化各项工作任务。加快构建行权治理体系，牵头编制完成数字政府建设实施方案，以及行权管控平台等13个项目可行性研究报告，成立工作专班深入21家试点单位，完成1480项行权事项调研，以及10家重点单位202类2401个功能模块梳理设计工作。统筹电子政务项目管理，审核新建项目167个，节约市级财政资金6397.35万元；完成全市集中运维项目232个，节约市级财政资金8500万元。着力提升云网保障能力，政务云承载52个部门142个应用系统，实现全市四级政务外网全覆盖，覆盖点位3874个。强化数据归集共享，累计征集数据23.53亿条，推送数据12.54亿条。加强应用中枢建设，发放电子证照、电子证明462类1240.13万个，办理数字证书3.77万个，实现电子签章街道、社区全覆盖。发挥经济预测分析职能，出刊专题报告9期、产业动态参考10期。推进信用工作，全面梳理52家市级单位资源目录，累计归集入库信用信息15亿条，增长25.3倍；累计征集“双公示”（指行政许可、行政处罚等信用信息作出决定后上网公示）信息126万条，公示信用评价信息11万条、信用主体纳入国家级红黑名单信息3.6万条，完成信用修复481件。维护政务网络安全，集中开展150个应用系统（网站）测评。完成中高考等重大活动无线电保障任务，以及16起无线电干扰排查任务，取缔“黑广播”14起。助力疫情防控工作，主动开发疫情监控指挥平台、“盛事通健康通行码”、境外来沈人员管理平台、港澳台外籍人员健康码申办系统，以及市委市政府门户网站防疫专栏，搭建视频会议系统，保障市政府重要会议300余次。

（张大鹏）

【沈阳市重要技术创新研发与科技成果转化中心】 2020年，市创新与转化中心围绕市委市政府总体工作部署，深入落实创新驱动发展战略，坚持疫情防控和科技服务“两手抓”“两不误”，疫情隔离管控工作有序有力、沈阳工业设计大赛成功举办、创新主体培育服务提量增质、基础研究和统计分析同步推进、资源共享和人才合作服务取得进展，科技助农和技术市场服务出新招，创建“青年农民创客之家”，推出技术合同登记“便利化”举措，《农民日报》《中国高新技术产业导报》头版予以报道。举办2021“盛京杯”沈阳工业设计大赛文化创意设计赛暨沈阳十大特色文化创意系列产品评选活动，征集全国作品496件，104家设计单位和15位独立设计师参赛，评选金、银、铜、优秀奖46项，优秀组织奖13项，特别贡献奖1项；与中国“好设计”、广东“省长杯”、河北“金芦苇”等重大赛事合作联动，推荐大赛获奖作品沈阳鼓风机集团有限公司设计的“十万等级制氧量空分装置MAC180离心压缩机”首次获“好设计”金奖，沈阳航空航天大学设计的“公共交通儿童座椅设计”、鲁迅美术学院设计的“共享停车位”和华晨汽车工程研究院设计的“智能网联LTE-V车路协同系统”获“好设计”创意奖，沈阳创新设计服务中心设计的“城市排水车”获“好设计”提名奖；沈阳耐蚀合金泵股份有限公司设计的“万吨移动泵站”、设计师李丽元设计的“疫情喷洒消毒无人机”分获广东“省长杯”广州赛区产品设计组和概念设计组十佳作品；辽宁石油化工大学设计的“快速通道”和“消毒创可贴”分获河北“金芦苇”工业设计提名奖，沈阳市文化创意设计水平得到提升。深入实施《科技成果转化行动方案》，创新开展“沈阳‘互联网+’高校科技成果巡展”活动，组织对接巡展活动10场；推荐沈阳计算技术研究所等4项人工智能项目入选科技部科技成果直通车（大连站）路演，东北大学“深网谛听”项目获2户企业及投资机构关注；探索建立高校、企业、政府和公益性事业单位“3+1”成果转化模式，推动辽宁中医、恒大健康集团、沈抚新区三方“两院五所”（辽宁省中医药科学院、辽宁中医药产业技术创新研究院、辽宁中医人工智能装备研究所、辽宁中医药标准化研究所、辽宁道地药材研究所、辽宁中医健康产业研究所以及辽宁满蒙医药研究所）医养结合项目签约落地，促进建立省中医药产业技术创新基地；配合市科技局推出技术合同登记“便利化”举措，技术合同登记8018项、成交额303.93亿元，列全省第一位；组织参评中国技术市场金桥奖，获奖数创历年之最。市创新与转化中心在推动产业转型升级、促进新旧动能转换大局中，科技服务资源供给量、贡献度以及服务的针对性、系统性、精准性还有待提高；公益性职能和平台载体需进一步完善。

（宁　震）

【沈阳日报社】 2020年，沈报社党委以习近平新时代中国特色社会主义思想为指导，围绕中央关于统筹疫情防控和经济社会发展决策部署，坚持正确的政治方向、舆论导向、价值取向，坚持党性原则、坚持党报姓党，全面强化党报意识，重点实施“五大工程”（精品工程、提质工程、品牌工程、精益工程、先锋工程），各方面工作取得重要进展和成效，新闻舆论主阵地、主渠道、主力军作用进一步发挥。

“精品工程”强宣传。打好主动仗，日报推出“坚决打赢疫情防控阻击战·沈阳在行动”专版和“复工进行时”专栏；推出《从严从实筑牢防线，众志成城共克时艰》等16篇评论；晚报首发辽宁援鄂医疗队2054人全名单；指尖沈阳开辟实时辟谣专区，推出“云课堂”“云医院”等应用；新媒体中心策划制作《十送辽医》，获得省委宣传部主要领导表扬，点击量破亿。唱响主旋律，日报推出2020两会报道之《@沈阳·幸福报告》及迎国庆策划《看见幸福》等一批高水准特刊；《永靖教育扶贫的报道和案例》获全国报业优秀案例奖；日报、晚报、沈阳网等在高质量完成创城档案申报的同时，推出创城专版500余块、专栏数十个，“创城号”报道获沈阳“十大最具影响力新闻奖”；日报、晚报还围绕抗战往事、老厂记忆等“四条主线”对沈阳历史文化进行全媒体报道。内参进决策，报社报送有关疫情影响、文明城市创建、文旅产业发展、夜经济等内容的沈报内参27期，市委、市政府主要领导批示20件次，部分建议、对策进入市委、市政府决策，党报智库资政备受好评。

“提质工程”促融合。工作室扩面，报社先后在沈河区、市应急局等地区（单位）挂牌全媒体工作室，总数达34家，13个区县（市）全覆盖；工作室分别与市纪委监委、市委组织部等联合推出《正风肃纪进行时》《初心使命》《沈阳机关党建》等专版专刊，并协同相关地区、部门策划“老北市开市”、文化嘉年华、惠民消费季等活动；地铁报《劳动者》专刊8月正式出刊；《沈阳文旅》杂志取得正式刊号。新媒体增长，新媒体营收出现增长趋势，指尖沈阳App用户突破65万，月活突破37万；策划推出《沈阳华晨宝马27位外籍员工：我们在中国！我们爱中国！》等爆款产品，首发《启程——献给赴武汉的逆行者》等抗疫公益歌曲，开展抗疫书画网上联展，指尖商城助力因疫情滞销的“辽中玫瑰”实现网上销售；帅正新闻App跻身全国城市报业十佳融创客户端。新平台启用，6月，由新媒体中心（沈阳网）代运维的沈阳城市英文微信公众号、微博账号上线；9月，报社自主创新、超低成本建设的5G视频直播间投入使用；11月，“中国沈阳发布”微信服务号正式开通，“沈阳发布”微信订阅号由新媒体中心代运维。

“品牌工程”保经营。发行首破十，与市总工会合作开展“党报进社区”活动，增加订量近两万份，发行量9年间首次突破10万份。赛事成品牌，报社策划的“一城双赛”（马拉松+赛艇），成为沈阳特色场景品牌，并入选“2020沈阳十大新闻”；“魅力沈马 云跑全国”云直播，吸引全球近40万跑友参与，相关策划获沈阳“十大融合传播新闻奖”；日报参与主办的“国际徒步节”收效良好；指尖沈阳App—沈阳综合服务聚合平台、全媒体用户节、童声合唱团等五个融创项目获全国报刊经营金推手大奖。活动影响广，指尖沈阳App与晚报开展“最美创城人评选”“一句话代言沈阳”“最受欢迎的沈阳十大景点评选”“沈阳生活垃圾分类在线知识竞赛”等活动；沈阳网承接网络安全宣传周、科普日、旗袍节等宣传工作，执行美好沈阳“DOU”起来等活动；接待与交际杂志举办2020年全国接待交际工作培训会；书画院（美术馆）举办“锦绣旗袍·魅力盛京”等多场高规格展览。

“精益工程”严管理。减亏成效大，全年开源节流，实现整体大幅减亏；沈阳地铁报业传媒股份有限公司剥离地铁列车车贴广告业务及时止损；持续推进经营公司清理整顿，对报社和所属单位房产进行系统盘点，规范租售行为；规范开展招标，节支成效明显；开展内部审计和合同审查，确保合法合规性。管理推典型，在印务公司召开加强精细化管理现场会并在全报社开展向印务公司学习活动；对现有制度开展废改立留等清理工作，新出台《沈阳日报社新媒体内容审核管理规定》等一系列规章制度，深化用制度管权管事管人；队伍再优化，开展事业编人员岗位晋升工作，干部结构得到优化，用人导向更加鲜明；进一步增强优秀年轻干部选拔任用力度；进一步明确党委会领导下的采编、经管委员会职责，整合成立信息技术中心、视觉影像中心；对发行、印务上下游业务有机融合；开展补充事业编招聘，引进20余名青年人才；报社还开展档案、保密、直播、增强“四力”（脚力、眼力、脑力、笔力）等方面的业务培训。

“先锋工程”助党建。叫响先锋岗，推出“党报先锋岗，党徽在闪光”“防控疫情，我是党员我承诺”等活动，编发《战疫简报》11期；4名个人、1个集体获2020年度“最美沈阳人”称号，《沈阳日报》全媒体新闻报道青年突击队获团省委表彰。扶贫显担当，跨省文化扶贫，助力脱贫攻坚；沈报选手跻身全国“好记者讲好故事”比赛，获“优胜选手”称号并在全国巡讲。监督常态化，深入推进“两个体系”和正风肃纪监督平台建设，对房产、“三公”经费、制止餐饮浪费、公务接待不规范等事项持续开展监督工作；全面做好巡察“回头看”整改工作。（孔令华）

【沈阳广播电视台】 2020年，沈阳广播电视台有播出3个电视频道、4个广播频率，内设部门17个。在职人员1307人，其中事业编485人、台签97人、派遣604人、企业121人。经营收入2.17亿元。在省级以上评奖中有25件作品获奖，其中获国家级三等奖以上作品4件，《四十城 四十年》获（2017—2018年度）中国广播电视大奖·广播电视节目奖电视专题类大奖，《当“垃圾分类”遇上“双十一”》获第三十届中国新闻奖评选广播专题三等奖，《见信如面》《口头表扬》分获国家广电总局2020年第一季度广播电视创新创优节目和优秀广播电视新闻作品，《初心与手迹——中国当代文学红色经典融媒诵读会》获第二十九届辽宁新闻奖特等奖，《爷爷的忠诚》《“独角兽”养成在路上，东北振兴未来可期》《向上70年·沈阳相册》获第二十九届辽宁新闻奖一等奖。9月，沈阳广播电视台制作的VR电视节目《VR新闻·全景看沈阳》获首届华为VR开发应用大赛全国总决赛影视赛道一等奖。11月21日，公共频道、经济频道开始高清同播，沈阳广播电视台成为东北三省首家所有频道都实现高标清同步播出的广播电视台。12月23日，沈阳广播电视台正式成为国网公司的股东，在省网的原始投资49%投入北方联合广播电视网络股份有限公司，51%投入至国网公司（占全省股份的33.53%）。12月，在“时代之声”（2020）全国广播业综合实力大型调研活动和“TV地标”（2020）中国电视媒体综合实力大型调研活动中，沈阳广播电视台获“年度综合实力城市台”；《初心与手迹——中国当代文学红色经典融媒诵读会》大型直播获年度创新影响力融媒体项目。

全媒体传播格局初步形成。沈阳广电持续推进广电供给侧结构性调整，以互联网思维优化资源配置，把更多优质内容、先进技术、专业人才、项目资金向互联网主阵地汇集、向移动端倾斜，做大做强网络平台，占领新兴传播阵地。全媒矩阵核心平台“云盛京”App实现直播常态化；打造短视频集群，孵化“主播说新闻”“媒资里的沈阳”等30余个短视频IP；深耕垂直领域，推出云课通、云医疗等系列组合产品。截至年末，“云盛京”累计下载量近70万，沈阳广播电视台初步形成以“云盛京”为龙头，以微信、微博为两翼，以在今日头条、抖音、快手等头部平台发布号为矩阵的全媒体传播格局。疫情防控期间，沈阳广电全媒体播发抗击疫情相关报道超过7万条，仅在抖音的播放量就超过45亿次。战疫报道中电视系列报道《口头表扬》被国家广电总局评为“第一季度优秀广播电视新闻作品”，广播节目《见信如面》被国家广电总局评为“第一季度广播电视创新创优节目”。

优化组织架构。沈阳广播电视台优化内部管理体系，构建全新组织生态，全台内设机构由32个调整为17个，形成企业化、集约化管理格局。逐步完善高级、专员和首席工作室评聘的相关制度，探索与企业化管理有效衔接的岗位管理制度，建立多元职业晋升通道，让每名员工都可以在管理岗位、专技职称、台聘职位三条线中选择和规划职业生涯。4月，克服疫情影响，坚定推行各类用人体制人员绩效同工同酬，将原来预计三年的规划提早一年完成。

疫情防控。沈阳广播电视台通过搭建全天候、全方位、全平台、全覆盖的全媒立体宣传格局，截至4月末，全台计派出记者3300余人次，累计播发相关报道2.2万余条，制播公益广告时长2万余分钟，生成新媒体产品6万余件，全网总阅读量突破30亿次。“牛奶是捐的，随便喝；医生是借的，回来时一个都不能少”这句来自沈阳辉山乳业的口号，经沈阳广播电视台制作成融媒产品，全网流量超过9000万，点赞近500万次，评论10万+，成为辽沈地区战“疫”报道中最受欢迎的原创作品。“沈阳战疫不胜不归”网络话题流量2.7亿次；市六院改扩建及新建隔离病房融媒产品《沈阳速度阻击疫情》，一天播放量近2000万次；联合湖北襄阳当地媒体发起对辽沈医疗队的“云送机”“云接机”，近500万名网友参与；辽宁名人、主播短视频等一系列沈阳广电的融媒产品持续为“全国人民送东北上热搜”作出贡献。疫情期间，沈阳广电发起近10场媒体爱心活动，向武汉、襄阳等地筹集医疗及生产生活物资，价值数千万元。

战略合作。沈阳广播电视台发挥自身优势，提速融合发展进程，先后与23家机关企事业单位签署战略合作协议。4月，沈阳广播电视台与市社科联合作共建沈阳市新基础设施创新应用研究中心。8月，沈阳广播电视台与北方联合广播电视网络有限公司合作共建“5G应用创新中心”，共同探索在5G应用创新领域的新方向、新路径。12月，沈阳广播电视台与“央广云听”签订战略合作协议，挂牌“云听·沈阳原创基地”，双方将共同打造可信赖的全球音频行业汇聚与推广平台，探索音频行业与国家媒体间更深层次的合作模式，在产业发展、品牌建立、媒体传播等领域展开全方位合作。（陈　萍）

【沈阳出版发行集团】 2020年，沈阳出版发行集团站位全局主动担当，危中寻机谋求发展，实现主业基础更加稳固，转型升级全面推进，企业管理不断提升，在精品建设、文化服务、创新增效工作中亮点频频、硕果累累。集团齐心协力稳经营、抓业绩、控成本，实现收入4.38亿元。沈阳出版社出版新书880种，再版741种，销售收入7829.95万元。新华书店实现国家教材销售9723万元，增长11.68%。玖伍文化上线并全面打通线上商城和电子会员系统，加速布局“新零售”，线上销售1738万元，增长93.2%。机要印务公司利润254万元，增长30.25%，保密数码和档案数字化项目收入之和，首次达到公司总收入71%，超过传统主营业务。玖伍米橙公司利润51.9万元，增长206.65%，文创书签首创“夹扁”造型，得到市场高度认可，荣登阿里巴巴单品类周销售第二名。集团认真履行国有文化企业把社会效益放在首位的职责使命，竭诚提供高品质公共文化服务。沈阳出版社出版的《沈阳市文物志》《沈水书坊第一辑》获全国城市出版社第三十三届优秀图书一等奖，《新时代辽宁精神解读》《中国游记》《首届盛京童谣集（全6册）》《情满边疆——沈阳市对口支援西藏新疆工作实录（1995—2018）》《回眸——评剧艺术家韩少云的艺术人生》《沈阳文学史·古代卷》《卧溪随笔》获全国城市出版社第三十三届优秀图书二等奖；《草木记》获国家自然资源题材文学作品最高荣誉奖项——第六届“中华宝石文学奖”；《在刺刀和藩篱下——日本731部队的秘密》获第二届全国新闻出版行业平面设计大赛书籍设计类二等奖；《动物映象》有声书成功入选国家新闻出版署“2020年全国有声读物精品出版工程”，为全国城市出版社唯一入选图书；《精神 财富 力量》获第七届、第八届辽宁省哲学社会科学奖、成果奖（省政府奖）一等奖。发行农家书屋图书7.5万册、馆配图书4.25万册，积极引领全民阅读。主力承办沈阳市第十二届全民读书季，创新打造“云端读书节”，推动书香沈阳建设向深走实。发挥玖伍文化城红色文化、传统文化、时尚文化集合优势和平台优势，举办线上线下各类文化活动1120场，扮靓市民心灵家园。集团高站位参加创城工作，狠抓“一城九店”点位建设，出版《盛京谣谚》等2部创城推荐读物，为沈阳连获全国文明城市增光添彩。玖伍文化城获辽宁省第九届全民读书节“最美阅读空间”和“最具影响力公众号”。8月12日，集团董事会决议聘任李兵为沈阳出版发行集团有限公司总经理。（孙东辉）

【东北大学】 截至年末，学校占地总面积255万平方米，建筑面积180万平方米。学校教职工4473人，其中专任教师2792人。有中国科学院和中国工程院院士5人，海外院士4人。国家级人才项目入选者114人，国家级青年人才项目入选者53人，教育部新世纪优秀人才102人，国家自然科学基金创新群体4个。学校设有100余个研究机构，其中国家重点实验室，国家工程（技术）研究中心等国家级科技基地10个。设有国家级协同创新中心2个，辽宁省协同创新中心3个。学校是一所以工为主的多科性大学，涵盖哲学、经济学、法学、教育学、文学、理学、工学、管理学、艺术学等门类。工程学学科进入ESI（基本科学指标数据库）世界前1‰。设有76个本科专业，其中国家级特色专业15个，国家级一流本科专业建设点15个；现有24个一级学科博士点，121个二级学科博士点，36个一级学科硕士点，183个二级学科硕士点，4个工程博士专业学位类别和15个硕士专业学位类别；有19个博士后流动站；3个一级学科国家重点学科，4个二级学科国家重点学科，1个国家重点（培育）学科，涵盖16个二级学科。学校充分释放一流学科建设的带动辐射作用，形成高峰引领、高原支撑、卓越促进、特色牵动，可持续发展的学科建设格局。学校有本科生、硕士研究生、博士研究生4.8万余人。

人才培养。紧扣立德树人根本任务，全面落实《东北大学一流本科教育建设实施方案》《东北大学本科卓越教育行动计划（2017—2023）》，深入推进一流本科教育，实施“四金一新”（“金专”“金课”“金师”“金果”“新工科”）建设方案，获批首批国家级一流本科课程39门，教育部第二批新工科研究与实践项目3项，5个专业通过国家工程教育认证。全力推进卓越研究生教育，深化研究生招生选拔、培养机制和导师遴选等改革，获辽宁省优秀博士学位论文4篇。大力开展创新创业教育，获省级以上“双创”奖励700余项，落地学生“双创”企业87户。面对疫情，学校大力推动教育教学模式和方法改革，开设在线本科课程2958门，研究生课程622门，开课率99.34%。平稳完成研究生云端入学考核、评审答辩，创新开展“云端思政”“线上招聘”“招生在线”，稳健推进学生返校复学和平稳就业。

学科建设。完成“双一流”（世界一流大学和一流学科）建设中期自评，重点建设控制科学与工程、冶金工业流程两大学科群，围绕绿色、智能两大主题，引领国际科技前沿，破解“卡脖子”关键技术。成立东北大学工业人工智能研究院，实施多学院、多学科大跨度交叉融合，培育新的学科增长点。4个ESI前1%学科排名均大幅提升，计算机科学学科首次进入全球前100名。14个学科进入软科世界大学学科排名前400名，7个学科进入全球前200名，4个学科进入全球前50名。新增物理学、艺术学理论两个博士后流动站，总数增至19个。

队伍建设。不断健全师德师风建设长效机制，推进“破五唯”（唯论文、唯帽子、唯职称、唯学历、唯奖项）人才评价改革，推进代表作答辩制、特殊条件制、教学委员会推荐制、聘任委员会主任推荐制，实施协议年薪制，设立长聘岗位津贴，构建更加丰富多元的职务晋升和评价体系。持续推进人才特区和创新团队建设工程，聚焦领军人才和中青年学术骨干的引进和培育，激发创新活力。继续加大引才力度，组织5场海外人才招聘会，接收高质量简历近1000份、面试100余人，实现高质量人才“东北回流”。2020年新增国家级领军人才项目入选者7人，国家级青年人才项目入选者10人，“兴辽计划”项目入选者23人，辽宁省第十三批“百千万人才工程”16人，涌现出全国先进工作者、“万人计划”教学名师、全国基层理论宣讲先进个人等一批先进典型。

科技创新。深化科研体制机制和国防创新体系改革，初步形成以大团队大成果助力一流大学建设的良好局面。全口径科研经费突破19亿元，其中，国防项目立项经费1.27亿元，实现年逾20%的增长。继2019年国家科技奖取得历史性突破，2020年有6项国家科技奖获得评审通过，其中牵头3项，包括国家自然科学二等奖1项，科技进步二等奖2项。年度发表SCI（科学引文索引）论文3069篇。获批辽宁省重点实验室2个，辽宁省工程研究中心1个；新建东北大学—建龙集团“绿色智能化钢铁技术联合创新中心”等校外研发机构4个，科技成果转化典型经验入选2020全球百佳技术转移案例。

抗击新冠肺炎疫情。1月新冠肺炎疫情爆发后，学校将师生生命安全和身体健康放在首位，把疫情防控作为首要任务来抓。1月22日，启动疫情防控工作，全面动员、全面部署、全面落实。加强统一领导，成立疫情防控领导小组、7个专项工作小组，明确各部位职责和任务，出台《疫情防控工作方案》和《疫情防控应急预案》。采取科学精准防控措施，遏制疫情向校园蔓延。加强校园管理，适时适度封闭管理，做好宿舍、食堂、教学楼管等公共环境卫生消杀；通过大数据平台监测师生健康状况与行程，每日做好信息统计与“日报告、零报告”；落实教育部和辽宁省有关部署，安排分批错峰返校、离校，5月返校和12月寒假离校为师生组织核酸检测7万余人次，为学生安排大客车统一接送站（机场）万余人次；妥善做好各级密接及高风险地区返校学生的集中隔离；多措并举抓好“停课不停学”，线上教学开课率96%以上；关爱学生，做好资助、就业及心理辅导，完善后勤生活保障。加强宣传教育，做好舆论引领，学校先后印发致全体师生、党员干部一封信、倡议书等，号召万众一心坚定抗疫决心，对抗疫期间感人事迹和典型做法大力宣传报道，其中《人民日报》、新华社等中央媒体报道50余篇。学校科学、精准、有序、稳扎稳打的疫情防控工作，得到省政府和省教育厅的充分认可和高度评价。

开放发展和深化合作。围绕新一轮东北全面振兴国家战略，承担“高端金属材料研发应用”产学研用试点项目，26个科技成果转化项目落地实施。佛山研究生院发展及园区建设得到实质性推进，校地合作和产学研协同开拓新的局面，东北振兴研究院等智库建设成效显著，多项咨政报告获得国家和省部级领导圈阅批示。建立外事交流审批内部管理制度，获批高端外国专家项目20个，秦皇岛分校获批成立“东北大学悉尼智能科技学院”。成功举办校友企业家高峰论坛，帮扶云南省昌宁县完成“脱贫摘帽”攻坚任务。（展　成）

【辽宁大学】 2020年，学校占地面积2190亩（146公顷），校舍建筑面积89.44万平方米。学校设有本科专业72个，一级学科硕士学位授权点27个，专业硕士学位授权点25个，有理论经济学、应用经济学等12个一级学科博士学位授权点，8个博士后流动站。有世界经济、国民经济学和金融学3个国家重点学科。应用经济学入选世界一流学科建设名单，理论经济学、应用经济学、法学、工商管理、马克思主义理论、统计学6个一级学科入选辽宁省一流学科建设A类行列。有全日制在校学生2.4万余人，其中本科生1.7万人，研究生7100余人；有各类留学生1800余人。有专任教师1493人，其中正高级316人、副高级527人，博士生导师237人，享受国务院政府特殊津贴专家72人，长江学者特聘教授4人，双聘院士4人，国家高层次人才特殊支持计划（万人计划）4人，中科院“百人计划”2人，教育部新世纪优秀人才12人，辽宁省攀登学者9人，辽宁省特聘教授21人，辽宁省“兴辽英才计划”入选者34人；有“黄大年”式教师团队1个，国家级教学团队1个，省级教学团队10个，国家级教学名师1人，省级教学名师21人。

师资队伍。引育国家级人才计划4人，教育部新世纪优秀人才1人，国家教学指导委员会委员3人，国务院学科评议组成员2人。柔性引进国内外高层次人才5人。引进经济学科海外优秀博士4人。入选“兴辽英才计划”20人，辽宁省文化名家暨“四个一批”人才5人，辽宁省高校本科教学名师7人，辽宁省高校黄大年式教师团队1个。在省内率先落实123名辅导员和68名思政课教师岗位津贴。成立辽宁大学中共党史研究院，聘请省人大教育科学文化卫生委员会主任委员戴茂林担任院长，努力将研究院建设成为具有中国特色的党史党建新型智库。4月，辽宁大学经济学院教授、博士生导师谢地入选2019年文化名家暨“四个一批”人才（理论界）。5月，校长教授潘一山被中国科协评为第二届全国创新争先奖，这是学校理工学科在国家级奖项上取得的重大突破，更是落实学校“理工科振兴计划”重大举措的标志性成果。11月，教授杨志安的《辽宁文化产业发展对策研究》、教授张广胜的《辽宁省优化营商环境面临的问题及对策研究》，获批辽宁省委宣传部开展的辽宁省文化名家暨“四个一批”人才培养项目。历史学院教授李艳枝、马克思主义学院教授谢晓娟、公共管理学院教授边恕、新闻与传播学院教授程丽红、文学院教授吴玉杰被辽宁省委宣传部评为第八批辽宁省文化名家暨“四个一批”人才，入选人数列辽宁省高校系统第一名。

科学研究。辽宁大学获批国家社科基金各类项目24项，其中重大项目3项，并列全国高校第25位，世界一流学科建设高校第6位。新增国家自然基金各类项目16项。获第二届全国创新争先奖1人，国家科技进步奖二等奖1项，国家自然科学奖二等奖1项。获“中国百篇最具影响国内学术论文”1篇，第八届高校科学研究优秀成果奖6项，位列全国高校第49位、辽宁省第1位。获第七、八届辽宁省哲学社会科学奖·成果奖103项，获奖总数和一等奖总数均列全省第1位。新增省级协同创新中心3个。

学科建设。打造113门本科生、45门研究生课程思政示范课程，实现本科课程思政建设全覆盖。成立课程思政教学研究中心领导小组和专家指导委员会，建成5个课程思政教学研究中心。完成6个博士学位授权点、3个硕士学位授权点和1个专业硕士学位授权点申报。大力推进第五轮学科评估。在辽宁省高校“双一流”建设项目所属学科2019年度考核中，3个学科被认定为优秀、2个学科被认定为良好，1个学科被认定为合格。获批国家级一流本科专业建设点11个，总数列省属高校首位。获批国家一流本科课程5门，国家新农科和新工科教改项目各1项。获批省级一流本科课程101门，总数位列省属高校首位。12月，2020软科中国大学文科实力排名前200强榜单出炉，学校人文社科指标居前列，位列全国高校第56位、东北三省高校第3位、辽宁省高校第1位。12月，辽宁大学应用经济学一流学科在辽宁省本科建设教学成果奖、一流本科教育示范专业、本科教学名师评选中表现优异。5项成果获辽宁省本科教学质量成果奖。

合作交流。“铼”项目产业化取得新进展，与辽河油田签订协议，在稀有金属提取方面深入合作；与大连高新区管委会达成战略合作，推进稀散元素产业园项目落地大连；与沈北新区政府签署战略合作框架协议。79篇咨政建议类成果获省级以上领导批示和部门采纳。受省教育厅委托，承担《辽宁省教育事业“十四五”发展规划》编制工作，深度参与辽宁省“十四五”发展规划。12月，辽宁大学与商务部国际贸易经济合作研究院举行战略合作签约仪式。

（陆辉　丁云鹏　马心竹）

【中国医科大学】 截至年末，学校占地面积129.9万平方米，建筑面积71万平方米。设有15个学院（学部）、4个研究院，6学科门类拥有学位授予权，7个学科具有一级学科博士学位授予权。设有国家重点学科5个，国家重点（培育）学科1个；国家临床重点专科建设项目40个；省级临床重点专科59个，省级临床重点专科建设项目7个，辽宁省高等学校一流学科A类7个；博士后流动站7个；国家级一流本科专业建设点8个。设有国家临床医学研究中心1个，国家地方联合工程研究中心1个，国家药品临床研究基地3个，省部共建国家重点实验室培育基地1个，教育部重点实验室3个，国家卫生健康委重点实验室6个。2020年，学校在职教职工9103人，专任教师888人；本科招生2026人，毕业生1900人；硕士研究生招生2249人，毕业生数1654人；博士研究生招生367人，毕业生382人。学校是科技部创新人才推进计划创新人才培养示范基地，有中国工程院院士2人；全国杰出专业技术人才1人；国家高层次人才特殊支持计划（“万人计划”）科技创新领军人才3人、“万人计划”教学名师2人、“万人计划”青年拔尖人才人选2人；教育部“长江学者奖励计划”特聘教授4人、讲座教授1人、特岗学者3人、青年学者1人；国家自然科学基金委杰出青年科学基金项目获得者1人；国家自然科学基金委优秀青年科学基金项目获得者1人；教育部“长江学者和创新团队发展计划”团队3个；全国高校黄大年式教师团队1个；创新人才推进计划中青年科技创新领军人才人选1人、重点领域创新团队2个；“百千万人才工程”国家级人选9人；国家有突出贡献的中青年专家2人，国家卫生健康突出贡献中青年专家14人；国务院政府特殊津贴获得者59人；博士后创新人才支持计划获得者2人。12月9日，学校在第十二届“挑战杯”中国大学生创业计划竞赛中获1金1银4铜，并以团体总分获“优胜杯”，这是辽宁省在此项竞赛史上获得的最好成绩。9月，学校第二临床学院、第四临床学院第四批援鄂医疗队获全国抗击新冠肺炎疫情先进集体；王振宁、马晓春、赵敏获全国抗击新冠肺炎疫情先进个人。学校第二临床学院党委获全国先进基层党组织；王振宁获全国优秀共产党员。

学科建设。学校以创建“双一流”为目标，召开“双一流”建设工作会议，出台“双一流”建设工作方案，建立“双一流”

建设评价指标体系。免疫学、社会科学总论首次进入ESI世界排名前1%；ESI最新国际排名966位。在2019—2020学年全省“双一流”建设项目绩效考核中，学校新增C层级及以上高端人才类成果8个、科研项目类成果8个，列省属高校第一位。6月，学校第一临床学院获批为中国医科院肿瘤医院辽宁医院项目依托医院，成为国家肿瘤区域医疗中心。9月，学校第二临床学院获批东北区域国家儿童区域医疗中心。新增5个“国家级一流本科专业建设点”、2个“省级一流本科专业建设点”；13门课程入选首批“国家级一流本科课程”，位列省属高校之首、全国医药院校第3位；75门课程入选“辽宁省一流本科课程”。

师资队伍。学校深化教师评价改革，修订专业技术职务评聘暂行办法，坚持将思想政治和师德师风摆在教师评价的首要位置。开展常态化直聘工作，实施青年英才培育计划。1位教授入选“国家高层次人才特殊支持计划（万人计划）教学名师”，1位教授入选“国家高层次人才特殊支持计划（万人计划）青年拔尖人才”，3位教授入选“长江学者特设岗位”，1位教授获“国家自然科学基金优秀青年科学基金”。11月24日，在2020年全国劳动模范和先进工作者表彰大会上，学校第一临床学院丁仁彧、第二临床学院孙思予获“全国先进工作者”称号。

人才培养。获辽宁省普通高等教育（本科）教学成果奖一等奖8项。举办首届“红医杯”大学生创新创业大赛。获第十二届“挑战杯”中国大学生创业计划竞赛全国决赛金奖，捧得“优胜杯”，实现辽宁省高校“零”的突破。

科技创新。新增9个国家临床医学研究中心分中心，新增获批建设3个辽宁省重点实验室、1个辽宁省工程研究中心、5个辽宁省临床医学研究中心；获批纵向科研项目418项，总经费1.45亿元，获批国家重点研发计划项目1项，国家自然科学基金127项，其中重点项目1项、国际（地区）合作与交流项目1项、优秀青年科学基金1项、区域创新发展联合基金3项、面上项目65项、青年基金53项，获美国NIH（国家健康研究院）RO1科研基金1项；获省部级科学技术奖15项，其中辽宁省科技进步奖（创新团队奖）1项、辽宁省科技进步奖一等奖5项。完成科技成果转化3项。在BMJ（英国医学杂志）、PNAS（美国科学院院刊）等顶级期刊发表论文11篇。

社会服务。附属盛京医院获批国家儿童区域医疗中心（东北区域），附属第一医院挂牌“中国医学科学院肿瘤医院辽宁医院”、国家肿瘤区域医疗中心（筹建）。学校司法鉴定中心通过中国合格评定国家认可委（CNAS）司法鉴定实验室认可评审，并获“全国公共法律服务先进集体”称号。学校入选“国家级专业技术人员继续教育基地”。在复旦大学医院管理研究所《2019年度中国医院排行榜》综合排名中，附属第一医院和附属盛京医院分列第17位和第38位，附属口腔医院稳居口腔专科排名第9位，全校有9个专科位列全国专科排名前10位，另有19个专科获得提名。附属第一医院在国家卫生健康委2018年度全国三级公立医院绩效考核中考核评定等级A+，综合排名位列全国第18位、东北区域首位。

国际交流合作。举办“一带一路”国际医学教育联盟第一届理事会第三次理事大会暨第四届国际高等医学教育论坛（线上），与境外10所院校进行沟通交流。“一带一路”国际医学教育联盟获批辽宁省普通本科高等学校校际合作项目。学校获批国家留学基金委创新型人才国际合作培养项目1项，获批促进与外国科研合作与高层次人才培养项目1项，有24名教师获国家留学基金委会公派留学资助。

疫情防控救治。学校先后派出31批560余名师生员工驰援湖北、吉林、黑龙江、新疆、北京、河北6个省区市13个城市；在全国抗击疫情表彰大会上，学校集体和个人获多项荣誉称号；第二临床学院（附属盛京医院）教授刘勇团队提出“10合1混采检测技术”。学校严格做好校园和附属医院疫情防控工作，实现全校师生员工“零感染”目标。

（张　萱）

【中国刑事警察学院】 2020年，学校抓改革、谋创新、促发展，特别是新冠肺炎疫情发生后，学校党委全面落实党中央、公安部党委和地方党委政府决策部署，团结带领广大师生迅速行动、精心组织，多措并举、织“网”筑“墙”，有效保障师生身体健康和生命安全，推动学校各项工作取得显著成效。学校有3个校区，占地面积51.66万平方米（其中，塔湾校区21.4万平方米、白山路校区4.53万平方米、蒲河校区25.73万平方米）。有教职工776人，其中专任教师409人。有在校本科生5860人，研究生949人，留学生28人。2020年，招录本科生1566人，毕业1118人；招录研究生403人，毕业249人。设有7个教学型二级学院，3个管理型二级学院。有3个一级学科，1个二级学科，4个专业学位授权点。其中公安技术一级学科和公安学一级学科入选辽宁省一流学科。设有12个公安本科专业和2个非公安专业。

思政引领。严格落实《意识形态工作实施细则》，制定修订相关规章制度，开展舆情监控研判，实现意识形态领域监控管理全天候全领域全覆盖。充分发挥新媒体在意识形态领域的积极作用，学校官微被评为“公安政务新媒体优质原创力账号”，在全国公安院校榜单、全省各类高校榜单排名中始终位列前三名；官方抖音号在全省千余个政务类抖音号中居前十名。深入落实八部委《关于加快构建高校思想政治工作体系的意见》，明确思政工作总体推进目标，建立思政工作台账，初步构建起以“忠诚”为核心的学校思想政治工作体系框架。启动首届公安思想政治工作方向警务硕士研究生培养工作。始终将思政课作为落实立德树人根本任务的关键课程，同步加强课程思政建设，实现思政课程、课程思政有机结合，同向同行。

学科建设与研究生工作。完成“双一流”建设周期总结工作，公安技术省一流学科绩效考核获评“良好”等次。制定公安技术、公安学学科发展规划。公安技术一级学科下增设安全防范技术与工程学科方向。获省市“双一流”建设专项经费支持1070万元，确定首批61项建设项目，为进一步融入全国高等教育体系、推进标志性成果产出奠定基础。坚持以“双万”（建设一万个国家级一流本科专业点和一万个省级一流本科专业点）计划为牵引，新增4个国家一流专业建设点，国家一流公安专业建设点达到7个，数量、比例均为全国公安院校之最。新增反恐警务专业，高水平反恐专门人才培养工作迈出坚实一步。4门课程获批国家一流课程，27门课程获批省一流课程，课程建设水平在同类院校中稳居前列。推进专业教学与警务实战的深度融合，实战化教学改革有序推进。实施研究生创新能力提升计划，为研究生搭建更广阔的创新与学术交流平台。研究生发表学术论文近400篇，76名研究生通过国家统一法律职业资格考试。

科研创新。在省部级重点实验室和智库建设，学校投入150万元经费支持重点实验室和智库建设。文件检验鉴定公安部重点实验室、辽宁省法庭科学重点实验室通过部省周期评估和年度考核；“新时代犯罪治理研究中心”正式实体化运行；3项国家重点专项通过中期检查。获批省部级科研立项49项，支持经费537.9万元，其中，国家重点研发计划课题1项，国家社科基金项目1项；辽宁省社科规划基金项目12项，立项数量增长3倍。2项成果获辽宁省科学技术进步三等奖。发表论文325篇，出版学术著作10部，获批专利17项。《中国刑警学院学报》综合影响因子从0.532提升至0.698，居全国公安学报第二名。

人才队伍。第三轮岗位设置与聘用工作顺利完成，通过公安部直属单位统一招录人民警察，引进12名教职工。有2名教师入选国务院学位委员会第八届学科评议组成员，1名教师获批享受公安部部级津贴，3名教师被授予辽宁省优秀教师称号，2名教师被授予辽宁省普通高等学校本科教学名师称号，13名教师入选第三届全国刑事技术特长专家，5名教师入选第十一批全国刑事技术青年人才，1名教师获评辽宁省优秀科技工作者，1名教师入选辽宁省“百千万人才工程”千层次人选，1人入选辽宁省高等学校优秀人才支持计划，3人入选公安部刑事侦查局专家工作室专家，“警院名师”的影响力进一步提升。

开放办学。深化与沈阳市公安局“同城一体化”建设，为教师常态化参加公安实践锻炼提供平台、做好保障。坚持“走出去”“引进来”相结合，专任教师在厦门大学参加“教师教学能力提升与教学创新高级研修班”，参加慕课培训和“雨课堂”教学工具应用培训。与部刑侦局联合成立全国新型犯罪研究中心。首次与部刑侦局、经侦局开展警务硕士研究生联合招生培养工作。与部禁毒局签订共建协议，围绕人才培养、学术研究、队伍建设等开展全面合作。在与沈阳市公安局、沈阳海关缉私局战略合作基础上，与沈阳铁路公安局签订校局合作框架协议，围绕“教、学、练、战、训”开展全方位合作。与沈阳市于洪区政府签订校政平安建设合作框架协议，通过与地方党委政府的全面合作，充分展示部属公安院校服务地方的政治担当和服务实战的独特优势。主动适应公安实战需求，做好在职民警培训整体规划，确保常态化疫情防控形势下培训工作的顺利开展。将公安部调训任务作为培训工作首要任务，在师资力量、后勤服务等方面予以全力保障，完成部局及其他各类培训班任务，培训效果得到公安部肯定，受到学员的好评。

（郝　佳）

【沈阳农业大学】 沈阳农业大学是一所地方与中央共建的全国重点大学。学校坐落在沈抚同城连接带中心区域天柱山南麓，东与世界文化遗产清福陵毗邻，南与沈水浑河相望，占地面积6.83平方千米。沈阳农业大学前身为1906年清政府设立的省立奉天农业学堂。1979年10月，经国务院批准为全国重点高等院校，1981年被批准为首批具有博士、硕士学位授予权单位；1985年10月，更名为沈阳农业大学。2000年，学校由农业部所属划转为以辽宁省管理为主、辽宁省与中央共建的全国重点大学。2020年，沈阳农业大学成为教学和科研并举，以农业与生命科学为特色，农、理、工、经、管、法多学科协调发展的研究应用型大学。学校设有16个学院、4个教学部（中心、所），有8个博士后科研流动站，10个博士学位授权一级学科，75个博士学位授予权专业，117个硕士学位授予权专业，58个本科专业；有3个国家重点学科，3个农业部重点学科，7个辽宁省高等学校一流学科，27个辽宁省重点学科。根据科睿唯安发布的最新ESI数据显示，农业科学、植物学与动物学持续进入全球ESI前1%学科；有包括国家工程实验室、国家地方联合工程实验室、科技部和教育部批准设立的新农村发展研究院在内的省级以上（含沈阳市）科学研究机构94个、基础实验室及实验教学中心19个。校内外教学实习基地301个。有学生23375人，其中全日制本科生13248人，全日制博士研究生798人，全日制硕士研究生4742人，非全日制专业学位研究生71人，留学生444人，成人继续教育生3072人。1月，经农业科技创新联盟秘书处研究决定，由沈阳农业大学发起的中国生物炭产业技术创新战略联盟作为产业性联盟纳入国家农业科技创新联盟框架，并更名为“国家生物炭科技创新联盟”。11月，沈阳农业大学召开国家生物炭研究院成立大会暨学术报告会，组建国家生物炭研究院，实现多学科融合创新发展。12月，辽宁省教育厅公布2020年辽宁省普通高等教育（本科）教学成果奖获奖名单，沈阳农业大学教授陈温福、王铁良教授、教授黄晓波、教授张智副主持的4项成果获辽宁省教学成果一等奖。另有3项成果获二等奖，7项成果获三等奖。

师资队伍。学校有教职工1772人，其中专任教师1320人，教授242人，副教授361人，博士研究生导师255人和硕士研究生导师611人。专业教师中有院士2人，特聘院士5人，国家杰出青年科学基金获得者2人，万人计划等国家级人才项目获得者9人，国家“百千万人才工程”第一、二层次人选3人，新世纪百千万人才工程国家级人选2人，国家百千万人才工程人选1人，国家级教学名师1人，国务院学科评议组成员3人，教育部优秀人才支持计划人选3人，科技部中青年科技创新领军人才1人，教育部创新团队1个，农业部农业科研杰出人才及其创新团队1个，农业部“神农计划”人选2人。5月，沈阳农业大学院士李天来获第二届全国创新争先奖，并赴京出席颁奖活动。12月，沈阳农业大学园艺学院教授吕德国领衔的，由园艺学院果树栽培与生理生态、果树发育生物学、果树遗传育种与生物技术、果树分子生物学4个专业方向的教师组成果树栽培与生理生态教师团队入选2020年度“辽宁省高校黄大年式教师团队”。

人才培养。学校有教育部“双万计划”一流本科专业建设点18个，国家级优秀教学团队1个，国家级特色专业4个，国家卓越农林人才教育培养计划改革试点项目8个，教育部地方高校第一批本科专业综合改革试点项目1个，国家级精品资源共享课1门，国家级优秀网络课程2门，国家级农科教合作人才培养基地4个，国家级大学生校外实践教育基地2个，国家级实验教学示范中心1个。国家级一流本科课程3门，省级一流本科课程67门，辽宁省精品资源共享课16门，辽宁省视频公开课2门，省级实验教学示范中心14个，省级大学生实践教育基地14个，省级虚拟仿真实验项目2个，省级实训培训基地1个，省级虚拟仿真实验教学一流课程4门。

科技创新。5月，辽宁省科学技术奖励委员会发布2019年度科学技术奖励公报，沈阳农业大学6项主持研究的成果、3项协作研究的成果获奖。其中，2项主持研究的成果获科技进步一等奖。10月，“第十一届梁希林业科学技术奖”评奖结果公布，沈阳农业大学园艺学院教授孙红梅主持的项目“百合种球发育调控及生产技术创新与应用”获梁希林业科技进步奖二等奖，这是沈阳农业大学首次获梁希林业科技奖。

“双一流”建设。1月，沈阳农业大学在全省率先出台《沈阳农业大学“双一流”建设方案》，并召开“双一流”建设推进大会。会议从学科建设、本科教育教学、研究生培养、科学研究、校园文化建设和国际化办学等方面，全面总结五年间沈阳农业大学“双一流”建设的成绩、经验，提出“双一流”建设主要任务和主要措施。

国际交流合作。申报国家留学基金委高水平大学公派留学研究生攻读学位及联合培养项目17项；首次获批国家留学基金委“乡村振兴”专项资助（3年内资助12人次赴美国、日本进行为期1年访学交流）；获批录取国家公派访问学者9人；获批“辽宁省教育厅厅长突破项目”教育国际交流平台及项目各1项；获批沈阳教科工委高校“一带一路”建设示范项目1项，优秀项目1项；获批教育部“一带一路”专项研究课题1项；组织申报亚洲合作基金项目1项；组织申报留学基金委“俄乌白专家学者短期计划”1项、促进俄乌白国际合作培养项目1项；申报教育部推进共建“一带一路”教育行动品牌项目1项；筹备与英国、澳大利亚、波兰、韩国等高校联合申报教育部中外合作办学项目。（沈阳农大）

【鲁迅美术学院】 鲁迅美术学院前身是1938年在延安发起创建的鲁迅艺术学院，是“新中国美术的摇篮”，毛泽东题写校名和“紧张、严肃、刻苦、虚心”的校训。学院有沈阳和大连两个校区，沈阳校区地处东北政治经济文化中心的高新产业街区三好街，大连校区地处美丽的国家风景旅游度假区金石滩。校园总占地面积95.8万平方米，图书馆藏书量66.9万册，并藏有国内历代书画真迹、碑帖拓片和文物计3000余件，美术馆和艺术博物馆总建筑面积23796平方米。学院有中国画学院、工业设计学院、建筑艺术设计学院、绘画艺术学院、人文学院、雕塑系、摄影系、染织服装艺术设计系、当代艺术系、视觉传达设计学院、中英数字媒体（数字媒体）艺术学院、传媒动画学院、国际服装学院、工艺美术系、继续教育学院15个专业院系，与国际上30余所艺术院校建立友好校际关系，并经教育部批准，分别与日本文化学园文化服装学院、英国索尔福德大学开展合作办学。现有专任教师508人，其中教授81人，副教授206人，讲师180人，助教36人，有11位专家享受由国务院颁发的政府特殊津贴。4月29日，学院党政办公室主任、双一流建设办公室主任房贵新获2020年“辽宁省五一劳动奖章”称号。5月20日，鲁迅美术学院中英数字媒体（数字媒体）艺术学院师生设计书籍《刘小东全方位》获59个国家/地区参与的第99届纽约ADC国际设计大奖Books / Image-Driven类佳作奖，作品《MOOD》获ADC青年立方奖银奖。学院安全保卫工作紧密围绕重点问题、重点事件和重点人群，采取有力措施，有针对性地予以解决，确保了新中国成立70周年大庆和重要敏感时段的校园安全，被省公安厅授予辽宁省企事业单位安全保卫工作暨新中国成立70周年大庆安保工作集体一等功。5月23日，适逢毛泽东《在延安文艺座谈会上的讲话》发表78周年，鲁迅美术学院作为主要传承单位受邀参加延安文艺纪念馆开馆仪式暨第二届中央音乐学院·延安“5·23”艺术节。5月30日，鲁迅美术学院院长、著名雕塑家教授李象群雕塑作品《王盛烈》获FACE2020第56届英国肖像雕塑协会年度展“希瑟利美术学院奖”，这是亚洲首位雕塑家获该奖项。同时该作品被伦敦希瑟利美术学院校长韦罗妮卡·里克斯（Veronica Ricks）评为展览最佳展品奖。12月9日，鲁迅美术学院院长李象群带领工业设计学院一行赴长春中国第一汽车集团股份有限公司造型设计院签署《鲁迅美术学院与中国第一汽车集团股份有限公司校企合作战略协议》，并进行交流考察活动。

学院是辽宁省重点支持的国内一流大学建设单位，有3个一级学科：美术学、设计学、艺术学理论，均具有硕士学位授予权，美术学学科、设计学学科是辽宁省重点支持的国内一流建设学科。学院有本科专业20个：中国画、书法学、文物保护与修复、绘画、雕塑、公共艺术、摄影、影视摄影与制作、产品设计、环境设计、服装与服饰设计、表演、美术学、艺术管理、视觉传达设计、数字媒体艺术、动画、戏剧影视美术设计、工艺美术、艺术设计学。其中中国画、绘画、雕塑、产品设计、视觉传达设计、动画专业被评为国家级一流本科专业建设点；摄影专业被评为省级一流本科专业建设点；环境设计、服装与服饰设计、数字媒体艺术、工艺美术专业被评为第三批省级一流本科示范专业。1月3日，学院中国画、绘画、雕塑、动画、视觉设计传达、产品设计6个专业被评为国家级一流本科专业建设点；3月5日，学院申请增设的艺术管理、表演、文物保护与修复3个本科专业通过教育部备案，并从2020年开始招生。12月8日，学院工业设计学院的交通工具设计获评线下一流本科课程。同年，摄影专业被评为省级一流本科专业建设点。（周雪飞）

【沈阳大学】 2020年，沈阳大学学校占地面积47.99万平方米，建筑面积50.09万平方米。有教职工1936人，其中专任教师1163人，副教授以上教师735人，博士生导师13人，硕士生导师407人；长江学者1人，国务院政府特殊津贴获得者4人，国家教学名师2人，省攀登学者、“四个一批”人才、“兴辽英才计划”人才、“百千万人才工程”人选、优秀专家等各类省级人才计划和工程82人，省高等学校创新团队7支、教学团队8支。在校生1.7万余人。当年招生总数4735人，其中全日制本科生4180人，博士研究生9人，硕士研究生383人，留学生163人（来自7个国家）。毕业生总数3783人，其中全日制本科生3520人，各类研究生生263人。拥有经、法、教、文、史、理、工、农、管、艺10个学科门类，博士后科研工作站1个，服务国家特殊需求博士人才培养项目1个，一级学科硕士学位授权点8个，硕士专业学位授权类别（领域）18个。设有教学院16个，开设本科专业59个，其中国家级特色专业建设点1个、“卓越工程师培养计划”专业3个、一流专业建设点5个，省级一流专业建设点、重点支持专业、综合改革试点专业等各类省级专业建设项目12个，市重点建设专业19个；国家一流本科课程2门，省一流本科课程47门。拥有辽宁省重点实验室、辽宁省工程技术研究中心等科研平台16个，国家级和省级教学实践基地、教学实验中心16个，省大学生创新创业实践教育基地1个、大学生创业孵化示范基地1个。图书馆馆藏书178.75万册，电子图书674.31万册，电子期刊138.40万册，教学科研仪器设备总值2.44亿元。学校新图书馆建设工程主体结构全部封顶，完成文体活动中心、音乐厅、理工实验楼等教学、生活设施维修改造工程3项。学校是教育部卓越工程师教育培养计划高校、辽宁省首批向应用型转变示范高校、辽宁省首批深化创新创业教育改革示范高校、辽宁省来华留学生工作示范建设高校，环境科学与工程学科入选辽宁省一流学科建设项目。

学科建设。环境科学与工程学科通过省一流学科年度合格评估，增设“国际商务”“风景园林”2个专业学位硕士点。教育硕士获批辽宁省专业学位研究生联合培养示范基地，土木工程、美术学、教育学、物流工程与管理4个研究生联合培养项目被确定为2020年教育厅长突破项目立项项目。

专业建设。培育打造一流专业和一流课程，材料成型及控制工程、旅游管理、土木工程专业获批成为国家级一流本科专业建设点，材料成型及控制工程、小学教育（师范）、公共艺术、焊接技术与工程、生物科学（师范）、经济学6个专业获批辽宁省一流本科教育示范专业，生物科学（师范）专业通过师范类专业第二级认证现场考查。

人才培养。推进人才培养模式改革，“沈阳大学新松现代产业学院”获批辽宁省普通高等学校国家高新区现代产业学院，“华为信息与网络技术学院”获批辽宁省普通高等学校现代产业学院。49门课程入选国家级和省级一流本科课程。学生创新创业能力不断提高，研究生参加各类创新竞赛，获国家级和省级奖项121项；本科生获国家和省级创新创业竞赛奖项350项，国家和省级大学生创新创业项目78项，并在全国数据建模竞赛、高校数字艺术设计大赛、金相大赛、经济学博弈大赛中首次获得国家级奖项。

师资队伍。持续加大高层次人才引育工作力度，引进沈阳市顶尖人才团队1个，国务院学科评议组成员等高层次人才5人，获批辽宁省“兴辽英才计划”青年拔尖人才项目等各类人才计划和人才工程5人。常态化引进博士人才46人，师资队伍中博士比例提升至32.4%。

科学研究。获批市级以上科研项目近200项，其中作为核心单位首获国家重点研发计划项目。获省科技进步三等奖1项，沈阳市自然科学学术成果奖10项。获批辽宁省多组硬质膜研究及应用重点实验室及辽宁省危险环境作业机器人工程研究中心，希腊—中国文化艺术交流中心被确定为2020年教育厅长突破项目国际教育合作平台立项项目。城市发展与竞争力研究中心入选“辽宁省高等学校新型智库”，《沈阳大学学报（自然科学版）》再次入选中国科技核心期刊，并被评为2020年度中国高校优秀科技期刊。

疫情防控。坚持把师生健康和生命安全放在第一位，成立疫情防控工作领导小组，制定工作方案，构建联防联控机制，加强宣传引导，强化物资储备，实现思想认识、组织动员、情况掌握、措施落实、物质保障“五个到位”。突出抓好非毕业生线上教学和毕业生就业两项重点工作，大力推进线上教学，全面实现“停课不停教，停课不停学”，严格贯彻落实国家和辽宁省就业工作会议精神，持续推进“不断线”就业服务，研究生和本科生年终总体就业率90.75%。

（马　剑）

【沈阳市勘察测绘研究院有限公司】 2020年，公司完成数字化地形图供图任务6061件次，累计完成坐标测量、建筑物放线、规划核实、不动产测绘等15大类一般测绘工程任务3198件次。公司把基础测绘的前瞻性工作落到实处，继续完善各种大比例尺数字化地形图的修测更新机制，完成沈阳市主城区1:500航测数字化成图230平方千米，沈阳市中德产业园区域1:500航测数字化成图93平方千米，沈阳市1:1000航测数字化成图2379.25平方千米，使沈阳市的基础地理信息数据得到及时更新和维护，提高了地形图的现势性。完成岩土工程勘察项目137项，钻孔数6580个，总进尺9.5千米；水文地质勘察1项；岩土工程设计10项；基坑监测项目1项；地基与基础检测15项。完成地质灾害评估4项；矿产压覆评估4项；地质灾害点调查评估1项；沈阳市地质灾害防治规划1项。完成沈阳市“三一五”工程2020年造林工程设计及沈北新区棋盘山地区“4·17”森林火灾受灾林地修复项目设计各1项；沈阳市采煤沉陷区治理规划方案1项；完成康平县闭坑矿山恢复治理设计2项；湿地调查报告1项；矿山地质环境调查1项；沈阳市采煤沉陷区调查1项。完成静压管桩施工项目2项，累计施工桩长11.2万米；完成高压旋喷桩施工项目1项，累计施工桩长3500米；完成灌注桩施工5项，混凝土方量9500立方米；完成康平县闭坑矿山恢复治理工程施工2项。截至年末，公司在岗职工总数450人，技术人员253人（正高职称34人、副高职称51人、中级职称113人、初级职称55人）；注册测绘师62人，注册岩土工程师10人，注册一级建造师4人，注册二级建造师4人，注册一级结构工程师1人，注册造价工程师1人。

城市建设服务。优质高效完成世界银行贷款辽宁城镇供水安全可持续发展示范项目市街管网第一批项目，第二批原径原位管线供图服务，为5G基站选址建设和通信管道新建及扩容提供数字化地形图和测绘服务，完成盛京皇城改造项目——头条胡同、官局子改造、老久华成亲王府盛京传奇供图和测绘服务、沈阳市拟建2020年快速路范围供图服务，沈阳市地铁六号线、一号线东延线、三号线、四号线、九号线、十号线建设供图和测绘服务。完成自然资源成果图册、沈阳市森林防火应急保障挂图作战技术服务、沈阳市矿山与地质灾害专题地图、沈阳市林业生态建设领导工作地图、2020走遍沈阳系列地图、沈阳主城区地名图、于洪区地图及各街道地图、新民市地图及城区图、辽宁省水文水资源图集等。此外，地理市情分项指标监测、地图技术审核、卫星遥感监控数据处理与应用服务、沈阳市森林督查暨森林资源管理“一张图”年度更新等项目均完成，并交付成果。

疫情防控服务。为市疫情防控应急指挥部提供《沈阳市重点管控区域位置示意图》《明廉街道影像图》《于洪区重点管控区域城市运行应急保障图》等20余幅应急保障地图，完成疫情专题信息的动态更新空间位置化服务。同时，配合市农业农村局，利用无人机航摄手段采集沈阳市苏家屯区12个行政村的村屯范围内视频信息，用于农村疫情防控情况的监督和检查，为疫情防控工作贡献力量。公司配合市自然

资源局完成2020年应急测绘保障演练工作，提升应急测绘保障能力，为沈阳市应急救援提供及时有效的测绘服务保障。（李旭喆）

【中国移动通信集团辽宁有限公司沈阳分公司】 2020年，公司扎实履行央企责任，全力做好疫情防控中“三个保障”（通信保障、服务保障和防控保障）。同时，持续发挥建设网络强国、数字中国的主力军作用，在企业自身不断深化改革的同时，不断助力沈阳地方信息化建设和经济发展，实现营收超51亿元。

市场运营。个人市场基本稳定，5G客户实现绝对领先，通信客户份额提升1.2个百分点；家庭市场规模成为区域家宽市场主导运营商；政企市场贡献显著，成为收入增长新动能，重点产品信息化收入增长33.7%，DICT（大数据、IDC、云计算、ICT业务）收入占比36%，IDC收入翻一番，物联网业务增长16.1%，移动云业务增长854.3%；新兴市场持续拓展，和彩云、视频彩铃等产品客户规模同比扩大38.1%。

5G发展。提前完成5G二期工程建设任务，新建5G基站3016座，累计达到3776座，实现主城区连续连片覆盖。打造1条金廊精品路线、5个标杆示范区，桃仙机场成为本地交通枢纽5G样板区域。在集团公司5G SA网络质量竞赛中，铁西产业升级区、盛京皇城主题区获评全国“5G标杆区域”。主城区27个网格全部达到SA（独立组网的5G标准）基准商用能力，从性能到基础能力进入国内网络第一梯队。为沈阳第六人民医院新建负压病房实现5G信号全覆盖。获集团公司“5G领跑”先锋奖及省公司总经理特别嘉奖。探索5G行业应用，打造行业示范项目。与沈飞公司、黎明公司等龙头企业开展5G战略合作，与宝马公司建立常态化5G应用合作。在沈阳国际软件园搭建东北首个5G+MEC联创实验室，以此为平台与研发类企业合作，共同创新5G应用，探索5G商务模式。

能力提升。持续开展问题溯源，解决影响客户感知的网络问题5200余个，溯源问题解决率提升至81.6%，语音通话质量、手机上网质量保持行业领先。全市家庭宽带网络覆盖率达96%，有效提升家集客网络支撑能力。开展家宽义诊进小区86场次，面对面解决客户疑难问题；优化专线开通流程，开通时长缩短至4.7天；提升专线售后维护能力，专线故障处理时长压缩20%，客户网络满意度同行业中持续保持领先。完成2020年防汛跨专业应急通信演练。

企业管理。健全党组织把方向、管大局的制度体系，规范公司党委前置研究工作项目，理清党委会、总经理办公会权责界面；进一步梳理用工编制，推动一线单位优化用工结构；坚持薪酬激励向一线和核心骨干员工倾斜，持续激发队伍活力；大力推进降本增效，全面提高资产效能；通过多维度多举措完善员工关怀体系，切实有效提升员工幸福感知；深化“法治移动”建设，开展“红法印”巡展，全面提升法治工作服务全局、服务一线、服务发展的能力，推进业法融合，不断提高依法治企能力；严格落实安全生产责任制，加强舆情管控和保密管理，全年未出现重大安全生产责任事故、重大负面舆情、重大失泄密事件。

履行责任。深化网络提速降费，数据专线、互联网专线资费下降24.3%。精简资费体系，资费透明度、账单清晰度改善明显。落实携号转网工作部署和要求，做好推出携号转网惠民服务。对不良信息持续保持高压态势，扎实开展“断卡”行动，建立不良信息违规用户惩治清单，依法关停骚扰电话、垃圾短信用户，切实保障网络安全和客户利益。圆满完成工业互联网大会、第八届卧龙湖冬捕节等45次重大通信与网络信息安全保障任务。统筹抓好疫情防控与生产经营，实现全员零疑似、零确诊。主动承担社会责任，全力做好疫情期间暴雪天气通信保障、“沈阳云课”首播等方面，助力沈阳疫情防控服务保障工作。

（彭丽书婉）

【中国联合网络通信有限公司沈阳市分公司】 2020年，沈阳联通公司作为沈阳地区主导通信运营商，拥有1000余个自有营业厅及代理营业网点，服务800万户用户，主营收入市场份额达到40.3%。沈阳联通公司在5G应用方面发挥行业带头作用：在法库通用航空产业基地建设东北首个“5G智慧机场”；打造北方首个5G精品环线，峰值下载速率超2Gbps；与宝马公司共同推进5G+MEC工业互联网项目，打造宝马公司全球首个全连接工厂。至2020年，沈阳联通公司参与各级政府主导的信息化建设项目，承建辽宁省消防智慧党建平台、沈阳市雪亮工程、沈阳市河长制、沈阳市营商环境管理平台、沈阳市总工会“互联网+工会”、新民融媒体平台等30多个“互联网+政务”项目。沈阳联通公司在新冠疫情暴发的紧要关口，组织对6家防疫医院及48家市防疫指挥部相关单位实施重要通信保障，以“联通”速度提供精品的网络保障。8月3日，沈阳市发布汛期红色预警，狂风暴雨肆虐造成市区多发停水停电，沈阳联通公司排除设备告警1次、修复光缆障碍1次、完成4次应急供电。公司先后获“第四届全国文明单位”“辽宁省思想政治工作先进单位”“辽宁省用户满意服务”等殊荣。（张　睿）

【中国电信股份有限公司沈阳分公司】 中国电信股份有限公司沈阳分公司2003年成立。2020年，公司下设17个分支机构、96个营业厅和352个代理销售点，营收10亿元。

市场运营。综合发展整体向好，全国36个本地网综合排名第13名，比上年前进8名。行业收入增幅增长13.5%，通信行业第一。坚持高价值发展路线，打造有梯度的产品体系，用户结构逐步向高端用户为主迁移。新兴业务（DICT、云、物联网）成为收入拉动主体，在新增收入中占比71.4%，提升23.3%。

战略落实。以“云改数转”为主旋律，推动产业数字化、智能化转型，以“5G+云+应用”为先导应用场景，参与全省县域融媒体平台、智慧消防、智慧沈空、辽宁电力5G维护服务、沈阳信息中心私有云、腾讯云鼎机房、沈阳营商局政务平台等百余个DICT项目深度合作，企业影响力持续增强。

网络建设。加快新型信息基础设施建设，夯实数字经济发展底座，通过与联通公司开展“共建共享”战略合作，扎实推进5G网络建设，实现沈阳市区5G信号连续覆盖，重点区域专项覆盖（包括政府、营业厅、交通枢纽、医院、大企业等）。有效落实4G网络覆盖补点工作，全市4G覆盖率提升至98.38%。

能力提升。切实提升宽带品质，开展网络信号及用户侧光衰整治工作，累计整治小区184个小区，整治后小区光衰平均降低1.86dB，光衰达标率由93.47%提升至97.11%。落实OLT（光线路终端）归并、双路由建设、配备便携式电池配置等网络质量提升举措，OLT脱网率自18%降至2%，集中故障引起的宽度报障投诉月均下降84%。与联通公司开展基站共享合作，在共享站区域，移动网络覆盖率和网络速率提升20%，解决弱覆盖区域142处。

企业管理。落实全面预算管理，加强科学配置，有效调动资源使用。将预算与绩效挂钩，严格执行考核应用，实现“干什么考核什么、谁花钱谁负责”的预算及考核体系。塑造“人人都是价值的创造者”企业氛围，提升全员价值理念，累计压降各类成本费用3132万元。打造岗职匹配的员工队伍，通过定标准、强考核，推进企业瘦身健体，实现外包人员人均绩效提升25%。建立向贡献倾斜，向业绩倾斜的激励机制，薪酬与经营业绩考核得分关联，各层级人员人均绩效的高低倍差大幅拉大，队伍活力有效激发。以合规经营为基本原则，推动实现依法治企业。

履行责任。规范入网管控、加强源头治理，严格执行实名制入网，持续开展疑似违规号码拓展核查，累计关停1.7万户。骚扰电话、诈骗电话、垃圾短信举报量下降74%、76%、68%，整治效果明显。严格落实“断卡”行动，受邀代表运营商在省公安联席会议上做治理经验介绍。获“沈阳护网‘2020’网络安全攻防演练优胜单位”称号。疫情防控期间主动承担社会责任，确保重要客户网络畅通，高效落实市教育局“停课不停学”工作要求，以信息化应用产品助力复工复产，启动“AI智能外呼应急方案”，为市政府、市防指提供40万准确流调数据，为沈阳抗击疫情精准施策提供数据基础。

（彭丽洺悦）

附　录

沈阳市国民经济和社会发展主要指标（2015—2020）

表55

指标	单位	2015年	2016年	2017年	2018年	2019年	2020年
年末常住人口	万人	851.7	860.9	871.0	884.8	894.7	907.3
年末户籍人口	万人	730.4	734.4	737.0	746.0	756.4	762.2
城镇非私营单位从业人员年末人数	万人	146.7	129.3	121.1	118.2	119.6	118.4
地区生产总值	亿元	5242.9	5288.9	5549.2	6101.9	6464.5	6571.6
第一产业	亿元	259.3	246.4	249.6	260.1	284.1	303.6
第二产业	亿元	2142.0	1900.8	1918.9	2085.5	2155.5	2160.4
第三产业	亿元	2841.7	3141.6	3380.7	3756.3	4024.9	4107.6
人均地区生产总值	元	62109.0	61765.0	64083.0	69506.0	72655.0	72926.0
规模以上工业总产值	亿元	9239.3	5337.2	5272.7	5746.1	5746.3	5360.4
#高新技术产品产值	亿元	3362.5	2446.1	2648.0	2948.0	3033.6	3137.7
规模以上工业增加值	亿元	2620.7	1208.3	1276.4	1348.0	1380.5	1419.1
文化产业增加值	亿元	–	–	–	164.8	176.0	–
固定资产投资	亿元	5326.0	1631.6	1484.0	–	–	–

续表55

指标	单位	2015年	2016年	2017年	2018年	2019年	2020年
社会消费品零售总额	亿元	3193.1	3256.9	3253.4	3504.0	3847.0	3637.6
进出口总额	亿美元	140.8	113.3	128.5	149.5	155.6	148.6
#出口总额	亿美元	67.9	42.5	46.9	52.0	45.9	39.6
进出口总额	亿元	874.3	748.6	867.6	984.3	1072.8	1028.1
#出口总额	亿元	419.9	280.1	317.7	342.1	315.9	274.4
实际利用外资	亿美元	10.6	8.2	10.1	14.3	16.5	7.1
金融机构本外币存款余额	亿元	14035.4	14446.3	15752.9	17746.2	18869.5	19442.5
#人民币存款余额	亿元	13867.9	14242.8	15559.2	17553.6	18691.3	19272.6
金融机构本外币贷款余额	亿元	11581.0	12798.2	13160.6	14911.6	16811.9	18129.0
#人民币贷款余额	亿元	11343.8	12569.6	12952.5	14726.8	16619.2	17929.8
一般公共预算收入	亿元	606.2	620.9	656.2	720.6	730.3	736.1
一般公共预算支出	亿元	808.6	825.4	855.0	965.4	1047.6	1074.1
城镇居民人均可支配收入	元	36643.0	38995.0	41359.0	44054.0	46786.0	47413.0
农村居民人均可支配收入	元	13486.0	14385.0	15461.0	16530.0	18124.0	19598.0
居民消费价格指数	%	101.2	101.7	101.4	103.0	102.4	102.3
全社会用电量	亿千瓦时	307.2	325.6	338.6	357.4	366.1	376.1
货运总量	万吨	21362	22069	22889	23491	19388	18918
客运总量	万人次	20643	20636	20320	20141	19848	7800
在校学生总数	万人	113.3	113.4	114.4	116	121.3	125.5
#高等院校	万人	40.4	40.4	39.8	39.1	42.4	44
中专	万人	5.7	5.2	5.6	5.5	4.7	4.6
普通中学	万人	26.7	26.7	27.1	27.9	29.1	29.6
医疗床位	万张	5.9	6.4	6.9	7	7.2	7.3
执业（助理）医师	万人	2.5	2.7	2.8	3	3.2	3.4

续表55

指标	单位	2015年	2016年	2017年	2018年	2019年	2020年
商品零售价格总指数	%	100.0	100.6	101.0	101.7	101.4	100.8

沈阳市国民经济和社会发展结构（2015—2020）

表56

单位：%

指标	2015年	2016年	2017年	2018年	2019年	2020年
人口结构（户籍人口）						
男性	49.5	49.4	49.3	49.3	49.2	49.1
女性	50.5	50.6	50.7	50.7	50.8	50.9
地区生产总值结构						
第一产业	4.9	4.7	4.5	4.3	4.4	4.6
第二产业	40.9	35.9	34.6	34.2	33.3	32.9
第三产业	54.2	59.4	60.9	61.5	62.3	62.5
规模以上工业总产值结构						
轻工业	24.0	18.6	17.0	19.5	20.2	20.4
重工业	76.1	81.4	83.0	80.5	79.8	79.6
固定资产投资结构						
#房地产开发	25.1	43.5	54.9	58.2	60.6	61.3
民间投资	78.6	64.3	59.0	60.5	61.9	60.2
高技术产业投资	–	–	5.1	3.8	5.1	5.3
第一产业	1.2	0.8	1.4	1.1	1.4	1.8
第二产业	39.7	26.7	20.6	18.0	18.5	18.2
第三产业	59.1	72.5	78.0	80.8	80.1	80.0
农林牧渔业总产值结构						
农业	43.5	45.6	46.4	46.4	46.5	47.1
林业	1.9	1.8	1.9	1.8	1.6	1.6

续表56

指标	2015年	2016年	2017年	2018年	2019年	2020年
牧业	46.1	43.2	42.2	42.2	42.8	42.5
渔业	4.2	4.7	4.9	4.8	4.5	4.4
农林牧渔服务业	4.4	4.6	4.7	4.7	4.5	4.4

沈阳市农业基本情况（2015—2020）

表57

指标	单位	2015年	2016年	2017年	2018年	2019年	2020年
农林牧渔业产值	亿元	523.6	498.5	504.8	525.9	572.7	609.8
农业	亿元	227.5	227.6	234.1	244.2	266.4	287.0
林业	亿元	9.7	9.1	9.4	9.6	9.4	9.6
牧业	亿元	241.2	215.6	213.0	222.0	245.0	259.4
渔业	亿元	22.2	23.6	24.8	25.3	26.1	26.7
农林牧渔服务业	亿元	23.0	22.7	23.5	24.7	25.9	27.0
农林牧渔业总产值指数（上年=100）	%	103.7	98.2	103.5	103.2	103.5	102.8
乡村从业人员	万人	141.3	141.0	140.8	141.1	134.1	129.7
农作物总播种面积	万公顷			67.0	67.8	68.0	67.6
粮食总产量	万吨	369.2	381.8	382.3	369.1	418.3	409.4
粮食单位面积产量	（千克/公顷）	9166.0	8837.0	7034.0	6744.0	7661.0	7576.0
蔬菜总产量	万吨	317.0	329.5	348.1	362.0	373.5	384.3

沈阳市规模以上工业企业经济指标（2015—2020）

表58　　单位：亿元、%

指标	2015年	2016年	2017年	2018年	2019年	2020年
企业单位数（个）	3284	2371	1379	1416	1579	1592
#亏损企业	353	371	351	370	380	399

续表58

指标	2015年	2016年	2017年	2018年	2019年	2020年
工业增加值	2620.7	1208.3	1276.4	1348.0	1380.5	1419.1
资产合计	8393.8	8200.6	8274.9	8634.4	8444.7	7841.4
流动资产	4056.9	4292.3	4782.7	5029.9	4745.1	4524.0
营业收入	9181.3	5484.6	5352.1	5685.7	5893.6	5398.3
税金及附加	138.4	120.1	126.7	142.9	154.8	190.5
利润总额	446.6	274.6	312.9	338.1	316.7	381.3
亏损企业亏损额	76.1	90.1	88.6	92.6	161.7	169.7
利税总额	751.0	540.5	588.3	649.8	605.9	710.1
指数（上年为100）						
企业单位数	90.3	72.2	–	–	–	–
#亏损企业	147.1	105.1	–	–	–	–
工业增加值	97.1	80.3	102.8	107.6	102.8	102.8
资产合计	100.3	97.7	100.9	104.3	97.8	101.5
流动资产	105.8	105.8	111.4	105.2	94.3	104.8
营业收入	67.5	59.7	97.6	106.2	103.7	102.1
税金及附加	83.8	86.8	105.5	112.8	108.3	106.7
利润总额	59.8	61.5	113.9	108.1	93.7	122.9
亏损企业亏损额	171.4	118.4	98.3	104.5	174.6	107.8
利税总额	64.0	72.0	108.8	110.5	93.2	113.8

沈阳市房地产开发投资情况（2015—2020）

表59　　单位：亿元

指标	2015年	2016年	2017年	2018年	2019年	2020年
本年完成投资	1337.7	709.7	814.2	996.7	1174.8	1235.9
住宅	935.0	490.4	620.5	775.1	956.2	989.8

续表59

指标	2015年	2016年	2017年	2018年	2019年	2020年
办公楼	43.2	32.0	27.2	6.9	11.7	14.6
商业营业用房	289.0	125.8	104.1	102.8	111.2	112.0

沈阳市建筑业企业主要经济指标（2015—2020）

表60

指标	2015年	2016年	2017年	2018年	2019年	2020年
建筑业总产值（亿元）	1601.1	1395.9	1339.7	1430.2	1445.5	1567.8
房屋施工面积（万平方米）	9928.8	8781.1	7318.5	6808.0	7976.5	8961.3
房屋竣工面积（万平米）	2342.8	1881.0	1465.8	1520.0	1652.6	1431.2
竣工率（%）	23.6	21.4	20.0	22.3	20.7	16.0

沈阳市国有建筑安装企业主要经济指标（2015—2020）

表61

指标	2015年	2016年	2017年	2018年	2019年	2020年
建筑业总产值（亿元）	73.7	77.8	64.5	24.7	23.4	23.3
房屋施工面积（万平方米）	306.6	156.9	180.8	173.8	102.3	78.6
房屋竣工面积（万平方米）	110.7	85.8	55.0	60.0	52.3	1.6
峻工率（%）	36.1	54.7	30.4	34.5	51.2	2.0

沈阳市对外及港澳台经济贸易发展情况（2015—2020）

表62

年份	进出口总额（亿美元）	新签订协议（合同）		承包工程与劳务合作合同额（亿美元）	派出人数（人）
		项目（个）	外资额（亿美元）		
2015	140.8	137	19.4	16.7	4738
2016	113.3	132	6.8	12.7	5079
2017	128.4	178	105.9	9.4	4764
2018	149.5	162	36.7	12.9	4342

续表62

年份	进出口总额（亿美元）	新签订协议（合同）		承包工程与劳务合作合同额（亿美元）	派出人数（人）
		项目（个）	外资额（亿美元）		
2019	155.6	218	16.6	24.2	4379
2020	148.6	192	34.1	24.5	2447

沈阳市旅游事业发展情况（2015—2020）

表63

指标	单位	2015年	2016年	2017年	2018年	2019年	2020年
接待旅游者人数	万人次	9219.2	6401.7	7234.5	8257.2	9510.0	5410.5
接待国内旅游者人数	万人次	9154.2	6333.0	7165.0	8175.6	9424.0	5407.1
接待境外旅游者人数	万人次	65.0	68.7	69.5	81.9	85.6	3.4
旅游总收入	亿元	1221.2	583.7	660.0	759.0	875.0	502.6

沈阳市人口基本情况（2015—2020）

表64

指标	2015年	2016年	2017年	2018年	2019年	2020年
总人口数（万人）	730.4	734.4	737.0	746.0	756.4	762.2
市区	529.9	586.5	591.1	601.4	612.6	620.2
县（市）	200.5	147.9	145.9	144.6	143.8	142.0
男性	361.4	362.8	363.5	367.4	372.0	374.1
女性	369.0	371.5	373.4	378.6	384.4	388.0
出生率（‰）	6.7	9.5	8.8	8.0	8.4	6.7
死亡率（‰）	8.3	8.3	11.3	8.6	8.3	10.0
自然增长率（‰）	–1.6	1.2	–2.5	–0.6	0.0	–3.3

部分城市主要经济指标（2020）（一）

表65

城市	地区生产总值（亿元）	第一产业（亿元）	第二产业（亿元）	第三产业（亿元）	地区生产总值增速（%）	第一产业增速（%）	第二产业增速（%）	第三产业增速（%）	规模以上工业增加值增速（±%）
沈　阳	6571.6	303.6	2160.4	4107.6	0.8	2.9	2.9	−0.6	2.8
大　连	7030.4	459.2	2815.1	3756.0	0.9	3.2	4.3	−2.5	3.8
长　春	6638.0	533.8	2758.1	3346.1	3.6	2.4	8.0	0.3	10.4
哈尔滨	5183.8	615.8	1144.5	3423.6	0.6	2.1	2.3	−0.4	4.2
南　京	14818.0	296.8	5214.4	9306.8	4.6	0.9	5.6	4.1	6.5
杭　州	16106.0	326.0	4821.0	10959.0	3.9	−1.1	2.3	5.0	3.8
宁　波	12408.7	338.4	5693.9	6376.4	3.3	2.1	3.0	3.6	5.2
厦　门	6384.0	28.9	2519.8	3835.3	5.7	2.5	6.1	5.5	6.0
济　南	10140.9	361.7	3530.7	6248.6	4.9	2.2	7.0	3.7	12.2
青　岛	12400.6	425.4	4361.6	7613.6	3.7	2.6	3.0	4.1	5.5
武　汉	15616.1	402.2	5557.5	9656.4	−4.7	−3.8	−7.3	−3.1	−6.9
广　州	25019.1	288.1	6590.4	18140.6	2.7	9.8	3.3	2.3	2.5
深　圳	27670.2	25.8	10454.0	17190.4	3.1	−3.1	1.9	3.9	2.0
成　都	17716.9	655.2	5418.5	11643.0	4.0	3.3	4.8	3.6	5.0
西　安	10020.4	312.8	3328.3	6379.4	5.2	3.0	7.4	4.2	7.0
郑　州	12003.0	156.9	4759.5	7086.6	3.0	0.9	4.5	1.7	6.1
长　沙	12142.5	423.5	4739.3	6979.8	4.0	4.0	5.0	3.3	5.1
合　肥	10045.7	332.3	3579.5	6133.9	4.3	1.2	6.4	3.0	8.3

部分城市主要经济指标（2020）（二）

表66

城市	固定资产投资比上年增长（±%）	社会消费品零售额（亿元）	社会消费品零售额比上年增长（±%）	出口总额（亿元）	出口总额比上年增长（±%）	实际利用外资（亿美元）	实际利用外资比上年增长（±%）
沈　阳	4.1	3637.6	–5.4	274.4	–13.2	7.1	2.0
大　连	0.1	1828.0	–11.5	1672.6	–13.8	6.6	2.2
长　春	8.8	2003.1	–6.5	135.4	–9.3	3.8	15.2
哈尔滨	2.8		–11.3	136.9	14.1	3.4	0.6
南　京	6.6	7203.0	0.9	3398.9	13.0	45.2	10.1
杭　州	6.8	5973.0	–3.5	3693.2	2.1	72.0	17.5
宁　波	5.5	4238.3	–0.7	6407.0	7.3	24.7	4.4
厦　门	8.8	2293.9	1.6	3572.9	1.2	24.0	23.8
济　南	4.0	4469.1	1.1	755.0	17.2	19.2	–14.2
青　岛	3.2	5203.5	1.5	3876.8	13.7	58.5	0.2
武　汉	–11.8	6149.8	–20.9	1421.7	4.3	111.7	-9.3
广　州	10.0	9218.7	–3.5	5427.7	3.2	71.3	7.5
深　圳	8.2	8664.8	–5.2	16972.7	1.5	86.8	11.2
成　都	9.9	8118.5	–2.3	4106.9	23.7	73.7	-8.3
西　安	12.8	4989.3	–2.9	1776.0	2.6	76.8	8.8
郑　州	3.6	5076.3	–4.7	2948.8	10.0	46.6	5.7
长　沙	6.2	4469.8	–2.6	1548.7	10.8	72.8	14.3
合　肥	4.7	4513.8	3.1	1580.8	13.4	36.0	6.0

部分城市主要经济指标（2020）（三）

表67

城市	预算收入		预算支出		城镇居民人均可支配收入		农村居民人均可支配收入		住户存款		居民消费价格指数（%）
	（亿元）	比上年增长（±%）	（亿元）	比上年增长（±%）	（元）	比上年增长（±%）	（元）	比上年增长（±%）	（亿元）	比上年增长（±%）	
沈　阳	736.1	0.8	1074.1	2.5	47413.0	1.3	19598.0	8.1	10329.9	23.9	102.3
大　连	702.7	1.4	1002.0	–1.4	47380.0	2.0	21558.0	7.9	7843.8	14.6	102.1
长　春	440.4	1.5	1084.1	10.5	–	–	–	–	6888.2	17.0	101.9
哈尔滨	339.6	–8.4	1162.2	5.5	39791.0	–0.5	19631.0	7.6	7311.4	16.2	101.4
南　京	1637.7	3.7	1754.6	5.8	67553.0	4.9	29621.0	7.2	9499.3	17.0	102.4
杭　州	2093.0	6.5	2070.0	6.0	68666.0	3.9	38700.0	6.7	14398.1	21.0	102.1
宁　波	1510.8	2.9	1742.0	–1.5	68008.0	4.8	39132.0	6.8	8522.1	14.0	101.9
厦　门	783.9	2.0	976.9	7.0	61331.0	3.9	26612.0	7.3	2821.8	21.4	102.5
济　南	906.1	3.6	1288.8	7.6	53329.0	2.7	20432.0	5.0	7584.1	17.8	102.4
青　岛	1253.8	1.0	1584.7	0.6	55905.0	2.6	23656.0	4.8	8031.0	–	102.4
武　汉	1230.3	–21.3	2407.0	7.5	50362.0	–2.6	24057.0	–2.9	10349.5	15.1	102.4
广　州	1721.6	1.4	2953.0	3.1	68304.0	5.0	31266.0	8.3	21178.0	15.2	102.6
深　圳	3857.4	2.2	4177.7	–8.2	64878.0	3.8	–	–	18717.8	16.9	102.3
成　都	1520.4	2.5	2158.0	7.5	48593.0	5.9	26432.0	8.5	17085.0	14.7	102.5
西　安	724.1	3.1	1352.7	8.5	43713.0	4.5	15749.0	8.0	10913.1	14.2	102.1
郑　州	1259.2	3.0	1721.3	–9.9	42887.0	1.9	24783.0	5.3	8961.8	12.6	102.3
长　沙	1100.1	3.0	1480.2	3.8	57971.0	5.0	34754.0	7.5	7572.2	–	101.8
合　肥	762.9	2.3	1164.8	3.8	48283.0	6.3	24282.0	8.1	5636.9	19.6	102.3

中共沈阳市委关于制定沈阳市国民经济和社会发展第十四个五年规划和二〇三五年远景目标的建议

（2020年12月3日中国共产党沈阳市第十三届委员会第十三次全体会议通过）

“十四五”时期是开启全面建设社会主义现代化国家新征程、向第二个百年奋斗目标进军的第一个五年，是沈阳推动新时代全面振兴全方位振兴、建设国家中心城市的关键阶段。根据党中央决策部署及省委具体要求，就制定沈阳市国民经济和社会发展第十四个五年规划和二〇三五年远景目标提出以下建议。

一、全面建成小康社会，开启实现新时代全面振兴全方位振兴和基本实现社会主义现代化新征程

1. 全面建成小康社会取得决定性成就。“十三五”时期是沈阳振兴发展极不平凡的五年。面对错综复杂的宏观环境、艰巨繁重的振兴任务和突如其来的新冠肺炎疫情，在中央及省委的坚强领导下，全市上下不忘初心、牢记使命，深入贯彻落实习近平总书记关于东北、辽宁振兴发展的重要讲话和指示精神，务实进取、攻坚克难，奋力开创了各项事业发展新局面。在主动做实经济数据的基础上，经济发展质量和效益持续向好，新的增长动能更加强劲，一批重大项目建成投产；结构调整取得重要进展，先进制造业加快发展，粮食生产连年丰收，民营经济不断壮大；全面深化改革纵深推进，营商环境明显改观，机构改革成效明显，国资国企改革稳步推进，创新创业活力不断迸发，科技创新能力显著增强，一批“国字号”创新平台在沈布局，对外开放水平不断提升，区域合作取得积极进展；三大攻坚战成效显著，现行标准下农村贫困人口全部脱贫，生态环境质量明显提升，防范化解重大风险取得积极成效；城市面貌明显改善，城乡人居环境和功能品质进一步优化，文明城市建设成果持续巩固；教育、医疗、文化、就业和社会保障等公共服务均等化优质化步伐加快，新冠肺炎疫情防控取得重要阶段性成果，人民群众幸福感不断增强；全面依法治市扎实推进，社会治理体系和治理能力现代化水平不断提高，社会保持和谐稳定；党的建设全面加强，全面从严治党不断深化，政治生态持续优化，党员干部的观念作风深入转变，干事创业精神状态更加振奋，抓发展谋发展氛围愈发浓厚。“十三五”规划目标任务即将基本完成，全面建成小康社会胜利在望，为推动新时代全面振兴全方位振兴取得新突破、建设国家中心城市奠定了坚实基础。

2. 沈阳振兴发展面临的形势。世界正经历百年未有之大变局，我国已进入高质量发展阶段，正在形成以国内大循环为主体、国内国际双循环相互促进的新发展格局，辽宁加快构建“一圈一带两区”区域发展格局，沈阳振兴发展面临着重大机遇。但同时应该看到，沈阳仍处于滚石上山、爬坡过坎的关键阶段，一些深层次矛盾刚刚破题，巩固和扩大向上向好的发展态势，还需在调整经济结构、转换新旧动能、实施创新驱动、深化改革开放、优化营商环境、完善城市功能、提高治理效能等方面聚焦发力、持续用力。全市上下必须胸怀中华民族伟大复兴战略全局和世界百年未有之大变局，更加深刻认识我国社会主要矛盾发生变化带来的新特征新要求，更加深刻认识错综复杂国际环境带来的新矛盾新挑战，牢牢把握进入新发展阶段、贯彻新发展理念、构建新发展格局的丰富内涵和实践要求，增强机遇意识和风险意识，把握发展规律、顺应发展大势，紧密结合实际、认清差距不足，坚定信心决心、发扬斗争精神，开拓创新、真抓实干、奋勇前进，在危机中育先机、于变局中开新局。

3. 到二〇三五年远景目标。展望二〇三五年，沈阳与全国、全省同步基本实现社会主义现代化，实现新时代全面振兴全方位振兴，成为在国家战略布局中具有重要地位的中心城市。城市综合实力不断提升，经济总量迈上新台阶，产业转型升级取得重要进展，新型工业化、信息化、城镇化、农业现代化步伐加快，对外开放水平持续提高，现代化经济体系趋于成熟，创新沈阳、数字沈阳、智造强市建设走在全省前列；城市辐射力、带动力、影响力明显增强，沈阳现代化都市圈基本形成；各项社会事业蓬勃发展，市民素质和社会文明程度不断提高；各方面制度更加完善，法治建设、平安建设达到更高水平，市域治理体系和治理能力现代化基本实现；生态环境建设取得重大成效，绿色生产生活方式广泛形成，美丽沈阳基本建成；城乡发展差距和居民生活水平差距显著缩小，城乡居民人均收入水平不断提高，人民群众生活更加美好，人的全面发展、全体人民共同富裕取得新成效。

二、“十四五”时期沈阳经济社会发展的总体要求

4. 指导思想。高举中国特色社会主义伟大旗帜，深入贯彻党的十九大和十九届二中、三中、四中、五中全会精神，坚持以马克思列宁主义、毛泽东思想、邓小平理论、“三个代表”重要思想、科学发展观、习近平新时代中国特色社会主义思想为指导，全面贯彻党的基本理论、基本路线、基本方略，深入落实习近平总书记关于东北、辽宁振兴发展的重要讲话和指示精神，认真贯彻党中央决策部署及省委具体要求，统筹推进“五位一体”总体布局，协调推进“四个全面”战略布局，坚定不移贯彻新发展理念，坚持稳中求进工作总基调，以推动高质量发展为主题，以深化供给侧结构性改革为主线，以优化营商环境为基础，以改革开放创新为动力，以满足人民日益增长的美好生活需要为根本目的，以全面从严治党为保障，统筹发展和安全，立足维护国家“五大安全”的战略定位，聚焦补齐“四个短板”，扎实做好“六项重点工作”，深入落实“四个着力”“三个推进”，加快建设现代化经济体系，主动服务和积极融入新发展格局，推进治理体系和治理能力现代化，实现经济行稳致远、社会安定和谐，不断增强人民群众的获得感、幸福感、安全感，奋力推动新时代全面振兴全方位振兴取得新突破，努力建设国家中心城市，为全面建设社会主义现代化开好局、起好步贡献力量。

5. 遵循原则。推动“十四五”时期经济社会发展，必须坚持党的全面领导，坚持党领导经济社会发展的体制机制，不断提高贯彻新发展理念、构建新发展格局的能力和水平，为新时代全面振兴全方位振兴提供根本保证；坚持以人民为中心，牢牢把握共同富裕方向，把增进群众福祉、促进人的全面发展作为工作的出发点和落脚点，不断实现人民对美好生活的向往；坚持新发展理念，聚焦发展第一要务，推动质量变革、效率变革、动力变革，实现更高质量、更有效率、更加公平、更可持续、更为安全的发展；坚持深化改革开放创新，坚决破除各种体制机制障碍，广泛汇聚资本和资源，大力推动以科技创新为核心的全面创新，持续增强发展动力和活力；坚持系统观念，处理好发展与安全、守正与创新、秩序与活力的关系，系统解决发展中的矛盾和问题，实现发展质量、结构、规模、速度、效益、安全相统一；坚持打基础利长远，始终保持战略定力，瞄准目标、久久为功，扎扎实实把沈阳的事情办好。

6. 主要目标。围绕推动沈阳新时代全面振兴全方位振兴取得新突破、努力建设国家中心城市的总目标，建设好沈阳现代化都市圈，在打造数字辽宁智造强省、“一网通办”和“一网统管”、解决“老字号”问题上为全省作出示范，建设国家现代综合枢纽、国家先进制造中心、综合性国家科学中心、区域性金融中心、区域性文化创意中心。

——综合实力显著增强。全市地区生产总值增速力争高于全省水平，经济结构更加优化，产业基础能力和产业链现代化水平明显提高，数字经济比重持续跃升，高质量发展取得新成效；乡村振兴战略全面推进，县域经济发展水平大幅提升，城乡区域发展协调性明显增强；中心城市的集聚辐射带动作用全面增强。

——发展动力更加强劲。形成办事方便、法治良好、成本竞争力强、生态宜居的营商环境，要素市场化配置改革成效明显，基本完成国资国企改革任务，民营经济活力明显增强；对外开放格局不断完善，人流物流信息流枢纽功能全面增强；创新能力显著提升，区域创新体系加快构建，关键核心技术攻关取得新进展。

——社会文明全面进步。社会主义核心价值观深入人心，人民群众思想道德素质、科学文化素质和身心健康素质明显提高，公共文化服务体系、文化产业融合发展体系更加健全，人民群众精神文化生活日益丰富。

——生态环境持续改善。生产生活方式绿色转型成效显著，能源资源配置更加合理、集约节约利用效率大幅提高，城乡绿化覆盖率显著提高，主要污染物排放总量不断减少，循环经济深入推进，城乡人居环境明显改善，天蓝水绿山青的美丽沈阳加快建设。

——民生福祉明显提升。推进共同富裕迈出坚实步伐，城乡居民人均可支配收入增速力争高于经济增速，实现更加充分更高质量就业，多层次社会保障体系日趋健全，教育、文化、卫生、养老等社会事业加快发展，公共服务均等化优质化水平持续提高。

——治理效能切实增强。依法治市迈出坚实步伐，社会公平正义进一步彰显，行政效率和公信力显著提升，市域治理体系和治理能力现代化水平持续提高，防范化解重大风险体制机制不断健全，自然灾害和突发公共事件应急能力显著增强。

三、坚持创新驱动发展，加快建设创新沈阳

坚持创新在振兴发展全局中的核心地位，围绕积极打造综合性国家科学中心，加快建设区域创新体系，全面提高科技创新和产业创新能力水平，实现依靠创新驱动的内涵式增长。

7. 强化企业创新主体地位。大力引进、培育、壮大科技型中小企业，健全定制化支持政策，不断完善“科技型中小企业—高新技术企业—雏鹰企业—瞪羚独角兽企业—大企业平台化”梯度培育体系，引导扶持企业技术创新、模式创新和业态创新，鼓励“专精特新”发展，打造一批高成长性企业、“隐形冠军”和创新型领军企业。鼓励企业加大研发投入，支持企业建设技术研发中心和产业创新中心等，发挥大型骨干企业带动作用，提升自主创新能力。围绕重点产业链建立产业技术创新联盟，鼓励头部企业平台化转型，推动产业链上中下游、大中小企业融通创新。

8. 建设科技创新重大平台体系。依托沈大国家自主创新示范区，加快建设沈阳材料科学国家研究中心、中科院机器人与智能制造创新研究院等国字号平台，争取建设区域综合性实验室，推进国家重大科技基础设施落地建设。推动高校院所和企业围绕重点领域打造一批基础性、共享型、专业化的国家级创新平台。大力推动协同创新，聚焦人工智能、新一代信息技术、生物医药与数字医疗、新能源汽车、航空航天等重点领域，支持企业、高校院所、行业协会等建设产业技术研究院、协同创新中心、国际研发机构，加快沈阳产业技术研究院建设。创新新型研发机构绩效评价，全面提高产业技术供给能力。

9. 加快科技成果转化。深化科技成果使用权、处置权、收益权“三权”改革，健全科技成果转化收益合理分配机制，完善东北科技大市场等技术交易市场功能，支持高校院所和各区、县（市）建设一批成果转化基地。聚焦产业链关键核心技术需求，加大研发投入，增强财政投入的引导放大效应，形成多元投入机制。围绕重点创新链和重点领域关键共性技术开展攻关，滚动实施重大科技研发项目和重大科技成果转化项目，推进产学研用金深度融合。

10. 激发人才创新活力。促进人才链与产业链、创新链有机衔接，深入实施高精尖优才集聚、盛京工匠培养等重大人才工程，健全“人才+项目+基地”机制，引进一批科技领军人才、创新团队、管理人员和急需紧缺人才。加强创新型、应用型、技能型人才培养，实施知识更新工程、技能提升行动，壮大高技能人才队伍，深化产业工人队伍建设改革。推进人才管理改革试验，健全以创新能力、质量、实效、贡献为导向的科技人才评价体系，完善创新激励和保障机制。

11. 优化创新创业生态。推进国家级“双创”示范基地建设，发挥创新创业孵化联盟作用，因地制宜推进众创空间、孵化器、加速器、产业园区等载体建设，构建孵化服务生态体系。强化知识产权保护和运用，开展协同保护和联合惩戒，完善专业化裁决调解机制，建立区域性知识产权运营服务平台。促进科技开放合作，加强科普工作，大力弘扬科学精神和劳模精神、劳动精神、工匠精神，营造崇尚创新创业的社会氛围。

四、以优化营商环境为基础全面深化改革，着力破除体制机制障碍

大力推进重点领域和关键环节改革，强化改革的系统性、整体性、协同性，推动改革和发展深度融合、高效联动。

12. 持续优化营商环境。坚持市场化、法治化、国际化方向，以市场主体获得感为评价标准，以政府职能转变为核心，以“一网通办”为抓手，以严格执法、公正司法为保障，营造办事方便、法治良好、成本竞争力强、生态宜居的营商环境。着眼“一网通办”为全省作示范，深入推进“互联网+政务服务”，开展“只提报一次”改革，推行“全程电子化”审批，全面提升网上政务服务能力。深化“放管服”改革，加强权责清单动态管理，进一步精简审批事项，简化优化审批流程，不断降低制度性交易成本；加强事中事后监管，创新以信用监管为基础的新型监管机制，对新产业新业态实行包容审慎监管；完善企业全生命周期的服务体系，加强服务型政府建设。加强诚信沈阳建设，建立健全覆盖全社会的诚信体系。深入开展“万人进万企”等特色载体活动，完善营商环境评价体系，定期开展营商环境评价，以评促改、对比提升，推动营商环境建设向抓好“绝大多数”延伸、向优化社会环境拓展、向建立长效机制深化。加强营商文化建设，营造“办事不求人”“人人都是营商环境”的社会氛围。

13. 完善要素市场化配置体制机制。实施高标准市场体系建设行动，引导各类要素向主导产业、优质企业集中集聚。促进土地要素配置提质增效，盘活存量土地，强化土地节约集约利用。形成劳动力要素集聚效应，深化户籍制度改革，畅通劳动力和人才社会性流动渠道。发挥资本要素服务实体经济作用，不断优化融资结构，增加金融有效供给。破除技术要素转化瓶颈，建立健全科技攻关对接、运行服务和市场价格决定机制。发挥数据要素赋能作用，推动政务数据、公共数据共享和开放，加强数据资源安全保护。

14. 深化国资国企改革。扎实推进国资国企综合改革试验，做强做优国有资本和国有企业。以集团层面为重点，积极稳妥、分类分层推进股权多元化和混合所有制改革，精准引入战略投资者，加快推进竞争类国有企业混改。完善中国特色现代企业制度，健全法人治理结构和市场化经营机制，全面实行经理层市场化选聘和任期制、契约化管理。优化国有资本布局结构，深化授权经营体制改革，提升国有资本配置效率，发挥国有资本战略性支撑作用。完善国有资产监管体制，促进国有资产保值增值。

15. 深化开发区体制机制改革。加快兴办模式、管理方式、资源配置等方面转型升级，强化经济管理和投资服务等职能，赋予更大的自主管理权限，促进各级各类开发区发挥主力军作用，提升集约化、内涵式发展水平。创新管理运营机制，实行“一区多园”管理，构建精简高效的管理机构，深入推进“管委会+平台公司”改革，提高企业化管理、市场化运营水平，将开发建设、招商引资、投资运营、专业化服务等事项通过政府购买服务、委托外包等方式交由市场承担。完善差异化考核评价体系和激励约束机制，提高产业水平、投资强度、亩均效益。

16. 推动民营经济健康发展。坚持“两个毫不动摇”，确保民营企业获得平等市场主体地位。全面落实市场准入负面清单制度，完善促进中小微企业和个体工商户发展的法治环境和政策体系，健全执法司法对民营企业的平等保护机制，依法平等保护民营企业产权和企业家权益。建立民营企业梯次培育体系，鼓励引导民营企业深化改革创新、转型升级和优化重组。构建亲清政商关系，完善政企沟通、涉企政策制定执行机制，大力弘扬企业家精神，促进非公有制经济健康发展和非公有制经济人士健康成长。

17. 深化金融和投融资体制改革。围绕积极打造区域性金融中心，健全具有高度适应性、竞争力、普惠性的现代金融体系。用好多层次资本市场，加强上市公司后备库建设和上市辅导服务，完善辽宁股权交易中心功能，推进优质企业在主板、中小板、创业板、科创板和新三板及境外资本市场挂牌上市，支持产业投资基金、天使投资、创业投资、股权投资为企业发展提供资本支撑。推进金融产品和服务创新，加大科技金融、普惠金融、产业金融等特色金融发展力度。推动金融法人机构设立，打造金融“全牌照”城市，做大做强地方金融法人机构。推动地方征信平台、综合金融服务平台等金融基础设施建设，提升对小微企业、民营企业、“三农”、创新创业的金融服务能力。完善多元化投融资体制，创新融资方式，优化投资方向和结构，不断提高投资效益。

五、做实做强做优实体经济，构建支撑高质量发展的现代产业体系

着力提升产业基础高级化、产业链现代化水平，改造升级“老字号”、深度开发“原字号”、培育壮大“新字号”，率先在制造业数字化、网络化、智能化改造上实现突破，在建设数字辽宁、智造强省中作示范，积极打造国家先进制造中心。

18. 推动装备制造业转型升级。完善产业链供应链工作机制，统筹抓好交通装备、智能装备、机械装备、电力装备、集成电路装备、医疗装备等产业链供应链建设，努力在解决“老字号”问题上走在全省前列。提升汽车产业全产业链水平，促进电动化、智能化、网联化发展，大力发展新能源汽车。重塑机床制造产业领先地位，培育数控系统和核心功能部件生产基地。提高通用石化装备、输变电装备、核电装备等产业丰厚度，提升本地产品配套和供给能力。推进重大技术改造项目和重大新产品规模化建设，促进产业基础能力提升，加快向高端化、智能化、绿色化、服务化方向发展，推动制造业加快迈向价值链中高端。

19. 大力发展新兴产业。开展建链延链补链强链，推动优势领域战略性新兴产业高质量发展。发展集成电路产业，以材料、装备、零部件为重点，打造IC装备产业化基地。做大做强机器人产业，重点研发标志性工业机器人产品，构建机器人产业创新生态圈。加快发展民机大部件产品、燃气轮机等航空产业。壮大重组蛋白药物、医学影像装备等生物医药及医疗装备产业。重点发展高性能钛镍铜合金、稀土永磁和碳纤维等新材料产业。加快布局未来生产、未来交通、未来健康和未来信息技术、未来材料等未来产业。

20. 着力建设数字沈阳。强化数字赋能，推进数字产业化和产业数字化。加快5G网络、数据中心、北斗数据应用等新型基础设施建设，全面布局5G产业，打造中德园5G应用示范区和工业大数据中心，探索工业数据采集标准化，推动信息流持续汇聚。做强优势数字产业，打造工业软件和基础软件研发高地，培育具有较强影响力的数字产业集群。发挥全球工业互联网大会品牌效应，推进工业互联网创新发展，打造国家级工业互联网平台，扩大工业互联网标识解析二级节点应用规模。深入推进企业“上云用数赋智”行动，发挥应用场景优势，推动人工智能、云计算、大数据、区块链、AR/VR/MR、数字孪生等新一代信息技术与制造业融合发展，大力发展数字贸易、数字文旅、数字创意、在线教育、互联网医疗、农村电商等新业态新模式。加快智慧城市建设，推进政务数据信息归集共享，有序开放基础公用数据资源，促进全社会数据资源流通，提升公共服务、社会治理等数字化智能化水平，努力在“一网统管”上作表率。

21. 推动军民融合深度发展。鼓励驻沈军工单位与高校和科研院所共建军民两用实验室、开放式协同创新平台，促进军工技术向民用领域推广和应用。加强军队后勤保障社会化基地建设，鼓励民用高技术企业参与军工科研生产配套，培育一批专业化配套商和供应商。做大做强军民融合产业，培育发展军民融合领军企业和特色产业园区。

22. 着力发展现代服务业。坚定不移扩大内需，培育建设国际消费中心城市，推动线上线下消费有机融合，促进平台经济、共享经济健康发展，大力发展冰雪经济，培育服务消费、体验消费等新热点。推动生产性服务业向专业化和价值链高端延伸，重点发展研发设计、检验检测、知识产权、科技咨询等高技术服务业，提升会展业专业化、品牌化、国际化水平，培育壮大楼宇经济，促进现代服务业同先进制造业、现代农业深度融合。推动生活性服务业向高品质和多样化升级，优化商贸流通、文化体育、健康养老等服务业供给，推进服务业标准化、品牌化建设，挖掘培育更多中华老字号和沈阳名牌。

六、全面实施乡村振兴战略，加快农业农村现代化

坚持农业农村优先发展，健全城乡融合发展机制，加大政策支持和投入力度，实现巩固拓展脱贫攻坚成果同乡村振兴有效衔接，推动形成工农互促、城乡互补、协调发展、共同繁荣的新型工农城乡关系。

23. 深化农村综合改革。深化农村承包地所有权、承包权、经营权“三权分置”改革，促进土地有序流转和适度规模经营，提升农民合作社、家庭农场等新型农业经营主体质量，探索更多农企利益联结机制有效模式。积极稳妥实施农村集体经营性建设用地入市，建立城乡统一的建设用地市场。稳慎推进宅基地所有权、资格权、使用权“三权分置”改革，做好农村宅基地制度改革试点工作，积极探索闲置宅基地和农房资源等利用形式，盘活农村闲置资源资产。深化农村集体产权制度改革，建立集体资产运营管理、监督和收益分配机制，推进农村综合产权交易体系建设。深化县乡财政、供销合作社、集体林权和农业水价等领域改革。

24. 提升农业质量效益和竞争力。落实藏粮于地、藏粮于技战略，严守耕地红线，加强黑土地保护利用，有效遏制粮田“非粮化”，严禁农地“非农化”，加大高标准农田和水利基础设施建设力度，提高农业良种化水平，加强动物疫病和农作物病虫害防控，稳定主要粮食作物播种面积和产量，开展粮食节约行动。深化农业供给侧结构性改革，优化农林生态保持区、农业生产主导区、都市农业主导区空间布局，加强粮食生产功能区、重要农产品生产保护区和特色农产品优势区建设。大力发展现代农业，提高经济作物种植比重，巩固提升肉牛、禽业等优势产业，拉长农产品精深加工产业链条，发展设施农业、数字农业、智慧农业，开展粮油、果蔬等集聚区建设，推行绿色标准化生产和全程质量控制，加快农业现代物流体系建设，确保

“菜篮子”供应充足。健全农业专业化社会化服务体系，强化农业科技和装备支撑，建设农业新型科技推广体系，推动农业金融服务创新。

25. 壮大县域经济实力。大力推动县域主导产业差异化发展，积极引导工业企业向园区集聚，加快特色产业园区建设，促进园区提档升级，科学有序建设基础设施，合理布局公共服务资源。促进农村一二三产业融合，发展休闲农业、乡村旅游等都市农业新业态。全面加强乡镇工作，充分发挥中心镇先导作用，提升集聚产业、公共服务和带动经济社会发展能力，建成若干“小城市”和县域副中心，打造一批特色小镇、专业村。

26. 实施乡村建设行动。统筹县域城镇和村庄规划建设，注重保护传统村落和乡村风貌。优先建设农村基础设施，深化农村人居环境整治，全面解决户厕改造、饮水安全、污水治理和垃圾处理等问题，加强农业生产废弃物资源化利用和无害化处理，加快补齐农村人居环境短板，打造一批精品示范村和美丽示范村。推进数字乡村建设。完善新型职业农民培育制度和体系，壮大知农爱农、扎根乡村的人才队伍。

27. 实现巩固拓展脱贫攻坚成果同乡村振兴有效衔接。建立健全防止返贫、新致贫的监测和帮扶机制，常态推进产业扶贫、行业扶贫、社会扶贫，加强扶贫项目资金资产管理和监督，完善解决相对贫困的长效机制。

七、推动高水平对内对外开放，加快融入新发展格局

实施更大范围、更宽领域、更深层次对内对外开放，更好发挥城市组团的集聚辐射、产业协同和同城化效应，以深度参与国内大循环为重点，积极融入国内国际双循环。

28. 加快沈阳现代化都市圈建设。围绕全省构建“一圈一带两区”区域发展格局，深化与鞍山、抚顺、本溪、辽阳、铁岭、沈抚示范区等的联动发展，科学控制发展边界，防止“摊大饼”式扩张，推动统一市场建设、基础设施一体高效、公共服务共建共享、产业专业化分工协作、生态环境共保共治、城乡融合发展、重点领域智慧应用，增强经济和人口承载能力，打造新型工业化的示范区、东北振兴发展的增长极。加快推进都市圈重大基础设施建设，积极主动加强与周边城市对接，打造便捷、高效的一体化城际交通网。以全产业链深度协作为纽带，构建协同发展现代产业体系。有效引导人口流入，增强对年轻人口的吸引力，改善人口结构，提高人口素质。积极推动与以大连为龙头的辽宁沿海经济带开发开放良性互动，在规划衔接、打造物流通道、促进产业发展、推动科技创新、搭建开放平台等方面加强对接协作。加强与辽西融入京津冀协同发展战略先导区、辽东绿色经济区的互动发展。加强与哈长城市群主要城市的多层次、宽领域协同配合。

29. 积极拓展国内区域合作。主动对接京津冀协同发展、长江经济带发展、粤港澳大湾区建设、长三角一体化发展等国家战略，拓展京沈对口合作广度深度，加强要素共享、产业互动、园区合作和市场融通。深入开展产业链招商、以商招商、中介机构招商，承接产业转移和创新要素辐射，鼓励跨国公司、央企、行业龙头在沈设立研发中心、区域总部等功能性机构。扎实做好对口支援和对口帮扶工作。

30. 积极参与国际经济合作。推进中国（辽宁）自由贸易试验区沈阳片区高水平发展，提升制度创新的产业结合度、需求匹配度、措施精准度，深化跨境电商综合试验，释放综合保税区功能优势。发挥沈阳经济技术开发区、沈阳高新技术开发区、辉山经济技术开发区开放前沿作用，强化中德园集聚全球高端装备制造产业功能，推进中日产业园、中韩科技园等建设。加强友好城市、经济合作城市经济交流，扩大在各类自由贸易协定框架下经贸合作，进一步畅通与“一带一路”沿线国家和地区的经贸联系。发挥中国（沈阳）国际装备制造业博览会等重要经贸交流平台作用，稳定扩大优势产品进出口规模，大力发展服务贸易。

八、持续提升城市功能品质，促进区域协调发展

坚持人民城市人民建、人民城市为人民，按照建设国家中心城市和沈阳现代化都市圈的功能定位，统筹城市规划、建设、管理，推进以人为核心的新型城镇化，着力提升城市发展持续性、宜居性。

31. 打造国家现代综合枢纽。构建互联互通的现代综合交通运输体系，推进桃仙机场扩能改造，加快沈白客专等高速铁路和沈辽鞍营、沈丹城际铁路建设。大力发展枢纽经济和总部经济，统筹推进现代流通体系建设，优化布局物流园区，培育壮大现代物流企业，加快现代物流产业发展，降低物流成本，构建商贸服务型、生产服务型、陆港型物流枢纽。推进沈阳国际陆港建设，加快建设多式联运中心，加强与省内港口合作，实现“公铁海航”多式联运高效协同，形成“干支结合、枢纽集散”集疏运体系。拓展沈阳中欧班列通道建设，提升班列对欧洲辐射能力，创建国家中欧班列集结中心。

32. 优化城市空间布局。强化资源环境底线约束，建立并完善“多规合一”国土空间规划体系，坚持组团式发展、协同性建设，形成优势互补、高质量发展的区域发展布局。深入贯彻落实主体功能区战略，立足资源环境承载能力，优化重大基础设施、重大生产力和公共资源布局，扩大生态空间和生态容量。滚动有序加强开发区建设，统筹工业区与生活区、商业区等功能建设，实现生产空间集约高效、生活空间舒适宜居。加强对城市的空间立体性、平面协调性、风貌整体性、文脉延续性等方面的规划和管控，进行战略空间留白留璞增绿。

33. 实施城市更新行动。完善以高速路、快速路为骨架，国省干道及主干路为支撑的路网体系，完善城市轨道交通网络结构，构建布局均衡的客运枢纽，深化公交都市示范城市建设，扩大停车设施供给。强化能源基础设施保障能力，积极发展新能源项目，推进城市水网等基础设施提档升级，建设海绵城市，增强防洪排涝能力。推进沈飞、东塔机场等重大项目和旧批发市场搬迁改造，开展重点地区低效工业更新改造，合理有序开发地下空间，加强老旧小区改造，建设完整居住社区，提升历史文化街区、核心商业区和生态旅游区等建设水平。完善住房市场体系和保障体系，发展住房租赁市场，促进房地产市场平稳健康发展。

九、推动文化强市建设，提升文化软实力

坚持以社会主义核心价值观为引领，围绕举旗帜、聚民心、育新人、兴文化、展形象的使命任务，加强社会主义精神文明建设，繁荣文化事业和文化产业，加快建设区域性文化创意中心。

34. 提高社会文明程度。深入开展习近平新时代中国特色社会主义思想学习教育，加强马克思主义基本理论研究，加强党史、新中国史、改革开放史、社会主义发展史教育，加强爱国主义、集体主义、社会主义教育，弘扬东北抗联精神、抗美援朝精神、雷锋精神，推动理想信念教育常态化制度化。加强公民道德建设，开展志愿服务品牌活动，拓展新时代文明实践中心布局。深化新一轮全国文明城市建设，完善常态长效创建工作机制。践行新时代辽宁精神，深入开展群众性精神文明创建活动。注重家庭、家风、家教建设，选树宣传“身边好人”等道德模范典型，不断提高市民文明素养。发展积极健康的网络文化。

35. 推动文化事业繁荣发展。扎实开展文化惠民工程，优化城乡文化资源配置，策划建设一批重点文化场馆，健全基层公共文体设施网络，推动公共文化数字化建设，促进基本公共文化服务标准化、均等化，提升城乡公共文化服务水平。深入实施艺术精品创作工程，完善创作生产机制，推出更多群众喜闻乐见的精品力作。推进媒体深度融合，建好主流媒体，加强县级融媒体中心建设。培育引进国际性文化艺术活动，做强“沈阳艺术节”“浑河岸交响音乐节”等特色文化品牌，不断丰富文化供给。扎实开展全民健身运动，完善全民健身场地设施，加快发展体育产业，提升沈阳马拉松等体育精品赛事活动影响力。

36. 加强历史文化名城保护提升。深入挖掘整理历史文化资源，做好考古和历史文脉研究工作，加大文物和历史建筑修缮利用，盘活用好文物资源，加强非物质文化遗产保护传承。系统推进新乐遗址、盛京皇城和老北市、中山路、大东路历史文化街区综合提升。加快推进北大营遗址修缮展示、抗美援朝烈士陵园提质改造，加强中共满洲省委旧址等革命遗址遗迹建设，弘扬传承红色文化。打造铁西工人村、卫工街老厂区、大东区肇新窑业等民族工业展示区。加强石佛寺、叶茂台、辽滨塔历史文化名村建设。做好辽河文化带、浑河文化带、蒲河文化带的开发利用。加强文博场馆建设，打造一批有影响力的文化地标。

37. 推进文化产业高质量发展。深化文化体制改革，完善产业创新体系、文化市场体系、要素支撑体系和政策保障体系。培育一批具有核心竞争力的骨干文化企业，建成一批文化产业园区，推进一批重大项目和平台，推出一批特色文化街区和特色小镇，打造一批文化品牌，集聚一批文化产业领军人才。集聚“文化+”新动能，拓展文化与互联网、科技、装备制造、体育等融合发展领域，壮大动漫游戏、智能穿戴等重点产业，培育数字文化产业新型业态。促进文商旅深度融合，发展历史文化游、红色文化游、工业文化游、自然生态游、乡村休闲游，做强冰雪旅游。推进棋盘山国家旅游度假区、盛京皇城5A级景区建设，系统推进旅游景点改造提升。加强特色文化创意产品开发和营销资源整合，培育影视传媒、娱乐休闲等创意产业，加快建设具有重要影响的区域性文化创意中心。

十、加强生态文明建设，推动绿色发展取得新进展

坚持绿水青山就是金山银山、冰天雪地也是金山银山理念，深入实施可持续发展战略，推动资源利用方式转变，提升环境治理能力和水平。

38. 持续加大环境整治力度。全力打好污染防治攻坚战，切实推进能源结构调整，深化大气污染防治，强化多污染物协同控制和区域协同治理，综合治理工业企业大气污染，加大机动车污染防治力度，推进冬季清洁取暖，强化扬尘管控，基本消除重污染天气。持续改善水环境质量，完善河长制和“一河一策”管理制度，提高辽河、浑河等重点河流综合治理水平，加大重点排污行业和企业整治力度，消灭黑臭水体。加强土壤污染治理，推进重点地区排查、整治和修复，无害化处置危险废物，强化暂不开发地块风险管控。

39. 加强生态保护和修复。严格生态环境准入，严守生态保护红线，健全生态环境监管体制，建立自然保护地体系。系统实施山水林田湖草保护修复，推进水土流失和侵蚀沟综合治理，加大天然林管护力度，开展生物多样性保护。依托辽河干流建设国家公园，实施河湖水系连通工程和中小河流域整治，加强卧龙湖、仙子湖、獾子洞、蒲河等重要湿地生态保护，实施入辽河、浑河、蒲河河口湿地建设。开展国土绿化行动，防治西北地区沙化，构筑生态安全屏障。

40. 提高资源能源利用水平。严控用地总量和规模，严格执行建设用地使用标准，积极落实国家关于低效用地再开发的各项政策。控制取用水总量，优化生活用水、工业用水配置，改进农业用水方式，加强高耗水企业用水定额管理，大力推进城市再生水利用。拓宽优质煤炭、天然气使用面，全面提高发电、供暖等行业资源利用效能。推行垃圾分类和减量化、资源化。

41. 推动形成绿色生产生活方式。促进绿色低碳发展，发展绿色金融，支持绿色技术创新，开展高污染、高能耗行业绿色化改造。培育节能环保、清洁生产、清洁能源产业，降低碳排放强度。开展绿色生活创建活动，在全社会大力倡导简约适度、绿色低碳的生活方式。

十一、着力保障和改善民生，不断提高社会建设水平

提升生活品质，推动共同富裕，让人民群众更多更公平共享振兴发展成果。

42. 促进充分就业和持续增收。强化就业优先政策，坚持经济发展就业导向，加大对灵活就业、新就业形态的支持，鼓励创业带动就业，精准开展就业困难人员岗位供给、技能提升、就业援助，确保零就业家庭动态清零。构建更加和谐的新型劳动关系，维护职工和企业合法权益。千方百计提高城乡居民收入，提高劳动报酬在初次分配中的比重，多途径增加居民财产性收入，优化农民收入结构，促进收入分配更合理、更有序。

43. 推进教育事业发展更加公平更有质量。深化教育领域综合改革，加强教师队伍建设，扩大优质教育资源覆盖面。推进学前教育优质普惠发展、义务教育优质均衡发展，逐步缩小义务教育城乡之间、学校之间办学差距，促进普通高中教育优质特色多样化发展。提高市属高校办学质量，支持在沈高校“双一流”建设。完善职业教育体系，增强职业技术教育适应性，深化职普融通、产教融合、校企合作。完善终身学习体系，建设学习型城市。

44. 完善社会保障体系。健全与经济发展水平相协调的多层次社会保障体系，落实养老保险制度，提高城乡居民基本医疗保险和大病保险待遇，扩大失业保险保障范围，确保养老金按时足额发放。健全退役军人工作体系和保障制度。健全分层分类、城乡统筹的社会救助体系，完善基本生活救助制度，提高社会福利保障水平，促进慈善事业与社会救助功能互补。坚持男女平等基本国策，保障妇女儿童合法权益。完善帮扶残疾人、孤儿等社会福利制度。

45. 全面推进健康沈阳建设。加强公共卫生体系建设，完善疾病预防控制体系，健全疾控机构和城乡社区联动工作机制，创新医防协同机制，完善传染病疫情和突发公共卫生事件监测系统，提高监测预警和应急反应能力。深化医药卫生体制改革，加快优质医疗资源扩容和区域均衡布局，加强全科医生队伍建设，健全分级诊疗制度，推进乡镇卫生院、社区卫生服务中心、村卫生室规范化、标准化建设，强化县级医院医疗卫生服务能力，推进国家区域医疗中心、区域专科中心建设。支持中医药事业发展。深入开展爱国卫生运动。

46. 积极应对人口老龄化。推动养老事业和养老产业协同发展，健全基本养老服务体系，深入推进国家医养结合试点，加强养老服务设施建设，提高养老机构供给质量，改善为老服务劳动力有效供给，发展普惠型和互助性养老，构建居家社区机构相协调、医养康养相结合的养老服务体系。积极开发老龄人力资源，发展银发经济。提高优生优育服务水平，发展普惠托育服务体系，降低生育、养育、教育成本。

47. 加强和创新市域社会治理。健全党组织领导的自治、法治、德治相结合的城乡基层治理体系，推动社会治理重心向基层下移，实现共建共治共享。创新和完善城市基层治理制度，推动街道赋权扩能，加快网格服务管理标准化建设，发挥群团组织和社会组织在社会治理中的作用。加强和完善城乡社区治理，建设“与邻为善、以邻为伴”的和谐社区。加强和改进乡村治理，着力建设充满活力、和谐有序的善治乡村。

十二、统筹发展和安全，建设更高水平的平安沈阳

贯彻落实总体国家安全观，把安全发展贯穿到经济社会发展各领域和全过程，提升城市安全韧性，防范化解各种风险，切实做到以发展促安全、以安全保发展。

48. 提高维护国家安全能力。建立健全国家安全风险研判、防控协同、防范化解机制，坚定维护国家政权安全、制度安全、意识形态安全，严密防范和严厉打击敌对势力渗透、破坏、颠覆、分裂活动。严格落实意识形态工作责任制，巩固壮大主流思想舆论，提升网络综合治理水平。推进国家安全教育常态化制度化长效化，加强和改进高校思想政治教育，增强全社会国家安全意识。加强国防动员建设，提高快速应急协同保障能力，持续深入开展双拥模范城创建活动，进一步巩固军政军民团结。

49. 维护经济安全。加强经济安全风险预警、防控机制和能力建设，增强产业链供应链本地布局配套的系统性、协同性、稳定性，做好水利、电力、供气、交通、通信、网络等重点工程运营维护，促进水资源集约安全利用。坚决防控金融风险，优化地方金融监管体系，有效处置金融机构风险，稳妥处置重点企业经营和债务风险，严厉打击非法集资等违规违法金融活动，防范化解政府债务风险，守住不发生系统性风险底线。

50. 保障人民生命安全。创建国家安全发展示范城市，落实安全生产责任和管理制度，及时排查化解重点行业领域安全生产隐患，健全预警应急处置机制，有效遏制危险化学品、建筑施工、交通等重特大安全事故。强化生物安全保护，构建严密高效、社会共治的食品药品安全治理体系。健全突发公共事件和重大自然灾害事件应急体系，全面增强防灾、减灾、抗灾、救灾能力，提高气象预报预测精准化水平，加强应急物资保障。

51. 维护社会稳定和安全。坚持和发展新时代“枫桥经验”，畅通和规范群众诉求表达、利益协调、权益保障通道，推动信访工作法治化、信息化、科学化，加强人民调解、行政调解、司法调解衔接联动，构建源头防控、排查梳理、纠纷化解、应急处置的社会矛盾综合治理机制。健全社会心理服务体系和疏导机制、危机干预机制。建立健全扫黑除恶常态化机制，完善立体化、法治化、专业化、智能化社会治安防控体系，坚决防范和打击暴力恐怖、黑恶势力、新型网络犯罪，确保社会和谐稳定。

十三、坚持党的全面领导，凝聚实现“十四五”规划和二〇三五年远景目标的强大力量

充分发挥党的领导核心作用，把党领导经济社会发展的制度优势转化为治理效能，为实现“十四五”规划和二〇三五年远景目标提供坚强政治保证。

52. 提升领导振兴发展能力水平。坚持以党的政治建设为统领，教育引导全市党员干部深入学习贯彻习近平新时代中国特色社会主义思想，深入学习运用中国共产党一百年的宝贵经验，坚定理想信念、牢记初心使命，增强“四个意识”、坚定“四个自信”、做到“两个维护”，不折不扣贯彻落实党中央决策部署及省委具体要求。落实全面从严治党主体责任、监督责任，提高党的建设质量。推进党的组织体系建设，发挥广大党员先锋模范作用，把各领域基层党组织建设成为坚强战斗堡垒。巩固党政机构改革成果，调整优化事业单位布局。建立健全推动高质量发展的指标体系、政策体系、标准体系、统计体系、绩效考核体系。

53. 加强社会主义政治建设。支持和保证人大及其常委会依法行使立法、监督、决定、任免等职权，充分发挥人民政协作为协商重要渠道和专门协商机构的作用，完善大统战工作格局，促进政党关系、民族关系、宗教关系、阶层关系、海内外同胞关系和谐，巩固和发展大团结大联合局面。充分发挥工青妇等群团组织联系、服务和动员群众的作用。全面推进依法治市，强化科学立法，加强法治政府建设，深化司法责任制综合配套改革，推进严格规范公正文明司法，以民法典学习宣传为重点，做好“八五”普法工作，在全社会形成学法尊法守法用法的良好法治氛围。

54. 激励广大党员干部担当作为。落实好新时期干部标准，坚持正确选人用人导向，推动能者上、优者奖、庸者下、劣者汰。进一步推动思想解放，发扬斗争精神，提升解决实际问题能力，切实形成与高质量发展要求相适应的思维和工作方式。健全正向激励体系，完善容错纠错、规范问责等机制，加强对敢担当、善作为干部的激励和保护，激发干事创业的精气神。加强政治监督，严明纪律规矩，构建监督体系、推进治理体系，以“两个体系”建设的贯通融合，一体推进不敢腐、不能腐、不想腐，营造风清气正的良好政治生态。

55. 健全狠抓落实推进机制。按照党的十九届五中全会精神及省委十二届十四次全会、市委十三届十三次全会要求，科学编制市和各区县（市）“十四五”规划纲要和专项规划，一级抓一级、层层抓落实，实施清单式管理、项目化推进，开展精准有效的督促检查，进一步为基层松绑减负，深入纠治形式主义、官僚主义，促进形成苦干实干之风。

全市上下要更加紧密地团结在以习近平同志为核心的党中央周围，在省委的坚强领导下，勠力同心、顽强拼搏，为顺利完成“十四五”规划各项目标任务，推动新时代全面振兴全方位振兴取得新突破、建设国家中心城市，夺取全面建设社会主义现代化国家新胜利而努力奋斗！

沈阳市2021年政府工作报告

——2021年2月5日在沈阳市第十六届人民代表大会第四次会议上

沈阳市人民政府代市长　王新伟

各位代表：

现在，我代表市政府向大会报告工作，请予审议，并请各位政协委员和列席人员提出意见。

一、2020年和“十三五”时期经济社会发展回顾

过去一年，是沈阳历史上极不寻常的一年。在市委的坚强领导下，我们坚持以习近平新时代中国特色社会主义思想为指导，认真贯彻党的十九大和十九届二中、三中、四中、五中全会精神，深入落实习近平总书记关于东北、辽宁振兴发展的重要讲话和指示精神，统筹推进疫情防控和经济社会发展，扎实做好“六稳”工作，全面落实“六保”任务，经济运行逐季回升向好，决胜全面建成小康社会取得决定性成就。

全年地区生产总值比上年增长0.8%，一般公共预算收入增长0.8%，固定资产投资增长4.1%，社会消费品零售总额下降5.4%，规模以上工业增加值增长2.8%，居民消费价格上涨2.3%，城镇居民人均可支配收入增长1.3%，农村居民人均可支配收入增长8.1%，城镇登记失业率为3.12%。

（一）疫情防控持续取得新成果。面对去年年初突如其来的新冠肺炎疫情，我们始终坚持人民至上、生命至上，坚决落实“四防”“五早”“六快”，围绕“八条主线”抓实工作，有效阻断疫情传播，全力救治沈阳及周边转运患者，实现了患者零病亡和医务人员零感染。迅速建立省医疗救治沈阳中心，动员企业满负荷生产防疫物资支援一线，1000余名医护和疾控人员先后驰援武汉、大连等地区，为全省全国抗疫贡献了“沈阳力量”。进入常态化疫情防控阶段，我们坚决落实“外防输入、内防反弹”要求，较好完成首都机场国际航班分流转运任务，加快完善公共卫生应急管理体系，实施进口冷链食品全链条闭环管理，出台助企纾困系列政策，强化生活必需品保供稳价，迅速恢复了全市生产生活秩序。去年12月23日突发境外输入疫情后，我们果断实施全员核酸检测、划定重点管控区域、联防联控离沈通道等新举措，优化流调溯源、社区防控、农村防控等工作机制，有效遏制了疫情扩散和风险外溢。在这场大战大考面前，广大医护和疾控人员冲锋在前，公安干警、基层干部、社区工作者连续作战，“盛京义勇”等志愿者不惧风险，广大人民群众顾全大局，企业和社会各界广泛参与，兄弟城市、国际友城与我们守望相助。全市上下众志成城、共克时艰，用实际行动诠释了伟大的抗疫精神！

（二）营商环境实现新改善。坚持以评促改，深化放管服改革，我市成为中国营商环境15个标杆城市之一。持续优化政务服务。取消下放调整行政职权1045项，审批要件削减60.2%。推行建筑师负责制、告知承诺制等改革举措，工程建设项目审批时限大幅压缩。创新“一枚印章管审批”和“免申直报”等服务模式，企业和群众办事更加便利。全面推行“一网通办”。3.5万个政务服务事项上线运行，依申请类事项网上可办率达到100%，全程网办率超过60%。150项便民服务实现“掌上办”。115个社区服务事项实现“全市通办”。切实减轻企业负担。新增减税70.4亿元。减免社保、水电气等费用超过130亿元。投放应急转贷资金23.2亿元，办理无还本续贷168.2亿元，扩大专利质押、动产抵押等融资规模，企业融资难得到缓解。“万人进万企”解决企业各类诉求4195件。坚决兑现政府承诺。两年累计清偿政府拖欠企业工程款215.4亿元，政府部门和大型国有企业拖欠民营企业、中小企业无分歧账款全部清零。解决招商承诺不兑现问题180个。“企业评、群众议”满意度达到95.6%。

（三）动能转换取得新进展。注重扩大增量、激活存量，新的动能不断增强。狠抓重大项目建设。全年开复工亿元以上项目1612个，创历史新高。赛轮轮胎等351个项目竣工投产，正威国际稀谷等286个新兴产业项目开工建设，华晨宝马三大建设项目主体封顶，桃仙机场二跑道等重大项目取得新进展。推动制造业改造升级。44个首台套项目获得国家支持。109个重大技改项目开工建设。103种重大新产品实现规模化生产。70个精益管理咨询项目顺利实施。110兆瓦级重型燃机总装下线，130万吨裂解气压缩机组试车成功。新松机器人未来城、东软健康医疗产业园等园区加快建设。中德园获评国家级绿色工业园区。我市成为国家首批民用无人驾驶航空试验基地。培育数字经济形态。开通5G基站7321个，开发应用场景128个。成功举办全球工业互联网大会。中国工业互联网研究院辽宁分院、国家工业互联网大数据中心辽宁分中心同步挂牌，禾丰牧业、辽宁联通工业互联网标识解析二级节点上线运行。新松VR产业研究院开工建设，光大特斯联AICITY项目落户沈阳。促进服务业加快复苏。发放消费券9791万元，带动各类市场主体投入10.3亿元，拉动社会消费超百亿元。完成中街国家级步行街改造，38条夜经济街区高峰期日客流量达到146万人次。开展直播带货节等活动近万场，电商直播交易额实现85.6亿元。成大生物通过科创板上市审议。制博会、韩国周等重大活动成功举办。积极推进文化赋能。实施中心里遗址等9处考古发掘，完成沈阳故宫大政殿等13处文物修缮。盛京皇城综合保护利用工程有序推进。棋盘山国家4A级景区通过复核验收。红梅文创园、1905文创园、城市书房、彩虹跑道成为文化新地标。向日葵教育等13家单位获批省级文化科技融合示范基地。我市成为国家体育消费试点城市。

（四）改革开放迈出新步伐。坚持市场化导向，破解体制机制障碍，发展活力不断释放。推动重点改革多点突破。国资国企改革加快推进，机床集团完成资本注入，沈鼓集团、中沈国际等企业形成混改预案，水务集团实现瘦身健体。市属国企实现外部董事全覆盖，经理层市场化选聘全面推开。40.9万国企退休人员实现社会化管理，历史遗留问题基本清零。开发区“管委会+平台公司”运营模式、市场化选人用人机制加速推开，“亩均效益”纳入指标考核。农村集体产权制度改革试点任务如期完成。于洪区、沈北新区成为国家宅基地制度改革试点，苏家屯区成为全国农村承包地确权登记颁证工作典型地区。出台户籍新政，全年落户外埠人口超过10万人。推动更高水平对外开放。自贸区“证照分离”等528项改革举措落地实施。中德园新引进采埃孚电驱动等项目70个。中韩科技园开启“两国双城双园”合作模式。中日产业园签约东芝、松下、罗森等日资企业。药品进口指定口岸通关运行。创新“云招商”模式，全市新落地亿元以上项目910个，实际利用外资增长2%，引进内资增长12.7%。开通沈阳至旧金山、伦敦两条货运包机航线。中欧班列发运量增长79.1%。跨境电商交易额增长11倍。防疫物资出口7.1亿元，华晨宝马iX3、上通北盛创酷实现规模出口。全市新签对外承包合同额增长163.6%。京沈对口合作项目达到320个，完成投资280亿元。沈阳经济区形成产业配套、旅游促销、环境整治等协同机制。

（五）创新驱动发展实现新突破。发挥自创区引领作用，完善区域创新体系，创新创业更加活跃。推动基础领域研究。沈阳材料科学国家研究中心一期封顶。新增铁路信号国家企业技术中心等省级以上科技创新平台59个。电渣重熔关键技术等14个项目荣获国家科学技术奖。支持应用领域研究。国家重大专项有序实施。组织集成电路镀膜设备等107项关键核心技术攻关。中科院机器人与智能制造研究院深潜探测器填补多项国内空白，小牛翻译云平台、工业机器人伺服电机等新产品和关键技术取得突破。强化创新主体培育。全市科技型中小企业达到4559家、高新技术企业达到2560家、雏鹰企业达到776家、瞪羚独角兽企业达到88家。沈阳产业技术研究院挂牌成立，全市新增新型研发机构11家。驻沈高校院所科技成果转化1037项，全市技术合同成交额达到303.9亿元。活跃创新创业氛围。组建创新创业孵化联盟，形成鑫源“双创+骨干企业”、光明小镇“双创+产业链”等新模式。全市双创载体数量达到212家，创业孵化面积达到560万平方米，集聚创业人员16.6万人。我市入选国家知识产权运营服务体系建设重点城市。

（六）“三农”工作取得新成效。突出产业振兴，农业农村现代化扎实推进。持续巩固脱贫攻坚成果。落实“四个不摘”政策，扶贫专项资金投入增长63.1%，加快新希望、牧原等产业扶贫项目建设，扶持6000余个贫困户发展“四小经济”，确保“两不愁三保障一安全”，全市脱贫人口人均年收入达到12803元。持续夯实县域经济基础。县域开发区开复工亿元以上产业项目188个、增长111%，亿邦药业、科勒卫浴等项目增资扩产。植保无人机产业化基地等47个飞地项目建成投产。出台促进中心镇建设发展实施意见，着力培育县域经济新支点，胡台、茨榆坨等首批6个中心镇开工重点项目87个。新民大民屯、辽中杨士岗获评国家农业产业强镇。持续提升农业质量效益。叠加省市政策支持设施农业发展，全年建设面积突破2万亩。建成高标准农田78.7万亩。完成保护性耕作135.6万亩。粮食总产量突破80亿斤。生猪存栏恢复到256.4万头。伊利东北酸奶生产基地等21个农产品加工项目竣工投产。新增电商村110个。苏家屯来胜堡村获评国家“一村一品”示范村。法库半拉山子村获评中国美丽休闲乡村。持续改善农村人居环境。全年建成“四好农村路”660公里，改造农村电网1275公里，广播电视基本实现“户户通”。农村生活垃圾处置体系覆盖率达到95.1%，畜禽养殖废弃物资源化综合利用率达到85%。135个美丽示范村通过省级验收。

（七）城市发展迈上新台阶。注重完善城市功能，保障城市运行，城市品质不断提升。加快完善综合交通体系。地铁10号线投入运营，1号线东延线和6号线开工建设。浑南大道快速路全线贯通，胜利大街快速路主线贯通，实现二环核心段南移。四环棋盘山隧道、沈康高速延长线等工程有序推进。加快补齐基础设施短板。13项输变电工程建成投运，220千伏、66千伏全域容载比分别提高至1.98和2.26。三年170项排水防涝工程全面完成，主城区严重内涝问题明显改观。西部净水厂二期投入使用，康平、法库等4座净水厂稳定供水。新增气源场站5个，中俄东线天然气管道工程中段建成投运。加快提升城市管理水平。扎实推进“城市大脑”建设，渣土车管控、工地扬尘管控等应用场景启动运行，提升了城管数字化感知能力。开展消防通道、城乡接合部等专项整治。全市社区、公共机构、中小学实现生活垃圾分类全覆盖。房地产市场总体稳定，住房租赁市场发展获得3年24亿元中央财政支持。加快改善生态环境质量。实施VOCs治理项目60个，整治“散乱污”工业企业1521家，完成散煤替代2.3万户，新增清洁能源取暖面积506万平方米，空气质量优良天数创历史新高。深入落实河湖长制，整治河湖“四乱”468处，新扩建8座污水处理厂，17个省考以上断面实现全面达标。新增辽河生态封育42.9万亩，综合治理黑土区侵蚀沟38条。全面取缔“窖腌酸菜”。新增造林32.5万亩，城区绿化8.58平方公里，城市绿地覆盖率提高到39%以上。

（八）民生保障水平实现新提升。抓实基本民生、底线民生、热点民生，人民群众生活持续改善。全面完成12件民生实事。在公共服务方面，重点新增城乡普惠幼儿园158所，新建改造城乡中小学厕所1439个，新建区域性居家养老服务中心105个。在社会保障方面，重点实施“暖房子”工程205万平方米，改造棚户区2509套、农村危房650户，解决了7.69万农村人口安全饮水问题。在城市运行方面，重点新建改造小区供水内网309.8公里、燃气管网258.6公里、供热管网161.8公里，改造265个电力弃管小区用电设施，开展了104个行政村生活污水治理。在交通出行方面，重点解决了15.9万个停车泊位，在主次干路涉及学校路段新增5869个临时停车泊位。在人居环境方面，重点新建公园10座，完善了浑北环城水系慢道系统。全力抓好保就业。加大稳岗力度，为4.4万家企业返还保险金8.4亿元，为37.4万失业人员发放补助金10亿元。落实创业扶持政策，发放创业担保贷款8.6亿元，实现创业带动就业1.7万人。积极帮扶高校毕业生、退役军人等群体就业，转移农村劳动力4.34万人。全市新增城镇就业11.57万人。促进教育优质均衡发展。治理288个小区配套幼儿园。创建103所新优质均衡（示范）学校。新增2所省级示范高中。职教集团增加到18个，宝马实训中心、中德园跨企业实训中心投入使用。青少年近视综合防控行动初见成效。深化医药卫生体制改革。药品带量采购试点圆满完成，药价平均降幅53%。“两病”门诊用药报销比例超过50%。医保支付改革DRG试点形成可复制推广经验。“大病不出县”行动扎实推进，10个乡镇卫生院完成标准化改造，乡村医生保障待遇得到落实。完善城乡养老服务。在100个社区实施政府购买居家养老服务试点，推进首批600户困难老年人家庭适老化改造。农村居家养老服务试点扩大到109个村。全市新增养老床位3500余张。养老机构医养结合服务覆盖率达到100%。加强和改进社会治理。“村（居）民评理说事点”解决矛盾纠纷2.6万余件。取消城乡社区挂牌210个。信访减存控增累计化解积案1.3万件。三年累计打掉涉黑组织35个、涉恶集团42个、恶势力犯罪团伙70个。国家安全发展示范城市创建取得积极进展。

同时，双拥共建、国防动员、人防和民兵预备役工作持续加强。国家安全、保密、审计、仲裁、民族宗教、贸促、侨务、邮政、广播电视、新闻出版、气象、防震减灾、公积金、档案、修志、文史、残疾人、红十字会、慈善事业等各方面工作都取得了良好成绩。

一年来，我们坚决落实中央巡视、中央生态环保督察、国家统计督察、国务院大督查等各项整改工作，扎实推进违建别墅、乱占耕地等问题整治，全面完成第七次全国人口普查登记工作，成功举办纪念抗美援朝出国作战70周年系列活动。我们自觉接受市人大及其常委会法律监督、工作监督和市政协民主监督，966件人大代表建议和654件政协提案全部办复。我们坚持依法行政，提请市人大审议地方性法规4件，发布政府规章3件，行政机关负责人出庭应诉率大幅提升，行政复议案件化解率达到38%，“七五”普法和民法典宣传活动深入开展。我们严格落实“过紧日子”要求，非急需非刚性支出压减57.9%。我们注重加强风险防控，依法妥善处置企业债务及流动性风险，超额完成政府化债任务。我们持续反“四风”、转作风，坚持问题导向，倡导现场主义，推动各项工作取得新成绩。商事制度改革、促进工业稳增长和转型升级、公立医院改革三项工作获国务院通报表彰。

各位代表，刚刚过去的2020年，是“十三五”收官之年。五年来，我们积极应对各种风险挑战，主动做实经济数据，着力转变发展方式，综合实力稳步提升，地区生产总值年均增长2.8%，城乡居民收入年均分别增长5.5%和7.5%，居民收入增速高于经济增速。

经济结构加快调整。高端装备制造业产值、战略性新兴产业产值占比持续提升。一批“大国重器”在沈问世，沈阳制造为嫦娥、天宫、奋斗者等国家工程作出贡献。金融、物流、文旅、会展等现代服务业快速发展，消费基础作用更加突出。现代农业提质增效，粮食产量实现“十七连丰”。数字经济、平台经济、共享经济等新业态、新模式蓬勃发展。

发展活力持续增强。全面创新改革形成一批可复制推广经验。自主创新示范区建设扎实推进。创新创业环境不断优化，高新技术企业数量快速增长，专利申请量年均增长9.7%，各类市场主体突破90万户。世界500强企业在沈投资项目大幅增长，宝马新工厂成为国家七个标志性外资项目之一。

开放格局不断拓展。自贸区、中德园成为沈阳对外经贸、技术、产业合作重要平台。中欧班列发运数量进入全国前列。沈阳至洛杉矶、法兰克福等国际航线实现开复航。世界冬季城市市长会议等重大活动成功举办。积极融入共建“一带一路”。国际友城数量达到22个。京沈对口合作、苏辽合作、沈阳经济区一体化不断深化。

城市品质稳步提升。城市交通更加便捷，快速路网基本形成，地铁进入线网时代，沈阳成为国家公交都市建设示范城市。大气优良天数增加80天。有水皆污的局面彻底改观。生活垃圾结束填埋历史。实现全国文明城市“三连冠”、双拥模范城市“九连冠”，荣获国家卫生城市等称号。

人民生活明显改善。城镇新增就业累计达到52.3万人。城乡低保、特困救助标准大幅提升，失独家庭、困境儿童等群体得到更多关爱。教育、文化、卫生、体育、养老等公共服务体系更加完善。人均预期寿命提高到80.85岁。

各位代表！经过五年的不懈努力，沈阳经济已走出了最困难时期，各类积极因素在积累，稳中向好的态势在巩固。成绩来之不易，奋斗充满艰辛，收获弥足珍贵。“十三五”取得的成就，根本在于习近平新时代中国特色社会主义思想的科学指引，根本在于以习近平同志为核心的党中央掌舵领航；是省委省政府坚强领导、关心支持的结果，是市委科学谋划、统揽全局，市人大、市政协监督支持，全市人民齐心协力、团结奋斗的结果。在此，我代表市政府，向全市人民，向人大代表、政协委员，向各民主党派、各人民团体、社会各界人士以及离退休老同志，向驻沈部队官兵、消防救援队伍和中省直各单位，向关心支持沈阳振兴发展的港澳台同胞、海外侨胞和国际友人，表示衷心的感谢！特别要向为抗疫做出突出贡献的广大医护和疾控人员，向奋战在防控一线的基层干部群众，致以最崇高的敬意！

在总结工作过程中，我们也清醒地认识到面临的矛盾和问题，主要是：重大项目和有效投资不足，工业拉动经济增长乏力；新旧动能转换任重道远，创新支撑引领作用不强，数字经济发展不快，县域经济发展困难较多，民营经济发展不活跃；营商环境有待进一步改善，市场化程度不高，开放合作广度深度有待拓展；城市功能品质、生态品质、服务品质亟待提升；金融、安全生产等风险隐患不容忽视；民生领域还有不少短板，优质的教育、医疗、养老等服务供给不充分；部分干部思想解放不够，专业能力素质与高质量发展要求不相适应，工作抓而不实、抓而不细的现象仍然存在。特别是疫情冲击带来的不确定性，将持续影响城市运行、群众生活和企业生产经营。对此，我们将采取坚决有力措施，切实加以解决。

二、“十四五”时期主要目标任务和2021年重点工作

“十四五”时期，是沈阳把握发展主动权、创造发展新拐点极为关键的五年。市政府全面贯彻党的十九届五中全会精神，按照省委十二届十四次全会部署，落实市委十三届十三次全会要求，编制了《沈阳市国民经济和社会发展第十四个五年规划和二〇三五年远景目标纲要（草案）》，提请本次大会审议。

《纲要》提出的经济社会发展奋斗目标是：经过五年的努力，围绕推动沈阳新时代全面振兴全方位振兴取得新突破、努力建设国家中心城市的总目标，建设沈阳现代化都市圈，在打造数字辽宁智造强省、“一网通办”“一网统管”、解决“老字号”问题上为全省作出示范，在绿色发展和解决“新字号”问题上为全省作出表率，建设国家现代综合枢纽、国家先进制造中心、综合性国家科学中心、区域性金融中心、区域性文化创意中心，实现综合实力、发展动力、社会文明、生态环境、民生福祉、治理效能全面提升，为2035年基本实现社会主义现代化奠定坚实基础。

《纲要》明确提出了经济社会发展主要指标：一是围绕经济发展，提出10项指标，其中地区生产总值年均增长6%以上，一般公共预算收入年均增长6%左右。二是围绕创新驱动，提出9项指标，其中研发经费投入年均增长10%以上。三是围绕民生福祉，提出7项指标，其中居民人均可支配收入年均增长6%以上，城镇调查失业率5.5%左右。四是围绕绿色生态，提出8项指标，其中单位地区生产总值能耗、二氧化碳排放达到国家要求。五是围绕安全保障，提出2025年粮食综合生产能力稳定在77.8亿斤以上，能源综合生产能力达到1200万吨标准煤。以上共计36项指标，其中预期性指标26项、约束性指标10项，兼顾了当前与长远，考虑了现实与可能，体现了中央、省委省政府要求和沈阳特色。为实现上述指标，《纲要》规划安排了16项重点任务。

完成“十四五”规划任务，实现新发展阶段奋斗目标，关键要完整准确全面贯彻新发展理念。必须坚持系统观念，从根本宗旨、问题导向、忧患意识三个维度深刻把握新发展理念；必须发扬斗争精神，坚决摒弃传统的思维定势、工作惯性、路径依赖；必须一体践行、立体推进，实现更高质量、更有效率、更加公平、更可持续、更为安全的发展。经过“十三五”时期的洗礼，沈阳实力增强、动力集聚、能力提升，已经站在新的起点，具备了向更高能级城市迈进的基础和条件。我们要立足“两个大局”，心怀“国之大者”，准确把握新发展阶段，深入贯彻新发展理念，加快构建新发展格局，统筹发展和安全，突出“三个示范”“两个表率”，奋勇争先，奋力实现沈阳振兴发展新突破。

各位代表，“十四五”的蓝图已经绘就，迈好今年开局第一步至关重要。今年政府工作总的要求是：以习近平新时代中国特色社会主义思想为指导，全面贯彻党的十九大和十九届二中、三中、四中、五中全会精神，深入贯彻习近平总书记关于东北、辽宁振兴发展的重要讲话和指示精神，落实中央经济工作会议精神，坚持稳中求进工作总基调，立足新发展阶段，贯彻新发展理念，构建新发展格局，统筹推进“五位一体”总体布局，协调推进“四个全面”战略布局，以推动高质量发展为主题，以深化供给侧结构性改革为主线，以改革开放创新为动力，以满足人民日益增长的美好生活需要为根本目的，以全面从严治党为保障，坚持系统观念，统筹发展和安全，落实省委省政府和市委决策部署，履行维护国家“五大安全”使命，聚焦补齐“四个短板”、扎实做好“六项重点工作”，继续做好“六稳”工作，全面落实“六保”任务，锚定奋斗目标、全力攻坚克难，确保“十四五”开好局、起好步，以优异成绩庆祝建党100周年。

今年经济社会发展主要预期目标是：地区生产总值增长6%以上，一般公共预算收入增长5%，固定资产投资增长10%左右，社会消费品零售总额增长7%左右，城镇和农村居民人均可支配收入稳步增长；城镇登记失业率控制在4%以内；全社会研发投入强度超过3%；万元地区生产总值能耗下降率不低于全省平均水平，主要污染物排放总量进一步下降。

今年，重点做好以下几方面工作：

（一）把握扩大内需战略基点，努力保持经济向上向好态势。注重供需两端发力，挖掘发展潜力，释放发展动能，推动经济高质量发展。

持续扩大有效投资。树立招商为要、项目为王、落地为大理念，落实全省滚动实施“三个1万亿”项目要求，全年开复工亿元以上项目1600个以上，产业项目突破1000个。推动华晨宝马铁西新工厂、大东工厂产品升级项目二期和研发中心项目加快建设，中航发燃气轮机产业化基地等项目开工，桃仙机场二跑道、沈丹铁路外迁等项目取得突破。聚焦产业类项目，瞄准头部企业，创新招商模式，强化绩效考核，确保项目落地。全年实际利用外资、引进内资分别增长2%和8%以上。

全面促进消费增长。实施消费升级计划，培育服务型经济品牌，建设国际消费中心城市。推进中街、太原街、北市场、奥体等重点商圈建设，发展夜购物、夜旅游、夜娱乐等业态。大力培育新型消费，着力引进培育电商供应链企业，加快直播基地和MCN机构建设，培育一批选品平台、选品中心，推动流量型经济快速增长。加快发展服务消费，合理增加公共消费，满足健康、养老、育幼、文旅、体育等消费需求。促进农产品进城、工业品下乡双向流通，支持电商、快递进村，进一步挖掘县乡消费潜力。

着力稳定外经外贸。壮大外贸市场主体，支持中小外贸企业发展，积极引进培育外向型龙头企业，新增外贸实绩企业80家。进一步拓展贸易渠道，支持企业利用进博会、广交会、汉诺威工业博览会等国内外展会开拓市场，推动企业“出口+内销”双向发展。扩大服务外包规模，大力发展工程技术、医药研发等知识密集型服务贸易。鼓励企业“走出去”，引导产业链上下游企业联合承揽“交钥匙”工程。

（二）突出抓好营商环境，全面深化重点领域改革。积极推进高水平制度创新，把有效市场和有为政府更好结合起来，进一步激发各类市场主体活力。

持续优化营商环境。按照市场化、法治化、国际化要求，以“办事方便、法治良好、成本竞争力强、生态宜居”为指向，全力优化发展生态。深化放管服改革，全链条、全流程下放审批权，并确保接得住、管得好、服务到位。完善“双随机、一公开”监管、信用监管、“互联网+”监管。深化工程建设审批制度改革，进一步压缩总体审批时限。完善公共资源交易平台功能，推动数字证书互通互认，加大招投标领域违规查处力度。推动“一网通办”再提标，推行“全程电子化”审批，实现政务服务事项全程网办、便民服务事项全市通办、便企利民高频事项跨层级跨区域通办三个100%。开展“只提报一次”改革，公积金提取、工伤认定等370

个事项实现“一件事一次办”。进一步加强窗口单位工作人员队伍建设。全面落实减税降费政策，完善综合金融服务平台功能，制定天然气配气价格，确定供暖用热力出厂价格，扩大直购电交易，进一步降低企业生产经营成本。健全社会信用体系，依法依规惩戒失信行为，平等保护各类企业合法权益，塑造公正公平安全可预期的发展环境。深化“万人进万企”活动，积极开展“一联三帮”，当好服务企业的“店小二”。

深化要素市场化配置改革。落实M0供地试点政策，拓展1.5级土地开发试点范围，继续开展存量土地攻坚行动。开展人力资源管理创新，深化分类评价、职称制度和分配制度改革，丰富人力资源服务产业园功能，就业信息一体化服务平台上线运行。完善技能型人才培训体系，打造“盛京工匠”品牌。深化投融资体制改革，完善政府基金体系和融资担保体系，完善金融服务实体经济政策，加强上市企业后备库建设，支持成大生物、何氏眼科等企业上市。推动数据资源开发利用，探索交易机制，促进数据资源向资产转变。

深化国资国企改革。实施国企改革三年行动，打造沈阳区域性综合改革试验升级版。加快沈鼓集团、中沈国际、水务集团、惠天热电等企业混改步伐。提升企业治理水平，推进重点企业董事会设立战略与投资、审计等专门委员会，开展市属企业经理层整体市场化选聘试点。深化授权经营体制改革，落实权责清单和授权放权清单，发挥投资、运营两类公司作用，提升国有资本配置和运营效率。完善国资监管体系，拓宽国资监管平台监管范围，加强债务风险防控，市属企业资产负债率控制在63%以下。

深化开发区改革。加快推动开发区管理体制向市场化运作、企业化管理方向转变。持续向开发区放权，市区两级经济管理行政职权做到应放尽放。优化整合开发区机构设置，推开全员聘任制等市场化选人用人机制。改革优化开发区运营机制，支持平台公司通过发债、开放股权等方式融资，鼓励平台公司与社会资本合作运营。加快开发区“腾笼换鸟”，不断提升“亩均效益”。

支持民营经济发展。细化落实支持民营企业发展政策措施，着力破除招投标、投融资等隐性壁垒，进一步放宽市场准入、促进公平竞争。完善公共服务平台体系，培育10个市级以上中小企业公共服务示范平台，建设2个中小微企业创业创新示范基地，促进中小微企业发展壮大。要像爱护眼睛一样爱护企业和企业家，建立企业家荣誉制度，大力弘扬企业家精神。

（三）完善区域创新体系，不断增强内生发展动力。服务国家战略需求，高质量推进沈大自主创新示范区建设，加快综合性国家科学中心建设步伐。

抓好重大创新平台建设。积极参与辽宁实验室建设，集聚高端创新资源，全力推动浑南科学城规划建设。加快推进沈阳材料科学国家研究中心等5个“国字号”重大科技创新平台建设，积极争取深部工程灾害物理模拟等国家大科学装置在沈阳落地，增强高端装备轻合金铸造技术、玉米生物育种等7个国家重点实验室原始创新能力。支持东北大学人工智能、辽宁大学量子信息技术等创新平台建设。推动160个省市级科技创新平台与国家级平台捆绑联结。

推进产业技术创新。加快沈阳产业技术研究院建设，组织产学研融协同创新，强化产业共性技术供给。支持首台套重大技术装备和首批次新材料应用。实行“揭榜挂帅”，开展百项关键核心技术攻关，突破一批“卡脖子”技术。支持企业组建创新联合体，建设和升级企业技术中心、工程研究中心、技术创新中心。加强创新主体培育，全市科技型中小企业达到6000家，高新技术企业突破3000家，雏鹰企业超过1000家，瞪羚独角兽企业超过120家，新型研发机构达到40家。

促进科技成果转化。加快建设升级版东北科技大市场，充分发挥科技条件平台作用，促进科技创新项目对接与合作，技术经纪人达到700名。强化院地、校地合作，建设东北大学、中科院沈阳分院等6个科技成果转化基地，培育特种热处理装备技术等10个中试平台，推动轴承钢等一批技术研发成果产业化，技术合同成交额力争增长10%。完善与清华大学等名校的合作机制，共建社会实践基地和成果转化基地。

优化创新创业生态。开展科研人员职务科技成果所有权或长期使用权试点。制定众创空间、孵化器、加速器升级标准，开展双创载体绩效评价。全市各类创新创业载体数量达到230家。完善人才评价、培训、激励及项目支持、服务保障等政策措施。实施“项目+团队”的“带土移植”工程，引进一批科技领军人才和高水平创新团队。强化知识产权保护，完善知识产权保护中心快速协同保护功能。

（四）建设数字沈阳、智造强市，加快构建现代产业体系。推进数字经济和实体经济深度融合，加快补链、强链、畅链、护链，不断提高产业链供应链现代化水平。

做好产业结构调整“三篇大文章”。围绕推进产业基础高级化和产业链现代化，逐个行业绘制产业链图谱，制定产业链提升方案，全力提升产业链、供应链自主可控能力和辐射带动能力，打造国家先进制造中心。聚焦数字化、智能化、绿色化，改造升级“老字号”。加快装备制造业6大领域11条产业链建设，增强重点企业数字化发展能力。实施100个重大技术改造项目、100种重大新产品规模化生产项目、100个智能升级项目、100个精益管理咨询项目，形成一批智能工厂、数字车间行业示范和服务型制造示范，培育一批“专精特新”中小企业。聚焦精细化、规模化、高级化，深度开发“原字号”。针对冶金、化工、建材等行业，强化精深加工技术和产品研发，加快成果转化和产业化步伐。推进米其林高性能子午线轮胎等重点项目建设。优化金属新材料产业园、化学工业园等专业园区功能。启动智能建造产业园建设，推动智能建造与建筑工业化协同发展。聚焦新技术、新产品、新业态，培育壮大“新字号”。围绕新能源汽车、机器人、航空航天、IC装备、生物医药、新材料等重点领域，实施引育壮大新动能行动。加快推进宝马iX3、新松机器人未来城一期、北方生物医药科技园等重大项目建设，支持富创、拓荆、中科仪等IC装备企业上市，积极发展金属永磁、高分子碳纤维等新材料，推进中科三耐单晶叶片等项目竣工投产。全市战略性新兴产业占比要达到27%以上。

大力发展数字经济。加快数字经济基础设施建设，新建5G基站6000个以上，开发“5G+工业互联网”等示范场景。构建工业互联网生态，扩大工业互联网标识解析节点应用规模，筹建工业互联网大数据中心和创新展示中心。大力推动数字产业化、产业数字化，深入开展企业“上云用数赋智”行动，推进虚拟现实、数字孪生、智能控制、边缘计算等技术应用，建设人工智能产业园、新松VR研究院及应用展示中心，创建国家新一代人工智能创新发展试验区。充分发挥数字政府建设引领作用，统一全市政务数据标准，加快数据资源共享开放，提升政务网络和数据安全防护能力，带动数字社会建设。

加快发展现代服务业。进一步活跃会展业，打造全球工业互联网大会品牌，组织好制博会、建博会等国际性展会，鼓励举办有影响力的行业性、专业性、学术性展会年会。提升金融服务能力，发展科技金融、供应链金融等新业态，加快建设盛京基金小镇，完善股权投资、天使投资基金体系，加快推动区域性金融中心建设。大力发展现代物流业，引进培育网络货运物流企业，推动企业智慧工厂建设与智慧物流系统融合发展，提升东北冷鲜港区域辐射能力。积极培育工业软件、研发设计、检验检测等生产性服务业。

深入实施“文化+”策略。围绕建设区域性文化创意中心，强化文化对产业的赋能作用，大力发展文创产业，培育创意设计、电子竞技等新业态，建设奉天记忆等文创园区。推进“文化+旅游”，加快恒大文旅城等重大项目建设，支持棋盘山风景区创建国家级旅游度假区，创建省级民宿20家。推进“文化+科技”，抓好文化消费和文化惠民平台等数字化平台建设。大力发展冰雪经济，打造特色冰雪体验与冰雪观赏旅游产品，办好沈阳冰雪节、卧龙湖冬捕节等活动。

（五）加快沈阳现代化都市圈建设，不断提升对内对外开放水平。对标国家中心城市功能定位，强化区域合作，主动融入国内国际双循环，加快建设开放型经济新体制，打造东北振兴增长极。

加快区域一体化发展。编制沈阳现代化都市圈规划。强化产业协同，支持产业园区共建，推进本钢（沈阳）技术研究院、特变沈变与鞍钢配套合作等项目建设。强化路网、水网、电网、油气网、物联网等互联互通，实施生态共治，开展浑河等流域联合治理。推进基础设施共网、公共服务共享、功能平台共用，建设交通枢纽、物流枢纽、信息枢纽，打造国家现代综合枢纽。

推动自贸区制度创新。在投资贸易便利化、金融服务创新等领域形成30条以上可复制推广经验。发展“保税+”新业态，建设综保区保税加工中心，支持东软医疗、顶创汽车等企业开展跨境服务贸易。完善金融岛服务功能，推动首支QFLP基金落地。积极争取跨境电商“9710”“9810”试点，加快海外仓建设，跨境电商交易额力争翻两番。

优化开放平台通道。推动中德园在数字转型、项目建设、管理创新等方面作出示范，发挥中德高端装备制造创新委员会作用，集聚更多外资项目。积极融入RCEP、“中日韩+”合作机制，加快中日产业园和中韩科技园建设。建设沈阳国际陆港，推进沈阳港多式联运中心项目。中欧班列力争开行600列以上，争创国家中欧班列集结中心。

加强区域交流合作。拓展京沈对口合作，建好中关村科技园、京沈智能制造产业园等合作平台，推进光大人工智能物联网产业基地等合作项目建设。深化苏辽合作，抓实苏宁文创小镇、雨润食品研发生产基地等项目。加强沈大经贸合作，推动双城联动发展。对接粤港澳大湾区、长江经济带等国家战略，吸引更多跨国公司、央企、行业龙头在沈设立研发中心、区域总部。

（六）全面推进乡村振兴，加快农业农村现代化。推动脱贫攻坚与乡村振兴有效衔接，促进农业高质高效、乡村宜居宜业、农民富裕富足。

巩固拓展脱贫成果。完善帮扶政策、加大资金投入、加强帮扶力量，健全防止返贫监测和帮扶机制，确保返贫人口动态清零。持续发展壮大扶贫产业，加强产业基础设施建设，拓展扶贫产业成效。做好脱贫人口稳岗就业工作，促进有就业意愿的脱贫人员全部就业。

提高农业质量效益。全面落实抓“米袋子”责任，坚决遏制耕地“非农化”、防止“非粮化”，开展黑土地保护性耕作136万亩，新建高标准农田47.7万亩，粮食产量稳定在75亿斤以上。抓好“菜篮子”工程，新建改造设施农业1万亩以上，稳定蔬菜产量，推进新希望、扬翔等畜牧业项目建成投产。扩大沈阳大米、小梁山西瓜等品牌影响力。支持东亚种业等企业开展现代种业能力建设，鼓励高校院所、企业建设种质资源库。支持辉山农高区创建国家农业科技示范区。

大力发展县域经济。强化县域产业支撑，实施县域经济倍增计划，推动县域开发区盘活低效闲置资源，加快玖龙纸业65万吨包装纸、财湖机场改扩建等亿元以上项目建设。强化县城综合承载能力，推进县城有机更新。推进中心镇重点项目100个，创建农业产业强镇20个，加快培育一批旅游、生态等特色镇。推进昊明禽业等重点农产品深加工项目10个，农产品加工业产值突破800亿元。电商村发展到150个，创建“一村一品”专业村50个。

深化农村综合改革。推动土地承包经营权有序流转，深化于洪、沈北国家宅基地改革试点。扎实开展“三变”改革，利用互换并地、盘活闲置资产等方式，壮大村集体经济。加大新型经营主体培育力度，开展示范性家庭农场创建活动。提升农村产权交易市场功能，深化农信社改革，完善农业风险补偿机制，拓展农村资源抵押品范围，推动农村“三资”平台建设。

实施乡村建设行动。启动农村人居环境整治提升五年行动。加大对县域地区转移支付力度。深入实施生活垃圾治理、污水治理、村容村貌提升工程，全力抓好农村改厕问题整改，因地制宜推进无害化改厕完善提升。强化农业面源污染治理，减少化肥、农药使用量。加强供水保障，改善照明、物流、通信等农村基础设施，实施农村电网升级600公里，农村危房改造动态清零。推进数字乡村建设，扩大乡村电子政务服务覆盖面。建设省级美丽示范村270个。开展乡村治理试点示范创建，提高乡村善治水平。

（七）实施城市更新行动，加快提升城市治理水平。努力建设宜居城市、人文城市、绿色城市、韧性城市、智慧城市，不断提升城市人居环境质量。

优化城市发展空间。推进国土空间总体规划编制，优化城市空间格局、经济格局、城乡格局、生态格局，更加注重留白、留璞、增绿。完善控详规划和村庄规划，做好浑河两岸、地下空间、海绵城市等专项规划。加强城市设计、建筑设计和城市风貌管理。加快新片区、新园区、新街区开发和配套设施建设。推进11个专业市场搬迁改造和转型升级。持续推动沈飞机场、东塔机场搬迁工作。

推进历史文化名城建设。开展新乐遗址等10个重大历史文化课题研究，实施新民高台山遗址等考古发掘和满铁奉天公所、周恩来少年读书旧址等文物保护修缮工程，筹建沈阳故宫展品陈列馆。举办沈阳非遗博览会。推动盛京皇城争创国家5A级景区，综合提升中山路等历史文化街区，启动八经街等21个历史片区更新利用，保护利用辽滨塔等历史文化名村和古村古镇资源。加大城市宣传力度，传播城市文化，提升城市知名度和影响力。

加快重大基础设施建设。健全轨道交通体系，推动沈白高铁建设，续建地铁1号线东延线、2号线南延线、3号线、4号线、6号线。完善快速路系统，启动元江街等3条快速路建设，加快西北连接线、马宋公路二期建设，沈康高速延长线实现通车。着力解决交通堵点，实施高官台、丁香等6处铁路道口平改立工程，打通云龙湖桥南侧接线路、橙山路等7条断头路。积极争取智慧城市与智能网联汽车试点城市项目。

补齐城市运行短板。完善城市应急管理体系，抓实应急预案演练，加强人工影响天气工作，提升防灾减灾救灾能力。加快电力设施建设，续建滂江220千伏变电站等39项输变电工程，建设沈海热电厂异地搬迁及管网配建工程。完善排水系统，实施滑翔等4个片区雨污分流改造，实施肇工街等区域积水点综合治理。强化供水供热等民生保障能力建设，切实解决群众揪心的难点热点问题。

提升城市管理水平。围绕实现“一脑管城、一网治城、一码通城”，建设城市运行指挥中心，完善“城市大脑”基础功能，开发20个应用场景，推进城市运行“一网统管”，加快建设智慧城市。加强市政设施、停车泊位、共享单车、园林绿化、环境卫生等方面精细化管理，逐步形成行业全过程管理规范，打造“整洁、有序、安全、智能”的城市管理新风貌，切实解决停车难、行车难等突出问题。持续推进生活垃圾分类，提高厨余垃圾分出率。高标准通过国家卫生城市复检。进一步发挥社区基础作用，提高社区工作保障水平，推进共建、共治、共享。坚持“房住不炒”定位，稳地价、稳房价、稳预期，抓好房地产“一城一策”试点和住房租赁市场发展试点，促进房地产市场平稳健康发展。

（八）加强生态文明建设，持续推动绿色发展。统筹推进青山、绿水、造林、护田、守湖、增草，努力建设美丽沈阳。

加强生态保护修复。持续开展国土绿化行动，完善西北防风阻沙带建设，修复棋盘山林地6742亩，植树造林30万亩，全面推行林长制。积极参与创建辽河国家公园。严格落实河湖长制，开展北沙河、白塔堡河等重点流域治理，启动清洁流域工程，规划建设沈阳水网。实施沙化土地、黑土区侵蚀沟综合整治。保护性利用滑石台自然保护区，守护好陨石山等自然遗产。启动卧龙湖综合整治，持续涵养湿地生态。

深入开展污染防治攻坚。推进建成区40蒸吨及以下燃煤锅炉拆除工作，实施20个城中村低矮面源污染重点区域改造，整治227家涉VOCs排放企业，强化工地扬尘、秸秆焚烧治理，促进空气优良天数、PM2.5浓度同比改善。加快南部三期等3座污水处理厂建设，新建截污配套管线21公里，确保省考以上断面水质稳定达标。加强土壤污染防治，污染地块安全利用率达到90%，受污染耕地安全利用率达到96%。提升危废监管处置能力，启动大辛、老虎冲生活垃圾填埋场封场工程。

促进城市低碳循环发展。推动工业企业绿色发展，培育15个绿色节能项目。调整能源消费结构，推进康平300兆瓦风电等可再生能源发电项目。启动“碳达峰”行动，推动碳排放交易平台上线运行。实施污水厂中水利用项目。推进综合公园、社区公园、口袋公园建设，新建提升城市绿地20块，补植树木30万株，整治城区裸露地面，让城市“铺满绿”。

（九）切实保障改善民生，努力建设幸福沈阳。坚持人民至上，提升生活品质，不断增强人民群众获得感、幸福感、安全感。

突出抓好保就业。加大援企稳岗力度，扩大职业技能培训，做好大学生、农民工、退役军人等重点群体就业工作，推动多种形式创业和灵活就业，新增城镇就业9万人以上。开展就业困难群体精准帮扶，加强公益性岗位兜底安置，实现零就业家庭动态为零。依法根治农民工欠薪问题。

加大社会保障力度。确保养老金按时足额发放，规范发展第三支柱养老保险。持续提高城乡低保、特困人员救助供养标准，更加关爱孤儿、困境儿童、留守儿童，保障残疾人等群体权益。改善救助管理站、儿童福利院、社会福利院设施条件。扩大政府购买居家养老服务试点，推进困难老年人家庭适老化改造，发展普惠型、互助性养老服务，提高养老机构床位利用率。

建设高质量教育体系。加强小区配套幼儿园规划建设。创建义务教育管理达标校150所，防止“大班额”反弹。组织好首次新高考。深入推进产教融合，订单培养规模突破1万人。支持驻沈高等院校“双一流”“双高”建设，支持沈阳医学院创建医科大学。全面发展素质教育，着力破解“小胖墩”“小眼镜”问题。落实教师工资待遇，强化师德师风建设，开展教育领域专项整治，切实解决违规补课、校园安全等问题。

加快建设健康沈阳。健全公共卫生应急管理体系，完善重大疫情防控信息化平台，支持有条件的二级以上综合医院开展核酸检测。实现辽宁省传染病救治中心一期总体封顶。加强中医药人才培养，促进中医药传承创新发展。推进异地就医直接结算国家试点工作，落实药品和医用耗材集中带量采购，争创DRG支付改革国家试点示范。加强基层医疗卫生机构建设，完善分级诊疗体系，发展智慧医疗，着力解决看病难、看病贵问题。加强食品药品安全监管。广泛开展爱国卫生运动。举办线上线下沈阳马拉松、市民运动会等全民健身活动，办好全国青少年滑雪大奖赛、青年乒乓球锦标赛等体育赛事。争创全国青少年校园足球改革试验区。

提升公共文化服务水平。创（复）排《辉煌》《关东女》等舞台剧目，开展沈阳艺术节、浑河岸交响音乐节和建党100周年系列文艺活动。启动“百馆工程”，建成开放沈阳博物馆、国际青少年活动中心等场馆。提升改造烈士纪念设施，实施“九・一八”历史博物馆、沈阳工业博物馆改陈布展等项目，建设爱国主义教育基地。

完善社会治理体系。坚持发展新时代“枫桥经验”，抓好重复信访治理。依法妥善处置企业流动性风险，严厉打击各类非法金融活动。深入开展安全生产专项整治三年行动，从源头治理各类安全隐患，打造国家安全发展示范城市。健全群防群治工作机制，做强“盛京义勇”等志愿者力量。推进扫黑除恶常态化，开展公安、司法行政队伍教育整顿。推进公安大数据平台建设，完善立体化防控体系，争创全国治安防控体系建设示范城市和全国禁毒示范城市。

今年，我们还要办好16件民生实事：一是新增城乡普惠性学前教育学位5000个，创建100所新优质均衡（示范）学校；二是提质升级700间中小学校理化实验室；三是年度筹集租赁住房4万套或110万平方米以上，新增租赁补贴3000户，实物配租1000套；四是提质改造121个老旧小区；五是组织开展文化惠民系列活动130场以上；六是安装配置户外健身设施1920件（个）；七是实现南北运河两侧80公里慢道互联互通，推进沿线绿化景观提升和附属设施建设；八是完成棋盘山42公里山地马拉松道路建设；九是改造供热旧管网40公里，新建燃气管网50公里、改造老旧燃气管网150公里，改造老旧小区供水管网232公里；十是改造居民小区供水二次加压设施1275处；十一是新建改造农村公路800公里；十二是优化调整公交线路20条，解决二环内62处公交车占道停车场问题；十三是完成国省干道交通安全设施建设改造工程，新增护栏174.78公里、电子警察122套等设施；十四是分类整治城乡接合部20个重点村屯，改善居民生活环境；十五是实施老旧小区周边50条背街小巷改造；十六是为重点群体老人安装智能烟感装置、智能燃气装置、智能水表各18956套（个）。

（十）强化政府自身建设，切实提升政府效能。为政之要，贵在落实。政府要通过有力有效作为，践行人民政府为人民的神圣职责。

切实加强政治建设。深学笃用习近平新时代中国特色社会主义思想，不断提高政治判断力、政治领悟力和政治执行力，切实增强“四个意识”、坚定“四个自信”、做到“两个维护”，以贯彻落实党中央决策部署的实际成效书写担当、诠释忠诚。

强化法治政府建设。认真执行人大及其常委会决议决定，自觉接受人大法律监督、工作监督和政协民主监督，主动接受社会监督、舆论监督，强化审计监督。持续深化政务公开。严格履行重大行政决策法定程序。深入推进行政复议体制改革。严格执行行政执法“三项制度”。全面清偿各类欠款、及时兑现各项承诺，树立诚信政府良好形象。

强化创新政府建设。突出抓好制度创新，推动政府工作职能转变、流程再造，推进治理体系治理能力现代化。练就过硬本领，着力提升把党中央决策部署和战略要求转化为具体项目的能力，着力提升利用外部资源和社会资本发展壮大沈阳的强烈意愿和能力水平。完善考评机制，树立以干成事论英雄、以解决实际问题论能力、以高质量发展项目和高水平制度创新成果论业绩的鲜明导向。

强化服务型政府建设。深入开展“带头抓落实、善于抓落实、层层抓落实”专项行动，明确工作目标、完成时限、责任主体，切实缩短工作部署与工作落实之间的距离。大力发扬斗争精神，敢啃硬骨头、敢打攻坚战，让实干担当成为政府的鲜明底色。大力倡导事不过夜、案不积卷的工作作风，坚决破除形式主义、官僚主义，让抓落实、重实效成为工作主旋律。

强化廉洁政府建设。认真履行全面从严治党

政治责任，严格落实中央八项规定及其实施细则精神。切实加强正风肃纪，严肃查处重点领域、关键环节及群众身边腐败和作风问题。厉行节约反对浪费，严格控制非急需非刚性支出，用政府的“紧日子”换来百姓的“好日子”。

当前，疫情防控形势仍然复杂严峻。我们将慎终如始，压实责任，完善重大疫情联防联控机制，把牢把严重要关口，坚持输入、反弹、扩散同防，人、物、环境同防，城乡同防，多病同防，提升突发疫情应急处置能力，抓好预警、流调、检测、隔离、救治等各环节，坚决巩固来之不易的疫情防控成果，确保人民群众健康安全。

各位代表，艰难方显勇毅，磨砺始得玉成。让我们更加紧密地团结在以习近平同志为核心的党中央周围，在省委省政府和市委的坚强领导下，坚定信心、砥砺奋进，共同谱写沈阳全面振兴全方位振兴的新篇章，以优异成绩向建党100周年献礼！

沈阳市第四次全国经济普查公报

沈阳市统计局　沈阳市第四次全国经济普查领导小组办公室

2020年3月12日

根据《国务院关于开展第四次全国经济普查的通知》（国发〔2017〕53号）和《沈阳市人民政府关于做好沈阳市第四次全国经济普查工作的通知》（沈政发〔2018〕21号）要求，我市进行了第四次全国经济普查。普查的标准时点为2018年12月31日，普查的时期资料为2018年度，普查对象是我市行政区域内从事第二产业和第三产业活动的全部法人单位、产业活动单位和个体经营户。通过这次普查，摸清了我市第二产业和第三产业的发展规模及布局，摸清了产业组织、产业结构的现状，摸清了法人单位资产负债情况和新兴产业发展情况。国务院第四次全国经济普查领导小组办公室统一开展的事后质量抽查结果表明，我市普查数据质量符合控制标准。

根据《全国经济普查条例》，经辽宁省第四次全国经济普查领导小组办公室审核确认，并经市政府批准，现将沈阳市第四次全国经济普查主要数据予以公布。

一、单位基本情况

（一）单位情况。

2018年末，全市共有从事第二产业和第三产业活动的法人单位18.08万个，全部产业活动单位20.01万个，个体经营户39.52万个（详见表68）。

法人单位数与个体经营户数

表68

	单位数（个）	比重（%）
一、法人单位	180798	100.0
企业法人	165474	91.5
机关事业和社会团体法人	6869	3.8
其他法人	8455	4.7
二、产业活动单位	200051	100. 0
第二产业	34315	17.2
第三产业	165736	82.8
三、个体经营户	395237	100. 0
第二产业	15230	3.9
第三产业	380007	96.1

2018年末，在第二产业和第三产业法人单位中，位居前三位的行业是：批发和零售业6.04万个，占33.4%；租赁和商务服务业2.38万个，占13.2%；制造业2.09万个，占11.6%。在个体经营户中，位居前三位的行业是：批发和零售业20.83万个，占52.7%；住宿和餐饮业5.33万个，占13.5%；交通运输、仓储和邮政业4.61万个，占11.7%（详见表69）。

按行业门类分组的法人单位与个体经营户

表69

	法人单位		个体经营户	
	数量（个）	比重（%）	数量（个）	比重（%）
合计	180798	100.0	395237	100.0
采矿业	76	0.04	15	0.004
制造业	20930	11.6	12295	3.1
电力、热力、燃气及水生产和供应业	480	0.3	14	0.004
建筑业	11606	6.4	3681	0.9
批发和零售业	60386	33.4	208289	52.7
交通运输、仓储和邮政业	5386	3.0	46054	11.7
住宿和餐饮业	2167	1.2	53256	13.5
信息传输、软件和信息技术服务业	12444	6.9	616	0.2
金融业	852	0.5	—	—
房地产业	6106	3.4	5121	1.3
租赁和商务服务业	23792	13.2	8102	2.0
科学研究和技术服务业	12271	6.8	512	0.1
水利、环境和公共设施管理业	838	0.5	20	0.01
居民服务、修理和其他服务业	3703	2.0	44237	11.2
教育	5133	2.8	2635	0.7
卫生和社会工作	2032	1.1	3235	0.8
文化、体育和娱乐业	4275	2.4	4240	1.1
公共管理、社会保障和社会组织	6872	3.8	—	—

注：表中合计数含从事农、林、牧、渔专业及辅助性活动和兼营第二、三产业活动的农、林、牧、渔业法人单位与个体经营户。

2018年末，全市共有第二产业和第三产业的企业法人单位16.55万个。其中，内资企业占99.2%，港、澳、台商投资企业占0.3%，外商投资企业占0.5%。内资企业中，国有企业占全部企业法人单位的0.6%，有限责任公司占10.3%，私营企业占85.9%（详见表70）。

按登记注册类型分组的企业法人单位

表70

	企业法人单位数（个）	比重（%）
合计	165474	100.0
内资企业	164111	99.2
国有企业	1070	0.6

续表70

	企业法人单位数（个）	比重（%）
国有企业	1070	0.6
集体企业	1659	1.0
股份合作企业	410	0.2
联营企业	56	0.03
有限责任公司	16999	10.3
股份有限公司	1851	1. 1
私营企业	142064	85.9
其他企业	2	0. 001
港、澳、台商投资企业	455	0.3
外商投资企业	908	0.5

（二）从业人员。

2018年末，全市第二产业和第三产业法人单位从业人员218.99万人，其中女性从业人员82.84万人。个体经营户从业人员98.63万人，其中女性从业人员45.65万人。

在法人单位从业人员中，位居前三位的行业是：制造业48.87万人，占22.3%；批发和零售业30.50万人，占13.9%；建筑业23.74万人，占10.8%。在个体经营户从业人员中，位居前三位的行业是：批发和零售业49.76万人，占50.5%；住宿和餐饮业18.15万人，占18.4%；居民服务、修理和其他服务业12.16万人，占12.3%（详见表71）。

按行业门类分组的法人单位与个体经营户从业人员

表71

	法人单位从业人员（人）	其中：女性	个体经营户从业人员（人）	其中：女性
合计	**2189943**	**828394**	**986299**	**456481**
采矿业	20259	2713	43	14
制造业	488650	137831	42439	14864
电力、热力、燃气及水生产和供应业	29282	6174	1457	418
建筑业	237358	42293	11208	2147
批发和零售业	304979	136602	497641	245208
交通运输、仓储和邮政业	91747	29934	44733	5875
住宿和餐饮业	34188	19088	181472	93268
信息传输、软件和信息技术服务业	74191	28065	1521	537
金融业	40729	21013	—	—
房地产业	84338	36033	18048	8281
租赁和商务服务业	181910	69433	27231	10879
科学研究和技术服务业	90910	31591	1205	430

续表71

	法人单位从业人员（人）	其中：女性	个体经营户从业人员（人）	其中：女性
水利、环境和公共设施管理业	33610	10739	149	30
居民服务、修理和其他服务业	24028	10301	121611	53005
教育	158327	100430	12623	9630
卫生和社会工作	98130	68813	9530	5321
文化、体育和娱乐业	31021	14113	13105	6064
公共管理、社会保障和社会组织	161580	62033	—	—

注：1. 表中合计数含从事农、林、牧、渔专业及辅助性活动的法人单位与个体经营户从业人员。

2. 表中法人单位从业人员汇总范围不包括国家铁路局和中国铁路总公司管理的单位，以及银保监会（原保监会）、证监会监管的单位。

（三）地区分布。

2018年末，在法人单位数中，位居前三位的地区是：铁西区占15.6%，沈河区占12.6%，和平区占11.8%。在法人单位从业人员中，位居前三位的地区是：沈河区占17.0%，铁西区占15.5%，和平区占12.6%（详见表72）。

按地区分组的法人单位数与从业人员数

表72

	法人单位		法人单位从业人员	
	数量（个）	比重（%）	数量（个）	比重（%）
合计	180798	100.0	2189943	100.0
和平区	21244	11.8	276274	12.6
沈河区	22852	12.6	372859	17.0
大东区	13591	7.5	190835	8.7
皇姑区	20781	11.5	215265	9.8
铁西区	28127	15.6	339805	15.5
苏家屯区	6087	3.4	77598	3.5
浑南区	17725	9.8	225598	10.3
沈北新区	10171	5.6	137112	6.3
于洪区	16452	9.1	128776	5.9
辽中区	3963	2.2	4589 1	2.1

续表72

	法人单位		法人单位从业人员	
	数量（个）	比重（%）	数量（个）	比重（%）
康平县	5168	2.9	45472	2.1
法库县	8823	4.9	70413	3.2
新民市	5814	3.2	64045	2.9

注：表中法人单位从业人员汇总范围不包括国家铁路局和中国铁路总公司管理的单位，以及银保监会（原保监会）、证监会监管的单位。

（四）资产负债状况和营业收入。

2018年末，全市第二产业和第三产业法人单位资产总计46164.7亿元。其中，第二产业法人单位资产总计占28.2%，第三产业法人单位资产总计占71.8%。法人单位负债合计28592.2亿元。其中，第二产业法人单位负债合计占30.7%，第三产业法人单位负债合计占69.3%。

2018年，全市第二产业和第三产业企业法人单位实现营业收入21384.3亿元。其中，第二产业企业法人单位营业收入占37.8%，第三产业企业法人单位营业收入占62.2%（详见表73）。

按行业门类 分组的单位资产负债状况和营业收入

表73

	法人单位资产总计（亿元）	法人单位负债合计（亿元）	企业法人单位营业收入（亿元）
合计	46164. 7	28592.2	21384.3
采矿业	252.3	183.9	80.6
制造业	8915.8	5943.6	6081.5
电力、热力、燃气及水生产和供应业	1386.7	916.8	283.9
建筑业	2473.2	1750.4	1634.7
批发和零售业	4125.4	3231.0	10126.4
交通运输、仓储和邮政业	5338.7	2367.0	491.4
住宿和餐饮业	141.2	112.8	101.7
信息传输、软件和信息技术服务业	729.3	517.1	332.0
房地产业	10398.4	8103.9	1242.4
租赁和商务服务业	7400.1	3417.6	504.2
科学研究和技术服务业	860.2	418.0	272.8

续表73

	法人单位资产总计（亿元）	法人单位负债合计（亿元）	企业法人单位营业收入（亿元）
水利、环境和公共设施管理业	1094.0	460.6	32.2
居民服务、修理和其他服务业	83.5	43.5	41.0
教育	839.0	167.8	25.2
卫生和社会工作	531.8	285.3	62.3
文化、体育和娱乐业	393.2	168.5	58.0
公共管理、社会保障和社会组织	1183.7	497.4	—

注：1. 表中合计数含从事农、林、牧、渔专业及辅助性活动的单位数据。

2. 表中法人单位资产总计、法人单位负债合计及企业法人单位营业收入汇总范围不包括国家铁路局和中国铁路总公司管理的单位，以及金融业单位。

（五）工业战略性新兴产业。

2018年末，全市从事战略性新兴产业生产的规模以上工业企业法人单位271个，占规模以上工业企业法人单位的19.3%。在工业战略性新兴产业企业法人单位中，高端装备制造业占28.8%；生物产业占19.2%；新材料产业占12.9%；节能环保产业占12.5%；新一代信息技术产业占11.4%；新能源产业占10.7%。

（六）高技术制造业。

2018年末，全市共有规模以上高技术制造业企业法人单位140个，占规模以上制造业的比重为10.6%。

（七）工业企业研究与试验发展活动。

2018年末，全市开展R&D活动的规模以上工业企业法人单位336个，占全部规模以上工业企业法人单位的23.7%。2018年，全市规模以上工业企业法人单位R&D人员折合全时当量15829人年。

（八）文化及相关产业。

2018年末，全市有文化及相关产业法人单位15950个，从业人员10.8万人，资产总计1025.2亿元。

2018年末，全市有经营性文化产业法人单位14974个，从业人员9.0万人，资产总计850.4亿元，全年实现营业收入476.3亿元。

2018年末，全市有公益性文化事业（含社团）法人单位976个，从业人员1.9万人，资产总计174.8亿元。

二、工业

（一）企业法人单位数和从业人员。

2018年末，全市共有工业企业法人单位2.1万个，从业人员53.9万人。

在工业企业法人单位中，内资企业占97.5%，港、澳、台商投资企业占0.6%；外商投资企业占1.9%。内资企业中，国有企业占全部工业企业法人单位的0.9%；集体企业占3.7%；有限责任公司占9.8%，私营企业占80.9%。

在工业企业法人单位从业人员中，内资企业占79.5%，港、澳、台商投资企业占3.2%，外商投资企业占17.2%。内资企业中，国有企业占全部工业企业法人单位从业人员的1.0%，集体企业占1.5%，有限责任公司占37.8%，私营企业占31.8%（详见表74）。

按登记注册类型分组的工业企业法人单位和从业人员

表74

	企业法人单位（个）	从业人员（人）
合计	**21478**	**539436**

续表74

	企业法人单位（个）	从业人员（人）
内资企业	20947	428981
国有企业	197	5253
集体企业	787	8210
股份合作企业	183	1794
联营企业	6	173
有限责任公司	2109	204048
股份有限公司	281	37703
私营企业	17372	171684
其他企业	12	116
港、澳、台商投资企业	121	1743 1
外商投资企业	410	93024

在工业企业法人单位中，采矿业占0.4%，制造业占97.4%，电力、热力、燃气及水生产和供应业占2.2%。在工业行业大类中，通用设备制造业、金属制品业、专用设备制造业企业法人单位数位居前三位，分别占18.1%、9.1%和7.5%。

在工业企业法人单位从业人员中，采矿业占3.8%，制造业占90.8%，电力、热力、燃气及水生产和供应业占5.4%。在工业行业大类中，汽车制造业、通用设备制造业、铁路船舶航空航天和其他运输设备制造业从业人员数位居前三位，分别占13.8%、13.1%和8.8%（详见表75）。

按行业大类分组的工业企业法人单位和从业人员

表75

	企业法人单位（个）	从业人员（人）
合计	**21478**	**539436**
煤炭开采和洗选业	16	19521
黑色金属矿采选业	6	115

续表75

	企业法人单位（个）	从业人员（人）
有色金属矿采选业	1	—
非金属矿采选业	48	586
开采专业及辅助性活动	3	23
其他采矿业	2	14
农副食品加工业	1184	28552
食品制造业	563	14318
酒、饮料和精制茶制造业	273	6980
烟草制品业	1	624
纺织业	210	1957
纺织服装、服饰业	366	4403
皮革、毛皮、羽毛及其制品和制鞋业	190	1387
木材加工和木、竹、藤、棕、草制品业	555	3988
家具制造业	846	6550
造纸和纸制品业	437	5331
印刷和记录媒介复制业	621	5562
文教、工美、体育和娱乐用品制造业	413	3325
石油、煤炭及其他燃料加工业	139	3897
化学原料和化学制品制造业	849	12088
医药制造业	187	18706
化学纤维制造业	20	173
橡胶和塑料制品业	1131	21 697
非金属矿物制品业	1460	21462
黑色金属冶炼和压延加工业	87	1893
有色金属冶炼和压延加工业	193	5949
金属制品业	1960	43596
通用设备制造业	3898	70584
专用设备制造业	1 605	27615

续表75

	企业法人单位（个）	从业人员（人）
汽车制造业	544	74509
铁路、船舶、航空航天和其他运输设备制造业	250	47509
电气机械和器材制造业	1517	29107
计算机、通信和其他电子设备制造业	433	18397
仪器仪表制造业	360	5962
其他制造业	200	1163
废弃资源综合利用业	51	4 65
金属制品、机械和设备修理业	380	2166
电力、热力生产和供应业	385	20398
燃气生产和供应业	29	4485
水的生产和供应业	65	4379

（二）主要经济指标。

2018年末，工业企业法人单位资产总计10489.5亿元，负债合计7021.6亿元。全年实现营业收入6445.8亿元（详见表76）。

按行业大类分组的工业企业法人单位主要经济指标

表76

	资产总计（亿元）	负债合计（亿元）	营业收入（亿元）
合计	10489.5	7021.6	6445.8
煤炭开采和洗选业	236.1	176.7	77.8
黑色金属矿采选业	13. 1	6.7	0.6
非金属矿采选业	2.9	0.5	2. 0
开采专业及辅助性活动	—	—	0.1
其他采矿业	0.1	—	0.1
农副食品加工业	593.0	437.8	467.9
食品制造业	175.2	75.0	116.4
酒、饮料和精制茶制造业	93.0	41.6	67.1

续表76

	资产总计（亿元）	负债合计（亿元）	营业收入（亿元）
烟草制品业	19.7	19.7	32.8
纺织业	20.6	13.7	6.0
纺织服装、服饰业	28.1	11.8	12.8
皮革、毛皮、羽毛及其制品和制鞋业	72	5.5	5.0
木材加工和木、竹、藤、棕、草制品业	23.2	12.3	14.7
家具制造业	34.9	212	19.1
造纸和纸制品业	86.3	37.4	51.6
印刷和记录媒介复制业	36.9	22.7	21.9
文教、工美、体育和娱乐用品制造业	28.1	14.6	16.4
石油、煤炭及其他燃料加工业	98.5	63.9	98.4
化学原料和化学制品制造业	148.2	83.0	103.7
医药制造业	391.1	201.4	215.7
化学纤维制造业	0.6	0.3	0.9
橡胶和塑料制品业	300.4	186.6	168.0
非金属矿物制品业	285.8	175.7	160.3
黑色金属冶炼和压延加工业	37.5	27.7	26.2
有色金属冶炼和压延加工业	88.2	58.4	67.3
金属制品业	379.7	225.1	261.3
通用设备制造业	1225.7	916.1	518.7
专用设备制造业	572.9	395.2	188.7
汽车制造业	2440.7	1770.3	2445.3
铁路、船舶、航空航天和其他运输设备制造业	784.9	525.7	432.0
电气机械和器材制造业	523.6	332.7	348.7
计算机、通信和其他电子设备制造业	273.7	136.6	162.1
仪器仪表制造业	122.6	91.1	31.3

续表76

	资产总计（亿元）	负债合计（亿元）	营业收入（亿元）
其他制造业	10.6	6.4	S.3
废弃资源综合利用业	6.0	1.4	6.8
金属制品、机械和设备修理业	13.7	9.9	6.1
电力、热力生产和供应业	953.5	675.7	197.2
燃气生产和供应业	113.6	90.5	56.8
水的生产和供应业	319.6	150.6	30.0

（三）主要产品产量。

主要工业产品产量详见表77。

主要工业产品产量

表77

产品名称	单位	产量
纱	万吨	1.0
卷烟	亿支	119.5
彩色电视机	万台	154.8
其中：液晶电视机	万台	154.8
家用电冰箱	万台	100.1
钢材	万吨	16.2
十种有色金属	万吨	0.3
其中：原铝（电解铝）	万吨	0.3
水泥	万吨	189.8
烧碱（折 100%）	万吨	20.3
乙烯	万吨	10.2
发电机组（发电设备）	万千瓦	5.3
汽车	万辆	91.8
程控交换机	万线	3.8
移动通信手持机（手机）	万台	45.6
工业机器人	万台（套）	0.7

三、建筑业

（一）企业法人单位数和从业人员。

2018年末，全市共有建筑业企业法人单位1.2万个，从业人员23.7万人。

在建筑业企业法人单位中，内资企业占99.7%，港、澳、台商投资企业占0.1%；外商投资企业占0.2%。

在建筑业企业法人单位从业人员中，内资企业占97.6%，港、澳、台商投资企业占2.2%；外商投资企业占0.2%（详见表78）。

按登记注册类型分组的建筑业企业法人单位和从业人员

表78

	企业法人单位（个）	从业人员（人）
合计	**11606**	**237358**
内资企业	11573	231695
国有企业	65	6223
集体企业	80	8332
股份合作企业	10	261
联营企业	3	67
有限责任公司	1210	92528
股份有限公司	106	13872
私营企业	10099	110412
港、澳、台商投资企业	9	5186
外商投资企业	24	477

在建筑业企业法人单位中，房屋建筑业占12.7%，土木工程建筑业占23.1%，建筑安装业占21.1%，建筑装饰、装修和其他建筑业占43.1%。

在建筑业企业法人单位从业人员中，房屋建筑业占29.6%，土木工程建筑业占34.2%，建筑安装业占20.0%，建筑装饰、装修和其他建筑业占16.2%（详见表79）。

按行业大类分组的建筑业企业法人单位和从业人员

表79

	企业法人单位（个）	从业人员（人）
合计	11606	237358
房屋建筑业	1478	70324
土木工程建筑业	2679	81201
建筑安装业	2449	47484
建筑装饰、装修和其他建筑业	5000	38349

（二）主要经济指标。

2018年末，建筑业企业法人单位资产总计2422.3亿元，负债合计1716.3亿元。全年实现营业收入1634.7亿元（详见表80）。

按行业大类分组的建筑业企业法人单位主要经济指标

表80

	资产总计（亿元）	负债合计（亿元）	营业收入（亿元）
合计	2422.3	1716.3	1634. 7
房屋建筑业	692.4	559.5	617.7
土木工程建筑业	1127.4	853.3	595.1
建筑安装业	296.9	145.6	225.2
建筑装饰、装修和其他建筑业	305.6	157.8	196.8

四、批发和零售业

（一）企业法人单位数和从业人员。

2018年末，全市共有批发和零售业企业法人单位6.0万个，从业人员30.5万人。

在批发和零售业企业法人单位中，批发业占68.1%，零售业占31.9%。在批发和零售业企业法人单位从业人员中，批发业占59.8%，零售业占40.2%（详见表81）。

按行业中类分组的批发和零售业企业法人单位和从业人员

表81

	企业法人单位（个）	从业人员（人）
合计	60386	304979
批发业	41133	182507
农、林、牧、渔产品批发	1885	7606
食品、饮料及烟草制品批发	3446	1 6338
纺织、服装及家庭用品批发	5156	24335
文化、体育用品及器材批发	1627	8201
医药及医疗器材批发	2206	16972
矿产品、建材及化工产品批发	11015	49435
机械设备、五金产品及电子产品批发	13244	49267
贸易经纪与代理	550	3595
其他批发业	2004	6758
零售业	19253	122472
综合零售	1704	25129
食品、饮料及烟草制品专门零售	1909	81 95
纺织、服装及日用品专门零售	2283	9787
文化、体育用品及器材专门零售	1119	6264
医药及医疗器材专门零售	2372	23789
汽车、摩托车、零配件和燃料及其他动力销售	2049	21027
家用电器及电子产品专门零售	2580	10970
五金、家具及室内装饰材料专门零售	3394	10627
货摊、无店铺及其他零售业	1843	6684

在批发和零售业企业法人单位中，内资企业占99.7%，港、澳、台商投资企业占0.1%，外商投资企业占0.2%。

在批发和零售业企业法人单位从业人员中，内资企业占95.6%，港、澳、台商投资企业占2.0%，外商投资企业占2.4%（详见表82）。

按登记注册类型分组的批发和零售业企业法人单位和从业人员

表82

	企业法人单位（个）	从业人员（人）
合计	**60386**	**304979**
内资企业	60206	291650
国有企业	230	5232
集体企业	347	3329
股份合作企业	116	890
联营企业	32	110
有限责任公司	4840	58995
股份有限公司	503	10437
私营企业	54093	212435
其他企业	45	222
港、澳、台商投资企业	58	6095
外商投资企业	122	7234

（二）主要经济指标。

2018年末，批发和零售业企业法人单位资产总计4125.4亿元。其中，批发业占73.2%，零售业占26.8%。负债合计3231.0亿元。全年实现营业收入10126.4亿元（详见表83）。

按行业中类分组 的批发和零售业企业法人单位主要经济指标

表83

	资产总计（亿元）	负债合计（亿元）	营业收入（亿元）
合计	**4125.4**	**3231.0**	**10126.4**

续表83

	资产总计（亿元）	负债合计（亿元）	营业收入（亿元）
批发业	3019.4	2349.7	8541.5
农、林、牧、渔产品批发	157.7	108.8	164.1
食品、饮料及烟草制品批发	246.3	134.7	232.9
纺织、服装及家庭用品批发	134.9	96.9	217.9
文化、体育用品及器材批发	82.8	6 3.6	101.0
医药及医疗器材批发	388.5	297.8	492.8
矿产品、建材及化工产品批发	1364.9	1171.9	6654.5
机械设备、五金产品及电子产品批发	581.9	439.4	585.5
贸易经纪与代理	15.4	5.6	24.4
其他批发业	47.2	30.9	68.4
零售业	1106.1	881.3	1584.9
综合零售	319.7	285.1	242.2
食品、饮料及烟草制品专门零售	40.7	26.7	46.1
纺织、服装及日用品专门零售	45.6	33.4	56.1
文化、体育用品及器材专门零售	43.0	27.9	49.3
医药及医疗器材专门零售	75.9	56.5	108.9
汽车、摩托车、零配件和燃料及其他动力销售	352.1	291.3	606.6
家用电器及电子产品专门零售	107.8	75.7	132.8
五金、家具及室内装饰材料专门零售	61.3	40.8	62.0
货摊、无店铺及其他零售业	59.8	44.0	281.0

五、交通运输、仓储和邮政业

（一）企业法人单位数和从业人员。

2018年末，全市共有交通运输、仓储和邮政业企业法人单位0.5万个，从业人员8.9万人（详见表

84）。

按行业大类分组的交通运输、仓储和邮政业企业法人单位和从业人员

表84

	企业法人单位（个）	从业人员（人）
合计	5344	88785
道路运输业	3926	63729
水上运输业	4	23
航空运输业	76	7139
管道运输业	4	14
多式联运和运输代理业	366	2906
装卸搬运和仓储业	640	7573
邮政业	328	7401

注：表中企业法人单位数和从业人员汇总范围不包括国家铁路局和中国铁路总公司管理的单位。

（二）主要经济指标。

2018年末，交通运输、仓储和邮政业企业法人单位资产总计5302.0亿元，负债合计2356.8亿元。全年实现营业收入491.4亿元（详见表85）。

按行业大类分组的交通运输、仓储和邮政业企业法人单位主要经济指标

表85

	资产总计（亿元）	负债合计（亿元）	营业收入（亿元）
合计	5302.0	2356.8	491.4
道路运输业	4755.1	1996.2	325.8
水上运输业	0.1	0.009	0.03
航空运输业	98.7	43.0	26.3
管道运输业	0.7	0.2	0.1
多式联运和运输代理业	40.0	6.3	10.6

续表85

	资产总计（亿元）	负债合计（亿元）	营业收入（亿元）
装卸搬运和仓储业	390.6	299.5	95.4
邮政业	16.8	11.7	33.2

注：表中企业法人资产总计、负债合计和营业收入汇总范围不包括国家铁路局和中国铁路总公司管理的单位。

六、住宿和餐饮业

（一）企业法人单位数和从业人员。

2018年末，全市共有住宿和餐饮业企业法人单位0.2万个，从业人员3.4万人。

在住宿和餐饮业企业法人单位中，住宿业占32.4%，餐饮业占67.6%。在住宿和餐饮业企业法人单位从业人员中，住宿业占43.6%，餐饮业占56.4%（详见表86）。

按行业中类分组的住宿和餐饮业企业法人单位和从业人员

表86

	企业法人单位（个）	从业人员（人）
合计	2167	34188
住宿业	702	14923
旅游饭店	117	8630
一般旅馆	521	5490
民宿服务、露营地服务及其他住宿业	64	803
餐饮业	1465	19265
正餐服务	1071	8637
快餐服务	168	8747
饮料及冷饮服务	36	682
餐饮配送及外卖送餐服务	92	799
其他餐饮业	98	400

在住宿和餐饮业企业法人单位中，内资企业占97.4%，港、澳、台商投资企业占0.8%，外商投资

企业占1.8%。

在住宿和餐饮业企业法人单位从业人员中，内资企业占74.6%，港、澳、台商投资企业占11.2%，外商投资企业占14.2%（详见表87）。

按登记注册类型分组的住宿和餐饮业企业法人单位和从业人员

表87

	企业法人单位（个）	从业人员（人）
合计	**2167**	**34188**
内资企业	2110	2551 7
国有企业	47	2791
集体企业	37	331
股份合作企业	11	62
联营企业	247	0
有限责任公司	14	6840
有限责任公司	14	6840
股份有限公司	1752	2970
私营企业	2	12438
其他企业	17	85
港、澳、台商投资企业	40	3832
外商投资企业	24	4839

（二）主要经济指标。

2018年末，住宿和餐饮业企业法人单位资产总计141.2亿元。其中，住宿业占74.4%，餐饮业占25.6%。负债合计112.8亿元。全年实现年营业收入101.7亿元（详见表88）。

按行业中类分组的住宿和餐饮业企业法人单位主要经济指标

表88

	资产总计（亿元）	负债合计（亿元）	营业收入（亿元）
合计	**141.2**	**112.8**	**101.7**
住宿业	98.7	83.9	30.6
旅游饭店	70.3	56.2	18.4
一般旅馆	24.5	23.7	11.0
民宿服务、露营地服务及其他住宿业	3.8	4.0	1.2
餐饮业	42.5	28.9	71.0
正餐服务	20.5	13.8	16.9
快餐服务	17.9	12.3	49.1
饮料及冷饮服务	1.3	0.3	1.9
餐饮配送及外卖送餐服务	2.3	0.8	2.4
其他餐饮业	0.5	1.8	0.6

七、信息传输、软件和信息技术服务业

（一）企业法人单位数和从业人员。

2018年末，全市共有信息传输、软件和信息技术服务业企业法人单位1.2万个，从业人员7.3万人（详见表89）。

按行业大类分组的信息传输、软件和信息技术服务业企业法人单位和从业人员

表89

	企业法人单位（个）	从业人员（人）
合计	**12405**	**73355**
电信、广播电视和卫星传输服务	485	16360
互联网和相关服务	817	5122
软件和信息技术服务业	11103	51873

在信息传输、软件和信息技术服务业企业法人单位中，内资企业占99.5%，港、澳、台商投资企业占0.1%，外商投资企业占0.3%。

在信息传输、软件和信息技术服务业企业法人单位从业人员中，内资企业占87.0%，港、澳、台商投资企业占7.4%，外商投资企业占5.6%（详见表90）。

按登记注册类型分组的信息传输、软件和信息技术服务业企业法人单位和从业人员

表90

	企业法人单位（个）	从业人员（人）
合计	12405	73355
内资企业	12347	63834
国有企业	14	233
集体企业	4	51
股份合作企业	2	31
有限责任公司	1204	10866
股份有限公司	141	8070
私营企业	10980	44537
其他企业	2	46
港、澳、台商投资企业	15	5403
外商投资企业	43	4118

（二）主要经济指标。

2018年末，信息传输、软件和信息技术服务业企业法人单位资产总计721.5亿元，负债合计514.9亿元。全年实现营业收入332.0亿元（详见表91）。

按行业大类分组的信息传输、软件和信息技术服务业企业法人单位主要经济指标

表91

	资产总计（亿元）	负债合计（亿元）	营业收入（亿元）
合计	721.5	514.9	332.0
电信、广播电视和卫星传输服务	344.9	317.6	141.9
互联网和相关服务	40.1	39.0	20.5
软件和信息技术服务业	336.6	158.3	169.7

八、金融业

2018年末，全市共有金融业法人单位852个，从业人员（不包括原保监会、证监会监管的单位）4.1万人。

九、房地产业

（一）企业法人单位数和从业人员。

2018年末，全市共有房地产业企业法人单位0.6万个。其中，房地产开发经营企业占24.1%，物业管理企业占39.5%，房地产中介服务企业占27.8%。

2018年末，全市共有房地产业企业法人单位从业人员8.3万人。其中，房地产开发经营企业占25.9%，物业管理企业占54.5%，房地产中介服务企业占12.0%（详见表92）。

按行业中类分组的房地产业企业法人单位和从业人员

表92

	企业法人单位（个）	从业人员（人）
合计	6053	83034
房地产开发经营	1457	21482
物业管理	2390	45256
房地产中介服务	1684	9963
房地产租赁经营	491	6074
其他房地产业	31	259

（二）主要经济指标。

2018年末，全市房地产业企业法人单位的资产总计10385.2亿元。其中，房地产开发经营企业占87.2%，物业管理企业占2.4%，房地产租赁经营企业占9.2%。负债合计8096.4亿元。全年实现营业收入1242.4亿元（详见表93）。

按行业中类分组的房地产业企业法人单位主要经济指标

表93

	资产总计（亿元）	负债合计（亿元）	营业收入（亿元）
合计	10385.2	8096.4	1242.4

续表93

	资产总计（亿元）	负债合计（亿元）	营业收入（亿元）
房地产开发经营	9057.6	7177.1	1104.9
物业管理	245.5	200.6	72.6
房地产中介服务	98.1	62.1	20.6
房地产租赁经营	956.5	630.1	43.8
其他房地产业	27.7	26.6	0.5

十、租赁和商务服务业

（一）企业法人单位数和从业人员。

2018年末，全市共有租赁和商务服务业企业法人单位2.3万个，从业人员17.8万人。

在租赁和商务服务业企业法人单位中，租赁业占8.3%，商务服务业占91.7%。在租赁和商务服务业企业法人单位从业人员中，租赁业占3.7%，商务服务业占96.3%（详见表94）。

按行业大类分组的租赁和商务服务业企业法人单位和从业人员

表94

	企业法人单位（个）	从业人员（人）
合计	**23459**	**177843**
租赁业	1945	6528
商务服务业	21514	171315

在租赁和商务服务业企业法人单位中，内资企业占99.5%，港、澳、台商投资企业占0.2%，外商投资企业占0.3%。

在租赁和商务服务业企业法人单位从业人员中，内资企业占98.8%，港、澳、台商投资企业占0.9%，外商投资企业占0.4%（详见表95）。

按登记注册类型分组的租赁和商务服务业企业法人单位和从业人员

表95

	企业法人单位（个）	从业人员（人）
合计	**23459**	**177843**
内资企业	23345	175660
国有企业	181	2376
集体企业	183	2757
股份合作企业	22	954
联营企业	6	196
有限责任公司	2657	43184
股份有限公司	226	2798
私营企业	19948	122804
其他企业	122	591
港、澳、台商投资企业	39	1518
外商投资企业	75	665

（二）主要经济指标。

2018年末，租赁和商务服务业企业法人单位资产总计7128.0亿元。其中，租赁业占1.4%，商务服务业占98.6%。负债合计3396.6亿元。全年实现营业收入504.2亿元（详见表96）。

按行业大类分组的租赁和商务服务业企业法人单位主要经济指标

表96

	资产总计（亿元）	负债合计（亿元）	营业收入（亿元）
合计	**7128.0**	**3396.6**	**504.2**
租赁业	96.8	50.2	24.6
商务服务业	7031.2	3346.4	479.6

十一、科学研究和技术服务业

（一）法人单位数和从业人员。

2018年末，全市共有科学研究和技术服务业法人单位1.23万个，从业人员9.1万人。其中，企业法人单位1.19万个，从业人员7.4万人（详见表97）。

在科学研究和技术服务业企业法人单位中，内资企业占99.6%，港、澳、台商投资企业占0.1%，外商投资企业占0.3%。

在科学研究和技术服务业企业法人单位从业人员中，内资企业占99.8%，港、澳、台商投资企业占0.04%，外商投资企业占0.2%（详见表98）。

按行业大类分组的科学研究和技术服务业企业法人单位和从业人员

表97

	企业法人单位（个）	从业人员（人）
合计	11903	73525
研究和试验发展	3320	12391
专业技术服务业	4739	45496
科技推广和应用服务业	3844	15638

按登记注册类型分组的科学研究和技术服务业企业法人单位和从业人员

表98

	企业法人单位（个）	从业人员（人）
合计	11903	73525
内资企业	1 1859	73373
国有企业	114	2861
集体企业	50	815
股份合作企业	19	135
联营企业	4	38
有限责任公司	1582	25381
股份有限公司	183	2267
私营企业	9886	41821
其他企业	21	55

续表98

	企业法人单位（个）	从业人员（人）
港、澳、台商投资企业	9	27
外商投资企业	35	125

（二）主要经济指标。

2018年末，科学研究和技术服务业企业法人单位资产总计701.5亿元，负债合计379.2亿元。全年实现营业收入272.8亿元（详见表99）。

按行业大类分组的科学研究和技术服务业企业法人单位主要经济指标

表99

	资产总计（亿元）	负债合计（亿元）	营业收入（亿元）
合计	701.5	379.2	272.8
研究和试验发展	126.1	52.6	43.0
专业技术服务业	412.7	236.9	177.0
科技推广和应用服务业	162.7	89.6	52.8

十二、水利、环境和公共设施管理业

（一）法人单位数和从业人员。

2018年末，全市共有水利、环境和公共设施管理业法人单位838个，从业人员33610人。其中，行政事业及非企业法人单位289个，从业人员9718人。

（二）主要经济指标。

2018年末，水利、环境和公共设施管理业企业法人单位资产总计1049.3亿元，负债合计447.7亿元。全年实现营业收入32.2亿元。

十三、居民服务、修理和其他服务业

（一）企业法人单位数和从业人员。

2018年末，全市共有居民服务、修理和其他服务业企业法人单位0.4万个，从业人员2.3万人（详见表100）。

按行业大类分组的居民服务、修理和其他服务业企业法人单位和从业人员

表100

	企业法人单位（个）	从业人员（人）
合计	**3526**	**22654**
居民服务业	1507	9064
机动车、电子产品和日用产品修理业	1416	5639
其他服务业	60 3	7951

在居民服务、修理和其他服务业企业法人单位中，内资企业占99.4%，港、澳、台商投资企业占0.2%，外商投资企业占0.4%。

在居民服务、修理和其他服务业企业法人单位从业人员中，内资企业占97.8%，港、澳、台商投资企业占1.7%，外商投资企业占0.5%（详见表101）。

按登记注册类型分组的居民服务、修理和其他服务业企业法人单位和从业人员

表101

	企业法人单位（个）	从业人员（人）
合计	**3526**	**22654**
内资企业	3506	22147
国有企业	28	270
集体企业	53	694
股份合作企业	17	137
联营企业		
有限责任公司	319	5934
股份有限公司	34	226
私营企业	3035	14812
其他企业	20	74
港、澳、台商投资企业	6	386
外商投资企业	14	121

（二）主要经济指标。

2018年末，居民服务、修理和其他服务业企业法人单位资产总计74.1亿元，负债合计39.9亿元。全年实现营业收入41.0亿元（详见表102）。

按行业大类分组的居民服务、修理和其他服务业企业法人单位主要经济指标

表102

	资产总计（亿元）	负债合计（亿元）	营业收入（亿元）
合计	**74.1**	**39.9**	**41.0**
居民服务业	38.2	21.6	17.7
机动车、电子产品和日用产品修理业	26.6	13.0	15.2
其他服务业	9.3	5.3	8.2

十四、教育

（一）法人单位数和从业人员。

2018年末，全市共有教育法人单位5133个，从业人员158327人。其中，行政事业及非企业法人单位2606个，从业人员137810人。

（二）主要经济指标。

2018年末，教育企业法人单位资产总计34.0亿元，负债合计21.8亿元。全年实现营业收入25.2亿元。

十五、卫生和社会工作

（一）法人单位数和从业人员。

2018年末，全市共有卫生和社会工作法人单位2032个，从业人员98130人。其中，行政事业及非企业法人单位933个，从业人员72585人。

（二）主要经济指标。

2018年末，卫生和社会工作企业法人单位资产总计117.8亿元，负债合计81.3亿元。全年实现营业收入62.3亿元。

十六、文化、体育和娱乐业

（一）法人单位数和从业人员。

2018年末，全市共有文化、体育和娱乐业法人单位4275个，从业人员31021人。其中，企业法人单位4069个，从业人员19684人。

（二）主要经济指标。

2018年末，文化、体育和娱乐业企业法人单位资产总计242.1亿元，负债合计116.9亿元。全年实现营业收入58.0亿元。

十七、公共管理、社会保障和社会组织

2018年末，全市共有公共管理、社会保障和社会组织法人单位6872个，从业人员161580人。

注释：

［1］三次产业的划分：

第一产业是指农、林、牧、渔业（不含农、林、牧、渔专业及辅助性活动）。

第二产业是指采矿业（不含开采专业及辅助性活动），制造业（不含金属制品、机械和设备修理业），电力、热力、燃气及水生产和供应业，建筑业。

第三产业即服务业，是指除第一产业、第二产业以外的其他行业。第三产业包括：批发和零售业，交通运输、仓储和邮政业，住宿和餐饮业，信息传输、软件和信息技术服务业，金融业，房地产业，租赁和商务服务业，科学研究和技术服务业，水利、环境和公共设施管理业，居民服务、修理和其他服务业，教育，卫生和社会工作，文化、体育和娱乐业，公共管理、社会保障和社会组织，国际组织，以及农、林、牧、渔业中的农、林、牧、渔专业及辅助性活动，采矿业中的开采专业及辅助性活动，制造业中的金属制品、机械和设备修理业。

［2］单位的划分：

法人单位是指有权拥有资产、承担负债，并独立从事社会经济活动（或与其他单位进行交易）的组织。法人单位应同时具备以下条件：

（1）依法成立，有自己的名称、组织机构和场所，能够独立承担负债和其他民事责任；

（2）独立拥有和使用（或受权使用）资产，有权与其他单位签订合同；

（3）会计上独立核算，能够编制资产负债表等会计报表。

法人单位包括企业法人、事业单位法人、机关法人、社会团体法人、其他法人等。

产业活动单位是指位于一个地点，从事一种或主要从事一种社会经济活动的组织或组织的一部分。产业活动单位应同时具备以下条件：

（1）在一个场所从事一种或主要从事一种社会经济活动；

（2）相对独立地组织生产活动或经营活动；

（3）能提供收入或者支出等相关资料。

［3］本公报中的企业法人单位，除表1、表3是机构类型为企业的法人单位外，其他均是包括机构类型为企业的法人单位，以及执行企业会计制度的事业法人单位、民办非企业法人单位和基金会，农民专业合作社，农村集体经济组织和除宗教活动场所以外的机构类型为其他组织机构的法人单位。

［4］本公报中的行政事业及非企业法人单位，不包括执行企业会计制度的事业法人单位、民办非企业法人单位和基金会，农民专业合作社，农村集体经济组织和除宗教活动场所以外的机构类型为其他组织机构的法人单位。

［5］部分行业包含我市保密单位数据。

［6］战略性新兴产业：根据《国务院关于加快培育和发展战略性新兴产业的决定》（国发〔2010〕32号）的精神和国家统计局制定的《战略性新兴产业分类（2018）》标准确定。战略性新兴产业是以重大技术突破和重大发展需求为基础，对经济社会全局和长远发展具有重大引领带动作用，知识技术密集、物质资源消耗少、成长潜力大、综合效益好的产业，包括：新一代信息技术产业、高端装备制造产业、新材料产业、生物产业、新能源汽车产业、新能源产业、节能环保产业、数字创意产业、相关服务业等9大领域。

［7］规模以上工业：是指年主营业务收入2000万元及以上的工业法人单位。

［8］高技术制造业：按照《高技术产业（制造业）分类（2017）》，高技术制造业是指国民经济行业中R&D投入强度相对高的制造业行业，包括：医药制造，航空、航天器及设备制造，电子及通信设备制造，计算机及办公设备制造，医疗仪器设备及仪器仪表制造，信息化学品制造等6大类。

［9］研究与试验发展：是指为增加知识存量（也包括有关人类、文化和社会的知识）以及设计已有知识的新应用而进行的创造性、系统性工作，包括基础研究、应用研究和试验发展三种类型。

［10］文化及相关产业：根据《文化及相关产业分类（2018）》，文化及相关产业是指为社会公众提供文化产品和文化相关产品的生产活动的集合。范围包括：一是以文化为核心内容，为直接满足人们的精神需要而进行的创作、制造、传播、展示等文化产品（包括货物和服务）的生产活动。具体包括新闻信息服务、内容创作生产、创意设计服务、文化传播渠道、文化投资运营和文化娱乐休闲服务等活动；二是为实现文化产品的生产活动所需的文化辅助生产和中介服务、文化装备生产和文化消费终端生产（包括制造和销售）等活动。

［11］表中的合计数和部分计算数据因小数取舍而产生的误差，均未作机械调整。

索　引

说明：

1. 本类目采用主题分析索引方法，中文标目按汉语拼音字母顺序排列，同音字按笔画数从少到多排列。第一字相同，按第二字音序排列，依次类推。数字开头的标目则按数字0—9顺序排列。
2. 分目标题采用原称。条目索引一般采用中心词简称。
3. 标目后的阿拉伯数字表示内容所在页码。数字后的a、b、c分别表示版面的左、中、右栏。标目后有多个页码的，则表示相关信息在这些页码中均出现。
4. 本卷的特载、重点聚焦、要闻·大事、“十三五”回望、附录未作索引。

0—9

A

B

Q

R

S

T

V

W

X

Y

图书在版编目（CIP）数据

沈阳年鉴．2021 / 中共沈阳市委党史研究室（沈阳市人民政府地方志办公室）编．-- 沈阳 ：沈阳出版社，2021.11

ISBN 978-7-5716-2077-6

Ⅰ．①沈…　Ⅱ．①中…　Ⅲ．①沈阳— 2021 —年鉴　Ⅳ．① Z523.11

中国版本图书馆CIP数据核字（2021）第212188号

出版发行： 沈阳出版发行集团｜沈阳出版社

（地址：沈阳市沈河区南翰林路10号　邮编：110011）

网　　址： http：//www.sycbs.com

印　　刷： 辽宁泰阳广告彩色印刷有限公司

幅面尺寸： 210mm × 285mm

印　　张： 35.5

插　　页： 22

字　　数： 1100千字

出版时间： 2021年11月第1版

印刷时间： 2021年11月第1次印刷

责任编辑： 姚德军　毕玉良

封面设计： 刘冰宇

版式设计： 冰宇设计工作室

责任校对： 周　阳

责任监印： 杨　旭

书　　号： ISBN 978-7-5716-2077-6

审 图 号： 辽AS（2020）10号

定　　价： 280.00元

联系电话： 024-24112447

E-mail： sy24112447@163.com

本书若有印装质量问题，影响阅读，请与出版社联系调换。